STRASSEN- *und* REISEATLAS
TOERISTISCHE WEGENATLAS
TOURIST *and* MOTORING ATLAS
ATLAS ROUTIER *et* TOURISTIQUE
ATLANTE STRADALE *e* TURISTICO
ATLAS DE CARRETERAS *y* TURÍSTICO

Deutschland 1:300 000
Benelux 1:400 000
Suisse /Schweiz /
Svizzera 1:400 000
Österreich 1:400 000
Česká Republika 1:600 000

Inhaltsübersicht

Umschlaginnenseite: **Übersicht**

Entfernungstabelle .... IV - V
Reiseplanung
Deutschland .... VI - VII
Benelux .... VIII - IX
Schweiz - Österreich .... X - XI
Tschechien XII
Zeichenerklärung
Deutschland - Schweiz - Österreich ..... XIII - XV
Benelux .... XVI - XVIII
Tschechien .... XIX - XXI
Ruhrgebiet .... XXII - XXIII
Kartographie
Deutschland .... 2 - 101
Benelux .... 102 - 115
Schweiz .... 116 - 123
Österreich .... 124 - 139
Tschechien .... 140 - 147
Register
Deutschland .... 149 - 219
Benelux .... 221 - 241
Schweiz .... 243 - 254
Österreich .... 257 - 267
Tschechien .... 269 - 274

Inhoud

Binnenzijde van het omslag: **Overzchtskaart**

Afstandstabel .... IV - V
Grote verbindingswegen
Duitsland .... VI - VII
Benelux .... VIII - IX
Zwitserland - Oostenrijk .... X - XI
Tsjechische Republiek XII
Verklaring van de tekens
Duitsland - Zwitserland - Oostenrijk ..... XIII - XV
Benelux .... XVI - XVIII
Tsjechische Republiek .... XIX - XXI
Ruhrgebied .... XXII - XXIII
Cartografie
Duitsland .... 2 - 101
Benelux .... 102 - 115
Zwitserland .... 116 - 123
Oostenrijk .... 124 - 139
Tsjechische Republiek .... 140 - 147
Register
Duitsland .... 149 - 219
Benelux .... 221 - 241
Zwitserland .... 243 - 254
Oostenrijk .... 257 - 267
Tsjechische Republiek .... 269 - 274

Contents

Inside front cover: **Key to map pages**

Distances .... IV - V
Route planning
Germany .... VI - VII
Benelux .... VIII - IX
Switzerland - Austria .... X - XI
Czech Republic XII
Key to maps
Germany - Switzerland - Austria .... XIII - XV
Benelux .... XVI - XVIII
Czech Republic .... XIX - XXI
Ruhr Basin .... XXII - XXIII
Mapping
Germany .... 2 - 101
Benelux .... 102 - 115
Switzerland .... 116 - 123
Austria .... 124 - 139
Czech Republic .... 140 - 147
Index
Germany .... 149 - 219
Benelux .... 221 - 241
Switzerland .... 243 - 254
Austria .... 257 - 267
Czech Republic .... 269 - 274

Sommaire

Intérieur de couverture : **Tableau d'assemblage**

Tableau de distances .... IV - V
Grands itinéraires
Allemagne .... VI - VII
Benelux .... VIII - IX
Suisse - Autriche .... X - XI
République Tchèque XII
Légende
Allemagne - Suisse - Autriche .... XIII - XV
Benelux .... XVI - XVIII
République Tchèque .... XIX - XXI
Bassin de la Ruhr .... XXII - XXIII
Cartographie
Allemagne .... 2 - 101
Benelux .... 102 - 115
Suisse .... 116 - 123
Autriche .... 124 - 139
République Tchèque .... 140 - 147
Index
Allemagne .... 149 - 219
Benelux .... 221 - 241
Suisse .... 243 - 254
Autriche .... 257 - 267
République Tchèque .... 269 - 274

Sommario

Copertina interna: **Quadro d'insieme**
Distanze .... IV - V
Grandi itinerari
Germania .... VI - VII
Benelux .... VIII - IX
Svizzera - Austria .... X - XI
Repubblica Ceca XII
Legenda
Germania - Svizzera - Austria ... XIII - XV
Benelux .... XVI - XVIII
Repubblica Ceca .... XIX - XXI
Bacino della Ruhr .... XXII - XXIII
Cartografia
Germania .... 2 - 101
Benelux .... 102 - 115
Svizzera .... 116 - 123
Austria .... 124 - 139
Repubblica Ceca .... 140 - 147
Indice completo
Germania .... 149 - 219
Benelux .... 221 - 241
Svizzera .... 243 - 254
Austria .... 257 - 267
Repubblica Ceca .... 269 - 274

Sumario

Portada interior: **Mapa índice**
Distancias .... IV - V
Información general
Alemania .... VI - VII
Benelux .... VIII - IX
Suiza - Austria .... X - XI
República Checa XII
Signos convencionales
Alemania - Suiza - Austria .... XIII - XV
Benelux .... XVI - XVIII
República Checa .... XIX - XXI
Cuenca del Ruhr .... XXII - XXIII
Cartografía
Alemania .... 2 - 101
Benelux .... 102 - 115
Suiza .... 116 - 123
Austria .... 124 - 139
República Checa .... 140 - 147
Índice
Alemania .... 149 - 219
Benelux .... 221 - 241
Suiza .... 243 - 254
Austria .... 257 - 267
República Checa .... 269 - 274

Stadtpläne	Stadsplattegronden	Town plans
Plans de ville	**Piante di città**	**Planos de ciudades**

Deutschland
150 Aachen
151 Augsburg
152 Bayreuth
154 Berlin
155 Bonn
156 Braunschweig
158 Bremen
159 Chemnitz
160 Dortmund
162 Dresden
163 Duisburg
164 Düsseldorf
165 Erfurt
166 Essen
169 Frankfurt am Main
170 Freiburg im Breisgau
171 Garmisch-Partenkirchen
175 Hamburg
176 Hannover
180 Karlsruhe
182 Kassel
183 Kiel
184 Köln
185 Konstanz
187 Leipzig
188 Lübeck
189 Magdeburg
190 Mainz
190 Mannheim
192 München
192 Münster
194 Neubrandenburg
196 Nürnberg
200 Potsdam

202 Regensburg
204 Rostock
205 Saarbrücken
207 Schwerin
210 Stuttgart
216 Wiesbaden
218 Würzburg

Belgique / België
221 Antwerpen
222 Arlon
223 Brugge
224 Bruxelles / Brussel
225 Charleroi
226 Gent
227 Hasselt
227 Leuven
228 Liège
229 Mons
229 Namur
230 Oostende
230 Tournai

Luxembourg
231 Luxembourg

Nederland
233 Amsterdam
232 Arnhem
234 Breda
235 Groningen
236 Haag (Den)
237 Haarlem
238 Leeuwarden
238 Maastricht
239 Middelburg
239 Nijmegen
240 Rotterdam
241 Utrecht

Suisse / Schweiz / Svizzera
243 Basel
244 Bern
245 Fribourg
246 Genève
247 Interlaken
248 Lausanne
249 Lugano
249 Luzern
250 Martigny
250 Montreux
251 Neuchâtel
252 Sankt Gallen
253 Sankt Moritz
252 Schaffhausen
253 Sion
254 Zürich

Österreich
257 Bregenz
259 Graz
260 Innsbruck
260 Kitzbühel
261 Klagenfurt
262 Linz
264 Salzburg
266 Wien

Česká Republika
269 Brno
270 Karlovy Vary
272 Praha

Entfernungen | Afstandstabel

	Aachen	Amsterdam	Antwerpen	Arnhem	Basel	Bayreuth	Berlin	Bern	Bonn	Braunschweig	Bregenz	Bremen	Brno	Brugge	Bruxelles	České Budějovice	Charleroi	Dinant	Dortmund	Dresden	Düsseldorf	Eindhoven	Erfurt	Essen	Frankfurt am Main	Freiburg im Breisgau	Garmisch-Partenkirchen	Genève	Gent	Görlitz	Graz	Groningen	Haag (Den)	Haarlem
Aachen																																		
Amsterdam	229																																	
Antwerpen	141	170																																
Arnhem	187	115	159																															
Basel	527	741	582	645																														
Bayreuth	524	706	665	603	513																													
Berlin	643	668	736	598	870	363																												
Bern	622	835	679	739	98	608	961																											
Bonn	93	292	234	189	458	440	601	553																										
Braunschweig	418	444	511	373	658	369	233	753	381																									
Bregenz	620	828	761	725	203	377	730	242	549	645																								
Bremen	378	363	449	292	763	530	394	859	342	171	776																							
Brno	983	1095	1124	1024	934	472	561	1029	900	668	764	825																						
Brugge	231	261	92	250	650	751	817	746	318	594	847	541	1209																					
Bruxelles	145	224	48	212	542	664	778	638	232	555	677	493	1123	103																				
České Budějovice	816	1003	957	900	697	304	504	802	733	611	551	768	219	1044	956																			
Charleroi	155	275	105	264	531	672	786	626	240	562	665	525	1131	155	60	968																		
Dinant	155	309	141	291	468	670	786	564	239	562	602	525	1093	208	101	931	56																	
Dortmund	157	246	239	143	541	460	497	637	120	273	627	236	882	327	283	778	302	301																
Dresden	645	742	760	660	739	232	194	835	570	316	603	473	358	848	785	301	790	789	517															
Düsseldorf	85	233	203	130	526	498	566	621	75	342	618	293	957	291	216	794	230	229	71	586														
Eindhoven	104	138	94	85	610	607	647	706	175	423	703	363	1042	181	138	903	192	211	153	676	118													
Erfurt	440	559	581	456	569	196	314	665	364	180	484	336	579	668	580	490	585	584	313	227	378	471												
Essen	126	212	205	109	552	503	531	647	100	307	632	251	926	293	250	815	271	270	37	560	39	120	355											
Frankfurt am Main	261	448	402	345	329	274	548	425	178	336	420	443	733	490	401	571	406	374	222	460	230	347	255	252										
Freiburg im Breisgau	471	685	558	588	72	457	811	168	400	602	186	708	880	625	518	718	504	439	487	684	466	549	515	495	273									
Garmisch-Partenkirchen	676	884	818	781	376	323	676	415	606	698	156	839	600	905	817	408	812	748	692	549	671	754	483	688	482	322								
Genève	783	935	767	892	252	761	1114	158	712	906	395	1012	1184	763	726	955	652	648	791	988	777	804	819	799	577	321	567							
Gent	200	232	60	221	606	719	785	701	286	562	740	501	1177	58	56	1015	111	162	292	815	257	147	633	257	453	579	872	756						
Görlitz	746	843	875	761	840	333	221	936	670	417	704	574	367	949	886	310	891	890	618	109	697	776	328	659	564	784	651	1089	928					
Graz	966	1154	1107	1051	782	556	896	822	883	912	571	1072	325	1195	1107	318	1112	1073	925	641	936	1052	723	955	716	733	427	986	1160	651				
Groningen	355	187	308	170	791	666	570	886	340	346	861	181	999	401	360	943	414	443	265	647	279	252	512	244	473	734	924	1040	369	749	1157			
Haag (Den)	247	61	128	123	707	717	700	803	310	476	845	397	1129	210	180	1023	234	263	259	777	253	143	568	226	461	681	902	890	183	879	1168	234		
Haarlem	244	20	175	120	750	714	678	845	307	455	843	376	1108	258	227	1021	281	311	256	756	250	141	566	223	458	693	899	937	236	857	1165	201	59	
Hamburg	489	473	559	402	815	557	290	910	452	198	802	124	851	652	604	794	634	633	347	499	405	474	363	362	497	758	866	1063	612	504	1098	297	507	486
Hannover	356	381	449	311	671	425	289	766	319	65	659	131	718	536	496	662	501	500	214	366	279	363	219	255	353	614	722	919	502	468	954	304	415	395
Innsbruck	727	934	868	831	371	401	754	411	656	752	188	883	603	956	867	411	863	799	735	627	721	804	561	738	516	381	62	564	921	729	430	968	953	950
Karlovy Vary	633	815	774	712	619	126	347	715	550	428	480	585	338	862	773	224	778	777	569	161	603	719	249	610	382	563	391	868	827	262	578	758	829	827
Karlsruhe	346	559	487	454	197	323	676	292	275	467	277	574	746	555	447	584	433	369	353	549	340	423	381	361	139	140	334	445	510	651	687	599	572	569
Kassel	310	414	412	311	514	306	387	609	273	152	502	283	705	499	450	618	455	454	168	353	234	326	149	210	196	457	565	762	465	455	797	374	428	426
Kiel	574	558	644	487	911	653	357	1006	537	294	899	209	934	737	689	878	719	718	432	545	490	559	459	447	593	854	962	1159	697	571	1194	382	592	571
Köln	71	270	212	167	494	459	578	589	30	355	574	317	918	299	211	755	216	215	96	571	39	152	366	74	193	437	631	742	265	673	900	312	284	281
Lausanne	733	946	706	842	202	711	1064	108	662	856	345	962	1134	786	666	905	651	587	741	938	727	810	769	749	527	271	517	64	729	1039	924	988	934	956
Leeuwarden	350	141	282	159	798	713	632	893	346	408	878	243	1061	374	334	1004	387	417	295	709	285	242	565	262	497	741	935	1046	343	810	1204	66	190	149
Leipzig	561	641	663	562	709	195	193	804	500	214	573	372	474	750	702	417	707	705	419	122	485	577	151	461	394	652	519	958	716	223	728	545	675	654
Liège	59	255	126	195	498	576	690	594	144	467	673	429	1035	200	99	873	100	98	208	696	135	117	491	176	310	471	729	680	156	798	1017	364	243	257
Lübeck	547	531	617	460	873	615	298	968	510	256	861	182	875	710	662	818	692	691	405	486	463	532	421	420	555	816	924	1121	670	511	1156	355	565	545
Luxembourg	175	423	255	371	331	499	764	427	204	553	511	516	957	321	214	794	200	136	282	677	225	292	472	262	232	304	568	513	277	778	939	512	379	425
Luzern	621	834	678	738	97	562	915	113	550	751	186	858	951	745	638	711	623	559	637	788	615	698	613	645	423	166	306	266	701	890	730	883	803	844
Maastricht	42	229	113	169	499	561	675	595	129	451	657	393	1020	201	113	857	129	128	193	681	120	91	475	149	295	472	714	721	166	782	1002	338	234	231
Magdeburg	498	524	591	453	751	289	158	846	461	97	660	254	583	678	638	526	643	642	356	230	422	505	173	397	433	694	606	999	644	332	815	427	558	537
Mainz	243	435	384	332	322	311	576	418	165	365	415	448	770	471	383	608	388	337	226	488	218	320	283	240	47	266	472	571	437	590	752	478	449	447
Mannheim	288	502	430	395	256	312	619	352	218	408	337	515	735	517	429	573	425	360	293	532	283	366	327	302	80	200	394	505	483	633	718	540	514	511
München	643	834	784	731	398	237	590	438	564	605	187	753	591	872	783	339	779	715	606	463	616	720	396	636	396	350	91	591	837	565	389	838	848	846
Münster	213	231	284	151	598	499	475	693	176	251	688	172	904	371	328	811	358	357	71	556	130	198	350	86	280	541	747	846	337	657	984	197	266	245
Namur	126	276	108	262	484	643	757	580	211	533	618	496	1102	175	68	939	43	40	275	763	202	184	557	242	377	457	767	666	131	864	1084	412	233	278
Nürnberg	479	666	620	563	439	85	439	534	396	454	303	585	514	708	619	351	624	594	438	312	448	565	228	468	228	382	256	687	673	413	496	685	680	678
Ostrava	1084	1152	1219	1081	1117	655	527	1213	1008	726	948	883	187	1307	1224	403	1229	1228	969	447	1035	1134	666	1011	915	1061	802	1366	1272	351	509	1056	1186	1166
Plzeň	685	872	826	769	636	174	459	731	602	533	466	696	298	913	825	137	830	791	644	256	654	770	354	678	434	579	377	885	879	267	453	869	886	884
Praha	780	889	921	818	731	269	355	826	697	462	561	619	210	1008	920	153	925	886	677	153	749	835	374	718	529	674	472	980	974	173	494	792	923	902
Regensburg	576	763	717	660	527	146	489	554	493	504	303	668	468	805	716	235	721	683	535	344	545	662	326	565	325	471	214	707	770	445	395	767	777	775
Rostock	671	656	742	585	997	547	230	1093	635	380	918	307	785	835	786	729	817	815	530	419	588	657	503	544	679	941	864	1246	795	444	1083	480	690	669
Rotterdam	223	76	107	118	687	712	695	782	293	471	822	393	1124	190	159	1019	213	242	254	772	235	120	564	221	456	660	878	869	162	874	1163	246	26	73
Saarbrücken	265	489	353	420	231	442	722	327	232	511	421	572	866	420	313	703	299	235	350	634	293	351	429	330	185	204	478	480	376	736	848	568	478	491
Salzburg	776	976	917	873	535	378	731	575	705	747	324	894	426	1005	916	234	912	848	747	604	758	853	538	777	537	487	181	728	970	545	284	979	990	987
Schwerin	590	574	661	504	916	526	209	1012	553	205	896	226	764	753	705	707	735	734	449	397	507	575	482	463	598	859	843	1165	714	422	1062	399	608	588
Stuttgart	416	623	551	520	264	282	636	339	345	499	212	630	706	633	524	543	511	447	419	509	410	493	340	428	205	184	269	492	588	611	622	666	642	639
Trier	171	396	274	327	325	454	719	421	160	508	486	478	912	355	253	749	253	189	257	632	200	258	427	236	188	299	543	559	310	733	894	475	390	398
Utrecht	198	59	129	70	702	664	638	797	257	414	795	335	1067	221	181	971	234	264	206	715	202	94	516	173	408	645	851	890	190	817	1115	187	64	56
Wien	973	1160	1114	1057	835	563	646	875	890	753	624	910	127	1201	1113	196	1118	1080	932	443	942	1059	664	962	722	801	480	1028	1167	454	201	1083	1174	1172
Wiesbaden	231	419	372	316	338	307	574	434	148	363	419	431	765	460	372	603	377	337	209	486	201	317	281	223	41	281	475	587	425	588	748	461	433	430
Zürich	610	823	667	727	86	495	849	126	539	724	123	847	896	734	626	617	612	548	626	722	604	688	553	634	412	156	282	279	689	823	702	873	791	833

Distances   Distances   Distanze   Distancias

Die Entfernungen gelten ab Stadtmitte unter Berücksichtigung der günstigsten (nicht immer kürzesten) Strecke.

Distances are calculated from town-centres and using the best roads from a motoring point of view - not necessarily the shortest.

Distanze fra principali città: le distanze sono calcolate a partire dal centro delle città e seguendo la strada che, pur non essendo necessariamente la più breve, offre le migliori condizioni di viaggio.

De afstanden zijn in km berekend van centrum tot centrum langs de geschicktste, dus niet noodzakelijkerwijze de kortste route.

Les distances sont comptées à partir du centre-ville et par la route la plus pratique, c'est-à-dire celle qui offre les meilleures conditions de roulage, mais qui n'est pas nécessairement la plus courte.

Distancias entre ciudades importantes: las distancias están calculadas desde el centro de la ciudad y por la carretera más práctica para el automovilista, es decir, la que ofrece mejores condiciones de circulación, que no tiene por qué ser la más corta.

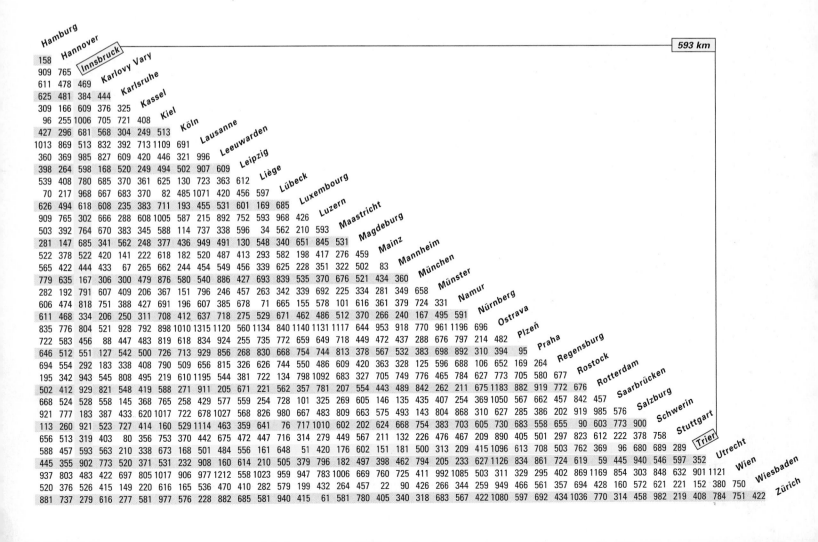

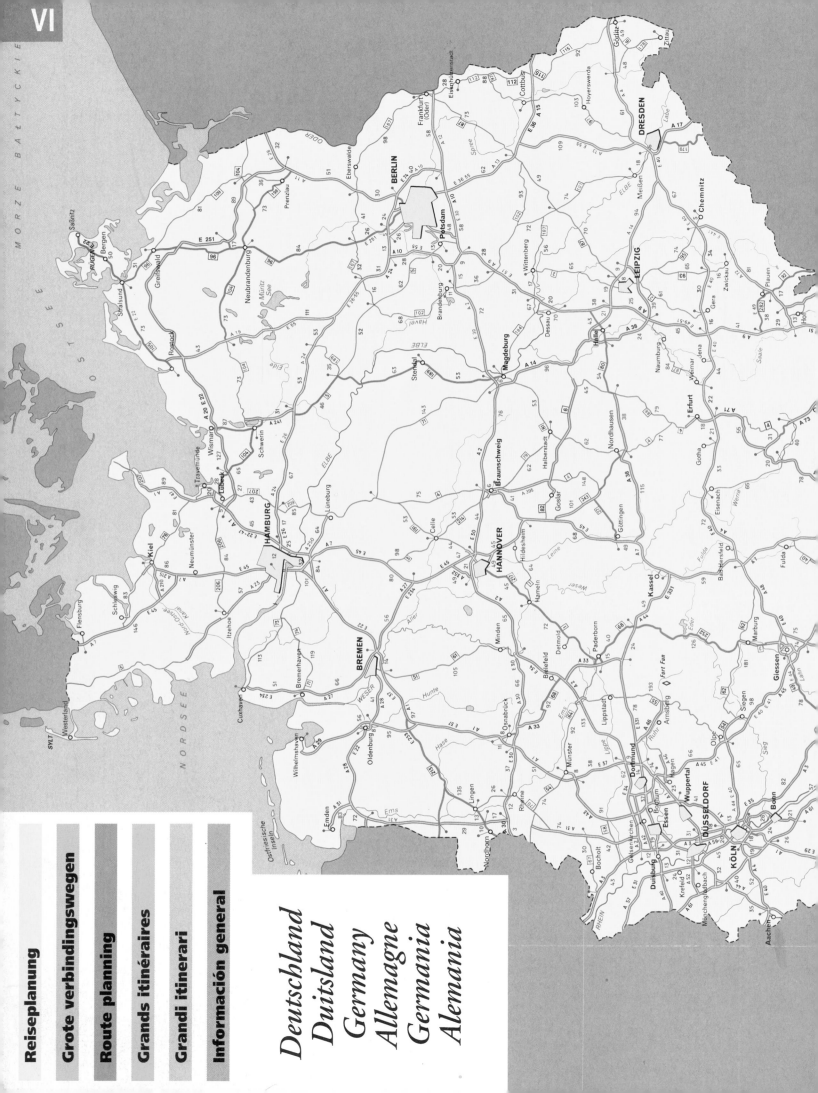

Reiseplanung

Grote verbindingswegen

Route planning

Grands itinéraires

Grandi itinerari

Información general

Deutschland
Duitsland
Germany
Allemagne
Germania
Alemania

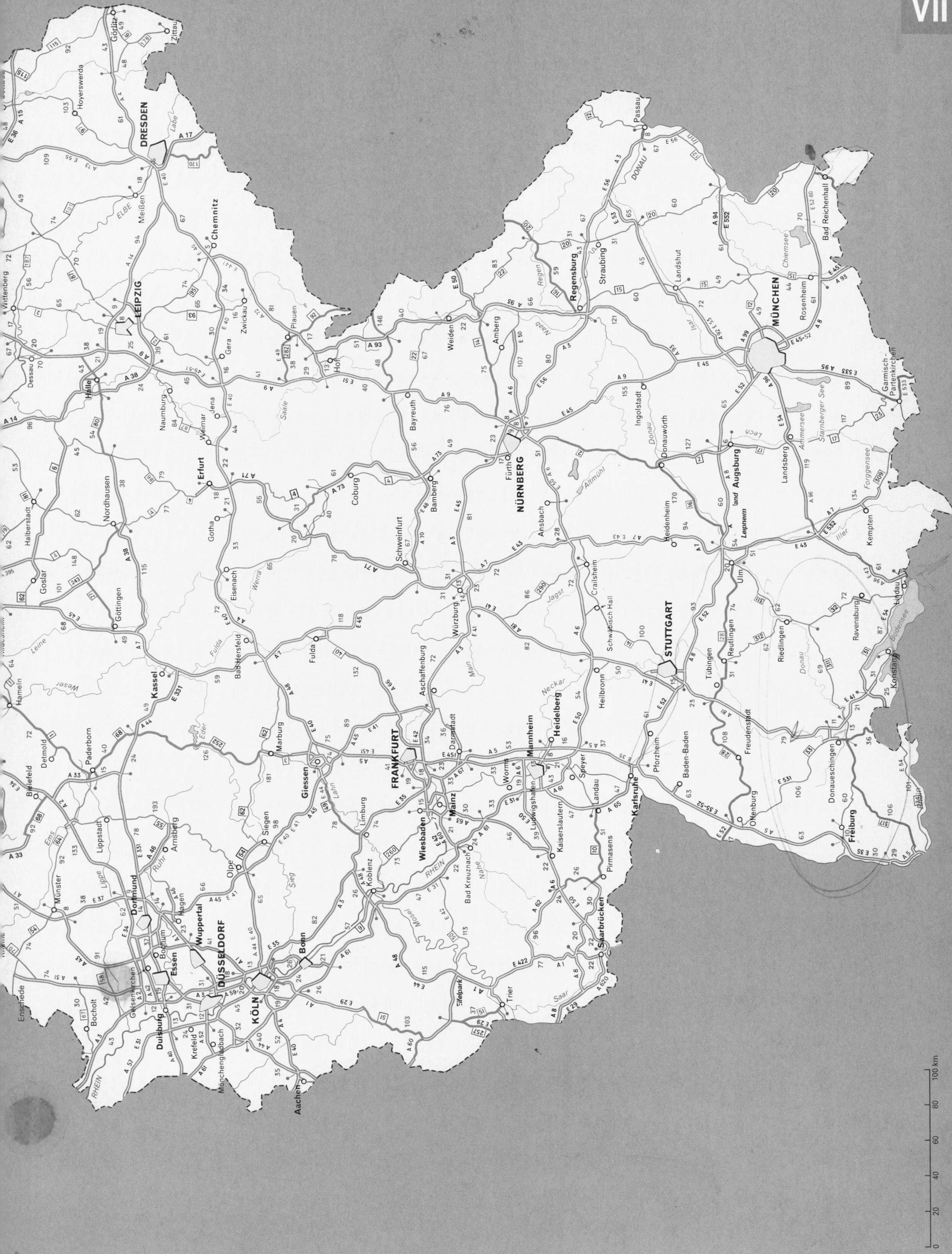
DRESDEN
LEIPZIG
Görlitz
Zittau
Hoyerswerda
Meißen
Chemnitz
Zwickau
Plauen
Gera
Jena
Weimar
Erfurt
Gotha
Eisenach
Halle
Dessau
Wittenberg
Naumburg
Nordhausen
Halberstadt
Goslar
Göttingen
Kassel
Hameln
Detmold
Paderborn
Bielefeld
Lippstadt
Münster
Dortmund
Bochum
Essen
Gelsenkirchen
Duisburg
Krefeld
Mönchengladbach
DÜSSELDORF
Wuppertal
Hagen
Arnsberg
KÖLN
Bonn
Aachen
Bocholt
Enschede
Olpe
Siegen
Marburg
Giessen
Limburg
Koblenz
Wiesbaden
Mainz
FRANKFURT
Darmstadt
Aschaffenburg
Fulda
Bad Hersfeld
Hof
Bayreuth
Coburg
Bamberg
Schweinfurt
Würzburg
Fürth
NÜRNBERG
Ansbach
Amberg
Weiden
Regensburg
Straubing
Passau
Landshut
Ingolstadt
Donauwörth
Augsburg
MÜNCHEN
Rosenheim
Bad Reichenhall
Garmisch-Partenkirchen
Landsberg
Kempten
Lindau
Ravensburg
Konstanz
Ulm
Heidenheim
Crailsheim
Schwäbisch Hall
Heilbronn
STUTTGART
Tübingen
Reutlingen
Riedlingen
Pforzheim
Karlsruhe
Baden-Baden
Freudenstadt
Offenburg
Freiburg
Donaueschingen
Heidelberg
Mannheim
Ludwigshafen
Worms
Speyer
Landau
Kaiserslautern
Pirmasens
Saarbrücken
Bad Kreuznach
Trier
100 km
80
60
40
20
0

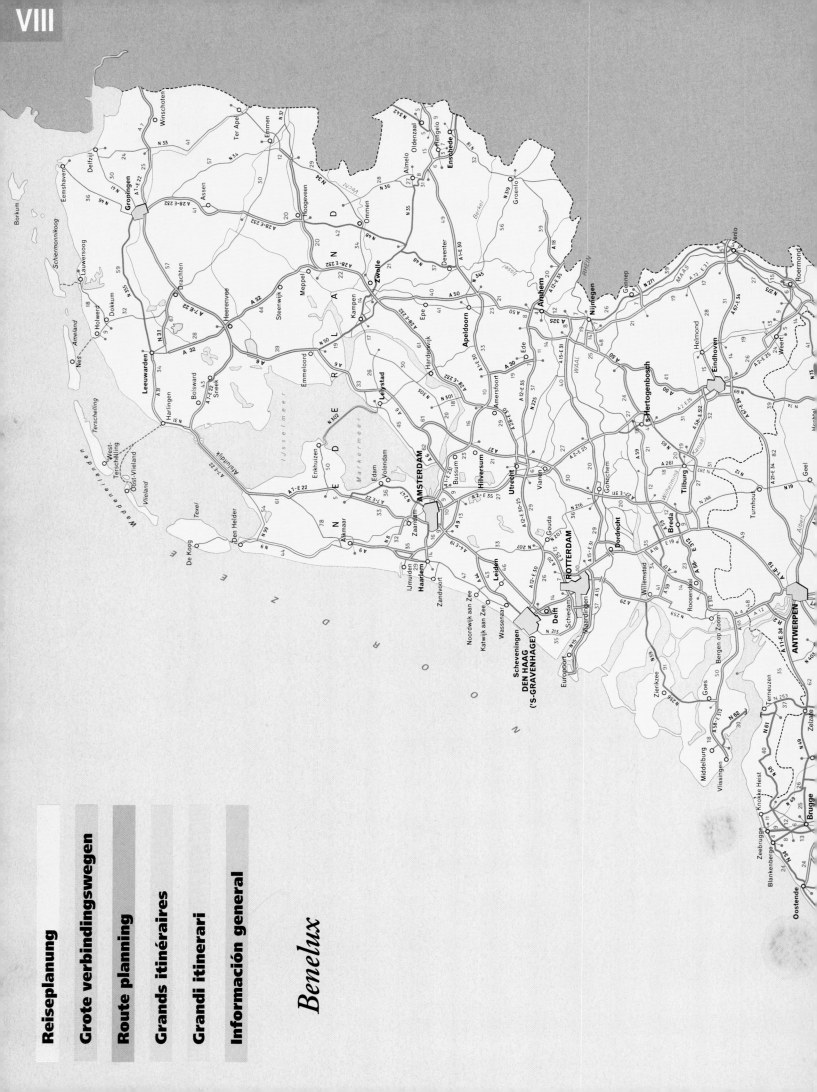

Benelux

0   10   20   30   40   50 km

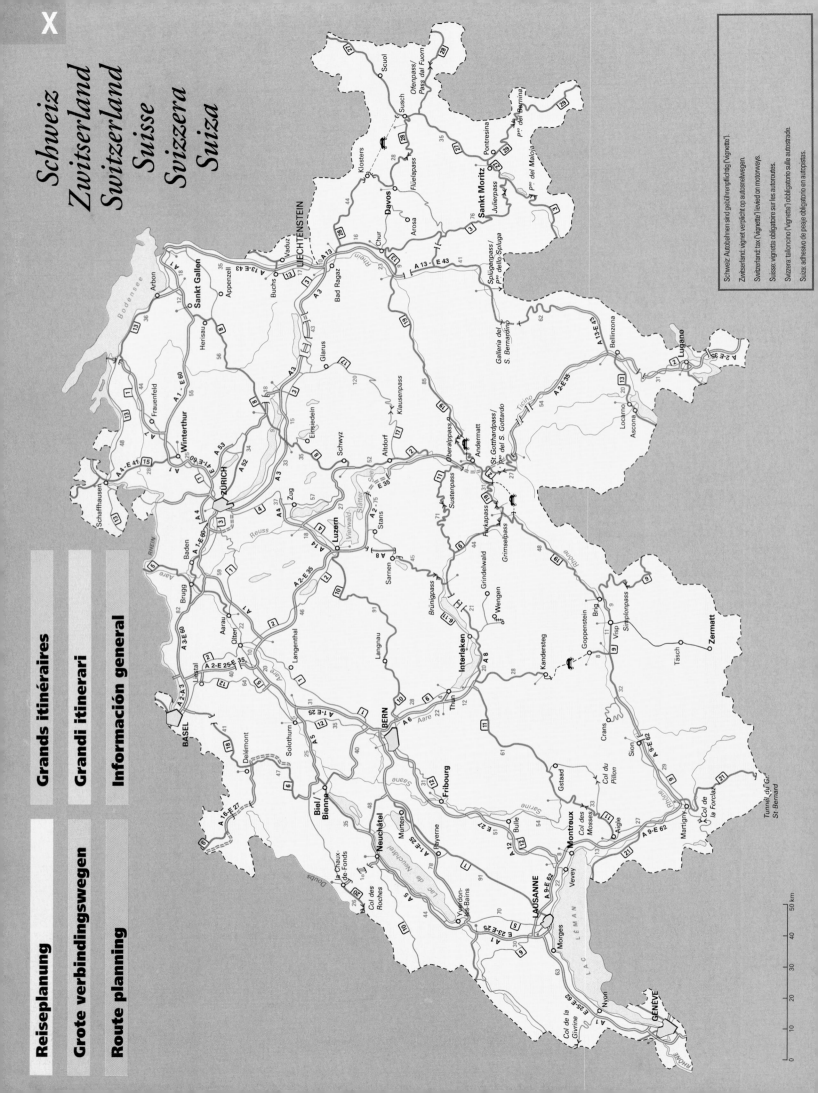

X

Schweiz
Zwitserland
Switzerland
Suisse
Svizzera
Suiza

Reiseplanung Grands itinéraires

Grote verbindingswegen Grandi itinerari

Route planning Información general

0   10   20   30   40   50 km

Reiseplanung

Grote verbindingswegen

Route planning

Grands itinéraires

Grandi itinerari

Información general

Österreich
Oostenrijk
Austria
Autriche

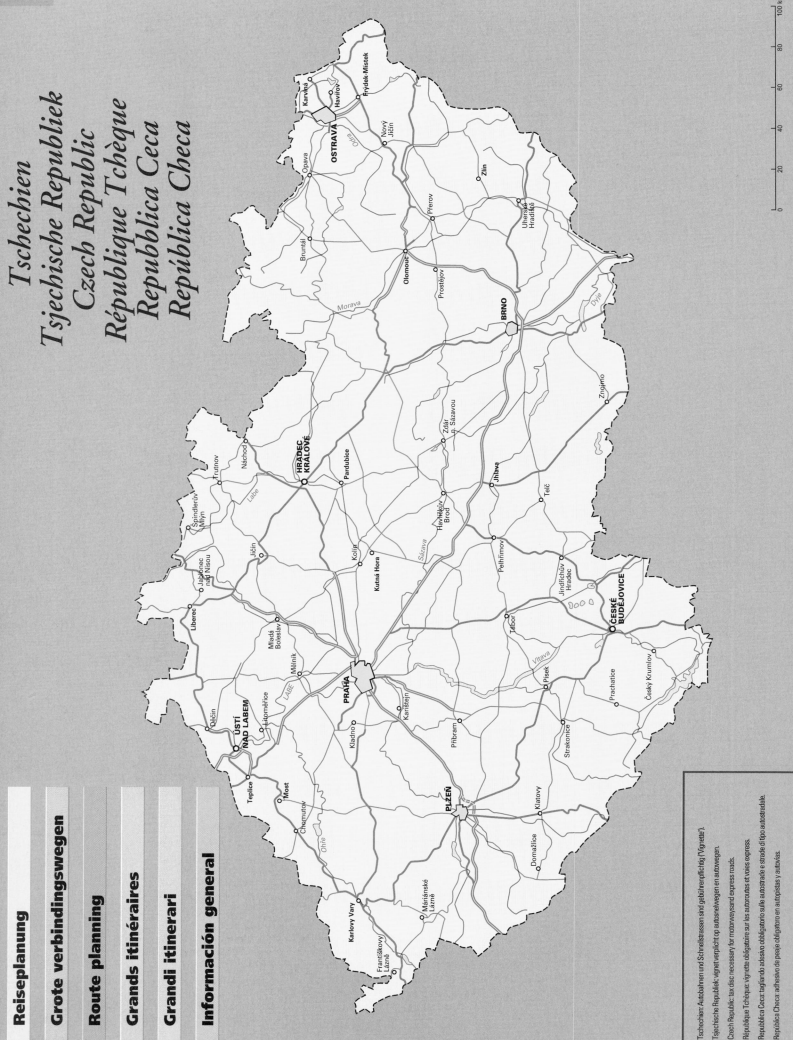

Tschechien
Tsjechische Republiek
Czech Republic
République Tchèque
Repubblica Ceca
República Checa

Reiseplanung

Grote verbindingswegen

Route planning

Grands itinéraires

Grandi itinerari

Información general

Tschechien: Autobahnen und Schnellstrassen sind gebührenpflichtig ("Vignette").

Tsjechische Republiek: vignet verplicht op autosnelwegen en autowegen.

Czech Republic: tax disc necessary for motorways and express roads.

République Tchèque: vignette obligatoire sur les autoroutes et voies express.

Repubblica Ceca: tagliando adhesivo obbligatorio sulle autostrade e strade di tipo autostradale.

República Checa: adhesivo de peaje obligatorio en autopistas y autovías.

Zeichenerklärung: Deutschland - Schweiz - Österreich / Verklaring van de tekens: Duitsland - Zwitserland - Oostenrijk

Straßen	**Wegen**
Autobahn	Autosnelweg
Schnellstraße mit getrennten Fahrbahnen	Gescheiden rijbanen van het type autosnelweg
Anschlussstellen : Voll - bzw. Teilanschlussstellen	Aansluitingen : volledig, gedeeltelijk
Anschlussstellennummern	Afritnummers
Tankstelle mit Raststätte - Hotels - Restaurant / SB-Restaurant	Serviceplaats - Hotels - Restaurant of zelfbediening
Internationale bzw.nationale Hauptverkehrsstraße	Internationale of nationale verbindingsweg
Überregionale Verbindungsstraße oder Umleitungsstrecke	Interregionale verbindingsweg
Straße mit Belag - ohne Belag	Verharde weg - Onverharde weg
Wirtschaftsweg - Pfad	Landbouwweg - Pad
Autobahn, Straße im Bau	Autosnelweg in aanleg - Weg in aanleg
(ggf. voraussichtliches Datum der Verkehrsfreigabe)	(indien bekend : datum openstelling)
Straßenbreiten	**Breedte van de wegen**
Getrennte Fahrbahnen	Gescheiden rijbanen
4 Fahrspuren - 2 breite Fahrspuren	4 rijstroken - 2 brede rijstroken
2 oder mehr Fahrspuren - 2 schmale Fahrspuren	2 of meer rijstroken - 2 smalle rijstroken
Straßenentfernungen (Gesamt- und Teilentfernungen)	**Afstanden (totaal en gedeeltelijk)**
auf der Autobahn { Mautstrecke	gedeelte met tol ⎫
	⎬ Op autosnelwegen
auf der Autobahn { Mautfreie Strecke	tolvrij gedeelte ⎭
auf der Straße	Op andere wegen
Nummerierung - Wegweisung	**Wegnummers - Bewegwijzering**
Europastraße - Autobahn	Europaweg - Autosnelweg
Bundesstraße	Federale weg
Verkehrshindernisse	**Hindernissen**
Starke Steigung (Steigung in Pfeilrichtung)	Steile helling (pijlen in de richting van de helling)
Pass mit Höhenangabe - Höhe	Bergpas en hoogte boven de zeespiegel - Hoogte
Schwierige oder gefährliche Strecke	Moeilijk of gevaarlijk traject
Bahnübergänge: schienengleich, Unterführung, Überführung	Wegovergangen: gelijkvloers, overheen, onderdoor
Mautstelle - Einbahnstraße	Tol - Weg met eenrichtingverkeer
Straße mit Verkehrsbeschränkungen - Gesperrte Straße	Beperkt opengestelde weg - Verboden weg
Eingeschneite Straße : voraussichtl. Wintersperre	Sneeuw : vermoedelijke sluitingsperiode
Für Wohnanhänger gesperrt	Verboden voor caravans
Verkehrsmittel	**Vervoer**
Bahnlinie	Spoorweg
Flughafen - Flugplatz	Luchthaven - Vliegveld
Autotransport: (rotes Zeichen : saisonbedingte Verbindung)	Vervoer van auto's: (tijdens het seizoen : rood teken)
per Schiff	per boot
per Fähre (Höchstbelastung in t)	per veerpont (maximum draagvermogen in t.)
Fähre für Personen und Fahrräder (rotes Zeichen : saisonbedingte Verbindung)	Veerpont voor voetgangers en fietsers (tijdens het seizoen : rood teken)
Unterkunft - Verwaltung	**Verblijf - Administratie**
Gekennzeichnete Orte sind im MICHELIN-FÜHRER aufgeführt	*Het onderstaande verwijst naar diverse Michelingidsen*
Orte mit Stadtplan im MICHELIN-FÜHRER	Plaats met een plattegrond in DE MICHELIN GIDS
Im MICHELIN-FÜHRER erwähnt	Hotels of restaurants die in DE MICHELIN GIDS vermeld worden
Verwaltungshauptstadt	Hoofdplaats van administratief gebied
Verwaltungsgrenzen	Administratieve grenzen
Staatsgrenze: Zoll - Zollstation mit Einschränkungen	Staatsgrens: Douanekantoor - Douanekantoor met beperkte bevoegdheden
Sport - Freizeit	**Sport - Recreatie**
Golfplatz - Pferderennbahn - Rennstrecke	Golfterrein - Renbaan - Autocircuit
Segelflugplatz - Fallschirmspringen - Strandbad	Zweefvliegen - Parachutespringen - Zwemplaats
Yachthafen - Sand-, Grasstrand	Jachthaven - Stranden (zand, gras)
Freizeitanlage - Tierpark, Zoo - Vogelschutzgebiet	Recreatiepark - Safaripark, dierentuin - Vogelreservaat
Fernwanderweg - Abgelegenes Hotel oder Restaurant	Lange afstandswandelpad - Afgelegen hotel of restaurant
Jugendherberge - Schutzhütte - Campingplatz	Jeugdherberg - Berghut - Kampeerterrein (tent, caravan)
Standseilbahn, Seilbahn, Sessellift	Kabelspoor, kabelbaan, stoeltjeslift
Museumseisenbah - Zahnradbahn	Toeristentreintje - Tandradbaan
Sehenswürdigkeiten	**Bezienswaardigheden**
Hauptsehenswürdigkeiten: siehe GRÜNER REISEFÜHRER	*Belangrijkste bezienswaardigheden : zie DE GROENE GIDS*
Sehenswerte Orte, Ferienorte	Interessante steden of plaatsen, vakantieoorden
Sakral-Bau - Schloss, Burg - Ruine - Windmühle	Kerkelijk gebouw - Kasteel - Ruïne - Molen
Höhle - Garten, Park - Sonstige Sehenswürdigkeit	Grot - Tuin, park - Andere bezienswaardigheden
Rundblick - Aussichtspunkt - Landschaftlich schöne Strecke	Panorama - Uitzichtpunt - Schilderachtig traject
Ferienstraße	Toeristische route
Sonstige Zeichen	**Diverse tekens**
Industrieanlagen - Funk-, Sendeturm - Industrieschwebebahn	Industrie - Telecommunicatietoren of -mast - Kabelvrachtvervoer
Raffinerie - Erdöl-, Erdgasförderstelle - Kraftwerk	Raffinaderij - Olie- of gasput - Elektriciteitscentrale
Bergwerk - Steinbruch - Leuchtturm	Mijn - Steengroeve - Vuurtoren
Staudamm - Soldatenfriedhof	Stuwdam - Militaire begraafplaats
Nationalpark - Naturpark	Nationaal park - Natuurpark

Symbols in center column: ÖHRINGEN · E 54 · A 96 · 35 · 7 - 12% · +12% · 793 · (560) · 12-4 · Calw · Lindau (▲) · Meersburg · Grüne Straße

Key:
Germany - Switzerland - Austria

Légende:
Allemagne - Suisse - Autriche

Roads
		Routes
Motorway		Autoroute
Dual carriageway with motorway characteristics		Double chaussée de type autoroutier
Interchanges : complete, limited	ÖHRINGEN	Échangeurs : complet, partiels
Interchange numbers		Numéros d'échangeurs
Service area - Hotels - Restaurant or self-service		Aire de service - Hôtels - Restaurant ou libre-service
International and national road network		Route de liaison internationale ou nationale
Interregional and less congested road		Route de liaison interrégionale ou de dégagement
Road surfaced - unsurfaced		Route revêtue - non revêtue
Rough track - Footpath		Chemin d'exploitation - Sentier
Motorway, road under construction		Autoroute, route en construction
(when available : with scheduled opening date)		(le cas échéant : date de mise en service prévue)

Road widths
Largeur des routes
- Dual carriageway — Chaussées séparées
- 4 lanes - 2 wide lanes — 4 voies - 2 voies larges
- 2 or more lanes - 2 narrow lanes — 2 voies ou plus - 2 voies étroites

Distances (total and intermediate)
Distances (totalisées et partielles)
- on motorway { Toll roads — Section à péage } sur autoroute
- Toll-free section — Section libre
- on road — sur route

Numbering - Signs
Numérotation - Signalisation
- European route - Motorway — E 54   A 96 — Route européenne - Autoroute
- Federal road — 35 — Route fédérale

Obstacles
Obstacles
- Steep hill (ascent in direction of the arrow) — 7 - 12%   +12% — Forte déclivité (flèches dans le sens de la montée)
- Pass and its height above sea level - Altitude — 793   (560) — Col et sa cote d'altitude - Altitude
- Difficult or dangerous section of road — Parcours difficile ou dangereux
- Level crossing: railway passing, under road, over road — Passages de la route : à niveau, supérieur, inférieur
- Toll barrier - One way road — Barrière de péage - Route à sens unique
- Road subject to restrictions - Prohibited road — Route réglementée - Route interdite
- Snowbound, impassable road during the period shown — 12-4 — Enneigement : période probable de fermeture
- Caravans prohibited on this road — Route interdite aux caravanes

Transportation
Transports
- Railway — Voie férrée
- Airport - Airfield — Aéroport - Aérodrome
- Transportation of vehicles: (seasonal services in red) — Transport des autos: (liaison saisonnière en rouge)
- by boat — par bateau
- by ferry (load limit in tons) — 15   15 — par bac (charge maximum en tonnes)
- Ferry (passengers and cycles only) — Bac pour piétons et cycles
- (seasonal services in red) — (liaison saisonnière en rouge)

Accommodation - Administration
Hébergement - Administration
- *The information below corresponds to MICHELIN GUIDE selections* — *Indications limitées aux ressources sélectionnées dans les guides MICHELIN*
- Town plan featured in THE MICHELIN GUIDE — Localité possédant un plan dans le Guide MICHELIN
- Resources mentioned in THE MICHELIN GUIDE — **Calw** — Ressources sélectionnées dans le Guide MICHELIN
- Administrative district seat — Ⓛ Ⓑ Ⓚ — Capitale de division administrative
- Administrative boundaries — Limites administratives
- National boundary: Customs post - Secondary customs post — Frontière: Douane - Douane avec restriction

Sport & Recreation Facilities
Sports - Loisirs
- Golf course - Horse racetrack - Racing circuit — Golf - Hippodrome - Circuit automobile
- Gliding - Parachuting - Bathing place — Vol à voile - Parachutisme - Baignade
- Pleasure boat harbour - Sailing - Beaches (sand, grass) — Port de plaisance - Centre de voile - Plage (sable, herbe)
- Country park - Safari park, zoo - Bird sanctuary, refuge — Base ou parc de loisirs - Parc animalier, zoo - Réserve d'oiseaux
- Long distance footpath - Secluded hotel or restaurant — E 1 — Sentier de grande randonnée - Hôtel ou restaurant isolé
- Youth hostel - Mountain refuge hut - Caravan and camping sites — Auberge de jeunesse - Refuge de montagne - Camping, caravaning
- Funicular, cable car, chairlift — Funiculaire, téléphérique, télésiège
- Tourist train - Rack railway — Train touristique - à crémaillère

Sights
Curiosités
- *Principal sights: see THE GREEN GUIDE* — { Lindau (▲) — *Principales curiosités : voir LE GUIDE VERT*
- Towns or places of interest, Places to stay — { Meersburg ⌀ — Localités ou sites intéressants, lieux de séjour
- Religious building - Historic house, castle - Ruins - Windmill — Édifice religieux - Château - Ruines - Moulin à vent
- Cave - Garden, park - Other places of interest — Grotte - Jardin, parc - Autres curiosités
- Panoramic view - Viewpoint - Scenic route — Panorama - Point de vue - Parcours pittoresque
- Tourist route — *Grüne Straße* — Route touristique

Other signs
Signes divers
- Industrial activity - Telecommunications tower or mast - Industrial cable way — Industries - Tour ou pylône de télécommunications - Transporteur industriel aérien
- Refinery - Oil or gas well - Power station — Raffinerie - Puits de pétrole ou de gaz - Centrale électrique
- Mine - Quarry - Lighthouse — Mine - Carrière - Phare
- Dam - Military cemetery — Barrage - Cimetière militaire
- National park - Nature park — Parc national - Parc naturel

Legenda: Germania - Svizzera - Austria

Strade

Autostrada
Doppia carreggiata di tipo autostradale
Svincoli : completo, parziale
Svincoli numerati
Area di servizio - Alberghi - Ristorante o self-service
Strada di collegamento internazionale o nazionale
Strada di collegamento interregionale o di disimpegno
Strada rivestita -non rivestita
Strada per carri - Sentiero
Autostrada, strada in costruzione
(data di apertura prevista)

Larghezza delle strade

Carreggiate separate
4 corsie - 2 corsie larghe
2 o più corsie - 2 corsie strette

Distanze (totali e parziali)

tratto a pedaggio
su autostrada
tratto esente da pedaggio

su strada

Numerazione - Segnaletica

Strada europea - Autostrada
Strada federale

Ostacoli

Forte pendenza (salita nel senso della freccia)
Passo ed altitudine - Altitudine
Percorso difficile o pericoloso
Passaggi della strada: a livello, cavalcavia, sottopassaggio
Casello - Strada a senso unico
Strada a circolazione regolamentata - Strada vietata
Innevamento : periodo probabile di chiusura
Strada con divieto di accesso per le roulottes

Trasporti

Ferrovia
Aeroporto - Aerodromo
Trasporto auto: (stagionale in rosso)
su traghetto
su chiatta (carico massimo in t.)
Traghetto per pedoni e biciclette
(stagionale in rosso)

Risorse Alberghiere - Amministrazione

Le indicazioni si limitano alle risorse selezionate nella GUIDA MICHELIN
Località con pianta nella GUIDA MICHELIN
Esercizi segnalati nella GUIDA MICHELIN
Capoluogo amministrativo
Confini amministrativi
Frontiera: Dogana - Dogana con limitazioni

Sport - Divertimento

Golf - Ippodromo - Circuito Automobilistico
Volo a vela - Paracadutismo - Stabilimento balneare
Porto turistico - Centro velico - Spiaggia (sabbia, erba)
Area o parco per attività ricreative - Parco con animali, zoo - Riserva ornitologica
Sentiero per escursioni - Albergo, ristorante isolato
Ostello della gioventù - Rifugio - Campeggi, caravaning
Funicolare, funivia, seggiovia
Trenino turistico - a cremagliera

Mete e luoghi d'interesse

Principali luoghi d'interesse, vedere LA GUIDA VERDE
Località o siti interessanti, luoghi di soggiorno
Edificio religioso - Castello - Rovine - Mulino a vento
Grotta - Giardino, parco - Altri luoghi d'interesse
Panorama - Vista - Percorso pittoresco
Strada turistica

Simboli vari

Industrie - Torre o pilone per telecomunicazioni - Teleferica industriale
Raffineria - Pozzo petrolifero o gas naturale - Centrale elettrica
Miniera - Cava - Faro
Diga - Cimitero militare
Parco nazionale - Parco naturale

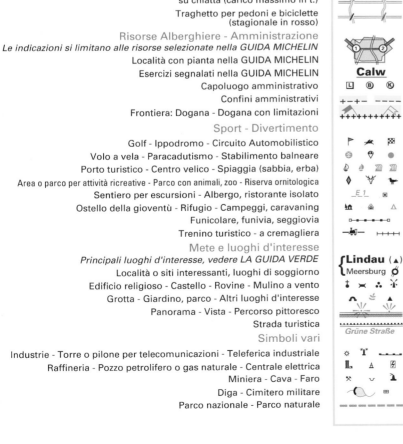

Signos convencionales: Alemania - Suiza - Austria

Carreteras

Autopista
Autovía
Enlaces : completo, parciales
Números de los accesos
Áreas de servicio - Hotel - Restaurante o auto servicio
Carretera de comunicación internacional o nacional
Carretera de comunicación interregional o alternativo
Carretera asfaltada - sin asfaltar
Camino agrícola - Sendero
Autopista, carretera en construcción
(en su caso: fecha prevista de entrada en servicio)

Ancho de las carreteras

Calzadas separadas
Cuatro carriles - Dos carriles anchos
Dos carriles o más - Dos carriles estrechos

Distancias (totales y parciales)

Tramo de peaje
en autopista
Tramo libre

en carretera

Numeración - Señalización

Carretera europea - Autopista
Carretera federal

Obstáculos

Pendiente Pronunciada (las flechas indican el sentido del ascenso)
Puerto y su altitud - Altitud
Recorrido difícil o peligroso
Pasos de la carretera: a nivel, superior, inferior
Barrera de peaje - Carretera de sentido único
Carretera restringida - Tramo prohibido
Nevada : Período probable de cierre
Carretera prohibida a las caravanas

Transportes

Línea férrea
Aeropuerto - Aeródromo
Transporte de coches: (Enlace de temporada : signo rojo)
por barco
por barcaza (carga máxima en toneladas)
Barcaza para el paso de peatones y vehículos dos ruedas
(Enlace de temporada : signo rojo)

Alojamiento - Administración

Indicaciones sobre los establecimientos seleccionados en LA GUÍA MICHELIN
Localidad con plano en LA GUÍA MICHELIN
Localidad seleccionada en LA GUÍA MICHELIN
Capital de división administrativa
Limites administrativos
Frontera: Puesto de aduanas - Aduana con restricciones

Deportes - Ocio

Golf - Hipódromo - Circuito de velocidad
Ala Delta ou parapente - Paracaidismo - Zona de baño
Puerto deportivo - Vela - Playa (arena, hierba)
Parque de ocio - Reserva de animales, zoo - Reserva de pájaros
Sendero de gran ruta - Hotel o restaurante aislado
Albergue juvenil - Refugio de montaña - Camping, caravaning
Funicular, Teleférico, telesilla
Tren turístico - de cremallera

Curiosidades

Principales curiosidades : ver LA GUÍA VERDE
Localidad o lugar interesante, lugar para quedarse
Edificio religioso - Castillo - Ruinas - Molino de viento
Cueva - Jardín, parque - Curiosidades diversas
Vista panorámica - Vista parcial - Recorrido pintoresco
Carretera turística

Signos diversos

Industrias - Torreta o poste de telecomunicación - Transportador industrial aéreo
Refinería - Pozos de petróleo o de gas - Central eléctrica
Mina - Cantera - Faro
Presa - Cementerio militar
Parque nacional - Parque natural

Zeichenerklärung: Benelux

Verklaring van de tekens: Benelux

Straßen

Autobahn — Autosnelweg
Schnellstraße mit getrennten Fahrbahnen — Gescheiden rijbanen van het type autosnelweg
Anschlussstellen : Voll- bzw. Teilanschlussstellen — Aansluitingen : volledig, gedeeltelijk
Anschlussstellennummern — Afritnummers
Internationale bzw.nationale Hauptverkehrsstraße — Internationale of nationale verbindingsweg
Überregionale Verbindungsstraße oder Umleitungsstrecke — Interregionale verbindingsweg
Straße mit Belag - ohne Belag — Verharde weg - Onverharde weg
Wirtschaftsweg - Pfad — Landbouwweg - Pad
Autobahn, Straße im Bau — Autosnelweg in aanleg - Weg in aanleg
(ggf. voraussichtliches Datum der Verkehrsfreigabe) — (indien bekend : datum openstelling)

Straßenbreiten / Breedte van de wegen

Getrennte Fahrbahnen — Gescheiden rijbanen
4 Fahrspuren - 3 Fahrspuren — 4 rijstroken - 3 rijstroken
2 breite Fahrspuren — 2 brede rijstroken
2 Fahrspuren - 1 Fahrspur — 2 rijstroken - 1 rijstrook

Straßenentfernungen (Gesamt- und Teilentfernungen) / Afstanden (totaal en gedeeltelijk)

auf der Autobahn { Mautstrecke — gedeelte met tol }
mautfreie Strecke — tolvrij gedeelte } Op autosnelwegen
auf der Straße — Op andere wegen

Nummerierung - Wegweisung / Wegnummers - Bewegwijzering

Europastraße - Autobahn — Europaweg - Autosnelweg
Sonstige Straßen — Andere wegen

Verkehrshindernisse / Hindernissen

Starke Steigung (Steigung in Pfeilrichtung) — Steile helling (pijlen in de richting van de helling)
Bahnübergänge: schienengleich, Unterführung, Überführung — Wegovergangen: gelijkvloers, overheen, onderdoor
Mautstelle - Gesperrte Straße — Tol - Verboden weg

Verkehrsmittel / Vervoer

Bahnlinie - Straßenbahn — Spoorweg - Tram
Autotransport: (rotes Zeichen : saisonbedingte Verbindung) — Vervoer van auto's (tijdens het seizoen : rood teken)
per Schiff — per boot
per Fähre (Höchstbelastung in t) — per veerpont (maximum draagvermogen in t.)
Personenfähre (rotes Zeichen : saisonbedingte Verbindung) — Veerpont voor voetgangers (tijdens het seizoen : rood teken)
Flughafen - Flugplatz — Luchthaven - Vliegveld

Unterkunft - Verwaltung / Verblijf - Administratie

Gekennzeichnete Orte sind im MICHELIN-FÜHRER aufgeführt — *Het onderstaande verwijst naar diverse Michelingidsen*
Orte mit Stadtplan im MICHELIN-FÜHRER — Plaats met een plattegrond in DE MICHELIN GIDS
Im MICHELIN-FÜHRER erwähnt — Hotels of restaurants die in DE MICHELIN GIDS vermeld worden
Aarschot
Verwaltungshauptstadt — Hoofdplaats van administratief gebied
Verwaltungsgrenzen — Administratieve grenzen
Staatsgrenze — Staatsgrens

Sport - Freizeit / Sport - Recreatie

Golfplatz - Pferderennbahn - Rennstrecke — Golfterrein - Renbaan - Autocircuit
Yachthafen - Badestrand — Jachthaven - Strand
Erholungsgebiet - Badepark — Recreatiegebied - Watersport
Vergnügungspark - Tierpark, Zoo - Vogelschutzgebiet — Pretpark - Safaripark, dierentuin - Vogelreservaat
Abgelegenes Hotel - Jugendherberge - Campingplatz — Afgelegen hotel - Jeugdherberg - Kampeerterrein (tent, caravan)
Museumseisenbahn — Toeristentreintje

Sehenswürdigkeiten / Bezienswaardigheden

Hauptsehenswürdigkeiten: siehe GRÜNER REISEFÜHRER — *Belangrijkste bezienswaardigheden : zie DE GROENE GIDS*
{ **Poperinge** (▲) } Interessante steden of plaatsen, vakantieoorden
Sehenswerte Orte, Ferienorte
{ Moulbaix ⌀ }
Sakral-Bau - Schloss, Burg - Ruine — Kerkelijk gebouw - Kasteel - Ruïne
Höhle - Vorgeschichtliches Steindenkmal — Grot - Megaliet
Museumsmühle - Sonstige Sehenswürdigkeit — Museummolen - Andere bezienswaardigheden
Rundblick - Aussichtspunkt — Panorama - Uitzichtpunt
Landschaftlich schöne Strecke — Schilderachtig traject

Sonstige Zeichen / Diverse tekens

Leuchtturm - Funk-, Sendeturm — Vuurtoren - Telecommunicatietoren of -mast
Industrieanlagen — Industrie
Raffinerie - Kraftwerk — Raffinaderij - Elektriciteitscentrale
Erdöl-, Erdgasförderstelle — Olie- of gasput
Bergwerk - Steinbruch — Mijn - Steengroeve
Industrieschwebebahn — Kabelvrachtvervoer
Staudamm - Soldatenfriedhof — Stuwdam - Militaire begraafplaats
Höhenangabe: — Hoogten:
über dem Meeresspiegel — boven de zeespiegel
unter dem Meeresspiegel — onder de zeespiegel
Nationalpark - Naturpark — Nationaal park - Natuurpark

Key: Benelux

Légende: Benelux

Roads / Routes

Motorway	Autoroute
Dual carriageway with motorway characteristics	Double chaussée de type autoroutier
Interchanges : complete, limited	Échangeurs : complet, partiels
Interchange numbers	Numéros d'échangeurs
International and national road network	Route de liaison internationale ou nationale
Interregional and less congested road	Route de liaison interrégionale ou de dégagement
Road surfaced - unsurfaced	Route revêtue - non revêtue
Rough track - Footpath	Chemin d'exploitation - Sentier
Motorway, road under construction	Autoroute, route en construction
(when available : with scheduled opening date)	(le cas échéant: date de mise en service prévue)

Road widths / Largeur des routes

Dual carriageway	Chaussées séparées
4 lanes - 3 lanes	4 voies - 3 voies
2 wide lanes	2 voies larges
2 lanes - 1 lane	2 voies - 1 voie

Distances (total and intermediary) / Distances (totalisées et partielles)

on motorway { Toll roads	Section à péage } sur autoroute
on motorway { Toll-free section	Section libre } sur autoroute
on road	sur route

Numbering - Signs / Numérotation - Signalisation

European route - Motorway	E 54 A 96	Route européenne - Autoroute
Other roads	N 49	Autres routes

Obstacles / Obstacles

Steep hill (ascent in direction of the arrow)	7 - 12% + 12%	Forte déclivité (flèches dans le sens de la montée)
Level crossing: railway passing, under road, over road		Passages de la route: à niveau, supérieur, inférieur
Toll barrier - Prohibited road		Barrière de péage - Route interdite

Transportation / Transports

Railway - Tramway	Voie férrée - Tramway
Transportation of vehicles: (seasonal services in red)	Transport des autos (liaison saisonnière en rouge)
by boat	par bateau
by ferry (load limit in tons)	par bac (charge maximum en tonnes)
Passenger ferry (seasonal services in red)	Bac pour piétons (liaison saisonnière en rouge)
Airport - Airfield	Aéroport - Aérodrome

Accommodation-Administration / Hébergement - Administration

The information below corresponds to MICHELIN GUIDE selections	*Indications limitées aux ressources sélectionnées dans les guides MICHELIN*
Town plan featured in THE MICHELIN GUIDE	Localité possédant un plan dans le Guide MICHELIN
Resources mentioned in THE MICHELIN GUIDE	Ressources sélectionnées dans le Guide MICHELIN
Aarschot	
Administrative district seat	Capitale de division administrative
Administrative boundaries	Limites administratives
National boundary	Frontière

Sport & Recreation Facilities / Sports - Loisirs

Golf course - Horse racetrack - Racing circuit	Golf - Hippodrome - Circuit automobile
Pleasure boat harbour - Beach	Port de plaisance - Plage
Recreational centre - Water park	Base de loisirs - Parc aquatique
Amusement park - Safari park, zoo - Bird sanctuary, refuge	Parc d'attractions - Parc animalier, zoo - Réserve d'oiseaux
Secluded hotels - Youth hostel - Caravan and camping sites	Hôtel isolé - Auberge de jeunesse - Camping, caravaning
Tourist train	Train touristique

Sights / Curiosités

Principal sights: see THE GREEN GUIDE	*Principales curiosités : voir LE GUIDE VERT*
{ **Poperinge** (▲) / Moulbaix	Localités ou sites intéressants, lieux de séjour
Religious building - Historic house, castle - Ruins	Édifice religieux - Château - Ruines
Cave - Prehistoric monument	Grotte - Monument mégalithique
Museum in windmill - Other places of interest	Moulin-musée - Autres curiosités
Panoramic view - Viewpoint	Panorama - Point de vue
Scenic route	Parcours pittoresque

Other signs / Signes divers

Lighthouse - Telecommunications tower or mast	Phare - Tour ou pylône de télécommunications
Industrial activity	Industries
Refinery - Power station	Raffinerie - Centrale électrique
Oil or gas well	Puits de pétrole ou de gaz
Mine - Quarry	Mine - Carrière
Industrial cable way	Transporteur industriel aérien
Dam - Military cemetery	Barrage - Cimetière militaire
Altitudes:	Altitudes:
above sea level . 27	au-dessus de la mer
below sea level . -2	au-dessous de la mer
National park - Nature park	Parc national - Parc naturel

Legenda: Benelux

Signos convencionales: Benelux

Strade — Carreteras

Autostrada	Autopista
Doppia carreggiata di tipo autostradale	Autovía
Svincoli : completo, parziale	Enlaces : completo, parciales
Svincoli numerati	Números de los accesos
Strada di collegamento internazionale o nazionale	Carretera de comunicación internacional o nacional
Strada di collegamento interregionale o di disimpegno	Carretera de comunicación interregional o alternativo
Strada rivestita - non rivestita	Carretera asfaltada - sin asfaltar
Strada per carri - Sentiero	Camino agrícola - Sendero
Autostrada, strada in costruzione	Autopista, carretera en construcción
(data di apertura prevista)	(en su caso: fecha prevista de entrada en servicio)

Larghezza delle strade — Ancho de las carreteras

Carreggiate separate	Calzadas separadas
4 corsie - 3 corsie	Cuatro carriles - Tres carriles
2 corsie larghe	Dos carriles anchos
2 corsie - 1 corsia	Dos carriles - Un carril

Distanze (totali e parziali) — Distancias (totales y parciales)

su autostrada { tratto a pedaggio	Tramo de peaje } en autopista
tratto esente da pedaggio	Tramo libre
Su strada	en carretera

Numerazione - Segnaletica — Numeración - Señalización

Strada europea - Autostrada	Carretera europea - Autopista
E 54 A 96	
Altre Strade	Otras carreteras
N 49	

Ostacoli — Obstáculos

7 - 12% + 12%	
Forte pendenza (salita nel senso della freccia)	Pendiente Pronunciada (las flechas indican el sentido del ascenso)
Passaggi della strada: a livello, cavalcavia, sottopassaggio	Pasos de la carretera: a nivel, superior, inferior
Casello - Strada vietata	Barrera de peaje - Tramo prohibido

Trasporti — Transportes

Ferrovia - Tranvia	Línea férrea - Tranvía
Trasporto auto: (stagionale in rosso)	Transporte de coches (Enlace de temporada : signo rojo)
su traghetto	por barco
su chiatta (carico massimo in t.)	por barcaza (carga máxima en toneladas)
Traghetto per trasporto passeggeri (stagionale in rosso)	Barcaza para el paso de peatones (Enlace de temporada : signo rojo)
Aeroporto - Aerodromo	Aeropuerto - Aeródromo

Risorse alberghiere - Amministrazione — Alojamiento - Administración

Le indicazioni si limitano alle risorse selezionate nella GUIDA MICHELIN	*Indicaciones sobre los establecimientos seleccionados en LA GUÍA MICHELIN*
Località con pianta nella GUIDA MICHELIN	Localidad con plano en LA GUÍA MICHELIN
Esercizi segnalati nella GUIDA MICHELIN	Localidad seleccionada en LA GUÍA MICHELIN
Aarschot	
Capoluogo amministrativo	Capital de división administrativa
Confini amministrativi	Limites administrativos
Frontiera	Frontera

Sport - Divertimento — Deportes - Ocio

Golf - Ippodromo - Circuito Automobilistico	Golf - Hipódromo - Circuito de velocidad
Porto turistico - Spiaggia	Puerto deportivo - Playa
Area per attività ricreative - Parco acquatico	Centro de recreo - Parque acuático
Parco divertimenti - Parco con animali, zoo - Riserva ornitologica	Parque de atracciones - Reserva de animales, zoo - Reserva de pájaros
Albergo isolato - Ostello della gioventù - Campeggi, caravaning	Hotel aislado - Albergue juvenil - Camping, caravaning
Trenino turistico	Tren turístico

Mete e luoghi d'interesse — Curiosidades

Principali luoghi d'interesse, vedere LA GUIDA VERDE	*Principales curiosidades : ver LA GUÍA VERDE*
{ Poperinge (▲)	
{ Moulbaix	
Località o siti interessanti, luoghi di soggiorno	Localidad o lugar interesante, lugar para quedarse
Edificio religioso - Castello - Rovine	Edificio religioso - Castillo - Ruinas
Grotta - Monumento megalitico	Cueva - Monumento megalítico
Mulino-museo - Altri luoghi d'interesse	Molino museo - Curiosidades diversas
Panorama - Vista	Vista panorámica - Vista parcial
Percorso pittoresco	Recorrido pintoresco

Simboli vari — Signos diversos

Faro - Torre o pilone per telecomunicazioni	Faro - Torreta o poste de telecomunicación
Industrie	Industrias
Raffineria - Centrale elettrica	Refinería - Central eléctrica
Pozzo petrolifero o gas naturale	Pozos de petróleo o de gas
Miniera - Cava	Mina - Cantera
Teleferica industriale	Transportador industrial aéreo
Diga - Cimitero militare	Presa - Cementerio militar
Altitudini:	Altitudes:
al di sopra del mare	sobre el mar
. 27	
al di sotto del mare	baso el mar
. -2	
Parco nazionale - Parco naturale	Parque nacional - Parque natural

Zeichenerklärung: Tschechien

Verklaring van de tekens: Tsjechische Republiek

Straßen		**Wegen**
Autobahn - Tankstelle mit Raststätte		Autosnelweg - Serviceplaatsen
Schnellstraße mit getrennten Fahrbahnen		Gescheiden rijbanen van het type autosnelweg
Anschlussstellen : Voll - bzw. Teilanschlussstellen		Aansluitingen : volledig, gedeeltelijk
Anschlussstellennummern	10 11 12	Afritnummers
Hauptverbindungsstraße		Hoofdweg
Regionale Verbindungsstraße oder Umleitungsstrecke		Regionale weg
Straße mit Belag - ohne Belag		Verharde weg - Onverharde weg
Autobahn, Straße im Bau		Autosnelweg in aanleg - Weg in aanleg
Straßenbreiten		**Breedte van de wegen**
Getrennte Fahrbahnen		Gescheiden rijbanen
4 Fahrspuren		4 rijstroken
2 breite Fahrspuren		2 brede rijstroken
2 Fahrspuren		2 rijstroken
1 Fahrspur		1 rijstrook
Straßenentfernungen (Gesamt- und Teilentfernungen)		**Afstanden** (totaal en gedeeltelijk)
auf der Autobahn - auf der Schnellstraße { Mautstrecke	12 / 5 7	gedeelte met tol } Op autosnelwegen - op express roads
mautfreie Strecke	12 / 5 7	tolvrij gedeelte }
auf der Straße	12 / 5 7	Op andere wegen
Verkehrshindernisse		**Hindernissen**
Starke Steigung (Steigung in Pfeilrichtung)		Steile helling (pijlen in de richting van de helling)
Bahnübergänge: schienengleich, Unterführung, Überführung		Wegovergangen: gelijkvloers, overheen, onderdoor
Straße mit Verkehrsbeschränkungen		Beperkt opengestelde weg
Mautstelle		Tol
Eingeschneite Straße : voraussichtl. Wintersperre	12-5	Sneeuw : vermoedelijke sluitingsperiode
Verkehrsmittel		**Vervoer**
Flughafen		Luchthaven
Bahnlinie		Spoorweg
Standseilbahn, Seilbahn, Sessellift		Kabelspoor, kabelbaan, stoeltjeslift
Zahnradbahn		Tandradbaan
Autotransport per Fähre		Veerpont voor auto's
Verwaltung		**Administratie**
Verwaltungshauptstadt	K L M W	Hoofdplaats van administratief gebied
Verwaltungsgrenzen		Administratieve grenzen
Staatsgrenze		Staatsgrens
Hauptzollamt - Zollstation mit Einschränkungen		Hoofddouanekantoor - Douanekantoor met beperkte bevoegdheden
Sport - Freizeit		**Sport - Recreatie**
Rennstrecke - Yachthafen		Autocircuit - Jachthaven
Thermalbad - Skigebiet		Kuuroord - Wintersportplaats
Schutzhütte - Campingplatz		Berghut - Kampeerterrein
Museumseisenbahn-Linie		Toeristentreintje
Nationalpark - Naturpark		Nationaal park - Natuurpark
Sehenswürdigkeiten		**Bezienswaardigheden**
Denkmalgeschützter Stadtteil		Onder monumentenzorg geplaatste stad
Sakral-Bau - Holzkirche		Kerkelijk gebouw - Houten kerk
Höhle - Schloss, Burg		Grot - Kasteel
Ruine - Sonstige Sehenswürdigkeit		Ruïne - Andere bezienswaardigheid
Freilichtmuseum		Openluchtmuseum
Rundblick - Aussichtspunkt		Panorama - Uitzichtpunt
Landschaftlich schöne Strecke		Schilderachtig traject

Key:
Czech Republic

Légende:
République Tchèque

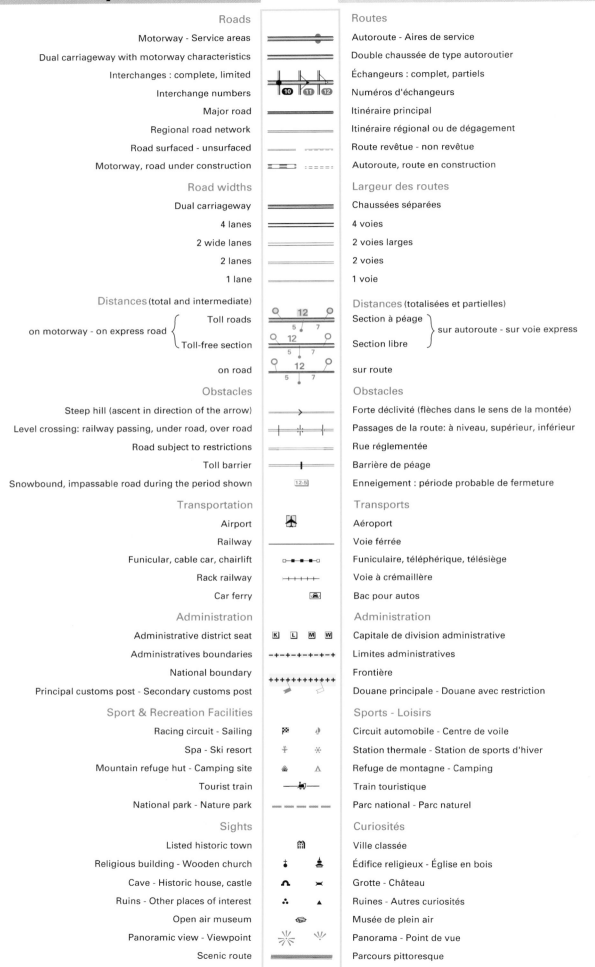

Roads	Routes
Motorway - Service areas	Autoroute - Aires de service
Dual carriageway with motorway characteristics	Double chaussée de type autoroutier
Interchanges : complete, limited	Échangeurs : complet, partiels
Interchange numbers	Numéros d'échangeurs
Major road	Itinéraire principal
Regional road network	Itinéraire régional ou de dégagement
Road surfaced - unsurfaced	Route revêtue - non revêtue
Motorway, road under construction	Autoroute, route en construction

Road widths	Largeur des routes
Dual carriageway	Chaussées séparées
4 lanes	4 voies
2 wide lanes	2 voies larges
2 lanes	2 voies
1 lane	1 voie

Distances (total and intermediate)	Distances (totalisées et partielles)
on motorway - on express road { Toll roads	Section à péage } sur autoroute - sur voie express
Toll-free section	Section libre
on road	sur route

Obstacles	Obstacles
Steep hill (ascent in direction of the arrow)	Forte déclivité (flèches dans le sens de la montée)
Level crossing: railway passing, under road, over road	Passages de la route: à niveau, supérieur, inférieur
Road subject to restrictions	Rue réglementée
Toll barrier	Barrière de péage
Snowbound, impassable road during the period shown	Enneigement : période probable de fermeture

Transportation	Transports
Airport	Aéroport
Railway	Voie férrée
Funicular, cable car, chairlift	Funiculaire, téléphérique, télésiège
Rack railway	Voie à crémaillère
Car ferry	Bac pour autos

Administration	Administration
Administrative district seat	Capitale de division administrative
Administratives boundaries	Limites administratives
National boundary	Frontière
Principal customs post - Secondary customs post	Douane principale - Douane avec restriction

Sport & Recreation Facilities	Sports - Loisirs
Racing circuit - Sailing	Circuit automobile - Centre de voile
Spa - Ski resort	Station thermale - Station de sports d'hiver
Mountain refuge hut - Camping site	Refuge de montagne - Camping
Tourist train	Train touristique
National park - Nature park	Parc national - Parc naturel

Sights	Curiosités
Listed historic town	Ville classée
Religious building - Wooden church	Édifice religieux - Église en bois
Cave - Historic house, castle	Grotte - Château
Ruins - Other places of interest	Ruines - Autres curiosités
Open air museum	Musée de plein air
Panoramic view - Viewpoint	Panorama - Point de vue
Scenic route	Parcours pittoresque

Legenda: Republica Ceca

Signos convencionales: República Checa

Strade		Carreteras
Autostrada - Aree di servizio		Autopista - Áreas de servicio
Doppia carreggiata di tipo autostradale		Autovía
Svincoli : completo, parziale		Enlaces : completo, parciales
Svincoli numerati		Números de los accesos
Itinerario principale		Carretera principal
Strada regionale o alternativa		Itinerario regional o alternativo
Strada rivestita - non rivestita		Carretera asfaltada - sin asfaltar
Autostrada, strada in costruzione		Autopista, carretera en construcción

Larghezza delle strade		Ancho de las carreteras
Carreggiate separate		Calzadas separadas
4 corsie		Cuatro carriles
2 corsie larghe		Dos carriles anchos
2 corsie		Dos carriles
1 corsia		Un carril

Distanze (totali e parziali)		Distancias (totales y parciales)
su autostrada - su strada di tipo autostradale { tratto a pedaggio		Tramo de peaje } en autopista - en vía rapido
tratto esente da pedaggio		Tramo libre
Su strada		en carretera

Ostacoli		Obstáculos
Forte pendenza (salita nel senso della freccia)		Pendiente Pronunciada (las flechas indican el sentido del ascenso)
Passaggi della strada: a livello, cavalcavia, sottopassaggio		Pasos de la carretera : a nivel, superior, inferior
Sratda a circolazione regolamentata		Carretera restringida
Casello		Barrera de peaje
Innevamento : probabile periodo di chiusura		Nevada : Período probable de cierre

Trasporti		Transportes
Aeroporto		Aeropuerto
Ferrovia		Línea férrea
Funicolare, funivia, seggiovia		Funicular, Teleférico, telesilla
Ferrovia a cremagliera		Línea de cremallera
Trasporto auto su chiatta		Barcaza para el paso de coches

Amministrazione		Administración
Capoluogo amministrativo		Capital de división administrativa
Confini amministrativi		Límite administrativo
Frontiera		Frontera
Dogana principale - Dogana con limitazioni		Aduana principal - Aduana con restricciones

Sport - Divertimento		Deportes - Ocio
Circuito Automobilistico - Centro velico		Circuito de velocidad - Vela
Stazione termale - Sport invernali		Estación termal - Área de esquí
Rifugio - Campeggio		Refugio de montaña - Camping
Trenino turistico		Tren turístico
Parco nazionale - Parco naturale		Parque nacional - Parque natural

Mete e luoghi d'interesse		Curiosidades
Citta' classificata		Ciudad destacada
Edificio religioso - Chiesa in legno		Edificio religioso - Iglesia de madera
Grotta - Castello		Cueva - Castillo
Rovine - Altri luoghi d'interesse		Ruinas - Curiosidades diversas
Museo all'aperto		Museo al aire libre
Panorama - Vista		Vista panorámica - Vista parcial
Percorso pittoresco		Recorrido pintoresco

RUHRGEBIET

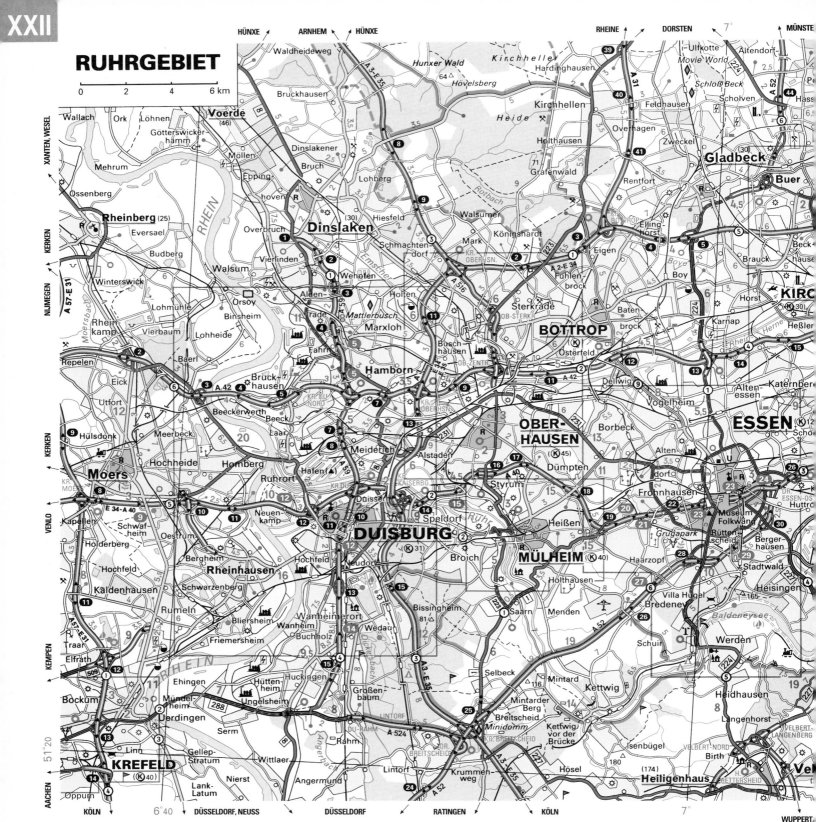

Spezielle Zeichen — Bijzondere tekens — Special symbols

Spezielle Zeichen	Bijzondere tekens	Special symbols
Erholungsgebiet - Freizeitanlage	Recreatiegebied - Recreatiepark	Recreatioal centre - Country p
Yachthafen - Golfplatz	Jachthaven - Golf	Sailing - Golf cou
Garten, Park - Tierpark, Zoo	Tuin, park - Safaripark, dierentuin	Garden, park - Safari park,
Museumseisenbahn-Linie - Jugendherberge	Toeristentreintje - Jeugdherberg	Tourist train - Youth ho
Kraftwerk	Elektrische centrale	Power stat
Bergwerk - Industrieanlagen	Mijn - Industrie	Mine - Industrial activ
Kokerei - Stahlwerk	Cokesfabriek - IJzer en staal	Coking plant - Steel wo
Kfz.- Industrie - Chem. Industrie	Automobielind. - Chemie	Car Industry - Chemical wo

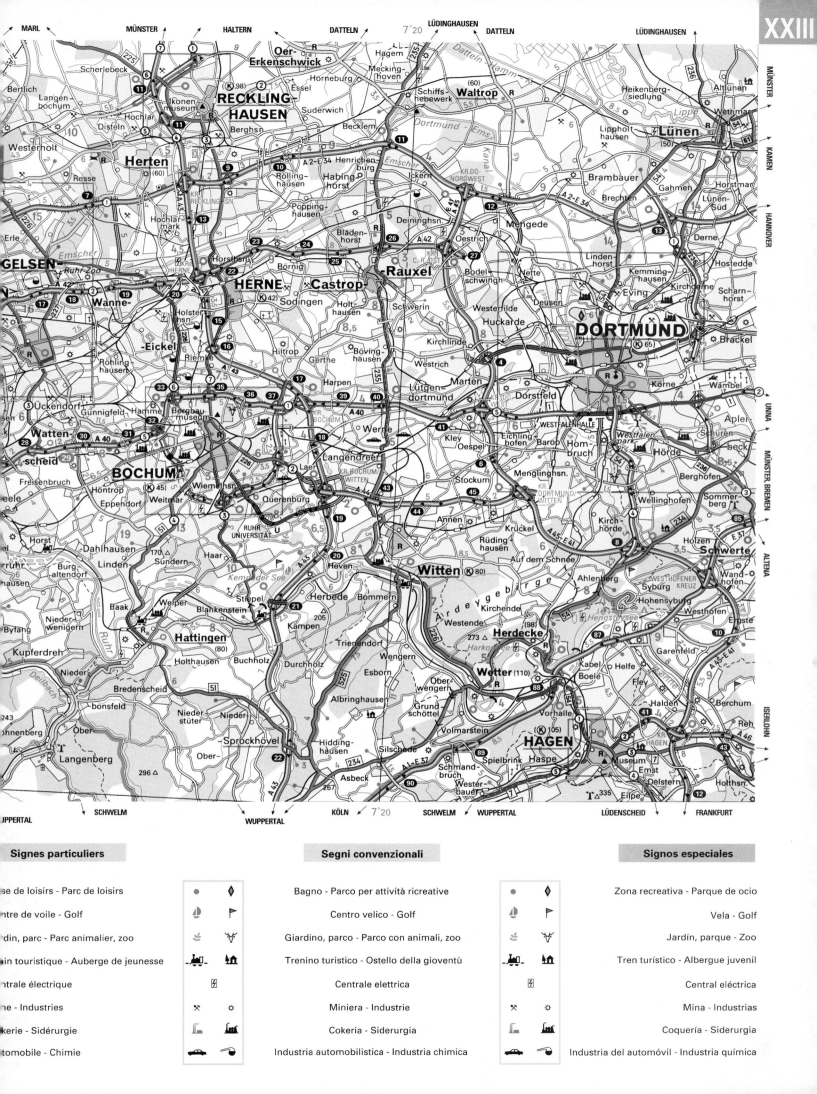

Signes particuliers | Segni convenzionali | Signos especiales

Signes particuliers		Segni convenzionali	Signos especiales
se de loisirs - Parc de loisirs	● ◆	Bagno - Parco per attività ricreative	Zona recreativa - Parque de ocio
ntre de voile - Golf	⛵ ⚑	Centro velico - Golf	Vela - Golf
dín, parc - Parc animalier, zoo	⚘ 🐃	Giardino, parco - Parco con animali, zoo	Jardín, parque - Zoo
in touristique - Auberge de jeunesse	🚂 🏨	Trenino turistico - Ostello della gioventù	Tren turístico - Albergue juvenil
ntrale électrique	⚡	Centrale elettrica	Central eléctrica
ne - Industries	✕ ☼	Miniera - Industrie	Mina - Industrias
kerie - Sidérurgie	⌂ 🏭	Cokeria - Siderurgia	Coquería - Siderurgia
tomobile - Chimie	🚗 ⌐	Industria automobilistica - Industria chimica	Industria del automóvil - Industria química

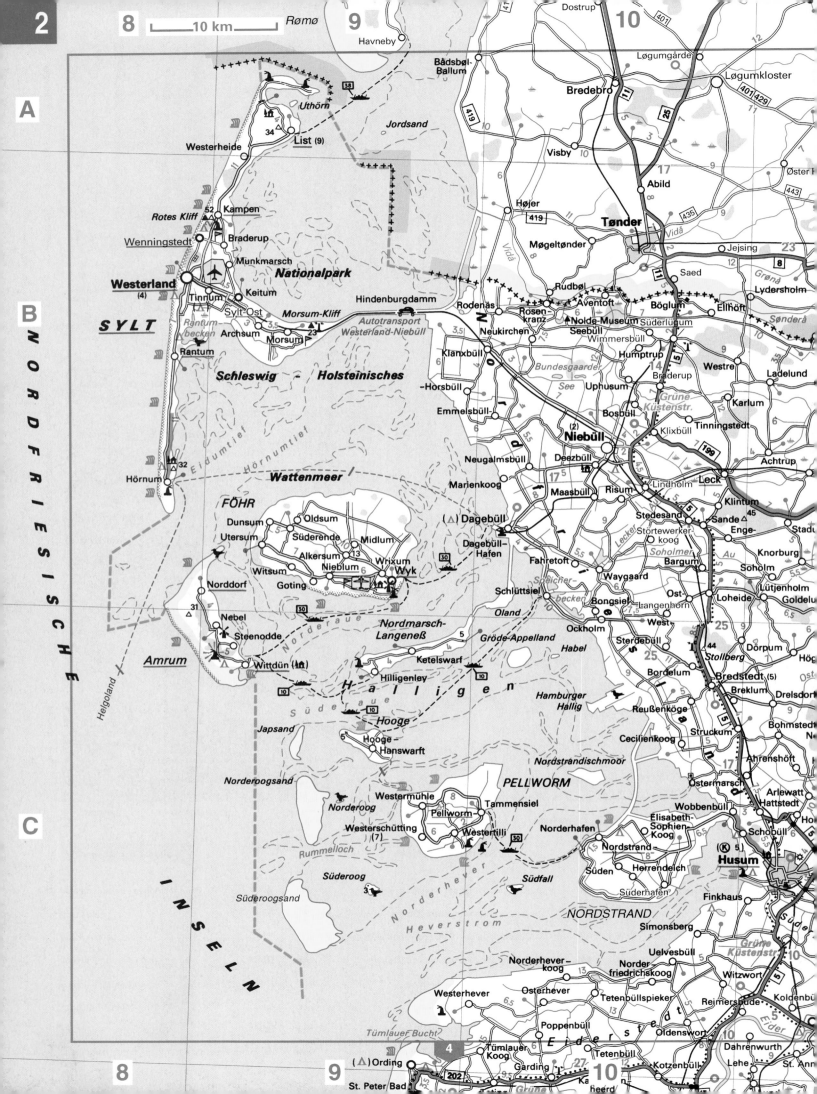

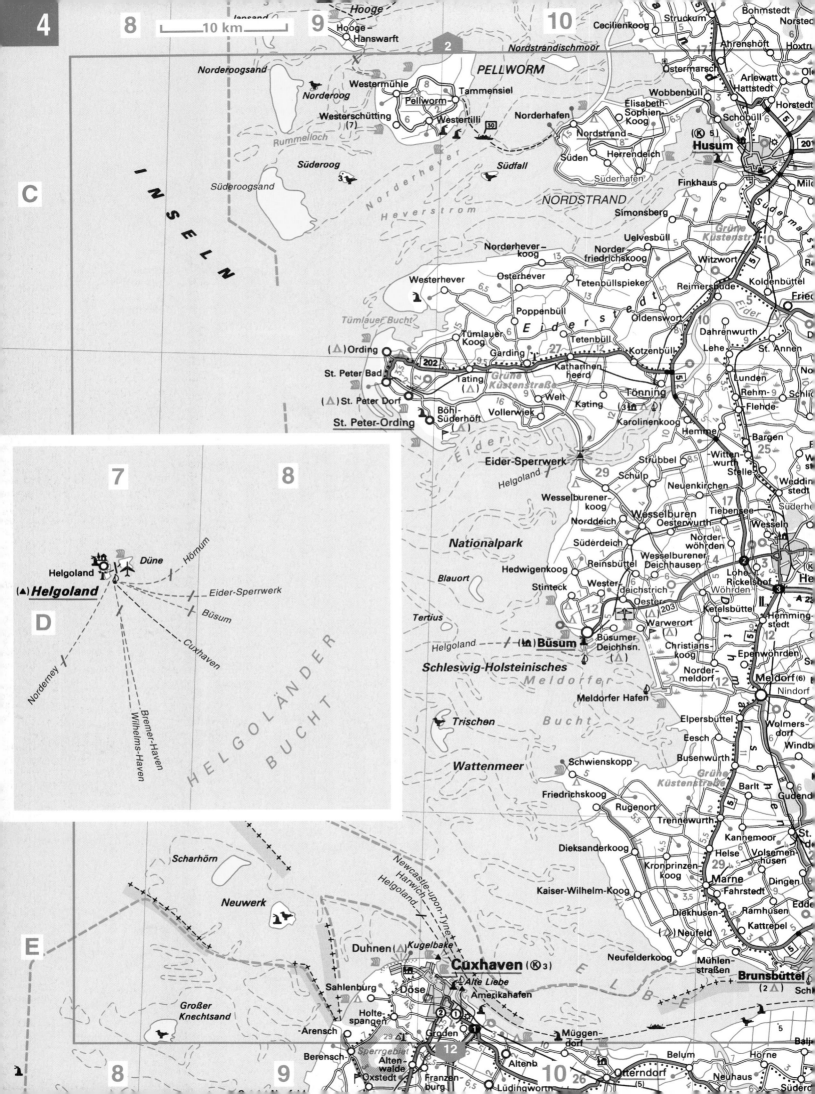

10 km

Hooge
Hooge-
Hanswarft

Jansand

Nordstrandischmoor

Struckum
Cecilienkoog
Bohmstedt
Norste

Ahrenshöft
Ostermarsch
Arlewatt
Hattstedt

Wobbenbüll
Elisabeth-
Sophien-
Koog

Horstedt

Norderoogsand

Westermühle
Tammensiel
Pellworm
Westerschütting
(7)
Westertilli
Norderhafen
Nordstrand
Süden
Herrendeich
Süderhafen

PELLWORM

Schobüll
Husum

Horstedt

20

Norderoog
Westerschütting
(7)

Süderoog

Süderoogsand

Süderoog

Südfall

Süderhafen

NORDSTRAND

Finkhaus

Simonsberg

Süder

Grüne
Küstenstr

Norderhever-
koog
Norder-
friedrichskoog
Witzwort
Koldenbüttel
Fried

Westerhever
Osterhever
Tetenbüllspieker
Reimersbude

Uelvesbüll

Poppenbüll
Oldenswort
Dahrenwurth
Lehe
St. Annen

Tümlauer Bucht

Tümlauer
Koog
Garding
Tetenbüll
Kotzenbüll
Eider
St. Annen

Ording
Grüne
Küstenstraße
Katharinen-
heerd
Lunden
Rehm-
Flehde-

St. Peter Bad
Tating
Tönning

St. Peter Dorf
Welt
Kating
Karolinenkoog
Hemme
Bargen

St. Peter-Ording
Böhl-
Süderhöft
Vollerwiek

Eider

Strübbel
Witten-
wurth

Eider-Sperrwerk
Schülp
Neuenkirchen

Helgoland
29
Wesselburener-
koog
Wesselburen
Tiebensee
Wessel

Norddeich
Oesterwurth
Norder-
wöhrden

Nationalpark
Süderdeich
Wesselburener
Deichhausen
Lohe-
Rickelshof

Hedwigenkoog
Reinsbüttel
Wester-
deichstrich

Blauort
Stinteck
Wöhrden

Tertius
Oester
Warwerort
Ketelsbüttel
Hemming-
stedt

Helgoland
Büsum
Büsumer
Deichhsn.
Christians-
koog

Schleswig-Holsteinisches
Meldorfer
Norder-
meldorf
Meldorf(6)

Nindorf

Meldorfer Hafen

Trischen
Bucht
Elpersbüttel
Wolmers-
dorf

Wattenmeer
Eesch
Busenwurth
Windb

Schwienskopp
Barlt
Gudend

Grüne
Küstenstraße
Friedrichskoog
Rugenort

Trennewurth
Kannemoor
St.

Dieksanderkoog
Helse
Volsemen-
husen

Kronprinzen-
koog
Marne
Dingen

Kaiser-Wilhelm-Koog
Fahrstedt

Diekhusen-
Ramhusen
Edde

Neufeld

Neufelderkoog
Mühlen-
straßen
Brunsbüttel

Düne
Hörnum
Helgoland
Eider-Sperrwerk
Helgoland
Büsum

Norderney
Cuxhaven

Bremer-Haven
Wilhelms-Haven

HELGOLÄNDER
BUCHT

Scharhörn

Neuwerk

Newcastle-upon-Tyne
Harwich
Helgoland

Großer
Knechtsand

Duhnen
Kugelbake
Cuxhaven (K) 3

Sahlenburg
Döse
Alte Liebe
Amerikahafen

Berensch-
Arensch
Holte-
spangen
Groden

Sperrgebiet
Müggen-
dorf

Berensch
Altenwalde
Altenb
Belum
Börne

Oxstedt
Franzen-
burg
Lüdingworth
Otterndorf
Neuhaus

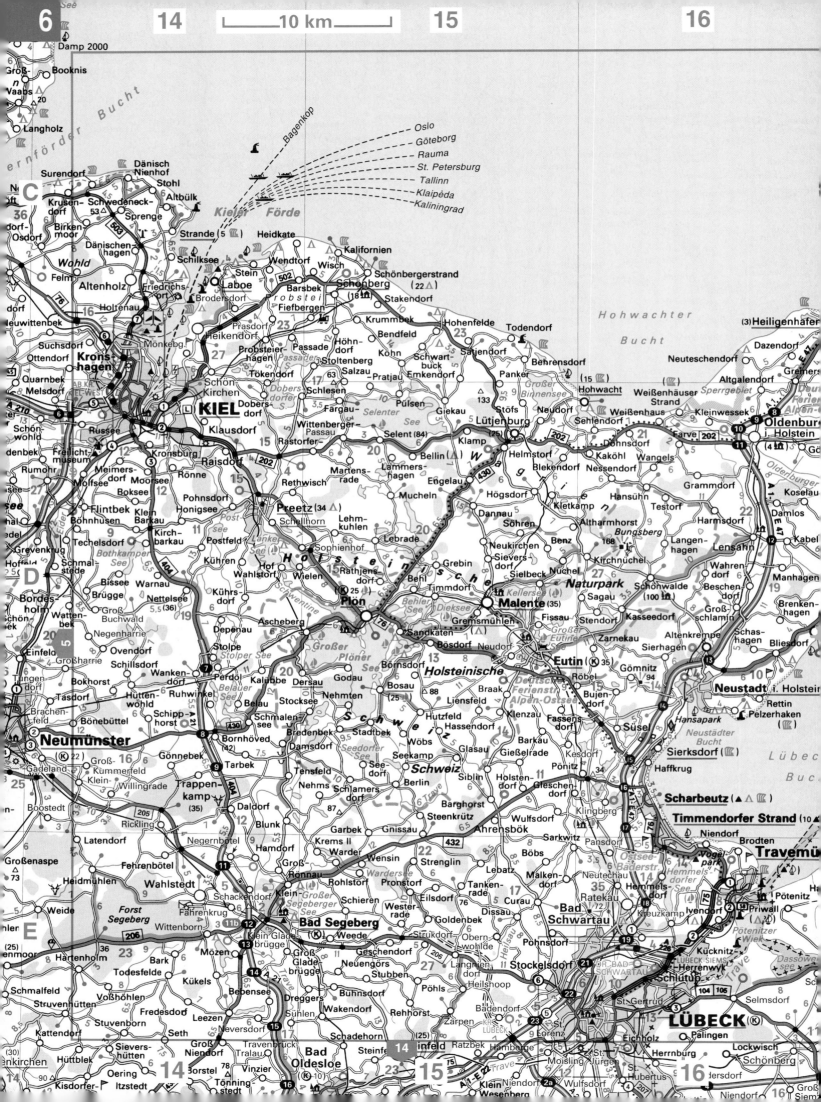

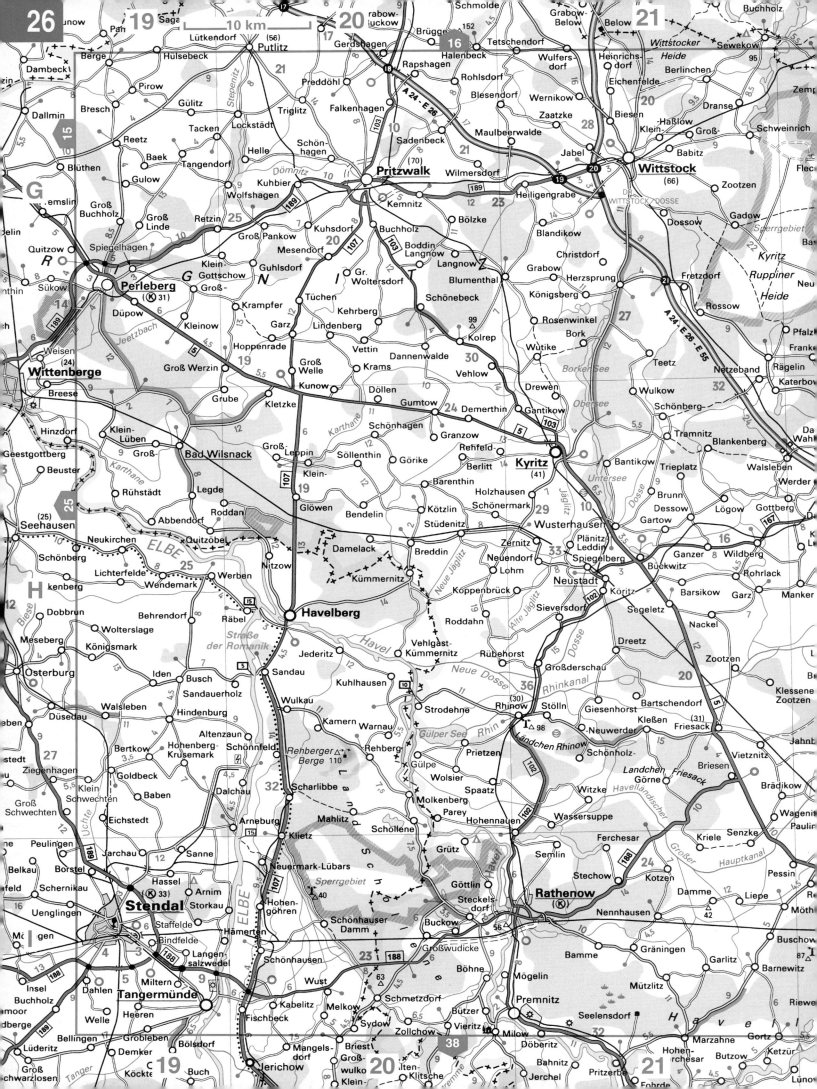

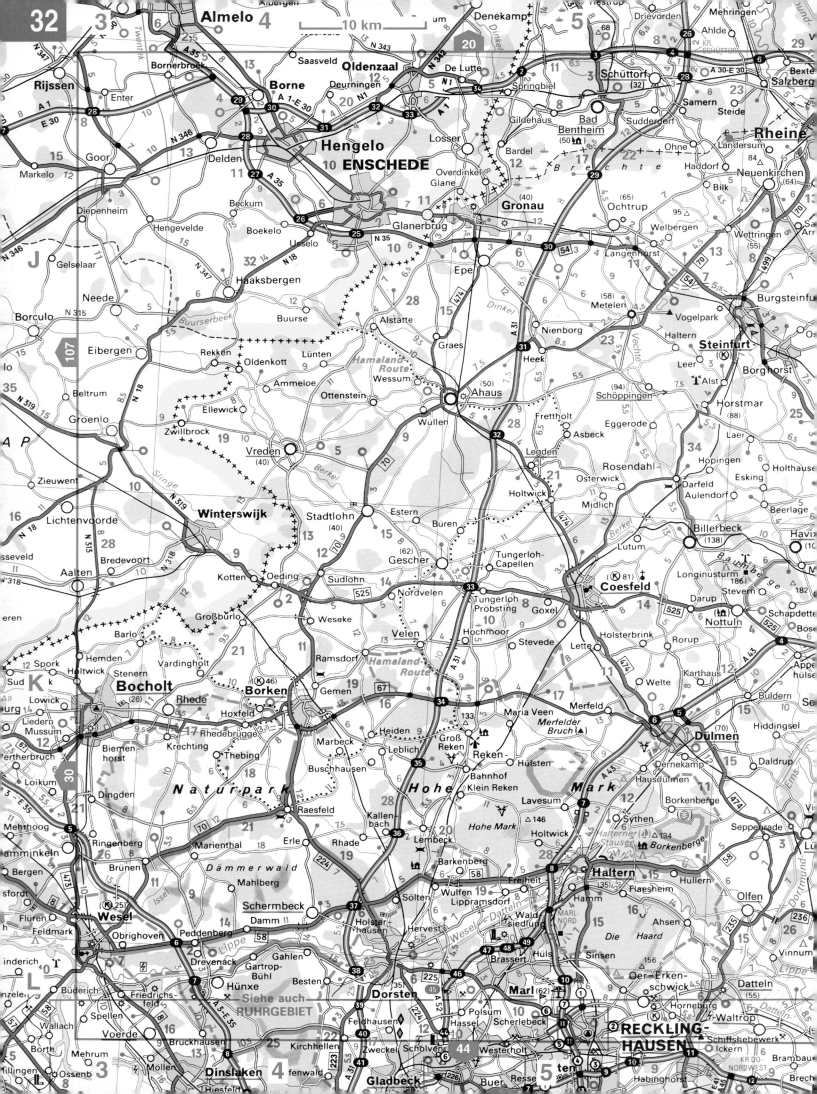

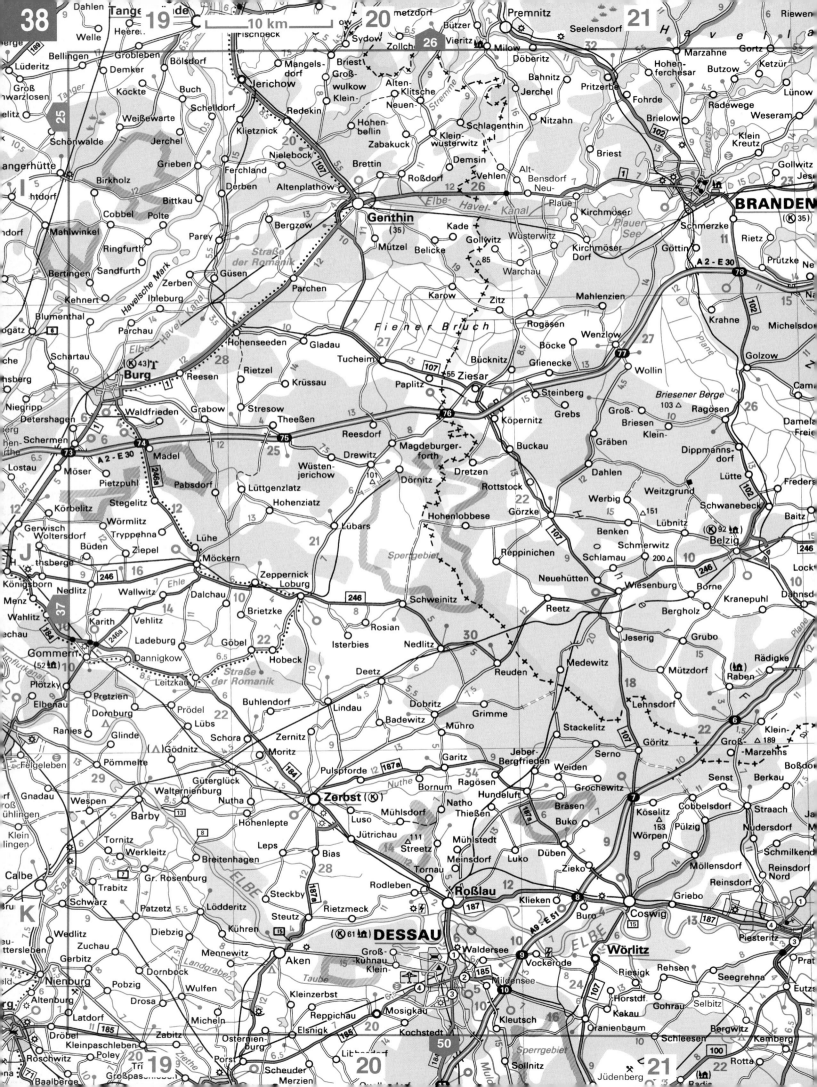

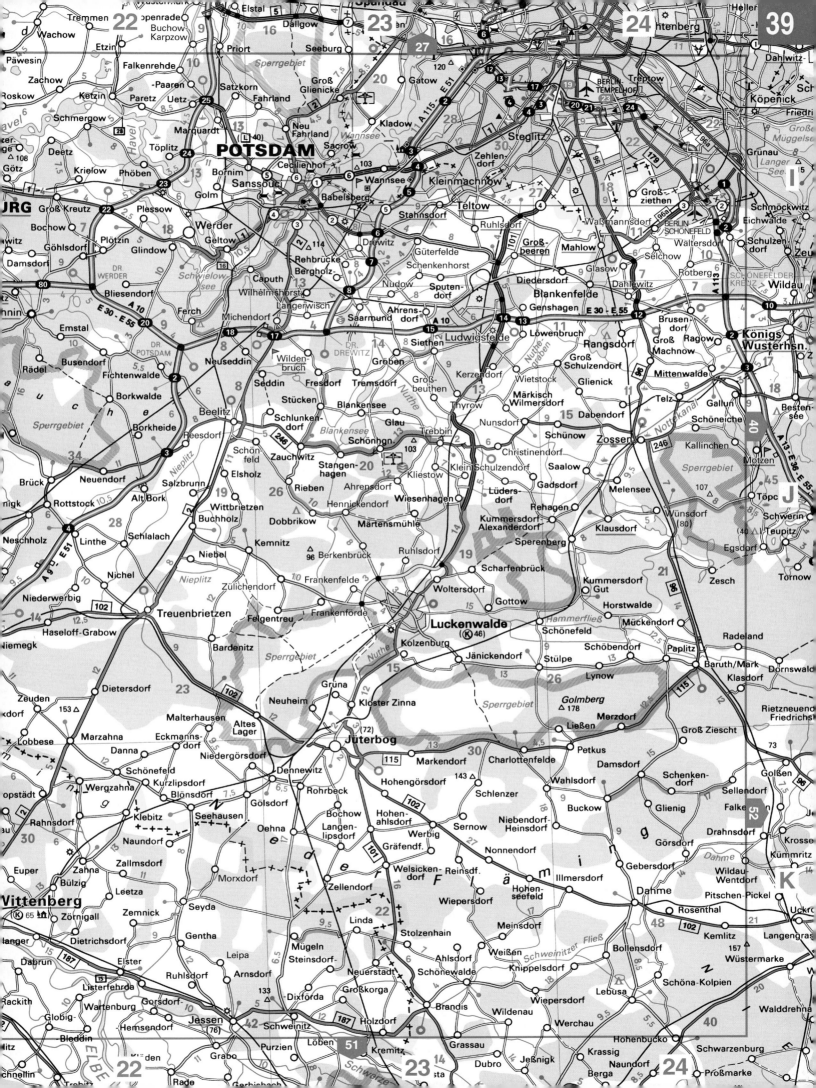

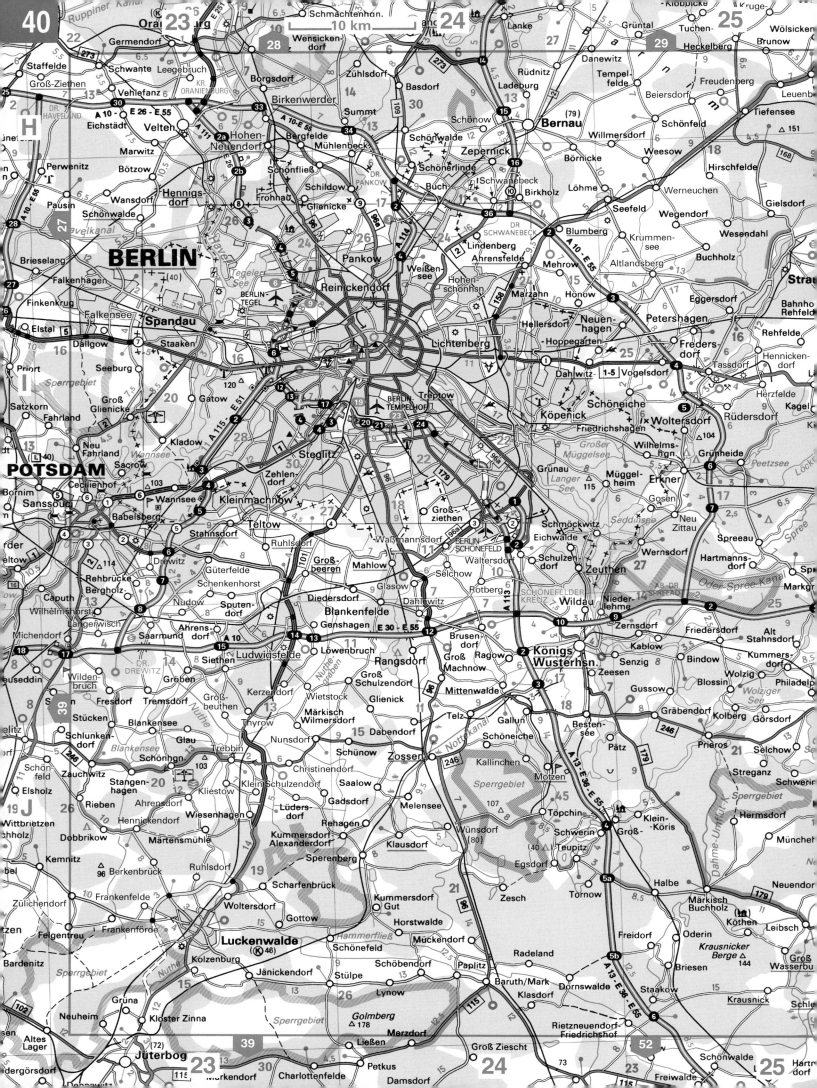

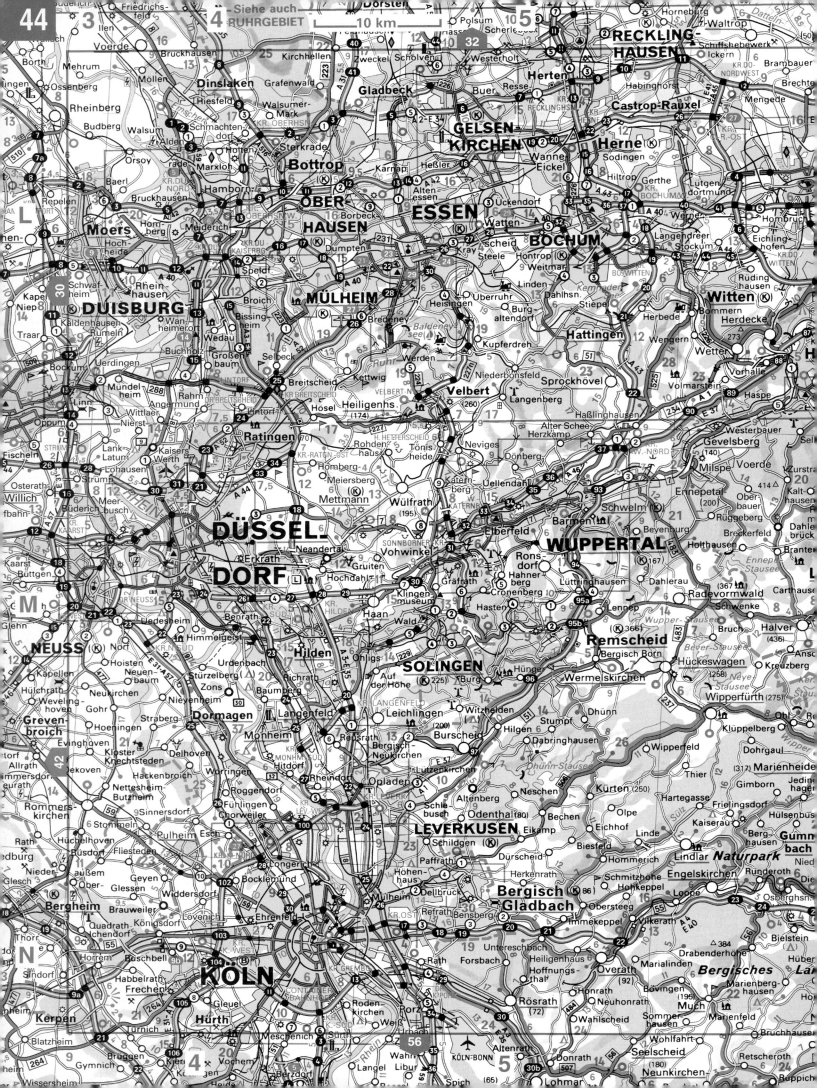

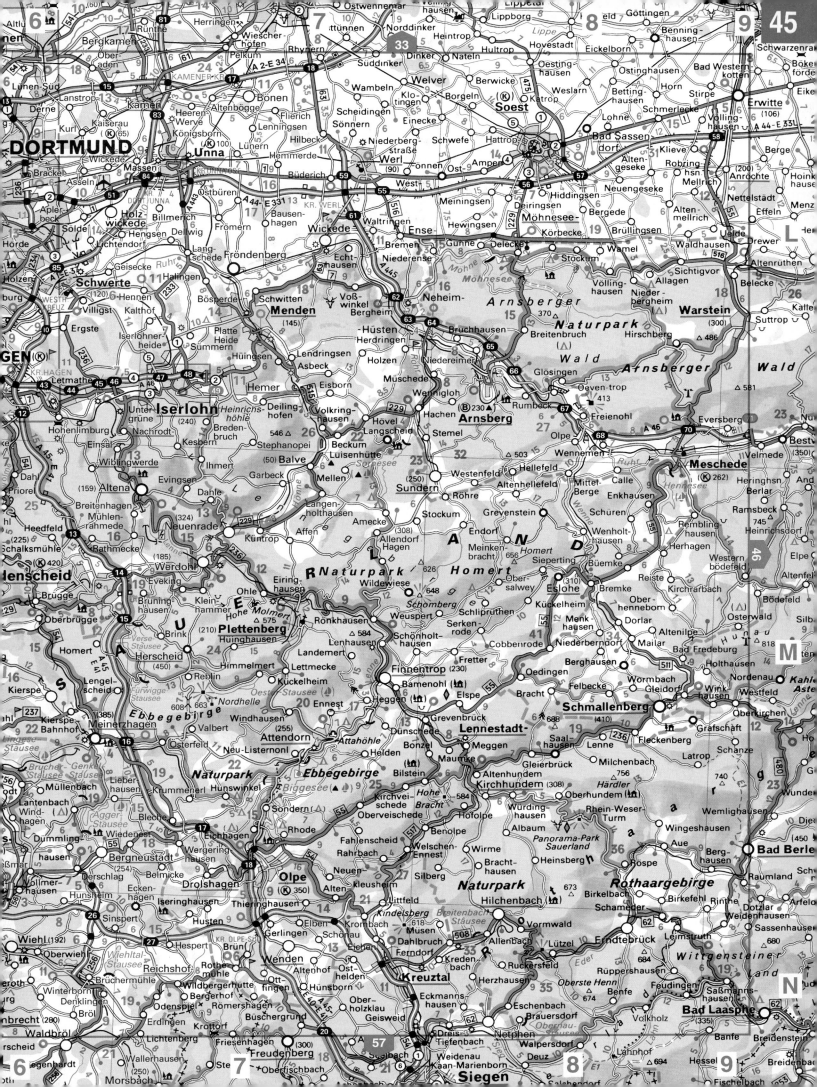

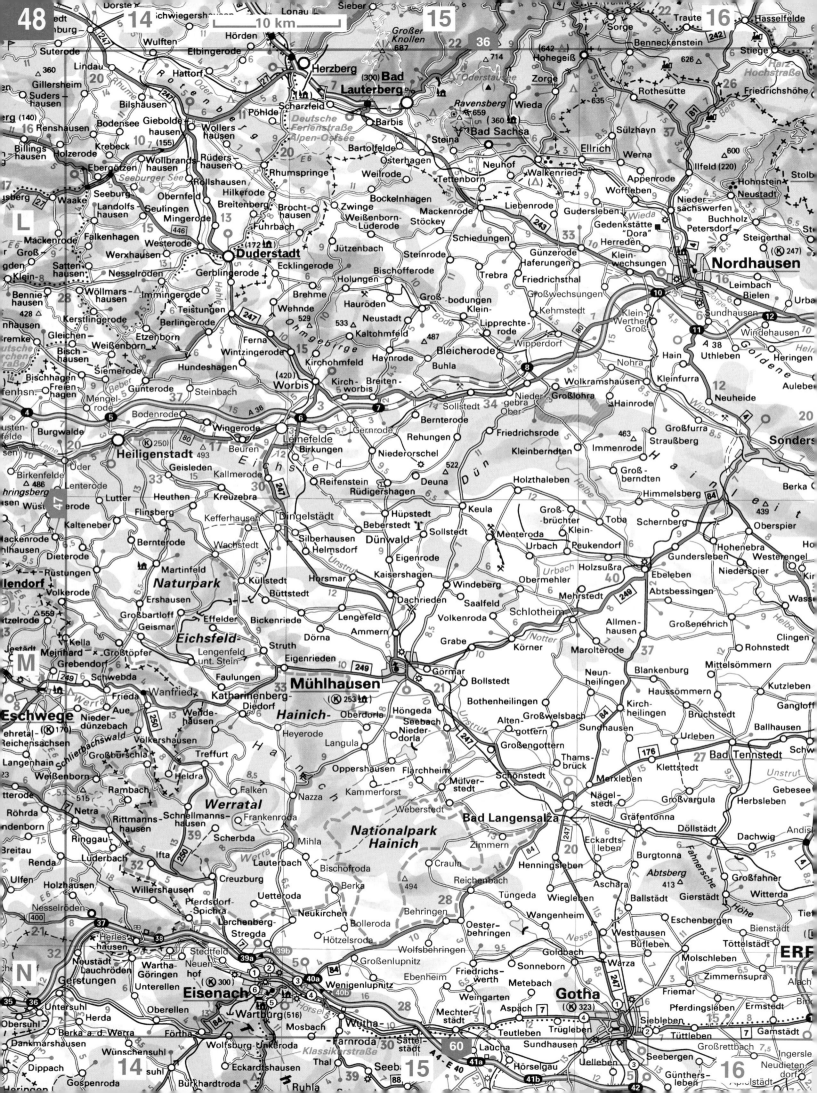

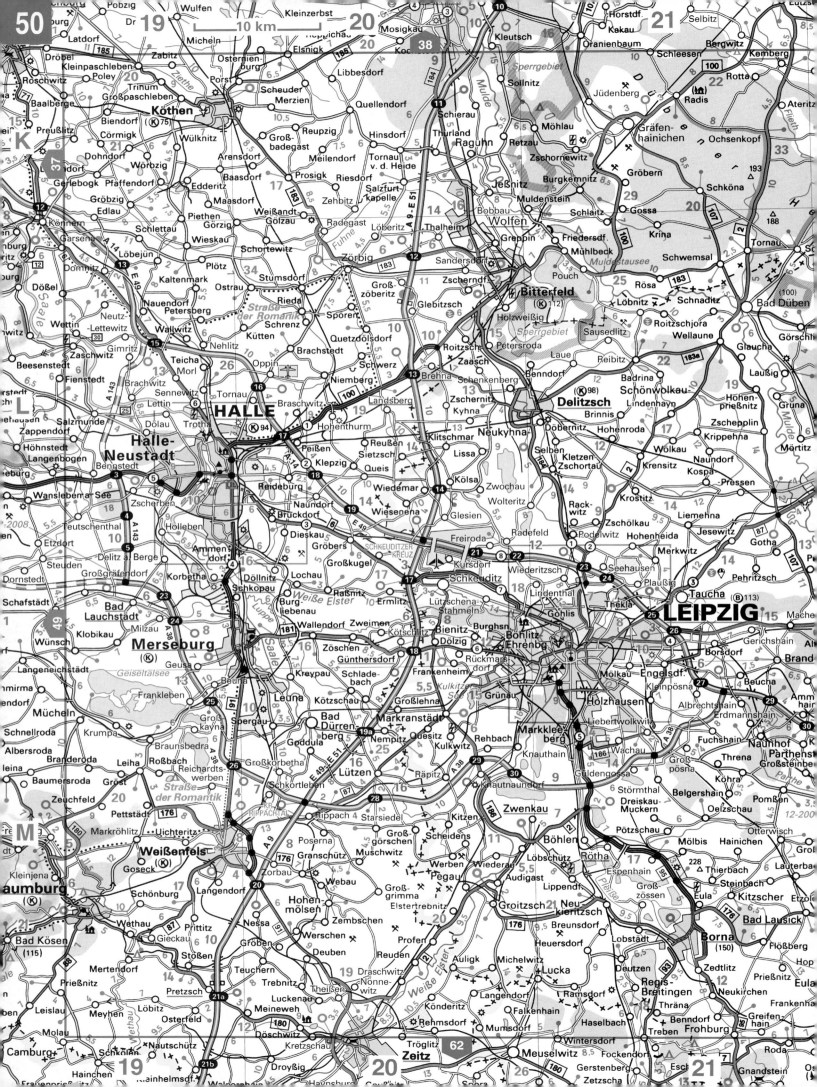

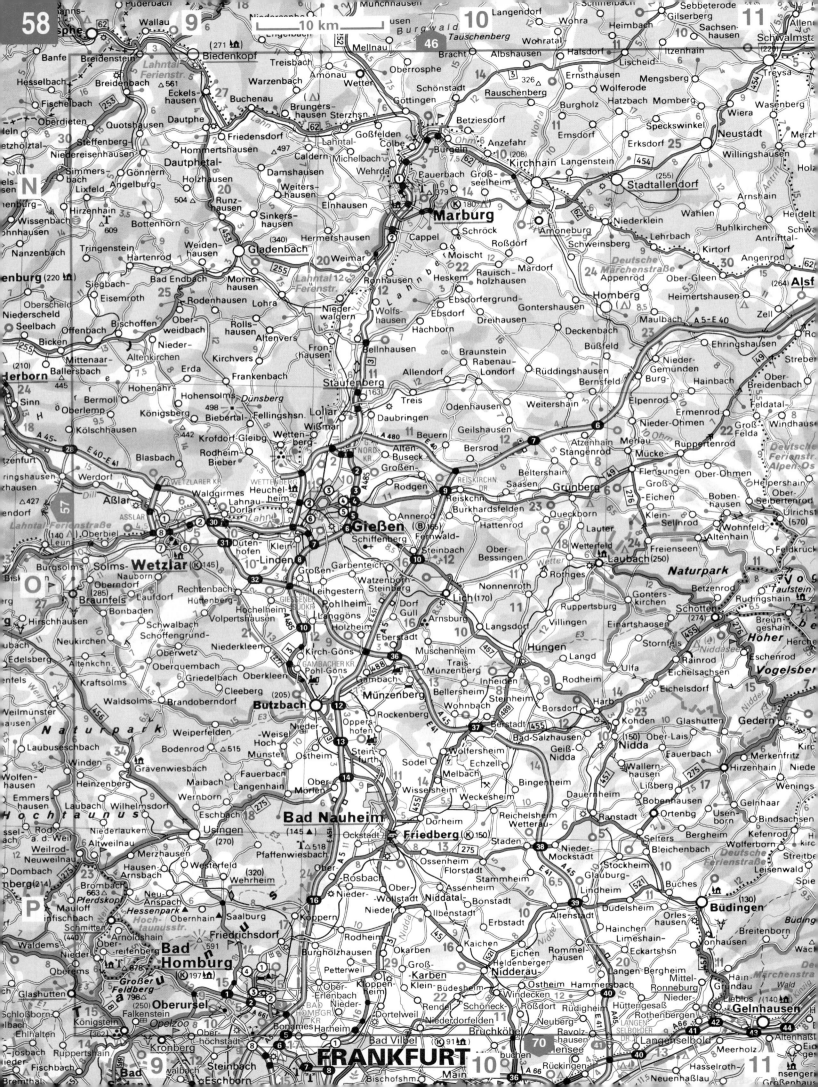

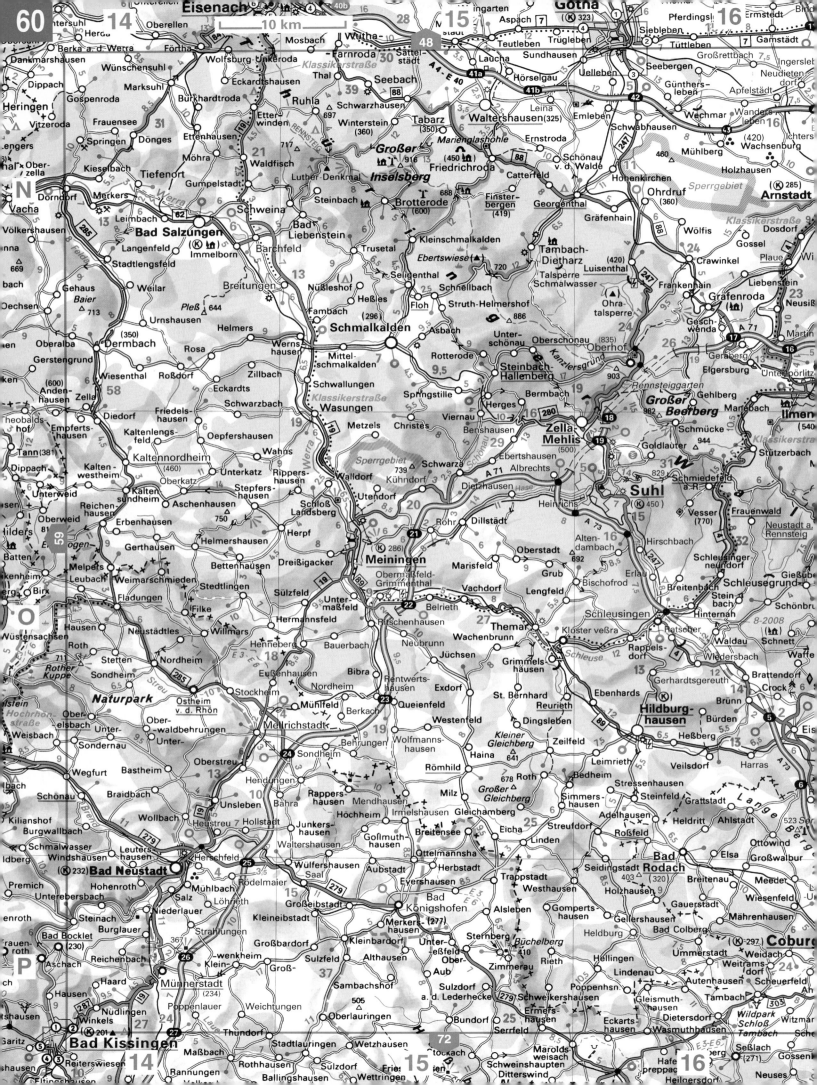

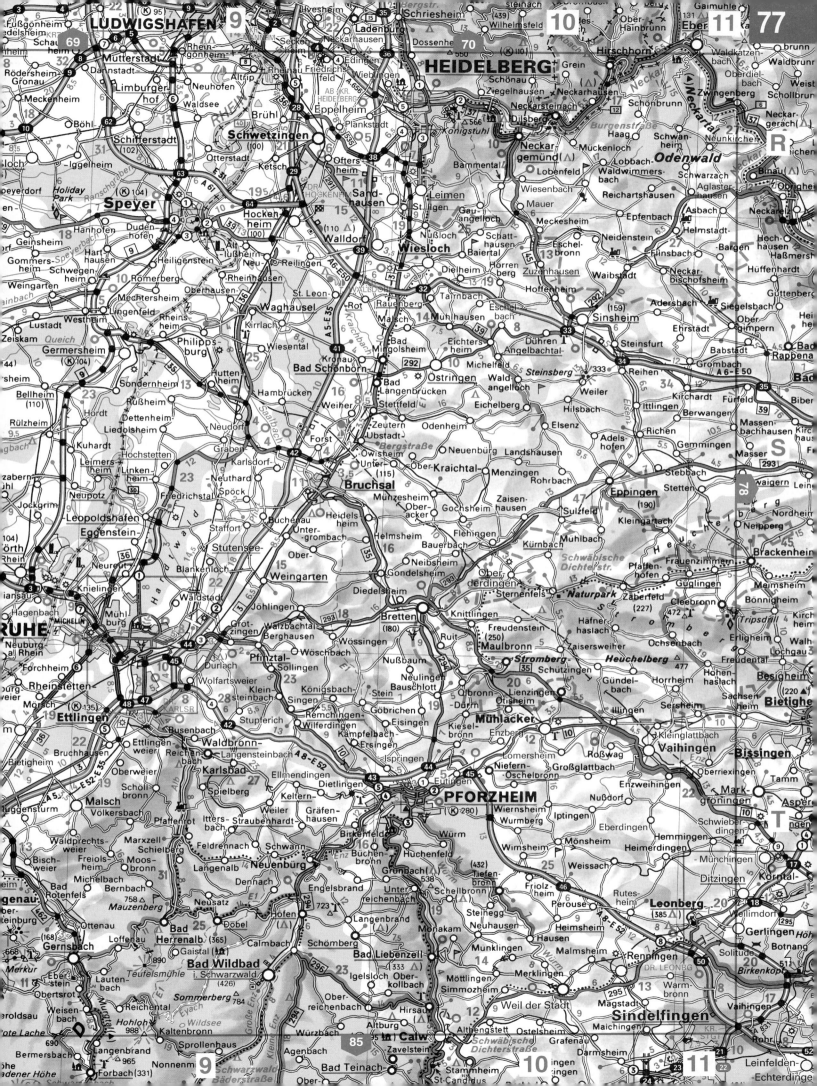

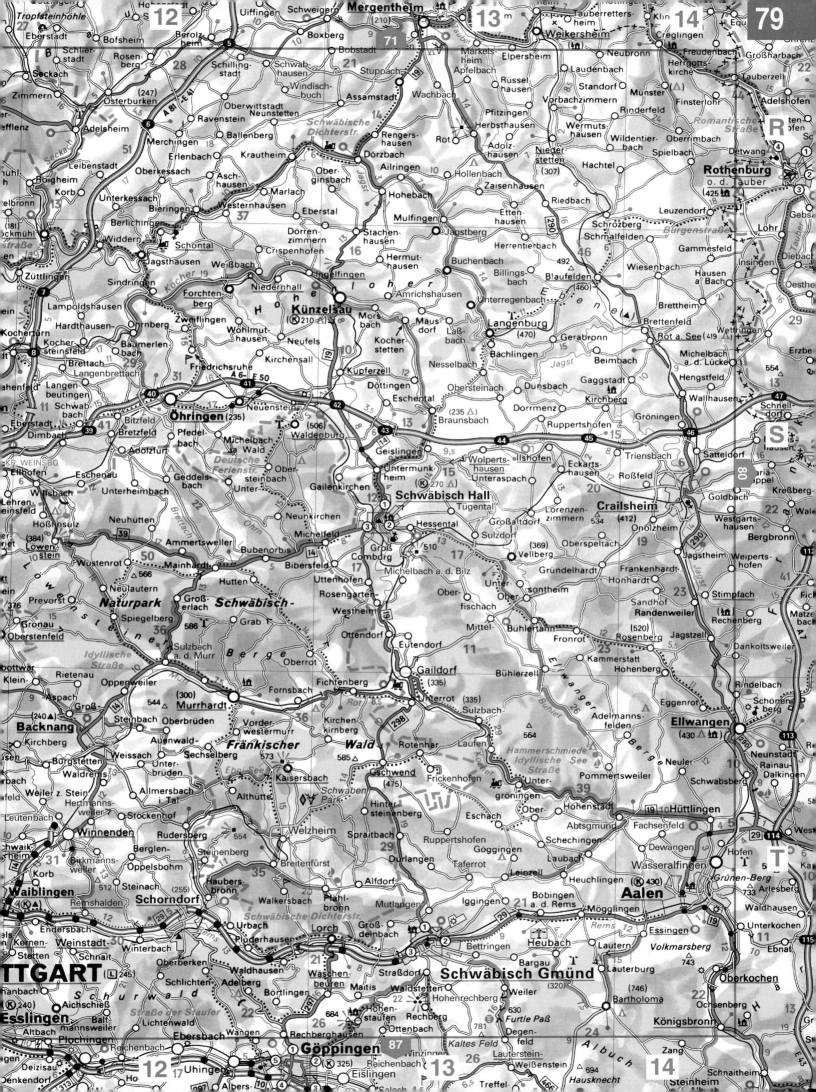

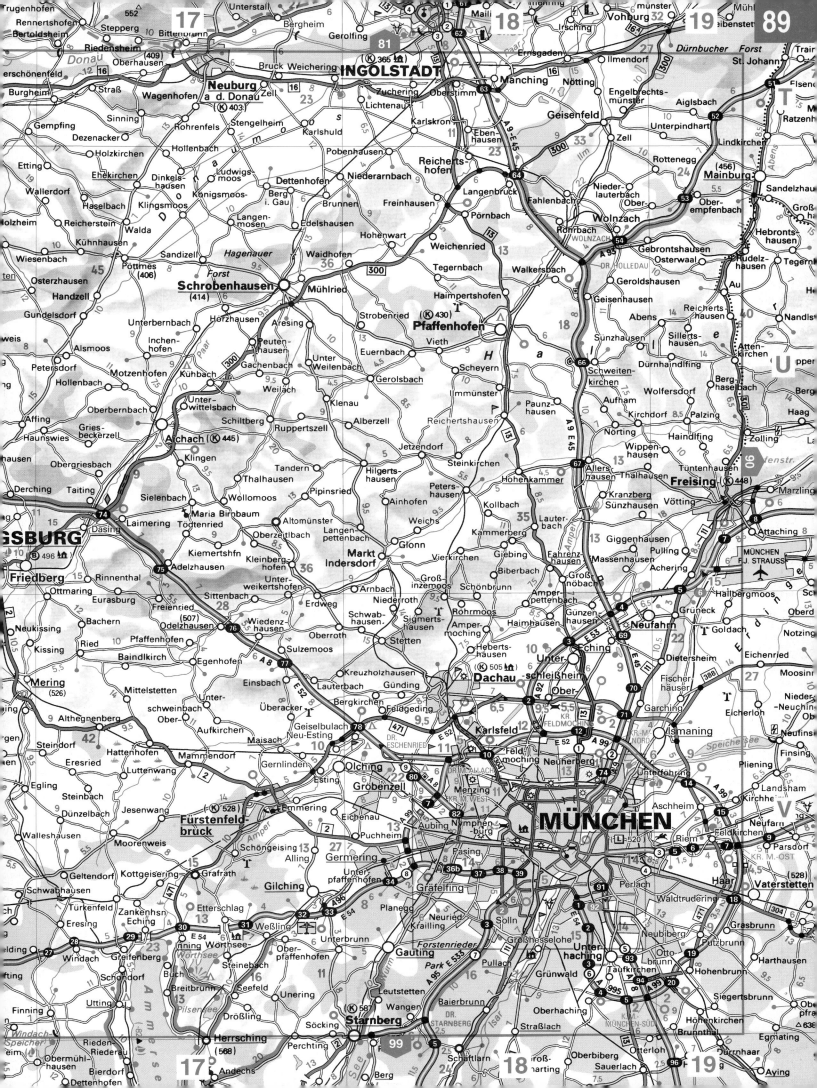

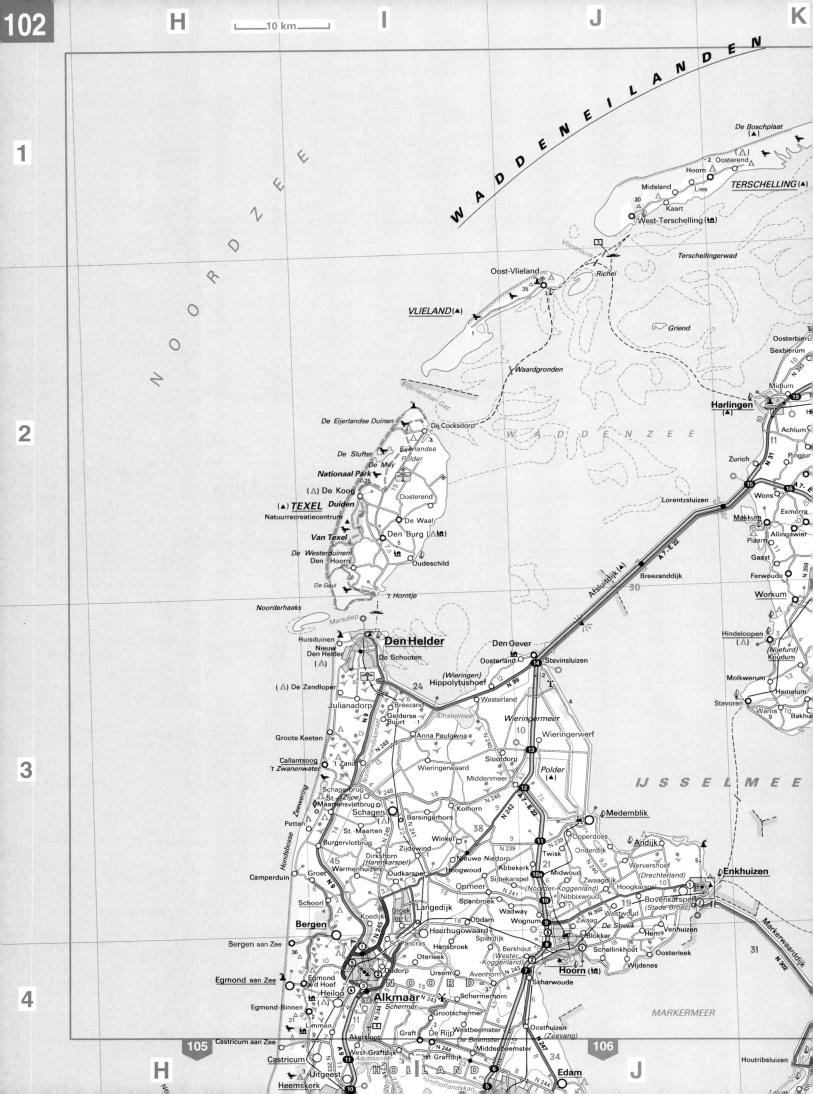

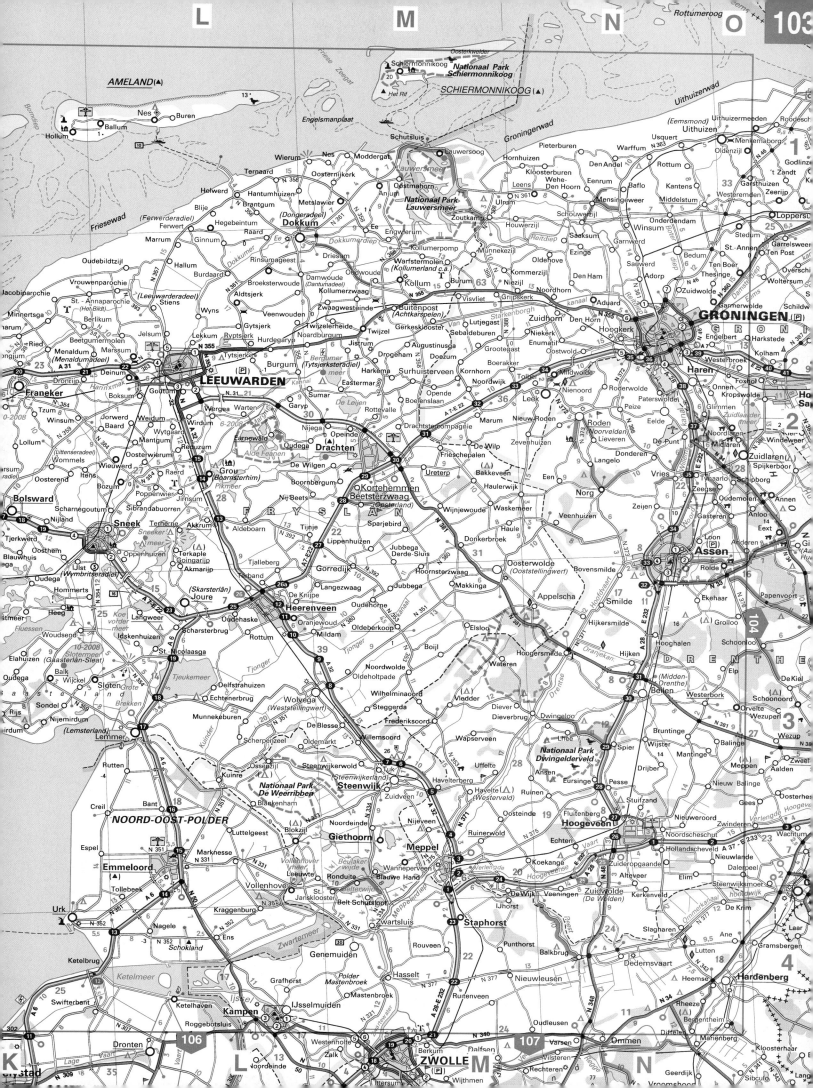

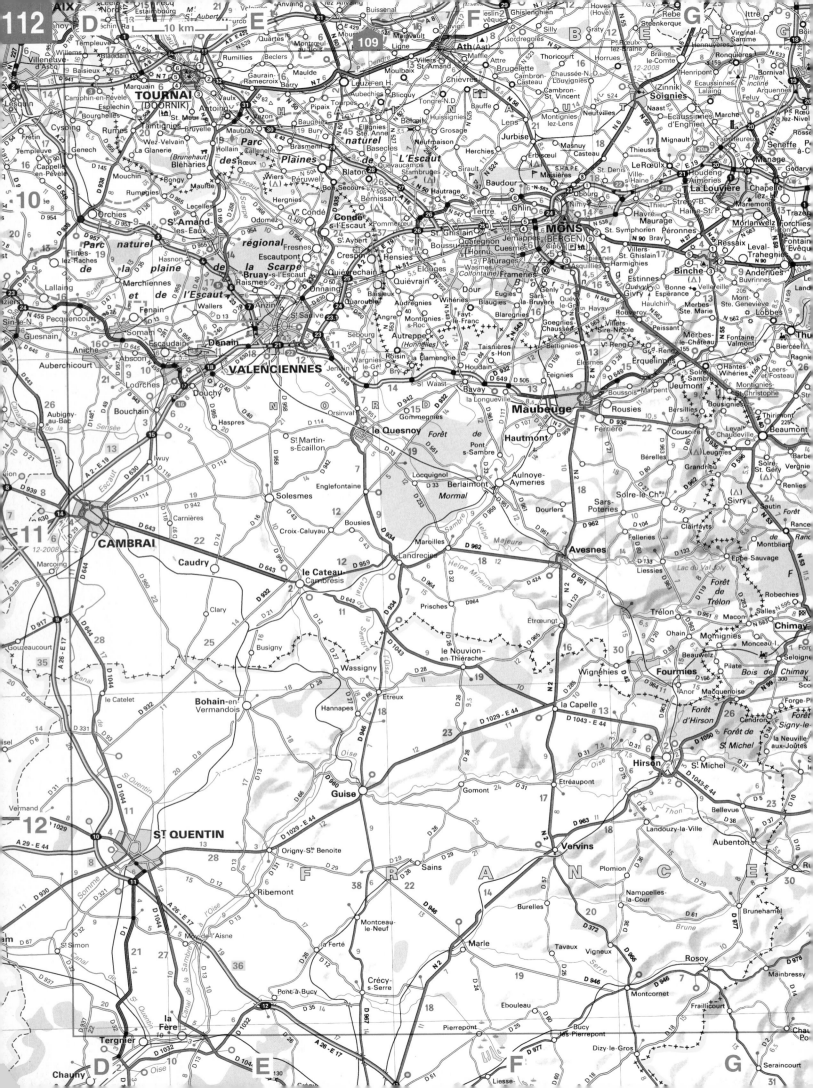

F
G
H
116
117
122
FRIBOURG
Bulle
Gruyères
Château-d'Oex
Gstaad
Zweisimmen
Adelboden
Kandersteg
Frutigen
THUN
Spiez
INTERLAKEN
Brienz
Grindelwald
Wengen
Lauterbrunnen
Mürren
Jungfrau
Eiger
Mönch
Aletschhorn
Grosser Aletschgletscher
Wildstrubel
Wildhorn
Leukerbad
Lötschental
Bietschhorn
Brig
Visp
Sierre
Crans
Montana
SION
Martigny
Verbier
Villars-s-Ollon
les Diablerets
Col du Pillon
Leuk
Saas-Fee
Saas-Grund
Simplonpass
Zinal
Grächen
Weisshorn
Dom
Zinalrothorn
Dent Blanche
Arolla
Les Haudères
Evolène
Grde Dixence
ZERMATT
MATTERHORN
M. CERVINO
Breuil-Cervinia
MONTE ROSA
Dufourspitze
Macugnaga
Valtournenche
Champoluc
Gressoney-la-Trinité
Alagna Valsesia
Col du Grd St Bernard
Orsières
Champex
Val Ferret
Grand Combin
Mauvoisin
Vallée de Bagnes
Val d'Hérens
Val d'Anniviers
Mattertal
Saastal
V A L A I S
B E R N
F R I B O U R G
Pays d'Enhaut
Nieder Simmental
Ober Simmental
Thuner See
Brienzer See
Rhône
Niesen
Stockhorn
Schynige Platte
Lötschbergtunnel
Gemmipass
Jaunpass
Col des Mosses
Simplontunnel
Gornergrat
Theodulpass / Colle di Teodulo

10 km

117 118 121 118

I J K

Engelberg · Hochstollen · Trübsee · Titlis · Sustenpass · Jochpass

Brienz · Brünigpass · Meiringen · Gadmen · Sustenhorn · Dammastock

Grindelwald · Wetterhorn · Schreckhorn · Lauteraarhorn · Finsteraarhorn · Grimselpass · Furkapass · Andermatt · Gemsstock · Oberalppass · Disentis/Mustér

Eiger · Mönch · Jungfrau · Aletschhorn · Grosser Aletschgletscher · Gletsch · Oberwald · Obergesteln · Ulrichen · St. Gotthardpass / Passo del S. Gottardo · Airolo

Gr. Windgällen · Oberalpstock · Rheinwaldhorn · P. Medel · Passo della Greina

Brig · Naters · Mörel · Fiesch · Binn · Nufenenpass · Griespass · Bedretto · Leventina · Biasca

Simplonpass · Simplontunnel · Gondo · Iselle · Varzo · Crodo · Formazza · Bosco/Gurin · Valle Maggia · Osogna

Domodossola · Villadossola · Crevoladossola · Masera · Druogno · Sta Maria Maggiore · Cannobina · Locarno · Ascona · Bellinzona · Giubiasco

Macugnaga · Vanzone · Piedimulera · Vogogna · Premosello · Val Grande · Cannero Riviera · Luino · Lugano

Varallo · Omegna · Baveno · Stresa · Verbania · Intra · Laveno · Varese · Chiasso

10 km

Amstetten
Melk (Δ)
St. Pölten (L) (Δ)
Wilhelmsburg
Hainfeld
Lilienfeld
Scheibbs
Purgstall
Ybbs a.d.D.
Mariazell
Eisenerz
Erzberg
Leoben
Donawitz
Bruck a.d. Mur
Kapfenberg
Aflenz Kurort
Mürzzuschlag
Stuhleck
Semmering-Kurort
Semmering-P.
Gloggnitz
Schneeberg
Raxalpe
Hochschwab
Gr. Ötscher 1893
Hochkar 1808
Dürrenstein 1878
Reisalpe
Unterberg 1342
Kindberg
Langenwang
Kraubath
Knittelfeld

Strudengau
Maria Taferl
Marbach a.d.D.
Pöchlarn
Krummnußbaum
Erlauf
Petzenkirchen
Blindenmarkt
Wieselburg
Mank
Kirnberg a.d. Mank
Texing
Frankenfels
St. Anton a.d. Jeßnitz
Gaming
Naturpark Puchenstuben
Ötscher-Tormäuer
Lackenhof
Langau
Lunz
Göstling
Lassing
Gresten
Reinsberg
Neustift

Weitenegg
Kleinpöchlarn
Anzendorf
Schallaburg
Schollach
Hürm
St. Margarethen a.d. Sierning
Obergrafendorf
Loosdorf
Markersdorf a.d.P.
Haindorf
St. Georgen a. Steinfelde
Wald
Altlengbach
Neustift-Innermanzing
Böheimkirchen
Kasten b. Böheimkirchen
St. Christophen
Eichgraben
Neulengbach
Maria Anzbach

Prinzersdorf
Gerersdorf
Ratzersdorf a.d.D.
Böheimkirchen
Harland
Pyhra
Furth
Stössing
Laaben
Schöpfl 893
Brand-
Kaumberg

Traisen
St. Veit a.d.G.
Rohrbach a.d.G.
Rainfeld
Wiesenfeld
Eschenau
Rabenstein
Kaiserkogel-H.
Rotheau
Schwarzenbach a.d.G.
Klammhöhe
Thenneberg
Altenmarkt a.d.T.
Hocheck 1037
Ramsau
Kleinzell
Ebenwald-Hs.
Schindeltal
Muckenkg.
Lehenrotte
Freiland
Hohenberg
Türnitz 1372
Türnitzer Höger
Eibel
Ebnerhof
Annaberg 1377
Annaberger-Hs.
Tirolerkogel
Wienerbruck
Josefsberg
Gösing
Hagen
Gr. Sulzberg
Ulreichsberg
Gr. Zellerhut
Terz
Lahn Sattel
Göller 1766
Gippel 1669
Gr. Sonnleitstein 1639
Frein
Steinalpl
Gschwand
Mürzsteg
Niederalpl
Wegscheid
Aschbach
Gollrad
Brandhof
Seewiesen
Aflenzer Seeberg
Voisthaler-H.
Windgrube
Bürgeralm
Au
Turnau
Thörl
Etmißl
Parschlug
Schirmitzbühel
Hafendorf
St. Katharein a.d.L.
Frauenberg
O. Kernstock-Hs.
Proleb
Niklasdorf
Oberaich
St. Lorenzen i.M.
Mürzhofen
Allerheiligen
Stanz
Fischbach
Ratten
St. Kathrein a. Hauenstein
Waldbach
Festenburg
Mönichwald
Birkfeld
Anger
Weiz
Passail
Gleinalmtunnel
Frohnleiten
Übelbach
Peggau
Semriach
Lurgrotte
Schöckl

Göstlingeralpen
Kräuterin
Salzatal
Wildalpen
Hinterwildalpen
Eisenerzer Höhe 1549
Eisenerzer Reichenstein 2165
Vordernberg
Präbichl
Polster 1910
Trofaiach
Kammern i. Liesingtal
Mautern i. St.
Traboch
St. Michael
St. Stefan ob Leoben
Kaisersberg
St. Marein b. Knittelfeld
Lobming
Preg
Kobenz

Fischbacheralpen
Teufelstein 1498
Hochlantsch 1720
Bärenschützklamm-H.
Mixnitz
Pernegg a.d.M.
Röthelstein
Tyrnau
Murtal
Frohnleiten
Hochtrötsch
Arzberg
Markt-Übelbach
Tullwitz
Fladnitz a.d. Teichalm
Baierdorf
Naintsch
Oberfeistritz
Stubenberg a. See
Pöllau
Pöllauberg
Rabenwald
Masenberg 1261
Toter Mann
Wenigzell
Strallegg

130
138
133
134

20 km

LEGNICA

Jelenia Góra

Szklarska Poręba

Karpacz

Špindlerův Mlýn

Świdnica

WAŁBRZYCH

KRÁLOVÉHRADECK

KRAJ

Trutnov

Vrchlabí

Nová Paka

Jičín

Hradec Králové

Náchod

Kłodzko

Kudowa-Zdrój

Góry Stołowe

Duszniki-Zdrój

Polanica-Zdrój

Ząbkowice Śląskie

Nowa Ruda

Bielawa

Dzierżoniów

PARDUBICKÝ KRAJ

Pardubice

Chrudim

Vysoké Mýto

Litomyšl

Česká Třebová

Lanškroun

OLOMOUCK

Šumperk

Zábřeh

Mohelnice

Králický Sněžník

Międzylesie

Bystrzyca Kłodzka

Lądek-Zdrój

Stronie Śl.

Złoty Stok

Paczków

Jawor

Strzegom

Świebodzice

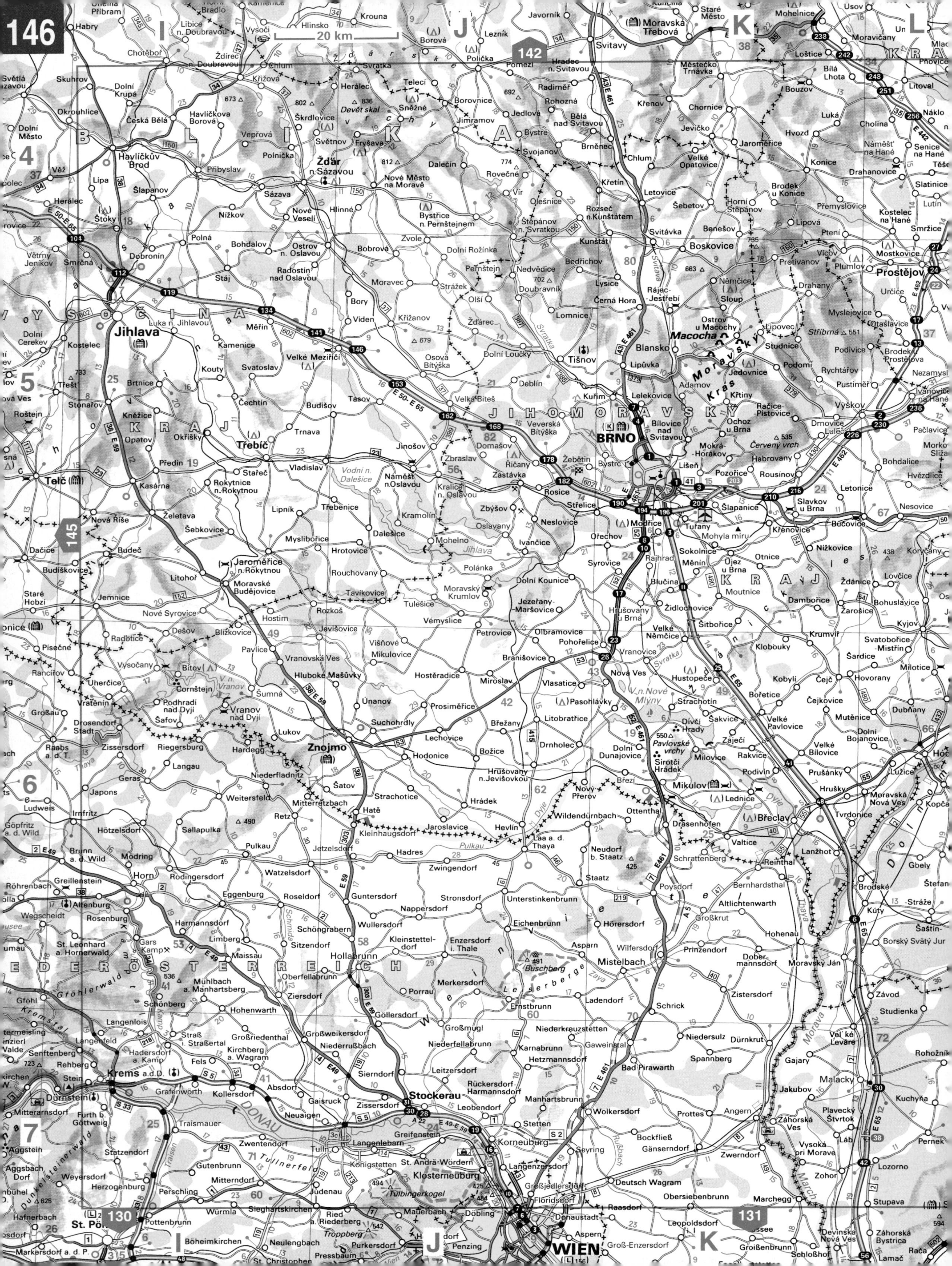

20 km

BRNO

Jihlava

Znojmo

WIEN

Stockerau

Krems a.d.D.

St. Pölten

Prostějov

Boskovice

Vyškov

Břeclav

Mikulov

Hollabrunn

Horn

JIHOMORAVSKÝ KRAJ

NIEDERÖSTERREICH

DONAU

STADTPLÄNE

Straßen

Autobahn - Schnellstraße
Hauptverkehrsstraße
Karlstr. Einkaufsstraße - Einbahnstraße
Gesperrte Straße, mit Verkehrsbeschränkungen
Fußgängerzone
P P Parkplatz - Parkhaus, Tiefgarage
Park-and-Ride-Plätze
Bewegliche Brücke - Autofähre

Sehenswürdigkeiten

Sehenswertes Gebäude
Sehenswerter Sakralbau

Sonstige Zeichen

Informationsstelle - Krankenhaus
Bahnhof und Bahnlinie
Flughafen - Autobusbahnhof
U-Bahnstation, unterirdischer S-Bahnhof
Öffentliches Gebäude, durch einen Buchstaben gekennzeichnet :
L R Sitz der Landesregierung - Rathaus
J Gerichtsgebäude
M T U Museum - Theater - Universität, Hochschule
POL. Polizei (in größeren Städten Polizeipräsidium)
Hauptpostamt (postlagernde Sendungen), Telefon
ADAC Automobilclub

PLATTEGRONDEN

Wegen

Autosnelweg - Weg met gescheiden rijbanen
Hoofdverkeersweg
Karlstr. Winkelstraat - Eenrichtingsverkeer
Onbegaanbare straat, beperkt toegankelijk
Voetgangersgebied
P P Parkeerplaats
Parkeer en Reis
Beweegbare brug - Auto-veerpont

Bezienswaardigheden

Interessant gebouw
Interessant kerkelijk gebouw

Overige tekens

Informatie voor toeristen - Ziekenhuis
Station spoorweg
Luchthaven - Busstation
Metrostation
Openbaar gebouw, aangegeven met een letter :
L R Provinciehuis - Stadhuis
J Gerechtshof
M T U Museum - Schouwburg - Universiteit, hogeschool
POL. Politie (in grote steden, hoofdbureau)
Hoofdkantoor voor poste-restante, Telefoon
ADAC Automobielclub

TOWN PLANS

Roads

Motorway - Dual carriageway
Major thoroughfare
Karlstr. Shopping street - One-way street
Unsuitable for traffic, street subject to restrictions
Pedestrian street
P P Car Park -Covered parking
Park and Ride
Lever bridge - Car ferry

Sights

Place of interest
Interesting place of worship

Various signs

Tourist Information Centre - Hospital
Station and railway
Airport - Coach station
Underground station, S-Bahn station underground
Public buildings located by letter :
L R Provincial Government Office - Town Hall
J Law Courts
M T U Museum - Theatre - University, College
POL. Police (in large towns police headquarters)
Main post office with poste restante, telephone
ADAC Automobile Club

LES PLANS

Voirie

Autoroute - Route à chaussées séparées
Grande voie de circulation
Karlstr. Rue commerçante - Sens unique
Rue impraticable, réglementée
Rue piétonne
P P Parking - Parking couvert
Parking Relais
Pont mobile - Bac pour autos

Curiosités

Bâtiment intéressant
Édifice religieux intéressant

Signes divers

Information touristique - Hôpital
Gare et voie ferrée
Aéroport - Gare routière
Station de métro, gare souterraine
Bâtiment public repéré par une lettre :
L R Conseil provincial - Hôtel de ville
J Palais de justice
M T U Musée - Théâtre - Université, grande école
POL. Police (commissariat central)
Bureau principal de poste restante et téléphone
ADAC Automobile Club

LE PIANTE

Viabilità

Autostrada - Strada a carreggiate separate
Grande via di circolazione
Karlstr. Via commerciale - Senso unico
Via impraticabile, a circolazione regolamentata
Via pedonale
P P Parcheggio - Parcheggio coperto
Parcheggio Ristoro
Ponte mobile - Traghetto per auto

Curiosità

Edificio interessante
Costruzione religiosa interessante

Simboli vari

Ufficio informazioni turistiche - Ospedale
Stazione e ferrovia
Aeroporto - Stazione di autobus
Stazione della Metropolitana, stazione sotterranea
Edificio pubblico indicato con lettera :
L R Sede del Governo della Provincia - Municipio
J Palazzo di Giustizia
M T U Museo - Teatro - Università
POL. Polizia (Questura, nelle grandi città)
Ufficio centrale di fermo posta e telefono
ADAC Automobile Club

PLANOS

Vías de circulación

Autopista - Autovía
Vía importante de circulacíon
Karlstr. Calle comercial - Sentido único
Calle impraticable, de uso restringido
Calle peatonal
P P Aparcamiento - Aparcamiento cubierto
Aparcamientos "P+R"
Puente móvil - Barcaza para coches

Curiosidades

Edificio interesante
Edificio religioso interesante

Signos diversos

Oficina de información de Turismo - Hospital
Estación y linea férrea
Aeropuerto - Estación de autobuses
Boca de metro
Edificio público localizado con letra :
L R Gobierno provincial - Ayuntamiento
J Palacio de Justicia
M T U Museo - Teatro - Universidad, Escuela Superior
POL. Policía (en las grandes ciudades : Jefatura)
Oficina central de lista de correos - Teléfonos
ADAC Automóvil Club

Deutschland

A

Aa 30 K3
Aabach Stausee 46 L10
Aach (Bach) 96 W11
Aach (Kreis
  Freudenstadt) 85 U9
Aach (Kreis Kempten) ...97 X13
Aach (Kreis
  Trier-Saarburg) 66 Q3
Aach (Hegau) 95 W10
Aach-Linz 96 W11
Aachen 42 N2
Aachquelle 95 W10
Aalbach 71 Q13
Aalen 79 T14
Aar 57 O8
Aarbergen 57 P8
Aasbüttel 5 D12
Aasen 85 W9
Abbehausen 12 F9
Abbehauser Hörne 12 F9
Abbendorf
  (Kreis Prignitz) 26 H19
Abbendorf
  (Kreis Rotenburg) 13 G12
Abbendorf (Kreis Westliche
  Altmark) 24 H16
Abbenfleth 13 E12
Abbenrode
  (Kreis Wernigerode) ...36 K15
Abbenrode
  (Kreis Wolfenbüttel) ...36 J16
Abbensen
  (Kreis Hannover) 23 I12
Abbensen
  (Kreis Peine) 36 I14
Abbenseth 12 F11
Abberode 49 L17
Abbesbüttel 36 I15
Abenden 42 N3
Abenheim 69 Q8
Abens 90 U19
Abens (Bach) 89 U19
Abensberg 90 T19
Abentheuer 67 R5
Abersfeld 72 P15
Ablach 86 V11
Ablaß 51 M22
Absberg 80 S16
Abstatt 78 S11
Abterode 47 M13
Abtsberg 48 M16
Abtsbessingen 48 M16
Abtschlag 93 T23
Abtsdorf 101 W22
Abtsdorfer See 101 W22
Abtsgmünd 79 T13
Abtshagen 9 D23
Abtsroda 59 O13
Abtsteinach 70 R10
Abtswind 72 Q15
Abtweiler 67 Q6
Abwinkl 99 W19
Accum 11 F8
Achberg 97 X13
Achdorf 95 W9
Achenbach 57 N7
Achenmühle 100 W20
Acher 84 U9
Achering 89 U19
Achern 84 U9
Achim (Kreis Verden) ...22 G11
Achim
  (Kreis Wolfenbüttel) ...36 J15
Achmer 21 I7
Achsheim 88 U16
Achslach 92 T22
Achstetten 87 V13
Achtel 73 R18
Achterberg 23 H13
Achternmeer 21 G8
Achterwasser 19 D25
Achterwehr 5 D13
Achtrup 2 B11
Achtum 35 J14
Ackendorf 37 J18
Ackenhausen 35 K14
Adamshoffnung 16 F21
Addrup 21 H8
Adelberg 79 T12
Adelbeen 47 L13
Adelhausen (Kreis
  Hildburghausen) 60 O16
Adelhausen
  (Kreis Lörrach) 94 X7
Adelheide 22 G9
Adelheidsdorf 24 H14
Adelmannsfelden 79 T14
Adelschlag 81 T17
Adelsdorf 72 Q16

Adelsheim 79 R12
Adelshofen
  (Kreis Ansbach) 80 R14
Adelshofen
  (Rhein-Neckar-Kreis) ...77 S10
Adelsried 88 U16
Adelwitz 51 L23
Adelzhausen 89 U17
Adenau 56 O4
Adenbüttel 25 I17
Adensen 35 J13
Adenstedt
  (Kreis Hildesheim) 35 J13
Adenstedt
  (Kreis Peine) 36 J14
Adersbach 77 S10
Adersheim 36 J15
Adersleben 37 K17
Aderstedt
  (Kreis Bernburg) 37 K19
Aderstedt
  (Kreis Halberstadt) 36 J16
Adertshausen 82 S19
Adlersdorf 90 T20
Adlholz 82 R19
Adlkofen 90 U20
Adlum 36 J14
Admannshagen 8 D20
Adolzfurt 79 S12
Adolzhausen 79 R13
Adorf (Kreis Emsland) ...20 I5
Adorf (Kreis Waldeck-
  Frankenberg) 46 L10
Adorf (Vogtlandkreis) ...75 P20
Adorf (Erzgebirge) 63 N22
Adrazhofen 97 W14
Aebtissinwisch 5 E11
Aegidienberg 56 O5
Aengenesch 30 L3
Äpfingen 87 V13
Aerzen 34 J11
Affalter 63 O22
Affalterbach 78 T11
Affaltern 88 U16
Affecking 82 T19
Affeln 45 M7
Afferde 35 J12
Affing 89 U16
Affinghausen 22 H10
Affoldern 46 M11
Affolterbach 70 R10
Aftersteg 94 W7
Aga 62 N20
Agathenburg 13 F12
Agawang 88 U16
Agenbach 85 T9
Agger 43 N6
Agger-Stausee 45 N6
Agterhorn 20 I4
Aham 90 U21
Ahaus 32 J5
Ahausen
  (Bodenseekreis) 96 W11
Ahausen
  (Kreis Rotenburg) 23 G11
Ahden 46 L9
Ahe 42 N3
Ahlbeck (Kreis
  Ostvorpommern) 19 E26
Ahlbeck (Kreis
  Uecker-Randow) 19 E26
Ahlde 20 I5
Ahlden 23 H12
Ahlem 23 I12
Ahlen (Kreis Biberach) ...87 V12
Ahlen (Kreis Emsland) ...20 H5
Ahlen
  (Kreis Warendorf) 33 K7
Ahlen-Falkenberg 12 E10
Ahlenmoor 12 E10
Ahlerstedt 13 F12
Ahlhorn 21 H8
Ahlintel 33 J6
Ahlsburg 35 K13
Ahlsdorf
  (Kreis Elbe-Elster) 39 K23
Ahlsdorf (Kreis
  Mansfelder Land) 49 L18
Ahlshausen (Saale-
  Holzland-Kreis) 61 N19
Ahlstadt 60 O16
Ahlten 23 I13
Ahlum (Altmarkkreis
  Salzwedel) 25 H17
Ahlum
  (Kreis Wolfenbüttel) ...36 J15
Ahmsen 21 H6
Ahnatal 47 L12
Ahneby 3 B13
Ahnsbeck 24 I14
Ahnsen 24 I15

Aholfing 92 T21
Aholming 92 T22
Ahorn (Kreis Coburg) ...61 P16
Ahorn (Main-
  Tauber-Kreis) 71 R12
Ahornberg 74 P19
Ahorntal 73 Q18
Ahr 56 O4
Ahrbergen 35 J13
Ahrbrück 56 O4
Ahrem 42 N4
Ahrensberg 17 G23
Ahrensbök 6 D15
Ahrensburg 14 E14
Ahrensdorf
  (b. Ludwigsfelde) 39 J23
Ahrensdorf
  (b. Oldenburg) 11 G7
Ahrensdorf
  (b. Trebbin) 39 J23
Ahrensdorf
  (Kreis Oder-Spree) 41 J26
Ahrensfelde 40 I24
Ahrenshagen 8 D21
Ahrenshöft 2 C11
Ahrenshoop 8 C21
Ahrensmoor 13 F12
Ahrenswohlde 13 F12
Ahrenviöl 3 C11
Ahrenviölfeld 3 C11
Ahrhütte 56 O4
Ahrsdorf 79 T13
Ahrweiler 56 O5
Aich (Kreis Ansbach) ...80 S16
Aich (Kreis Esslingen) ...86 U11
Aich (Kreis Freising) ...90 U19
Aich (Kreis Landshut) ...90 U21
Aicha 92 T23
Aicha v. Wald 93 T23
Aichach 89 U17
Aichelau 87 V12
Aichelberg
  (Kreis Calw) 77 T9
Aichelberg
  (Kreis Göppingen) 87 U12
Aichhalden
  (Kreis Calw) 85 U9
Aichhalden
  (Kreis Rottweil) 85 V9
Aichschieß 79 T12
Aichstetten 97 W14
Aichtal 86 U11
Aidenbach 91 U23
Aidhausen 72 P15
Aidlingen 85 T10
Aigen 91 V23
Aiglsbach 90 U19
Aiglsham 100 W19
Ailertchen 57 O7
Ailingen 97 W12
Ailringen 79 R13
Ainbrach 92 T22
Aindling 89 U16
Ainhofen 89 U18
Ainring 101 W22
Aisch 72 R15
Aising 100 W20
Aislingen 88 U15
Aistaig 85 V9
Aiterach 92 T21
Aiterhofen 92 T21
Aitrach 97 W14
Aitrach (Fluß) 95 W9
Aitrang 98 W15
Aitzendorf 51 M22
Aixheim 85 V10
Aken 38 K20
Alach 48 M16
Aland 25 H19
Alb
  (Fluß b. Feldberg) 94 W8
Alb
  (Fluß b. Karlsruhe) 77 T9
Albaching 100 V20
Albachten 31 K6
Albaum 45 M8
Albaxen 35 K12
Albbruck 94 X8
Albeck 87 U14
Albernau 63 O21
Albersdorf
  (Kreis Dithmarschen) ...5 D11
Albersdorf (Saale-
  Holzland-Kreis) 61 N19
Albershausen 87 T12
Albersloh 33 K7
Albersroda 49 M19
Alberstedt 49 L18
Albersweiler 76 S8
Albertinenhof 15 F17
Albertsdorf 7 C17
Albertshausen 59 P13
Albertshofen 72 Q14
Alberzell 89 U18
Albig 69 Q8

Albisheim 69 R8
Albrechts 60 O15
Albrechtshain 50 M21
Albringhausen 22 H10
Albshausen 58 N10
Albstadt (Kreis
  Aschaffenburg) 70 P11
Albstadt
  (Zollernalbkreis) 86 V11
Albstausee 94 W8
Albstedt 12 G10
Albtal 94 W8
Albuch 87 T13
Alburg 92 T21
Alchen 57 N7
Aldekerk 30 L3
Aldenhoven 42 N2
Aldenrade 31 L4
Aldersbach 91 U23
Aldingen 85 V10
Aldingen am Neckar ...78 T11
Aldorf 22 H9
Alendorf 54 O3
Alerheim 80 T15
Alertshausen 46 M9
Alesheim 80 S15
Aletshausen 88 V15
Alexisbad 49 L17
Alf 55 P5
Alf (Fluß) 55 P4
Alfdorf 79 T13
Alfeld
  (Kreis Hildesheim) 35 K13
Alfeld (Kreis
  Nürnberger Land) 81 R18
Alfen 34 L10
Alferde 35 J13
Alfershausen 80 S17
Alfhausen 21 I7
Alflen 55 P5
Alfsee 21 I7
Alfstedt
  (Kreis Cuxhaven) 12 F10
Alfstedt
  (Kreis Rotenburg) 12 F11
Alfter 43 N5
Algenrodt 68 Q5
Algenstedt 25 I18
Algermissen 35 J13
Algersdorf 73 R18
Alhausen 34 K11
Alheim 47 M12
Alige 23 I13
Alitzheim 72 Q14
Aljarn 14 G15
Alken 55 P6
Alkersleben 61 N17
Alkofen 82 T19
Alladorf 73 Q18
Allagen 45 L8
Allenbach
  (Kreis Birkenfeld) 68 Q5
Allenbach (Kreis Siegen-
  Wittgenstein) 57 N8
Allenbostel 24 G15
Allendorf
  (b. Greifenstein) 57 O8
Allendorf (b. Haiger) ...45 N8
Allendorf (Kreis Hersfeld-
  Rotenburg) 59 N12
Allendorf (Kreis Limburg-
  Weilburg) 57 O8
Allendorf (Kreis Saalfeld-
  Rodolstadt) 61 O17
Allendorf (Schwalm-
  Eder-Kreis) 46 N11
Allendorf (Eder) 46 M10
Allendorf (Lumda) 58 N10
Allendorf (Sauerland) ...45 M7
Allensbach 96 W11
Aller 37 J17
Allerheiligen 84 U8
Allerheiligen Wasserfälle .84 U8
Alleringhausen 46 M10
Allerkanal 37 I17
Allermöhe 14 F14
Allersberg 81 S17
Allersburg 82 S19
Allersdorf 83 S22
Allersehl 24 H15
Allershausen 89 U18
Allershausen 71 R13
Allerstorf 8 D21
Allertshausen 87 V12
Alletshausen 87 V12
Alletsried 83 S21
Allfeld 78 S11
Allgäuer Alpen 98 Y14
Alling (Kreis München) ...89 V17
Alling (Kreis
  Regensburg) 73 T19
Allmannsdorf 96 W11
Allmannsweier 84 U7
Allmannsweiler 87 V12

Allmendingen 87 V13
Allmenhausen 48 M16
Allmersbach i. Tal 79 T12
Allmuthshausen 47 N12
Allrath 42 M3
Allrode 37 K16
Alme 46 L9
Almena 34 J11
Almersbach 43 N6
Almerswind 61 O17
Almke 36 I16
Almsee 95 V10
Almstedt (Kreis
  Dillingen a. d. Donau) ...88 U14
Alpen 30 L3
Alpenrod 57 O7
Alpersbach 94 W8
Alperstedt 49 M17
Alpirsbach 85 U9
Alpsee (b. Füssen) 98 X16
Alpsee
  (b. Immenstadt) 98 X14
Alsbach 57 O6
Alsbach-Hähnlein 70 Q9
Alsberg 59 P12
Alsdorf
  (Kreis Aachen) 42 N2
Alsdorf
  (Kreis Altenkirchen) ...57 N7
Alse 12 F9
Alsenborn 69 R7
Alsenbrück-Langmeil ...69 R7
Alsenz 69 Q7
Alsenz (Fluß) 69 R7
Alsheim 69 Q9
Alsleben (Saale) 37 K19
Alsmoos 89 U17
Alst (Kreis Steinfurt) ...32 J5
Alst (Kreis Warendorf) ...33 K7
Alstätte 32 J4
Alstedde 33 J7
Alster 14 E14
Alswede 34 I9
Alsweiler 67 R5
Alt Barenaue 21 I8
Alt Bennebek 3 C12
Alt Bork 39 J22
Alt Brenz 15 F19
Alt Bukow 15 E18
Alt Duvenstedt 5 C12
Alt Gaarz 16 F21
Alt Garge 14 G16
Alt Golm 41 J26
Alt-Käbelich 17 F24
Alt Kätwin 16 E20
Alt Kaliß 15 G17
Alt Krenzlin 15 G17
Alt Madlitz 41 I26
Alt Meteln 15 E18
Alt Mölln 14 F15
Alt Pannekow 16 E22
Alt-Plestlin 17 E23
Alt Reddewitz 19 D25
Alt Rehse 17 F23
Alt Ruppin 27 H22
Alt Sammit 16 F20
Alt Schadow 41 J25
Alt Schönau 17 F22
Alt Schwerin 16 F21
Alt Stahnsdorf 40 J25
Alt Sührkow 16 E21
Alt Tellin 17 E23
Alt-Teterin 17 E24
Alt Tucheband 41 I27
Alt Wallmoden 36 J14
Alt Zauche 40 K26
Alt Zeschdorf 41 I27
Altastenberg 46 M9
Altbach 87 T12
Altbensdorf 38 I21
Altbülk 6 C14
Altburg 77 T10
Altburglage 11 G6
Altdahn 76 S7
Altdöbern 52 L26
Altdorf
  (Kreis Böblingen) 85 U10
Altdorf
  (Kreis Eichstätt) 81 T17
Altdorf
  (Kreis Landshut) 90 U20
Altdorf (Kreis Südliche
  Weinstraße) 76 S8
Altdorf
  (Ortenaukreis) 84 V7
Altdorf b. Nürnberg 81 R18
Altdorfer Wald 98 W12
Altdürnbuch 90 T19
Alte Elde 16 G18
Alte Jäglitz 26 H21
Alte Oder 41 I26
Alte Piccardie 20 I5

Alte Salzstraße 14 F15
Alte Sorge 3 C12
Alteburg 68 Q8
Altefähr 9 D23
Alteglofsheim 82 T20
Alten-Buseck 58 O10
Altena 45 M7
Altenahr 56 O4
Altenau (Bach) 46 L10
Altenau
  (Kreis Elbe-Elster) 51 L23
Altenau (Kreis Garmisch-
  Partenkirchen) 99 X17
Altenau Bergstadt 36 K15
Altenbach
  (Muldentalkreis) 51 L22
Altenbach (Rhein-
  Neckar-Kreis) 70 R10
Altenbanz 73 P16
Altenbeken 34 K10
Altenberg (Kreis
  Dillingen a. d. Donau).88 U14
Altenberg (Rheinisch-Bergischer
  Kreis) 44 M5
Altenberg
  (Weißeritzkreis) 64 N25
Altenberga 61 N18
Altenberge
  (Kreis Emsland) 20 H5
Altenberge
  (Kreis Steinfurt) 31 J6
Altenbergen 35 K11
Altenbögge 45 L7
Altenboitzen 23 H12
Altenbrak 36 K16
Altenbruch 12 E10
Altenbuch (Kreis
  Dingolfing-Landau) 92 T22
Altenbuch (Kreis
  Miltenberg) 71 Q12
Altenbüren 46 L9
Altenburg (Kreis
  Altenburger Land) 62 N21
Altenburg (Kreis
  Bernburg) 37 K19
Altenburg
  (Kreis Waldshut) 95 X9
Altenburg
  (Vogelsbergkreis) 59 N11
Altencelle 24 I14
Altendambach 60 O16
Altendiez 57 O7
Altendorf
  (Kreis Bamberg) 73 Q17
Altendorf
  (Kreis Gifhorn) 24 I16
Altendorf
  (Kreis Kassel) 46 M11
Altendorf (Kreis Neustadt
  a. d. Waldnaab) 74 Q19
Altendorf
  (Kreis Schwandorf) 82 R20
Altendorf
  (Rhein-Sieg-Kreis) 56 O5
Altenerding 90 V19
Altenesch 12 G9
Altenessen (Essen) 31 L5
Altenfeld 46 M9
Altenfeld (Ilm-Kreis) ...61 O16
Altenfurt 73 R17
Altengamme 14 F14
Altengesees 61 O18
Altengeseke 45 L8
Altenglan 67 R6
Altengottern 48 M15
Altengroden 11 F8
Altengronau 59 P12
Altenhagen
  (Kreis Bad Doberan) ...7 D19
Altenhagen
  (Kreis Bielefeld) 34 J9
Altenhagen
  (Kreis Demmin) 17 E23
Altenhagen
  (Kreis Hameln-
  Pyrmont) 35 J11
Altenhagen (Kreis
  Nordvorpommern) 8 D22
Altenhain 51 M22
Altenhain 58 O11
Altenhaßlau 70 P11
Altenhasungen 47 L11
Altenhausen 37 J17
Altenheerse 46 L11
Altenhof 84 U7
Altenhof 45 N7
Altenhof (Kreis Barnim) .29 H25
Altenhof (Kreis Müritz) ...16 F21
Altenhof (Kreis Rendsburg-
  Eckernförde) 3 C13
Altenhohenau 100 V20
Altenholz 6 C14

Altenhundem...45 M8
Altenilpe...45 M8
Altenkattbek...5 D13
Altenkirchen...9 C24
Altenkirchen (b. Herborn)...58 N9
Altenkirchen (b. Weilburg)...58 O9
Altenkirchen (Kreis Kusel)...67 R5
Altenkirchen i. Westerwald...43 N6
Altenkleusheim...45 M7
Altenklitsche...38 I20
Altenkreith...82 S21
Altenkrempe...6 D16
Altenkunstadt...73 P17
Altenlotheim...46 M10
Altenlünne...21 I6
Altenmarhorst...22 H9
Altenmarkt (Kreis Deggendorf)...92 T23
Altenmarkt (Kreis Passau)...93 U24
Altenmarkt a. d. Alz...100 V21
Altenmedingen...14 G15
Altenmellrich...45 L8
Altenmünster (Kreis Augsburg)...88 U15
Altenmünster (Kreis Schweinfurt)...72 P15
Altenoythe...21 G7
Altenparkstein...75 Q20
Altenplathow...38 I20
Altenpleen...9 C22
Altenplos...73 Q18
Altenrath...43 N5
Altenroda...49 M18
Altenrüthen...46 L9
Altensalzkoth...24 H14
Altensalzwedel...25 H17
Altenschlirf...59 O12
Altenschneeberg...82 R21
Altenschönbach...72 Q15
Altenschwand...82 S20
Altenseelbach...57 N8
Altenstadt...58 P10
Altenstadt (b. Vohenstrauß)...75 R20
Altenstadt (Kreis Neu-Ulm)...88 V14
Altenstadt (Kreis Weilheim-Schongau)...98 W16
Altenstadt a. d. Waldnaab...75 Q20
Altenstadt...46 M11
Altensteig...85 U9
Altenthann...82 S20
Altentreptow...17 E23
Altenveldorf...81 S19
Altenvers...58 N9
Altenwahlingen...23 H12
Altenwalde...12 E9
Altenweddingen...37 K18
Altenwillershagen...8 D21
Altenzaun...26 H20
Alter Schee...44 M5
Alterkülz...55 P6
Alterlangen...73 R16
Alterode...37 K18
Altershausen...72 P15
Altertheim...71 Q13
Altes Lager...39 J22
Altes Land...13 F12
Altfeld...71 Q12
Altforweiler...66 S4
Altfraunhofen...90 U20
Altfriedland...41 I26
Altfunnixsiel...11 F7
Altgalendorf...6 D16
Altgandersheim...35 K14
Altgarmssiel...11 F7
Altglashütte...75 Q21
Altglashütten...94 W8
Altglobsow...28 G23
Altharen...20 H5
Altharlingersiel...11 E7
Altharmhorst...6 D16
Althausen...60 P15
Althegnenberg...89 V17
Altheim (Alb-Donau-Kreis)...87 V13
Altheim (Bodenseekreis)...96 W11
Altheim (Kreis Biberach a. d. Riß)...87 V12
Altheim (Kreis Darmstadt-Dieburg)...70 Q10
Altheim (Kreis Freudenstadt)...85 U9
Altheim (Kreis Landshut)...90 U20
Altheim (Neckar-Odenwald-Kreis)...71 R12
Altheim (Saar-Pfalz-Kreis)...67 S5
Altheim (Alb)...87 U14
Altheim ob Weihung...87 V13
Althemmoor...12 E11
Althengstett...77 T10
Althütte (Kreis Freyung-Grafenau)...93 T23

Althütte (Rems-Murr-Kreis)...79 T12
Althüttendorf...29 H25
Altingen...85 U10
Altjührden...11 F8
Altkalen...16 E22
Altkirchen...62 N21
Altkirchen...99 W18
Altkünkendorf...29 G25
Altlacher Hoch Kopf...99 X18
Altlandsberg...40 I23
Altlewin...41 H26
Altlüdersdorf...28 G23
Altlünen...31 L6
Altluneberg...12 F10
Altlußheim...77 S9
Altmannsgrün...62 O20
Altmannshausen...72 R15
Altmannstein...81 T18
Altmark...25 H17
Altmersleben...25 H18
Altmittweida...63 N22
Altmörbitz...62 N21
Altmoorhausen...22 G9
Altmorschen...47 M12
Altmühl...80 S15
Altmühlendorf...5 D13
Altmühlsee...80 S16
Altmühltal...81 T19
Altoberndorf...85 V9
Altötting...91 V22
Altomünster...89 U17
Altona (Hamburg)...13 F13
Altranft...29 H26
Altranstädt...50 M20
Altreetz...29 H26
Altreichenau...93 T25
Altrich...68 Q4
Altrip...78 R9
Altrosenthal...41 I26
Altsadt...67 S5
Altscheid...54 P3
Altschönau...93 T24
Altschweier...84 T8
Altshausen...97 W12
Altsimonswald...84 W9
Altstädten...98 X14
Altsteußlingen...87 V12
Alttann...97 W13
Altthymen...17 G23
Altusried...98 W14
Altwarmbüchen...23 I13
Altwarp...19 E26
Altweilnau...58 P9
Altwied...56 O6
Altwigshagen...19 E25
Altwindeck...84 T8
Altwistedt...12 F10
Altwriezen...29 H26
Altwriezen-Beaureguard...29 H26
Altzirkendorf...74 Q19
Alverdissen...34 J11
Alvern (Kreis Celle)...24 I14
Alvern (Kreis Soltau-Fallingbostel)...23 G14
Alverskirchen...33 K7
Alveslohe...13 E13
Alvesrode...35 J12
Alvesse...24 I14
Alz...100 W21
Alzenau...70 P11
Alzenbach...43 N6
Alzey...69 Q8
Alzgern...91 V22
Ambach...99 W18
Amberg...82 R19
Amberg (Kreis Unterallgäu)...88 V16
Ambergen...22 H9
Amdorf...11 G6
Amecke...45 M7
Ameisenberg...82 R21
Amelgatzen...35 J12
Amelinghausen...14 G14
Amelith...35 K12
Ameln...42 N3
Amelsbüren...33 K6
Amelunxen...35 K12
Amerang...100 W20
Amerbach...80 T16
Amerbusch...22 H9
Amerdingen...88 T15
Amern...42 M2
Amesdorf...37 K18
Ammelbruch...80 S15
Ammeldingen...54 P2
Ammeloe...32 J4
Ammendorf...64 N24
Ammensen...35 K13
Ammer...99 X17
Ammer-Sattel...98 X16
Ammerbuch...85 U10
Ammerfeld...80 T16
Ammergebirge...98 X16
Ammerland...99 W18

Ammerland...11 G7
Ammern...48 M15
Ammerndorf...80 R16
Ammersbek...14 E14
Ammersee...89 V17
Ammersricht...82 R19
Ammersum...11 G6
Ammerthal...81 R19
Ammertsweiler...79 S12
Amönau...58 N10
Amöneburg...58 N10
Amorbach...70 R11
Ampen...45 L8
Amper (b. Ammersee)...89 V17
Amper (b. Moosburg)...89 U18
Ampermoching...89 V18
Amperpettenbach...89 V18
Ampfing...90 V21
Ampferbach...72 Q16
Ampfurth...37 J17
Ampleben...36 J16
Amrichshausen...79 S13
Amrigschwand...94 W8
Amrum (Insel)...2 C8
Amsdorf...49 L19
Amsham...91 U23
Amshausen...34 J9
Amstetten...87 U13
Amtsberg...63 N22
Amtzell...97 W13
Andechs...99 W17
Andenhausen...59 O14
Anderbeck...36 K16
Anderlingen...13 F11
Anderten (Kreis Nienburg)...23 H11
Anderten (Stadtkreis Hannover)...35 I13
Andervenne...21 I6
Andisleben...48 M15
Andorf...80 R15
Andorf (Kreis Osnabrück)...21 I7
Andorf (Kreis Westliche Altmark)...25 H16
Andreasberg...46 M9
Andrup...21 I6
Anemolter...22 I11

Angel...33 K7
Angelbachtal...77 S10
Angelburg...58 N9
Angelmodde...33 K7
Angeln...3 B13
Angenrod...58 N11
Anger...101 W22
Angering...90 V20
Angermünde...29 G26
Angermund...44 M4
Angern...37 I19
Angersbach...59 O12
Angersdorf...90 V20
Angersheim...45 L8
Angfeld...73 R19
Anhausen...56 O6
Anholt...30 K3
Ankelohe...12 F10
Ankershagen...17 F23
Anklam...19 E25
Ankum...21 I7
Annaberg-Buchholz...63 O23
Annaburg...51 K23
Annahütte...52 L25
Annarode...49 L18
Annathal...93 T24
Annerod...58 O10
Annweiler...76 S7
Anrath...42 M3
Anreppen...34 K9
Anröchte...45 L8
Ansbach...80 S15
Anschlag...44 M6
Ansprung...63 O23
Anstedt...22 H10
Antonsthal...63 O22
Antrift...58 N11
Antrifttal...58 N11
Anten...21 I7
Antfeld...46 L9
Anwalting...88 U16
Anzefahr...58 N10
Anzenkirchen...91 U23
Anzing...90 V19
Apeldorn...21 H6
Apelern...35 J12
Apelnstedt...36 J15
Apelstedt...22 H10

Apen...11 G7
Apenburg...25 H17
Apensen...13 F12
Apfelbach...79 R13
Apfeldorf...98 W16
Apfelstädt...60 N16
Apfelstetten...87 U12
Apfeltrach...88 V15
Apfeltrang...98 W15
Apflau...97 X12
Aplerbeck (Dortmund)...31 L6
Apolda...49 M18
Appel (Kreis Harburg)...13 F12
Appel (Kreis Rotenburg)...13 G12
Appeldorn...30 K3
Appelhülsen...31 K6
Appeln...12 F10
Appen...13 F13
Appendorf...72 Q16
Appenfeld...47 N12
Appenfelden...72 Q15
Appenheim...69 Q8
Appenrod...58 N11
Appenrode...48 L16
Appenweier...84 U7
Arberg...80 S15
Arbersee...83 S23
Arbing...91 V22
Archsum...2 B9
Ardorf...11 F7
Aremberg...56 O4
Arenborn...47 L12
Arendsee (Altmarkkreis Salzwedel)...25 H18
Arendsee (Kreis Uckermark)...17 G24
Arensch...4 E9
Arensdorf (Kreis Köthen)...50 K20
Arensdorf (Kreis Oder-Spree)...41 I26
Arenshausen...47 L13
Aresing (Kreis Altötting)...91 V21
Aresing (Kreis Neuburg-Schrobenhausen)...89 U17
Arfeld...46 M9
Argen...97 X13
Argenbühl...97 W13
Argenschwang...69 Q7
Argenthal...68 Q6

Arget...99 W18
Arheilgen...70 Q9
Arholzen...35 K12
Arkebek...5 D11
Arkeburg...22 H9
Arkona (Kap)...9 B24
Arlau...3 C11
Arle...11 F6
Arlesberg...80 T14
Arlesried...88 V15
Arloff...56 O4
Armsen...23 H12
Armsfeld...46 M11
Armsheim...69 Q8
Armstorf...12 F11
Arnach...97 W13
Arnbach...89 U18
Arnbruck...83 S23
Arndorf...92 T22
Arneburg...26 H20
Arnegg...87 V13
Arnegg...26 I19
Arnim...26 I19
Arnis...3 C13
Arnoldsgrün...62 O20
Arnoldshain...58 P9
Arnoldsweiler...54 O3
Arnsberg...59 O13
Arnsberg (Dorf)...81 T18
Arnsberg (Stadt)...45 L8
Arnsberger Wald...45 L8
Arnsburg...58 O10
Arnschwang...83 S22
Arnsdorf (Kreis Mittweida)...63 M23
Arnsdorf (Kreis Oberspreewald-Lausitz)...52 L25
Arnsdorf (Kreis Wittenberg)...39 K22
Arnsdorf b. Dresden...64 M25
Arnsdorf-Hilbersdorf...65 M28
Arnsfeld...63 O23
Arnsgereuth...61 O17
Arnsgrün (Elstertalkreis)...75 P20
Arnsgrün (Kreis Greiz)...62 O20
Arnshain...58 N11
Arnsnesta...51 K23
Arnstadt...61 N16
Arnstedt...37 K18
Arnstein...57 P7

AACHEN

Adalbertstr. .... CYZ 2
Alexanderstr. .... CY
Bergdriesch .... BY 3
Blondelstr. .... CY 4
Buchkremerstr. .... BZ 5
Büchel .... BY 6
Burtscheider Str. .... BY 7
Driescher Gäßchen .... BY 8
Friedrich-Ebert-Allee CZ 9
Friedrich-Wilhelm-Pl. . BZ 10
Großkölnstr. .... BY
Hansemannpl. .... CY 12
Hartmannstr. .... BZ 13
Kaiserpl. .... CZ
Kapuzinergraben ...... BZ 17
Karmeliterstr. .... BZ 19
Katschhof .... BY 20
Kleinkölnstr. .... BY 22
Kleinmarschierstr. ... BY 23
Kockerellstr. .... BY 24
Königstr. .... AZ 27
Komphausbadstr. ...... BY 28
Krugenofen .... BZ 29
Kurhausstr. .... CY 32
Lagerhausstr. .... BCZ 34
Markt. .... BY 35
Peterstr. .... CY
Ursulinerstr. .... BZ 36

ROERMOND 62 km
AUTOBAHN (E 314 · A 4) 3 km

MAASTRICHT 32 km

BILDCHEN 4 km

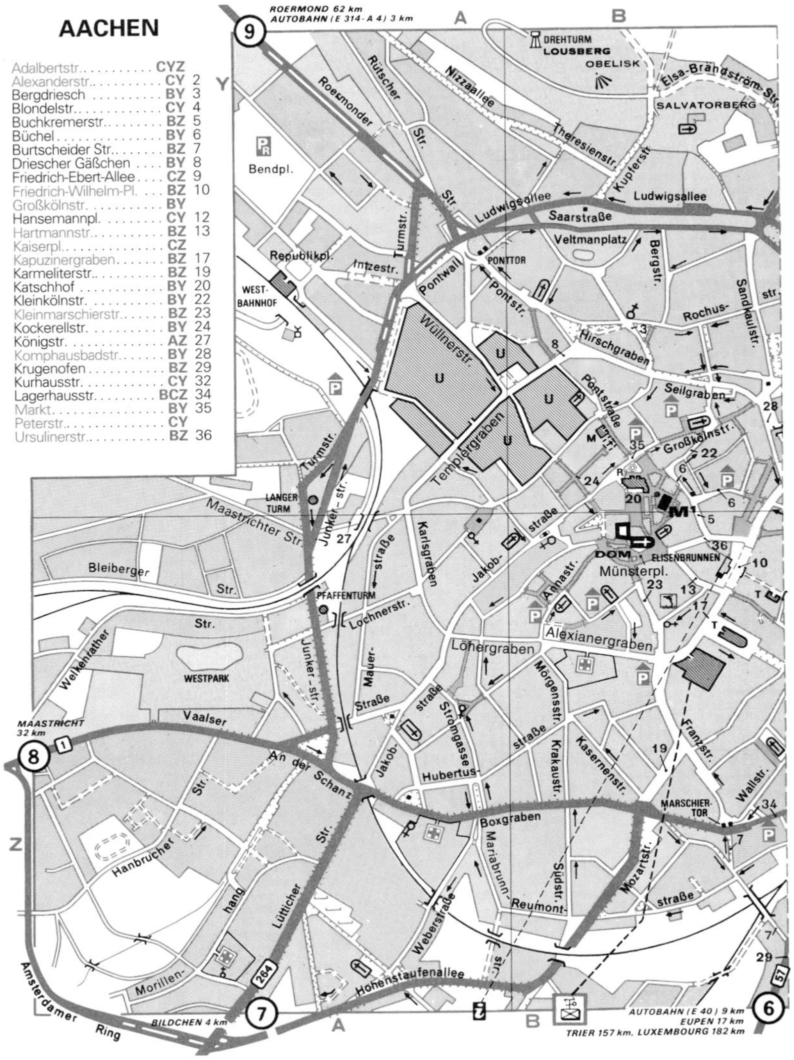

AUTOBAHN (E 40) 9 km
EUPEN 17 km

TRIER 157 km, LUXEMBOURG 182 km

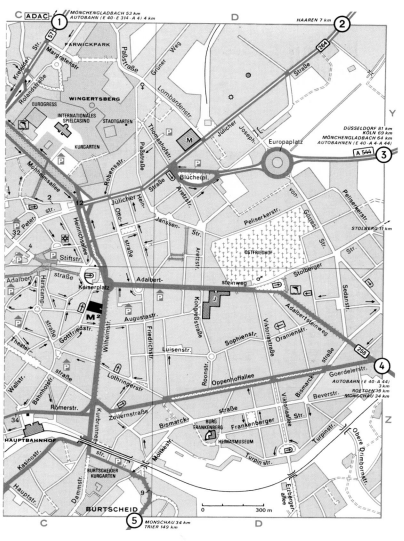

Asterode	59	N12	Auen	21	H7
Astfeld	36	K15	Auendorf	87	U13
Astheim	69	Q9	Auenhausen	46	L11
Astrup (Kreis Oldenburg)	21	G8	Auenheim	84	U7
Astrup (Kreis Vechta)	21	H8	Auenstein	78	S11
Atdorf	94	X7	Auenwald	79	T12
Ateritz	50	K21	Auer	64	M24
Athenstedt	36	K16	Auerbach	63	N22
Attaching	90	U19	Auerbach		
Attahöhle	45	M7	(Kreis Augsburg)	88	U16
Attel	100	V20	Auerbach		
Atteln	46	L10	(Kreis Bergstraße)	70	Q9
Attendorn	45	M7	Auerbach		
Attenhausen	57	P7	(Kreis Deggendorf)	92	T23
Attenhausen			Auerbach (Neckar-		
(Kreis Landshut)	90	U20	Odenwald-Kreis)	78	R11
Attenhausen			Auerbach (Vogtland)	62	O21
(Kreis Memmingen)	98	W15	Auerbach i. d. Oberpfalz	73	Q18
Attenhofen	90	U19	Auerberg	98	W16
Attenkirchen	89	U19	Auernheim (Kreis		
Attenweiler	87	V13	Heidenheim)	88	T14
Atter	33	J7	Auernheim (Kreis Weißenburg-		
Atterwasch	53	K27	Gunzenhsn)	80	T15
Atting	92	T21	Auernhofen	71	R14
Atzelgift	57	N7	Auerose	19	E25
Atzenbach	94	W7	Auersberg	63	O21
Atzendorf	37	K18	Auersbergsreut	93	T25
Atzenhain	58	O10	Auerstedt	49	M18
Atzenhausen	47	L13	Auerswalde	63	N22
Atzmannsberg	74	Q19	Auetal	35	J11
Au	89	U19	Auf dem Acker	36	K15
Au	57	N6	Auf der Höhe	44	M5
Au a. Inn	90	V20	Aufenau	59	P11
Au a. Rhein	77	T8	Aufham (Kreis Berchtesgadener		
Au b. Bad Aibling	100	W19	Land)	101	W22
Aua	59	N12	Aufham (Kreis Pfaffenhofen		
Aub (Kreis			a. d. Ilm)	89	U18
Rhön-Grabfeld)	60	P15	Aufhausen (Kreis Dingolfing-		
Aub (Kreis Würzburg)	71	R14	Landau)	91	U22
Aubing	89	U19	Aufhausen		
Aubstadt	60	P15	(Kreis Donau-Ries)	80	T14
Audenhain	51	L22	Aufhausen (Kreis Erding)	90	V19
Auderath	55	P5	Aufhausen		
Audigast	50	M20	(Kreis Göppingen)	87	U13
Aue	63	O22	Aufhausen		
Aue (Fluß b.			(Kreis Regensburg)	82	T20
Bad Zwischenahn)	11	G7	Aufhausen (Ostalbkreis)	80	T14
Aue (Fluß b. Celle)	24	I14	Aufhofen	87	V13
Aue (Fluß b. Harsefeld)	13	F12	Aufkirch	98	W16
Aue (Kreis Ammerland)	11	G8	Aufkirchen (Kreis		
Aue (Kreis Cuxhaven)	12	E11	Fürstenfeldbruck)	89	V17
Aue (Kreis			Aufkirchen		
Siegen-Wittgenstein)	45	M8	(Kreis Starnberg)	99	W18
Aue (Werra-			Aufseß	73	Q17
Meißner-Kreis)	48	M14	Auggen	94	W6
Auel	54	P3			

Arnstein				Ascheberg	6	D15
(Kreis Lichtenfels)	73	P17		Ascheffel	3	C13
Arnstein				Aschen	22	I9
(Kreis Main-Spessart)	71	Q13		Aschenau	92	T22
Arnstorf	91	U22		Aschendorf	33	J8
Arnum	35	J13		Aschendorf (Ems)	20	G5
Arpke	36	I14		Aschenhausen	60	O14
Arpsdorf	5	D13		Aschenstedt	22	H9
Arrach	83	S22		Aschersleben	37	K18
Arras	51	M22		Aschfeld	71	P13
Arsbeck	42	M2		Aschhausen	79	R12
Artelshofen	73	R18		Aschheim-Dornach		
Artern	49	L17		(München)	89	V19
Arth	90	U20		Aschhorn	13	E12
Artlenburg	14	F15		Ascholding	99	W18
Arzbach	99	W18		Aschwarden	12	G9
Arzbach	57	O7		Aselage	21	H7
Arzberg	51	L23		Aseleben	49	L19
Arzberg	74	P20		Asendorf	34	J11
Arzdorf	56	O5		Asendorf		
Arzfeld	54	P2		(Kreis Diepholz)	22	H11
Asbach (Kreis Hersfeld-				Asendorf (Kreis Harburg)	13	G13
Rotenburg)	59	N12		Asenham	91	U23
Asbach (Kreis Neuwied)	56	O6		Ashausen	14	F14
Asbach (Kreis Passau)	93	U23		Asmushausen	47	M13
Asbach (Kreis Regen)	83	S23		Aspach	79	T12
Asbach (Kreis Schmalkalden-				Aspach	48	N15
Meiningen)	60	N15		Aspe	13	G11
Asbach (Neckar-				Aspenstedt	37	K16
Odenwald-Kreis)	78	R11		Asperden	30	K2
Asbach-Bäumenheim	87	T16		Asperg	78	T11
Asbeck (Kreis Borken)	32	J5		Aspisheim	69	Q7
Asbeck				Assamstadt	79	R13
(Märkischer Kreis)	45	L7		Asse	36	J15
Asch (Kreis				Assel	13	E12
Langsberg a. Lech)	98	W16		Asselheim	69	R8
Asch (Kreis Ulm)	87	U13		Asseln (Kreis Paderborn)	34	L10
Asch-Berg	3	C13		Asseln (Dortmund-)	31	L6
Ascha	92	T21		Asselstein	76	S7
Ascha (Fluß)	82	R21		Assinghausen	46	M9
Aschach	59	P14		Assmannshausen	69	Q7
Aschaffenburg	70	Q11		Aßlar	58	O9
Aschara	48	M16		Aßling	100	W20
Aschau	3	C13		Aßmannshardt	87	V13
Aschau a. Inn	90	V21		Assmannshausen	69	Q7
Aschau i. Chiemgau	100	W20		Aßweiler	67	S5
Aschbach	72	Q15		Ast (Kreis Cham)	82	R21
Aschbacherhof	69	R7		Ast (Kreis Landshut)	90	U20
Aschbuch	81	T18		Astederfeld	11	F7
Ascheberg	33	K6		Asten	101	V22

AUGSBURG

Annastr.	Y		Grottenau	Y	16	Maximilianstr.	Z
Bahnhofstr.	YZ		Haunstetter			Mittlerer	
Bgm.-Fischer-Str.	Y	5	Str.	Z	18	Graben	Y	27
Dominikanergasse	Z	8	Hoher Weg	Y		Perlachberg	Y	32
Frauentorstr.	Y	12	Karlstr.	Y		Predigerberg	Y	33
Fuggerstr.	Y	13	Karolinenstr.	Y	22	Rathauspl.	Y	34
			Lechhauser Str.	Y	23	Vorderer Graben	Y	39
			Leonhardsberg	Y	24	Vorderer Lech	Z	43
			Margaretenstr.	Z	25	Wintergasse	Y	44

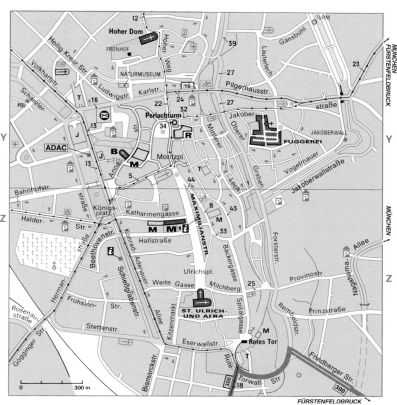

BAYREUTH

Am Mühltürlein .... Y 3
Bahnhofstr. .... Y 4
Balthasar-Neumann-Str. .... Z 5
Bürgerreuther Str. .... Y 7
Erlanger Str. .... Y 8
Friedrich-von-Schiller-Str. .... Y 10
Josephspl. .... Y 14
Kanalstr. .... Y 15
Kanzleistr. .... YZ 17
Karl-Marx-Str. .... Y 18
Ludwigstr. .... Z 20
Luitpoldpl. .... Y 22
Markgrafenallee .... Y 24
Maximilianstr. .... Y
Muncker Str. .... Y 26
Nürnberger Str. .... Z 28
Opernstr. .... Y 30
Richard-Wagner-Str. .... YZ 32
Schulstr. .... Y 33
Sophienstr. .... Y 35
Wieland-Wagner-Str. .... Z 36
Wilhelminenstr. .... Z 38
Wittelsbacherring .... Z 39
Wölfelstr. .... Y 40

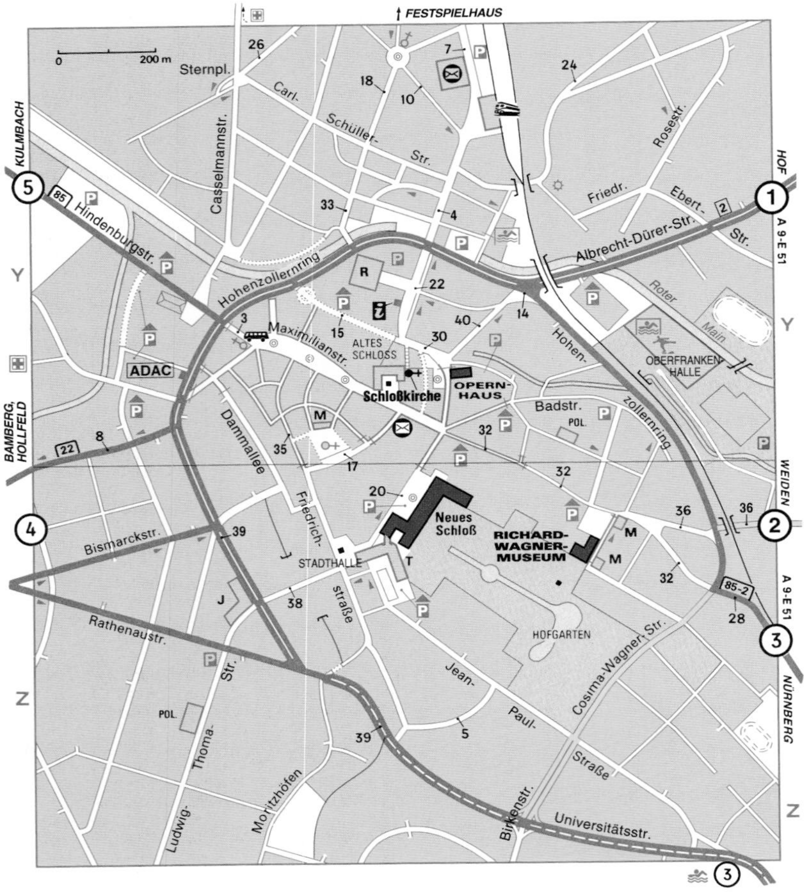
FESTSPIELHAUS
0
200 m
Sternpl.
Carl-Schüller-Str.
Casselmannstr.
KULMBACH
Hindenburgstr.
Hohenzollernring
Maximilianstr.
ALTES SCHLOSS
Schloßkirche
OPERN-HAUS
ADAC
BAMBERG, HOLLFELD
Dammallee
Friedrich-Straße
Bismarckstr.
Rathenaustr.
STADTHALLE
Neues Schloß
RICHARD-WAGNER-MUSEUM
HOFGARTEN
Jean-Paul-Straße
Cosima-Wagner-Str.
Universitätsstr.
Birkenstr.
Ludwig-Thoma-Str.
Moritzhöfen
POL.
Badstr.
Hohenzollernring
Albrecht-Dürer-Str.
Friedr.-Ebert-Str.
Rosesstr.
Roter Main
OBERFRANKEN-HALLE
HOF
A 9-E 51
WEIDEN
NÜRNBERG
Y
Z

Augraben
(Bach z. Biese) 25 H18
Augraben
(Bach z. Tollense) 17 E22
Augsberg 81 R19
Augsburg 88 U16
Augsfeld 72 P15
Augustdorf 34 K10
Augustendorf 12 F11
Augustenfeld 21 H7
Augustenhof 7 D17
Augustfehn 11 G7
Augustusburg 63 N23
Auhagen 23 I11
Auhausen 80 S15
Auheim 70 P10
Auingen 87 U12
Aukrug 5 D13
Auleben 48 L16
Aulendorf 97 W12
Aulendorf 31 J6
Aulfingen 95 W9
Auligk 50 M20
Aulosen 25 H18
Auma 62 N19
Auma (Bach) 62 N19
Aumenau 57 O8
Aumühle (Kreis Herzogtum
Lauenburg) 14 F14
Aumühle
(Kreis Oldenburg) 22 H9
Aunkirchen 91 U23
Aura 71 P14
Aura i. Sinngrund 71 P12
Aurach (Fluß) 72 R15
Aurach (Kreis Ansbach) ..80 S15
Aurach
(Kreis Miesbach) 100 W19
Aurachtal 72 R16
Aurau 81 S17
Aurich 11 F6
Aurich-Oldendorf 11 F6
Aurith 41 J28
Ausacker 3 B12
Ausbach 59 N13
Ausleben 37 J17
Ausnang 97 W14
Außernbrünst 93 T24
Außernzell 92 T23
Autenhausen 60 P16
Autenried 88 U14
Authausen 51 L22
Auw a. d. Kyll 54 Q3
Auw b. Prüm 54 P3
Auwel 30 L2
Avendorf (Kreis Harburg) 14 F15
Avendorf a. Fehmarn 7 C17
Aventoft 2 B10
Avenwedde 34 K9
Averhoy 23 I12
Averlak 5 E11
Axien 51 K22
Axstedt 12 F10
Aying 100 W19
Ayl 66 R3
Aystetten 88 U16

B

Baabe 9 C25
Baal (Kreis Heinsberg) 42 M2
Baal (Kreis Kleve) 30 L2
Baalberge 37 K19
Baar 95 W9
Baar 56 O5
Baasdorf 50 K19
Babben 52 K25
Babelsberg 40 I23
Baben 26 H19
Babenhausen 88 V14
Babenhausen 70 Q10
Babensham 100 V20
Babitz 26 G21
Babke 17 F22
Babst 7 E19
Babstadt 78 S11
Baccum 20 I6
Bach a. d. Donau 82 S20
Bacharach 69 P7
Bachem 66 R4
Bachern 89 V17
Bachfeld 61 O16
Bachhagel 88 U14
Bachheim 95 W9
Bachl 90 T19
Bachra 49 M18
Backemoor 11 G6
Backensholz 3 C11
Backnang 79 T12
Bad Abbach 82 T20
Bad Aibling 100 W20
Bad Alexandersbad 75 P20
Bad Antogast 84 U8
Bad Arolsen 46 L11
Bad Bayersoien 99 W17
Bad Bellingen 94 W6
Bad Bentheim 32 J5
Bad Bergzabern 76 S8
Bad Berka 61 N17
Bad Berleburg 46 M9
Bad Berneck 74 P19
Bad Bertrich 55 P5
Bad Bevensen 24 G15
Bad Bibra 49 M18
Bad Birnbach 91 U23
Bad Blankenburg 61 N17
Bad Bocklet 59 P14
Bad Brambach 75 P20
Bad Bramstedt 5 E13
Bad Breisig 56 O5
Bad Brückenau 59 P13
Bad Buchau 87 V12
Bad Camberg 57 P8
Bad Cannstatt 78 T11
Bad Colberg 60 P16
Bad Ditzenbach 87 U13
Bad Doberan 8 D19
Bad Driburg 34 K11
Bad Düben 50 L21
Bad Dürkheim 69 R8
Bad Dürrenberg 50 M20
Bad Dürrheim 85 V9
Bad Eilsen 34 J11
Bad Elster 75 P20
Bad Ems 57 O7
Bad Endbach 58 N9
Bad Endorf 100 W20
Bad Essen 34 J9
Bad Feilnbach 100 W20
Bad Frankenhausen 49 L17
Bad Fredeburg 45 M8
Bad Freienwalde 29 H26
Bad Friedrichshall 78 S11
Bad Füssing 91 U23
Bad Gandersheim 35 K14
Bad Godesberg (Bonn) 43 N5
Bad Gögging 90 T19
Bad Gottleuba 64 N25
Bad Griesbach i. Rottal 91 U23
Bad Grönenbach 98 W14
Bad Grund 36 K14
Bad Harzburg 36 K15
Bad Heilbrunn 99 W18
Bad Helmstedt 37 J17
Bad Herrenalb 77 T9
Bad Hersfeld 59 N13
Bad Höhenstadt 91 U23
Bad Hönningen 56 O5
Bad Homburg 58 P9
Bad Honnef 56 O5
Bad Iburg 33 J8
Bad Imnau 85 U10
Bad Karlshafen 47 L12
Bad Kissingen 71 P14
Bad Kleinen 15 E18
Bad Klosterlausnitz 62 N19
Bad König 70 Q11
Bad Königshofen 60 P15
Bad Kösen 49 M19
Bad Köstritz 62 N20
Bad Kohlgrub 99 W17
Bad Kreuznach 69 Q7
Bad Krozingen 94 W7
Bad Laasphe 46 N9
Bad Laer 33 J8
Bad Langenbrücken 77 S9
Bad Langensalza 48 M15
Bad Lauchstädt 50 L19
Bad Lausick 50 M21
Bad Lauterberg 48 L15
Bad Liebenstein 60 N15
Bad Liebenwerda 52 L24
Bad Liebenzell 77 T10
Bad Lippspringe 34 K10
Bad Marienberg 57 O7
Bad Meinberg 34 K10
Bad Mergentheim 71 R13
Bad Mingolsheim 77 S9
Bad Münder am Deister ...35 J12
Bad Münster a. Stein 69 Q7
Bad Münstereifel 56 O4
Bad Muskau 53 L28
Bad Nauheim 58 O10
Bad Nenndorf 35 I12
Bad Neuenahr 56 O5
Bad Neustadt 60 P14
Bad Niedernau 85 U10
Bad Oberdorf 98 X15
Bad Oeynhausen 34 J10
Bad Oldesloe 14 E15
Bad Orb 59 P12
Bad Peterstal 84 U8
Bad Pyrmont 35 K11
Bad Rappenau 78 S11
Bad Rehburg 23 I11
Bad Reichenhall 101 W22
Bad Rippoldsau 85 U8
Bad Rodach 60 O16
Bad Rotenfels 76 T8
Bad Rothenfelde 33 J8
Bad Saarow 41 J26
Bad Sachsa 48 L15
Bad Säckingen 94 X7
Bad Salzdetfurth 35 J14
Bad Salzhausen 58 O10
Bad Salzig 55 P6
Bad Salzschlirf 59 O12
Bad Salzuflen 34 J10
Bad Salzungen 60 N14
Bad Sassendorf 45 L8
Bad Saulgau 87 V12
Bad Schandau 64 N26
Bad Schmiedeberg 51 K22
Bad Schönborn 77 S9
Bad Schussenried 87 V12
Bad Schwalbach 69 P8
Bad Schwartau 6 E16
Bad Segeberg 6 E14
Bad Sobernheim 67 Q6
Bad Soden 59 P12
Bad Soden am Taunus 70 P9
Bad Sooden-Allendorf 47 M13
Bad St. Peter
(St. Peter-Ording) 4 D9
Bad Steben 61 O18
Bad Suderode 37 K17
Bad Sülze 8 D21
Bad Sulza 49 M18
Bad Sulzburg 94 W7
Bad Teinach 77 T10
Bad Teinach-Zavelstein.....85 T10
Bad Tennstedt 48 M16
Bad Tölz 99 W18
Bad Überkingen 87 U13
Bad Urach 87 U12
Bad Vilbel (Frankfurt) 70 P10
Bad Waldliesborn 34 K9
Bad Waldsee 97 W13
Bad Westernkotten 46 L9
Bad Wiessee 99 W19
Bad Wildungen 46 M11
Bad Wilsnack 26 H19
Bad Wimpfen 78 S11
Bad Windsheim 72 R15
Bad Wörishofen 88 V15
Bad Wurzach 97 W13
Bad Zwischenahn 11 G8
Badbergen 21 I7
Baddeckenstedt 36 J14
Badeborn 37 K17
Badel 25 H17
Badeleben 37 J17
Badem 54 P3
Bademühlen 13 G11
Baden 22 G11
Baden-Baden 76 T8
Baden-Neuweier 76 T8
Baden-Oos
(Baden-Baden) 76 T8
Baden-Sandweier 76 T8
Badendorf 6 E15
Badener Höhe 85 T8
Badenhausen 36 K14
Badenstedt
(Kreis Rotenburg) 13 G11
Badenweiler 94 W7
Badersleben 36 K16
Badewitz 38 J20
Badingen
(Kreis Oberhavel) 27 H23
Badingen (Kreis Stendal) 25 I18
Badow 15 F17
Badra 49 L16
Badrina 50 L21
Bächingen 88 U14
Bächlein 61 P17
Bächlingen 79 S13
Baek 15 G19
Bäk 14 E16
Bälau 14 F15
Bärenbach 68 Q6
Bärenbrück 53 K27
Bärenfels 64 N25
Bärenhöhle 86 U11
Bärenklau 53 K27
Bärensee 98 W15
Bärenstein
(Kreis Annaberg) 63 O23
Bärenstein
(Weißeritzkreis) 64 N25
Bärental 94 W8
Bärenthal 85 V10
Bärenwalde 62 O21
Baerl 30 L4
Bärnau 75 Q21
Bärnsdorf 64 M25
Bärnzell 92 T23
Bärwalde (Kreis
Meißen-Dresden) 64 M25
Bärwalde
(Westlausitzkreis) 53 L27
Bärweiler 68 Q6
Baesweiler 42 N2
Bätholt 21 G7
Bagband 11 F6
Bagemuhl 29 F26
Bagenz 53 L27
Bahlburg 14 G14
Bahlingen 84 V7
Bahndhof (Stühlingen) 95 W9
Bahnhof-Boizenburg 14 F16
Bahnhof Jerxheim 36 J16
Bahnhof Rehfelde 40 I25
Bahnhof-Reken 31 K5
Bahnhof Wintermoor 13 G13
Bahnitz 38 I21
Bahnsdorf
(Kreis Elbe-Elster) 51 L23
Bahnsdorf (Kreis Oberspreewald-
Lausitz) 52 L26
Bahnsen 24 H15
Bahra 60 O14
Bahratal 64 N25
Bahrdorf 37 I17
Bahrenborstel 22 I10
Bahrendorf 37 K18
Bahretal 64 N25
Bahro 41 J27
Baienfurt 97 W12
Baier 60 N14
Baierbach
(Kreis Landshut) 90 U20
Baierbach
(Kreis Rosenheim) 100 W20
Baierbrunn 89 V18
Baiern 100 W19
Baiernrain 99 W18
Baiersbronn 85 U9
Baiersdorf 73 R17
Baiertal 77 S10
Baierz 97 W13
Baindlkirch 89 V17
Baindt 97 W12
Bairawies 99 W18
Baisingen 85 U10
Baisweil 98 W15
Baitz 38 J22
Bakede 35 J12
Bakenberg 9 C23
Bakum 22 H8
Balbersdorf 83 S22
Baldeneysee (Essen) 31 L5
Balderhaar 20 I4
Baldern 80 T14
Balderschwang 97 X14
Baldersheim 71 R14
Baldingen 95 W9
Balduinstein 57 O7
Balesfeld 54 P3
Balge 23 H11
Balgstädt 49 M19
Balhorn 46 M11
Balingen 85 V10
Balje 13 E11
Balksee 13 E11
Balkum 21 I7
Ballenberg 79 R12
Ballendorf 87 U14
Ballendorf 51 M22
Ballenstedt 37 K17
Ballersbach 57 N9
Ballerstedt 25 H19
Ballhausen 48 M16
Ballin 17 F24
Ballingshausen 72 P14
Ballmertshofen 88 T15
Ballrechten-Dottingen 94 W7
Ballstädt 48 M16
Ballstedt 49 M17
Ballwitz 17 F23
Balow 15 G19
Balsbach 70 R11
Balteratsried 98 W15
Baltersweil 95 X9
Baltersweiler 67 R5
Baltmannsweiler 79 T12
Baltringen 87 V13
Baltrum 11 E6
Baltrum (Insel) 11 E6
Balve 45 M7
Balzhausen 88 V15
Balzheim 87 V14
Balzhofen 76 T8
Bamberg 72 Q16
Bamenohl 45 M7
Bamlach 94 W6
Bamme 26 I21

Bammental....77 R10
Bandau....25 H17
Bandelin....9 E24
Bandelow....29 F25
Bandelstorf....8 D20
Bandenitz....15 F17
Bandow....16 E20
Banfe....45 N9
Bankewitz....24 G16
Bankholzen....95 W10
Bann....67 R6
Bannemin....19 D25
Bannesdorf....7 C17
Bannetze....13 H13
Bannewitz....64 N25
Bannholz....94 W8
Bannwaldsee....98 X16
Bansin....19 E26
Bansleben....36 J16
Bansow....16 E21
Banteln....35 J13
Bantikow....21 H21
Banz....73 P17
Banzin....14 F16
Banzkow....15 F18
Barbarossahöhle....49 L17
Barbecke....36 J14
Barbelroth....76 S8
Barbing....82 S20
Barbis....48 L15
Barby....35 K19
Barchel....12 F11
Barchfeld....60 N14
Barchfeld a. d. Ilm....61 N17
Bardel....32 J5
Bardenbach....66 R4
Bardenberg....42 N2
Bardenfleth....12 G9
Bardenitz....39 J22
Barderup....3 B12
Bardewisch....12 G9
Bardowick....4 G15
Bardüttingdorf....34 J9
Barenburg....22 I10
Barendorf....14 G15
Barenthin....26 H20
Barfelde....35 J13
Barförde....14 F15
Bargau....79 T13
Bargdorf....14 G15
Bargen....95 W10
Bargen (Kreis Dithmarschen)....5 D11
Bargen (Kreis Schleswig-Flensburg)....4 D11
Bargen (Helmstadt-)....78 S11
Bargenstadt....17 F23
Bargenstedt....5 D11
Bargeshagen....8 D19
Bargfeld (Kreis Celle)....24 H15
Bargfeld (Kreis Rendsburg-Eckernförde)....5 D13
Bargfeld (Kreis Uelzen)....24 H15
Bargfeld-Stegen....14 E14
Barghorst....8 D15
Bargischow....19 E25
Bargkamp....12 E11
Bargstall....5 D12
Bargstedt (Kreis Rendsburg-Eckernförde)....5 D13
Bargstedt (Kreis Stade)....13 F12
Bargteheide....14 E14
Bargum....2 B10
Barhöft....9 C23
Bark....6 E14
Barkau....6 D15
Barkelsby....3 C13
Barkenberg....31 K5
Barkenholm....5 D11
Barkhausen (Kreis Osnabrück)....34 J9
Barkhausen a. d. Porta....34 J10
Barkhorst....14 E14
Barkow....16 F20
Barleben....37 J18
Barlo....30 K3
Barlohe....5 D12
Barlt....4 D11
Barmbek (Hamburg)....14 F14
Barme....23 H11
Barmen....42 N3
Barmen (Wuppertal-)....44 M5
Barmke....36 J16
Barmsee....99 X17
Barmstedt....13 E13
Barnebeck....24 H16
Barneberg....37 J17
Barnekow....8 E18
Barnewitz....26 I21
Barnin....15 F19
Barniner See....15 F19
Barnstädt....49 L18
Barnstorf (Kreis Lüneburg)....14 G15
Barnstedt (Kreis Verden)....23 H11
Barnstorf (Kreis Diepholz)....22 H9

Barnstorf (Kreis Wolfenbüttel)....36 J16
Barnstorf (Stadtkreis Wolfsburg)....36 I16
Barnten....35 J13
Barntrup....34 K11
Barockgarten Großsedlitz (Pirna)....64 N25
Barrien....22 H10
Barrl....13 G13
Barsbek....6 C14
Barsbüttel....14 F14
Barsdorf....28 G23
Barsikow....26 H21
Barsinghausen....35 J12
Barskamp....14 G16
Barßel....11 G7
Barstede....11 F6
Barteldsdorf....13 G12
Bartelshagen I....8 D21
Bartelshagen II....8 D21
Bartenshagen-Parkentin....8 D19
Bartensleben....37 J17
Barterode....47 L13
Barth....9 C22
Barthe....9 D22
Barthelmesaurach....80 S16
Barther Bodden....8 C22
Bartholomä....79 T13
Bartmannshagen....9 D23
Bartolfelde....48 L15
Bartow....17 E24
Bartschendorf....26 H21
Barum (Kreis Lüneburg)....14 F15
Barum (Kreis Uelzen)....24 G15
Barum (Salzgitter-)....36 J14
Baruth (Kreis Bautzen)....65 M27
Baruth / Mark....39 J24
Barver....19 I9
Barwedel....24 I16
Barweiler....42 O4
Barz....21 E21
Basbeck....13 E11
Basdahl....12 F10
Basdorf (Kreis Barnim)....27 H24
Basdorf (Kreis Ostprignitz-Ruppin)....28 G22
Basedow (Kreis Demmin)....16 E22
Basedow (Kreis Herzogtum Lauenburg)....14 F15
Basel....33 K8
Basepohl....17 E22
Basse....23 I12
Bassen....22 G11
Bassendorf....9 D22
Bassenheim....56 O6
Bassum....22 H10
Bastei....64 N26
Basthiem....60 O14
Basthorst....14 F15
Bastorf....7 D19
Batenhorst....33 K8
Batensen....24 H16
Battaune....51 L22
Batten....59 O14
Battenberg....46 M9
Battenfeld....46 M9
Battenhausen....46 M11
Batzenhofen....88 U16
Batzhausen....81 S18
Batzlow....41 I26
Bauda....64 M24
Baudenbach....72 R15
Bauerbach....58 N10
Bauerbach (Kreis Karlsruhe)....77 S10
Bauerbach (Kreis Schmalkalden-Meiningen)....60 O15
Bauerbach (Kreis Weilheim-Schongau)....99 W17
Bauland....71 R12
Bauler....55 P4
Baumbach (Kreis Hersfeld-Rotenburg)....47 M13
Baumbach (Ransbach-)....57 O7
Baumberg....44 M4
Baumberge....31 K6
Baumburg....90 V21
Baumerlenbach....79 S12
Baumersroda....49 M19
Baumgarten....91 U22
Baumgarten (Kreis Güstrow)....16 E19
Baumgarten (Kreis Oberhavel)....27 H23
Baumgarten (Kreis Uckermark)....29 F25
Baumholder....67 R6
Baunach....72 Q16
Baunach (Bach)....72 Q16
Baunatal....47 M12
Bauschheim....69 Q9
Bauschlott....77 T10
Bausendorf....55 P4
Bausenhagen....45 L7
Baustert....54 Q3
Baustetten....87 V13

Bautzen....65 M27
Bautzen (Talsperre)....65 M27
Baven....24 H14
Bavendorf....97 W12
Bavendorf....14 G15
Bawinkel....20 I6
Bayerbach (Kreis Rottal-Inn)....91 U23
Bayerbach b. Ergoldsbach....90 T20
Bayerdilling....89 U16
Bayerisch Eisenstein....83 S23
Bayerisch Gmain....101 W22
Bayerischer Wald....82 S20
Bayersried....98 W15
Bayerwald....99 X19
Bayralm....100 X19
Bayreuth....73 Q18
Bayreuth (Flughafen)....73 Q18
Bayrischzell....100 W20
Beauregard....29 H26
Bebelsheim....67 S5
Bebenhausen....86 U11
Bebensee....6 E14
Beber....48 L14
Beber....35 J12
Beberbeck....47 L12
Beberstedt....48 M15
Bebertal....37 J18
Bebra....47 N13
Becheln....57 P7
Bechen....44 M5
Bechenheim....69 Q8
Becherbach....69 R7
Becherbach b. Kirn....68 Q6
Bechhofen....80 S15
Bechhofen....67 S5
Bechtersbohl....95 X9
Bechtheim (Kreis Alzey-Worms)....69 Q8
Bechtheim (Rheingau-Taunus-Kreis)....57 P8
Bechtolsheim....69 Q8
Bechtsrieth....75 R20
Beckdorf....13 F12
Beckedorf (Kreis Celle)....24 H14
Beckedorf (Kreis Schaumburg)....35 I11
Beckeln....22 H9
Beckendorf-Neindorf....37 J17
Beckingen....66 R4
Becklingen....23 H13
Beckstedt....22 H9
Beckstein....71 R13
Beckum (Kreis Warendorf)....33 K8
Beckum (Märkischer Kreis)....45 L7
Beckumer Berge....33 K8
Beckwitz....51 L22
Bedburg (Erftkreis)....42 N3
Bedburg-Hau....30 K2
Beddelhausen....46 M9
Bedekaspel....10 F5
Bederkesa....12 F10
Bederkesaer See....12 F10
Bedernau....88 V15
Bedesbach....67 R6
Bedheim....60 O15
Beeck (Kreis Heinsberg)....42 M2
Beedenbostel....24 I14
Beedenkirchen....70 Q10
Beelen....33 K8
Beelitz....39 J22
Beendorf....37 J17
Beenz (b. Lychen)....17 G24
Beenz (b. Prenzlau)....29 G25
Beerfelde....41 I26
Beerfelden....70 R10
Beerfurth....70 Q10
Beerlage....31 J6
Beesdau....52 K25
Beesenlaublingen....37 K19
Beesenstedt....49 L19
Beeskow....41 J26
Beesten....21 I6
Beestland....17 E22
Beetenbrück....23 H12
Beetz....27 H23
Beetzendorf....25 H17
Beetzsee....26 I21
Beffendorf....85 V9
Befreiungshalle....82 T19
Bega....34 J11
Bega (Fluß)....34 J10
Beggerow....17 E23
Behl....8 D15
Behla....95 W9
Behlendorf (Kreis Herzogtum Lauenburg)....14 E16
Behlendorf (Kreis Oder-Spree)....41 I26
Behler See....6 D15
Behningen....23 G13
Behnkendorf....9 D23
Behnsdorf....37 J17
Behren....24 H15

Behren Lübchin....8 D21
Behrendorf....26 H19
Behrendorf....3 C11
Behrenhoff....9 D24
Behrensdorf....6 C15
Behrensen....35 J12
Behringen....48 M15
Behringersdorf (Nürnberg)....73 R17
Behringersmühle....73 Q18
Behrungen....60 O15
Beichlingen....49 M17
Beidendorf....15 E18
Beidenfleth....5 E12
Beienrode....36 I16
Beierfeld....63 O22
Beiersdorf (Kreis Elbe-Elster)....51 L23
Beiersdorf (Kreis Löbau-Zittau)....65 M27
Beiersdorf (Kreis Märkisch-Oderland)....40 H25
Beiersdorf (Kreis Riesa-Großenhain)....64 M24
Beiersdorf (Kreis Zwickauer Land)....62 N21
Beiersdorf (Muldentalkreis)....51 M22
Beierstedt....36 J16
Beifang....31 K6
Beikheim....61 P17
Beilngries....81 S18
Beilrode....51 L23
Beilstein....79 S11
Beilstein (Kreis Cochem-Zell)....55 P5
Beilstein (Lahn-Dill-Kreis)....57 O8
Beimbach....79 S13
Beimerstetten....87 U13
Beinerode....36 J16
Beinrode....36 J16
Beiseförth....47 M12
Bekhausen....11 G8
Bekond....68 Q4
Belau....6 D14
Belauer See....6 D14
Belchen....94 W7
Beldorf....5 D12
Belecke....45 L9
Belgern (Torgau)....51 L23
Belgershain....50 M21
Belicke....38 I20
Belkau....25 I19
Bell....56 O5
Bell (Hunsrück)....55 P6
Bellamont....87 V13
Belle....34 K11
Belleben....37 K19
Bellen....23 G12
Bellenberg....87 V14
Bellersen....34 K11
Bellersheim....58 O10
Bellheim....76 S8
Bellin (Kreis Güstrow)....16 E20
Bellin (Kreis Plön)....6 D15
Bellin (Kreis Uecker-Randow)....19 E26
Belling....19 F25
Bellingen....38 I19
Bellings....59 P12
Bellnhausen....58 N10
Belm....33 J8
Below (Kreis Müritz)....16 F20
Below (Kreis Parchim)....16 F19
Belrieth....60 O15
Belsch....15 G17
Belsdorf (Bördekreis)....37 J18
Belsdorf (Ohrekreis)....37 I17
Belsen....86 U11
Belsen....23 H13
Beltershain....58 O10
Beltheim....55 P6
Belum....12 E10
Belvedere (Schloß) (Weimar)....49 N18
Belzig....38 J21
Bempflingen....86 U11
Bendeleben....49 L17
Bendelin....26 H20
Bendestorf....13 F13
Bendfeld....6 C15
Bendhof....15 E17
Bendingbostel....23 H12
Bendorf....57 O6
Bendorf....5 D12
Bengel....55 P5
Benhausen....34 K10
Benk (Kreis Bayreuth)....74 P18
Benk (Kreis Hof)....74 P19
Benkeloh....13 G12
Benken....38 J21
Benkendorf....25 H17

Benndorf (Kreis Delitzsch)....50 L21
Benndorf (Kreis Leipziger Land)....50 M21
Benndorf (Kreis Mansfelder Land)....49 L18
Benneckenstein....36 K16
Bennemühlen....23 I13
Bennewitz....51 L22
Benniehausen....48 L14
Bennigsen....35 J13
Bennin....14 F16
Benningen....98 W14
Benningen a. Neckar....78 T11
Benninghausen....45 L8
Bennstedt....50 L19
Bennungen....49 L17
Benolpe....45 M8
Benrath....44 M4
Bensberg....43 N5
Bensdorf....26 I21
Bensen....34 J11
Benserslel....11 E6
Benshausen....60 O15
Benstorf....35 J12
Benstrup....21 H7
Benteler....33 K8
Bentfeld....34 K9
Benthen....16 F20
Benthullen....21 G8
Bentierode....35 K14
Bentorf....34 J10
Bentstreek....11 F7
Bentwisch (Kreis Bad Doberan)....8 D20
Bentwisch (Kreis Prignitz)....25 G19
Bentzin....17 E23
Benz (Kreis Nordwestmecklenburg)....7 E18
Benz (Kreis Ostholstein)....6 D15
Benz (Kreis Ostvorpommern)....19 E26
Benzenzimmern....80 T15
Benzin....16 F20
Benzingen....86 V11
Benzingerode....36 K16
Beppen....22 H11
Beratzhausen....82 S19
Berau....94 W8
Berbersdorf....63 M23
Berbisdorf....64 M25
Berbling....100 W19
Berching....81 S18
Berchtesgaden....101 X22
Berdel....33 K7
Berdum....11 F7
Bere....48 L16
Berel....36 J14
Berenbostel....23 I12
Berenbrock....25 I17
Berensch-Arensch....12 E9
Berfa....59 N12
Berg (Alb-Donau-Kreis)....87 V13
Berg (Kreis Ahrweiler)....56 O4
Berg (Kreis Donau-Ries)....88 T16
Berg (Kreis Düren)....42 N3
Berg (Kreis Euskirchen)....42 O3
Berg (Kreis Hof)....61 O19
Berg (Kreis Ravensburg)....97 W12
Berg (Kreis Starnberg)....99 W18
Berg (Pfalz)....76 T8
Berg b. Neumarkt....73 R18
Berg i. Gau....89 U17
Berga (Kreis Elbe-Elster)....51 K24
Berga (Kreis Sangerhausen)....49 L17
Berga (Elster)....62 N20
Bergalingen....94 X7
Bergatreute....97 W13
Bergbaumuseum (Sangerhausen)....49 L17
Bergbronn....80 S14
Berge....21 I7
Berge (Altmarkkreis Salzwedel)....25 I18
Berge (Kreis Havelland)....27 I22
Berge (Kreis Prignitz)....15 G19
Bergede....45 L8
Bergedorf (Hamburg-)....14 F14
Bergedorf (Bördekreis)....37 J18
Bergen (Elstertalkreis)....62 O20
Bergen (Göltzschtalkreis)....62 O20
Bergen (Kreis Birkenfeld)....68 Q6
Bergen (Kreis Celle)....23 H13
Bergen (Kreis Dahme-Spreewald)....52 K25
Bergen (Kreis Freising)....90 U19
Bergen (Kreis Merzig-Wadern)....66 R4
Bergen (Kreis Neuburg-Schrobenhausen)....81 T17
Bergen (Kreis Traunstein)....101 W21
Bergen (Kreis Weißenburg-Gunzenhausen)....81 S17

Bergen (Kreis Wesel)....30 K3
Bergen (Dumme)....25 H16
Bergen (Rügen)....9 C24
Bergenhusen....3 C11
Bergerdamm....27 I22
Bergerhof....45 N7
Bergfeine....21 I8
Bergfeld....24 I16
Bergfelde....27 H23
Bergfelden....85 U10
Bergfreiheit....46 M11
Berggießhübel....64 N25
Bergham (Kreis Rosenheim)....100 V20
Bergham (Kreis Schwandorf)....82 S20
Berghaselbach....89 U19
Berghaupten....84 U7
Berghausen....77 S9
Berghausen (Hochsauerlandkreis)....45 M8
Berghausen (Kreis Siegen-Wittgenstein)....45 M9
Berghausen (Oberbergischer Kreis)....44 M6
Berghausen (Rhein-Lahn-Kreis)....57 P8
Bergheide....52 L25
Bergheim (Erftkreis)....42 N3
Bergheim (Hochsauerlandkreis)....45 L7
Bergheim (Kreis Augsburg)....88 V16
Bergheim (Kreis Höxter)....34 K11
Bergheim (Kreis Neuburg-Schrobenhausen)....81 T17
Bergheim (Kreis Waldeck-Frankenberg)....46 M11
Bergheim (Wetteraukreis)....58 O11
Berghof....98 X16
Bergholz (Kreis Potsdam-Mittelmark)....38 J21
Bergholz (Kreis Uecker-Randow)....29 F26
Bergholz-Rehbrücke....40 I23
Berghülen....87 U13
Bergisch Born....44 M5
Bergisch Gladbach....43 N5
Bergisch Neukirchen....44 M5
Bergkamen....31 L6
Bergkirchen....89 V18
Bergkirchen....34 J10
Berglern....79 T12
Berglern....90 U19
Berglicht....68 Q4
Bergneustadt....45 M6
Bergrade Dorf....15 F19
Bergrheinfeld....72 P14
Bergsdorf....27 H23
Bergstedt....14 E14
Bergstein....42 N3
Bergstetten....82 S19
Bergstraße....70 R10
Bergtheim....71 Q14
Bergweiler....68 Q4
Bergwitz....38 K21
Bergzow....26 I20
Beringhausen....46 L10
Beringstedt....5 D12
Berk....54 O3
Berka....48 L16
Berka a. d. Werra....47 N14
Berka v. d. Hainich....48 M15
Berkach....60 O15
Berkatal....47 M13
Berkau (Altmarkkreis Salzwedel)....25 I18
Berkau (Kreis Wittenberg)....38 K21
Berkel....32 J4
Berkenbrück (Kreis Oder-Spree)....41 I26
Berkenbrück (Kreis Teltow-Fläming)....39 J23
Berkenthin....14 E15
Berkheim....87 V14
Berkhof....23 I13
Berkholz....29 G24
Berkholz-Meyenburg....29 G26
Berklingen....36 J16
Berkum....43 O5
Berlar....46 M9
Berlebeck....34 K10
Berlepsch....47 L13
Berlichingen....79 S12
Berlin....23 I23
Berlin (Kreis Segeberg)....6 D15
Berlin-Schönefeld (Flughafen)....40 I24
Berlin-Tegel (Flughafen)....40 I23
Berlin-Tempelhof (Flughafen)....40 I24
Berlinchen....26 G21
Berlingerode....48 L16
Berlitt....26 H20
Berlstedt....49 M17
Bermaringen....87 U13
Bermatingen....97 W12

Bergmannstr. . . . . GZ
Berliner Allee . . . . HX 604
Blissestr. . . . . FZ 606
Brandenburgische Str. . . . . . EZ 607
Cauerstr. . . . . EY 609
Dominicusstr. . . . . FZ 612
Entlastungsstr. . . . . GY 613
Franklinstr. . . . . FY 616
Friedrichstr. . . . . GY

Fürstenbrunner Weg . . . . . . EY 621
Hallesches Ufer . . . . GY 622
Hauptstr. (SCHÖNEBERG) . . . FZ
Heinrich-Heine-Str. . . . . HY 623
Holtzendorffstr. . . . . EY 625
Jacob-Kaiser-Pl. . . . . EX 628
Katzbachstr. . . . . GZ 634
Klingelhöferstr. . . . . FX 636

Königin-Elisabeth-Str. . . . . . EY 637
Kolonnenstr. . . . . FZ 639
Konstanzer Str. . . . . EZ 640
Kurfürstendamm . . . . EYZ
Kurfürstenstr. . . . . FY 642
Lichtenberger Str. . . . . HY 643
Lindenstr. (KREUZBERG) . . . . GY 645
Loewenhardtdamm . . . . GZ 646
Luxemburger Str. . . . . FX 651

Manfred-von-Richthofen-Str. . . GZ 652
Masurenallee . . . . EY 654
Mehringpl. . . . . GY 655
Messedamm . . . . EY 660
Moltkestr. . . . . GY 661
Neue Kantstr. . . . . EY 666
Potsdamer
  Pl. . . . . GY 669

Prinzenstr. . . . . GY 675
Reichpietschufer . . . . FY 679
Reinickendorfer Str. . . . . GX 684
Rheinstr. . . . . FZ 687
Rudolstädter Str. . . . . EZ 692
Schivelbeiner Str. . . . . GX 696
Siemensstr. . . . . FY 698
Sophie-Charlotten-
  Str. . . . . EY 699

Strausberger Pl. . . . . HY 702
Stromstr. . . . . FY 698
Südwestkorso . . . . EZ 708
Tauentzienstr. . . . . GZ
Tempelhofer Damm . . . . GZ
Tempelhofer Ufer . . . . GY 710
Teplitzer Str. . . . . EZ 711
Theodor-Heuss-
  Pl. . . . . EY 713

Bermbach (Kreis Schmalkalden-
  Meiningen) 60 N15
Bermbach
  (Wartburgkreis) 59 N13
Bermel 55 P5
Bermesbach 85 T9
Bermoll 58 O9
Bermsgrün 63 O22
Bernau a. Chiemsee 100 W21
Bernau i. Schwarzwald 94 W8
Bernbach im Schwarzwald . . .70 P11
Bernbach (Kreis Calw) 77 T9
Bernbach
  (Kreis Ostallgäu) 98 W16
Bernbeuren 98 W16
Bernburg 37 K19
Berndorf 46 M10
Berne 12 G9
Berneburg 47 M13
Berneck 85 U9
Berngau 81 S18
Bernhardswald 82 S20
Bernhausen 86 T11
Bernheck 73 R18
Bernitt 16 E19
Bernkastel 68 Q5

Bernloch 87 U12
Bernried (Kreis Cham) 82 S21
Bernried
  (Kreis Deggendorf) 92 T22
Bernried a. Starnberger
  See 99 W17
Bernrieth
  (b. Großenschwand) 82 R20
Bernrieth
  (b. Neuenhammer) 75 Q21
Bernsbach 63 O22
Bernsdorf (Kreis Chemnitzer
  Land) 63 N21
Bernsdorf
  (Westlausitzkreis) 52 L26
Bernsfeld 58 N10
Bernsfelden 71 R13
Bernsgrün 62 O20
Bernshausen 59 O12
Bernstadt 87 U14
Bernstadt 65 M28
Bernstein
  (Kreis Tirschenreuth) 75 Q20
Bernstein
  (Kreis Wunsiedel i. F.) . .75 P20
Bernstein a. Wald 61 P18
Bernsteininsel 8 C21
Bernstorf 15 E17

Bernte 20 I5
Bernterode
  (b. Heiligenstadt) 48 M14
Bernterode (b. Worbis) 48 L15
Berolzheim (Kreis Neustadt
  a. d. A.-Bad W.) 72 R15
Berolzheim
  (Main-Tauber-Kreis) 71 R12
Berrendorf 42 N3
Berschweiler 67 R5
Bersede 20 H5
Bersenbrück 21 I7
Bersrod 58 O10
Berßel 36 K16
Berstadt 58 O10
Berste 52 K25
Berthelsdorf
  (Kreis Löbau-Zittau) 65 M28
Berthelsdorf (Kreis
  Sächsische Schweiz) . .65 M26
Berthelsdorf (Erzgebirge) .64 N24
Bertikow 29 G25
Bertingen 38 I19
Bertkow 26 H19
Bertoldsheim 81 T17
Bertoldshofen 98 W15
Bertsdorf-Hörnitz 65 N28
Berum 10 F5

Berumbur 10 F5
Berumerfehn 11 F6
Berus 66 S4
Berwangen 77 S10
Berwartstein 76 S7
Berwicke 45 L8
Berzdorf 43 N4
Berzhahn 57 O7
Besandten 25 G17
Besch 66 R3
Bescheid 68 Q4
Beschendorf 6 D16
Beschotenweg 10 G5
Beselich 57 O7
Besenfeld 85 U9
Besenthal 14 F16
Beseritz 17 E24
Besigheim 78 T11
Besitz 14 F16
Besse 47 M12
Besseringen 66 R3
Bessenbach 70 Q11
Besten 31 L4
Bestenheid 71 Q12
Bestensee 28 J24
Bestwig 46 L9
Betheln 35 J13
Bethen 21 H8

Bethenhausen 62 N20
Bettbrunn 81 T18
Bettendorf 57 P7
Bettenfeld 54 P4
Bettenhausen 85 U9
Bettenhausen 60 O14
Bettingen
  (Kreis Bitburg-Prüm) 54 Q3
Bettingen
  (Main-Tauber-Kreis) 71 Q12
Bettingerode 36 K15
Bettinghausen 45 L8
Bettmar
  (Kreis Hildesheim) 36 J14
Bettmar (Kreis Peine) 36 J14
Bettmaringen 95 W9
Bettringen 79 T13
Bettrum 36 J14
Betzdorf 57 N7
Betzendorf 14 G14
Betzenrod 58 O11
Betzenstein 73 Q18
Betzenweiler 87 V12
Betzhorn 24 I15
Betziesdorf 58 N10
Betzigau 98 W15
Betzweiler-Wälde 85 U9

Beucha 50 M21
Beuchen 70 R11
Beuchte 36 K15
Beuel (Bonn) 43 N5
Beuerbach 57 P8
Beuerbach 88 V16
Beuerberg 99 W18
Beuern 58 O10
Beuna 49 M19
Beuren 48 L14
Beuren
  (Kreis Cochem-Zell) 55 P5
Beuren (Kreis Esslingen) 87 U12
Beuren
  (Kreis Ravensburg) 97 W14
Beuren
  (Kreis Trier-Saarburg) . .66 R3
Beuren (Hochwald) 68 Q4
Beuren a. d. Aach 95 W10
Beuren a. Ried 95 W10
Beurig 66 R3
Beuron 85 V10
Beuster 25 H19
Beutel 28 G24
Beutelsbach 91 U23
Beutha 63 O22
Bevenrode 36 I15
Bevensen 23 I12

Bever 33 J7
Bever (Niedersachsen) .13 F11
Bever-Stausee 45 M6
Beverbrok 21 G8
Beverbruch 21 H8
Bevergern 33 J6
Bevern (Kreis Cloppenburg)....21 H8
Bevern (Kreis Holzminden)....35 K12
Bevern (Kreis Pinneberg)13 E13
Bevern (Kreis Rotenburg)13 F11
Beverstedt 12 F10
Beverstrang 33 J7
Beverungen 35 L12
Bexbach 67 R5
Bexhövede 12 F10
Bexten 32 I6
Beyenburg 44 M5
Beyendorf 37 J18
Beyerberg 80 S15
Beyern 51 L23
Beyernaumburg 49 L18
Beyharting 100 W19
Bias 38 K20
Biber 88 U14
Biberach 78 S11
Biberach an der Riß 87 V13
Biberach i. Kinzigtal 84 U8
Biberbach (Kreis Augsburg)....88 U16
Biberbach (Kreis Cham)..82 R21
Biberbach (Kreis Dachau)....89 U18
Biberberg 88 U14
Bibergau 71 Q14
Biberkopf 98 Y14
Bibersfeld 79 S13
Bibert 80 R16
Bibertal 88 U14
Biblis 70 Q9
Bibra 60 O15
Biburg (Kreis Augsburg)88 U16
Biburg (Kreis Kelheim)....90 T19
Bichl 99 W18
Bickelsteiner Heide 24 I16
Bicken 57 N9
Bickenbach (Kreis Darmstadt-Dieburg)....70 Q9
Bickenbach (Rhein-Hunsrück-Kreis)....55 P6
Bickendorf (Kreis Bitburg-Prüm)....54 P3
Bickenriede 48 M15
Bickensohl 84 V6
Bidingen 98 W16
Biebelnheim 69 Q8
Biebelried 71 Q14
Bieber 71 P11
Bieberbach 73 Q17
Bieberehren 71 R14
Biebergemünd 59 P11
Biebern 68 Q6
Biebersdorf 52 K25
Bieberstein (Kreis Freiberg)....64 M24
Bieberstein (Kreis Fulda).59 O13
Biebertal 58 O11
Biebesheim 70 Q9
Biebrich 69 P8
Biedebach 59 N12
Biedenkopf 46 N9
Biederbach (Kreis Ansbach)....80 S16
Biederbach (Kreis Emmendingen)....84 V8
Biederitz 37 J19
Biedesheim 69 R8
Biegen 41 J27
Biehain 53 M28
Biehla 52 L24
Biehlen 52 L25
Bielatal 64 N26
Bielefeld 34 K9
Bielen 48 L16
Bielenberg 13 E12
Bielstein 43 N6
Biemenhorst 30 K3
Biendorf (Kreis Bad Doberan) 7 D19
Biendorf (Kreis Bernburg)....50 K19
Biene 20 I5
Bienen 30 K3
Bienenbüttel 14 G15
Bienstädt 48 M16
Bienwald 76 S8
Bienwaldmühle 76 S8
Bier-und-Burgenstraße 61 O18
Bierbergen 36 J14
Bierde (Kreis Minden-Lübbecke) 34 I11
Bierde (Kreis Soltau-Fallingbostel)..23 H12
Bierdorf 99 W17
Biere 37 K18

Bieringen (Hohenlohekreis) 79 R12
Bieringen (Kreis Tübingen) 85 U10
Bierlingen (Kreis Tübingen) 85 U10
Biersdorf 54 P3
Bierstadt 69 P8
Bierstedt 25 H17
Bierth 43 N6
Biese 25 H18
Biesen 26 G21
Biesenbrow 29 G26
Biesenhard 81 T17
Biesenrode 49 L18
Biesenthal 29 H24
Biesfeld 44 M5
Biesingen 85 W9
Biessenhofen 98 W16
Bieste 21 I8
Bieswang 81 T17
Bietigheim 77 T8
Bietigheim 78 T11
Bietikow 29 G26
Bietingen 95 W10
Biewer 66 Q3
Bigge 46 L9
Biggesee 45 M7
Bildchen 42 N2
Bildechingen 85 U10
Bilk 32 J5
Billafingen (Bodenseekreis) 96 W11
Billafingen (Kreis Biberach an der Riß) 86 V11
Billbrook (Hamburg) 14 F14
Bille 14 F14
Billenhausen 88 V15
Billerbeck 24 H16
Billerbeck (Kreis Coesfeld)....31 K5
Billerbeck (Kreis Lippe) ..34 K11
Billig 56 O4
Billigheim (Neckar-Odenwald-Kreis)....78 R11
Billigheim-Ingenheim 76 S8
Billingsbach 79 S13
Billingshausen 47 L14
Billingshausen 71 Q13
Billmerich 45 L7
Billroda 49 M18
Bilm 23 I13
Bilsen 13 E13
Bilshausen 48 L14
Bilstein 45 M8
Bilzingsleben 49 M17
Bimbach 59 O12
Bimmen 30 K2
Bimöhlen 5 E13
Bimolten 20 I5
Binabiburg 90 U21
Binau 78 R11
Binde 25 H18
Bindersleben 49 N16
Bindfelde 26 H19
Bindlach-Obergräfenthal..73 Q18
Bindow 40 J25
Bindsachsen 58 O11
Bingen 86 V11
Bingen 69 Q7
Bingenheim 58 O10
Binger Wald 69 Q7
Binghöhle 73 Q17
Bingum 11 G6
Binnen 22 I11
Binningen 95 W10
Binningen 55 P5
Binsdorf 85 V10
Binsfeld 54 Q4
Binswangen 88 U15
Binz 9 C24
Binzen 84 X6
Binzenbach 54 O4
Binzwangen 87 V12
Bippen 21 I7
Birgden 42 M2
Birgel (Kreis Daun)....54 P2
Birgel (Kreis Düren)....42 N3
Birgelen 42 M2
Birgland 81 S20
Birgte 33 J6
Biringen 66 R3
Birkach (Kreis Bamberg)..72 Q16
Birkach (Kreis Ebersberg)....90 V20
Birkach (Kreis Haßberge) 72 P15
Birkefehl 45 M8
Birkelbach 45 M8
Birken-Honigsessen 57 N7
Birkenau 70 R10
Birkenbringhausen 46 M10
Birkendorf 95 W8
Birkenfeld 67 R5
Birkenfeld (Enzkreis) 77 T9
Birkenfeld (Kreis Main-Spessart)..71 Q13
Birkenfeld (Kreis Neustadt a. d. A.-Bad W.)..72 R15

Birkenfelde 47 L14
Birkenhainchen 41 J26
Birkenhard 87 V13
Birkenheide 69 R8
Birkenhördt 76 S7
Birkenhügel 61 O19
Birkenkopf 78 T11
Birkenlach 81 S17
Birkenmoor 6 C14
Birkenwerder 27 H23
Birkesdorf 42 N3
Birkholz (Kreis Barnim)..40 I24
Birkholz (Kreis Stendal)..38 I19
Birklingen 72 Q15
Birkmannsweiler 79 T12
Birkungen 48 L15
Birkwitz-Pratzschwitz 64 N25
Birnau 96 W11
Birnbach 43 N6
Birnbach 90 T20
Birnbaum (Kreis Kronach) 61 O18
Birnbaum (Kreis Neustadt a. d. A.-Bad W.)..72 R16
Birndorf 94 X8
Birresborn 54 P3
Birstein 59 O11
Birten 30 L3
Birx 59 O14
Bischberg 72 Q16
Bischbrunn 71 Q12
Bischdorf (Kreis Löbau-Zittau) 65 M28
Bischdorf (Kreis Oberspreewald-Lausitz) 52 K25
Bischhagen 48 L14
Bischhausen (Kreis Göttingen) 48 L14
Bischhausen (Schwalm-Eder-Kreis) 46 M11
Bischhausen (Werra-Meißner-Kreis) 47 M13
Bischheim-Häslich 64 M26
Bischleben 60 N16
Bischoffen 58 N9
Bischofferode (Kreis Eichsfeld) 48 L15
Bischofferode (Schwalm-Eder-Kreis) 47 M13
Bischoffingen 84 V6
Bischofrod 60 O15
Bischofroda 48 M15
Bischofrode 49 L18
Bischofsdorf 9 C23
Bischofsgrün 74 P19
Bischofsheim (Kreis Groß-Gerau) 69 Q9

Bischofsheim (Main-Kinzig-Kreis)....70 P10
Bischofsheim an der Rhön (Kreis Rhön-Grabfeld).59 O14
Bischofsmais 92 T23
Bischofsreut 93 T25
Bischofswerda 64 M26
Bischofswiesen 101 X22
Bischweier 77 T8
Bischwind 72 P16
Bishausen 47 L13
Bisingen 85 V10
Biskirchen 57 O8
Bislich 30 K3
Bismark (Kreis Uecker-Randow)....19 F26
Bismark (Altmark)....25 I18
Bisperode 35 J12
Bispingen 23 G13
Bissee 6 D14
Bissel 21 H8
Bissendorf (Kreis Hannover)....23 I13
Bissendorf (Kreis Osnabrück)....33 J8
Bissingen 88 T15
Bissingen an der Teck..87 U12
Bissingen ob Lontal (Kreis Heidenheim)..88 U14
Bissingheim 31 L4
Bisten 66 S4
Bistensee 3 C13
Bistoft 3 B12
Bitburg 54 Q3
Bitburg (Stausee) 54 P3
Bittelbronn 78 R11
Bittelbrunn 95 W10
Bittelschieß 86 W11
Bittenbrunn 81 T17
Bittenfeld 79 T11
Bitterfeld 50 L20
Bittkau 38 I19
Bitz (Kreis Eichstätt) 81 T18
Bitz (Zollernalbkreis) 86 V11
Bitzen 57 N7
Bitzfeld 79 S12
Blaibach 83 S22
Blaibacher See 83 S22
Blaichach 98 X14
Blandikow 26 G21
Blankenau (Kreis Fulda).59 O12
Blankenau (Kreis Höxter) 35 K12
Blankenbach 70 P11
Blankenberg (Kreis Ostprignitz-Ruppin)..26 H21
Blankenberg (Kreis Parchim) 15 E19

Blankenberg (Saale-Orla-Kreis) 61 O19
Blankenburg (Kreis Uckermark)....29 G25
Blankenburg (Unstrut-Hainich-Kreis) 48 M16
Blankenburg (Harz) 37 K16
Blankenese 13 F13
Blankenfelde 39 J24
Blankenförde 17 F22
Blankenhagen 8 D21
Blankenhain (Kreis Weimarer Land) 48 N18
Blankenhain (Kreis Zwickauer Land) 62 N20
Blankenheim (Kreis Euskirchen) 54 O3
Blankenheim (Kreis Hersfeld-Rotenburg) ..59 N13
Blankenheim (Kreis Sangerhausen) 49 L18
Blankenloch 77 S9
Blankenrath 55 P5
Blankenrode 46 L10
Blankensee (Kreis Mecklenburg-Strelitz) .17 F23
Blankensee (Kreis Teltow-Fläming) 39 J23
Blankensee (Kreis Uecker-Randow) 19 F26
Blankensee (Lübeck-) 14 E16
Blankenstein 64 M24
Blankenstein 61 O19
Blasbach 58 O9
Blasheim 34 J9
Blatzheim 42 N3
Blaubeuren 87 U13
Blaueishütte 101 X22
Blauen 84 W7
Blauer Berg 24 H15
Blaufelden 79 S13
Blauhand 11 F8
Blauort (Insel) 4 D10
Blaustein 87 U13
Bleche 45 M7
Blechhammer 82 S20
Bleckede 14 G16
Bleckenstedt 36 J15
Bleckhausen 54 P4
Bleckmar 23 H13
Blecksteinhaus 100 X19
Bleddin 39 K22
Bledesbach 67 R6
Bleialf 54 P2
Bleibach 84 V8
Bleibuir 42 O3
Bleichenbach 58 P11
Bleicherode 48 L15

Bleichheim 84 V7
Bleichstetten 87 U12
Bleidenstadt 69 P8
Bleiloch Stausee 62 O19
Bleiwäsche 46 L10
Blekendorf 6 D15
Blender 22 H11
Blenhorst 22 H11
Blersum 11 F7
Blesdorf 26 G21
Blesewitz 17 E24
Blexen 12 F9
Blickwedel 24 H15
Blickweiler 67 S5
Bliedersdorf 13 F12
Blies 67 R5
Bliesdalheim 67 S5
Bliesdorf (Kreis Märkisch-Oderland) 41 H26
Bliesdorf (Kreis Ostholstein) 6 D16
Bliesendorf 27 I22
Bliesheim 43 N4
Blieskastel 67 S5
Bliesmengen-Bolchen ..67 S5
Bliesransbach 67 S5
Bliestorf 14 E15
Blievenstorf 15 F18
Blindheim 88 U15
Blindow 29 F25
Blintendorf 62 O19
Blitzenreute 97 W12
Blochingen 87 V12
Blochwitz 52 L25
Blönried 97 W12
Blönsdorf 39 K22
Bloh 11 G8
Bloischdorf 53 L27
Blomberg 34 K11
Blomberg 11 F6
Blomesche Wildnis 13 E12
Blonhofen 98 W16
Blosenberg 62 O19
Blossenau 81 T16
Blossersberg 83 S22
Blossin 40 J25
Bloßwitz 51 M23
Blosterlang 98 X14
Blowatz 15 E18
Blücher 14 F16
Blüthen 15 G19
Blumberg 95 W9
Blumberg (Kreis Barnim) 40 I24
Blumberg (Kreis Torgau-Oschatz)....51 L23
Blumberg (Kreis Uckermark)....29 G26

BONN

Am Alten Friedhof	**BZ** 2	Fritz-Schroeder-Ufer	**CY** 15	Poststr.	**BZ** 34
Am Hof	**CZ**	Gerhard-von-Are-Str.	**BZ** 16	Rathausgasse	**CZ** 36
Am Neutor	**CZ** 3	Kasernenstr.	**BY** 20	Remigiuspl.	**CZ** 38
Belderberg	**CY** 7	Markt	**CZ** 23	Remigiusstr.	**CZ** 40
Bertha-von-Suttner-Pl.	**CY** 9	Martinspl.	**CZ** 24	Sternstr.	**BCZ** 43
Bottlerpl.	**BZ** 10	Mülheimer Pl.	**BZ** 27	Sterntorbrücke	**BY** 45
Brüdergasse	**CY** 12	Münsterpl.	**BZ** 28	Thomas-Mann-Str.	**BYZ** 46
Budapester Str.	**BYZ** 14	Münsterstr.	**BZ** 29	Welschnonnenstr.	**CY** 48
		Oxfordstr.	**BY** 31	Wenzelgasse	**CY** 49
		Poppelsdorfer Allee	**BZ** 32	Wilhelmstr.	**BY** 50

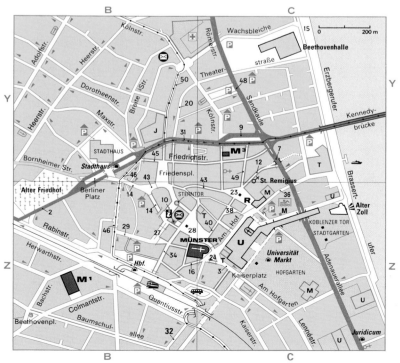

Blumegg	95	W9
Blumenau	63	N23
Blumenberg	37	J18
Blumenhagen (Kreis Peine)	36	I14
Blumenhagen (Kreis Uecker Randow)	19	F25
Blumenholz	17	F23
Blumenow	28	G23
Blumenrod	61	P17
Blumenthal	54	O3
Blumenthal (Kreis Jerichower Land)	38	J19
Blumenthal (Kreis Ostprignitz-Ruppin)	26	G21
Blumenthal (Kreis Rendsburg-Eckernförde)	5	D13
Blumenthal (Kreis Uecker-Randow)	19	E25
Blumenthal (Bremen-)	12	G9
Blunk	6	D14
Bluno	53	L26
Bobbau	50	K20
Bobbin (Kreis Güstrow)	9	E22
Bobbin (Kreis Rügen)	9	C24
Bobengrün	61	O18
Bobenhausen (Vogelsbergkreis)	58	O11
Bobenhausen (Wetteraukreis)	58	O11
Bobenheim	69	R9
Bobenneukirchen	62	O20
Bobenthal	76	S7
Boberow	15	G18
Bobingen	88	V16
Bobitz	15	E18
Boblitz	52	K25
Bobstadt (Kreis Bergstraße)	78	R9
Bobstadt (Main-Tauber-Kreis)	79	R13
Bobzin	15	F17
Bochin	15	G18
Bochingen	85	V9
Bocholt	30	K3
Bochow (Kreis Potsdam-Mittelmark)	39	I22
Bochow (Kreis Teltow-Fläming)	39	K23
Bochum	31	L5
Bock	9	C23
Bockau	63	O22
Bockelnhagen	48	L15
Bockelskamp	24	I14
Bockelwitz	51	M22
Bockenau	69	Q7
Bockendorf	63	N23
Bockenem	36	J14
Bockenheim a. d. Weinstraße	77	R8
Bocker Kanal	34	K9
Bockert	42	M3
Bocket	42	M1
Bockholte	21	H7
Bockhorn	90	V19
Bockhorn (Kreis Friesland)	11	F8
Bockhorn (Kreis Soltau-Fallingbostel)	23	H13
Bockhornerfeld	11	F8
Bockhorst	33	J8
Bockhorst (Kreis Emsland)	21	G6
Bockhorst (Kreis Steinburg)	5	D12
Bocklemünd	43	N4
Bocksberg	88	U16
Bocksee	17	F22
Bockstedt	22	H9
Bockswiese (Hahnenklee)	36	K15
Bockum	30	L3
Bockum-Hövel	33	K7
Bockwitz	51	L23
Boddin (Kreis Güstrow)	16	E21
Boddin (Kreis Ludwigslust)	15	F17
Boddin-Langnow	26	G20
Bode (Bach z. Saale)	37	K17
Bode (Bach z. Wipper)	48	L15
Bodelsberg	98	W15
Bodelshausen	85	U10
Bodelwitz	61	N18
Boden	57	O7
Bodenbach	55	P4
Bodenburg	36	J14
Bodendorf	37	J17
Bodendorf	56	O5
Bodenfelde	47	L12
Bodenheim	69	Q8
Bodenkirchen	90	U21
Bodenmais	83	S23
Bodenrod	58	O9
Bodenrode	48	L14
Bodensee	48	L14
Bodensee	87	X12
Bodenstedt	36	J15
Bodenteich	24	H16
Bodenwerder	35	K12

Bodenwöhr	82	S20
Bodersweier	84	U7
Bodetal	36	K16
Bodman	96	W11
Bodman-Ludwigshafen	96	W11
Bodnegg	97	W13
Bodolz	97	X12
Bodstedt	8	C21
Bodstedter Bodden	8	C21
Böbing	99	W16
Böbingen an der Rems	86	T13
Böblingen	86	T11
Böbrach	83	S23
Böbs	6	E15
Böchingen	76	S8
Böcke	38	J21
Böckenberg	29	G25
Böddeken	46	L10
Böddensell	37	I17
Böddenstedt	24	H15
Bödefeld	46	M9
Bödexen	35	K12
Bödigheim	71	R11
Böel	3	C13
Böen	21	H7
Böglum	2	B10
Böhen	98	W14
Böhl-Iggelheim	69	R8
Böhl-Süderhöft	4	D9
Böhlen (b. Leisnig)	51	M22
Böhlen (Ilmkreis)	49	O17
Böhlen (Kreis Leipziger Land)	50	M21
Böhlen (Muldentalkreis)	51	M22
Böhlendorf	8	D22
Böhlitz	51	L22
Böhlitz-Ehrenberg	50	L20
Böhme	23	H12
Böhme (Fluß)	23	G13
Böhmenkirch	87	T13
Böhmer Wald	75	Q21
Böhmerwold	10	G5
Böhmfeld	81	T18
Böhmischbruck	82	R21
Böhmzwiesel	93	T24
Böhne	26	I20
Böhne	46	M11
Böhnhusen	6	D14
Böhrde	22	I10
Böhrigen	63	M23
Böhringen (Kreis Konstanz)	95	W10
Böhringen (Kreis Reutlingen)	87	U12
Böhringen (Kreis Rottweil)	85	V9
Boek	17	F22
Böken	15	E17
Bökendorf	35	K11
Bökenförde	46	L9
Böklund	3	C12
Bölkendorf	29	H26
Bölkow (Kreis Bad Doberan)	8	D19
Bölkow (Kreis Güstrow)	16	E20
Bölsdorf	38	I19
Bölzke	26	G20
Bömenzien	25	H18
Bömighausen	46	M10
Boen	10	G5
Bönebüttel	6	D14
Bönen	45	L7
Bönitz	51	L23
Bönnien	36	J14
Bönnigheim	78	S11
Bönninghardt (Dorf)	30	L3
Bönninghardt (Kreis Wesel)	30	L3
Bönnigstedt	13	E13
Bönstadt	58	P10
Börfink	68	Q5
Börger	21	H6
Börgerende-Rethwisch	8	D19
Börgermoor	21	G6
Börln	51	L22
Börm	3	C12
Börmerkoog	3	C12
Börnecke	37	K17
Börnersdorf	64	N25
Börnichen	63	N23
Börnicke (Kreis Barnim)	40	I24
Börnicke (Kreis Havelland)	27	H22
Börninghausen	34	J9
Börnsdorf (Kreis Plön)	6	D15
Börnsen	14	F14
Börrstadt	69	R7
Börry	35	J12
Börsborn	67	R6
Börßum	36	J15
Börtewitz	51	M22
Börtlingen	79	T12
Börwang	98	W15
Börzow	7	E17
Bösdorf (Kreis Plön)	6	D15
Bösdorf (Ohrekreis)	25	I17
Bösel (Kreis Cloppenburg)	21	G7

Bösel (Kreis Lüchow-Dannenberg)	25	H17
Bösenbechhofen	72	Q16
Bösenbrunn	62	O20
Bösenburg	49	L18
Böseneck	74	P19
Bösensell	31	K6
Bösingen (Kreis Freudenstadt)	85	U9
Bösingen (Kreis Rottweil)	85	V9
Bösingfeld	34	J11
Bösleben-Wüllersleben	61	N17
Bösperde	45	L7
Bössow	7	E17
Bötersen	13	G11
Bötersheim	13	G13
Böttigheim	71	Q12
Böttingen (Kreis Reutlingen)	87	U12
Böttingen (Kreis Tuttlingen)	85	V10
Bötzingen	84	V7
Bötzow	40	I23
Bövingen	43	N6
Böxlund	3	B11
Boffzen	35	K12
Bofsheim	71	R12
Bogel	57	P7
Bogen	92	T22
Bogenberg	92	T22
Bohlenbergerfeld	11	F7
Bohlingen	95	W10
Bohlsen	24	H15
Bohmstedt	4	C11
Bohmte	21	I8

Bohnert	3	C13
Bohnhorst	22	I10
Bohsdorf	53	L27
Boich	42	N3
Boisenbrunn	88	U14
Boiensdorf	7	D18
Boisheim	42	M2
Boissow	15	F16
Boitin	16	E19
Boitze	14	G16
Boitzen	13	F12
Boitzenburg	17	G24
Boitzenhagen	24	I16
Boize	14	F16
Boize (Fluß)	14	F16
Boizenburg	14	F16
Bojendorf	73	P17
Bojendorf	7	C17
Bokel (b. Halle)	34	K9
Bokel (b. Rietberg)	33	J8
Bokel (Kreis Cuxhaven)	12	F10
Bokel (Kreis Emsland)	10	G6
Bokel (Kreis Gifhorn)	24	H15
Bokel (Kreis Pinneberg)	5	E13
Bokel (Kreis Rendsburg-Eckernförde)	5	D13
Bokelholm	5	D13
Bokelhop	5	D12
Bokeloh (Kreis Emsland)	20	H6
Bokeloh (Kreis Hannover)	23	I12
Bokensdorf	24	I16
Bokholt-Hanredder	13	E13
Bokhorst	6	D14
Boklund	3	C12
Boksee	6	D14
Bolanden	69	R8

Boldebuck	16	E20
Boldekow	17	E24
Boldevitz	9	C24
Bolheim	88	U14
Boll (Kreis Göppingen)	87	U12
Boll (Kreis Sigmaringen)	96	W11
Boll (Kreis Waldshut)	95	W9
Bollen	22	G10
Bollendorf	54	Q3
Bollensdorf	52	K24
Bollensen (Kreis Northeim)	47	L13
Bollensen (Kreis Uelzen)	24	H15
Bolleroda	48	M15
Bollersdorf	41	I26
Bollersen	24	H15
Bollingen	87	U13
Bollingstedt	3	C12
Bollschweil	84	W7
Bollstadt	80	T15
Bollstedt	48	M15
Bolschwitz	53	K26
Bolsehle	23	I11
Bolstern	97	W12
Boltenhagen	7	E17
Boltersen	14	G15
Bolzum	35	J13
Bombach	84	V7
Bomlitz (Lönsgrab)	23	H12
Bommelsen	23	H13
Bommern	31	L6
Boms	97	W12
Bomsdorf	41	J27
Bonames	58	P10
Bonaden	58	O9
Bonbruck	90	U21

Bondelum	3	C11
Bondenau	3	B12
Bondorf	85	U10
Bonenburg	46	L11
Bonese	24	H16
Bongard	55	P4
Bongsiel	2	B10
Bonlanden	86	U11
Bonn	43	N5
Bonndorf (Bodenseekreis)	96	W11
Bonndorf (Kreis Waldshut)	95	W9
Bonneberg	34	J10
Bonstetten	88	U16
Bonstorf	23	H14
Bonsweiher	70	R10
Bonzel	45	M8
Boock	19	F26
Booknis	3	H6
Boos	88	V14
Boos	55	P5
Boossen	41	I27
Boostedt	5	D14
Bopfingen	80	T15
Boppard	55	P6
Borbeck	11	G8
Borbein	33	L4
Borbein	33	K7
Borchen	34	K10
Bordelum	2	C10
Bordenau	23	I12
Bordesholm	5	D14
Boren	3	C13

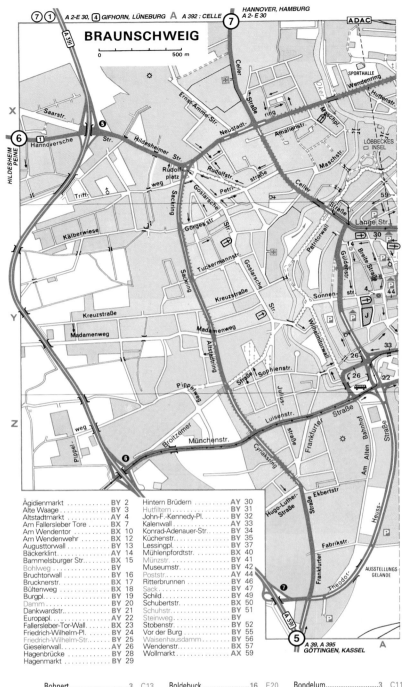

Ägidienmarkt	BY	2
Alte Waage	BY	3
Altstadtmarkt	AY	4
Am Fallersleber Tore	BX	7
Am Wendentor	BX	10
Am Wendenwehr	BX	12
Augusttorwall	BY	13
Bäckerklint	AY	14
Bammelsburger Str.	BX	15
Bohlweg	BY	
Bruchtorwall	BX	17
Brucknerstr.	BX	17
Bültenweg	BY	19
Burgpl.	BY	20
Damm	BY	21
Dankwardstr.	BY	21
Europapl.	AY	22
Fallersleber-Tor-Wall	BY	23
Friedrich-Wilhelm-Pl.	BY	24
Friedrich-Wilhelm-Str.	BY	25
Gieselerwall	AY	26
Hagenbrücke	BY	28
Hagenmarkt	BY	29
Hintern Brüdern	AY	30
Hutfiltern	BY	31
John-F.-Kennedy-Pl.	AY	32
Kalenwall	AY	33
Konrad-Adenauer-Str.	BY	34
Küchenstr.	BY	35
Lessingpl.	BX	37
Mühlenpfordtstr.	BX	40
Münzstr.	BY	41
Museumstr.	BY	42
Poststr.	BY	44
Ritterbrunnen	BY	46
Sack	BY	47
Schild	BY	49
Schubertstr.	BX	50
Schuhstr.	BY	51
Steinweg	BY	
Stobenstr.	BY	52
Vor der Burg	BY	55
Waisenhausdamm	BY	56
Wendenstr.	BX	57
Wollmarkt	AX	59

BRAUNSCHWEIG

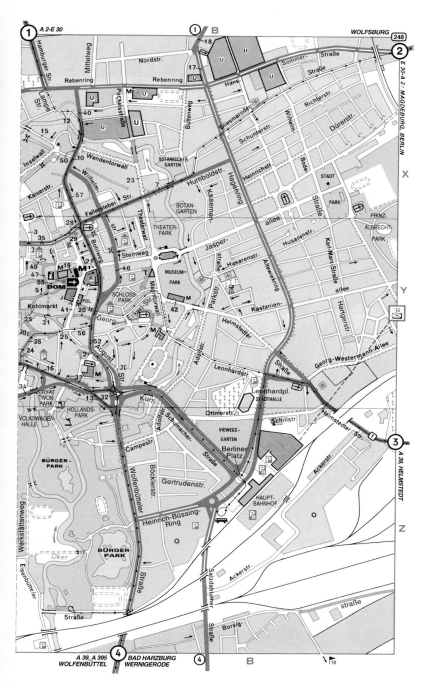

Borg (Kreis Merzig-Wadern)....66 R3
Borg (Kreis Münster)....33 K6
Borgau....49 M18
Borgdorf-Seedorf....5 D13
Borgeln....45 L8
Borgentreich....47 L11
Borgerende....8 D19
Borgfeld (Kreis Bremen).12 G10
Borgholz....47 L11
Borgholzhausen....33 J8
Borghorst....32 J6
Borgloh....33 J8
Borgsdorf....27 H23
Borgstedt....5 C13
Borgwallsee....9 D22
Borgwedel....3 C12
Boritz....64 M24
Bork....26 G21
Bork....31 K6
Borken....31 K4
Borken (Kreis Elbe-Elster)....51 K23
Borken (Kreis Uecker-Randow)....19 F26
Borken (Kreis Hessen)....47 M11
Borkenberge....31 K5
Borkenberge (Dorf)....31 K5
Borker See....26 G21
Borkheide....39 J22
Borkum (Insel) (Kreis Leer)....10 F4
Borkwalde....39 J22
Borlinghausen....46 L11

Born....37 I18
Born am Darß (Kreis Nordvorpommern)....8 C21
Borna (Kreis Leipziger Land)....50 M21
Borna (Kreis Torgau-Oschatz)....51 M23
Borna-Gersdorf....64 N25
Bornberg....13 F11
Borne (Kreis Aschersleben-Staßfurt)....37 K18
Borne (Kreis Potsdam-Mittelmark)....38 J21
Bornhagen....47 L13
Bornhausen....36 K14
Bornheim (Rhein-Sieg-Kreis)....43 N4
Bornholt....5 D12
Bornhöved....6 D14
Bornich....55 P7
Bornim....39 I23
Bornitz....50 M20
Bornow....41 J26
Bornsdorf (Kreis Dahme-Spreewald)....52 K25
Bornsen (Kreis Uelzen)....24 G15
Bornsen (Kreis Westliche Altmark)....24 H16
Bornstedt (Kreis Mansfelder Land)....49 L18
Bornstedt (Ohrekreis)....37 J18
Bornstein....3 C13
Borntin....17 E24
Borntosten....46 L10
Bornum (Kreis Anhalt-Zerbst)...38 K20

Bornum (Kreis Wolfenbüttel) ...36 J15
Bornum am Elm (Kreis Elmstedt)....36 J16
Bornum am Harz....36 K14
Borod....57 O7
Borr....42 N4
Borrentin....17 E22
Borsch....59 N13
Borsdorf....50 L21
Borsdorf....58 O10
Borsfleth....13 E12
Borßum....10 F5
Borstel (Kreis Diepholz)..22 H10
Borstel (Kreis Hannover).23 I12
Borstel (Kreis Harburg)..14 F14
Borstel (Kreis Segeberg)..5 E13
Borstel (Kreis Stade)....13 F13
Borstel (Kreis Stendal)....5 I19
Borstel (Kreis Stormarn).14 E14
Borstel (Kreis Verden)....22 G11
Borstel-Hohenraden (Kreis Pinneberg)....13 E13
Borstel in der Kuhle (Kreis Soltau-Fallingbostel)..23 G14
Borstendorf....63 N23
Borstorf....14 F15
Borsum (Kreis Emsland).20 G5
Borsum (Kreis Hildesheim)....35 J14
Bortfeld....36 J15
Borth....30 L3
Borthen....64 N25
Borwede....23 H9
Borxleben....49 L17

Boscheln....42 N2
Bosen....67 R5
Bosenbach....67 R6
Boßdorf....38 K22
Bosseborn....35 K11
Bostalsee....67 R5
Bostelwiebeck....14 G15
Botelsdorf....5 E17
Bothel....23 G12
Bothenheilingen....48 M15
Bothkamper See....6 D14
Bothmer....23 H12
Botnang....78 T11
Bottenbach....76 S6
Bottendorf....49 M18
Bottendorf....46 M10
Bottenhorn....58 N9
Bottmersdorf....37 J18
Bottorf....21 H7
Bottrop....31 L4
Bourtanger Moor....20 H5
Bous....66 S4
Bovenau....5 D13
Bovenden....47 L13
Bovenmoor....12 E10
Boxberg....71 R12
Boxberg....55 P4
Boxbrunn....72 R16
Boxbrunn i. Odenwald....70 R11
Boxdorf....73 R17
Boxdorf....64 N25
Boxtal....71 Q12
Braach....47 M13
Braak (Kreis Ostholstein)..6 D15
Braak (Kreis Stormarn)....14 F14

Braam-Ostwennemar........33 K7
Brachbach........57 N7
Brachelen........42 M2
Brachenfeld........5 D14
Brachstedt........50 L20
Bracht (Hochsauerlandkreis)..45 M8
Bracht (Kreis Marburg-Biedenkopf)........58 N10
Bracht (Kreis Viersen)........42 M2
Brachthausen........45 M8
Brachttal........59 P11
Brachwitz........50 L19
Brackede........14 F16
Brackel........13 G14
Brackel........31 L6
Brackenheim........78 S11
Brackstedt........24 I16
Brackwede........34 K9
Braderup (Sylt) (Kreis Nordfriesland)........2 B10
Braderup b. Niebüll (Kreis Nordfriesland)........2 B10
Brädikow........26 H21
Bräsen........38 K21
Bräunisheim........87 U13
Bräunlingen........95 W9
Bräunrode........49 L18
Bräunsdorf-Langhennersdorf........63 N23
Brahlstorf........15 F16
Brahmenau........62 N20
Brahmsee........5 D13
Braidbach........60 O14
Brake (Kreis Diepholz)........22 H10
Brake (Kreis Lippe)........34 J10
Brake (Bielefeld-) (Kreis Bielefeld)........34 J9
Brake (Unterweser) (Kreis Wesermarsch)........12 F9
Brakel........34 K11
Brakelsiek........34 K11
Bralitz........29 H26
Brambauer........31 L6
Bramberg (Kreis Haßberge)........72 P15
Bramberg (Dorf) (Kreis Haßberge)........72 P15
Brambostel........24 H14
Bramel........12 F10
Bramfeld (Hamburg)........14 F14
Bramgauroute........21 I7
Bramhar........20 I6
Brammer........5 D13
Bramsche (Kreis Emsland)........20 I6
Bramsche (Kreis Osnabrück)........21 I7
Bramstedt (Kreis Cuxhaven)........12 F10
Bramstedt (Kreis Nordfriesland)........2 B11
Bramwald........47 L12
Brand (Kreis Fulda)........59 O13
Brand (Kreis Tirschenreuth)..74 Q19
Brand (Kreis Traunstein)101 W21
Brand (Kreis Wunsiedel i. F.)........75 P20
Brand (Aachen-)........42 N2
Brand-Erbisdorf........63 N23
Brandau........70 Q10
Brande-Hörnerkirchen........5 C13
Branden-Kopf........84 U8
Brandenberg (Kreis Düren)........42 N3
Brandenberg b. Todtnau..94 W7
Brandenburg........38 I21
Brandenburg-Plaue........38 I21
Branderoda........50 M19
Brandis (Kreis Elbe-Elster)........39 K23
Brandis (Muldentalkreis)50 L21
Brandlecht........20 I5
Brandoberndorf........58 O9
Brandscheid........54 P2
Brandshagen........9 D23
Branitz........53 K27
Brannenburg........100 W20
Branten........45 M6
Braschwitz........50 L20
Brassert........31 L5
Brattendorf........60 O16
Braubach........55 P6
Brauel........13 G11
Brauerschwend........59 N11
Brauersdorf (Kreis Kronach)........61 O17
Brauersdorf (Kreis Siegen-Wittgenstein)........45 N8
Brauna........64 M26
Braunau........46 M11
Brauneberg........68 Q4
Brauneck........99 W18
Braunenweiler........87 V12
Braunfels........57 O9
Braunlage........36 K15
Braunsbach........79 S13
Braunsbedra........50 M19

Braunsberg........28 G22
Braunschweig........36 J15
Braunschwende........49 L17
Braunsdorf (Kreis Greiz)..62 N19
Braunsdorf (Kreis Oder-Spree)........41 I25
Braunsdorf (Weißeritzkreis)........64 M24
Braunsen........46 L11
Braunshausen........46 M10
Braunshorn........55 P6
Braunsrath........42 M2
Braunsroda........49 M18
Braunstein........58 N10
Brauweiler........42 N4
Brebach........67 S5
Brebel........3 C13
Breberen........42 M1
Brechen........57 O8
Brechte........31 L6
Brechten........31 L6
Brechtorf........24 I16
Breckenheim........69 P9
Breckerfeld........44 M6
Breddenberg........21 H6
Breddin........26 H20
Breddorf........12 G11
Bredehorn........11 F7
Bredelar........46 L10
Bredelem........36 K15
Bredenbeck (kreis Hannover)........35 J12
Bredenbek (Kreis Plön).....6 D15
Bredenbek (Kreis Rendsburg-Eckernförde)........5 D13
Bredenborn........34 K11
Bredenbruch........45 L7
Bredeney (Essen)........31 L4
Bredenfelde (Kreis Demmin)........17 F22
Bredenfelde (Kreis Mecklenburg-Strelitz).17 F24
Bredereiche........28 G23
Bredow........27 I22
Bredstedt........5 C10
Breege........9 C24
Breese........25 G19
Breesen (Kreis Demmin).17 F23
Breesen (Kreis Güstrow).16 E21
Breesen (Kreis Nordvorpommern)........8 D22
Breesen (Kreis Nordwest-mecklenburg)........15 E17
Breetze........14 G16
Breetzer Bodden........9 C23
Breg........95 W9
Bregenstedt........37 J17
Brehme........48 L15
Brehna........50 L20
Breidenbach........58 N9
Breidenstein........46 N9
Breiholz........5 D12
Breinermoor........11 G6
Breinig........42 N2
Breisach........84 V6
Breischen........21 I6
Breitachklamm........98 X14
Breitau........47 M14
Breitbrunn (Kreis Haßberge)........72 P16
Breitbrunn (Kreis Starnberg)........89 V17
Breitbrunn am Chiemsee100 W21
Breitenau (Kreis Ansbach)........80 S14
Breitenau (Kreis Coburg) 60 P16
Breitenau (Kreis Elbe-Elster)........52 K25
Breitenau (Kreis Freiberg)........63 N23
Breitenau (Weißeritzkreis)........64 N25
Breitenau (Westerwaldkreis)........57 O7
Breitenbach (Burgenlandkreis)........62 M20
Breitenbach (Kreis Hersfeld-Rotenburg)........47 N13
Breitenbach (Kreis Kassel)........47 M11
Breitenbach (Kreis Kusel)........67 R5
Breitenbach (Kreis Sangerhausen)........49 L17
Breitenbach a. Herzberg (Kreis Hersfeld-Rotenburg)........59 N12
Breitenbach b. Schleusingen (Kreis Hildburghausen)........60 O16
Breitenbach-Stausee (Kreis Siegen-Wittgenstein)........45 N8
Breitenbenden........56 O4
Breitenberg (Kreis Göttingen)........48 L14
Breitenberg (Kreis Ostallgäu)........98 X15
Breitenberg (Kreis Passau)........93 T25
Breitenborn (Leipziger Land)........63 M22

BREMEN

Am Brill	Y 2
Am Dom	Z 4
Am Landherrnamt	Z 7
Ansgaritorstr.	Y 9
Ansgaritorwallstr.	Y 10
Balgebrückstr.	Z 12
Böttcherstr.	Z
Dechanatstr.	Z 23
Domsheide	Z 24
Friedrich-Ebert-Str.	Z 29

Goethepl.	Z 32
Herdentorwallstr.	Y 36
Hermann-Böse-Str.	Y 37
Hutfilterstr.	Y 38
Katharinenstr.	YZ 40
Knochenhauerstr.	Y
Komturstr.	Y 43
Marktpl.	Z
Martinistr.	YZ
Obernstr.	YZ
Osterdeich	Z 52
Ostertorstr.	Z 55
Ostertorswallstr.	Z 56

Papenstr.	Y 57
Pelzerstr.	Y 58
Pieperstr.	Y 59
Sandstr.	Z 62
Schnoor	Z 63
Schüsselkorb	Y 64
Schüttingstr.	Z 67
Sögestr.	Y 71
Stavendamm	Z 73
Violenstr.	Y 78
Wachtstr.	Y 79
Wandschneiderstr.	Y 83
Wegesende	Y 85

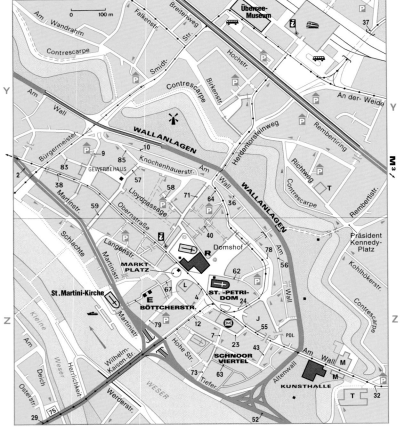

Breitenborn (Main-Kinzig-Kreis)	58	P11
Breitenbronn	88	V15
Breitenbruch	45	L8
Breitenbrunn (Kreis Neumarkt i. d. Oberpfalz)	88	V15
Breitenbronn (Kreis Unterallgäu)	81	S18
Breitenbrunn (Odenwaldkreis)	70	Q11
Breitenbrunn (Erzgeb.) (Westerzgebirgskreis)	63	O22
Breitenbuch	70	R11
Breitenburg	5	E12
Breitenburger Moor	13	E12
Breitenfeld (Altmarkkreis Salzwedel)	25	I17
Breitenfeld (Elstertalkreis)	62	O20
Breitenfelde	14	F15
Breitenfürst	79	T12
Breitenfurt	81	T17
Breitengüßbach	72	Q16
Breitenhagen (Kreis Schönebeck)	38	K19
Breitenhagen (Märkischer Kreis)	45	M7
Breitenheerda	61	N17
Breitenhees	24	H15
Breitenholz	85	U10
Breitenlesau	73	Q17
Breitenlohe	72	Q15
Breitenrode	25	I16
Breitensee	60	O15
Breitenstein	49	L16
Breitenthal	88	V14
Breitenthal	68	Q6
Breitenwisch	13	F11
Breitenworbis	48	L15
Breiter Luzin	17	F24
Breitfurt	67	S5
Breithardt	57	P8
Breitingen	87	U13
Breitling	8	D20
Breitnau	94	W8

Breitscheid (Kreis Mettmann)	31	L4
Breitscheid (Kreis Neuwied)	56	O6
Breitscheid (Lahn-Dill-Kreis)	57	N8
Breitungen	49	L17
Breitungen (Werra)	60	N14
Brekendorf	3	C12
Breklum	2	C10
Brelingen	23	I13
Breloh	24	G14
Bremberg	57	P7
Bremelau	87	U12
Bremen (Kreis Bremen)	22	G10
Bremen (Kreis Soest)	45	L7
Bremen (Thüringen)	59	N14
Bremen-Neustadt (Flughafen)	12	G10
Bremerhagen	9	D23
Bremerhaven	12	F9
Bremervörde	13	F11
Bremgarten	94	W6
Bremke (Hochsauerlandkreis)	45	M8
Bremke (Kreis Göttingen)	47	L14
Bremm	55	P5
Bremsdorf	41	J27
Bremthal	69	P9
Brend (Bach)	60	O14
Brend (Kreis Emmendingen)	84	V8
Brenden	94	W8
Brenk	56	O5
Brenken	46	L9
Brenkenhagen	6	D16
Brenkhausen	35	K12
Brennberg	82	S21
Brennersgrün	61	O18
Brennes	83	S23
Brensbach	70	Q10
Brenschelbach	67	S5
Brenz (Fluß)	88	U14
Brenz (Kreis Heidenheim)	88	U14
Bresahn	14	F16

Bresch	15	G19
Bresegard b. Eldena (Kreis Ludwigslust)	15	G18
Bresegard b. Picher (Kreis Ludwigslust)	15	F17
Breselenz	25	G17
Bresewitz (Kreis Mecklenburg-Strelitz)	17	E24
Bresewitz (Kreis Nordvorpommern)	8	C22
Bresinchen	41	J28
Breslack	41	J28
Brest	13	F12
Bretleben	49	L17
Bretnig	64	M26
Bretsch	26	H18
Brettach (Bach)	79	S12
Brettach b. Bretzfeld (Hohenlohekreis)	79	S12
Bretten	77	S10
Brettenfeld	79	S14
Brettental	84	V7
Brettheim	79	S14
Brettin	38	I20
Brettorf	22	H9
Bretwisch	9	D23
Bretzenheim (Kreis Bad Kreuznach)	69	Q7
Bretzfeld	79	S12
Bretzingen	71	R12
Breuberg	70	Q11
Breuna	46	L11
Breungeshain	58	O11
Breunigweiler	69	R7
Breunings	59	P12
Breunsdorf	50	M21
Brevörde	35	K12
Brey	55	P6
Breyell	30	M2
Brickeln	5	D11
Briedel	55	P5
Brielow	26	I21
Briescht	41	J26
Brieselang	27	I23
Briesen (Kreis Dahme-Spreewald)	40	J25

Briesen (Kreis Havelland)	26	H21
Briesen (Kreis Oder-Spree)	41	I26
Briesen (Kreis Spree-Neiße)	53	K26
Briesener Berge	38	J21
Briesensee	52	K26
Brieske	52	L25
Brieskow-Finkenheerd	41	J27
Briesnig	53	K27
Briest (Kreis Potsdam-Mittelmark)	26	I21
Briest (Kreis Stendal)	38	I20
Briest (Kreis Uckermark)	29	G26
Brietlingen	14	F15
Brietz	25	H17
Brietzig	19	F25
Brietzke	38	J20
Brigach	85	V9
Brigachtal	85	V9
Briggow	17	F22
Brillit	12	F10
Brilon	46	L9
Brilon-Wald	46	L9
Bringhausen	46	M10
Brink (Kreis Grafschaft Bentheim)	20	I4
Brink (Märkischer Kreis)	45	M7
Brinkum (Kreis Diepholz)	22	G10
Brinkum (Kreis Leer)	11	G6
Brinnis	50	L21
Bristow	16	E21
Britten	66	R4
Brittheim	85	V10
Britz (Kreis Barnim)	29	H25
Britzingen	94	W7
Brobergen	13	F11
Brochdorf	23	G13
Brochenzell	97	W12
Brochterbeck	33	J7
Brochthausen	48	L15
Brock	33	J7
Brockau (Vogtlandkreis)	62	O20
Brockdorf	21	I8

Brockel (Kreis Rotenburg)	23	G12
Brocken	36	K15
Brockhagen	34	K9
Brockhausen (Kreis Emsland)	20	I6
Brockhausen (Kreis Osnabrück)	34	I9
Brockhöfe	24	G14
Brockscheid	54	P4
Brockum	22	I9
Brockzetel	11	F6
Brodenbach	55	P6
Brodersby (Kreis Rendsburg-Eckernförde)	3	C13
Brodersby (Kreis Schleswig-Flensburg)	3	C13
Brodersdorf (Kreis Plön)	6	C14
Broderstorf (Kreis Bad Doberan)	8	D20
Brodowin	29	H25
Brodswinden	80	S15
Brodten	6	E16
Bröbberow	16	E20
Bröckau (Burgenlandkreis)	50	M20
Bröckel (Kreis Celle)	24	I14
Bröckelbeck	12	E11
Brögbern	20	I6
Brökeln	35	K12
Broekhuysen	30	L2
Bröl	43	N5
Broeleck	43	N6
Bröllin	19	F26
Bröthen (Kreis Herzogtum Lauenburg)	14	F16
Bröthen (Kreis Hoyerswerda)	52	L26
Broggingen	84	V7
Brohl	55	P5
Brohl Lützing	56	O5
Brohm	17	F24
Broich (Kreis Düren)	42	N3
Broich (Mülheim-)	31	L4
Broichweiden	42	N2
Broistedt	36	J14
Brokdorf	5	E11
Brokeloh	23	I11
Brokenlande	5	D13
Brokstedt	5	E13
Brombach (Hochtaunuskreis)	58	P9
Brombach (Kreis Lörrach)	94	X7
Brombach (Kreis Rottal-Inn)	91	U23
Brombach (Rhein-Neckar-Kreis)	70	R10
Brombachsee	80	S16
Brombachtal	70	Q10
Brome	25	I16
Bromskirchen	46	M9
Bronn	73	Q18
Bronnbach	71	Q12
Bronnweiler	86	U11
Bronnzell	59	O13
Broock	16	F20
Brosen	34	J10
Brotdorf	66	R4
Brotterode	60	N15
Brual	10	G5
Bruch (Kreis Bernkastel-Wittlich)	68	Q4
Bruch (Oberbergischer Kreis)	44	M6
Brucher-Stausee	45	M6
Bruchertseifen	57	N7
Bruchhausen (Kreis Diepholz)	22	H11
Bruchhausen (Kreis Höxter)	35	K11
Bruchhausen (Kreis Karlsruhe)	77	T9
Bruchhausen (Rhein-Sieg-Kreis)	43	N6
Bruchhausen b. Arnsberg (Hochsauerlandkreis)	45	L8
Bruchhausen b. Olsberg (Hochsauerlandkreis)	46	M9
Bruchköbel	70	P10
Bruchmühlbach-Miesau	67	R6
Bruchmühlen	34	J9
Bruchsal	77	S9
Bruchstedt	48	M16
Bruchtorf	24	G15
Bruchweiler	68	Q5
Bruck (Kreis Ebersberg)	100	V19
Bruck (Kreis Hof)	62	O19
Bruck (Kreis Miesbach)	100	W19
Bruck (Kreis Neuburg-Schrobenhausen)	89	T17
Bruck i. d. Oberpfalz (Kreis Schwandorf)	82	S20
Bruckberg (Kreis Ansbach)	72	R16
Bruckberg (Kreis Landshut)	90	U19

Bruckhausen (Kreis Wesel)	31	L4
Bruckhausen (Duisburg-) (Kreis Duisburg)	31	L4
Bruckmühl	100	W19
Brudersdorf	17	E22
Brüchermühle	43	N6
Brück (Kreis Ahrweiler)	56	O4
Brück (Kreis Kitzingen)	72	Q14
Brück (Kreis Potsdam-Mittelmark)	39	J22
Brück (Dreis-) (Kreis Daun)	54	P4
Brücken (Kreis Birkenfeld)	67	R5
Brücken (Kreis Sangerhausen)	49	L17
Brücken (Pfalz) (Kreis Kusel)	67	R6
Brücklein	74	P18
Brüel	15	E19
Brügge	45	M6
Brügge (Kreis Prignitz)	16	G20
Brügge (Kreis Rendsburg-Eckernförde)	6	D14
Brüggen (Kreis Hildesheim)	35	J13
Brüggen (Kreis Viersen)	42	M2
Brüggen (Erft)	42	N4
Brühl (Erftkreis)	43	N4
Brühl (Rhein-Neckar-Kreis)	78	R9
Brüllingsen	45	L8
Brümmerhof	13	G11
Brün	45	N7
Bründel	37	K18
Bründersen	46	M11
Brünen	30	K4
Brüninghausen	45	M7
Brüninghorstedt	22	I10
Brünkendorf	8	D21
Brünlos	63	N22
Brünn (Kreis Haßberge)	72	P16
Brünn (Kreis Hildburghausen)	60	O16
Brünnau	72	Q15
Brünning	101	W21
Brünstadt	72	Q14
Brünnstein	100	X20
Brünst (Kreis Ansbach Land)	80	R15
Brüntorf	34	J10
Brüntrup	34	K10
Brünzow	9	D24
Brüsewitz	15	E17
Brüssow	29	F26
Brüttendorf	13	G11
Brüxen	30	L2
Brumby	37	K19
Brunau	25	H18
Brungershausen	58	N9
Brunkensen	35	K13
Brunn (Kreis Mecklenburg-Strelitz)	17	E24
Brunn (Kreis Neustadt a. d. A.-Bad W.)	72	R16
Brunn (Kreis Ostprignitz-Ruppin)	26	H21
Brunn (Kreis Regensburg)	82	S19
Brunne	27	H22
Brunnen (Kreis Neuburg-Schrobenhausen)	89	U17
Brunnenthal	62	O19
Brunnthal	89	V19
Brunow (Kreis Ludwigslust)	15	G19
Brunow (Kreis Märkisch-Oderland)	29	H25
Brunsbek	14	F14
Brunsbüttel	4	E11
Brunsen	35	K13
Brunskappel	46	M9
Brunslar	47	M13
Brunsmark	14	F16
Brunst (Kreis Ansbach Land)	80	S15
Brunstorf	14	F15
Bruschied	68	Q6
Brusendorf	39	J24
Bruttig-Fankel	55	P5
Brux	5	D13
Bubach (Kreis Dingolfing-Landau)	91	U21
Bubach (Rhein-Hunsrück-Kreis)	55	P6
Bubach a. d. Naab	82	S20
Bubach-Calmesweiler	67	R4
Bubenbach	95	W8
Bubenheim	80	T16
Bubenorbis	79	S12
Bubenreuth	73	R17
Buberow	27	H21
Bubesheim	88	U14
Bubsheim	85	V10
Buch (Kreis Erlangen-Höchstadt)	72	Q16
Buch (Kreis Haßberge)	72	P15
Buch (Kreis Kelheim)	81	T19

CHEMNITZ

Agricolastr. . . . . DV
Altchemnitzer Str. . . . . EV 3
Andrépl. . . . . DU
Annaberger Str. . . . . EV
Annenstr. . . . . EV
Augsburger Str. . . . . FU
August-Bebel-Str. . . . . FT
Bahnhofstr. . . . . EFU
Barbarossastr. . . . . DUV
Bergstr. . . . . DT
Bernhardtstr. . . . . FV
Bernsdorfer Str. . . . . FV
Beyerstr. . . . . DT 6
Blankenauer Str. . . . . FT 9
Brückenstr. . . . . EU
Brühl . . . . ET
Carolastr. . . . . EFU 12
Charlottenstr. . . . . FV 13
Deubners Weg . . . . EV 15
Dresdner Str. . . . . FTU
Elisenstr. . . . . EFT
Enzmannstr. . . . . DV
Festpl. . . . . DU
Fürstenstr. . . . . FU
Georgstr. . . . . EFT
Gerhart-Hauptmann-Pl. . . . . . DV
Goethestr. . . . . DV
Goethe-Pl. . . . . DV
Gustav-Freytag-Str. . . . . EV
Hainstr. . . . . FTU
Hans-Sachs-Str. . . . . FV
Hartmannstr. . . . . DEU
Hechlerstr. . . . . DT
Henriettenstr. . . . . DU
Innere Klosterstr. . . . . EU 22
Kanzlerstr. . . . . DU
Karl-Liebknecht-Str. . . . . EFT
Kaßbergauffahrt. . . . . EU 27
Kaßbergstr. . . . . DU
Küchwaldring . . . . DT
Leipziger Str. . . . . DT
Limbacher Str. . . . . DU
Lohrstr. . . . . EU
Luisenpl. . . . . DT
Luisenstr. . . . . DT
Lutherstr. . . . . FV
Markt . . . . EU
Markusstr. . . . . FU
Martinstr. . . . . FU
Moritzstr. . . . . EUV
Mühlenstr. . . . . ET
Müllerstr. . . . . EFT
Neefestr. . . . . DV
Neumarkt . . . . EU 28
Nordstr. . . . . ET
Palmstr. . . . . FT
Paul-Jäkel-Str. . . . . DT
Peterstr. . . . . FT
Promenadenstr. . . . . ET
Rathausstr. . . . . EU 29
Reichenhainer Str. . . . . EFV 30
Reichsstr. . . . . DUV
Reitbahnstr. . . . . EV
Rembrandtstr. . . . . FV
Ritterstr. . . . . EFV
Rosenhof . . . . EU
Salzstr. . . . . DET
Schillerpl. . . . . ET
Schloßteichstr. . . . . DET
Sonnenstr. . . . . FU
Stollberger Str. . . . . DEV
Straße der Nationen . . . . EU
Theaterpl. . . . . EU 33
Theaterstr. . . . . ETU
Theodor-Körner-Pl. . . . . EU
Waisenstr. . . . . EFU 37
Weststr. . . . . DU
Winklerstr. . . . . DT
Zieschestr. . . . . FUV
Zietenstr. . . . . FU
Zöllnerpl. . . . . ET
Zschopauer Str. . . . . EFV
Zum Luisenpl. . . . . DT 49
Zwickauer Str. . . . . DEV

Buch (Kreis Neu-Ulm) 88 V14
Buch (Kreis Nürnberg) 73 R17
Buch (Kreis Stendal) 38 I19
Buch (Rhein-Hunsrück-
 Kreis) 55 P6
Buch (Berlin-) 40 I24
Buch a. Ahorn 71 R12
Buch a. Ammersee 89 V17
Buch a. Buchrain 90 V19
Buch a. Erlbach 90 U20
Buch a. Forst 73 P17
Buch a. Wald 80 R15
Bucha (Burgenlandkreis).49 M18
Bucha (Kreis Saalfeld-
 Rudolstadt) 61 O18
Bucha (Kreis
 Torgau-Oschatz) 51 L23
Bucha (Saale-
 Holzland-Kreis) 61 N18
Bucha (Saale-Orla-Kreis) .61 O19
Buchau (Kreis Bayreuth).73 Q18
Buchbach
 (Kreis Kulmbach) 73 P17
Buchbach
 (Kreis Kronach) 61 O17
Buchbach (Kreis
 Mühldorf a. Inn) 90 V20
Buchdorf 80 T16
Buchen (Neckar-
 Odenwald-Kreis) 71 R11
Buchenau (Kreis Fulda) .59 N13
Buchenau (Kreis Marburg-
 Biedenkopf) 58 N9
Buchenau (Kreis Regen) .83 S23
Buchenbach
 (Hohenlohekreis) 79 S13

Buchenbach (Kreis Breisgau-
 Hochschwarzwald) 94 W8
Buchenberg
 (Kreis Oberallgäu) 98 W14
Buchenberg (Kreis Waldeck-
 Frankenberg) 46 M10
Buchenberg (Schwarzwald-
 Baar-Kreis) 85 V9
Buchenhain
 (Kreis Uckermark) 17 G24
Buchenrod 59 O12
Buchenwald 49 M17
Buchhain 52 L24
Buchhausen 90 T20
Buchheim (Kreis Breisgau-
 Hochschwarzwald) 84 V7
Buchheim
 (Kreis Tuttlingen) 85 V10
Buchheim
 (Muldentalkreis) 51 M21
Buchheim (Saale-
 Holzland-Kreis) 62 M19
Buchhofen 92 T22
Buchholz
 (Kreis Bad Doberan) . . .8 D20
Buchholz
 (Kreis Dithmarschen) . .5 E11
Buchholz
 (Kreis Emmendingen).84 V7
Buchholz (Kreis Herzogtum
 Lauenburg) 14 E16
Buchholz (Kreis Märkisch-
 Oderland) 40 I25
Buchholz (Kreis Minden-
 Lübbecke) 22 I11
Buchholz (Kreis Müritz) . . .16 G21

Buchholz
 (Kreis Neuwied) 43 N6
Buchholz
 (Kreis Nordhausen) 48 L16
Buchholz (Kreis
 Nordvorpommern) 9 D22
Buchholz
 (Kreis Oberhavel) 28 G23
Buchholz
 (Kreis Oder-Spree) 41 I26
Buchholz (Kreis Prignitz).26 G20
Buchholz (Kreis Stendal).25 I19
Buchholz (Niederschlesischer
 Oberlausitzkr.) 65 M28
Buchholz (Rhein-
 Hunsrück-Kreis) 55 P6
Buchholz (Stadtkreis
 Hannover) 23 I13
Buchholz (Aller) 23 H13
Buchholz (Duisburg-) 31 L4
Buchholz b. Ottersberg . .25 I10
Buchholz b.
 Treuenbrietzen 39 J22
Buchholz b. Visselhövede 23 G12
Buchholz i. d. Nordheide.13 F13
Buchhorst 25 I17
Buching 98 X16
Buchloe 88 V14
Buchow-Karpzow 27 I22
Buchschlag (Frankfurt) .70 P10
Buchschwabach 80 R16
Buchwäldchen 52 K26
Buckau (Kreis
 Elbe-Elster) 51 L23
Buckau (Kreis Potsdam-
 Mittelmark) 38 J20

Buckenhof 73 R17
Buckow
 (Kreis Havelland) 26 I20
Buckow
 (Kreis Oder-Spree) 41 J26
Buckow
 (Kreis Teltow-Fläming)52 K24
Buckow
 (Märkische Schweiz) . . .41 I26
Budberg 30 L3
Buddenbaum 33 K7
Buddenhagen 19 D25
Budenheim 69 P8
Büchel 55 P5
Büchelberg (Kreis
 Germersheim) 76 S8
Büchelberg (Kreis
 Rhön-Grabfeld) 60 P15
Bücheloh 61 N16
Büchen (Kreis Herzogtum
 Lauenburg) 14 F15
Büchenau
 (Kreis Karlsruhe Land) 77 S9
Büchenberg (Kreis Roth) 81 S17
Büchenberg (Kreis Fulda)59 O13
Büchenbeuren 68 Q5
Büchenbronn 77 T9
Büchereck 84 V8
Büches 58 P11
Büchlberg 93 T24
Büchold 71 P13
Bückau 25 G17
Bückeberge 34 J11
Bückeburg 34 J11
Bückelte 21 I6
Bücken 23 H11
Bücknitz 38 J20

Bückwitz 26 H21
Büddenstedt 37 J17
Büdelsdorf 5 D13
Büden 38 J19
Büderich (Kreis Neuss) . .44 M4
Büderich (Kreis Soest) . . .45 L7
Büderich (Kreis Wesel) . .30 L3
Büdesheim
 (Kreis Bitburg-Prüm) . .54 P3
Büdesheim
 (Main-Kinzig-Kreis) 58 P10
Büdingen
 (Kreis Merzig-Wadern)66 R3
Büdingen
 (Wetteraukreis) 58 P11
Büdinger Wald 58 P11
Büdlich 68 Q4
Büemke 45 M8
Bühl (Kreis Günzburg) . .88 U14
Bühl (Kreis Tübingen) . . .85 U10
Bühl (Kreis Waldshut) . . .95 X9
Bühl (Ortenaukreis) 84 U7
Bühl (Baden) 84 T8
Bühl am Alpsee 98 X14
Bühl i. Ries 80 T15
Bühlau 64 M26
Bühle 46 M11
Bühler 79 T13
Bühlerhöhe 84 T8
Bühlertal 84 T8
Bühlertann 79 S13
Bühlerzell 79 S13
Bühne
 (Kreis Halberstadt) 36 K15
Bühne (Kreis Höxter) 47 L11
Bühnsdorf 6 E15

Bühren
 (Kreis Cloppenburg) 21 H8
Bühren
 (Kreis Göttingen) 47 L13
Bühren (Kreis Nienburg).22 I11
Bülkau 12 E10
Bülow (Kreis Nordwest-
 mecklenburg) 15 E17
Bülow (Kreis Parchim) . . .15 F19
Bülstedt 13 G11
Bülstringen 37 J18
Bültum 35 J14
Bülzig 39 K22
Bünde 34 J9
Bündheim 36 K15
Bünsdorf 5 C13
Bünzen 5 D13
Buer 34 J9
Buer (Gelsenkirchen-) . . .31 L5
Bürchau 94 W7
Bürden 60 O16
Büren (Kreis Borken) 31 K5
Büren (Kreis Hannover) . .23 I12
Büren (Kreis Paderborn) .46 L9
Büren (Kreis Steinfurt) . . .33 J7
Bürgel (Saale-
 Holzland-Kreis) 62 N19
Bürgeln (Kreis Lörrach) . .94 W7
Bürgeln (Kreis Marburg-
 Biedenkopf) 58 N10
Bürgersee 87 U12
Bürglein 80 R16
Bürgstadt 71 Q11
Bürresheim 56 O5
Bürstadt 70 R9
Bürvenich 42 O3

Büsbach 42 N2
Büschdorf 66 R3
Büscheich 54 P4
Büschergrund 45 N7
Büscherheide 34 J9
Büschfeld 66 R4
Büschow 15 E18
Büsdorf 42 N4
Büsingen 95 W10
Büßfeld 58 N11
Büßleben 49 N17
Büßlingen 95 W10
Büste 25 H18
Büsum 4 D10
Büsumer Deichhausen 4 D10
Bütlingen 14 F15
Bütow 16 F21
Büttel (Kreis Cuxhaven) ..12 F9
Büttel (Kreis Steinburg) ...5 E11
Büttelborn 70 Q9
Büttgen 42 M3
Bütthard 71 R13
Büttstedt 48 M14
Bützer 26 I20
Bützfleth 13 F12
Bützflethermoor 13 F12
Bützow 16 E19
Bufleben 48 N16
Buflings 97 X14
Bug (Kreis Rügen) 9 C23
Bug (Stadtkreis
     Bamberg) 72 Q16
Bugewitz 19 E25
Buggenhagen 19 E25
Buggenried 94 W8
Buggingen 94 W6
Bugk 41 J25
Buhla 48 L15
Buhlen 46 M11
Buhlenberg 67 R5
Buhlendorf 38 J20
Buir 42 N3
Bujendorf 6 D16
Buke 34 K10
Buko 38 K21
Buldern 31 K6
Bullau 70 R11
Bullay 55 P5
Bullendorf 14 F15
Bullenhausen 14 F14
Bulleritz 52 M26
Bunde 10 G5
Bundenbach 68 Q6
Bundenthal 76 S7
Bunderhee 10 G5
Bunderneuland 10 G5
Bundesgaarder See 2 B10
Bundorf 60 P15
Bungsberg 6 D16
Bunkenburg 24 I14
Bunsoh 5 D11
Buntenbock 36 K15
Burbach 57 N8
Burg 5 E11
Burg (Kreis
     Spree-Neiße) 52 K26
Burg (Lahn-Dill-Kreis) 57 N8
Burg (Solingen) 44 M5
Burg (Westlausitzkreis) ...53 L27
Burg (Mosel) 55 P5
Burg auf Fehmarn 7 C17
Burg b. Magdeburg 38 J19
Burg-Gemünden 58 N11
Burg Hohenstein 57 P8
Burg Kauper 52 K26
Burg Stargard 17 F23
Burgaltendorf 31 L5
Burgambach 72 Q15
Burgau 88 U15
Burgberg 88 U14
Burgberg i. Allgäu 98 X14
Burgbernheim 80 R14
Burgbrohl 56 O5
Burgdorf 23 I14
Burgebrach 72 Q16
Burgen 55 P6
Burgenstraße 70 R10
Burgfarrnbach 72 R16
Burgfelden 85 V10
Burggen 98 W16
Burggriesbach 81 S18
Burggrub 61 P17
Burghammer 53 L27
Burghaslach 72 Q15
Burghasungen 47 M11
Burghaun 59 N13
Burghausen
     (Kreis Altötting) 91 V22
Burghausen
     (Kreis Ansbach) 80 R15
Burghausen
     (Stadtkreis Leipzig) 50 L20
Burgheim 89 T17
Burgheßler 49 M18
Burgholz 58 N10
Burgholzhausen 58 P10
Burgjoß 59 P12
Burgkemnitz 50 K21
Burgkirchen 91 V22
Burgkunstadt 73 P17

Burglahr 56 O6
Burglauer 60 P14
Burglengenfeld 82 S20
Burglesum 12 G10
Burgliebenau 50 L20
Burgoberbach 80 S15
Burgpreppach 72 P15
Burgrieden 87 V13
Burgsalach 81 S17
Burgscheidungen 49 M18
Burgschwalbach 57 P8
Burgsdorf 49 L18
Burgsinn 71 P12
Burgsolms 58 O9
Burgstaaken 7 C17
Burgstädt 63 N22
Burgstall 25 I19
Burgstein 62 O19
Burgsteinfurt 32 J6
Burgstemmen 35 J13
Burgstetten 79 T12
Burgthann 81 R17
Burgtonna 48 M16
Burguffeln 47 L12
Burgwald 46 N10
Burgwald (Gemeinde) 58 N10
Burgwalde 47 L14
Burgwallbach 60 O14
Burgwedel 23 I13
Burgwerben 97 W12
Burgwindheim 72 Q15
Burhafe 11 F7
Burhave 12 F9
Burk (Kreis Ansbach) 80 S15
Burk (Kreis Forchheim) ...73 Q17
Burkardroth 59 P13
Burkartshain 51 M22
Burkau 64 M26
Burkersdorf
     (Kreis Freiberg) 64 N24
Burkersdorf
     (Kreis Kronach) 73 P17
Burkersroda 49 M18
Burkhardsfelden 58 O10
Burkhardswalde 64 N25
Burkhardswalde-Munzig ..64 M24
Burkhardtroda 60 N14
Burkhardtsdorf 63 N22
Burkhardtsgrün 62 O21
Burkheim 84 V6
Burladingen 86 V11
Burlafingen 87 U14
Burlage 22 I9
Buro 38 K21
Burow (Kreis Demmin) ...17 E23
Burow (Kreis Parchim) 16 F20
Burrweiler 76 S8
Burscheid 44 M5
Bursfelde 47 L12
Burtenbach 88 U15
Burtscheid 42 N2
Burweg 13 F11
Burxdorf 51 L23
Busbach 73 Q18
Busch 26 H19
Buschbell 43 N4
Buschhausen 31 K4
Buschhof 28 G22
Buschhoven 43 N4
Buschkamp 34 K9
Buschow 26 I21
Buschvitz 9 C24
Busdorf 3 C12
Buseck 58 N10
Busenbach 77 T9
Busenberg 76 S7
Busendorf 39 J22
Busenwurth 4 D11
Buskow 27 H22
Bussau 25 H16
Bussen 87 V12
Butjadingen 12 F8
Buttelstedt 49 M18
Buttenhausen 87 U12
Buttenheim 73 Q17
Buttenwiesen 88 U16
Buttforde 11 F7
Buttlar 59 N13
Buttstädt 49 M18
Butzbach 58 O10
Butzen 52 K26
Butzow 26 I21
Butzweiler 66 Q3
Buweiler 67 R4
Buxheim
     (Kreis Eichstätt) 81 T17
Buxheim
     (Kreis Unterallgäu) 97 W14
Buxtehude 13 F13
Byhleguhre 52 K26
Byhlen 52 K26
Byhusen 13 F11

C

Caaschwitz 62 N19
Cadenberge 12 E11
Cadolzburg 80 R16

Cäciliengroden 11 F8
Cämmerswalde 64 N24
Cahnsdorf 52 K25
Cainsdorf 62 N21
Calau 52 K25
Calbe 37 K19
Calbecht 36 J15
Calberlah 24 I15
Calbitz 51 M23
Calden 47 L12
Caldern 58 N9
Calenberg 46 L11
Calhorn 21 H8
Callbach 69 Q7
Calle 45 L8
Callenberg 62 N21
Calmbach 77 T9
Calveslage 21 H8
Calvörde 37 I17
Calw 85 T10
Cambs 15 E18
Cambser See 15 E18
Camburg 49 M19
Camin 15 F16
Cammer 38 J21
Cammin
     (Kreis Bad Doberan) ...8 E21
Cammin (Kreis
     Mecklenburg-Strelitz) .17 F23
Campemoor 21 I8
Campen 10 F5
Canhusen 10 F5
Cannewitz 51 M22
Canow 28 G22
Canstein 46 L10
Cantnitz 17 F24
Capelle 33 K6
Capellenhagen 35 K12

Cappel 12 E9
Cappel (Kreis Lippe) 34 K11
Cappel (Kreis Marburg-
     Biedenkopf) 58 N10
Cappel b. Lippstadt 33 K8
Cappel-Neufeld 12 E9
Cappeln 21 H8
Cappenberg 31 L6
Caputh 27 I22
Carlow 15 E16
Carlsberg 77 R8
Carlsdorf 47 L12
Carlsfeld 62 O21
Carlsruhe 8 D21
Carmzow 29 F26
Carolinensiel 11 F7
Carpin 17 F23
Carthausen 45 M6
Cartlow 21 H8
Carwitz 17 G24
Carwitzer See 28 G24
Casekow 29 F26
Casel 52 K26
Caselow 19 F26
Castell 72 Q15
Castrop-Rauxel 31 L5
Catenhorn 32 J6
Cattenstedt 37 K16
Catterfeld 60 N15
Cavertitz 51 L23
Cecilienhof (Potsdam) 40 I23
Cecilienkoog 2 C10
Celle 23 I14
Cham 83 S21
Chambach 83 S22
Chamerau 83 S22
Chammünster 83 S22
Charlottendorf Ost 21 G8

Charlottendorf West 21 G8
Charlottenfelde 39 K23
Charlottenhöhle 88 U14
Charlottenthal 16 E20
Chemnitz (Bach) 63 N22
Chemnitz (Kreis Mecklenburg-
     Strelitz) 17 F23
Chemnitz (Stadtkreis
     Chemnitz) 63 N22
Chemnitz-Kleinolbersdorf .63 N23
Chiemgauer Berge 100 W20
Chieming 100 W21
Chiemsee 100 W21
Chorin 29 H25
Chorin (Kloster) 29 H25
Chorweiler (Köln) 44 M4
Chossewitz 41 J27
Christazhofen 97 W13
Christdorf 26 G21
Christertshofen 88 V14
Christes 60 O15
Christgarten 80 T15
Christiansholm 5 D12
Christianskoog 4 D10
Christinendorf 39 J23
Christinenhof 16 F22
Christinental 5 D12
Chüden 25 H17
Chursbachtal 63 N22
Cismar 7 D16
Clarholz 33 K8
Clarsbach 80 R16
Clausen 35 J14
Clausnitz 64 N24
Claußnitz 63 N22
Claußstraße 49 L17
Clausthal-Zellerfeld 36 K15

Cleeberg 58 O9
Cleebronn 78 S11
Clemenswerth (Sögel) 21 H6
Clenze 25 H16
Cleverns 11 F7
Clingen 48 M16
Cloef 66 R3
Cloppenburg 21 H8
Clusorth 20 I5
Cobbel 38 I19
Cobbelsdorf 38 K21
Cobbenrode 45 M8
Coburg 61 P16
Cochem 55 P5
Cochstedt 37 K16
Cölbe 58 N10
Cölpin 17 F24
Cörmigk 50 K19
Coesfeld 31 K5
Coestes 29 H25
Colbitz 37 J18
Colbitz-Letzlinger Heide ..25 I18
Coldewey 12 G9
Colditz 51 M22
Collenberg 70 Q11
Collinghorst 11 G6
Collm 51 M23
Collmberg 51 M23
Colmberg 80 R15
Colmnitz 64 N24
Colnrade 22 H9
Commerau 53 L26
Commerau b. Klix 65 M27
Conneforde 11 G8
Conow 28 G24
Conradsdorf 64 N24
Contwig 76 S6

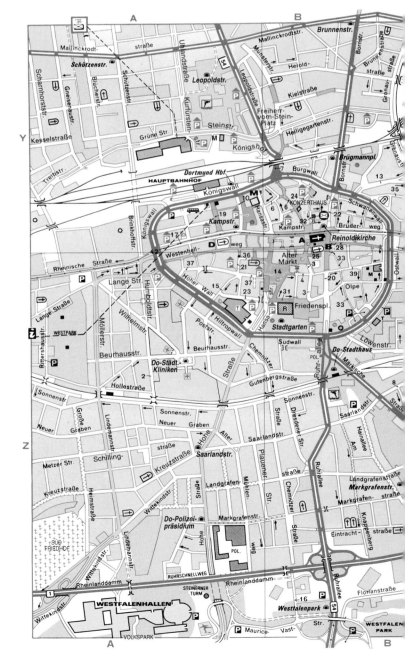

Coppenbrügge....35 J12
Coppengrave....35 K13
Cornau....22 H9
Cornberg....47 M13
Cornheim....80 S15
Corvey....35 K12
Coschen....41 J28
Cosel-Zeisholz....52 L25
Cossebaude....64 M24
Cossengrün....62 O20
Coswig....64 M24
Coswig (Anhalt)....38 K21
Cotta....64 N25
Cottbus....53 K26
Cottenbach....73 Q18
Cracau....37 J19
Crailsheim....79 S14
Crainfeld....59 O12
Cramme....36 J15
Cramon....15 E17
Cramonshagen....15 E17
Cranz....13 F13
Cranzahl....63 O22
Craula....48 M15
Craupe....52 K25
Crawinkel....60 N16
Creglingen....71 R14
Cremlingen....36 J15
Cremzow....29 F26
Creußen....73 Q18
Creuzburg....48 M14
Criewen....29 G26
Crimmitschau....62 N21
Crinitzberg....62 O21
Crinitz....52 K25
Crispendorf....61 O19
Crispenhofen....79 S12
Critzum....10 G6
Crivitz....15 F18

Crock....60 O16
Cröchern....37 I18
Cronenberg....44 M5
Cronheim....80 S15
Crossen
  (Kreis Mittweida)....63 M22
Crossen (Kreis
  Zwickauer Land)....62 N21
Crossen a. d. Elster....62 N19
Crosta....65 M27
Crostau....65 M27
Crostwitz....65 M26
Crottendorf....63 O22
Croya....24 I16
Crumstadt....70 Q9
Crussow....29 G26
Culmitz....74 P19
Cumbach....61 N18
Cumlosen....25 G18
Cunersdorf
  (Kreis Annaberg)....63 O23
Cunersdorf (Kreis
  Zwickauer Land)....62 O21
Cunewalde....65 M27
Cunnersdorf
  (Kreis Mittweida)....63 N23
Cunnersdorf
  (Weißeritzkreis)....64 N25
Cunnersdorf
  (Westlausitzkreis)....64 M26
Cunnersdorf
  (Freitelsdorf-)....64 M25
Cunnersdorf b.
  Königstein....64 N26
Cunnewitz....64 M26
Curau....6 E15
Cursdorf....61 O17
Curslack....14 F14

Cuxhaven....4 E10
Czorneboh....65 M27

D

Daaden....57 N7
Dabel....16 F19
Dabelow....17 G23
Dabendorf....39 J24
Dabergotz....27 H22
Daberkow....17 E23
Dabringhausen....44 M5
Dabrun....39 K22
Dachau....89 V18
Dachelhofen....82 S20
Dachrieden....48 M15
Dachsbach....72 R16
Dachsberg....94 W8
Dachsenhausen....57 P7
Dachtel....85 T10
Dachwig....48 M16
Dackscheid....54 P3
Dadow....15 G18
Dächingen....87 V12
Dägeling....5 E12
Dähre....24 H16
Dämmerwald....31 K4
Dänholm....9 D23
Dänisch Nienhof....6 C14
Dänischenhagen....6 C14
Dänischer Wohld....3 C13
Dänkritz....62 N21
Dänschenburg....8 D21
Dänschendorf....7 C17
Dätgen....5 D13

Dagebüll....2 B10
Dagebüll-Hafen....2 B10
Dahenfeld....79 S11
Dahl....34 K10
Dahl (Hagen-)....45 M6
Dahlbruch....45 N8
Dahle....45 M7
Dahlem
  (Kreis Euskirchen)....54 O3
Dahlem (Kreis Lüneburg)14 G16
Dahlemer See....12 E10
Dahlen (Kreis Mecklenburg-
  Strelitz)....17 E24
Dahlen (Kreis Potsdam-
  Mittelmark)....38 J21
Dahlen (Kreis Stendal)....26 I19
Dahlen (Kreis
  Torgau-Oschatz)....51 L23
Dahlenberg....51 L22
Dahlenburg....14 G16
Dahlener Heide....51 L23
Dahlenwarsleben....37 J18
Dahlerau....44 M5
Dahlerbrück....44 M6
Dahlewitz....39 J24
Dahlheim....57 P7
Dahlum....36 J16
Dahlwitz-Hoppegarten....40 I24
Dahme (Bach)....52 K24
Dahme
  (Kreis Ostholstein)....7 D17
Dahme (Kreis
  Teltow-Fläming)....52 K24
Dahme-Umflut-Kanal....40 J25
Dahmen....16 F21
Dahmer Kanal....16 E22
Dahmsdorf....41 J25
Dahn....76 S7

Dahnen....54 P2
Dahnsdorf....38 J21
Dahrendorf....24 H16
Dahrenwurth....2 C11
Dainrode....46 M10
Daiting....80 T16
Dalberg-Wendelstorf....15 E17
Dalchau
  (Kreis Anhalt-Zerbst)....38 J19
Dalchau (Kreis Stendal)....26 H20
Daldorf....6 D14
Daldrup....31 K6
Daleiden....54 P2
Dalhausen....47 L11
Dalheim (Kreis
  Mainz-Bingen)....69 Q8
Dalheim
  (Kreis Paderborn)....46 L10
Dalheim (-Rödgen)....42 M2
Dalherda....59 O13
Dalkendorf....16 E21
Dalkingen....80 T14
Dallau....70 R11
Dalldorf (Kreis Gifhorn)....24 I15
Dalldorf (Kreis Herzogtum
  Lauenburg)....14 F15
Dalldorf (Kreis Uelzen)....24 H16
Dalle....24 H14
Dallgow....40 I23
Dallmin....15 G19
Dalum (Kreis Emsland)....20 I5
Dalum
  (Kreis Osnabrück)....21 I7
Dalvers....21 I7
Dalwigksthal....46 M10
Dalwitz....16 E21
Dambeck (Altmarkkreis
  Salzwedel)....25 H17
Dambeck (Kreis
  Ludwigslust)....15 G19
Dambeck (Kreis Lüchow-
  Dannenberg)....25 G17
Dambeck (Kreis Müritz)..16 F21
Dambeck (Kreis
  Ostvorpommern)....9 E24
Dambroich....43 N5
Damelack....26 H20
Damelang-Freienthal....38 J22
Damendorf....5 C13
Damerow....29 F25
Damerower See....16 F20
Damflos....68 Q4
Damgarten....8 D21
Damlos....6 D16
Damm (Kreis
  Bad Doberan)....8 D20
Damm (Kreis Parchim)....15 F19
Damm (Kreis Wesel)....31 K4
Dammbach....71 Q11
Damme
  (Kreis Havelland)....26 I21
Damme
  (Kreis Uckermark)....29 G26
Damme (Kreis Vechta)....21 I8
Dammendorf....41 J27
Dammerberge....21 I8
Dammersbach....59 O13
Dammersfeld-Kuppe....59 O13
Dammhausen....13 F12
Damnatz....15 G17
Damp....3 C13
Damp 2000....6 C14
Damsdorf (Kreis Dahme-
  Spreewald)....52 K24
Damsdorf (Kreis Potsdam-
  Mittelmark)....39 I22
Damsdorf
  (Kreis Segeberg)....6 D14
Damshagen....7 E17
Damshausen....58 N9
Danewitz....29 H25
Dangast....11 F8
Dankelsheim....35 K14
Dankenfeld....72 Q16
Dankerath....56 O4
Dankerode....49 L17
Dankersen....34 J10
Danketsweiler....97 W12
Dankmarshausen....59 N14
Dankoltsweiler....80 S14
Danna....39 K22
Dannau....6 D15
Danndorf....36 I16
Dannefeld....25 I17
Dannenberg (Kreis Märkisch-
  Oderland)....29 H25
Dannenberg
  (Kreis Osterholz)....12 G11
Dannenberg (Elbe)....25 G17
Dannenbüttel....24 I15
Dannenfels....69 R7
Dannenwalde
  (Kreis Oberhavel)....28 G23
Dannenwalde
  (Kreis Prignitz)....26 G20
Dannewerk....3 C12
Dannheim....61 N16
Dannigkow....38 J19
Dannstadt....76 R8

Dansenberg....76 R7
Danstedt....36 K16
Dapfen....87 U12
Darchau....14 G16
Dardesheim....36 K16
Daren....21 H8
Darfeld....31 J5
Dargelin....9 D24
Dargelütz....16 F19
Dargen....19 E26
Dargersdorf....28 G24
Dargitz....19 F25
Dargun....14 F16
Darlaten....22 I10
Darlingerode....36 K16
Darmsheim....85 T10
Darmstadt....70 Q9
Darrigsdorf....24 H16
Darritz-Wahlendorf....26 H22
Darscheid....55 P4
Darß....8 C21
Darß (Dorf)....16 F20
Darßer Ort....8 C21
Darup....31 K5
Dasburg....54 P2
Dasing....89 U17
Daskow....8 D21
Daspe....35 K12
Dassel....35 K13
Dasselsbruch....23 I14
Dassendorf....14 F15
Dassensen....35 K13
Dassow....7 E16
Dassower See....7 E16
Daßwang....81 S18
Datteln....31 L6
Datteln-Hamm-Kanal....31 L6
Dattenberg....56 O5
Datterode....47 M14
Datze....17 F24
Daubach....67 Q6
Daubitz....53 L28
Dauborn....57 P8
Daubringen....58 O10
Dauchingen....85 V9
Dauelsen....23 H11
Dauer....29 F25
Dauernheim....58 O10
Daugendorf....87 V12
Daugzin....19 E25
Daumitsch....61 N19
Daun....54 P4
Dausenau....57 P7
Dautenheim....69 Q8
Dautmergen....85 V10
Dautphe....58 N9
Dautphetal....58 N9
Dautzschen....51 L23
Davensberg....33 K6
Daverden....23 H11
Davert....31 K6
Daxstein....92 T23
Daxweiler....69 Q7
Dazendorf....8 C16
Deberndorf....80 R16
Deblinghausen....22 I10
Debstedt....12 F9
Dechow....14 E16
Dechsendorf....72 R16
Dechtow....27 H22
Deckbergen....34 J11
Deckenbach....58 N10
Deckenpfronn....85 U10
Dedeleben....36 J16
Dedelow....29 F25
Dedelstorf....24 H15
Dedenbach....56 O5
Dedenborn....42 O3
Dedenhausen....24 I14
Dedensen....23 I12
Dederstedt....49 L19
Dedesdorf....12 F9
Dedinghausen....34 K9
Deensen....35 K12
Deepen....13 G12
Deersheim....36 K16
Deesdorf....57 K17
Deesen....57 O7
Deetz....38 J20
Deetz (Havel)....39 I22
Deezbüll....2 B10
Deffingen....88 U14
Degenfeld....87 T13
Degerfelden....94 X7
Degerndorf....99 W18
Degerndorf a. Inn....100 W20
Degersheim....80 S16
Deggenau....92 T22
Deggendorf....92 T22
Deggenhausen....97 W12
Deggenhausertal....97 W12
Deggingen....87 U13
Dehlingen....80 T15
Dehmkerbrock....35 J11
Dehrn....57 O8

DORTMUND

Alexanderstr. .... AZ 2
Betenstr. .... BZ 3
Brauhausstr. .... BZ 4
Brückstr. .... BY 6
Burgtor .... BY 7
Ernst-Mehlich-Str. .... BZ 8
Franziskanerstr. .... CZ 9
Freistuhl .... AY 10
Gerichtsstr. .... CY 12
Geschwister-Scholl-
  Str. .... BY 13
Hansapl. .... BY 14
Hansastr. .... ABY
Hövelstr. .... AZ 15
Joseph-Scherer-Str. .... BZ 16
Kampstr. .... ABY 17
Katharinenstr. .... AY 19
Kleppingstr. .... BZ 20
Kolpingstr. .... AZ 21
Kuckelke .... BY 22
Kuhstr. .... AZ 23
Ludwigstr. .... BY 24
Marienkirchhof .... BZ 25
Münsterstr. .... ABY
Ostenhellweg .... BY 28
Prinzenstr. .... BZ 31
Reinoldistr. .... BY 32
Rosental .... BZ 33
Schwanenstr. .... BCY 35
Schwarze-Brüder-Str. .... AZ 36
Silberstr. .... AZ 37
Viktoriastr. .... BZ 39
Westenhellweg .... AYZ
Westentor .... AYZ 42

D

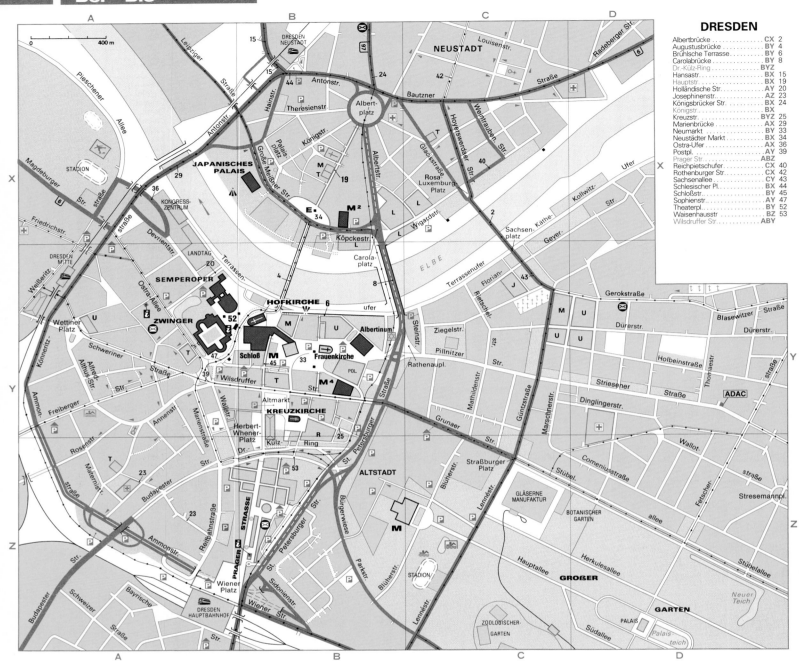

Deichhausen 12	G9
Deidesheim 69	R8
Deifeld 46	M9
Deilingen 85	V10
Deilinghofen 45	L7
Deimern 23	G13
Deindorf 82	R20
Deining (Kreis Bad Tölz-Wolfratshausen) 99	W18
Deining (Kreis Neumarkt i. d. Oberpfalz) 81	S18
Deiningen 80	T15
Deinschwang 81	R18
Deinsen 35	J13
Deinste 13	F12
Deinstedt 13	F12
Deiringsen 45	L8
Deisel 47	L12
Deisenhausen 88	V14
Deisenhofen 88	U15
Deißlingen 85	V9
Deister 35	J12
Deitersen 35	K13
Deizisau 87	T12
Delbrück 34	K9
Delecke 45	L8
Delfshausen 11	G8
Delhoven 46	M4
Delingdorf 14	E14
Delitz a. Berge 50	L19
Delitzsch 50	L21
Delliehausen 35	K13
Delligsen 35	K13
Dellmensingen 87	V13

Dellstedt 5	D12
Dellstedter Moor 5	D12
Dellwig 45	L7
Delme 22	H9
Delmenhorst 22	G9
Delve 5	D11
Demen 15	F19
Demerath 54	P4
Demern 15	E16
Demerthin 26	H20
Demker 38	I19
Demling 81	T18
Demmin 17	E23
Demmingen 88	T15
Demnitz 41	I26
Demsin 38	I20
Demzin 17	E22
Denkendorf (Kreis Eichstätt) 81	T18
Denkendorf (Kreis Esslingen) 87	T11
Denkershausen 35	K14
Denkingen (Kreis Sigmaringen) 96	W11
Denkingen (Kreis Tuttlingen) 85	V10
Denklingen (Kreis Landsberg a. Lech) .98	W16
Denklingen (Oberbergischer Kreis) 45	N6
Denkte 36	J15
Dennach 77	T9
Dennenlohe 80	S15
Dennewitz 39	K23

Dennheritz 62	N21
Dennin 17	E24
Denneweiler-Frohnbach 67	R6
Densberg 46	N11
Densborn 54	P3
Densow 28	G24
Dentlein 80	S15
Denzlingen 84	V7
Depenau 6	D14
Dequede 26	H19
Derben 38	I19
Derching 89	U16
Derenburg 36	K16
Derental 35	K12
Dergenthin 25	G19
Derkum 43	N4
Dermbach (Kreis Altenkirchen, Westerw.) 57	N7
Dermbach (Wartburgkreis) 60	N14
Dermsdorf 49	M17
Dernau 56	O5
Dernbach (Kreis Neuwied) 57	O6
Dernbach (Kreis Südliche Weinstraße) 76	S8
Dernbach (Westerwaldkreis) 57	O7
Derne 31	L6
Derneburg 36	J14
Dernekamp 31	K5
Dersau 15	D15
Derschen 57	N7
Derschlag 45	M6
Dersekow 9	D23

Dersenow 14	F16
Dersum 20	H5
Dertingen 71	Q12
Deschka 65	M29
Desenberg 46	L11
Despetal 35	J13
Dessau (Kreis Weilheim-Schongau) 98	W16
Dessau (Stadtkreis Dessau) ...38	K20
Dessow 26	H21
Destedt 36	J16
Destel 34	I9
Detern 11	G7
Detershagen 37	J19
Dethlingen 24	H14
Detmerode 36	I16
Detmold 34	K10
Dettelbach 72	Q14
Dettendorf (Kreis Neustadt a. d. A.-Bad W.) 72	R16
Dettendorf (Kreis Rosenheim) 100	W19
Dettenhausen 86	U11
Dettenheim (Kreis Karlsruhe) 77	S9
Dettenheim (Kreis Weißenburg-Gunzenhausen) ...81	T16
Dettenhofen (Kreis Landsberg a. Lech) 99	W17
Dettenhofen (Kreis Neuburg-Schrobenhausen) ...89	U17
Dettenschwang 99	W17
Detter 59	P13
Dettighofen 95	X9

Dettingen (Kreis Freudenstadt) ...85	U9
Dettingen (Kreis Konstanz) 96	W11
Dettingen (Kreis Tübingen) 85	U10
Dettingen a. Albuch 87	U14
Dettingen a. d. Erms 87	U12
Dettingen a. d. Iller 87	V14
Dettingen a. Main 70	P11
Dettingen u. Teck 87	U12
Dettmannsdorf 8	D21
Dettum 36	J15
Detwang 80	R14
Detzeln 95	W8
Deuben 50	M20
Deuerling 82	S19
Deudesfeld 55	P4
Deuna 48	L15
Deute 47	M12
Deutenheim 72	R15
Deutsch Evern 14	G15
Deutsch-Belgischer Naturpark 54	O3
Deutsch-Luxemburgischer Naturpark 54	P2
Deutsch Ossig 65	M28
Deutsch Paulsdorf 65	M28
Deutsch-Polnischer National-park 29	G27
Deutschbaselitz 64	M26
Deutsche Alpenstraße 99	X18
Deutsche Bucht 4	D5

Deutsche Schuhstraße 76	S7
Deutsche Wildstraße 54	P3
Deutscheinsiedel 64	O24
Deutschenbora 64	M24
Deutschhof 27	H22
Deutschneudorf 64	O24
Deutzen 50	M21
Deuz 57	N8
Dewangen 79	T14
Dewichow 19	E25
Dewitz 17	F24
Dexheim 69	Q8
Deyelsdorf 9	D22
Dezenacker 89	T17
Dhaun 67	Q6
Dhron (Neumagen-) 68	P5
Dhünn 44	M5
Dhünn Stausee 44	M5
Diahren 25	H17
Dibbersen (Kreis Harburg) 13	F13
Dibbersen (Kreis Verden) ..22	H10
Dichtelbach 69	P7
Dickel 22	I9
Dickenberg 33	K7
Dickenschied 68	Q6
Dickschied 69	P7
Didderse 25	I17
Diebach (Kreis Ansbach) .80	S14
Diebach (Kreis Bad Kissingen) ...71	P13
Diebis 82	R19
Dieblich 55	P6
Diebzig 38	K19
Dieburg 70	Q10

DRESDEN

Albertbrücke	CX 2
Augustusbrücke	BY 4
Brühlsche Terrasse	BY 6
Carolabrücke	BY 8
Dr.-Külz-Ring	BYZ
Hansastr.	BX 15
Hauptstr.	BX 19
Holländische Str.	AY 20
Josephinenstr.	AZ 23
Königsbrücker Str.	BX 24
Königstr.	BX
Kreuzstr.	BYZ 25
Marienplatz	AX 29
Neumarkt	BY 33
Neustädter Markt	BX 34
Ostra-Ufer	AX 36
Postpl.	AY 39
Prager Str.	ABZ
Reichpietschufer	CX 40
Rothenburger Str.	CX 42
Sachsenallee	CY 43
Schlesischer Pl.	BX 44
Schloßstr.	BY 45
Sophienstr.	AY 47
Theaterpl.	BY 52
Waisenhausstr.	BZ 53
Wilsdruffer Str.	ABY

Diedelkopf....67 R6
Diedelsheim....77 S10
Diedenbergen....69 P9
Diedenshausen....46 M9
Diedersdorf (Kreis Märkisch-Oderland)....41 I26
Diedersdorf (Kreis Teltow-Fläming)....40 I24
Diedesfeld....76 S8
Diedorf (Kreis Augsburg Land)....88 U16
Diedorf (Unstrut-Hainich-Kreis)....48 M14
Diedorf (Wartburgkreis)....60 O14
Diedrichshagen....9 D24
Diehlo....41 J27
Diehsa....65 M28
Diekhof....16 E21
Diekholzen....35 J13
Diekhusen....4 E11
Diekhusen-Fahrstedt....13 E11
Dieksanderkoog....4 E10
Dieksee....6 D15
Dieksmannshausen....11 F8
Diele....10 G5
Dielheim....77 S10
Dielingen....22 I9
Dielkirchen....69 R7
Dielmissen....35 K12
Diemantstein....88 T15
Diemarden....47 L13
Diemel....46 M10
Diemelsee....46 L10
Diemelsee (Gemeinde)....46 L10
Diemelstadt....46 L10
Diemerode....47 M13
Diemitz....28 G22
Dienhausen....98 W16
Dienheim....69 Q9
Diensdorf-Radlow....41 J26
Dienstädt....61 N18
Dienstedt-Hettstedt....61 N17
Diensthop....23 H11
Diepenau....22 I10
Diepersdorf....81 R17
Diepholz....22 I9
Diepholzer Moor....21 I10
Diepoldshofen....97 W13
Diepoltskirchen....91 U22
Diepolz....98 X14
Diera....64 M24
Dierberg....28 G22
Dierdorf....57 O6
Dierhagen....8 D21
Dieringhausen....43 N6
Dierkow....8 D20
Dierkshausen....13 G13
Diersbüttel....24 G14
Diersburg....84 U7
Diersfordt....30 K3
Diersheim....76 T8
Dies....57 O7
Diesbar-Seußlitz....64 M24
Diesdorf (Altmarkkreis Salzwedel)....24 H16
Diesdorf (Kreis Magdeburg)....37 J18
Dieskau....50 L20
Diespeck....72 R15
Dießen....85 U9
Dießen a. Ammersee....99 W17
Dießfurt....74 Q19
Diestedde....33 K8
Diestelow....16 F20
Dietelhofen....87 V12
Dietelskirchen....90 U21
Dietenheim....87 V14
Dietenhofen....80 R16
Dietenwengen....87 V13
Dieterode....48 M14
Dietersburg....91 U22
Dietersdorf (Kreis Coburg)....60 P16
Dietersdorf (Kreis Potsdam-Mittelmark)....39 J22
Dietersdorf (Kreis Sangerhausen)....49 L17
Dietersdorf (Kreis Schwandorf)....82 R21
Dietershausen....59 O13
Dietersheim (Kreis Freising)....89 V19
Dietersheim (Kreis Neustadt a. d. A.-Bad W.)....72 R15
Dietershofen....88 V14
Dieterskirch....87 V12
Dieterskirchen....82 R21
Dietersweiler....85 U9
Dietfurt a. d. Altmühl....81 S18
Dietfurt i. Mittelfranken....80 T16
Dietges....59 O13
Diethensdorf....63 N22
Dietingen....85 V9
Dietkirchen....81 S18
Dietldorf....82 S19
Dietlingen....77 T9
Dietmanns....97 W13
Dietmannsried....98 W14
Dietramszell....99 W18

Dietrichingen....76 S6
Dietrichsdorf....39 K22
Dietrichsfeld....11 F6
Dietzenbach....70 P10
Dietzhausen....60 O15
Dietzhölztal....57 N8
Diez....57 O8
Differten....66 S4
Dilkrath....42 M2
Dill....68 Q6
Dill (Fluß)....57 N8
Dillberg....81 S18
Dillenburg....57 N8
Dillich....47 N11
Dillingen (Saar)....66 R4
Dillingen a. d. Donau....88 U15
Dillstädt....60 O15
Dilsberg....77 R10
Dimbach (Hohenlohekreis)....79 S12
Dimbach (Kreis Kitzingen)....72 Q14
Dimhausen....22 H10
Dinau....82 S19
Dingden....30 K3
Dingelbe....36 J14
Dingelsdorf....96 W11
Dingelstädt....48 M14
Dingelstedt....37 K16
Dingen....4 E11
Dingolfing....90 U21
Dingolshausen....72 Q15
Dingstede....12 G9
Dinkel....32 J5
Dinkelburg....47 L11
Dinkelsbühl....80 S14
Dinkelscherben....88 U15
Dinkelshausen....89 U17
Dinker....45 L7
Dinklage....21 I8
Dinklar....36 J14
Dinslaken....31 L4
Dipbach....72 Q14
Dippach (Kreis Fulda)....72 Q14
Dippach (Wartburgkreis)....59 N14
Dippach a. Main (Kreis Haßberge)....72 Q16
Dipperz....59 O13
Dippmannsdorf....38 J21
Dippoldiswalde....64 N25
Dipshorn....12 G11
Dirlammen....59 O11
Dirlewang....88 V15
Dirlos....59 O13
Dirmerzheim....42 N4
Dirmingen....67 R5
Dirmstein....76 R8
Dirnaich....90 U21
Dischingen....88 T15
Disibodenberg....69 Q7
Dissen (Kreis Osnabrück)....33 J8
Dissen (Kreis Spree-Neiße)....53 K26
Dissenchen....53 K27
Disternich....42 N4
Ditfurt....37 K17
Dithmarschen....5 D11
Dittelbrunn....72 P14
Dittelsdorf....65 N28
Dittelsheim....69 Q8
Dittenheim....80 S16
Dittersbach....64 N24
Dittersbach a. d. Eibach....65 M28
Dittersdorf (Mittlerer Erzgebirgskreis)....63 N22
Dittersdorf (Saale-Orla-Kreis)....62 O19
Dittersdorf (Weißeritzkreis)....64 N25
Ditterswind....72 P15
Dittigheim....71 R13
Dittishausen....95 W9
Dittlofrod....59 N13
Dittmannsdorf (Kreis Freiberg)....64 M24
Dittmannsdorf (Mittlerer Erzgebirgskreis)....63 N23
Dittrichshütte....61 O19
Dittwar....71 R12
Ditzingen....78 T11
Ditzum....10 G5
Ditzumerverlaat....10 G5
Divitz....8 D22
Dixförda....39 K23
Dobareuth....62 O19
Dobbeln....36 J16
Dobbertin....16 F20
Dobberzin....29 G26
Dobbin....16 F20
Dobbrikow....39 J23
Dobbrun....25 H19
Dobel....77 T9
Doberburg....41 J26
Doberlug-Kirchhain....52 L24
Doberschau....65 M27
Doberschütz....51 L22

Dobersdorf....6 D14
Dobersdorfer See....6 D14
Dobia....62 O20
Dobitschen....62 N20
Dobra....64 M25
Dobrock....13 E11
Dockweiler....54 P4
Dodenau....46 M9
Dodendorf....37 J18
Dodenhausen....46 M11
Dodow....15 F16
Döbbern....41 I27
Döbbersen....15 F17
Döbbrick....53 K27
Döbeln....51 M23
Döben....51 M22
Döberitz....26 I21
Döbern (Kreis Spree-Neiße)....53 L27
Döbern (Kreis Torgau-Oschatz)....51 L22
Döbernitz....50 L21
Döbra (Kreis Hof)....74 P18
Döbra (Kreis Sächsische Schweiz)....64 N25
Döbra-Berg....61 P18
Döbrichau....51 L23
Döbristädt....48 M14
Döckingen....80 T16
Döcklitz....49 L18
Döggingen....95 W9
Döhlau....74 P19
Döhle....13 G14
Döhlen....21 H8
Döhnsdorf....6 D16
Döhren (Kreis Minden-Lübbecke)....22 I11
Döhren (Ohrekreis)....25 I17
Döhren (Stadtkreis Hannover)....35 I13
Dölau....50 L19
Dölitz....16 E22
Döllbach....58 O13
Döllen....26 H20
Döllingen....52 L24
Döllingen-Kahla....52 L24
Döllnitz (Bach)....51 M23
Döllnitz (Kreis Kulmbach)....74 P18
Döllnitz (Saalkreis)....50 L20
Döllstädt....48 M16
Döllwang....81 S18
Dölme....35 K12

Dölzig....50 L20
Dömitz....15 G17
Dömnitz (Bach)....26 G20
Dönberg....44 M5
Dönges....60 N14
Dönitz....25 I17
Döpshofen....88 V16
Dörenhagen....34 K10
Dörenthe....33 J7
Dörentrup....34 J11
Dörfles-Esbach....61 P16
Dörflis....72 P15
Dörgelin....17 E22
Dörgenhausen....53 L26
Döringstadt....72 P16
Dörlinbach....84 V7
Dörna....48 M15
Dörnberg....47 L12
Dörndorf....81 T18
Dörnfeld....51 N17
Dörnhagen....47 M12
Dörnigheim....70 P10
Dörnitz....38 J20
Dörnten....36 K15
Dörnthal....64 N24
Dörpe....35 J12
Dörpel....22 H9
Dörpen....20 H5
Dörpling....5 D11
Dörpstedt....3 C12
Dörpum....2 C10
Dörrebach....69 Q7
Dörrenbach....76 S7
Dörrenzimmern....71 R13
Dörrieloh....22 I10
Dörrigsen....35 K13
Dörrmenz....79 S13
Dörrmoschel....69 R7
Dörscheid....69 P7
Dörsdorf....67 R4
Dörverden....23 H11
Dörzbach....79 R13
Döschwitz....50 M20
Döse....4 E10
Dößel....49 L19
Dössel....46 L11
Dötlingen....22 H9
Döttesfeld....56 O6
Döttingen....52 O5
Döttingen....79 S13
Dogern....94 X8
Dohm-Lammersdorf....54 P3

Dohna....64 N25
Dohndorf....50 K19
Dohnsen (Kreis Celle)....23 H14
Dohnsen (Kreis Holzminden)....35 J12
Dohren (Kreis Emsland)....21 I6
Dohren (Kreis Harburg)....13 G13
Dohrenbach....47 M13
Dohrgaul....44 M6
Dolberg....33 K7
Dolgelin....41 I27
Dolgen (Kreis Hannover)....35 J14
Dolgen (Kreis Mecklenburg-Strelitz)....17 F24
Dolgow....25 H17
Dollart....10 G5
Dollbergen....24 I14
Dolle....25 I18
Dollenbach....85 U8
Dollenchen....52 L25
Dollendorf....56 O4
Dollerup....3 B13
Dollgow....28 G23
Dollnstein....81 T17
Dolsenhain....62 M21
Dom-Esch....43 N4
Dombach....57 P8
Dombühl....80 S14
Domersleben....37 J18
Dommershausen....56 P6
Dommitzsch....51 L22
Domnitz....50 L19
Domsdorf....52 L24
Domsühl....15 F19
Donau....95 W10
Donaualtheim....88 U15
Donaueschingen....95 W9
Donaumünster....88 T16
Donauquelle....84 V8
Donauried....88 U15
Donaustauf....82 S20
Donaustetten....87 V13
Donauwörth....88 T16
Dondörflein....72 R16
Donndorf (Kreis Bayreuth)....73 Q18
Donndorf (Kyffhäuserkreis)....49 M18
Donnern....12 F10
Donnersberg....69 R7
Donnersdorf....72 Q15

Donnstetten....87 U12
Donop....34 K10
Donrath....43 N5
Donsbach....57 N8
Donsbrüggen....30 K2
Donsieders....66 S6
Donstorf....22 H9
Donzdorf....87 T13
Dora (Gedenkstätte)....48 L16
Dorf....67 R4
Dorf-Güll....58 O10
Dorf Mecklenburg....15 E18
Dorf Mecklenburg (Kreis Nordwestmecklenburg)....15 E18
Dorf Saarow....41 J26
Dorf Zechlin....28 G22
Dorfbach....91 U23
Dorfchemnitz....63 O22
Dorfchemnitz b. Sayda....64 N24
Dorfen (Kreis Bad Tölz-Wolfratshausen)....99 W18
Dorfen (Kreis Erding)....90 V20
Dorfgütingen....80 S14
Dorfhain....64 N24
Dorfitter....46 M10
Dorfkemmathen....80 S15
Dorfmark....23 H13
Dorfmerkingen....80 T14
Dorfprozelten....71 Q12
Dorheim....58 O10
Dorlar (Hochsauerlandkreis)....45 M8
Dorlar (Lahn-Dill-Kreis)....57 O9
Dorm....36 J16
Dormagen....44 M4
Dormettingen....85 V10
Dormitz....73 R17
Dorn....93 T24
Dorn-Dürkheim....69 Q8
Dornau....70 Q11
Dornberg....71 R12
Dornbock....38 K19
Dornburg (Kreis Anhalt-Zerbst)....38 J19
Dornburg (Kreis Limburg-Weilburg)....57 O8
Dornburg (Saale)....49 M18
Dornbusch....13 E12
Dorndiel....70 Q11
Dorndorf....59 N14
Dorndorf-Steudnitz....49 M19

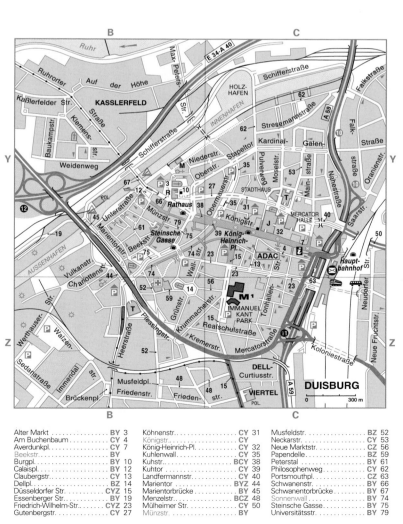

DUISBURG

Alter Markt....BY 3
Am Buchenbaum....CY 4
Averdunkpl.....CY 7
Beekstr.....BY
Burgpl.....BY
Calaispl.....BY 12
Claubergstr.....CY 13
Dellpl.....BZ 14
Düsseldorfer Str.....CYZ
Essenberger Str.....BY 19
Friedrich-Wilhelm-Str.....CYZ 23
Gutenbergstr.....CY 27
Köhnenstr.....CY 31
Königstr.....CY
König-Heinrich-Pl.....CY 32
Kuhlenwall....CY 35
Kuhstr.....BCY
Kuhtor....CY 39
Landfermannstr.....CY 40
Marientor....BYZ
Marientorbrücke....BY
Menzelstr.....BCZ 48
Mülheimer Str.....CY 50
Münzstr.....BY
Musfeldstr.....BZ 52
Neckarstr.....CY 53
Neue Marktstr.....CZ 56
Papendelle....BY
Peterstal....BY 61
Philosophenweg....CY 62
Portsmouthpl.....CZ 63
Schwanenstr.....BY 66
Schwanentorbrücke....BY 67
Sonnenwall....BY
Steinsche Gasse....BY 75
Universitätsstr.....BY 79

D

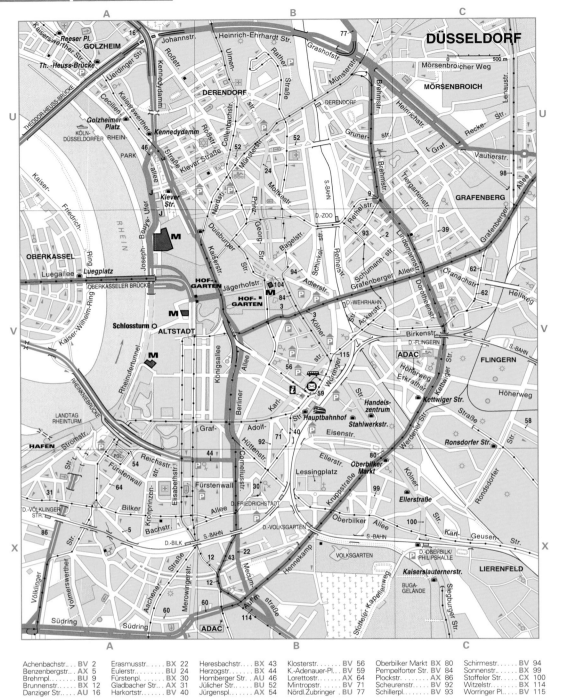

DÜSSELDORF

Achenbachstr.	BV 2	Erasmusstr.	BX 22
Benzenbergstr.	AX 5	Eulerstr.	BU 24
Brehmpl.	BU 9	Fürstenpl.	BX 30
Brunnenstr.	BX 12	Gladbacher Str.	AX 31
Danziger Str.	AU 16	Harkortstr.	BV 40

Heresbachstr.	BX 43	Klosterstr.	BV 56
Herzogstr.	BX 44	K.-Adenauer-Pl.	BV 59
Homberger Str.	AU 46	Lorettostr.	AX 64
Jülicher Str.	BU 52	Mintropstr.	BV 71
Jürgenspl.	AX 54	Nördl.Zubringer	BU 77

Oberbilker Markt	BX 80	Schirmerstr.	BV 94
Pempelforter Str.	BV 84	Sonnenstr.	BX 99
Plockstr.	AX 86	Stoffeler Str.	CX 100
Scheurenstr.	BX 92	Witzelstr.	BX 114
Schillerpl.	BV 93	Worringer Pl.	BV 115

Drewitzer See	16	F21
Dreye	22	G10
Drieberg	15	E17
Driedorf	57	O8
Driesch	55	P5
Drieschnitz-Kahsel	53	K27
Driever	11	G6
Drievorden	20	I5
Driftsethe	12	F9
Dringenberg	34	K11
Drochow	52	L25
Drochtersen	13	E12
Dröbel	37	K19
Dröbischau	61	O17
Dröda	62	O20
Drögen	28	G23
Drögennindorf	14	G14
Drölitz	16	E21
Drömling	24	I16
Drönnewitz (Kreis Demmin)	17	E22
Drönnewitz (Kreis Ludwigslust)	15	F17
Drösede	25	H18
Drößig	52	L25
Drößling	89	V17
Drogen	62	O20
Drognitz	61	O18
Drohndorf	37	K18
Drolshagen	45	M7
Dromersheim	69	Q7
Drope	21	I6
Drosa	38	K19
Drosedow (Kreis Demmin)	9	E23
Drosedow (Kreis Mecklenburg-Strelitz)	28	G22
Drosedower Wald	9	E23
Drosendorf a. d. Aufseß	73	Q17
Drosendorf a. Eggerbach	73	Q17
Droßdorf	62	M20
Drove	42	N3
Droyßig	62	M20
Druchhorn	21	I7
Drübeck	36	K16
Drüber	35	K13
Drügendorf	73	Q17
Drüsensee	14	F16
Druffel	34	K9
Druisheim	88	U16
Druxberge	37	J17
Dubbelau See	21	I7
Duben	52	K25
Dubrau	53	K24
Dubro	51	K23
Ducherow	19	E25
Duchtlingen	95	W10
Duckow	17	E22
Duddenhausen	22	H11
Dudeldorf	54	Q3
Dudenbostel	23	I12
Dudendorf	8	D21
Dudenhofen (Kreis Ludwigshafen Land)	77	S9
Dudenhofen (Kreis Offenbach)	70	P10
Dudensen	23	I12
Duderstadt	48	L14
Dudweiler	67	S5
Düben	38	K21
Dübener Heide	38	K21
Dübrichen	51	K24
Düchelsdorf	14	E15
Dückerswisch	5	D11
Düdelsheim	58	P11
Düdenbüttel	13	F12
Düderode	36	K14
Düdinghausen	46	M13
Düdinghausen	22	I10
Düffelward	30	K2
Dühren	77	S10
Dülken	42	M2
Dülmen	31	K5
Dülseberg	24	H16
Dümmer	15	F17
Dümmer (See)	22	I8
Dümmer (Naturpark)	21	I8
Dümmerlohausen	21	I8
Dümmersee	15	F17
Dümmlinghausen	45	M6
Dümpelfeld	56	O4
Dümpten	31	L5
Dün	48	L15
Düne (Insel)	4	D7
Dünebroek	10	G5
Düngenheim	55	P5
Düngstrup	22	H9
Dünne	34	J9
Dünsbach	79	S13
Dünsberg	58	O9
Dünsche	25	G17
Dünschede	45	M7
Dünsen	22	H9
Dünstekoven	43	N4
Dünwald	48	L15
Dünzelbach	89	V17
Dünzlau	81	T17
Dünzling	82	T20
Düpow	15	G19

Dornhan	85	U9
Dornheim (Ilmkreis)	61	N17
Dornheim (Kreis Groß-Gerau)	70	Q9
Dornheim (Kreis Kitzingen)	72	R14
Dornreichenbach	51	L22
Dornsode	12	F11
Dornstadt (Alb-Donau-Kreis)	87	U13
Dornstadt (Kreis Donau-Ries)	80	S15
Dornstedt	49	L19
Dornstetten	85	U9
Dornswalde	28	J24
Dornum	11	F6
Dornumergrode	11	E6
Dornumersiel	11	E6
Dornwang	90	U21
Dorschhausen	88	V15
Dorsel	56	O4
Dorst	37	I18
Dorstadt	36	J15
Dorste	36	K14
Dorsten	31	L4
Dortelweil	58	P10
Dortmund	31	L6
Dortmund-Ems-Kanal	20	I6

Dortmund-Ems-Kanal	20	I5
Dortmund-Wickede (Flughafen)	31	L6
Dorum	12	E9
Dorumer Neufeld	12	E9
Dorweiler	55	P6
Dosdorf	60	N16
Dose	11	F7
Dosse	26	G21
Dossenbach	94	X7
Dossenheim	77	R10
Dossow	26	G21
Dothen	62	M19
Dottenhausen	85	U12
Dottingen	87	U12
Dottingen (Ballrechten-)	94	W7
Dotzheim	69	P8
Dotzlar	46	M9
Doveren	42	M2
Drabenderhöhe	43	N6
Drachenberg	36	J16
Drachenfels (Pfälzer Wald)	69	R8
Drachenfels (Siebengebirge)	56	O5
Drachhausen	53	K26
Drachselsried	83	S23

Drackenstedt	37	J18
Drackenstein	87	U13
Drage (Kreis Harburg)	14	F14
Drage (Kreis Nordfriesland)	5	C11
Drage (Kreis Steinfurt)	5	D12
Dragun	15	E17
Drahendorf	41	J26
Drahnsdorf	52	K24
Drakenburg	23	H11
Drangstedt	12	F10
Dranse	26	G21
Dransfeld	47	L13
Dranske	9	C23
Draschwitz	50	M20
Dreba	61	N19
Drebach	63	N23
Drebber	22	I9
Drebkau	52	L26
Drechow	9	D22
Dreeke	22	H9
Dreenkrögen	15	F18
Drees	56	O4
Dreesch	24	H9
Dreßel	23	H12
Dreetz (Kreis Güstrow)	16	E19
Dreetz (Kreis Ostprignitz-Ruppin)	26	H21

Dreggers	6	E15
Drehle	21	I8
Drehna	52	K25
Drehnow	53	K27
Drehsa	53	M27
Drei	3	B12
Drei Annen Hohne	36	K16
Dreiborn	56	O3
Dreieck	12	E10
Dreieich	70	P10
Dreieichenhain	70	P10
Dreierwalde	33	I6
Dreifaltigkeitsberg	85	V10
Dreifelden	57	O7
Dreifelder Weiher	57	O7
Dreihausen	58	N10
Dreiheide	51	L22
Dreilägerbach-Stausee	42	O2
Dreileben	37	J18
Dreilingen	24	H15
Dreilützow	15	F17
Dreis	68	Q4
Dreis-Brück	54	P4
Dreis-Tiefenbach	45	N8
Dreisbach	57	O7
Dreisen	69	R8
Dreisesselberg	93	T25
Dreiskau-Muckern	50	M21

Dreislar	46	M10
Dreißigacker	60	O15
Dreistegen	84	V8
Dreistelzberg	59	P13
Dreitorspitze	99	X17
Dreitzsch	62	N19
Drelsdorf	2	C11
Dremmen	42	M2
Drenke	35	K11
Drensteinfurt	33	K7
Drentwede	22	H9
Dreschvitz	9	C23
Dresden	64	M25
Dresden-Klotzsche (Flughafen)	64	M25
Dressendorf	73	Q18
Drestedt	13	G13
Drethen	15	G16
Dretzen	38	J20
Drevenack	31	L4
Drewelow	17	E24
Drewen	26	H21
Drewer	46	L9
Drewitz (Kreis Jerichower Land)	38	J20
Drewitz (Kreis Potsdam)	40	I23
Drewitz (Kreis Spree-Neiße)	53	K27

Düppenweiler 66 R4
Dürbheim 85 V10
Düren 42 N3
Düring 12 F9
Dürmentingen 87 V12
Dürn 81 S18
Dürnast 74 R19
Dürnast (Taldorf) 97 W12
Dürnau 87 V12
Dürnbach 99 W19
Dürnbucher Forst 81 T19
Dürnersdorf 82 R20
Dürnhaindlfing 89 U19
Dürnsricht 82 R20
Dürrenhofe 41 J25
Dürrenmettstetten 85 U9
Dürrenuhlsdorf 62 N21
Dürrenwaid 61 O18
Dürrenwaldstetten 87 V12
Dürrenzimmern 80 T15
Dürrfeld 72 Q15
Dürrhennersdorf 65 M27
Dürrlauingen 88 U15
Dürrn 77 T10
Dürrnbachhorn 100 W21
Dürrnhaar 99 W19
Dürröhrsdorf-Dittersbach .64 M25
Dürrwangen 80 S15
Dürrweitzschen
  (Kreis Döbeln) 51 M23
Dürrweitzschen
  (Muldentalkreis) 51 M22
Dürrscheid 44 M5
Dürwiß 42 N2
Düsedau 25 H19
Düshorn 23 H12
Düsseldorf 44 M4
Düsseldorf-Lohausen
  (Flughafen) 44 M4
Düßnitz 51 K22
Düste 22 H9
Düthe 20 H5
Dütschow 15 F19
Dützen 34 J10
Düversbruch 22 I9
Düvier 9 D23
Duggendorf 82 S19
Duhnen 4 E9
Duingen 35 J13
Duisburg 30 L4
Duisenburg 21 I6
Dumme 24 H16
Dummeldorf 91 U22
Dummerstorf 8 D20
Dundenheim 84 U7
Dungelbeck 36 J14
Dunningen 85 V9
Dunstelkingen 88 T15
Dunsum 2 B9
Dunum 11 F6
Duppach 54 P3
Durach 98 W15
Durbach 84 U8
Durchhausen 85 V10
Durlach 77 T9
Durlangen 79 T13
Durmersheim 76 T8
Dußlingen 86 U11
Dutendorf 72 Q15
Dutenhofen 58 O9
Duttenbrunn 71 Q13
Dutzow 15 E16
Duvensee 14 E15
Duvenstedt 14 E14
Dwergte 21 H7
Dwerkaten 14 E15
Dyck 42 M3
Dykhausen 11 F7

E

Ebbegebirge
  (Märkischer Kreis) 45 M7
Ebbingen 23 H12
Ebbinghausen 46 L10
Ebeleben 48 M16
Ebelsbach 72 Q16
Ebendörfel 65 M27
Ebendorf 37 J18
Ebene 83 R21
Ebenhards 60 O16
Ebenhausen (Kreis Bad
  Kissingen) 72 P14
Ebenhausen (Kreis Pfaffenhofen
  a. d. Ilm) 89 T18
Ebenheim 59 N15
Ebenhofen 98 W15
Ebenried 81 S17
Ebensfeld 73 P16
Ebenweiler 97 W12
Eberbach 70 R10
Eberbach (Kloster) 57 P8
Eberdingen 77 T10
Eberfing 99 W17
Eberfing 95 W9
Ebergötzen 48 L14

Eberhardsreuth 93 T24
Eberhardzell 87 V13
Eberhausen 47 L13
Eberholzen 35 J13
Ebermannsdorf 82 R19
Ebermannstadt 73 Q17
Ebermergen 80 T16
Ebern 72 P16
Ebersbach (Kreis
  Döbeln) 51 M23
Ebersbach (Kreis
  Löbau-Zittau) 65 M27
Ebersbach (Kreis
  Ravensburg) 97 W12
Ebersbach (Kreis Riesa-
  Großenhain) 64 M25
Ebersbach
  (Muldentalkreis) 51 M22
Ebersbach a. d. Fils 87 T12
Ebersbach-Musbach 97 W12
Ebersberg 100 V19
Ebersberger Forst 100 V19
Ebersbrunn
  (Kreis Kitzingen) 72 Q15
Ebersbrunn (Kreis
  Zwickauer Land) 62 O21
Ebersburg 59 O13
Eberschütz 47 L12
Ebersdorf (Kreis Coburg) 61 P17
Ebersdorf (Kreis
  Kronach) 61 O18
Ebersdorf (Kreis
  Löbau-Zittau) 65 M28
Ebersdorf (Kreis Rotenburg
  Wümme) 12 F11
Ebersdorf
  (Saale-Orla-Kreis) 61 O19
Ebersdorf b. Coburg 73 P17
Ebersgrün 62 O20
Ebershausen 88 V14
Ebersheim 69 Q8
Eberspoint 90 U20
Eberstadt (Kreis Gießen) .58 O10
Eberstadt (Kreis
  Heilbronn Land) 79 S11
Eberstadt (Neckar-
  Odenwald-Kreis) 71 R12
Eberstadt (Darmstadt-) 70 Q10
Eberstal 79 R12
Eberstein 77 T9
Ebersteinburg 77 T8
Eberswalde 29 H25
Ebersweier 84 U7
Ebertshausen (Kreis
  Schmalkalden-
  Meiningen) 60 O15
Ebertshausen
  (Kreis Schweinfurt) 72 P15
Ebertsheim 69 R8
Ebertswiese 60 N15
Ebhausen 85 U10
Ebingen 86 V11
Ebmath 62 O20
Ebnat 80 T14
Ebnath 74 Q19
Ebnet
  (Kreis Freiburg i. B.) 84 W7
Ebnet (Kreis Waldshut) 95 W8
Ebni-See 79 T12
Eboldshausen 35 K14
Ebrach 72 Q15
Ebratshofen 97 X14
Ebsdorf 58 N10
Ebsdorfergrund 58 N10
Ebstorf 14 G15
Echbeck 96 W11
Echelsbacher Brücke 99 W16
Echem 14 F15
Eching (Kreis Freising) 89 V18
Eching (Kreis Landshut) 90 V20
Eching a. Ammersee 89 V17
Echte 35 K14
Echteler 20 I4
Echterdingen 86 T11
Echternacherbrück 66 Q3
Echtershausen 54 P3
Echthausen 45 L7
Echtz 42 N3
Echzell 58 O10
Eckardts 60 N14
Eckardtshausen 60 N14
Eckartsheim 34 K9
Eckartsleben 59 M16
Eckarts 59 P13
Eckartsberga 49 M18
Eckartshausen
  (Kreis Haßberge) 72 P16
Eckartshausen (Kreis
  Schwäbisch-Hall) 79 S13
Eckartshausen
  (Wetteraukreis) 58 P11
Eckartsweier 84 U7
Eckbach 69 R8
Eckel 13 F12
Eckelshausen 58 N9

Eckelsheim 69 Q7
Eckenhagen 45 N7
Eckenhaid 73 R17
Eckental 73 R17
Ecker 36 K15
Eckernförde 3 C14
Eckernförder Bucht 6 C14
Eckersdorf 73 Q18
Eckersmühlen 81 S17
Eckerstausee 36 K15
Eckertal 36 K15
Eckerzell 82 S21
Eckfeld 54 P4
Ecklak 5 E11
Ecklingerode 48 L14
Eckmannsdorf 39 K22
Eckmannshausen 45 N8
Eckolstädt 49 M18
Eckstedt 49 M17
Eckwarden 12 F8
Eckwarder 12 F8
Eckwarderhörne 11 F8
Eckweisbach 59 O13
Eddelak 5 E11
Eddelstorf 14 G15
Edderitz 50 K19
Eddesse 24 I14
Edelbeuren 87 V14
Edelsberg (Kreis Limburg-
  Weilburg) 57 O8
Edelsberg (Kreis
  Ostallgäu) 98 X15
Edelsfeld 73 R19
Edelshausen 89 U17
Edemissen
  (Kreis Northeim) 35 K13
Edemissen (Kreis Peine) .36 I14
Edenbachen 87 V14
Edendorf 5 E12
Edenkoben 76 S8
Edenstetten 92 T22
Eder 48 N8
Ederbringhausen 46 M10
Ederen 42 N2
Ederheim 80 T15
Edermünde 47 M12
Edersee 46 M10
Edersleben 48 L17
Edertal 46 M11
Edesheim
  (Kreis Northeim) 35 K13
Edesheim (Kreis Südliche
  Weinstraße) 76 S8
Edewecht 11 G7
Edewechterdamm 21 G7

Ediger-Eller 55 P5
Edingen 57 O8
Edingen-Neckarhausen 78 R9
Edlau 50 K19
Edling b. Rosenheim 100 W20
Edling b. Wasserburg 100 V20
Edmund-Probst-Haus 98 X15
Eesch 4 D11
Effeld 42 M2
Effelder (Kreis Eichsfeld) 48 M14
Effelder
  (Kreis Sonneberg) 61 O17
Effeln 46 L9
Effelsberg 56 O4
Effelter 61 O18
Effeltrich 73 R17
Efringen-Kirchen 94 X6
Efze 47 M12
Egeln 37 K18
Egelsbach 70 Q9
Egenhausen
  (Kreis Freudenstadt) 85 U9
Egenhausen (Kreis Neustadt
  a. d. A.-Bad W.) 80 R15
Egenhausen
  (Kreis Schweinfurt) 71 P14
Egenhofen 89 V17
Eger
  (Fluß b. Nördlingen) ...80 T15
Eger (Fluß b. Selb) 75 P20
Egesheim 85 V10
Egestorf 14 G14
Egestorf a. Deister 35 J12
Egg 92 T22
Egg a. d. Günz 88 V14
Egge (Kreis Grafschaft-
  Bentheim) 20 I4
Egge (Kreis
  Hameln-Pyrmont) 34 J11
Eggebek 3 C12
Eggegebirge 34 K10
Eggelingen 11 F7
Eggelogerfeld 11 G7
Eggenbach 72 P16
Eggenfelden 91 U22
Eggenrot 79 T14
Eggenstedt 37 J17
Eggenstein-
  Leopoldshafen 77 S9
Eggenthal 98 W15
Eggeringhausen 34 L10
Eggermühlen 21 I7
Eggerode 32 J5
Eggersberg 81 T18
Eggersdorf 37 K19

Eggersdorf b.
  Müncheberg 41 I26
Eggersdorf b. Strausberg .40 I25
Eggesin 19 E26
Eggestedt 12 G9
Eggingen (Kreis Ulm) 87 U13
Eggingen
  (Kreis Waldshut) 95 W9
Egglfing 91 V23
Egglham 91 U23
Egglkofen 90 U21
Eggmannsried 97 W13
Eggmühl 90 T20
Eggolsheim 73 Q17
Eggstätt 100 W21
Eggstedt 5 D11
Eggstetten 91 V22
Eging 93 T23
Egling 99 W17
Egling a. d. Paar 89 V16
Eglingen
  (Kreis Heidenheim) 88 T15
Eglingen
  (Kreis Reutlingen) 87 U12
Egloffstein 73 Q17
Eglofs 97 X13
Egmating 100 V19
Egringen 94 W6
Egsdorf 28 J24
Egstedt 61 N17
Egweil 81 T17
Ehebach 72 R15
Ehekirchen 89 U17
Ehenfeld 73 R19
Ehestetten 87 V12
Ehingen (Donau-Kreis) 87 V13
Ehingen (Kreis
  Ansbach Land) 80 S15
Ehingen (Kreis
  Augsburg Land) 88 U16
Ehingen (Mühlhausen-) 95 W10
Ehingen a. Ries 80 T15
Ehle 38 J19
Ehlen 46 M11
Ehlenz 54 P3
Ehlersdorf 5 C13
Ehlerstausee 23 I14
Ehlhalten 57 P9
Ehlscheid 56 O6
Ehmen 36 I16
Ehndorf 5 D13
Ehningen 85 U10
Ehra-Lessien 24 I16
Ehrang 66 Q4
Ehren 21 H7

Ehrenberg (Kreis
  Altenburger Land) 62 N21
Ehrenberg (Kreis Sächsische
  Schweiz) 64 N26
Ehrenberg (Rhön) 59 O14
Ehrenburg
  (Kreis Diepholz) 22 H10
Ehrenburg (Kreis
  Mayen-Koblenz) 55 P6
Ehrenfeld 43 N4
Ehrenfriedersdorf 63 O22
Ehrenhain 62 N21
Ehrenkirchen 94 W7
Ehrenstein 61 N17
Ehrenstetten 94 W7
Ehrenzipfel 63 O22
Ehrhorn 23 G13
Ehringen 46 L11
Ehringhausen 34 L9
Ehringshausen
  (Lahn-Dill-Kreis) 58 N11
Ehringshausen
  (Vogelsbergkreis) 57 O9
Ehrsberg 94 W7
Ehrstädt 77 S10
Ehrsten 47 L12
Eibach (Kreis Erding) 90 V20
Eibach (Kreis Nürnberg) .81 R17
Eibau 65 N28
Eibelshausen 58 N9
Eibelstadt 71 Q14
Eibenstock 62 O21
Eibenstock Stausee 62 O21
Eibsee 98 X16
Eich
  (Kreis Alzey-Worms) .69 Q9
Eich (Kreis
  Mayen-Koblenz) 56 O6
Eicha 60 O15
Eichede 14 E15
Eichelberg
  (Kreis Karlsruhe) 77 S10
Eichelberg (Kreis Neustadt a. d.
  A.-Bad W.) 72 R15
Eichelhardt 57 N7
Eichelsachsen 58 O11
Eichelsdorf (Kreis
  Haßberge) 72 P15
Eichelsdorf
  (Wetteraukreis) 58 O11
Eichen (Kreuztal-) 45 N7
Eichen (Nidderau-) 58 P10
Eichenau 89 V17
Eichenbarleben 37 J18
Eichenberg 47 L13
Eichenbühl 70 Q11

ERFURT

Anger . . . . B
Bahnhofstr. . . . . B
Dalbergsweg . . . . A 13
Domstr. . . . . A 15

Fischmarkt . . . . A
Löberstr. . . . . B 22
Mainzerhofstr. . . . . A 24
Marktstr. . . . . B
Meienbergstr. . . . . B 27
Moritzwallstr. . . . . A 28

Regierungsstr. . . . . A 34
Schlösserstr. . . . . AB 36
Schlüterstr. . . . . A 37
Walkmühlstr. . . . . A 40
Wenigemarkt . . . . B 42
Willy-Brandt-Pl. . . . . B 43

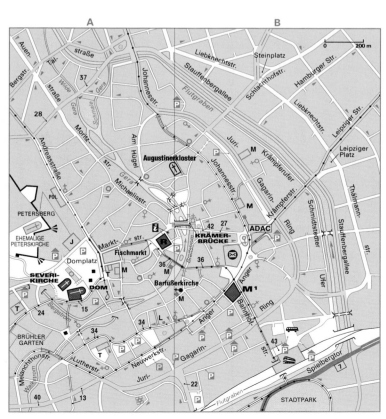

Eichendorf	91	U22
Eichenfelde	26	G21
Eichenhüll	73	Q17
Eichenlaubstraße	66	R4
Eichenried	90	V19
Eichenzell	59	O13
Eicherloh	90	V19
Eicherscheid (Kreis Aachen)	42	O2
Eicherscheid (Kreis Euskirchen)	56	O4
Eichfeld	72	Q14
Eichhagen	45	M7
Eichhof	44	M5
Eichhofsberg	12	E11
Eichholz	6	E16
Eichholz-Drößig	52	L24
Eichhorst (Kreis Barnim)	29	H24
Eichhorst (Kreis Mecklenburg-Strelitz)	17	F24
Eichigt	62	O20
Eichlinghofen	31	L6
Eichow	52	K26
Eichsfeld	48	L14
Eichstädt	27	H23
Eichstätt	81	T17
Eichstegen	97	W12
Eichstedt	26	H19
Eichstetten	84	V7
Eichtersheim	77	S10
Eichwalde	40	I24
Eichwerder	29	H26
Eickelberg	15	E19
Eickelborn	45	L8
Eickeloh	23	H12
Eickendorf (Kreis Schönebeck)	37	K19
Eickendorf (Ohrekreis)	25	I17
Eickenrode	24	I14
Eickhorst	34	J10
Eicklingen	24	I14
Eicks	42	O3
Eickstedt	29	G26
Eidengesäß	70	P11
Eider	6	D14
Eider-Sperrwerk	4	D10
Eiderstedt	2	C10
Eidinghausen	34	J10
Eidumtief	2	B8
Eiersheim	71	R12
Eifa (Kreis Waldeck-Frankenberg)	46	N9
Eifa (Vogelsbergkreis)	59	N12
Eifel	54	P4
Eifelpark	54	Q3
Eigeltingen	95	W10
Eigenrieden	48	M14
Eigenrode	48	M15
Eikamp	44	M5
Eikeloh	46	L9
Eilenburg	50	L21
Eilendorf	42	N2
Eilensen	35	K13
Eilenstedt	37	K17
Eilsdorf	36	K16
Eilsdorf (Kreis Segeberg)	6	E15
Eilshausen	34	J9
Eilsleben	37	J17
Eilsum	10	F5
Eilte	23	H12
Eilversen	34	K11
Eilvese	23	I12
Eimbeckhausen	35	J12
Eime	35	J13
Eimeldingen	94	X6
Eimelrod	46	M10
Eimen	35	K13
Eimersleben	37	J17
Eimke	24	H14
Eimsbüttel	13	F13
Einartshausen	58	O11
Einbach	84	V8
Einbeck	35	K13
Eine	49	L18
Einecke	45	L8
Einemhof	14	G14
Einen (Kreis Vechta)	22	H9
Einen (Kreis Warendorf)	33	K7
Einfeld	5	D13
Einhaus	14	E16
Einhausen	70	Q9
Eining	90	T19
Einöd	67	S5
Einödriegel	92	T23
Einödsbach	98	Y14
Einöllen	67	R6
Einruhr	42	O3
Einsal	45	M6
Einsbach	89	V17
Einsiedel	63	N22
Einsiedlerhof	69	R7
Einsingen	87	U13
Einste	22	H11
Einswarden	12	F9
Eintürnen	97	W13
Einum	35	J14
Einwinkel	25	H18
Eiringhausen	45	M7
Eisbergen	34	J11

Eisborn	45	L7
Eischleben	60	N16
Eischott	36	I16
Eisdorf	36	K14
Eiselfing	100	V20
Eisemroth	58	N9
Eisen	67	R5
Eisenach (Kreis Bitburg-Prüm)	54	Q3
Eisenach (Kreis Eisenach)	48	N14
Eisenärzt	101	W21
Eisenbach	94	W8
Eisenbach (Hessen)	59	O12
Eisenbach (Selters-)	57	O8
Eisenberg (Kreis Hersfeld-Rotenburg)	59	N12
Eisenberg (Kreis Ostallgäu)	98	X15
Eisenberg (Saale-Holzland-Kreis)	62	N19
Eisenberg (Pfalz)	69	R8
Eisenbernreut	93	T24
Eisenbühl	61	O19
Eisenharz	97	W13
Eisenheim	72	Q14
Eisenhüttenstadt	41	J27
Eisenschmitt	54	P4
Eiserfeld	57	N7
Eiserfeld (Kreis Siegen-Wittgenstein)	57	N7
Eisern	57	N8
Eisfeld	60	O16
Eisingen (Enzkreis)	77	T10
Eisingen (Kreis Würzburg)	71	Q13
Eisleben Lutherstadt	49	L18
Eislingen	87	T13
Eismannsberg	81	R18
Eissel	23	H11
Eissen	46	L11
Eisten	21	H6
Eitelborn	57	O7
Eitensheim	81	T17
Eiterbach	70	R10
Eiterfeld	59	N13
Eiterhagen	47	M12
Eitorf	43	N6
Eitra	59	N13
Eitting (Kreis Erding)	90	U19
Eitting (Kreis Straubing-Bogen)	92	T21
Eitze	23	H11
Eitzen I	14	G15
Eitzendorf	22	H11
Eitzum	35	J13
Eiweiler	67	R4
Eixen	8	D22
Eixendorfer See	82	R21
Ekel	5	D12
Ekelmoor	13	G12
Ekenis	3	C13
Ekern	11	G7
Elbbach	57	O7
Elbbrücken (Hamburg)	14	F14
Elbe (Fluß)	46	M11
Elbe (Fluß)	14	G16
Elbe (Gemeinde)	36	J14
Elbe-Havel-Kanal	38	J19
Elbe-Lübeck-Kanal	14	F15
Elbe-Seitenkanal	24	I15
Elben	45	N7
Elbenau	37	J19
Elbenberg	46	M11
Elberfeld	44	M5
Elbergen (Kreis Cloppenburg)	21	H7
Elbergen (Kreis Emsland)	20	I5
Elbersberg	73	Q18
Elbersroth	80	S15
Elbingerode	48	L14
Elbingerode (Harz)	36	K16
Elbrinxen	35	K11
Elbsandstein Gebirge	64	N26
Elbtal	57	O8
Elbtunnel	13	F13
Elbuferstraße	14	G16
Elchesheim-Illingen	76	T8
Elchingen	88	U14
Elchingen auf dem Härtsfeld	80	T14
Eldagsen	35	J12
Elde	15	F18
Eldena (Kreis Ludwigslust)	15	G18
Eldena (Stadtkreis Greifswald)	9	D24
Eldenburg	25	G18
Eldingen	24	H15
Elend	36	K16
Elfershausen	71	P13
Elgersburg	60	N16
Elgersweier	84	U7
Eliasbrunn	61	O18
Elisabeth-Sophien-Koog	2	C10
Elisabethfehn	11	G7
Elisabethfehn Kanal	11	G7

Elisabethfehn Süd	11	G7
Elisabethfehn West	11	G7
Elisabethszell	83	S22
Elkenroth	57	N7
Elkerhausen	57	O8
Elkeringhausen	46	M9
Elkhausen	57	N7
Elkofen	100	V19
Ellar	57	O8
Ellefeld	62	O21
Ellen	42	N3
Ellenbach	70	Q10
Ellenberg (Kreis Schleswig-Flensburg)	3	C13
Ellenberg (Kreis Westliche Altmark)	25	H16
Ellenberg (Ostalbkreis)	80	S14
Ellenbogen	59	O14
Ellenbrunn	81	T17
Ellenfeld	75	Q21
Ellensen	35	K13
Ellenserdammersiel	11	F8
Ellenstedt	22	H9
Ellenz-Poltersdorf	55	P5
Eller (Mosel)	55	P5
Ellerau	13	E13
Ellerbach	92	T23
Ellerbek	13	F13
Ellerbrock	21	H7
Ellerdorf	5	D13
Ellerhoop	13	E13
Elleringhausen	46	L9
Elleringhausen (Twistetal-)	46	M11
Ellern (Hunsrück)	69	Q6
Ellerndorf	24	H14
Ellershausen	47	L13
Ellertshäuser See	72	P15
Ellewick	32	J4
Ellgau	88	U16
Ellhöft	2	B10
Ellhofen (Kreis Heilbronn)	79	S11
Ellhofen (Kreis Lindau)	97	X13
Ellierode	47	L13
Ellingen (Kreis Uckermark)	19	F25
Ellingen (Kreis Weißenburg-Gunzenhausen)	80	S16
Ellingshausen	47	N12
Ellingstedt	3	C12
Ellmannsweiler	87	V13
Ellmendingen	77	T9
Ellrich	48	L15
Ellrichshausen	80	S14
Ellringen	14	G16
Ellund	3	B11
Ellwangen (Kreis Biberach)	97	W13
Ellwangen (Ostalbkreis)	80	T14

Ellwanger Berge	79	S13
Ellweiler	67	R5
Ellzee	88	U14
Elm (Dorf)	13	F11
Elm (Wald)	36	J16
Elm b. Schlüchtern	59	O12
Elm-Hochstraße	36	J16
Elm-Lappwald (Naturpark)	36	J16
Elmarshausen	46	L11
Elmau	99	X17
Elmendorf	11	G8
Elmenhorst (Kreis Bad Doberan)	8	D20
Elmenhorst (Kreis Herzogtum Lauenburg)	14	F15
Elmenhorst (Kreis Nordvorpommern)	9	D23
Elmenhorst (Kreis Nordwest-mecklenburg)	15	E17
Elmenhorst (Kreis Stormarn)	14	E14
Elmlohe	12	F10
Elmpt	42	M2
Elmshorn	13	E12
Elmstein	69	R7
Elnhausen	58	N10
Elnrode	46	N11
Elpe	46	M9
Elpenrod	58	N11

Elpersbüttel	4	D11
Elpersdorf	80	S15
Elpersheim	71	R13
Elsa	60	O16
Elsdorf (Erftkreis)	42	N3
Elsdorf (Kreis Mittweida)	63	N22
Elsdorf (Kreis Rendsburg-Eckernförde)	5	D12
Elsdorf (Kreis Rotenburg Wümme)	13	G12
Elsdorf-Westermühlen	5	D12
Else	33	J8
Elsen	34	K10
Elsendorf (Kreis Bamberg)	72	Q15
Elsendorf (Kreis Kelheim)	90	T19
Elsenfeld	70	Q11
Elsenz	77	S10
Elsenz (Fluß)	77	S10
Elsfleth	12	G9
Elsheim	69	Q8
Elsholz	39	J22
Elsnig	51	L22
Elsnigk	50	K20
Elsoff	46	M9
Elsoff (Westerwald)	57	O8
Elspe	45	M8
Elstal	27	I22
Elsten	21	H8

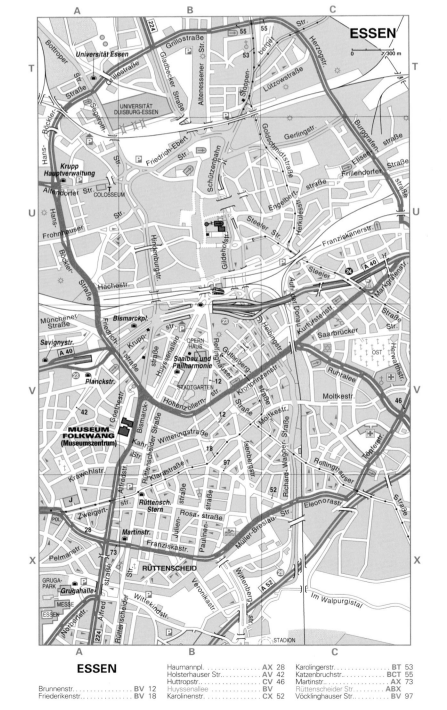

ESSEN

Brunnenstr.	BV	12
Friederikenstr.	BV	18
Haumannpl.	AX	28
Holsterhauser Str.	AV	42
Huttropstr.	CV	46
Huyssenallee	BV	
Karolinenstr.	CX	52
Karolingerstr.	BT	53
Katzenbruchstr.	BCT	55
Martinstr.	AX	73
Rüttenscheider Str.	ABX	
Vöcklinghauser Str.	BV	97

Elster 39 K22
Elster Gebirge.................75 P20
Elsterberg......................62 O20
Elstertrebnitz.................50 M20
Elsterwerda....................52 L24
Elstorf...........................13 F13
Elstra............................64 M26
Elte..............................33 J6
Elten............................30 K2
Elterlein........................63 O22
Eltern...........................21 H6
Elters...........................59 O13
Eltersdorf......................73 R16
Eltingshausen.................72 P14
Eltmann.........................72 Q16
Eltmannshausen.............47 M13
Eltville..........................69 P8
Eltze.............................24 I14
Elverdissen....................34 J9
Elversberg.....................67 S5
Elxleben (Ilmkreis).........61 N17
Elxleben (Kreis
    Sömmerda)................49 M16
Elz................................57 O8
Elz (Fluß)......................84 V8
Elzach (Kreis
    Emmendingen)...........84 V8
Elzbach
    (Fluß b. Monreal).......55 P5
Elzbach
    (Fluß b. Mosbach)......78 R11
Elze (Kreis Hannover)....23 I13
Elze (Kreis Hildesheim)..35 J13
Elztal...........................78 R11
Embken.........................42 N3
Embsen.........................14 G15
Embühren.......................5 D12
Emden (Kreis Emden).....10 F5
Emden (Ohrekreis).........37 J17
Emen............................20 H5
Emerkingen....................87 V12
Emern...........................24 H16
Emersacker...................88 U16
Emersleben...................37 K17
Emertsham..................100 V21
Emhof...........................82 S19
Emkendorf (Kreis Plön)...6 C15
Emkendorf (Kreis Rendsburg-
    Eckernförde)...............5 D13
Emleben........................60 N16
Emlichheim....................20 I4
Emmeln.........................20 H5
Emmelsbüll-Horsbüll........2 B10
Emmelshausen...............55 P6
Emmen..........................24 H15
Emmendingen................84 V7
Emmendorf....................24 G15
Emmer...........................35 J12
Emmerich......................30 K2
Emmerichenhain.............57 O8
Emmering
    (Kreis Ebersberg)......100 W20
Emmering (Kreis
    Fürstenfeldbruck).......89 V17
Emmerke........................35 J13
Emmersdorf...................91 U23
Emmershausen...............57 O9
Emmerstausee................34 K11
Emmerstedt...................37 J16
Emmerthal.....................35 J12
Emmerting......................91 V22
Emmerzhausen...............57 N8
Emmingen......................85 U10
Emmingen-Liptingen.......95 W10
Empede.........................23 I12
Empel...........................30 K3
Empfertshausen..............60 O14
Empfingen......................85 U10
Ems (Fluß)....................34 K9
Ems (Fluß)....................20 I5
Ems-Jade-Kanal.............10 F5
Ems-Vechte-Kanal..........20 I5
Emsbüren......................20 I5
Emscher........................31 L4
Emsdetten.....................33 J6
Emsdorf........................58 N10
Emseloh........................49 L18
Emsing..........................81 S17
Emskirchen....................72 R16
Emsland........................20 H5
Emstal (Kreis Kassel
    Land).......................47 M11
Emstal (Kreis Potsdam-
    Mittelmark).................39 J22
Emstek.........................21 H8
Emstekerfeld.................21 H8
Emstunnel......................11 G6
Emtinghausen................22 H10
Emtmannsberg...............73 Q18
Endeholz.......................24 H14
Endel............................21 H8
Endenburg.....................94 W7
Enderndorf....................80 S16
Endersbach....................79 T12
Endingen.......................84 V7
Endlhausen....................99 W18
Endorf
    (Hochsauerlandkreis)..45 M8

Endorf (Kreis Aschersleben-
    Staßfurt)...................37 K18
Endsee..........................80 R14
Engar...........................46 L11
Engden..........................20 I5
Engdener Wüste.............20 I5
Enge-Sande....................2 B10
Engehausen....................23 H13
Engelade.......................36 K14
Engelau..........................6 D15
Engelbach......................46 N9
Engelbostel....................23 I12
Engelbrechtsmünster.......89 T17
Engelgau.......................54 O4
Engelmannsreuth............73 Q18
Engeln...........................22 H10
Engeln...........................56 O5
Engelrod........................59 O11
Engelsberg
    (Kreis Altötting).......100 V21
Engelsberg (Kreis Neumarkt
    i. d. Oberpfalz).........81 S18
Engelsbrand...................77 T9
Engelschoff...................13 F12
Engelschwand................94 W8
Engelsdorf.....................82 S21
Engelsdorf (Leipzig).......50 L21
Engelshütt......................83 S23
Engelstadt......................69 Q8
Engelswies.....................86 V11
Engelthal.......................73 R18
Engen............................95 W10
Engensen.......................23 I13
Enger............................34 J9
Engeratsgundhof............98 X15
Engerda........................61 N18
Engers...........................56 O6
Engersen........................25 I17
Engertsham....................93 U24
Engetried.......................98 W15
Engishausen...................88 V14
Engleshof......................75 R20
Engstingen.....................86 U11
Engstlatt.......................85 V10
Engter...........................21 I8
Enheim..........................72 R14
Eningen u. Achalm..........86 U11
Enkenbach.....................69 R7
Enkenbach-Alsenborn.....69 R7
Enkering........................81 T18
Enkhausen......................45 M8
Enkirch.........................68 Q5
Ennabeuren....................87 U12
Enneppe-Stausee............44 M6
Ennepetal......................44 M6
Ennest..........................45 M7
Enniger.........................33 K7
Ennigerloh.....................33 K8
Ennigloh........................34 J9
Ensdorf (Kreis
    Amberg-Sulzbach).......82 R19
Ensdorf (Kreis Saarlouis).66 S4
Ense.............................45 L7
Ensfeld..........................81 T17
Entenbühl......................75 Q21
Entfelten......................100 W21
Entringen.......................85 U10
Entrup (Kreis Höxter)......34 K11
Entrup (Kreis Lippe)........34 J10
Enz (Fluß)......................77 T9
Enz (Fluß)......................54 Q2
Enzberg........................77 T10
Enzen (Kreis Euskirchen).42 O4
Enzen (Kreis
    Schaumburg)..............34 J11
Enzenstetten..................98 X15
Enzklösterle...................77 T9
Enzlar...........................72 Q15
Enzweihingen.................77 T10
Epenwöhrden...................4 D11
Epfach..........................98 W16
Epfenbach......................70 R10
Epfendorf......................85 V9
Epfenhausen...................88 V16
Epgert...........................56 O6
Eppe.............................46 M10
Eppelborn......................67 R4
Eppelheim......................78 R9
Eppelsheim.....................69 Q8
Eppenbrunn....................76 S6
Eppendorf......................63 N23
Eppenrod.......................57 O7
Eppenschlag...................92 T23
Eppertshausen................70 Q10
Eppingen.......................77 S10
Eppishausen...................88 V15
Eppstein........................69 P9
Equarhofen....................72 R14
Equord..........................36 J14
Erasbach.......................81 S18
Erbach..........................87 V13
Erbach (Kreis
    Mainz-Bingen)...........69 P7
Erbach (Bad Camberg-)...57 P8
Erbach i. Odenwald........70 R10

Erbendorf......................75 Q20
Erbenhausen...................60 O14
Erbenheim......................69 P8
Erbes-Büdesheim............69 Q8
Erbeskopf......................68 Q5
Erbsen..........................47 L13
Erbshausen....................71 Q14
Erbstadt........................58 P9
Erbstetten.....................87 V12
Erbstorf........................24 G15
Erbuch..........................70 R11
Erda..............................58 N9
Erdeborn.......................49 L18
Erder............................34 J10
Erding..........................90 V19
Erdinger Moos...............90 V19
Erdmannhausen.............78 T11
Erdmannrode.................59 N13
Erdmannsdorf.................63 N23
Erdmannsdorf
    (Lippersdorf-).............61 N19
Erdmannshain...............50 M21
Erdmannshöhle...............94 X7
Erdorf............................54 P3
Erdweg..........................89 V17
Eremitage......................73 Q18
Eresing..........................89 V17
Eresried.........................89 V17
Erfa..............................71 R12
Erfde.............................5 D11
Erfelden........................70 Q9
Erfenbach......................69 R7
Erft..............................56 O4
Erftstadt........................42 N4
Erfurt............................61 N17
Erfurt-Binderslebene
    (Flughafen)...............60 N16
Erfweiler........................76 S7
Erfweiler-Ehlingen..........67 S5
Ergenzingen...................85 U10
Ergersheim....................72 R14
Ergertshausen................99 W18
Erggertshofen................81 S18
Ergolding.......................90 U20
Ergolding-Piflas.............90 U20
Ergoldsbach...................90 T20
Ergste...........................31 L6
Erharting.......................91 V21
Erichshagen...................23 H11
Ering.............................91 V23
Eringerfeld.....................46 L9
Eriskirch.......................97 X12
Erkelenz........................42 M2
Erkeln...........................34 K11
Erkenbrechtsweiler.........87 U12
Erkensruhr.....................42 O3
Erkerode........................36 J16
Erkersreuth....................75 P20
Erkheim........................88 V15
Erkner...........................40 I25
Erkrath..........................44 M4
Erksdorf........................58 N11
Erkshausen....................47 M13
Erla..............................63 O22
Erlabrunn (Kreis Aue-
    Schwarzenberg)..........63 O22
Erlabrunn (Kreis
    Würzburg Land).........71 Q13
Erlach..........................72 Q14
Erlach a. Main...............71 Q12
Erlangen........................73 R17
Erlau (Fluß)...................93 U24
Erlau (Kreis
    Hildburghausen).........60 O16
Erlau (Kreis Mittweida)...63 M22
Erlau (Kreis Passau).......93 U24
Erlauwiesel....................93 T24
Erlbach (Elstertalkreis)....75 P21
Erlbach (Kreis Altötting)..91 V22
Erlbach (Muldentalkreis).51 M22
Erlbach-Kirchberg...........63 N22
Erle..............................31 K4
Erlenbach
    (Fluß z. Rhein)..........76 S8
Erlenbach (Kreis
    Bergstraße)................70 Q10
Erlenbach (Kreis
    Heilbronn)................78 S11
Erlenbach (Neckar-
    Odenwald-Kreis).........79 R12
Erlenbach
    (Odenwaldkreis).........70 R11
Erlenbach a. Main..........70 Q11
Erlenbach b. Dahn..........76 S7
Erlenbach
    b. Marktheidenfeld......71 Q12
Erlenbrunn.....................76 S6
Erlensee........................70 P10
Erlenmoos......................87 V13
Erlinghausen...................46 L10
Erlstätt.......................101 W21
Erlte.............................22 H8
Ermen...........................31 K6
Ermenrod.......................58 O11
Ermershausen.................60 P15
Erminghof......................87 U13

Ermke...........................21 H7
Ermlitz..........................50 L20
Ermreuth.......................73 R17
Ermschwerd...................47 L13
Ermsleben......................37 K18
Ernsbach.......................47 L13
Erndtebrück....................45 N8
Ernsgaden......................89 T18
Ernst (Kreis
    Cochem-Zell)............55 P5
Ernst-Thälmann-Siedlung 19 F26
Ernsthausen (Kreis
    Marburg-Biedenkopf).46 N10
Ernsthausen (Kreis Waldeck-
    Frankenberg)............58 N10
Ernsthofen....................70 Q10
Ernstroda.......................60 N15
Ernsttal........................70 R11
Ernstthal.......................61 O17
Erolzheim......................87 V14
Erp..............................42 N4
Erpel............................56 O5
Erpensen........................24 H16
Erpentrup.......................35 K11
Erpfingen.......................86 U11
Erpfting.........................88 V16
Ersen............................47 L11
Ershausen......................48 M14
Ersingen
    (Alb-Donau-Kreis)......87 V13
Ersingen (Enzkreis)........77 T9
Ersrode..........................57 N12
Ertingen........................87 U12
Erwitte..........................45 L9
Erwitzen........................34 K11
Erxleben (Kreis Stendal).25 H19
Erxleben (Ohrekreis).......37 J17
Erzberg..........................80 S14
Erzgebirge.....................62 O21
Erzgrube........................85 U9
Erzhausen (Kreis
    Darmstadt-Dieburg)...70 Q9
Erzhausen
    (Kreis Northeim).........35 K13
Erzingen
    (Kreis Waldshut).........95 X9
Erzingen
    (Zollernalbkreis).........85 V10
Esbeck
    (Kreis Helmstedt).......37 J16
Esbeck
    (Kreis Hildesheim).......35 J13
Essinghausen.................36 J14
Eßleben.........................71 Q14
Esslingen.......................79 T11
Eßlingen (Kreis
    Bitburg-Prüm)............54 Q3
Eßlingen
    (Kreis Tuttlingen)........85 W10
Eßweiler........................67 R6
Este.............................13 G13
Estedt...........................25 I18
Estenfeld.......................71 Q13
Estergebirge...................99 X17
Estern...........................31 K4
Esterwegen....................21 H6
Esthal............................69 R7
Esting...........................89 V17
Estorf (Kreis Nienburg)...22 I11
Estorf (Kreis Stade).......13 F11
Etelsen.........................22 H11
Etgersleben...................37 K18
Etingen.........................37 I17
Etsdorf.........................82 R20
Ettal.............................99 X17
Etteln...........................46 L10
Ettenbeuren...................88 U15
Ettenbüttel....................24 I15
Ettenhausen...................60 N14
Ettenhausen (Kreis
    Schwäbisch-Hall).......79 R13
Ettenhausen
    (Kreis Traunstein)......100 W21
Ettenheim......................84 V7
Ettenheimmünster..........84 V7
Ettenstatt......................81 S17
Etterschlag.....................89 V17
Etterwinden...................60 N14
Etterzhausen..................82 S19
Etting
    (Kreis Donau-Ries)......89 U17
Etting (Kreis Ingolstadt)..81 T18
Etting (Kreis
    Weilheim-Schongau)..99 W17
Ettlenschieß...................87 U13
Ettling..........................92 T22
Ettlingen.......................77 T9
Ettlingenweier.................77 T9
Ettringen (Kreis
    Mayen-Koblenz).........56 O5
Ettringen
    (Kreis Unterallgäu).....88 V15
Etz...............................11 G6
Etzdorf (Kreis Mittweida).51 M23
Etzdorf (Stadtkreis Halle).49 L19
Etzel..............................8 B10
Etzelwang.....................73 R18
Etzenborn.......................48 L14
Etzenricht.....................75 R20
Etzersrieth....................82 R21

Etzin............................27 I22
Etzleben........................49 M17
Etzoldshain....................51 M21
Etzweiler.......................42 N3
Euba............................63 N23
Eubigheim.....................71 R12
Eudorf..........................59 N11
Euenheim......................56 O4
Euerbach.......................72 P14
Euerdorf........................71 P14
Euerfeld........................71 Q14
Euerhausen....................71 R13
Euernbach.....................89 U18
Eugenbach.....................90 U20
Eulatal.........................50 M21
Eulbacher Park...............70 Q11
Euper...........................32 K22
Eurasburg (Kreis Aichach-
    Friedberg)..................89 U17
Eurasburg (Kreis Bad Tölz-
    Wolfratshausen).........99 W18
Euren...........................66 Q3
Europa-Park..................84 V7
Euskirchen.....................56 O4
Eußenhausen..................60 O14
Eußenheim....................71 Q13
Eußerthal.......................76 S7
Eutendorf......................79 S13
Eutenhausen..................98 W15
Eutin.............................6 D15
Eutingen........................77 T10
Eutingen i. Gäu..............85 U10
Eutrich.........................65 M26
Eutzsch........................53 K21
Eveking.........................45 M7
Evendorf........................14 G14
Evenhausen..................100 V20
Everingen......................37 I17
Everinghausen................23 G11
Everloh..........................35 J12
Evern............................35 J14
Everode........................35 K13
Eversberg.......................45 L9
Eversen........................35 K11
Eversen (Kreis Celle).....23 H14
Eversen
    (Kreis Rotenburg).......23 G11
Eversmeer......................11 F6
Everswinkel....................33 K7
Evesen.........................34 J10
Evessen........................36 J16
Eving (Dortmund)...........31 L6
Evinghoven....................44 M4
Evingsen........................45 M7
Ewattingen.....................95 W9
Ewersbach......................57 N8
Ewiges Meer...................11 F6
Exdorf..........................60 O15
Exing...........................91 U22
Exten...........................34 J11
Exter............................34 J10
Externsteine...................34 K10
Extertal.........................34 J11
Eyach (Fluß b. Balingen).85 U10
Eyach (Fluß z. Enz).........77 T9
Eyba............................61 O18
Eybach.........................87 U13
Eydelstedt......................22 H9
Eyendorf........................14 G14
Eyershausen
    (Kreis Hildesheim).......35 K13
Eyershausen (Kreis Rhön-
    Grabfeld)..................60 P15
Eysölden.......................81 S17
Eystrup........................23 H11

F

Fabrikschleichach............72 Q15
Fachsenfeld...................79 T14
Fährdorf........................18 E18
Fährinsel........................9 C23
Faha.............................66 R3
Fahle Heide....................24 I15
Fahlenbach.....................89 U18
Fahlenscheid...................45 M7
Fahnersche Höhe............48 M16
Fahr.............................72 Q14
Fahrbinde......................15 F18
Fahrdorf.........................8 C12
Fahrenbach....................78 R11
Fahrenberg.....................75 Q21
Fahrendorf
    (Kreis Rotenburg).......12 F11
Fahrendorf (Kreis Westliche
    Altmark)...................24 H16
Fahrenhorst....................22 H10
Fahrenkrug......................6 E14
Fahrenwalde...................29 F26
Fahrenzhausen...............89 U18
Fahretoft........................2 B10
Fahrland.........................39 I23
Fahrnau........................94 X7
Fahrstedt.......................4 E11
Faistenoy......................98 X14

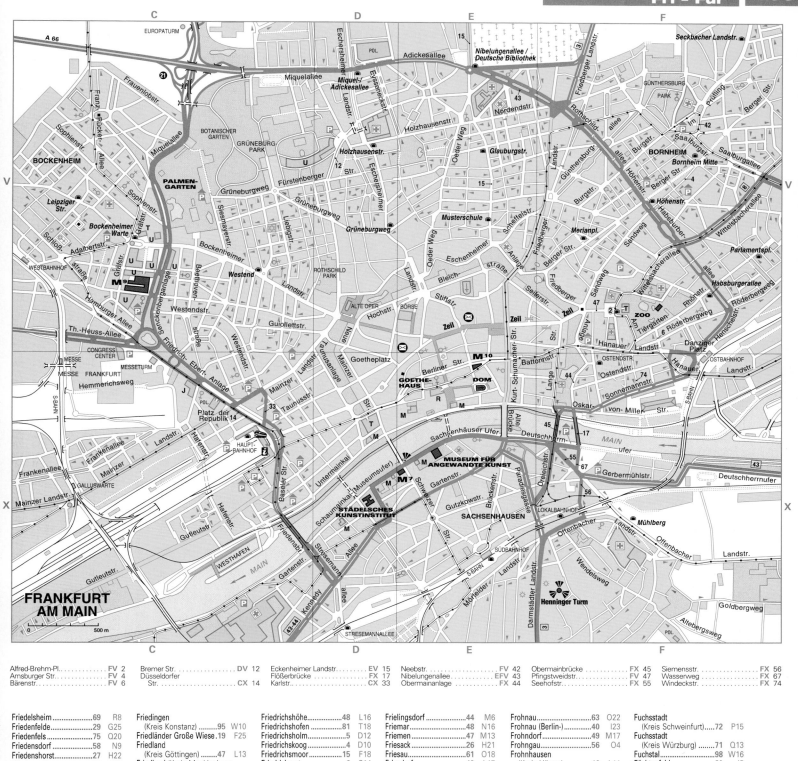

FRANKFURT AM MAIN

Alfred-Brehm-Pl.	FV 2	Bremer Str.	DV 12	Eckenheimer Landstr.	EV 15	Neebstr.	FV 42	Obermainbrücke	FX 45	Siemensstr.	FX 56
Arnsburger Str.	FV 4	Düsseldorfer		Flößerbrücke	FX 17	Nibelungenallee	EFV 43	Obermainanlage	FX 44	Wasserweg	FX 67
Bärenstr.	FV 6	Str.	CX 14	Karlstr.	CX 33	Obermainanlage	FX 44	Seehofstr.	FX 55	Windeckstr.	FX 74

Friedelsheim	69	R8	Friedingen		Friedrichshöhe	48	L16	Frielingsdorf	44	M6	Frohnau	63	O22	Fuchsstadt	
Friedenfelde	29	G25	(Kreis Konstanz)	95	W10	Friedrichshofen	81	T18	Friemar	48	N16	Frohnau (Berlin-)	40	I23	(Kreis Schweinfurt)	72	P15
Friedenfels	75	Q20	Friedländer Große Wiese	19	F25	Friedrichsholm	12	D12	Friemen	49	M13	Frohndorf	49	M17	Fuchsstadt	
Friedensdorf	58	N9	Friedland		Friedrichskoog	5	D10	Friesack	26	H21	Frohngau	56	O4	(Kreis Würzburg)	71	Q13
Friedenshorst	27	H22	(Kreis Göttingen)	47	L13	Friedrichsmoor	15	F18	Friesau	61	O18	Frohnhausen		Fuchstal	98	W16
Friedenweiler	94	W8	Friedland (Kreis Mecklenburg-		Friedrichsort	6	C14	Friesdorf	74	P18	(Kreis Höxter)	46	L11	Füchtenfeld	20	I5
Friederikensiel	11	E7	Strelitz)	17	E24	Friedrichsrode	48	L15	Friesen	74	P18	Frohnhausen (Kreis Waldeck-		Füchtorf	33	J8
Friedersdorf		Friedland		Friedrichsruh (Aumühle)	14	F15	Friesenhagen	57	N7	Frankenberg)	58	N9	Fühlingen (Köln)	44	M4
(Kreis Bitterfeld)	50	L21	(Kreis Oder-Spree)	41	J26	Friedrichsruhe	15	F19	Friesenhausen		Frohnhausen		Fünfbronn	85	U9
Friedersdorf (Kreis Dahme-		Friedlos	59	N13	Friedrichsruhe	79	S12	(Kreis Fulda)	59	O13	(Lahn-Dill-Kreis)	57	N8	Fünfeichen	41	J27
Spreewald)	40	J25	Friedmannsdorf	74	P19	Friedrichstadt	2	C11	Friesenhausen		Frohnlach	61	P17	Fünfhausen	14	F14
Friedersdorf		Friedrichroda	60	N15	Friedrichstal	77	S9	(Kreis Haßberge)	72	P15	Frohnsdorf	21	N21	Fünfstetten	80	T16
(Kreis Elbe-Elster)	52	L24	Friedrichsau	3	C12	Friedrichsthal	67	S5	Friesenheim	84	U7	Frohnstetten	86	V11	Füramoos	97	W13
Friedersdorf		Friedrichsbrück	47	M13	Friedrichsthal (Kreis		Friesenhofen	97	W14	Froitzheim	42	N3	Fürfeld (Kreis Heilbronn)	78	S11
(Kreis Löbau-Zittau)	65	M27	Friedrichsbrunn	37	K17	Nordhausen)	48	L15	Friesenried	98	W15	Frommenhausen	85	U10	Fürfeld (Kreis Kreuznach)	69	Q7
Friedersdorf (Niederschlesischer		Friedrichsdorf		Friedrichsthal (Kreis		Friesheim	42	N4	Frommern	85	V10	Fürholzen	90	V20
Oberlausitzkr.)	65	M28	(Hochtaunuskreis)	58	P9	Oberhavel)	27	H23	Friesoythe	21	G7	Fronau	82	S21	Fürnheim	80	S15
Friedersdorf		Friedrichsdorf		Friedrichsthal (Kreis		Frießnitz	62	N19	Fronberg	82	R20	Fürnried	81	R18
(Weißeritzkreis)	64	N24	(Kreis Gütersloh)	34	K9	Uckermark)	29	G27	Frille	34	I10	Fronhausen	58	N10	Fürstenau	70	Q11
Friedersdorf		Friedrichsfehn	11	G8	Friedrichsthaler		Frimmersdorf	42	M3	Fronhofen	97	W12	Fürstenau (Dorf)	35	K11
(Westlausitzkreis)	64	M26	Friedrichsfeld	3	C12	Wasserstraße	29	G26	Frielzheim	77	T10	Fronreute	97	W12	Fürstenberg	95	W9
Friedersdorf b. Brenitz	52	K24	Friedrichsfeld		Friedrichswald	34	J11	Frischborn	59	O12	Fronrot	79	S13	Fürstenberg	
Friedersreuth	75	Q20	(Mannheim-)	78	R9	Friedrichswalde	29	G25	Fristingen	89	U15	Frontenhausen	90	U21	(Kreis Paderborn)	46	L10
Friedewald		Friedrichsfeld		Friedrichswalde-		Frittlingen	85	V10	Froschgrundsee	61	O17	Fürstenberg (Kreis Waldeck-	
(Kreis Altenkirchen)	57	N7	(Niederrhein)	30	L3	Ottendorf	64	N25	Fritzdorf	56	O5	Frose	37	K18	Frankenberg)	46	M10
Friedewald (Kreis Hersfeld-		Friedrichsgabe	13	E13	Friedrichswerth	48	M11	Fritzlar	47	M11	Frosthövel	33	K7	Fürstenberg (Weser)	35	K12
Rotenburg)	59	N13	Friedrichsgraben	5	D12	Frielendorf	47	N11	Fröbersgrün	62	O20	Frotheim	34	I10	Fürsteneck	93	T24
Friedewald (Kreis Meißen-		Friedrichshafen	97	X12	Frielingen		Frömern	45	L7	Frücht	57	P7	Fürstenfeldbruck	89	V17
Dresden)	64	M24	Friedrichshafen-Löwental		(Kreis Hannover)	23	I12	Frömmstedt	49	M17	Fuchsberg	50	M21	Fürstenhagen	17	F24
Friedewalde	34	I10	(Flughafen)	97	X12	Frielingen (Kreis Hersfeld-		Fröndenberg	45	L7	Fuchshofen	56	O4	Fürstenhagen	
Friedingen (Kreis Biberach		Friedrichshagen	40	I24	Rotenburg)	59	N12	Frörup	3	B12	Fuchsmühl	75	Q20	(Kreis Northeim)	47	L12
a. d. Riß)	87	V12	Friedrichshain	53	L27	Frielingen (Kreis Soltau-		Frössen	61	O19	Fuchsstadt	
			Friedrichshausen	46	M10	Fallingbostel)	23	H13	Frohburg	50	M21	(Kreis Bad Kissingen)	71	P13	

FREIBURG IM BREISGAU

Auf
  der Zinnen . . . . Y 2
Augustinerpl. . . . . Z 3
Bertoldstr. . . . . Z
Eisenbahnstr. . . . . Y 7
Eisenstr. . . . . Y 9
Europapl. . . . . Y 12

Fahnenbergpl. . . . . Y 13
Franziskanerstr. . . . . Y 14
Friedrichring . . . . Y 16
Gerberau . . . . Z 19
Grieffeneggring . . . . Z 19
Habsburgerstr. . . . . Y 20
Herrenstr. . . . . YZ 24
Holzmarkt . . . . Z 26
Kaiser-Joseph-
  Str. . . . . YZ
Münsterstr. . . . . Y 30
Oberlinden . . . . Z 31

Platz der Alten Synagoge . . . . . Y 32
Rathausgasse . . . . Y 33
Salzstr. YZ 38
Schiffstr. . . . . Y 40
Schuster . . . . Z 43
Schwabentorpl. . . . . Z 45
Schwabentorrig . . . . Z 47
Schwarzwaldstr. . . . . Y 49
Turmstr. Y 54
Universitätsstr. . . . . Y 55
Unterlinden . . . . Y 57
Werthmannpl. . . . . Z 59

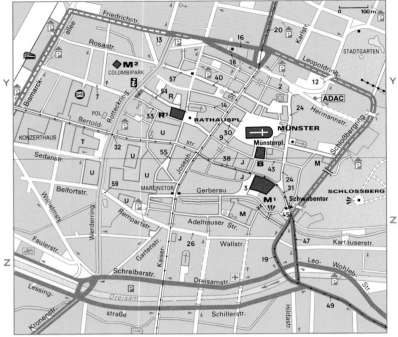

Fürstenhagen (Werra-Meißner-
  Kreis) 47 M13
Fürstenlager 70 Q9
Fürstensee 17 G23
Fürstenstein 93 T23
Fürstenwalde 64 N25
Fürstenwalde (Spree) 41 I26
Fürstenwerder 17 F24
Fürstenzell 91 U23
Fürth (Kreis Bergstraße) .70 R10
Fürth
  (Kreis Neunkirchen) 67 R5
Fürth (Nürnberg) 73 R16
Fürth a. Berg 61 P17
Fürweiler 66 R3
Fürwigge-Stausee 45 M7
Füsing .3 C12
Füssen 98 X16
Füssenich 42 N3
Fützen 95 W9
Fuhlen 35 J11
Fuhlendorf 5 E13
Fuhlendorf (Kreis
  Nordvorpommern) 8 C21
Fuhlenhagen 14 F15
Fuhne .50 L20
Fuhrbach 48 L15
Fuhrberg 23 I13
Fuhrn .82 R20
Fuhse .24 I14
Fulda .59 O13
Fulda .47 L12
Fulda (Fluß) 59 O13
Fuldabrück 47 M12
Fuldatal 47 L12
Fulde .23 H12
Fulgenstadt 87 V12
Fulkum 11 F6
Fullen .20 H5
Fullener Moor 20 H5
Funkenhagen 17 G24
Funnix 11 F7
Furth (Kreis Landshut) 90 U20
Furth (Kreis
  Straubing-Bogen) 92 T22
Furth i. Wald 83 S22
Furtle-Paß 79 T13
Furtwangen 84 V8
Fußgönheim 69 R8

G

Gaarz 7 D16
Gabelbach 88 U15
Gaberndorf 49 N17
Gablenz 53 L28

Gablingen 88 U16
Gabsheim 69 Q8
Gachenbach 89 U17
Gadebusch 15 E17
Gadeland 5 D14
Gadenstedt 36 J14
Gaderheim 70 Q10
Gaderoth 43 N6
Gaditz 51 K22
Gadow (Berlin) 26 G21
Gadsdorf 39 J23
Gächingen 87 U12
Gädebehn
  (Kreis Demmin) 17 F23
Gädebehn
  (Kreis Parchim) 15 F18
Gägelow 7 E18
Gänheim 71 Q14
Gärtenroth 74 P18
Gärtringen 85 U10
Gaesdonk 30 L2
Gäufelden 85 U10
Gagel .38 H18
Gager 9 D25
Gaggenau 77 T8
Gaggstadt 80 S14
Gahlen 31 L4
Gahlenz 63 N23
Gahma 61 O18
Gahro .52 K25
Gahry .53 K27
Gaibach 72 Q14
Gaienhofen 95 W10
Gailbach 70 Q11
Gaildorf 79 S13
Gailenkirchen 79 S13
Gailingen 95 W10
Gaimersheim 81 T18
Gaimühle 70 R11
Gaisbeuren 97 W13
Gaißa .93 U23
Gaißach 99 W18
Gaistal 77 T9
Gaisthal 82 R21
Galenbecker See 19 F25
Galgenberg 35 J13
Gallin
  (Kreis Ludwigslust) 14 F16
Gallin (Kreis Parchim) 16 F20
Gallinchen 53 K27
Gallmersgarten 80 R14
Gallschütz 51 M23
Gallun 39 J24
Gambach
  (Kreis Main-Spessart) .71 P13
Gambach
  (Wetteraukreis) 58 O10
Gamburg 71 Q12

Gammelby 3 C13
Gammellund 3 C12
Gammelsbach 70 R10
Gammelsdorf 90 U19
Gammelshausen 87 U12
Gammendorf 7 C17
Gammersfeld 81 T17
Gammesfeld 79 S14
Gammertingen 86 V11
Gamsen 24 I15
Gamshurst 76 T8
Gamstädt 48 N16
Ganacker 92 T22
Gandenitz 28 G24
Ganderkesee 22 G9
Gandesbergen 23 H11
Gangelt 42 N1
Gangkofen 90 U21
Gangloff 61 R7
Gangloffsömmern 48 M16
Ganschendorf 17 E23
Ganschow 16 E20
Gansheim 81 T16
Ganspe 12 G9
Gantikow 26 H21
Ganzer 26 H21
Ganzkow 17 F24
Ganzlin 15 F20
Ganzow 15 E17
Gahro .45 M7
Garbek 5 D15
Garbenteich 58 O10
Garbsen 23 I12
Garching a. d. Alz 91 V21
Garching b. München 89 V18
Gardelegen 25 I18
Gardessen 36 J16
Garding 4 D10
Garenernieholt 21 H7
Garham 92 T23
Garitz (Kreis
  Anhalt-Zerbst) 38 K20
Garitz (Kreis
  Bad Kissingen) 71 P14
Garlin .15 G19
Garlipp 25 I18
Garlitz (Kreis Havelland) .26 I21
Garlitz
  (Kreis Ludwigslust) . . .15 G17
Garlstedt 12 G10
Garlstorf (Kreis Harburg).14 G14
Garlstorf
  (Kreis Lüneburg) 14 F16
Garmisch-Partenkirchen .99 X17
Garmissen-Garbolzum .36 J14
Garnholterdamm 11 G8
Garnsdorf 63 N22
Garrel .21 H8

Gars am Inn 90 V20
Gars-Bahnhof 90 V20
Garsdorf 82 R19
Garsebach 64 M24
Garsena 49 L19
Garßen 24 I14
Garstadt 72 Q14
Garstedt (Kreis Harburg).14 G14
Garstedt
  (Kreis Segeberg) 13 E13
Gartenberg 99 W18
Gartenstadt 5 D13
Gartow (Kreis Lüchow-
  Dannenberg) 25 G18
Gartow (Kreis
  Ostprignitz-Ruppin) . . .26 H21
Gartower Forst 25 H18
Gartrop-Bühl 31 L4
Gartz 29 G27
Garvensdorf 28 E19
Garwitz 15 F19
Garz (Kreis
  Ostprignitz-Ruppin) . . .26 H21
Garz (Kreis
  Ostvorpommern) 19 E26
Garz (Kreis Prignitz) 26 G20
Garz (Rügen) 9 D24
Garze .14 G16
Garzin 41 I25
Gatersleben 37 K17
Gatow (Berlin) 40 I23
Gatow (Kreis
  Uckermark) 29 G27
Gattendorf 74 P19
Gattenhofen 80 R14
Gatterstädt 50 L18
Gau-Algesheim 69 Q8
Gau-Bickelheim 69 Q8
Gau-Bischofsheim 69 Q8
Gau-Odernheim 69 Q8
Gauangelloch 70 R10
Gauaschach 71 P13
Gaudernbach 57 O8
Gauernitz 64 M24
Gauersheim 69 R8
Gauerstadt 60 P16
Gaugrehweiler 69 Q7
Gaukönigshofen 71 Q14
Gaunitz 51 L23
Gauselfingen 86 V11
Gaushorn 3 D11
Gaußig 65 M26
Gauting 89 V18
Gebelzig 65 M28
Gebenbach 82 R19
Gebersdorf 52 K24
Gebersdorf 90 T20
Gebertshofen 81 R18

Gebesee 48 M16
Gebhardshagen 36 J15
Gebhardshain 57 N7
Gebrazhofen 97 W13
Gebrontshausen 89 U19
Gebsattel 80 R14
Gebstedt 49 N17
Gechingen 85 T10
Geckenheim 72 R14
Geddelsbach 79 S12
Gedelitz 25 G17
Gedenkstätte 23 H13
Gedeonseck 55 P6
Gedern 58 O11
Geesdorf 72 Q15
Geesow 29 G27
Geeste 20 I5
Geeste (Fluß) 12 F10
Geestemünde 12 F9
Geestenseth 12 F10
Geestgottberg 25 H19
Geesthacht 14 F15
Geestmoor 22 I9
Gefäll .59 P13
Gefell (Kreis Sonneberg) 61 P17
Gefell (Saale-Orla-Kreis)..62 O19
Gefrees 74 P19
Gegensee 19 F26
Gehaus 59 N14
Gehlberg 60 N16
Gehlenberg 21 H7
Gehlsdorf 8 D20
Gehlweiler 68 Q6
Gehofen 49 M17
Gehrde 21 I8
Gehrden
  (Kreis Hannover) 35 J12
Gehrden (Kreis Höxter) . .34 L11
Gehrden (Kreis Stade) . .13 E11
Gehren (Ilm-Kreis) 61 O17
Gehren (Kreis Dahme-
  Spreewald) 52 K24
Gehren (Kreis
  Uecker-Randow) 19 F25
Gehrenberg 97 W12
Gehrendorf 25 I17
Gehrenrode 35 K14
Gehringswalde 63 O23
Gehrweiler 69 R7
Geibenstetten 81 T19
Geichlingen 54 O2
Geiersberg 71 Q12
Geiersthal 83 S22
Geierswalde 52 L26
Geigant 83 S22
Geigelstein 100 W21
Geilenkirchen 42 N2
Geilshausen 58 O10
Geilsheim 80 S15
Geinsheim
  (Kreis Groß-Gerau) .69 Q9
Geinsheim (Kreis Neustadt
  a. d. Weinstr.) 77 S8
Geisa .59 N13
Geisberg 73 Q17
Geisecke 44 L6
Geiselbach 70 P11
Geiselberg 76 S7
Geiselbullach 89 V18
Geiselhöring 90 T21
Geiselwind 72 Q15
Geisenhain 61 N19
Geisenhausen
  (Kreis Landshut) 90 U20
Geisenhausen (Kreis
  Pfaffenhofen a. d. Ilm).89 U18
Geisenheim 69 Q7
Geisfeld 73 Q17
Geising 64 N25
Geisingberg 64 N25
Geisingen
  (Kreis Reutlingen) . .87 V12
Geisingen
  (Kreis Tuttlingen) . . .95 W9
Geisleden 48 L14
Geisling 82 T20
Geislingen (Ostalbkreis).80 T15
Geislingen
  (Zollernalbkreis) 85 V10
Geislingen a. d. Steige .87 U13
Geislingen a. Kocher . .79 S13
Geismar (Göttingen) 47 L13
Geismar
  (Kreis Eichsfeld) . . .48 M14
Geismar (Kreis Waldeck-
  Frankenberg) 46 M10
Geismar (Schwalm-
  Eder-Kreis) 46 M11
Geismar
  (Wartburgkreis) 59 N13
Geiß-Nidda 58 O10
Geißhöhe 71 Q11
Geißlingen 72 R14
Geisweid (Siegen) 57 N7
Geitau 100 W19
Geitelde 36 J15
Geithain 51 M22

Gelbach 57 O7
Gelbensande 8 D20
Gelchsheim 71 R14
Geldern 30 L2
Geldersheim 72 P14
Gelenau (Erzgebirge) 63 N22
Gelenau (Lückersdorf-) . .64 M26
Gellen .9 C23
Gellendorf 33 J6
Gellershagen 34 J9
Gellershausen 60 P15
Gellershausen 46 M11
Gellmersdorf 29 H26
Gelmer 33 J8
Gelnhaar 58 O11
Gelnhausen 58 P11
Gelsdorf 56 O5
Gelsenkirchen 31 L5
Geltendorf 89 V17
Gelting 99 W18
Gelting .3 B13
Geltinger Bucht 3 B13
Geltolfing 92 T21
Geltorf .3 C12
Geltow 39 I22
Gembeck 46 L10
Gemeinfeld 60 P15
Gemen 31 K4
Gemmerich 57 P7
Gemmingen 77 S10
Gemmrigheim 78 S11
Gempfing 89 T16
Gemünd 54 O2
Gemünd (Eifel) 42 O3
Gemünden (Rhein-Hunsrück-
  Kreis) 68 Q6
Gemünden
  (Westerwaldkreis) 57 O8
Gemünden (Felda) 58 N11
Gemünden (Wohra) 46 N10
Gemünden a. Main 71 P13
Genderkingen 88 T16
Gendorf 91 V22
Gengenbach 76 U8
Genkel-Stausee 45 M6
Genkingen 86 U11
Gennach 88 V16
Gennach (Fluß) 88 V16
Genschmar 41 I27
Genshagen 39 J23
Gensingen 69 Q7
Gensungen 47 M12
Gentha 39 K22
Genthin 38 I20
Gentingen 54 O2
Genzkow 17 F24
Georgenberg 75 Q21
Georgensgmünd 81 S17
Georgenthal 60 N15
Georgsdorf 20 I5
Georgsfeld 11 F6
Georgsheil 10 F5
Georgsmarienhütte 33 J8
Gera 62 N20
Gera (Bach) 60 N16
Geraberg 60 N16
Gerabronn 79 S13
Gerach 72 P16
Gerach 69 Q7
Gerbershausen 47 L13
Gerbisbach 51 K22
Gerbitz 38 K19
Gerblingerode 48 L14
Gerbrunn 71 Q13
Gerbstedt 49 L18
Gerchsheim 71 Q13
Gerdau 24 H15
Gerdehaus 24 H14
Gerderath 42 M2
Gerdshagen (Kreis
  Bad Doberan) 15 E19
Gerdshagen
  (Kreis Güstrow) 16 E20
Gerdshagen
  (Kreis Prignitz) 26 G20
Gereonsweiler 42 N2
Geretsried 99 W18
Gereuth 72 P16
Gergweis 91 U22
Gerhardsbrunn 67 R6
Gerhardshofen 72 R15
Gerhardtsgereuth 60 O16
Gerhausen 87 U13
Gerichshain 50 L21
Gerichtstetten 71 R12
Gering .55 P5
Geringswalde 51 M22
Gerlachsheim 71 R13
Gerlebogk 50 K19
Gerlfangen 66 R3
Gerlingen 45 N7
Gerlingen 78 T11
Germannsdorf 93 U25
Germaringen 98 W16
Germendorf 27 H23
Germerode 47 M13
Germering 89 V18
Germersheim 77 S9

Germete 46 L11
Germeter 42 N3
Gernach 72 Q14
Gernlinden 89 V17
Gernrode
 (Kreis Eichsfeld) 48 L15
Gernrode (Kreis
 Quedlinburg) 37 K17
Gernsbach 76 T8
Gernsheim 70 Q9
Geroda 59 P13
Gerold 99 X17
Geroldsau 77 T8
Geroldsgrün 61 O18
Geroldshausen 71 Q13
Geroldshausen
 i.d. Hallertau 89 U18
Geroldstein 69 P7
Gerolfing 81 T18
Gerolfingen 80 S15
Gerolsbach 89 U18
Gerolstein 54 P4
Gerolzahn 71 R11
Gerolzhofen 72 Q15
Gersbach
 (Kreis Pirmasens) 76 S6
Gersbach
 (Kreis Waldshut) 94 W7
Gersberg 73 R18
Gersdorf 81 R18
Gersdorf
 (Kreis Bad Doberan) 7 D19
Gersdorf (Kreis
 Chemnitzer Land) 63 N22
Gersdorf (Niederschlesischer
 Oberlausitzkr.) 65 M28
Gersdorf (Krugge-) 29 H25
Gersdorf b. Leisnig 51 M22
Gersdorf-Möhrsdorf 64 M28
Gersfeld 59 O13
Gersheim 67 S5
Gersprenz 70 Q10
Gerstedt 25 H17
Gersten 21 I6
Gerstenberg 62 M21
Gerstengrund 59 N14
Gerstetten 87 U14
Gersthofen 88 U16
Gerstruben 98 X14
Gerstungen 47 N14
Gerswalde 28 G25
Gertenbach 47 L13
Gerthausen 60 O14
Gerthe 31 L5
Gerwisch 38 J19
Gerzen 90 U21
Gerzen 35 K13
Geschendorf 6 E15
Gescher 31 K5
Geschwand 73 Q17
Geschwend 94 W7
Geschwenda 60 N16
Gesees 73 Q18
Geseke 46 L9
Geslau 80 R14
Gesmold 33 J8
Gessertshausen 88 V16
Gestorf 35 J13
Gestratz 97 X13
Gestringen 34 I9
Gestungshausen 61 P17
Getelo 30 I4
Getmold 34 I9
Gettorf 3 C13
Geusa 50 L19
Geusfeld 72 Q15
Geußnitz 62 M20
Geutenreuth 73 P17
Gevelinghausen 46 L9
Gevelsberg 44 M6
Gevelsdorf 42 M3
Gevenich (Kreis
 Cochem-Zell) 55 P5
Gevenich (Kreis Düren) 42 N2
Gevensleben 36 J16
Geversdorf 12 E11
Gewissenruh 47 L12
Gey 42 N3
Geyen 42 N4
Geyer 63 O22
Geyersdorf 63 O23
Gfäll 82 S21
Gichenbach 59 O13
Giebelstadt 71 R13
Giebing 89 U18
Gieboldehausen 48 L14
Giebringhausen 46 L10
Gieckau (Kreis
 Burgenlandkreis) 50 M19
Giekau 6 D15
Gielde 36 J15
Gielow 16 E22
Gielsdorf 40 I25
Giengen a. d. Brenz 88 U14
Gierath 42 M3
Giershagen 46 L10
Gierstädt 48 M16
Giesel 59 O12

Gieselwerder 47 L12
Giesen 35 J13
Giesenhorst 26 H21
Giesenkirchen 42 M3
Giesensdorf 41 J24
Gieseritz 25 H17
Gießelrade 6 D15
Gießen 97 W13
Gießen 58 O10
Gießmannsdorf 52 K25
Gießübel 60 O16
Gievenbeck 33 K6
Gifhorn 24 I15
Gifhorn-Winkel 24 I15
Giflitz 46 M11
Giggenhausen 89 U18
Gilching 89 V17
Gildehaus 32 J5
Gilfershausen 47 N13
Gillenfeld 55 P4
Gillersheim 47 L14
Gillrath 64 N2
Gilmerdingen 23 G13
Gilsbach 57 N8
Gilserberg 46 N11
Gilten 23 H12
Gimborn 44 M6
Gimbsheim 69 Q9
Gimbte 33 J6
Gimmeldingen 69 R8
Gimmlitz 64 N24
Gimritz 50 L19
Gimte 47 L12
Ginderich 30 L3
Gindorf 54 P3
Gingen 87 U13
Gingst 9 C23
Ginsheim 69 Q9
Ginswalder 67 R6
Girbigsdorf 65 M28
Girkhausen 46 M9
Girod 56 O7
Gischow 16 F20
Gisingen 66 S3
Gisseltshausen 90 T20
Gissigheim 71 R12
Gistenbeck 25 H16
Gittelde 36 K14
Gitter 36 J15
Gittersdorf 59 N12
Gladau 38 J20
Gladbach 42 N3
Gladbeck 31 L5
Gladbeck 47 L13
Gladdenstedt 24 I16
Gladenbach 58 N9
Gladigau 25 H18
Glaisin 15 G18
Glambeck 27 H23
Glambeck 29 G25
Glan 69 Q7
Glan-Münchweiler 67 R6
Glanbrücken 67 R6
Glandorf 33 J8
Glane 33 J8
Glasau 6 D15
Glasewitz 16 E20
Glashofen 71 R12
Glashütte 34 K11
Glashütte
 (Kreis Miesbach) 99 X18
Glashütte
 (Kreis Segeberg) 14 E14
Glashütte
 (Kreis Sigmaringen) 96 W11
Glashütte
 Uecker-Randow) 19 F26
Glashütte
 (Weißeritzkreis) 64 N25
Glashütten 73 Q18
Glashütten
 (Hochtaunuskreis) 57 P9
Glashütten
 (Wetteraukreis) 58 O11
Glasin 16 F20
Glasow (Kreis Demmin) .17 E22
Glasow (Kreis
 Teltow-Fläming) 40 I24
Glasow (Kreis
 Uecker-Randow) 29 F26
Glaßdorf 21 H7
Glasstraße 74 Q19
Glasten 51 M22
Glatt 85 U9
Glattbach 70 P11
Glatten 85 U9
Glau 39 J23
Glaubitz 64 M24
Glauburg 58 P11
Glaucha 51 L21
Glauchau 62 N21
Glebitzsch 50 L20
Glees 56 O5
Gleesen 20 I6
Glehn
 (Kreis Euskirchen) 42 O3
Glehn (Kreis Neuss) 42 M3
Gleichamberg 60 O15
Gleichen 47 M11

Gleichen 48 L14
Gleidingen 35 J13
Gleidorf 45 M8
Gleierbrück 45 M8
Gleina
 (Burgenlandkreis) 49 M19
Gleina (Kreis
 Altenburger Land) 62 N21
Gleiritsch 82 R20
Gleisberg 51 M22
Gleismuthhausen 60 P16
Gleißenberg
 (Kreis Cham) 83 S22
Gleißenberg (Kreis Erlangen-
 Höchstadt) 72 Q15
Glems 86 U11
Glentorf 36 J16
Glesch 42 N3
Gleschendorf 6 D15
Glesien 50 L20
Glesse 35 K12
Glessen 42 N4
Gletschergarten 101 W22
Gleuel 42 N4
Gleusdorf 72 P16
Gleußen 72 P16
Glewitz 9 D22
Glienecke 38 J21
Glienick 39 J24
Glienicke 41 J26
Glienicke (Nordbahn) 40 I23
Glienig 52 K24
Glienke 17 F24
Glind 12 E10
Glinde 38 J19
Glinde (Kreis
 Rotenburg) 12 F11
Glinde (Kreis Stormarn) 14 F14
Glindenberg 37 J19
Glindow 39 I22
Glinstedt 12 F11
Glissen (b. Nienburg) 22 I11
Glissen
 (b. Petershagen) 22 I10
Globig-Bleddin 39 K22
Glösingen 45 L8
Glöthe 38 J19
Glött 88 U15
Glöwen 26 H20
Glonn (Kreis Dachau) 89 U18
Glonn
 (Kreis Ebersberg) 100 W19
Glossen 51 M22
Glottertal 84 V7
Glowe 9 C24
Glücksburg 3 B12
Glückstadt 13 E12
Glüsing 5 D11
Gmünd (Kreis Neustadt
 a. d. Waldnaab) 74 Q19
Gmünd (Kreis
 Regensburg) 92 T21
Gmund 99 W19
Gnadau 38 J19
Gnadensee 96 W11
Gnandstein 62 M21
Gnarrenburg 12 F11
Gnaschwitz-Doberschau .65 M27
Gneisenaustadt Schildau .51 L22
Gnemern 7 E19
Gneven 15 F18
Gnevezow 17 E22
Gnevkow 17 E23
Gnevsdorf 16 F20

Gnewikow 27 H22
Gnissau 6 D15
Gnitz 19 D25
Gnötzheim 72 R14
Gnoien 8 E22
Gnotzheim 80 S16
Gnutz 13 D13
Goch 30 K2
Gochsheim (Kreis
 Karlsruhe) 77 S10
Gochsheim (Kreis
 Schweinfurt) 72 P14
Gockenholz 22 I14
Godau 6 D15
Goddelau 70 Q9
Goddelsheim 46 M10
Goddin (Kreis Demmin) ..17 F23
Goddin (Kreis Nordwest-
 mecklenburg) 15 E17
Goddula 50 M20
Godelheim 35 K12
Godenau 35 J13
Godendorf 17 G23
Godensholt 11 G7
Godenstedt 22 G11
Godern 15 F18
Godlsham 91 U22
Göbel 38 J20
Göbrichen 77 T10
Göda 65 M26
Göddeckenrode 36 J15
Gödenroth 55 P6
Gödens 11 F7
Gödenstorf 14 G14
Gödestorf 22 H10
Gödnitz 38 K19
Göffingen 87 V12
Göggelsbuch 81 S17
Göggingen 79 T12
Göggingen (Kreis
 Sigmaringen) 86 V11
Göggingen (Stadtkreis
 Augsburg) 88 U16
Gögglingen 87 U13
Göhl 7 D16
Göhlen 15 G18
Göhlen (Kreis
 Oder-Spree) 41 J27
Göhlis 64 M24
Göhlsdorf 39 I22
Göhrde 24 G16
Göhrde (Forst) 14 G16
Göhren 81 T17
Göhren (Kreis
 Altenburger Land) 62 N21
Göhren (Kreis
 Ludwigslust) 15 G18
Göhren (Kreis Mecklenburg-
 Strelitz) 17 F24
Göhren (Kreis Parchim) ..15 F18
Göhren (Kreis Rügen) 9 C25
Göhren-Döhlen 62 N20
Göhren-Lebbin 16 F21
Göhrendorf 49 L18
Göldenitz (Kreis
 Bad Doberan) 8 D20
Göldenitz (Kreis Herzogtum
 Lauenburg) 14 E15
Gölenkamp 20 I4
Göllheim 69 R8
Göllin 7 E19
Göllingen 49 L17
Göllnitz 52 L25

Gölsdorf (Kreis
 Oder-Spree) 41 I26
Gölsdorf (Kreis
 Teltow-Fläming) 39 K22
Gömnig 39 J22
Gömnitz 6 D16
Gönnebek 13 D14
Gönnern 58 N9
Gönningen 86 U11
Göppingen 87 T12
Görgeshausen 57 O7
Görike 26 H20
Görisried 98 W15
Göritz (Kreis
 Anhalt-Zerbst) 38 K21
Göritz (Kreis
 Uckermark) 29 F25
Göritzhain 63 N22
Görke 17 E24
Görlitz 65 M28
Görlsdorf (Kreis Märkisch-
 Oderland) 41 I26
Görlsdorf (Kreis
 Uckermark) 29 G25
Görmar 48 M15
Görmin 9 E23
Görne 26 H21
Görsbach 49 L16
Görschlitz 50 L21
Görsdorf (b. Beeskow) 41 J26
Görsdorf (b. Storkow) 40 J25
Görsdorf (Kreis
 Teltow-Fläming) 52 K24
Görsroth 57 P8
Görwihl 94 X8
Görzhain 59 N12
Görzig (Kreis Köthen) 50 L19
Görzig (Kreis
 Oder-Spree) 41 J26
Görzig (Kreis
 Riesa-Großenhain) 52 L24
Görzke 38 J21
Göschberg 81 S18
Göschitz 62 O19
Göschweiler 95 W8
Gösmes 61 P18
Gösselborn 61 N17
Gössenheim 71 P13
Gössersdorf 74 P18
Gössitz 61 O18
Gößlow 15 F17
Gößnitz 62 N21
Gößweinstein 73 Q18
Göthen 22 I10
Götschendorf 29 G25
Göttelfingen 85 U9
Göttengrün 62 O19
Göttersdorf 91 U22
Göttin 38 I21
Götting 100 W19
Göttingen 87 U14
Göttingen 47 L13
Göttingen (Kreis Marburg-
 Biedenkopf) 58 N10
Göttingen (Kreis
 Warendorf) 45 L8
Göttlofen 90 U20
Götz 39 I22
Götzberge 39 I22
Götzdorf 82 R20
Götzenhain 70 Q10
Götzerberge 39 I22
Götzing 101 W22

Götzingen 71 R12
Göxe 35 I12
Gohfeld 34 J10
Gohlefanz 24 H16
Gohlis (Kreis
 Riesa-Großenhain) 51 L23
Gohlis (Leipzig) 50 L21
Gohlitz 27 I22
Gohr 44 M4
Gohrau 38 K21
Gohrisch 64 N26
Gokels 5 D12
Golchen 17 E23
Goldach 89 V19
Goldbach
 (Bodenseekreis) 96 W11
Goldbach (Kreis
 Aschaffenburg) 70 Q11
Goldbach (Kreis Gotha) ..48 N15
Goldbach (Kreis
 Schwäbisch-Hall) 80 S14
Goldbeck (Kreis
 Schaumburg) 34 J11
Goldbeck (Kreis Stade) ...13 F12
Goldbeck (Kreis Stendal) .26 H19
Goldberg (Kreis Nordwest-
 mecklenburg) 7 E19
Goldberg (Kreis
 Parchim) 16 F20
Goldberger See 16 F20
Goldebek 3 B11
Goldelund 3 B11
Goldenbaum 17 G23
Goldenbek 6 E15
Goldenbow 15 F19
Goldene Aue 48 L16
Goldensee 14 E16
Goldenstädt 15 F18
Goldenstedt 22 H9
Goldisthal 61 O17
Goldkronach 74 P19
Goldlauter 60 O16
Goldmühl 74 P19
Goldscheuer 84 U7
Golkrath 42 M2
Gollach 72 R14
Gollachostheim 72 R14
Gollendorf 26 H18
Gollenshausen 100 W21
Gollhofen 72 R14
Gollin 29 G24
Gollmitz (Kreis Oberspreewald-
 Lausitz) 52 K25
Gollmitz (Kreis
 Uckermark) 29 G25
Gollmuthhausen 60 O15
Gollwitz
 (b. Brandenburg) 38 I21
Gollwitz (b. Wusterwitz) .38 I20
Gollwitz (Kreis Nordwest-
 mecklenburg) 7 D18
Golm (Kreis Mecklenburg-
 Strelitz) 17 F24
Golm (Kreis Potsdam-
 Mittelmark) 39 I22
Golmbach 35 K12
Golmberg 39 J24
Golmsdorf 62 N19
Golßen 52 K24
Goltoft 3 C13
Goltzscha 64 M24
Golzheim 42 N3

GARMISCH-PARTENKIRCHEN

Achenfeldstr. . . . . Z 2
Alleestr. . . . . Y 3
Am Eisstadion . . . . Y 5
Am Holzhof . . . . Y 6
Am Kurpark . . . . Y 7
Badgasse . . . . Z 9
Bahnhofstr. . . . . YZ 10
Chamonixstr. . . . . Y 11
Enzianstr. . . . . Y 13
Fürstenstr. . . . . Y 16
Hauptstr. . . . . YZ
Hindenburgstr. . . . . Y 18
Kramerstr. . . . . Y 19
Krottenkopfstr. . . . . Z 23
Ludwigstr. . . . . YZ
Marienpl. . . . . Y 26
Münchner Str. . . . . Y 30
Parkstr. . . . . Y 32
Partnachstr. . . . . Y 33
Promenadestr. . . . . Y 35
Rathauspl. . . . . Y 36
Richard-Strauß-Pl. . . . . . . Y 37
St.-Anton-Str. . . . . Y 43
St.-Joseph-Pl. . . . . Z 45
Schnitzschulstr. . . . . Y 39
Sonnenbergstr. . . . . Y 42
Von-Burg-Str. . . . . Y 46
Zugspitzstr. . . . . Z

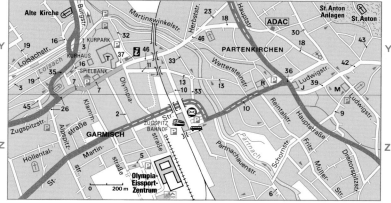

Golzow (Kreis Barnim) 29 H25
Golzow (Kreis Märkisch-
   Oderland) 41 I27
Golzow (Kreis Potsdam-
   Mittelmark) 38 J21
Golzwarden 12 F9
Gomadingen 87 U12
Gomaringen 86 U11
Gommern 38 J19
Gommersheim 77 S8
Gomtla 62 N20
Gompertshausen 60 P15
Gompitz 64 M24
Gondelsheim 77 S9
Gondershausen 55 P6
Gondorf 55 P6
Gonna 49 L17
Gonnesweiler 67 R5
Gontershausen 58 N10
Gonterskirchen 58 O11
Gonzerath 68 Q5
Goosefeld 3 C13
Gorden 52 L24
Gorenzen 49 L18
Gorgast 41 I27
Gorkow 19 F26
Gorlosen 15 G18
Gornau 63 N23
Gornewitz 51 M22
Gornhausen 68 Q5
Gornsdorf 63 N22
Gorschendorf 17 E22
Gorsdorf-Hemsendorf 39 K22
Gorsleben 49 M17
Gorspen 22 I11
Gortz 26 I21
Gorxheimertal 70 R10
Gosbach 87 U13
Gosberg 73 Q17
Gosda 52 K25
Gosda I 53 K27
Goseck 50 M19
Gosen 40 I25
Gosheim (Kreis
   Donau-Ries) 80 T16
Gosheim
   (Kreis Tuttlingen) 85 V10
Goslar 36 K15
Gospenroda 60 N14
Gossa 50 K21
Gossel 60 N16
Gossenberg 72 P16
Gossenzugen 87 V12
Gossersdorf 83 S22
Gossersweiler-Stein 76 S7
Goßfelden 58 N10
Goßmannsdorf 72 P15
Goßmannsdorf
   (Ochsenfurt) 71 Q14
Goßmannsdorf a. Main 72 Q14
Goßmar (Kreis Dahme-
   Spreewald) 52 K25
Goßmar (Kreis
   Elbe-Elster) 52 K25
Gotha (b. Erfurt) 48 N16
Gotha (b. Leipzig) 50 L21
Gothel 22 H9
Gothensee 19 E26
Goting 2 B9
Gottberg 26 H21
Gottenheim 84 V7
Gottesgabe 15 F17
Gotteszell 92 T22
Gottfrieding 90 U21
Gotthun 16 F21
Gottmadingen 95 W10
Gottmannshofen 88 U16
Gottorf 3 C12
Gottow 39 J23
Gottsbüren 47 L12
Gottsdorf 93 U25
Gotzenalm 101 X22
Goxel 31 K5
Goyatz-Guhlen 41 J26
Graach a. d. Mosel 68 Q5
Graal-Müritz 8 D20
Grab 79 S12
Grabau (Kreis Lüchow-
   Dannenberg) 15 G17
Grabau (Kreis Stormarn) .14 E14
Grabe 48 M15
Graben 88 V16
Graben-Neudorf 77 S9
Grabenstätt 100 W21
Grabenstetten 87 U12
Grabko 53 K27
Grabo 51 K22
Grabow (Kreis
   Jerichower Land) 38 J19
Grabow (Kreis
   Ludwigslust) 15 G18
Grabow (Kreis Lüchow-
   Dannenberg) 25 G17
Grabow (Kreis Rügen) 9 D24
Grabow b. Blumenthal 26 H21
Grabow-Below 16 G21
Grabow-Buckow 16 G20

Grabowhöfe 16 F21
Grabstede 11 F7
Graditz 51 L23
Gräben 38 J21
Gräbendorf 40 J25
Gräfelfing 89 V18
Gräfenberg 73 R17
Gräfenbuch 80 R15
Gräfendorf 71 P13
Gräfendorf (Kreis
   Elbe-Elster) 51 L23
Gräfendorf (Kreis
   Teltow-Fläming) 39 K23
Gräfendorf (Kreis
   Torgau-Oschatz) 51 L22
Gräfenhain
   (Kreis Gotha) 60 N16
Gräfenhain
   (Westlausitzkreis) 64 M25
Gräfenhainichen 50 K21
Gräfenhausen
   (Enzkreis) 77 T9
Gräfenhausen (Kreis
   Darmstadt-Dieburg) 70 Q9
Gräfenneuses 72 Q15
Gräfenroda 60 N16
Gräfenstein 80 S16
Gräfensteinberg 80 S16
Gräfenthal 61 O17
Gräfentonna 48 M16
Gräfenwarth 61 O19
Gräfinau-Angstedt 61 N17
Gräfrath 44 M5
Gräningen 26 I21
Gräpel 13 F11
Graes 32 J4
Grävenwiesbach 58 O9
Grafel 13 F11
Grafeld 21 I7
Grafenaschau 99 X17
Grafenau (Kreis
   Böblingen) 85 T10
Grafenau (Kreis Freyung-
   Grafenau) 93 T24
Grafenberg 81 S17
Grafengehaig 74 P18
Grafenhausen 94 W8
Grafenhausen (Kappel-) ..84 V7
Grafenkirchen 83 S21
Grafenreuth 75 Q20
Grafenrheinfeld 72 P14
Grafentraubach 90 T20
Grafenwald 31 L4
Grafenwiesen 83 S22
Grafenwöhr 74 Q19
Grafhorst 25 I16
Grafing 100 V19
Grafling 92 T22
Grafrath 89 V17
Grafschaft
   (Hochsauerlandkreis) ..45 M8
Grafschaft (Kreis
   Ahrweiler) 56 O5
Grafschaft (Kreis
   Friesland) 11 F7
Grafwegen 30 K1
Grainau 99 X17
Grainbach 100 W20
Grainet 93 T24
Graitschen 62 N19
Grambek 14 F16
Grambin 19 E26
Grambow (Kreis Nordwest-
   mecklenburg) 15 F17
Grambow
   (Kreis Parchim) 16 F20
Grambow (Kreis
   Uecker-Randow) 29 F27
Gramkow 7 E17
Grammdorf 6 D16
Grammendorf 17 D22
Grammentin 17 E22
Grammow 8 D21
Gramschatz 71 Q13
Gramschatzer Wald 71 Q13
Gramtitz 9 C23
Gramzow (Kreis
   Ostvorpommern) 17 E24
Gramzow (Kreis
   Uckermark) 29 G26
Grande 14 F15
Grandenborn 47 M14
Granestausee 36 K15
Granheim 87 V12
Granitz 24 C24
Grano 53 K27
Granschütz 50 M20
Gransebieth 17 D22
Gransee 28 G23
Granstedt 13 F11
Granterath 42 M2
Granzin (Kreis Mecklenburg-
   Strelitz) 17 F22
Granzin (Kreis Parchim) .16 F19
Granzin b. Boizenburg ...14 F16
Granzow 26 H20
Grapzow 17 E23
Grasberg 12 G10

Grasbrunn 89 V19
Grasdorf (Kreis Grafschaft
   Bentheim) 20 I4
Grasdorf (Kreis
   Hannover) 35 J13
Grasdorf (Kreis Verden) .22 G11
Grasellenbach 70 R10
Grasleben 37 J17
Grassau 100 W21
Grassau (Kreis
   Elbe-Elster) 39 K23
Grassau (Kreis Stendal) .25 H19
Grassel 36 I15
Graßlfing 90 T20
Graste 35 K13
Graswang 99 X17
Grattersdorf 92 T23
Grattstadt 60 O16
Grauel 5 D17
Grauen (Kreis Harburg) .13 F13
Grauen (Kreis Soltau-
   Fallingbostel) 23 G13
Grauenhagen 17 F24
Grauhof (Goslar) 36 K15
Graulingen 24 H15
Graupa 64 M25
Graustein 53 L27
Grauwallkanal 12 F9
Grave 35 K12
Gravenhorst 24 I15
Grebbin 16 F19
Grebenau 59 N12
Grebendorf 47 M14
Grebenhagen 59 N12
Grebenhain 59 O12
Grebenstein 47 L12
Grebin 6 D15
Grebs (Kreis
   Ludwigslust) 15 G17
Grebs (Kreis Potsdam-
   Mittelmark) 38 J21
Grebshorn 24 I15
Greding 81 S18
Greene 35 K13
Greetsiel 10 F5
Greffen 25 K8
Greffern 76 T7
Grefrath (Kreis Neuss) ..30 L3
Grefrath (Kreis Viersen) .42 M3
Greifenberg 89 V17
Greifendorf 17 M23
Greifenhagen 49 L18
Greifenhain (Kreis
   Leipziger Land) 50 M21
Greifenhain (Kreis
   Spree-Neiße) 52 L26
Greifenstein 57 O8
Greifenstein
   (Bad Blankenburg) 61 N17
Greiffenberg 29 G25
Greifswald 9 D24
Greifswalder Bodden 9 D24
Greifswalder Oie 19 D25
Greiling 99 W18
Greilsberg 90 T20
Greimerath (Kreis
   Bernkastel-Wittlich) ..55 P4
Greimerath (Kreis
   Trier-Saarburg) 66 R4
Grein 77 R10
Greiselbach 80 S15
Greising 92 T23
Greiz 62 O20
Gremersdorf (Kreis
   Nordvorpommern) 9 D22
Gremersdorf (Kreis
   Ostholstein) 6 C16
Gremheim 88 U15
Gremmelsbach 84 V8
Gremmendorf 33 K7
Gremsdorf 72 Q16
Gremsmühlen 6 D15
Grenderich 55 P5
Grenz 29 F26
Grenzach-Wyhlen 94 X7
Greppin 50 L20
Gresaubach 66 R4
Gresenhorst 8 D21
Gresgen 94 W7
Gresse 14 F16
Gressenich 42 N2
Gressow 7 E17
Greßthal 71 P14
Grethem 23 H12
Grethen 51 M21
Gretlsmühle 90 U20
Grettstadt 72 Q14
Greußen 49 M16
Greußenheim 71 Q13
Greuth 72 Q15
Greven (Kreis
   Ludwiglust) 14 F16
Greven (Kreis Parchim) .16 F19
Grevenbroich 43 M3
Grevenbrück 45 M8
Grevenhagen 34 K10
Grevenkrug 5 D14
Grevenstein 45 M8

Grevesmühlen 7 E17
Gribbohm 12 D12
Gribow 17 E24
Grieben (Kreis Nordwest-
   mecklenburg) 15 E17
Grieben (Kreis
   Oberhavel) 27 H23
Grieben (Kreis Rügen) ...9 C23
Grieben (Kreis Stendal) .38 I19
Griebenow 9 D23
Griebo 38 K21
Griedelbach 58 O9
Griefstedt 49 M17
Griesbach 84 U8
Griesbach (Kreis Dingolfing-
   Landau) 91 U21
Griesbach (Kreis
   Tirschenreuth) 75 Q21
Griesbeckerzell 89 U17
Griese Gegend 8 G17
Griesen 98 X16
Griesheim (Frankfurt) ...70 P9
Griesheim (Kreis
   Darmstadt-Dieburg) 70 Q9
Griesingen 87 V13
Grießem 35 J11
Grießen 53 K27
Griesstätt 100 W20
Grieth 30 K2
Griethausen 30 K2
Grietherort 30 K2
Grillenberg 49 L17
Grillenburg 64 N24
Grimburg 66 R4
Grimersum 10 F5
Grimma 51 M22
Grimme (Kreis
   Anhalt-Zerbst) 38 J20
Grimme (Kreis
   Uckermark) 29 F26
Grimmelfingen 87 U13
Grimmelshausen 60 O15
Grimmelshofen 95 W9
Grimmen 9 D23
Grimnitzsee 29 H25
Grinau 14 E15
Grindau 23 I12
Grinderwald 23 I12
Grippel 25 G17
Grischow
   (b. Altentreptow) 17 E24
Grischow
   (b. Stavenhagen) 17 E23
Grißheim 94 W6
Gristede 11 G8
Gristow 9 D23
Grobau 62 O19
Grobleben 26 I19
Grochewitz 38 K21
Grockstädt 49 M18
Groden 12 E10
Gröben (Kreis
   Teltow-Fläming) 39 J23
Gröben (Kreis
   Weißenfels) 50 M20
Gröbenzell 89 V18
Gröbern (Kreis
   Bitterfeld) 50 K21
Gröbern (Kreis
   Meißen-Dresden) 64 M24
Gröbers 50 L20
Gröblingen 35 K7
Gröbzig 50 K19
Gröde-Appelland (Insel) ...2 C10
Gröden 52 L24
Gröditsch 41 J26
Gröditz (Kreis Bautzen) .65 M27
Gröditz (Kreis
   Riesa-Großenhain) 52 L24
Grömbach 85 U9
Grömitz 7 D16
Gröna 37 K19
Grönebach 46 M9
Grönheim 21 H7
Gröningen 79 S14
Gröningen 37 K17
Grönloh 21 I8
Grönwohld 14 F15
Gröpelingen (Bremen) 12 G10
Gröst 49 M19
Grötsch 53 K27
Grötschenreuth 75 Q20
Grötzingen
   (Alb-Donau-Kreis) 87 U12
Grötzingen
   (Kreis Esslingen) 86 U11
Grötzingen
   (Kreis Karlsruhe) 77 S9
Grohnde 35 J12
Groitzsch 50 M20
Grombach 77 S10
Gronau (Kreis
   Bergstraße) 70 Q10
Gronau (Kreis
   Ludwigsburg) 79 S12
Gronau (Leine) 35 J13
Gronau (Westfalen) 32 J5
Grone 47 L13

Groothusen 10 F5
Groschlattengrün 75 Q20
Groschwitz 61 N17
Groß Ammensleben 37 J18
Groß Aspe 13 F12
Groß Bademeusel 53 K28
Groß Bäbelin 16 F21
Groß Barnitz 28 E15
Groß Behnitz 27 I22
Groß Bengerstorf 14 F16
Groß Berkel 35 J11
Groß Berßen 21 H6
Groß Beuchow 52 K25
Groß-Bieberau 70 Q10
Groß Biewende 36 J15
Groß Bisdorf 9 D23
Groß Boden 14 E15
Groß Börnecke 37 K18
Groß Bramstedt 22 H10
Groß Breese 25 H17
Groß-Briesen (Kreis
   Oder-Spree) 41 J27
Groß Briesen (Kreis Potsdam-
   Mittelmark) 38 J21
Groß Brunsrode 24 I16
Groß Buchholz 15 G19
Groß Buchwald 6 D14
Groß Bülten 36 J14
Groß Comburg 79 S13
Groß Döbbern 53 L26
Groß Döhren 36 K15
Groß Dölln 29 H24
Groß Dratow 17 F22
Groß Drewitz 41 J27
Groß Düben 53 L27
Groß Düngen 35 J14
Groß-Eichen 58 O11
Groß Eilstorf 23 H12
Groß-Ellershausen
   (Göttingen) 47 L13
Groß Ernsthof 17 D25
Groß-Felda 58 O11
Groß Flotow 17 F22
Groß Förste 35 J13
Groß-Fredenbeck 13 F12
Groß Fredenwalde 29 G25
Groß Fullen 20 H5
Groß Garz 25 H18
Groß Gastrose 53 K27
Groß-Gerau 70 Q9
Groß Germersleben 37 J18
Groß Gievitz 17 F22
Groß Gladebrügge 14 E14
Groß Gleichberg 60 O15
Groß Gleidingen 36 J15
Groß Glienicke 40 I23
Groß Godems 15 F19
Groß Görnow 16 E19
Groß Gottschow 15 G19
Groß Grönau 14 E16
Groß Haßlow 26 G21
Groß Hehlen 24 I14
Groß Heide 15 G17
Groß Heins 23 H12
Groß Hesebeck 24 G15
Groß Hesepe 20 I5
Groß Holum 11 E7
Groß Hundstod 101 X22
Groß Ilde 35 J14
Groß Ilsede 36 J14
Groß Ippener 22 H9
Groß Ippensen 13 F12
Groß Jamno 53 K27
Groß Jehser 52 K25
Groß Karben 58 P10
Groß Kelle 16 F21
Groß Kiesow 9 D24
Groß Köhren 9 H9
Groß Kölzig 53 L27
Groß Köris 28 J24
Groß Kordshagen 9 C22
Groß Krams 15 F17
Groß Krankow 16 E19
Groß Krauscha 65 M28
Groß Kreutz 39 I22
Groß Kubitz 9 C23
Groß Kummerfeld 6 D14
Groß Laasch 15 F18
Groß Labenz 16 E19
Groß Lafferde 36 J14
Groß Leine 51 K26
Groß Lengden 47 L14
Groß Leppin 26 H20
Groß Lessen 22 I10
Groß Liedern 24 H15
Groß Linde 15 G19
Groß-Lindow 41 J27
Groß Lobke 35 J14
Groß Luckow 19 F25
Groß Lüsewitz 8 D21
Groß Luja 53 L27
Groß Lukow 17 F23
Groß Mackenstedt 12 G10
Groß-Markow 16 E22
Groß Marzehns 38 K21
Groß Meckelsen 13 G12

Groß Mehßow 52 K25
Groß Methling 17 E22
Groß Midlum 10 F5
Groß Miltzow 17 F24
Groß Mimmelage 21 I7
Groß Mohrdorf 9 C22
Groß Molzahn 15 F16
Groß Muckrow 41 J27
Groß Mühlingen 37 K19
Groß Munzel 35 I12
Groß-Naundorf 51 K22
Groß Nemerow 17 F23
Groß Neuendorf 41 H27
Groß Nieköhr 8 E21
Groß Niendorf
   (Kreis Parchim) 16 F19
Groß Niendorf
   (Kreis Segeberg) 14 E14
Groß Oesingen 24 I15
Groß Offenseth-Aspern ...13 E13
Groß Oßnig 53 K27
Groß Pankow
   (Kreis Parchim) 16 F19
Groß Pankow
   (Kreis Prignitz) 26 G20
Groß Petershagen 9 D23
Groß Pinnow 29 G26
Groß Plasten 17 F22
Groß Polzin 17 E24
Groß Potrems 8 E20
Groß Quassow 17 G23
Groß Quenstedt 37 K17
Groß Raden 16 E19
Groß-Radisch 65 M28
Groß Reken 31 K5
Groß Rheide 3 C12
Groß Ridsenow 16 E21
Groß Rietz 41 J26
Groß Ringmar 22 H10
Groß Rodenslebeen 37 J18
Groß Rönnau 6 E14
Groß Roge 16 E21
Groß-Rohrheim 70 Q9
Groß Rosenburg 38 K19
Groß Rünz 16 E16
Groß Särchen 53 L26
Groß Salitz 15 E16
Groß Santersleben 37 J18
Groß Sarau 14 E16
Groß Schacksdorf 53 K27
Groß Schauen 41 J24
Groß Schenkenberg 14 E15
Groß Schierstedt 37 K18
Groß Schmölen 15 G17
Groß Schneen 47 L13
Groß Schönebeck 27 H24
Groß Schönfeld 17 F23
Groß Schoritz 9 D24
Groß Schulzendorf 39 J24
Groß Schwansee 15 E17
Groß Schwarzlosen 25 I19
Groß Schwechten 25 H19
Groß Schwiesow 16 E20
Groß Stavern 21 H6
Groß Sisbeck 36 J16
Groß Sternberg 13 F12
Groß Stieten 15 E18
Groß Strömkendorf 15 E18
Groß Süstedt 24 H15
Groß Teetzleben 17 F23
Groß Tessin 16 E20
Groß Teufelshorn 101 X23
Groß Thondorf 14 G16
Groß Thurow 16 F16
Groß Twülpstedt 36 I16
Groß-Umstadt 70 Q10
Groß Upahl 9 H9
Groß Vahlberg 36 J16
Groß Varlingen 17 F22
Groß Viegeln 16 E20
Groß Varlingen 23 I11
Groß Vielen 17 F23
Groß Vollstedt 3 D13
Groß Walmstorf 7 E17
Groß Warnow 15 G18
Groß Wasserburg 40 J25
Groß Welle 26 G20
Groß Welzin 15 F17
Groß Werzin 26 G20
Groß Wittensee 3 C13
Groß Woltersdorf 16 E21
Groß Wokern 16 E21
Groß Woltersdorf 26 G20
Groß Wüstenfelde 16 E21
Groß Zicker 19 D25
Groß Ziescht 52 K24
Groß Ziethen
   (Kreis Barnim) 29 H25
Groß-Ziethen (Kreis
   Oberhavel) 27 H23
Groß-Zimmern 70 Q10
Großaitingen 88 V16
Großfalterbach 81 S16
Großalmerode 47 M13
Großalsleben 37 K17
Großaltdorf 79 S13
Großaspach 79 S12

Großauheim 70 P10
Großbadegast 50 K20
Großbardau 51 M22
Großbardorf 60 P15
Großbartloff 48 M14
Großbeeren 40 I23
Großberndten 48 L16
Großbettlingen 86 U11
Großbeuthen 39 J23
Großbirkach 72 Q15
Großbissendorf 82 S19
Großbockedra 61 N19
Großbodungen 48 L15
Großböhla 51 L23
Großbothen 51 M22
Großbottwar 78 T11
Großbreitenbach 61 O17
Großbrüchter 48 L16
Großbuch 50 M21
Großbundenbach 76 S6
Großburlo 31 K4
Großburschla 48 M14
Großdehsa 65 M27
Großdeinbach 79 T13
Großderschau 26 H21
Großdingharting 99 W18
Großdittmannsdorf 64 M25
Großdobritz 64 M24
Großdornberg 34 J9
Großdrebnitz 65 M27
Großdubrau 65 M27
Große Aue 22 I9
Große Blöße 35 K12
Große Enz 77 T9
Große Kirr 8 C22
Große Laaber 82 T20
Große Lauter 87 V12
Große Ohe 93 T23
Große Röder 64 M25
Große Striegis 63 N23
Große Vils 90 U20
Großebersdorf 61 N19
Großefehn 11 F6
Großeibstadt 60 P15
Großeicholzheim 78 R11
Grosselfingen 85 V10
Großen-Buseck 58 O10
Großen-Linden 58 O9
Großenaspe 5 E13
Großenbach 59 N13
Großenbaum 31 L4
Großenbreden 35 K11
Großenbrode 7 C17
Großenbroderfähre 7 C17
Großeneder 46 L11
Großenehrich 48 M16
Großenenglis 47 M11
Großenging 21 H7
Großengottern 48 M15
Großengstingen 86 U11
Großenhain 12 F10
Großenhain 64 M24
Großenhausen 70 P11
Großenheidorn 23 I12
Großenhül 61 Q18
Großenkneten 21 H8
Großenlüder 59 O12
Großenlupnitz 48 N15
Großenmarpe 34 K11
Großenmeer 12 G8
Großenmoor 59 N12
Großenrade 5 D11
Großenried 80 S15
Großenritte 47 M12
Großenrode 35 K13
Großenschwand 82 R20
Großensee 14 F15
Großensee 47 N13
Großensees 75 Q20
Großenstein 62 N20
Großensterz 75 Q20
Großentaft 59 N13
Großenwede 13 G13
Großenwieden 34 J11
Großenwiehe 3 B11
Großenwörden 13 E11
Großer Arber 83 S23
Großer Auerberg 49 L17
Großer Beerberg 60 O16
Großer Binnensee 6 D15
Großer Daumen 98 X15
Großer Dreesch 15 F18
Großer Eutiner See 6 D15
Großer Eyberg 76 S7
Großer Falkenstein 83 S23
Großer Fallstein 36 K14
Großer Farmdenkopf 61 O17
Großer Feldberg 58 P9
Großer Graben 36 J16
Großer Hundskopf 84 U8
Großer Inselsberg 60 N15
Großer Jasmunder Bodden 9 C24
Großer Kalmberg 61 N17
Großer Knechtsand 4 E9
Großer Knollen 36 K15
Großer Kornberg 74 P20
Großer Labussee 28 G22

Großer Landgraben 17 E24
Großer Müggelsee 40 I24
Großer Osser 83 S23
Großer Plöner See 6 D15
Großer Rachel 93 T23
Großer Rammelsberg 62 O21
Großer Regen 83 S23
Großer Riedelstein 83 S22
Großer Sand 20 I5
Großer See 17 F24
Großer Segeberger See 14 E14
Großer Selchower See 40 J25
Großer Steinberg 35 K13
Großer Sternberger See 15 E19
Großer Treppelsee 41 J27
Großer Waldstein 74 P19
Großer Wariner See 15 E19
Großer Werder 9 C22
Großerkmannsdorf 64 M25
Großerlach 79 S12
Großes Bruch 36 J16
Großes Meer 10 F5
Großes Moor (Kreis Diepholz) 22 H9
Großes Moor (Kreis Gifhorn) 24 I15
Großes Moor (Kreis Hannover Land) 23 I13
Großes Moor (Kreis Nienburg Weser) 22 I10
Großes Moor (Kreis Vechta) 21 I8
Großes Schulerloch 82 T19
Großfahner 48 M16
Großfischlingen 76 S8
Großfurra 48 L16
Großgarnstadt 61 P17
Großgeschaidt 73 R17
Großgeschwenda 61 O18
Großglattbach 77 T10
Großgörschen 50 M20
Großgoltern 23 I12
Großgrabe 52 L26
Großgräfendorf 50 L19
Großgrimma 50 M20
Großgründlach 73 R17
Großgundertshausen 90 U19
Großhabersdorf 80 R16
Großhansdorf 14 F14
Großharbach 72 R14
Großharrie 4 D14
Großharthau 64 M26
Großhartmannsdorf 63 N23
Großhartpenning 99 W19
Großheide 11 F6
Großheirath 73 P16
Großhelfendorf 100 W19
Großhennersdorf 65 N28
Großheringen 49 M19
Großhesselohe 89 V18
Großheubach 70 Q11
Großhöbing 81 S17
Großholzhausen 100 W20
Großholzleute 97 W14
Großinzemoos 89 V18
Großjörl 3 C11
Großkarolinenfeld 100 W20
Großkayna 50 M19
Großkitzighofen 88 V16
Großklenau 75 Q21
Großkmehlen 52 L25
Großkochberg 61 N18
Großköllnbach 92 T21
Großkönigsförde 5 C13
Großkötz 88 U14
Großkonreuth 75 Q21
Großkorbetha 50 M20
Großkorga 39 K23
Großkoschen 52 L26
Großkrotzenburg 70 P10
Großkuchen 88 T14
Großkühnau 38 K20
Großkugel 50 L20
Großkundorf 62 N20
Großlabenzer See 15 E19
Großlangenfeld 54 P2
Großlangheim 72 Q14
Großlehna 50 M20
Großleinungen 49 L17
Großliebringen 61 N17
Großlittgen 54 P4
Großlöbichau 61 N19
Großlohra 48 L15
Großmachnow 39 J24
Großmehring 81 T18
Großmölsen 49 M17
Großmonra 49 M17
Großmoor 23 I14
Großmutz 27 H23
Großnaundorf 64 M25
Großneuhausen 49 M17
Großniedesheim 69 X14
Großnöbach 89 U18
Großnottersdorf 81 S17
Großobringen 49 M18
Großörner 49 L18
Großolbersdorf 63 N23
Großostheim 70 Q11
Großpaschleben 50 K19

Großpörthen 62 N20
Großpösna 50 M21
Großpostwitz 65 M27
Großräschen 52 L26
Großreken 31 K5
Großrettbach 60 N16
Großrinderfeld 71 Q13
Großringe 20 I4
Großröhrsdorf 64 M26
Großrössen 51 L23
Großropperhausen 59 N12
Großrosseln 66 S4
Großrudestedt 49 M17
Großrückerswalde 63 O23
Großsachsen 70 R10
Großsander 11 G7
Großschafhausen 87 V13
Großschirma 63 N23
Großschlamin 3 D16
Großschönau 65 N27
Großschönbrunn 82 R19
Großschwabhausen 49 N18
Großschwarzenlohe 81 R17
Großschweidnitz 65 M27
Großsedlitz 64 N25
Großseelheim 58 N10
Großsolt 3 B12
Großsorheim 80 T15
Großstadelhofen 96 W11
Großsteinberg 50 M21
Großsteinhausen 76 S6
Großstöbnitz 62 N21
Großthannensteig 93 T24
Großthiemig 52 L25
Großtöpfer 48 M14
Großtreben-Zwethau 51 L22
Großvargula 48 M16
Großvoigtsberg 63 N23
Großwaabs 3 C13
Großwalbur 60 P16
Großwallstadt 70 Q11
Großwaltersdorf 63 N23
Großwechsungen 48 L16
Großweil 99 W17
Großweismannsdorf 80 R16
Großweitzschen 51 M23
Großwelsbach 48 M15
Großwelzheim 70 P11
Großwendern 74 P20
Großwenkheim 60 P14
Großwerther 48 L16
Großwig 51 L22
Großwitzeetze 25 H17
Großwoltersdorf 28 G23
Großwudicke 26 I20
Großwulkow 38 I20
Großzecher 14 F16
Großzerlang 28 G22
Großziethen (Berlin) 41 I24
Großzöberitz 50 L20
Großzöbern 62 O20
Großzössen 50 M21
Großzschepa 51 L22
Grove (Kreis Herzogtum Lauenburg) 14 F15
Grub (Kreis Hildburghausen) 60 O15
Grub (Kreis Neustadt a. d. Walnaab) 74 Q19
Grub a. Forst 61 P17
Grube (Kreis Ostholstein) 7 D17
Grube (Kreis Prignitz) 26 G20
Grubo 38 J21
Grubschütz 65 M27
Gruel 14 D21
Grümpen 61 O17
Grün 83 S22
Grüna (Kreis Chemnitzer Land) 63 N22
Grüna (Kreis Teltow-Fläming) 39 J23
Grünau (Berlin) 40 I24
Grünau (Stadtkreis Leipzig) 50 M20
Grünbach (Göltzschtalkreis) 62 O21
Grünbach (Kreis Erding) 90 V20
Grünbach (Kreis Mühldorf a. Inn) 90 V21
Grünberg (Altenburger Land) 62 N21
Grünberg (Kreis Uckermark) 29 F26
Gründau 58 P11
Grundeich 11 F6
Gründelhardt 79 S13
Grüneberg 27 H23
Grüneck 89 V19
Grünefeld 27 H22
Grünewald 52 L26
Grünewalde 52 L25
Grüngräbchen 52 L25
Grünhagen 14 G15

Grünhain 63 O22
Grünhainichen 63 N23
Grünheide 40 I25
Grünhof (Kreis Herzogtum Lauenburg) 14 F15
Grünhof (Kreis Uecker-Randow) 19 F26
Grünholz (Kreis Rendsburg-Eckernförde) 3 C13
Grünholz (Kreis Schleswig-Flensburg) 3 B13
Grüningen 85 W9
Grünkraut 97 W12
Grünmettstetten 85 U9
Grünow (b. Passow) 29 G26
Grünow (b. Prenzlau) 29 G25
Grünow (Kreis Mecklenburg-Strelitz) 17 F23
Grünsfeld 71 R13
Grünsfeldhausen 71 R13
Grünstadt 69 R8
Grüntal 29 H25
Grüntegernbach 90 V20
Grünten 98 X14
Grüntensee 98 X15
Grünthal 90 V21
Grünwald 89 V18
Grünz 29 G26
Grüsselbach 59 N13
Grüssow 16 F21
Grütz 26 I20
Gruhno 52 L24
Gruibingen 87 U12
Gruiten 44 M5
Grumbach (Kreis Annaberg) 63 O23
Grumbach (Saale-Orla-Kreis) 61 O18
Grumbach (Weißeritzkreis) 64 M24
Gruna 50 L21
Grunbach 77 T10
Grund 91 U23
Grundfeld 73 P17
Grundhof 3 B12
Grundoldendorf 13 F12
Grundsteinheim 34 L10
Grunewald 28 G24
Grunewald 30 K2
Grunow (Kreis Märkisch-Oderland) 41 I26
Grunow (Kreis Oder-Spree) 41 J27
Gruol 85 U10
Grupenhagen 35 J11
Gruselndorf 24 I16
Gschaid 91 U23
Gschwend 79 T13
Gstadt 100 W21
Guben 53 K28
Guckheim 57 O7
Gudelacksee 27 H22
Gudendorf 4 D11
Gudenhagen 46 L9
Gudensberg 47 M12
Guderhandviertel 13 F12
Gudersleben 48 L16
Gudow 14 F16
Güby 3 C13
Güglingen 78 S11
Gühlen-Glienicke 28 G22
Gühlen 27 H22
Gülden 24 G16
Güldengossa 50 M21
Gülitz 15 G19
Gülpe 26 H20
Gülper See 26 H20
Güls 57 O6
Gültlingen 85 U10
Gültstein 85 U10
Gültz 17 E23
Gülze 14 F16
Gülzow (Kreis Demmin) 17 E22
Gülzow (Kreis Güstrow) 16 E20
Gülzow (Kreis Herzogtum Lauenburg) 14 F15
Günne 46 L8
Günserode 48 M17
Günstedt 49 M17
Günsterode 47 M12
Günterberg 29 G25
Günterode 48 L14
Güntersberge 49 L16
Güntersen 47 L13
Günterstal 84 W7
Günthers 59 O13
Günthersbühl 73 R17
Günthersdorf 50 L20
Günthersleben 60 N16

Günz 9 C22
Günz 98 W15
Günzach 98 W15
Günzburg 88 U14
Günzenhausen 89 V18
Günzerode 48 L15
Günzgen 95 X9
Günzkofen 90 U20
Gürth 75 P20
Gürzenich 42 N3
Güsen 38 I19
Güssefeld 25 H18
Güsten 37 K18
Güster 14 F16
Güstow 29 G25
Güstritz 25 H17
Güstrow 16 E20
Gütenbach 84 V8
Güterbahnhof (Freiburg im Breisgau) 84 V7
Güterberg 19 F25
Güterfelde 40 I23
Güterglück 38 K19
Gütersloh 34 K9
Güttersbach 70 R10
Güttingen 95 W10
Gützkow 17 E24
Guhlsdorf 26 G20
Guhrow 52 K26
Guldental 69 Q7
Gulow 15 G19
Gummersbach 45 M6
Gummlin 19 E26
Gumpelstadt 60 N14
Gumperda 61 N18
Gumpersdorf 91 V22
Gumtow 26 H20
Gundelfingen (Kreis Breisgau-Hochschwarzwald) 84 V7
Gundelfingen (Kreis Reutlingen) 87 V12
Gundelfingen a.d. Donau 88 U15
Gundelsby 3 B13
Gundelsdorf 61 O17
Gundelshausen 82 T19
Gundelsheim (Kreis Bamberg) 72 Q16
Gundelsheim (Kreis Heilbronn) 78 S11
Gundelsheim (Kreis Weißenburg-Gunzenhausen) 80 T16
Gunderath 55 P4
Gundernhausen 70 Q10
Gundersheim 69 Q8
Gundersleben 48 M16
Gundheim 69 Q8
Gundhelm 59 O12
Gundhöring 92 T21
Gundlitz 74 P18
Gundremmingen 88 U15
Gungolding 81 T18
Gunningen 85 V10
Gunsleben 37 J17
Guntersblum 69 Q8
Gunzen 62 O20
Gunzenau 59 O12
Gunzendorf (Kreis Amberg-Sulzbach) 73 Q18
Gunzendorf (Kreis Ansbach) 80 R14
Gunzendorf (Kreis Bamberg) 73 Q17
Gunzenhausen 80 S16
Gunzenheim 80 T16
Gunzesried 98 X14
Gurtweil 94 X8
Gusborn 25 G17
Gusenburg 67 R4
Gusow 41 I27
Gussenstadt 87 U13
Gussow 41 J25
Gustavsburg 69 Q8
Gustorf 42 M3
Gustow 9 D23
Gutach (Schwarzwaldbahn) 84 V8
Gutach i. Breisgau 84 V7
Guteborn 52 L25
Gutenberg 87 U12
Gutendorf 61 N17
Guteneck 82 R20
Gutenfürst 62 O19
Gutenstetten 72 R15
Gutenswegen 37 J18
Gutenthal 68 Q5
Gutenzell 87 V13
Gutenzell-Hürbel 87 V13
Guthmannshausen 49 M18
Gutmadingen 95 W9
Gutow 16 E20
Guttau 65 M27
Guttenberg (Burg) 78 S11
Guttenberg (Kreis Kulmbach) 74 P18
Guttenburg 90 V21
Guttenthau 74 Q19

Guxhagen 47 M12
Gyhum 13 G11
Gymnich 42 N4

H

Haag (Kreis Bayreuth) 73 Q18
Haag (Kreis Bernkastel-Wittlich) 68 Q5
Haag (Kreis Kitzingen) 72 Q15
Haag (Kreis Schwandorf) 82 R21
Haag (Rhein-Neckar-Kreis) 77 R10
Haag a. d. Amper 90 U19
Haag i. Oberbayern 90 V20
Haale 5 D12
Haan 44 M5
Haar 89 V19
Haar (Kreis Emsland) 21 H6
Haar (Kreis Lüneburg) 14 G16
Haarbach 91 U23
Haarbrück 47 L12
Haarbrücken 61 P17
Haard 60 P14
Haard (Die) 31 K5
Haardt 76 S7
Haardtkopf 68 Q5
Haaren 46 L10
Haasow 53 K27
Haßel 13 F11
Habach 99 W17
Habelrath 42 N4
Haberloh 23 G11
Habel (Insel) 2 C10
Haberskirchen 91 U21
Habichtsthal 71 P12
Habichtswald 46 M11
Habichtswald-Ehlen 47 M11
Habighorst 24 H14
Habinghorst 31 L5
Habischried 92 T23
Habitzheim 70 Q10
Habkirchen 67 S5
Habsberg 94 W8
Habscheid 54 P2
Habsthal 86 W11
Haby 3 C13
Hachborn 58 N10
Hachenburg 57 O7
Hache 22 H10
Hachelbich 49 L16
Hachen 45 L7
Hachmühlen 35 J12
Hachtel 79 R13
Hackenbroich 44 M4
Hackenheim 69 Q7
Hackenstedt 36 J14
Hackpfüffel 49 L17
Hadamar 57 O8
Haddorf 32 J5
Hadeln 12 E10
Hadelner Kanal 12 E10
Hademstorf 23 H12
Hadenfeld 5 D12
Hadersbach 90 T21
Hadmersleben 37 K17
Häder 88 U15
Häfnerhaslach 77 S10
Häg 94 W7
Hägelberg 94 X7
Hagen (Kreis Bielefeld) 34 J9
Häger (Kreis Münster West) 31 J6
Hähnichen 53 L28
Hähnlein 70 Q9
Hämelerwald 36 I14
Hämelhausen 23 H11
Hämelschenburg 35 J12
Hämelse 23 H11
Hämerten 26 I19
Hämmern 61 O17
Hänchen 53 K26
Hänigsen 24 I14
Hänner 94 X8
Härdler 45 M8
Härtsfeld 80 T14
Häsen 27 H23
Häusern 94 W8
Häuslingen 23 H12
Hafenlohr 71 Q12
Hafenpreppach 72 P16
Hafenreut 80 T19
Haferungen 48 L15
Haffen-Mehr 30 K3
Haffkrug 6 D16
Haftenkamp 20 I4
Hagau 80 T16
Hage 10 F5
Hagebök 7 E18
Hagelstadt 82 T20
Hagen 31 L6
Hagen (Hochsauerlandkreis) 45 M7
Hagen (Kreis Gifhorn) 24 H15
Hagen (Kreis Hameln-Pyrmont) 34 K11

Name	Pg	Grid
Hagen (Kreis Hannover)	23	I12
Hagen (Kreis Paderborn)	34	K9
Hagen (Kreis Segeberg)	5	E13
Hagen (Kreis Stade)	13	F12
Hagen (Kreis Verden)	22	H11
Hagen a. Teutoburger Wald	33	J7
Hagen i. Bremischen	12	F9
Hagenau	80	S14
Hagenauer Forst	89	U17
Hagenbach	77	S8
Hagenbüchach	72	R16
Hagenburg	23	I11
Hagendorf	75	R21
Hagenheim	99	W16
Hagenhill	81	T19
Hagenort	33	J6
Hagenow	15	F17
Hagenow Heide	15	F17
Hagenwerder	65	M28
Hagermarsch	10	F5
Hagnau	96	W11
Hagstedt	21	H8
Hahausen	36	K14
Hahle	48	L14
Hahlen	34	J10
Hahlen	21	H7
Hahn (Kreis Darmstadt-Dieburg)	70	Q9
Hahn (Rhein-Hunsrück-Kreis)	68	Q5
Hahn (Rheingau-Taunus-Kreis)	69	P8
Hahn am See	57	O7
Hahnbach	82	R19
Hahndorf	36	K15
Hahnenbach	68	Q6
Hahnenbach (Stadt)	68	Q6
Hahnenhorn	24	I15
Hahnenkamm	80	S16
Hahnenkammsee	80	T16
Hahnenklee	36	K15
Hahnenmoor (Kreis Celle)	24	I15
Hahnenmoor (Kreis Emsland)	21	I6
Hahnenmoor (Kreis Osnabrück)	21	H7
Hahnerberg	44	M5
Hahnheim	69	Q8
Hahnstätten	57	P8
Haibach (Kreis Aschaffenburg)	70	Q11
Haibach (Kreis Straubing-Bogen)	83	S22
Haibühl	83	S23
Haida	52	L24
Haidel	93	T25
Haidemühl	53	L26
Haidenaab	74	Q19
Haidenaab (Fluß)	74	Q19
Haidenburg	91	U23
Haidenkofen	82	T21
Haidgau	97	W13
Haidlfing	92	T22
Haidmühle	93	T25
Haidt	82	O19
Haig	61	P17
Haiger	57	N8
Haigerach	84	U8
Haigerloch	85	U10
Hailfingen	85	U10
Hailing	92	T21
Hailtingen	87	V12
Haimar	35	J14
Haimbach	89	O12
Haimhausen	89	V18
Haiming	91	V22
Haimpertshofen	89	U18
Hain	48	L16
Hain-Gründau	58	P11
Haina	60	O15
Haina	46	M10
Hainbach	76	S8
Hainbach	100	W20
Hainbach (Dorf)	59	N11
Hainberg	36	J14
Hainchen	62	M19
Hainchen (Kreis Siegen-Wittgenstein)	57	N8
Hainchen (Wetteraukreis)	70	P10
Haindlfing	89	U19
Hainewalde	65	N28
Haingersdorf	91	U22
Haingrund	70	Q11
Hainhausen	70	P10
Hainich	48	M15
Hainichen (Kreis Leipziger Land)	63	N23
Hainichen (Kreis Mittweida)	50	M21
Hainleite	48	L16
Hainmühlen	12	F9
Hainrode	48	L16
Hainrode (Hainleite)	49	L17
Hainsacker	82	S20
Hainsbach	92	T21
Hainsfarth	80	T15
Hainspitz	62	N19
Hainstadt (Kreis Offenbach)	70	P10
Hainstadt (Neckar-Odenwald-Kreis)	70	R11
Hainstadt (Odenwaldkreis)	70	Q11
Haintchen	57	O8
Hainzell	59	O12
Haisterkirch	97	W13
Haiterbach	85	U9
Hajen	35	J12
Hakeborn	37	K18
Hakel	37	K17
Hakenberg	27	H23
Hakenberg	46	L10
Hakenstedt	37	J17
Halbe	40	J25
Halbemond	10	F5
Halbendorf (Kreis Bautzen)	65	M27
Halbendorf (Niederschlesischer Oberlausitzkr.)	53	L27
Halberstadt	37	K17
Halblech	98	X16
Halchter	36	J15
Haldem	22	I9
Haldenhof	96	W11
Haldensleben	37	J18
Haldensleben II	37	J18
Haldenwang	98	W15
Haldern	30	K3
Halen (Kreis Cloppenburg)	21	H8
Halen (Kreis Osnabrück)	21	I7
Halenbeck	16	G20
Halfing	100	W20
Halgehausen	46	M10
Halingen	45	L7
Hallbergmoos	89	V19
Halle	34	J9
Halle	50	L19
Halle (Kreis Grafschaft-Bentheim)	20	I4
Halle (Kreis Holzminden)	35	K12
Halle-Neustadt	50	L19
Hallenberg	46	M9
Hallendorf	36	J15
Hallerndorf	73	Q16
Hallerstein	74	P19
Hallertau	89	U18
Hallgarten	69	Q7
Halligen	2	C9
Hallschlag	54	O3
Hallstadt	72	Q16
Hallwangen	85	U9
Halsbach (Kreis Altötting)	91	V22
Halsbach (Kreis Main-Spessart)	71	P12
Halsbek	11	G7
Halsbrücke	64	N24
Halsdorf	58	N10
Halsenbach	55	P6
Halserspitz	100	X19
Halstenbek	13	F13
Haltern (Kreis Recklinghausen)	31	K5
Haltern (Kreis Steinfurt)	32	J5
Halterner Stausee	31	K5
Haltingen	94	X6
Halver	44	M6
Halverde	21	I7
Halvesbostel	13	F12
Halvestorf	35	J11
Halzhausen	37	U13
Hamb	30	L3
Hambach	72	P14
Hambach	42	N3
Hambacher Schloß	76	S8
Hamberg	82	S19
Hamberge	14	E15
Hambergen	12	G10
Hamborn	31	L4
Hambrücken	77	S9
Hambuch	55	P5
Hambühren	23	I13
Hamburg	12	F14
Hamburg-Fuhlsbüttel (Flughafen)	13	F13
Hamburger Hallig	2	C10
Hamdorf (Kreis Rendsburg-Eckernförde)	5	D12
Hamdorf (Kreis Segeberg)	6	E14
Hameln	35	J12
Hamelspringe	35	J12
Hamelwörden	13	E11
Hamelwördenermoor	13	E11
Hamersen	13	G12
Hamersleben	37	J17
Hamfelde	14	F15
Hamm (Kreis Alzey-Worms)	69	Q9
Hamm (Kreis Recklinghausen)	31	K5
Hamm (Sieg)	57	N7
Hamm (Westfalen)	33	K7
Hammah	13	F12
Hamme	12	G10
Hammel	21	H7
Hammelbach	70	R10
Hammelburg	71	P13
Hammelspring	28	G24
Hammenstedt	35	K14
Hammer	101	W22
Hammer (Kreis Herzogtum Lauenburg)	14	F15
Hammer (Kreis Oberhavel)	27	H24
Hammer a. d. Ücker	19	F25
Hammer-unterwiesenthal	63	O23
Hammerau	101	W22
Hammerbrücke	62	O21
Hammereisenbach-Bregenbach	85	W8
Hammerfließ	39	J24
Hammersbach	58	P10
Hammerschmiede See	79	T13
Hammerstedt	35	Q5
Hammerstein	94	W6
Hamminkeln	30	K3
Hammoor	14	E14
Hamstrup	21	H7
Hamwarde	14	F15
Hamweddel	5	D12
Hamwiede	23	H12
Hanau	70	P10
Handeloh	13	G13
Handewitt	3	B11
Handorf	33	K7
Handorf (Kreis Lüneburg)	14	F15
Handorf (Kreis Peine)	36	J14
Handrup	21	I6
Handzell	89	U17
Haneberg	21	I6
Hanerau-Hademarschen	5	D12
Hangelar (Bonn)	43	N5
Hangelsberg	41	I25
Hanhofen	77	S9
Haniburg	70	P10
Hankensbüttel (Isenhagen)	24	I15
Hankenrod	58	N9
Hankofen	92	T21
Hann. Münden	47	L12
Hannberg	72	R16
Hannebach	56	O5
Hannersgrün	75	R20
Hannober	97	W13
Hannover	35	I13
Hannover-Langenhagen (Flughafen)	23	I13
Hansapark	6	D16
Hansell	31	J6
Hansen	24	H15
Hanshagen (Kreis Nordwest-mecklenburg)	15	E17
Hanshagen (Kreis Ostvorpommern)	9	D24
Hanstedt (Kreis Harburg)	13	G14
Hanstedt (Kreis Rotenburg)	12	G11
Hanstedt II	24	H15
Hanstorf	8	D19
Hansühn	6	D16
Hanswarft	2	C9
Hanum	24	H16
Happenweiler	97	W12
Happing	100	W20
Happurg	73	R18
Harb	58	O10
Harbach	21	N7
Harbarnsen	35	K13
Harber	23	H13
Harbergen	35	H11
Harbke	37	J17
Harburg (Hamburg)	13	F13
Harburg (Schwaben)	80	T16
Hardebek	5	E13
Hardegsen	47	L13
Hardehausen	46	L10
Hardenbeck	17	G24
Hardenburg	69	R8
Harderode	35	J12
Hardert	56	O6
Hardesby	3	B12
Hardheim	71	R12
Hardisleben	49	M18
Hardt	85	V9
Hardt (Kreis Warendorf)	33	K7
Hardt (Mönchengladbach-)	42	M3
Hardtberg (Bonn)	43	N5
Hardthausen	79	S12
Hardtwald	77	S9
Haren	20	H5
Harenberg	35	I12
Hargesheim	69	Q7
Harheim	70	P10
Harkebrügge	11	G7
Harkemissen	34	J10
Harkensee	7	E16
Harkerode	37	K18
Harksheide	13	E14
Harle	21	M12
Harleshausen	47	L12
Harlesiel	11	E7
Harlingen	66	R3
Harlingerode	36	K15
Harmating	99	W18
Harmelingen	23	G13
Harmenhausen	12	G9
Harmsdorf (Kreis Herzogtum Lauenburg)	14	E16
Harmsdorf (Kreis Ostholstein)	6	D16
Harmstorf (Kreis Harburg)	13	F13
Harmstorf (Kreis Lüneburg)	14	G16
Harmuthsachsen	47	M13
Harnekop	41	H26
Harpe	25	H18
Harpfing	100	V21
Harpstedt	22	H9
Harra	61	O19
Harras	61	O16
Harrbach	71	P13
Harrendorf	12	F10
Harrenstätte	21	H6
Harriehausen	36	K14
Harrienstädt	34	I10
Harrierwurp	12	G9
Harrislee	3	B12
Harrlach	81	S17
Harscheid	43	N6
Harsdorf	74	P18
Harsefeld	13	F12
Harsewinkel	33	K8
Harsleben	37	K17
Harste	47	L13
Harsum	35	J13
Harsweg	10	F5
Hart	85	U10
Hart a. d. Alz	91	V21
Hartefeld	30	L3
Hartegasse	43	M6
Hartenholm	6	E14
Hartenrod	58	N9
Hartenstein	30	O22
Hartenstein	73	R18
Harter Kopf	69	R7
Hartershausen	59	O12
Harth	46	L9
Hartha (Kreis Döbeln)	51	M22
Hartha (Weißeritzkreis)	64	N24
Harthausen (Kreis Ludwigshafen)	77	S9
Harthausen (Kreis München)	100	V19
Harthausen (Kreis Rottweil)	85	V9
Harthausen (Main-Tauber-Kreis)	71	R13
Harthausen a. d. Scheer	86	V11
Harthausen b. Feildhausen	86	V11
Hartheim (Kreis Breisgau-Hochschwarzwald)	94	W6
Hartheim (Zollernalbkreis)	85	V10
Harthofen	90	V19
Hartkirchen	91	U24
Hartmannsbach	64	N25
Hartmannsdorf (Kreis Dahme-Spreewald)	52	K25
Hartmannsdorf (Kreis Mittweida)	63	N22
Hartmannsdorf (Kreis Oder-Spree)	40	I25
Hartmannsdorf (Kreis Zwickauer Land)	62	O21
Hartmannsdorf (Saale-Holzland-Kreis)	62	N19
Hartmannsdorf-Reichenau	64	N24
Hartmannsgrün	59	O20
Hartmannshain	59	O11
Hartmannshof	73	R18
Hartum	34	J10
Harxheim	69	Q8
Harz	36	K15
Harz (Naturpark)	36	K15
Harz-Hochstraße	36	K15
Harzgerode	49	L17
Hasberg	88	V15
Hasbergen	33	J7
Hasborn	69	P4
Hasborn-Dautweiler	67	R4
Hase	21	I8
Hasede	35	J13
Hasel	60	O15
Haselaar	20	I4
Haselau	12	F12
Haselbach (Kreis Neuburg-Schrobenhausen)	89	U17
Haselbach (Kreis Passau)	93	U24
Haselbach (Kreis Rhön-Grabfeld)	59	O14
Haselbach (Kreis Schwandorf)	82	R20
Haselbach (Kreis Sömmerda)	50	M21
Haselbach (Kreis Sonneberg)	61	O17
Haselbach (Kreis Straubing-Bogen)	83	S22
Haselberg	41	H26
Haselbrunn	73	Q18
Haseldorf	13	F12
Haseloff-Grabow	39	J22
Haselstein	59	N13
Haselünne	21	H6
Haselund	3	C11
Hasenfeld	42	O3
Hasenfelde	41	I26
Hasenfleet	13	E11
Hasenmoor	5	E13
Hasenthal	61	O17
Hasenweiler	97	W12
Haslach (b. Bad Waldsee)	97	W13
Haslach (Kreis Ansbach)	80	S15
Haslach (Kreis Biberach a. d. Riß)	97	W14
Haslach (Kreis Freiburg im Breisgau)	84	W7
Haslach (Kreis Traunstein)	101	W21
Haslach im Kinzigtal	84	V8
Hasloch	71	Q12
Hasloh	13	E13
Haspe	84	V8
Haßberge	72	P15
Haßbergen	23	H11
Hassel (Kreis Celle)	23	H13
Hassel (Kreis Nienburg)	23	H11
Hassel (Kreis Rotenburg)	23	G12
Hassel (Kreis Stendal)	26	I19
Hassel (Saarpfalz-Kreis)	67	S5
Hassel (Gelsenkirchen-)	31	L5
Hasselbach (Hochtaunuskreis)	57	O9
Hasselbach (Rhein-Hunsrück-Kreis)	55	P6
Hasselberg	3	B13
Hasselbrock	23	H5
Hasselfelde	36	K16
Hasselhorst	23	H13
Hasselroth	71	P11
Hasselt	30	K2
Hassenbach	71	P13
Hassenberg	61	P17
Hassendorf (Kreis Ostholstein)	6	D15
Hassendorf (Kreis Rotenburg)	13	G11
Hasserode	36	K16
Haßfurt	72	P15
Haßlach	61	P17
Haßlach b. Teuschnitz	61	O18
Haßleben (Kreis Sömmerda)	48	M16
Haßleben (Kreis Uckermark)	29	G25
Haßlinghausen	31	L5
Haßloch	69	R8
Haßmersheim	78	S11
Haßmoor	5	D13
Hassum	30	K2
Haste	35	I12
Hastedt	23	G12
Hasten	44	M5
Hastenbeck	35	J12
Hastenrath	42	M1
Hastenrath (-Scherpenseel)	42	N2
Hatshausen	11	F6
Hatten	23	G9
Hattendorf (Kreis Schaumburg)	35	J11
Hattendorf (Vogelsbergkreis)	59	N11
Hattenheim	69	P8
Hattenhof	59	O13
Hattenhofen (Kreis Fürstenfeldbruck)	89	V17
Hattenhofen (Kreis Göppingen)	87	T12
Hattenrod	59	O10
Hattenweiler	96	W11
Hattersheim	70	P9
Hattert	56	N7
Hattgenstein	68	Q5
Hattingen (Ennepe-Rhur-Kreis)	31	L5
Hattingen (Kreis Tuttlingen)	95	W10
Hattorf	36	I16
Hattorf a. Harz	48	L14
Hattrop	45	L8
Hattstedt	2	C11
Hatzbach	58	N11
Hatzenbühl	77	S8
Hatzenreuth	75	P21
Hatzfeld	46	N9
Hatzte	13	G12
Hatzum	10	G6
Hau	30	K2
Haubersbronn	79	T12
Haueda	47	L11
Hauenhorst	33	J6
Hauenstein	76	S7
Hauerz	97	W13
Haufeld	61	N17
Hauingen	94	X7
Haundorf (Kreis Erlangen-Höchstadt)	72	R16
Haundorf (Kreis Weißenburg-Gunzenhausen)	80	S16
Haune	59	O13
Hauneck	59	N13
Haunersdorf	91	U22
Haunetal	59	N13
Hausheim	88	U15
Haunshofen	99	W17
Haunstetten (Kreis Augsburg Stadt)	88	V16
Haunstetten (Kreis Eichstätt)	81	S18
Haunswies	89	U17
Haunwang	90	U20
Haupt	34	K9
Hauptgraben	41	I27
Hauptkanal	22	H10
Hauptschwenda	59	N12
Hauptstuhl	67	R6
Hauröden	48	L15
Haus i. Wald	93	T24
Hausach	84	V8
Hausbach	66	R4
Hausberge	34	J10
Hausbruch	13	F13
Hausdorf	51	M22
Hausdülmen	31	K5
Hausen (Kreis Amberg-Sulzbach)	81	R19
Hausen (Kreis Bad Kissingen)	59	P14
Hausen (Kreis Böblingen)	77	T10
Hausen (Kreis Donau-Ries)	80	T15
Hausen (Kreis Euskirchen)	42	O3
Hausen (Kreis Forchheim)	73	Q17
Hausen (Kreis Kelheim)	82	T20
Hausen (Kreis Limburg-Weilburg)	57	O8
Hausen (Kreis Miltenberg)	70	Q11
Hausen (Kreis Reutlingen)	86	V11
Hausen (Kreis Rhön-Grabfeld)	60	O14
Hausen (Kreis Unterallgäu)	88	V15
Hausen (Kreis Viersen)	42	M3
Hausen (Schwalm-Eder-Kreis)	59	N12
Hausen (Werra-Meißner-Kreis)	47	M13
Hausen (Wied)	56	O6
Hausen a. Andelsbach	96	W11
Hausen a. Bach	85	V10
Hausen a. d. Möhlin	84	W7
Hausen a. Tann	85	V10
Hausen-Arnsbach	57	P9
Hausen b. Würzburg	71	Q14
Hausen i. Killertal	86	V11
Hausen i. Tal	86	V11
Hausen i. Wiesental	94	W7
Hausen v. d. Höhe	69	P8
Hausen vor Wald	95	W9
Hausham	100	W19
Hausknecht	87	T13
Hausneindorf	37	K17
Hausselberg	24	H14
Haussömmern	48	M16
Hausstette	21	H8
Hausstadt	66	R4
Hauswurz	59	O12
Hauteroda	49	M17
Hauzenberg	93	U24
Hauzendorf	82	S20
Hauzenstein	82	S20
Havekost (Kreis Herzogtum Lauenburg)	14	F15
Havekost (Kreis Oldenburg)	22	H9
Havel	28	G24
Havel (Fluß)	28	G23
Havelberg	26	H20
Havelkanal	40	I23
Havelländischer Großer Hauptkanal	26	I21
Havelland	40	I23
Havelsche Mark	38	I19
Haverbeck	35	J11
Haverbek	21	I8
Haverlah	36	J14

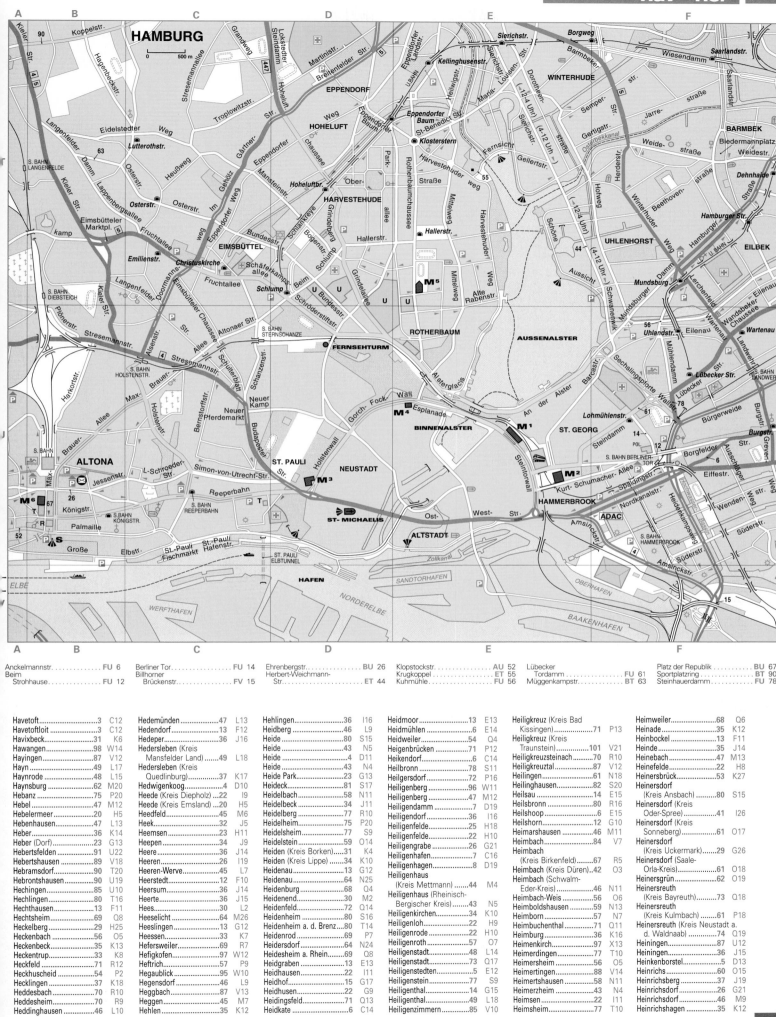

HAMBURG

0   500 m

Anckelmannstr. . . . . FU 6	Berliner Tor . . . . FU 14	Ehrenbergstr. . . . . BU 26	Klopstockstr. . . . . AU 52	Lübecker	Platz der Republik . . . . BU 67
Beim	Billhorner	Herbert-Weichmann-	Krugkoppel . . . . ET 55	Tordamm . . . . FU 61	Sportplatzring . . . . BT 90
Strohhause . . . . FU 12	Brückenstr. . . . . FV 15	Str. . . . . ET 44	Kuhmühle . . . . FU 56	Müggenkampstr. . . . . BT 63	Steinhauerdamm . . . . FU 78

Havetoft 3 C12	Hedemünden 47 L13	Hehlingen 36 I16	Heidmoor 13 E13	Heiligkreuz (Kreis Bad	Heimweiler 68 Q6
Havetoftloit 3 C12	Hedendorf 13 F12	Heidberg 46 L9	Heidmühlen 6 E14	Kissingen) 71 P13	Heinade 35 K12
Havixbeck 31 K6	Hedeper 36 J16	Heide 80 S15	Heidweiler 54 Q4	Heiligkreuz (Kreis	Heinbockel 13 F11
Hawangen 98 W14	Hedersleben (Kreis	Heide 43 N5	Heigenbrücken 71 P12	Traunstein) 101 V21	Heinde 35 J14
Hayingen 87 V12	Mansfelder Land) 49 L18	Heide 4 D11	Heikendorf 6 C14	Heiligkreuzsteinach 70 R10	Heinebach 47 M13
Hayn 49 L15	Hedersleben (Kreis	Heide 43 N4	Heilbronn 78 S11	Heiligkreuztal 87 V12	Heinefelde 22 H8
Haynrode 48 L15	Quedlinburg) 37 K17	Heide Park 23 G13	Heilgersdorf 72 P16	Heilingen 69 N18	Heinersbrück 53 K27
Haynsburg 62 M20	Hedwigenkoog 4 D10	Heideck 81 S17	Heiligenberg 96 W11	Heilinghausen 82 S20	Heinersdorf
Hebanz 75 P20	Heede (Kreis Diepholz) . . 22 I9	Heidelbach 58 N11	Heiligenberg 47 M12	Heilsau 14 E15	(Kreis Ansbach) 80 S15
Hebel 47 M11	Heede (Kreis Emsland) . . 20 H5	Heidelbeck 34 J11	Heiligendamm 7 D19	Heilsbronn 80 R16	Heinersdorf (Kreis
Hebelermeer 20 H5	Heedfeld 45 M6	Heidelberg 77 R10	Heiligenberg 47 M12	Heilshoop 6 E15	Oder-Spree) 41 I26
Heber 36 K14	Heek 32 J5	Heidelheim 75 P20	Heiligendorf 36 I16	Heilshorn 12 G10	Heinersdorf (Kreis
Heber (Dorf) 23 G13	Heemsen 23 H11	Heidelsheim 77 S9	Heiligenfelde 25 H18	Heimarshausen 46 M11	Sonneberg) 61 O17
Hebertsfelden 91 U22	Heepen 34 J9	Heidelstein 59 O14	Heiligengrabe 26 G21	Heimbach 84 V7	Heinersdorf
Hebertshausen 89 V18	Heere 36 J14	Heiden (Kreis Borken) . . . 31 K4	Heiligenhafen 7 C16	Heimbach	(Kreis Uckermark) 29 G26
Hebramsdorf 90 T20	Heeren-Werve 45 L7	Heiden (Kreis Lippe) 34 K10	Heiligenhagen 8 D19	(Kreis Birkenfeld) 67 R5	Heinersdorf (Saale-
Hebrontshausen 90 U19	Heerstedt 12 F10	Heidenau 13 G12	Heiligenhaus	Heimbach (Kreis Düren) . . 42 O3	Orla-Kreis) 61 O18
Hechingen 85 U10	Heersum 36 J14	Heidenau 64 N25	(Kreis Mettmann) 44 M4	Heimbach (Schwalm-	Heinersgrün 62 O19
Hechlingen 80 T16	Heerte 36 J15	Heidenburg 68 Q4	Heiligenhaus (Rheinisch-	Eder-Kreis) 46 N11	Heinersreuth
Hechthausen 13 F11	Hees 30 L2	Heidenend 30 M2	Bergischer Kreis) 43 N5	Heimbach-Weis 56 O6	(Kreis Bayreuth) 73 Q18
Hechtsheim 69 Q8	Heeselicht 64 N26	Heidenfeld 72 Q14	Heiligenkirchen 34 K10	Heimboldshausen 59 N13	Heinersreuth
Heckelberg 29 H25	Heeslingen 13 G12	Heidenheim 80 T16	Heiligenloh 22 H9	Heimborn 57 N7	(Kreis Kulmbach) 61 P18
Heckenbach 56 O5	Heessen 33 K7	Heidenheim a. d. Brenz . . 80 T14	Heiligenrode 22 H10	Heimbuchenthal 71 Q11	Heinersreuth (Kreis Neustadt a.
Heckenbeck 35 K13	Hefersweiler 69 R7	Heidersdorf 64 N24	Heiligenroth 57 O7	Heimburg 36 K16	d. Waldnaab) 74 Q19
Heckentrup 33 K8	Hefigkofen 97 W12	Heidesheim a. Rhein 69 Q8	Heiligenstadt 48 L14	Heimenkirch 97 X13	Heiningen 36 J15
Heckfeld 71 R12	Heftrich 57 P9	Heidgraben 13 E13	Heiligenstadt 73 Q17	Heimerdingen 77 T10	Heinkenborstel 5 D13
Heckhuscheid 54 P2	Hegaublick 95 W10	Heidhausen 22 I11	Heiligenstedten 5 E12	Heimersheim 56 O5	Heinrichs 60 O17
Hecklingen 37 K18	Hegensdorf 34 L9	Heidhof 15 G17	Heiligenstein 77 S9	Heimertingen 97 V14	Heinrichsberg 37 J19
Heddesbach 70 R10	Heggbach 87 V13	Heidhusen 22 G9	Heiligenthal 14 G15	Heimertshausen 58 N11	Heinrichsdorf 26 G21
Heddesheim 70 R9	Heggen 45 M7	Heidingsfeld 71 Q13	Heiligenthal 49 L18	Heimsen 22 I11	Heinrichsdorf 46 M9
Heddinghausen 46 L10	Hehlen 35 K12	Heidkate 6 C14	Heiligzimmern 85 V10	Heimsheim 77 T10	Heinrichshagen 35 K12

Heinrichsort 63 N21
Heinrichsruh 19 F25
Heinrichsthal 71 P12
Heinrichswalde 19 F25
Heinsberg 42 M2
Heinsberg (Kreis Olpe)....45 M8
Heinschenwalde 12 F10
Heinsen
(Kreis Holzminden) 35 K12
Heinsen
(Kreis Lüneburg)....14 G15
Heinsheim 78 S11
Heinstetten 85 V10
Heintrop 45 L8
Heinum 35 J13
Heinzenbach 68 Q6
Heinzenberg 58 O9
Heisebeck 47 L12
Heisede 35 J13
Heisingen (Essen) 31 L5
Heißenbüttel 12 G10
Heist 13 F12
Heisterbacherrott 43 N5
Heisterende 13 E12
Heitersheim 94 W6
Heithöfen 34 I9
Helbe 48 L16
Helbigsdorf 64 M24
Helbigsdorf
(Kreis Freiberg) 64 N24
Helbra 49 L18
Heldburg 60 P16
Helden 45 M7
Heldenbergen 58 P10
Heldenstein 90 V21
Heldmannsberg 81 R18
Heldra 48 M14
Heldritt 60 O16
Heldrungen 49 M17
Helenenberg 54 Q3
Helenesee 41 J27
Helfant 66 R3
Helferskirchen 57 O7
Helfta 49 L18
Helgoländer Bucht 11 E7
Helgoland 4 D7
Helgoland (Insel) 4 D7
Helgoland-Düne
(Flughafen) 4 D7
Hell Berge 25 I17
Hellberg 54 O3
Helle 26 G20
Hellefeld 45 M8
Hellendorf 64 N25
Hellengerst 98 X14
Hellenhahn-Schellenberg .57 O8
Hellental 35 K12
Hellenthal 54 O3
Heller 57 N8
Hellersdorf 40 I24
Hellertshausen 68 Q5
Hellingen 60 P16
Hellingst 12 F10
Hellstein 59 P11
Hellwege 23 G11
Helm 15 F17
Helmarshausen 47 L12
Helmbrechts (Kreis Hof) .74 P19
Helmbrechts (Kreis
Tirschenreuth) 75 Q20
Helme 48 L16
Helmerkamp 24 I14
Helmern (Kreis Höxter) .46 L11
Helmern
(Kreis Paderborn) 46 L10
Helmers 60 N14
Helmershausen 60 O14
Helmighausen 46 L10
Helmighausen 21 H7
Helminghausen 46 L10
Helmlingen 76 T7
Helmscherode 35 K14
Helmsdorf 48 M15
Helmsdorf b. Pirna 64 M26
Helmsgrün 62 O20
Helmsheim 77 S9
Helmstadt 71 Q13
Helmstadt-Bargen 77 S10
Helmste 13 F12
Helmstedt 37 J17
Helmstorf 6 D15
Helpershain 58 O11
Helpsen 34 J11
Helpt 17 F24
Helpter Berge 19 F24
Helpup 34 K10
Helsa 47 M13
Helse 4 E11
Helsen 46 L11
Helstorf 23 I12
Helte 20 H6
Heltersberg 76 R8
Helvesiek 13 G12
Hemau 82 S19
Hembergen 33 J6
Hembsen 35 K11
Hemden 30 J4
Hemdingen 13 E13
Hemeln 47 L12

Hemer 45 L7
Hemeringen 35 J11
Hemfurth 46 M11
Hemhof 100 W21
Hemhofen 72 Q16
Hemleben 49 M17
Hemme 4 D11
Hemmelmark 3 C13
Hemmelsdorf 6 E16
Hemmelsdorfer See 6 E16
Hemmelte 21 H7
Hemmendorf 35 J12
Hemmendorf 85 U10
Hemmenhofen 95 W10
Hemmerde 45 L7
Hemmerden 42 M3
Hemmern 45 L9
Hemmersdorf 66 R3
Hemmersheim 71 R14
Hemmingen 35 J13
Hemmingen 78 T11
Hemmingstedt 4 D11
Hemmoor 12 E11
Hemsbach 70 R9
Hemsbünde 23 G12
Hemsen (Kreis Emsland) 20 H5
Hemsen (Kreis Soltau-
Fallingbostel) 23 G13
Hemsendorf 39 K22
Hemslingen 23 G12
Hemstedt 25 I18
Hendungen 60 O15
Henfenfeld 73 R18
Heng 81 S18
Hengen 87 U12
Hengersberg 92 T23
Hengersberger Ohe 92 T23
Henglarn 46 L10
Hengsen 45 L6
Hengsterholz 23 H9
Hengstfeld 79 S14
Hengstlage 21 H8
Henneberg 60 O15
Hennef 43 N5
Hennen 31 L6
Hennersdorf (Kreis
Elbe-Elster) 52 L24
Hennersdorf
(Weißeritzkreis) 64 N24
Hennesee 45 L8
Hennethal 57 P8
Hennickendorf (Kreis
Märkisch-Oderland)...40 I25
Hennickendorf (Kreis
Teltow-Fläming) 39 J23
Hennigsdorf 40 I23
Henningen 25 H16
Henningsleben 48 M15
Hennstedt (Kreis
Dithmarschen) 5 D11
Hennstedt (Kreis
Steinburg) 5 D13
Hennweiler 68 Q6
Henstedt
(Kreis Diepholz) 22 H10
Henstedt
(Kreis Segeberg) 13 E14
Hentern 66 R4
Hentrup 33 K8
Henzendorf 41 J27
Hepberg 81 T18
Heppendorf 42 N3
Heppenheim
(Bergstraße) 69 R8
Heppenheim a. d. Weise .70 R9
Hepstedt 12 G11
Herbede 31 L5
Herbelhausen 46 M10
Herbergen 21 H7
Herbern 33 K6
Herbertingen 87 V12
Herbertshofen 88 U16
Herbolzheim (Kreis
Emmendingen) V7
Herbolzheim (Kreis Neustadt
a. d. A.-Bad W.) 72 R15
Herborn 57 N8
Herbram 34 K10
Herbram Wald 34 K10
Herbrechtingen 88 U14
Herbrum 20 G5
Herbrumerkämpe 20 G6
Herbsen 46 L11
Herbsleben 48 M16
Herbstadt 60 P15
Herbstein 59 O12
Herbsthausen 79 R13
Herchen 43 N6
Herchenhain 59 O11
Herchweiler 67 R5
Hercules (Kassel) 47 M12
Herda 48 N14
Herdecke 31 L6
Herdern 84 V7
Herdorf 57 N7
Herdringen 45 L7
Herdwangen 96 W11
Heretsried 88 U16
Herfa 59 N13

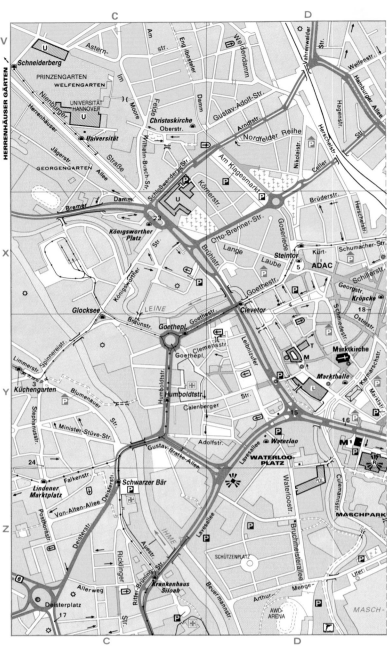

Herfatz 97 W13
Herford 34 J10
Herforst 54 Q4
Hergarten 42 O3
Hergatz 97 X13
Hergershausen (Kreis
Darmstadt-Dieburg)...70 Q10
Hergershausen (Kreis
Hersfeld-Rotenburg)...47 M13
Herges 60 N15
Hergisdorf 49 L18
Hergolshausen 72 Q14
Herhagen 45 M8
Herhahn 54 O3
Hering 70 Q10
Heringen 57 P8
Heringen 48 L16
Heringen (Werra) 59 N14
Heringhausen
(Hochsauerlandkreis).46 L9
Heringhausen (Kreis Waldeck–
Frankenberg) 46 L10
Heringsdorf
(Kreis Ostholstein) 7 D17
Heringsdorf (Kreis
Ostvorpommern) 19 E26
Herkenrath 43 N5
Herlasgrün 62 O20
Herlazhofen 97 W14
Herlefeld 47 M13
Herleshausen 48 M14
Herlheim 72 Q14
Herlinghausen 46 L11
Hermannsburg 24 H14
Hermannsdenkmal
(Detmold) 34 K10
Hermannsdorf 63 O21
Hermannsfeld 60 O14

Hermannshof 8 D21
Hermannskoppe 71 P12
Hermannsreuth 75 Q21
Hermaringen 88 U14
Hermannswies 85 U8
Hermannzimmern 85 V9
Hermersberg 76 S6
Hermersbergerhof 76 S7
Hermersdorf 72 Q16
Hermersdorf-Obersdorf 41 I26
Hermershausen 46 N10
Hermesdorf 54 Q3
Hermeskeil 67 R4
Hermsdorf (Kreis Dahme-
Spreewald) 40 J25
Hermsdorf (Kreis Meißen-
Dresden) 64 M25
Hermsdorf (Kreis Oberspreewald-
Lausitz) 52 L25
Hermsdorf (Ohrekreis) 37 J18
Hermsdorf (Saale-
Holzland-Kreis) 62 N19
Hermsdorf (Erzgebirge) 64 N24
Hermsdorf (Spree) 53 M27
Hermuthausen 79 S13
Herne 31 L5
Heroldingen 80 T15
Heroldsbach 72 Q16
Heroldsberg 73 R17
Heroldstatt 87 U12
Herolz 59 O12
Herongen 30 L2
Herpf 60 O14
Herreden 48 L16
Herren Steinfeld 15 E17
Herrenberg 85 U10
Herrenchiemsee 100 W21
Herrendeich 2 C10
Herrengosserstedt 49 M18
Herrenhäuser Gärten 23 I13

Herrenhausen 23 I13
Herreninsel 100 W21
Herrentierbach 79 S13
Herrenwies 85 U8
Herrenzimmern 85 V9
Herressen 49 M18
Herrgottskirche 79 R14
Herrieden 80 S15
Herrig 42 N4
Herringen 45 L7
Herringhausen
(Kreis Herford) 34 J9
Herringhausen (Kreis
Osnabrück Land) 33 I8
Herrischried 94 W8
Herrlingen 87 U13
Herrnberchtheim 72 R14
Herrnburg 14 E16
Herrngiersdorf 90 T20
Herrnhut 65 M28
Herrnneuses 72 R15
Herrnschwende 49 M17
Herrnsdorf 73 Q16
Herrnsheim 69 R8
Herrnwahlthann 90 T19
Herrsching 99 W17
Herrstein 68 Q6
Hersbruck (Kreis Nürnberger
Land) 73 R18
Hersbruck Süd (Kreis
Nürnberger Land) 73 R18
Hersbrucker Alb 73 R18
Herschbach
(Oberwesterwald) 57 O7
Herschbach
(Unterwesterwald) 57 O7

Herschdorf (Ilm-Kreis) 61 O17
Herschdorf
(Saale-Orla-Kreis) 61 N18
Herscheid 45 M7
Herschfeld 60 P14
Herschweiler-Pettersheim 67 R6
Herschdorf 54 P3
Hersel 43 N5
Herßum 21 H6
Herste 34 K11
Herstelle 47 L12
Hertefeld 27 I22
Herten 31 L5
Herten 94 X7
Hertingen 94 W6
Hertlingshausen 69 R8
Hertmannsweiler 79 T12
Hervest 31 K5
Herwigsdorf 65 M28
Herxheim a. Berg 69 R8
Herxheim b. Landau 76 S8
Herzberg 59 N12
Herzberg
(Kreis Elbe-Elster) 51 K23
Herzberg
(Kreis Oder-Spree) 41 J26
Herzberg (Kreis Ostprignitz-
Ruppin) 27 H22
Herzberg (Kreis Parchim) 16 F19
Herzberg a. Harz 48 L15
Herzebrock-Clarholz 33 K8
Herzfeld (Kreis Parchim) .15 G19
Herzfeld (Kreis Soest) 45 L8
Herzfelde (Kreis Märkisch-
Oderland) 29 G24
Herzfelde
(Kreis Uckermark) 40 I25

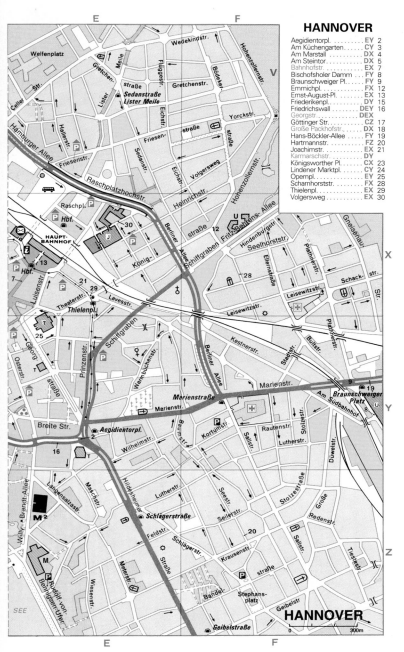

HANNOVER

Aegidientorpl. .... EY 2
Am Küchengarten .... CY 3
Am Marstall .... DX 4
Am Steintor .... DX 5
Bahnhofstr. .... EX 7
Bischofsholer Damm ..... FY 8
Braunschweiger Pl. ...... FY 9
Emmichpl. .... FX 12
Ernst-August-Pl. .... EX 13
Friederikenpl. .... DY 15
Friedrichswall .... DEY 16
Georgstr. .... DEX
Göttinger Str. .... CZ 17
Große Packhofstr. .... DX 18
Hans-Böckler-Allee ...... FY 19
Hartmannstr. .... FZ 20
Joachimstr. .... EX 21
Karmarschstr. .... DY
Königsworther Pl. .... CX 23
Lindener Marktpl. .... CY 24
Opernpl. .... EY 25
Scharnhorststr. .... FX 28
Thielenpl. .... EX 29
Volgersweg .... EX 30

HANNOVER

Herzhausen (Kreis Siegen-Wittgenstein) 45 N8
Herzhausen (Kreis Waldeck-Frankenberg) 46 M10
Herzhorn 13 E12
Herzkamp 44 M5
Herzlake 21 H6
Herzogau 83 R22
Herzogenaurach 72 R16
Herzogenhorn 94 W8
Herzogenrath 42 N2
Herzogenreuth 73 Q17
Herzogenweiler 85 V9
Herzogsreut 93 T24
Herzogstand 99 X17
Herzogswalde 64 M24
Herzogsweiler 85 U9
Herzsprung (Kreis Ostprignitz-Ruppin) 26 G21
Herzsprung (Kreis Uckermark) 29 H25
Hesborn 46 M9
Hesedorf b. Bremervörde.13 F11
Hesedorf b. Gyhum 13 G12
Hesel 11 G6
Heselwangen 85 V10
Hesepe (Kreis Emsland) ..20 I5
Hesepe (Kreis Osnabrück) 21 I7
Heseper Moor 20 I5
Heseper Torfwerk 20 I5
Heskem 58 N10
Hespert 45 N7
Heßberg 60 O16
Heßdorf 72 R16
Hesselbach 72 P14
Hesselbach (Kreis Siegen-Wittgenstein) 57 N9
Hesselbach (Odenwaldkreis) 70 R11
Hesselberg 80 S15
Hesselhurst 84 U7
Hesselte 20 I6
Hesselteich 33 J8
Hessen 36 J16
Hessenpark 58 P9
Hessenreuth 74 Q19
Hessental 79 S13
Hessenthal 71 Q11
Hesserode 47 M12
Heßheim 69 R8
Hessigheim 78 T11
Hessisch Lichtenau 47 M13
Hessisch Oldendorf 35 J11
Heßlar (Kreis Main-Spessart) 71 Q13
Heßlar (Schwalm-Eder-Kreis) .47 M12
Heßles 31 L5
Heßles 60 N15
Heßlingen 34 J11
Heßloch 69 R8
Hesterberg 22 I10
Hestrup (Kreis Emsland) .21 I6
Hestrup (Kreis Grafschaft-Bentheim) 20 I5
Heteborn 37 K17
Hetendorf 23 H14
Hetlingen 13 F12
Hettenhausen 59 O13
Hettenleidelheim 69 R8
Hettenrodt 68 Q5
Hettensen 47 L13
Hettingen (Kreis Sigmaringen) 86 V11
Hettingen (Neckar-Odenwald-Kreis) 71 R12
Hettingenbeuern 70 R11
Hettstadt 71 Q13
Hettstedt (Ilm-Kreis) ...61 N17
Hettstedt (Kreis Mansfelder Land) 49 L18
Hetzbach 70 R10
Hetzdorf (Kreis Freiberg).64 N24
Hetzdorf (Kreis Uckermark).......29 F25
Hetzerath 68 Q4
Hetzerode 47 M13
Hetzles 73 R17
Hetzwege 13 G12
Heubach (Kreis Darmstadt-Dieburg).......70 Q10
Heubach (Kreis Fulda) .59 O13
Heubach (Kreis Hildburghausen) ...60 O16
Heubach (Ostalbkreis) .79 T13
Heubisch 61 P17
Heubült 11 F8
Heuchelberg 77 S10
Heuchelheim 58 O9
Heuchelheim-Klingen .76 S8
Heuchlingen (Kreis Heidenheim).......87 U14
Heuchlingen (Ostalbkreis) 79 T13
Heuckewalde 62 N20
Heudeber 36 K16
Heudorf 12 G10
Heudorf a. Bussen 87 V12
Heudorf b. Mengen ...86 V11
Heudorf b. Meßkirch ..86 W11
Heudorf i. Hegau 95 W10
Heuersdorf 50 M21
Heuerßen 35 J11
Heufelden 87 V13
Heugrumbach 71 Q13
Heukewalde 62 N20
Heusenstamm 70 P10
Heusteu 60 O14
Heusweiler 67 R4
Heuthen 48 M14
Hevensen 47 L13
Heverstrom 2 C9
Hewingsen 45 L8
Hexenagger 81 T19
Hexenloch 84 V8
Heyda (Ilm-Kreis) 61 N16
Heyda (Kreis Riesa-Großenhain)......64 M24
Heyen 35 J12
Heyerode 48 M14
Heyersum 35 J13
Heygendorf 49 L18
Heynitz 64 M24
Heyrothsberge 37 J19
Hiddenhausen 34 J9
Hiddensee (Insel) 9 C23
Hiddenhausen 34 K10
Hiddestorf 35 J13
Hiddingen 23 G12
Hiddingsel 31 K6
Hiddingsen 45 L8
Hienheim 81 T19
Hienheimer Forst 90 T19
Hiesfeld 31 L4
Hilbeck 45 L7
Hilberath 56 O4
Hilbersdorf (Kreis Freiberg).......64 N24
Hilbersdorf (Kreis Greiz).62 N20
Hilbringen 66 R3
Hilchenbach 45 N8
Hildburghausen 60 O16
Hildebrandshagen 17 F24
Hilden 44 M4
Hilders 59 O14
Hildesheim 35 J13
Hildesheimer Wald 35 J13
Hildfeld 46 M9
Hildrizhausen 85 U10
Hilfarth 42 M2
Hilgen 44 M4
Hilgenroth 43 N6
Hilgermissen 22 H11
Hilgershausen (Schwalm-Eder-Kreis) 47 M12
Hilgershausen (Werra-Meißner-Kreis) 47 M13
Hilgertshausen 89 U18
Hilgesdorf 37 J17
Hilkenbrook 21 H7
Hille 34 I10
Hillegossen 34 K9
Hillensberg 42 N1
Hillentrup 34 J10
Hillern 23 G13
Hillerse (Kreis Gifhorn) ..24 I15
Hillerse (Kreis Northeim) 35 K13
Hillershausen 46 M10
Hillersleben 37 J18
Hillesheim 54 P4
Hilligenley 2 C9
Hilligensehl 23 H12
Hillmersdorf 51 K24
Hillscheid 57 O7
Hilmersdorf 63 N23
Hilpoltstein 81 S17
Hils 35 K13
Hilsbach 77 S10
Hiltenfingen 88 V16
Hiltersklingen 70 R10
Hiltersried 82 R21
Hiltpoltstein 73 R17
Hiltrop 31 L5
Hiltrup 33 K6
Hilzingen 95 W10
Himbergen 24 G16
Himmelgeist 44 M4
Himmelkron 74 P18
Himmelmert 45 M7
Himmelpfort 28 G23
Himmelpforten 13 F11
Himmelsberg 48 L16
Himmelstadt 71 Q13
Himmelsthür 35 J13
Himmerod 54 P4
Himmighausen 34 K11
Himstedt 36 J14
Hindelang 98 X15
Hindenberg (Kreis Nordwest-mecklenburg) 15 E17
Hindenberg (Kreis Oberspreewald-Lausitz) 52 K25
Hindenberg (Kreis Ostprignitz-Ruppin) 28 G23
Hindenburg (Kreis Stendal) 26 H19
Hindenburg (Kreis Uckermark) 28 G24
Hindenburg-Kanzel ...83 S23
Hindenburgdamm 2 B9
Hinrichsfehn 11 F7
Hinrichshagen (Kreis Mecklenburg-Strelitz).17 F24
Hinrichshagen (Kreis Ostvorpommern) ...9 D24
Hinrichshagen (Kreis Rostock) 8 D20
Hinsbeck 30 L2
Hinsdorf 50 K20
Hinte 10 F5
Hintereben 93 T24
Hinterhermsdorf 65 N27
Hinterheubronn 94 W7
Hinternah 60 O16
Hinterschmiding 93 T24
Hintersee 19 F26
Hintersee (Kreis Berchtesgadener Land) 101 X22
Hinterskirchen 90 U20
Hinterstein 98 X15
Hintersteinau 59 O12
Hintersteinenberg 79 T13
Hinterweidenthal 76 S7
Hinterzarten 94 W8
Hinzdorf 25 H19
Hinzenbach 68 Q5
Hinzert-Pölert 68 Q4
Hinzweiler 67 R6
Hipstedt 12 F10
Hirnsberg 100 W20
Hirrlingen 85 U10
Hirsau 77 T10
Hirschaid 72 Q16
Hirschau (Kreis Amberg-Sulzbach) 82 R19
Hirschau (Kreis Tübingen) 85 U10
Hirschbach (Kreis Amberg-Sulzbach) 73 R18
Hirschbach (Kreis Hildburghausen) 60 O16
Hirschbach (Kreis Rottal-Inn)......91 U23
Hirschbach (Weißeritzkreis) 64 N25
Hirschberg (Kreis Eichstätt) 81 S18
Hirschberg (Kreis Soest).45 L8
Hirschberg (Rhein-Lahn-Kreis).....57 O7
Hirschberg (Saale-Orla-Kreis) 62 O19
Hirschberg an der Bergstraße 78 R9
Hirschenstein 92 T22
Hirschfeld (Kreis Elbe-Elster) 52 L24
Hirschfeld (Kreis Freiberg) 64 M24
Hirschfeld (Kreis Greiz) ..62 N20
Hirschfeld (Kreis Schweinfurt Land) 72 Q14
Hirschfeld (Kreis Zwickauer Land) 62 O21
Hirschfelde (Kreis Barnim) 40 I25
Hirschfelde (Kreis Löbau-Zittau) 65 N28
Hirschgundtal 98 X14
Hirschhausen 57 O9
Hirschhorn 91 U22
Hirschhorn (Neckar) ..77 R10
Hirschhorn (Pfalz) ...69 R7
Hirschneuses 80 R16
Hirschsprung 94 W8
Hirschstein 64 M24
Hirschthal 76 S7
Hirschwald 82 R19
Hirschwald (Dorf) 82 R19
Hirten 91 V21
Hirten 55 P5
Hirtenstein 63 O23
Hirzenach 55 P6
Hirzenhain (Lahn-Dill-Kreis) 57 N9
Hirzenhain (Wetteraukreis)......58 O11
Historischer Dampfzug Chanderli 94 W6
Hitdorf 44 M4
Hittbergen 14 F15
Hittfeld 13 F13
Hitzacker 15 G17
Hitzelrode 47 M14
Hitzerode 47 M13
Hitzhusen 13 E13
Hitzkirchen 58 O11
Hitzkofen 86 V11
Hobeck 38 J20
Hobendeich 12 F9
Hoberge Uerentrup ..34 J9
Hoch-Weisel 58 O9
Hochalb 87 U13
Hochaltingen 80 T15
Hochberg 100 W21
Hochberg (b. Saulgau) .97 W12
Hochberg (b. Sigmaringen) 86 V11
Hochberg (b. Ludwigsburg) 78 T11
Hochborn 69 Q8
Hochbruch 30 L3
Hochburg 84 V7
Hochdahl 44 M4
Hochdonn 5 D11
Hochdorf (Kreis Biberach a. d. Riß) .87 V13
Hochdorf (Kreis Calw) .85 U10
Hochdorf (Kreis Esslingen) 87 T12
Hochdorf (Kreis Freudenstadt) 85 U9
Hochdorf (Kreis Regen) .92 T23
Hochelheim 58 O9
Hochfeld 5 E12
Hochfeld (Kreis Donau-Ries) 80 T16
Hochfelln 100 W21
Hochgrat 97 X14
Hochharz 36 K15
Hochhausen (Main-Tauber-Kreis) 71 R12
Hochhausen (Neckar-Odenwald-Kreis) 78 S11
Hochheide 30 L4
Hochheim a. Main ...69 P9
Hochkalter 101 X22
Hochkarspitze 99 X13
Hochkirch 65 M27
Hochkirchen 42 N3
Hochkopf 94 W7
Hochmössingen 85 V9

Hochmoor 31 K5
Hochneukirch 42 M3
Hochplatte 98 X16
Hochrhönstraße 60 O14
Hochries 100 W20
Hochsal 94 X8
Hochscheid 68 Q5
Hochspeicher Rabenleite .82 R20
Hochspeyer 69 R7
Hochstadt 77 S8
Hochstadt 73 P17
Hochstätt 100 W20
Hochstätten 69 Q7
Hochstahl 73 Q17
Hochstein 93 T25
Hochstetten 77 S9
Hochstetten Dhaun 68 Q6
Hochtaunusstraße 58 P9
Hochwald 65 Q5
Hochwang 88 U14
Hochwanner 99 X17
Hockenheim 77 S9
Hockenheimring 77 S9
Hockeroda 61 O18
Hodenhagen 23 H12
Höchberg 71 Q13
Höchenschwand 94 W8
Höchheim 60 O15
Höchst 58 P11
Höchst (Frankfurt
a. Main-) 70 P9
Höchst i. Odenwald 70 Q10
Höchstadt a. d. Aisch 73 Q17
Höchstädt a. d. Donau 88 U15
Höchstenbach 57 O7
Höckel 21 I7
Höckendorf
(Weißeritzkreis) 64 M25
Höckendorf
(Westlausitzkreis) 64 N24
Hödingen 37 J17
Höfats 98 X15
Höfen 81 S18
Höfen 54 O2
Höfen a. d. Enz 77 T9
Höfendorf 85 U10
Höfer 24 H14
Höferänger 74 P18
Höfgen 51 M22
Höfingen 78 T11
Höfingen 35 J11
Högel 2 C11
Högling 82 R20
Högsdorf 6 D15
Höhbeck 25 G18
Höhbeck (Berg) 25 G18
Höheinöd 76 S6
Höheischweiler 76 S6
Höhenhaus (Köln) 43 N5
Höhenkirchen 89 V19
Höhenpark 78 T11
Höhenrain
(Kreis Rosenheim) 100 W19
Höhenrain
(Kreis Starnberg) 99 W18
Höhn 57 O7
Höhndorf 6 C15
Höhnstedt 49 L19
Höhr-Grenzhausen 57 O7
Hölingen 22 H9
Höll (Kreis Cham) 83 R22
Höll (Kreis
Dingolfing-Landau) 90 U21
Hölle 61 O19
Höllensteinsee 83 S22
Höllental 94 W8
Höllrich 71 P13
Höllritzer Alp 98 X14
Hölsbrunn 90 U21
Höltinghausen 21 H8
Hölzlebruck 94 W8
Hönebach 47 N13
Höngeda 48 M15
Hoengen 42 N2
Höngen 42 M1
Hoeningen 44 M4
Höningen 69 R8
Hönne 45 M7
Hönnepel 30 K2
Hönningen 56 O4
Hönow 40 I24
Höntrop 31 L5
Höpfingen 71 R12
Höpingen 31 J5
Hörbach 57 N8
Hörbering 90 U21
Hörde (Dortmund) 31 L6
Hörden 36 K14
Hördt 76 S8
Hörenhausen 87 V14
Hörgenau 59 O11
Hörgertshausen 90 U19
Höringen 69 R7
Hörlkofen 90 V19
Hörmannsdorf 81 S19
Hörne 12 E11

Hörnerhaus 98 X14
Hörnitz 65 N28
Hörnle 99 X17
Hörnum 2 B8
Hörntief 2 B9
Hörpel 13 G14
Hörpolding 100 W21
Hörre 58 O9
Hörschhausen 55 P4
Hörsel 60 N15
Hörselgau 60 N15
Hörsingen 37 J17
Hörste (Kreis Gütersloh) .33 J8
Hörste (Kreis Lippe) 34 K10
Hörste (Kreis Soest) 34 K9
Hörste
(Kreis Warendorf) 33 J7
Hörstein 70 P11
Hörstel 33 J6
Hörsten 5 D12
Hörstgen 30 L3
Hörstmar 34 J10
Hörsum 35 K13
Hörup 3 B11
Hörzhausen 89 U17
Hörselgau 60 N15
Hösbach 70 P11
Hösel 44 M4
Höslwang 100 W20
Hösseringen 24 H15
Hößlinsülz 79 S12
Hoest 33 K8
Hötensleben 37 J17
Hoetmar 33 K7
Höttingen 81 S17
Hötzingen 23 G13
Hötzum 36 J15
Hövel 45 L7
Hövelhof 34 K9
Hövelriege 34 K9
Höver (Kreis Hannover) .35 I13
Höveringhausen 33 J7
Höwisch 25 H18
Höxberg 33 K8
Höxter 35 K12
Hof 74 P19
Hof (Kreis Rastatt) 84 T8
Hof (Kreis
Riesa-Großenhain) 51 M23
Hof (Westerwaldkreis) .57 N8
Hof (Bernau-) 94 W8
Hof-Pirk (Flughafen) 74 P19
Hof Wahlstorf 6 D14
Hofaschenbach 59 O13
Hofbieber 59 O13
Hofdorf 92 T21
Hofen 79 T14
Hoffeld 5 D13
Hoffenheim 77 S10
Hoffnungsthal 43 N5
Hofgeismar 47 L12
Hofheim 72 P15
Hofheim
(Kreis Bergstraße) 69 R9
Hofheim a. Taunus 70 P9
Hofkirchen
(Kreis Passau) 92 T23
Hofkirchen (Kreis Straubing-
Bogen) 90 T20
Hofolding 99 W19
Hofoldinger Forst 99 W19
Hofolpe 45 M8
Hofsgrung 98 W7
Hofstätten 76 S7
Hofstetten
(Kreis Eichstätt) 81 T17
Hofstetten
(Kreis Haßberge) 72 P15
Hofstetten (Kreis
Landsberg a. Lech) 88 V16
Hofstetten (Kreis
Miltenberg) 70 Q11
Hofstetten
(Ortenaukreis) 84 V8
Hofweier 84 U7
Hofweier 84 U7
Hohburg 51 L22
Hohe Acht 56 O5
Hohe Bleick 98 X16
Hohe Bracht 45 M8
Hohe Eifel 54 P4
Hohe Mark 31 K5
Hohe Möhr 45 W7
Hohe Molmert 45 M7
Hohe Schrecke 49 M17
Hohe Ward 33 K7
Hohe Warte 87 U11
Hohebach 79 R13
Hohegeiß 48 L15
Hoheleye 46 M9

Hohen Wangelin 16 F21
Hohen Wieschendorf .7 E18
Hohenahlsdorf 39 K23
Hohenahr 58 N9
Hohenaltheim 80 T15
Hohenaschau 100 W20
Hohenaspe 5 E12
Hohenau 93 T24
Hohenaverbergen 23 H11
Hohenbellin 38 I20
Hohenberg
(Kreis Kulmbach) 74 P18
Hohenberg
(Ortenaukreis) 84 U8
Hohenberg (Ostalbkreis) .79 S14
Hohenberg a. d. Eger 75 P20
Hohenberg-Krusemark 26 H19
Hohenbocka 52 L26
Hohenbollentin 17 E23
Hohenbostel 35 J12
Hohenbruch 27 H23
Hohenbrück-Neu
Schadow 41 J25
Hohenbrünzow 17 E23
Hohenbrunn 90 V19
Hohenbucko 51 K24
Hohenbünstorf 24 G15
Hohenbüssow 17 E23
Hohenburg 82 S19
Hohendodeleben 37 J18
Hohendorf 19 D25
Hohenebra 48 M16
Hohenecken 76 R7
Hoheneggelsen 36 J14
Hoheneiche (Kreis Saalfeld-
Rudolstadt) 61 O17
Hoheneiche (Werra-Meißner-
Kreis) 47 M13
Hohenerxleben 37 K18
Hohenfeld 72 Q14
Hohenfelde (Kreis
Bad Doberan) 8 D19
Hohenfelde (Kreis Plön) 6 C15
Hohenfelde (Kreis
Steinburg) 13 E12
Hohenfelde (Kreis
Steinburg) 61 N17
Hohenfels
(Kreis Konstanz) 96 W11
Hohenfels (Kreis Neumarkt
i. d. Oberpfalz) 82 S19
Hohenferchesar 38 I21
Hohenfichte 63 N23
Hohenfinow 29 H25
Hohenfreiberg 98 X15
Hohenfurch 98 W16
Hohengandern 47 L13
Hohengöhren 26 I20
Hohengörsdorf 39 K23
Hohengüßbach 73 Q16
Hohengüstow 29 G25
Hohenhäusling 73 Q17
Hohenhameln 36 J14
Hohenhaslach 78 S11
Hohenhausen 34 J10
Hohenheida 50 L21
Hohenhenningen 25 I17
Hohenhewen 95 W10
Hohenhörn 5 D11
Hohenholte 31 K6
Hohenhorn 14 F15
Hohenhorst 13 F12
Hohenhorster-
Bauerschaft 23 I13
Hohenirlach 82 R20
Hohenkammer 89 U18
Hohenkemnath 82 R19
Hohenkirchen 60 N16
Hohenkirchen 11 F7
Hohenlandin 29 G26
Hohenlandsberg 72 R14
Hohenleimbach 55 O5
Hohenleipisch 52 L24
Hohenlepte 38 K20
Hohenleuben 50 N20
Hohenlimburg 31 L6
Hohenlinden 90 V19
Hohenlobbese 38 J20
Hohenlockstedt 5 E12
Hohenloher Ebene 79 S13
Hohenlychen 28 G23
Hohenmemmingen 88 U14
Hohenmirsberg 73 Q18
Hohenmocker 17 E23
Hohenmölsen 50 M20
Hohenmoor
(Kreis Diepholz) 22 H10
Hohenmoor
(Kreis Stade) 13 F11
Hohennauen 26 H21
Hohenöllen 67 R6
Hohenölsen 62 N20
Hohenpeißenberg 99 W17
Hohenpölz 73 Q17
Hohenprießnitz 50 L21
Hohenreichen 88 U16
Hohenreinkendorf 29 G27

Hohenroda
(Kreis Delitzsch) 50 L21
Hohenroda (Kreis Hersfeld-
Rotenburg) 59 N13
Hohenroth 34 J11
Hohenroth 59 P14
Hohensaaten 29 H26
Hohenschambach 82 S19
Hohenschönhausen
(Berlin) 40 I24
Hohenschwangau 98 X16
Hohenseeden 38 J20
Hohenseefeld 39 K23
Hohenselchow 29 G26
Hohensolms 58 O9
Hohensprenzer See 16 E20
Hohenstadt
(Kreis Göppingen) 87 U12
Hohenstadt (Kreis
Nürnberger Land) 73 R18
Hohenstadt (Main-
Tauber-Kreis) 71 R12
Hohenstadt (Ostalbkreis) .79 T13
Hohenstaufen 79 T13
Hohenstein 41 I25
Hohenstein 87 U12
Hohenstein 57 P8
Hohenstein-Ernstthal 63 N22
Hohentengen 87 V12
Hohentengen
a. Hochrhein 95 X9
Hohenthan 75 Q21
Hohenthann
(Kreis Landshut) 90 U20
Hohenthann
(Kreis Rosenheim) 100 W19
Hohenthurm 50 L20
Hohentramm 25 H17
Hohentwiel 95 W10
Hohenwald 75 Q20
Hohenwarsleben 37 J18
Hohenwart 89 U18
Hohenwarte Stausee 61 O18
Hohenwarth 83 S22
Hohenwarthe 37 J19
Hohenwepel 46 L11
Hohenwestedt 5 D12
Hohenwulsch 25 H18
Hohenwussen 51 M23
Hohenwutzen 29 H26
Hohenzell 59 P12
Hohenzethen 24 G16
Hohenziatz 38 J20
Hohenzieritz 17 F23
Hohenzollern 85 V10
Hohenzollern Alb 86 V11
Hoher Berg 24 H15
Hoher Bogen 83 S22
Hoher Fläming 38 J21
Hoher Göll 101 X23
Hoher Gras-Berg 99 X18
Hoher Häderich 98 X14
Hoher Hagen 47 L13
Hoher Ifen 98 X14
Hoher Kranz-Berg 99 X17
Hoher Mechtin 24 G16
Hoher Westerwald 57 N7
Hoherodskopf 58 O11
Hohkeppel 43 N5
Hohlbügel 81 T17
Hohloh 77 T9
Hohlstedt 49 L17
Hohlstein 93 T24
Hohn 5 D12
Hohnbach 51 M22
Hohndorf
(Kreis Stollberg) 63 N22
Hohndorf (Mittlerer
Erzgebirgskreis) 63 N23
Hohne 33 J7
Hohne 24 I15
Hohnebostel 23 I14
Hohner See 5 D12
Hohnhausen 72 P15
Hohnhorst (Kreis Celle) .24 I14
Hohnhorst (Kreis
Schaumburg) 35 I12
Hohnsen 35 J12
Hohnstedt 35 K13
Hohnstein 53 L16
Hohnstein (Stadt) 64 N26
Hohnstorf 14 G15
Hohnstorf (Elbe) 14 F15
Hohwacht 6 D16
Hohwachter Bucht 6 C16
Hohwald 64 M26
Hoiersdorf 37 J16
Hoinkhausen 46 L9
Hoisbüttel 14 E14
Hoisdorf 14 F14
Hoisten 44 M4
Hoitlingen 24 I16
Holdenstedt 49 L18
Holdenstedt 24 H15
Holdorf (Kreis Nordwest-
mecklenburg) 15 E17
Holdorf (Kreis Vechta) .21 I8
Holenberg 35 K12

Holenbrunn 75 P20
Holheim 80 T15
Holiday-Park S8
Hollage 33 I7
Holle 36 J14
Holleben 50 L19
Hollen (Kreis Gütersloh) .34 K9
Hollen (Kreis Leer) 11 G7
Hollen b. Armstorf 12 F11
Hollen b. Loxstedt 12 F10
Hollenbach
(Hohenlohekreis) 79 R13
Hollenbach (Kreis Aichach-
Friedberg) 89 U17
Hollenbach (Kreis Neuburg-
Schrobenhausen) 89 U17
Hollenbeck 13 F12
Hollenbek 14 F16
Hollenermoor 11 G7
Hollenstede 21 I7
Hollenstedt
(Kreis Harburg) 13 F13
Hollenstedt (Kreis
Northeim) 35 K13
Holler 57 O7
Hollerath 54 O3
Hollern-Twielenfleth 13 F12
Hollfeld 73 Q17
Hollige 33 K7
Holling 33 K7
Hollingstedt 3 C12
Hollnseth 12 F11
Hollriede 11 G7
Hollstadt 60 O14
Hollwege 11 G7
Hollywood Safari Park 34 K9
Holm (Kreis Harburg) .13 G13
Holm (Kreis Pinneberg) .13 F13
Holm-Seppensen 13 G13
Holnis 3 B12
Holnstein (Kreis Amberg-
Sulzbach) 82 R18
Holnstein (Kreis Neumarkt
i. d. Oberpfalz) 81 S18
Holpe 57 N7
Holsen (Kreis Herford) .34 J9
Holsen
(Kreis Paderborn) 34 K9
Holßel 12 E9
Holste 12 F10
Holsteinische Schweiz 6 D15
Holstendorf 6 D15
Holstenniendorf 5 D12
Holsterbrink 31 K5
Holsterhausen 31 K4
Holsthum 54 Q3
Holt 30 L2
Holte (Kreis Cuxhaven) .12 F9
Holte (Kreis Emsland) .21 H6
Holte (Kreis Leer) 11 G6
Holte (Kreis Nienburg) .22 H11
Holtebüttel 23 H11
Holtemme 36 K16
Holten 31 L4
Holtenau 3 C14
Holtensen (Kreis Hameln-
Pyrmont) 35 J12
Holtensen
(Kreis Hannover) 35 J12
Holtespangen 4 E9
Holtgast 11 F6
Holtheim 46 L10
Holthusen 10 G5
Holthusen 15 F18
Holtkamp 34 K9
Holtland 11 G6
Holtorf (Kreis Lüchow-
Dannenberg) 25 G18
Holtorf (Kreis Nienburg) .23 H11
Holtorf
(Kreis Oldenburg) 22 H9
Holtrop 11 F6
Holtrup 34 J10
Holtrup 21 H8
Holtsee 3 C13
Holttange 11 G7
Holtum 23 H11
Holtwick (Kreis Borken) .30 K3
Holtwick
(Kreis Coesfeld) 31 J5
Holtwick (Kreis
Recklinghausen) 31 K5
Holungen 48 L15
Holvede 12 F12
Holxen 24 H15
Holzappel 57 O7
Holzbach 57 O7
Holzbach (Stadt) 68 Q6
Holzbunge 3 C13
Holzburg 59 N11

Holzdorf 39 K23
Holzdorf 3 C13
Holzelfingen 86 U11
Holzen 94 W6
Holzen 35 K13
Holzen
(Hochsauerlandkreis) .45 L7
Holzen (Kirche) 88 U16
Holzen
(Kreis Dortmund) 31 L6
Holzendorf 17 F24
Holzengel 48 M16
Holzerath 66 Q4
Holzerode 47 L14
Holzfreyung 93 T24
Holzgerlingen 86 U11
Holzgünz 87 V14
Holzham 100 W19
Holzhammer 82 R20
Holzharlanden 82 T19
Holzhau 64 N24
Holzhausen
(b. Harpstedt) 22 H9
Holzhausen
(b. Wildeshausen) 22 H9
Holzhausen (Ilm-Kreis) .60 N16
Holzhausen
(Kreis Diepholz) 22 I10
Holzhausen (Kreis
Hildburghausen) 60 P16
Holzhausen
(Kreis Höxter) 34 K11
Holzhausen
(Kreis Kassel) 47 L12
Holzhausen
(Kreis Landshut) 90 U20
Holzhausen
(Kreis Lippe) 34 J10
Holzhausen (Kreis Minden-
Lübbecke) 34 J9
Holzhausen (Kreis
Osnabrück) 33 J8
Holzhausen (Kreis
Ostprignitz-Ruppin) 26 H21
Holzhausen (Kreis
Schweinfurt) 72 P14
Holzhausen (Kreis Siegen-
Wittgenstein) 57 N8
Holzhausen
(Kreis Steinfurt) 33 J7
Holzhausen
(Kreis Stendal) 25 I18
Holzhausen
(Lahn-Dill-Kreis) 57 O8
Holzhausen (Leipzig) 50 M21
Holzhausen (Werra-
Meißner-Kreis) 48 M14
Holzhausen
(-Externsteine) 34 K10
Holzhausen (Eder) 58 N9
Holzhausen a. d. Haide .57 P7
Holzhausen a. d. Porta .34 J10
Holzhausen
a. Starnberger See 99 W18
Holzhausen am Hünstein .58 N9
Holzhausen b. Homberg .47 M12
Holzhausen
b. Teisendorf 101 W22
Holzhausen II 34 I10
Holzheim (Kreis Dillingen
a. d. Donau) 88 U15
Holzheim
(Kreis Donau-Ries) 89 U16
Holzheim
(Kreis Euskirchen) 56 O4
Holzheim (Kreis Gießen) .58 O10
Holzheim (Kreis Hersfeld-
Rotenburg) 59 N13
Holzheim
(Kreis Neu-Ulm) 87 U14
Holzheim
(Rhein-Lahn-Kreis) 57 O8
Holzheim a. Forst 82 S19
Holzingen 80 S16
Holzkirch 87 U13
Holzkirchen
(Kreis Miesbach) 99 W19
Holzkirchen (Kreis Neuburg-
Schrobenhausen) 89 U17
Holzkirchen
(Kreis Würzburg) 71 Q13
Holzkirchhausen 71 Q13
Holzlar 43 N5
Holzmaden 87 U12
Holzminden 35 K12
Holzmühl 59 O12
Holzolling 100 W19
Holzschlag 94 W8
Holzschwang 87 U14
Holzsußra 48 M16
Holzthaleben 48 L15
Holzwald 85 U8
Holzweiler 42 M3
Holzweißig 50 L20
Holzwickede 31 L6
Homberg 97 W12
Homberg (Efze) 47 M12
Homberg (Niederrhein) .30 L4
Homberg (Ohm) 58 N11

Homberg-Meiersberg	44	M4
Hombressen	47	L12
Hombruch	31	L6
Homburg	71	P13
Homburg	67	S6
Homburg	43	N6
Homburg a. Main	71	Q12
Homert	45	M6
Homert (Berg)	45	M8
Hommerich	44	M5
Hommersum	30	K2
Hommertshausen	58	N9
Honau	84	U7
Honerdingen	23	H12
Honhardt	79	S14
Honigsee	6	D14
Honrath	43	N5
Honsolgen	89	V16
Honstetten	95	W10
Hontheim	55	P4
Honzrath	66	R4
Hoof	67	R5
Hooge	2	C9
Hooge (Insel)	2	C9
Hoogstede	20	I4
Hoopte	14	F14
Hoort	15	F18
Hope	23	I12
Hopfau	85	U9
Hopfelde	47	M13
Hopfen a. See	98	X16
Hopfenstraße	90	U19
Hopferau	98	X15
Hopferbach	98	W15
Hopferstadt	71	R14
Hopfgarten (Kreis Leipziger Land)	51	M21
Hopfgarten (Kreis Weimarer Land)	49	N17
Hoppecke	46	L9
Hoppegarten	41	I26
Hoppegarten (Dahlwitz-)	40	I24
Hoppenrade (Kreis Güstrow)	16	E20
Hoppenrade (Kreis Havelland)	27	I22
Hoppenrade (Kreis Prignitz)	26	G20
Hoppensen	35	K13
Hoppenstedt	36	K15
Hoppenwalde	19	E26
Hoppetenzell	96	W11
Hoppstädten-Weiersbach	67	R5
Hopsten	21	I6
Horas	59	O12
Horath	68	Q4
Horb	85	U10
Horbach (Kreis Aachen Land)	42	N2
Horbach (Main-Kinzig-Kreis)	70	P11
Horbach (Westerwaldkreis)	57	O7
Horben	94	W7
Horbruch	68	Q5
Horchheim	69	R8
Hordorf	37	K17
Hordorf	36	J15
Horgau	88	U16
Horgen	85	V9
Horgenzell	97	W12
Horhausen	57	O7
Horhausen (Westerwald)	56	O6
Horheim	95	X9
Horka (Niederschlesischer Oberlausitzkr.)	53	M28
Horka (Westlausitzkreis)	65	M26
Horkheim	78	S11
Horla	49	L17
Hormersdorf	63	N22
Hormersdorf	73	R18
Horn	34	K4
Horn	95	W10
Horn (Hamburg)	14	F14
Horn (Kreis Coesfeld)	33	K7
Horn (Kreis Cuxhaven)	12	F11
Horn (Kreis Soest)	45	L8
Horn (Rhein-Hunsrück-Kreis)	55	P6
Horn-Lehe	22	G10
Hornbach (Kreis Pirmasens)	67	S6
Hornbach (Neckar-Odenwald-Kreis)	71	R11
Hornbek	14	F15
Hornberg (b. Neckarzimmern)	78	S11
Hornberg (Kreis Calw)	85	U9
Hornberg (Kreis Waldshut)	94	X7
Hornberg (Schwarzwaldbahn)	84	V8
Hornbostel	23	H13
Hornburg (Kreis Mansfelder Land)	49	L18
Hornburg (Kreis Wolfenbüttel)	36	J15
Horndorf	14	G15
Horneburg	13	F12

Horneburg	31	L5
Hornhausen	37	J17
Hornisgrinde	84	U8
Horno	53	K27
Hornow	53	L27
Hornstorf	7	E18
Hornstorf	92	T21
Horrem	42	N4
Horrenberg	77	S10
Horrheim	77	T10
Horsbüll	2	B9
Horschbach	67	R6
Horsmar	48	M15
Horst	31	L5
Horst (Berg)	71	P12
Horst (Kreis Dithmarschen)	5	D11
Horst (Kreis Ludwigslust)	14	F15
Horst (Kreis Nordvorpommern)	9	D23
Horst (Kreis Steinburg)	13	E12
Horst (Kreis Unna)	33	K7
Horstdorf	38	K21
Horstedt (Kreis Nordfriesland)	2	C11
Horstedt (Kreis Rotenburg)	13	G11
Horstedt (Kreis Verden)	12	G10
Horsten	11	F7
Horstmar	32	J5
Horstwalde	39	J24
Horumersiel	11	E8
Hosena	52	L26
Hosenfeld	59	O12
Hoske	52	L26
Hossingen	85	V10
Hoßkirch	97	W12
Hotteln	35	J13
Hottelstedt	49	M17
Hottenbach	68	Q5
Hottingen	94	X8
Hottorf	42	M3
Houverath	56	O4
Hovel	11	F7
Hoven	42	N3
Hovestadt	45	L8
Howe	14	F14
Howiek	11	G7
Hoxfeld	31	K4
Hoxtrup	3	C11
Hoya	22	H11
Hoyel	21	J9
Hoyerhagen	22	H11
Hoyershausen	35	J13
Hoyerswerda	53	L26
Hoym	37	K17
Hoysinghausen	22	I10
Hubertshofen	95	W9
Huchenfeld	77	T10
Huchting (Bremen)	22	G10
Huckelheim	70	P11
Hückelhoven	44	M4
Hückelhoven	42	M2
Hückeswagen	44	M6
Hüddessum	35	J14
Hüde	22	I9
Hüffelsheim	69	Q7
Hüffenhardt	78	S11
Hüffingen	95	W9
Hügelheim	94	W6
Hügelsheim	76	T8
Hüinghausen	45	M7
Hüingsen	45	L7
Hülben	87	U12
Hülchrath	44	N4
Hüllerup	3	B12
Hüllhorst	34	J10
Hülperode	36	J15
Hüls (Kreis Krefeld)	30	L3
Hüls (Kreis Recklinghausen)	31	L5
Hülsa	59	N12
Hülsberg	21	G8
Hülsebeck	16	G19
Hülseberg	12	G10
Hülseburg	15	F17
Hülsede	35	J12
Hülsen	34	K10
Hülsen (Kreis Emsland)	21	I4
Hülsen (Kreis Verden)	23	H12
Hülsenbusch	44	M6
Hülserberg	30	L3
Hülshoff (Roxel)	31	K6
Hülsten	31	K5
Hümmel	56	O4
Hümmling	21	H6
Hünersedel	84	V16
Hünfeld	59	N13
Hünfelden	57	P8
Hünger	44	M5
Hünsborn	45	N7
Hünstetten	57	P8
Hüntel	20	H5
Hünxe	31	L4

Hünzingen	23	H12
Hüpede	35	J13
Hüpstedt	48	M15
Hürbel	87	V13
Hürben	88	U14
Hürtgen	42	N3
Hürtgenwald	42	N3
Hürth (Köln)	43	N4
Hürup	3	B12
Hüsby	3	C12
Hüsede	34	J9
Hüssingen	80	T16
Hüthum	30	K2
Hütschenhausen	67	R6
Hüttblek	14	E14
Hütten (Alb-Donau-Kreis)	87	U12
Hütten (Kreis Neustadt a. d. Waldnaab)	74	Q19
Hütten (Kreis Schwäbisch-Hall)	79	S12
Hüttenberg	58	O9
Hüttenbusch	12	G10
Hüttenfeld	70	R9
Hüttengesäß	58	P11
Hüttengrund	61	O17
Hüttenheim	72	R14
Hüttenkofen	92	T21
Hüttenrode	36	K16
Hüttensee	23	H13
Hüttenthal	70	R10
Hüttenwohld	6	D14
Hüttersdorf	66	R4
Hüttgeswasen	68	Q5
Hütting	81	T17
Hüttingen b. Lahr	54	Q2
Hüttisheim	87	V13
Hüttlingen	79	T14
Hützel	23	G14
Hüven	21	H6
Huglfing	99	W17
Hugoldsdorf	9	D22
Hugstetten	84	V7
Hugsweier	84	U7
Huisheim	80	T16
Huje	5	E12
Huldsessen	91	U22
Huldstetten	87	V12
Hullern	31	K5
Hultrop	45	L8
Humbach	99	W18
Humfeld	34	J11
Hummelfeld	3	C13
Hummelsberg	55	U9
Hummelshain	61	N18
Hummeltal	73	Q18
Hummersen	35	K11
Hummerzheim	56	O4
Hummetroth	70	Q10
Humprechtshausen	72	P15
Humptrup	2	B10
Hunau	45	M9
Hundelshausen	47	M13
Hundelshausen	72	Q15
Hundeluft	38	K21
Hunderdorf	92	T22
Hundersingen (Kreis Reutlingen)	87	U12
Hundersingen (Kreis Sigmaringen)	87	V12
Hundeshagen	48	L14
Hundham	100	W19
Hundhausen	43	N6
Hundheim	71	Q12
Hunding	92	T23
Hundisburg	37	J18
Hundsangen	57	O7
Hundsbach (Kreis Bad Kreuznach)	68	Q6
Hundsbach (Kreis Main-Spessart)	71	P13
Hundsbach (Kreis Rastatt)	85	U8
Hundsbach (Kreis Tirschenreuth)	75	P20
Hundsdorf	46	M11
Hundseck	84	U8
Hundshübel	62	O21
Hundsmühlen	11	G8
Hungen	58	O10
Hungerstorf	17	F22
Hunnebrock	34	J9
Hunsheim	43	N6
Hunsrück	68	Q5
Hunswinkel	45	M7
Hunte	21	I8
Huntebrück	12	G9
Hunteburg	21	I8
Huntlosen	22	H8
Huntorf	12	G9
Hunzen	35	K12
Hupperath	68	Q4
Hurlach	89	V16
Husbäke	11	G7
Husby	3	B12
Husen	46	L10
Hustedt	23	H14
Husten	45	N7
Husum (Kreis Nienburg)	23	I11

Husum (Kreis Nordfriesland)	2	C11
Hutberg	41	J27
Hutten	59	O12
Huttenheim	77	S9
Huttenwang	98	W15
Hutthurm	93	T24
Hutzdorf	59	N17
Hutzfeld	6	D15
Huxfeld	12	G11
Huy	36	K16
Huy-Neinstedt	36	K16
Huzenbach	85	U9
Hymendorf	12	F10

I

Iba	47	N13
Ibach (Kreis Waldshut)	94	W8
Ibach (Ortenaukreis)	84	U8
Ibbenbüren	33	J7
Iber	35	K13
Iber	73	R19
Ibersheim	69	Q9
Ibitzgraben	9	D23
Ibra	59	N12
Ichenhausen	88	U14
Ichenheim	84	U7
Ichstedt	49	L17
Ichtershausen	61	N16
Ickelheim	72	R15
Icker	33	I8
Ickern	31	L6
Icking	99	W18
Idar-Oberstein	68	Q5
Idarkopf	68	Q5
Idarwald	68	Q5
Iden	26	H19
Idenheim	54	Q3
Idensen	23	I12
Idesheim	54	Q3
Idsingen	23	H12
Idstedt	3	C12
Idstein	57	P8
Iffeldorf	99	W17
Iffens	11	F9
Iffezheim	76	T8
Ifta	48	M14
Igel	66	Q3
Igelsbachsee	80	S16
Igelsberg	85	U9
Igelsloch	77	T9
Igensdorf	73	R17
Igersheim	71	R13
Iggelbach	69	R7
Iggelheim	69	R8
Iggensbach	92	T23
Iggingen	79	T13
Igling	88	V16
ihausen	11	G7
Ihlbeck	13	F11
Ihleburg	37	J19
Ihlenfeld	17	F24
Ihlienworth	12	E10
Ihlow	11	I26
Ihlow	11	F6
Ihlowerfehn	11	F6
Ihlowerhorn	11	F6
Ihme-Roloven	35	J13
Ihmert	45	M7
Ihn	66	S3
Ihren	11	G6
Ihrenbrück	54	P2
Ihrhove	11	G6
Ihringen	84	V6
Ihringshausen	47	L12
Ihrlerstein	82	T19
Ikenhausen	46	L11
Ilbenstadt	58	P10
Ilberstedt	37	K19
Ilbeshausen	59	O11
Ilbesheim b. Kirchheimbolanden	69	Q8
Ilbesheim b. Landau	76	S8
Ildehausen	36	K14
Ilfeld	48	L16
Ilhorn	23	G13
Ilka Höhe	99	W17
Illenschwang	79	S15
Iller	98	X14
Illerberg	87	V14
Illerbeuren	98	W14
Illerich	55	P5
Illerieden	87	V14
Illerkirchberg	88	U14
Illertissen	87	V14
Illerwinkel	22	H8
Illesheim	72	R15
Illingen	77	T10
Illingen	66	R4
Illkofen	82	S20
Illmensee	97	W12
Illmersdorf	52	K24
Illschwang	81	R19
Ilm	89	U18
Ilm (Fluß)	61	N17
Ilme	35	K13

Ilmenau	14	G15
Ilmenau	60	N16
Ilmendorf	89	T18
Ilmmünster	89	U18
Ilmspan	71	Q13
Ilse	36	K16
Ilse	22	I11
Ilsede	36	J14
Ilsenburg	36	K16
Ilsfeld	78	S11
Ilshofen	79	S13
Ilster	23	G14
Ilten	35	I13
Ilvese	22	I11
Ilvesheim	70	R9
Ilz	93	T24
Imbshausen	35	K14
Immekath	25	I17
Immekeppel	43	N5
Immelborn	60	N14
Immendingen	95	W10
Immendorf	42	N2
Immendorf	36	J15
Immeneich	94	W8
Immenhausen	47	L12
Immenreuth	74	Q19
Immenried	97	W13
Immenrode (Kreis Goslar)	36	K15
Immenrode (Kreis Nordhausen)	48	L16
Immensen (Kreis Hannover)	24	I14
Immensen (Kreis Northeim)	35	K13
Immenstaad	97	W12
Immenstadt	98	X14
Immenstedt	3	C11
Immer	22	G9
Immerath	42	M3
Immichenhain	59	N12
Immighausen	46	M10
Immingerode	48	L14
Impflingen	76	S8
Imsbach	69	R7
Imsen	35	K13
Imsum	12	F9
Imsweiler	69	R7
Inchenhofen	89	U17
Inde	42	N2
Indelhausen	87	V12
Inden	42	N3
Ingeleben	36	J16
Ingelfingen	79	S12
Ingelheim a. Rhein	69	Q8
Ingeln	35	J13
Ingenhofen	76	S8
Ingenried (Kreis Ostallgäu)	98	W15
Ingenried (Kreis Weilheim-Schongau)	98	W16
Ingerkingen	87	V13
Ingersheim	78	T11
Ingersleben	60	N16
Ingoldingen	87	V13
Ingolstadt	81	T18
Ingstetten	87	U12
Inheiden	58	O10
Inkofen (Kreis Freising)	90	U19
Inkofen (Kreis Landshut)	90	T20
Inn	93	U24
Inneringen	86	V11
Innernzell	93	T23
Innerste	36	K14
Innerstestausee	36	K14
Innien	5	D13
Inning a. Ammersee	89	V17
Inning a. Holz	90	U20
Inningen	88	V16
Insel (Kreis Soltau-Fallingbostel)	13	G13
Insel (Kreis Stendal)	25	I19
Insel Koos	9	D24
Insel Riems	9	D24
Inselsee	16	E20
Insheim	76	S8
Insingen	80	S14
Insul	56	O4
Intschede	22	H11
Inzell	101	W22
Inzigkofen	86	V11
Inzinghofen	98	W14
Inzlingen	94	X7
Inzmühlen	13	G13
Ipernstedt	3	C11
Iphofen	72	Q14
Ippendorf (Bonn)	43	N5
Ippesheim	72	R14
Ippingen	85	W10
Ipphausen	46	M11
Ipsheim	72	R15
Iptingen	77	T10
Ipwegermoor	12	G8
Irchenrieth	75	R20
Irenensee	24	I14
Irfersdorf	81	T18
Irfersgrün	62	O21
Irl	90	V21

Irlach	82	R21
Irlahüll	81	T19
Irlbach	92	T22
Irmelshausen	60	O15
Irmenach	68	Q5
Irmgarteichen	57	N8
Irmtraut	57	O8
Irndorf	85	V10
Irnsing	81	T19
Irrel	54	Q3
Irrhausen	54	P2
Irsch	66	R3
Irschenberg	100	W19
Irsching	81	T18
Irsee	98	W15
Irsen	54	P2
Irslingen	85	V9
Irxleben	37	J18
Isar	99	X17
Isarfall	99	X17
Isarwinkel	99	W18
Iselersheim	12	F11
Iselshausen	85	U10
Isen	90	V20
Isenach	69	R8
Isenbruch	42	M1
Isenbüttel	24	I15
Isenburg	57	O6
Isenhagen (Hankensbüttel)	24	H15
Isensee	13	E11
Isenstedt	34	I9
Iseringhausen	45	N7
Iserlohn	45	L7
Iserlohnerheide	45	L7
Isernhagen	23	I13
Ismaning	89	V19
Isny	97	W14
Ispringen	77	T10
Issel	30	K3
Isselbach	57	O7
Isselburg	30	K3
Isselhorst	34	K9
Issendorf	13	F12
Isserstedt	49	N18
Issigau	61	O19
Issing	99	W16
Issum	30	L3
Isterbies	38	J20
Istha	47	M11
Istrup (Kreis Höxter)	34	K11
Istrup (Kreis Lippe)	34	K11
Ith Hills	35	J12
Ittel	54	Q3
Ittenbach	43	N5
Ittendorf	97	W12
Ittenhausen	86	V11
Itter	70	R11
Itterbeck	20	I4
Ittersbach	77	T9
Ittersdorf	66	S3
Ittling (Kreis Nürnberger Land)	73	R18
Ittling (Kreis Straubing)	92	T21
Ittlingen	77	S10
Itz	72	P16
Itzehoe	5	E12
Itzenbuttel	13	G13
Itzenhain	46	N11
Itzgrund	72	P16
Itzstedt	14	E14
Itzum	35	J13
Iven	17	E24
Ivenack	17	E22
Ivendorf	6	E16
Ivenrode	37	J17
Iversheim	56	O4
Iznang	95	W10

J

Jabel (Kreis Müritz)	16	F21
Jabel (Kreis Ostprignitz-Ruppin)	26	G21
Jachen	99	X18
Jachenau	99	X18
Jachenhausen	81	T19
Jackerath	42	M3
Jacobsdorf	41	I27
Jacobsthal	51	L23
Jade	11	F8
Jade (Fluß)	11	F8
Jadebusen	11	F8
Jaderberg	11	G8
Jaderkreuzmoor	11	G8
Jaderlangstraße	12	G8
Jaebetz	16	G21
Jägerei	24	H14
Jägerkrug	3	C12
Jägersdorf	91	U22
Jägersburg	67	R5
Jägersruh	91	P19
Jägerwirth	91	U23
Jäglitz	26	H21
Jämlitz	53	L27
Jänickendorf (Kreis Oder-Spree)	41	I26

Jänickendorf (Kreis Teltow-Fläming)......39 J23
Jänkendorf......65 M28
Jännersdorf......16 G20
Jänschwalde......53 K27
Jänschwalde Ost......53 K27
Jävenitz......25 I18
Jagdshof......61 O17
Jagel......3 C12
Jagetzow......17 E24
Jagow......29 F25
Jagst......79 S12
Jagstberg......79 S13
Jagsthausen......79 S12
Jagstheim......80 S14
Jagstzell......79 S14
Jahmo......39 K22
Jahna......51 M23
Jahna-Löthain......64 M24
Jahnberge......26 H22
Jahnsdorf......63 N22
Jahnsfelde......41 I26
Jahrdorf......93 U24
Jahrsdorf......81 S17
Jahrsdorf......5 D12
Jahrstedt......25 I16
Jakobsdorf......9 D22
Jakobshagen......29 G24
Jakobsthal......71 P11
Jakobwüllesheim......42 N3
Jameln......25 G17
Jamlitz......41 K27
Jandelsbrunn......93 T25
Janneby......3 C11
Jannowitz......52 L25
Japenzin......17 E24
Japsand (Insel)......2 C9
Jarchau......26 I19
Jardelund......3 B11
Jardinghausen......22 H10
Jarlingen......23 H12
Jarmen......17 E24
Jarnsen......24 I14
Jarplund-Weding......3 B12
Jasmund......9 C24
Jasnitz......15 F18
Jastorf......24 G15
Jatzke......17 F24
Jatznick......19 F25
Jebenhausen......87 T12
Jeber-Bergfrieden......38 K21
Jechtingen......84 V6
Jeckenbach......68 Q6
Jeddeloh I......11 G8
Jeddeloh II......21 G8
Jeddingen......23 H12
Jederitz......26 H20
Jedesheim......88 V14
Jedinghagen......44 M6
Jeeben......25 H17
Jeetzbach......15 G19
Jeetze......25 H18
Jeetze (Bach)......25 H17
Jeetzel......15 G17
Jeggau......25 I17
Jehserig......53 L26
Jeinsen......35 J13
Jelmstorf......24 G15
Jembke......24 I16
Jemgum......11 G6
Jemmeritz......25 I17
Jena......61 N18
Jengen......98 W16
Jenkofen......90 U20
Jenkwitz......65 M27
Jennelt......10 F5
Jenner......101 X23
Jennewitz......7 D19
Jerchel (Altmarkkreis Salzwedel)......25 I17
Jerchel (Kreis Havelland)......38 I21
Jerchel (Kreis Stendal)......38 I19
Jerichow......38 I20
Jerischke......53 L28
Jerrishoe......3 C12
Jersbek......14 E14
Jersleben......37 J18
Jerstedt......36 K15
Jerxheim......36 J16
Jerze......36 K14
Jesberg......46 N11
Jesendorf......90 U21
Jesendorf......21 E18
Jesenwang......89 V17
Jeserig b. Belzig......38 J21
Jeserig b. Brandenburg......38 I22
Jeseritz......25 I17
Jesewitz......50 L21
Jessen......39 K22
Jessenitz......15 G17
Jessern......41 J26
Jessin......9 D23
Jeßnigk......51 K23
Jeßnitz......50 K20
Jestädt......47 M14
Jesteburg......13 G13
Jestetten......95 X9
Jetsch......52 K24

Jettebruch......23 H13
Jettenbach......90 V21
Jettenbach......67 R6
Jettingen......85 U10
Jettingen-Scheppach......88 U15
Jettkofen......97 W12
Jetzendorf......89 U18
Jevenstedt......5 D12
Jever......11 F7
Jeversen......23 I13
Jheringsfehn......11 G6
Joachimsthal......29 H25
Jobstgreuth......72 R15
Jochberg......99 X18
Jochenstein (Talsperre)......93 U25
Jocketa......62 O20
Jockgrim......77 S8
Jocksdorf......53 L27
Joditz......62 O19
Jöhlingen......77 S9
Jöhstadt......63 O23
Jöllenbeck......34 J9
Jördenstorf......16 E21
Jörl......3 C11
Jößnitz......62 O20
Johanngeorgenstadt......63 O22
Johannesberg......70 P11
Johannesberg b. Fulda......59 O12
Johannesbrunn......90 U21
Johannisberg......69 P7
Johanniskirchen......91 U22
Johanniskreuz......69 R7
Joldelund......3 C11
Jonsdorf......65 N28
Jork......13 F13
Jossa......59 P12
Jossa (Fluß)......59 P12
Jossgrund......71 P12
Jostal......94 W8
Jucken......54 P2
Judenbach......61 O17
Jübar......24 H16
Jübberde......11 G7
Jübek......3 C12
Jüchen......42 M3
Jüchsen......60 O15
Jüdenberg......50 K21
Jüdendorf......49 M19
Jügesheim......70 P10
Jühnde......47 L13
Jülchendorf......15 E19
Jülich......42 N3
Jümme......11 G7
Jünkerath......54 O3
Jürgenshagen......16 E19
Jürgenstorf (Kreis Demmin)......17 F22
Jürgenstorf (Kreis Lüneburg)......14 G15
Jüterbog......39 K23
Jütrichau......38 K20
Jützenbach......48 L15
Jugenheim (Seeheim-)......70 Q9
Jugenheim i. Rheinhessen......69 Q8
Juhöhe......70 R10
Juist......10 E4
Juist (Insel)......10 E4
Julbach......91 V22
Juliusburg......14 F15
Juliusruh......9 C24
Jungingen (Kreis Ulm)......87 U13
Jungingen (Zollernalbkreis)......86 V11
Jungnau......86 V11
Junkersdorf......72 P15
Junkersdorf a. d. Weisach......72 P16
Junkershausen......60 O15
Junkersrott......10 F5
Justingen......87 U12

K

Kaaks......5 E12
Kaakstedt......29 G25
Kaan-Marienborn......57 N8
Kaarßen......15 G17
Kaarst......42 M3
Kaarz......15 E19
Kabel......31 L6
Kabelhorst......6 D16
Kabelitz......26 I20
Kablow......40 J25
Kabelitz......25 I17
Kachtenhausen......34 K10
Kade......38 I20
Kadelburg......94 X8
Kaden......57 O7
Käbelicksee......17 F22
Käbschütztal......64 M24
Kälberbronn......85 U9
Kämmerzell......59 O12
Kämpfelbach......77 T9
Kändler......63 N22
Kärlingerhaus......101 X22
Kästorf (Kreis Gifhorn)......24 I15
Kästorf (Kreis Wolfsburg)......24 I16
Käthen......25 I18
Kagar......28 G22
Kagel......40 I25
Kagenow......17 E24
Kahl a. Main......70 P11
Kahla......52 L24
Kahla......61 N18
Kahleberg......64 N25
Kahler Asten......46 M9
Kahlersberg......101 X23
Kahren......53 K27
Kahren......66 R3
Kahrstedt......25 H18
Kahsel......53 L27
Kaichen......58 P10
Kaierde......35 K13
Kaifenheim......55 P5
Kaikenried......83 S23
Kailbach......70 R11
Kainsbach......81 R18
Kaisa......51 L23
Kaiser-Wilhelm-Koog......4 E10
Kaiserau (Kreis Dortmund)......45 L6
Kaiserau (Oberbergischer Kreis)......45 M6
Kaiseringen......86 V11
Kaisersbach......79 T12
Kaisersesch......55 P5
Kaisershagen......48 M15
Kaiserslautern......69 R7
Kaiserstuhl......84 V6
Kaiserswerth......44 M4

Kaiserwinkel......25 I16
Kaisheim......80 T16
Kaitersberg......83 S22
Kajedeich......13 E11
Kakau......38 K21
Kakau......24 H16
Kakenstorf......13 G13
Kakerbeck......13 F12
Kakerbeck......25 H17
Kaköhl......6 D16
Kalbach......59 O12
Kalbe......25 I18
Kalbe......13 G12
Kalbensteinberg......80 S16
Kalbsrieth......49 L18
Kalchreuth......73 R17
Kaldauen......43 N5
Kaldenhausen......30 L3
Kaldenkirchen......30 M2
Kaldorf......81 T17
Kalefeld......35 K14
Kalenborn (Kreis Ahrweiler)......56 O4
Kalenborn (Kreis Cochem-Zell)......55 P5
Kalenborn (Kreis Neuwied)......56 O5
Kalenborn-Scheuern......55 P3
Kalifornien......6 C15
Kalkar......30 K2
Kalkhorst......6 D16
Kalkofen......96 W11
Kalkreuth......64 M24
Kall......54 O3
Kalldorf......34 J10

Kallenbach......31 K4
Kallenhardt......46 L9
Kallinchen......39 J24
Kallmerode......48 L14
Kallmoor......13 G12
Kallmünz......82 S19
Kallmuth......54 O3
Kallstadt......69 R8
Kalme......36 J15
Kalmit......76 S8
Kalt......55 P6
Kalteck......92 T22
Kaltenborn......56 O5
Kaltenbronn......85 T9
Kaltenbrunn (Kreis Coburg)......72 P16
Kaltenbrunn (Kreis Neustadt a. d. Waldnaab)......73 R19
Kalteneber......48 M14
Kalteneggolsfeld......73 Q17
Kaltenengers......56 O6
Kaltenhof......7 D18
Kaltenkirchen......13 E13
Kaltenlengsfeld......60 O14
Kaltenmark......50 L19
Kaltennordheim......60 O14
Kaltensondheim......71 Q14
Kaltensundheim......60 O14
Kaltental......98 W16
Kaltenweide......23 I13
Kaltenwestheim......60 O14
Kalterherberg......54 O2
Kaltes Feld......79 T13
Kalthausen......44 M6

Kalthof......45 L7
Kaltohmfeld......48 L15
Kaltwasser......65 M28
Kalübbe......17 F23
Kalübbe......6 D14
Kambs (Kreis Güstrow)......16 E20
Kambs (Kreis Müritz)......16 G21
Kamen......45 L6
Kamenz......64 M26
Kamern......26 H20
Kamin......15 E19
Kammbach......84 U7
Kammeltal......88 U15
Kammer......101 W21
Kammerbach......47 M13
Kammerberg......89 U18
Kammerforst......72 P16
Kammerforst......48 M15
Kammerstatt......79 S13
Kammerstein......80 S14
Kammin......9 E24
Kamminke......19 E26
Kamp......19 E25
Kamp Bornhofen......55 P6
Kamp-Lintfort......30 L3
Kampe......21 G7
Kampen (Sylt)......2 B9
Kampenwand......100 W21
Kamperfehn......21 G7
Kampsdorf......61 O18
Kandel......76 S8
Kandel (Berg)......84 V8
Kandelin......9 D23
Kandelwald......84 V7

KARLSRUHE

Adenauerring......DX 2
Akademiestr.......DX 3
Amalienstr.......DX 12
Am Stadtgarten......EZ 8
Bahnhofpl.......EZ 13
Bahnhofstr.......EZ 14
Bannwaldallee......CYZ
Baumeisterstr.......EY 16
Beiertheimer Allee......DYZ 17
Bismarckstr.......DX
Blücherstr.......CX
Brauerstr.......DY
Breite Str.......DZ
Bulacher Str.......DZ 21
Ebertstr.......DZ
Eisenlohrstr.......CY
Erbprinzenstr.......DX 29
Ettlinger Allee......EZ 31
Ettlinger Str.......EYZ 32
Europapl.......DX 33
Fautenbruchstr.......EZ
Fritz-Erler-Str.......EY 34
Gartenstr.......CDY
Grünwinkler Str.......CZ 37
Hans-Thoma-Str.......EX 40
Hermann-Billing-Str.......EY 44
Herrenstr.......DY 46
Hirschstr.......DYZ
Jollystr.......DY
Kaiserallee......CX
Kaiserpl.......DX 49
Kaiserstr.......DEX 50
Karlstr.......DYZ
Karl-Friedrich-Str.......EY 52
Kriegsstr.......CDEY
Litzenhardtstr.......CZ
Ludwig-Marum-Str.......CX
Luisenstr.......EY 64
Marienstr.......EY
Marie-Alexandra-Str.......DZ 65
Markgrafenstr.......EXY 67
Marktpl.......EX 68
Mathystr.......DY 70
Mittelbruchstr.......EZ 71
Moltkestr.......CDX
Nebeniusstr.......EZ 74
Neckarstr.......DZ
Neue-Anlage-Str.......CZ 76
Nördliche Hildapromenade......CX 80
Otto-Wels-Str.......CZ
Poststr.......EZ 86
Pulverhausstr.......CZ
Reinhold-Frank-Str.......DX 89
Rheinstr.......CX 90
Ritterstr.......DY
Rüppurrer Str.......EYZ
Scheffelstr.......CXY
Schillerstr.......CXY
Schloßpl.......EX 95
Schwarzwaldstr.......EZ 98
Seldeneckstr.......CY
Sophienstr.......CDXY
Steinhäuserstr.......CY
Stephanienstr.......DX 104
Südendstr.......CDY
Waldhornstr.......EX 110
Waldstr.......DX 112
Weiherfeldstr.......DZ 113
Werderpl.......EY 116
Wilhelmstr.......EY 121
Wilhelm-Baur-Str.......CY 119
Willy-Brandt-Allee......DX 122
Yorckstr.......CXY
Zeppelinstr.......CY 126
Zirkel......EX 127

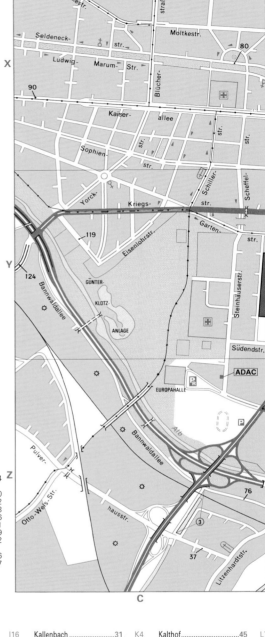

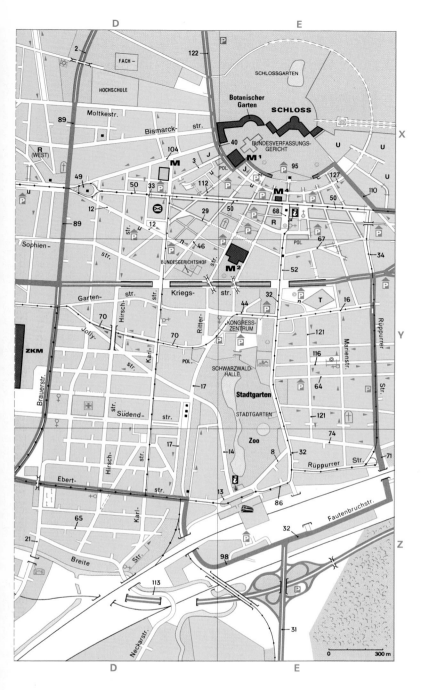

Katzbach	83	S22	Kemnitz (Elstertalkreis)	62	O19
Katzenbach (Kreis			Kemnitz (Kreis		
Altenkirchen)	57	N7	Löbau-Zittau)	65	M28
Katzenbach (Kreis			Kemnitz (Kreis		
Bad Kissingen)	59	P13	Ostvorpommern)	9	D24
Katzenbuckel	70	R11	Kemnitz (Kreis Prignitz)	26	G20
Katzenelnbogen	57	P7	Kemnitz (Kreis		
Katzenfurt	57	O9	Teltow-Fläming)	39	J22
Katzenloch	68	Q5	Kempen		
Katzensteig	84	V8	(Kreis Heinsberg)	42	M2
Katzenstein	88	T15	Kempen (Kreis Viersen)	30	L3
Katzental	78	R11	Kempenich	56	O5
Katzhütte	61	O17	Kempfeld	68	Q5
Katzow	19	D25	Kempfenbrunn	71	P12
Katzwang	81	R17	Kempten	98	W14
Katzweiler	69	R7	Kemptener Haus	98	X14
Katzwinkel	57	N7	Kemptner-Hütte	98	Y14
Kaub	69	P7	Kemtau	63	N22
Kauern	62	N20	Kennfus	55	P5
Kauerndorf	74	P18	Kenz	8	D22
Kaufbeuren	98	W15	Kenzenhütte	98	X16
Kaufering	88	V16	Kenzingen	84	V7
Kaufungen (Kreis			Keppeln	30	K2
Chemnitzer Land)	63	N22	Keppenbach	84	V7
Kaufungen			Kerbfeld	72	P15
(Kreis Kassel)	47	M12	Kerkau	25	H18
Kaufunger Wald	47	L13	Kerken	30	L3
Kaulhausen	82	S20	Kerkingen	80	T15
Kaulitz	25	H18	Kerkow	29	G25
Kaulsdorf	61	O18	Kerkuhn	25	H18
Kaunitz	34	K9	Kerkwitz	53	K27
Kausche	52	L26	Kermeter (Der)	42	O3
Kauschwitz	62	O20	Kernen i. Remstal	79	T12
Kausen	57	O6	Kerpen	42	N4
Kautenbach	68	Q5	Kerpen (Eifel)	54	P4
Kautendorf	74	P19	Kersbach	73	Q17
Kavelsdorf	8	D22	Kerschenbach	54	O3
Kavelstorf	8	D20	Kerspe-Stausee	44	M6
Kay	101	V22	Kerspenhausen	59	N12
Kayh	85	U10	Kerspleben	49	M17
Kayhausen	11	G8	Kerstenhausen	46	M11
Kayhude	14	E14	Kerstlingerode	48	L14
Kayna	62	N20	Kervenheim	30	L2
Keeken	30	K2	Kerzell	59	O13
Keez	15	E18	Kerzendorf	39	J23
Kefenrod	58	O11	Kerzenheim	69	R8
Kefferhausen	48	M14	Kesbern	45	L7
Kehdingbruch	12	E10	Kesdorf	6	D15
Kehdingen	13	E11	Kessel	30	K2
Kehl	84	U7	Kesseling	56	O5
Kehlbach	61	O17	Kesselsdorf	64	M24
Kehlen	97	W12	Kessin (Kreis		
Kehlstein	101	X23	Bad Doberan)	8	D20
Kehmstedt	48	L15	Kessin (Kreis Demmin)	17	E23
Kehnert	38	I19	Keßlar	61	N18
Kehrberg	26	G20	Kesternich	42	O2
Kehrenbach	47	M12	Kestert	55	P6
Kehrig	55	P5	Ketelsbüttel	4	D11
Kehrigk	41	J25	Ketelshagen	9	C24
Kehrsen	14	F16	Ketelswarf	2	C9
Kehrum	30	K3	Ketsch	78	R9
Keidenzell	80	R16	Ketteldorf	80	R16
Keilberg	70	Q11	Ketten	59	O13
Keitlinghausen	33	K8	Kettenacker	86	V11
Keitum	2	B9	Kettenbach	57	P8
Kelberg	55	P4	Kettenburg	23	H12
Kelbra	49	L17	Kettenhausen	43	N6
Kelbra (Stausee)	48	L16	Kettenhöfstetten	80	R15
Keldenich (Erftkreis)	43	N4	Kettenkamp	21	I7
Keldenich			Ketterschwang	98	W16
(Kreis Euskirchen)	54	O3	Kettershausen	88	V14
Kelheim	82	T19	Kettig	56	O6
Kelkheim	70	P9	Kettwig	31	L4
Kell (Kreis			Ketzerbachtal	51	M23
Mayen-Koblenz)	56	O5	Ketzin	39	I22
Kell (Kreis			Ketzür	38	I21
Trier-Saarburg)	66	R4	Keula	48	M15
Kella	47	M14	Keulenberg	64	M25
Kellberg	93	U24	Kevelaer	30	L2
Kellen	30	K2	Kevenhüll	81	S18
Kellenbach	68	Q6	Keyenberg	42	M3
Kellenhusen	7	D17	Kicklingen	88	U15
Keller	27	H23	Kiebitz	51	M23
Kellerhöhe	21	H8	Kiebitzreihe	13	E12
Kellersee	6	D15	Kiedrich	69	P8
Kellerwald	46	M11	Kiefersfelden	100	X20
Kellinghusen	5	E13	Kiehnwerder	41	I26
Kellmünz	87	V14	Kiekebusch	53	K27
Kelsterbach	70	P9	Kiekindemark	15	F19
Keltern	77	T9	Kiel	6	D14
Kelz	42	N3	Kieler Bucht	3	B14
Kelze	47	L12	Kieler Förde	6	C14
Kemberg	50	K21	Kiemertshofen	89	U17
Kemel	69	P8	Kienbaum	41	I25
Kemlitz	52	K24	Kienberg	27	I22
Kemmen	52	K25	Kienberg	100	V21
Kemmenau	57	P8	Kienberg	27	H27
Kemmern	72	Q16	Kierdorf	43	N4
Kemnade			Kierspe	45	M6
(Bodenwerder)	35	K12	Kierspe Bahnhof	45	M6
Kemnader See	31	L5	Kieselbach	60	N14
Kemnat	88	U15	Kieselbronn	77	T10
Kemnat (Stuttgart)	78	T11	Kieselwitz	41	J27
Kemnath			Kieve	16	G21
(Kreis Schwandorf)	82	R20	Kilchberg	86	U11
Kemnath (Kreis			Kilianshof	59	O14
Tirschenreuth)	74	Q19	Killer	86	V11
Kemnath a. Buchberg	82	R20	Killingen	80	T14
Kemnathen	81	S18	Kimbach	70	Q11

Kandern	94	W7	Kareth	82	S20	Karow (Kreis		
Kandertal	94	W7	Karft	15	F17	Jerichower Land)	38	I20
Kannawurf	49	M17	Kargow	17	F22	Karow (Kreis Parchim)	16	F20
Kannemoor	4	E11	Karin	7	D23	Karow (Kreis Rügen)	9	C24
Kanzach	87	V12	Karith	38	J19	Karpfham	91	U23
Kanzelwand	98	X14	Karken	42	M2	Karrendorf	9	D24
Kanzem	54	Q3	Karlburg	71	Q13	Karrenzin	15	F19
Kanzlersgrund		N15	Karlsbach	93	T24	Karsbach	71	P13
Kapellen (Kreis Kleve)	30	L3	Karlsbad	77	T9	Karsdorf	49	M18
Kapellen (Kreis Wesel)	30	L3	Karlsbrunn	66	S4	Karsee	97	W13
Kapellen (Erft)	42	M3	Karlsburg	9	E24	Karstädt (Kreis		
Kapellendorf	49	N18	Karlsdorf	62	N19	Ludwigslust)	15	G18
Kapern	25	G18	Karlsdorf-Neuthard	77	S9	Karstädt (Kreis Prignitz)	15	G19
Kapfenburg	80	T14	Karlsfeld	89	V18	Karthane	25	H20
Kappe	27	H24	Karlshagen	19	D25	Karthaus	31	K5
Kappel	55	P6	Karlshausen	54	P2	Kartlow		
Kappel (Kreis Biberach			Karlshöfen	12	F11	(Kreis Demmin)	17	E23
a. d. Riß)	87	V12	Karlshuld	89	T17	Kartlow (Kreis Nordwest-		
Kappel			Karlskron	89	T18	mecklenburg)	7	E18
(Kreis Ravensburg)	97	W12	Karlsminde	3	C13	Karwe	27	H22
Kappel b. Lenzkirch	94	W8	Karlsruhe	77	S9	Karwitz	23	G17
Kappel b. Waldsassen	75	P20	Karlstadt	71	Q13	Karze	14	G16
Kappel-Grafenhausen	84	V7	Karlstein	101	W22	Kasbach-Ohlenberg	56	O5
Kappeln	3	C13	Karlstein a. Main	70	P11	Kaschow	9	D23
Kappelrodeck	84	U8	Karlum	2	B10	Kasel-Golzig	52	K25
Karbach			Karm	81	S17	Kasendorf	74	P18
(Kreis Main-Spessart)	71	Q12	Karmitz	25	G17	Kasing	81	T18
Karbach (Rhein-			Karnap	31	L5	Kasnevitz	9	C24
Hunsrück-Kreis)	55	P6	Karnin (Kreis			Kaspeltshub	82	S20
Karben	70	P10	Nordvorpommern)	9	D22	Kassau	25	H16
Karbow-Vietlübbe	16	F20	Karnin (Kreis			Kassebruch	12	F9
Karby	3	C13	Ostvorpommern)	19	E25	Kasseburg	14	F15
Karcheez	16	E20	Karnitz	9	C24	Kasseedorf	6	D16
Karden	55	P5	Karolinenkoog	4	D10	Kassel	47	M12
Kardorf	97	W14	Karow (Kreis Güstrow)	16	E20			

Kassel			Kemnade		
(Main-Kinzig-Kreis)	59	P11	(Bodenwerder)	35	K12
Kasselburg	54	P4	Kemnader See	31	L5
Kassieck	25	I18	Kemnat	88	U15
Kassow	16	E20	Kemnat (Stuttgart)	78	T11
Kastel	67	R4	Kemnath		
Kastel (Mainz-)	69	P8	(Kreis Schwandorf)	82	R20
Kastel-Staadt	66	R3	Kemnath (Kreis		
Kastellaun	55	P6	Tirschenreuth)	74	Q19
Kaster	42	M3	Kemnath a. Buchberg	82	R20
Kastl (Kreis Altötting)	91	V22	Kemnathen	81	S18
Kastl (Kreis					
Amberg-Sulzbach)	81	R19			
Kastl (Kreis					
Tirschenreuth)	74	Q19			
Kastorf (Kreis Demmin)	17	E23			
Kastorf (Kreis Herzogtum					
Lauenburg)	14	E15			
Katelbogen	16	E19			
Katensen	24	I14			
Katerbow	26	H21			
Katernberg (Wuppertal-)	44	M5			
Katharinenheerd	4	C10			
Kathlow	53	K27			
Kathrinhagen	35	J11			
Kathus	59	N13			
Kating	4	D10			
Katlenburg-Lindau	36	K14			
Katrop	45	L8			
Katschenreuth	74	P18			
Katschow	19	E26			
Kattendorf	13	E14			
Kattenstroth	34	K9			
Kattenvenne	33	J7			
Kattrepel	4	E11			

KASSEL

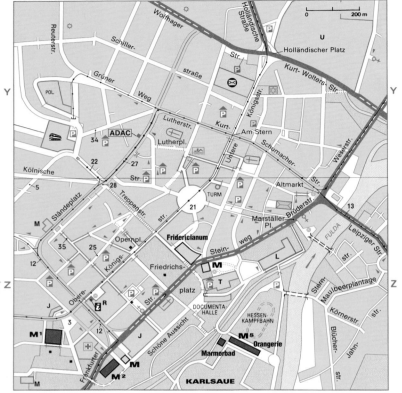

Brüder-Grimm-Pl.	Z 3	
Bürgerm.-Brunner-Str.	Z 5	
Fünffensterstr.	Z 12	
Fuldabrücke	Z 13	
Königspl.	Z 21	
Kurfürstenstr.	Y 22	
Neue Fahrt	Z 25	
Obere Königsstr.	Z	
Rudolf-Schwander-Str.	Y 27	
Scheidemannpl.	Z 28	
Ständestr.	Z	
Treppenstr.	Z	
Untere Königsstr.	Z	
Werner-Hilpert-Str.	Y 34	
Wilhelmstr.	Z 35	

Kimratshofen	98	W14
Kindelbrück	49	M17
Kindelsberg	45	N7
Kindenheim	69	R8
Kinderbeuern	55	P5
Kinderhaus	31	K6
Kinding	81	S18
Kindsbach	67	R6
Kinheim	68	Q5
Kinsau	98	W16
Kinzig	85	U9
Kinzig	70	P11
Kinzigtalsperre	59	P12
Kinzweiler	42	N2
Kipfenberg	81	T18
Kippenheim	84	V7
Kippenheimweiler	84	V7
Kipsdorf	64	N25
Kirberg	57	P8
Kirburg	57	N7
Kirch Baggendorf	9	D22
Kirch-Brombach	70	Q10
Kirch-Göns	58	O9
Kirch Grubenhagen	16	F21
Kirch Jesar	15	F17
Kirch Mulsow	7	E19
Kirch Rosin	16	E20
Kirch Stück	15	E18
Kirchahorn	73	Q18
Kirchaich	72	Q16
Kirchaitnach	83	S22
Kirchanschöring	101	W22
Kirchardt	77	S10
Kirchasch	90	V20
Kirchbarkau	6	D14
Kirchberg (Kreis Erding)	90	U20
Kirchberg (Kreis Goslar)	36	K14
Kirchberg (Kreis Landshut)	90	U21
Kirchberg (Kreis Passau)	91	U23
Kirchberg (Kreis Zwickauer Land)	62	O21
Kirchberg (Schwalm-Eder-Kreis)	47	M11
Kirchberg (Rhein-Hunsrück-Kreis)	68	Q6
Kirchberg a. d. Iller	87	V14
Kirchberg a. d. Jagst	79	S13
Kirchberg a. d. Murr	79	T12
Kirchberg b. Jülich	42	N3
Kirchberg i. Wald	92	T23
Kirchbichl	99	W18
Kirchbierlingen	87	V13
Kirchboitzen	23	H12
Kirchboke	34	K9
Kirchborchen	34	L10
Kirchbracht	58	O11
Kirchbrak	35	K12
Kirchdorf (Kreis Aurich)	11	F6
Kirchdorf (Kreis Diepholz)	22	I10
Kirchdorf (Kreis Keilheim)	90	T19
Kirchdorf (Kreis Mühldorf a. Inn)	90	V20
Kirchdorf (Kreis Nordvorpommern)	9	D23
Kirchdorf (Kreis Nordwestmecklenburg)	7	D18
Kirchdorf (Kreis Unterallgäu)	88	V15
Kirchdorf a. d. Amper	89	U18
Kirchdorf a. d. Iller	88	V14
Kirchdorf a. d. Haunpold	100	V19
Kirchdorf a. Inn	91	V23
Kirchdorf i. Wald	92	T23
Kirchdornberg	34	J9
Kirchehrenbach	73	Q17
Kircheib	43	N6
Kirchen	87	V12
Kirchen	57	N7
Kirchen-Hausen	95	W10
Kirchenarnbach	67	R6
Kirchenbirkig	73	Q18
Kirchenbollenbach	68	Q6
Kirchendemenreuth	75	Q20
Kirchengel	48	M16
Kirchenkirnberg	79	T13
Kirchenlamitz	74	P19
Kirchenpingarten	74	Q19
Kirchenreinbach	73	R18
Kirchensall	79	S12
Kirchensittenbach	73	R18
Kirchentellinsfurt	86	U11
Kirchenthumbach	74	Q19
Kirchenwinn	81	S19
Kirchfarrnbach	80	R16
Kirchfembach	72	R16
Kirchgellersen	14	G14
Kirchhain	58	N10
Kirchham	91	U23
Kirchhammelwarden	12	G9
Kirchhaslach	88	V14
Kirchhatten	22	G9
Kirchhausen	78	S11
Kirchheide	34	J10
Kirchheilingen	48	M16
Kirchheim (Ilm-Kreis)	61	N17
Kirchheim (Kreis Euskirchen)	56	O4
Kirchheim (Kreis Hersfeld-Rotenburg)	59	N12
Kirchheim (Kreis Traunstein)	101	V22
Kirchheim (Kreis Würzburg)	71	R13
Kirchheim a. d. Weinstraße	69	R8
Kirchheim a. Neckar	78	S11
Kirchheim a. Ries	80	T15
Kirchheim b. München	90	V19
Kirchheim i. Schwaben	88	V15
Kirchheim u. Teck	87	U12
Kirchheimbolanden	69	R8
Kirchhellen	31	L4
Kirchherten	42	M3
Kirchhöfe	84	V8
Kirchhof	47	M12
Kirchhofen	94	W7
Kirchhorst	23	I13
Kirchhoven	42	M2
Kirchhundem	45	M8
Kirchkimmen	22	G9
Kirchlauter	72	P16
Kirchlein	73	P17
Kirchlengern	34	J9
Kirchleus	74	P18
Kirchlinteln	23	H11
Kirchmöser	38	I21
Kirchmöser Dorf	38	I21
Kirchnüchel	6	D16
Kirchohmfeld	48	L15
Kirchohsen	35	J12
Kirchröttenbach	73	R17
Kirchroth	92	T21
Kirchschletten	73	P16
Kirchseelte	22	H10
Kirchseeon	100	V19
Kirchtimke	13	G11
Kirchtroisdorf	42	N3
Kirchveischede	45	M7
Kirchvers	58	N9
Kirchwald	56	O5
Kirchwalsede	23	G12
Kirchweidach	101	V21
Kirchweiler	54	P4
Kirchwerder	14	F14
Kirchweyhe (Kreis Diepholz)	22	H10
Kirchweyhe (Kreis Uelzen)	24	G15
Kirchwistedt	12	F10
Kirchworbis	48	L15
Kirchzarten	84	W7
Kirchzell	70	R11
Kirf	66	R3
Kirkel	67	S5
Kirn	91	U23
Kirn	68	Q6
Kirnbach	84	V8
Kirnberg	80	R14
Kirnitzschtal	65	N26
Kirrlach	77	S9
Kirrweiler	67	R6
Kirrweiler (Pfalz)	76	S8
Kirschau	65	M27
Kirschfurt	71	Q11
Kirschhausen	70	R10
Kirschweiler	68	Q5
Kirtorf	58	N11
Kisdorf	13	E14
Kisdorferwohld	14	E14
Kisselbach	55	P6
Kissenbrück	36	J15
Kissendorf	88	U14
Kissing	89	V16
Kißlegg	97	W13
Kist	71	Q13
Kittendorf	17	F22
Kittlitz	14	F16
Kittlitz (Kreis Löbau-Zittau)	65	M28
Kittlitz (Kreis Oberspreewald-Lausitz)	52	K25
Kitzen	50	M22
Kitzingen	72	Q14
Kitzscher	50	M21
Kius	3	C13
Kiwittsheide	33	J8
Klaber	16	E21
Kladow (Berlin)	40	I23
Kladrum	15	F19
Kläden (Altmarkkreis Salzwedel)	25	H18
Kläden (Kreis Stendal)	25	I18
Kläham	90	T20
Klaffenbach	63	N22
Klafferstraß	93	T25
Klais	99	X17
Klamp	6	D15
Klandorf	27	H24
Klanxbüll	2	B10
Klappholz	3	C12
Klardorf	82	S20
Klasdorf	39	J24
Klattenhof	22	H9
Klausdorf (Kreis Nordvorpommern)	9	C23
Klausdorf (Kreis Teltow-Fläming)	39	J24
Klausdorf (Schwentine)	6	D14
Klausen	68	Q4
Klaushagen	17	G24
Klausheide	20	I5
Klebitz	39	K22
Klecken	13	F13
Kleeberg	91	U23
Kleefeld	11	G8
Kleekamp	33	J8
Kleenkamp	13	G12
Kleestadt	70	Q10
Klein Ammensleben	37	J18
Klein Bademeusel	53	K28
Klein Barkau	6	D14
Klein Behnitz	27	I22
Klein Belitz	16	E19
Klein Bengerstorf	14	F16
Klein Bennebek	3	C12
Klein Berkel	35	J12
Klein Berßen	21	H6
Klein Biewende	36	J15
Klein Bokern	21	I7
Klein Breese	25	H17
Klein Briesen	38	J21
Klein Brockdorf	21	I8
Klein Brunsrode	36	I16
Klein Bümmerstede	21	G8
Klein Bünzow	17	E24
Klein Damerow	16	F20
Klein Döbbern	53	K27
Klein-Dölln	27	H24
Klein-Eichen	58	O11
Klein Eilstorf	23	H12
Klein Engersen	25	I18
Klein-Fredenbeck	13	F12
Klein Fullen	20	H5
Klein Gartz	25	H17
Klein-Gerau	70	Q9
Klein Germersleben	37	J18
Klein Gladebrügge	6	E14
Klein Gottschow	26	G20
Klein Grabow	16	E20
Klein Haßlow	26	G21
Klein Henstedt	22	H9
Klein Hesebeck	24	G15
Klein Hesepe	20	I5
Klein Ilsede	36	J14
Klein Isums	11	F7
Klein-Karben	58	P10
Klein Kiesow	9	E24
Klein Köris	40	J25
Klein Krauscha	65	M28
Klein Kreutz	38	I21
Klein-Krotzenburg	70	P10
Klein Kummerfeld	6	D14
Klein Labenz	15	E19
Klein Lafferde	36	J14
Klein Leine	52	K26
Klein Lengden	47	L14
Klein Leppin	26	H20
Klein Linden	58	O9
Klein Luckow	19	F25
Klein Lüben	26	H19
Klein-Markow	16	E21
Klein Marzehns	38	J21
Klein Meckelsen	13	G12
Klein Muckrow	41	J27
Klein Mühlingen	37	K19
Klein Niendorf	16	F19
Klein Nordende	13	E14
Klein Offenseth	13	E13
Klein Offenseth-Sparrieshoop	13	E13
Klein Oschersleben	37	J18
Klein Pampau	14	F15
Klein Pankow	16	F20
Klein Partwitz	52	L26
Klein Plasten	17	F22
Klein Priebus	53	L28
Klein Radden	52	K25
Klein Reken	31	K5
Klein Rheide	3	C12
Klein Rodensleben	37	J18
Klein Rönnau	6	E14
Klein Rogahn	15	F18
Kleinpritzer See	16	F19
Klein Sarau	14	E16
Klein Scharrel	11	G8
Klein Schierstedt	37	K18
Klein Schmölen	15	G17
Klein Schneen	47	L13
Klein Schulzendorf	39	J23
Klein Schwaß	8	D20
Klein Schwechten	26	H19
Klein Sien	7	E19
Klein Sisbeck	36	I16
Klein Stavern	21	H6
Klein Süntel	35	J12
Klein Süstedt	24	H15
Klein Trebbow (Kreis Mecklenburg-Strelitz)	17	G23
Klein Trebbow (Kreis Nordwestmecklenburg)	15	E18
Klein-Umstadt	70	Q10
Klein Upahl	16	E20
Klein Vahlberg	36	J16
Klein Vielen	17	F23
Klein Wangelin	16	F20
Klein Wanzleben	37	J19
Klein Wesenberg	14	E15
Klein-Winternheim	69	Q8
Klein Wittensee	3	C13
Klein Zicker	19	D25
Klein Ziegenfelder Tal	73	P17
Klein Ziethen	29	H25
Klein Zimmern	70	Q10
Kleinaitingen	88	V16
Kleinalmerode	47	M13
Kleinaspach	79	T12
Kleinau	25	H18
Kleinbardau	51	M22
Kleinbardorf	60	P15
Kleinbautzen	65	M28
Kleinberghofen	89	U17
Kleinberndten	48	L15
Kleinblittersdorf	67	S5
Kleinbodungen	48	L15
Kleinborbritzsch	64	N25
Kleinbrüchter	48	M15
Kleinbülesheim	43	N4
Kleinembach	61	N18
Kleine Aller	24	I16
Kleine Elster	52	L24
Kleine Enz	77	T9
Kleine Laaber	90	T21
Kleine Röder	52	L24
Kleine Spree	53	L27
Kleine Vils	90	U21
Kleineibstadt	60	P15
Kleinenberg (Kreis Hameln-Pyrmont)	35	K11
Kleinenberg (Kreis Paderborn)	46	L10
Kleinenborstel	22	H11
Kleinenbremen	34	J11
Kleinenbroich	42	M3
Kleinenglis	47	M11
Kleinengstingen	86	U11
Kleinkneten	22	H9
Kleinmarpe	34	K10
Kleinensee	59	N13
Kleinensiel	12	F9
Kleiner Brombachsee	80	S16
Kleiner Gleichberg	60	O15
Kleiner Jasmunder Bodden	9	C24
Kleiner Landgraben	17	F23
Kleines Haff	19	E26
Kleinfurra	48	L16
Kleingartach	77	S10
Kleingesee	73	Q18
Kleinglattbach	77	T10
Kleinhammer	45	M7
Kleinhartmannsdorf	63	N24
Kleinhaslach	80	R16
Kleinhau	42	N3
Kleinhelmsdorf	62	M19
Kleinheubach	70	Q11
Kleinich	68	Q5
Kleinjena	49	M19
Kleinjörl	3	C11
Kleinkahl	71	Q11
Kleinkarlbach	69	R8
Kleinkönigsförde	5	C13
Kleinkötz	88	U14
Kleinkrausnik	52	K24
Kleinkühnau	38	K20
Kleinlangenfeld	54	P3
Kleinlangheim	72	Q14
Kleinmachnow (Berlin)	40	I23
Kleinmaischeid	57	O6
Kleinmaischeid	56	O6
Kleinmölsen	49	M17
Kleinmutz	27	H23
Kleinnaundorf-Würschnitz	64	M25
Kleinoldendorf	11	G7
Kleinostheim	70	Q10
Kleinottweiler	67	R5
Kleinow	15	G19
Kleinpaschleben	50	L20
Kleinpösna	50	M21
Kleinpritzer See	16	F19
Kleinradmeritz	65	M28
Kleinrinderfeld	71	Q13
Kleinröhrsdorf	64	M25
Kleinromstedt	49	N18
Kleinsassen	59	O13
Kleinsaubernitz	65	M27
Kleinschmalkalden	60	N15
Kleinschwabhausen	61	N18
Kleinsendelbach	73	R17
Kleinsteinbach	77	S9
Kleinvollstedt	5	D13
Kleinwaabs	3	C13
Kleinwallstadt	70	Q11
Kleinwaltersdorf	63	N23
Kleinwechsungen	48	L16
Kleinweiler	97	X14
Kleinweisach	72	Q15
Kleinwelka	65	M27
Kleinwenkheim	60	P14
Kleinwerther	48	L16
Kleinwessek	6	E14
Kleinwiehe	3	B11
Kleinwörden	12	F11
Kleinwulkow	38	I20
Kleinwusterwitz	38	I20
Kleinzerbst	38	K20
Kleinzerlang	28	G22

Alter Markt . . . . Y 4
Alte Lübecker Chaussee . . . Z 3
Andreas-Gayk-Str. . . . . Y 6
Arndtpl. . . . . X 8
Asmusstr. . . . . Z 9
Auguste-Viktoria-Str. . . . . . Y 10
Brunswiker Str. X
Chemnitzstr. . . . . Y 16
Dänische Str. . . . . XY 17
Dreieckspl. . . . . X 19
Eckernförder Str. . . . . XY 25
Europapl. . . . . Y 29
Exerzierpl. . . . . Y 30
Gartenstr. . . . . X 35
Hafenstr. . . . . Y 39
Hasseldieksdammer Weg . . S 41
Hebbelstr. . . . . X 42
Hegewichstr. . . . . X 44
Helmholtzstr. . . . . Z 45
Hermann-Weigmann-Str. . . S 47
Holstenbrücke . . . . Y 49
Holstenstr. . . . . Y 51
Holtenauer Str. X
Hummelwiese . . . . Z 53
Karolinenweg . . . . X 56
Kehdenstr. . . . . X 57
Kleiner Kuhberg . . . . Y 59
Königsweg . . . . YZ 61
Küterstr. . . . . Y 67
Lehmberg . . . . S 68
Lessingpl. . . . . X 69
Martensdamm . . . . Y 74
Olshausenstr. . . . . X 80
Prinzengarten . . . . X 85
Raiffeisenstr. . . . . YZ 87
Saarbrückenstr. . . . . S 91
Sachaustr. . . . . Z 92
Saldernstr. . . . . X 93
Schevenbrücke . . . . X 95
Schloßgarten . . . . X 97
Schülperbaum . . . . Y 100
Schuhmacherstr. . . . . Y 102
Sophienblatt . . . . Z
Stephan-Heinzel-Str. . . . . . S 104
Stresemannpl. . . . . Y 105
Walkerdamm . . . . Y 108
Wall . . . . Y 109
Wilhelminenstr. . . . . X 113
Winterbeker Weg . . . . S 116
Ziegelteich . . . . Y 118

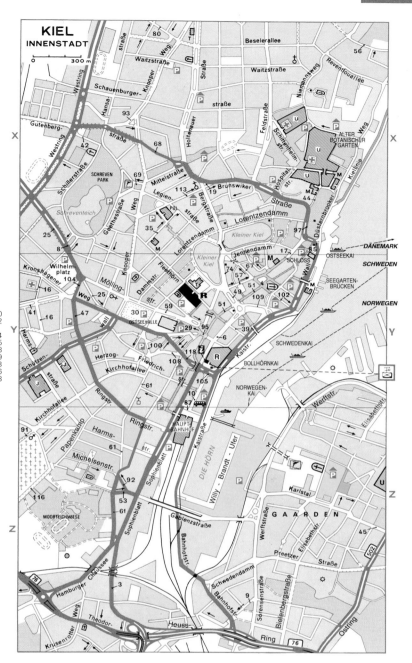

KIEL INNENSTADT

Köllitsch 51 L23
Kölln 17 E24
Köln-Reisiek 13 E13
Köln 43 N4
Köln-Bonn (Flughafen) . . 43 N5
Kölpinsee 19 D26
Kölpinsee 16 F21
Kölsa (Kreis Delitzsch) . . 50 L20
Kölsa (Kreis
  Elbe-Elster) 51 L23
Kölschhausen 58 O9
Kölzin (Kreis
  Ludwigslust) 15 F16
Kölzin (Kreis
  Ostvorpommern) 9 E24
Könau 24 H16
Könderitz 50 M20
Köndringen 84 V7
Könen 66 Q3
Köngen 87 T12
Köngernheim 69 Q8
Könghausen 88 V15
Königerode 49 L17
Königheim 71 R12
Königreich 13 F13
Königs Wusterhausen . . . 28 J24
Königsbach-Stein 77 T9
Königsberg 26 G21
Königsberg 67 R6
Königsberg (Dorf) 58 O9
Königsberg i. Bayern . . . 72 P15
Königsborn 37 J19
Königsbrunn 45 L7
Königsbronn 79 T14
Königsbrück 64 M25
Königsbrunn 88 V16
Königschaffhausen 84 V6
Königsdahlum 36 K14
Königsdorf 99 W18
Königsdorf 42 N4
Königsee 61 O17
Königseggwald 97 W12
Königsfeld 73 Q17
Königsfeld 56 O5
Königsfeld
  i. Schwarzwald 85 V9
Königshagen 46 M11
Königshain 65 M28
Königshain-Widerau 63 N22
Königshainer Gebirge . . . 65 M28
Königsheim 85 V10
Königshofen 62 M19
Königshofen
  (Kreis Ansbach) 80 S15
Königshofen (Main-
  Tauber-Kreis) 71 R13
Königshoven 42 M3
Königshügel 5 C12
Königshütte 36 K16
Königslutter 36 J16
Königsmark 24 H19
Königsmoor 5 D12
Königsmoor (Stadt) 13 G12
Königsmoos 89 U17
Königssee 101 X22
Königssee (Dorf) 101 X22
Königstein 73 R18
Königstein 58 P9
Königstein 64 N26
Königstuhl 77 R10
Königswald 47 M13
Königswalde
  (Kreis Annaberg) 63 O23
Königswalde (Kreis
  Zwickauer Land) 62 N21
Königswartha 64 M26
Königswinter (Bonn) 43 N5
Könitz 61 O18
Könnern 37 K19
Könnigde 25 I18
Köpenick 40 I24
Köpernitz (Kreis
  Ostprignitz-Ruppin) 28 G22
Köpernitz (Kreis
  Potsdam-Mittelmark) . . 38 J20
Köpfchen 42 N2
Köppelsdorf 61 O17
Köppern 58 P9
Körbecke 47 L11
Körbecke (Möhnesee) . . . 47 L8
Körbeldorf 73 Q18
Körbelitz 37 J19
Körchow 15 F17
Köritz 26 H21
Körle 47 M12
Körlitz 51 L22
Körner 48 M15
Körperich 55 Q2
Körprich 66 R4
Körrenzig 42 M2
Kösching 81 T18
Köschinger Forst 81 T18
Köselitz 38 K21
Kösingen 80 T15
Köslau 72 P16
Kösseine 74 Q19
Kössern 51 M22
Kößlarn 91 U23

Kleinziegenfeld 73 P17
Klempau 14 E15
Klempenow 17 E23
Klenau 89 U17
Klengen 85 V9
Klenkendorf 12 F11
Klenzau 6 D15
Kleptow 29 F26
Klepzig 50 L20
Kleßen 26 H21
Klessener Zootzen . . . 26 H21
Kletkamp 6 D15
Klettbach 61 N17
Klettgau-Grießen 95 X9
Klettstedt 48 M16
Klettwitz 52 L25
Kletzen-Zschölkau . . . 50 L21
Kletzin 17 E23
Kletzke 26 H20
Kleukheim 73 P17
Kleutsch 38 K20
Kleve 30 K2
Kleve
  (Kreis Dithmarschen) . . 5 D11
Kleve (Kreis Steinburg) . . 5 E12
Klevenow 9 D23
Kleverhof 16 E22
Kliding 55 P5
Klieken 38 K21
Kliestow 39 J23
Klietz 26 H20
Klietznick 38 I20
Klieve 45 L8
Klinga 50 M21
Klingbach 77 S8
Klingberg 6 D16

Klingen (Kreis
  Aichach-Friedberg) . . 89 U17
Klingen (Kreis
  Würzburg) 71 R14
Klingenberg 64 N24
Klingenberg 70 Q11
Klingenberg Stausee . . 64 N24
Klingenbrunn 93 T23
Klingendorf 8 E20
Klingenmünster 76 S8
Klingenthal 62 O21
Klinglbach 83 S22
Klingsmoos 89 U17
Klink 17 F21
Klinken 15 F19
Klinkrade 14 E15
Klinkum 42 M2
Klint 13 F11
Klintum 2 B10
Klinze 25 I17
Klitsche 26 I20
Klitschmar 50 L20
Klitten 51 L27
Klitzschen 51 L22
Klix 65 M27
Klixbüll 2 B10
Klobbicke 29 H25
Klobenreuth 75 Q20
Klobikau 50 L19
Klockenhagen 8 D21
Klockow 29 F26
Klocksdorf 14 E16
Klocksin 16 F21
Kloddram 15 F17
Klötze 25 I17

Klötzer Forst 25 I17
Kloppenheim 58 P10
Kloschwitz 49 L19
Kloster 9 C23
Kloster Neuendorf . . . 25 I18
Kloster Oesede 33 J8
Kloster Veßra 60 O15
Kloster Zinna 39 J23
Klosterbach 22 H10
Klosterbeuren 88 V14
Klosterdorf 41 I25
Klosterfelde 27 H24
Klosterhäseler 49 M18
Klosterheide 27 H23
Klosterholte 21 I6
Klosterkumbd 55 P6
Klosterkuppel 71 Q12
Klosterlangheim 73 P17
Klosterlechfeld 88 V16
Klostermansfeld 49 L18
Klostermoor 11 G6
Klosterreichenbach . . 85 V10
Klosterseelte 22 H10
Klosterwalde 29 G24
Klotingen 45 L7
Klotten 55 P5
Klotzow 19 E25
Klotzsche (Dresden) . . 64 M25
Klüden 25 I18
Klüppelberg 44 M6
Klueß 16 E20
Klüsserath 66 Q4
Klüsen 7 E17
Kluftern 97 W12
Kluse 20 H6
Kmehlen-Gävernitz . . . 64 M24

Knappenrode 53 L26
Knappensee 53 L26
Knau 61 O19
Knauthain 50 M20
Knautnaundorf 50 M20
Kneblinghausen 46 L9
Knechtsteden (Kloster) . . 44 M4
Kneese 15 F16
Kneheim 21 H7
Kneitlingen 36 J16
Knesebeck 24 H16
Knesing 100 W21
Knetterheide 34 J10
Knetzgau 72 Q15
Knickberg 22 I10
Kniebis 85 U8
Knielingen 77 S9
Knippelsdorf 39 K24
Knittlingen 77 S10
Knock 10 F5
Knopfmacherfelsen . . 85 V10
Knopp-Labach 67 R6
Knorburg 8 B11
Knorrendorf 17 F23
Knorrhütte 99 X17
Knottenried 98 X14
Knüll 59 N12
Knüllgebirge 59 N12
Knüllwald 59 N12
Knutbühren 47 L13
Knuthenborg . . . . 7 ?
Kobbeln 41 J27
Koberg 14 F15
Kobern-Gondorf 55 P6
Kobershain 51 L22
Koblentz 19 F26
Koblenz 64 L26

Koblenz 57 O6
Kobrow 15 E19
Kochel a. See 99 X18
Kochelsee 99 X18
Kochendorf 43 C13
Kocher 79 T13
Kochersteinsfeld 79 S12
Kocherstetten 79 S13
Kochertürn 79 S11
Kochstedt 38 K20
Kodersdorf 65 M28
Köbbinghausen 22 H9
Köbelitz 15 E17
Köckte (Altmarkkreis
  Salzwedel) 25 I17
Köckte (Kreis Stendal) . . 38 I19
Köditz (Kreis Hof) 61 P19
Köditz (Kreis Saalfeld-
  Rudolstadt) 61 N17
Ködnitz 74 P18
Köfering (Kreis Amberg-
  Sulzbach) 82 R19
Köfering (Kreis
  Regensburg) 82 T20
Köhlen
  (Kreis Cuxhaven) . . . 12 F10
Köhlen (Kreis Lüchow-
  Dannenberg) 25 H17
Köhn 6 C15
Köhnholz 3 B12
Köhra 51 M21
Kölau 24 H16
Kölbург 80 T16
Kölkebeck 34 J8
Kölleda 49 M17
Köllerbach 66 S4

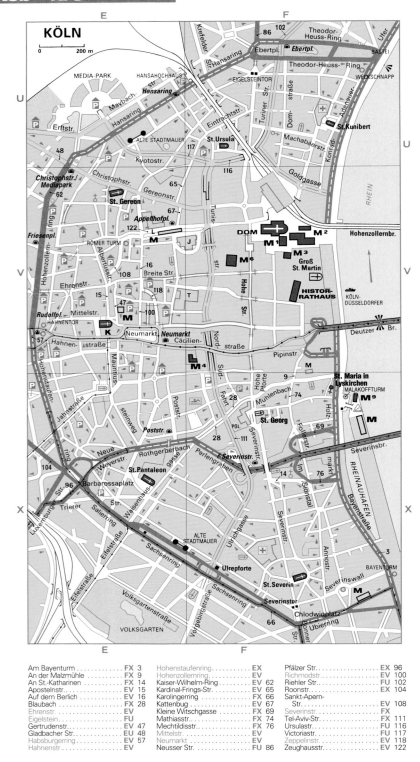

KÖLN

Am Bayenturm	FX 3	Hohenstaufenring	EX	Pfälzer Str.	EX 96
An der Malzmühle	FX 9	Hohenzollernring	EV	Richmodstr.	EV 100
An St.-Katharinen	FX 14	Kaiser-Wilhelm-Ring	EV 62	Riehler Str.	FU 102
Apostelnstr.	EV 15	Kardinal-Frings-Str.	EV 65	Roonstr.	EX 104
Auf dem Berlich	EV 16	Karolingerring	FX 66	Sankt-Apern-	
Blaubach	FX 28	Kattenbug	EV 67	Str.	EV 108
Ehrenstr.	EV	Kleine Witschgasse	FX 69	Severinstr.	FX
Eigelstein	FU	Mathiasstr.	FX 74	Tel-Aviv-Str.	FX 111
Gertrudenstr.	EV 47	Mechtildisstr.	FX 76	Ursulastr.	FU 116
Gladbacher Str.	EU 48	Mittelstr.	EV	Victoriastr.	FU 117
Habsburgerring	EV 57	Neumarkt	EV	Zeppelinstr.	EV 118
Hahnenstr.	EV	Neusser Str.	FU 86	Zeughausstr.	EV 122

Kornwestheim	78	T11	Kreimbach-Kaulbach	67	R6
Korschenbroich	42	M3	Kreinitz	51	L23
Korswandt	19	E26	Kreischa	64	N25
Kortenbeck	24	H16	Krekel	54	O3
Korweiler	55	P6	Krelingen	23	H12
Kosel	53	L28	Krembz	15	F17
Kosel	3	C13	Kremitz	51	K23
Koselau	7	D16	Kremitz (Bach)	51	K23
Koselitz	52	L24	Kremkau	25	I18
Koselower See	9	C23	Kremmeldorf	73	Q17
Koserow	19	D26	Kremmen	27	H23
Kosilenzien	52	L24	Kremmin	15	G18
Koslar	42	N3	Krempdorf	13	E12
Kospa-Pressen	50	L21	Krempe	13	E12
Kossa	51	L22	Krempel	12	E10
Koßdorf	51	L23	Krempendorf	16	E20
Kossebade	15	F19	Kremperheide	5	E12
Kossenblatt	41	J26	Krempin	7	D19
Koßwig	52	K26	Krems II	6	E15
Kostebrau	52	L25	Krenkingen	95	W8
Kotelow	19	E24	Krensheim	71	R13
Kothen	59	O13	Krensitz	50	L21
Kotitz	65	M27	Kreßberg	79	S14
Kotten	53	L26	Kressbronn	97	X12
Kottenheide	62	O21	Krettnach	66	Q3
Kottenheim	56	O5	Kretzschau	50	M20
Kottensdorf	81	R16	Kreuth	82	S19
Kottgeisering	89	V17	Kreuth	99	X19
Kottweiler-Schwanden	67	R6	Kreutzen	24	H14
Kotzen	26	I21	Kreuz-Spitze	98	X16
Kotzenbüll	4	C10	Kreuzau	42	N3
Kowalz	8	D21	Kreuzberg	93	T24
Koxhausen	54	Q2	Kreuzberg	59	O13
Kraak	15	F18	Kreuzberg (Oberbergischer		
Kraatz	27	H23	Kreis)	44	M6
Kraatz-Buberow	27	H23	Kreuzberg (Ahr)	56	O4
Krackow	29	F26	Kreuzebra	48	L14
Krähberg	70	R11	Kreuzeck	99	X17
Krähenberge	28	G22	Kreuzholzhausen	89	V17
Kränzlin	27	H22	Kreuzkamp	6	E16
Kraftsried	98	W15	Kreuzkrug	29	G24
Kraftsbuch	81	S17	Kreuztal	57	N7
Kraftsdorf	62	N19	Kreuzthal (Kreis		
Kraftshof	73	R17	Haßberge)	72	P15
Kraftsolms	58	O9	Kreuzthal (Kreis		
Kragen	24	H14	Oberallgäu)	97	W14
Krahne	38	J21	Kreuzweg	24	I14
Kraiburg	90	V21	Kreuzweiler	66	R3
Kraichbach	77	S9	Kreuzweingarten	56	O4
Kraichtal	77	S10	Kreuzwertheim	71	Q12
Krailing	83	S22	Krevese	25	H19
Krailling	89	V18	Krewelin	27	H24
Krainke	14	G16	Kreypau	50	M20
Kraisdorf	72	P16	Kriebethal	51	M23
Krakow a. See	16	F20	Kriebitzsch	62	M20
Krakower See	16	F20	Kriebstein	51	M23
Kraksdorf	7	D17	Kriegsfeld	69	Q7
Krakvitz	9	D24	Kriele	26	I21
Kramerhof	9	C23	Krielow	39	I22
Krampfer	26	G20	Krien	17	E24
Krams	26	G20	Kriesow	17	E23
Kranenburg	30	K2	Kriestorf	91	U23
Kranenburg	13	F11	Kriftel	70	P9
Kranepuhl	38	J21	Krina	50	L21
Krangen	27	H22	Kringelsdorf	53	L27
Kranichfeld	61	N17	Krinitz	15	G18
Kranichstein	70	Q10	Krinning	93	T25
Krankenhagen	34	J11	Kripp	56	O5
Kranlucken	59	N13	Krippehna	50	L21
Kransburg	12	F10	Kritzkow	16	E20
Kransmoor	12	F10	Kritzmow	8	D20
Kranzberg	89	U18	Kritzow (b. Lübz)	16	F20
Kranzegg	98	X14	Kritzow (b. Schwerin)	15	F18
Krassig	51	K24	Kröbeln	52	L24
Krassolzheim	72	R15	Kröchlendorff	29	G25
Krassow	7	E18	Krögelstein	73	Q17
Kratzeburg	17	F22	Krögis	64	M24
Krauchenwies	86	V11	Kröhstorf	91	U22
Kraupa	51	L24	Krölpa	61	N18
Krauschwitz	53	L28	Kröning	90	U21
Krausenbach		Q12	Kröpelin	7	D19
Krausnick	40	J25	Kröppelshagen	14	F17
Krausnicker Berge	40	J25	Kröppen	76	S6
Kraußnitz	52	L25	Kröslin	19	D25
Krauthausen	42	N3	Kröv	68	Q5
Krautheim			Krofdorf-Gleiberg	58	O9
(Hohenlohekreis)	79	R12	Krogaspe	5	D13
Krautheim			Kroge (Kreis Soltau-		
(Kreis Kitzingen)	72	Q14	Fallingbostel)	23	H13
Krautostheim	72	R15	Kroge (Kreis Vechta)	21	I8
Krautsand	13	E12	Krohnhorst	29	G24
Krautscheid (Kreis			Krombach (Kreis		
Bitburg-Prüm)	54	P2	Aschaffenburg)	70	P11
Krautscheid (Kreis			Krombach (Kreis Siegen-		
Neuwied)	43	N6	Wittgenstein)	45	N7
Kray	31	L5	Krombach-Stausee	57	O8
Kreba-Neudorf	53	L28	Kromlau	53	L28
Krebeck	48	L14	Krommenthal	71	P12
Kreblitz	52	K25	Kronach	61	P17
Krebsow	9	D24	Kronach (Fluß)	61	P18
Krechting	30	K4	Kronau	77	S9
Kreckow	19	F24	Kronberg	70	P9
Kredenbach	45	N8	Kronburg	98	W14
Kreepen	23	H12	Kronenburg	54	O3
Kreershäuschen	69	Q6	Kronprinzenkoog	4	D10
Krefeld	30	M3	Kronsburg	6	D14
Kreidach	70	R10	Kronsforde	14	E15
Kreien	16	F20	Kronsgaard	3	B13
Kreiensen	35	K13	Kronshagen	6	C14

Kößnach	92	T21	Kohlberg			Kolkwitz			Konradshofen	88	V15
Kösterweg	12	E10	(Kreis Esslingen)	87	U12	(Kreis Spree-Neiße)	53	K26	Konradsreuth	74	P19
Köstorf	14	G16	Kohlberg (Kreis Neustadt			Kollbach	91	U22	Konstanz	96	X11
Köterberg	34	K11	a. d. Waldnaab)	82	R20	Kollbach (Kreis Dachau)	89	U18	Konz	66	Q3
Köterberg (Dorf)	34	K11	Kohlenbissen	24	H14	Kollbach			Konzell	83	S22
Köterende	12	G9	Kohlgarten	94	W7	(Kreis Rottal-Inn)	91	U21	Konzen	42	O2
Kötermoor	12	F9	Kohlgrund	46	L10	Kollerbeck	35	K11	Kopp	54	P3
Köthel	14	F15	Kohlscheid	42	N2	Kollm	65	M28	Koppatz	53	K27
Köthen	40	J25	Kohlsdorf	41	J26	Kollmar	13	E12	Koppelow	16	E20
Köthen (Anhalt)	50	K19	Kohlstädt	34	K10	Kollnau	84	V7	Kopperby	3	C13
Köthensdorf-Reitzenhain	63	N22	Kohlstetten	87	U11	Kollnburg	83	S22	Koppenbrück	26	H21
Kötschlitz	50	L20	Kohlwald	85	U9	Kollow	14	F15	Korb	79	T12
Kötten	51	L23	Kohren-Sahlis	62	M21	Kollrunge	11	F7	Korb (Möckmühl)	79	R12
Köttewitz-Krebs	64	N25	Kolberg	40	J25	Kollweiler	67	R6	Korb-Kleinheppach	79	T12
Köttingen	43	N4	Kolbermoor	100	W20	Kolnvenn	20	I4	Korbach	46	M10
Kötz	88	U14	Kolbingen	85	V10	Kolochau	51	K23	Korbetha	50	L19
Kötzlin	26	H20	Kolbinger Höhle	85	V10	Kolpin	41	J25	Korbußen	62	N20
Kötzschau	50	M20	Koldenbüttel	2	C11	Kolrep	26	G20	Kordel	66	Q3
Kötzting	83	S22	Koldenhof	17	G24	Kolshorn	23	I13	Kordigast	73	P17
Kogel			Kolenfeld	23	I12	Kolzenburg	39	J23	Kork	84	U7
(Kreis Ludwigslust)	15	F16	Kolitzheim	72	Q14	Kommern	42	O3	Kornbach	74	P19
Kogel (Kreis Müritz)	16	F21	Kolkerheide	3	C11	Kommingen	95	W9	Kornbühl	86	U11
Kohden	58	O11	Kolkhagen	14	G15	Komptendorf	53	K27	Kornburg	81	R17
Kohlberg	57	N6	Kolkwitz (Kreis Saalfeld-			Konken	67	R6	Kornelimünster	42	N2
			Rudolstadt)	61	N18	Konnersreuth	75	P20	Korntal-Münchingen	78	T11

Kronsmoor....5 E12
Kronweiler....67 R5
Kropp....3 C12
Kroppach....57 N7
Kroppen....52 L25
Kroppenstedt....37 K17
Kropstädt....39 K22
Krossen....52 K24
Krostitz....50 L21
Krottelbach....67 R5
Krottenkopf....99 X17
Krottensee....73 R18
Krottorf....37 K17
Krottorf....45 N7
Kruckow....17 E23
Krückau....13 E13
Krückeberg....35 J11
Krüden....25 H19
Krügersdorf....41 J26
Krümmel....28 G22
Krün....99 X17
Krüssau....38 J20
Kruft....56 O6
Krugau....41 J25
Kruge-Gersdorf....29 H25
Krugsdorf....19 F26
Krugzell....98 W14
Krukow....14 F15
Krum....72 P15
Krumbach....70 R10
Krumbach (Kreis Sigmaringen)....96 W11
Krumbach (Schwaben)....88 V15
Krumbeck....17 F24
Krummasel....25 G17
Krummbek....6 C15
Krumme Fohre....74 P18
Krummendeich....13 E11
Krummendiek....5 E12
Krummenerl....45 M7
Krummenhagen....9 D23
Krummenhennersdorf....64 N24
Krummennaab....75 Q20
Krummesee....40 I25
Krummesse....14 E15
Krummhörn....10 F5
Krummin....19 D25
Krumminer Wiek....19 D25
Krummwisch....5 C13
Krumpa....50 M19
Krumstedt....5 D11
Krusendorf (Kreis Luneburg)....14 G16
Krusendorf (Kreis Rendsburg-Eckernförde)....6 C14
Krusenhagen....7 E18
Kubach....57 O8
Kubitzer Bodden....9 C23
Kublank....17 F24
Kuchelmiß....16 E21
Kuchen....87 U13
Kuchenheim....56 O4

Kuddewörde....14 F15
Kuden....5 E11
Kudensee....13 E11
Kudensee (Stadt)....5 E11
Küchen....47 M13
Küchensee....14 E16
Kückelheim (Hochsauerlandkreis)..45 M8
Kückelheim (Märkischer Kreis)....45 M7
Kückhoven....42 M3
Kücknitz-Herrenwyk....6 E16
Küdow-Lüchfeld....26 H22
Kühbach....89 U17
Kühlenthal....88 U16
Kühlungsborn....7 D19
Kühlungsborn Ost....7 D19
Kühlungsborn West....7 D19
Kühndorf....60 O19
Kühnhaide....63 O23
Kühnham....91 U23
Kühnhausen....89 U17
Kühnitzsch....51 L22
Kühren....6 D14
Kühren....38 K19
Kühren-Burkartshain....51 L22
Kührsdorf....6 D14
Kührstedt....12 F10
Kühsen....14 E15
Kükels....6 E14
Kükenmoor....23 H12
Küllstedt....48 M14
Külsheim....71 Q12
Külte....46 L11
Kümbdchen....68 Q6
Kümmernitz....26 H20
Kümmersbruck....82 R19
Kümmritz....52 K24
Künisches Gebirge....83 S23
Künsche....5 H17
Künsdorf....61 O19
Künsebeck....34 J9
Küntrop....45 M7
Künzell....59 O13
Künzelsau....79 S13
Künzing....92 T23
Küps....73 P17
Kürbitz....62 O20
Kürmreuth....74 R19
Kürn....82 S20
Kürnach....71 Q14
Kürnbach....77 S10
Kürten....44 M5
Kürzell....84 U7
Kues....68 Q5
Küssaberg....95 X9
Küsserow....16 E22
Küstelberg....46 M9
Küsten....25 H17
Küstenkanal....21 H6
Küstorf....24 H16
Küstrin-Kietz....41 I27
Küstrow....9 C22

Kütten....50 L20
Küttig....55 P6
Kützberg....72 P14
Kugelbake (Cuxhaven)....4 E10
Kuhardt....77 S8
Kuhbach....84 U7
Kuhbach....22 H10
Kuhbier....26 G20
Kuhfelde....25 H17
Kuhlen....15 E18
Kuhlhausen....26 H20
Kuhlrade....8 D21
Kuhs....16 E20
Kuhsdorf....26 G20
Kuhstedt....12 F10
Kuhstorf....15 F17
Kukuk....16 F19
Kulkwitz....50 M20
Kulkwitzer See....50 M20
Kulmain....74 Q19
Kulmbach....74 P18
Kulz....82 R21
Kumhausen....90 U20
Kummer....15 G18
Kummerfeld....13 E13
Kummerow (Kreis Demmin)....17 E22
Kummerow (Kreis Nordvorpommern)....9 D22
Kummerow (Kreis Uckermark)....29 G26
Kummerower See....17 E22
Kummersdorf....40 J25
Kummersdorf-Alexanderdorf....39 J24
Kummersdorf Gut....39 J24
Kummro....41 J27
Kumreut....93 T24
Kunersdorf (Kreis Märkisch-Oderland)....41 H26
Kunersdorf (Kreis Spree-Neiße)....52 K26
Kunigunde....36 K15
Kunitz....49 N18
Kunnersdorf....65 M28
Kunow (Kreis Prignitz)....26 H20
Kunow (Kreis Uckermark)....29 G26
Kunrau....25 I17
Kunreuth....73 Q17
Kuntzow....9 C24
Kupferberg....74 P18
Kupferdreh....31 L5
Kupferzell....79 S13
Kuppendorf....22 I10
Kuppenheim....77 T8
Kuppentin....16 F20
Kuppingen....85 U10
Kupprichhausen....71 R12
Kurl....31 L6
Kurpfalz Park....69 R8
Kursdorf....50 L20
Kurtenberg....56 O4

Kurtscheid....56 O6
Kurtschlag....27 H24
Kurzen Trechow....16 E19
Kurzlipsdorf....39 K22
Kuschkow....41 J25
Kusel....67 R6
Kusey....25 I17
Kusterdingen....86 U11
Kutenholz....13 F11
Kutzleben....48 M16
Kuventhal....35 K13
Kyffhäuser....1 L17
Kyffhäuser Gebirge....49 L17
Kyhna....50 L20
Kyll....55 P3
Kyllburg....54 P7
Kyritz....26 H21
Kyritz Ruppiner Heide....26 G21

L

Laaber (Kreis Neumarkt i. d. Oberpfalz)....81 S18
Laaber (Kreis Regensburg)....82 S19
Laaberberg....90 T20
Laacher See....55 O5
Laage....16 E21
Laar....20 I4
Laar (Kreis Kassel Land)....47 L11
Laas....51 L23
Laasche....25 G18
Laase....15 E19
Laaslich....26 G20
Laasow....52 K26
Laatzen....35 J13
Laave....15 G17
Labbeck....30 L3
Labenz....14 E15
Laber....99 X17
Laberweinting....90 T20
Laboe....6 C14
Lachen....5 S8
Lachendorf....24 I14
Lachte....24 H15
Lachtehausen....24 I14
Lacken-Berg....83 S23
Lackendorf....85 V9
Lackenhäuser....93 T25
Ladbergen....33 J7
Ladeburg (Kreis Anhalt-Zerbst)....38 J19
Ladeburg (Kreis Barnin)....27 H24
Ladekop....13 F13
Ladelund....2 B11
Ladenburg....70 R9
Laderholz....22 I12
Lägerdorf....5 E12
Lähden....21 H6
Lämmerspiel....70 P10

Ländchen Friesack....26 H21
Ländchen Rhinow....26 H21
Länge....95 W9
Längenau....75 P20
Laer....2 J6
Lärz....28 G22
Laeven....17 G24
Laffeld....42 M2
Lage (Kreis Grafschaft-Bentheim)....20 I4
Lage (Kreis Lippe)....34 K10
Lager Bathorn....20 I5
Lager Bergen-Belsen....23 H13
Lager Hammelburg....71 P13
Lager Lechfeld....88 V16
Lager Orbke....23 H13
Lagershausen....35 K14
Lahde....34 I10
Lahm (Kreis Coburg)....72 P16
Lahm (Kreis Kronach)....61 O18
Lahm b. Lichtenfels....73 P17
Lahn....5 N10
Lahn (Kreis Emsland)....21 H6
Lahnau....58 O9
Lahnberge....58 N10
Lahneck (Lahnstein)....55 P6
Lahnhof....57 N8
Lahnstein....55 P6
Lahntal....58 N10
Lahr (Kreis Cochem-Zell)....55 P6
Lahr (Kreis Limburg-Weilburg)....57 O8
Lahr (Ortenaukreis)....84 U7
Lahre....21 H6
Lahstedt....36 J14
Laibstadt....81 S17
Laichingen....87 U13
Laimering....89 U17
Laimerstadt....81 T19
Laimgrub....100 W21
Laimnau....97 X12
Laineck....73 Q18
Laisa....28 N9
Laiz....86 V11
Lalendorf....16 E21
Lalling....92 T23
Lam....83 S23
Lambertsberg....54 P3
Lambrecht....76 R8
Lambrechtshagen....8 D20
Lambsheim....69 R8
Lamerden....46 L11
Lamerdingen....88 V16
Lamme....36 J15
Lammersdorf....42 O2
Lammershagen....6 D15
Lammertsfehn....11 G7
Lampaden....66 R4
Lampersdorf....51 M23
Lampertheim....69 R9
Lampertswalde (Kreis Riesa-Großenhain)....64 M25
Lampertswalde (Kreis Torgau-Oschatz)....51 L23
Lampoding....101 W22
Lampoldshausen....79 S12
Lamsfeld-Groß Liebitz....52 K26
Lamspringe....35 K14
Lamstedt....12 F11
Lancken-Granitz....9 C24
Landau (Kreis Waldeck-Frankenberg)....46 L11
Landau a. d. Isar....92 T22
Landau i. d. Pfalz....76 S8
Landeck....76 S8
Landefeld....47 M13
Landegge....20 H5
Landemert....45 M7
Landenhausen....59 O12
Landensberg....88 U15
Landersdorf....90 V20
Landershofen....81 T17
Landersum....32 J6
Landesbergen....22 I11
Landesbrück....13 E11
Landeskrone....65 M28
Landgraben (Bach b. Aken)....38 K19
Landgraben (Bach b. Friedland)....17 E24
Landgrafroda....49 L18
Landkern....55 P5
Landkirchen....7 C17
Landolfshausen....48 L14
Landsatz....15 G17
Landsberg....50 L20
Landsberg a. Lech....88 V16
Landschaftspolder....10 G5
Landscheid....68 Q4
Landscheide....5 E11
Landsham....90 V19
Landshausen....77 S10
Landshut....90 U20
Landstuhl....67 R6
Landsweiler....67 R4
Landwehr....35 K13
Landwehrhagen....47 L12

Langballig....3 B12
Langballigholz....3 B12
Langburkersdorf....64 M26
Langd....58 O10
Langdorf....83 S23
Lange Berge....60 O16
Lange Heide....12 G10
Langebrück....64 M25
Langefeld....11 F6
Langel....43 N5
Langeln (Kreis Wernigerode)....36 K16
Langeloh....23 G13
Langelsheim....36 K14
Langen (Kreis Cuxhaven)....12 F9
Langen (Kreis Emsland)..20 I6
Langen (Kreis Offenbach)....70 Q10
Langen (Kreis Ostprignitz-Ruppin)....27 H22
Langen-Bergheim....70 P11
Langen Brütz....15 F18
Langen Jarchow....15 E18
Langen Trechow....16 E19
Langenalb....77 T9
Langenaltheim....80 T16
Langenapel....25 H16
Langenargen....97 X12
Langenau (Alb-Donau-Kreis)....88 U14
Langenau (Kreis Freiberg)....63 N23
Langenau (Kreis Kronach)....61 O17
Langenau (Kreis Lörrach)....94 X7
Langenaubach....57 N8
Langenbach....62 O19
Langenbach (Kreis Freising)....90 U19
Langenbach (Kreis Freudenstadt)....85 U8
Langenbach (Kreis Hof)..61 O18
Langenbach (Kreis Zwickauer Land)....62 O21
Langenberg (Hochsauerlandkreis)....46 M9
Langenberg (Kreis Chemnitzer Land)....63 N22
Langenberg (Kreis Gütersloh)....33 K8
Langenberg (Kreis Mettmann)....31 L5
Langenberg (Kreis Vechta)....21 I8
Langenberg (Stadtkreis Gera)....62 N20
Langenbernsdorf....62 N20
Langenbeutingen....79 S12
Langenbernheim....59 O13
Langenbogen....50 L19
Langenbrand (Kreis Calw)....77 T9
Langenbrand (Kreis Rastatt)....77 T9
Langenbrettach....79 S12
Langenbruck....89 U18
Langenbrügge....24 H16
Langenbuch....62 O19
Langenburg....79 S13
Langendamm (Kreis Friesland)....11 F8
Langendamm (Kreis Nienburg)....23 I11
Langendamm (Kreis Nordvorpommern)....8 D21
Langendammsmoor....12 F9
Langenbembach....61 N18
Langenernbach....57 O8
Langendorf (Burgenlandkreis)....50 M20
Langendorf (Kreis Bad Kissingen)....71 P13
Langendorf (Kreis Marburg-Biedenkopf)....46 N10
Langendorf (Kreis Weißenfels)....50 M19
Langendreer....31 L5
Langeneck....91 U22
Langeneichstädt....49 L19
Langenecke....46 L19
Langenenslingen....87 V12
Langenerling....82 T20
Langenfeld (Kreis Hameln-Pyrmont)....35 J11
Langenfeld (Kreis Mayen-Koblenz)....56 O5
Langenfeld (Kreis Mettmann)....44 M4
Langenfeld (Kreis Neustadt a. d. A.-Bad W.)....72 R15
Langenfeld (Kreis Wartburgkreis)....60 N14
Langengeisling....90 V19
Langengrassau....52 K24
Langenhagen (Kreis Hannover)....23 I13

KONSTANZ

Augustinerpl. .... Z
Bahnhofpl. .... Z 2
Bahnhofstr. .... Z 3
Benediktinerpl. ...... Y 4
Bodanpl. .... Z
Bodanstr. .... Y
Brauneggerstr. ...... Y
Emmishoferstr. ...... Z 5
Gartenstr. .... Y 8
Glärnischstr. .... Y 9
Gottlieber Str. ...... Z 12
Hafenstr. .... Z
Hussenstr. .... Z 13
Inselgasse .... Y
Kanzleistr. .... Z 17
Katzgasse .... Y 18
Konzilstr. .... YZ
Kreuzlinger Str. ...... Z 20
Lutherpl. .... Z
Mainaustr. .... Z 22
Marktstätte .... Z 23
Münsterpl. .... Y
Munzgasse .... Z 25
Neugasse .... Z 26
Obere Laube .... Z
Obermarkt .... Z 28
Paradiesstr. .... Z 29
Rheinbrücke .... Y
Rheingutstr. .... Y
Rheinsteig .... Y
Rosgartenstr. .... Z 32
Schottenstr. .... Y
Schützenstr. .... Y 35
Seestr. .... Y 36
Spanierstr. .... Y 38
St-Stephans-Pl. ...... Y 33
Theodor-Heuss-Str. .. Y 39
Torgasse .... Y
Untere Laube .... Y
Webersteig .... Y
Wessenbergstr. ...... Z 43
Wissenstr. .... Z 45
Zollernstr. .... Z

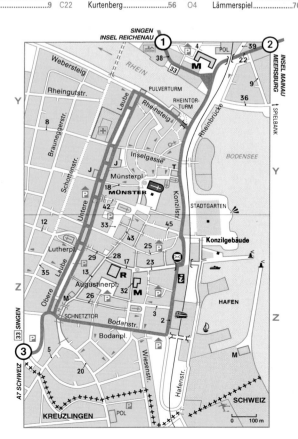

Langenhagen (Kreis Ostholstein)......6 D16
Langenhagen (Kreis Parchim)......16 F20
Langenhahn......57 O7
Langenhain (Main-Taunus-Kreis)....69 P9
Langenhain (Werra-Meißner-Kreis)....47 M14
Langenhain (-Ziegenhain)......58 O9
Langenhard......84 V7
Langenhart......86 V11
Langenhaslach......88 V15
Langenhausen......12 F11
Langenhennersdorf......64 N26
Langenhessen......62 N21
Langenholtensen......36 K14
Langenholthausen......45 M7
Langenholzhausen......34 J10
Langenhorn (Hamburg)...13 F13
Langenhorn (Kreis Nordfriesland)...2 B10
Langenhorst (Kreis Steinfurt)......32 J5
Langenisarhofen......92 T22
Langenlehsten......14 F16
Langenleiten......59 P13
Langenleuba-Niederhain..62 N21
Langenleuba-Oberhain...62 N21
Langenlipsdorf......39 K23
Langenlonsheim......69 Q7
Langenmoor......12 F11
Langenmosen......89 U17
Langennaundorf......51 L24
Langenneufnach......88 V15
Langenordnach......94 W8
Langenorla......61 N18
Langenpettenbach......89 U19
Langenpreising......90 U19
Langenprozelten......71 P12
Langenrain......96 W11
Langenreichen......88 U16
Langenreichenbach......51 L22
Langenreinsdorf......62 N21
Langensalzwedel......26 I19
Langenschiltach......85 V8
Langenschwarz......59 N12
Langenseifen......69 P8
Langenselbold......70 P11
Langensendelbach......73 R17
Langenstadt......74 P18
Langenstein (Kreis Halberstadt)......37 K16
Langenstein (Kreis Marburg-Biedenkopf)......58 N10
Langensteinach......72 R14
Langensteinbach (Kreis KarlsruheLand)......77 T9
Langensteinbach (Kreis Mittweida)......62 N21
Langenstraße......46 L9
Langenstriegis......63 N23
Langenteilen......21 I8
Langenthal......47 L12
Langenthonhausen......81 S19
Langenweddingen......37 J18
Langenweißbach......62 O21
Langenwetzendorf......62 N20
Langenwolmsdorf......65 M26
Langenwolschendorf......62 O19
Langenzenn......72 R16
Langeoog......11 E6
Langeoog (Insel)......11 E6
Langer See......40 I24
Langerringen......88 V16
Langerwehe......42 N3
Langerwisch......39 J23
Langes Moor......12 F10
Langewahl......46 M9
Langewiese......46 M9
Langewiesen......61 N16
Langförden......21 H8
Langfurth......80 S15
Langgöns......58 O9
Langhagen......16 E21
Langhennersdorf......63 N23
Langholt......11 G6
Langholz......3 C13
Langlingen......24 I14
Langmühle......76 S7
Langnau......97 X12
Langniendorf......21 E15
Langnow......26 G20
Langquaid......90 T20
Langreder......35 J12
Langscheid......45 L7
Langscheid......45 L7
Langsdorf (Kreis Gießen)......58 O10
Langsdorf (Kreis Nordvorpommern)...8 D22
Langsee......3 C12
Langstadt......70 Q10
Langstedt......3 C12
Langsur......63 Q3
Langula......48 M15
Langwaden......70 Q9
Langwarden......12 F8
Langwasser......81 R17

Langwedel (Kreis Gifhorn)......24 H15
Langwedel (Kreis Rendsburg-Eckernförde)......5 D13
Langwedel (Kreis Verden)......23 H11
Langwege......21 I8
Langweid a. Lech......88 U16
Langweiler......67 R6
Lanhausen......12 F9
Lank-Latum......44 M4
Lankau......14 E16
Lanke......27 H24
Lanker See......6 D14
Lankow......15 F18
Lanstrop......31 L6
Lantenbach......45 M6
Lanz......25 G18
Lanze......25 H17
Lanzenhain......69 O11
Lanzingen......71 P11
Lapitz......17 F23
Lappenstuhl......21 I8
Lappersdorf......82 S20
Larrelt......10 F5
Larrieden......80 S14
Lascheid......45 P3
Lasel......54 P3
Lassahn......15 F16
Lassan......19 E25
Laßbach......79 S13
Laßbruch......34 J11
Lassentin......9 D22
Laßrönne......14 F14
Laßzinswiesen......53 K27
Lastau......51 M22
Lastrup (Kreis Cloppenburg)......21 H7
Lastrup (Kreis Emsland)......21 H6
Latdorf......37 K19
Latendorf......6 E14
Latferde......35 J12
Lathen......20 H5
Latrop......46 M9
Laub (Kreis Donau-Ries)......80 T15
Laub (Kreis Kitzingen)......72 Q14
Laubach (Hochtaunuskreis)......58 O9
Laubach (Kreis Cochem-Zell)......55 P5
Laubach (Kreis Gießen)..58 O10
Laubach (Kreis Göttingen)......47 L13
Laubach (Rhein-Hunsrück-Kreis)......55 P6
Lauben (Kreis Oberallgäu)..98 W14
Lauben (Kreis Unterallgäu)......88 V14
Laubenheim......69 Q8
Laubsdorf......53 K27
Laubusch......52 L26
Laubuseschbach......57 O9
Laucha......60 N15
Laucha a. d. Unstrut......49 M19
Lauchdorf......98 W15
Lauchert......86 V11
Lauchhammer......52 L25
Lauchheim......80 T14
Lauchringen......94 X8
Lauchröden......48 N14
Lauda-Königshofen......71 R13
Laudenbach (Kreis Main-Spessart)......71 Q13
Laudenbach (Kreis Miltenberg)......70 Q11
Laudenbach (Main-Tauber-Kreis)......79 R13
Laudenbach (Rhein-Neckar-Kreis)......70 R9
Laudenbach (Werra-Meißner-Kreis)......47 M13
Laudenberg......70 R11
Laudert......55 P6
Laue......50 L21
Lauenau (Hannover)......35 J12
Lauenberg......35 K13
Lauenbrück......13 G12
Lauenburg......14 F15
Lauenförde......35 L12
Lauenhagen......35 I11
Lauenhain (Kreis Kronach)......61 O18
Lauenhain (Kreis Zwickauer Land)......62 N21
Lauenhain-Tanneberg......63 M22
Lauenstein (Kreis Hameln-Pyrmont)......35 J12
Lauenstein (Kreis Kronach)......61 O18
Lauenstein (Weißeritzkreis)......64 N25
Lauer......72 P14
Lauf......84 U8
Lauf a. d. Pegnitz......73 R17

Laufach......71 P11
Laufdorf......58 O9
Laufeld......54 P4
Laufen......101 W22
Laufen a. d. Eyach......85 V10
Laufen a. Kocher......79 T13
Laufenburg......94 X8
Laufenselden......57 P7
Laufersweiler......68 Q5
Lauffen a. Neckar......78 S11
Lauffen o. Rottweil......85 V9
Laugna......88 U16
Lauingen......88 U15
Lauingen......36 J16
Laumersheim (Mannheim)......69 R8
Laumühlen......13 F11
Laupertshausen......87 V13
Laupheim......87 V13
Laupin......15 G17
Laurenburg......57 O7
Laus......100 W19
Lausa......51 L23
Lauscha......61 O17
Lausche......65 N27
Lauschied......67 Q6
Lausheim......95 W9
Lausitz......52 L24
Lausitzer Bergland......64 M26
Laußig......50 L21
Laußnitz......64 M25
Lauta......52 L26
Lauta-Dorf......52 L26
Lauta-Nord......52 L26
Lautenbach (Kreis Neunkirchen)......67 R5
Lautenbach (Kreis Rastatt)......77 T9
Lautenbach (Ortenaukreis)......84 U8
Lautenthal......36 K14
Lauter......63 O22
Lauter......87 U12
Lauter (Dorf) b.......58 O10
Lauter (Fluß b. Kaiserslautern)......69 R7
Lauter (Fluß b. Pirmasens)......76 S7
Lauterach......87 V12
Lauterbach (Elstertalkreis)......62 O20
Lauterbach (Kreis Dachau)......89 V17
Lauterbach (Kreis Dillingen a. d. Donau)......88 U16
Lauterbach (Kreis Freising)......89 U18
Lauterbach (Kreis Rosenheim)....100 W20
Lauterbach (Kreis Rottweil)......85 V9
Lauterbach (Kreis Rügen)......9 C24
Lauterbach (Kreis Saarbrücken)....66 S4
Lauterbach (Kreis Sächsische Schweiz)......64 M26
Lauterbach (Kreis Zwickauer Land)......62 N21
Lauterbach (Mittlerer Erzgebirgskreis)......63 N23
Lauterbach (Muldentalkreis)......50 M21
Lauterbach (Vogelsbergkreis)......59 O12
Lauterbach (Wartburgkreis)......48 M15
Lauterbrunn......88 U16
Lauterburg......79 T13
Lauterecken......67 R6
Lauterhofen......81 R18
Lautern......81 R18
Lautersee......99 X17
Lauterstein......87 T13
Lautertal......71 P16
Lautertal (Odenwald)...70 Q10
Lautertal (Vogelsberg)...58 O11
Lautitz......53 M28
Lautlingen......85 V10
Lautrach......97 W14
Lautzenbrücken......56 N7
Lautzert......56 O6
Lautzkirchen......67 S5
Lavelsloh......35 I10
Lavesum......31 K5
Lawalde......65 M27
Laxbach......70 R10
Laxbach......70 R10
Lay......55 P6
Lebach......67 R4
Lebatz......6 E15
Lebehn......29 F26
Lebendorf......37 K19
Lebenstedt......36 J14
Leberkirchen......90 U21
Lebien......51 K22
Leblich......31 K4
Lebrade......6 D15
Lebus......41 I27

Lebusa......52 K24
Lech......98 X15
Lechbruck......98 W16
Lechenich......43 N4
Lechfeld......88 V16
Lechterke......21 I7
Leck......2 B10
Lecker Au......3 B11
Leda......11 G6
Ledde......33 J7
Leeden......33 J7
Leeder......98 W16
Leegebruch......27 H23
Leeheim......70 Q9
Leer......32 J5
Leer......11 G6
Leerhafe......11 F7
Leeßen......22 H10
Leerstetten......81 S17
Leese......22 I11
Leeseringen......22 I11
Leeste......22 H10
Leesten......73 Q17
Leetza......39 K22
Leezdorf......10 F5
Leezen (Kreis Parchim)...15 F20
Leezen (Kreis Segeberg)...6 E14
Legan......5 D12
Legau......97 W14
Legde......26 H19
Legden......31 J5
Legefeld......61 N17
Legelshurst......84 U7
Lehde......52 K25
Lehe (Kreis Dithmarschen)......4 C11
Lehe (Kreis Emsland)......20 G5
Lehe (Bremerhaven-)......12 F9
Lehen (Kreis Rosenheim)......100 V20
Lehen (Stadtkreis Freiburg i. B.)......84 V7
Lehenthal......74 P18
Leherheide......12 F9
Lehesten (Kreis Saalfeld-Rudolstadt)......61 O18
Lehesten (Saale-Holzland-Kreis)......49 N18
Lehmden......11 G8
Lehmdermoor......11 G8
Lehmen......55 P6
Lehmke......24 H15
Lehmkuhlen......6 D15
Lehmrade......14 F16
Lehmsiek......3 C13
Lehndorf......62 N21
Lehnin......39 J22
Lehnitz......27 H23
Lehnmühle Stausee......64 N24
Lehnsdorf......38 J21
Lehnstedt......49 N18
Lehr......87 U13
Lehrbach......58 N11
Lehrberg......80 R15
Lehrde......23 H12
Lehre......36 J16
Lehrensteinsfeld......79 S11
Lehrte (Kreis Emsland)......20 H6
Lehrte (Kreis Hannover)...35 I13
Lehsen......15 F17
Lehsten......17 F22
Leibchel......41 J26
Leibelbach......80 S15
Leibertstadt......79 R12
Leiberg......46 L9
Leiberstung......76 T8
Leibertingen......86 V11
Leiblfing......92 T21
Leibolz......59 N13
Leibsch......40 J25
Leichlingen......44 M5
Leidenborn......54 P2
Leidendorf......80 S15
Leideneck......55 P6
Leidersbach......70 Q11
Leidringen......85 V10
Leiferde......24 I15
Leiha......50 M19
Leihgestern......58 O10
Leimbach (Kreis Mansfelder Land)......49 L18
Leimbach (Kreis Nordhausen)......48 L16
Leimbach (Wartburgkreis)......60 N14
Leimen (Kreis Pirmasens)......76 S7
Leimen (Rhein-Neckar-Kreis)......77 R10
Leimersdorf......56 O5
Leimersheim......77 S9
Leimrieth......60 O16
Leimsfeld......47 N11
Leimstruth......45 N8
Leina......60 N15
Leinach......71 Q13

Leinburg......81 R17
Leine (Bach b. Aschersleben)......49 L17
Leine (Bach b. Heiligenstadt)......48 L14
Leine (Fluß z. Aller)......23 I12
Leinefelde......48 L14
Leinefelden-Echterdingen......78 T11
Leingarten......78 S11
Leinstetten......85 U9
Leinsweiler......76 S8
Leinzell......79 T13
Leipa......39 K22
Leipferdingen......95 W10
Leipheim......88 U14
Leipnitz......51 M22
Leippe......52 L26
Leipzig......50 L21
Leipzig-Schkeuditz (Flughafen)......50 L20
Leiselheim......69 R8
Leisenwald......58 P11
Leislau......49 M19
Leisnig......51 M22
Leißnitz......41 J26
Leistadt......69 R8
Leisten......16 F20
Leistenförde......14 F16
Leistenow......17 E23
Leitershofen......88 U16
Leitersweiler......67 R5
Leitheim......80 T16
Leitmar......46 L10
Leitzkau......38 J19
Leiwen......68 Q4
Lelbach......46 M10
Lelkendorf......16 E22
Lellenfeld......80 S15
Lelm......36 J16
Lembach (Kreis Haßberge)......72 Q16
Lembach (Kreis Waldshut)......95 W9
Lembeck......31 K4
Lemberg......76 S6
Lemberg......85 V10
Lembruch......22 I9
Lemförde......22 I9
Lemgo......34 J10
Lemgow......25 H18
Lemke......22 I11
Lemkendorf......7 C17
Lemkenhafen......7 C17
Lemmersdorf......29 F25
Lemsahl-Mellingstedt......14 E14
Lemwerder......12 G9
Lendern......5 D12
Lenderscheid......47 N12
Lendersdorf......42 N3
Lendorf......47 M12
Lendringsen......45 L7
Lengde......36 K15
Lengdorf......90 V20
Lengede......36 J14
Lengefeld (Kreis Sangerhausen)......49 L17
Lengefeld (Kreis Weimarer Land)......61 N18
Lengefeld (Mittlerer Erzgebirgskreis)......63 N23
Lengefeld (Unstrut-Hainich-Kreis)......48 M15
Lengelscheid......45 M7
Lengenbostel......13 G12
Lengenfeld (Göltzschtalkreis)......62 O21
Lengenfeld (Kreis Neumarkt i. d. Oberpfalz)......81 S18
Lengenfeld (Kreis Ostallgäu)......98 W16
Lengenfeld b. Groschlattengrün...75 Q20
Lengenfeld b. Tirschenreuth......75 Q20
Lengenfeld u. Stein......48 M14
Lengenwang......98 W15
Lengerich......21 I6
Lengerich......33 J7
Lengers......59 N14
Lengfeld (Kreis Hildburghausen)......60 O15
Lengfeld (Kreis Kelheim)......82 T20
Lengfeld (Kreis Schwandorf)......82 R21
Lengfeld (Stadtkreis Würzburg)...71 Q13
Lengfeld Fasanenhof......70 Q10
Lengfurt......71 Q12
Lenggries......99 W18
Lengham......91 U23
Lenglern......35 L13
Lengmoos......90 V20
Lengsham......91 U23
Lengthal......92 T21
Lenhausen......45 M7
Lenkersheim......72 R15
Lenne (Fluß b. Altena)...45 M7

Lenne (Fluß b. Winterberg)...46 M9
Lenne (Hochsauerlandkreis)..45 M8
Lenne (Kreis Holzminden)......35 K13
Lennep......44 M5
Lennestadt......45 M7
Lenningen......87 U12
Lenningsen......45 L7
Lensahn......6 D16
Lensterstrand......7 D16
Lenterode......47 L14
Lentersheim......80 S15
Lentföhrden......5 E13
Lenthe......35 I12
Lenting......81 T18
Lentzke......26 H22
Lenz (Kreis Müritz)......16 F21
Lenz (Kreis Riesa-Großenhain)......64 M24
Lenzen (Kreis Parchim)...16 E20
Lenzen (Kreis Prignitz)...25 G18
Lenzinghausen......34 J9
Lenzkirch......94 W8
Leobendorf......101 W22
Leonberg (Kreis Schwandorf)......82 S20
Leonberg (Kreis Tirschenreuth)...75 Q20
Leonberg (Stuttgart)......78 T11
Leopoldshafen......77 S9
Leopoldshagen......19 E25
Leopoldshöhe......34 J10
Leopoldskanal......84 V7
Leopoldstal......34 K10
Leppersdorf......64 M25
Leppin (Altmarkkreis Salzwedel)......25 H18
Leppin (Kreis Mecklenburg-Strelitz)......17 F24
Leps......38 K20
Lerbach......36 K14
Lerchenberg......48 M14
Lerchenberg......69 Q8
Leschede......20 I5
Lesse......36 J14
Lessenich......56 O4
Lessien......25 I16
Leßlohe......75 Q20
Lesum......12 G10
Lethe......21 H8
Letmathe......31 L6
Letschin......41 I27
Lette (Kreis Coesfeld)......31 K5
Lette (Kreis Warendorf)...33 K4
Letter......23 I12
Lettewitz......50 L19
Lettgenbrunn......71 P12
Lettin......50 L19
Lettmecke......45 M7
Lettweiler......69 R7
Letzin......17 E23
Letzlingen......25 I18
Leubach......60 O14
Leubas......98 W15
Leuben......51 M23
Leubetha......62 O20
Leubingen......49 M17
Leubnitz (Elstertalkreis)......62 O20
Leubnitz (Kreis Zwickauer Land)......62 N21
Leubsdorf......63 N23
Leubsdorf......56 O5
Leuchau......74 P19
Leuchtenberg......75 R20
Leuchtenburg......61 N18
Leudersdorf......56 O4
Leuenberg......40 H25
Leukersdorf......63 N22
Leun......57 O9
Leuna......50 M20
Leupoldsgrün......74 P19
Leupoldstein......73 Q19
Leupolz......97 W13
Leuscheid......43 N6
Leuschentin......17 E22
Leussow (Kreis Ludwigslust)...15 G17
Leussow (Kreis Mecklenburg-Strelitz)......28 G22
Leustetten......96 W11
Leutenbach......73 Q17
Leutenberg......61 O18
Leuterschach......98 W15
Leutersdorf......65 N27
Leutershausen (Kreis Ansbach)......80 S15
Leutershausen (Kreis Rhön-Grabfeld)......72 P14
Leutesdorf......56 O6
Leutesheim......84 U7
Leuth......30 L2
Leuthen......53 K26
Leutkirch......97 W14

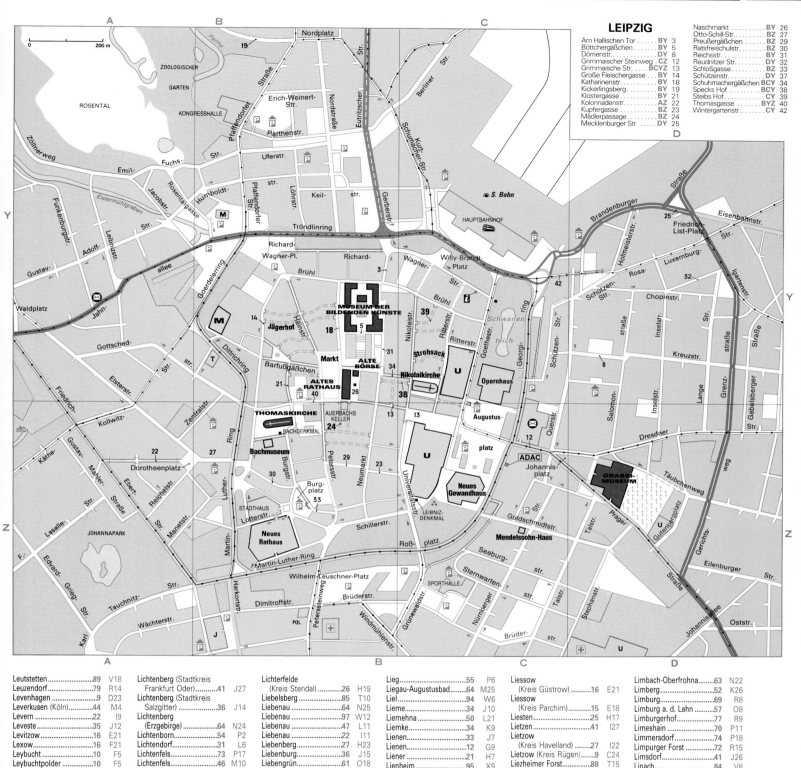

LEIPZIG

Am Hallischen Tor	BY	3
Böttchergäßchen	BY	5
Dörrienstr.	DY	8
Grimmaischer Steinweg	CZ	12
Grimmaische Str.	BCYZ	13
Große Fleischergasse	BY	14
Katharinenstr.	BY	18
Kickerlingsberg	BY	19
Klostergasse	BY	21
Kolonnadenstr.	AZ	22
Kupfergasse	BZ	23
Mädlerpassage	BZ	24
Mecklenburger Str.	DY	25
Naschmarkt	BY	26
Otto-Schill-Str.	BZ	27
Preußergäßchen	BZ	29
Ratsfreischulstr.	BZ	30
Reichsstr.	BY	31
Reudnitzer Str.	DY	32
Schloßgasse	BZ	33
Schützenstr.	DY	37
Schuhmachergäßchen	BCY	34
Specks Hof	BCY	38
Steibs Hof	CY	39
Thomasgasse	BYZ	40
Wintergartenstr.	CY	42

Leutstetten	89	V18	Lichtenberg (Stadtkreis			Lichterfelde			Lieg	55	P6	Liessow			Limbach-Oberfrohna	63	N22
Leuzendorf	79	R14	Frankfurt Oder)	41	J27	(Kreis Stendal)	26	H19	Liegau-Augustusbad	64	M25	(Kreis Güstrow)	16	E21	Limberg	52	K26
Levenhagen	9	D23	Lichtenberg (Stadtkreis			Liebelsberg	85	T10	Liel	94	W6	Liessow			Limburg	69	R8
Leverkusen (Köln)	44	M4	Salzgitter)	36	J14	Liebenau	64	N25	Lieme	34	J10	(Kreis Parchim)	15	E18	Limburg a. d. Lahn	57	O8
Levern	22	I9	Lichtenberg			Liebenau	97	W12	Liemehna	50	L21	Liesten	25	H17	Limburgerhof	77	R9
Leveste	35	J12	(Erzgebirge)	64	N24	Liebenberg	47	L11	Liemke	34	K9	Lietzen	41	I27	Limeshain	70	P11
Levitzow	16	E21	Lichtenborn	54	P2	Liebenau	22	I11	Lienen	33	J7	Lietzow			Limmersdorf	74	P18
Lexow	16	F21	Lichtendorf	31	L6	Liebenberg	36	J15	Lienen	12	G9	(Kreis Havelland)	27	I22	Limpurger Forst	72	R15
Leybucht	9	F5	Lichtenfels	73	P17	Liebengrün	61	O18	Liener	21	H7	Lietzow (Kreis Rügen)	9	C24	Limsdorf	41	J26
Leybuchtpolder	10	F5	Lichtenfels	46	M10	Liebenrode	48	L15	Lienheim	95	X9	Liezheimer Forst	88	T15	Linach	84	V8
Libben	9	C23	Lichtenhaag	90	U21	Liebenscheid	57	N8	Liensfeld	6	D15	Liggeringen	96	W11	Linau	14	F15
Libbenichen	41	I27	Lichtenhagen	35	K12	Liebenstadt	81	S17	Lienzingen	77	T10	Liggersdorf	96	W11	Lind	82	R21
Libbesdorf	50	K20	Lichtenhain (Kreis			Liebenstein	60	N16	Liepe (Kreis Barnim)	29	H25	Lilienstein	64	N26	Lind	56	O4
Liblar	43	N4	Sächsische Schweiz)	65	N26	Liebenstein	75	Q21	Liepe (Kreis Havelland)	26	I21	Lilienthal (Bremen)	12	G10	Linda		
Libur	43	N5	Lichtenhain			Liebenstein			Liepe (Kreis			Limbach			(Kreis Wittenberg)	39	K23
Lich	58	O10	(Stadtkreis Jena)	61	N18	(Bornhofen)	55	P6	Uecker-Randow)	19	F26	(Göltzschtalkreis)	62	O20	Linda (Saale-Orla-Kreis)	62	N19
Lichenroth	59	O11	Lichtenhorst	23	H12	Liebenthal	47	H24	Liepen (Kreis Mecklenburg-			Limbach			Lindach	101	V21
Licherode	47	M12	Lichtenmoor	23	H12	Liebenwalde	27	H24	Strelitz)	17	F24	(Kreis Bamberg)	72	Q16	Lindau	74	P18
Lichte	61	O17	Lichtenmoor (Stadt)	23	H11	Lieberhausen	44	M6	Liepen (Kreis			Limbach			Lindau (Kreis		
Lichtenau	61	N19	Lichtenow	40	I25	Lieberose	53	K26	Ostvorpommern)	17	E24	(Kreis Günzburg)	88	U15	Anhalt-Zerbst)	38	J20
Lichtenau	46	L10	Lichtensee	52	L24	Liebersee	51	L23	Lieper Winkel	19	E25	Limbach			Lindau		
Lichtenau			Lichtenstein	62	N21	Liebertwolkwitz	50	M21	Liepgarten	19	E26	(Kreis Haßberge)	72	Q15	(Kreis Northeim)	48	L14
(Kreis Ansbach)	80	S16	Lichtenstein	86	U11	Liebfrauenstraße	69	Q8	Lieps	17	F23	Limbach			Lindau (Kreis Rendsburg-		
Lichtenau (Kreis Neuburg-			Lichtental	76	T8	Lieblingshof	8	D20	Liers	56	O4	Meißen-Dresden)	64	M24	Eckernförde)	3	C13
Schrobenhausen)	89	T18	Lichtentanne (Kreis			Lieblos	58	P11	Liesborn	33	K8	Limbach			Lindau (Kreis Schleswig-		
Lichtenau			Saalfeld-Rudolstadt)	61	O18	Liebschütz	61	O18	Lieschow	9	C23	(Kreis Neuwied)	43	N6	Flensburg)	3	C13
(Kreis Rastatt)	76	T7	Lichtentanne (Kreis			Liebschützberg	51	L23	Liesen	46	M9	Limbach			Lindau i. Bodensee (Kreis		
Lichtenberg	45	N7	Zwickauer Land)	62	N21	Liebshausen	55	P6	Liesenich	55	P5	(Kreis Saarlouis)	66	R4	LindauBodensee)	97	X13
Lichtenberg (Berlin)	40	I24	Lichtenwald			Liebstadt	64	N25	Lieser	68	Q5	Limbach			Lindaunis	3	C13
Lichtenberg (Kreis Hof)	61	O19	(Kreis Esslingen)	79	T12	Liebstedt	49	M18	Lieser (Fluß)	68	Q4	(Kreis Sonneberg)	61	O17	Lindberg	83	S23
Lichtenberg (Kreis Lüchow-			Lichtenwald			Liechelkopf	98	Y14	Lieskau	50	L25	Limbach (Kreis			Linde	71	H23
Dannenberg)	25	H17	(Kreis Regensburg)	82	S20	Liederbach	70	P9	Lieske (Kreis Bautzen)	53	M27	Torgau-Oschatz)	51	M23	Linde	44	M5
Lichtenberg (Kreis Mecklenburg-			Lichtenwalde	63	N23	Liedern	30	K3	Lieske (Kreis Oberspreewald-			Limbach (Neckar-			Linden (Hannover)	35	I13
Strelitz)	17	F24	Lichterfeld	52	L25	Liederstädt	49	M18	Lausitz)	52	L26	Odenwald-Kreis)	78	R11	Linden (Kreis Bad Tölz-		
Lichtenberg (Kreis Westlausitz-			Lichterfelde			Liedolsheim	77	S9	Ließen	39	J24	Limbach			Wolfratshausen)	99	W18
Dresdener Land)	64	M25	(Kreis Barnim)	29	H25							(Saar-Pfalz-Kreis)	67	S5			

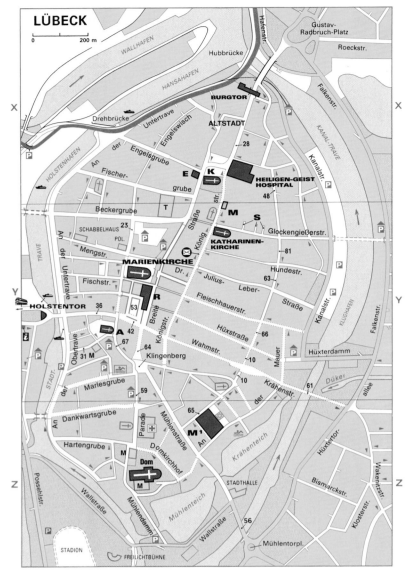

LÜBECK

0   200 m

Balauerfohr	Y	10
Beckergrube	Y	
Breite Str.	Y	
Fleischhauerstr.	Y	
Fünfhausen	X	23
Große Burgstr.	X	28
Große Petersgrube	X	31
Holstenstr.	Y	36
Hüxstr.	Y	
Klingenberg	Y	
Königstr.	XY	
Kohlmarkt	Y	42
Langer Lohberg	X	48
Marktpl.	Y	53
Mühlenstr.	Z	
Mühlentorbrücke	Z	56
Pferdemarkt	Y	59
Rehderbrücke	Y	61
Rosengarten	Y	63
Sandstr.	Y	64
Schlumacherstr.	Y	66
Schmiedestr.	Y	67
St-Annen-Str.	Z	65
Tünkenhagen	Y	81
Wahmstr.	Y	

Linden (Kreis Dithmarschen) 5 D11
Linden (Kreis Gießen) 58 O9
Linden (Kreis Hildburghausen) 60 O15
Linden (Kreis Kaiserslautern) 67 R6
Linden (Kreis Neustadt a. d. A.-Bad W.) 72 R15
Linden (Kreis Uelzen) 24 H15
Linden-Dahlhausen 31 L5
Lindena 52 L24
Lindenau (Kreis Aue-Schwarzenberg) 62 O21
Lindenau (Kreis Hildburghausen) 60 P16
Lindenau (Kreis Oberspreewald-Lausitz) 52 L25
Lindenberg (Kreis Bad Dürkheim) 76 R8
Lindenberg (Kreis Barnim) 40 I24
Lindenberg (Kreis Demmin) 17 E23
Lindenberg (Kreis Oder-Spree) 41 J26
Lindenberg (Kreis Ostallgäu) 88 V16
Lindenberg (Kreis Prignitz) 26 G20
Lindenberg i. Allgäu 97 X13
Lindenfels 70 Q10
Lindenhagen 29 G25
Lindenhardt 73 Q18
Lindenhayn 50 L21

Lindenhof 17 E23
Lindenholzhausen 57 O8
Lindenkreuz 62 N19
Lindenthal (Leipzig) 50 L21
Linderbach 49 N17
Linderhof 98 X16
Linderhofe 34 J11
Lindern (Kreis Emsland) 21 H7
Lindern (Kreis Hannover Land) 42 N2
Lindewitt 3 B11
Lindheim 58 P10
Lindhöft 3 C13
Lindholm 2 B10
Lindhorst (Kreis Hannover Land) 35 I11
Lindhorst (Kreis Uckermark) 29 F25
Lindhorst (Ohrekreis) 37 J18
Lindkirchen 90 T19
Lindlar 44 M6
Lindloh 20 H5
Lindow (Kreis Nordwest-mecklenburg) 14 E16
Lindow (Kreis Ostprignitz-Ruppin) 27 H22
Lindstedt 25 I18
Lindthal 52 L25
Lindwedel 23 I13
Lingelbach 59 N12
Lingen 20 I5
Lingenfeld 77 S9
Lingese-Stausee 45 M6
Lingwedel 24 H15

Linken 17 F27
Linkenheim-Hochstetten 77 S9
Linn 30 L3
Linnau 3 B11
Linnau (Fluß) 3 B11
Linnenfeld 33 K7
Linnenkamp 35 K13
Linnich 42 N2
Linow 28 G22
Linsburg 23 I11
Linsengericht 70 P11
Linstow 16 F21
Linswege 11 G7
Lintach 82 R19
Lintel (Kreis Delmenhorst) 12 G9
Lintel (Kreis Gütersloh) 34 K9
Linthe 39 J22
Lintig 12 F10
Lintorf 31 L4
Lintzel 24 H14
Linum 27 H22
Linumhorst 27 H22
Linx (Rheinau) 84 U7
Linz 52 L25
Linz a. Rhein 56 O5
Lippach 80 T14
Lippborg 45 L8
Lippe 57 N8
Lippe (Fluß) 34 K9
Lippendorf 50 M21
Lipperbruch 34 K9
Lipperode 34 K9
Lippersdorf 63 N23

Lippersdorf-Erdmannsdorf 62 N19
Lippertsgrün 61 P18
Lippertshofen 81 S18
Lippertsreute 96 W11
Lippetal 33 K8
Lippinghausen 34 J9
Lippling 34 K9
Lippoldsberg 47 L12
Lipporn 69 P7
Lippramsdorf 31 K5
Lipprechterode 48 L15
Lippstadt 34 K9
Liptingen 95 W10
Liptitz 51 M22
Lirstal 55 P5
Lisberg 72 Q16
Lischeid 58 N11
Lispenhausen 47 M13
Lissa 50 L20
Lißberg 58 O11
Lissingen 55 P3
List 2 A9
Listerfehrda 39 K22
Listrup 20 I6
Litschen 53 L27
Littel 21 G8
Littenweiler 84 W7
Litterzhofen 81 S18
Littfeld 45 M7
Litzelstetten 96 W11
Litzendorf 73 Q17
Litzlohe 81 R18
Lixfeld 58 N9
Lobbach 70 R10

Lobberich 30 M2
Lobbese 39 J22
Lobeda 61 N18
Lobenfeld 77 R10
Lobenstein 61 O18
Lobeofsund 27 H22
Lobmachtersen 36 J15
Lobstädt 50 M21
Loburg 38 J20
Loccum 22 I11
Loch 56 O4
Lochau 50 L20
Lochen 99 W18
Lochenstein 85 V10
Locherhof 85 V9
Lochtum 36 K15
Lochum 57 O7
Lockstädt 26 G20
Lockstedt (Altmarkkreis Salzwedel) 25 I17
Lockstedt (Kreis Steinburg) 13 E13
Lockstedt (Ohrekreis) 25 I17
Locktow 39 J22
Lockweiler 67 R4
Lockwisch 14 E16
Lodbergen 21 H7
Loddin 19 D26
Lodenau 53 L28
Lodersleben 49 M19
Lodmannshagen 9 D24
Löbau 65 M28
Löbejün 50 L19
Löben 51 K23
Löberitz 50 L20
Löbichau 62 N20
Löbitz 50 M19
Löbnitz (Kreis Delitzsch) 50 L21
Löbnitz (Kreis Nordvorpommern) 8 D22
Löbschütz 50 M20
Löcherberg 84 U8
Löchgau 78 S11
Löcknitz (Bach b. Erkner) 40 I25
Löcknitz (Fluß z. Elbe) 15 G19
Löcknitz (Kreis Uecker-Randow) 19 F26
Lödderitz 38 K19
Löderburg 37 K18
Lödingsen 47 L13
Lödla 62 N21
Löf 55 P6
Löffelscheid 55 P5
Löffelstelzen 71 R13
Löffelsterz 72 P15
Löffingen 95 W9
Lögow 26 H21
Löhlbach 46 M10
Löhma 62 O19
Löhme 40 I25
Löhnberg 57 O8
Löhne 34 J10
Löhnhorst 12 G9
Löhrieth 60 P14
Löhsten 51 L23
Löllbach 68 Q6
Löningen 21 H7
Lönnewitz 51 L23
Lönsgrab 23 H12
Lönsstein 24 H14
Löpsingen 80 T15
Lörch 84 V7
Lörrach 94 X7
Lörzenbach 70 R10
Löschenrod 59 O13
Löschwitz 74 Q19
Lössau 62 O19
Lößnitz 63 O22
Lövenich (Kreis Heinsberg) 42 M2
Lövenich (Stadtkreis Köln) 43 N4
Löwen 46 L11
Löwenberg 27 H23
Löwenbruch 39 J23
Löwendorf 35 K11
Löwenhagen 47 L13
Löwensen 35 K11
Löwenstedt 3 C11
Löwenstein 79 S12
Löwensteiner Berge 79 S12
Löwitz (Kreis Nordwest-mecklenburg) 15 E17
Löwitz (Kreis Ostvorpommern) 19 E25
Loffenau 77 T9
Loga 65 M26
Logabirum 11 G6
Lohausen 44 M4
Lohbarbek 5 E12
Lohberg 83 S23
Lohberge 13 G13
Lohbrügge 14 F14
Lohe (Kreis Cloppenburg) 11 G7
Lohe (Kreis Cuxhaven) 12 F10

Lohe (Kreis Emsland) 21 H6
Lohe (Kreis Vechta) 21 H8
Lohe-Föhrden 5 C12
Lohe-Rickelshof 4 D11
Loheide 2 B10
Lohfelden 47 M12
Lohhof 22 I10
Lohkirchen 90 V21
Lohm 26 H20
Lohma (Altenburg) 62 N21
Lohma (Pleystein) 75 R21
Lohmar 43 N5
Lohmen (Kreis Güstrow) 16 E20
Lohmen (Kreis Sächsische Schweiz) 64 N26
Lohne 20 I5
Lohne 25 H18
Lohne (Kreis Soest) 45 L8
Lohne (Schwalm-Eder-Kreis) 47 M11
Lohne (Oldenburg) 21 I8
Lohnsfeld 69 R7
Lohr 80 S14
Lohr (Fluß) 71 P12
Lohr a. Main 71 Q12
Lohra 58 N9
Lohrbach 78 R11
Lohrhaupten 71 P12
Lohsa 53 L27
Loiching 90 U21
Loikum 30 K3
Loiperstätt 90 V20
Loipl 101 X22
Loisach 99 X17
Loissin 9 D24
Loit 3 C13
Loiterau 3 C12
Loitsche 37 J19
Loitz 9 E23
Loitzendorf 83 S21
Lollar 58 O10
Lomersheim 77 T10
Lomitz 25 H18
Lommatzsch 51 M23
Lommersdorf 56 O4
Lommersum 42 N4
Lomnitz 64 M25
Lomske 65 M27
Lonau 36 K15
Londorf 58 N10
Lone 88 U14
Lonetal 88 U14
Longerich (Köln) 43 N4
Longkamp 68 Q5
Longuich 68 Q4
Lonnerstadt 72 Q16
Lonnewitz 51 M23
Lonnig 55 P6
Lonsee 87 U13
Lonzig 62 N20
Looft 5 D13
Loop 5 D13
Loope 43 N6
Loose 3 C13
Loosen 15 G17
Loppenhausen 88 V13
Loppersum 10 F5
Loppin 16 F21
Loquard 10 F5
Loquitz 61 O18
Lorch 79 T13
Lorch 57 P7
Loreley 69 P7
Lorenzenzimmern 79 S13
Lorenzreuth 75 P20
Lorsbach 69 P9
Lorsch 70 R9
Lorscheid 68 Q4
Lorup 21 H6
Loschwitz (Dresden) 64 M25
Losenitz 9 D24
Loshausen 59 N11
Losheim 66 R4
Losheim (Eifel) 54 O3
Lossa 49 M18
Lossa (Bach) 49 M17
Loßbruch 34 K10
Loßburg 85 U9
Losse 25 H19
Losse 47 M13
Lossow 41 J27
Loßwig 51 L23
Lostau 37 J19
Lothe 35 K11
Lotseninsel 3 B14
Lotte 33 J7
Lotten 21 I6
Lottengrün 62 O19
Lottstetten 95 X9
Louisenberg 3 C13
Louisendorf (Kreis Kleve) 30 K2
Louisendorf (Kreis Waldeck-Frankenberg) 46 M10
Lowick 30 K3
Loxstedt 12 F9
Loxten 33 J8

Loxten 21 I7
Loy 11 G8
Lubmin 9 D24
Lubolz 52 K25
Lucherberg 42 N3
Lucka 50 M20
Luckau 25 H17
Luckau 52 K25
Luckenau 50 M20
Luckenwalde 39 J23
Lucklum 36 J16
Luckow 19 E26
Luckow 29 G26
Luckow-Petershagen 29 G26
Ludenhausen 99 W16
Ludolfshausen 47 L13
Ludorf 16 F22
Ludwag 73 Q17
Ludweiler-Warndt 66 S4
Ludwigs-Donau-
 Main-Kanal 81 S18
Ludwigsau 27 H23
Ludwigsburg 9 D24
Ludwigsburg 78 T11
Ludwigsburg 3 C13
Ludwigschorgast 74 P18
Ludwigsdorf 11 F6
Ludwigsfelde 39 J23
Ludwigshafen 70 R9
Ludwigshafen
 a. Bodensee 96 W11
Ludwigshöhe (Kreis Mainz-
 Bingen) 69 Q9
Ludwigshöhe (Kreis Südliche
 Weinstraße) 76 S8
Ludwigslust 15 G18
Ludwigsluster Kanal 15 G18
Ludwigsmoos 89 U17
Ludwigsstadt 61 O18
Ludwigsthal 83 S23
Ludwigswinkel 76 S7
Lübars 38 J20
Lübbecke 34 J9
Lübben 52 K25
Lübbenau 52 K25
Lübbenow 29 F25
Lübbersdorf 17 F24
Lübberstedt
 (Kreis Harburg) 14 G14
Lübberstedt
 (Kreis Osterholz) 12 F10
Lübberstorf 7 E19
Lübbow 25 H17
Lübeck 14 E16
Lübecker Bucht 6 D16
Lüben 24 H16
Lübesse 15 F18
Lüblow 15 F18
Lübnitz 38 J21
Lübow 7 E18
Lübs (Kreis
 Anhalt-Zerbst) 38 J19
Lübs (Kreis
 Ostvorpommern) 19 E25
Lübstorf 15 E18
Lübtheen 15 G17
Lübz 16 F20
Lübzin 16 E19
Lüchow 25 H17
Lüchtringen 35 K12
Lückendorf 65 N28
Lückenmühle 61 O18
Lückersdorf-Gelenau 64 M26
Lückstedt 25 H18
Lüdelsen 25 H16
Lüdenhausen 34 J11
Lüdenscheid 45 M6
Lüder 59 O12
Lüder 24 H15
Lüderbach 48 M14
Lüderitz 25 I19
Lüdermünd 59 O12
Lüdersburg 14 G15
Lüdersdorf
 (Kreis Barnim) 29 H26
Lüdersdorf (Kreis Nordwest-
 mecklenburg) 14 E16
Lüdersdorf (Kreis
 Teltow-Fläming) 39 J23
Lüdersen 35 J13
Lüdersfeld 35 I11
Lüdershagen 8 D21
Lüdingen 23 G12
Lüdinghausen 31 K6
Lüdingworth 12 E10
Lüdingworth-Seehausen 12 E10
Lüerdissen 35 K12
Lüffingen 25 I18
Lügde 35 K11
Lüge 25 H18
Lühburg 8 E21
Lühe 38 J19
Lühmannsdorf 9 D24
Lühnde 35 J13
Lüllau 13 G13
Lülsdorf 30 L2
Lülsfeld 72 Q14
Lünebach 54 P3

Lüneburg 14 G15
Lüneburger Heide 13 G13
Lüneburger Heide
 (Naturschutzpark) 13 G13
Lünen 31 L6
Lünen-Süd 31 L6
Lünern 45 L7
Lünne 21 I6
Lünow 38 I21
Lünten 32 J4
Lüntorf 35 K12
Lünzen 23 G13
Lüptitz 51 L22
Lürschau 3 C12
Lüsche 21 H8
Lüskow 17 E24
Lüßberg 24 H15
Lüssow
 (Kreis Güstrow) 16 E20
Lüssow (Kreis
 Nordvorpommern) 9 D23
Lüssow (Kreis
 Ostvorpommern) 17 E24
Lüstringen 33 J8
Lütau 14 F15
Lütersheim 46 L11
Lütetsburg 10 F5
Lütgendortmund 31 L6
Lütgeneder 46 L11
Lüthorst 35 K13
Lütje Hörn (Insel) 10 F4
Lütjenbrode 7 C17
Lütjenburg 6 C17
Lütjenholm 2 B11
Lütjenhorn 2 B11
Lütjensee 14 F15
Lütjenwestedt 5 D12
Lütkendorf 16 G20
Lütkenwisch 25 G18
Lütmarsen 35 K12
Lütow 19 D25
Lüttau 14 F16
Lüttauer See 14 F16
Lüttchendorf 49 L18
Lütte 38 J21
Lütten Klein 8 D20
Lüttenhagen 17 F24
Lüttenmark 14 F16
Lütter 59 O13
Lüttewitz-Dreißig 51 M23
Lüttgenrode 36 K16
Lüttgenzlatz 38 J20
Lüttingen 30 K3
Lüttow 14 F16
Lüttringhausen 44 M5
Lütz 55 P6
Lützel 45 N8
Lützelbach (Kreis
 Darmstadt-Dieburg) 70 Q10
Lützelbach
 (Odenwaldkreis) 70 Q11
Lützelburg 88 U16
Lützelwig 47 M12
Lützen 50 M20
Lützenhardt 85 U9
Lützenkirchen 44 M5
Lützkampen 54 P2
Lützlow 29 G26
Lützow 15 F17
Lützschena-Stahmeln 50 L20
Lug 52 L25
Lug 76 S7
Lugau 52 L24
Lugau (Erzgebirge) 63 N22
Luhden 34 J11
Luhdorf 14 G14
Luhe 14 G14
Luhe-Wildenau 82 R20
Luhme 28 G22
Luhmühlen 14 G14
Luhnstedt 5 D13
Luisenburg 74 P19
Luisenhütte (Balve) 45 L7
Luisenthal 60 N16
Luizhausen 87 U13
Luko 38 K20
Lumpzig 62 N20
Lunden 4 D11
Lune 12 F10
Lunestedt 12 F10
Lunow 29 H26
Lunsen 22 H11
Lunzenau 63 N22
Lupburg 81 S19
Lupendorf 16 F21
Lupfen 85 V10
Luppa (Kreis Bautzen) 65 M27
Luppa (Kreis
 Torgau-Oschatz) 51 L22
Luppe 50 L20
Lusen 93 T24
Luso 45 K20
Lust 37 K18
Lustadt 77 S8
Lusthoop 13 F12
Luthe 23 I12
Luther-Denkmal 60 N15
Lutheran 16 F20
Lutten 22 H9

Luttenwang 89 V17
Lutter (Kreis Eichsfeld) 48 L14
Lutter (Kreis Hannover) 23 I12
Lutter a. Barenberge 36 K14
Lutterberg 47 L12
Lutterloh 24 H14
Luttern 24 H14
Luttingen 94 X8
Luttum 23 H11
Lutum 31 K5
Lutzerath 55 P5
Lutzhöft 3 B12
Lutzhorn 13 E13
Lutzingen 88 U15
Lychen 28 G23
Lynow 39 J24

M

Maar 59 O12
Maasbüll 3 B12
Maasbüll (b. Niebüll) 2 B10
Maasdorf
 (Kreis Elbe-Elster) 52 L24
Maasdorf
 (Kreis Köthen) 50 K19
Maasen 22 H10
Maasholm 3 B13
Maberzell 59 O12
Machern 50 L21
Machtlfing 99 W17
Machtlos (b. Bebra) 59 N13
Machtlos
 (b. Breitenbach) 59 N12
Macken 55 P6
Mackenbach 67 R6
Mackenrode
 (Kreis Eichsfeld) 47 M14
Mackenrode
 (Kreis Göttingen) 47 L14
Mackenrode
 (Kreis Nordhausen) 48 L15
Mackensen 35 K13
Mackenzell 59 O13
Madel 38 J19
Madenburg 76 S8
Madenhausen 72 P14
Madfeld 46 L10
Mägdesprung 37 K17
Mägerkingen 86 V11
Mährenhausen 60 P16
Mähring 75 Q21
Mähringen
 (Kreis Tübingen) 86 U11
Mähringen
 (Stadtkreis Ulm) 87 U13
Mäkel 22 H9
Märkisch Buchholz 40 J25
Märkisch Wilmersdorf 39 J23
Märschendorf 21 H8
Märtensmühle 39 J23
Mäusdorf 79 S13
Magdala 61 N18

Magdeburg 37 J18
Magdeburgerforth 38 J20
Magdlos 59 O12
Magelsen 23 H11
Magnetsried 99 W17
Magolsheim 87 U12
Mahdel 51 K23
Mahitzschen 51 L23
Mahlberg 84 V7
Mahlberg 31 K4
Mahlbergskopf 68 Q6
Mahlenzien 38 J21
Mahlis 51 M22
Mahlitz 26 H20
Mahlow 40 J24
Mahlsdorf 25 H17
Mahlspüren 96 W11
Mahlstetten 85 V10
Mahlum 36 J14
Mahlwinkel 37 I19
Mahnburg 24 H16
Mahndorf 37 K16
Mahndorf 22 G10
Maibach 72 P14
Maibach 58 O9
Maichingen 77 T10
Maierhöfen 97 X14
Maierhofen 22 T19
Maihingen 80 T15
Maikammer 76 S8
Mailar 45 M8
Mailheim 72 R15
Mailing 81 T18
Mailing 72 P15
Main 71 Q13
Main 70 P10
Main-Donau-Kanal 72 Q16
Mainaschaff 70 Q11
Mainau 96 W11
Mainberg 72 P14
Mainbernheim 72 Q14
Mainbullau 70 Q11
Mainburg 90 U19
Maineck 73 P17
Mainflingen 70 P11
Mainhardt 85 S12
Mainhausen 70 P11
Mainleus 74 P18
Mainroth 73 P17
Mainschorn 22 I11
Mainsondheim 72 Q14
Mainstockheim 72 Q14
Maintal 70 P10
Mainwangen 96 W11
Mainz 69 Q8
Mainzweiler 67 R5
Maisach 89 V17
Maitis 79 T13
Malberg 54 P3
Malborn 68 Q4
Malchen 70 Q9
Malchin 17 E22
Malchiner See 16 E21
Malching 91 V23
Malchow 16 F21

Malente 6 D15
Malgarten 21 I8
Malgersdorf 91 U22
Malitschkendorf 51 K23
Malkendorf 6 E15
Malkomes 59 N13
Mallenchen 52 K25
Mallentin 7 E17
Mallersdorf 90 T20
Mallerstetten 81 S18
Mallin 17 F23
Malliß 15 G17
Mallnow 41 I27
Malloh 24 I16
Malmsheim 77 T10
Malsburg 94 W7
Malsch
 (Kreis Karlsruhe) 77 T9
Malsch
 (Rhein-Neckar-Kreis) 77 S10
Malschwitz 65 M27
Malse 12 F10
Malsfeld 47 M12
Malstedt 13 F11
Malter-Paulsdorf 64 N22
Malterdingen 84 V7
Malterhausen 39 J22
Malxe 53 K27
Malzow 28 E16
Mamerow 16 E21
Mammendorf 89 V17
Mamming 91 U21
Manau 72 P15
Manching 89 T18
Mandel 69 Q7
Mandelbachtal 67 S5
Mandeln 58 N9
Mandelshagen 8 D21
Mandelsloh 23 I12
Mandern 66 R4
Manderscheid (Kreis
 Bernkastel-Wittlich) 54 P4
Manderscheid (Kreis Bitburg-
 Prüm) 54 P3
Manebach 60 N16
Mangelsdorf 38 I20
Mangfall 100 X19
Mangfallgebirge 100 X19
Manhagen 6 D16
Manheim 42 N2
Manker 26 H22
Mankmoos 15 E19
Mankmuß 15 G18
Mannebach
 (Kreis Daun) 55 P4
Mannebach (Kreis
 Trier-Saarburg) 66 R3
Mannhagen Dorf 53 D23
Mannhausen 25 I17
Mannheim 70 R9
Mannichswalde 62 N20
Mannweiler Cölln 69 Q7
Manrode 47 L12
Mansbach 59 N13
Manschnow 41 I27

Mansfeld 49 L18
Mansie 11 G7
Manslagt 10 F5
Mantel 75 R20
Manteler Forst 75 Q20
Mantinghausen 34 K9
Mantlach 81 S17
Manubach 69 P7
Marbach 70 R10
Marbach (Dorf) 59 O13
Marbach
 (Kreis Erfurt) 49 N16
Marbach
 (Kreis Mittweida) 51 M23
Marbach
 (Kreis Reutlingen) 87 V12
Marbach
 (Kreis Sigmaringen) 87 U12
Marbach
 (Schwarzwald-
 Baar-Kreis) 85 V9
Marbach a. Neckar 78 T11
Marbeck 44 K4
Marbostel b. Soltau 23 H13
Marburg 58 N10
Marcardsmoor 11 F7
March (Kreis Breisgau-
 Hochschwarzwald) 84 V7
March (Kreis Regen) 92 T23
Marching 81 T19
Mardorf
 (Kreis Hannover) 23 I11
Mardorf (Kreis Marburg-
 Biedenkopf) 58 N10
Margarethen 90 U21
Margarethenthann 90 T19
Margetshöchheim 71 Q13
Margretenhaun 59 O13
Margrethausen 85 V10
Maria Birnbaum 80 U17
Maria Brünnlein 80 T15
Maria Eck 101 W21
Maria Engelport 55 P5
Maria Gern 101 W23
Maria Laach 56 O5
Maria Steinbach 97 W14
Maria Veen 31 K5
Mariadorf 42 N2
Mariäkappel 80 S14
Mariakirchen 91 U22
Marialinden 43 N5
Mariaposching 92 T22
Mariaweiler 42 N3
Mariazell 85 V9
Marienbaum 30 K3
Marienberg 42 N2
Marienberg 63 O23
Marienberg 100 W20
Marienberghausen 43 N6
Marienborn 37 J17
Marienburg 55 P5
Marienburg 35 J13
Marienchor 10 G5
Mariendorf 47 L12
Marieney 62 O20
Marienfeld
 (Kreis Gütersloh) 33 K8

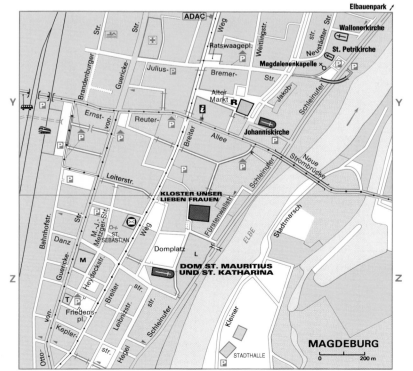

MAGDEBURG

MAINZ

Augustinerstr........Z 6
Bischofspl..........Z 12
Christofsstr........Z 16
Fischtorstr.........Z 21
Flachsmarktstr......Z
Große Bleiche.......Z
Gutenbergpl.........Z 23
Höfchen.............Z 26
Karmeliterstr.......Z 27
Kirschgarten........Z 29
Liebfrauenpl........Z 32
Ludwigsstr..........Z
Markt...............Z
Peter-Altmeier-Allee..Z 35
Quintinsstr.........Z 36
Schillerstr.........Z
Schöfferstr.........Z 40
Schusterstr.........Z
Zeughausgasse.......Z 43

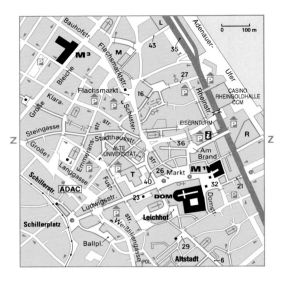

Marienfeld (Rhein-Sieg-Kreis)....43 N6
Marienfels....57 P7
Marienglashöhle (Friedrichroda)....60 N15
Marienhafe....10 F5
Marienhagen....35 J13
Marienhausen....57 O7
Marienheide....45 M6
Marienkoog....2 B10
Marienloh....34 K10
Marienmünster....35 K11
Marienrode....35 J13
Marienroth....61 O18
Mariensee....23 I12
Marienstatt....57 N7
Marienstedt....14 F16
Marienstein....99 W19
Marienthal....37 J16
Marienthal (Kreis Oberhavel)....28 G23
Marienthal (Kreis Wesel)....31 K4
Marienthal (Rheingau-Taunus-Kreis)....69 P7
Marienthal (Pfalz)....69 R7
Marienwerder....27 H24
Marihn....17 F22
Marine Ehrenmal (Laboe)....6 C14
Maring-Noviand....68 Q5
Marisfeld....60 O15
Marjoß....71 P12
Mark....11 G6
Markdorf....97 W12
Markee....27 I22
Markelfingen....96 W11
Markelsdorfer Huk....7 C17
Markelsheim....71 R13
Markendorf (Kreis Teltow-Fläming)....39 K23
Markendorf (Stadtkreis Frankfurt)....41 J27
Markersbach....63 O22
Markersdorf (Kreis Mittweida)....63 N22
Markersdorf (Niederschlesischer Oberlausitzkr.)....65 M28
Markgrafenheide....8 D20
Markgrafpieske....41 J25
Markgröningen....78 T11
Markhausen....21 H7
Markkleeberg....50 M21
Marklendorf....23 H13
Marklkofen....90 U21
Marklohe....22 H11
Markneukirchen....75 P20
Markoldendorf....35 K13
Markranstädt....50 M20
Markröhlitz....50 M19
Marksburg....55 P6
Marksuhl....60 N14
Markt....88 U16
Markt Berolzheim....80 S16
Markt Bibart....72 R15
Markt Einersheim....72 R14
Markt Erlbach....72 R15
Markt Indersdorf....89 U18
Markt Nordheim....72 R15
Markt Rettenbach....98 W15
Markt Schwaben....90 V19
Markt Taschendorf....72 Q15
Markt Wald....88 V15
Marktbergel....80 R15
Marktbreit....72 Q14
Marktgölitz....61 O19
Marktheidenfeld....71 Q12
Marktl....91 V22

Marktleugast....74 P18
Marktleuthen....74 P20
Marktlustenau....80 S14
Marktoberdorf....98 W15
Marktoffingen....80 T15
Marktredwitz....75 P20
Marktrodach....61 P18
Marktschellenberg....101 W23
Marktschorgast....74 P18
Marktsteft....72 Q14
Marktsteinach....72 P15
Marktzeuln....73 P17
Marl....22 I9
Marl....31 L5
Marlach....79 R12
Marlen....84 U7
Marlesreuth....74 P19
Marlishausen....61 N17
Marloffstein....73 R17
Marlow....8 D21
Marmagen....54 O3
Marnbach....99 W17
Marne....4 E11
Marnheim....69 R8
Marnitz....16 G19
Maroldsweisach....72 P15
Marolterode....48 M16
Marpingen....67 R5
Marquardt....39 I22
Marquartstein....100 W21
Marren....21 H7
Marsberg....46 L10
Marschacht....14 F15
Marschalkenzimmern....85 V9
Marsdorf....64 M25
Martensdorf....9 D22
Martensrade....6 D15
Martfeld....22 H11
Martinfeld....48 M14
Martinlamitz....74 P19
Martinroda....60 N16
Martinsbuch....92 T21
Martinshaun....90 T20
Martinsheim....72 R14
Martinshöhe....67 R6
Martinskirchen....51 L23
Martinsmoos (Neubulach)....85 U9
Martinstein....68 Q6
Martinsthal....69 P8
Martinszell....98 X14
Marwede....24 H15
Marwitz....27 H23
Marx....11 F7
Marxdorf....41 I26
Marxen....13 G14
Marxgrün....61 O19
Marxheim....81 T16
Marxloh....31 L4
Marxzell....77 T9
Marzahn (Berlin)....40 I24
Marzahna....39 J22
Marzahne....38 I21
Marzell....94 W7
Marzhausen....47 L13
Marzling....90 U19
Marzoll....101 W22
Masbeck....31 K6
Maschen....14 F14
Mascherode....36 J15
Masel....24 H15
Maselheim....87 V13
Maserer Paß....100 W21
Maspe....34 K11
Maßbach....72 P14
Massen....45 L6
Massen....52 L25
Massenbach....78 S11
Massenbachhausen....78 S11

Massenhausen....89 U18
Masserberg....61 O16
Massing....91 U21
Massow....16 G21
Mastershausen....55 P6
Mastholte....46 K9
Masthorn....54 P2
Materborn....30 K2
Matgendorf....16 E21
Matorf....34 J10
Matrum....21 H7
Mattendorf....53 K27
Mattierzoll....36 J16
Mattsies....15 V15
Matzdorf....19 F25
Matzenbach....80 S14
Matzerreuth....75 Q21
Matzing....101 W21
Matzlow-Garwitz....15 F19
Mauchen....95 W9
Mauenheim....95 W10
Mauer....77 R10
Mauerkirchen....100 W20
Mauern....90 U19
Mauersberg....63 O23
Mauerstetten....98 W16
Maukendorf....53 L26
Maulbach....58 N11

Maulbeerwalde....26 G21
Maulbronn....77 S10
Maulburg....94 X7
Mauloff....57 P9
Maumke....45 M8
Mauren....80 T16
Maurine....14 E16
Mausbach....16 N2
Maust....53 K27
Mauth....93 T24
Mauthaus-Stausee....61 O18
Mautitz....51 M23
Mauzenberg....77 T9
Maxdorf....77 R8
Maxen....64 N25
Maxhütte-Haidhof....82 S20
Maximiliansau....77 S8
Maximiliansgrotte....73 R18
Maxsain....57 O7
Mayen....56 O5
Mayschoß....56 O5
Mechau....25 H18
Mechelgrün....62 O20
Mechelroda....61 N18
Mechenhard....70 Q11
Mechenried....72 P15
Mechernich....42 O3
Mechlenreuth....74 P19

Mechow (Kreis Herzogtum Lauenburg)....14 E16
Mechow (Kreis Mecklenburg-Strelitz)....17 G24
Mechtersen....14 G14
Mechtersheim....77 S9
Mechterstädt....48 N15
Mechtshausen....36 K14
Meckbach....59 N13
Meckel....54 Q3
Meckelfeld....13 F14
Meckelstedt....12 F10
Meckenbeuren....97 W12
Meckenhausen....81 S17
Meckenheim (Kreis Bad Dürkheim)....77 R8
Meckenheim (Rhein-Sieg-Kreis)....56 O5
Meckesheim....77 S10
Mecklar....59 N13
Mecklenbeck....31 K6
Mecklenburger Bucht....7 D17
Mecklenburgische Schweiz....16 E21
Mecklenburgische Seenplatte....16 F20
Meddersheim....68 Q6
Meddewade....14 E15
Medebach....46 M10
Medelby....3 B11
Medelon....46 M10
Medem....12 E10
Medenbach....69 P9
Medewitz....38 J21
Medingen....64 M25
Medingen (Bad Bevensen)....24 G15
Medlingen....88 U14
Medlitz....72 P16
Medow....17 E24
Medrow....9 E22
Meeder....60 P16
Meensen....47 L13
Meerane....62 N21
Meerbeck....34 I11
Meerbusch (Düsseldorf)....44 M4
Meerdorf....36 I14
Meerhof....46 L10
Meerholz....70 P11
Meerhusener Moor....11 F6
Meersburg....96 W11
Meeschendorf....7 C17
Meesiger....17 E22
Meetschow....25 G18
Meetzen....15 E17
Meezen....5 D13
Megesheim....80 T15

Meggen....45 M8
Meggerdorf....5 C12
Mehderitzsch....51 L23
Mehedorf....12 F11
Mehla....62 N20
Mehle....35 J13
Mehlem....56 O5
Mehlen (Bonn)....46 M11
Mehlingen....69 R7
Mehliskopf....84 U8
Mehlmeisel....74 Q19
Mehltheuer (Elstertalkreis)....62 O20
Mehltheuer (Kreis Riesa-Großenhain)....51 M23
Mehmke....25 H16
Mehr (b. Kleve)....30 K2
Mehr (b. Rees)....30 K3
Mehren (Kreis Altenkirchen)....43 N6
Mehren (Kreis Daun)....55 P4
Mehrhoog....30 K3
Mehring....91 V22
Mehring....68 Q4
Mehringen....20 I5
Mehringen....37 K18
Mehrow....40 I24
Mehrstedt....48 M16
Mehrstetten....87 U12
Mehrum....30 L3
Mehrum....36 J14
Meiches....59 O11
Meichow....29 G25
Meidelstetten....86 U11
Meiderich....31 L4
Meierhof....74 P19
Meiersberg....44 M4
Meiersberg....19 E25
Meihern....81 T18
Meilendorf....50 K20
Meilenhofen....81 T17
Meilschnitz....61 O17
Meimbressen....47 L12
Meimersdorf....6 D14
Meimsheim....78 S11
Meinbrexen....36 K15
Meine....36 I15
Meineringhausen....46 M10
Meinern....23 H13
Meinersdorf....63 N22
Meinersen....24 I15
Meinersfehn....11 G7
Meinerzhagen....45 M6
Meineweh....49 M19
Meinhard....48 M14
Meinheim....80 S16
Meinholz....23 H13

MANNHEIM

Bismarckpl..........DZ 10
Dalbergstr..........CY 15
Freherstr...........CY 20
Friedrichspl........DZ 23
Goethestr...........DY 25
Heidelberger Str....DZ
Kaiserring..........DZ
Konrad-Adenauer-Brücke....CZ 30
Kurpfalzbrücke......DY 31
Kurpfalzstr.........CDYZ
Moltkestr...........DZ 38
Planken.............CDYZ
Reichskanzler-Müller-Str....DZ 49
Schanzestr..........CY 53
Schloßgartenstr.....CZ 56
Seilerstr...........CY 61
Spatzenbrücke.......CY 62
Willy-Brandt-Pl.....DZ 67

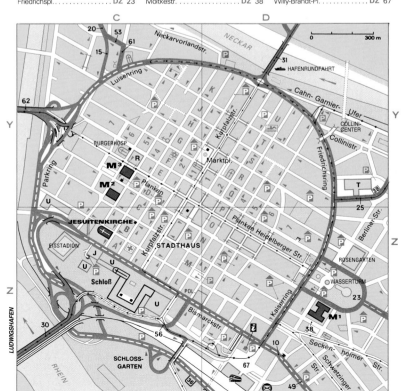

Meiningen 60 O15
Meiningsen 45 L8
Meinkenbracht 45 M8
Meinkot 37 I16
Meinsdorf (Kreis Anhalt-Zerbst) 38 K20
Meinsdorf (Kreis Teltow-Fläming) 39 K23
Meinsen 34 J11
Meisberg 49 L18
Meisburg 54 P4
Meisdorf 37 K17
Meisenheim 69 Q7
Meiße 23 H13
Meißen 64 M24
Meißendorf 23 H13
Meißenheim 84 U7
Meißner 47 M13
Meißner (Berg) 47 M13
Meiste 46 L9
Meitingen 88 U16
Meitze 23 I13
Meitzendorf 37 J18
Melaune 65 M28
Melbach 58 O10
Melbeck 14 G15
Melchingen 86 U11
Melchiorshausen 22 H10
Melchow 29 H25
Meldorf 4 D11
Meldorfer Bucht 4 D10
Meldorfer Hafen 4 D10
Melgershausen 47 M12
Melkendorf 74 P18
Melkof 15 F17
Melkow 26 I20
Melle 34 J9
Melleck 101 W22
Mellen 45 M7
Mellen 15 G18
Mellenbach-Glasbach 61 O17
Mellendorf 23 I13
Mellensee 39 J24
Mellenthin 19 E26
Mellin 25 I16
Mellingen 49 N18
Mellinghausen 22 H10
Mellnau 46 N10
Mellrich 45 L8
Mellrichstadt 60 O14
Mellum (Insel) 11 E8
Melpers 60 O14
Melsbach 56 O6
Melsdorf 6 D14
Melstrup 20 H6
Melsungen 47 M12
Meltewitz 51 L22
Melverode (Braunschweig) 36 J15
Melz 16 G21
Melzingen 24 G15
Melzow 29 G25
Memleben 49 M18
Memmelsdorf 73 Q16
Memmelsdorf i. Unterfranken 72 P16
Memmenhausen 88 V15
Memmert (Insel) 10 F4
Memmingen 98 W14
Memprechtshofen 84 T7
Menden (Rheinland) 43 N5
Menden (Sauerland) 45 L7
Mendhausen 60 O15
Mendig 56 O5
Mendorf 81 T18
Mendorferbuch 82 S19
Mengede 31 L6
Mengelrode 48 L14
Mengen (Kreis Breisgau-Hochschwarzwald) 84 W7
Mengen (Kreis Sigmaringen) 87 V12
Mengeringhausen 46 L10
Mengersgereut 68 Q6
Mengersgereuth-Hämmern 61 O17
Mengershausen 47 L13
Mengerskirchen 57 O8
Mengkofen 92 T21
Mengsberg 58 N11
Mengshausen 59 N12
Menkhausen 45 M8
Menne 46 L11
Mennewitz 38 K19
Mennighüffen 34 J10
Menning 81 T18
Menningen 86 V11
Mennisweiler 97 W13
Mensfelden 57 O8
Menslage 21 H7
Menteroda 48 M15
Menz (Kreis Jerichower Land) 37 J19
Menz (Kreis Havelland) 28 G23
Menzel 46 L9
Menzelen 30 L3
Menzenschwand 94 W8

Menzing 89 V18
Menzingen 77 S10
Meppen 20 H5
Merbeck 42 M2
Merching 89 V16
Merchingen 66 R4
Merchingen 79 R12
Merchweiler 67 R5
Merdingen 84 V7
Merenberg 57 O8
Merfeld 31 K5
Mergelstetten 88 U11
Merken 42 N3
Merkendorf 62 N19
Merkendorf (Kreis Ansbach) 80 S16
Merkendorf (Kreis Bamberg) 73 Q16
Merkenfritz 58 O11
Merkers 60 N14
Merkershausen 60 P15
Merklingen (Alb-Donau-Kreis) 87 U13
Merklingen (Kreis Böblingen) 77 T10
Merkstein 42 N2
Merkur 77 T8
Merkwitz (Kreis Torgau-Oschatz) 51 M23
Merkwitz (Leipzig) 50 L21
Merl (Kreis Cochem-Zell) 55 P5
Merl (Rhein-Sieg-Kreis) 56 O5
Merlau 58 O11
Merlsheim 34 K11
Mernes 59 P12
Mersch (Kreis Düren) 42 N3
Mersch (Kreis Warendorf) 33 K7
Merscheid 68 Q5
Merseburg 50 L19
Merten (b. Brühl) 43 N4
Merten (b. Eitorf) 43 N6
Mertendorf 50 M19
Mertesdorf 66 Q4
Mertingen 88 U16
Mertloch 55 P5
Merxhausen (Kreis Holzminden) 35 K12
Merxhausen (Kreis Kassel) 47 M11
Merxheim 68 Q6
Merxleben 48 M16
Merz 41 J27
Merzalben 76 S7
Merzdorf (Kreis Elbe-Elster) 52 L24
Merzdorf (Kreis Teltow-Fläming) 39 J24
Merzen 21 I7
Merzenhausen 42 N2
Merzenich 42 N3
Merzhausen (Hochtaunuskreis) 58 P9
Merzhausen (Schwalm-Eder-Kreis) 58 N11
Merzien 50 K20
Merzig 66 R3
Merzkirchen 66 R3
Meschede 45 L8
Meschenich 43 N4
Mescherin 29 G27
Meseberg (Kreis Oberhavel) 27 H23
Meseberg (Kreis Stendal) 25 H19
Meseberg (Ohrekreis) 37 J18
Mesendorf 26 G20
Mespelbrunn 71 Q11
Meßdorf 25 H18
Messegelände (Hannover) 35 J13
Messel 70 Q10
Messelhausen 71 R13
Messenkamp 35 J12
Messinghausen 46 L10
Meßkirch 86 W11
Meßnerschlag 93 T23
Meßstetten 85 V10
Mestlin 16 F19
Mesum 33 J6
Metebach 48 N15
Metel 23 I12
Metelen 32 J5
Metelsdorf 7 E18
Metschow 17 E22
Metten 92 T22
Mettenbach 90 U20
Mettendorf 54 Q2
Mettenhausen 91 U22
Mettenheim 69 Q8

Mettenheim 90 V21
Metterich 54 Q3
Metternich 43 N4
Metting 92 T21
Mettingen 33 J7
Mettinghausen 34 K9
Mettlach 66 R3
Mettmann 44 M4
Metzdorf 66 Q3
Metze 47 M11
Metzels 60 O15
Metzelthin 28 G24
Metzingen 86 U11
Metzingen (Kreis Celle) 24 H15
Metzingen (Kreis Lüchow-Dannenberg) 15 G16
Metzlos-Gehaag 59 O12
Meudt 57 O7
Meura 61 O17
Meurich 66 R3
Meuro (Kreis Oberspreewald-Lausitz) 52 L25
Meuro (Kreis Wittenberg) 51 K22
Meuro-Sackwitz 39 K22
Meuselbach-Schwarzmühle 61 O17
Meuselwitz 62 M20
Mewegen 19 F26
Meyenburg (Kreis Cuxhaven) 12 G9
Meyenburg 16 G20
Meyenfeld 23 I12
Meyhen 50 M19
Meyn 3 B11
Meynbach 3 B11
Meynbach 15 G18
Michaelsbuch 92 T22
Michaelsdorf 8 C21
Michelau 73 P17
Michelau i. Steigerwald 72 Q15
Michelbach (Kreis Aschaffenburg) 70 P11
Michelbach (Kreis Marburg-Biedenkopf) 58 N10
Michelbach (Kreis Rastatt) 77 T9
Michelbach (Kreis Saarlouis) 66 R4
Michelbach (Rhein-Hunsrück-Kreis) 55 P6
Michelbach (Nassau) 57 P8
Michelbach a. d. Bilz 79 S13
Michelbach a. d. Lücke 80 S14
Michelbach a. Wald 79 S12
Michelfeld (Kreis Amberg-Sulzbach) 73 Q18
Michelfeld (Kreis Kitzingen) 72 Q14
Michelfeld (Kreis Schwäbisch-Hall) 79 S13
Michelfeld (Rhein-Neckar-Kreis) 77 S10
Michelrieth 71 Q12
Michelsberg 56 O4
Michelsdorf (Dorf) 46 N11
Michelsdorf 39 J22
Michelstadt 70 Q11
Michelsneukirchen 82 S21
Michelwinnaden 97 W13
Michelwitz 50 M20
Michendorf 39 J23
Michldorf 75 R20
Mickhausen 88 V15
Middelhagen 19 D25
Middels-Westerloog 11 F6
Midlich 31 J5
Midlum (Föhr) 2 B9
Midlum (Kreis Cuxhaven) 12 E9
Midlum (Kreis Leer) 11 G6
Miehlen 57 P7
Miel 43 N4
Mierendorf 16 E20
Miesau 67 R6
Miesbach 100 W19
Miesenbach 66 R6
Miesenheim 56 O6
Mieste 25 I17
Miesterhorst 25 I17
Mietenkam 100 W21
Mietingen 87 V13
Mietraching (Kreis Deggendorf) 92 T23
Mietraching (Kreis Rosenheim) 100 W19
Mihla 48 M15
Milchenbach 45 M8
Milda 61 N18
Milde 25 I18
Mildenberg 28 G23
Mildenitz 19 F24
Mildstedt 3 C11
Milda 63 M22
Milkel 52 M26

Millienhagen 9 D22
Millingen (Kreis Kleve) 30 K3
Millingen (Kreis Wesel) 30 L3
Milmersdorf 29 G24
Milow (Kreis Havelland) 26 I20
Milow (Kreis Ludwigslust) 15 G18
Milow (Kreis Uckermark) 19 F25
Milse 34 J9
Milseburg 59 O13
Milser Heide 34 K10
Milspe 44 M6
Milstrich 52 M26
Miltach 83 S22
Milte 33 K7
Miltenberg 70 Q11
Miltern 26 I19
Miltzow 9 D23
Milz 60 O15
Milzau 50 L19
Mimmenhausen 96 W11
Mindel 88 V15
Mindelaltheim 88 U15
Mindelheim 88 V15
Mindelheimer-Hütte 98 Y14
Mindelsee 96 W11
Mindelstetten 81 T18
Mindelzell 88 V15
Minden (Kreis Bitburg-Prüm) 66 Q3
Minden (Kreis Minden-Lübbecke) 34 J10
Minderheide 34 J10
Minderlittgen 54 P4
Mindersdorf 96 W11
Minfeld 76 S8
Mingerode 48 L14
Minheim 54 Q4
Minseln 94 X7
Minsen 11 E7
Minsener Oog (Insel) 11 E8
Minsleben 36 K16
Minstedt 12 F11
Mintraching 82 T20
Minzow 16 F21
Mirow (Kreis Mecklenburg-Strelitz) 28 G22
Mirow (Kreis Parchim) 15 F18
Mirskofen 90 U20
Misburg 35 I13
Mischelbach 81 S17
Misselwarden 12 E9
Missen 97 X14
Missen 52 K26
Missen-Wilhams 97 X14
Mißlareuth 62 O19
Missunde 3 C13
Mistelbach 73 Q18
Mistelfeld 73 P17
Mistelgau 73 Q18
Mistorf 16 E20
Mittbach 90 V20
Mittegroßefehn 11 F6
Mittel-Berge 45 M8
Mittel-Gründau 58 P11
Mittelbach (Kreis Chemnitzer Land) 63 N22
Mittelbach (Kreis Zweibrücken) 76 S6
Mittelberg 98 X15
Mittelbiberach 87 V13
Mittelbronn 79 T13
Mittelbrunn 67 R6
Mittelbuch 87 V13
Mittelbuchen 58 P10
Mittelehrenbach 73 Q17
Mitteleschenbach 80 S16
Mittelfischach 79 S13
Mittelhausen (Kreis Erfurt) 49 M17
Mittelhausen (Kreis Sangerhausen) 49 L18
Mittelherwigsdorf 65 N28
Mittelhof 57 N7
Mittelkalbach 59 O12
Mittellandkanal 21 I8
Mittelmarsch 10 F5
Mittelneufnach 88 V15
Mittelnkirchen 13 F12
Mittelpöllnitz 62 N19
Mittelradde 21 H6
Mittelreidenbach 67 Q6
Mittelsaida 63 N23
Mittelschmalkalden 60 N15
Mittelsinn 71 P12
Mittelsömmern 48 M16
Mittelsteinach 72 R15
Mittelsten Thüle 21 H7
Mittelstenahe 12 F11
Mittelstetten (Kreis Augsburg) 88 V16
Mittelstetten (Kreis Fürstenfeldbruck) 89 V17
Mittelstrimmig 55 P5
Mitteltal 85 U8

Mittelteil (b. Ihlienworth) 12 E10
Mittelteil (b. Lüdingworth) 12 E10
Mittelzell 96 W11
Mittenaar 58 N9
Mittenwald 99 X17
Mittenwalde (Kreis Dahme-Spreewald) 39 J24
Mittenwalde (Kreis Uckermark) 28 G24
Mitteralm 100 W20
Mitterdarching 100 W19
Mitterfecking 82 T19
Mitterfels 92 T22
Mitterfirmiansreut 93 T24
Mittergars 90 V20
Mitterkirchen 91 U22
Mitterteich 75 Q20
Mittich 93 U24
Mittlerer Isarkanal 90 U19
Mittweida 63 N22
Mittweide 41 J26
Mitwitz 61 P17
Mixdorf 41 J27
Mochau (Kreis Döbeln) 51 M23
Mochau (Kreis Wittenberg) 38 K22
Mochenwangen 97 W12
Mochow 52 K26
Mockern 21 N21
Mockrehna 51 L22
Mockritz 51 M23
Modau 70 Q10
Modautal 70 Q10
Modschiedel 73 P17
Möbiskruge 41 J27
Möckenlohe 81 T17
Möckern 38 J19
Möckmühl 79 S12
Mödingen 88 U15
Mögelin 26 I20
Möglingen 79 T13
Möglenz 51 L24
Möglin 41 I26
Möglingen 78 T11
Möhlau 50 K21
Möhler 45 K8
Möhne 46 L9
Möhnesee 45 L8
Möhnesee (Gemeinde) 45 L8
Möhnsen 14 F15
Möhra 60 N14
Möhren 80 T16
Möhrenbach 61 O16
Möhrendorf 73 R16
Möhringen 95 W10
Möhringen (Stuttgart) 78 T11
Mölbis 50 M21
Mölkau (Leipzig) 50 M21
Möllbergen 34 J10
Möllen 30 L4
Möllenbeck (Kreis Ludwigslust) 15 G19
Möllenbeck (Kreis Mecklenburg-Strelitz) 17 F24
Möllenbeck (Kreis Stendal) 25 H18
Möllenhagen 49 L18
Möllenhagen 17 F22
Möllensdorf 38 K21
Mölln (Kreis Demmin) 17 F23
Mölln (Kreis Herzogtum Lauenburg) 14 F16
Mölschbach 69 R7
Mölschow 19 D25
Mölsheim 69 R8
Mölsheim 70 P11
Mömbris 70 P11
Mömling 70 Q11
Mömlingen 70 Q11
Mönau 51 L27
Mönchberg 70 Q11
Mönchengladbach 42 M3
Mönchenholzhausen 49 N17
Mönchgut 19 D25
Mönchhagen 8 D20
Mönchhosbach 47 M13
Mönchkröttendorf 73 P17
Mönchröden 61 P17
Mönchsambach 72 Q16
Mönchsdeggingen 80 T15
Mönchsroth 80 S15
Mönchweiler 85 V9
Mönkeberg 6 C14
Mönkebude 17 E25
Mönkhöfen 33 J8
Mönkloh 5 E13
Mönninghausen 34 K9
Mönsheim 77 T10
Mörel 5 D13
Mörfelden 70 Q9
Mörfelden-Walldorf 70 Q9
Mörgen 88 V15
Möringen 25 I19
Mörlach 81 S17
Mörlbach 72 R14
Mörlenbach 70 R10

Moers 30 L3
Mörsbach (Kreis Zweibrücken) 76 S6
Mörsbach (Westerwaldkreis) 57 N7
Mörsch 76 T8
Mörschied 68 Q5
Mörsdorf 55 P6
Mörse 36 I16
Mörsfeld 69 Q7
Mörshausen 47 M12
Mörslingen 87 V12
Mörslingen 88 U15
Mörtitz 50 L21
Mörzheim 76 S8
Mösbach 84 U8
Möschlitz 61 O19
Moese 47 K9
Möser 37 J19
Mössingen 86 U11
Mößling 97 V21
Möthlow 26 I21
Möttingen 80 T15
Möttingen 77 T10
Mötzing 82 T21
Mötzingen 85 U10
Mözen 3 E14
Mogendorf 57 O7
Moggast 73 Q17
Mohlsdorf 62 N20
Moholz 53 M28
Mohorn 64 M24
Mohrkirch 3 B13
Mohrsdorf 63 N22
Moide 23 H13
Moisall 7 E19
Moisburg 13 F13
Moischt 58 N11
Moisched 58 N10
Moisling 14 E15
Molau 49 M19
Molbath 24 H16
Molbergen 21 H7
Molchow 27 H22
Moldenit 3 C12
Molfsee 6 D14
Molkenberg 26 H20
Mollenfelde 47 L13
Mollseifen 45 M9
Molmerswende 49 L17
Molschleben 48 M16
Molsdorf 61 N16
Moltow 15 E18
Moltzow 16 F21
Molzen 15 G15
Momberg 58 N11
Mommenheim 69 Q8
Monakam 78 T10
Mondfeld 71 Q12
Mondorf (Kreis Merzig-Wadern) 66 R3
Mondorf (Rhein-Sieg-Kreis) 43 N5
Monheim 80 T16
Monheim 44 M4
Monreal 56 P5
Monrepos 78 T11
Monschau 54 O2
Monschau (Forst) 54 O2
Monsheim 69 R8
Montabaur 57 O7
Monzel 68 Q4
Monzelfeld 68 Q5
Monzingen 68 Q6
Moor 7 E17
Moor-Siedlung 21 G6
Moorausmoor 12 F10
Moorbek 22 H8
Moordorf (Kreis Aurich) 11 F6
Moordorf (Kreis Wesermarsch) 12 G9
Moorenweis 89 V17
Moorhusen (b. Glückstadt) 5 E12
Moorhusen (b. Itzehoe) 5 E12
Moorhusen (Kreis Aurich) 11 F6
Moormerland 11 F6
Moorrege 13 E13
Moorriem 12 G8
Moorsee 6 D14
Moorweg 11 F6
Moorwerder (Hamburg) 14 F14
Moorwinkelsdamm 11 G7
Moos (Kreis Deggendorf) 92 T22
Moos (Kreis Konstanz) 95 W10
Moos (Kreis Rastatt) 76 T8
Moosbach (Kreis Ansbach) 80 S16
Moosbach (Kreis Neustadt a. d. Waldnaab) 75 R21
Moosbach (Kreis Nürnberger Land) 81 R17
Moosbach (Kreis Oberallgäu) 98 X15

Moosbeuren	87	V13
Moosbronn	77	T9
Moosburg	87	V12
Moosburg a. d. Isar	90	U19
Moosen	90	U20
Moosfürth	92	T22
Moosham (Kreis Mühldorf a. Inn)	90	V20
Moosham (Kreis Regensburg)	82	T20
Mooshausen	97	W14
Moosheim	87	V12
Moosinning	90	V19
Moosthann	90	T20
Moosthenning	92	T21
Mooswald	84	U8
Moraas	15	F17
Morbach	68	Q5
Morenhoven	43	N4
Morgenitz	19	E25
Morgenröthe	62	O21
Morgenröthe-Rautenkranz	62	O21
Morgenrot	37	K17
Moringen	35	K13
Moritz	38	K20
Moritzburg	64	M25
Morl	50	L19
Morlautern	69	R7
Morles	59	O13
Morlesau	71	P13
Mornshausen	58	N9
Morsbach	79	S13
Morsbach	57	N7
Morscheid Riedenburg	68	Q5
Morschen	47	M12
Morschenich	42	N3
Morschreuth	73	Q17
Morshausen	55	P6
Morsleben	37	J17
Morsum (Kreis Verden)	22	H11
Morsum (Sylt)	2	B9
Morsum-Kliff	2	B9
Morungen	49	L17
Morxdorf	39	K22
Mosbach	78	R11
Mosbach	48	N15
Mosborn	71	P12
Mosbruch	55	P4
Mosebeck	34	K10
Mosel	62	N21
Mosel	68	Q4
Moselberge	68	Q4
Moselkern	55	P6
Moseltal	68	Q4
Mosenberg (b. Homberg)	47	M12
Mosenberg (b. Manderscheid)	54	P4

Mosheim	47	M12
Mosigkau	38	K20
Mossau	70	Q10
Mossautal	70	R10
Moßbach	62	N19
Motel	15	F17
Motten	59	O13
Mottgers	59	P12
Mottschieß	96	W11
Motzen	28	J24
Motzenhofen	89	U17
Motzfeld	59	N13
Motzlar	59	N13
Moxa	61	O19
Moyland	30	K2
Much	43	N6
Mucheln	6	D15
Muchow	15	G19
Muckental (Neckar-Odenwald-Kreis)	78	R11
Muckental (Ostalbkreis)	80	T14
Muckwar	52	K26
Mud	70	R11
Mudau	70	R11
Muddenhagen	47	L11
Mudersbach	57	N7
Mücheln	50	M19
Mücka	53	M28
Mücke	58	O11
Mückendorf	39	J24
Mückenloch	77	R10
Müden (Kreis Celle)	24	H14
Müden (Kreis Gifhorn)	24	I15
Müdesheim	71	Q13
Mügeln (Kreis Torgau-Oschatz)	51	M23
Mügeln (Kreis Wittenberg)	39	K23
Müggelheim	40	I24
Müggendorf	12	E10
Müggenkrug	11	F7
Müglitz	64	N25
Müglitztal	64	N25
Mühlacker	77	T10
Mühlanger	39	K22
Mühlau	63	N22
Mühlbach (Fluß)	57	P7
Mühlbach (Kreis Heilbronn)	77	S10
Mühlbach (Kreis Hersfeld-Rotenburg)	47	N12
Mühlbach (Kreis Main-Spessart)	71	Q13
Mühlbach (Kreis Mittweida)	63	N23
Mühlbach (Kreis Neumarkt i. d. Oberpfalz)	81	S18

Alter Messepl.		EX	3
Baldepl.		GX	14
Baumgartnerstr.		EX	17
Biedersteiner Str.		HU	25
Bonner Str.		GU	26
Denninger Str.		HV	34
Elsässer Str.		HX	42
Emil-Riedel-Str.		HV	45
Flurstr.		HX	49
Friedrichstr.		GU	52
Galieipl.		HV	53
Gebsattelstr.		GX	55
Georgenstr.		FGU	59
Giselastr.		GU	60
Gohrenstr.		GU	61
Grasserstr.		EV	63
Hackerbrücke		EV	65
Herkomerpl.		HU	71
Hiltenspergerstr.		FGU	74
Hompeschstr.		HV	76
Humboldtstr.		GX	77
Johann-Fichte-Str.		GU	82
Josephspl.		FU	83
Kaiserstr.		GU	89
Kißkaltpl.		GU	94
Kölner Pl.		GU	95
Kunigundenstr.		GU	97
Kurfürstenpl.		GU	99
Maillingerstr.		EV	109
Maria-Theresia-Str.		HV	111
Marschallstr.		GU	112
Martin-Greif-Str.		EX	115
Martiusstr.		GU	116
Maßmannstr.		FU	118
Max-Josephs-Brücke		HV	124
Max-Planck-Str.		HX	129
Metzgerstr.		HX	134
Möhlstr.		HV	137
Münchner Freiheit		GU	140
Pappenheimstr.		EV	163
Potsdamer Str.		GU	167
Prinzregentenbrücke		HV	169
Radlkoferstr.		EX	174
Regerpl.		GX	175
Rosenheimer Pl.		HX	181
Schießstättstr.		EX	189
Stengelstr.		HU	201
Sternwartstr.		HV	204
Theresienhöhe		EX	207
Thiemestr.		GU	208
Tivolistr.		HV	211
Trogerstr.		HVX	215
Tumblingerstr.		FX	218
Viktoriastr.		GU	223
Wredestr.		EV	232
Zirkus-Krone-Str.		EV	236

MÜNSTER

Alter Fischmarkt		Y	2
Alter Steinweg		Y	5
An der Apostelkirche		Y	8
Bahnhofstr.		Z	
Bogenstr.		Y	12
Drubbel		Y	16
Eisenbahnstraße		Z	20
Hammer Str.		Z	30
Johannisstr.		Z	39
Ludgeristr.		Z	
Mauritzstr.		Y	48
Mauritztor		Y	51
Pferdegasse		Y	63
Prinzipalmarkt		YZ	
Rothenburg		Z	69
Salzstr.		YZ	72
Spiekerhof		Y	78
Steinfurter Str.		Y	80
Überwasserstr.		Y	83
Universitätstr.		YZ	86
Verspoel		Y	89
Wasserstr.		Y	92
Wolbecker Str.		Z	96

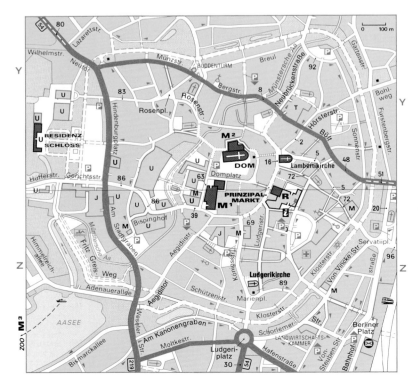

MÜNCHEN

Mühlbach (Kreis Rhön-Grabfeld)	60	P14
Mühlbach (Kreis Sächsische Schweiz)	64	N25
Mühlbach (Rieschweiler-)	76	S6
Mühlbeck	50	L21
Mühlberg (Kreis Elbe-Elster)	51	L23
Mühlberg (Kreis Gotha)	60	N16
Mühlburg	77	S9
Mühldorf	90	V21
Mühleip	43	N6
Mühlen	21	I8
Mühlen	85	U10
Mühlen Eichsen	15	E17
Mühlenbach	84	V8
Mühlenbarbek	5	E12
Mühlenbeck	40	I24
Mühlenberg (Kreis Emsland)	21	H6
Mühlenberg (Kreis Holzminden)	35	K12
Mühlenhof	16	F19
Mühlenrade	14	F15
Mühlenrahmede	45	M7
Mühlental	62	O20
Mühlfeld	60	O15
Mühlhausen	48	M15
Mühlhausen (Kreis Aichach-Friedberg)	88	U16
Mühlhausen (Kreis Biberach a. d. Riß)	97	W13
Mühlhausen (Kreis Dingolfing-Landau)	90	T21
Mühlhausen (Kreis Erlangen-Höchstadt)	72	Q16

Mühlhausen (Kreis Kelheim)	90	T17
Mühlhausen (Kreis Neumarkt i. d. Oberpfalz)	81	S18
Mühlhausen (Kreis Waldeck-Frankenberg)	46	L10
Mühlhausen (Kreis Würzburg)	71	Q14
Mühlhausen (Rhein-Neckar-Kreis)	77	S10
Mühlhausen (Schwalm-Eder-Kreis)	47	M12
Mühlhausen (Stuttgart)	78	T11
Mühlhausen-Ehingen	95	W10
Mühlheim	70	P10
Mühlheim	81	T16
Mühlheim a. Bach	85	U10
Mühlheim a. d. Donau	85	V10
Mühlhofen	96	W11
Mühlingen	96	W11
Mühlleithen	62	O20
Mühlried	89	U18
Mühlrose	53	L27
Mühlsbach	84	V9
Mühlsdorf	38	K20
Mühlstedt	38	K20
Mühlstetten	81	S15
Mühltal	70	Q10
Mühltroff	62	O19
Mühro	38	J20
Mühlhausen (Köln)	43	N4
Mülheim (Kreis Euskirchen)	54	O4
Mülheim (Mosel)	68	Q5
Mülheim a. d. Ruhr	31	L4
Mülheim-Kärlich	56	O6

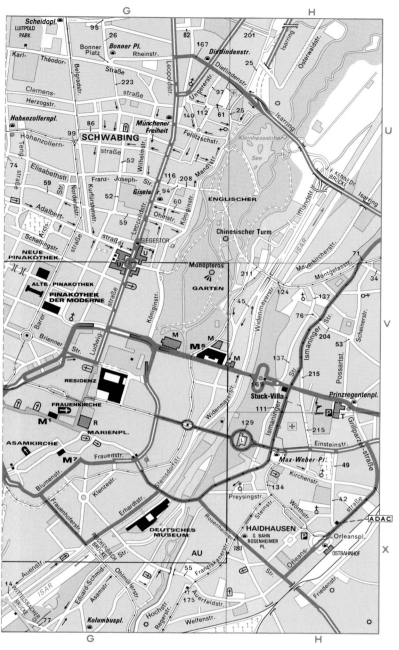

Müllenbach (Kreis
 Ahrweiler) 55 P4
Müllenbach (Kreis
 Cochem-Zell) 55 P5
Müllenbach (Oberbergischer
 Kreis) 45 M6
Müllheim 94 W6
Müllingen 35 J13
Müllrose 41 J27
Mülsen St. Jacob 62 N21
Mülsen St. Micheln 62 N21
Mülsen St. Niclas 62 N21
Mülverstedt 48 M15
Mümling-Grumbach 70 Q10
Münchaurach 72 Q15
Münchberg 41 P19
Müncheberg 41 I26
Münchehagen 23 I11
Münchehof 36 K14
Münchehofe (Kreis Dahme-
 Spreewald) 40 J25
Münchehofe (Kreis Märkisch-
 Oderland) 41 I26
München 89 V18
München-F.J. Strauss
 (Flughafen) 90 U19
Münchenbernsdorf 62 N19
Münchenreuth
 (Kreis Hof) 62 O19
Münchenreuth (Kreis
 Tirschenreuth) 75 P20
Münchenbach 80 R16
Münchham 91 V23
Münchhausen 52 K24
Münchhausen 46 N10
Münchingen 95 W9
Münchingen (Stuttgart) ..78 T11

Münchsdorf
 (Kreis Landshut) 90 U20
Münchsdorf
 (Kreis Rottal-Inn) 91 U22
Münchsmünster 81 T19
Münchsteinach 72 R15
Münchwald 69 Q7
Münchweier 84 V7
Münchweiler
 a. d. Alsenz 69 R7
Münchweiler
 a. d. Rodalb 76 S7
Mündelheim 31 L4
Münden 46 M10
Mündersbach 57 O7
Mündling 80 T16
Münkeboe 11 F6
Münklingen 77 T10
Münnerstadt 60 P14
Münsing 99 W18
Münsingen 87 U12
Münstedt 36 J14
Münster
 (Kreis Augsburg) 88 V15
Münster (Kreis Darmstadt-
 Dieburg) 70 Q10
Münster (Kreis
 Donau-Ries) 88 U16
Münster (Kreis Limburg-
 Weilburg) 57 O8
Münster (Kreis
 Straubing-Bogen) 92 T21
Münster (Main-
 Tauber-Kreis) 79 R14
Münster
 (Wetteraukreis) 58 O9

Münster (Westfalen) 33 K6
Münster-Osnabrück
 (Flughafen) 33 J7
Münster-Sarmsheim 69 Q7
Münsterappel 69 Q7
Münsterbrock 34 K11
Münsterdorf 5 E12
Münstermaifeld 55 P6
Münstertal 94 W7
Müntz 42 N1
Münzenberg 58 O10
Münzesheim 77 S10
Mürlenbach 54 P3
Mürow 29 G26
Mürsbach 72 P16
Mürwik 3 B12
Müs 58 O12
Müsch 56 O4
Müschede 45 L8
Müschen 53 K26
Müschenbach 57 N7
Müsen 45 N8
Müsleringen 22 I11
Muess 15 F18
Müssen 14 F15
Müssingen 33 K7
Müssingen 24 H16
Mützdorf 38 J21
Mützel 38 I20
Mützenich 42 O2

Mützingen 25 G16
Mützlitz 26 I21
Muggenbrunn 94 W7
Muggendorf 73 Q17
Muggensturm 77 T8
Muhr 80 S16
Muhringen 85 U10
Mulartshütte 42 N2
Mulda 64 N24
Mulde 51 M22
Muldenberg 62 O21
Muldenberger Stausee ..62 O21
Muldenstein 50 K21
Muldestausee 50 L21
Mulfingen 79 R13
Mulknitz 53 K27
Mulkwitz 53 L27
Mulmshorn 13 G11
Mulsum (Kreis
 Cuxhaven) 12 E9
Mulsum (Kreis Stade) ..13 F11
Mummelsee 84 U8
Mumsdorf 50 M20
Mundelfingen 95 W9
Munderkingen 87 V12
Mundersum 20 I6
Mundingen (Alb-
 Donau-Kreis) 87 V12
Mundingen (Kreis
 Emmendingen) 84 V7
Munich=München 89 V18
Munkbrarup 3 B12
Munkmarsch 2 B9
Munster 24 H14
Munzingen 84 W7

Muppberg 61 P17
Mupperg 61 P17
Murchin 19 E25
Murg 94 X8
Murg (Fluß) 85 U9
Murgtal 77 T9
Murnau 99 W17
Murnauer Moos 99 X17
Murr 78 T11
Murr (Fluß) 79 T12
Murrhardt 79 T12
Mursberg 78 T11
Musbach 97 W12
Muschenheim 58 O10
Muschwitz 50 M20
Muskauer Heide 53 L27
Mußbach 76 R8
Mussenhausen 98 W15
Mussum 30 K3
Mustin (Kreis Herzogtum
 Lauenburg) 14 E16
Mustin (Kreis Parchim) ..16 E19
Mutlangen 79 T13
Muttensweiler 87 V13
Mutterstadt 69 R9
Mutzschen 51 M22
Myhl 42 M2
Mylau 62 O20

N

Naab 82 R20
Naabeck 82 S20
Nabburg 82 R20
Nachrodt-
 Wiblingwerde 45 L6
Nachterstedt 37 K18
Nachtsheim 55 P5
Nackel 26 H21
Nackenheim 69 Q9
Nadrensee 29 G27
Nägelstedt 48 M16
Naensen 35 K13
Nagel 74 Q19
Nagold 85 U10
Nagold (Fluß) 85 U10
Nagoldstaubecken 85 U9
Nahbollenbach 68 Q6
Nahe 68 Q6
Nahe 14 E14
Nahe-Weinstraße 69 Q7
Nahmitz 27 I22
Nahrendorf 14 G16
Nahrstedt 25 I19
Nahwinden 61 N17
Naila 74 P19
Naitschau 62 O20
Nalbach 66 R4
Namborn 67 R5
Nandlstadt 90 U19
Nankendorf 73 Q18
Nannhausen 68 Q6
Nanzdietschweiler 67 R6
Nanzenbach 58 N9
Narsdorf 63 M22
Narthauen 13 G11
Nartum 13 G11
Nassau 64 N24
Nassau 57 P7
Nassau 57 P7
Nassenbeuren 88 V15
Nassenfurth 47 M11
Nassenfels 81 T17
Nassenheide 27 H23
Nassig 71 Q12
Naßweiler 66 S4
Nastätten 57 P7
Natarp 33 K7
Nateln 45 L8
Natendorf 24 G15
Natenstedt 22 H9
Natho 38 K20
Natingen 47 L11
Nationalpark:
 Natrup Hagen 33 J7
Nattenhausen 88 V14
Nattenheim 54 P3
Natterholz 80 T16
Natternberg 92 T22
Nattheim 81 T14
Naturpark:
 Altmühltal 81 T17
 Arnsberger Wald 45 L8
 Augsburg-Westliche
 Wälder 88 U15
 Aukrug 5 D13
 Bayerische Rhön 60 O14
 Bayerischer W. 75 T22
 Bayerischer Spessart ..70 Q11
 Bergisches Land 43 N6
 Bergstraße-Odenwald ..70 R10
 Diemelsee 46 L10
 Eggegebirge und Südlicher
 Teutoburger Wald 34 K10
 Elbetal 15 G17
 Elbufer-Drawehn 14 G16
 Feldberger
 Seenlandschaft 17 F24

Fichtelgebirge 74 P19
Fränkische Schweiz
 Veldensteiner Forst ..73 Q17
Frankenhöhe 80 R15
Frankenwald 61 O18
Habichtswald 46 M11
Haßberge 72 P15
Hessenreuther und
 Manteler Wald 74 Q19
Hessische Rhön 59 O13
Hessischer Spessart 71 P12
Hochtaunus 58 O9
Hohe Mark 31 K4
Hoher Vogelsberg 58 O11
Holsteinische Schweiz ...6 D15
Homert 45 M7
Hüttener Berge 3 C12
Kottenforst Ville 43 N4
Lauenburgische Seen ..14 E16
Maas-Schwalm-Nette ..42 M2
Märkische Schweiz 41 I26
Meißner-Kaufunger
 Wald 47 M12
Münden 47 L13
Nassau 57 P7
Neckartal-Odenwald 70 R11
Nördlicher Teutoburger
 Waldwiehengebirge ..21 I8
Nossentiner-Schwinzer
 Heide 16 F20
Obere Donau 85 V10
Oberer Bayerischer
 Wald 82 S21
Oberpfälzer W. 82 R21
Pfälzer Wald 76 S7
Rhein-Taunus 57 P8
Rhein-Westerwald 56 O6
Rothaargebirge 45 M8
Schaalsee 14 E16
Schönbuch 86 U11
Schwäbisch-
 Fränkischer W. 79 S12
Solling-Vogler 35 K12
Steigerwald 72 Q15
Steinhuder Meer 23 I11
Steinwald 75 Q20
Stromberg-
 Heuchelberg 77 S10
Südheide 24 H14
Usedom-Oderhaff 19 E25
Weserbergland Schaumburg-
 Hameln 34 J11
Westensee 5 D13
Wildeshauser Geeste ..22 H9
Natzungen 47 L11
Nauborn 57 O9
Nauen (Kreis Goslar) ...36 K14
Nauen (Kreis
 Havelland) 27 I22
Nauendorf 50 L19
Naugarten 29 G25
Nauheim (Kreis
 Groß-Gerau) 70 Q9
Nauheim (Kreis Limburg-
 Weilburg) 57 O8
Naumburg 46 M11
Naumburg 50 M19
Naundorf (Kreis
 Altenburger Land) 62 N20
Naundorf
 (Kreis Delitzsch) 50 L21
Naundorf (Kreis
 Elbe-Elster) 51 K24
Naundorf
 (Kreis Freiberg) 64 N24
Naundorf (Kreis Oberspreewald-
 Lausitz) 53 K26
Naundorf (Kreis
 Torgau-Oschatz) 51 M23
Naundorf (Kreis
 Wittenberg) 39 K22
Naundorf (Saalkreis) 50 L20
Naunheim (Kreis
 Mayen-Koblenz) 55 P5
Naunhof (Kreis Riesa-
 Großenhain) 64 M24
Naunhof (Kreis
 Torgau-Oschatz) 51 M22
Naunhof
 (Muldentalkreis) 50 M21
Nauort 57 O6
Naurath (Eifel) 54 Q4
Naurod 69 P8
Nausis 59 N12
Nautschütz 62 M19
Nauwalde 52 L24
Nazza 48 M15
Neandertal 44 M4
Nebel 2 C9
Nebel 16 E20
Nebelhöhle 86 U11
Nebelhorn 98 X15
Nebelin 25 G19
Nebelschütz 64 M26
Nebenstedt 25 G17
Nebra 49 M18
Nebringen 85 U10
Neckar 78 R10
Neckarbischofsheim 77 S10

NEUBRANDENBURG

An der Marienkirche	AY 3	Bussardstr.	BY 8	Poststr.	BY 20	
Beguinenstr.	AY 4	Darrenstr.	AY 9	Sonnenkamp	BZ 21	
Behmenstr.	BY 5	Friedländer Str.	BY 12	Torgelower Str.	BY 22	
Bernhardstr.	AY 7	Herbordstr.	BY 13	Treptower Str.	BY 23	
		Lerchenstr.	AY 14	Turmstr.	BY	
		Marktpl.	AY 17	Voßtr.	AY 24	
		Mühlenholzstr.	BYZ 18	Waagestr.	AY 26	

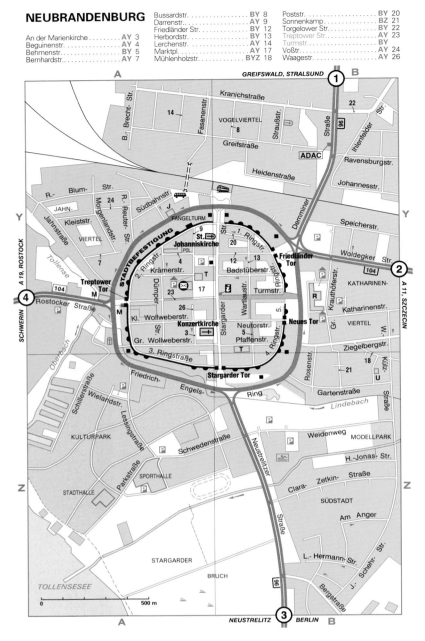

Neu-Eichenberg	47	L13	Neuenbaum	44	M4
Neu-Esting	89	V17	Neuenbeken	34	K10
Neu Fahrland	40	I23	Neuenbrook	5	E12
Neu Falkenhagen	16	F22	Neuenbeuthen	61	O18
Neu Gaarz	16	F21	Neuenbuch	71	Q12
Neu Golm	41	J26	Neuenbürg (Enzkreis)	77	T9
Neu Gülze	14	F16	Neuenbürg (Kreis		
Neu Heinde	16	E21	Karlsruhe)	77	S10
Neu-Isenburg			Neuenbunnen	21	H7
(Frankfurt)	70	P10	Neuenburg	11	F7
Neu Käbelich	17	F24	Neuendeich	13	E12
Neu Kaliß	15	G17	Neuendettelsau	80	S16
Neu Kentzlin	17	E22	Neuendorf	71	P12
Neu Königsaue	37	K18	Neuendorf (Altmarkkreis		
Neu Kosenow	19	E25	Salzwedel)	25	H17
Neu-Listernohl	45	M7	Neuendorf (Kreis		
Neu Ludwigsdorf	46	M9	Barnim)	29	H26
Neu Lübbenau	40	J25	Neuendorf (Kreis Dahme-		
Neu Mukran	9	C24	Spreewald)	52	K25
Neu Poserin	16	F20	Neuendorf (Kreis		
Neu Reddewitz	9	C24	Güstrow)	16	E19
Neu St. Jurgen	12	G10	Neuendorf (Kreis		
Neu Ulm	87	U14	Oberhavel)	27	H23
Neu Versen	20	H5	Neuendorf (Kreis Ostprignitz-		
Neu Wendischthun	14	G16	Ruppin)	26	H21
Neu Wulmstorf	13	F13	Neuendorf (Kreis		
Neu Zachun	15	F17	Ostvorpommern)	19	D25
Neu Zauche	52	K26	Neuendorf (Kreis Potsdam-		
Neu Zittau	40	I25	Mittelmark)	39	J22
Neuärgerniß	62	O20	Neuendorf (Kreis		
Neualbenreuth	75	Q21	Spree-Neiße)	53	K27
Neuastenberg	46	M9	Neuendorf a. Damm	25	I18
Neubachenbruch	12	F10	Neuendorf a. See	41	J25
Neubarnim	41	H26	Neuendorf a. See (Kreis		
Neubau (Börderkreis)	37	J17	Dahme-Spreewald)	9	C23
Neubau (Kreis			Neuendorf B	8	E24
Bayreuth)	74	P19	Neuendorf b. Elmshorn	13	E12
Neubau (Kreis Cham)	82	S21	Neuendorf b. Grimmen	9	D23
Neubeckum	33	K8	Neuendorf b.		
Neubensdorf	38	I21	Neuenkirchen	9	C23
Neuberend	3	C12	Neuendorf b. Saal	8	C21
Neuberg	58	P10	Neuendorf b. Wilster	5	E11
Neubeuern	100	W20	Neuendorf i. Sande	41	I6
Neubiberg	89	V18	Neuendorfer See	41	J25
Neubörger	21	H6	Neuenfelde	12	G9
Neubokel	24	I15	Neuenfelde		
Neubrandenburg	17	F23	(Hamburg-)	13	F13
Neubronn	79	R13	Neuengamme	14	F14
Neubruchhausen	22	H10	Neuengeseke	45	L8
Neubruck	80	R16	Neuengönna	61	N18
Neubrück (Kreis			Neuengörs	6	E15
Oder-Spree)	41	J26	Neuengronau	59	P12
Neubrück (Kreis			Neuengrün	61	P18
Peine)	36	I15	Neuenhagen (b. Bad		
Neubrunn	60	O15	Freienwalde)	29	H26
Neubrunn	71	Q13	Neuenhagen (b. Berlin)	40	I25
Neubukow	7	D19	Neuenhagen (Kreis		
Neubulach	85	U10	Nordvorpommern)	7	E17
Neuburg a. d. Donau	89	T17	Neuenhain	47	N11
Neuburg a. d. Kammel	88	V15	Neuenhammer	75	Q21
Neuburg a. Inn	93	U24	Neuenhaßlau	70	P11
Neuburg a. Rhein	77	T8	Neuenhaus	86	U11
Neuburg-Steinhausen	15	E18	Neuenhaus	20	I4
Neuburgweier	77	T8	Neuenheerse	34	K10
Neuburlage	21	G6	Neuenhof	48	N14
Neuburxdorf	51	L23	Neuenhofe	37	J18
Neuching	90	V19	Neuenhuntorf	12	G9
Neudenau	78	S11	Neuenkirchen		
Neudersum	20	H5	(b. Bramsche)	21	I7
Neudietendorf	60	N16	Neuenkirchen		
Neudingen	95	W9	(b. Melle)	34	J9
Neudörpen	21	H6	Neuenkirchen (Kreis		
Neudorf (Kreis			Annaberg)	63	O22
Annaberg)	63	O22	Neuenkirchen (Kreis		
Neudorf (Kreis			Cuxhaven)	12	E10
Ansbach)	80	R16	Neuenkirchen (Kreis		
Neudorf (Kreis			Diepholz)	22	H10
Bautzen)	53	M27	Neuenkirchen (Kreis		
Neudorf (Kreis			Dithmarschen)	4	D10
Bayreuth)	73	Q18	Neuenkirchen (Kreis		
Neudorf (Kreis			Goslar)	36	J15
Freyung-Grafenau)	93	T24	Neuenkirchen (Kreis		
Neudorf (Kreis Leer)	11	F7	Gütersloh)	34	K9
Neudorf (Kreis			Neuenkirchen (Kreis		
Lichtenfels)	73	P17	Ludwigslust)	15	F16
Neudorf (Kreis Neustadt			Neuenkirchen (Kreis		
a. d. Waldnaab)	82	R20	Mecklenburg-		
Neudorf (Kreis			Strelitz)	17	F24
Nienburg)	23	H12	Neuenkirchen (Kreis		
Neudorf (Kreis			Osterholz)	12	G9
Ostholstein)	6	D15	Neuenkirchen (Kreis		
Neudorf (Kreis Plön)	6	D15	Rügen)	9	C24
Neudorf (Kreis			Neuenkirchen (Kreis Soltau-		
Quedlinburg)	49	L17	Fallingbostel)	23	G13
Neudorf (Kreis Waldeck-			Neuenkirchen		
Frankenberg)	46	L10	(Kreis Stade)	13	F12
Neudorf (Kreis Weißenburg-			Neuenkirchen (Kreis		
Gunzenhausen)	81	T17	Steinburg)	5	E12
Neudorf (Graben-)	77	S9	Neuenkirchen		
Neudorf-Bornstein	3	C13	(Kreis Steinfurt)	32	J6
Neudorf-Platendorf	24	I15	Neuenkirchen		
Neudrossenfeld	74	P18	(Oldenburg)	21	I8
Neue Dosse	26	H20	Neuenkirchen		
Neue Jäglitz	26	H20	b. Anklam	17	E24
Neue Welt	10	F5	Neuenkirchen		
Neuehütten	38	J21	b. Greifswald	9	D24
Neueibau	65	N27	Neuenkleusheim	45	M7
Neuekrug	23	H16	Neuenklitsche	38	I20
Neuenbau	61	O17	Neuenknick	22	I11

Neckarelz	78	R11	Nehden	46	L9	Nenndorf (Kreis			Nesselröden (Werra-Meißner-		
Neckargemünd	77	R10	Neheim-Hüsten	45	L7	Harburg)	13	F13	Kreis)	48	M14
Neckargerach	78	R11	Nehlitz	50	L19	Nenndorf (Kreis			Nesselwang	98	X15
Neckarhausen	77	R10	Nehms	6	D15	Wittmund)	11	F6	Nesselwangen	96	W11
Neckarhausen			Nehmten	6	D15	Nennhausen	26	I21	Nessendorf	6	D16
(Edingen-)	70	R9	Nehren	86	U11	Nennig	66	R3	Neßlbach	92	T23
Neckarsteinach	77	R10	Nehren	55	P5	Nennig (Römische Villa)	66	R3	Neßmersiel (Kreis		
Neckarsulm	78	S11	Nehringen	9	E22	Nennslingen	81	S17	Aurich)	11	E6
Neckartailfingen	86	U11	Neibsheim	77	S10	Nentershausen (Kreis Hersfeld-			Nethe	46	L11
Neckartal	77	R10	Neichen	51	M22	Rotenburg)	47	M13	Nethen	11	G8
Neckartenzlingen	86	U11	Neiden	51	L22	Nentershausen			Netphen	57	N8
Neckarwestheim	78	S11	Neidenbach	54	P3	(Westerwaldkreis)	57	O7	Netra	48	M14
Neckarzimmern	78	S11	Neidenberga	61	O18	Nentschau	62	P20	Nette	36	J14
Neckeroda	61	N18	Neidenfels	76	R14	Nenzenheim	72	R14	Nette (Fluß b.		
Neddemin	17	F23	Neidenstein	77	S10	Nenzingen	95	W10	Kempen)	30	L2
Neddenaverbergen	23	H12	Neidhardswinden	72	R16	Neppermin	19	E26	Nette (Fluß b. Mayen)	55	P5
Neddesitz	9	C24	Neidlingen	87	U12	Neppermin-Balm	19	E26	Nettelburg	11	G6
Nedlitz (Kreis			Neindorf (Bördekreis)	37	J17	Nerchau	51	M22	Nettelkamp	24	H15
Anhalt-Zerbst)	38	J20	Neindorf (Kreisstadt			Nerdin	17	E24	Nettelrede	35	J12
Nedlitz (Kreis Jerichower			Wolfsburg)	24	I16	Nerdlen	55	P4	Nettelsee	6	D14
Land)	38	J19	Neinstedt	37	K17	Nerenstetten	87	U14	Nettelstädt	46	L9
Neef	55	P5	Neipperg	78	S11	Neresheim	80	T14	Nettelstedt	34	J10
Neehausen	87	U14	Neitersen	43	N6	Neritz	14	E14	Nettersheim	54	O3
Neenstetten	87	U14	Nelben	49	L19	Nerkewitz	49	N18	Nettesheim-Butzheim	44	M4
Neerdar	46	M10	Nellingen	87	U13	Neroberg	69	P8	Nettetal	42	M2
Neermoor	11	G6	Nellingen a. d. Fildern	86	T11	Neroth	54	P4	Nettgau	24	I16
Neersen	42	M3	Nemden	33	J8	Nersingen	87	U14	Nettlingen	36	J14
Neerstedt	22	H9	Nemmenich	42	N4	Neschen	44	M5	Netze	46	M11
Neetze	14	G15	Nemmersdorf	74	P19	Neschholz	39	J22	Netzeband	26	H21
Neetze (Fluß)	14	G15	Nempitz	50	M20	Neschwitz	65	M26	Netzen	38	I22
Neetzka	17	F24	Nemsdorf	49	L18	Nesenitz	25	I17	Netzow	28	G24
Neetzow	17	E24	Nemsdorf-Göhrendorf	49	L18	Nessa	50	M20	Netzschkau	62	O20
Negenborn (Kreis			Nenderoth	57	O8	Nesse (Fluß)	48	M15	Neu-Anspach	58	P9
Hannover)	23	I12	Nendingen	85	V10	Nesse (Kreis Aurich)	11	F6	Neu Bartelshagen	8	C22
Negenborn (Kreis			Nendorf	22	I10	Nesselbach	79	S13	Neu Boltenhagen	9	D24
Holzminden)	35	K12	Nendorp	10	G5	Nesselröden (Kreis			Neu Darchau	14	G16
Negenharrie	6	D14				Göttingen)	48	L14	Neu Duvenstedt	5	C13
Negernbötel	6	E14							Neu Ebersdorf	12	F10

Name	Page	Grid
Neuenkoop	12	G9
Neuenkruge	11	G8
Neuenlande	12	F9
Neuenmarhorst	22	H9
Neuenmarkt	74	P18
Neuenrade	45	M7
Neuensalz	62	O20
Neuenschleuse	13	E11
Neuensorg (Kreis Kulmbach)	74	P18
Neuensorg (Kreis Lichtenfels)	61	P17
Neuensorga	62	N19
Neuenstadt	79	S11
Neuenstein (Hohenlohekreis)	79	S12
Neuenstein (Kreis Hersfeld-Rotenburg)	59	N12
Neuensund	19	F25
Neuental	58	N11
Neuenwalde	12	E10
Neuenweg	94	W7
Neuenwege	11	F8
Neuer Kanal	15	F18
Neuerburg (Kreis Bernkastel-Wittlich)	55	P4
Neuerburg (Kreis Bitburg-Prüm)	54	P2
Neuerkirch	55	P6
Neuermark-Lübars	26	I20
Neuerstadt	39	K23
Neufahrn (Kreis Freising)	89	V18
Neufahrn (Kreis Landshut)	90	T20
Neufang (Kreis Kronach)	61	P18
Neufang (Kreis Kulmbach)	74	P18
Neufarn	89	V19
Neufeld	4	E11
Neufelderkoog	4	E10
Neufels	79	S12
Neuferchau	25	I17
Neuffen	87	U12
Neufinsing	90	V19
Neufirrel	11	F7
Neufnach	88	V15
Neufra (Kreis Biberach a. d. Riß)	87	V12
Neufra (Kreis Rottweil)	85	V10
Neufra (Kreis Sigmaringen)	86	V11
Neufrach	96	W11
Neufraunhofen	90	V20
Neufunnixsiel	11	E7
Neugablonz	98	W15
Neugalmsbüll	2	B10
Neugarmssiel	11	E7
Neugattersleben	37	K19
Neugersdorf	65	N27
Neuglienicke	28	G22
Neuglobsow	28	G23
Neugnadenfeld	20	I4
Neugraben	51	K23
Neugraben-Fischbeck	13	F13
Neugrimnitz	29	H25
Neuhaaren	42	M2
Neuhäusel	57	O7
Neuhardenberg	41	I26
Neuharlingersiel	11	E7
Neuhaus (Allgäu)	97	X13
Neuhaus (Kreis Bayreuth)	73	Q17
Neuhaus (Kreis Celle)	14	I14
Neuhaus (Kreis Cham)	83	S21
Neuhaus (Kreis Erlangen-Höchstadt)	72	Q16
Neuhaus (Kreis Hof)	61	O19
Neuhaus (Kreis Lüneburg)	14	G16
Neuhaus (Kreis Miesbach)	100	W19
Neuhaus (Kreis Nordworpommern)	8	D20
Neuhaus (Schwarzwald-Baar-Kreis)	95	W9
Neuhaus (Oste)	12	E11
Neuhaus a. d. Eger	75	P20
Neuhaus a. d. Pegnitz	73	R18
Neuhaus a. Inn	93	U24
Neuhaus a. Rennweg	61	O17
Neuhaus i. Solling	35	K12
Neuhaus-Schierschnitz	61	P17
Neuhausen (Enzkreis)	77	T10
Neuhausen (Kreis Freiberg)	64	N24
Neuhausen (Kreis Hof)	75	P20
Neuhausen (Kreis Konstanz)	95	W10
Neuhausen (Kreis Landshut)	90	U19
Neuhausen ob Spree-Neiße)	53	K27
Neuhausen a. d. Erms	86	U11
Neuhausen a. d. Fildern	86	T11
Neuhausen o. Eck	95	W10
Neuheede	20	G5
Neuheide	48	L16
Neuheilenbach	54	P3
Neuheim	39	J23
Neuhemsbach	69	R7
Neuherberg (Kreis Neustadt a. d. A.-Bad W.)	72	R14
Neuherberg (Stadtkreis München)	89	V18
Neuhof (Kreis Fulda)	59	O12
Neuhof (Kreis Hildesheim)	35	K14
Neuhof (Kreis Ludwigslust)	15	F16
Neuhof (Kreis Oberhavel)	28	G24
Neuhof (Kreis Osterode a. Harz)	48	L15
Neuhof (Rheingau-Taunus-Kreis)	69	P8
Neuhof (Forst)	59	O12
Neuhof a. d. Zenn	80	R15
Neuhof b. Bad Kleinen	7	E18
Neuhof b. Neukloster	7	E19
Neuhof b. Neustadt-Glewe	15	F18
Neuhof b. Parchim	15	F19
Neuhofen	77	R9
Neuhofen (Kreis Rottal-Inn)	91	U22
Neuhofen (Kreis Straubing-Bogen)	90	T21
Neuholland	27	H23
Neuhonrath	43	N5
Neuhütten (Kreis Heilbronn)	79	S12
Neuhütten (Kreis Main-Spessart)	71	P12
Neuhütten (Kreis Trier-Saarburg)	67	R5
Neukalen	17	E22
Neukamp	9	D24
Neukamperfehn	11	F6
Neukieritzsch	50	M21
Neukirch (Bodenseekreis)	97	X13
Neukirch (Kreis Bautzen)	65	M26
Neukirch (Kreis Rottweil)	85	V10
Neukirch (Schwarzwald-Baar-Kreis)	84	V8
Neukirch (Westlausitzkreis)	64	M25
Neukirchen (b. Malente)	6	D15
Neukirchen (b. Oldenburg i. Holstein)	7	D17
Neukirchen (Kreis Coburg)	61	O16
Neukirchen (Kreis Freiberg)	64	M24
Neukirchen (Kreis Hersfeld-Rotenburg)	59	N13
Neukirchen (Kreis Leipziger Land)	50	M21
Neukirchen (Kreis Neuss)	44	M4
Neukirchen (Kreis Nordfriesland)	2	B10
Neukirchen (Kreis Regensburg)	82	S20
Neukirchen (Kreis Rottal-Inn)	91	U22
Neukirchen (Kreis Schleswig-Flensburg)	3	B13
Neukirchen (Kreis Schwandorf)	81	S19
Neukirchen (Kreis Stendal)	26	H19
Neukirchen (Kreis Straubing-Bogen)	92	T22
Neukirchen (Kreis Waldeck-Frankenberg)	46	M10
Neukirchen (Lahn-Dill-Kreis)	58	O9
Neukirchen (Rhein-Sieg-Kreis)	56	O4
Neukirchen (Schwalm-Eder-Kreis)	59	N12
Neukirchen (Wartburgkreis)	48	M15
Neukirchen (Erzgebirge)	63	N22
Neukirchen (Pleiße)	62	N21
Neukirchen a. d. Alz	91	V21
Neukirchen a. Inn	93	U24
Neukirchen a. Teisenberg	101	W22
Neukirchen b. Hl. Blut	83	S22
Neukirchen b. Sulzbach-Rosenberg	73	R18
Neukirchen-Balbini	82	S21
Neukirchen v. Wald	93	T24
Neukirchen-Vluyn	44	L3
Neukissing	89	V16
Neukloster (Kreis Nordwest-mecklenburg)	7	E19
Neukloster (Kreis Stade)	13	F12
Neuklostersee	15	E19
Neukünkendorf	29	H26
Neuküstrinchen	29	H26
Neukyhna	50	L20
Neuland (b. Himmelpforten)	13	F11
Neuland (b. Wischhafen)	13	E11
Neulautern	79	S12
Neuleben	14	E16
Neulehe	21	G6
Neuleiningen	69	R8
Neuler	79	T14
Neulewin	29	H26
Neuliebel	53	L28
Neulietzegöricke	29	H26
Neulingen	77	T10
Neulögow	28	G23
Neulöwenberg	27	H23
Neulohn	42	N2
Neulorup	21	H7
Neulußheim	77	S9
Neumagen-Dhron	68	Q4
Neumark (Göltzschtalkreis)	62	O21
Neumark (Kreis Weimarer Land)	49	M17
Neumarkhausen	21	H7
Neumarkt i. d. Oberpfalz	81	S18
Neumarkt-St. Veit	90	U21
Neumorschen	47	M12
Neumühle (Kreis Greiz)	62	N20
Neumühle (Kreis Uelzen)	24	G16
Neumühle (Schwerin)	15	F18
Neumühler See	15	F17
Neumünster	5	D13
Neunaigen	82	R20
Neunburg v. Wald	82	R21
Neundorf (b. Lobenstein)	61	O18
Neundorf (b. Schleiz)	61	O19
Neundorf (Elstertalkreis)	62	O20
Neundorf (Kreis Annaberg)	63	O23
Neundorf (Kreis Aschersleben-Staßfurt)	37	K18
Neunheilingen	48	M16
Neunhof	73	R17
Neunhofen	61	N19
Neunkhausen	57	N7
Neunkirchen (Kreis Daun)	54	P4
Neunkirchen (Kreis Miltenberg)	71	Q12
Neunkirchen (Kreis Schwäbisch-Hall)	79	S12
Neunkirchen (Kreis Siegen-Wittgenstein)	57	N8
Neunkirchen (Main-Tauber-Kreis)	71	R13
Neunkirchen (Neckar-Odenwald-Kreis)	78	R11
Neunkirchen (Stadtkreis Weiden)	75	Q20
Neunkirchen (Westerwaldkreis)	57	O8
Neunkirchen (Saar)	67	R6
Neunkirchen a. Brand	73	R17
Neunkirchen a. Main	73	Q18
Neunkirchen a. Sand	73	R17
Neunkirchen-Seelscheid	43	N6
Neunstadt	80	T14
Neunstetten (Hohenlohekreis)	79	R12
Neunstetten (Kreis Ansbach)	80	S15
Neuötting	91	V22
Neupetershain	52	L26
Neupetershain Nord	52	L26
Neupotz	77	S9
Neurath	42	M3
Neuravensburg	97	X13
Neureetz	29	H26
Neureichenau	93	T25
Neureut	77	S9
Neurhede	20	G5
Neuried	84	U7
Neuried (München)	89	V18
Neuringe	20	I5
Neurochlitz	29	G27
Neuroda	61	N16
Neurüdnitz	29	H26
Neuruppin	27	H22
Neusäß	88	U16
Neusatz (Kreis Calw)	77	T9
Neusatz (Kreis Rastatt)	84	U8
Neuscharrel	21	G7
Neuschloß	70	R9
Neuschönau	93	T24
Neuschoo	11	F6
Neuschwanstein	98	X16
Neuseddin	39	J22
Neuses	70	P11
Neuses (Kreis Coburg)	72	P16
Neuses (Main-Tauber-Kreis)	71	R13
Neuses a. Berg	72	Q14
Neuses a. Raueneck	72	P16
Neuses a. Sand	72	Q15
Neusiß	60	N16
Neusitz	61	R14
Neusitz	80	R14
Neusorge	53	L28
Neuss	44	M4
Neußen	51	L23
Neustadt (Kreis Eichsfeld)	48	L15
Neustadt (Kreis Ostprignitz-Ruppin)	26	H21
Neustadt (Kreis Wesermarsch)	12	F9
Neustadt (Odenwaldkreis)	70	Q11
Neustadt (Saale-Orla-Kreis)	61	N19
Neustadt (Titisee-)	94	W8
Neustadt (Westlausitzkreis)	53	L27
Neustadt (-Bremen)	22	G10
Neustadt (Hessen)	58	N11
Neustadt (Titisee-)	94	W8
Neustadt (Vogtland)	62	O20
Neustadt (Wied)	56	O6
Neustadt a. d. Aisch	72	R15
Neustadt a. d. Donau	81	T19
Neustadt a. d. Waldnaab	75	Q20
Neustadt a. d. Weinstraße	76	R8
Neustadt a. Kulm	74	Q19
Neustadt a. Main	71	Q12
Neustadt a. Rennsteig	60	O16
Neustadt a. Rübenberge	23	I12
Neustadt b. Coburg	61	P17
Neustadt-Glewe	15	F18
Neustadt i. Holstein	6	D16
Neustadt i. Sachsen	65	M26
Neustadtgödens	11	F7
Neustädter Bucht	6	D16
Neustädter Moor	22	I9
Neustädtlein	80	S14
Neustädtlein a. Forst	73	Q18
Neustädtles	60	O14
Neustetten (Kreis Ansbach)	80	R15
Neustetten (Kreis Tübingen)	85	U10
Neustraßburg	54	P3
Neustrelitz	17	F23
Neustrimmig	55	P5
Neusustrum	20	H5
Neutechau	6	E16
Neuteschendorf	6	C16
Neuthard	77	S9
Neutraubling	82	T20
Neutrauchburg	98	W14
Neutrebbin	41	I26
Neutz	50	L19
Neutz-Lettewitz	50	L19
Neuvrees	21	H7
Neuwallmoden	36	J14
Neuwarmbüchen	23	I13
Neuwarper See	19	E26
Neuwegersleben	37	J17
Neuweiler	85	U9
Neuweilnau	58	P9
Neuwerder	26	H21
Neuwerk	42	M3
Neuwerk (Insel)	4	E9
Neuwernsdorf	64	N24
Neuwesteel	10	F5
Neuwied	56	O6
Neuwiese	52	L26
Neuwildflecken	59	O13
Neuwirthshaus	71	P13
Neuwittenbek	3	C14
Neuwürschnitz	63	N22
Neuzelle	41	J27
Neverin	17	F24
Nevern	2	E18
Neversdorf	6	E14
Neviges	44	M5
Newel	67	Q3
Nexdorf	52	L24
Neye-Stausee	43	M6
Nichel	39	J22
Nickenich	56	O5
Nicklashausen	71	Q12
Nickritz	51	M23
Nidda	58	O11
Nidda (Fluß)	58	O11
Niddasee	58	O11
Niddatal	58	P10
Nidder	58	O11
Nidderau	58	P10
Nideggen	42	N3
Niebel	39	J22
Niebendorf-Heinsdorf	39	K24
Nieblum	2	B9
Niebüll	2	B10
Nieby	3	B13
Niedaltdorf	66	R3
Niedenstein	47	M11
Nieder-Beerbach	70	Q10
Nieder-Bobritzsch	64	N24
Nieder Erlenbach	58	P10
Nieder Fläming	39	K22
Nieder-Frauendorf	64	N25
Nieder-Gemünden	58	N11
Nieder-Kainsbach	70	Q10
Nieder-Kinzig	70	Q10
Nieder-Klingen	70	Q10
Nieder-Lichtenau	63	N23
Nieder-Liebersbach	70	R10
Nieder-Mockstadt	58	P10
Nieder-Mörlen	58	O10
Nieder-Moos	59	O12
Nieder-Neundorf	53	M28
Nieder Ochtenhausen	13	F11
Nieder-Olm	69	Q8
Nieder Ramstadt	70	Q10
Nieder Roden	70	Q10
Nieder-Rosbach	58	P10
Nieder-Seemen	58	O11
Nieder-Seifersdorf	65	M28
Nieder-Waroldern	46	M11
Nieder-Weisel	58	O10
Nieder-Werbe	46	M11
Nieder-Werbe (Kreis Waldeck-Frankenberg)	46	M10
Nieder-Wiesen	69	Q7
Nieder-Wöllstadt	58	P10
Niederahr	57	O7
Niederaichbach	90	U20
Niederalben	67	R6
Niederalbertsdorf	62	N20
Niederanbach	89	U17
Niederalteich	92	T23
Niederaschach	89	U17
Niederasphe	46	N9
Niederau	64	M24
Niederaula	59	N12
Niederaußem	43	N4
Niederbachem	56	O5
Niederbeisheim	47	M12
Niederberg	44	N4
Niederbergheim	45	L8
Niederbergkirchen	90	V21
Niederbergstraße	45	L7
Niederberndorf	45	M8
Niederbieber	59	O13
Niederbieber-Segendorf	56	O6
Niederbösa	49	M17
Niederbrechen	57	O8
Niederbreitbach	56	O6
Niederbrombach	68	Q5
Niederburg	56	P7
Niedercunnersdorf	65	M27
Niederdielfen	57	N8
Niederdorf	30	L2
Niederdorf	63	N22
Niederdorfelden	58	P10
Niederdorla	48	M15
Niederdreisbach	57	N7
Niederdresselndorf	57	N8
Niederdünzebach	48	M14
Niederdürenbach	56	O5
Niedereimer	45	L8
Niedereisenhausen	58	N9
Niederelbert	57	O7
Niederellenbach	47	M12
Niederelsungen	46	L11
Niederembt	43	N3
Niederemmel	68	Q4
Niederensee	45	L7
Niedererbach	57	O7
Niedererschach	85	V9
Niedereulenbach	90	T20
Niederfell	55	P6
Niederfinow	29	H25
Niederfischbach	57	N7
Niederfrohna	63	N22
Niederfüllbach	61	P16
Niedergandern	47	L13
Niedergebra	48	L15
Niederglabach	69	P7
Niedergörsdorf	39	K22
Niedergoseln	51	M23
Niedergründau	70	P11
Niedergude	47	M12
Niedergurig	65	M27
Niederhausen	84	V7
Niederhaverbeck	23	G13
Niederheimbach	69	P7
Niederhöcking	91	U22
Niederhofen	97	W14
Niederholsten	33	J8
Niederhone	47	M14
Niederhorbach	76	S8
Niederhornbach	90	T19
Niederieierndorf	90	T20
Niederirsen	43	N6
Niederjesar	41	I27
Niederjosbach	69	P9
Niederjossa	59	N12
Niederkail	54	Q4
Niederkaina	65	M27
Niederkalbach	59	O12
Niederkassel	43	N5
Niederkassel	44	M4
Niederkaufungen	47	M12
Niederkirchen	69	R7
Niederkirchen b. Deidesheim	77	R8
Niederkirchen i. Ostertal	67	R5
Niederkleen	58	O9
Niederklein	58	N10
Niederkrüchten	42	M2
Niederlamitz	74	P19
Niederlandin	29	G26
Niederlangen	20	H5
Niederlauch	54	P3
Niederlauer	60	P14
Niederlauken	58	O9
Niederlausitz	52	K24
Niederlauterbach	89	U18
Niederlauterstein	63	N23
Niederlehme	3	J24
Niederlern	90	U19
Niederlibbach	57	P8
Niederlinxweiler	67	R5
Niederlistingen	47	L11
Niederlommatzsch	64	M24
Niederlosheim	66	R4
Niederlungwitz	62	N21
Niedermarsberg	46	L10
Niedermehnen	22	I9
Niedermeien	34	J10
Niedermeilingen	57	P7
Niedermeiser	47	L11
Niedermöllern	49	M19
Niedermöllrich	47	M12
Niedermörmter	30	K3
Niedermohr	67	R6
Niedermotzing	92	T21
Niedermurach	82	R21
Niederndorf	72	R16
Niederndodeleben	37	J18
Niederndorf	57	N7
Niederndorf	62	N19
Niederneisen	57	O8
Niederneuching	90	V19
Niederhall	79	S12
Niedernhausen (Kreis Darmstadt-Dieburg)	70	Q10
Niedernhausen (Rheingau-Taunus-Kreis)	69	P8
Niedernjesa	47	L13
Niedernstöcken	23	I12
Niederntudorf	46	L10
Niedernwöhren	34	I11
Niederoderwitz	65	N28
Niederöfflingen	55	P4
Niederorke	46	M10
Niederorschel	48	L15
Niederpöllnitz	62	N19
Niederpöring	92	T22
Niederrad	70	P9
Niederraunau	88	V15
Niederreifenberg	58	P9
Niederrieden	49	M18
Niederrieden	97	V14
Niederrodenbach	70	P11
Niederröblingen	49	L18
Niederroßbach	57	O8
Niederroßla	49	M18
Niederroth	89	V18
Niedersachswerfen	48	L16
Niedersächsisches Wattenmeer	10	F4
Niederscheld	57	N8
Niederschlettenbach	76	S7
Niederschmon	49	L18
Niederschöna	64	N24
Niederschönenfeld	88	T16
Niederschopfheim	84	U7
Niederseelbach	57	P8
Niederselters	57	O8
Niederseßmar	45	M6
Niedersfeld	46	M9
Niedersgegen	54	Q2
Niederhausen	57	O8
Niedersimten	76	S6
Niedersonthofen	98	X14
Niederspier	48	M16
Niederstaufen	97	X13
Niedersteinbach	63	N21
Niedersteinbach	79	R13
Niederstetten	79	R13
Niederstotzingen	88	U14
Niederstraubing	90	U20
Niederstrich	13	E11
Niederstriegis	51	M23
Niedersunzing	92	T21
Niederaufkirchen	90	V21
Niederthalhausen	47	N12
Niedertiefenbach	57	P7
Niedertopfstedt	49	M16
Niedertrebra	49	M18
Niedertrennbach	90	U21

Niederurff.....46 M11
Niedervellmar.....47 L12
Niederviehbach.....90 U21
Niedervorschütz.....47 M12
Niederwalgern.....58 N10
Niederwalmenach.....69 P7
Niederwangen.....97 W13
Niederwasser.....84 V8
Niederweidbach.....58 N9
Niederweiler.....94 W6
Niederweis.....54 Q3
Niederwerbig.....39 J22
Niederwerrn.....72 P14
Niederwiesa.....63 N23
Niederwihl.....94 X8
Niederwillingen.....61 N17
Niederwinden.....84 V8
Niederwinkling.....92 T22
Niederwörresbach.....68 Q6
Niederwürschnitz.....63 N22
Niederwürzbach.....67 S5
Niederzell.....59 P12
Niederzeuzheim.....57 O8
Niederzier.....42 N3
Niederzimmern.....49 M17
Niederzissen.....56 O5
Niedringhausen.....34 J9
Niefern-Öschelbronn.....77 T10
Niegripp.....37 J19
Nieheim.....34 K11
Niehorst.....34 K9
Niehuus.....3 B12
Niekrenz.....8 D21
Niel.....30 K2
Nielebock.....38 I20
Niemberg.....50 L20
Niemegk.....39 J22
Niemetal.....47 L13
Nienberge.....31 K6
Nienbergen.....25 H16
Nienborg.....32 J5
Nienborstel.....5 D12
Nienbüttel.....5 D12
Nienburg.....37 K19
Nienburg.....23 I11
Niendorf (Kreis Ludwigslust).....15 G17
Niendorf (Kreis Nordwest-mecklenburg).....6 E16
Niendorf (Ohre-Kreis).....25 I17
Niendorf (Hamburg-).....13 F13
Niendorf (Lübeck-).....14 E15
Niendorf I (Kreis Uelzen).....24 G15
Nienhagen (b. Lage).....34 K10
Nienhagen (b. Leopoldshöhe).....34 J10
Nienhagen (Kreis Bad Doberan).....8 D19
Nienhagen (Kreis Celle)..24 I14
Nienhagen (Kreis Halberstadt).....37 K17
Nienhagen (Kreis Northeim).....35 K13
Nienhagen (Kreis Soltau-Fallingbostel).....23 H12
Nienhagen (Stadtkreis Rostock).....8 D20
Nienhagen b. Güstrow..16 E20
Nienhagen b. Teterow..16 E21
Nienhof.....24 I14
Nienkattbek.....5 D13
Nienstädt.....34 J11
Nienstedt (Kreis Hameln-Pyrmont).....35 J12
Nienstedt (Kreis Osterode a. Harz)..36 K14
Nienstedt (Kreis Sangerhausen).....49 L18
Nienwalde.....25 G18
Nienwohld.....14 E14
Nienwohlde.....24 H15
Niep.....30 L3
Niepars.....9 D22
Nieplitz.....39 J22
Niers.....42 M3
Niersbach.....54 Q4
Niersenbruch.....30 L3
Nierst.....44 M4
Nierstein.....69 Q9
Nierswalde.....30 K2
Niese.....35 K11
Niesen.....46 L11
Niesgrau.....3 B13
Nieska.....52 L24
Niesky.....65 M28
Nieste.....47 M13
Niestetal.....47 M12
Nieukerk.....30 L3
Nievenheim.....44 M4
Nievern.....57 O7
Niewisch.....41 J26
Niewitz.....52 K25
Nikolausberg.....47 L13
Nikolausdorf.....21 H8
Nimburg.....V7
Nims.....54 P3
Nimshuscheid.....54 P3
Nimsreuland.....54 P3

Nincop.....13 F13
Nindorf (Kreis Celle).....23 H13
Nindorf (Kreis Cuxhaven).....12 F11
Nindorf (Kreis Dithmarschen).....4 D11
Nindorf (Kreis Harburg).13 G14
Nindorf (Kreis Rendsburg-Eckernförde).....5 D13
Nindorf (Kreis Rotenburg).....23 H12
Nindorf (Kreis Stade).....13 F12
Nipmerow.....9 C24
Nischwitz.....51 L22
Nisdorf.....9 C22
Nister.....57 N7
Nister (Fluß).....57 O7
Nister-Möhrendorf.....57 O8
Nistertal.....57 O7
Nitschareuth.....62 N20
Nittel.....66 R3
Nittenau.....82 S20
Nittendorf.....82 S19
Nitzahn.....38 I21
Nitzow.....38 H20
Nobitz.....62 N21
Nöbdenitz.....62 N20
Nöbeln.....63 N22
Nöggenschwiel.....94 W8
Nöham.....91 U22
Nöpke.....23 I12
Noer.....3 C14
Nördlicher Binnensee.....7 C17
Nördlingen.....80 T15
Nörten-Hardenberg.....47 L13
Nörting.....89 U18
Nörvenich.....42 N3
Nöschenrode.....36 K16
Nössige.....64 M24
Nöthen.....56 O4
Nötting.....89 T18
Növenthien.....24 H16
Nohen.....67 R5
Nohfelden.....67 R5
Nohn (Kreis Daun).....54 P4
Nohn (Kreis Merzig-Wadern).....66 R3
Nohra (Kreis Nordhausen).....48 L16
Nohra (Kreis Weimar-Land).....49 N17
Nolde-Museum Seebüll..2 B10
Nonnberg.....91 U21
Nonnenbach.....54 O3
Nonnendorf (Kreis Ostvorpommern).....19 D25
Nonnendorf (Kreis Teltow-Fläming).....39 K23
Nonnenhorn.....97 X12
Nonnenmiß.....85 T9
Nonnenroth.....58 O10
Nonnenweier.....84 U7
Nonnenwitz.....50 M20
Nonnweiler.....66 R4
Nonnweiler (Stausee)..66 R4
Norby (b. Büdelsdorf).....3 C12
Norby (b. Eckernförde).....3 C13
Nord Edewecht.....11 G7
Nord-georgsfehnkanal.....11 F7
Nord-Ostsee-Kanal.....5 D12
Nordahn.....12 F11
Nordborchen.....34 K10
Nordburg.....24 I14
Norddeich (Kreis Aurich).....10 F5
Norddeich (Kreis Dithmarschen).....4 D10
Norddinker.....45 L7
Norddorf.....2 B9
Norddrebber.....23 H12
Nordel.....22 I10
Norden.....10 F5
Nordenau.....46 M9
Nordenbeck.....46 M10
Nordenberg.....80 R14
Nordendorf.....88 U16
Nordenham.....12 F9
Nordenholz.....22 G9
Nordenstadt.....69 P9
Norderaue.....2 C9
Norderbrarup.....3 C13
Norderfriedrichskoog.....2 C10
Norderhafen.....2 C10
Norderhever.....2 C9
Norderheverkoog.....2 C10
Nordermeldorf.....4 D11
Norderney.....10 E5
Norderney (Insel).....10 E5
Norderney am Leuchtturm.....10 E5
Norderoogsand (Insel)..2 C9
Norderschweiburg.....2 F8
Norderstapel.....5 C11
Norderstedt.....14 E14
Norderwöhrden.....4 D11
Nordfeld.....5 C11
Nordfriesische Inseln.....2 B8

Nordfriesland.....2 B10
Nordgeorgsfehn.....11 G7
Nordgermersleben.....37 J18
Nordhackstedt.....3 B11
Nordhalben.....61 O18
Nordhastedt.....5 D11
Nordheim.....69 Q9
Nordheim (Kreis Donau-Ries).....88 T16
Nordheim (Kreis Heilbronn).....78 S11
Nordheim (Kreis Schmalkalden-Meiningen).....60 O15
Nordheim a. Main.....72 Q14
Nordheim v. d. Rhön.....60 O14
Nordhelle.....45 M7
Nordhemmern.....34 I10
Nordholte.....21 I6
Nordholz.....12 E9
Nordhorn.....20 I5
Nordkampen.....23 H12
Nordkirchen.....45 K6
Nordleda.....12 E10
Nordloh.....11 G7
Nordlohne.....20 I5
Nordmarsch-Langeneß.....2 C9
Nordmentzhausen.....12 F8
Nordperd.....9 C25
Nordpfälzer Bergland.....67 R6
Nordrach.....84 U8
Nordradde.....20 H6
Nordschwaben.....84 X7
Nordsehl.....34 I11
Nordstemmen.....35 J13
Nordstrand.....2 C10
Nordstrand (Gemeinde).....2 C10
Nordstrandischmoor.....2 C10
Nordstraße.....8 B13
Nordumfluter.....52 K26
Nordvelen.....31 K4
Nordwalde.....33 J6
Nordwohlde.....22 H10
Norf.....44 M4
Norgaardholz.....3 B13
Norheim.....69 Q7
Norstedt.....3 C11
Northeim.....35 K13
Nortmoor.....11 G6
Nortorf (Kreis Rendsburg-Eckernförde).....5 D13
Nortorf (Kreis Steinburg).....5 E11
Nortrup.....21 I7
Nossen.....51 M23
Nossendorf.....17 E22
Nossentiner Hütte.....17 F21
Nostorf.....14 F15
Noswendel.....66 R4
Nothfelden.....46 L11
Nothweiler.....76 S7
Notschrei.....94 W7
Nottekanal.....39 J24
Nottensdorf.....13 F12
Notter.....48 M15
Nottfeld.....3 C11
Nottuln.....31 K6
Notzing.....90 V19
Notzingen.....87 T12
Nudersdorf.....38 K21

Nudow.....39 J23
Nübbel.....5 D12
Nübel.....3 C12
Nüchel.....6 D15
Nüdlingen.....60 P14
Nürburg.....56 O4
Nürburgring.....56 O4
Nürnberg.....81 R17
Nürnberg (Flughafen)..73 R17
Nürtingen.....87 U12
Nüßlshof.....60 N15
Nüst.....59 O13
Nüsttal.....59 O13
Nütterden.....30 K2
Nüttermoor.....11 G6
Nützen.....5 E13
Nufringen.....85 U10
Nunkirchen.....66 R4
Nunsdorf.....39 J23
Nurn.....61 P18
Nusbaum.....54 Q3
Nusplingen.....85 V10
Nußbach (Kreis Kusel).....69 R7
Nußbach (Ortenaukreis).....84 U8
Nußbach (Schwarzwald-Baar-Kreis).....84 V8
Nußbaum.....77 T10
Nußdorf (Bodenseekreis).....96 W11
Nußdorf (Kreis Ludwigsburg).....77 T10
Nußdorf (Kreis Traunstein).....101 W21
Nußdorf a. Inn.....100 W20
Nusse.....14 F15
Nußloch.....77 S10
Nustrow.....8 D21
Nutha.....38 K20
Nuthe.....39 J23
Nuthe (Bach).....38 K20
Nuthegraben.....39 J23
Nutscheid (Der).....43 N6
Nuttel.....11 G8
Nutteln.....5 E12
Nuttlar.....46 L9
Nymphenburg (München).....89 V18

O

Ob.....98 W16
Obbach.....71 P14
Obenhausen.....88 V14
Obenstrohe.....11 F8
Ober-Abtsteinach.....70 S10
Ober-Beerbach.....70 Q10
Ober-Bessingen.....58 O10
Ober-Bobritzsch.....64 N24
Ober-Breidenbach.....58 N11
Ober-Erlenbach.....58 P10
Ober-Flörsheim.....69 Q8
Ober-Frauendorf.....64 N25
Ober Gleen.....58 N11
Ober-Hainbrunn.....70 R10
Ober-Heinsdorf.....62 O21

NÜRNBERG

Äußere-Cramer-Klett-Str. GV 3
Allersberger Str. FGX
Am Messehaus GU 8
Beuthener Str. GX 20
Celtisstr. EX 28
Deumentenstr. GU 29
Endterstr. EX 35
Fürther Str. DV
Galgenhofstr. FX 46
Gostenhofer Hauptstr. DV 49
Himpfelshofstr. DV 59
Hinterm Bahnhof. FX 60
Jitzhak-Rabin-Str. GX 63
Knauerstr. DVX 76
Kressengartenstr. GV 81
Leyher Str. GX 83
Marienbader Str. GX 86
Maxfeldstr. DV 91
Maximilianstr. DV 104
Obere Kanalstr. DU 113
Poppenreuther Str. DU 113
Schafhofstr. GU 123

Scheurlstr. FGX 124
Schuckertstr. EX 127
Schweiggerstr. GX 132
Steinbühler Str. EX 137
Südliche Fürther Str. DV 139
Tafelfeldstr. EX 141
Teutoburger Str. GU 142
Tunnelstr. EX 144
Wallensteinstr. DX 150
Wassertorstr. GV 157
Wöhrder Hauptstr. GV 157
Wöhrder Talübergang EX 158
Zufuhrstr. EX 160

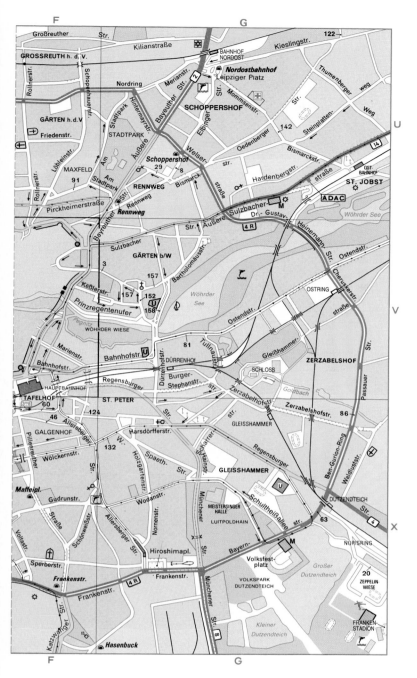

Obergrenzebach...59 N11
Obergriesbach...89 U17
Obergriesheim...78 S11
Obergröningen...79 T13
Obergrombach...77 S9
Obergünzburg...98 W15
Obergurig...65 M27
Oberhaching...89 V18
Oberhäslich...64 N25
Oberhaid...72 Q16
Oberhain...61 O17
Oberham...91 U23
Oberhambach...68 Q5
Oberhammelwarden...12 G9
Oberharmersbach...84 U8
Oberhartheim...81 T18
Oberhaselbach...90 T20
Oberhausen (Kreis Emmendingen)...84 V7
Oberhausen (Kreis Neuburg-Schrobenhausen)...89 T17
Oberhausen (Kreis Oberhausen)...31 L4
Oberhausen (Kreis Weilheim-Schongau)...99 W17
Oberhausen a. d. Appel...69 Q7
Oberhausen a. d. Nahe...69 Q7
Oberhausen b. Oldenburg...12 G9
Oberhausen-Rheinhausen...77 S9
Oberhaverbeck...13 G13
Oberheimbach...69 P7
Oberheldrungen...49 M17
Oberhembach...81 S17
Oberhenneborn...45 M8
Oberhermsgrün...62 O20
Oberhinkofen...82 T20
Oberhirschberg...92 T22
Oberhochstatt...81 S17
Oberhöchstadt...70 P9
Oberhöcking...91 U21
Oberhörne...12 G9
Oberhof (Kreis Nordwest-mecklenburg)...7 E17
Oberhof (Kreis Schmalkalden-Meiningen)...60 N16
Oberhohenried...72 P15
Oberholzhausen...46 M10
Oberholzheim...87 V13
Oberholzklau...45 N7
Oberhummel...90 U19
Oberhundem...45 M8
Oberickelsheim...72 R14
Oberiflingen...85 U9
Oberirsen...43 N6
Oberjettenberg...101 W22
Oberjettingen...85 U10
Oberjoch...98 X15
Oberjosbach...69 P9
Oberkail...54 P4
Oberkalbach...59 O13
Oberkammlach...88 V15
Oberkatz...60 O14
Oberkaufungen...47 M12
Oberkessach...79 R12
Oberkirch...84 U8
Oberkirchen (Hochsauerlandkreis)...45 M9
Oberkirchen (Kreis St. Wendel)...67 R5
Oberkirn...68 Q6
Oberkirnach...85 V8
Oberkleen...58 O9
Oberkochen...79 T14
Oberköst...72 Q16
Oberkollbach...77 T10
Oberkollwangen...85 T9
Oberkotzau...74 P19
Oberküps...73 P17
Oberkürnach...98 W14
Oberlahr...56 O6
Oberlangau...82 R21
Oberlangen...20 H5
Oberlangenstadt...73 P17
Oberlangheim...73 P17
Oberlascheid...54 P2
Oberlauchringen...95 X8
Oberlauringen...60 P15
Oberlausitz...64 M26
Oberlauterbach (Kreis Landshut)...90 T19
Oberlauterbach (Kreis Pfaffenhofen a. d. Ilm)...89 U18
Oberleichtersbach...59 P13
Oberleinach...71 Q13
Oberlemp...58 O9
Oberlenningen...87 U12
Oberlethe...21 G8
Oberleuken...66 R3
Oberlichtenau...63 N22
Oberlind (Kreis Neustadt a. d. Waldnaab)...75 R20
Oberlind (Kreis Sonneberg)...61 O17
Oberlindhart...90 T20

Oberlinxweiler...67 R5
Oberlistingen...47 L11
Oberloquitz...61 O18
Oberlübbe...34 J10
Oberlungwitz...63 N22
Obermässing...81 S17
Obermaiselstein...98 X14
Obermarchtal...87 V12
Obermarsberg...46 L10
Obermaßfeld-Grimmenthal...60 O15
Obermaubach...42 N3
Obermehler...48 M15
Obermeiser...47 L11
Obermeitingen...88 V16
Obermelsungen...47 M12
Obermögersheim...80 S15
Obermoschel...69 Q7
Obermühlhausen...99 W17
Obermünchen...90 U19
Obermünstertal...94 W7
Obermurach...82 R21
Obernau (Kreis Aschaffenburg)...85 U10
Obernau (Kreis Tübingen)...70 Q11
Obernau-Stausee...45 N8
Obernbreit...72 R14
Obernburg...70 Q11
Oberndorf (Kreis Cuxhaven)...13 E11
Oberndorf (Kreis Nürnberger Land)...73 R17
Oberndorf (Lahn-Dill-Kreis)...58 O9
Oberndorf (Main-Kinzig-Kreis)...71 P12
Oberndorf a. Lech...88 T16
Oberndorf a. Neckar...85 V9
Oberneisen...57 P8
Oberneuching...90 V19
Oberneudorf...70 R11
Oberneufnach...88 V15
Oberneukirchen...90 V21
Oberneuland...22 G10
Obernfeld...48 L14
Obernhain...58 P9
Obernhausen...59 O13
Obernheim...85 V10
Obernheim-Kirchenarnbach...67 R6
Obernhof...57 P7
Obernholz...24 H15
Obernitz...61 O18
Obernjesa...47 L13
Obernkirchen...34 J11
Obernsees...73 Q18
Oberntief...72 R15
Oberntudorf...46 L9
Obernüst...53 O13
Obernwöhren...35 J11
Obernwohlde...6 E15
Obernzell...93 U24
Obernzenn...80 R15
Oberoderwitz...65 N28
Oberölsbach...73 R18
Oberöwisheim...77 S10
Oberohe...24 H14
Oberoppurg...61 N19
Oberornau...90 V20
Oberostendorf...98 W16
Oberotterbach...76 S7
Oberottmarshausen...88 V16
Oberpfälzer Wald...75 Q20
Oberpfaffenhofen...89 V17
Oberpferdt...74 P19
Oberpframmern...100 V19
Oberpfraundorf...82 S19
Oberpiebing...92 T21
Oberpleichfeld...71 Q14
Oberpleis...43 N5
Oberpöring...92 T22
Oberprechtal...84 V8
Oberquembach...58 O9
Oberreichenbach (Kreis Calw)...77 T9
Oberreichenbach (Kreis Erlangen-Höchstadt)...72 R16
Oberreichenbach (Kreis Fürth)...72 R16
Oberreichenbach (Main-Kinzig-Kreis)...59 O11
Oberreidenbach...68 Q6
Oberreifenberg...58 P9
Oberreißen...49 M18
Oberreute...97 X13
Oberried (Kreis Breisgau-Hochschwarzwald)...94 W7
Oberried (Kreis Regen)...83 S23
Oberrieden (Kreis Saalfeld-Rudolstadt)...47 M13
Oberrieden (Kreis Unterallgäu)...88 V15
Oberriexingen...78 T11
Oberriffingen...80 T14
Oberrimbach (Kreis Neustadt a. d. A.-Bad W.)...72 Q15

Ober-Hilbersheim...69 Q8
Ober-Kainsbach...70 Q10
Ober-Kinzig...70 Q10
Ober-Klingen...70 Q10
Ober-Kostenz...68 Q6
Ober-Lais...58 O11
Ober-Lichtenau...64 M25
Ober-Mörlen...58 O10
Ober-Moos...59 O12
Ober Ochtenhausen...12 F11
Ober-Ohmen...58 O11
Ober-Olm...69 Q8
Ober Rammingen...88 V15
Ober-Ramstadt...70 Q10
Ober-Roden...70 Q10
Ober-Rosbach...58 P10
Ober Schönmattenwag...70 R10
Ober-Seemen...58 O11
Ober-Seibertenrod...58 O10
Ober-Sensbach...70 R11
Ober-Waroldern...46 M10
Ober-Wegfurth...59 N12
Ober-Werbe...46 M10
Ober-Wiesen...69 Q7
Ober-Wöllstadt...58 P10
Oberacker...77 S10
Oberaden...31 L6
Oberahr...57 O7
Oberaichbach...90 U20
Oberailsfeld...73 Q18
Oberalba...60 N14
Oberaltertheim...71 Q13
Oberammergau...99 X17
Oberampfrach...80 S14
Oberappersdorf...90 U19

Oberasbach...81 R16
Oberau (Kreis Berchtesgadener Land)...101 X23
Oberau (Kreis Garmisch-Partenkirchen)...99 X17
Oberaudorf...100 X20
Oberauerbach...76 S6
Oberauerkiel...83 S23
Oberaula...59 N12
Oberaurach...72 Q15
Oberaußem...42 N4
Oberbach...59 O13
Oberbalbach...71 R13
Oberbalzheim...87 V14
Oberbauer...44 M6
Oberbauerschaft...34 J9
Oberbechingen...88 V15
Oberbeisheim...47 M12
Oberbergen...84 V6
Oberbergkirchen...90 V21
Oberberken...79 T12
Oberbernbach...89 U17
Oberbessenbach...70 Q11
Oberbettingen...54 P3
Oberbiberg...99 W18
Oberbibrach...74 Q19
Oberbieber...56 O6
Oberbillig...66 Q3
Oberbodnitz...61 N19
Oberböhmsdorf...62 O19
Oberbösa...49 M17
Oberboihingen...87 U12
Oberbränd...95 W8
Oberbrechen...57 O8
Oberbrombach...68 Q5

Oberbruch-Dremmen...42 M2
Oberbrüden...79 T12
Oberbrügge...45 M6
Oberbrumberg...61 P18
Oberbrumm...72 P16
Obercarsdorf...64 N24
Obercrinitz...62 O21
Obercunnersdorf...65 M28
Oberdachstetten...80 R15
Oberderdingen...77 S10
Oberdielbach...78 R11
Oberdiendorf...93 U24
Oberdieten...58 N9
Oberdigisheim...85 V10
Oberding...90 V19
Oberdischingen...87 V13
Oberdolling...81 T18
Oberdorf...63 N22
Oberdorf a. Ipf...80 T15
Oberdorf b. Immenstadt...98 X14
Oberdorf b. Langenargen...97 X12
Oberdorla...48 M15
Oberdrees...56 O4
Oberdünzen...48 M14
Obere Bauerschaft...23 I12
Oberegg...98 W15
Obereggenen...94 W6
Obereichenbach...80 S15
Obereichstätt...81 T17
Obereisenheim...72 Q14
Obereisesheim...78 S11
Oberelchingen...87 U14
Oberellen...48 N14
Oberellenbach...90 T20

Oberelsbach...60 O14
Oberelsungen...47 L11
Oberembt...42 N3
Oberempfenbach...89 U19
Oberems...57 P9
Oberensingen...86 U11
Oberer Mundatwald...76 S7
Oberergoldsbach...90 T20
Obererlbach...80 S16
Obererthal...71 P13
Oberesch...66 R3
Obereschach (Kreis Ravensburg)...97 W12
Obereschach (Schwarzwald-Baar-Kreis)...85 V9
Obereschenbach...71 P13
Oberessendorf...97 W13
Obereßfeld...60 P15
Oberfeldbrecht...80 R15
Oberfeldkirchen...100 V21
Oberfell...55 P6
Oberferrieden...81 S17
Oberfischach...79 S13
Oberfischbach...57 N7
Oberflacht...85 V10
Oberflossing...90 V21
Obergartzem...56 O4
Obergebra...48 L15
Obergermaringen...98 W16
Obergessenbach...91 U22
Obergessertshausen...88 V15
Obergimpern...78 S11
Oberginsbach...79 R13
Oberglottertal...84 V7
Obergräfenhain...63 N22

Oberrimbach (Main-Tauber-Kreis) ...79 R14
Oberrimsingen ...84 W7
Oberrodenbach ...70 P11
Oberröblingen ...49 L17
Oberroning ...90 T20
Oberrosphe ...58 N10
Oberroßbach ...57 N8
Oberrot ...79 S12
Oberroth (Kreis Dachau) ...89 V17
Oberroth (Kreis Neu-Ulm) ...88 V14
Oberrotweil ...84 V6
Obersalwey ...45 M8
Obersalzberg ...101 X23
Oberschambach ...90 T19
Oberscheidweiler ...55 P4
Oberscheinfeld ...72 Q15
Oberscheld ...57 N9
Oberschledorn ...46 M10
Oberschleißheim ...89 V18
Oberschmeien ...86 V11
Oberschneiding ...92 T21
Oberschömbach ...54 O3
Oberschöna ...63 N23
Oberschönau ...60 N15
Oberschöneberg ...88 V15
Oberschönegg ...88 V14
Oberschönenfeld ...88 V16
Oberschopfheim ...84 U7
Oberschwandorf ...85 U9
Oberschwappach ...72 Q15
Oberschwarzach ...72 Q15
Oberschweinbach ...89 V17
Obersdorf (Kreis Mansfeld Land) ...49 L17
Obersdorf (Kreis Siegen-Wittgenstein) ...57 N8
Obersdorf (Hermersdorf-) ...41 I26
Obersee ...26 H21
Obersee ...101 X22
Oberseifersdorf ...65 N28
Obersgegen ...54 Q2
Obershagen ...23 I14
Obershausen ...57 O8
Obersimten ...76 S6
Obersinn ...59 P12
Obersöchering ...99 W17
Obersontheim ...79 S13
Oberspechtrain ...90 U21
Oberspeltach ...79 S13
Oberspier ...48 M16
Oberspiesheim ...72 Q14
Oberspitzenbach ...84 V7
Oberstadion ...87 V13
Oberstadt ...60 O15
Oberstadtfeld ...54 P4
Oberstaufen ...97 X14
Oberstaufenbach ...67 R6
Oberstdorf ...98 X14
Oberste Henn ...45 N8
Obersteeg ...43 N5
Obersteinach ...79 S13
Obersteinbach ...79 S12
Obersteinbach a. d. Haide ...80 S16
Oberstenhagen ...34 K9
Oberstenfeld ...79 S11
Oberstetten ...86 V11
Oberstimm ...89 T18
Oberstreu ...60 O14
Obersülzen ...69 R8
Obersüßbach ...90 U19
Obersuhl ...60 N14
Obersulmetingen ...87 V13
Obersulzbach ...72 R15
Obersunzing ...92 T21
Obertal ...85 U8
Obertalheim ...85 U9
Obertaufkirchen ...90 V20
Oberteisendorf ...101 W22
Oberteuringen ...97 W12
Oberthal ...67 R5
Obertheres ...72 P15
Oberthingau ...98 W15
Oberthulba ...59 P13
Obertiefenbach ...57 O8
Obertraubling ...82 T20
Obertrennbach ...90 U21
Obertshausen ...70 P10
Obertsrot ...77 T9
Oberückersee ...29 G25
Oberufhausen ...59 N13
Oberuhldingen ...96 W11
Oberurff ...58 M11
Oberursel ...58 P9
Oberveischede ...45 M7
Obervellmar ...47 L12
Oberviechtach ...82 R21
Oberviehbach ...90 U21
Obervieland ...22 G10
Oberwachingen ...87 V12
Oberwald ...59 O11
Oberwald ...88 U15
Oberwaldbehrungen ...60 O14

Oberwalluf ...69 P8
Oberwangau ...99 W19
Oberweid ...59 O14
Oberweidbach ...58 N9
Oberweier (Kreis Karlsruhe) ...77 T9
Oberweier (Ortenaukreis) ...84 U7
Oberweiler ...54 P3
Oberweiler-Tiefenbach ...67 R6
Oberweis ...54 Q3
Oberweißbach ...61 O17
Oberweißenbrunn ...59 O13
Oberwesel ...57 P7
Oberweser ...47 L12
Oberwetz ...58 O9
Oberwiehl ...43 N6
Oberwiera ...62 N21
Oberwiesenacker ...81 S18
Oberwiesenthal ...63 O22
Oberwihl ...94 X8
Oberwildenau ...75 R20
Oberwinden ...84 V8
Oberwinter ...56 O5
Oberwittighausen ...71 R13
Oberwittstadt ...79 R12
Oberwössen ...100 W21
Oberwolfach ...84 V8
Oberzeitlbach ...89 U17
Oberzell (Kreis Konstanz) ...96 W11
Oberzell (Kreis Ravensburg) ...97 W12
Oberzell (Main-Kinzig-Kreis) ...59 P13
Oberzella ...59 N14
Oberzeuzheim ...57 O8
Oberzier ...42 N3
Oberzissen ...56 O5
Obhausen ...49 L18
Obing ...100 V21
Obrigheim ...78 R11
Obrigheim (Pfalz) ...69 R8
Obrighoven ...30 L3
Ocholt ...11 G7
Ochsenbach ...77 S10
Ochsenberg ...80 T14
Ochsendorf ...36 J16
Ochsenfeld ...81 T17
Ochsenfurt ...71 R14
Ochsenhausen ...87 V13
Ochsenkopf (Kreis Bayreuth Land) ...74 P19
Ochsenkopf (Kreis Wittenberg) ...50 K21
Ochsensaal ...51 L22
Ochsenwang ...87 U12
Ochsenwerder (Hamburg) ...14 F14
Ochtelbur ...10 F6
Ochtendung ...56 O6
Ochtersum (Kreis Hildesheim) ...35 J13
Ochtersum (Kreis Wittmund) ...11 F6
Ochtmannien ...22 H10
Ochtmannsbruch ...13 F13
Ochtmersleben ...37 J18
Ochtmissen ...14 G15
Ochtrup ...32 J5
Ochtum ...12 G10
Ockenheim ...69 Q7
Ockfen ...66 R3
Ockholm ...2 B10
Ockrilla ...64 M24
Ockstadt ...58 P10
Odderade ...5 D11
Odelzhausen ...89 V17
Odenbach ...68 Q6
Odendorf ...56 O4
Odenhausen ...58 O10
Odenheim ...77 S10
Odenkirchen ...42 M3
Odenspiel ...45 N7
Odenthal ...44 M5
Odenwald ...77 R10
Oder (Fluß b. Wulften) ...48 L14
Oder-Havel-Kanal ...27 H24
Oder-Spree-Kanal ...40 I25
Oderberg ...29 H26
Oderbruch ...29 H26
Oderbrück ...36 K15
Oderding ...99 W17
Oderin ...40 I25
Odernheim a. Glan ...69 Q7
Odersbach ...58 O8
Odersberg ...57 O8
Odershausen ...46 M11
Oderstausee ...48 L15
Oderteich ...36 K15
Oderwald ...36 J15
Odisheim ...12 E10
Oebelitz ...9 D22
Oebisfelde ...25 I16
Oechsen ...59 N14
Oechtringen ...24 G15
Oedelsheim ...47 L12
Oedelum ...36 J14

Ödenwaldstetten ...87 U12
Oederan ...63 N23
Oederquart ...13 E11
Oedesse ...36 I14
Oedheim ...78 S11
Oeding ...31 K4
Oedingen ...45 M8
Ödsbach ...84 U8
Oedt ...30 M3
Öfingen ...85 W9
Öhe ...9 C23
Oehna ...39 K23
Öhningen ...96 X10
Öhringen ...79 S12
Oekoven ...42 M3
Oelber ...36 J14
Ölbronn-Dürrn ...77 T10
Oelde ...33 K8
Oelixdorf ...5 E12
Oellingen ...71 R14
Öllingen ...88 U14
Oelsa ...64 N25
Oelsen ...64 N25
Oelshausen ...47 M11
Oelsig ...51 K24
Oelsnitz ...62 O20
Oelsnitz (Erzgebirge) ...63 N22
Oelsnitz-Niegeroda ...52 L24
Oelze ...61 O17
Oelzschau ...50 M21
Önsbach ...84 U8
Oepfershausen ...60 O14
Öpfingen ...87 V13
Oer-Erkenschwick ...31 L5
Oerel ...12 F11
Oering ...14 E14
Oerlenbach ...72 P14
Oerlinghausen ...34 K9
Oermten ...30 L3
Oerrel (Kreis Gifhorn) ...24 H15
Oerrel (Kreis Soltau-Fallingbostel) ...24 H14
Oerreler Moor ...24 H15
Oersdorf (Kreis Rendsburg-Eckernförde) ...5 D12
Oersdorf (Kreis Stade) ...13 F12
Örtze ...24 H14
Oerzen ...14 G14
Oeschebüttel ...5 E13
Öschelbronn (Kreis Böblingen) ...85 U10
Öschelbronn (Niefern-) (Enzkreis) ...77 T10
Öschingen ...86 U11
Oesdorf ...73 Q16
Oesdorf ...46 L10
Oese ...12 F11
Oesede ...33 J8
Oesfeld ...71 R13
Oeslau ...61 P17
Oester ...33 K8
Oester-Stausee ...45 M7
Oesterbehringen ...48 M15
Oesterdeichstrich ...4 D10
Oestereiden ...46 L9
Österfeld ...45 M7
Oesterholz ...34 K10
Oesterweg ...33 J8
Österwiehe ...34 K9
Oesterwurth ...4 D10
Oestheim ...80 S14
Oestinghausen ...45 L8
Östliche Karwendelspitze ...99 X18
Oestrich-Winkel ...69 P8
Östringen ...77 S10
Östrum ...35 J14
Ötigheim ...77 T8
Ötisheim ...77 T10
Oetjendorf ...14 E15
Oettern ...61 N18
Oettersdorf ...62 O19
Oettingen ...80 T15
Oetzen ...24 G16
Oetzendorf ...24 G15
Ötzingen ...57 O7
Oeventrop ...45 L8
Oeverich ...56 O5
Oeversee ...3 B12
Oeynhausen ...35 K11
Offdilln ...57 N8
Offen ...23 H13
Offenau ...78 S11
Offenbach (Frankfurt) ...70 P10
Offenbach (Lahn-Dill-Kreis) ...58 N9
Offenbach a. d. Queich ...76 S8
Offenbach Hundheim ...67 R6
Offenbau ...81 S17
Offenberg ...92 T22
Offenbüttel ...5 D12
Offenburg ...84 U7
Offenhausen (Kreis Nürnberger Land) ...81 R18
Offenheim ...69 Q8
Offensen (Kreis Celle) ...24 I14
Offensen (Kreis Northeim) ...47 L13

Offenstetten ...90 T19
Offenthal ...70 Q10
Offenwang ...101 W22
Offingen (Kreis Biberach a. d. Riß) ...87 V12
Offingen (Kreis Günzburg) ...88 U15
Offstetten ...37 J17
Offstein ...69 R8
Ofterdingen ...86 U11
Ofterschwang ...98 X14
Oftersheim ...78 R9
Ogenbargen ...11 F6
Oggelsbeuren ...87 V13
Oggelshausen ...87 V12
Oggenhausen ...88 T14
Oggersheim ...69 R9
Ogrosen ...52 K26
Ohe (Fluß) ...21 H6
Ohe (Fluß) ...92 T23
Ohe (Kreis Celle) ...24 H14
Ohe (Kreis Rendsburg-Eckernförde) ...5 D13
Ohl ...44 M6
Ohle ...45 M7
Ohlenberg ...56 O5
Ohlendorf ...14 F14
Ohlendorf (Salzgitter-) ...36 J15
Ohlenstedt ...35 K13
Ohlenstedt ...12 G10
Ohlerath ...56 O4
Ohlsbach ...84 U7
Ohlstadt ...99 X17
Ohm ...58 O11
Ohmenhausen ...86 U11
Ohmenheim ...80 T15
Ohmgebirge ...48 L15
Ohnastetten ...87 U11
Ohndorf ...35 I12
Ohne ...32 J5
Ohof ...24 I14
Ohorn ...64 M26
Ohr ...35 J12
Ohratalsperre ...60 N16
Ohrdorf ...24 H16
Ohrdruf ...60 N16
Ohre ...25 I17
Ohrel ...13 F11
Ohrenbach ...70 Q11
Ohrenbach (Stadt) ...72 R14
Ohrensen ...13 F12
Ohrnberg ...79 S12
Ohrn ...79 S12
Ohrsleben ...37 J16
Ohrt ...12 G9
Ohrte ...21 I7
Ohrtermersch ...21 I7
Ohrum ...36 J15
Ohu ...90 U20
Oie ...8 C22
Oiste ...22 H11
Okarben ...58 P10
Okel ...22 H10
Oker ...36 K15
Oker (Fluß) ...24 I15
Okerstausee ...36 K15
Okertal ...36 K15
Okriftel ...70 P9
Oland ...2 B10
Olbernhau ...64 O24
Olberode ...59 N12
Olbersdorf ...65 N28
Olbersleben ...49 M18
Olching ...89 V17
Oldau ...23 I13
Oldborg ...10 F5
Oldenbrok ...12 G9
Oldenbüttel (Kreis Osterholz) ...12 G10
Oldenbüttel (Kreis Rendsburg-Eckernförde) ...5 D12
Oldenburg (Stadtkreis Oldenburg) ...11 G8
Oldenburg i. Holstein ...6 D16
Oldenburger Graben ...6 D16
Oldendorf (Kreis Celle) ...24 H14
Oldendorf (Kreis Hameln-Pyrmont) ...35 J12
Oldendorf (Kreis Osnabrück) ...33 J8
Oldendorf (Kreis Osterholz) ...12 F10
Oldendorf (Kreis Rotenburg) ...13 G11
Oldendorf (Kreis Stade) ...13 F11
Oldendorf (Kreis Steinburg) ...5 E12
Oldendorf (Luhe) ...14 G14
Oldendorf a. d. Göhrde ...14 G16
Oldendorp ...10 G5
Oldenhütten ...5 D13
Oldenkott ...32 J4
Oldenstadt ...24 H15
Oldenswort ...2 C10
Oldentrup ...34 J9
Oldersbek ...3 C11
Oldershausen ...14 F15
Oldersum ...11 G6

Olderup ...3 C11
Oldisleben ...49 M17
Oldorf ...11 F7
Oldsum ...2 B9
Olef ...54 O3
Olef-Stausee ...54 O3
Olewig ...66 Q3
Olfen (Kreis Coesfeld) ...31 K6
Olfen (Odenwaldkreis) ...70 R10
Olk ...66 Q3
Ollarzried ...98 W15
Ollendorf ...49 M17
Ollheim ...43 N4
Ollsen ...13 G14
Olpe ...45 M7
Olpe (Hochsauerlandkreis) ...45 L8
Olpe (Rheinisch-Bergischer Kreis) ...44 M5
Olpenitzdorf ...3 C14
Olsberg ...46 L9
Olsbrücken ...67 R6
Oltmannsfehn ...11 F7
Olvenstedt ...37 J18
Olzheim ...54 P3
Ommersheim ...67 S5
Onolzheim ...79 S14
Onstmettingen ...85 V10
Oos ...54 P3
Opelzoo ...58 P9
Opfenbach ...97 X13
Opferbaum ...71 Q14
Opferdingen ...95 W9
Opfingen ...84 V7
Opladen ...44 M5
Oppach ...65 M27
Oppau ...69 R9
Oppelhain ...52 L24
Oppeln ...12 E10
Oppelsbohm ...79 T12
Oppenau ...84 U8
Oppendorf ...22 I9
Oppenheim ...69 Q9
Oppenwehe ...22 I9
Oppenweiler ...79 T12
Opperhausen (Kreis Northeim) ...35 K13
Oppershausen (Kreis Celle) ...24 I14
Oppershausen (Unstrut-Hainich-Kreis) ...48 M15
Oppershofen ...58 O10
Oppertshofen ...80 T16
Oppin ...50 L20
Oppingen ...87 U13
Oppitz ...65 M27
Oppum ...30 M3
Oppurg ...61 N18
Oranienbaum ...38 K21
Oranienburg ...27 H23
Orbis ...69 Q7
Orbke ...23 H13
Ording ...4 C9
Orenhofen ...54 Q3
Orke ...46 M10
Orla ...61 N18
Orlamünde ...61 N18
Orleshausen ...58 P11
Orlishausen ...49 M17
Ormesheim ...67 S5
Ormont ...54 P3
Ornbau ...80 S15
Orscholz ...66 R3
Orsenhausen ...87 V13
Orsfeld ...54 P3
Orsingen ...95 W10
Orsingen-Nenzingen ...95 W10
Orsoy ...30 L4
Ortenberg (Ortenaukreis) ...84 U7
Ortenberg (Wetteraukreis) ...58 O11
Ortenburg ...91 U23
Orth ...7 C17
Ortmannsdorf ...62 N21
Ortrand ...52 L25
Ortshausen ...36 K14
Ortwig ...41 H27
Osann-Monzel ...68 Q4
Osberghausen ...43 N6
Osburger Hochwald ...66 R4
Oschätzchen ...52 L24
Oschatz ...51 M23
Oschersleben ...37 J17
Oschitz ...62 O19
Osdorf ...5 C14
Osdorf (Hamburg-) ...13 F13
Osloß ...24 I16
Osnabrück ...33 J8
Ossa ...62 M21
Osseck ...74 P19
Ossenbeck ...22 H9
Ossenberg ...30 L3
Ossendorf (Kreis Höxter) ...46 L11
Ossendorf (Kreis Oder-Spree) ...41 J27
Ossenheim ...58 P10
Oßling ...52 L26

Oßmannstedt ...49 M18
Ost-Langenhorn ...2 B10
Ostbense ...11 E6
Ostbevern ...33 J7
Ostbüren ...45 L7
Ostdorf ...85 V10
Oste ...13 G12
Oste-Hamme Kanal ...12 F10
Ostedt ...24 H16
Osteel ...10 F5
Ostelsheim ...77 T10
Osten ...13 E11
Ostenau ...3 C11
Ostendorf (Kreis Cloppenburg) ...21 H7
Ostendorf (Kreis Osterholz) ...12 G10
Ostendorf (Kreis Stade) ...13 F11
Ostendorf (Kreis Steinfurt) ...32 J6
Ostenfeld (Husum) ...3 C11
Ostenfeld (Rendsburg) ...5 D13
Ostenfelde (Kreis Osnabrück) ...33 J8
Ostenfelde (Kreis Warendorf) ...33 K8
Ostenholz ...23 H13
Ostenholzer Moor ...23 H13
Ostenwalde (Kreis Emsland) ...21 H6
Ostenwalde (Kreis Steinfurt) ...33 I6
Oster-Ohrstedt ...3 C11
Osterath ...42 M3
Osterbach ...93 T24
Osterberg (Kreis Neu-Ulm) ...88 V14
Osterberg (Kreis Steinfurt) ...33 J7
Osterbrock ...20 I5
Osterbruch ...12 E10
Osterbuch ...88 U15
Osterburg ...25 H19
Osterburken ...79 R12
Osterby (Kreis Rendsburg-Eckernförde) ...3 C13
Osterby (Kreis Schleswig-Flensburg) ...3 B11
Ostercappeln ...33 J8
Osterdorf ...12 F11
Ostereistedt ...13 G11
Osterems ...10 F4
Osterfeine ...21 H7
Osterfeld ...50 M19
Osterhagen ...48 L15
Osterhausen (Kreis Cloppenburg) ...21 H8
Osterhausen (Kreis Mansfelder Land) ...49 L18
Osterhever ...2 C10
Osterhofen (Kreis Deggendorf) ...92 T23
Osterhofen (Kreis Ravensburg) ...97 W13
Osterholz (Kreis Diepholz) ...22 H10
Osterholz (Bremen-) ...22 G10
Osterholz-Scharmbeck ...12 G10
Osterhorn ...5 E13
Osterlinde ...36 J14
Osterlindern ...21 H7
Ostermarsch (Kreis Aurich) ...10 F5
Ostermarsch (Kreis Nordfriesland) ...2 C11
Ostermoor ...11 G7
Ostermünchen ...100 W20
Ostermunzel ...35 I12
Osterndorf ...12 F10
Osternienburg ...38 K20
Osternohe ...73 R18
Osteroda (Kreis Elbe-Elster) ...51 K23
Osterode (Kreis Halberstadt) ...36 J16
Osterode a. Harz ...36 K14
Osteroden ...21 I7
Osterrade ...5 D12
Osterrönfeld ...5 D13
Ostersander ...11 F6
Ostersee ...99 W17
Ostersode ...12 G10
Osterspai ...55 O6
Osterstedt ...5 D12
Ostertimke ...13 G11
Ostervesede ...13 G12
Osterwaal ...89 U19
Osterwald (Kreis Grafschaft-Bentheim) ...20 I5
Osterwald (Kreis Hameln-Pyrmont) ...35 J12
Osterwald (Kreis Hannover Land) ...35 J12
Osterwald (Kreis Pirmasens) ...45 M9
Osterwald Oberende ...23 I12
Osterwanna ...12 E10
Osterwarngau ...99 W19

Osterweddingen....37 J18
Osterwick....31 J5
Osterwieck....36 K16
Osterwohld....5 D11
Osterwohle....25 H17
Osterzell....98 W16
Osterzhausen....89 U16
Ostfildern....86 T11
Ostfriesische Inseln....10 E4
Ostfriesland....10 F5
Ostgroßefehn....11 F6
Osthausen-Wülfershausen....61 N17
Ostheim (Kreis Haßberge)....72 P15
Ostheim (Kreis Weißenburg-Gunzenhausen)....80 S16
Ostheim (Main-Kinzig-Kreis)....58 P10
Ostheim (Schwalm-Eder-Kreis)....47 M12
Ostheim (Wetteraukreis)....58 O10
Ostheim v. d. Rhön....60 O14
Osthelden....45 N7
Osthofen....69 Q8
Ostingersleben....37 J17
Ostinghausen....45 L8
Ostland....10 F4
Ostönnen....45 L8
Ostpeene....17 F22
Ostrach....97 W12
Ostrach (Fluß)....87 V12
Ostramondra....49 M17
Ostrau (Kreis Döbeln)....51 M23
Ostrau (Saalkreis)....50 L20
Ostrauer Scheibe....65 N26
Osthauderfehn....11 G6
Ostritz....65 M28
Ostro....64 M26
Ostrohe....5 D11
Ostsee-Bäderstraße....14 E16
Oststeinbek....14 F14
Osttünnen....45 L7
Otersen....23 H12
Othfresen....36 J15
Otrang (Römische Villa)....54 P3
Ottacker....98 X15
Ottbergen....36 J14
Ottbergen....35 K11
Ottelmannshausen....60 O15
Ottenau....77 T9
Ottenbach....79 T13
Ottenbüttel....5 E12
Ottendorf (Kreis Mittweida)....63 N22
Ottendorf (Kreis Rendsburg-Eckernförde)....6 C14
Ottendorf (Kreis Sächsische Schweiz)....65 N26
Ottendorf (Kreis Schwäbisch Hall)....79 S13
Ottendorf (Kreis Stade)....13 F12
Ottendorf (Saale-Holzland-Kreis)....62 N19
Ottendorf-Okrilla....64 M25
Ottengrün....75 Q21
Ottenhausen (Kreis Höxter)....34 K11
Ottenhausen (Kreis Sömmerda)....49 M17
Ottenheim....84 U7
Ottenhöfen....84 U8
Ottenhof....73 Q18
Ottenhofen....90 V19
Ottensoos....73 R18
Ottenstein (Kreis Borken)....32 J4
Ottenstein (Kreis Holzminden)....35 K12
Otter....13 G13
Otterbach....76 S8
Otterbach (Stadt)....69 R7
Otterberg (Kaiserslautern)....69 R7
Otterfing....99 W19
Ottering....92 T21
Otterloh....99 W18
Otterndorf....12 E10
Otternhagen....23 I12
Ottersberg....22 G11
Ottersdorf (Kreis Rastatt)....76 T8
Ottersdorf (Kreis Roth)....81 S17
Ottersheim....77 S8
Otterskirchen....91 U23
Ottersleben....37 J18
Otterstadt....78 R9
Otterstedt....12 G11
Ottfingen....45 M8
Otterswang (Kreis Ravensburg)....97 W12
Otterswang (Kreis Sigmaringen)....96 W11
Ottersweier....84 T8
Otterwisch....50 M21
Otting....101 W22
Otting-Weilheim....80 T16

Ottingen....23 H12
Ottlar....46 M10
Ottmannsdorf....62 N19
Ottmaring (Kreis Aichach-Friedberg)....89 V17
Ottmaring (Kreis Deggendorf)....92 T22
Ottmarsbocholt....31 K6
Ottobeuren....98 W14
Ottobrunn....89 V18
Ottorfszell....70 R11
Ottoschwanden....84 V7
Ottowind....60 O16
Ottrau....59 N12
Ottweiler....67 R5
Otzberg....70 Q10
Otze....23 I14
Otzenhausen....66 R4
Otzenrath....42 M3
Our....54 Q2
Ovelgönne (Kreis Celle)....23 I13
Ovelgönne (Kreis Stade)....13 F13
Ovelgönne (Kreis Wesermarsch)....12 F9
Ovelgünne....37 J17
Ovendorf....6 D14
Ovenhausen....35 K11
Ovenstädt....22 I10
Over....14 F14
Overath....43 N5
Overwarfe....12 F9
Owen....87 U12
Owingen (Bodenseekreis)....96 W11
Owingen (Zollernalbkreis)....85 U10
Owschlag....3 C12
Oxstedt....12 E9
Oy....98 X15
Oybin....65 N28
Oyle....22 I11
Oytal....98 X14
Oyten....22 G11
Oythe....22 H8

P

Paar....89 U17
Paaren....39 I22
Paaren i. Glien....27 I22
Paarsch....16 F19
Pabsdorf....38 J19
Pabstorf....37 J16
Packebusch....25 H18
Padberg....46 L10
Padenstedt....5 D13
Paderborn....34 K10
Paderborn-Lippstadt (Flughafen)....46 L9
Padingbüttel....12 E9
Padingbütteler Aldenteich....12 E9
Pähl....99 W17
Päpinghausen....34 J10
Päse....24 I14
Pätow-Steegen....15 F17
Pätten....28 J24
Päwesin....39 I22
Paffendorf....42 N3
Paffrath....43 N5
Pahlen....5 D11
Pahren....62 O19
Paimar....71 R13
Painten....82 T19
Paintener Forst....82 S19
Paitzkofen....92 T22
Palenberg....42 N2
Palingen....6 E16
Palitzsee....28 G22
Palling....101 V21
Palzem....66 R3
Palzing....89 U19
Pampin....16 G19
Pampow (Kreis Ludwigslust)....15 F18
Pampow (Kreis Uecker-Randow)....19 F26
Pamsendorf....82 R20
Pang....100 W20
Panker....8 D15
Pankofen....92 T22
Pankow (Berlin)....40 I24
Pannecke....25 G17
Panorama-Park Sauerland....45 M8
Panrod....57 P8
Panschwitz-Kuckau....64 M26
Pansdorf....6 E16
Pansfelde....49 L17
Pantelitz....9 D22
Panten....14 F15
Papenburg....11 G6
Papenburg Obenende....21 G6

Papendorf (Kreis Bad Doberan)....8 D20
Papendorf (Kreis Uecker-Randow)....19 F25
Papenhagen....9 D22
Papenhorst....24 I14
Papenhusen....7 E17
Papiermühle....68 Q4
Paplitz (Kreis Jerichower Land)....38 J20
Paplitz (Kreis Teltow-Fläming)....39 J24
Pappelau....87 U13
Pappendorf....63 N23
Pappenheim....81 T16
Papproth....53 L26
Paradies....97 X13
Parchau....38 J19
Parchen....38 I20
Parchim....16 F19
Parchtitz....9 C24
Parey (Kreis Havelland)....26 H20
Parey (Kreis Jerichower Land)....38 I19
Paring....90 T20
Parkow....16 E19
Parkstein....75 Q20
Parkstetten....92 T21
Parlow....29 G25
Parlow-Glambeck....29 G25
Parmen-Weggun....17 F24
Parow....9 C23
Parsau....24 I16
Parsberg (Kreis Miesbach)....100 W19
Parsberg (Kreis Neumarkt i. d. Oberpfalz)....81 S19
Parsdorf....90 V19
Parstein....29 H26
Parsteiner See....29 H25
Partenstein....71 P12
Parthe....50 M21
Partenstein....50 M21
Partnachklamm....99 X17
Parum....15 F17
Parumer See....16 E20
Paschwitz....51 L22
Pasenow....17 F24
Pasewalk....19 F25
Pasing....89 V18
Paska....61 O18
Passade....6 C14
Passader See....6 C14
Passau....93 U24
Passee....7 E19
Passow (Kreis Parchim)....16 F20
Passow (Kreis Uckermark)....29 G26
Pastetten....90 V19
Pastin....16 E19
Patersdorf....83 S22
Pattendorf....90 T20
Pattensen (Kreis Hannover)....35 J13
Pattensen (Kreis Harburg)....14 G14
Patzetz....38 K19
Patzig....9 C24
Paulinenaue....27 H22
Paulinzella....61 N17
Paulsdorf....82 R19
Paulushofen....81 S18
Pauluszell....90 U20
Paunzhausen....89 U18
Pausa....62 O20
Pausin....27 I23
Paußnitz....51 L23
Pavenstädt....34 K9
Pech....56 O5
Pechau....37 J19
Pechbrunn....75 Q20
Peckatel....17 F23
Peckeloh....33 J8
Peckelsheim....46 L11
Peckensen....24 H16
Peckfitz....25 I17
Peddenberg....31 K4
Peene....17 E23
Peene-Südkanal....17 E24
Peenemünde....19 D25
Peenestrom....19 D25
Peetsch....28 G22
Peetzsee....40 I25
Peffingen....54 Q3
Pegau....50 M20
Pegestorf....35 K12
Pegnitz....73 Q18
Pegnitz (Fluß)....73 Q18
Peheim....21 H7
Pehritzsch....50 L21
Peickwitz....52 L25
Peine....36 J14
Peissen....5 D12
Peißen (Kreis Bernburg)....37 K19
Peißen (Saalkreis)....50 L20
Peißenberg....99 W17
Peiting....98 W16
Peitz....53 K27
Pelchenhofen....81 S18
Pelham....100 W21
Pelkum....45 L7
Pellingen....66 Q4
Pellworm....2 C9
Pellworm (Insel)....2 C9
Pelm....54 P4
Pelsin....19 E25
Pelzerhaken....6 D16
Pemfling....83 S21
Penig....63 N22
Penkefitz....15 G17
Penkow....16 F21
Penkun....29 G26
Pennewitt....15 E19
Pennewitz....61 O17
Pennigbüttel....12 G10
Pennigsehl....22 I11
Penting....82 S21
Pentling....82 T20
Penzberg....99 W18
Penzin....16 E19
Penzing....88 V16
Penzlin (Kreis Müritz)....17 F23
Penzlin (Kreis Parchim)....16 F20
Peppenhoven....56 O4
Peppenkum....67 S5
Perach....91 V22
Perasdorf....92 T22
Percha....99 W18
Perchting....89 V17
Perdöhl....15 F17
Perdöl....6 D14
Peritz....52 L24
Perkam....92 T21
Perl....66 R3
Perleberg....15 G19
Perlesreut....93 T24
Perlin....15 F17
Perouse....77 T10
Perscheid....69 P7
Persen....82 R20
Pertolzhofen....82 R21
Perwenitz....27 I23
Pesch....54 O4
Pessin....26 I21
Pestenacker....88 V16
Pesterwitz (Dresden)....64 M24
Pestrup....22 H9
Petern....99 X18
Petersau....69 R9
Petersberg (Kreis Fulda)....59 O13
Petersberg (Kreis Hersfeld-Rotenburg)....59 N13
Petersberg (Kreis Neustadt a. d. A.-Bad W.)....80 R15
Petersberg (Saalkreis)....50 L20
Petersbuch....81 T17
Petersdorf (Kreis Aichach-Friedberg)....89 U18
Petersdorf (Kreis Cloppenburg)....21 G8
Petersdorf (Kreis Mecklenburg-Strelitz)....17 F24
Petersdorf (Kreis Nordhausen)....48 L16
Petersdorf (Kreis Rostock)....8 D20
Petersdorf a. Fehmarn....7 C17
Petersdorf b. Frankfurt (Oder)....41 I27
Petersdorf b. Fürstenwalde....41 J26
Petersfehn....11 G8
Petersfeld (Kreis Ammerland)....11 G8
Petersfeld (Kreis Cloppenburg)....21 H7
Petershagen....29 G26
Petershagen....34 I10
Petershagen (b. Frankfurt)....41 I27
Petershagen (b. Strausberg)....40 I25
Petershain....53 M28
Petershausen....89 U18
Peterskirchen....100 V21
Peterskopf....69 R8
Petersroda....50 L21
Petersthal....98 X15
Peterswald-Löffelscheid....55 P5
Peterswörth....88 U15
Peterzell (Kreis Freudenstadt)....85 V9
Peterzell (Schwarzwald-Baar-Kreis)....85 V9
Petkum....10 F5
Petkus....52 K24
Pettendorf....82 S20

Pettenhofen....81 R18
Pettersheim....67 R6
Petterweil....58 P10
Petting....101 W22
Pettstadt....72 Q16
Pettstädt....50 M19
Peukendorf....48 M15
Peulingen....25 I19
Peutenhausen....89 U17
Pevestorf....25 G18
Pewsum....10 F5
Pfaben....75 Q20
Pfäfflingen....80 T15
Pfaffenberg....70 Q11
Pfaffenberg (Dorf)....90 T20
Pfaffenberg....90 U19
Pfaffendorf (Kreis Köthen)....50 K19
Pfaffendorf (Kreis Oder-Spree)....41 J26
Pfaffenhausen....88 V15
Pfaffenhausen (Main-Kinzig-Kreis)....71 P12
Pfaffenhausen (Schwalm-Eder-Kreis)....47 M11
Pfaffenheck....55 P6
Pfaffenhofen (Kreis Amberg-Sulzbach)....81 R18
Pfaffenhofen (Kreis Heilbronn)....77 S10
Pfaffenhofen (Kreis Neustadt a. d. A.-Bad W.)....72 R14
Pfaffenhofen (Kreis Roth)....81 S17
Pfaffenhofen a. d. Glonn....89 V17
Pfaffenhofen a. d. Ilm....89 U18
Pfaffenhofen a. d. Roth....88 U14
Pfaffenhofen a. d. Zusam....88 U16
Pfaffenreuth....75 Q20
Pfaffenrot....77 T9
Pfaffenweiler (Kreis Breisgau-Hochschwarzwald)....94 W7
Pfaffenweiler (Schwarzwald-Baar-Kreis)....85 V9
Pfaffenwiesbach....58 P9
Pfaffing....100 V20
Pfaffroda....64 N24
Pfahlbronn....79 T13
Pfahldorf....81 T18
Pfahlhausen....12 G9
Pfahlheim....80 T14
Pfakofen....82 T20
Pfalz....57 P7
Pfalzdorf....11 F6
Pfalzdorf (Kreis Kleve)....30 K2
Pfalzfeld....55 P6
Pfalzheim....28 G22
Pfalzgrafenweiler....85 U9
Pfarrkirchen....91 U22
Pfarrweisach....72 P16
Pfatter....82 T21
Pfaumheim....70 Q11
Pfeddersheim....69 R8
Pfeffelbach....67 R5
Pfeffenhausen....90 U19
Pfeffingen....85 V10
Pfelling....92 T22
Pferdingsleben....48 N16
Pferdsdorf....59 N13
Pferdsdorf-Spichra....48 M14
Pferdsfeld....68 Q6
Pferdskopf....58 P9
Pfieffe....47 M13
Pfiffelbach....49 M18
Pfingstweid....97 W12
Pfinz....77 S9
Pfinztal....77 T9
Pfitzingen....79 R13
Pflochsbach....71 Q12
Pflückuff....51 L23
Pflummern....87 V12
Pförring....81 T19
Pfofeld....80 S16
Pfohren....95 W9
Pfordt....58 O12
Pforzen....98 W15
Pforzheim....77 T10
Pfraundorf....82 S18
Pfreimd....82 R20
Pfreimd (Fluß)....82 R21
Pfrentsch....75 R21
Pfrimm....69 R8
Pfronstetten....87 V12
Pfronten....98 X15
Pfrungen....96 W11
Pfünz....81 T17
Pfuhl....87 U14
Pfullendorf....96 W11
Pfullingen....87 U11
Pfungstadt....70 Q9
Phantasialand (Brühl)....43 N4
Philadelphia....40 J25

Philippsburg....77 S9
Philippsreut....93 T25
Philippsthal....59 N14
Philippsweiler....54 P3
Phöben....39 I22
Piding....101 W22
Piegendorf....90 T20
Pielenhofen....82 S19
Pier....42 N3
Piesau....61 O17
Pieskow....41 J26
Piesport....68 Q5
Piesteritz....38 K21
Pietenfeld....81 T17
Piethen....50 K19
Pietling....101 V22
Pietzing....100 W20
Pietzpuhl....38 J19
Pilgerzell....59 O13
Pilgramsberg....83 S21
Pilgramsreuth....74 P20
Pillgram....41 J27
Pillig....55 P5
Pillmersried....82 R21
Pillnitz (Dresden)....64 M25
Pilmersreuth a. d. Straße....75 Q20
Pilmersreuth a. Wald....75 Q21
Pilsach....81 S18
Pilsensee....89 V17
Pilsting....92 T21
Pilsum....10 F5
Pingelshagen....15 E18
Pingsheim....42 N4
Pinnau....13 E13
Pinneberg....13 F13
Pinnow (b. Haßleben)....29 G25
Pinnow (b. Malchin)....17 E22
Pinnow (b. Neu-Brandenburg)....17 F23
Pinnow (Kreis Ostvorpommern)....19 E25
Pinnow (Kreis Parchim)....15 F18
Pinnow (Kreis Spree-Neiße)....53 K27
Pinnow b. Angermünde....29 G26
Pinnower See....15 F18
Pipinsried....89 U17
Pirach....91 V22
Pirk....82 R20
Pirkach....72 R16
Pirken....90 U20
Pirkensee....82 S20
Pirmasens....76 S6
Pirna....64 N25
Pirow....15 G19
Piskowitz....64 M26
Pitschen-Pickel....52 K24
Pittenhart....100 W21
Pittersberg....82 R20
Pitzling (Kreis Cham)....83 S21
Pitzling (Kreis Dingolfing-Landau)....91 U22
Pivitsheide....34 K10
Pixel....33 K8
Plaaz....16 E21
Plänitz-Leddin....26 H21
Plaggenburg....11 F6
Plaidt....56 O6
Plane....38 J21
Planegg....89 V18
Planitz-Deila....64 M24
Plankenfels....73 Q18
Plankstadt....78 R9
Plantlünne....21 I6
Plate....15 F18
Platendorf....24 I15
Plath....17 F24
Platkow....41 I26
Platte....75 Q20
Platte Heide....45 L7
Platten....68 Q4
Plattenhardt....86 U11
Plattling....92 T22
Platz....71 P13
Platzer Kuppe....71 P13
Plau a. See....16 F20
Plaue (Ilm-Kreis)....60 N16
Plaue (Kreis Brandenburg)....38 I21
Plauen....62 O20
Plauer See....38 I21
Plauerhagen....16 F20
Plaußig (Leipzig)....50 L21
Plech....73 R18
Pleidelsheim....78 T11
Plein....55 P4
Pleinfeld....80 S16
Pleinting....91 U23
Pleiskirchen....91 V21
Pleiße....63 N22
Pleiße....50 M21
Pleizenhausen....55 P6
Plennin....8 D21
Pleß (Kreis Schmalkalden-Meiningen)....60 N14

POTSDAM

Alleestr.	BX
Alter Markt	BY
Am Alten Markt	BY 6
Am Kanal	BY
Am Neuen Garten	BX
Am Neuen Markt	BY
Am Schragen	BX 7
Auf dem Kiewitt	AY
Babelsberger Str.	BCY
Bassinpl.	BX
Behlerstr.	BCX
Benkertstr.	BX 15
Berliner Str.	BCX
Bornstedter Str.	AX 18
Brandenburger Str.	ABX
Brauhausberg	BY 19
Breite Str.	ABY
Charlottenstr.	ABXY
Dortustr.	AXY
Ebräerstr.	BY 21
Feuerbachstr.	AY
Französische Str.	BY 25
Friedrich-Ebert-Str.	BXY
Friedrich-Engels-Str.	BCY
Geschwister-Scholl-Str.	AY 26
Gregor-Mendel-Str.	AX
Gutenbergstr.	ABX
Hans-Thoma-Str.	BX
Hebbelstr.	BX
Hegelallee	ABX
Heinrich-Mann-Allee	BY
Helene-Lange-Str.	BX
Hermann-Elflein-Str.	AX 31
Humboldtbrücke	CX
Humboldtring	CY
Jägerallee	AX
Jägerstr.	BX
Kiezstr.	AY
Kurfürstenstr.	BX
Lange Brücke	BY
Leiblstr.	BX
Leipziger Str.	BY
Lennéstr.	AY
Lindenstr.	AXY
Luisenpl.	AY 42
Mangerstr.	CX
Mittelstr.	BX
Mühlenbergweg	AX 48
Nuthestr.	CY 51
Pappelallee	AX
Platz der Einheit	BY 54
Reiterweg	BX
Ruinenbergstr.	AX
Schillerpl.	AY
Schloßstr.	BY 60
Schopenhauerstr.	AXY
Siefertstr.	BY 64
Voltaireweg	AX
Weinbergstr.	AX
Wilhelm-Staab-Str.	BY 67
Yorckstr.	BY
Zeppelinstr.	AY

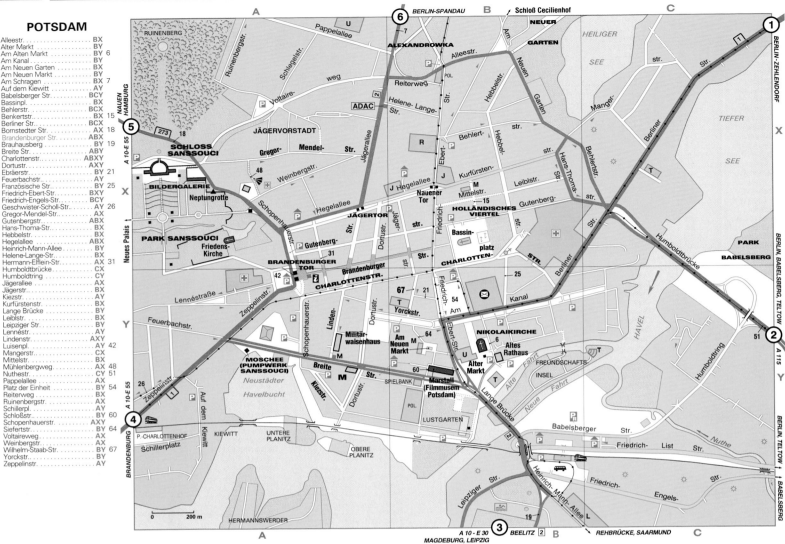

Pleß (Kreis Unterallgäu)	88	V14	Pölich	68	Q4	Polenz (Bach)	64	M26	Poppenlauer	60	P14
Plessa	52	L24	Pölitz (Kreis Güstrow)	16	E21	Poley	50	K19	Poppenreuth	75	Q20
Plessenburg	47	L13	Pölitz (Kreis Stormarn)	14	E15	Polkenberg	51	M22	Poppenreuth b. Tirschenreuth	75	Q21
Plessow	39	I22	Pölling	81	S18	Poll (Köln)	42	N4	Poppenricht	82	R19
Plettenberg	45	M7	Pöllwitz	62	O20	Pollanten	81	S18	Poppitz	51	M23
Pleystein	75	R21	Pölsfeld	49	L18	Polle	35	K12	Poratz	29	G25
Pliening	90	V19	Pölsen	49	L18	Polleben	49	L18	Porep	16	G20
Plieningen	86	T11	Poelvennsee	30	L2	Pollenfeld	81	T17	Poritz	25	I18
Pliezhausen	86	U11	Pölzig	62	N20	Pollhagen	35	I11	Pratjau	6	D15
Plittersdorf	76	T8	Pömbsen	34	K11	Pollhöfen	24	I15	Prausitz	51	M23
Plochingen	87	T12	Pömmelte	38	K19	Polling (Kreis Mühldorf a. Inn)	90	V21	Prebberede	16	E21
Plön	6	D15	Pönitz	25	H18	Polling (Kreis Weilheim-Schongau)	99	W17	Prebitz	74	Q19
Plönjeshausen	13	F11	Pönning	92	T21				Preddöhl	26	G20
Plößberg	75	Q20	Pöring	90	V19	Pollitz	25	H18	Predigtstuhl	101	W22
Plötz (Kreis Demmin)	17	E23	Pörnbach	89	U18	Polsingen	80	T16	Preetz (Kreis Nordvorpommern)	9	C22
Plötz (Saalkreis)	50	L19	Pösing	82	S21	Polßen	29	G25	Preetz (Kreis Plön)	6	D14
Plötzin	39	I22	Pößneck	61	N18	Polsum	31	L5	Prehnsfelde	6	D13
Plötzkau	37	K19	Pötenitz	6	E16	Polte	38	I19	Preilack	53	K27
Plötzky	37	J19	Pötenitzer Wiek	6	E16	Polz	25	G18	Preischeid	54	P2
Plöwen	21	F26	Pötmes	89	U17	Polzen	51	K23	Preißach	74	Q19
Plohn	62	O21	Pötzschau	50	M21	Polzow	19	F26	Preith	81	T17
Plossig	51	K22	Pogeez	14	E16	Pomellen	29	F27	Prem	98	W16
Plothen	61	O19	Poggelow	16	E21	Pommelsbrunn	81	R18	Premich	59	P14
Plüderhausen	79	T12	Poggendorf	9	D23	Pommerby	3	B13	Premnitz	26	I20
Plüschow	15	E17	Poggenhagen	23	I12	Pommern	55	P5	Premslin	15	G19
Plütscheid	54	P3	Poggenort	21	I6	Pommersche Bucht	19	D26	Prenden	27	H24
Pluwig	66	Q4	Poggensee	14	F15	Pommersfelden	72	Q16	Prenzlau	29	G25
Pobenhausen	89	U18	Pogum	10	G5	Pommertsweiler	79	T13	Prerow	8	C21
Pobershau	63	O23	Pohl-Göns	58	O9	Pommoissel	14	G16	Presberg	69	P7
Pobzig	38	K19	Pohle	35	J12	Pomßen	50	M21	Preschen	53	L27
Pockau	63	N23	Pohlheim	58	O10	Pondorf (Kreis Eichstätt)	81	T18	Pressath	74	Q19
Pocking	91	U23	Pohlitz	41	J27	Pondorf (Kreis Straubing-Bogen)	92	T21	Presseck	61	P18
Podelwitz (Kreis Altenburger Land)	62	N21	Pohnsdorf (Kreis Ostholstein)	6	E15				Pressel	51	L22
Podelwitz (Kreis Leipziger Land)	50	L21	Pohnsdorf (Kreis Plön)	6	D14	Ponickau	52	L25	Pressen	61	L21
Podelzig	41	I27	Poign	82	T20	Ponitz	62	N21	Pressig	60	O17
Podrosche	53	L28	Poing	90	V19	Pont	30	L2	Preßnitz	63	O23
Pöcking	99	W17	Poitzen	24	H14	Poppberg	81	R18	Preten	14	G16
Pödeldorf	73	Q16	Pokrent	15	F17	Poppeltal	85	U9	Pretschen	40	J25
Pödinghausen	34	J9	Polch	55	P5	Poppenbüll	2	C10	Prettin	51	L22
Pöhl	62	O20	Polchow (Kreis Güstrow)	16	E21	Poppendorf	8	D20	Pretzfeld	73	Q17
Pöhl (Stausee)	62	O20	Polchow (Kreis Rügen)	9	C24	Poppenhausen (Kreis Hildburghausen)	60	P16	Pretzien	38	J19
Pöhla	63	O22	Polenz (Kreis Sächsische Schweiz)	64	M26	Poppenhausen (Kreis Schweinfurt)	72	P14	Pretzsch	50	M19
Pöhlde	48	L14							Pretzsch (Elbe)	51	K22
Pöhls	6	E15	Polenz (Muldentalkreis)	50	M21	Poyenberg	5	D13	Pretzschendorf	64	N24
Poel (Insel)	7	D18				Pracht	43	N6	Preunschen	70	R11
Pölchow	8	D20				Prackenbach	83	S22	Preußisch Oldendorf	34	J9
									Preußisch Ströhen	22	I9

Prächting	73	P16	Preußlitz	37	K19
Präg	94	W7	Prevorst	79	S12
Praest	30	K3	Prex	75	P20
Prag	93	T24	Prezelle	25	H18
Pragsdorf	17	F24	Priborn	16	G21
Prappach	72	P15	Prichsenstadt	72	Q15
Prasdorf	6	C14	Priegendorf	72	P16
Pratau	38	K21	Prien	100	W21
Pratjau	6	D15	Prienbach	91	V23
Prausitz	51	M23	Priener Hütte	100	W20
Prebberede	16	E21	Priepert	28	G23
Prebitz	74	Q19	Prieros	40	J25
Preddöhl	26	G20	Prieschka	52	L24
Predigtstuhl	101	W22	Priesitz	51	K22
Preetz (Kreis Nordvorpommern)	9	C22	Prießen	52	L24
Preetz (Kreis Plön)	6	D14	Prießnitz (Burgenlandkreis)	49	M19
Prehnsfelde	6	D13	Prießnitz (Kreis Leipziger Land)	50	M21
Preilack	53	K27			
Preischeid	54	P2	Priestewitz	64	M24
Preißach	74	Q19	Prietitz	64	M26
Preith	81	T17	Prietzen	26	H20
Prem	98	W16	Prignitz	15	G19
Premich	59	P14	Prillwitz	17	F23
Premnitz	26	I20	Prims	66	R4
Premslin	15	G19	Primstal	67	R4
Prenden	27	H24	Prinz-Luitpold-Haus	98	X15
Prenzlau	29	G25	Prinzbach (Biberach i. Kinzigtal)	84	V8
Prerow	8	C21	Prinzenmoor	5	D12
Presberg	69	P7	Prinzhöfte	22	H9
Preschen	53	L27	Priori	45	M6
Pressath	74	Q19	Priort	27	I22
Presseck	61	P18	Pripsleben	17	E23
Pressel	51	L22	Prisannewitz	8	D20
Pressen	61	L21	Prischwitz	65	M26
Pressig	60	O17	Prisdorf	13	E13
Preßnitz	63	O23	Prislich	15	G18
Preten	14	G16	Prisser	25	G17
Pretschen	40	J25	Prittitz	50	M19
Prettin	51	L22	Prittriching	88	V16
Pretzfeld	73	Q17	Pritzen	52	L26
Pretzien	38	J19	Pritzenow	17	E24
Pretzsch	50	M19	Pritzerbe	26	I21
Pretzsch (Elbe)	51	K22	Pritzier	15	F17
Pretzschendorf	64	N24	Pritzwalk	26	G20
Preunschen	70	R11	Pritzwalk	26	G20
Preußisch Oldendorf	34	J9	Priwall	6	E16
Preußisch Ströhen	22	I9	Probbach	57	O8

Probst Jesar 15 G17
Probstei 6 C14
Probsteierhagen 6 C14
Probstried 98 W14
Probstzella 61 O18
Prödel 38 J19
Pröller 83 S22
Prölsdorf 72 Q15
Prönsdorf 81 S18
Prösen 52 L24
Pröttlin 15 G18
Prötzel 41 I25
Prövenholz 46 L9
Profen 50 M20
Prohn 9 C23
Prohner Wiek 9 C23
Proitze 24 H16
Promnitztal 64 M25
Promoisel 24 C24
Pronsfeld 54 P3
Pronstorf 6 E15
Prora 9 C24
Prorer Wiek 9 C24
Proschim 52 L26
Proseken 7 E18
Prosigk 50 K20
Prosselsheim 72 Q14
Proßmarke 51 K24
Protzen 27 H22
Provinzialmoor 20 H5
Pruchten 8 C22
Prüfening 82 S20
Prühl 72 Q15
Prüm 54 P3
Prüm (Fluß) 54 P3
Prützen 17 E23
Prützke 38 I21
Prüzen 16 E20
Prunn 81 T19
Prutting 100 W20
Puchheim 89 V18
Puchhof 92 T21
Pudagla 19 E26
Puderbach (Kreis
    Neuwied) 56 O6
Puderbach (Kreis Siegen-
    Wittgenstein).........46 N9
Püchau 50 L21
Püchersreuth 75 Q20
Pülfringen 71 R12
Pülsen 6 D15
Pülzig 38 K21
Pünderich 55 P5
Pürgen 88 V16
Pürten 90 V21
Püsselbüren 33 J6
Püttelkow 15 F17
Püttlingen 66 S4
Pulheim 44 M4
Pullach 89 V18
Pullenreuth 74 Q19
Pullenried 82 R21
Pulling 89 U19
Pulow 19 E25
Puls 5 D12
Pulsen 52 L24
Pulsnitz 64 M26
Pulsnitz (Bach) 64 M25
Pulspforde 38 K20
Pulvermaar 55 P4
Purnitz 25 H17
Purschwitz 65 M27
Purtscheller Haus 101 X23
Purzien 51 K23
Puschendorf 72 R16
Puschwitz 65 M26
Pustow 9 D23
Putbus 9 C24
Putensen 14 G14
Putgarten 9 B24
Putlitz 16 G20
Puttgarden 7 C17
Putzar 19 E24
Putzbrunn 89 V19
Putzkau 65 M26
Pye 33 J8
Pyras 81 S17
Pyrbaum 81 S17

Q

Quadenschönfeld 17 F24
Quadrath Ichendorf 42 N4
Quakenbrück 21 H7
Qualburg 30 K2
Qualitz 15 E19
Quappendorf 41 I26
Quarmbeck 37 K17
Quarnbek 5 D13
Quarnebeck 25 I17
Quarnstedt 5 E13
Quarrendorf 13 G14
Quassel 15 F17
Quatitz 65 M27
Queck 59 N12
Queckborn 58 O10
Quedlinburg 37 K17

Queich 77 S8
Queidersbach 67 R6
Queienfeld 60 O15
Queis 50 L20
Quelkhorn 12 G11
Quelle 34 K9
Quellendorf 50 K20
Quenhorn 33 K8
Quenstedt 37 K18
Querenbach 75 Q21
Querenhorst 37 I16
Querfurt 49 L18
Quern 3 B13
Quernheim 22 I9
Quernheim 34 J9
Quersa-Brockwitz 64 M24
Querstedt 25 I18
Querum 36 J15
Quesitz 50 M20
Questenberg 49 L17
Quetzdölsdorf 50 L20
Quickborn (Kreis
    Dithmarschen)........5 D11
Quickborn (Kreis Lüchow-
    Dannenberg)..........25 G17
Quickborn (Kreis
    Pinneberg) 13 E13
Quierschied 67 S5
Quillow 19 F25
Quint 66 Q4
Quirla 61 N19
Quitzdorf (Talsperre) 65 M28
Quitzdorf am See 65 M28
Quitzerow 17 E23
Quitzöbel 26 H19
Quitzow 25 G19
Quotshausen 58 N9

R

Rabber 34 J9
Rabel 3 B13
Raben 38 J21
Raben-Steinfeld 15 F18
Rabenau 64 N24
Rabenau 58 N10
Rabenholz 3 B13
Rabenkirchen-Faulück 3 C13
Rabenscheid 57 N8
Rabenstein 63 N22
Rabenstein 83 S23
Raboldshausen 59 N12
Rachlau 65 M27
Rackith 39 K22
Rackwitz 50 L21
Radbruch 14 G14
Raddestorf 22 I10
Raddusch 52 K26
Rade 51 K22
Rade (Kreis Gifhorn) 24 H16
Rade (Kreis Harburg) 13 F13
Rade (Kreis Osterholz) ...12 G9
Rade (Kreis Steinburg) ...5 D13
Rade b. Rendsburg 5 D13
Radeberg 64 M25
Radebeul (Dresden) 64 M24
Radeburg 64 M25
Radefeld 50 L20
Radegast (Fluß) 15 E17
Radegast (Kreis
    Bad Doberan) 7 E19
Radegast (Kreis
    Köthen)..............50 L20
Radegast (Kreis
    Lüneburg) 14 F16
Radekow 29 G27
Radeland 39 J24
Rademin 25 H18
Radenbeck (Kreis
    Gifhorn).............24 I16
Radenbeck (Kreis
    Lüneburg) 14 G15
Radensdorf 52 K25
Radensleben 27 H22
Raderhorst 34 I11
Radevormwald 44 M6
Radewege 38 I21
Radheim 70 Q11
Radibor 65 M27
Radis 50 K21
Radisleben 37 K17
Radldorf 92 T21
Radling 82 S21
Radlinghausen 46 L10
Radmühl 59 O12
Radolfzell 95 W10
Raduhn 15 F19
Räbel 26 H20
Räber 24 H15
Räbke 36 J16
Räckelwitz 65 M26
Rädel 39 J24
Räderloh 24 H15
Rädigke 38 J21
Rägelin 26 G21
Ränkam 83 S22

Räpitz 50 M20
Raesfeld 31 K4
Raestrup 33 K7
Rätzlingen (Kreis
    Uelzen)..............24 H16
Rätzlingen (Ohrekreis) ...25 I17
Rätzsee 28 G22
Ragewitz 51 M22
Ragösen (Kreis
    Anhalt-Zerbst).......38 K20
Ragösen (Kreis Potsdam-
    Mittelmark)..........38 J21
Ragow (Kreis
    Dahme-Spreewald).....39 J24
Ragow (Kreis Oberspreewald-
    Lausitz).............52 K25
Ragow (Kreis
    Oder-Spree) 41 J26
Raguhn 50 K20
Rahden 22 I9
Rahlstedt 14 F14
Rahm 30 L3
Rahm (Duisburg-) 31 L4
Rahnsdorf 51 K23
Rahnsdorf 39 K22
Rahrbach 45 M7
Rahrdum 11 F7
Rai-Breitenbach 70 Q11
Raibach 70 Q10
Raichberg 85 V10
Raigering 82 R19
Rain 92 T21
Rain a. Lech 88 T16
Rainau 80 T14
Rainding 91 U23
Rainrod 58 O11
Raisdorf 6 D14
Raisting 99 W17
Raiten 100 W21
Raitenbuch (Kreis
    Neumarkt i. d.
    Oberpfalz)...........82 S19
Raitenbuch (Kreis Weißenburg-
    Gunzenhausen)........81 S17
Raitenhaslach 91 V22
Raithaslach 95 W10
Rajen 11 G6
Rakow (Kreis
    Bad Doberan) 7 D18
Rakow (Kreis
    Nordvorpommern)......9 D23
Ralbitz-Rosenthal 64 M26
Ralingen 66 Q3
Ralswiek 9 C24
Rambach 48 M14
Ramberg 37 K17
Ramberg 76 S8
Rambin 9 C23
Ramelow 17 E24
Ramelsloh 13 F14
Ramerberg 100 V20
Ramersbach 56 O5
Ramhorst 35 I14
Ramhusen 4 E11
Ramin 29 F26
Ramitz 9 C24
Ramme 13 G12
Rammelburg 49 L17
Rammelsbach 67 R6
Rammenau 64 M26
Rammersweier 84 U7
Rammert 85 U10
Rammingen (Alb-
    Donau-Kreis).........88 U14
Rammingen (Kreis
    Unterallgäu) 88 V15
Rampe 15 E18
Ramsach 89 V16
Ramsau 90 V20
Ramsau
    b. Berchtesgaden.....101 X22
Ramsbeck 46 M9
Ramsberg 83 S16
Ramsdorf 50 M21
Ramsdorf 31 K4
Ramsel 24 I6
Ramsen 69 R8
Ramsenthal 74 P18
Ramsla 49 M17
Ramsloh 11 G7
Ramspau 82 S20
Ramsried 83 S22
Ramstedt 3 C11
Ramstein-Miesenbach 67 R6
Ramsthal 71 P14
Randau 37 J19
Randegg 95 W10
Randenweiler 79 S14
Randerath 42 M4
Randersacker 71 Q13
Randow 19 F26
Randowbruch 29 G26
Ranfels 93 T23
Rangendingen 85 U10
Rangsdorf 39 J24
Ranies 38 J19
Ranis 61 O18
Rankendorf 7 E17
Rankwitz 19 E25

Ranna 73 R18
Ranna (Bach) 93 U25
Rannenberg 35 J11
Rannstedt 49 M18
Rannungen 72 P14
Ranoldsberg 90 V21
Ransbach 59 N13
Ransbach-Baumbach 57 O7
Ranschgraben 78 R9
Ransel 69 P7
Ranspach 62 O19
Ranstadt 58 O10
Ransweiler 69 R7
Rantrum 3 C11
Rantum 2 B8
Rantumbecken 2 B8
Ranzel 43 N5
Ranzig 41 J26
Ranzin 17 E24
Rappbodestausee 36 K16
Rappelsdorf 60 O16
Rappenseehütte 98 Y14
Rapperath 56 O4
Rappershausen 60 O15
Rapperszell 81 T17
Rappin 9 C24
Rappoltengrün 61 O18
Rappoltweiler 66 R4
Rapshagen 26 G20
Rasch 81 R18
Raschau 63 O22
Rascheid 68 Q4
Rasdorf 59 N13
Raßberg 93 T24
Raßnitz 50 L20
Rassower Strom 9 C23
Rast 96 W11
Rastatt 76 T8
Rastdorf 21 H7
Rastede 11 G8
Rastenberg 49 M18
Rastorferpassau 6 D15
Rastow 15 F18
Ratekau 6 E16
Raten 42 M3
Rath (Köln-) 43 N5
Rath-Anhoven 42 M3
Rathebur 19 E25
Ratheim 42 M2
Rathen 64 N26
Rathendorf 63 M22
Rathenow 26 I21
Rathewalde 64 N26
Rathjensdorf 6 D15
Rathlosen 22 H10
Rathmannsdorf (Kreis
    Aschersleben-
    Staßfurt)............37 K18
Rathmannsdorf (Kreis
    Sächsische Schweiz)..64 N26
Rathmecke 45 M6
Rathsmannsdorf 91 U23
Rathstock 41 I27
Ratingen 44 M4
Ratscher 60 O16
Ratshausen 85 V10
Rattelsdorf 72 P16
Rattenberg 83 S22
Rattenkirchen 90 V20
Rattey 17 F24
Rattiszell 83 S21
Ratzbek 14 E15
Ratzdorf 41 J28
Ratzeburg 14 E16
Ratzeburger See 14 E16
Ratzel 20 I4
Ratzenhofen 90 T19
Ratzenried 97 W13
Raubach (Kreis
    Neuwied).............57 O6
Raubach
    (Odenwaldkreis) 70 R10
Raubling 100 W20
Rauchenberg 99 X18
Rauda 62 N19
Rauen 41 J26
Rauenberg (Main-
    Tauber-Kreis)........71 Q12
Rauenberg (Rhein-
    Neckar-Kreis)........77 S10
Rauenstein 60 O17
Rauenthal 70 P11
Rauenzell 80 S15
Rauhe Ebrach 72 Q16
Rauhenebrach 72 Q15
Rauher Kulm 74 Q19
Rauhkasten 84 U7
Rauischholzhausen 58 N10
Raum 63 O22
Raumland 58 M9
Raumünzach 85 U9
Raun 62 O19
Rauschberg 101 W22
Rauschenberg 58 N10
Rauschwitz (Saale-
    Holzland-Kreis)......62 N19
Rauschwitz
    (Westlausitzkreis)...64 M26
Rausdorf 14 F14

Raußlitz 51 M23
Rautberg-Kopf 99 X18
Rautheim 36 J15
Raven 14 G14
Ravengiersburg 57 P6
Ravenhorst 8 D22
Ravensberg 15 E19
Ravensberg 48 L15
Ravensbrück 28 G23
Ravensburg 97 W12
Ravensweiler 79 R12
Raversbeuren 68 Q5
Ravolzhausen 58 P10
Rayen 30 L3
Rebberlah 24 H14
Rebelow 17 E24
Rebenstorf 25 H17
Rebesgrün 62 O21
Reblin 45 M7
Rech 56 O5
Rechberg 79 T13
Rechberghausen 79 T13
Rechelkopf 99 W18
Rechenberg 80 S14
Rechenberg-
    Bienenmühle 64 N24
Rechertsried 83 S22
Rechlin 16 F22
Rechtenbach (Kreis Main-
    Spessart)............71 Q12
Rechtenbach (Lahn-
    Dill-Kreis)..........58 O9
Rechtenfleth 12 F9
Rechtenstein 87 U12
Rechterfeld 22 H9
Rechtmehring 90 V20
Rechtsupweg 10 F5
Recke 21 I7
Reckendorf 72 P16
Reckenfeld 33 J6
Reckenneusig 72 P16
Reckenroth 57 P8
Reckenzin 15 G19
Reckerode 59 N12
Recklinghausen 31 L5
Reckum 22 H9
Recknitz 16 E20
Recknitz (Fluß) 8 D21
Reckum 22 H9
Reddeber 36 K16
Reddelich 8 D19
Reddern 52 K26
Reddighausen 46 M9
Reddingen 23 H14
Redefin 15 F17
Redekin 38 I20
Redemoißel 24 G16
Rederank 8 D19
Rederstall 5 D11
Reding 93 U24
Redlin 16 F20
Rednitz 73 R17
Rednitzhembach 81 S17
Redwitz 73 P17
Reede Borkum 10 F4
Reelkirchen 34 K11
Reelsen 34 K11
Reepsholt 11 F7
Rees 30 K3
Reesdorf (Kreis
    Jerichower Land).....38 J20
Reesdorf (Kreis Potsdam-
    Mittelmark)..........39 J22
Reesen 38 J19
Reeßum 13 G11
Reetz 54 O4
Reetz (Kreis Potsdam-
    Mittelmark)..........38 J21
Reetz (Kreis Prignitz) ..15 G19
Referinghausen 46 M10
Refrath 43 N5
Regelsbach 81 R16
Regen 92 T23
Regen (Fluß) 83 S22
Regenhütte 83 S23
Regensburg 82 S20
Regenstauf 82 S20
Regenstein 36 K16
Regesbostel 13 F12
Regglisweiler 87 V14
Regis-Breitingen 50 M21
Regnitz 72 R16
Regnitzlosau 75 P20
Rehagen 39 J24
Rehau 75 P20
Rehbach 58 M20
Rehberg 26 H20
Rehberg 75 Q10
Rehbeck 25 G17
Rehberg 26 H20
Rehberger Berge 26 H20
Rehborn 69 Q7
Rehbrücke 40 I23
Rehburg-Loccum 23 I11
Rehburger Berge 23 I11
Rehden 22 I9
Rehe 58 O8
Rehefeld-Zaunhaus 64 N25
Reher (Kreis Hameln-
    Pyrmont).............35 J11
Reher (Kreis Steinburg) ..5 D12

Rehfeld 51 L23
Rehfeld-Berlitt 26 H20
Rehfelde 40 I25
Rehfelsen 94 W7
Rehhorst 6 E15
Rehling 88 U16
Rehlingen 24 G14
Rehlingen 66 R4
Rehm-Flehde-Bargen 4 D11
Rehme 34 J10
Rehmen 50 M20
Rehna 14 E17
Rehren 35 J11
Rehrhof 24 G14
Rehsen 38 K21
Rehungen 48 L15
Reibitz 50 L21
Reichardtswerben 50 M19
Reichartshausen (Kreis
    Miltenberg)..........71 R11
Reichartshausen (Rhein-
    Neckar-Kreis)........77 R10
Reiche Ebrach 72 Q16
Reichelsdorf 81 R17
Reichelsheim
    (Odenwald) 70 Q10
Reichelsheim
    (Wetterau) 58 O10
Reichelshofen 80 R14
Reichenau 64 N24
Reichenau 64 M25
Reichenau 96 W11
Reichenbach 64 M25
Reichenbach
    (b. Gengenbach)......84 U8
Reichenbach (b. Lahr) ...84 V7
Reichenbach
    (Kreis Ansbach)......80 S14
Reichenbach (Kreis
    Bad Kissingen).......60 P14
Reichenbach (Kreis
    Bergstraße)..........70 Q10
Reichenbach (Kreis
    Birkenfeld)..........67 R5
Reichenbach
    (Kreis Cham).........82 S21
Reichenbach (Kreis
    Chemnitzer Land).....63 N21
Reichenbach (Kreis
    Freiberg)............63 N23
Reichenbach (Kreis
    Karlsruhe)...........77 T9
Reichenbach (Kreis
    Kronach).............61 O18
Reichenbach (Kreis
    Kulmbach)............61 P18
Reichenbach (Kreis
    Mittweida)...........51 M23
Reichenbach (Kreis Saalfeld-
    Rudolstadt)..........61 N18
Reichenbach (Saale-
    Holzland-Kreis)......62 N19
Reichenbach
    (Wartburgkreis)......48 M15
Reichenbach (Werra-
    Meißner-Kreis).......47 M13
Reichenbach
    (Oberlausitz)........65 M28
Reichenbach
    (Vogtland)...........62 O20
Reichenbach a. d. Fils ...87 T12
Reichenbach a. Heuberg ..85 V10
Reichenbach b.
    Schussenried 87 V12
Reichenbach i. Täle 87 U13
Reichenbach-Reichenau ...64 M25
Reichenbach-Steegen 67 R6
Reichenbach
    u. Rechberg 87 T13
Reichenberg (Kreis Märkisch-
    Oderland)............41 I26
Reichenberg (Kreis
    Meißen-Dresden)......64 M25
Reichenberg (Kreis
    Rottal-Inn)..........90 U22
Reichenberg (Kreis
    Würzburg)............71 Q13
Reichenbach 78 R11
Reicheneibach 91 U21
Reichenhain 52 L24
Reichenhausen 59 N12
Reichenhofen 97 W13
Reichenkirchen 90 U19
Reichenow 41 I26
Reichensachsen 47 M13
Reichenschwand 73 R18
Reichental 77 T9
Reichenwalde 40 J25
Reicherbeuren 98 W18
Reicherskreuz 41 J27
Reicherstein 89 U17
Reichertshausen (Kreis
    Freising)............89 U19
Reichertshausen (Kreis
    Pfaffenhofen
    a. d. Ilm)...........89 U18
Reichertsheim 90 V20
Reichertshofen (Kreis Neumarkt i.
    d. Oberpfalz)........81 S18

REGENSBURG

Brückstr.	E 7	Goliathstr.	DE
Domgarten	D	Haidpl.	D
Fröhliche-Türken-Str.	E 15	Königstr.	E 21
Gesandtenstr.	D	Landshuter Str.	E 22
Goldene-Bären-Str.	D 17	Ludwigstr.	D 24
		Luitpoldstr.	E 26
		Maximilianstr.	E
		Neue-Waag-Gasse	D 28

Neupfarrpl.	DE		
Pfauengasse	E 30		
Rathauspl.	D 34		
Thundorfer Str.	E 42		
Viereimergasse	E 43		
Weiße-Hahnen-Gasse	E 46		
Weiße-Lilien-Str.	E 48		

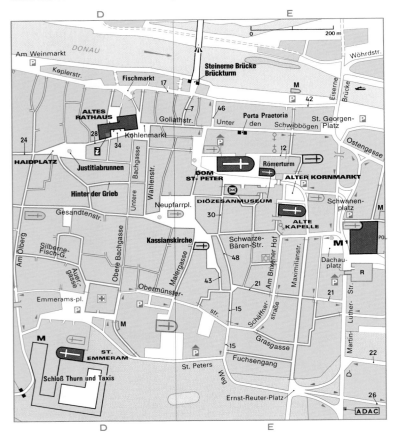

Reichertshofen (Kreis Pfaffenhofen a. d. Ilm) 89 U18
Reichling 98 W16
Reichmannsdorf 72 Q16
Reichmannsdorf (Kreis Saalfeld-Rudolstadt) 61 O17
Reichmannshausen 72 P15
Reicholzheim 71 Q12
Reichshof 45 N7
Reichstädt (Weißeritzkreis) 64 N24
Reichstorf 91 U22
Reichswald 30 K2
Reichwalde (Kreis Dahme-Spreewald) 52 K25
Reichwalde (Niederschlesischer Oberlausitzkr.) 53 L27
Reichweiler 67 R5
Reick (Dresden) 64 M25
Reideburg 50 L20
Reifenberg 76 S6
Reifenstein 48 L15
Reiffenhausen 47 L13
Reifferscheid (Kreis Ahrweiler) 56 O4
Reifferscheid (Kreis Euskirchen) 54 O3
Reifland 63 N23
Reihen 77 S10
Reil 55 P5
Reilingen 77 S9
Reimersbude 2 C11
Reimershagen 16 E20
Reimlingen 80 T15
Reimsbach 66 R4
Reinbek 14 F14
Reinberg (Kreis Demmin) 17 E23
Reinberg (Kreis Nordvorpommern) 9 D23
Reine 34 J11
Reinerbeck 34 J11
Reinersdorf 64 M24
Reinerzau 85 U9
Reinfeld 14 E15
Reinhardshagen 47 L12
Reinhardshausen 46 M11
Reinhardswald 47 L12
Reinhardtsdorf 65 N26

Reinhardtsdorf-Schöna 64 N26
Reinhardtsgrimma 64 N25
Reinhartshausen 88 V16
Reinharz 51 K22
Reinhausen 47 L13
Reinheim (Kreis Darmstadt-Dieburg) 70 Q10
Reinheim (Saar-Pfalz-Kreis) 67 S5
Reinholdshain 62 N21
Reinickendorf (Berlin) 40 I24
Reiningen 23 H14
Reinkenhagen 9 D23
Reinsberg (Burgenlandkreis) 49 M18
Reinsdorf (Kreis Döbeln) 51 M22
Reinsdorf (Kreis Helmstedt) 37 J17
Reinsdorf (Kreis Schaumburg) 35 J11
Reinsdorf (Kreis Teltow-Fläming) 39 K23
Reinsdorf (Kreis Wittenberg) 38 K21
Reinsdorf (Kreis Zwickauer Land) 62 N21
Reinsdorf (Kyffhäuserkreis) 49 L17
Reinsdorf Nord 38 K21
Reinsfeld 68 Q4
Reinsfeld 61 N16
Reinshagen (Kreis Bad Doberan) 8 D19
Reinshagen (Kreis Güstrow) 16 E20
Reinstädt 61 N18
Reinstedt 37 K18
Reinstetten 87 V13
Reinstorf (Kreis Lüneburg) 14 G15
Reinstorf (Kreis Nordwestmecklenburg) 15 E18
Reinstorf (Kreis Uelzen) 24 H15
Reintal 99 X17
Reipoltskirchen 67 R6
Reisbach 91 U21
Reisbach 66 R4
Reischach 91 V22

Reischenhart 100 W20
Reisdorf 76 S7
Reiselfingen 95 W9
Reisenbach 70 R11
Reiskirchen 58 O10
Reislingen 24 I16
Reißing (Kreis Freising) 82 T19
Reißing (Kreis Straubing-Bogen) 92 T21
Reiste 45 M8
Reistenhausen 71 Q11
Reistingen 88 T15
Reit i. Winkl 100 W21
Reiter Alpe 101 X22
Reiterswiesen 72 P14
Reith 71 P13
Reith 13 F12
Reitham 99 W19
Reitnau 97 X13
Reitscheid 67 R5
Reitwein 41 I27
Reitzengeschwenda 61 O18
Reitzenhain 63 O23
Rekum 12 G9
Relliehausen 35 K13
Rellingen 13 F13
Relsberg 69 R7
Remagen 56 O5
Remblinghausen 45 M8
Remchingen 77 T9
Remda 61 N17
Remels 11 G7
Remkersleben 37 J18
Remlin 16 E21
Remlingen 71 Q13
Remlingen 36 J16
Remmels 5 D12
Remplin 16 E22
Remptendorf 61 O18
Rems 79 T13
Remscheid 44 M5
Remse 62 N21
Remseck am Neckar 78 T11
Remsfeld 47 M12
Remshalden 79 T12
Rench 84 U8
Renchen 84 U8
Renda 47 M14
Rendel 58 P10
Rendsburg 5 D12
Renfrizhausen 85 U10

Rengersbrunn 71 P12
Rengershausen 79 R13
Rengershausen 46 M10
Rengsdorf 56 O6
Rengshausen 47 M12
Renhardsweiler 87 V12
Renkenberge 20 H6
Rennau 36 J16
Rennerod 57 O8
Rennersdorf 65 M28
Rennersdorf-Neudörfel 64 M26
Rennertshofen (Kreis Neu-Ulm) 88 V14
Rennertshofen (Kreis Neuburg-Schrobenhausen) 81 T17
Renningen 77 T10
Rennsteig 60 N15
Rennsteiggarten 60 N16
Renquishausen 85 V10
Renshausen 48 L14
Renslage 21 I7
Renthendorf 62 N19
Rentrup 21 I6
Rentweinsdorf 72 P16
Rentwertshausen 60 O15
Renzel 13 E13
Renzendorf 59 N11
Renzow 15 F17
Repelen 30 L3
Repke 24 H15
Reppelin 8 D21
Reppenstedt 14 G15
Reppichau 38 K20
Reppinichen 38 J20
Rerik 7 D18
Rescheid 54 O3
Resse 23 I12
Resse (Gelsenkirchen-) 31 L5
Ressen-Zaue 41 J26
Resthausen 21 H7
Restrup 21 I7
Retgendorf 15 E18
Rethem 23 H12
Rethen (Leine) 35 J13
Rethmar 36 J14
Rethwisch (Kreis Plön) 6 D14
Rethwisch (Kreis Stormarn) 14 E15
Rethwisch (Börgerende-) 8 D19
Retscheroth 43 N6

Retschow 8 D19
Rettenbach (b. St. Englmar) 92 T22
Rettenbach (Kreis Cham) 82 S21
Rettenbach (Kreis Günzburg) 88 U15
Rettenbach a. Auerberg 98 W16
Rettenberg 98 X14
Retterode 47 M13
Rettert 57 P7
Rettin 6 D16
Rettmer 14 G15
Retzau 50 K20
Retzbach 71 Q13
Retzen 34 J10
Retzin (Kreis Prignitz) 15 G19
Retzin (Kreis Uecker-Randow) 29 F26
Retzow (Kreis Havelland) 26 I22
Retzow (Kreis Müritz) 28 G22
Retzow (Kreis Parchim) 16 F20
Retzow (Kreis Uckermark) 28 G23
Retzstadt 71 Q13
Reuden (Burgenlandkreis) 50 M20
Reuden (Kreis Anhalt-Zerbst) 38 J20
Reudnitz 62 N20
Reumtengrün 62 O21
Reupelsdorf 72 Q14
Reupzig 50 K20
Reurieth 60 O15
Reusch 72 R14
Reusrath 44 M4
Reußen 50 L20
Reußenköge 2 C10
Reußenstein 87 U12
Reusten 85 U10
Reut 91 V22
Reute (Kreis Biberach a. d. Riß) 87 V13
Reute (Kreis Emmendingen) 84 V7
Reute (Kreis Ravensburg) 97 W13
Reutern 91 U23
Reuth 54 P3
Reuth (Elstertalkreis) 62 O19
Reuth (Göltzschtalkreis) 62 N20
Reuth (Kreis Ansbach) 80 S16
Reuth (Kreis Forchheim) 73 Q17
Reuth a. Wald 81 S17
Reuth b. Erbendorf 75 Q20
Reuthen 53 L27
Reutlingen 86 U11
Reutlingendorf 87 V12
Reutlinger Alb 86 U11
Reutti (Alb-Donau-Kreis) 87 U13
Reutti (Kreis Neu-Ulm) 87 U14
Revenahe 13 F12
Revensdorf 3 C13
Rexingen 85 U9
Reyershausen 47 L13
Rezelsdorf 72 R16
Rhade 31 K4
Rhade 12 G11
Rhadereistedt 12 G11
Rhauderfehn 11 G6
Rhaudermoor 11 G6
Rhaunen 68 Q6
Rheda 33 K8
Rhede 30 K4
Rhede 20 G5
Rhedebrügge 31 K4
Rheden 35 J13
Rheder 34 K11
Rhederfeld 10 G5
Rheidt 43 N5
Rhein 78 R9
Rhein-Weser-Turm 45 M8
Rheinau (Ortenaukreis) 84 U7
Rheinau (Stadtkreis Mannheim) 78 R9
Rheinbach 56 O4
Rheinberg 30 L3
Rheinbischofsheim 84 U7
Rheinböllen 69 P7
Rheinbreitbach 56 O5
Rheinbrohl 56 O6
Rheindahlen 42 M3
Rheindorf 44 M4
Rheindürkheim 69 Q9
Rheine 32 J6
Rheineck 56 O5
Rheinfelden 94 X7
Rheinfels 69 P7
Rheingaugebirge 57 P7
Rheingönheim 69 R9
Rheingoldstraße 55 P6
Rheinhausen 84 V7
Rheinhausen (Duisburg-) 30 L4
Rheinhausen (Oberhausen-) 77 S9

Rheinheim 95 X8
Rheinisches Freilichtmuseum 42 O3
Rheinmünster 76 T8
Rheinsberg 28 G22
Rheinsberger See 28 G22
Rheinsheim 77 S9
Rheinstein 69 Q7
Rheinstetten 77 S8
Rheintal 57 P7
Rheinweiler 94 W6
Rheinzabern 77 S8
Rhen 13 E13
Rhena 46 M10
Rhens 55 P6
Rheurdt 30 L3
Rheydt 42 M3
Rheydt (Dorf) 42 M3
Rhin 28 G22
Rhina 59 N13
Rhinkanal 26 H21
Rhinluch 27 H21
Rhinow 26 H21
Rhode 45 M7
Rhoden 36 J16
Rhoden 46 L11
Rhoden 36 J15
Rhodt 76 S8
Rhön 59 O13
Rhöndorf 56 O5
Rhüden 36 K14
Rhünda 47 M12
Rhume 48 L14
Rhumspringe 48 L14
Rhynern 45 L7
Ribbeck (Kreis Havelland) 27 I22
Ribbeck (Kreis Oberhavel) 28 G23
Ribbenstedt 37 J17
Ribbesbüttel 24 I15
Ribnitz-Damgarten 8 D21
Richelbach 71 Q12
Richelsdorf 47 N14
Richen (Kreis Darmstadt-Dieburg) 70 Q10
Richen (Kreis Heilbronn) 77 S10
Richrath 44 M4
Richstein 58 N9
Richtenberg 9 D22
Richterich 42 N2
Rickelrath 42 M2
Rickenbach 94 X7
Rickensdorf 37 I16
Rickling 6 D14
Riddagshausen 36 J15
Ridders 5 D12
Riebau 25 H17
Riebelsdorf 59 N11
Rieben 39 J23
Rieblingen 88 U16
Riebrau 24 G16
Ried (Kreis Aichach-Friedberg) 89 V17
Ried (Kreis Bad Tölz-Wolfratshausen) 99 W18
Ried (Kreis Günzburg) 88 U15
Ried (Kreis Weilheim-Schongau) 99 W16
Rieda 50 L20
Rieda 23 H11
Riedbach (Kreis Haßberge) 72 P15
Riedbach (Kreis Schwäbisch-Hall) 79 R13
Riedberghorn 98 X14
Riedbergpaß 98 X14
Riedböhringen 95 W9
Riede 47 M11
Riede 22 H10
Riedelberg 76 S6
Riedenberg 56 O5
Rieden (Kreis Amberg-Sulzbach) 82 S19
Rieden (Kreis Ostallgäu) 98 W15
Rieden (Kreis Würzburg) 71 Q14
Rieden a. Ammersee 99 W17
Rieden a. d. Kötz 88 U15
Rieden a. Forggensee 98 X16
Riedenberg 59 O14
Riedenburg 81 T19
Riederdorf 71 R13
Riedensheim 81 T17
Rieder 37 K17
Riederau 99 W17
Riederich 86 U11
Riedering 100 W20
Riedern 71 Q12
Riedern a. Wald 94 W8
Riedhausen 97 W12
Riedhausen b. Günzburg 88 U14
Riedheim (Kreis Günzburg) 88 U14
Riedheim (Kreis Konstanz) 95 W10

Riedlingen (Kreis Biberach a. d. Riß)....87 V12
Riedlingen (Kreis Donau-Ries)....88 T16
Riedlingen (Kreis Lörrach)....94 W6
Riedöschingen....95 W9
Riedstadt....70 Q9
Riefensbeek....36 K15
Riegel....84 V7
Riegelsberg....67 S4
Riegelstein....73 R18
Riegsee....99 W17
Riekenbostel....23 G12
Riekofen....82 T21
Rielasingen (Singen)....95 W10
Rielasingen-Worblingen..95 W10
Riem....89 V19
Riemsdorf....64 M24
Riemsloh....34 J9
Rieneck....71 P12
Riepach....80 T14
Riepe (Kreis Aurich)....11 F6
Riepe (Kreis Rotenburg).13 G12
Riepe (Kreis Soltau-Fallingbostel)....23 H13
Rieplos....40 J25
Rieps....14 E16
Riepsdorf....7 D16
Ries....80 T15
Riesa....51 M23
Riesbriek....3 B11
Riesbürg....80 T15
Rieschweiler-Mühlbach....76 S6
Riesdorf....50 K20
Rieseberg....36 J16
Rieseby....3 C13
Riesel....34 K11
Riesenbeck....33 J6
Riesigk....38 K21
Rießen....41 J27
Rieste (Kreis Osnabrück)....21 I8
Rieste (Kreis Uelzen)....24 G15
Riestedt....24 H15
Riestedt....49 L18
Riesweiler....68 Q6
Rietberg....34 K9
Rietenau....79 T12
Rieth....60 P15
Rieth (Kreis Uecker-Randow)....19 E26
Rietheim....85 V9
Rietheim-Weilheim....85 V10
Riethnordhausen....49 M17
Riethnordhausen (Kreis Sangerhausen)....49 L17
Riethnordhausen (Kreis Sömmerda)....49 M17
Rietschen....53 L28
Rietz....38 I21
Rietz Neuendorf....41 J26
Rietze....24 I15
Rietzel....38 J20
Rietzmeck....38 K20
Rietzneuendorf-Friedrichshof....39 J24
Riewend....27 I22
Riggerding....92 T23
Riglasreuth....74 Q19
Rilchingen-Hanweiler....67 S5
Rimbach (Kreis Cham)....83 S22
Rimbach (Kreis Kitzingen)....72 Q14
Rimbach (Kreis Rottal-Inn)....91 U21
Rimbeck....46 L11
Rimberg....59 N12
Rimhorn....70 Q11
Rimpar....71 Q13
Rimschweiler....67 S6
Rimsting....100 W21
Rinchnach....92 T23
Rinchnachmündt....92 T23
Rindelbach....80 T14
Rindenmoos....87 V13
Rinderfeld....79 R13
Rindern....30 K2
Ringe....20 I4
Ringelai....93 T24
Ringelbach....84 U8
Ringelheim....36 J14
Ringen....56 O5
Ringenberg....30 K3
Ringenhain....65 M27
Ringenwalde....29 G25
Ringfurth....38 I19
Ringgau....48 M14
Ringgenbach....86 W11
Ringingen (Alb-Donau-Kreis)....87 U13
Ringingen (Zollernalbkreis)..86 V11
Ringleben....49 L17
Ringsberg....3 B12
Ringschnait....87 V13
Ringsheim....84 V7

Ringstedt....12 F10
Ringwall....69 R8
Rinkerode....33 K7
Rinnenthal....89 U17
Rinnthal....76 S7
Rinschheim....71 R12
Rinteln....34 J11
Rinthe....45 M9
Rippach....50 M20
Rippberg....71 R11
Rippenweier....70 R10
Rippershausen....60 O15
Rippien....64 N25
Rippolingen....94 X7
Ripsdorf....54 O3
Rischenau....35 K11
Rispel....11 F7
Riß....87 V13
Rißegg....87 V13
Rissen....13 F13
Rissenthal....66 R4
Risserkogel....100 X19
Rißtissen....87 V13
Ristedt (Kreis Diepholz)..22 H10
Ristedt (Kreis Westliche Altmark)....25 I17
Risum-Lindholm....2 B10
Ritschenhausen....60 O15
Ritschermoor....13 E12
Ritterhude....12 G10
Rittersbach (Kreis Roth).81 S17
Rittersbach (Neckar-Odenwald-Kreis)....78 R11
Rittersdorf....61 N17
Rittersdorf....54 Q3
Rittersgrün....63 O22
Rittershausen....57 N8
Rittierode....35 K13
Rittmannshausen....48 M14
Rittsteig....83 S23
Ritzerow....17 F22
Ritzleben....25 H18
Riveris-Stausee....68 Q4
Rixen....46 L9
Rixfeld....59 O12
Roben....62 N20
Robern....78 R11
Robringhausen....45 L8
Rochau....25 H19
Rochlitz....63 M22
Rochsburg....63 N22
Rockenberg....58 O10
Rockenhausen....69 R7
Rockensüß....47 M13
Rockeskyll....54 P4
Rockstedt....81 S18
Rockstedt....13 G11
Rod a. d. Weil....57 O9
Roda....46 N10
Roda (Bach)....62 N19
Roda (Kreis Leipziger Land)....62 M21
Roda (Muldentalkreis)....51 M22
Rodach....74 P18
Rodacherbrunn....61 O18
Rodalben....76 S6
Rodau....62 O19
Rodau....3 B11
Rodau (Kreis Bergstraße)....70 Q9
Rodau (Kreis Darmstadt-Dieburg)....70 Q10
Roddahn....26 H20
Roddan....26 H20
Roden....71 Q12
Rodenäs....2 B10
Rodenbach (Kreis Kaiserslautern)....67 R6
Rodenbach (Kreis Main-Spessart)....71 Q12
Rodenbach (Lahn-Dill-Kreis)....57 N8
Rodenbach (Main-Kinzig-Kreis)....70 P11
Rodenbek....5 D14
Rodenberg....35 J12
Rodenhausen....58 N9
Rodenkirchen....12 F9
Rodenkirchen (Köln)....43 N4
Rodenkircherwurp....12 F9
Rodenwalde....14 F16
Rodenzenreuth....74 Q20
Roderath....56 O4
Rodersdorf (Elstertalkreis)....62 O20
Rodersdorf (Kreis Halberstadt)....37 K17
Rodershausen....54 Q2
Rodewald....23 H12
Rodewisch....62 O21
Rodgau....70 P10
Rodheim....58 O10
Rodheim-Bieber....57 O9
Rodheim v. d. Höhe....58 P10
Roding....82 S21
Rodleben....38 K20
Rodt....85 U9
Rodt (Oberbergischer Kreis)....45 M6

Rodt (Scheidweiler-)....68 Q4
Roduchelstorf....15 E16
Röbel (Kreis Müritz)....16 F21
Röbel (Kreis Ostholstein)....6 D16
Röbersdorf....72 Q16
Röblingen a. See....49 L19
Röcke....34 J11
Röckenhofen....81 S18
Röckersbühl....81 S18
Röckingen....80 S15
Röcknitz....51 L22
Röckwitz....17 E23
Röddelin....28 G24
Röddenau....46 M10
Rödelhausen....68 Q5
Rödelmaier....60 P14
Rödelsee....72 Q14
Röden....73 P17
Rödental....61 P17
Röderau....51 M23
Röderaue....52 L24
Röderhof....37 K17
Rödermark....70 Q10
Rödern....64 M25
Rödersheim-Gronau....77 R8
Rödgen....58 O10
Rödinghausen....34 J9
Röding-Thurow....17 F23
Rödlitz....63 N21
Röfingen....88 U15
Röggeliner See....14 E16
Rögling....80 T16
Rögnitz....15 F17
Rögnitz (Fluß)....15 G18
Röhe....42 N2
Röhl....54 Q3
Röhlingen....80 T14
Röhrda....47 M14
Röhre....45 M8
Röhrenfurth....47 M13
Röhringsberg....47 L14
Röhrmoos....89 V18
Röhrnbach....93 T24
Röhrsdorf (Kreis Chemnitzer Land)....63 N22
Röhrsdorf (Kreis Meißen-Dresden)....64 M24
Röhrsdorf (Kreis Sächsische Schweiz)....64 N25
Röhrsen....24 H15
Röllbach....70 Q11
Röllfeld....70 Q11
Röllshausen....59 N11
Rölsdorf....42 N3
Römerberg....77 S9
Römerkessel....98 W16
Römershagen....45 N7
Römerstein....87 U12
Römerstern (Gemeinde)....87 U12
Römhild....60 O15
Römstedt....24 G15
Rönkhausen....45 M7
Rönne....6 D14
Rönnebeck....28 G23
Rönnelmoor....12 F8
Rönsahl....44 M6
Röpersdorf....29 G25
Roes....55 P5
Rösa....50 L21
Rösebeck....47 L11
Rösenbeck....46 L10
Röslau....74 P19
Röslau (Fluß)....75 P20
Röspe....45 M8
Rösrath....43 N5
Rössing....35 J13
Röst....5 D11
Rötenbach (Kreis Breisgau-Hochschwarzwald)....95 W8
Rötenbach (Kreis Freudenstadt)....85 V9
Rötenberg....85 V9
Roetgen....42 O2
Rötgesbüttel....24 I15
Rötha....50 M21
Röthen....14 G16
Röthenbach....46 N24
Röthenbach (Allgäu)....97 X13
Röthenbach a. d. Pegnitz....81 R17
Röthenbach b. St. Wolfgang....73 R17
Röthges....58 O10
Röthlein....72 Q14
Röttbach....71 Q12
Rötteln....94 X6
Röttenbach (Kreis Erlangen-Höchstadt)....72 Q16
Röttenbach (Kreis Roth)..81 S17
Röttgen (Bonn)....43 N5
Röttingen (Kreis Würzburg)....71 R13
Röttingen (Ostalbkreis)..80 T14
Rötz....82 R21

Rövershagen....8 D20
Röwitz....25 I17
Roffhausen....11 F8
Roga....17 F24
Rogäsen....38 J21
Rogätz....37 J19
Rogeez....16 F21
Roggden....88 U15
Roggenburg....88 V14
Roggendorf....15 E17
Roggendorf (Kreis Euskirchen)....42 O3
Roggendorf (Köln-)....44 M4
Roggenhagen....17 F24
Roggenstede....11 F6
Roggenstein....75 R20
Roggenstorf....7 E17
Roggentin (Kreis Bad Doberan)....8 D20
Roggentin (Kreis Mecklenburg-Strelitz)....17 F22
Roggow (Kreis Bad Doberan)....7 D18
Roggow (Kreis Güstrow)....16 E21
Rohdenhaus....44 M5
Rohden....76 S8
Rohlsdorf....26 G20
Rohlstorf....6 D16
Rohne....53 L27
Rohnstedt....48 M16
Rohr....56 O4
Rohr....45 L7
Rohr (Kreis Roth)....80 R16
Rohr (Kreis Schmalkalden-Meiningen)....60 O15
Rohr (Stuttgart)....86 T11
Rohr i. Niederbayern....90 T19
Rohrbach (Elstertalkreis)....75 P20
Rohrbach (Kreis Coburg)....61 P17
Rohrbach (Kreis Heilbronn)....77 S10
Rohrbach (Kreis Hersfeld-Rotenburg)....59 N13
Rohrbach (Kreis Mühldorf a. Inn)....90 V21
Rohrbach (Kreis Pfaffenhofen a. d. Ilm)....89 U18
Rohrbach (Kreis Ravensburg)....97 W13
Rohrbach (Kreis Regensburg)....82 S19
Rohrbach (Kreis Südliche Weinstraße)....76 S8
Rohrbach (Saar-Pfalz-Kreis)....67 S5
Rohrbach i. Schwarzwald....84 V8
Rohrbeck....39 K23
Rohrberg....25 H17
Rohrbrunn....71 Q12
Rohrdorf (Kreis Calw)....85 U10
Rohrdorf (Kreis Rosenheim)....100 W20
Rohrdorf (Kreis Sigmaringen)....86 V11
Rohren....54 O2
Rohrenfels....89 T17
Rohrhards-Berg....84 V8
Rohrlack....26 H20
Rohrmoos....98 X14
Rohrsee....97 W13
Rohrsen....22 H11
Rohrsheim....36 J16
Roidin....17 E23
Roigheim....79 R12
Roisdorf....43 N5
Roitham....100 W21
Roitzsch (Kreis Bitterfeld)....50 L20
Roitzsch (Kreis Torgau-Oschatz)....51 L22
Roitzschjora....50 L21
Roklum....36 J16
Roland....36 K8
Rolandsbogen....56 O5
Rolfsbüttel....24 I15
Rolfshagen....34 J11
Rolfzen....34 K11
Rollesbroich....42 O2
Rollshausen....59 N9
Rollshausen....48 L14
Rollwitz....19 F25
Rolofshagen....8 E17
Rom....16 F19
Romansthal....73 P17
Romkerhalle....36 K15
Rommelhausen....58 P10
Rommelsbach....86 U11
Rommelshausen....79 T11
Rommelsried....88 U16
Rommerode....47 M13
Rommers....59 O13

Rommersheim....54 P3
Rommerskirchen....44 M4
Rommerz....59 O12
Romrod....58 N11
Romsthal....59 P12
Rondeshagen....14 E15
Ronhausen....58 N10
Ronhof....73 R17
Ronneburg....58 P11
Ronneburg....62 N20
Ronnenberg....35 J12
Ronsberg....98 W15
Ronsdorf....44 M5
Ronshausen....47 N13
Ronsolden....81 S19
Rorup....31 K5
Rosa....60 N14
Rosall....75 Q21
Rosbach....43 N6
Rosbach v. d. Höhe....58 P10
Rosche....24 H16
Roschwitz....37 K19
Rosdorf....47 L13
Rosdorf (Holstein)....5 E13
Rosebruch....23 G12
Roseburg....14 F15
Rosenbach....65 M28
Rosenberg (Neckar-Odenwald-Kreis)....79 R12
Rosenberg (Ostalbkreis)....79 S14
Rosendahl....31 J5
Rosenfeld....51 L23
Rosenfeld....85 V10
Rosenfelde....7 D17
Rosengarten....79 S13
Rosengarten (Kreis Harburg)....13 F13
Rosengarten (Kreis Rügen)....9 D24
Rosengarten (Stadtkreis Frankfurt)....41 I27
Rosenhagen....22 I11
Rosenhagen (Kreis Nordwest-mecklenburg)....15 F17
Rosenhagen (Kreis Ostvorpommern)....19 E25
Rosenhain....65 M28
Rosenheim....100 W20
Rosenkopf....67 R6
Rosenkranz....2 B10
Rosenow (Kreis Demmin)....17 F23
Rosenow (Kreis Uckermark)....17 G24
Rosenthal (Kreis Lüneburg)....14 G15
Rosenthal (Kreis Peine)..36 J14
Rosenthal (Saar-Pfalz-Kreis)....67 S5
Rosenthal (Kreis Teltow-Fläming)....52 K24
Rosenthal (Westlausitzkreis)....65 M26
Rosenthal-Bielatal....64 N26
Rosenwinkel....26 G21
Rosian....38 J20
Rosien....15 G16
Rositz....62 M21
Roskow....39 I22
Rosow....29 G27
Rossau (Kreis Mittweida)....63 M23
Rossau (Kreis Stendal)..25 H18
Roßbach (Kreis Bad Kissingen)....59 P13
Roßbach (Kreis Fulda)...59 N13
Roßbach (Kreis Merseburg-Querfurt)....50 M19
Roßbach (Kreis Miltenberg)....70 Q11
Roßbach (Kreis Mühldorf a. Inn)....91 U21
Roßbach (Kreis Neuwied)....56 O6
Roßbach (Kreis Rottal-Inn)....91 U22
Roßbach (Werra-Meißner-Kreis)....47 M13
Roßbach (Westerwaldkreis)....57 O7
Roßbach-Wald....82 S21
Roßberg....86 U11
Roßberg (Stadt)....97 W13
Roßdorf (Kreis Darmstadt-Dieburg)....70 Q10
Roßdorf (Kreis Jerichower Land)....38 I20
Roßdorf (Kreis Marburg-Biedenkopf)....58 N9
Roßdorf (Kreis Schmalkalden-Meiningen)....60 N14
Roßdorf-Dunkelforth....26 I20
Roßfeld....58 P10
Roßfeld (Kreis Coburg)..60 O16
Roßfeld (Kreis Schwäbisch-Hall)....79 S14
Roßfeld-Ringstraße....101 X23
Roßhaupten....98 X16
Roßholzen....100 W20

Rossin....19 E25
Roßla....49 L17
Roßlau....38 K20
Roßleben....49 M18
Rossow (Kreis Mecklenburg-Strelitz)....17 F24
Rossow (Kreis Ostprignitz-Ruppin)....26 G21
Rossow (Kreis Uecker-Randow)....19 F26
Roßstein....99 X19
Roßtal....79 R16
Roßtrappe....37 K17
Roßwälden....87 T12
Roßwag....77 T10
Roßwein....51 M23
Rost....5 D11
Rostock....8 D20
Rostocker Heide....8 D20
Rostrup....11 G7
Rot (Donau)....97 W13
Rot (Kocher)....79 T13
Rot (Main-Tauber-Kreis)..79 R13
Rot (St. Leon-)....77 S9
Rot a. d. Rot....87 V14
Rot a. See....79 S14
Rot b. Laupheim....87 V13
Rotbach....42 N4
Rotberg....40 I24
Rote Lache....77 T8
Rotenberg....68 L14
Rotenburg....59 N13
Rotenburg....13 G12
Rotenhain....57 O7
Rotenhar....79 T13
Rotenhuse....7 D16
Rotenkirchen....35 K13
Roter Main....74 P18
Rotes Kliff (Sylt)....2 B8
Rotfelden....85 U10
Roth....81 S17
Roth (Kreis Altenkirchen)....57 N7
Roth (Kreis Hildburghausen)....60 O15
Roth (Kreis Lichtenfels)..73 P17
Roth (Kreis Neu-Ulm)....88 U14
Roth (Kreis Rhön-Grabfeld)....60 O14
Roth (Lahn-Dill-Kreis)....57 O8
Roth a. d. Our....54 Q2
Roth b. Prüm....54 P3
Rotha....49 L17
Rothaargebirge....57 N8
Rothau....94 W8
Rothemann....59 O13
Rothemühl....19 F25
Rothenbach (Kreis Heinsberg)....42 M2
Rothenbach (Westerwaldkreis)....57 O7
Rothenberg....70 R10
Rothenberg....72 P16
Rothenbergen....58 P11
Rothenbuch....71 Q12
Rothenburg....49 L19
Rothenburg (Oberlausitz)....53 L28
Rothenburg o. d. Tauber....80 R14
Rothenfels....71 Q12
Rothenkirchen (Göltzschtalkreis)....62 O21
Rothenkirchen (Kreis Fulda)....59 N13
Rothenkirchen (Kreis Kronach)....61 O17
Rothenklempenow....19 F26
Rothenschirmbach....49 L18
Rothensee....37 J19
Rothenstadt....75 R20
Rothenstein....61 N18
Rothenstein....61 T17
Rothenthal....64 O24
Rothenuffeln....34 J10
Rother Kuppe....60 O14
Rothesütte....48 L16
Rothhausen....72 P14
Rothhelmshausen....46 M11
Rothmannsthal....73 P17
Rothsee....81 S17
Rothselberg....67 R6
Rothwesten....47 L12
Rott....99 W16
Rott....3 C11
Rott (Fluß)....90 U21
Rott a. Inn....100 W21
Rotta....50 K21
Rottach....98 X14
Rottach-Egern....100 W19
Rottau....100 W21
Rottenacker....87 V13
Rottenbach (Kreis Coburg)....60 O16
Rottenbach (Kreis Saalfeld-Rudolstadt)....61 N17

ROSTOCK

Arnold-Bernhart-Str. BX 2
Badstüberstr. BX 4
Beim Grünen Tor BX 8
Breite Str. BX
Buchbinderstr. CX 9
Friedhofsweg BX 14
Gertrudenpl. BX 16
Große Wasserstr. CX 17
Kleine Wasserstr. CX 19
Krämerstr. CX 21
Kröpeliner Str. BCX
Mönchentor CX 24
Pädagogienstr. BX 26
Richard-Wagner-Str. CX 28
Rungestr. BCX 29
Schwaansche Str. BX 31
Strandstr. BCX 34
Vogelsang CX 38
Wendenstr. CX 41

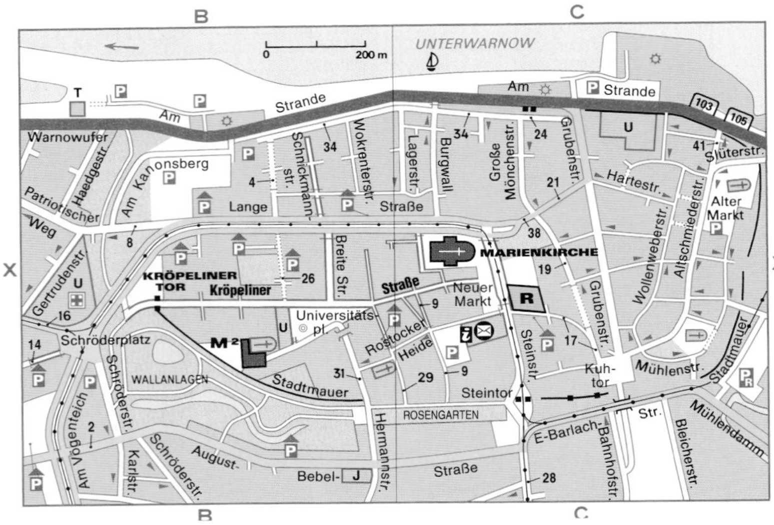
B
C
X
X
UNTERWARNOW
200 m
Am Strande
Warnowufer
Lange Straße
MARIENKIRCHE
KRÖPELINER TOR
Kröpeliner
Breite Str.
Universitäts-pl.
Neuer Markt
Schröderplatz
WALLANLAGEN
Stadtmauer
Steintor
ROSENGARTEN
Hermannstr.
Grubenstr.
Mühlenstr.
Kuh-tor
Alter Markt
Hartestr.
Wollenweberstr.
Altschmiedestr.
August-Bebel-Straße
E.-Barlach-Str.
Bahnhofstr.
Bleicherstr.
Mühlendamm
Patriotischer Weg
Gertrudenstr.
Am Kanonsberg
Lagerstr.
Burgwall
Große Mönchenstr.
Schnickmannstr.
Wokrentersr.
Rostocker Heide
Steinstr.
Karlstr.
Am Vögenteich
Schröderstr.
Sluterstr.
Stadtmauer
B
C

Rottenberg 70 P11
Rottenbuch 98 W16
Rottenburg a. d. Laaber 90 T20
Rottenburg a. Neckar 85 U10
Rottendorf (Kreis Schwandorf) 82 R20
Rottendorf (Kreis Würzburg) 71 Q14
Rottenegg 89 U19
Rotterode 60 N15
Rottershausen 72 P14
Rotterterode 59 N12
Rotthalmünster 91 U23
Rottinghausen 21 I8
Rottleben 49 L17
Rottleberode 49 L16
Rottmersleben 37 J18
Rottorf 14 F14
Rottorf a. Klei 37 J16
Rottstock (b. Brück) 39 J22
Rottstock (b. Görzke) 38 J21
Rottum 87 V13
Rottum (Fluß) 87 V13
Rottweil 85 V9
Rotwand 100 X19
Roxel 31 K6
Roxförde 25 I18
Roxheim 69 Q7
Roxheim (Pfalz) 78 R9
Rubbelrath 42 M3
Rubenow 19 D25
Rubkow 19 E25
Rubow 15 E18
Ruchow 16 E19
Ruckersfeld 45 N8
Rudelstetten 80 T15
Rudelzhausen 90 U19
Ruden 19 D25
Rudendorf 72 P16
Ruderatshofen 98 W15
Rudersberg 79 T12
Rudersdorf 57 N8
Ruderting 93 U24
Rudingshain 58 O11
Rudisleben 61 N16
Rudlos 59 O12
Rudolphshan 59 O13
Rudolphstein 61 O19
Rudolstadt 61 N18
Rudower See 25 G18
Rübehorst 26 H20
Rübeland 36 K16
Rübenach 56 O6
Rübenau 63 O23
Rüber 55 P6
Rübke 13 F13
Rück 70 Q11
Rückers 59 O12
Rückersdorf 73 R17
Rückersdorf (Kreis Elbe-Elster) 52 L24
Rückersdorf (Kreis Greiz) 62 N20
Rückersdorf (Kreis Sächsische Schweiz) 64 M26
Rückershausen 57 P8
Rückholz 98 X15
Rückingen 70 P10
Rückmarsdorf 50 L20
Rüddingshausen 58 N10
Rüde 3 B12
Rüdenau 70 Q11
Rüdenhausen 72 Q15
Rüdersdorf (Kreis Greiz) 62 N19
Rüdersdorf (Kreis Märkisch-Oderland) 40 I25
Rüdershausen (Kreis Göttingen) 48 L14
Rüdershausen (Kreis Wesermarsch) 12 G8
Rüdesheim 69 Q7
Rüdesheim a. Rhein 69 Q7
Rüdigershagen 48 L15
Rüdigheim 58 P10
Rüdinghausen 31 L6
Rüdisbronn 72 R15
Rüdnitz 40 H24
Rügen (Insel) 9 C23
Rügge 3 B13
Rüggeberg 44 M6
Rügheim 72 P15
Rügischer Bodden 9 D24
Rügland 80 R15
Rühen 24 I16
Rühle (Kreis Emsland) 20 H5
Rühle (Kreis Holzminden) 35 K12
Rühlerfeld 20 H5
Rühlermoor 20 I5
Rühlertwist 20 I5
Rühlingstetten 80 T15
Rühlow 17 F24
Rühn 16 E19
Rühstädt 26 H19
Rülzheim 77 S8
Rümmingen 94 X6
Rümpel 14 E15
Ründeroth 43 N6
Rünthe 45 L6
Rüper 25 I17
Rüppershausen 45 N8
Rüscheid 57 O6
Rüschendorf (Kreis Steinfurt) 21 I6
Rüschendorf (Kreis Vechta) 21 I8
Rüschhaus 31 K6
Rüsfort 21 I8
Rüspel 13 G12
Rüssel 21 I7
Rüsselhausen 79 R13
Rüsselsheim 70 Q9
Rüssen 22 H9
Rüssenbach 73 Q17
Rüssingen 69 R8
Rüstungen 48 M14
Rütenbrock 20 H5
Rütenmoor 20 H5
Rüterberg 15 G17
Rüthen 46 L9
Rüthnick 27 H22
Rüting 15 E17
Rütschdorf 71 R12
Rugendorf 74 P18
Rugenort 4 D10
Rugensee 15 E18
Ruhestein 84 U8
Ruhla 60 N15
Ruhland 52 L25
Ruhlkirchen 58 N11
Ruhlsdorf (Kreis Barnim) 27 H24
Ruhlsdorf (Kreis Potsdam-Mittelmark) 40 I23
Ruhlsdorf (Kreis Teltow-Fläming) 39 J23
Ruhlsdorf (Kreis Wittenberg) 39 K22
Ruhmannsfelden 92 T22
Ruhner Berge 16 G19
Ruhpolding 101 W21
Ruhr 46 M9
Ruhrgebiet 31 L4
Ruhstorf 91 U22
Ruhstorf a. d. Rott 93 U24
Ruhwarden 12 F8
Ruhwinkel 6 D14
Ruit (Kreis Karlsruhe) 77 S10
Ruit (Stuttgart) 78 T11
Rulfingen 86 V11
Rulle 33 I8
Rullstorf 14 G15
Rumbach 76 S7
Rumbeck (Hochsauerlandkreis) 45 L8
Rumbeck (Kreis Hameln-Pyrmont) 34 J11
Rumeln 30 L3
Rummelloch 2 C9
Rummenohl 43 M6
Rumohr 5 D14
Rumpshagen 17 F22
Runding 83 S22
Runkel 57 O8
Runow 15 F19
Runzhausen 58 N9
Rupboden 59 P13
Ruppach-Goldhausen 57 O7
Ruppendorf 64 N24
Ruppersdorf 61 O18
Ruppersdorf (Oberlausitz) 65 N28
Ruppertenrod 58 O11
Ruppertsburg 58 O10
Ruppertsgrün (Elstertalkreis) 62 O20
Ruppertsgrün (Kreis Zwickauer Land) 62 N21
Ruppertshain 69 P9
Ruppertshofen (Kreis Schwäbisch-Hall) 79 S13
Ruppertshofen (Ostalbkreis) 79 T13
Ruppertshütten 71 P12
Ruppertsweiler 76 S7
Ruppertszell 89 U17
Ruppichteroth 43 N6
Ruppiner Kanal 27 H23
Ruppiner Schweiz 28 G22
Ruppiner See 27 H22
Rupprechtstegen 73 R18
Rupsroth 59 O13
Rur 54 O2
Rur-Stausee 42 O3
Rurberg 42 O3
Rurdorf 42 N2
Rurtalsperre 54 O3
Rusbend 34 J11
Rusch 98 X14
Ruschberg 67 R5
Ruschwedel 13 F12
Rusel 92 T23
Rushend 34 J11
Russee 6 D14
Rußheim 77 S9
Rust 84 V7
Rustenfelde 47 L14
Rustow 17 E23
Rutenberg 17 G23
Rutesheim 77 T10
Ruthe 35 J13
Ruthenbeck 15 F19
Ruwer 66 Q4
Ruwer (Fluß) 66 Q4
Ryck 9 D23
Ryckgraben 9 D23
Rysum 10 F5

S

Saal 8 D21
Saal 60 P15
Saal a. d. Donau 82 T19
Saalach 101 W22
Saalbach 77 S9
Saalburg 58 P9
Saalburg 61 O19
Saaldorf (Kreis Berchtesgadener Land) 101 W22
Saaldorf (Saale-Orla-Kreis) 61 O19
Saale 74 P19
Saale 61 O18
Saaler Bodden 8 C21
Saalfeld (Schwarzakreis) 61 O18
Saalfeld (Unstrut-Hainich-Kreis) 48 M15
Saalhaupt 82 T20
Saalhausen 52 L25
Saalhausen 45 M8
Saalow 39 J24
Saalsdorf 37 I17
Saalstadt 76 S6
Saar 66 S4
Saar-Hunsrück 66 R4
Saara 62 N19
Saarbach 76 S7
Saarbrücken 67 S5
Saarbrücken-Ensheim (Flughafen) 67 S5
Saarburg 66 R3
Saarhölzbach 66 R3
Saarlouis 66 S4
Saarmund 39 J23
Saarwellingen 66 R4
Saasen 58 O10
Saathain 52 L24
Sababurg 47 L12
Sabbenhausen 35 K11
Sabel 16 E20
Sabershausen 55 P6
Sabrodt 53 L26
Sachau 25 I17
Sachenshausen 46 N11
Sachrang 100 W20
Sachsbach 80 S15
Sachsdorf 64 M24
Sachsen 80 S15
Sachsenberg 62 O21
Sachsenberg 46 M10
Sachsenbrunn 61 O16
Sachsenburg (Kreis Mittweida) 63 N23
Sachsenburg (Kyffhäuserkreis) 49 M17
Sachsendorf (Kreis Märkisch-Oderland) 41 I27
Sachsendorf (Muldentalkreis) 51 M22
Sachsengrund 62 O21
Sachsenhagen 23 I11
Sachsenhausen (Frankfurt) 70 P10
Sachsenhausen (Kreis Heidenheim) 88 U14
Sachsenhausen (Kreis Oberhavel) 27 H23
Sachsenhausen (Kreis Waldeck-Frankenberg) 46 M11
Sachsenhausen (Kreis Weimarer Land) 49 M18
Sachsenhausen (Main-Tauber-Kreis) 71 Q12
Sachsenheim 78 T11
Sachsenkam 99 W18
Sachsenried 98 W16
Sachsenwald 14 F15
Sachsgrün 62 O20
Sack 35 J13
Sacka 64 M25
Sackpfeife 46 N9
Sacro 53 K27
Sacrow 40 I23
Sacrow-Waldow 52 K26
Sadelkow 17 F24
Sadenbeck 26 G20
Sadersdorf 13 F11
Sadisdorf 64 N24
Sächsische Schweiz 65 N26
Sächsische Weinstraße 64 M24
Saeffelen 42 M1
Saerbeck 33 J6
Sättelstädt 48 N15
Säuling 98 X16
Saffig 56 O6
Sagar 53 L28
Sagard 9 C24
Sagast 16 G19
Sagau 6 D16
Sage 21 H8
Sagehorn 22 G11
Sahlenburg 4 E9
Sahms 14 F15
Sahrendorf 13 G14
Saidenbach Stausee 63 N23
Saig 94 W8
Sailauf 70 P11
Sailershausen 72 P15
Salach 87 T13
Salbke 37 J19
Salchendorf (b. Netphen) 57 N8
Salchendorf (b. Neunkirchen) 57 N8
Salching 92 T21
Saldenburg 93 T24
Salder 36 J15
Salem 96 W11
Salem 14 F16
Salgen 88 V15
Sallach 92 T21
Sallahn 25 G16
Sallgast 52 L25
Sallneck 94 W7
Salm 54 P4
Salm (Fluß) 68 Q4
Salmanskirchen 90 V21
Salmendingen 86 U11
Salmsdorf 72 P16
Salmtal 68 Q4
Salmünster 59 P12
Salow 17 E24
Saltendorf 82 R20
Salz 60 P14
Salz (Fluß) 59 O12
Salz (Vogelsbergkreis) 59 O12
Salz (Westerwaldkreis) 57 O7
Salzach 91 V22
Salzau 6 D15
Salzberg 59 N12
Salzbergen 32 J6
Salzbergwerk 78 S11
Salzbrunn 39 J22
Salzburg 57 N8
Salzdahlum 36 J15
Salzderhelden 35 K13
Salzenforst-Bolbritz 65 M27
Salzfurtkapelle 50 K20
Salzgitter 36 J15
Salzgitter-Bad 36 J15
Salzhaff 7 D18
Salzhausen 14 G14
Salzhemmendorf 35 J12
Salzkotten 34 K9
Salzmünde 50 L19
Salzstetten 85 U9
Salzwedel 25 H17
Salzweg 93 U24
Salzwoog 76 S7
Sambach 72 Q16
Sambachshof 60 P15
Sambleben 36 J16
Sameister 98 W16
Samerberg 100 W20
Samern 32 J5
Sammarei 91 U23
Samswegen 37 J18
Samtens 9 C23
Sand (Kreis Kassel) 47 M11
Sand (Kreis Rastatt) 84 U8
Sand (Ortenaukreis) 84 U7
Sand (Rhein-Sieg-Kreis) 43 N5
Sand a. Main 72 Q15
Sandau 26 H20
Sandauerholz 26 H20
Sandbach 91 U23
Sandbach 70 Q11
Sandbeiendorf 37 I19
Sandbek 3 B13
Sandberg (Kreis Fulda) 59 O13
Sandberg (Kreis Rhön-Grabfeld) 59 O14
Sandbostel 12 F11
Sande 34 K9
Sande 11 F8
Sande (Enge-) 2 B10
Sandebeck 34 K10
Sandel 11 F7
Sandelzhausen 90 U19
Sandersdorf 50 L20
Sandersdorf 81 T18
Sandershausen 47 M12
Sandersleben 37 K18
Sandesneben 14 E15
Sandforth 34 J9
Sandfurth 38 I19
Sandhagen (Kreis Bad Doberan) 7 D19
Sandhagen (Kreis Mecklenburg-Strelitz) 17 E24
Sandharlanden 90 T19
Sandhatten 22 G8
Sandhausen 78 R9
Sandhausen 12 G10
Sandhof 79 S14
Sandhorst 11 F6
Sanding 82 T20
Sandizell 89 U17
Sandkaten 6 D15
Sandkrug 29 H25
Sandkrug 21 G8
Sandlofs 59 N12
Sandsbach 90 T20
Sandstedt 12 F9
Sandtorf 70 R9
Sangerhausen 49 L17
Sanitz 8 D21
Sankelmark 3 B12
St. Andreasberg 36 K15
St. Annen 4 C11
St. Arnold 32 J6
St. Augustin 43 N5
St. Bartholomä 101 X22
St. Bernhard 60 O15
St. Blasien 94 W8
St. Candidus 85 T10
St. Dionys 14 F15
St. Egidien 62 N21
St. Englmar 83 S22
St. Gangloff 62 N19
St. Georgen 85 V9
St. Georgsberg 14 E16
St. Germanshof 76 S7
St. Gertrud 6 E16
St. Goar 69 P7
St. Goarshausen 69 P7
St. Heinrich 99 W18
St. Hubert 30 L3
St. Hubertus 14 E16
St. Hülfe 22 I9
St. Ilgen 77 R10
St. Ingbert 67 S5
St. Jakob 100 W21
St. Johann (b. Hohe Warte) 86 U11
St. Johann (Gemeinde) 87 U12
St. Johann (Kreis Kelheim) 90 T19
St. Johannis 73 Q18
St. Joost 11 F7
St. Jürgen 14 E16
St. Jürgensland 12 G10
St. Julian 67 R6
St. Katharinen 56 O6
St. Leon-Rot 77 S9
St. Leonhard 100 V21
St. Leonhard a. Wonneberg 101 W22
St. Leonhard i. Forst 99 W17
St. Lorenz 6 E15
St. Märgen 84 V8
St. Margarethen 5 E11
St. Martin 76 S8
St. Michaelis 63 N23
St. Michaelisdonn 4 E11
St. Oswald-Riedlhütte 93 T24

SAARBRÜCKEN

Am Stadtgraben	AZ 2
Bahnhofstr.	AY
Berliner Promenade	AY 3
Bleichstr.	BZ 4
Deutschherrnstr.	AZ 8
Karl-Marx-Str.	AY 17
Lebacher Str.	AY 18
Ludwigstr.	AY 22
Neumarkt	AZ 28
Obertorstr.	BZ 29
Paul-Marien-Str.	BZ 32
Präsident-Balz-Str.	BZ 34
Reichsstr.	AY 35
Richard-Wagner-Str.	BY 36
St. Johanner Markt	BZ 39
Scheider Str.	BY 40
Schillerpl.	BZ 41
Stephanstr.	BY 43
Türkenstr.	BZ 46
Viktoriastr.	AY 47
Wilhelm-Heinrich-Brücke	AY 48

St. Pauli (Hamburg)	13 F13	Satrup	3 B12
St. Peter	84 V8	Sattelbogen	83 S21
St. Peter-Ording	4 D9	Satteldorf	79 S14
St. Quirin	100 W19	Sattelpeilstein	83 S22
St. Roman	85 V9	Sattenhausen	48 L14
St. Salvator	91 U23	Satuelle	25 I18
St. Servatius	100 W21	Satzkorn	39 I22
St. Thomas	54 P3	Satzvey	56 O4
St. Tönis	30 M3	Saubach	49 M18
St. Trudpert	94 W7	Sauen	41 J26
St. Ulrich	94 W7	Sauensiek	13 F12
St. Vit	33 K8	Sauer	54 Q2
St. Wendel	67 R5	Sauerlach	99 W18
St. Wilhelm	94 W7	Sauerland	45 M6
St. Wolfgang	90 V20	Sauerthal	69 P7
Sanne (Altmarkkreis		Sauggart	87 V12
Salzwedel)	25 H18	Saulburg	92 T21
Sanne (Kreis Stendal)	26 I19	Sauldorf	96 W11
Sannerz	59 P12	Saulgrub	99 W17
Sanspareil	73 Q17	Saulheim	69 Q8
Sanssouci (Potsdam)	39 I23	Saupersdorf	62 O21
Sanzkow	17 E23	Saupsdorf	64 N26
Sapelloh	22 I10	Saustrup	3 B13
Sarching	82 S20	Sauzin	19 D25
Sargenroth	68 Q6	Sayda	64 N24
Sargstedt	37 K16	Sayn	57 O6
Sarkwitz	14 E16	Schaafheim	70 Q11
Sarlhusen	5 D13	Schaag	42 M2
Sarmstorf	16 E20	Schaalby	3 C12
Sarnow	17 E24	Schaale	14 F16
Sarnstall	76 S7	Schaalsee	15 F16
Sarow	17 E23	Schachdorf-Ströbeck	37 K16
Sarre	37 J18	Schachen	97 X12
Sarrod	59 O12	Schacht-Audorf	5 D13
Sarstedt	35 J13	Schachten	83 S22
Sarzbüttel	5 D11	Schachten	47 L12
Sasbach (Kreis		Schachtrup	33 K8
Emmendingen)	84 V6	Schackendorf	6 E14
Sasbach		Schackensleben	37 J18
(Ortenaukreis)	84 U8	Schackenthal	37 K18
Sasbachwalden	84 U8	Schacksdorf	52 L25
Sasel	14 F14	Schackstedt	37 K18
Sassanfahrt	73 Q16	Schadehorn	14 E15
Sassen	9 D23	Schadeleben	37 K18
Sassenberg	33 K8	Schadewitz	52 L24
Sassenburg	24 I15	Schäftersheim	71 R13
Sassendorf	73 Q16	Schäftlarn	99 W18
Sassenhausen	46 N9	Schafberg	83 R22
Sassenholz	12 F11	Schafberg	33 J7
Saßleben	52 K25	Schaffhausen	80 T15
Saßmannshausen	45 N9	Schaffhausen	66 S4
Saßnitz	9 C24	Schafflund	3 B11
Satemin	25 H17	Schäplitz	25 I18
Saterland	11 G7	Schafreuter	99 X18
Satjendorf	6 C15	Schafshill	81 T18
Satow		Schafstädt	49 L19
(Bad Doberan)	8 E19	Schafstedt	5 D11
Satow (Kreis Müritz)	16 F21	Schaftlach	99 W19

Schafwedel	24 H16	Scharnhorst (Kreis	
Schafwinkel	23 H12	Verden)	23 H11
Schaibing	93 U24	Scharrel (Kreis	
Schaidt	76 S8	Cloppenburg)	21 G7
Schaippach	71 P12	Scharrel (Kreis	
Schale	21 I6	Diepholz)	22 H9
Schalkau	61 O17	Scharrel (Kreis	
Schalkenbach	56 O5	Hannover)	23 I12
Schalkenmehren	55 P4	Scharringhausen	22 I10
Schalkham	90 U21	Scharrl	23 G13
Schalkholz	5 D11	Schartau	37 J19
Schalkhausen	80 S15	Scharzfeld	48 L15
Schalksmühle	45 M6	Schashagen	6 D16
Schalkstetten	87 U13	Schatensen	24 G14
Schallbach	94 X6	Schatthausen	77 S10
Schallodenbach	69 R7	Schattin	14 E16
Schallstadt	84 W7	Schauberg	61 O17
Schambach (Kreis		Schauen	36 K16
Straubing-Bogen)	92 T22	Schauenburg	84 U8
Schambach (Kreis Weißenburg-		Schauenburg	45 M12
Gunzenhausen)	81 T16	Schauenstein	74 P19
Schameder	45 M8	Schauernheim	69 R8
Schamhaupten	81 T18	Schaufling	92 T23
Schanbach	79 T12	Schauinsland	94 W7
Schandelah	36 J16	Schaumberg	67 R5
Schanze	45 M9	Schaumburg	57 O7
Schanzendorf	22 G11	Schaumburg	34 J11
Schapbach	84 U8	Schaumburger Wald	34 I11
Schapdetten	31 K6	Schauren	55 Q4
Schapen	21 I6	Schechen	100 W20
Schapow	29 F25	Scheching	79 T13
Schaprode	9 C23	Scheddebrock	33 J6
Schaproder Bodden	9 C23	Scheden	47 L13
Scharbeutz	6 D16	Scheeßel	13 G12
Scharbow	15 F17	Scheer	86 V11
Scharenstetten	87 U13	Scheerenberg	45 K14
Scharfenberg	64 M24	Scheersberg	3 B13
Scharfenberg	46 L9	Scheffau	97 X13
Scharfenbrück	39 J23	Schefflenz	70 R11
Scharfenstein	63 N23	Scheibe-Alsbach	61 O17
Scharfoldendorf	35 K12	Scheibenberg	63 O22
Scharhörn (Insel)	4 E9	Scheibenhardt	76 T8
Scharling	99 X19	Scheid	46 M11
Scharmbeck	14 F14	Scheidegg	97 X13
Scharmbeckstotel	12 G10	Scheiden	50 M20
Scharmede	34 K9	Scheidental	70 R11
Scharmützelsee	41 J26	Scheidewang Alp	97 X14
Scharnebeck	24 H15	Scheidingen	45 L7
Scharnhörn (Insel)	4 E9	Scheinfeld	72 R13
Scharnhorst (Kreis		Schelenburg	33 J8
Celle)	24 H14	Schelklingen	87 U13

Schellhorn	6 D14	Schipkau	52 L25
Schellweiler	67 R6	Schippach	71 Q11
Schemmerberg	87 V13	Schipphorst	6 D14
Schemmerhofen	87 V13	Schirgiswalde	65 M27
Schemmern	47 M13	Schirmitz	75 R20
Schenefeld (Kreis		Schirnau	5 C13
Pinneberg)	13 F13	Schirnrod	61 O16
Schenefeld (Kreis		Schirradorf	73 P17
Steinburg)	5 D12	Schirum	11 F6
Schenkelberg	57 O7	Schkeuditz	50 L20
Schenkenberg (Kreis		Schkölen	62 M19
Delitzsch)	50 L20	Schköna	50 K21
Schenkenberg (Kreis		Schkopau	50 L19
Uckermark)	29 F25	Schkortitz	51 M22
Schenkendöbern	53 K27	Schkortleben	50 M20
Schenkendorf	52 K24	Schladbach	52 K25
Schenkenhorst (Altmarkkreis		Schladebach	50 M20
Salzwedel)	25 I18	Schladen	36 J15
Schenkenhorst (Kreis Potsdam-		Schladern	43 N6
Mittelmark)	40 I23	Schladt	54 P4
Schenkenzell	85 V9	Schlächtenhaus	94 W7
Schenklengsfeld	59 N13	Schlag	92 T23
Scheppach	88 U15	Schlagbrügge	14 E16
Scheppau	36 J16	Schlagenthin (Kreis Jerichower	
Schepsdorf	20 I5	Land)	38 I20
Scherbda	48 M14	Schlagenthin (Kreis Märkisch-	
Scherenbostel	23 I13	Oderland)	41 I26
Scherfede	46 L11	Schlagsdorf (Kreis Nord-	
Scherlebeck	31 L5	westmecklenburg)	14 E16
Schermbeck	31 K4	Schlagsdorf (Kreis	
Schermcke	37 J17	Ostholstein)	7 C17
Schermen	37 J19	Schlaitdorf	86 U11
Schernberg	48 M16	Schlaitz	50 L21
Schernebeck	25 I19	Schlakendorf	16 E22
Scherneck	73 P16	Schlalach	39 J22
Schernfeld	81 T17	Schlamau	38 J21
Schernikau	25 I19	Schlamersdorf	6 D15
Schernsdorf	41 J27	Schlammersdorf (Kreis	
Scherpenseel	42 N2	Forchheim)	73 Q17
Scherstetten	88 V15	Schlammersdorf (Kreis Neustadt	
Scherzheim	76 T8	a. d. Waldnaab)	74 Q19
Schessinghausen	23 I11	Schlangen	34 K10
Scheßlitz	73 Q17	Schlangenbad	69 P8
Scheuder	50 K20	Schlanstedt	37 J17
Scheuen	24 H14	Schlarpe	47 L13
Scheuerfeld	60 P16	Schlatt	87 U13
Scheuerfeld	57 N7	Schlatt (Kreis Breisgau-	
Scheuerheck	56 O4	Hochschwarzwald)	94 W7
Scheuren	56 O4	Schlatt	
Scheuring	88 V15	(Zollernalbkreis)	86 U11
Scheven	54 O3	Schlatt a. Randen	95 W10
Schevenhütte	42 N2	Schlaube	41 J27
Scheyern	89 U18	Schlaubetal	41 J27
Schiebsdorf	52 K25	Schlauersbach	80 S16
Schiedel	64 M26	Schlausenbach	55 P3
Schiedungen	48 L15	Schlebusch	44 M5
Schiefbahn	42 M3	Schleching	100 W21
Schielberg	77 T9	Schledehausen	33 J8
Schielo	49 L17	Schleesen	50 K21
Schienen	95 W10	Schleeßel	13 G11
Schiener Berg	95 W10	Schlegel (Kreis	
Schierau	50 K20	Löbau-Zittau)	65 N28
Schierbrok	22 G9	Schlegel	
Schieren	6 E15	(Saale-Orla-Kreis)	61 O18
Schierensee	5 D13	Schlehdorf	99 X17
Schierhorn	13 G13	Schlei	3 C13
Schierke	36 K15	Schleibnitz	37 J18
Schierling	90 T20	Schleid	59 N13
Schiersfeld	69 Q7	Schleiden	54 O3
Schierstein	69 P8	Schleiden (Forst)	54 O3
Schießen	88 V14	Schleidweiler-Rodt	54 O3
Schießhaus	35 K12	Schleife	53 L27
Schiffdorf	12 F9	Schleinitz	51 M23
Schiffelbach	46 N10	Schleiz	61 O19
Schiffenberg	58 O10	Schlema	63 O21
Schifferstadt	77 R9	Schlemmin (Kreis	
Schiffmühle	29 H26	Güstrow)	16 E19
Schiffweiler	67 R5	Schlemmin (Kreis	
Schilbach		Nordvorpommern)	8 D22
(Elstertalkreis)	62 O20	Schlemmin (Kreis	
Schilbach (Saale-		Parchim)	16 F20
Orla-Kreis)	62 O19	Schlenzer	39 K23
Schilda	52 L24	Schlepkow	29 F25
Schilde	14 F16	Schlepzig	41 J25
Schildesche	34 J9	Schlesen	6 D15
Schildgen	44 M5	Schleswig	3 C12
Schildow	40 I24	Schleswig-Holsteinisches	
Schildthurn	91 V22	Freilichtmuseum (Kiel)	6 D14
Schilksee	6 C14	Schleswig-Holsteinisches	
Schillersdorf	17 F22	Wattenmeer	2 B9
Schillerslage	23 I13	Schlettau (Kreis	
Schillertswiesen	82 S21	Annaberg)	63 O22
Schillig	11 E8	Schlettau (Saalkreis)	50 L19
Schillingen	66 R4	Schleuse	60 O16
Schillingsfürst	80 S14	Schleusegrund	60 O16
Schillingstadt	79 R12	Schleusingen	60 O16
Schillingstedt	49 M17	Schleusingerneudorf	60 O16
Schilldorf	91 R11	Schlewecke	36 J14
Schiltach	85 V9	Schlich	42 N3
Schiltberg	89 U17	Schlicht	17 F24
Schimborn	70 P11	Schlicht	74 R19
Schimm	15 E18	Schlichten	79 T12
Schimmendorf	74 P18	Schlichting	4 D11
Schinder	100 X19	Schlickelde	33 I7
Schinkel	5 C13	Schlieben	51 K24
Schinna	22 I11	Schliefenberg	16 E21
Schinne	25 I19	Schliengen	94 W6
Schiphorst	14 E15		

Schlier....97 W13
Schlierbach....87 T12
Schlierbach (Kreis Bergstraße)....70 Q10
Schlierbach (Main-Kinzig-Kreis)....59 P11
Schlierbach (Schwalm-Eder-Kreis)....46 N11
Schlierbachswald....48 M14
Schliersee....100 W19
Schliersee (Dorf)....100 W19
Schlierstadt....79 R12
Schliffkopf....84 U8
Schlingen....98 W15
Schliprüthen....45 M8
Schlitz....59 N12
Schlitzerländer Tierfreiheit....59 N12
Schlöben....61 N19
Schloen....17 F22
Schloß Holte-Stukenbrock....34 K9
Schloß Landsberg....60 O15
Schloß Neuhaus....34 K10
Schloß Ricklingen....23 I12
Schloßsau....70 R11
Schloßberghöhlen....67 S6
Schloßböckelheim....69 Q7
Schloßborn....57 P9
Schloßkulm....61 N18
Schloßvippach....49 M17
Schlotheim....48 M15
Schlotzwitz....64 N25
Schlotzau....59 N12
Schluchsee....94 W8
Schluchsee (Gemeinde)..94 W8
Schlücht....94 W8
Schlüchtern....59 O12
Schlüsselburg....22 I11
Schlüsselfeld....72 Q15
Schlüttsiel....2 B10
Schluft....27 H24
Schlunkendorf....39 J23
Schlutup....6 E16
Schmachtendorf....31 L4
Schmachtenhagen....27 H23
Schmadebeck....7 D19
Schmalegg....97 W12
Schmalenbeck (Kreis Osterholz)....12 G11
Schmalenbeck (Kreis Stormarn)....14 F14
Schmalenberg....76 R7
Schmalensee....6 D14
Schmalfeld....5 E13
Schmalfelden....79 S14
Schmalkalden....60 N15
Schmallenberg....45 M8
Schmalnau....59 O13
Schmalstede....6 D14
Schmalwasser....59 O14
Schmalwasser (Talsperre)....60 N15
Schmannewitz....51 L22
Schmarbeck....24 H14
Schmargendorf....29 H25
Schmarren....12 E9
Schmarsau....25 H18
Schmarsow....17 E23
Schmatzfeld....36 K16
Schmatzhausen....90 U20
Schmatzin....17 E24
Schmechten....34 K11
Schmedehausen....33 J7
Schmedenstedt....36 J14
Schmeie....86 V11
Schmellwitz....52 K26
Schmelz....66 R4
Schmergow....39 I22
Schmerkendorf....51 L23
Schmerlecke....45 L8
Schmerlitz....65 M26
Schmerwitz....38 J21
Schmerzke....38 I21
Schmetzdorf....26 I20
Schmiden....78 T11
Schmidham....91 U23
Schmidmühlen....82 S19
Schmidsfelden....97 W14
Schmidt....42 O3
Schmidtheim....54 O3
Schmiechen (Alb-Donau-Kreis)....87 U13
Schmiechen (Kreis Aichach-Friedberg)....89 V16
Schmiedeberg (Kreis Uckermark)....29 G25
Schmiedeberg (Weißeritzkreis)....64 N25
Schmiedefeld....61 O17
Schmiedefeld a. Rennsteig....60 O16
Schmiedehausen....49 M19
Schmiehe....84 V7
Schmilau....14 F16
Schmilka....65 N26
Schmilkendorf....38 K21
Schmillinghausen....46 L11

Schmira....49 N16
Schmirma....49 M19
Schmitten....58 P9
Schmittlotheim....46 M10
Schmitzhöhe....43 N5
Schmöckwitz....40 I24
Schmölau (Kreis Dannenberg)....24 G16
Schmölau (Kreis Westliche Altmark)....24 H16
Schmölln (Kreis Altenburger Land)....62 N21
Schmölln (Kreis Uckermark)....29 G26
Schmölln-Putzkau....65 M26
Schmölz....61 P17
Schmogrow....52 K26
Schmolde....16 G20
Schmoldow....9 E24
Schmollensee....19 E26
Schmorda....61 O18
Schmorkau....64 M25
Schmücke....49 M17
Schmücke (Dorf)....60 O16
Schmutter....88 U16
Schnabelwaid....73 Q18
Schnackenburg....25 G18
Schnackenwerth....72 P14
Schnaditz....50 L21
Schnaid....72 Q16
Schnait....79 T12
Schnaitheim....88 T14
Schnaitsee....100 V21
Schnaittach....73 R18
Schnaittenbach....82 R20
Schnakenbek....14 F15
Schnarchenreuth....61 O19
Schnarrtanne....62 O21
Schnarup-Thumby....3 C12
Schnathorst....34 J10
Schnaupping....90 V20
Schneckenhausen....69 R7
Schneckenlohe....61 P17
Schneeberg....74 P19
Schneeberg (Kreis Aue-Schwarzenberg)....62 O21
Schneeberg (Kreis Miltenberg)....70 R11
Schneeberg (Kreis Oder-Spree)....41 J26
Schneeberg (Kreis Schwandorf)....82 R21
Schneeren....23 I12
Schneerener Moor....23 I11
Schneflingen....24 I16
Schnega....24 H16
Schneidenbach....62 O20
Schneiderkrug....21 H8
Schneidlingen....37 K18
Schneifel....54 P3
Schneifel (Forsthaus)....54 P3
Schneizlreuth....101 W22
Schnellbach....60 N15
Schnelldorf....80 S14
Schnellin....51 K22
Schnellmannshausen....48 M14
Schnellroda....49 M19
Schnellrode....47 M13
Schnepke....22 H10
Schnett....60 O16
Schnetzenhausen....97 W12
Schneverdingen....23 G13
Schney....73 P17
Schnürpflingen....87 V13
Schnuttenbach....88 U15
Schobüll (Kreis Nordfriesland)....2 C11
Schobüll (Kreis Schleswig-Flensburg)....3 B11
Schochwitz....50 L19
Schöbendorf....39 J24
Schöffau....99 W17
Schöffelding....89 V16
Schöffengrund....58 O9
Schöfweg....92 T23
Schöllang....98 X14
Schöllbronn....77 T9
Schöllenbach....70 R11
Schöllkrippen....70 P11
Schöllnach....92 T23
Schömbach Stausee....62 N21
Schömberg (Kreis Calw)....77 T9
Schömberg (Kreis Freudenstadt)....85 U9
Schömberg (Zollernalbkreis)....85 V10
Schöna....65 N26
Schöna (b. Eilenburg)....51 L22
Schöna (b. Sörnewitz)....51 L23
Schönach....96 W11
Schönach....92 T21
Schönach (Kreis Sigmaringen)....96 W11
Schönaich (Kreis Böblingen)....86 U11
Schönaich (Kreis Schweinfurt)....72 Q15

Schönanger....93 T24
Schönau....60 O15
Schönau (Kreis Cham)....82 R21
Schönau (Kreis Ebersberg)....100 W19
Schönau (Kreis Euskirchen)....56 O4
Schönau (Kreis Lörrach)....94 W7
Schönau (Kreis Main-Spessart)....71 P13
Schönau (Kreis Olpe)....45 N7
Schönau (Kreis Passau)....93 U25
Schönau (Kreis Regen)....83 S22
Schönau (Kreis Rottal-Inn)....91 U22
Schönau (Rhein-Neckar-Kreis)....77 R10
Schönau (Pfalz)....76 S7
Schönau a. d. Brend....60 O14
Schönau a. Königssee....101 X22
Schönau-Berzdorf....65 M28
Schönau v. d. Walde....60 N15
Schönbach....57 N8
Schönbach (Göltzschtalkreis)....62 O20
Schönbach (Kreis Löbau-Zittau)....65 M27
Schönbach (Sermuth-)....51 M22
Schönbeck....17 F24
Schönbek....5 D13
Schönberg (b. Bad Brambach)....75 P20
Schönberg (b. Lindow)....27 H22
Schönberg (b. Rodau)....62 O19
Schönberg (b.Tamnitz)....26 H21
Schönberg (Kreis Freyung-Grafenau)....93 T24
Schönberg (Kreis Herzogtum Lauenburg)....14 E15
Schönberg (Kreis Mühldorf a. Inn)....90 U21
Schönberg (Kreis Nordwestmecklenburg)....14 E16
Schönberg (Kreis Nürnberger Land)....73 R17
Schönberg (Kreis Plön)....6 C15
Schönberg (Kreis Stendal)....25 H19
Schönberg (Kreis Weilheim-Schongau)....97 W16
Schönbergerstrand....6 C15
Schönborn (Donnersbergkreis)....69 R7
Schönborn (Kreis Elbe-Elster)....52 L24
Schönborn (Kreis Riesa-Großenhain)....64 M25
Schönborn (Rhein-Lahn-Kreis)....57 P7
Schönborn-Dreiwerden....63 N23
Schönbronn....80 S14
Schönbrunn (Kreis Dachau)....89 V18
Schönbrunn (Kreis Hildburghausen)....60 O16
Schönbrunn (Kreis Landshut)....90 U20
Schönbrunn (Kreis Wunsiedel i. F.)....74 P19
Schönbrunn (Rhein-Neckar-Kreis)....77 R10
Schönbrunn (Saale-Orla-Kreis)....61 O18
Schönbrunn (Lausitz)....65 M26
Schönbrunn a. Lusen....93 T24
Schönbrunn i. Steigerwald....72 Q16
Schönbuch....85 U10
Schönburg....50 M19
Schönburg....91 U23
Schönburg (Oberwesel)....57 P7
Schönbusch....70 Q11
Schönderling....59 P13
Schöndorf....66 Q4
Schönebeck....38 J19
Schönebeck (Kreis Prignitz)....26 G20
Schöneberg....29 G26
Schöneberg....88 V15
Schöneberg (Kreis Altenkirchen)....56 O6
Schöneberg (Kreis Bad Kreuznach)....69 Q7
Schöneberg....87 V13
Schöneck....58 P10
Schöneck....62 O21
Schönecken....54 P3
Schönefeld (b. Luckenwalde)....39 J23
Schönefeld (b. Marzahna)....39 K22
Schönegründ....85 U9
Schöneiche (Kreis Oder-Spree)....40 I25
Schöneiche (Kreis Teltow-Fläming)....39 J24
Schönemark....34 K10

Schönemoor....22 G9
Schönenbach (Kreis Breisgau-Hochschwarzwald)....94 W8
Schönenbach (Schwarzwald-Baar-Kreis)....84 V8
Schönenberg....80 T14
Schönenberg....80 N6
Schönenberg-Kübelberg....67 R6
Schönerlinde....40 I24
Schönermark (b. Grünow)....29 G26
Schönermark (b. Prenzlau)....29 G25
Schönermark (Kreis Oberhavel)....28 G23
Schönermark (Kreis Ostprignitz-Ruppin)....26 H20
Schönerstadt....63 N23
Schöneseiffen....54 O3
Schönewalde (b. Finsterwalde)....52 K24
Schönewalde (b. Weißen)....39 K23
Schönewerda....49 M18
Schönewörde....24 I15
Schönfeld....54 P3
Schönfeld (b. Gartz)....29 G26
Schönfeld (b. Prenzlau)....29 F25
Schönfeld (Kreis Annaberg)....63 O22
Schönfeld (Kreis Barnim)....40 H25
Schönfeld (Kreis Bayreuth)....73 Q18
Schönfeld (Kreis Demmin)....17 E22
Schönfeld (Kreis Eichstätt)....81 T17
Schönfeld (Kreis Potsdam-Mittelmark)....39 J23
Schönfeld (Kreis Riesa-Großenhain)....64 M25
Schönfeld (Kreis Stendal)....26 H20
Schönfeld (Main-Tauber-Kreis)....71 Q13
Schönfeld-Weißig....64 M25
Schönfelde....41 I26
Schönfels....62 N21
Schönficht....75 Q20
Schönfließ....40 I24
Schöngeising....89 V17
Schöngleina....61 N19
Schönhagen (b. Gumtow)....26 H20
Schönhagen (b. Pritzwalk)....26 G20
Schönhagen (Kreis Northeim)....35 K12
Schönhagen (Kreis Rendsburg-Eckernförde)....3 C14
Schönhagen (Kreis Teltow-Fläming)....39 J23
Schönhaid....75 Q20
Schönhausen (Kreis Mecklenburg-Strelitz) .19 F25
Schönhausen (Kreis Stendal)....26 I20
Schönhauser Damm....26 I20
Schönheide....62 O21
Schönhof....15 E17
Schönhofen....82 S19
Schönholthausen....45 M8
Schönholz-Neuwerder....34 H21
Schöning....34 K9
Schöningen....37 J16
Schöninger Aue....36 J16
Schöninghausdorf....20 H5
Schönkirchen....6 C14
Schönlind....75 P20
Schönlind (Kreis Amberg-Sulzbach)....82 R19
Schönmünz....85 U8
Schönmünzach....85 U9
Schönningstedt....14 F14
Schönow (Kreis Barnim)....27 H24
Schönow (Kreis Uckermark)....29 G26
Schönrain....99 W18
Schönram....101 W22
Schönreuth....72 Q19
Schönsee....82 R21
Schönstadt....58 N10
Schönstedt....48 M15
Schöntal....79 S12
Schönteichen....64 M26
Schönthal....83 R21
Schönwald (Kreis Wunsiedel i. F.)....75 P20
Schönwald (Ortenaukreis)....84 U8
Schönwald i. Schwarzwald....84 V8
Schönwalde (Kreis Barnim)....40 H24
Schönwalde (Kreis Dahme-Spreewald)....52 K25

Schönwalde (Kreis Havelland)....40 I23
Schönwalde (Kreis Uecker-Randow)....19 F25
Schönwalde (Altmark)....25 I19
Schönwalde am Bungsberg....6 D16
Schönwerder....29 F25
Schönwohld....5 D14
Schönwolkau....50 L21
Schöppenstedt....36 J16
Schöppingen....32 J5
Schöpstal....65 M28
Schörzingen....85 V10
Schötmar....34 J10
Scholderup....3 C13
Scholen....22 H10
Schollbrunn (Kreis Main-Spessart)....71 Q12
Schollbrunn (Neckar-Odenwald-Kreis)....78 R11
Schollene....26 H20
Schollene (Land)....26 H20
Scholven....31 L5
Schomberg....45 M8
Schomburg....97 W13
Schonach....84 V8
Schonau....46 N11
Schonderfeld....71 P13
Schondorf....89 V17
Schondra....59 P13
Schongau....98 W16
Schoningen....47 L12
Schonstett....100 W20
Schonungen....72 P14
Schopfheim....94 X7
Schopfloch (Kreis Ansbach)....80 S14
Schopfloch (Kreis Esslingen)....87 U12
Schopfloch (Kreis Freudenstadt)....85 U9
Schopp....76 R7
Schora....38 J20
Schorba....61 N18
Schorborn....35 K12
Schorbus....53 K26
Schorfheide....27 H24
Schorndorf (Kreis Cham)....82 S21
Schorndorf (Rems-Murr-Kreis)....79 T12
Schornsheim....69 Q8
Schornweisach....72 Q15
Schorrentin....17 E22
Schorssow....16 E21
Schorstedt....25 H18
Schortens....11 F7
Schortewitz....50 L20
Schott....10 F5
Schotten....5 E11
Schotten....58 O11
Schottenstein....72 P16
Schraden....52 L25
Schramberg....85 U9
Schramberg (Stadt)....85 V9
Schrampe....25 H18
Schraplau....49 L19
Schraudenbach....71 Q14
Schrebitz....51 M23
Schrecksbach....59 N11
Schreiersgrün....62 O20
Schrenz....50 L20
Schretstaken....14 F15
Schreufa....46 M10
Schriesheim....77 R10
Schröck....58 N10
Schröding....90 U20
Schröttinghausen....34 J9
Schrozberg....79 R13
Schuby (Kreis Rendsburg-Eckernförde)....3 C13
Schuby (Kreis Schleswig-Flensburg)....3 C12
Schuckenbaum....34 J10
Schülern....23 G13
Schüller....54 O3
Schülp....4 D10
Schülp b. Nortorf....5 D13
Schülp b. Rendsburg....5 D12
Schuenhagen....9 D22
Schünow....39 J24
Schürdt....56 O6
Schüren....45 M8
Schüttdamm....13 E11
Schüttorf....32 J5
Schützingen....77 T10
Schuhlen-Wiese....41 I26
Schuld....56 O4
Schulenberg....8 D21
Schulenberg....23 H9
Schulenberg i. Oberharz..36 K15
Schulenburg....35 J13
Schuldorf....14 F15
Schulzendorf (Kreis Dahme-Spreewald)....40 I24

Schulzendorf (Kreis Märkisch-Oderland)....41 H26
Schulzendorf (Kreis Oberhavel)....28 G23
Schunter....36 J16
Schupf....81 R18
Schura....85 V9
Schurwald....79 T12
Schussen....97 W12
Schuttern....84 U7
Schuttertal....84 V7
Schutterwald....84 U7
Schutterzell....84 U7
Schutzbach....57 N7
Schwaan....16 E20
Schwabach....73 R17
Schwabbach....79 S12
Schwabe....5 D13
Schwabegg....88 V16
Schwaben....81 T19
Schwaben Park....79 T12
Schwabenheim a. d. Selz....69 Q8
Schwabenrod....59 N11
Schwaberwegen....90 V19
Schwabhausen....60 N16
Schwabhausen (Kreis Dachau)....89 V18
Schwabhausen (Kreis Landsberg a. Lech)....89 V16
Schwabhausen (Main-Tauber-Kreis)....79 R12
Schwabing....89 V18
Schwabmühlhausen....88 V16
Schwabmünchen....88 V16
Schwabsberg....80 T14
Schwabsburg....69 Q8
Schwabsoien....98 W16
Schwabstedt....3 C11
Schwabthal....73 P17
Schwackenreute....96 W11
Schwäbisch-Gmünd....79 T13
Schwäbisch-Hall....79 S13
Schwäbische Alb....85 V10
Schwäbische Rezat....81 S17
Schwafheim....30 L3
Schwaförden....22 H10
Schwagstorf (b. Bad Essen)....21 I8
Schwagstorf (b. Fürstenau)....21 I7
Schwaig (Kreis Bad Tölz-Wolfratshausen)....99 W18
Schwaig (Kreis Erding)....90 U19
Schwaig (Nürnberg)....73 R17
Schwaiganger....99 X17
Schwaigen....99 X17
Schwaigern....78 S11
Schwaikheim....79 T12
Schwaim....91 U23
Schwalbach (Saar)....66 S4
Schwalbach a. Taunus....58 P9
Schwalefeld....46 M9
Schwalenberg....34 K11
Schwalingen....23 G13
Schwallungen....60 N15
Schwalm (Fluß b. Brüggen)....42 M2
Schwalm (Fluß b. Schwalmstadt)....59 N11
Schwalmstadt....58 N11
Schwalmstadt-Treysa....58 N11
Schwalmstadt-Ziegenhain....58 N11
Schwalmtal (Kreis Viersen)....42 M2
Schwalmtal (Vogelsbergkreis)....59 N11
Schwanau....84 U7
Schwanbeck (Kreis Mecklenburg-Strelitz)..17 E24
Schwanbeck (Kreis Nordwestmecklenburg)....7 E16
Schwanberg....72 Q14
Schwand (Elstertalkreis)....62 O20
Schwand (Kreis Neustadt a. d. Waldnaab)....75 Q20
Schwand (Kreis Roth)....81 S17
Schwandorf....82 S20
Schwandorf (Kreis Tuttlingen)....95 W10
Schwandt....17 F23
Schwanebeck (Kreis Barnim)....40 I24
Schwanebeck (Kreis Halberstadt)....37 K17
Schwanebeck (Kreis Havelland)....27 I22
Schwanebeck (Kreis Potsdam-Mittelmark)....38 J21
Schwaneberg (Bördekreis)....37 K18
Schwaneberg (Kreis Uckermark)....29 G26
Schwanburgermoor....21 G7
Schwanfeld....37 J13
Schwanberg....42 M2
Schwanenkirchen....92 T23

SCHWERIN

Alter Garten	BCY	3
Am Packhof	BXY	2
Apothekerstr.	BXY	10
Bäckerstr.	AY	12
Beethovenstr.	AX	13
Bischofstr.	BY	15
Bornhövedstr.	CX	16
Bürgerm.-Bade-Pl.	BX	18
Demmlerpl.	AY	19
Demmlerstr.	AZ	21
Dr-Külz-Str.	AX	24
Enge Str.	BY	25
Franz-Mehring-Str.	ABY	27
Friedrichstr.	BY	28
Fritz-Reuter-Str.	AY	30
Gaußstr.	BXY	31
Große Wasserstr.	AZ	33
Grunthalpl.	BX	34
Heinrich-Mann-Str.	BZ	40
Helenenstr.	BY	42
Hermannstr.	BZ	43
Hospitalstr.	CX	45
Jägerweg	BZ	46
Jahnstr.	CY	48
Johannesstr.	AY	52
Johannes-Stelling-Str.	BZ	49
Jungfernstieg	AY	53
Karl-Liebknecht-Pl.	AZ	54
Kirchenstr.	CY	55
Kleiner Moor	CY	57
Lennéstr.	CZ	58
Lobedanzgang.	BY	61
Löwenpl.	AX	62
Ludwigsluster Chaussee	BZ	63
Max-Suhrbier-Str.	AX	64
Mecklenburgstr.	BYZ	66
Müllerstr.	AY	70
Platz der Freiheit	AX	76
Puschkinstr.	BY	78
Reutzstr.	BX	81
Richard-Wagner-Str.	AY	82
Ritterstr.	BY	84
Robert-Koch-Str.	CX	85
Sandstr.	AY	90
Schloßgartenallee	CZ	91
Schmiedestr.	BY	94
Schweinemarkt	BX	96
Severinstr.	ABY	99
Spieltordamm	BX	102
Werner-Seelenbinder-Str.	AY	108

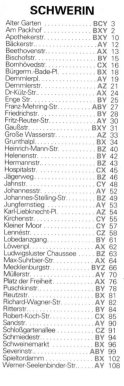

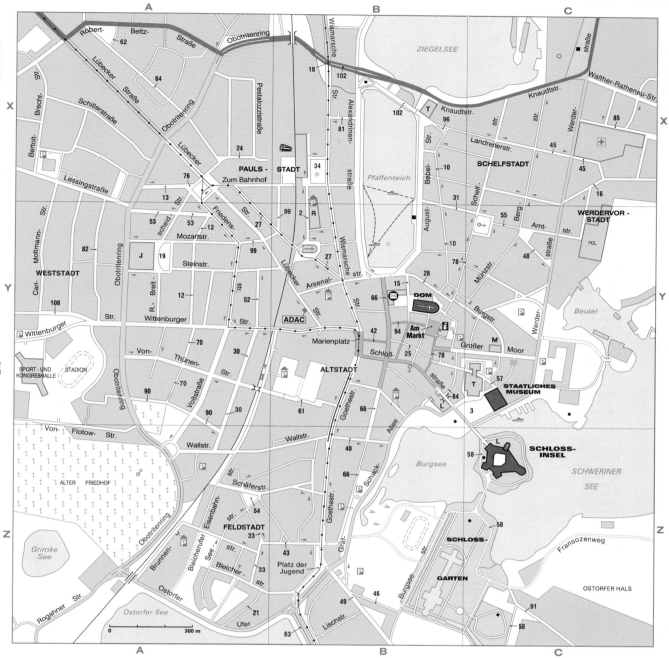

Schwanewede	12	G9
Schwaney	34	K10
Schwanfeld	72	Q14
Schwangau	98	X16
Schwanheide	14	F16
Schwanheim (Kreis Bergstraße)	70	Q9
Schwanheim (Rhein-Neckar-Kreis)	77	R10
Schwaningen	95	W9
Schwann	77	T9
Schwansen	3	C13
Schwansener See	6	C14
Schwanstetten	81	S17
Schwante	27	H23
Schwarme	23	H11
Schwarmstedt	23	H12
Schwartbuck	6	C15
Schwartenberg	64	O24
Schwarz	59	N12
Schwarz (Kreis Müritz)	28	G22
Schwarz (Kreis Schönebeck)	37	K19
Schwarza	94	W8
Schwarza (Bach)	61	O17
Schwarza (Kreis Schmalkalden-Meiningen)	60	O15
Schwarza (Schwarzakreis)	61	N17
Schwarzach (b. Schönsee)	83	R21
Schwarzach (Fluß)	82	R20
Schwarzach (Kreis Rastatt)	76	T8
Schwarzach (Kreis Straubing-Bogen)	92	T22
Schwarzach (Neckar-Odenwald-Kreis)	77	R10
Schwarzach a. Main	72	Q14
Schwarzach b. Kulmbach	74	P18
Schwarzach b. Nabburg	82	R20
Schwarzbach (Kreis Fulda)	59	O13
Schwarzbach (Kreis Mittweida)	51	M22
Schwarzbach (Kreis Oberspreewald-Lausitz)	52	L25
Schwarzbach (Kreis Schmalkalden-Meiningen)	60	O14
Schwarzbachwacht-sattel	101	X22
Schwarzburg	61	O17
Schwarze Berge	13	F13
Schwarze Elster	39	K23
Schwarze Laaber	82	S19
Schwarze Pumpe	53	L27
Schwarzeck	101	X22
Schwarzeck (Berg)	83	S23
Schwarzenacker	67	S5
Schwarzenau	46	M9
Schwarzenbach (Kreis Neustadt a. d. Waldnaab)	74	Q19
Schwarzenbach (Kreis Tirschenreuth)	75	Q21
Schwarzenbach (Saarpfalz-Kreis)	67	S5
Schwarzenbach a. d. Saale	74	P19
Schwarzenbach a. Wald	61	P18
Schwarzenbach Stausee	84	T15
Schwarzenbek	14	F15
Schwarzenberg	64	M26
Schwarzenberg (Kreis Cham)	83	S22
Schwarzenberg (Kreis Freudenstadt)	85	U9
Schwarzenberg (Erzgebirge)	63	O22
Schwarzenborn	59	N12
Schwarzenbruck	81	R17
Schwarzenburg	52	K24
Schwarzenfeld	82	R20
Schwarzenhammer	75	P20
Schwarzenholz	66	R4
Schwarzenstein	61	P18
Schwarzenthonhausen	82	S19
Schwarzhausen	35	N15
Schwarzheide	52	L25
Schwarzhofen	82	R20
Schwarzkollm	52	L26
Schwarzriegel	83	S22
Schwarzwälder Hochwald	66	R4
Schwarzwald	94	W8
Schwarzwald-Hochstraße	84	U8
Schwarzwasser	24	I15
Schwasdorf	16	E21
Schwebda	48	M14
Schweben	59	O12
Schwebenried	71	P14
Schwebheim (Kreis Ansbach)	72	R15
Schwebheim (Kreis Schweinfurt)	72	Q14
Schweckhausen	46	L11
Schwedelbach	67	R6
Schwedeneck	6	C14
Schwedt	29	G26
Schweewarden	12	F9
Schwefe	45	L8
Schwege	33	J7
Schwegenheim	76	S8
Schwegermoor	21	I8
Schwei	12	F9
Schweiburg	12	F8
Schweich	66	Q4
Schweicheln	34	J9
Schweicheln-Bermbeck	34	J9
Schweigen-Rechtenbach	76	S7
Schweigern	71	R12
Schweighausen	84	V7
Schweighausen	77	P7
Schweighof	94	W7
Schweighofen	76	S7
Schweikershain	51	M22
Schweikershausen	60	P15
Schweimke	24	H15
Schweina	60	N15
Schweinbach	61	O18
Schweinbach (Kreis Traunstein)	101	W21
Schweinberg	71	R12
Schweindorf	80	T15
Schweinfurt	72	P14
Schweinhausen	87	V13
Schweinhütt	92	T23
Schweinitz (Kreis Anhalt-Zerbst)	38	J20
Schweinitz (Kreis Wittenberg)	39	K23
Schweinitzer Fließ	39	K23
Schweinrich	28	G21
Schweinsberg	58	N10
Schweinsbühl	46	M10
Schweinschied	68	Q6
Schweinsdorf	80	R14
Schweinshaupten	72	P15
Schweisdorf	73	P17
Schweitenkirchen	89	U18
Schweix	76	S6
Schwelm	44	M5
Schwemlingen	66	R3
Schwemsal	50	L21
Schwend	81	R18
Schwenda	49	L17
Schwendi	87	V13
Schwenke	44	M6
Schwennenbach	88	U15
Schwenningen (Kreis Dillingen a. d. Donau)	88	U15
Schwenningen (Kreis Sigmaringen)	85	V10
Schwenningen (Villingen-)	85	V9
Schwentine	6	D14
Schwepnitz	52	L25
Schweppenhausen	69	Q7
Schwerborn	49	M17
Schwerfen	42	O3
Schwerin	15	F18
Schwerin (Kreis Dahme-Spreewald)	28	J24
Schwerin (Kreis Oder-Spree)	40	J25
Schweriner See	15	E18
Schweringen	23	H11
Schweringhausen	22	H10
Schwerinsburg	19	E25
Schwerinsdorf	11	G6
Schwerstedt (Kreis Sömmerda)	48	M16
Schwerstedt (Kreis Weimarer Land)	49	M17
Schwerte	31	L6
Schwerz	50	L20
Schwesing	3	C11
Schweskau	25	H17
Schwetzingen	78	R9
Schwicheldt	36	J14
Schwichteler	21	H8
Schwichtenberg	19	E25
Schwickershausen	57	P8
Schwieberdingen	78	T11
Schwiegershausen	36	K14
Schwielochsee	41	J26
Schwielowsee	39	I22
Schwienau	24	H15
Schwienhusen	5	D11
Schwienskopp	4	D10

Schwiesau.....25 I17
Schwiessel.....16 E21
Schwifting.....88 V16
Schwimmbach.....92 T21
Schwindebeck.....14 G14
Schwindegg.....90 V20
Schwindkirchen.....90 V20
Schwinge.....13 F12
Schwinge (Fluß).....13 F12
Schwinkendorf.....16 F22
Schwinzer Heide.....16 F20
Schwirzheim.....54 P3
Schwitten.....45 L7
Schwittersdorf.....49 L19
Schwörstadt.....94 X7
Schwollen.....68 Q5
Schwülbingsen.....24 I14
Schwülper.....36 I15
Schwürbitz.....73 P17
Sebalder Reichswald.....73 R17
Sebbeterode.....46 N11
Sebexen.....35 K14
Sebnitz.....65 N26
Secantsgraben.....25 I18
Sechselberg.....79 T12
Sechshelden.....57 N8
Sechtem.....43 N4
Seck.....57 O8
Seckach.....71 R12
Seckach (Bach).....79 R12
Seckenhausen.....22 H10
Secklendorf.....24 G15
Seckmauern.....70 Q11
Seddin.....39 J23
Seddinsee.....40 I25
Sedelsberg.....21 G7
Sedlitz.....52 L26
See.....81 S19
Seebach (Kreis Deggendorf).....92 T23
Seebach (Ortenaukreis).....84 U8
Seebach (Unstrut-Hainich-Kreis).....48 M15
Seebach (Wartburgkreis).....60 N15
Seebarn.....82 S21
Seebeck.....27 H23
Seebeck-Strubensee.....27 H23
Seebenau.....25 H17
Seebergen.....60 N16
Seebergen.....12 G10
Seebronn.....85 U10
Seebruck.....100 W21
Seebrugg.....94 W8
Seeburg.....87 U12
Seeburg (Kreis Göttingen).....48 L14
Seeburg (Kreis Mansfelder Land).....49 L19
Seeburg (Kreis Potsdam-Mittelmark).....40 I23
Seeburger See.....48 L14
Seedorf.....85 V9
Seedorf (Kreis Demmin).....17 E23
Seedorf (Kreis Herzogtum Lauenburg).....14 F16
Seedorf (Kreis Rotenburg).....12 F11
Seedorf (Kreis Segeberg).....6 D15
Seedorf (Kreis Uelzen).....24 G15
Seedorfer See.....6 D15
Seefeld.....40 I25
Seefeld.....89 V17
Seefeld (Kreis Rendsburg-Eckernförde).....5 D12
Seefeld (Kreis Wesermarsch).....12 F9
Seefelderaußendeich.....12 F9
Seeg.....98 X15
Seega.....36 M17
Seegatterl.....100 X21
Seege.....15 G18
Seegrehna.....38 K21
Seehausen.....99 W17
Seehausen.....12 G10
Seehausen (Bördekreis).....37 J17
Seehausen (Kreis Teltow-Fläming).....39 K22
Seehausen (Kreis Uckermark).....29 G25
Seehausen (Kyffhäuserkreis).....49 M17
Seehausen (Leipzig).....50 L21
Seehausen (Altmark).....25 H19
Seehausen (Bremen-).....12 G10
Seeheim-Jugenheim.....70 Q9
Seehof.....72 Q16
Seekamp.....6 D15
Seekirch.....87 U19
Seeklause.....75 P20
Seelbach.....84 V7
Seelbach (Kreis Limburg-Weilburg).....57 O8

Seelbach (Kreis Siegen-Wittgenstein).....57 N7
Seelbach (Lahn-Dill-Kreis).....57 N9
Seelenfeld.....22 I11
Seelensdorf.....26 I21
Seeligstadt.....64 M26
Seelingstädt.....62 N20
Seelinstädt.....51 M22
Seelitz.....63 M22
Seelow.....41 I27
Seelscheid.....43 N5
Seelübbe.....29 G25
Seelze.....23 I12
Seeon-Seebruck.....100 W21
Seerhausen.....51 M23
Seershausen.....24 I14
Seesen.....36 K14
Seeshaupt.....99 W17
Seeste.....33 I7
Seester.....13 E12
Seestermühe.....13 E12
Seeth.....3 C11
Seethen.....25 I18
Seeve.....13 G13
Seevetal.....14 F14
Seewald.....85 U9
Seffern.....54 P3
Segeberg (Forst).....14 E14
Segeletz.....26 H21
Segendorf.....56 O6
Segeten.....94 X8
Seggerde.....37 I17
Seghorn.....11 F8
Segringen.....80 S14
Sehestedt (Kreis Rendsburg-Eckernförde).....3 C13
Sehestedt (Kreis Wesermarsch).....11 F8
Sehlde (Kreis Hildesheim).....35 J13
Sehlde (Kreis Wolfenbüttel).....36 J14
Sehlem (Kreis Bernkastel-Wittlich).....68 Q4
Sehlem (Kreis Hildesheim).....35 J13
Sehlen.....46 M10
Sehlen.....9 C24
Sehlendorf.....6 D16
Sehlingen.....23 H12
Sehma.....63 O22
Sehnde.....35 J13
Sehnsen.....22 I11
Seibelsdorf.....61 P18
Seibersbach.....69 Q7
Seibersdorf.....91 V22
Seiboldsried.....92 T23
Seibranz.....97 W13
Seidenbuch.....70 Q10
Seidenroth.....59 P12
Seidewinkel.....53 L26
Seidingstadt.....60 O16
Seidmannsdorf.....61 P17
Seidwitz.....74 Q19
Seifersbach.....63 N23
Seifersdorf (Kreis Torgau-Oschatz).....51 M22
Seifersdorf (Weißeritzkreis).....64 N24
Seifersdorf b. Radeberg.....64 M25
Seiferts.....60 O14
Seifertshausen.....47 M13
Seiffen.....64 O24
Seifhennersdorf.....65 N27
Seifriedsburg.....71 P13
Seigendorf.....73 Q17
Seigertshausen.....59 N12
Seilershof.....28 G23
Seinsheim.....72 R14
Seinstedt.....36 J15
Seißen.....87 U13
Seitenroda.....61 N18
Seitingen-Oberflacht.....85 V10
Selb.....75 P20
Selb-Plößberg.....75 P20
Selbach.....67 R5
Selbeck (Kreis Lippe).....34 K11
Selbeck (Stadtkreis Mülheim a. d. Ruhr).....31 L4
Selbecke.....45 M6
Selben.....50 L21
Selbitz (Fluß).....62 O19
Selbitz (Kreis Hof).....74 P19
Selbitz (Kreis Wittenberg).....38 K21
Selchow (Kreis Dahme-Spreewald).....40 I24
Selchow (Kreis Oder-Spree).....40 J25
Selent.....6 D15
Selenter See.....6 D15
Selfkant.....42 M1
Selgersdorf.....42 N3
Selgetsweiler.....96 W11
Seligenporten.....81 S17
Seligenstadt.....70 P10
Seligenthal.....60 N15

Selk.....3 C12
Selke.....37 K17
Sellendorf.....52 K24
Sellerich.....54 P3
Sellessen.....53 L27
Sellin.....9 C25
Sellnrod.....58 O11
Sellstedt.....12 F10
Selm.....31 K6
Selmsdorf.....6 E16
Selow.....16 E19
Selpin.....8 E21
Selsingen.....13 F11
Selter.....35 K13
Selters.....58 O11
Selters (Taunus).....57 O8
Selters (Westerwald).....57 O7
Seltz.....17 E23
Selz.....69 Q8
Selzen.....69 Q8
Sembach.....69 R7
Sembten.....41 J27
Sembzin.....16 F21
Semd.....70 Q10
Semlin.....26 I21
Semlow.....8 D21
Semmenstedt.....36 J16
Sende.....34 K9
Senden.....31 K6
Senden.....87 V16
Sendenhorst.....33 K7
Senftenberg.....52 L25
Senftenberg West.....52 L25
Senftenberger See.....52 L26
Senftenhütte.....29 H25
Sengenthal.....81 S18
Sengwarden.....11 F8
Senheim.....55 P5
Senne.....34 K10
Senne (Dorf).....34 K9
Sennelager.....34 K10
Sennestadt.....34 K9
Sennewitz.....50 L19
Sennfeld.....72 P14
Sennighöhe.....60 O16
Sensbachtal.....70 R11
Senst.....38 K21
Sensweiler.....68 Q5
Sentenhart.....96 W11
Senzig.....40 J25
Senzke.....26 I21
Seppenrade.....31 K6
Seppensen.....13 G13
Sereetz.....14 E16
Serengeti-Park.....23 H12
Sergen.....53 K27
Serkenrode.....45 M8
Sermuth-Schönbach.....51 M22
Serno.....38 J21
Sernow.....39 K23
Serrahn.....16 F21
Serrfeld.....60 P15
Serrig.....66 R3
Sersheim.....78 T11
Serwest.....29 H25
Sessenhausen.....57 O7
Seßlach.....72 P16
Seth.....6 E14
Setlage.....21 I6
Setterich.....42 N2
Settinchen.....52 K25
Settmarshausen.....47 L13
Setzelbach.....59 N13
Setzin.....15 F17
Seubersdorf i. d. Oberpfalz.....80 R16
Seugast.....74 R19
Seukendorf.....72 R16
Seulbitz.....74 P19
Seulingen.....48 L14
Seulingswald.....59 N13
Seußen.....75 P20
Seuversholz.....81 T17
Sevelen.....30 L3
Sevelten.....21 H8
Severin.....15 F19
Sewekow.....16 G21
Sexau.....84 V7
Seybothenreuth.....74 Q19
Seyda.....39 K22
Sibbesse.....35 J13
Siblin.....8 D15
Sibratshofen.....97 X14
Sichau.....25 I17
Sichtigvor.....45 L8
Sick.....13 G11
Sickendorf.....59 O12
Sickte.....36 J15
Siddessen.....34 L11
Siddinghausen.....46 L9
Siebeldingen.....76 S8
Sieben Berge.....35 J13
Siebenbäumen.....14 E15
Siebeneichen.....14 F15
Siebengebirge.....43 N5
Siebenlehn.....63 M23
Siebenstern.....34 K11

Sieber.....36 K15
Siebigerode.....49 L18
Siebleben.....48 N16
Siebnach.....88 V15
Siede.....22 H10
Siedelsbrunn.....70 R10
Sieden.....22 H10
Siedenbollentin.....17 E24
Siedenbrünzow.....17 E23
Siedenburg.....22 H10
Siedenlangenbeck.....25 H17
Siedlinghausen.....46 M9
Siedlung.....20 H5
Siedlung Hipstedt.....12 F10
Siedlung Niederlangen.....20 H5
Siedlung Sinningen.....33 J6
Sief.....42 N2
Sieg.....57 N8
Siegbach.....58 N9
Siegburg.....43 N5
Siegelau.....84 V7
Siegelbach.....69 R7
Siegelbach.....61 N16
Siegelsbach.....78 S11
Siegen.....57 N8
Siegenburg.....90 T19
Siegenhofen.....81 S18
Siegerland.....57 N8
Siegersleben.....37 J17
Siegertsbrunn.....89 V19
Sieglar.....43 N5
Siegsdorf.....101 W21
Siek.....14 F14
Siekholz.....34 K11
Sielbeck.....6 D15
Sielen.....47 L12
Sielenbach.....89 U17
Sielhorst.....22 I9
Sielow.....53 K26
Siemen.....25 G17
Siemerode.....48 L14
Siemersdorf.....9 D22
Siemitz.....16 E20
Sien.....68 Q6
Sieperting.....45 M8
Sierhagen.....6 D16
Sierksdorf.....6 D16
Siersburg.....66 R3
Siersdorf.....42 N2
Siershahm.....57 O7
Siersleben.....49 L18
Sierße.....36 J15
Sieseby.....3 C13
Sießen.....87 V12
Siethen.....39 J23
Siethwende.....13 E12
Sietow.....16 F21
Sietzing.....41 I26
Sietzsch.....50 L20
Sieverdingen.....23 H12
Sievern.....12 F9
Sievernich.....42 N3
Sieversdorf (Kreis Oder-Spree).....41 I27
Sieversdorf (Kreis Ostholstein).....6 D15
Sieversdorf (Kreis Ostprignitz-Ruppin).....26 H21
Sieversen.....13 F13
Sievershagen (Kreis Bad Doberan).....8 D20
Sievershagen (Kreis Nordwest-mecklenburg).....15 E17
Sievershausen (Kreis Hannover).....36 I14
Sievershausen (Kreis Northeim).....35 K12
Sievershütten.....14 E14
Sieverstedt.....3 C12
Sievertshagen.....9 D22
Siewisch.....52 K26
Siggelkow.....16 F19
Siggen.....97 W13
Siggen.....7 D17
Siglingen.....78 S11
Sigmaringen.....86 V11
Sigmaringendorf.....86 V11
Sigmarszell.....97 X13
Sigmertshausen.....89 V18
Sigras.....74 R19
Silbach.....72 Q19
Silberbach.....75 P20
Silberberg.....41 J26
Silberberg.....13 E11
Silberbergwer Samson.....36 K15
Silberborn.....35 K12
Silberg.....45 M8
Silberhausen.....48 M15
Silberhütte.....49 L17
Silbersee.....53 L27
Silberstedt.....3 C12
Silberstraße.....62 O21
Silixen.....34 J11
Sillenbuch.....78 T11
Sillens.....11 F9
Sillenstede.....11 F7
Sillertshausen.....89 U19
Sillerup.....3 B11
Sillium.....36 J14

Silmenitz.....9 D24
Silmersdorf.....16 G20
Silstedt.....36 K16
Silz.....16 F21
Silz.....76 S7
Silzen.....5 D12
Simander.....25 H17
Simbach.....91 U22
Simbach a. Inn.....91 V23
Simmelsdorf.....73 R18
Simmerath.....42 O2
Simmerbach.....68 Q6
Simmerberg.....97 X13
Simmern.....57 O7
Simmern (Hunsrück).....68 Q6
Simmersbach.....57 N9
Simmersfeld.....85 U9
Simmershausen (Kreis Fulda).....59 O14
Simmershausen (Kreis Hildburghausen).....60 O15
Simmershausen (Kreis Kassel).....47 L12
Simmershofen.....72 R14
Simmertal.....68 Q6
Simmozheim.....77 T10
Simonsberg.....2 C10
Simonshofen.....73 R17
Simonskall.....42 N3
Simonswald.....84 V8
Simonswolde.....11 F6
Simsee.....100 W20
Simtshausen.....46 N10
Sinbronn.....80 S15
Sindelfingen.....78 T11
Sindelsdorf.....99 W18
Sindfeld.....46 L10
Sindolsheim.....71 R12
Sindorf.....42 N4
Sindringen.....79 S12
Singen.....77 T9
Singen (Hohentwiel).....95 W10
Singerberg.....61 N17
Singhofen.....57 P7
Singlis.....47 M11
Singold.....88 V16
Sinkershausen.....58 N9
Sinn (Fluß).....59 O13
Sinnersdorf.....44 M4
Sinning.....89 T17
Sinntal.....59 P12
Sinsen.....31 K5
Sinsheim.....77 S10
Sinspelt.....54 Q2
Sinspert.....45 N7
Sinz.....66 R3
Sinzenich.....42 O3
Sinzheim.....76 T8
Sinzig.....56 O5
Sinzing.....82 T20
Sippersfeld.....69 R7
Sipplingen.....96 W11
Siptenfelde.....49 L17
Sirchingen.....87 U12
Sirksfelde.....14 E15
Sistig.....54 O3
Sittenbach.....89 V17
Sittendorf.....49 L17
Sittensen.....13 G12
Sitzendorf.....61 O17
Sitzenkirch.....94 W7
Sitzenroda.....51 L22
Skäßchen.....52 L24
Skaska-Döbra.....52 L26
Skassa.....64 M24
Skerbersdorf.....53 L28
Slate.....16 F19
Soden.....70 Q11
Soderstorf.....14 G14
Sodingen.....31 L5
Söby.....3 C13
Söchtenau.....100 W20
Söcking.....89 V17
Södel.....58 O10
Söflingen.....87 U13
Sögel.....21 H6
Sögeln.....21 I8
Söhlde.....36 J14
Söhlingen.....13 G12
Söhnstetten.....87 T13
Söhre.....35 J13
Söhren.....6 D15
Söhrewald.....47 M12
Sölde.....31 L6
Sölden.....84 W7
Söldenau.....91 U23
Söllenthin.....26 H20
Söllhuben.....100 W20
Söllichau.....50 L21
Söllingen (Kreis Karlsruhe).....77 T9
Söllingen (Kreis Rastatt).....76 T8
Söllitz.....82 R20
Sölten.....31 K4
Sömmerda.....49 M17

Sönnern.....45 L7
Sörgenloch.....69 Q8
Sörnewitz.....51 L23
Sörup.....3 B13
Sösestausee.....36 K14
Söst.....66 R3
Soest.....45 L8
Soeste.....21 H7
Sötenich.....54 O3
Sötern.....67 R5
Söven.....43 N5
Sohl.....96 W11
Sohland a. d. Spree.....65 M27
Sohland a. Rotstein.....65 M28
Sohlingen.....35 K12
Soholm.....2 B11
Soholmer Au.....2 B10
Sohren.....68 Q5
Soiernspitze.....99 X18
Soisdorf.....59 N13
Solingen.....44 M5
Solitude.....78 T11
Solla.....93 T23
Sollbrück.....3 C12
Soller.....42 N3
Sollerup.....3 C11
Solling.....35 K12
Solln.....89 V18
Sollnitz.....50 K20
Sollschwitz.....53 L26
Sollstedt (Kreis Nordhausen).....48 L15
Sollstedt (Unstrut-Hainich-Kreis).....48 M15
Sollwitt.....3 C11
Solms (Kreis Hersfeld-Rotenburg).....59 N12
Solms (Lahn-Dill-Kreis).....58 O9
Solnhofen.....81 T16
Solpke.....25 I17
Solschen.....36 J14
Solsdorf.....61 N17
Soltau.....23 H13
Soltendieck.....24 H16
Solz.....47 M13
Somborn.....70 P11
Sommerach.....72 Q14
Sommerau.....83 S23
Sommerberg.....77 T9
Sommerfeld.....27 H23
Sommerfelde.....29 H25
Sommerhausen.....71 Q14
Sommerhausen.....43 N6
Sommerkahl.....70 P11
Sommerland.....13 E12
Sommersdorf (Böderkreis).....37 J17
Sommersdorf (Kreis Demmin).....17 E22
Sommersdorf (Kreis Uecker-Randow).....29 G26
Sommersell.....34 K11
Sommerstorf.....16 F21
Somplar.....46 M10
Sondelfingen.....86 U11
Sonderbuch (Alb-Donau-Kreis).....87 U13
Sonderbuch (Kreis Reutlingen).....87 V12
Sonderhofen.....71 R13
Sondermoning.....100 W21
Sondermühlen.....34 J9
Sondern.....45 M7
Sondernau.....60 O14
Sondernheim.....77 S9
Sonderriet.....71 Q12
Sondershausen.....48 L16
Sondheim.....60 O15
Sondheim v. d. Rhön.....60 O17
Sonneberg.....61 O17
Sonneborn.....48 N15
Sonnefeld.....61 P17
Sonnen.....93 T25
Sonnenberg.....69 P8
Sonnenberg.....36 K15
Sonnenberg (Kreis Oberhavel).....28 G23
Sonnenberg (Kreis Uecker-Randow).....29 F26
Sonnenberg-Winnenberg.....68 Q5
Sonnenborstel.....23 H11
Sonnenbühl.....86 U11
Sonnewalde.....52 K24
Sonntagshorn.....101 W22
Sonsbeck.....30 L3
Sontheim (Alb-Donau-Kreis).....87 U13
Sontheim (Kreis Unterallgäu).....88 V15
Sontheim (Stadtkreis Heilbronn).....78 S11
Sontheim a. d. Brenz.....88 U14
Sonthofen.....98 X14
Sontra.....47 M13
Soonwald.....68 Q6
Sophienhöhle.....73 Q18

Sophienhof (Kreis Demmin) ...17 E23
Sophienhof (Kreis Plön) 6 D15
Sophienstädt ...27 H24
Sophienthal (Kreis Herzogtum Lauenburg) ...14 F16
Sophienthal (Kreis Märkisch-Oderland) ...41 I27
Sora ...64 M24
Sorga ...59 N13
Sorge ...36 K16
Sorge ...3 C12
Sorghof ...74 R19
Sorno ...52 L25
Sornzig-Ablaß ...51 M23
Sorpesee ...45 L7
Sorsum (b. Elze) ...35 J13
Sorsum (b. Hildesheim) ...35 J13
Sosa ...63 O21
Sosa Stausee ...62 O21
Soßmar ...35 J14
Sothel ...23 G12
Sottorf ...13 F13
Sottrum (Kreis Hildesheim) ...36 J14
Sottrum (Kreis Rotenburg) ...13 G11
Sotzweiler ...67 R5
Soven ...25 G17
Soyen ...100 V20
Spaatz ...26 H20
Spabrücken ...69 Q7
Spachbrücken ...70 Q10
Spaden ...12 F9
Späningen ...25 H18
Spahl ...59 O13
Spahnharrenstätte ...21 H6
Spaichingen ...85 V10
Spalt ...80 S16
Spandau (Berlin) ...40 I23
Spandowerhagen ...19 D25
Spangdahlem ...54 Q4
Spangenberg ...47 M12
Spansberg ...52 L24
Spantekow ...17 E24
Sparneck ...74 P19
Sparrieshoop ...13 E13
Spatzenhausen ...99 W17
Spay ...55 P6
Spechthausen ...29 H25
Spechtsbrunn ...61 O17
Spechtshorn ...24 I15
Speck ...17 F22
Specker See ...17 F22
Speckswinkel ...58 N11
Speele ...47 L12
Speicher ...54 Q3
Speichersdorf ...74 Q19
Speichersee ...89 V19
Speicherz ...59 O13
Speichrow ...41 J24
Spekendorf ...11 F6
Speldorf ...31 L4
Spellen ...30 L3
Spenge ...34 J9
Sperberslohe ...81 S17
Sperenberg ...39 J24
Spergau ...50 M20
Spessart ...70 Q11
Spessart-Höhenstraße ...71 P12
Spetzerfehn ...11 F6
Speyer ...77 S9
Speyerbach (Fluß b. Edesheim) ...77 S8
Speyerbach (Fluß b. Elmstein) ...69 R7
Speyerdorf ...77 R8
Spich ...43 N5
Spichra ...48 M14
Spiegelau ...93 T24
Spiegelberg ...26 H21
Spiegelberg ...79 S12
Spiegelhagen ...15 D19
Spiegelhütte ...83 S23
Spieka ...12 E9
Spieka-Neufeld ...12 E9
Spiekeroog ...11 E7
Spiekeroog (Insel) ...11 E7
Spiel ...42 N3
Spielbach ...79 R14
Spielberg ...77 T9
Spielberg ...59 P11
Spielberg (Kreis Cham) ...83 R21
Spielberg (Kreis Wunsiedel i. F.) ...75 P20
Spielmannsau ...98 X14
Spiesen-Elversberg ...67 S5
Spiesheim ...69 Q8
Spithal ...24 H16
Spitzing-Sattel ...100 W19
Spitzingsee ...100 X19
Spitzkunnersdorf ...65 N28
Spitzkrstein ...100 W20
Spließdorf ...9 D22
Spöck ...77 S9
Spören ...50 L20

Spohla ...53 L26
Spohle ...11 G8
Spoldershagen ...8 D21
Sponheim ...69 Q7
Spora ...62 N20
Spork ...30 K3
Spork-Eichholz ...34 K10
Spornitz ...15 F19
Spraitbach ...79 T13
Sprakebüll ...2 B11
Sprakel ...33 J6
Sprakel ...21 H6
Spraken ...22 H11
Sprakensehl ...24 H15
Spreckens ...13 F11
Spreda ...21 H8
Spree ...41 J26
Spreeau ...40 I25
Spreenhagen ...40 I25
Spreewald ...52 K25
Spreewitz ...53 L27
Spremberg ...53 L27
Spremberg (Talsperre) ...53 L27
Sprendlingen (Kreis Mainz-Bingen) ...69 Q7
Sprendlingen (Kreis Offenbach) ...70 P10
Sprenge ...6 C12
Sprengel ...23 G13
Sprey ...53 L27
Springbiel ...32 J5
Springe ...35 J12
Springen ...69 P7
Springen ...60 N14
Springstille ...60 N15
Sprockhövel ...31 L5
Sprötau ...49 M17
Sprötze ...13 G13
Sproitz ...65 M28
Sprollenhaus ...85 T9
Sprotta ...51 L22
Sputendorf ...40 I23
Staaken ...40 I23
Staakow ...40 J25
Staats ...25 I19
Staatsbad Brückenau ...59 P13
Staberdorf ...7 C17
Staberhuk ...7 C17
Stacha ...65 M26
Stachenhausen ...79 S13
Stackelitz ...38 J21
Stade ...13 F12
Stadecken Elsheim ...69 Q8
Stadelhofen (Kreis Bamberg) ...73 P17
Stadelhofen (Kreis Main-Spessart) ...71 Q13
Stadelhorn ...101 X22
Staden ...70 P10
Stadensen ...24 H15
Stadersand ...13 F12
Stadl ...98 W16
Stadland ...12 F9
Stadlern ...83 R21
Stadorf ...24 H15
Stadt Blankenberg ...43 N6
Stadt Wehlen ...64 N26
Stadtallendorf ...58 N11
Stadtbek ...6 D15
Stadtbergen ...88 U16
Stadthagen ...34 J11
Stadtoldendorf ...47 M13
Stadtilm ...60 N17
Stadtkyll ...54 O3
Stadtlauringen ...72 P15
Stadtlengsfeld ...60 N14
Stadtlohn ...31 K4
Stadtoldendorf ...35 K12
Stadtprozelten ...71 Q12
Stadtroda ...61 N19
Stadtsteinach ...74 P18
Stadum ...2 B11
Stätzling ...89 U16
Staffelbach ...72 Q16
Staffelberg ...73 P17
Staffelde (Kreis Oberhavel) ...27 H22
Staffelde (Kreis Stendal) ...26 I19
Staffelsee ...99 W17
Staffelstein ...73 P17
Staffelstein ...54 P3
Staffhorst ...23 H10
Stafflangen ...87 V13
Staffort ...77 S9
Stafstedt ...5 D12
Stahlbrode ...9 D23
Stahle ...35 K12
Stahleck (Bacharach) ...69 P7
Stahlhofen (Limburg a. d. Lahn) ...57 O7
Stahnsdorf ...65 I23
Stahringen ...95 W10
Staig ...87 V14
Staitz ...62 N19
Stakendorf ...6 C15

Stalförden ...21 H7
Stalldorf ...71 R13
Stallwang ...83 S21
Stammbach ...74 P19
Stammham (Kreis Altötting) ...91 V22
Stammham (Kreis Eichstätt) ...81 T18
Stammheim (Kreis Calw) ...85 T10
Stammheim (Kreis Schweinfurt) ...72 Q14
Stammheim (Wetteraukreis) ...70 P10
Stamsried ...82 S21
Standorf ...79 R13
Stangengrün ...62 O21
Stangenhagen ...23 J23
Stangenrod ...58 O10
Stangenroth ...59 P13
Stangerode ...49 L18
Stangheck ...3 B13
Stannewisch ...53 L28
Stapel (Kreis Leer) ...11 G7
Stapel (Kreis Lüneburg) ...15 G16
Stapel (Kreis Rotenburg) ...13 G11
Stapelburg ...36 K16
Stapelfeld (Kreis Cloppenburg) ...21 H7
Stapelfeld (Kreis Stormarn) ...14 F14
Stapelholm ...3 C11
Stapelmoor ...10 G5
Staritz ...51 L23
Starkenberg ...62 N20
Starkenburg ...68 Q5
Starkshorn ...24 H14
Starnberg ...89 V18
Starnberger See ...99 W17
Starsiedel ...50 M20
Starziddel ...85 M25
Starzach ...85 U10
Staßfurt ...37 K18
Staubecken ...95 W9
Staubinger Haus ...100 X21
Staucha ...51 M23
Stauchitz ...51 M23
Staudach ...91 U21
Staudach-Egerndach ...100 W21
Staudernheim ...69 Q7
Staufen ...94 W8
Staufen i. Breisgau ...94 W7
Staufenberg (Kreis Gießen) ...58 O10
Staufenberg (Kreis Göttingen) ...47 M12
Staumühle ...34 K10
Staupitz (Kreis Elbe-Elster) ...52 L25
Staupitz (Kreis Torgau-Oschatz) ...51 L22
Stausee ...49 L17
Staven ...17 F24
Stavenhagen Reuterstadt ...17 E22
Stavern ...21 H6
Stebbach ...77 S10
Stechau ...51 K24
Stechow ...26 I21
Steckby ...38 K20
Steckelsdorf ...26 I20
Steckenborn ...42 O3
Stecklenberg ...37 K17
Stedden ...13 I13
Steddorf ...13 F12
Stedebergen ...23 H11
Stedesand ...2 B10
Stedesdorf ...11 F6
Stedten ...49 L19
Stedtfeld ...48 N14
Stedtlingen ...60 O14
Steeg ...57 N7
Steegen ...67 R6
Steele ...31 L5
Steenfeld ...5 D12
Steenfelde ...11 G6
Steenkrütz ...6 D15
Steenodde ...2 C9
Steesow ...15 G18
Stefansfeld ...96 W11
Steffeln ...54 P3
Steffenberg ...58 N9
Steffenshagen ...7 D19
Stefling ...82 S20
Stegaurach ...72 Q16
Stegelitz (Kreis Jerichower Land) ...37 J19
Stegelitz (Kreis Stendal) ...25 I19
Stegelitz (Kreis Uckermark) ...29 G25
Stegen ...84 W7

Steglitz (Berlin) ...40 I23
Stehla ...51 L23
Steibis ...97 X14
Steide ...32 J5
Steigerthal ...48 L16
Steigerhaff ...3 B13
Steigerwald ...72 Q15
Steigra ...49 M19
Steimbke ...23 I12
Steimel ...56 O6
Steimke (Kreis Diepholz) ...22 H10
Steimke (Kreis Gifhorn) ...24 H15
Steimke (Kreis Westliche Altmark) ...25 I16
Stein ...6 C14
Stein (Enzkreis) ...77 T9
Stein (Kreis Schwandorf) ...82 R20
Stein (Nürnberg) ...81 R16
Stein (Zollernalbkreis) ...85 U10
Stein a. d. Traun ...100 W21
Stein a. Kocher ...79 S11
Stein i. Allgäu ...98 X14
Steina (Kreis Osterode a. Harz) ...48 L15
Steina (Westlausitzkreis) ...64 M26
Steinach (Fluß) ...74 Q19
Steinach (Kreis Ostallgäu) ...98 X15
Steinach (Kreis Sonneberg) ...61 O17
Steinach (Kreis Straubing-Bogen) ...92 T21
Steinach (Ortenaukreis) ...84 V8
Steinach (Rems-Murr-Kreis) ...79 T12
Steinach a. d. Saale ...60 P14
Steinalben ...76 S6
Steinau ...59 O13
Steinau ...12 E10
Steinau a. d. Straße ...59 P12
Steinbach ...70 Q10
Steinbach (Kreis Annaberg) ...63 O23
Steinbach (Kreis Eichsfeld) ...48 L14
Steinbach (Kreis Fürstenfeldbrück) ...89 V17
Steinbach (Kreis Fürth) ...80 R16
Steinbach (Kreis Fulda) ...59 N13
Steinbach (Kreis Gießen) ...58 O10
Steinbach (Kreis Haßberge) ...72 Q15
Steinbach (Kreis Hildburghausen) ...60 O16
Steinbach (Kreis Limburg-Weilburg) ...57 O8
Steinbach (Kreis Main-Spessart) ...71 P12
Steinbach (Kreis Meißen-Dresden) ...64 M24
Steinbach (Kreis Rastatt) ...76 T8
Steinbach (Kreis Saarlouis) ...67 R4
Steinbach (Muldentalkreis) ...50 M21
Steinbach (Neckar-Odenwald-Kreis) ...70 R11
Steinbach (Niederschlesischer Oberlausitzkr.) ...53 L28
Steinbach (Rems-Murr-Kreis) ...79 T12
Steinbach (Taunus) ...70 P9
Steinbach a. d. Haide ...61 O18
Steinbach a. Donnersberg ...69 R7
Steinbach a. Glan ...67 R6
Steinbach a. Wald ...61 O18
Steinbach b. Geroldsgrün ...61 O18
Steinbach b. Ottweiler ...67 R5
Steinbach-Hallenberg ...60 N15
Steinbach-Stausee ...56 O4
Steinbeck (Kreis Harburg) ...13 F13
Steinbeck (Kreis Märkisch-Oderland) ...40 H25
Steinbeck (Kreis Steinfurt) ...33 I7
Steinbeck (Luhe) ...14 G14
Steinberg ...70 P10
Steinberg ...3 B13
Steinberg (Göltzschtalkreis) ...62 O21
Steinberg (Kreis Dingolfing-Landau) ...90 U21
Steinberg (Kreis Kronach) ...61 P18
Steinberg (Kreis Potsdam-Mittelmark) ...38 J21

Steinberg (Kreis Schwandorf) ...82 S20
Steinberg (Staig-) ...87 V14
Steinbergen ...34 J11
Steinberghaff ...3 B13
Steinbergkirche ...3 B13
Steinbild ...20 H5
Steinbrink ...22 I10
Steinbrück ...36 J14
Steinburg ...92 T22
Steinburg (Kreis Steinburg) ...13 E12
Steinburg (Kreis Stormarn) ...14 E15
Steindorf ...89 V17
Steinebach ...89 V17
Steinebach (Kreis Altenkirchen) ...57 N7
Steinebach a. d. Wied ...57 O7
Steinegg ...77 T10
Steinekirch ...88 U15
Steinen ...94 X7
Steinen ...57 O7
Steinenberg ...79 T12
Steinenbronn ...86 U11
Steinenstadt ...94 W6
Steineroth ...57 N7
Steinfeld ...54 O3
Steinfeld (Kreis Bad Doberan) ...8 D20
Steinfeld (Kreis Bamberg) ...73 Q17
Steinfeld (Kreis Euskirchen) ...54 O3
Steinfeld (Kreis Hildburghausen) ...60 O16
Steinfeld (Kreis Main-Spessart) ...71 Q13
Steinfeld (Kreis Rotenburg) ...13 G11
Steinfeld (Kreis Schleswig-Flensburg) ...3 C13
Steinfeld (Kreis Stendal) ...25 I19
Steinfeld (Kreis Stormarn) ...14 E15
Steinfeld (Kreis Südliche Weinstraße) ...76 S8
Steinfeld (Oldenburg) ...21 I8
Steinfischbach ...57 P9
Steinförde ...28 G23
Steinfurt ...71 R12
Steinfurt ...32 J6
Steinfurth ...58 O10
Steinfurth ...19 E24
Steingaden ...98 W16
Steingau ...99 W18
Steinhagen ...9 D22
Steinhagen (Kreis Güstrow) ...16 E19
Steinhausen ...87 V13
Steinhausen ...46 L9
Steinhausen (Kreis Friesland) ...11 F8
Steinhausen (Kreis Nordwest-mecklenburg) ...15 E18
Steinhausen a. d. Rottum ...87 V13
Steinheid ...61 O17
Steinheim (Kreis Dillingen a. d. Donau) ...88 U15
Steinheim (Kreis Gießen) ...58 O10
Steinheim (Kreis Höxter) ...34 K11
Steinheim (Kreis Neu-Ulm) ...87 U14
Steinheim (Kreis Unterallgäu) ...88 V14
Steinheim a. d. Murr ...78 T11
Steinheim am Albuch ...87 T14
Steinhilben ...86 V11
Steinhöfel ...41 I26
Steinhöring ...100 V20
Steinhötel ...29 G25
Steinhorst ...34 K9
Steinhorst (Kreis Gifhorn) ...24 H15
Steinhorst (Kreis Herzogtum Lauenburg) ...14 E15
Steinhude ...23 I12
Steinhuder Meer ...23 I11
Steinigtwolmsdorf ...65 M27
Steiningen ...55 P4
Steiningloh ...82 R19
Steinitz ...53 L27
Steinkimmen ...22 G9
Steinkirchen ...13 F12
Steinkirchen (Kreis Erding) ...90 U20
Steinkirchen (Kreis Pfaffenhofen a. d. Ilm) ...89 U18
Steinloge ...21 H8
Steinlohe ...83 R21
Steinmauern ...76 T8
Steinmocker ...17 E24
Steinölsa ...65 M28

Steinpleis ...62 N21
Steinrode ...48 L15
Steinsberg ...77 S10
Steinsdorf ...72 Q16
Steinsdorf (Elstertalkreis) ...62 O20
Steinsdorf (Kreis Greiz) ...62 N20
Steinsdorf (Kreis Oder-Spree) ...41 J28
Steinsdorf-Dixförda ...39 K23
Steinsfeld (Kreis Ansbach) ...80 R14
Steinsfeld (Kreis Haßberge) ...72 P15
Steinsfeld-Hartershofen ...72 R14
Steinsfurt ...77 S10
Steinthaleben ...49 L17
Steintoch ...41 I27
Steinwald ...75 Q20
Steinwand ...59 O13
Steinwedel ...23 I13
Steinweiler (Kreis Germersheim) ...76 S8
Steinweiler (Kreis Heidenheim) ...88 T14
Steinwenden ...76 R6
Steinwiesen ...61 P18
Steißlingen ...95 W10
Stellau ...14 F14
Stelle ...14 F14
Stelle ...4 D11
Stelle-Wittenwurth ...4 D11
Stellenfelde ...23 G11
Stellichte ...23 H12
Stelzenberg ...69 R7
Stemel ...45 L7
Stemmen (Kreis Hannover) ...35 I12
Stemmen (Kreis Lippe) ...34 J11
Stemmen (Kreis Rotenburg) ...13 G12
Stemmer ...34 I10
Stemmer Moor ...22 I9
Stemshorn ...22 I9
Stempeda ...48 L16
Stemwarde ...14 F14
Stemwede ...22 I9
Stendal ...26 I19
Stendell ...29 G26
Stenden ...30 L3
Stenderup ...3 B13
Stendorf ...6 D16
Stenern ...30 K3
Stengelheim ...89 T17
Stenn ...62 N21
Stennweiler ...67 R5
Stenum ...22 G9
Stepenitz (Bach z. Elbe) ...26 G20
Stepenitz (Bach z. Trave) ...15 E17
Stepenitz (Stadt) ...16 G20
Stepfershausen ...60 O14
Stephanopel ...45 L7
Stephanshausen ...69 P7
Stephanskirchen (b. Rosenheim) ...100 W20
Stephanskirchen (b. Wasserburg) ...100 V20
Stephansposching ...92 T22
Steppach (Kreis Augsburg) ...88 U16
Steppach (Kreis Bamberg) ...72 Q16
Stepperg ...81 T17
Sterbfritz ...59 P12
Sterdebüll ...2 C10
Sterkelshausen ...47 M12
Sterkrade ...31 L4
Sterley ...14 F16
Sternberg ...60 P15
Sternberg ...16 E19
Sternbeck-Harnekop ...41 H25
Sternenfels ...77 S10
Sternhagen ...29 G25
Sterpersdorf ...72 Q16
Sterup ...3 B13
Sterzhausen ...58 N10
Stettbach ...71 P14
Stetten (b. Echingen) ...85 U10
Stetten (b. Egerloch) ...85 U10
Stetten (b. Stuttgart) ...86 U10
Stetten (Bodenseekreis) ...96 W11
Stetten (Donnersbergkreis) ...69 Q8
Stetten (Kreis Biberach a. d. Riß) ...87 V13
Stetten (Kreis Dachau) ...89 V18
Stetten (Kreis Konstanz) ...95 W10
Stetten (Kreis Main-Spessart) ...71 Q13
Stetten (Kreis Rhön-Grabfeld) ...60 O14

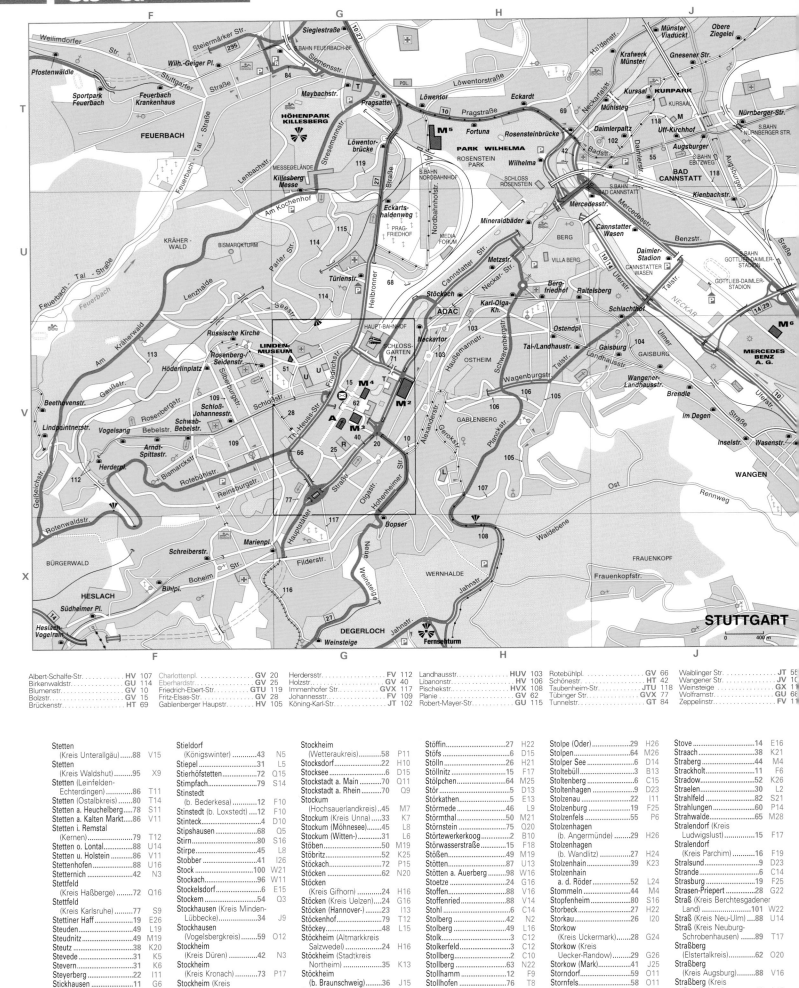

STUTTGART

Albert-Schalfe-Str. .... HV 107
Birkenwaldstr. .... GU 114
Blumenstr. .... GV 10
Bolzstr. .... GV 15
Brückenstr. .... HT 69

Charlottenpl. .... GV 20
Eberhardstr. .... GV 25
Friedrich-Ebert-Str. .... GTU 119
Fritz-Elsas-Str. .... GV 28
Gablenberger Hauptstr. .... HV 105

Herderstr. .... FV 112
Holzstr. .... GV 40
Immenhofer Str. .... GVX 117
Johannesstr. .... FV 109
Köning-Karl-Str. .... JT 102

Landhausstr. .... HUV 103
Libanonstr. .... HV 106
Pischekstr. .... HVX 108
Planie. .... GV 62
Robert-Mayer-Str. .... GU 115

Rotebühlpl. .... GV 66
Schönestr. .... HT 42
Taubenheim-Str. .... JTU 118
Tübinger Str. .... GVX 77
Tunnelstr. .... GT 84

Waiblinger Str. .... JT 55
Wangener Str. .... JV 10
Weinsteige .... GX 11
Wolframstr. .... GU 68
Zeppelinstr. .... GV

Stetten
(Kreis Unterallgäu) 88 V15
Stetten
(Kreis Waldshut) 95 X9
Stetten (Leinfelden-
Echterdingen) 86 T11
Stetten (Ostalbkreis) 80 T14
Stetten a. Heuchelberg 78 S11
Stetten a. Kalten Markt 86 V11
Stetten i. Remstal
(Kernen) 79 T12
Stetten o. Lontal 88 U14
Stetten u. Holstein 86 V11
Stettenhofen 88 U16
Stetternich 42 N3
Stettfeld
(Kreis Haßberge) 72 Q16
Stettfeld
(Kreis Karlsruhe) 77 S9
Stettiner Haff 19 E26
Steuden 49 L19
Steudnitz 35 M19
Steutz 38 K20
Stevede 31 K5
Stevern 86 K6
Steyerberg 22 I11
Stickhausen 11 G6
Stiefenhofen 97 X14
Stiege 48 L16
Stieglund 3 C11

Stieldorf
(Königswinter) 43 N5
Stiepel 31 L5
Stierhöfstetten 72 Q15
Stimpfach 79 S14
Stinstedt
(b. Bederkesa) 12 F10
Stinstedt (b. Loxstedt) 12 F10
Stinteck 4 D10
Stipshausen 69 Q5
Stirn 80 S16
Stirpe 45 L8
Stobber 41 I26
Stock 100 W21
Stockach 96 W11
Stockelsdorf 8 E15
Stockem 54 Q3
Stockhausen (Kreis Minden-
Lübbecke) 34 J9
Stockhausen
(Vogelsbergkreis) 59 O12
Stockhausen
(Kreis Düren) 42 N3
Stockheim
(Kreis Kronach) 73 P17
Stockheim (Kreis
Rhön-Grabfeld) 60 O14
Stockheim (Kreis
Unterallgäu) 88 V15

Stockheim
(Wetteraukreis) 58 P11
Stocksdorf 22 H10
Stocksee 6 D15
Stockstadt a. Main 70 Q11
Stockstadt a. Rhein 70 Q9
Stockum
(Hochsauerlandkreis) 45 M7
Stockum (Kreis Unna) 33 K7
Stockum (Möhnesee) 45 L8
Stockum (Witten-) 31 L6
Stöben 52 M19
Stöbritz 52 K25
Stöckach 72 P15
Stöcken 62 N20
Stöcken
(Kreis Gifhorn) 24 H16
Stöcken (Kreis Uelzen) 24 G16
Stöcken (Hannover-) 23 I13
Stöckenhof 79 T12
Stöckey 48 L15
Stöckheim (Altmarkkreis
Salzwedel) 24 H16
Stöckheim (Stadtkreis
Northeim) 35 K13
Stöckheim
(b. Braunschweig) 36 J15
Stöckigt 62 O20
Stöckse 23 I12
Stödtlen 80 S14

Stöffin 27 H22
Stöfs 6 D15
Stölln 26 H21
Stöllnitz 15 F17
Stör 5 D13
Störkathen 5 E13
Störmede 46 L9
Störmthal 50 M21
Störnstein 75 Q20
Störtewerkerkoog 2 B10
Störwasserstraße 15 F18
Stößen 49 M19
Stötten 97 U13
Stötten a. Auerberg 98 W16
Stoetze 24 G16
Stoffen 97 V16
Stoffenried 88 V14
Stohl 6 C14
Stolberg 42 N2
Stolberg 49 L16
Stolk 3 C12
Stolkerfeld 3 C12
Stollberg 63 N22
Stollhamm 12 F9
Stollhofen 76 T8
Stolpe (b. Anklam) 17 E24
Stolpe (b. Usedom) 19 E25
Stolpe (Kreis Plön) 6 D14

Stolpe (Oder) 29 H26
Stolpen 64 M26
Stolper See 6 D14
Stoltebüll 3 B13
Stoltenberg 6 C15
Stoltenhagen 9 D23
Stolzenau 22 I11
Stolzenburg 19 F25
Stolzenfels 55 P6
Stolzenhagen
(b. Angermünde) 29 H26
Stolzenhagen
(b. Wandlitz) 27 H24
Stolzenhain 39 K23
Stolzenhain
a. d. Röder 52 L24
Stommeln 44 M4
Stopfenheim 80 S16
Storbeck 27 H22
Storkau 26 I20
Storkow (Kreis
Uecker-Randow) 29 G26
Storkow (Kreis
Uckermark) 28 G24
Storkow (Mark) 41 J25
Storndorf 59 O11
Stornfels 58 O11
Stotel 12 F9
Stotternheim 49 M17
Stotzheim 56 O4

Stove 14 E16
Straach 38 K21
Straberg 44 M4
Strackholt 11 F6
Stradow 52 K26
Straelen 30 L2
Strahlfeld 82 S21
Strahlungen 60 P14
Strahwalde 65 M28
Stralendorf (Kreis
Ludwigslust) 15 F17
Stralendorf
(Kreis Parchim) 16 F19
Stralsund 9 D23
Strande 6 C14
Strasburg 19 F25
Strasen-Priepert 28 G22
Straß (Kreis Berchtesgadener
Land) 101 W22
Straß (Kreis Neu-Ulm) 88 U14
Straß (Kreis Neuburg-
Schrobenhausen) 89 T17
Straßberg
(Elstertalkreis) 62 O20
Straßberg
(Kreis Augsburg) 88 V16
Straßberg (Kreis
Quedlinburg) 49 L17
Straßberg
(Zollernalbkreis) 86 V11

Straßbessenbach ...70 Q11
Straßdorf ...79 T13
Straße der Residenzen ...70 Q11
Straße der Staufer ...79 T12
Straßhaus ...56 O6
Straßfeld ...43 N4
Straßgiech ...73 Q17
Straßgräbchen ...52 L26
Straßkirchen
 (Kreis Passau) ...93 U24
Straßkirchen (Kreis
 Straubing-Bogen) ...92 T22
Straßlach ...89 V18
Straubenhardt ...77 T9
Straubing ...92 T21
Straubinger Haus ...100 X21
Strauch ...52 L24
Strauch ...42 O3
Straupitz ...53 K26
Strausberg ...40 I25
Straußberg ...48 L16
Straußdorf ...100 V19
Straußfurt ...49 M16
Strebendorf ...58 N11
Streek ...11 F7
Streetz ...25 G17
Streetz ...38 K20
Streganz ...40 J25
Stregda ...48 M14
Strehla ...51 L23
Streitau ...74 P19
Streitberg ...73 Q17
Streitberg ...58 P11
Strelasund ...9 C23
Strelitz Alt ...17 F23
Strelln ...51 L22
Strelow ...9 D22
Stremme ...26 I20
Stremmen ...41 J26
Strenglin ...6 E15
Strenz ...16 E20
Strenzfeld ...37 K19
Strenznaundorf ...37 K19
Stresdorf ...15 E17
Stresow ...38 J20
Stressenhausen ...60 O16
Streu ...60 O14
Streufdorf ...60 O16
Streumen ...52 L24
Striegistal ...51 M23
Striegnitz ...51 M23
Striepe ...20 I4
Striesdorf ...16 E20
Strießen ...64 M24
Strinz Margarethä ...57 P8
Strittmatt ...94 W8
Strobenried ...89 U18
Strodehne ...26 H20
Ströbeck ...36 K16
Ströhen ...22 I10
Strohkirchen ...15 F17
Strohn ...54 P4
Stroit ...35 K13
Stromberg ...77 S10
Stromberg (Kreis
 Bad Kreuznach) ...69 Q7
Stromberg
 (Kreis Neuwied) ...57 O6
Stromberg
 (Kreis Warendorf) ...33 K8
Strothe ...46 M10
Strothe ...24 G16
Strotzbüsch ...55 P4
Strubensee ...27 H23
Struck ...19 D25
Struckum ...2 C10
Strudden ...11 F7
Strübbel ...4 D10
Strücklingen ...11 G7
Strümp ...42 M3
Strümpfelbrunn ...70 R11
Strüth ...71 R13
Strukdorf ...6 E15
Strullendorf ...73 Q16
Struppen ...64 N26
Struth ...48 M14
Struth-Helmershof ...60 N15
Struvenhütten ...6 E14
Struxdorf ...3 C12
Stryck ...46 M9
Stubben
 (Kreis Cuxhaven) ...12 F10
Stubben (Kreis Herzogtum
 Lauenburg) ...14 E15
Stubben
 (Kreis Segeberg) ...14 E15
Stubbendorf (Kreis
 Bad Doberan) ...8 D21
Stubbendorf
 (Kreis Demmin) ...17 E22
Stubbenkammer ...9 C24
Stubenberg ...91 V23
Stubersheim ...87 U13
Stublang ...73 P17
Stücken ...39 J23
Stüde ...24 I16
Stüdenitz ...26 H20

Stühlingen ...95 W9
Stühren ...22 H10
Stülpe ...39 J23
Stuer ...16 F21
Stürza ...64 M26
Stürzelberg ...44 M4
Stürzenhardt ...70 R11
Stützengrün ...62 O21
Stützerbach ...60 O16
Stützkow ...29 H26
Stuhr ...22 G10
Stukenbrock
 (Schloß Holte-) ...34 K9
Stukenbrock-Senne ...34 K10
Stulln ...82 R20
Stumpf ...44 M5
Stumsdorf ...50 L20
Stupferich ...77 T9
Stuppach ...79 R13
Stutensee ...77 S9
Stuttgart ...78 T11
Stuttgart-Echterdingen
 (Flughafen) ...78 T11
Stuvenborn ...6 E14
Suchsdorf ...6 C14
Suckow
 (Kreis Güstrow) ...16 E20
Suckow (Kreis
 Ostvorpommern) ...19 E25
Suckow
 (Kreis Parchim) ...16 G19
Suckwitz ...16 F20
Sude ...14 F16
Sudelfeld ...100 W20
Suderbruch ...23 H12
Suderburg ...24 H15
Sudershausen ...47 L14
Suderwich ...31 L5
Suderwick ...30 K3
Suderwittingen ...24 H16
Sudheide ...34 J10
Sudheim ...35 K13
Sudwalde ...22 H10
Sudweyhe ...22 H10
Süchteln ...42 M3
Sückau ...15 G16
Süd Edewecht ...11 G7
Südaue ...35 I12
Südbrookmerland ...11 F6
Süddinker ...45 L7
Süddorf ...11 G7
Süden ...2 C10
Südende ...11 G8
Südensee ...3 B12
Süderau ...13 E12
Süderaue ...2 C9
Süderbrarup ...3 C13
Süderdeich (Kreis
 Dithmarschen) ...4 D10
Süderdeich
 (Kreis Stade) ...12 E11
Süderdorf ...5 D12
Süderende
 (Kreis Cuxhaven) ...12 F10
Süderende (Kreis
 Nordfriesland) ...2 B9
Süderfahrenstedt ...3 C12
Südergellersen ...14 G14
Süderhackstedt ...3 C11
Süderhafen ...2 C10
Süderhastedt ...5 D11
Süderheistedt ...5 D11
Süderhöft ...3 C11
Süderholm ...5 D11
Süderleda ...12 E10
Süderlügum ...2 B10
Südermarsch ...3 C11
Süderoog (Insel) ...2 C9
Süderoogsand (Insel) ...2 C9
Süderschmedeby ...3 C12
Süderstapel ...5 C11
Süderwalsede ...23 G12
Südfall (Insel) ...2 C10
Südhemmern ...34 J10
Südkampen ...23 H12
Südkirchen ...31 K6
Südlohn ...30 K4
Südlohne ...20 I5
Südperd ...19 D25
Südwinsen ...23 H13
Süggerath ...42 N2
Sühlen ...6 E14
Sükow ...25 G19
Sülbeck ...14 G15
Sülfeld
 (Kreis Segeberg) ...14 E14
Sülfeld (Stadtkreis
 Wolfsburg) ...24 I16
Sülldorf ...37 J18
Süllwarden ...12 F8
Sülstorf ...15 F18
Sülz ...45 M6
Sülze ...37 J18
Sülze ...23 H14
Sülzhayn ...48 L16
Sümmern ...45 L7

Sünching ...82 T21
Sünna ...59 N14
Sünninghausen ...33 K8
Süntel ...35 J12
Sünzhausen
 (Kreis Freising) ...89 U18
Sünzhausen (Kreis Pfaffenhofen
 a. d. Ilm) ...89 U18
Süplingen ...37 J17
Süpplingen ...36 J16
Süpplingenburg ...36 J16
Süptitz ...51 L22
Sürth ...43 N5
Sürzerhof ...55 P6
Süsel ...6 D16
Süßau ...7 D17
Süssen ...87 T13
Süssenbach ...82 S21
Süßer See ...49 L18
Süßkofen ...90 T21
Süstedt ...22 H10
Süsterseel ...42 N1
Sütel ...7 C17
Süttorf ...14 G15
Suffersheim ...81 T17
Sugenheim ...72 R15
Suhl ...60 O16
Suhle ...21 H7
Suhlendorf ...24 H16
Sukow ...15 F18
Sukow Marienhof ...16 E21
Sulgen ...85 V9
Sulingen ...22 H10
Sulsdorf ...7 C17
Sulz
 (Kreis Donau-Ries) ...88 U16
Sulz (Ortenaukreis) ...84 V7
Sulz a. Eck ...85 U10
Sulz a. Neckar ...85 U9
Sulzbach ...80 S15
Sulzbach ...91 U22
Sulzbach (Neckar-Odenwald-
 Kreis) ...78 R11
Sulzbach (Rhein-
 Neckar-Kreis) ...78 R9
Sulzbach (Saar) ...67 S5
Sulzbach (Taunus) ...70 P9
Sulzbach a. d. Donau ...82 S20
Sulzbach a. d. Murr ...79 S12
Sulzbach a. Inn ...93 U24
Sulzbach a. Main ...70 Q11
Sulzbach-Laufen ...79 T13
Sulzbach-Rosenberg ...73 R19
Sulzberg ...98 X15
Sulzburg ...94 W7
Sulzdorf (Kreis
 Donau-Ries) ...80 T16
Sulzdorf (Kreis
 Schwäbisch-Hall) ...79 S13
Sulzdorf
 (Kreis Schweinfurt) ...72 P15
Sulzdorf
 a. d. Lederhecke ...60 P15
Sulzemoos ...89 V17
Sulzfeld
 (Kreis Karlsruhe) ...77 S10
Sulzfeld
 (Kreis Schweinfurt) ...60 P15
Sulzfeld a. Main ...72 Q14
Sulzheim ...72 Q15
Sulzkirchen ...81 S18
Sulzschneid ...98 W15
Sulzthal ...71 P14
Summt ...27 H24
Sumpfsee ...16 E20
Sumte ...14 G16
Sundern (Kreis Minden-
 Lübbecke) ...22 I9
Sundern (Gütersloh-) ...34 K9
Sundern (Sauerland) ...45 M8
Sundhausen
 (Kreis Gotha) ...60 N16
Sundhausen (Kreis
 Nordhausen) ...48 L16
Sundhausen (Unstrut-
 Hainich-Kreis) ...48 M16
Sunthausen ...85 V9
Sunzendorf ...73 R18
Suppingen ...87 U13
Surberg ...101 W22
Surendorf ...6 C14
Surheim ...101 W22
Suroide ...23 H13
Surwold ...21 H6
Sustrum ...21 H6
Sustrumermoor ...20 H5
Suterode ...36 K14
Sutthausen ...33 J8
Suttorf
 (Kreis Hannover) ...23 I12
Suttorf
 (Kreis Steinfurt) ...33 J6
Suttrop ...46 L9
Swisttal ...43 N4
Syburg ...31 L6
Sydow ...26 I20
Syhra ...62 M21
Syke ...22 H10

Sylda ...37 K18
Sylt (Insel) ...2 B8
Sylt-Ost ...2 B9
Sylvenstein-Stausee ...99 X18
Syrau ...62 O20
Syrgenstein ...88 U14
Sythen ...31 K5

T

Taaken ...13 G11
Taarstedt ...3 C13
Tabarz ...60 N15
Taben-Rodt ...66 R3
Tabertshausen ...92 T22
Tacherting ...100 V21
Taching ...101 W22
Tachinger See ...100 W22
Tacken ...26 G20
Täferrot ...79 T13
Täfertingen ...88 U16
Tännesberg ...82 R20
Tätendorf ...24 G15
Tätzschwitz ...52 L26
Tafertshofen ...88 V14
Tafertsweiler ...97 W12
Tagmersheim ...81 T16
Tailfingen ...86 V11
Taimering ...82 T20
Tairnbach ...77 S10
Taiting ...89 U17
Taldorf ...97 W12
Talge ...21 I7
Talheim
 (Kreis Heilbronn) ...78 S11
Talheim
 (Kreis Tübingen) ...86 U11
Talheim
 (Kreis Tuttlingen) ...85 V9
Talkau ...14 F15
Talle ...34 J10
Tallensen ...34 J11
Talling ...68 Q4
Taltitz ...62 O20
Tambach ...60 P16
Tambach-Dietharz ...60 N16
Tamm ...78 T11
Tammensiel ...2 C10
Tandern ...89 U17
Tangeln ...25 H17
Tangendorf
 (Kreis Harburg) ...14 G14
Tangendorf
 (Kreis Prignitz) ...15 G19
Tanger ...25 I19
Tangerhütte ...25 I19
Tangermünde ...26 I19
Tangersdorf ...28 G23
Tangrim ...8 D22
Tangstedt
 (Kreis Pinneberg) ...13 E13
Tangstedt
 (Kreis Stormarn) ...14 E14
Tankenrade ...6 E15
Tankumsee ...24 I15
Tann ...91 V22
Tann ...59 O14
Tanna ...62 O19
Tannau ...97 X12
Tanndorf ...51 M22
Tanne ...36 K16
Tanneberg (Kreis Meißen-
 Dresden) ...64 M24
Tanneberg (Kreis
 Mittweida) ...51 M22
Tannenbergsthal ...62 O21
Tannenhausen ...11 F6
Tannenkirch ...94 W6
Tannern ...99 X18
Tannhausen (Kreis
 Ravensburg) ...97 W12
Tannhausen
 (Ostalbkreis) ...80 T15
Tannheim (Kreis
 Biberach a. d. Riß) ...87 V14
Tannheim (Schwarzwald-
 Baar-Kreis) ...85 V9
Tannroda ...61 N17
Tantow ...29 G27
Tapfheim ...88 T16
Tappenbeck ...24 I16
Tappendorf ...5 D13
Tarbarg ...11 F7
Tarbek ...6 E14
Tarmow ...27 H22
Tarmstedt ...12 G11
Tarnewitz ...7 E17
Tarnow ...16 E20
Tarp ...3 C12
Tarthun ...37 K18
Tasdorf ...6 D14
Tassdorf ...40 I25
Tastrup ...3 B12
Tating ...4 D10
Tatzelwurm ...100 W20
Taube ...38 K20
Taubenbach ...91 V22

Taubenberg ...100 W19
Taubenheim ...64 M24
Taubenheim (Spree) ...65 M27
Taubensuhl ...76 S7
Tauber ...80 S14
Tauberbischofsheim ...71 R12
Tauberfeld ...81 T17
Tauberrettersheim ...71 R13
Tauberzell ...80 R14
Taucha (Leipzig) ...50 L21
Tauche ...41 J26
Tauer ...53 K27
Taufkirchen
 (Kreis Erding) ...90 U20
Taufkirchen (Kreis
 Mühldorf a. Inn) ...90 V21
Taufkirchen
 (Kreis München) ...89 V18
Taufkirchen
 (Kreis Rottal-Inn) ...91 U22
Taufstein ...58 O11
Taugwitz ...49 M18
Taunus ...58 P9
Taunusstein-Neuhof ...69 P8
Tauperlitz ...74 P19
Taura ...51 L23
Taura b. Burgstädt ...63 N22
Tauscha
 (Kreis Mittweida) ...63 N22
Tauscha (Kreis
 Riesa-Großenhain) ...64 M25
Tauschenberg ...46 M10
Tautenburg ...62 N19
Tautenhain (Kreis
 Leipziger Land) ...51 M22
Tautenhain (Saale-
 Holzland-Kreis) ...62 N19
Tawern ...66 Q3
Taxöldern ...82 S20
Taxölderner Forst ...82 S20
Techelsdorf ...6 D14
Techentin ...16 F19
Teck ...87 U12
Tecklenburg ...33 J7
Teetz ...26 G21
Tegau ...62 O19
Tegeler See ...40 I23
Tegelrieden ...21 H8
Tegernau ...94 W7
Tegernbach
 (Kreis Freising) ...90 U19
Tegernbach (Kreis Pfaffenhofen
 a. d. Ilm) ...89 U18
Tegernheim ...82 S20
Tegernsee ...99 W19
Tegernsee (Stadt) ...100 W19
Teglingen ...20 I6
Teicha ...50 L19
Teichel ...61 N17
Teichröda ...61 N17
Teichweiden ...61 N18
Teichwolframsdorf ...62 N20
Teisbach ...90 U21
Teisenberg ...101 W22
Teisendorf ...101 W22
Teising ...91 V21
Teisnach ...83 S22
Teistungen ...48 L14
Telbrake ...22 H8
Teldau ...14 G16
Telgte ...33 K7
Tellerhäuser ...63 O22
Tellig ...55 P5
Tellingstedt ...5 D11
Tellmer ...24 G14
Telschow-Weitgendorf ...16 G20
Teltow (Berlin) ...40 I23
Telz ...39 J24
Temmels ...66 Q3
Temmen ...29 G25
Temmenhausen ...87 U13
Tempelberg ...41 I26
Tempelfelde ...40 H25
Templin ...28 G24
Tengen ...95 W9
Tengern ...34 J10
Tengling ...101 W22
Teningen ...84 V7
Tennenbronn ...85 V9
Tennenlohe ...73 R17
Tensbüttel ...5 D11
Tensbüttel-Röst ...5 D11
Tensfeld ...6 D14
Tenstedt ...21 H8
Teplitz ...7 E19
Terborg ...11 G6
Tergast ...11 F6
Terpt ...52 K25
Tertius (Insel) ...9 D9
Teschendorf (Kreis Mecklenburg-
 Strelitz) ...17 F24
Teschendorf (Kreis
 Oberhavel) ...27 H23
Teschow (Kreis
 Bad Doberan) ...15 E18
Teschow (Kreis
 Güstrow) ...16 E21
Tespe ...14 F15
Tessenow ...15 F19

Tessin ...8 D21
Tessin b. Boizenburg ...14 F16
Tessin b. Wittenburg ...15 F17
Testorf (Kreis
 Ludwigslust) ...14 F16
Testorf (Kreis Nordwest-
 mecklenburg) ...15 E17
Testorf (Kreis
 Ostholstein) ...6 D16
Testorf
 (Kreis Uelzen) ...24 G16
Tetenbüll ...4 C10
Tetenbüllspieker ...2 C10
Tetenhusen ...5 C12
Teterow ...16 E21
Teterower See ...16 E21
Tetschendorf ...16 G21
Tettau (Kreis Kronach) ...61 O17
Tettau (Kreis Oberspreewald-
 Lausitz) ...52 L25
Tettenborn ...48 L15
Tettenhausen ...101 W22
Tettens
 (Kreis Friesland) ...11 F7
Tettens (Kreis
 Wesermarsch) ...12 F9
Tettenwang ...81 T19
Tettenweis ...91 U23
Tettnang ...97 W12
Tetz ...42 N3
Tetzitzer See ...9 C24
Teublitz ...82 S20
Teuchatz ...73 Q17
Teuchern ...50 M20
Teufelshöhle ...73 Q18
Teufelskopf ...66 R4
Teufelsmoor ...12 G10
Teufelsmoor (Dorf) ...12 G10
Teugn ...82 T20
Teunz ...82 R21
Teuschnitz ...61 O18
Teutleben ...48 N15
Teutoburger Wald ...33 J7
Teutschenthal ...50 L19
Teveren ...42 N2
Tewel ...13 G13
Tewswoos ...15 G17
Thaden ...5 D12
Thailen ...66 R4
Thaining ...97 W16
Thal ...60 N15
Thalau ...59 O13
Thalbach ...52 L24
Thalberg ...93 U25
Thaldorf ...81 T17
Thale ...37 K17
Thaleischweiler-
 Fröschen ...76 S6
Thalexweiler ...67 R4
Thalfang ...68 Q4
Thalfingen ...87 U14
Thalham ...100 W19
Thalhausen
 (Kreis Dachau) ...89 U17
Thalhausen
 (Kreis Freising) ...89 U19
Thalheim
 (Kreis Bitterfeld) ...50 L20
Thalheim
 (Kreis Erding) ...90 U20
Thalheim (Kreis
 Nürnberger Land) ...81 R18
Thalheim
 (Kreis Sigmaringen) ...86 V11
Thalheim (Kreis
 Torgau-Oschatz) ...51 M23
Thalheim (Erzgebirge) ...63 N22
Thalhofen ...98 W16
Thalitter ...46 M10
Thalkirchdorf ...97 X14
Thallichtenberg ...67 R6
Thallwitz ...51 L22
Thalmässing ...81 S17
Thalmannsfeld ...81 S17
Thalmassing ...82 T20
Thambach ...90 U21
Thammenhain ...51 L22
Thamsbrück ...48 M15
Thandorf ...14 E16
Thangelstedt ...61 N17
Thanhausen (Kreis
 Regensburg) ...82 S20
Thanhausen (Kreis Weißenburg-
 Gunzenhausen) ...80 S16
Thanheim (Kreis
 Amberg-Sulzbach) ...82 R19
Thanheim
 (Zollernalbkreis) ...85 V10
Thann
 (Kreis Ansbach) ...80 S15
Thann
 (Kreis Kelheim) ...81 T18
Thann
 (Kreis Landshut) ...90 U20
Thanndorf ...91 U22
Thannhausen ...88 V15
Thanning ...99 W18
Thanstein ...82 R21

Tharandt....64 N24
Thebing....31 K4
Thedinghausen....22 H11
Theenhausen....34 J9
Theesen....34 J9
Theeßen....38 J20
Theilenhofen....80 S16
Theilheim (Kreis Schweinfurt)....72 Q14
Theilheim (Kreis Würzburg)....71 Q14
Theisa....52 L24
Theisbergstegen....67 R6
Theisseil....75 Q20
Theißen....50 M20
Theißing....81 T18
Thekla (Leipzig)....50 L21
Theley....67 R5
Thelkow....8 D21
Themar....60 O15
Thenried....83 S22
Theobaldshof....60 N14
Theres....72 P15
Theuern....61 O17
Theuern (Kreis Amberg-Sulzbach)....82 R19
Theuma....62 O20
Thiede....36 J15
Thielbeer....25 H18
Thielitz....24 H16
Thiendorf....64 M25
Thier....44 M6
Thierbach (Elstertalkreis)....62 O19
Thierbach (Kreis Leipziger Land)....50 M21
Thiergarten....86 V11
Thiergarten....69 Q6
Thierhaupten....88 U16
Thieringhausen....45 M7
Thiersheim....75 P20
Thierstein....75 P20
Thieshope....14 G14
Thießen....38 K20
Thiessow....19 D25
Thimmendorf....61 O18
Thölau....75 P20
Thölstedt....22 H9
Thönse....23 I13
Thören....23 H13
Thörnich....68 Q4
Tholey....67 R5
Thomasburg....14 G15
Thomm....68 Q4
Thomsdorf....17 G24
Thonhausen....62 N20
Thonhopsberg....24 H14
Thonlohe....81 S19
Thorr....42 N3
Thoßfell....62 O20
Thräna....50 M21
Threna....50 M21
Thüle....34 K9
Thüle....21 H7
Thülen....46 L9
Thülsfelde....21 H7
Thülsfelder Stausee....21 H7
Thümmlitzwalde....51 M22
Thüngen....71 Q13
Thüngersheim....71 Q13
Thür....56 O5
Thürheim....88 U16
Thüringer Wald....60 N14
Thürkow....16 E21
Thürnhofen....80 S15
Thürnthenning....92 T21
Thüste....35 J12
Thuine....21 I6
Thulba....71 P13
Thum....42 N3
Thum....63 N22
Thumby....3 C13
Thumhausen....82 S19
Thumsee....101 W22
Thumsenreuth....75 Q20
Thundorf....72 P14
Thundorf i. Unterfranken....92 T23
Thunum....11 F6
Thurland....50 K20
Thurm....21 N21
Thurmansbang....93 T23
Thurn....73 Q17
Thurnau....74 P18
Thurndorf....73 Q18
Thurow....17 F23
Thyrnau....93 U24
Thyrow....39 J23
Tiddische....24 I16
Tiebensee....4 D11
Tiefenbach....63 M23
Tiefenbach (Kreis Cham)....82 R21
Tiefenbach (Kreis Heilbronn)....78 S11
Tiefenbach (Kreis Landshut)....90 U20
Tiefenbach (Kreis Neu-Ulm)....87 V14

Tiefenbach (Kreis Passau)....93 U24
Tiefenbach (Rhein-Hunsrück-Kreis)....68 Q6
Tiefenbach b. Oberstdorf....98 X14
Tiefenberg....98 X14
Tiefenbroich....44 M4
Tiefenbronn....77 T10
Tiefenbrunn....62 P20
Tiefenellern....73 Q17
Tiefenhäusern....94 W8
Tiefenhöchstadt....73 Q17
Tiefenhöle....87 U13
Tiefenhülen....87 U12
Tiefenort....48 N14
Tiefenpölz....73 Q17
Tiefenried....88 V15
Tiefensee....40 I24
Tiefenstein....68 Q5
Tiefenstein....94 X8
Tiefthal....49 M16
Tiefurt (Weimar)....49 N18
Tielen....5 D12
Tielenhemme....5 D12
Tielge....22 I9
Tiengen....84 W7
Tiengen....85 X8
Tiengen (Waldshut-)....94 X8
Tieringen....85 V10
Tießau....15 G16
Tietelsen....35 L11
Tietlingen....23 H13
Tietzow....27 H22
Tigerfeld....87 V12
Tilbeck....31 K6
Tilleda....49 L17
Tilzow....9 C24
Timmaspe....5 D13
Timmdorf....6 D15
Timmel....11 F6
Timmendorf....15 E18
Timmendorfer Strand....14 E16
Timmenrode....37 K17
Timmerhorn....14 E14
Tinnen....20 H5
Tinningstedt....2 B10
Tinnum....2 B8
Tiroler Ache....100 W21
Tirpersdorf....62 O20
Tirschendorf....62 O20
Tirschenreuth....75 Q21
Tiste....13 G12
Titisee....94 W8
Titmaringhausen....46 M9
Titschendorf....61 O18
Titting....81 T17
Tittling....93 T24
Tittmoning....101 V22
Titz....42 M3
Toba....48 M16
Tobertitz....62 O20
Toddin....15 F17
Todenbüttel....5 D12
Todendorf (Kreis Plön)....14 E15
Todendorf (Kreis Stormarn)....6 C15
Todenfeld....56 O4
Todesfelde....6 E14
Todtenhausen....34 I10
Todtenweis....88 U16
Todtglüsingen....13 G13
Todtmoos....94 W7
Todtmoos-Au....94 W7
Todtnau....94 W7
Todtnauberg....94 W7
Tödtshorn....13 G13
Tödtenried....89 U17
Töging....91 V21
Tökendorf....6 D14
Tönisberg....30 L3
Tönisheide....44 M5
Tönisvorst....30 M3
Tönnhausen....14 F14
Tönning....4 D10
Tönningstedt....14 E14
Tönnishäuschen....33 K7
Töpchin....28 J24
Töpen....62 O19
Töpingen....13 G13
Töplitz....39 I22
Törpin....17 E23
Törwang....100 W20
Tötensen....13 F13
Töttelstädt....48 M16
Toitz....9 E22
Tolk....3 C12
Tolkewitz....64 M25
Tollense....17 E23
Tollensesee....17 E23
Tolzin....16 E21
Tomerdingen....87 U13
Tonau....85 V10
Tondorf....56 O4
Tonndorf....61 N17
Tonnenheide....23 I9
Topfseifersdorf....63 N22

Toppenstedt....14 G14
Torfhaus....36 K15
Torgau....51 L23
Torgelow (Kreis Müritz)....17 F22
Torgelow (Kreis Uecker-Randow)....19 F26
Torgelow-Holländerei....19 E26
Torgelower See....17 F22
Tornau (Kreis Anhalt-Zerbst)....38 K20
Tornau (Kreis Wittenberg)....50 L21
Tornau v. d. Heide....50 K20
Tornesch....13 E13
Tornitz....38 K19
Tornow (Kreis Barnim)....29 H25
Tornow (Kreis Dahme-Spreewald)....28 J24
Tornow (Kreis Uckermark)....29 F25
Torsholt....11 G7
Tossens....12 F8
Tostedt....13 G13
Tosterglope....14 G16
Totenmaar....54 P4
Toter Mann....94 W7
Traar (Krefeld)....30 L3
Trabelsdorf....72 Q16
Traben-Trarbach....68 Q5
Trabitz....38 K19
Trabitz....74 Q19
Traidersdorf....83 S22
Trailfingen....87 U12
Train....90 T19
Trainsjoch....100 X20
Trais-Münzenberg....58 O10
Traisa....70 Q10
Traisbach....59 O13
Traitsching....83 S21
Tralau....14 E14
Tramm (Kreis Herzogtum Lauenburg)....14 F15
Tramm (Kreis Parchim)....15 F18
Tramnitz....26 H21
Trampe....29 H25
Transvaal....24 I16
Trantow....19 E23
Trappenkamp....6 D14
Trappstadt....60 P15
Trasching....82 S21
Traßdorf....61 N17
Trassem....66 R3
Trassenheide....19 D25
Trattendorf....53 L27
Traubing....99 W17
Trauchgau....98 X16
Trauen....24 H14
Traun....101 W21
Traunfeld....81 R18
Traunreut....101 W21
Traunstein....101 W21
Traunsteinerhaus....101 X22
Traunwalchen....101 W21
Trausnitz....82 R20
Trautenstein....36 K16
Trautmannshofen....81 R18
Trautskirchen....80 R15
Trave....6 D15
Travemünde....6 E16
Travenbrück....14 E14
Trebatsch....41 J26
Trebbin....39 J23
Trebbus....40 K24
Trebel (Fluß)....9 D22
Trebel (Kreis Luchow-Dannenberg)....25 H17
Treben....50 M21
Trebendorf....53 L27
Trebenow....29 F25
Trebgast....74 P18
Trebitz (Kreis Dahme-Spreewald)....41 J26
Trebitz (Kreis Wittenberg)....51 K22
Trebnitz (Kreis Bernburg)....37 K19
Trebnitz (Kreis Märkisch-Oderland)....41 I26
Trebnitz (Kreis Weißenfels)....50 M20
Trebra (Kreis Nordhausen)....48 L15
Trebra (Kyffhäuserkreis)....49 M16
Trebs....15 G17
Trebsen....51 M22
Trebur....69 Q9
Trebus (Kreis Oder-Spree)....41 I26
Trebus (Niederschlesischer Oberlausitzkr.)....53 L28
Trechtingshausen....69 P7
Trechwitz....39 I22
Treene....3 C12
Treenemarsch....3 C11
Treffelhausen....87 T13

Treffelstein....83 R21
Treffensbuch....87 U13
Treffurt....48 M14
Treherz....97 W14
Treia....3 C11
Treis....58 O10
Treis-Karden....55 P5
Treisbach....58 N9
Trelde....13 G13
Tremmen....27 I22
Tremmersdorf....74 Q19
Tremsbüttel....14 E14
Tremsdorf....39 J23
Trendelburg....47 L12
Trennewurth....4 E11
Trennfeld....71 Q12
Trennfurt....70 Q11
Trent....9 C23
Treplin....41 I27
Treppeln....41 J27
Treppendorf....52 K25
Treppendorf....72 Q16
Treptow (Berlin)....40 I24
Treseburg....37 K16
Tressau....74 Q19
Treuchtlingen....80 T16
Treuen....62 O20
Treuenbrietzen....39 J22
Treugeböhla....52 L24
Treunitz....73 Q17
Trevesen....74 Q19
Treysa....58 N11
Triangel....24 I15
Triberg....84 V8
Tribsees....8 D22
Trichenricht....82 R20
Trichtingen....85 V9
Trieb (Göltzschtalkreis)....62 O20
Trieb (Kreis Lichtenfels)....73 P17
Triebel....62 O20
Triebendorf....75 Q20
Triebes....62 N20
Triebischtal....64 M24
Trieching....92 T21
Triefenstein....71 Q12
Triensbach....79 S13
Triepkendorf....17 G24
Trieplatz....26 H21
Trier....66 Q3
Trierweiler....66 Q3
Triesbach....64 M24
Trifels....76 S7
Triftern....91 U23
Triglitz....26 G20
Trillfingen....85 U10
Trimberg....71 P13
Trimbs....75 P5
Tringenstein....58 N9
Trinkwasserspeicher Frauenau....83 S24
Trinum....50 K19
Trinwillershagen....8 D21
Tripkau....15 G17
Trippigleben....25 I17
Trippstadt....69 R7
Tripsdrill....78 S11
Tripsrath....42 N2
Triptis....62 N19
Trischen (Insel)....4 D10
Trisching....82 R20
Trischlberg....82 S20
Trittau....14 F15
Trittenheim....68 Q4
Trochtelfingen (Kreis Reutlingen)....86 V11
Trochtelfingen (Ostalbkreis)....80 T15
Trockau....73 Q18
Trockenborn-Wolfersdorf....61 N19
Trockenerfurth....47 M11
Tröbes....82 R21
Tröbitz....52 L24
Tröbnitz....61 N19
Tröbsdorf....49 M18
Trögen....35 K13
Tröglitz....50 M20
Tröstau....74 P19
Trogen....62 O19
Troisdorf....43 N5
Troistedt....49 M18
Trollenhagen....17 F23
Tromlitz....61 N18
Tromm....70 R10
Trommetsheim....80 S16
Tromper Wiek....9 C24
Tropfsteinhöhle....71 R12
Troschenreuth....73 Q18
Trossenfurt....72 Q15
Trossin....51 L22
Trossingen....85 V9
Trostberg....100 W21
Trubenhausen....47 M13
Truchtlingen....86 V11
Truchtlaching....100 W21
Trügleben....48 N15

Trünzig....62 N20
Trüstedt....25 I18
Trugenhofen....81 T17
Trulben....76 S6
Trunstadt....72 Q16
Trupermoor....12 G10
Truppach....73 Q18
Trusetal....60 N15
Tryppehna....38 J19
Tschernitz....53 L27
Tschirn....61 O18
Tucheim....38 J20
Tuchen-Klobbicke....29 H25
Tuchenbach....72 R16
Tübingen....86 U11
Tüchersfeld....73 Q18
Tückelhausen....71 Q14
Tüddern....42 M1
Tülau....24 I16
Tümlauer Bucht....2 C9
Tümlauer Koog....4 C10
Tündern....35 J12
Tüngeda....48 M15
Tüngental....79 S13
Tünsdorf....66 R3
Tüntenhausen....89 U19
Türkenfeld (Kreis Fürstenfeldbruck)....89 V17
Türkenfeld (Kreis Landshut)....90 T20
Türkheim (Kreis Göppingen)....87 U13
Türkheim (Kreis Unterallgäu)....88 V15
Türkismühle....67 R5
Türnich....42 N4
Tüschenbroich....42 M2
Tüschendorf....12 G11
Tüßling....91 V21
Tütschengereuth....72 Q16
Tüttendorf....3 C13
Tüttleben....48 N16
Tützpatz....17 E23
Tunau....94 W7
Tunding....92 T21
Tungeln....21 G8
Tungendorf....5 D13
Tungerloh-Capellen....31 K5
Tungerloh-Pröbsting....31 K5
Tuniberg....84 V7
Tuningen....85 V9
Tunsel....94 W6
Tuntenhausen....100 W20
Tunxdorf....10 G5
Turnow....53 K27
Tussenhausen....88 V15
Tutow....17 E23
Tutting....91 U23
Tuttlingen....85 W10
Tutzing....99 W17
Tutzinger-Hütte....99 X18
Twedt....3 C13
Tweel....21 H8
Twenhusen....21 I7
Twieflingen....36 J16
Twiehausen....22 I9
Twielenfleth....13 F12
Twist....20 I5
Twiste....46 L10
Twiste (Fluß)....46 M10
Twisteden....30 L2
Twistestausee....46 L11
Twistetal....46 M10
Twistringen....22 H9
Tyrlaching....91 V22
Tyrolsberg....81 S18

U

Ubach....42 N2
Ubstadt-Weiher....77 S9
Uchenhofen....72 P15
Uchtdorf....25 I19
Uchte....26 H19
Uchte....22 I10
Uchtspringe....25 I18
Uckendorf....43 N5
Uckerath....43 N6
Uckermark....28 G24
Uckersdorf....57 N6
Uckro....52 K24
Udenborn....47 M11
Udenbreth....54 O3
Udenhain....59 P12
Udenhausen (Kreis Kassel)....47 L12
Udenhausen (Vogelsbergkreis)....59 N12
Uder....47 L14
Udersleben....49 L17
Udestedt....49 M17
Udorf....46 L10

Überherrn....66 S4
Überlingen....96 W11
Überlingen a. Ried....95 W10
Überlinger See....96 W11
Überruhr....31 L5
Übersberg....86 U11
Übersee....100 W21
Uebigau (Kreis Elbe-Elster)....51 L23
Uebigau (Kreis Riesa-Großenhain)....52 L24
Üchtelhausen....72 P14
Ückendorf....31 L5
Ücker....29 F25
Ückeritz....19 D26
Ueckermünde....19 E26
Uckermünder Heide....19 E25
Uedelhoven....56 O4
Uedem....30 K2
Uedemerbruch....30 L2
Uedesheim....44 M4
Ueffeln....21 I7
Uehlfeld....72 Q16
Ühlingen-Birkendorf....95 W8
Uehrde....36 J16
Uelde....45 L9
Uelitz....15 F18
Uelleben....60 N16
Uellendahl....44 M5
Üllnitz....37 K19
Ülpenich....42 N4
Ülsby....3 C12
Uelsen....20 I4
Uelvesbüll....2 C10
Uelzen....24 H15
Uenglingen....25 I19
Uentrop....33 K7
Uenzen....22 H10
Üplingen....37 J17
Uepsen....22 H10
Uerdingen....30 L3
Uersfeld....55 P5
Ürzell....59 O12
Ürzig....68 Q5
Üselitz....9 D23
Ueßbach....54 P4
Ueterlande....12 F9
Uetersen....13 E13
Uetterath....42 M2
Uetteroda....48 M14
Üttfeld....54 P2
Uettingen....71 Q13
Uetz-Paaren....39 I22
Uetze....24 I14
Uetzing....73 P17
Üxheim....56 O4
Uffeln....34 J10
Uffenheim....72 R14
Uffing....99 W17
Uftrungen....49 L16
Uhingen....87 T13
Uhlberg....80 T16
Uhldingen-Mühlhofen....96 W11
Uhlstädt....61 N18
Uhrsleben....37 J17
Uhsmannsdorf....53 L28
Uhyst....53 L27
Uhyst a. Taucher....65 M26
Uichteritz....50 M19
Uiffingen....71 R12
Uissigheim....71 R12
Ulbering....91 U23
Ulbersdorf....65 N26
Ulfa....58 O11
Ulfen....47 M14
Ullersdorf....41 J27
Ullstadt....72 R15
Ulm (Kreis Rastatt)....76 T8
Ulm (Ortenaukreis)....84 U8
Ulm (Donau)....87 U13
Ulmbach....59 O12
Ulmen....54 P4
Ulmet....67 R5
Ulrichstein....58 O11
Ulsenheim....72 R14
Ulsnis....3 C13
Ulzburg....13 E13
Umflutkanal....37 J19
Umkirch....84 V7
Ummanz....9 C23
Ummanz (Insel)....9 C23
Ummeln....34 K9
Ummendorf....87 V13
Ummendorf....37 J17
Ummern....24 I15
Ummerstadt....60 P16
Umpferstedt....49 N18
Unadingen....95 W9
Undeloh....13 G13
Undenheim....69 Q8
Undingen....86 U11
Unering....89 V17
Ungedanken....46 L10
Ungerhausen....88 V14
Ungstein....69 R8
Unkel....56 O5
Unlingen....87 V12

Unna....45 L7
Unnau....57 O7
Unnersdorf....73 P16
Unseburg....37 K18
Unsen....35 J12
Unsleben....60 O14
Unstrut....48 M15
Unter Abtsteinach....70 R10
Unter Biberalpe....98 Y14
Unter-Flockenbach....70 R10
Unter-Heinsdorf....62 O21
Unter-Ostern....70 Q10
Unter Rammingen....88 V15
Unter-Schönmattenwag....70 R10
Unter schwärzenbach....91 U23
Unter Sensbach....70 R11
Unteraha....94 W8
Unteraich....82 R20
Unteralpfen....94 X8
Unteraltenbernheim....80 R15
Unteraltertheim....71 Q13
Unterammergau....99 X17
Unterankenreute....97 W13
Unterasbach....80 S16
Unteraspach....79 S13
Unterauerbach....82 R20
Unterbaar....89 U16
Unterbalbach....71 R13
Unterbalzheim....87 V14
Unterbergen....89 U16
Unterbernbach....89 U17
Unterbleichen....88 V14
Unterböhringen....87 U13
Unterbränd....95 W9
Unterbreizbach....59 N13
Unterbruch (Heinsberg)....42 M2
Unterbrüden....79 T12
Unterbrunn....89 V17
Unterbuchen....99 W18
Unterdarching....100 W19
Unterdeufstetten....80 S14
Unterdießen....98 W16
Unterdietfurt....91 U21
Unterdigisheim....85 V10
Unterebersbach....60 P14
Unteregg....98 W15
Unterelchingen....87 U14
Unterellen....60 N14
Unterelsbach....60 O14
Unterensingen....87 U12
Unterentersbach....84 V8
Untererthal....71 P13
Untereschbach....43 N5
Untereschenbach....71 P13
Unteressendorf....87 V13
Untereßfeld....60 P15
Unterfahlheim....88 U14
Unterfelden....80 R15
Unterflossing....90 V21
Unterföhring....89 V18
Unterfrohnstetten....92 T23
Untergermaringen....98 W16
Unterglaim....90 U20
Unterglottertal....84 V7
Untergriesbach....93 U25
Untergriesheim....78 S11
Untergröningen....79 T13
Untergrombach....77 S9
Untergrüne....45 L7
Untergruppenbach....78 S11
Unterhaching....89 V18
Unterhaun....59 N13
Unterhausen....86 U11
Unterheimbach....79 S12
Unterheinriet....79 S11
Unterhöft....91 U22
Unterhütte....83 R22
Unterjeckenbach....67 R6
Unterjesingen....85 U10
Unterjettenberg....101 W22
Unterjettingen....85 U10
Unterjoch....98 X15
Unterkatz....60 O14
Unterkessach....79 R12
Unterkirchberg....87 U13
Unterkirnach....85 V9
Unterknöringen....88 U15
Unterkochen....80 T14
Unterköblitz....82 R20
Unterkochau....62 O19
Unterkotzau....62 O19
Unterlaimbach....72 R15
Unterlauchringen....95 X8
Unterlauter....61 P16
Unterleichtersbach....59 P13
Unterleinach....71 Q13
Unterleinleiter....73 Q17
Unterleiterbach....72 P16
Unterlenningen....87 U12
Unterliezheim....88 T15
Unterloquitz....61 O18
Unterlosa....62 O20
Unterlüß....24 H14
Untermässing....85 S17
Untermagerbein....80 T15
Untermarchtal....87 V12
Untermarxgrün....62 O20
Untermaßfeld....60 O15

Untermaubach....42 N3
Untermeitingen....88 V16
Untermerzbach....72 P16
Untermettingen....95 W19
Untermitterdorf....92 T23
Untermünkheim....79 S13
Untermünstertal....94 W7
Untermusbach....85 U9
Unternesselbach....72 R15
Unterneukirchen....91 V21
Unterneuses....72 Q16
Unteröwisheim....77 S10
Unterpfaffenhofen....89 V18
Unterpindhart....89 T19
Unterpleichfeld....71 Q13
Unterpörlitz....60 N16
Unterprechtal....84 V8
Unterpreppach....72 P16
Unterregenbach....79 S13
Unterreichenbach....77 T10
Unterreichenbach....59 O11
Unterreit....100 V21
Unterreithen....98 X16
Unterrieden....81 R18
Unterrieden....47 L13
Unterriffingen....80 T14
Unterrißdorf....49 L16
Unterrödel....81 S17
Unterrohrbach....91 U22
Unterrot....79 T13
Unterroth....88 V14
Untersberg....101 W22
Unterschefflenz....78 R17
Unterschleichach....72 Q15
Unterschleißheim....89 V18
Unterschneidheim....80 T15
Unterschönau....60 N15
Unterschöneberg....88 U15
Unterschüpf....71 R13
Unterschwaningen....80 S15
Unterschwarzach....97 W13
Unterschweinbach....89 V17
Untersee....26 H21
Untersee....96 X10
Untersiggingen....97 W12
Untersiemau....73 P16
Untersimonswald....84 V8
Untersontheim....79 S13
Untersotzbach....59 O11
Unterspiesheim....72 Q14
Unterstadion....87 V13
Unterstall....81 T17
Unterstedt....23 G12
Untersteinach (Kreis Bayreuth)....74 Q19
Untersteinach (Kreis Kulmbach)....74 P18
Untersteinach (Hohenlohekreis)....79 S12
Untersteinach (Kreis Haßberge)....72 Q15
Untersteinach (Rauhenebrach-)....72 Q15
Untersteinach a. d. Haide....81 S17
Untersuhl....47 N14
Untersulmetingen....87 V13
Untertal....85 U18
Untertal (Biederbach-)....84 V8
Untertheres....72 P15
Unterthingau....98 W16
Untertraubenbach....82 S21
Untertürken....91 V22
Unterückersee....29 G25
Unteruhldingen....96 W11
Unterwaldbehrungen....60 O14
Unterweid....59 N14
Unterweikertshofen....89 V17
Unterweilenbach....89 U17
Unterweiler....87 V12
Unterweisenborn....59 N13
Unterweißbach....61 O17
Unterwellenborn....61 O18
Unterwiesenbach....88 V14
Unterwittelsbach....89 U17
Unterwittighausen....71 Q13
Unterwössen....100 W21
Unterwürschnitz....62 O20
Unterwurmbach....80 S16
Unterzeil....97 W13
Unterzeitlarn....91 U22
Unterzell....82 S21
Untrasried....98 W15
Untreusee....74 P19
Unzhurst....84 T8
Upahl....15 E17
Upen....36 J15
Upfkofen....81 T20
Upgant-Schott....10 F5
Uphusen (Kreis Verden)....22 G10
Uphusen (Stadtkreis Emden)....10 F5
Uplausum....2 B10
Uplengen....11 G7
Upleward....10 F5
Upost....23 E22
Uppenberg....31 K6

Upschört....11 F7
Upsprunge....34 L9
Urach....84 V8
Uracher Wasserfall....87 U12
Urbach....79 T12
Urbach (Kreis Neuwied)....57 O6
Urbach (Kreis Nordhausen)....48 L16
Urbach (Unstrut-Hainich-Kreis)....48 M15
Urbach (Köln-)....43 N5
Urbar....57 O6
Urberach....70 Q10
Urdenbach....44 M4
Urexweiler....67 R5
Urfeld....99 X18
Urft....54 O3
Urft (Fluß)....54 O3
Urft-Stausee....42 O3
Urlau....97 W14
Urleben....48 M16
Urloffen....84 U7
Urmersbach....55 P5
Urmitz....56 O6
Urnau....97 W12
Urnshausen....60 N14
Urphar....71 Q12
Ursberg....88 V15
Ursensollen....81 R19
Ursheim....80 T16
Urspring (Alb-Donau-Kreis)....87 U13
Urspring (Kreis Weilheim-Schongau)....98 W16
Urspringen....71 Q13
Ursprungtal....100 X20
Ursulapoppenricht....82 R19
Usadel....17 F23
Uschlag....47 M12
Usedom....19 E25
Usedom (Insel)....19 D25
Usenborn....58 O11
Userin....17 F22
Useriner See....17 F22
Usingen....58 O9
Uslar....47 L12
Usseln....46 M10
Ustersbach....88 V15
Utarp....11 F6
Utecht....14 E16
Utenbach....49 M18
Utendorf....60 O15
Utersum....2 B9
Utgast....11 F6
Uthleben....48 L16
Uthlede....12 G9
Uthmöden....37 I18
Uthörn (Insel)....2 A9
Uthwerdum....10 F6
Uttenhofen....88 V15
Uttenhofen (Rosengarten-)....79 S13
Uttenreuth....73 R17
Uttenweiler....87 V12
Uttershausen....47 M12
Utting....89 V17
Uttlau....91 U23
Uttrichshausen....59 O13
Uttum....10 F5
Utzedel....17 E23
Utzenfeld....94 W7
Utzenhofen....81 R19
Utzmemmingen....80 T15

V

Vaake....47 L12
Vaale....5 D12
Vaalermoor....5 E11
Vach....73 R16
Vacha....50 N14
Vachdorf....60 O15
Vachendorf....101 W21
Vadenrod....59 O11
Vadrup....33 J7
Vaerloh....13 G12
Vagen....90 W19
Vahlberg....36 J16
Vahlbruch....35 K12
Vahlde....13 G12
Vahldorf....37 J18
Vahren....21 H7
Vahrendorf....13 H7
Vaihingen....78 T11
Vaihingen a. d. Enz....77 T10
Valbert....45 M7
Valdorf....34 J10
Valepp....100 X19
Valfitz....85 H17
Vallendar....56 O6
Valley....100 W19
Vallstedt....36 J15
Valluhn....14 F16
Valwig....55 P5
Vanselow....17 E23
Varbitz....24 H16

Varchentin....17 F22
Vardeilsen....35 K13
Vardingholt....31 K4
Varel....11 F8
Varendorf....24 G15
Varenesch....22 H9
Varenholz....34 J10
Varenrode....21 I6
Varensell....21 K9
Varl....22 I9
Varloh....20 I5
Varlosen....47 L13
Varnhorn....22 H8
Varnkevitz....9 B24
Varrel (Kreis Cuxhaven)....12 E11
Varrel (Kreis Diepholz)....22 I10
Varrelbusch....21 H8
Vasbeck....46 L10
Vasbühl....71 P14
Vastorf....14 G15
Vaterstetten....100 V19
Vatterode....49 L18
Vechelde....36 J15
Vechta....21 H8
Vechte....20 I4
Vechte....32 J5
Vechtel....21 I6
Veckenstedt....36 K16
Veckerhagen....47 L12
Veelböken....15 E17
Veen....30 L3
Veenhusen....11 G6
Veerse....23 G12
Veert....30 L2
Vegesack....12 G9
Vehlefanz....27 H23
Vehlen....34 J11
Vehlen....38 I20
Vehlheim....70 R9
Vehlinge....30 K3
Vehlitz....38 J19
Vehlow....26 G20
Vehne....11 G8
Vehnemoor....21 G7
Vehrte....33 I8
Veilbronn....73 Q17
Veilsdorf....60 O16
Veitlahm....74 P18
Veitsaurach....80 S16
Veitsbronn....72 R16
Veitshöchheim....71 Q13
Veitsrodt....68 Q5
Veitsteinbach....59 O12
Velbert....31 L5
Velburg....81 S19
Velden (Kreis Landshut)....90 U20
Velden (Kreis Nürnberger Land)....73 R18
Veldensteiner Forst....73 Q18
Veldenz....68 Q5
Veldhausen....20 I4
Veldrom....34 K10
Velen....31 K4
Velgast....9 D22
Velgen....24 G15
Vellage....10 G6
Vellberg....79 S13
Vellern....33 K8
Vellinghausen....45 L7
Vellmar....46 L9
Velmede....46 L9
Velmeden....47 M13
Velpe....33 J7
Velpke....24 I16
Velsdorf....25 I17
Velstove....24 I16
Velten....27 H23
Veltheim....34 J10
Veltheim....36 J16
Veltheim (Ohe)....36 J16
Vendersheim....69 Q8
Venhaus....21 I6
Venne....21 I8
Vennemoor....21 I8
Venrath....42 M3
Ventschau....14 G16
Ventschow....15 E18
Venusberg....63 N23
Venwegen....42 N2
Venzkow....15 F19
Venzvitz....9 D23
Verchen....17 E22
Verden....23 H11
Veringendorf....86 V11
Veringenstadt....86 V11
Verl....34 K9
Verlar....34 K9
Verliehausen....47 L13
Verlußmoor....12 G10
Verna....47 N11
Vernawahlshausen....47 L12
Verne....33 K9
Vernich....43 N4
Versbach....71 Q13
Verse-Stausee....45 M7
Versen....20 H5

Versmold....33 J8
Vesbeck....23 I12
Vesser....60 O16
Vestenbergsgreuth....72 Q15
Vestrup....21 H8
Vethem....23 H12
Vetschau....52 K26
Vettelhoven....56 O5
Vettelschoß....56 O6
Vettin....26 G20
Vettweiß....42 N2
Vicht....42 N2
Victorbur....11 F6
Viecheln....8 D21
Viecht....90 U20
Viechtach....83 S22
Viehhausen....82 T19
Viehle....14 G16
Vielank....15 F17
Vielbrunn....70 Q11
Vielist....16 F21
Vielitz....26 H23
Vielstedt....22 G9
Vienau....25 H18
Vienenburg....36 K15
Vierbach....47 M13
Vierden....13 G12
Viereck....19 E24
Vieregge....9 C23
Vieichen....53 L28
Viereth....72 Q16
Vierhöfen....14 G14
Vieritz....26 I20
Viermünden....46 M10
Viernau....60 N15
Viernheim....70 R9
Vierraden....19 G26
Vierzehnheiligen....73 P17
Viesebeck....47 L11
Vieselbach....49 N17
Vietgest....16 E21
Vieth....20 U18
Vietlübbe....16 F20
Vietmannsdorf....28 G24
Vietschow....16 E21
Vietze....15 G18
Vietznitz....26 H21
Viez....15 F17
Vilchband....71 R13
Vilgertshofen....98 W16
Vilkerath....43 N5
Villenbach....88 U15
Villigst....31 L6
Villingen....85 V9
Villingen....58 O10
Villingendorf....85 V9
Villip....56 O5
Villmar....57 O8
Vilm....9 D24
Vilmnitz....9 C24
Vils (Donau)....91 U22
Vilsbiburg....90 U21
Vilseck....74 R19
Vilsen....31 H10
Vilsheim....90 U20
Vilshofen (Kreis Amberg-Sulzbach)....82 S19
Vilshofen (Kreis Passau)....91 U23
Vilsingen....86 V11
Vilslern....90 U20
Vilzing....83 S22
Vinnbrück....30 L3
Vinnen....21 H7
Vinningen....76 S6
Vinnum....31 K6
Vinsebeck....34 K11
Vinstedt....24 G15
Vinte....21 I7
Vinzelberg....25 I18
Vinzier....14 E14
Viöl....3 C11
Violau....88 U15
Vippachedelhausen....49 M17
Vipperow....28 G22
Virneburg....56 O5
Virnsberg....80 R15
Visbek....22 H8
Visbeker Steindenkmäler....21 H8
Visquard....10 F5
Visselhövede....23 H12
Vissum....25 H18
Vitte....9 C23
Vitzdorf....7 C17
Vitzenburg....49 M18
Vitzeroda....59 N14
Vlatten....42 N3
Vlotho....34 J10
Vluyn....30 L3
Vochem....43 N4

Vockerode (Kreis Anhalt-Zerbst)....38 K21
Vockerode (Werra-Meißner-Kreis)....47 M13
Vockfey....15 G16
Vögelsen....14 G15
Vöhl....46 M10
Vöhrenbach....85 V8
Vöhringen (Kreis Neu-Ulm)....87 V14
Vöhringen (Kreis Rottweil)....85 U9
Vöhrum....36 I14
Völkenroth....45 P6
Völkersbach....77 T9
Völkersen....23 G11
Völkershausen (Wartburgkreis)....59 N14
Völkershausen (Werra-Meißner-Kreis)....48 M14
Völkersweiler....76 S7
Völklingen....75 S4
Völksen....35 J12
Völlen....11 G6
Völlenerfehn....11 G6
Völlinghausen....45 L8
Völpke....37 J17
Völschow....17 E24
Voerde (Ennepetal-)....45 M6
Voerde (Niederrhein)....30 L4
Vörden....41 I9
Vörden....35 K11
Vörstetten....84 V7
Voesch....30 L3
Vötting....89 U19
Vogelbeck....35 K13
Vogelsang (Kreis Oder-Spree)....41 J28
Vogelsang (Kreis Uecker-Randow)....19 E26
Vogelsberg....49 M17
Vogelsberg....58 O11
Vogelsdorf (Kreis Halberstadt)....36 J16
Vogelsdorf (Kreis Märkisch-Oderland)....40 I25
Vogler....35 K12
Vogling....101 W22
Vogt....97 W13
Vogtareuth....100 W20
Vogtendorf....61 P18
Vogtland....62 O20
Vogtsbauernhof....84 V8
Vogtsburg....84 V6
Vohburg....81 T18
Vohenstrauß....75 R21
Vohren....33 K8
Vohwinkel....44 M5
Voigtsdorf....64 N24
Voigtstedt....49 L17
Voitenthal....75 Q20
Voitsumra....74 P19
Voitze....24 I16
Volgfelde....25 I18
Volkach....72 Q15
Volkach (Stadt)....72 Q14
Volkenroda....48 M15
Volkenschwand....90 U19
Volkenshagen....8 D20
Volkerode (Kreis Eichsfeld)....47 M14
Volkerode (Kreis Göttingen)....47 L13
Volkers....59 P13
Volkersbrunn....70 Q11
Volkersdorf....64 M25
Volkershausen....72 P14
Volkersheim....36 J14
Volkertshausen....95 W10
Volkholz....45 N8
Volkmannsdorf....61 O19
Volkmannsgrün....74 P19
Volkmarsberg....80 T14
Volkmarsdorf....36 I16
Volkmarsen....46 L11
Volkmarshausen....47 L12
Volkratshofen....97 W14
Volkringhausen....45 L7
Volksdorf (Hamburg)....14 F14
Volksdorf (Kreis Demmin)....9 E22
Volkstedt....49 L18
Volkwardingen....13 G14
Vollenschier....25 I18
Vollersode....12 G9
Vollerwiek....4 D10
Vollmaringen....85 U10
Vollmerhausen....47 M12
Vollmerhausen....43 N6
Vollmershain....62 N20
Vollmerz....59 O12
Vollrathsruhe....16 F21
Vollmarstein....31 L6
Volme....45 M6
Volmerdingsen....34 J10
Volpertshausen....57 N7
Volpertshausen....58 O9
Volpriehausen....47 L13

Volsbach.................73 Q18
Volsemenhusen.........4 E11
Voltlage..................21 I7
Volzendorf.............25 H17
Vonhausen.............58 P11
Vorbach.................74 Q19
Vorbachzimmern.....79 R13
Vorbein....................9 E23
Vorderburg.............98 X15
Vorderfreundorf.....93 T25
Vorderkleebach......73 Q18
Vorderreute............97 W12
Vorderriß................99 X18
Vorderweidenthal....76 S7
Vorderwestermurr...79 T12
Vordesten Thüle.....21 H7
Vordorf..................74 P19
Vordorf..................36 I15
Voremberg.............35 J12
Vorhalle..................31 L6
Vorhelm..................33 K7
Vorhop...................24 I15
Vormwald (Kreis
    Aschaffenburg)...71 P11
Vormwald (Kreis Siegen-
    Wittgenstein).....45 N8
Vornbach...............93 U24
Vornholz (Ostenfelde)..33 K8
Vorpommersche
    Boddenlandschaft...8 C22
Vorra.....................72 Q16
Vorra (Pegnitz).......73 R18
Vorsfelde...............60 O15
Vorst (Kreis Kleve)...30 L3
Vorst (Kreis Viersen)..30 M3
Vortal....................85 V9
Vorwerck...............14 G15
Vorwerk (Kreis Celle)..24 I14
Vorwerk
    (Kreis Rotenburg)..13 G11
Vorwohle...............35 K13
Voslapp..................11 F8
Voßbarg.................11 F7
Voßberg...................5 E13
Vossenack..............42 N3
Voßheide...............34 J10
Voßhöhlen...............6 E14
Vosskanal..............27 H24
Vossum...................30 L2
Voßwinkel.............45 L7
Vrasselt.................30 K2
Vreden..................31 J4
Vrees.....................21 H7
Vülzburg...............81 S17
Vynen....................30 K3

W

Waabs.....................3 C13
Waake...................47 L14
Waakirchen...........99 W19
Waal......................98 W16
Waalhaupten..........98 W16
Waase......................9 C23
Wabern.................47 M12
Wachau.................50 M21
Wachau b. Radeberg..64 M25
Wachbach..............79 R13
Wachenbrunn.........60 O15
Wachenburg...........70 R10
Wachendorf............85 U10
Wachendorf............42 O4
Wachendorf............22 H10
Wachenheim...........69 R8
Wachenhofen..........80 S16
Wachenroth............72 Q16
Wachenzell.............81 T17
Wachow..................27 I22
Wachsenburg..........60 N16
Wachstedt..............48 M14
Wachtberg..............56 O5
Wachtendonk..........30 L3
Wachtküppel...........69 O13
Wachtnitz...............64 M24
Wachtum.................21 H7
Wacken....................5 D12
Wackernheim...........69 Q8
Wackersberg...........99 W18
Wackersdorf............82 S20
Wackersleben.........37 J17
Waddekath..............24 H16
Waddenhausen........23 J10
Waddens..................12 F9
Waddewarden...........11 F7
Waddeweitz.............23 H16
Wadelsdorf..............53 L27
Wadern....................66 R4
Wadersloh...............33 K8
Wadgassen...............66 S4
Wadrill....................66 R4
Wächtersbach...........59 P11
Wälde.....................85 U9
Wäschenbeuren........79 T13
Wässerndorf............72 R14
Waffenbrunn...........82 S21
Waffenrod...............60 O16
Waffensen...............13 G11

Wagenfeld..............22 I9
Wagenhofen............81 T17
Wagenhoff..............24 I15
Wagenitz................26 H21
Wagenschwend........70 R11
Wagenstadt............84 V7
Wagensteig............84 W8
Wagersrott...............3 C13
Waggum..................36 J15
Waging a. See.........101 W22
Waginger See.........101 W22
Wagrien....................6 D15
Wagshurst..............84 U7
Wagun...................17 E22
Wahlbach (Kreis Siegen-
    Wittgenstein)......57 N8
Wahlbach (Rhein-
    Hunsrück-Kreis)...55 P6
Wahlen
    (Kreis Bergstraße)..70 R10
Wahlen
    (Kreis Euskirchen)..54 O3
Wahlen (Kreis
    Merzig-Wadern)...66 R4
Wahlen
    (Vogelsbergkreis)..58 N11
Wahlendow.............19 E25
Wahlerscheid..........54 O2
Wahlhausen............47 M13
Wahlitz..................38 J19
Wahlrod..................57 O7
Wahlsburg..............47 L12
Wahlscheid.............43 N4
Wahlsdorf...............39 K23
Wahlstedt................6 E14
Wahlwies................95 W10
Wahmbeck..............47 L12
Wahmbeckerheide....34 K10
Wahn......................43 N5
Wahn......................20 H6
Wahnbach-Stausee...43 N5
Wahnbek.................11 G8
Wahnebergen...........23 H11
Wahns....................60 O14
Wahrenberg.............28 H19
Wahrenbrück...........52 L24
Wahrendorf...............6 D16
Wahrenholz..............24 I15
Wahrstedt...............25 I16
Waibling.................92 T21
Waiblingen.............78 T11
Waibstadt..............77 S10
Waich....................100 W21
Waidhaus................75 R21
Waidhofen..............89 U18
Waigolshausen.........72 Q14
Wain......................87 V14
Wainsdorf..............52 L24
Waischenfeld...........73 Q18
Waizenbach.............71 P13
Waizenhofen...........81 S17
Wakendorf I..............6 E15
Wakendorf II...........14 E14
Walbeck..................30 L2
Walbeck (Kreis
    Mansfelder Land)..49 L18
Walbeck (Ohrekreis)..37 J17
Walberberg.............43 N4
Walbertsweiler........96 W11
Walburg.................47 M13
Walburgskirchen......91 U22
Walchensee............99 X18
Walchensee (Dorf)...99 X17
Walchsing..............91 U23
Walchum.................20 H5
Wald......................44 M5
Wald (Kreis Cham)...82 S21
Wald (Kreis Ostallgäu)...98 W15
Wald (Kreis
    Sigmaringen)......96 W11
Wald (Kreis Weißenburg-
    Gunzenhausen)...80 S16
Wald-Amorbach........70 Q11
Wald-Erlenbach........70 R10
Wald-Michelbach......70 R10
Walda.....................89 U17
Walda-Kleinthiemig...64 M24
Waldachtal..............85 U9
Waldacker...............70 P10
Waldalgesheim.........69 Q7
Waldangelloch..........77 S10
Waldaschaff.............71 Q11
Waldau...................60 O16
Waldau...................84 W8
Waldberg (Kreis
    Augsburg)...........88 V16
Waldberg (Kreis
    Rhön-Grabfeld).....59 O14
Waldböckelheim.......69 Q7
Waldbreitbach..........56 O6
Waldbröl.................43 N6
Waldbronn...............77 T9
Waldbrunn
    (Kreis Würzburg)...71 Q13
Waldbrunn (Neckar-
    Odenwald-Kreis)...78 R11

Waldbrunn
    (Westerwald).......57 O8
Waldbüttelbrunn......71 Q13
Waldburg................97 W13
Walddorf.................85 U9
Walddorf.................65 N27
Walddorfhäslach......86 U11
Walddrehna.............52 K24
Waldeck.................74 Q19
Waldeck (Stadt).......46 M11
Waldems.................57 P9
Waldenau-Datum......13 F13
Waldenbuch............86 U11
Waldenburg............79 S12
Waldenburg............62 N21
Waldenrath.............42 M2
Walderbach.............82 S21
Waldersee...............38 K20
Waldershof.............75 Q20
Waldesch................55 P6
Waldeshöhe.............19 F25
Waldfeucht.............42 M1
Waldfisch...............60 N14
Waldfischbach-
    Burgalben..........76 S6
Waldfrieden............37 J19
Waldgirmes.............58 O9
Waldgrehweiler.......69 Q7
Waldhäuser.............93 T24
Waldhausen (b. Aalen)..80 T14
Waldhausen (b. Lorch)..79 T12
Waldhausen
    (Kreis Göppingen)..87 U13
Waldhausen (Kreis
    Traunstein).......100 V21
Waldhausen (Neckar-
    Odenwald-Kreis)...70 R11
Waldhausen
    (Warstein-).........45 L8
Waldheim................51 M23
Waldhölzbach..........66 R4
Waldhof (Kreis
    Rottal-Inn)..........91 U22
Waldhof (Stadtkreis
    Mannheim).........70 R9
Waldhufen..............65 M28
Waldkappel............47 M13
Waldkatzenbach......70 R11
Waldkirch (Kreis
    Emmendingen)....84 V7
Waldkirch
    (Kreis Günzburg)..88 U15
Waldkirch (Kreis Neustadt
    a. d. Waldnaab)...75 Q21
Waldkirch (Kreis
    Waldshut)...........94 X8
Waldkirchen
    (Göltzschtalkreis)..62 O21
Waldkirchen (Kreis
    Freyung-Grafenau)..93 T24
Waldkirchen
    (Erzgebirge).......63 N23
Waldkraiburg..........90 V21
Waldleiningen.........69 R7
Waldmannshofen.....71 R14
Waldmössingen........85 V9
Waldmohr...............67 R6
Waldmühlbach.........78 R11
Waldmühlen............57 O8
Waldmünchen.........83 R22
Waldnaab...............75 Q20
Waldniel................42 M2
Waldorf
    (Kreis Ahrweiler)..56 O5
Waldorf (Rhein-
    Sieg-Kreis).........43 N4
Waldow..................52 K25
Waldprechtsweier.....77 T9
Waldrach................66 Q4
Waldram.................99 W18
Waldrems................79 T12
Waldrohrbach..........55 S7
Waldsassen.............75 P20
Waldsee..................58 P9
Waldsee (Stadt).......77 R9
Waldshut................94 X8
Waldsiedlung..........31 K5
Waldsieversdorf......41 I26
Waldsolms..............58 O9
Waldstadt................77 S9
Waldstetten (Kreis
    Günzburg)..........88 U14
Waldstetten (Neckar-
    Odenwald-Kreis)...71 R12
Waldstetten
    (Ostalbkreis).......79 T13
Waldtann................80 S14
Waldthurn..............75 Q20
Waldtrudering.........89 V19
Waldulm.................84 U8
Waldweiler.............66 R4
Waldwimmersbach...70 R10
Waldzell.................71 Q12
Walhalla.................82 S20
Walheim.................77 S11
Walheim.................42 N2
Walke....................84 U8
Walkendorf.............16 E21
Walkenried.............46 L15

Walkersbach (Kreis Pfaffenhofen
    a. d. Ilm)............89 U18
Walkersbach
    (Rems-Murr-Kreis)..79 T12
Walkertshofen (Kreis
    Augsburg)...........88 V15
Walkertshofen
    (Kreis Keilheim)...90 T19
Wall (Kreis Miesbach)..100 W19
Wall
    (Kreis Rosenheim)..100 X20
Wallach..................30 L3
Wallau...................69 P9
Wallau (Lahn).........46 N9
Wallbach................94 X7
Wallberg...............100 W19
Walldorf (Rhein-
    Neckar-Kreis)......77 S9
Walldorf (Mörfelden-)..70 P9
Walldürn................71 R12
Walle (Kreis Celle)...23 H13
Walle (Kreis Gifhorn)..36 I15
Walle (Kreis Verden)..23 H11
Wallenborn.............54 P4
Wallenbrück............34 J9
Wallendorf.............50 L20
Wallendorf.............54 Q2
Wallenfels..............61 P18
Wallenhausen.........88 U14
Wallenhorst............33 I8
Wallenrod...............59 O11
Wallensen...............35 J12
Wallerdorf (Kreis
    Deggendorf).......91 U23
Wallerdorf
    (Kreis Donau-Ries)..89 U17
Wallerfangen..........66 S4
Wallerfing..............92 T22
Wallerhausen.........57 N7
Wallersdorf............92 T22
Wallersheim...........54 P3
Wallerstädten.........70 Q9
Wallerstein.............80 T15
Wallertheim............69 Q8
Wallesau................81 S17
Walleshausen..........89 V16
Wallgau..................99 X17
Wallhalben..............76 S6
Wallhausen.............79 S14
Wallhausen.............49 L17
Wallhöfen...............12 G10
Wallinghausen.........11 F6
Wallitz...................28 G22
Wallmenroth...........57 N7
Wallmerod..............57 O7
Wallmow.................29 F26
Wallnsdorf..............81 S18
Wallrabenstein........57 P8
Wallroth.................59 O12
Wallsbüll..................3 B11
Wallstadt................70 R9
Wallstawe...............25 H17
Walluf....................69 P8
Wallwitz (Kreis
    Jerichower Land)..37 J19
Wallwitz (Saalkreis)..50 L19
Walmsburg.............14 G16
Walniel...................42 M2
Walow.....................16 F21
Walpernhain...........62 M19
Walpersdorf............57 N8
Walpertskirchen......90 V19
Walschleben...........48 M16
Walsdorf.................72 Q16
Walsdorf.................57 P8
Walsheim................67 S5
Walsleben (Kreis
    Ostprignitz-Ruppin)..26 H21
Walsleben
    (Kreis Stendal)....26 H19
Walsmühlen.............15 F17
Walsrode................23 H12
Walshut..................94 X8
Walstedde...............33 K7
Walsum...................30 L4
Walsumer Mark.......31 L4
Waltenhausen.........88 V15
Waltenhofen (Kreis
    Oberallgäu)........97 W14
Waltenhofen (Kreis
    Ostallgäu)..........98 X16
Waltenweiler...........97 W12
Walternienburg.......38 K19
Waltersberg............81 S18
Waltersbrück..........46 N11
Waltersdorf (b. Berlin)..40 I24
Waltersdorf
    (b. Lückau).........52 K24
Waltersdorf (Kreis
    Löbau-Zittau)......65 N27
Waltersdorf
    (Sächsische Schweiz)..64 N26
Waltersdorf b. Berga..62 N20
Waltershausen
    (Kreis Gotha)......47 N15
Waltershausen (Kreis Rhön-
    Grabfeld)............60 O15

Waltershofen (Kreis
    Ravensburg)........97 W13
Waltershofen (Stadtkreis Freiburg
    i. B.)..................84 V7
Waltersleben...........61 N17
Walting (Kreis Cham)..83 S22
Walting
    (Kreis Eichstätt)...89 T17
Walting (Kreis Weißenburg-
    Gunzenhausen)....81 S17
Waltringen..............45 L7
Waltringhausen.......35 I12
Waltrop..................31 L6
Walxheim...............80 T14
Walzbachtal............77 S9
Walzlings...............98 W14
Wambach................69 P8
Wambeln................45 L7
Wamckow................15 F19
Wamel....................45 L8
Wampen...................9 D24
Wandersleben.........60 N16
Wanderup.................3 B12
Wandlitz.................27 H24
Wandsbek (Hamburg)..14 F14
Wanfried................48 M14
Wang.....................90 U19
Wangelau...............14 F15
Wangelnstedt..........35 K13
Wangels...................6 D16
Wangen
    (Kreis Göppingen)..87 T12
Wangen
    (Kreis Konstanz)..96 X10
Wangen
    (Kreis Starnberg)..89 V18
Wangen i. Allgäu.....97 W13
Wangenheim...........48 M15
Wangerland.............11 F7
Wangerland-Hooksiel..11 F8
Wangerooge............11 E7
Wangerooge (Insel)..11 E7
Wangersen..............13 F12
Wanheimerort.........31 L4
Wanhöden...............12 E10
Wank.....................99 X17
Wankendorf..............6 D14
Wankum..................30 L2
Wanna....................12 E10
Wannbach...............73 Q17
Wanne-Eickel..........31 L5
Wannsee (Berlin).....40 I23
Wannweil...............86 U11
Wansleben a. See.....49 L19
Wanzleben...............37 J18
Wanzlitz.................15 G18
Wapeldorf..............11 G8
Wapelfeld................5 D12
Warbel....................16 E21
Warbende...............17 F23
Warberg.................36 J16
Warbeyen................30 K2
Warburg.................46 L11
Warchau.................38 I21
Warching................80 T16
Wardböhmen...........23 H13
Wardenburg............11 G8
Warder (Kreis Rendsburg-
    Eckernförde).......5 D13
Warder
    (Kreis Segeberg)...6 E15
Wardersee..............14 E15
Wardow..................16 E21
Wardt....................30 K3
Waren....................16 F22
Warendorf...............33 K7
Warin.....................15 E19
Warle.....................36 J16
Warlitz...................15 F17
Warlow...................15 F18
Warmbronn.............77 T10
Warme....................47 L11
Warme Bode...........36 K16
Warmensteinach......74 Q19
Warmisried.............98 W15
Warmsen.................22 I10
Warnau (Kreis Plön)..6 D14
Warnau (Kreis Stendal)..26 H20
Warnemünde............8 D20
Warnitz (Kreis
    Uckermark).........29 G25
Warnitz (Stadtkreis
    Schwerin)...........15 F18
Warnkenhagen
    (Kreis Güstrow)....16 E21
Warnkenhagen (Kreis Nordwest-
    mecklenburg)......7 D17
Warnow (Fluß)........15 F19
Warnow
    (Kreis Güstrow)....16 E19
Warnow (Kreis Nordwest-
    mecklenburg).......7 E17
Warnstedt...............21 H8
Waroldern...............46 M10
Warpe....................22 H11
Warpke..................24 H17

Warringholz..............5 D12
Warsingsfehn...........11 G6
Warsleben...............37 J17
Warsow
    (Kreis Demmin)....17 E22
Warsow (Kreis
    Ludwigslust)........15 F17
Warstade................13 E11
Warstein.................46 L9
Warsteinkopf.........101 X22
Wart......................85 V9
Wartburg................48 N14
Wartenberg.............59 O10
Wartenberg.............90 U19
Wartenberg-Rohrbach..69 R7
Wartenburg.............39 K22
Wartenfels..............61 P18
Wartha
    (Wartburgkreis)....48 M14
Wartha
    (Westlausitzkreis)..53 L26
Warthausen............87 V13
Warthe (Kreis
    Ostvorpommern)..19 E25
Warthe (Kreis
    Uckermark).........28 G24
Wartin...................29 G26
Wartmannsroth.......71 P13
Warwerort................4 D10
Warza....................48 N16
Warzenbach...........58 N9
Warzenried.............83 S22
Wasbek....................5 D13
Wascheid................54 P3
Waschleithe............63 O22
Waschow................15 F17
Wasdow....................9 E22
Wasenbach..............57 P7
Wasenberg.............58 N11
Wasenweiler...........84 V7
Wasgau..................76 S7
Wasmuthhausen......60 P16
Wassel...................35 J13
Wassenach..............56 O5
Wassenberg............42 M2
Wassensdorf...........25 I17
Wasseralfingen.......79 T14
Wasserberg.............46 N10
Wasserburg............97 X12
Wasserburg a. Inn..100 V20
Wasserkuppe...........59 O13
Wasserleben............36 K16
Wasserlos...............70 P11
Wasserlosen...........71 P14
Wassermungenau.....80 S16
Wassersleben...........3 B12
Wasserstraße..........22 H11
Wassersuppe..........26 H21
Wasserthaleben.......48 M16
Wassertrüdingen.....80 S15
Wasserzell..............81 T17
Waßmannsdorf.......40 I24
Wasungen...............60 O15
Watenbüttel...........36 J16
Watenstedt............36 J16
Watenstedt
    (Salzgitter-)........36 J15
Waterfall................20 I4
Wathlingen.............24 I14
Wattenbach............80 S16
Wattenbach............47 M12
Wattenbek................6 E14
Wattendorf.............73 P17
Wattenheim...........69 R8
Wattenscheid..........31 L5
Wattenweiler...........88 V15
Watterbach.............70 R11
Watterdingen.........95 W10
Wattmannshagen.....16 E21
Wattweiler..............67 S5
Watzenborn-
    Steinberg...........58 O10
Watzmann.............101 X22
Watzum..................36 J16
Waxenstein.............99 X17
Waxweiler...............54 P3
Waygaard..................2 B10
Webau...................50 M20
Weberin..................15 F18
Webershausen.........11 F6
Weberstedt.............48 M15
Wechingen..............80 T15
Wechmar................60 N16
Wechold.................22 H11
Wechselburg...........63 M22
Weckbach...............70 R11
Weckersdorf...........62 O19
Weckesheim............58 O10
Wedau....................31 L4
Weddel...................36 J15
Weddelbrook...........5 E13
Wedderien..............25 G16
Weddersleben.........37 K17
Wedderstedt...........37 K17
Weddewarden.........12 F9
Weddingen..............36 K15
Weddingstedt...........4 D11
Wedehorn...............22 H10

Wedel 13 F12
Wedel (Holstein) 13 F13
Wedemark 23 I13
Wedendorf 15 E17
Wedesbüttel 36 I15
Weding 3 B12
Wedlitz 37 K19
Wedringen 37 J18
Weede 6 E15
Weende 47 L13
Weener 10 G6
Weenzen 35 J13
Weertzen 13 G12
Wees 3 B12
Weesby 3 B11
Weese 21 I7
Weesen 24 H14
Weesenstein 64 N25
Weesow 40 I25
Weetzen 35 J12
Weeze 30 L2
Wefensleben 37 J17
Weferlingen 37 J17
Weg 94 W7
Wega 46 M11
Wegberg 42 M2
Wegeleben 37 K17
Wegendorf 40 I25
Wegenstedt 37 I17
Wegeringhausen 45 M7
Wegfurt 59 O14
Weggun 17 G24
Wegholm 22 I10
Wegscheid (Kreis Bad Tölz-Wolfratshausen) 99 X18
Wegscheid (Kreis Passau) 93 U25
Wehbach 57 N7
Wehdel (Kreis Cuxhaven) 12 F10
Wehdel (Kreis Osnabrück) 21 I8
Wehdem 22 I9
Wehe 22 I9
Wehebach-Stausee 42 N3
Wehen 69 P8
Wehingen 85 V10
Wehlen 13 G13
Wehlen 68 Q5
Wehm 21 H6
Wehnde 48 L14
Wehningen 15 G17
Wehnsdorf 52 K24
Wehnsen 24 I14
Wehr 94 X7
Wehr (Kreis Ahrweiler) ...56 O5
Wehr (Kreis Heinsberg) 42 N1
Wehr (Kreis Trier-Saarburg) ..66 R3
Wehra 94 W7
Wehratal 94 W7
Wehrbleck 22 I10
Wehrda (Kreis Hersfeld-Rotenburg) 59 N13
Wehrda (Kreis Marburg-Biedenkopf) 58 N10
Wehrden 35 K12
Wehre 36 J15
Wehre (Fluß) 47 M13
Wehren 34 K10
Wehrenberg 22 I10
Wehrendorf (Kreis Herford) 34 J10
Wehrendorf (Kreis Osnabrück) 33 J8
Wehretal 47 M14
Wehrhain 51 K24
Wehrheim 58 P9
Wehringen 88 V16
Wehrland 19 E25
Wehrsdorf 65 M27
Wehrshausen 59 N13
Wehrstedt 35 J14
Weiberg 46 L9
Weibern 56 O5
Weibersbrunn 71 Q12
Weichenried 89 U18
Weichensdorf 41 J27
Weichering 81 T17
Weichs 89 U18
Weichshofen 92 T21
Weicht 98 W16
Weickartshain 60 O9
Weickersgrüben 71 P13
Weida 62 N20
Weida (Bach) 62 N20
Weidach 60 P16
Weide 5 E14
Weidelbach 80 S14
Weidelbach 57 N8
Weiden 38 K21
Weiden 9 V9
Weiden i. d. Oberpfalz 75 Q20
Weidenau 59 O12
Weidenau (Siegen-) 57 N8
Weidenbach 54 P4

Weidenbach (Kreis Ansbach) 80 S15
Weidenbach (Kreis Mühldorf a. Inn) 90 V21
Weidenberg 74 Q19
Weidenhahn 57 O7
Weidenhain 51 L22
Weidenhausen (Kreis Marburg-Biedenkopf) 58 N9
Weidenhausen (Kreis Siegen-Wittgenstein) ..45 N9
Weidenhausen (Werra-Meißner-Kreis) 47 M13
Weidensdorf 62 N21
Weidensees 73 Q18
Weidenstetten 87 U13
Weidenthal 69 R7
Weidhausen 81 R17
Weiding (Kreis Cham) 83 S22
Weiding (Kreis Mühldorf a. Inn) 91 V21
Weidingen 54 P3
Weiersbach 67 R5
Weigendorf (Kreis Amberg-Sulzbach) 73 R18
Weigendorf (Kreis Dingolfing-Landau) 90 U21
Weigenheim 72 R14
Weigersdorf 65 M27
Weigheim 85 V9
Weigmannsdorf-Müdisdorf 64 N24
Weigsdorf-Köblitz 65 M27
Weihenstephan 90 U20
Weihenzell 80 R15
Weiher 82 R19
Weiher (Kreis Bergstraße) 70 R10
Weiher (Ubstadt-) 77 S9
Weiherhammer 75 R20
Weihern 82 S21
Weihmichl 90 U20
Weihmörting 91 U23
Weihungszell 87 V14
Weikersheim 71 R13
Weil 88 V16
Weil 58 P9
Weil a. Rhein 94 X6
Weil der Stadt 77 T10
Weil i. Schönbuch 86 U11
Weilach 89 U17
Weilar 60 N14
Weilbach (Kreis Miltenberg) 70 Q11
Weilbach (Main-Taunus-Kreis) 70 P9
Weilburg 57 O9
Weildorf (Bodenseekreis) 96 W11
Weildorf (Kreis Berchtesgadener Land) 101 W22
Weildorf (Zollernalbkreis) 85 U10
Weilen 85 V10
Weiler 42 N4
Weiler (Enzkreis) 77 T9
Weiler (Kreis Ravensburg) 97 W12
Weiler (Rhein-Neckar-Kreis) 77 S10
Weiler (Schwarzwald-Baar-Kreis) 85 V9
Weiler i. d. Bergen 79 T13
Weiler o. Helfenstein 87 U11
Weiler-Simmerberg 97 X13
Weiler z. Stein 79 T12
Weilerbach 67 R6
Weilersbach (Kreis Forchheim) 73 Q17
Weilersbach (Schwarzwald-Baar-Kreis) 85 V9
Weilerswist 43 N4
Weilheim (Kreis Waldshut) 94 X8
Weilheim (Zollernalbkreis) 85 U10
Weilheim (Otting-) 80 T16
Weilheim (Rietheim-) 85 V10
Weilheim a. d. Teck 87 U12
Weilheim i. Oberbayern 99 W17
Weilimdorf 78 T11
Weilmünster 57 O9
Weilrod 58 P9
Weilrode 48 L9
Weilstetten 85 V10
Weiltingen 80 S15
Weimar 49 N18
Weimar (Kreis Kassel) 47 L12
Weimar (Kreis Marburg-Biedenkopf) 58 N10
Weimarschmieden 60 O14
Weimersheim 80 S16
Weinähr 57 P7
Weinbach 57 O8
Weinberg 80 S15
Weinbiet 76 R8

Weinböhla 64 M24
Weine 46 L9
Weingarten 48 N15
Weingarten (Kreis Karlsruhe) 77 S9
Weingarten (Kreis Ravensburg) 97 W12
Weingarten (Pfalz) 77 S8
Weinheim 70 R10
Weinolsheim 69 Q8
Weinried 88 V14
Weinsberg 78 S11
Weinsfeld 54 P3
Weinsheim (Kreis Bad Kreuznach) 69 Q7
Weinsheim (Kreis Bitburg-Prüm) 54 P3
Weinsheim (Worms-) 69 R8
Weinstadt 79 T12
Weinzierlein 80 R16
Weiperath 68 Q5
Weiperfelden 58 O9
Weipertshofen 80 S14
Weira 61 N19
Weisbach (Kreis Rhön-Grabfeld) 59 O14
Weisbach (Saale-Orla-Kreis) 61 O18
Weisbach (Waldbrunn-) ..78 R11
Weischlitz 62 O20
Weisdin 17 F23
Weisel 69 P7
Weisen 25 G19
Weisenau 69 Q8
Weisenbach 77 T9
Weisendorf 72 R16
Weisenheim a. Berg 69 R8
Weisenheim a. Sand 69 R8
Weisin 16 F20
Weiskirchen (Kreis Merzig-Wadern) 66 R4
Weiskirchen (Kreis Offenbach) 70 P10
Weismain 73 P17
Weiß (Köln) 43 N5
Weißbach 97 X14
Weissach 77 T10
Weissach i. Tal 79 T12
Weißack 52 K25
Weißandt-Gölzau 50 K20
Weißbach (Hohenlohekreis) 79 S12
Weißbach (Kreis Altenburger Land) 62 N20
Weißbach (Kreis Ostallgäu) 98 X15
Weißbach (Kreis Zwickauer Land) 62 O21
Weißbach (Mittlerer Erzgebirgskreis) 63 N23
Weißbach a. d. Alpenstraße 101 W22
Weißdorf 74 P19
Weiße Elster 62 O20
Weißen 35 K23
Weißenau 97 W12
Weißenbach (Kreis Bad Kissingen) 59 P13
Weißenbach (Werra-Meißner-Kreis) 47 M13
Weißenbachsattel 94 W7
Weißenberg 76 S7
Weißenberg 73 R9
Weißenberg 65 M27
Weißenberge 24 I15
Weißenborn (Kreis Göttingen) 48 L14
Weißenborn (Saale-Holzland-Kreis) 62 N19
Weißenborn (Schwalm-Eder-Kreis) 59 N12
Weißenborn (Werra-Meißner-Kreis) 48 M14
Weißenborn (Erzgebirge) 64 N24
Weißenborn-Lüderode 48 L15
Weißenbronn 80 S16
Weißenbrunn (Kreis Haßberge) 72 P16
Weißenbrunn (Kreis Kronach) 74 P18
Weißenbrunn (Kreis Nürnberger Land) 81 R18
Weißenbrunn v. Wald 61 O17
Weißenburg 80 S16
Weißenburger Wald 80 T16
Weißenfels 49 M19
Weißenhäuser Strand 6 D16
Weißenhasel 47 M13
Weißenhorn 88 V14
Weißensand 62 O20
Weißensee 97 X13
Weißensee 98 X15
Weißensee (Berlin) 40 I24
Weißensee (Kreis Sömmerda) 49 M17
Weißenstadt 74 P19

Weißenstein 87 T13
Weißenthurm 56 O6
Weißer Main 74 P18
Weißer Regen 83 S22
Weißer Schöps 53 L28
Weißer Stein 54 O3
Weißewarte 38 I19
Weißig (Kreis Sächsische Schweiz) 64 M25
Weißig (Westlausitzkreis) 52 L26
Weißig a. Raschütz 52 L24
Weißkeißel 53 L28
Weißkollm 53 L27
Weißenreuth 74 P19
Weißtannenhöhe 94 W8
Weißwasser 53 L27
Weistropp 64 M24
Weisweil (Kreis Emmendingen) 84 V7
Weisweil (Kreis Waldshut) 95 X9
Weisweiler 42 N3
Weitefeld 57 N7
Weiten 66 R3
Weiten-Gesäß 70 Q11
Weitenau 94 W7
Weitendorf 16 E20
Weitendorf b. Brüel 15 E19
Weitenhagen (Kreis Nordvorpommern) 9 D22
Weitenhagen (Kreis Ostvorpommern) 9 D24
Weitenung 76 T8
Weiterode 47 N13
Weitersborn 68 Q6
Weitershain 50 O10
Weitershausen 58 N9
Weiterstadt 70 Q9
Weitin 17 F23
Weitingen 85 U10
Weitmar 31 L5
Weitnau 97 X14
Weitramsdorf 60 P16
Weitsche 25 G17
Weitsee 101 W21
Weitzgrund 38 J21
Weitzmühlen 23 H11
Weixdorf 64 M25
Weizen 95 W9
Welbergen 32 J5
Welbhausen 72 R14
Welbsleben 37 K18
Welchenberg 78 T22
Welcherath 55 P4
Welchweiler 66 R6
Welda 46 L11
Welden 88 U15
Welferode 47 M12
Welfesholz 49 L18
Wellaune 50 L21
Welldorf 42 N3
Welle (Kreis Harburg) 13 G13
Welle (Kreis Stendal) 26 I19
Wellen 37 J18
Wellen 12 F10
Wellen (Kreis Trier-Saarburg) 54 Q3
Wellen (Kreis Waldeck-Frankenberg) 46 M11
Wellendingen (Kreis Rottweil) 85 V10
Wellendingen (Kreis Waldshut) 95 W9
Wellendorf (Kreis Osnabrück) 33 J8
Wellendorf (Kreis Uelzen) 24 H16
Wellenkamp 5 E12
Wellerode 47 M12
Wellerswalde 51 L23
Wellheim 89 T17
Wellie 11 I11
Wellingen 66 R3
Wellingholzhausen 33 J8
Wellmich 57 P7
Wellmitz 41 J28
Wellsdorf 62 O20
Welmbüttel 5 D11
Welmlingen 94 W6
Welschbillig 54 Q3
Welschen-Ennest 45 M8
Welschenbach 56 O5
Welschensteinach 84 V8
Welschingen 95 W10
Welschneudorf 57 O7
Welse 29 G26
Welsede 35 J11
Welsenbruch 39 K23
Welsickendorf 39 K23
Welsleben 37 J18
Welsow 29 G26
Welt 4 D10
Welte 31 K5
Weltenburg 81 T19
Welterod 69 P7
Weltzin 17 E23
Welver 45 L7
Welze 23 I12

Welzheim 79 T12
Welzin (Kreis Nordwest-mecklenburg) 7 E17
Welzin (Kreis Ostvorpommern) 19 E25
Welzow 53 L26
Wemb 30 L2
Wembach 94 W7
Wemding 76 T16
Wemlighausen 46 M9
Wemmetsweiler 67 R5
Wendeburg 36 J15
Wendefurth 36 K16
Wendehausen 47 M14
Wendelsheim 69 Q7
Wendelskirchen 90 U21
Wendelstein 100 W20
Wendelstein 49 M18
Wendelstein (Stadt) 81 R17
Wendemark 26 H19
Wenden (Kreis Gifhorn) 36 J15
Wenden (Kreis Nienburg) 23 I12
Wenden (Kreis Olpe) 45 N7
Wendenborstel 23 I12
Wendershausen 47 M13
Wendessen 36 J15
Wendewisch 14 F15
Wendhausen (Kreis Helmstedt) 36 J15
Wendhausen (Kreis Hildesheim) 36 J14
Wendhausen (Kreis Lüneburg) 14 G15
Wendisch Baggendorf 9 D22
Wendisch Evern 14 G15
Wendisch Priborn 16 F20
Wendisch-Rietz 41 J26
Wendisch Waren 16 F20
Wendischbrome 24 I16
Wendishain 51 M22
Wendland 15 G17
Wendling 90 V20
Wendlingen 79 T12
Wendlinghausen 34 J11
Wendorf (Kreis Müritz) ...17 F22
Wendorf (Kreis Nordvorpommern) 9 D23
Wendorf (Kreis Parchim) 7 E18
Wendorf (Stadtkreis Wismar) 7 E18
Wendthagen 35 J11
Wendtorf 6 C14
Weng (Kreis Dingolfing-Landau) 90 U21
Weng (Kreis Passau) 91 U23
Wengen (Kreis Oberallgäu) 98 W14
Wengen (Kreis Weißenburg-Gunzenhausen) 81 S17
Wengern 31 L6
Wengerohr 67 Q4
Wenholthausen 45 M8
Wenings 70 O11
Wenkheim 71 Q13
Wennbüttel 5 D11
Wenne 45 L8
Wennemen 45 L8
Wennigloh 45 L8
Wennigsen 35 J12
Wenningstedt 2 B8
Wenschdorf 71 Q11
Wense (Kreis Peine) 36 I15
Wense (Kreis Rotenburg) 13 F12
Wensickendorf 27 H24
Wensin 6 E15
Wentorf (Amt Sandesneben) 14 E15
Wentorf b. Hamburg 14 F14
Wenze 23 I17
Wenzen 35 K13
Wenzenbach 82 S20
Wenzendorf 13 F14
Wenzigerode 46 M11
Wenzlow 38 J21
Werbach 71 Q12
Werbelow 29 F25
Werben (Kreis Leipziger land) 50 M20
Werben (Kreis Spree-Neiße) 52 K26
Werben (Elbe) 26 H19
Werbig (Kreis Märkisch-Oderland) 41 I27
Werbig (Kreis Potsdam-Mittelmark) 38 J21
Werbig (Kreis Teltow-Fläming) 39 K23
Werchau 39 K23
Werchow 52 K25
Werda 62 O20
Werdau 62 N21

Werden (Essen) 31 L5
Werder (Kreis Demmin) 17 E24
Werder (Kreis Märkisch-Oderland) 41 I25
Werder (Kreis Oder-Spree) 41 J26
Werder (Kreis Ostprignitz-Ruppin) 26 H22
Werder (Kreis Parchim) 16 F20
Werder (Der) 18 F24
Werder (Havel) 39 I22
Werdohl 45 M7
Werdorf 58 O9
Werdum 10 F7
Werenzhain 52 L24
Wergzahna 39 K22
Werkel 47 M11
Werkleitz 38 K19
Werl 45 L7
Werlaburgdorf 36 J15
Werleshausen 47 M13
Werlte 21 H7
Wermelskirchen 44 M5
Wermsdorf 51 M22
Wermutshausen 79 R13
Wern 71 Q13
Werna 48 L16
Wernarz 59 P13
Wernau 71 T12
Wernberg-Köblitz 82 R20
Wernborn 58 O9
Wernburg 61 N18
Werne 31 K6
Werne (Bochum-) 32 L5
Werneck 71 Q14
Wernersreuth 75 Q21
Wernesgrün 62 O21
Werneuchen 40 I25
Wernfeld 71 P13
Wernfels 81 S16
Wernges 59 N12
Wernigerode 36 K16
Wernikow 26 G21
Werningshausen 49 M17
Werningsleben 61 N17
Wernitz 27 I22
Wernitzgrün 75 P21
Wernsbach 81 S17
Wernsbach b. Ansbach 80 R15
Wernsdorf (Chemnitzer Land) 62 N21
Wernsdorf (Kreis Dahme-Spreewald) 40 I25
Wernsdorf (Mittlerer Erzgebirgskreis) 63 N23
Wernsdorf (Saale-Orla-Kreis) 61 O19
Wernshausen 60 N15
Wernstedt 25 I18
Wernswig 47 N12
Weroth 57 O7
Werpeloh 21 H6
Werra (Fluß) 60 O16
Wersabe 23 G9
Wersau 70 Q10
Werschau 57 O8
Werschen 50 M20
Werschweiler 67 R5
Werse 33 K7
Werse 33 J7
Wershofen 56 O4
Werste 34 J10
Wertach 98 X15
Wertach (Stadt) 98 X15
Wertacher Hörnle 98 X15
Werth 30 K3
Wertheim 71 Q12
Werther 48 L16
Werther 34 J9
Wertherbruch 30 K3
Werthhoven 56 O5
Wertingen 88 U16
Werxhausen 48 L14
Weschnitz 70 R10
Weschnitz (Fluß) 70 Q9
Weseke 31 K4
Wesel 13 G13
Wesel 13 L3
Wesel-Datteln-Kanal 31 K5
Weselberg 67 R6
Weseloh 22 H10
Weselsdorf 15 F18
Wesenberg 28 G22
Wesendahl 40 I25
Wesendorf (Kreis Gifhorn) 24 I15
Wesendorf (Kreis Oberhavel) 27 H24
Weser 47 L12
Weser 22 I11
Weseram 38 I22
Wesergebirge 34 J10
Wesertal 47 L12
Weslarn 45 L8
Wespen 38 K19
Wessel 33 K7

Wesselburen 4 D10
Wesselburener-Deichhausen 4 D10
Wesselburenerkoog 4 D10
Wesseling 43 N4
Wesseln (Kreis Dithmarschen) 4 D11
Wesseln (Kreis Hildesheim) 36 J14
Wesseloh 13 G13
Wessenstedt 24 G15
Wessin 15 F19
Weßling 89 V17
Weßnig 51 L23
Wessobrunn 99 W17
Wessum 32 J4
West-Langenhorn 2 B10
Westaue 23 I12
Westbevern 33 J7
Westdorf 10 F5
Westdorf 37 K18
Weste 24 G16
Westen 23 H11
Westenbrügge 7 D19
Westendorf (Kreis Augsburg) 88 U16
Westendorf (Kreis Ostallgäu) 98 W16
Westenfeld 60 O15
Westenfeld 45 M8
Westenholz 34 K9
Westenholz 23 H13
Westensee 5 D13
Westensee (Gemeinde) 5 D13
Wester-Ohrstedt 3 C11
Wester Wanna 12 E10
Westerau 14 E15
Westerbauer 31 L6
Westerbeck 24 I15
Westerbeck 33 J7
Westerberg 13 E11
Westerbeverstedt 12 F10
Westerbur 11 F6
Westerburg 57 O7
Westerburg 21 G8
Westerdeichstrich 4 D10
Westeregeln 37 K18
Westerems 10 F3
Westerende 11 F6
Westerende Kirchloog 11 F6
Westerengel 48 M16
Westeresch 13 G12
Westerfeld 58 P9
Westergellersen 14 G14
Westerhausen 37 K17
Westerhausen 43 N5
Westerhausen (Kreis Osnabrück-Land) 33 J8
Westerheide 2 A9
Westerheim (Alb-Donau-Kreis) 87 U12
Westerheim (Kreis Unterallgäu) 88 V14
Westerhever 2 C10
Westerhof 36 K14
Westerholt 11 F6
Westerholt 31 L5
Westerholz (Kreis Rotenburg) 13 G12
Westerholz (Kreis Schleswig-Flensburg) 3 B13
Westerhorn 5 E13
Westerhüsen 37 J19
Westerkappeln 33 J7
Westerland 2 B8
Westerland (Flughafen) 2 B9
Westerloh 34 K9
Westerloh 21 H6
Westerlohmühlen 21 H6
Westerloy 11 G7
Westermarkelsdorf 7 C17
Westermoor 21 G6
Westermoor (Gemeinde) 5 E12
Westermühle 2 C9
Westermühlen 3 D12
Westernach 88 V15
Westernbödefeld 45 M9
Westerngrund 70 P11
Westernhausen 79 R12
Westerode (Kreis Göttingen) 48 L14
Westerode (Kreis Goslar) 36 K15
Westerrade 6 E15
Westerrönfeld 5 D12
Westersander 11 F6
Westerscheps 11 G7
Westerschütting 2 C9
Westersode 12 E11
Westerstede 11 G7
Westerstetten 87 U13
Westertilli 2 C9
Westertimke 12 G11
Westervesede 23 G12
Westerwald 56 O6
Westerwalsede 13 G12
Westerweyhe 24 G15
Westerwiehe 34 K9

Westerwinkel (Herbern) 33 K6
Westewitz 51 M23
Westfälisches Freilichtmuseum (Detmold) 34 K10
Westfehmarn 7 C17
Westfeld (Hochsauerlandkreis) 46 M9
Westfeld (Kreis Hildesheim) 35 J13
Westgartshausen 79 S14
Westgroßefehn 11 F6
Westhausen (Kreis Gotha) 48 M16
Westhausen (Kreis Hildburghausen) 72 P15
Westhausen (Ostalbkreis) 80 T14
Westheim (Hochsauerlandkreis) 46 L10
Westheim (Kreis Germersheim) 77 S8
Westheim (Kreis Kitzingen) 71 Q14
Westheim (Kreis Neustadt a. d. A.-Bad W.) 80 R15
Westheim (Kreis Weißenburg-Gunzenhausen) 80 S15
Westheim (Rosengarten-) 79 S13
Westheim b. Haßfurt 72 Q15
Westhofen 69 Q8
Westkilver 34 J9
Westkirchen 33 K8
Westladbergen 33 J7
Westliche Karwendelspitze 99 X17
Westönnen 45 L7
Westoverledingen 11 G6
Westre 2 B10
Westrhauderfehn 11 G6
Westrich 76 S6
Westrittrum 22 H8
Westrum (Kreis Emsland) 21 H6
Westrum (Kreis Friesland) 11 F7
Westrup 22 I9
Westuffeln 47 L11
Wesuwe 20 H5
Wesuwermoor 20 H5
Weteritz 25 I18
Wethau 50 M19
Wethau (Bach) 49 M19
Wethen 46 L11
Wetschen 22 I9
Wetterlode 49 L17
Wettelsheim 80 T16
Wetten 30 L2
Wettenberg 58 O9
Wettenbostel 24 G14
Wettenhausen 88 U15
Wetter (Fluß) 58 O10
Wetter (Hessen) 58 N10
Wetter (Ruhr) 45 L6
Wetterau 58 O10
Wetterburg 46 L11
Wetterfeld 82 S21
Wetterfeld 58 O10
Wettersteingebirge 99 X17
Wettersteinkopf 99 X17
Wetterzeube 62 M20
Wettesingen 46 L11
Wettin 50 L19
Wettmar 23 I13
Wettmershagen 24 I15
Wettringen 32 J5
Wettringen (Kreis Ansbach) 80 S14
Wettringen (Kreis Schweinfurt) 72 P15
Wettrup 21 I6
Wettstetten 81 T18
Wettzell 83 S22
Wetzdorf 49 M19
Wetzen 14 G14
Wetzenow 19 F26
Wetzerdorf 49 M18
Wetzhausen 60 P15
Wetzlar 58 O9
Weuspert 45 M8
Wevelinghoven 42 M3
Wewelsburg 46 L9
Wewelsfleth 5 E12
Wewer 34 K10
Weyarn 100 W19
Weyer (Kreis Euskirchen) 54 O3
Weyer (Kreis Limburg-Weilburg) 57 O8
Weyer (Rhein-Lahn-Kreis) 57 P7
Weyerbusch 43 N6
Weyhausen (Kreis Celle) 24 H15
Weyhausen (Kreis Gifhorn) 24 I16
Weyhe 22 H10

Weyhers 59 O13
Wibbecke 47 L13
Wiblingen 87 U13
Wiblingwerde 45 M6
Wichdorf 47 M11
Wichmannsdorf 29 G24
Wichmannshausen 47 M13
Wichsenstein 73 Q17
Wichte 47 M12
Wichtenbeck 24 H14
Wichterich 42 N4
Wickede (Dortmund-) 45 L6
Wickede (Ruhr) 45 L7
Wickendorf 15 E18
Wickendorf 61 O18
Wickenrode 47 M13
Wicker 69 P9
Wickerode 47 L17
Wickersrode 47 M13
Wickerstedt 49 M18
Wicklesgreuth 79 S16
Wickrath 42 M3
Widdern 79 S12
Widdersdorf 42 N4
Widdershausen 59 N14
Widdig 43 N5
Wiebeler 34 K9
Wiebelsbach 70 Q10
Wiebelsheim 55 P6
Wiebelskirchen 76 R5
Wieblingen 78 R9
Wieblitz-Eversdorf 25 H17
Wiechendorf 23 I13
Wiechs 95 W9
Wieck 9 D24
Wieck a. Darß 8 C21
Wieckenberg 23 I13
Wied 57 N7
Wieda 48 L15
Wieda (Bach) 48 L16
Wiedau 23 G12
Wiedelah 36 K15
Wiedemar 50 L20
Wieden 20 W7
Wiedenbrügge 23 K8
Wiedener Eck 94 W7
Wiedenest 45 M7
Wiedenrode 24 I14
Wiedensahl 22 I11
Wiedenzhausen 89 V17
Wiederau (Kreis Elbe-Elster) 51 L23

Wiederau (Kreis Leipziger Land) 50 M20
Wiederau (Kreis Mittweida) 63 N22
Wiedergeltingen 88 V16
Wiederitzsch (Leipzig) 50 L21
Wiedersbach 80 S15
Wiedersbach (Kreis Hildburghausen) 60 O16
Wiederstedt 37 K18
Wiednitz 52 L26
Wiefels 11 F7
Wiefelstede 11 G8
Wiegersen 13 F12
Wiegleben 48 M15
Wieglitz 37 I17
Wiehe 48 M18
Wiehekrug 3 B11
Wiehengebirge 33 J8
Wiehl 43 N6
Wiehltal-Stausee 45 N7
Wiehre 84 W7
Wiek 9 C23
Wieker Bodden 9 C23
Wielen (Kreis Grafschaft-Bentheim) 20 I4
Wielen (Kreis Plön) 6 D15
Wielenbach 99 W17
Wiemeringhausen 46 M9
Wiemersdorf 5 E13
Wiemerstedt 5 D11
Wienbergen 23 H11
Wiendorf 16 E20
Wienhausen 24 I14
Wienrode 37 K16
Wiensen 47 L12
Wiepenkathen 13 F12
Wiepersdorf (Kreis Elbe-Elster) 39 K23
Wiepersdorf (Kreis Teltow-Fläming) 39 K23
Wiepke 25 I17
Wiepkenhagen 8 D21
Wiera 51 N11
Wieren 24 H15
Wiernsheim 77 T10
Wiersdorf 33 K8
Wiesen 11 I11
Wiersen 35 J11
Wiershausen (Kreis Göttingen) 47 L13
Wiershausen (Kreis Northeim) 36 K14
Wiershop 14 F15
Wierstorf 24 H15

Wies 98 W16
Wies (Stadt) 94 W7
Wiesa (Kreis Annaberg) 63 O23
Wiesa (Niederschlesischer Oberlausitzkr) 65 M28
Wiesau 75 Q20
Wiesbach 90 U21
Wiesbach (Kreis Neunkirchen) 67 R4
Wiesbach (Kreis Pirmasens) 67 R6
Wiesbaden 69 P8
Wiesbaum 54 O4
Wiescherhöfen 45 L7
Wiese 94 W7
Wiesede 11 F7
Wiesederfehn 11 F7
Wiesedermeer 11 F7
Wiesemscheid 56 O4
Wiesen (Kreis Aschaffenburg) 71 P12
Wiesen (Kreis Lichtenfels) 73 P16
Wiesenau 41 J27
Wiesenbach (Kreis Aichach-Friedberg) 89 U17
Wiesenbach (Kreis Schwäbisch-Hall) 79 S14
Wiesenbach (Rhein-Neckar-Kreis) 77 R10
Wiesenbad 63 O23
Wiesenbronn 72 Q14
Wiesenburg (Kreis Potsdam-Mittelmark) 38 J21
Wiesenburg (Kreis Zwickauer Land) 62 O21
Wiesenena 50 L20
Wiesenfeld (Kreis Frankenberg) 46 M10
Wiesenfeld (Kreis Main-Spessart) 71 Q13
Wiesenfeld b. Coburg 60 P16
Wiesenfelden 82 S21
Wiesenhagen 39 J23
Wiesens 11 F6
Wiesent 57 O8
Wiesenstetten 85 U10
Wiesent (Fluß) 73 Q17
Wiesental 77 S9
Wiesenthal 73 N14
Wiesenthau 73 Q17

Wiesentheid 72 Q15
Wiesenttal 73 Q17
Wiesenttal (Gemeinde) 73 Q17
Wieserode 37 K18
Wieseth 80 S15
Wiesing 83 S22
Wieskau 50 L19
Wieslautern 76 S7
Wieslet 94 W7
Wiesloch 77 S10
Wiesmoor 11 F7
Wiesmoor (Stadt) 11 F7
Wiesmühl 101 V21
Wiesmühl b. Tittmoning 101 V22
Wieste 21 H6
Wiesthal 71 P12
Wietersheim 34 I10
Wietingsmoor 22 H9
Wietmarschen 20 I5
Wietmarscher Twist 20 I5
Wietstock (Kreis Ostvorpommern) 19 E25
Wietstock (Kreis Teltow-Fläming) 39 J23
Wietze 23 I13
Wietze (Fluß b. Soltau) 23 H13
Wietze (Fluß b. Wedemark) 23 I13
Wietzen 22 H11
Wietzenbruch 23 I13
Wietzenbruch (Dorf) 23 I14
Wietzendorf 23 H14
Wietzetze 14 G16
Wiggensbach 98 W14
Wilberhofen 43 N6
Wilbrenning 33 K6
Wilburgstetten 80 S15
Wildau 28 J24
Wildau-Wentdorf 52 K24
Wildbad i. Schwarzwald 77 T9
Wildbad-Kreuth 99 X19
Wildberg 85 U10
Wildberg (Kreis Demmin) 17 F23
Wildberg (Kreis Ostprignitz-Ruppin) 26 H21
Wildbergerhütte 45 N7
Wilde Weißeritz 64 N24
Wildeck 59 N13
Wildemann 36 K14
Wilden 57 N8

WIESBADEN

An den Quellen ....BY 3
Bahnhofstr. ....BZ
Burgstr. ....BY 4
Friedrichstr. ....BY 9
Goldgasse ....BY 5
Grabenstr. ....BY 6
Kaiser-Friedrich-Pl. ....BY 7
Kirchgasse ....BYZ
Langgasse ....BY 8
Luisenstr. ....BYZ
Marktstr. ....BY 10
Mauergasse ....BY 12
Michelsberg ....BY 13
Moritzstr. ....BZ
Mühlgasse ....BY 15
Neugasse ....BY 16
Prinzessin-Elisabeth-Str. ....BY 17
Wagemannstr. ....BY 20
Webergasse ....BY 21
Wilhelmstr. ....BY

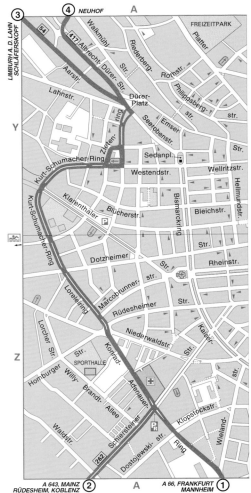

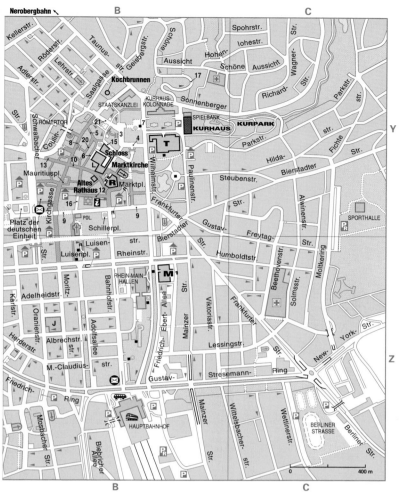

Winnekendonk 30 L2
Winnemark 3 C13
Winnenden 87 T12
Winnert 3 C11
Winnigstedt 36 J16
Winningen 55 P6
Winningen 37 K18
Winnweiler 69 R7
Winseldorf 5 E12
Winsen 14 F14
Winsen (Aller) 23 H13
Winsener Marsch 14 F14
Winterbach 67 R5
Winterbach
  (Kreis Günzburg) 88 U15
Winterbach
  (Rems-Murr-Kreis) 79 T12
Winterborn 45 M9
Winterborn
  (Donnersbergkreis) 69 Q7
Winterborn (Oberbergischer
  Kreis) 43 M6
Winterburg 69 Q6
Winterfeld 25 H17
Winterhausen 71 Q14
Winterkasten 70 Q10
Winterlingen 86 V11
Wintermoor 13 G13
Winternam 30 L3
Winterrieden 88 V14
Wintersbach 71 Q11
Winterscheid (Kreis
  Bitburg-Prüm) 54 P2
Winterscheid (Rhein-
  Sieg-Kreis) 43 N6
Wintersdorf 62 M21
Wintersdorf 54 Q3
Wintersdorf 76 T8
Winterspelt 54 P2
Winterspüren 96 W11
Winterstein 60 N15
Winterstettendorf 97 W13
Wintrich 68 Q4
Wintzingerode 48 L14
Winzeln 85 U9
Winzeln 76 S6
Winzenburg 35 K13
Winzenheim 69 Q7
Winzer 92 T23
Winzerhausen 78 S11
Winzingen 87 T13
Winzlar 23 I11
Wipfeld 72 Q14
Wipfra 61 N17
Wipfratal 61 N17
Wippenhausen 89 U19
Wipper
  (Bach z. Saale) 49 L17
Wipper
  (Bach z. Unstrut) 48 L16
Wipperdorf 48 L15
Wipperfeld 44 M5
Wipperfürth 45 M6
Wippershain 59 N13
Wippingen 87 U13
Wippingen 21 H6
Wippra 49 L17
Wirbelau 57 O8
Wirbenz 74 Q19
Wirdum 10 F5
Wirft 56 O4
Wirfus 55 P5
Wirges 57 O7
Wirl 25 H18
Wirme 45 M8
Wirmighausen 46 L10
Wirmsthal 71 P14
Wirsberg 74 P18
Wirtheim 59 P11
Wirzenborn 57 O7
Wisch 26 C15
Wischhafen 13 E11
Wisenta 62 O19
Wismar 7 E18
Wismarbucht 15 E18
Wisper 57 P7
Wissel 30 K2
Wisselsdorf 92 T22
Wisselsheim 58 O10
Wisselsing 92 T22
Wissen 57 N7
Wissenbach 57 N8
Wissersheim 42 N4
Wissingen 33 J8
Wißmar 58 O10
Wistedt
  (Kreis Harburg) 13 G13
Wistedt
  (Kreis Rotenburg) 13 G11
Wiswedel 24 I16
Witsum 2 B9
Wittbek 3 C11
Wittbrietzen 39 J22
Wittdün 2 C9
Wittelshofen 80 S15
Witten 31 L6
Wittenbeck 7 D19

Wittenberg 21 I8
Wittenberg 38 K21
Wittenberge 11 G7
Wittenberge 25 G19
Wittenbergen 5 E13
Wittenbergerpassau 6 D15
Wittenborn (Kreis
  Bad Segeberg) 6 E14
Wittenborn (Kreis Mecklenburg-
  Strelitz) 19 F24
Wittenburg 15 F17
Wittendorf 85 U9
Wittenförden 15 F17
Wittenhagen 9 D23
Wittenhofen 97 W12
Wittenmoor 25 I19
Wittenschwand 94 W8
Wittensee 3 C13
Wittenweier 84 V7
Wittenwurth 4 D11
Witterda 48 M16
Witterschlick (Bonn) 43 N5
Wittershausen (Kreis Bad
  Kissingen) 71 P13
Wittershausen
  (Kreis Rottweil) 85 V9
Wittesheim 80 T16
Wittgenborn 59 P11
Wittgendorf (Kreis
  Löbau-Zittau) 65 N28
Wittgendorf (Kreis
  Saalfeld-Rudolstadt) 61 O17
Wittgensdorf 63 N22
Wittgensteiner Land 58 N9
Wittibreut 91 V22
Wittichenau 53 L26
Wittighausen 71 R13
Wittingen 24 H16
Wittislingen 88 U15
Wittlaer 44 M4
Wittlich 68 Q4
Wittlingen
  (Kreis Lörrach) 94 X6
Wittlingen (Kreis
  Reutlingen) 87 U12
Wittloge 34 I10
Wittlohe 23 H12
Wittmannsdorf-
  Bückchen 41 J26
Wittmar 36 J15
Wittmund 11 F7
Wittnau 94 W7
Wittorf
  (Kreis Lüneburg) 14 F15
Wittorf (Kreis
  Rotenburg) 23 G12
Wittorf (Neumünster-) 5 D13
Wittow 9 C23
Wittstedt 12 F10
Wittstock 26 G21
Wittstocker Heide 16 G21
Witzeeze 14 F15
Witzenhausen 47 L13
Witzhave 14 F15
Witzhelden 44 M5
Witzighausen 87 V14
Witzin 16 E19
Witzke 26 H21
Witzlarner Forst 82 S20
Witzleben 61 N17
Witzmannsberg
  (Kreis Coburg) 60 P16
Witzmannsberg
  (Kreis Passau) 93 T24
Witznau 94 W8
Witzwort 2 C10
Wixhausen 70 Q9
Wobbenbüll 2 C10
Woblitzsee 28 G23
Wochern 66 R3
Woddow 29 F26
Wodenhof 57 O7
Wöbbel 34 K11
Wöbbelin 15 F18
Wöbs 6 D15
Wöhle 36 J14
Wöhlsdorf 62 N19
Wöhrden 4 D11
Wölbattendorf 74 P19
Wölferode 58 N10
Wölfershausen 59 N13
Wölfersheim 58 O10
Wölfis 60 N16
Wölkau 50 L21
Wölkendorf 73 P17
Wölkisch 64 M24
Wöllmarshausen 54 L22
Wöllnau 51 L22
Wöllstadt 70 P10
Wöllstein 69 Q7
Wölpinghausen 23 I11
Wölsickendorf-
  Wollenberg 29 H25
Wöltingerode 36 K15
Wörblitz 51 L22
Wörbzig 50 K19
Wörderfeld 35 K11
Wörleschwang 88 U15
Wörlitz 38 K21

Wildenau
  (Göltzschkreis) 62 O21
Wildenau
  (Kreis Elbe-Elster) 39 K23
Wildenau (Kreis
  Tirschenreuth) 75 Q20
Wildenberg 90 T19
Wildenbörten 62 N20
Wildenbruch 39 J23
Wildenfels 62 N21
Wildenfels 73 R18
Wildenhain (Kreis Riesa-
  Großenhain) 64 M24
Wildenhain (Kreis Torgau-
  Oschatz) 51 L22
Wildenheid 61 O17
Wildenranna 93 U25
Wildenrath 42 M2
Wildenreuth 75 Q20
Wildensee 71 Q12
Wildensorg 72 Q16
Wildenstein 80 S14
Wildenstein (Burg) 85 V10
Wildenthal 62 O21
Wildentierbach 79 R13
Wildenwart 100 W20
Wildeshausen 22 H9
Wildetaube 62 N20
Wildewiese 45 M7
Wildflecken 59 O13
Wildgehege
  Hundshaupten 73 Q17
Wildgrube 52 L24
Wildpark Schloß
  Tambach 60 P16
Wildpoldsried 98 W15
Wildschütz 51 L22
Wildsee 77 T9
Wildsteig 98 W16
Wildstein 82 R21
Wildthurn 91 U22
Wilferdingen 77 T9
Wiflingen (Kreis
  Biberach a. d. Riß) 87 V12
Wiflingen (Kreis
  Rottweil) 85 V10
Wilgartswiesen 76 S7
Wilgersdorf 57 N8
Wilhams 87 X14
Wilhelmsburg 19 F25
Wilhelmsdorf 58 O9
Wilhelmsdorf
  (Kreis Fürth) 72 R16

Wilhelmsdorf (Kreis
  Ravensburg) 97 W12
Wilhelmsfehn II 11 F7
Wilhelmsfeld 70 R10
Wilhelmshagen 40 I25
Wilhelmshausen 47 L12
Wilhelmshaven 11 F8
Wilhelmshöhe (Kassel) 47 M12
Wilhelmshorst 19 E25
Wilhelmsthorst 72 R16
Wilhelmstein
  (Steinhude) 23 I11
Wilhelmsthal 61 P18
Wilhelmsthal
  (Calden) 47 L12
Wilhemsburg
  (Hamburg) 13 F13
Wilhemsdorf 72 R16
Wilkau-Haßlau 62 N21
Willanzheim 72 Q14
Willebadessen 46 L11
Willen 11 F7
Willenhofen 81 S19
Willenscharen 5 E14
Willersdorf 73 Q16
Willersdorf 46 M10
Willersdorf (Saale-
  Orla-Kreis) 62 O19
Willershausen
  (Kreis Northeim) 36 K14
Willershausen (Werra-
  Meißner-Kreis) 48 M14
Willershausen 9 D23
Willerstedt 48 M18
Willhof 82 R20
Willich 42 M3
Willing 100 W19
Willingen 46 M9
Willingrade 6 D14
Willingshausen 58 N11
Willmars 60 O14
Willmering 83 S22
Willmersdorf (Kreis
  Barnim) 40 I25
Willmersdorf
  (Stadtkreis Cottbus) 53 K27
Willmersdorf-Ströbitz 52 K26
Willmsfeld 11 F6
Willofs 59 N12
Willofs 98 W15
Willroth 56 O6
Willsbach 79 S12
Willstätt 84 U7
Willwerath 54 P3

Wilmersdorf (b. Bad
  Saarow-Pieskow) 41 J26
Wilmersdorf
  (b. Frankfurt) 41 I26
Wilmersdorf (Kreis
  Prignitz) 26 G20
Wilmersdorf (Kreis
  Uckermark) 29 G25
Wilnsdorf 57 N8
Wilschdorf 64 M26
Wilsche 24 I15
Wilsdruff 64 M24
Wilsede 13 G13
Wilseder Berg 13 G13
Wilsen 16 F20
Wilsickow 19 F25
Wilsingen 86 V11
Wilsleben 37 K18
Wilstedt
  (Kreis Rotenburg) 12 G11
Wilstedt
  (Kreis Stormarn) 14 E14
Wilster 13 E12
Wilsum 20 I4
Wilthen 65 M27
Wilting 83 S21
Wiltingen 66 R3
Wimmelburg 49 L18
Wimmer 34 J9
Wimmersbüll 2 B10
Wimsheim 77 T10
Wincheringen 66 R3
Windach 89 V17
Windach-Speicher 89 V17
Windberg 25 I19
Windbergen 5 D11
Windeberg 48 M15
Windeck 43 N6
Windecken 58 P10
Windehausen 48 L16
Windelsbach 80 R14
Winden
  (Hochtaunuskreis) 57 O9
Winden
  (Kreis Ansbach) 80 S15
Winden
  (Kreis Düren) 42 N3
Winden
  (Kreis Eichstätt) 81 T18
Winden (Kreis
  Germersheim) 76 S8
Winden
  (Rhein-Lahn-Kreis) 57 O7

Winden i. Elztal 84 V8
Windesheim 69 Q7
Windflöte 34 K9
Windhagen
  (Kreis Neuwied) 56 O6
Windhagen (Oberbergischer
  Kreis) 45 M6
Windhausen 36 K14
Windhausen
  (Kreis Olpe) 45 M7
Windhausen
  (Vogelsbergkreis) 58 O11
Windheim 22 I11
Windheim 61 O18
Windischbergerdorf 83 S22
Windischbuch 79 R12
Windischbuchen 71 R12
Windischenlaibach 74 Q19
Windischeschenbach 75 Q20
Windischhausen 80 T16
Windischholzhausen 16 N17
Windischletten 73 Q16
Windischleuba 62 M21
Windorf 91 U23
Windsbach 80 S16
Windschläg 84 U7
Windshausen (Kreis
  Rhön-Grabfeld) 60 O14
Windshausen (Kreis
  Rosenheim) 100 W20
Windten 90 U20
Wingerode 48 L14
Wingeshausen 45 M8
Wingst 12 E11
Winhöring 91 V21
Winkel 70 Q10
Winkel 99 X18
Winkel (Kreis Gifhorn) 24 I15
Winkel (Kreis
  Sangerhausen) 49 L18
Winkeldorf 13 G11
Winkelhaid 81 R21
Winkels 60 P14
Winkelsett 22 H9
Winkelshausen 33 J8
Winkelshütten 33 J8
Winkelstedt 25 H17
Winkhausen 46 M9
Winkl 101 W22
Winklarn 82 R21
Winklmoos 101 X21
Winklsaß 90 T20
Winkum 21 H7
Winnefeld 35 K12

WÜRZBURG

Augustiner
Str. Z
Bahnhofstr. . . . . Y 5
Balthasar-Neumann-
Promenade . . . . Z 6
Barbarossapl. . . . . Y 7
Domstr. . . . . Z
Eichhornstr. . . . . Y
Hofstallstr. . . . . Y 13
Juliuspromenade . . . . Y 15
Kaiserstr. . . . . Y 16
Kürschnerhof. . . . . YZ 23
Marienpl. . . . . Y 27
Marktpl. . . . . Y 29
Peterstr. . . . . Z 35
Schönbornstr. . . . . Y 42
Semmelstr. . . . . Y 46
Spiegelstr. . . . . Y 50
Textorstr. . . . . Y 52
Theaterstr. . . . . YZ
Wirsbergstr. . . . . Z 64

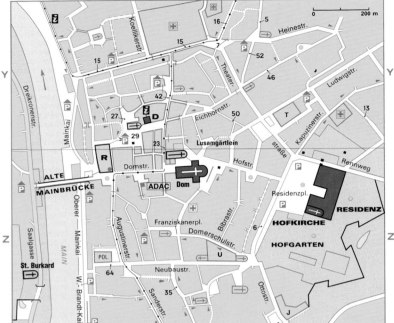

Wörmlitz...............37 J19
Wörnitz..................80 S14
Wörnitz (Fluß)........80 S14
Wörnitzstein..........88 T16
Wörnsmühl...........100 W19
Wörpe...................13 G11
Wörpen..................38 K21
Wörrstadt..............69 Q8
Wörsdorf...............57 P8
Wört (Kreis Erding)...80 S14
Wörth (Kreis Erding)..90 V19
Wörth (Kreis Weilheim-
Schongau)..........99 W17
Wörth a. d. Donau....82 S21
Wörth a. d. Isar......90 U21
Wörth a. Main.........70 Q11
Wörth a. Rhein........77 S8
Wörth an der Isar.....90 U21
Wörthsee...............89 V17
Wörthsee
(Gemeinde)........89 V17
Wöschbach.............77 S9
Wössingen.............77 S9
Wöstendöllen..........22 H9
Wötzelsdorf............74 P18
Woez.....................15 F17
Woffelsbach............42 O3
Woffleben...............48 L16
Woggersin..............17 F23
Wohlau..................51 L23
Wohld....................21 I8
Wohlde....................3 C11
Wohldorf-Ohlstedt....14 E14
Wohlenbeck............13 F11
Wohlenberg (Kreis Nordwest
Mecklenburg)........7 E17
Wohlenberg (Kreis
Stendal)............25 H18
Wohlenberger Wiek...15 E17
Wohlenrode............24 I15
Wohlerst................13 F12
Wohlfahrt...............43 N6
Wohlmirstedt..........49 M18
Wohlmuthausen......79 S12
Wohlstreck.............22 H9
Wohltorf................14 F14
Wohnbach..............58 O10
Wohnfeld...............58 O10
Wohnsgehaig..........73 Q18
Wohnste................13 F12
Wohra....................46 N10
Wohra (Fluß)...........58 N10
Wohratal................46 N10
Wokuhl..................17 G23
Wolbeck.................33 K7
Wolde....................17 E23
Woldegk.................17 F24
Wolfach..................84 V8
Wolfach (Fluß)..........84 U8
Wolfartsweier..........77 T9
Wolfegg.................97 W13

Wolfen...................50 L20
Wolfenbüttel...........36 J15
Wolfenhausen.........85 U10
Wolfenhausen.........57 O8
Wolferborn.............58 P11
Wolferding.............90 U21
Wolferode...............49 L18
Wolfersdorf
(Kreis Cham).......83 S22
Wolfersdorf
(Kreis Freising)....89 U19
Wolfersdorf
(Kreis Greiz).......62 N20
Wolfersdorf (Kreis
Regensburg).......82 S20
Wolfersdorf (Saale-
Holzland-Kreis)....61 N19
Wolfersgrün
(Kreis Kronach)....61 P18
Wolfersgrün (Kreis
Zwickauer Land)..62 O21
Wolferstadt............80 T16
Wolferstedt............49 L18
Wolfersweiler..........67 R5
Wolfertschwenden....98 W14
Wolfgang................90 P10
Wolfmannshausen....60 O15
Wolframs-Eschenbach.80 S16
Wolfratshausen........99 W18
Wolfsbach (Kreis Amberg-
Sulzbach)...........82 R19
Wolfsbach (Kreis
Landshut)...........90 U20
Wolfsbach (Stadtkreis
Bayreuth)...........73 Q18
Wolfsbehringen........48 M15
Wolfsberg..............73 Q17
Wolfsberg (Ilm-Kreis)..61 N17
Wolfsberg (Kreis
Sangerhausen)....49 L17
Wolfsbuch..............81 T18
Wolfsburg...............24 I16
Wolfsburg-Unkeroda..60 N14
Wolfschlugen..........86 U11
Wolfsegg...............82 S19
Wolfsfeld...............82 R19
Wolfshagen............36 K14
Wolfshagen (Kreis
Nordvorpommern)....9 D22
Wolfshagen
(Kreis Prignitz).....26 G20
Wolfshagen
(Kreis Uckermark)..17 F24
Wolfshausen...........58 N10
Wolfsheim..............69 Q8
Wolfskehlen...........70 Q9
Wolfskrug................3 C12
Wolfsruh................28 G23
Wolfstein...............67 R6

Wolfsteiner Ohe........93 T24
Wolfterode.............48 M14
Wolgast.................19 D25
Wolkenburg-Kaufungen.63 N22
Wolkenstein...........63 O23
Wolkersdorf............81 R17
Wolketsweiler..........97 W12
Wolkow..................17 F23
Wolkramshausen.....48 L16
Wollbach...............59 O14
Wollbrandshausen....48 L14
Wollenberg.............29 H26
Wollenhagen..........25 I18
Wollershausen........48 L14
Wollersheim............42 N3
Wolletz..................29 G25
Wollin (Kreis Potsdam-
Mittelmark)........38 J21
Wollin (Kreis
Uckermark)........29 G26
Wollin b. Penkum.....29 G26
Wollingst...............12 F10
Wollmar.................46 N10
Wollmatingen..........96 W11
Wollmerath............55 P4
Wollomoos...............89 U17
Wollrode................47 M12
Wollschow.............29 F26
Wolmersdorf.............4 D11
Wolmirsleben..........37 K18
Wolmirstedt............37 J18
Wolnzach................89 U18
Wolpadingen...........94 W8
Wolpertshausen......79 S13
Wolpertswende........97 W12
Wolsdorf................37 J16
Wolsfeld................54 Q3
Wolsier..................26 H20
Wolterdingen..........23 G13
Wolterdingen..........95 W9
Wolteritz................50 L20
Woltersdorf (Kreis Herzogtum
Lauenburg).........14 F15
Woltersdorf (Kreis Jerichower
Land)................38 J20
Woltersdorf (Kreis Lüchow-
Dannenberg).......25 H17
Woltersdorf (Kreis
Oder-Spree)........40 I25
Woltersdorf (Kreis Teltow-
Fläming).............39 J23
Woltersdorf (Kreis
Uckermark)........29 G26
Woltershausen........35 K13
Wolterslage............26 H19
Wolthausen............23 H13
Woltorf..................36 J14
Woltow....................8 E21
Woltringhausen.......22 I10
Woltrup..................21 I7
Woltwiesche...........36 J14

Woltzeten...............10 F5
Wolzig...................40 J25
Wolziger See...........40 J25
Wondreb................75 Q21
Wondreb (Fluß).........75 Q20
Wonfurt.................72 P15
Wonneberg............101 W22
Wonsees................73 Q17
Wonsheim..............69 Q7
Woosmer................15 G17
Wootz...................25 G18
Woppenroth............68 Q6
Woppmannsdorf......82 S21
Worbis..................48 L15
Worblingen.............95 W10
Worfelden..............70 Q9
Worin....................41 I26
Woringen...............98 W14
Workerszell.............81 T17
Wormbach..............45 M8
Wormeln.................46 L11
Wormsdorf.............56 O4
Wormlage...............52 L25
Worms...................69 R9
Wormsdorf.............82 J17
Wormstedt.............49 M18
Worndorf................85 W10
Worphausen............12 G10
Worpswede............12 G10
Worringen..............44 M4
Worth....................14 F15
Woserin.................16 E20
Woseriner See.........16 F20
Wotenick...............17 E22
Wotenitz...............15 E17
Woterfitzsee............17 F22
Wrangelsburg..........9 D24
Wredenhagen.........16 G21
Wremen.................12 F9
Wrestedt...............24 H15
Wrexen..................46 L10
Wriedel.................14 G14
Wriezen................41 H26
Wrisbergholzen......35 J13
Wrisser Hammrich....11 F6
Wrist....................14 E13
Wrixum...................2 B9
Wrohe....................5 D13
Wrohm....................5 D12
Wuchzenhofen.......97 W14
Wülfershausen........71 P13
Wülfershausen
(Ilm-Kreis)..........61 N17
Wülfershausen
a. d. Saale..........60 P15
Wülfershausen
a. d. Saale..........73 P17
Wülfingen.............35 J13
Wülfinghausen.......35 J12
Wülfrath................44 M5
Wülfte...................46 L9

Wülknitz
(Kreis Köthen)......50 K19
Wülknitz (Kreis Riesa-
Großenhain).......52 L24
Wüllen..................32 J4
Wüllersleben..........61 N17
Wülperode.............36 K15
Wümbach...............61 N16
Wümme..................13 G13
Wünnenberg...........46 L10
Wünsch.................50 L19
Wünschendorf........64 M25
Wünschendorf (Elster).62 N20
Wünschensuhl........60 N14
Wünsdorf...............39 J24
Würchwitz.............62 M20
Würding................93 U24
Würdinghausen.......45 M8
Würgassen.............47 L12
Würgau..................73 Q17
Würgendorf...........57 N8
Würges.................57 P8
Würm
(Fluß b. München)..89 V18
Würm
(Fluß b. Pforzheim).77 T10
Würm (Stadt)..........77 T10
Würrich.................68 Q5
Würtingen..............87 U12
Würzbach..............77 T9
Würzberg..............70 R11
Würzburg...............71 Q13
Wüschheim............55 P6
Wüst Eldena............9 D23
Wüstegarten..........46 M11
Wüsten..................34 J10
Wüstenbrand.........63 N22
Wüsteney................9 D23
Wüstenfelde...........17 E23
Wüstenjerichow......38 J20
Wüstenrot.............79 S12
Wüstensachsen......60 O14
Wüstenselbitz.........74 P19
Wüstenstein...........73 Q17
Wüstenzell.............71 Q12
Wüstermarke..........52 K24
Wüstfeld...............59 N13
Wüstheuterode.......47 M14
Wüsting.................12 G9
Wüstmark..............15 F18
Wuhnitz.................51 M23
Wulfelade..............23 I12
Wulfen..................38 K19
Wulfen..................31 K5
Wulferdingsen.........34 J10
Wulferstedt............37 J17
Wulfhorst...............34 K9
Wulfsdorf................6 D15
Wulfsdorf (Lübeck-)..14 E16
Wulfsen.................14 G14
Wulfskuhl..............15 F17
Wulfsmoor..............5 E13
Wulfsode...............14 G14
Wulften.................48 L14
Wulften.................33 J8
Wulkau..................26 H20
Wulkenzin.............17 F23
Wulkow
(b. Frankfurt).......41 I27
Wulkow (b. Kyritz)...26 H21
Wulkow
(b. Neuruppin).....27 H22
Wulkow (b. Seelow)..41 I26
Wulmeringhausen....46 M9
Wulmstorf.............22 H11
Wulsbüttel.............12 G10
Wulsdorf...............12 F9
Wunderbüttel.........24 H16
Wundersleben........37 K18
Wunderthausen......46 M9
Wunsiedel..............74 P20
Wunstorf................23 I12
Wupper-Stausee......44 M5
Wuppertal..............44 M5
Wurgwitz...............64 M24
Wurlitz..................74 P19
Wurmannsquick......91 U22
Wurmberg..............77 T10
Wurmberg..............36 K15
Wurmlingen (Kreis
Tübingen)...........85 U10
Wurmlingen (Kreis
Tuttlingen)..........85 V10
Wurmsham............90 U21
Wurz....................75 Q20
Wurzacher Ried.......97 W13
Wurzbach..............61 O18
Wurzeldeich...........10 F5
Wurzen.................51 L22
Wusse....................9 C23
Wussentin..............17 E24
Wust.....................23 I12
Wusterhausen.........26 H21
Wusterhusen...........9 D24
Wustermark...........27 I22
Wusterwitz.............38 I21

Wustrau-Altfriesack....27 H22
Wustrow.................25 G18
Wustrow (Kreis
Bad Doberan)........7 D18
Wustrow (Kreis Lüchow-
Dannenberg).......25 H17
Wustrow (Kreis Mecklenburg-
Strelitz).............28 G22
Wustrow (Kreis
Nordvorpommern)....8 C21
Wustweiler............67 R5
Wutach..................95 W9
Wutach (Fluß)..........95 W9
Wutha-Farnroda......48 N15
Wuthenow.............27 H22
Wutike...................26 G21
Wutöschingen.........95 X9
Wybelsum..............10 F5
Wyhl....................84 V6
Wyk a. Föhr.............2 B9
Wyler...................30 K2
Wymeer.................10 G5

X

Xanten..................30 L3

Y

Yach....................84 V8
Yburg...................76 T8

Z

Zaasch..................50 L20
Zaatzke.................26 G21
Zabakuck...............38 I20
Zabelsdorf.............28 G23
Zabeltitz...............52 L24
Zabenstedt............49 L19
Zaberfeld...............77 S10
Zabitz...................50 K19
Zachenberg............92 T23
Zachow..................39 I21
Zadelsdorf.............62 N19
Zadrau..................25 G17
Zähringen..............84 V7
Zahmen.................59 O12
Zahna...................39 K22
Zahren..................16 F20
Zahrenholz............24 I15
Zahrensdorf (Kreis
Ludwigslust)........14 F16
Zahrensdorf
(Kreis Parchim)....15 E19
Zahrensen..............13 G13
Zainingen..............87 U12
Zaisenhausen
(Hohenlohekreis)...79 R13
Zaisenhausen (Kreis
Karlsruhe)...........77 S10
Zaisersweiher.........77 S10
Zaisertshofen.........88 V15
Zaitzkofen.............90 T20
Zallmsdorf.............39 K22
Zandt (Kreis Cham)...83 S22
Zandt (Kreis Eichstätt).81 T18
Zang....................87 T14
Zangberg..............90 V21
Zangenstein..........82 R20
Zankenhausen........89 V17
Zapel (Kreis
Ludwigslust).......15 F17
Zapel (Kreis Parchim)..15 F19
Zapfendorf............72 P16
Zappendorf...........50 L19
Zarchlin................16 F20
Zarenthien.............24 G16
Zarnekau................6 D15
Zarnekow...............17 E22
Zarnewanz.............26 D21
Zarow...................19 E25
Zarpen..................14 E15
Zarrendorf.............28 D23
Zarrentin...............14 F16
Zaschwitz.............50 L19
Zasenbeck.............24 H16
Zastler..................94 W7
Zauche.................39 J23
Zauchwitz.............39 J23
Zaue....................41 J25
Zavelstein.............77 T10
Zebelin.................25 H17
Zechin..................41 I27
Zechlinerhütte........28 G22
Zeckendorf............73 Q17
Zeckerin................52 K24
Zedlitz.................62 N20
Zedtlitz................50 M21
Zedtwitz...............62 O19
Zeesen.................39 J24

Name	Page	Grid
Zeestow	27	I22
Zeetze	15	G16
Zehbitz	50	K20
Zehdenick	27	H24
Zehlendorf (Berlin)	40	I23
Zehlendorf (Kreis Oberhavel)	27	H24
Zehma	62	N21
Zeholfing	92	T22
Zehna	16	E20
Zehren	64	M24
Zehrengraben	25	H18
Zeil am Main	72	P15
Zeilarn	91	V22
Zeilfeld	60	O15
Zeilitzheim	72	Q14
Zeilsheim	70	P9
Zeiskam	77	S8
Zeißholz	52	L26
Zeißig	53	L26
Zeithain	64	M24
Zeitlarn	82	S20
Zeitlofs	59	P13
Zeitz	62	M20
Zell (Kreis Bergstraße)	70	Q9
Zell (Kreis Biberach a. d. Riß)	87	V12
Zell (Kreis Hof)	74	P19
Zell (Kreis Neuburg-Schrobenhausen)	81	T17
Zell (Kreis Neumarkt i. d. Oberpfalz)	81	T18
Zell (Kreis Pfaffenhofen a. d. Ilm)	89	T18
Zell (Kreis Regen)	92	T23
Zell (Kreis Rottal-Inn)	91	U22
Zell (Kreis Schweinfurt)	72	P14
Zell (Kreis Unterallgäu)	98	W14
Zell (Odenwaldkreis)	70	Q10
Zell (Vogelsbergkreis)	58	N11
Zell (Mosel)	55	P5
Zell a. Ebersberg	72	Q15
Zell a. Harmersbach	84	U8
Zell am Main	71	Q13
Zell i. Wiesental	94	W7
Zell-Weierbach	84	U7
Zella	60	N14
Zella-Mehlis	60	N16
Zellendorf	39	K23
Zellerfeld	36	K15
Zellersee	95	W10
Zellertal	69	R8
Zellhausen	70	P10
Zellingen	71	Q13
Zeltingen-Rachtig	68	Q5
Zelz	53	L28
Zembschen	50	M20
Zemitz	19	E25
Zemmer	54	Q4
Zemnick	39	K22
Zempin	19	D25
Zempow	28	G22
Zenching	83	S22
Zendscheid	54	P3
Zenn	72	R15
Zennern	47	M11
Zentbechhofen	72	Q16
Zenting	93	T23
Zepelin	16	E20
Zepfenhan	85	V10
Zeppelinheim (Frankfurt)	70	P9
Zeppenfeld	57	N8
Zeppernick	38	J20
Zerben	38	I19
Zerbst	38	K20
Zerf	66	R4
Zermützel	28	G22
Zernien	24	G16
Zernikow	28	G23
Zernin	16	E19
Zernitz (Kreis Anhalt-Zerbst)	38	J20
Zernitz (Kreis Ostprignitz-Ruppin)	26	H21
Zernsdorf	40	J25
Zerpenschleuse	27	H24
Zerrenthin	19	F26
Zesch	39	J24
Zethau	64	N24
Zethlingen	25	H17
Zetteritz	63	M22
Zettlitz (b. Gefrees)	74	P19
Zettlitz (b. Rugendorf)	74	P19
Zettlitz (Kreis Mittweida)	51	M22
Zetzscha	62	M21
Zeuchfeld	50	M19
Zeuden	39	J22
Zeulenroda	62	O19
Zeuthen	40	I24
Zeutsch	61	N18
Zeuzleben	71	Q14
Zeven	13	G11
Zewen	66	Q3
Zeyern	61	P18
Zicherie	24	I16
Zichow	29	G26
Zichtau	25	I17
Zichtauer Forst	25	I17
Zicker	9	D24
Zickeritz	49	L19
Zickhusen	15	E18
Zidderich	16	F20
Zieckau	52	K24
Ziegelbach	97	W13
Ziegelhausen	77	R10
Ziegelheim	62	N21
Ziegelroda	49	M18
Ziegendorf	15	G19
Ziegenhagen	47	L13
Ziegenhagen (Kreis Stendal)	25	H19
Ziegenhain	51	M23
Ziegenhardt	43	N6
Ziegenhelle	46	M9
Ziegenrück	61	O18
Ziegra-Knobelsdorf	51	M23
Zieko	38	K21
Zielitz	38	J19
Zielow	16	F22
Ziemendorf	25	H18
Ziemetshausen	88	V15
Zienitz	24	G16
Zienken	94	W6
Ziepel (Altmarkkreis Salzwedel)	25	I18
Ziepel (Kreis Jerichower Land)	38	J19
Zierau	25	H17
Zierenberg	47	L11
Zierke	17	F23
Zierker See	17	F23
Zierolshofen	84	U7
Zierow	7	E18
Ziertheim	88	U15
Zierzow	15	G19
Ziesar	38	J20
Ziese	9	D24
Ziesendorf	8	E20
Zieslübbe	15	F19
Ziethe	50	K19
Ziethen (Kreis Herzogtum Lauenburg)	14	E16
Ziethen (Kreis Ostvorpommern)	19	E25
Zillbach	60	N14
Zillhausen	85	V10
Zilly	36	K16
Zilsdorf	54	P4
Ziltendorf	41	J27
Zimmerau	60	P15
Zimmern (Kreis Rottal-Inn)	91	U22
Zimmern (Kreis Tuttlingen)	95	W10
Zimmern (Main-Tauber-Kreis)	71	R13
Zimmern (Neckar-Odenwald-Kreis)	79	R12
Zimmern (Saale-Holzland-Kreis)	49	M18
Zimmern (Unstrut-Hainich-Kreis)	48	M15
Zimmern-Horgen	85	V9
Zimmern ob Rottweil	85	V9
Zimmern u. d. Burg	85	V10
Zimmernsupra	48	M15
Zimmersrode	46	M11
Zingsheim	56	O4
Zingst	9	C22
Zingst (Gemeinde)	8	C22
Zinna	51	L22
Zinndorf	40	I25
Zinnitz	52	K25
Zinnkopf	101	W22
Zinnowitz	19	D25
Zinnwald-Georgenfeld	64	N25
Zinst	74	Q19
Zinzenzell	82	S21
Zinzow	17	E24
Zipplingen	80	T15
Zips	73	Q18
Zirchow	19	E26
Zirgesheim	88	T16
Zirkow	9	C24
Zirndorf	81	R16
Zirtow	28	G22
Zirzow	17	F23
Zislow	16	F20
Zitz	38	J20
Zixdorf	38	J22
Zizenhausen	96	W11
Zobbenitz	25	I18
Zoberdorf	52	L24
Zodel	65	M29
Zöbingen	80	T15
Zöblitz	63	O23
Zölkow	15	F19
Zörbig	50	L20
Zörnigall	39	K22
Zöschen	50	L20
Zöschingen	88	T14
Zöschlingsweiler	88	U15
Zogenweiler	97	W12
Zoghaus	62	O20
Zolkendorf	17	E23
Zollchow (Kreis Havelland)	26	I20
Zollchow (Kreis Uckermark)	29	G25
Zollgrün	62	O19
Zollhaus	95	W9
Zollhaus	57	P8
Zolling	90	U19
Zons	44	M4
Zootzen (Kreis Havelland)	26	H21
Zootzen (Kreis Ostprignitz-Ruppin)	26	G21
Zorbau	50	M20
Zorge	48	L15
Zorge (Fluß)	48	L16
Zorn	69	P7
Zorneding	100	V19
Zornheim	69	Q8
Zossen	28	J24
Zotzenbach	70	R10
Zoznegg	96	W11
Zschadraß	51	M22
Zschaitz-Ottewig	51	M23
Zschepplin	50	L21
Zscherben	50	L19
Zscherndorf	50	L20
Zschernitz	50	L20
Zschertnitz (Dresden)	64	M25
Zschochau	51	M23
Zschocken	63	N22
Zschopau	63	N23
Zschopau (Bach)	63	O22
Zschoppach	51	M22
Zschorlau	63	O21
Zschornau-Schiedel	64	M26
Zschornewitz	50	K21
Zschortau	50	L21
Zuchau	38	K19
Zuchering	89	T19
Zudar	9	D24
Zühlen	28	G22
Zühlsdorf	27	H24
Zülichendorf	39	J23
Züllsdorf	51	L23
Zülpich	42	N3
Zündorf (Köln)	43	N5
Züntersbach	71	P13
Züschen (Hochsauerlandkreis)	46	M9
Züschen (Schwalm-Eder-Kreis)	46	M11
Züsedom	29	F26
Züsow	7	E19
Züssow	9	E24
Züttlingen	78	S11
Zützen (Kreis Dahme-Spreewald)	52	K24
Zützen (Kreis Uckermark)	29	G26
Zuffenhausen	78	T11
Zug	64	N24
Zugspitze	98	X16
Zumhof	82	S21
Zunsweier	84	U7
Zurow	7	E18
Zurstraße	44	M6
Zusam	88	V15
Zusamaltheim	88	U15
Zusamzell	88	U15
Zusmarshausen	88	U15
Zußdorf	97	W12
Zuzenhausen	77	S10
Zwackau	62	N19
Zweckel	31	L4
Zweedorf (Kreis Bad Doberan)	7	D19
Zweedorf (Kreis Ludwigslust)	14	F15
Zwehren	47	M12
Zweibrücken	76	S6
Zweifall	42	N2
Zweiflingen	79	S12
Zweigkanal Hildesheim	35	J13
Zweimen	50	L20
Zwenkau	50	M20
Zwerenberg	85	U9
Zwergen	47	L11
Zwesten	46	M11
Zwethau	51	L23
Zwickau	62	N21
Zwickauer Mulde	62	O21
Zwickgabel	85	U8
Zwiedorf	17	E23
Zwiefalten	87	V12
Zwiefaltendorf	87	V12
Zwiesel	83	S23
Zwiesel (Berg)	101	W22
Zwieselberg	99	W18
Zwieselberg (Dorf)	85	U9
Zwieslerwaldhaus	83	S23
Zwillbrock	32	J4
Zwinge	48	L15
Zwingenberg (Kreis Bergstraße)	70	Q9
Zwingenberg (Neckar-Odenwald-Kreis)	78	R11
Zwischenahner Meer	11	G7
Zwochau	50	L20
Zwönitz	63	O22
Zwota	62	O21
Zyfflich	30	K2

STADTPLÄNE

Straßen

═══ ═══	Autobahn - Schnellstraße
▬▬ ═══	Hauptverkehrsstraße
Pasteur →	Einkaufsstraße - Einbahnstraße
‡══════‡	Gesperrte Straße, mit Verkehrsbeschränkungen
⊨═╤ ▬▬	Fußgängerzone
℗	Parkplatz
℗	Park-and-Ride-Plätze
△ 🅱	Bewegliche Brücke - Autofähre

Sehenswürdigkeiten

■ ⊔	Sehenswertes Gebäude
⬙ ⊥	Sehenswerter Sakralbau

Sonstige Zeichen

🇮 ✚	Informationsstelle - Krankenhaus
▭ 🚄	Bahnhof und Bahnlinie
✈ 🚌	Flughafen - Autobusbahnhof
⬤	U-Bahnstation
▢	Öffentliches Gebäude, durch einen Buchstaben gekennzeichnet :
P H	Provinzregierung- Rathaus
J	Gerichtsgebäude
M T U	Museum - Theater - Universität, Hochschule
POL.	Polizei (in größeren Städten Polizeipräsidium)
G	Gendarmerie
✉ ☎	Hauptpostamt (postlagernde Sendungen), Telefon

PLATTEGRONDEN

Wegen

═══ ═══	Autosnelweg - Weg met gescheiden rijbanen
▬▬ ═══	Hoofdverkeersweg
Pasteur →	Winkelstraat - Eenrichtingsverkeer
‡══════‡	Onbegaanbare straat, beperkt toegankelijk
⊨═╤ ▬▬	Voetgangersgebied
℗	Parkeerplaats
℗	Parkeer en Reis
△ 🅱	Beweegbare brug - Auto-veerpont

Bezienswaardigheden

■ ⊔	Interessant gebouw
⬙ ⊥	Interessant kerkelijk gebouw

Overige tekens

🇮 ✚	Informatie voor toeristen - Ziekenhuis
▭ 🚄	Station spoorweg
✈ 🚌	Luchthaven - Busstation
⬤	Metrostation
▢	Openbaar gebouw, aangegeven met een letter :
P H	Provinciehuis - Stadhuis
J	Gerechtshof
M T U	Museum - Schouwburg - Universiteit, hogeschool
POL.	Politie (in grote steden, hoofdbureau)
G	Marechaussee/rijkswacht
✉ ☎	Hoofdkantoor voor poste-restante - Telefoon

TOWN PLANS

Roads

═══ ═══	Motorway - Dual carriageway
▬▬ ═══	Major thoroughfare
Pasteur →	Shopping street - One-way street
‡══════‡	Unsuitable for traffic, street subject to restrictions
⊨═╤ ▬▬	Pedestrian street
℗	Car Park
℗	Park and Ride
△ 🅱	Lever bridge - Car ferry

Sights

■ ⊔	Place of interest
⬙ ⊥	Interesting place of worship

Various signs

🇮 ✚	Tourist Information Centre - Hospital
▭ 🚄	Station and railway
✈ 🚌	Airport - Coach station
⬤	Underground station
▢	Public buildings located by letter :
P H	Provincial Government Office - Town Hall
J	Law Courts
M T U	Museum - Theatre - University, College
POL.	Police (in large towns police headquarters)
G	Gendarmerie
✉ ☎	Main post office with poste restante - Telephone

LES PLANS

Voirie

═══ ═══	Autoroute - Route à chaussées séparées
▬▬ ═══	Grand voie de circulation
Pasteur →	Rue commerçante - Sens unique
‡══════‡	Rue impraticable, réglementée
⊨═╤ ▬▬	Rue piétonne
℗	Parking
℗	Parking Relais
△ 🅱	Pont mobile - Bac pour autos

Curiosités

■ ⊔	Bâtiment intéressant
⬙ ⊥	Édifice religieux intéressant

Signes divers

🇮 ✚	Information touristique - Hôpital
▭ 🚄	Gare et voie ferrée
✈ 🚌	Aéroport - Gare routière
⬤	Station de métro
▢	Bâtiment public repéré par une lettre :
P H	Gouvernement provincial - Hôtel de ville
J	Palais de justice
M T U	Musée - Théâtre - Université, grande école
POL.	Police (commissariat central)
G	Gendarmerie
✉ ☎	Bureau principal de poste restante - Téléphone

LE PIANTE

Viabilità

═══ ═══	Autostrada - Strada a carreggiate separate
▬▬ ═══	Grande via di circolazione
Pasteur →	Via commerciale - Senso unico
‡══════‡	Via impraticabile, a circolazione regolamentata
⊨═╤ ▬▬	Via pedonale
℗	Parcheggio
℗	Parcheggio Ristoro
△ 🅱	Ponte mobile - Traghetto per auto

Curiosità

■ ⊔	Edificio interessante
⬙ ⊥	Costruzione religiosa interessante

Simboli vari

🇮 ✚	Ufficio informazioni turistiche - Ospedale
▭ 🚄	Stazione e ferrovia
✈ 🚌	Aeroporto - Stazione di autobus
⬤	Stazione della Metropolitana
▢	Edificio pubblico indicato con lettera :
P H	Sede del Governo della Provincia - Municipio
J	Palazzo di Giustizia
M T U	Museo - Teatro - Università, grande scuola
POL.	Polizia (Questura, nelle grandi città)
G	Carabinieri
✉ ☎	Ufficio centrale di fermo posta - Telefono

PLANOS

Vías de circulación

═══ ═══	Autopista - Autovía
▬▬ ═══	Vía importante de circulacíon
Pasteur →	Calle comercial - Sentido único
‡══════‡	Calle impraticable, de uso restringido
⊨═╤ ▬▬	Calle peatonal
℗	Aparcamiento
℗	Aparcamientos "P+R"
△ 🅱	Puente móvil - Barcaza para coches

Curiosidades

■ ⊔	Edificio interesante
⬙ ⊥	Edificio religioso interesante

Signos diversos

🇮 ✚	Oficina de información de Turismo - Hospital
▭ 🚄	Estación y linea férrea
✈ 🚌	Aeropuerto - Estación de autobuses
⬤	Boca de metro
▢	Edificio público localizado con letra :
P H	Gobierno provincial - Ayuntamiento
J	Palacio de Justicia
M T U	Museo - Teatro - Universidad, Escuela Superior
POL.	Policía (Comisaría central)
G	Policía Nacional
✉ ☎	Oficina central de lista de correos - Teléfonos

Benelux

Belgique/België

A

Aaigem	109	F9
Aalbeke	108	D9
Aalst (=Alost)	109	G9
Aalter	108	E8
Aarschot	110	I9
Aarsele	107	E9
Aartrijke	108	D8
Aartselaar	109	H8
Abeek	110	K8
Abeele (L')	108	C9
Achel	110	K8
Achêne	113	J11
Achterbos	110	J8
Achterbroek	109	H7
Acoz	113	H10
Adegem	108	E8
Adinkerke	108	B8
Affligem	109	G9
Agimont	113	I11
Aische	113	I10
Aisne	114	K11
Aisne	114	K10
Albert Kanaal / Canal Albert	110	I8
Albertstrand	108	D7
Alden-Biesen	110	K9

Alken	110	J9
Alle	113	I12
Alsemberg	109	H9
Alveringem	108	C8
Amay	113	J10
Ambly	113	J11
Amel (=Amblève)	114	M10
Amonines	114	K11
Amougies	109	E9
Ampsin	113	J10
Andenne	113	J10
Anderlecht	109	G9
Anderlues	112	G10
Andler	114	M11
Andrimont	111	L10
Angre	112	F10
Anhée	113	I11
Anlier	114	K12
Anlier (Forêt d')	114	L12
Anloy	113	J12
Annevoie-Rouillon	113	I10
Ans	113	K10
Anseremme	113	I11
Anserœul	109	E9
Anthée	113	I11
Anthisnes	114	K10
Antoing	112	E10
Antwerpen (=Anvers)	109	H8

Antwerpen (Provincie)	110	I8
Antwerpen-Deurne (Aéroport)	109	H8
Antwerpen naar Turnhout (Kanaal van)		H8
Anvaing	109	E9
Anzegem	108	E9
Arbre	113	I10
Arbrefontaine	114	L11
Arc	109	E9
Archennes (=Eerken)	110	I9
Ardenne	113	I11
Ardooie	108	D9
Arendonk	110	J8
Argenteau	110	L9
Arlon (=Aarlen)	114	L12
Arquennes	112	G10
Arville	113	J11
As	110	K8
Aspelare	109	F9
Asper	108	E9
Asquillies	112	F10
Asse	109	G9
Assebroek	108	D8
Assenede	109	F8
Assenois	114	K12
Assent	110	J9
Assesse	113	J10

Astenet	111	M9
Ath (=Aat)	109	F10
Athus	115	L13
Attert	114	L12
Attre	112	F10
Aubange	115	L13
Aubechies	112	F10
Aubel	111	L9
Aublain	113	H11
Auby-sur-Semois	113	J12
Audregnies	112	F10
Aulne (Abbaye d')	112	G10
Autelbas	115	L13
Autre-Église	110	I10
Auvelais	113	H10
Ave-et-Auffe	113	J11
Avelgem	108	E9
Averbode	110	I8
Avins (Les)	113	J10
Awans	110	K10
Awenne	113	J11
Awirs	110	K10
Aye	113	J11
Ayeneux	110	L10
Aywaille	114	L10

B

Baaigem	109	F9
Baal	110	I8
Baardegem	109	G9
Baarle-Hertog	110	I7
Baarle-Nassau	110	I7
Baasrode	109	G8
Bachte-Maria-Leerne	109	E8
Baelen	111	L10
Baelen	111	L10
Baileux	113	H11
Baillonville	113	K11
Baisieux	112	F10
Baisy-Thy	113	H10
Balegem	109	F9
Balen	113	J8
Bambois	113	I10
Ban d'Alle	113	I12
Bande	114	K11
Banneux-Notre-Dame	114	L10
Baranzy	115	L13
Baraque de Fraiture	114	L11
Baraque Michel	114	M10
Barbençon	112	G11
Barchon	110	L9
Barrière de Champlon	113	K11
Barry	112	E10
Barvaux-Condroz	113	J11

Bas-Oha	113	J10
Basècles	112	E10
Basse-Bodeux	114	L10
Bassenge	110	K9
Bassevelde	109	F8
Bassilly	109	F9
Bastogne (=Bastenaken)	114	L11
Battice	111	L10
Baudour	112	F10
Bauffe	112	F10
Baugnies	112	E10
Baulers	113	H10
Bavegem	109	F9
Bayard (Rocher)	113	I11
Bazel	109	G8
Beaufays	114	K10
Beaumont (Hainaut)	112	G11
Beaumont (Liège)	114	L10
Beauraing	113	I11
Beausaint	114	K11
Beauvechain (=Bevekom)	110	I9
Beauwelz	112	G11
Beclers	112	E10
Beernem	108	E8
Beerse	110	I8
Beersel	109	G9

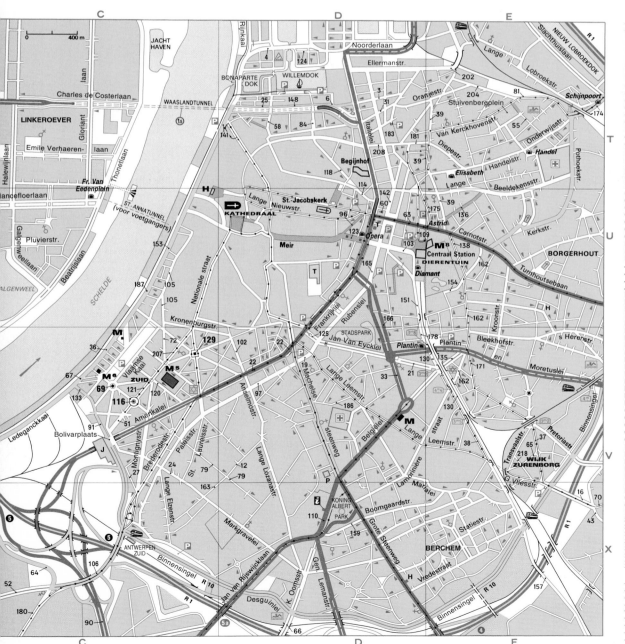

ANTWERPEN

Amsterdamstr.	DT	4
Ankerrui	DT	6
Ballaerst.	DV	12
Borsbeekbrug	EX	16
Brialmontlei	DV	21
Britselei	DV	22
Broederminstr.	CV	24
Brouwersvliet	DT	25
Brusselstr.	CV	27
Carnotstr.	EU	
Cassierstr.	DT	31
Charlottalei	DV	33
Cockerillkaai	CV	36
Cogels-Osylei	EV	37
Cuperusstr.	EV	38
Dambruggestr.	ETU	39
de Gerlachekaai	CV	67
de Keyserlei	DU	103
Diksmuidelaan	EX	43
Emiel Banningstr.	CV	51
Emiel Vloorsstr.	CX	52
Erwtenstr.	ET	55
Falconpl.	DT	58
Franklin Rooseveltpl.	DU	60
Gemeentestr.	DU	63
Gen. Armstrongweg	CX	64
Gen. van Merlenstr.	EV	65
Gerard Le Grellelaan	DX	66
Gillisplaats	EX	69
Gitschotellei	EX	70
Graaf van Egmontstr.	CV	72
Haantjeslei	CDV	79
Halenstr.	ET	81
Hessenpl.	DT	84
Jan de Voslei	CX	90
Jan van Gentstr.	CV	91
Jezusstr.	DU	96
Justitiestr.	DV	97
Kasteelpleinstr.	DV	102
Kloosterstr.	CU	105
Kol. Silvertopstr.	CX	106
Koningin Astridpl.	DEU	109
Koningin Elisabethlei	DX	110
Korte Winkelstr.	DTU	114
Lambermontplaats	CV	116
Lange Winkelstr.	DT	118
Leopold de Waelpl.	CV	120
Leopold de Waelstr.	CV	121
Leysstr.	DU	124
Londenstr.	DT	124
Maria Henriettalei	DV	125
Marnixplaats	CV	129
Mercatorstr.	DEV	132
Namenstr.	CV	133
Offerandestr.	EU	136
Ommeganckstr.	EU	138
Orteliuskaai	DT	141
Osystr.	DU	142
Oude Leeuwenrui	DT	148
Pelikaanstr.	DU	151
Plantinkaai	CU	153
Ploegstr.	EU	154
Posthofbrug	EX	157
Prins Albertlei	DX	159
Provinciestr.	EUV	162
Pyckestr.	CX	163
Quellinstr.	DU	165
Quinten Matsijslei	DUV	166
Rolwagenstr.	EV	171
Schijnpoortweg	ET	174
Simonsstr.	DEV	178
Sint-Bernardsesteenweg	CX	180
Sint-Gummarusstr.	DT	181
Sint-Janspl.	DT	183
Sint-Jozefstr.	DV	186
Sint-Michielskaai	CU	187
Turnhoutsebaan (BORGERHOUT)	EU	
van Aerdtstr.	DT	3
van Breestr.	DV	19
van den Nestlei	EV	135
van Schoonhovestr.	DEU	175
Viaduct Dam	ET	202
Viséstr.	ET	204
Volksstr.	CV	207
Vondelstr.	DT	208
Waterloostr.	EV	218

ARLON

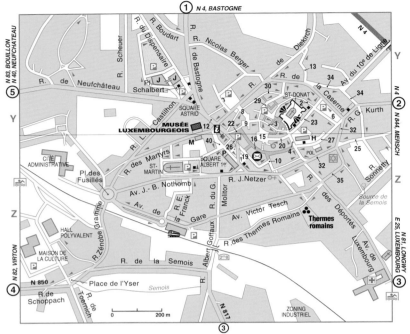

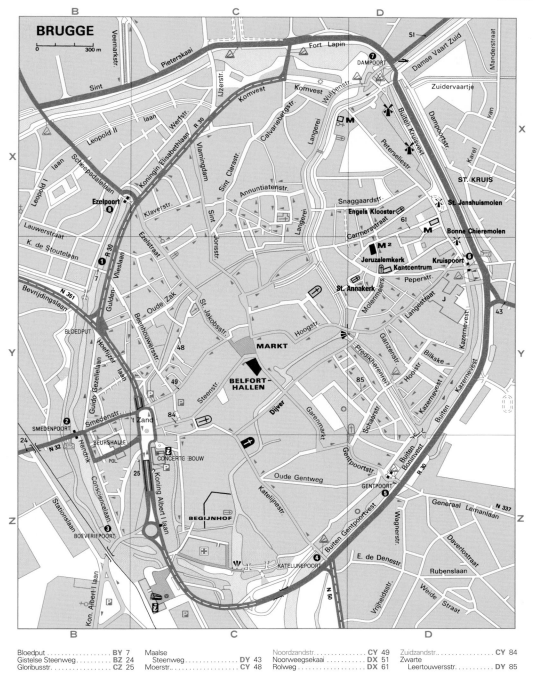

BRUGGE

0 — 300 m

Bloedput	**BY** 7	Maalse		Noordzandstr.	**CY** 49	Zuidzandstr.	**CY** 84
Gistelse Steenweg	**BZ** 24	Steenweg	**DY** 43	Noorweegsekaai	**DX** 51	Zwarte	
Gloribusstr.	**CZ** 25	Moerstr.	**CY** 48	Rolweg	**DX** 61	Leertouwersstr.	**DY** 85

Forges Jean Petit	113	H12	**G**			Getzbach	111	M10
Forrières	113	J11				Ghislenghien	109	F10
Forville	113	J10	Gaasbeek	109	G9	Ghlin	112	F10
Fosse	114	L10	Galmaarden	109	F9	Gierle	110	I8
Fossés (Les)	114	K12	Ganshoren	109	G9	Gijverinkhove	108	C9
Fosses-la-Ville	110	I10	Gaume	115	K13	Gijzegem	109	G9
Fouches	114	L12	Gaurain-Ramecroix	112	E10	Gileppe (Barrage de la)	114	L10
Fourneau-St. Michel	113	K11	Gavere	109	E9	Gimnée	113	I11
Foy-Notre-Dame	113	I11	Gedinne	113	I12	Gingelom	110	J9
Frahan	113	J12	Geel	110	I8	Ginste	108	E9
Fraipont	114	L10	Geer	110	J9	Gistel	108	C8
Fraire	113	H11	Geer (Rivière)	110	K9	Gits	108	D9
Fraiture	114	K10	Geet	110	J9	Givroulle	114	K11
Frameries	112	F10	Geetbets	110	J9	Givry	112	G10
Framont	113	J12	Gelbressée	113	I10	Glabais	109	H10
Franc-Waret	113	I10	Gellik	110	K9	Glabbeek	110	I9
Franchimont	113	H11	Gelmen	110	J9	Glanerie (La)	112	D10
Franchimont			Gelrode	110	I9	Gleize (La)	114	L10
(Ruines de)	114	L10	Geluveld	108	D9	Glimes	110	I9
Francorchamps	114	L10	Geluwe	108	D9	Glons (=Glaaien)	110	K9
Franière	113	I10	Gembes	113	J12	Gochenée	113	I11
Frasnes	113	H11	Gembloux	113	I10	Godarville	112	G10
Frasnes-lez-Gosselies	113	H10	Gemmenich	111	M9	Godinne	113	I10
Frasnes-lez-Anvaing	109	E9	Genappe	113	H10	Goé	111	L10
Frênes (Rochers de)	113	I10	Genk	110	K9	Gœgnies-Chaussée	112	F10
Freux-Suzeran	114	K12	Genly	112	F10	Goesnes	113	J10
Freyir (Forêt de)	114	K11	Gent (=Gand)	109	F8	Gomzé	114	L10
Frer	113	I11	Gentinnes	113	H10	Gondregnies	109	F10
Froidchapelle	112	G11	Genval	109	H9	Gonrieux	113	H11
Fronville	113	K11	Geraardsbergen			Gooik	109	G9
Fumal	113	J10	(=Grammont)	109	G9	Gosselies	113	H10
Furfooz	113	I11	Gérompont	110	I10	Gougnies	113	H10
Furnaux	113	I11	Gérouville	115	K13	Gouvy	114	L11
			Gerpinnes	113	H10	Gouy-lez-Piéton	112	G10
			Gesves	113	J10	Gozée	113	H10

Grâce-Hollogne	110	K10	Grupont	113	J11
Graide	113	J12	Guigoven	110	K9
Grand-Halleux	114	L11	Gullegem	108	D9
Grand-Leez	113	I10			
Grand-Reng	112	G11	**H**		
Grand-Rosière-					
Hottomont	110	I10			
Grandcourt	115	K13	Haacht	109	H9
Grande Gette /			Haaltert	109	G9
Grote Gete	110	I9	Haan (De)	108	D8
Grand-Hallet	110	J9	Haasdonk	109	G8
Grandhan	113	K11	Haasrode	110	I9
Grandmenil	114	K11	Habay-la-Neuve	114	K12
Grandrieu	112	G11	Habay-la-Vieille	114	K12
Grandvoir	113	K12	Habergy	115	L13
Grapfontaine	113	K12	Haccourt	111	L9
Graty	109	F10	Hageland	110	I9
Gravenvoeren ('s)			Haillot	113	J10
(=Fouron-le-Comte)	110	L9	Hainaut (Province)	112	E10
Grembergen	109	G8	Haine-St. Paul	112	G10
Grez-Doiceau			Hakendover	110	I9
(=Graven)	110	I9	Halanzy	115	L13
Grimbergen	109	H9	Halen	110	J9
Grimminge	109	G9	Hallaar	110	I8
Grobbendonk	110	I8	Halle (Antwerpen)	110	I8
Groenendaal			Halle (=Hal Brabant)	109	G9
(=Groenendaal)	109	H9	Halle-Booienhoven	110	J9
Grootbos	110	J8	Halleux	114	K11
Grosage	112	F10	Halma	113	J11
Grote-Barreel (De)	110	K8	Haltinne	113	J10
Grote-Brogel	110	K8	Ham	110	J8
Grote Geule	109	G8	Ham-sur-Heure	113	H11
Grote Nete	110	J8	Hamipré	114	K12
Grüfflingen	114	M11			
Gruitrode	110	K8			
Grune	113	K11			

Hamme		
(Oost-Vlaanderen)	109	G8
Hamme-Mille	110	I9
Hamoir	114	K10
Hamois	113	J10
Hamont	110	K8
Hampteau	114	K11
Ham-sur-Sambre	113	I10
Han (Grotte de)	113	J11
Han-sur-Lesse	113	J11
Handzame	108	D8
Haneffe	110	J10
Hannut	110	J9
Hanret	113	I10
Hansbeke	109	E8
Hantes-Wihéries	112	G11
Hanzinelle	113	H11
Hanzinne	113	H11
Harelbeke	108	D9
Hargimont	113	J11
Harmignies	112	G11
Harnoncourt	115	K13
Harre	114	K10
Harsin	113	K11
Harzé	114	L10
Hasselt	110	J9
Hastière-Lavaux	113	I11
Hastière-par-delà	113	I11
Hatrival	113	K11
Haulchin	112	G10
Hauset	111	M9
Haut-Fays	113	J11
Haut-le-Wastia	113	I11
Haute-Bodeux	114	L10
Haute Desnié	114	L10
Hautes Fagnes	114	M10
Hautes Fagnes Eifel		
(Parc naturel)	114	M10
Hautrage	112	F10
Havay	112	F10
Havelange	113	J10
Haversin	113	J11
Havré	112	G10
Hayons (Les)	113	J12
Hechtel	110	K8
Heer	113	I11
Heers	110	J9
Heestert	108	E9
Heikruis	109	G9
Heinsch	114	L12
Heinstert	114	L12
Heist	108	D7
Heist-op-den-Berg	110	I8
Hekelgem	109	G9
Heks	110	K9
Helchteren	110	K8
Heldergem	109	F9
Hélécine	110	I9
Hemiksem	109	H8
Hemptinne	113	I10
Hennuyères	109	G10
Henri-Chapelle	111	L9
Henripont	112	G10
Hensies	112	F10
Heppen	110	J8
Heppenbach	114	M10
Herbaimont	114	K11
Herbesthal	114	L10
Herbeumont	113	J12
Herbeumont (Forêt d')	113	J12
Herchies	112	F10
Herderen	110	K9
Herenelderen ('s)	110	K9
Herent	110	I9
Herentals	110	I8
Herenthout	110	I8
Herfelingen	109	G9
Hergenrath	111	M9
Herinnes	108	E9
Herk	110	J9
Herk-de-Stad	110	J9
Herlinval	114	K11
Hermalle-		
sous-Argenteau	110	L9
Hermalle-sous-Huy	113	K10
Hermeton	113	H11
Herne	109	G9
Héron	113	J10
Herresbach	114	M11
Herseaux	108	D9
Herselt	110	I8
Herstal	110	K9
Herstappe	110	K9
Hertogenwald	114	M10
Hertsberge	108	D8
Herve	111	L10
Herzele	109	F9
Hesbaye	113	J10
Hesse	113	J11
Heultje	110	I8
Heure	113	J11
Heusden	110	J8
Heusy	114	L10
Heuvelland	108	C9
Hever	109	H9
Heverlee	110	I9
Heyd	114	K10
Hingene	109	G8
Hingeon	113	J10
Hives	114	K11
Hoboken	109	H8
Hockai	114	L10

BRUXELLES/ BRUSSEL

Abattoir (Bd de l')	ER	
Américaine (R.)	FU	8
Auguste Rodin (Av.)	GU	12
Baudouin (Bd)	EQ	16
Besme (Av.)	EV	18
Bienfaiteurs (Pl. des)	GQ	21
Boondael (Drève de)	GX	22
Brabançonne (Av. de la)	GR	28
Cambre (Bd de la)	HX	40
Coccinelles (Av. des)	HX	40
Congo (Av. du)	GV	48
Copernic (R.)	FX	51
Dodonée (R.)	FX	61
Dries	HX	63
Édouard de Thibault (Av.)	HS	72
Émile de Beco (Av.)	GU	79
Émile De Mot (Av.)	GV	81
Éperons d'Or (Av. des)	GU	85
Europe (Esplanade de l')	ES	89
Everard (R.)	ER	91
Frans Courtens (Av.)	HQ	102
Frère Orban (Square)	FR	104
Froissart (R.)	GS	106
Général Eisenhower (Av.)	GQ	108
Hal (Porte de)	ES	114
Henri Jaspar (Av.)	ES	117
Herbert Hoover (Av.)	HR	118
Hippodrome (Av. de l')	GU	120
Industrie (Quai de l')	ER	126
Invalides (Bd des)	HV	127
Jan Stobbaerts (Av.)	HQ	133
Jardin Botanique (Bd du)	FQ	133
Jean Volders (Av.)	EST	138
Jeu de Balle (Pl. du)	ES	139
Joseph Stallaert (R.)	FV	141
Juliette Wytsman (R.)	GU	145
Karrenberg (Av.)	EX	153
Legrand (Av.)	FV	153
Livourne (R. de)	FT	158
Louise (Galerie)	FS	162
Louis Morichar (Pl.)	EU	160
Luxembourg (R. du)	FS	165
Marie-Louise (Square)	GR	171
Méridien (R. du)	FQ	173
Mutualité (R. de la)	EV	180
Nerviens (Av. des)	GS	181
Nouvelle (Av.)	GU	184
Palmerston (Av.)	GR	187
Paul Stroobant (Av.)	EX	193
Porte de Hal (Av. de la)	ES	199
Prince Royal (R. du)	FS	204
Rogier (Pl. Charles)	FQ	213
Roi Vainqueur (Pl. du)	HS	216
Saint-Antoine (Pl.)	GT	220
Saisons (Av. des)	GU	223
Saturne (Av. de)	FX	225
Savoie (R. de)	EU	226
Scailquin (R.)	FR	228
Tabellion (R. du)	FT	234
Victoria Régina (Av.)	FU	249
Washington (R.)	FU	253
2ème Régiment de Lanciers (Av. du)	HU	265
9ème de Ligne (Bd du)	EQ	271

Hodeige	110	K9	
Hodinfosse (Bois de)	114	L11	
Hodister	114	K11	
Hody	114	K10	
Hoegaarden	110	I9	
Hoegne	114	L10	
Hoeilaart	109	H9	
Hoepertingen	110	J9	
Hoeselt	110	K9	
Hoevenen	109	H8	

Höfen (Forêt de)	114	M10	
Hofstade (Oost-Vlanderen)	109	G9	
Hofstade (Vlaams-Brabant)	109	H9	
Hogne	113	J11	
Hohes Venn	114	M11	
Hollain	112	E10	
Hollange	114	L12	
Hollebeke	108	C9	

Hollogne	110	J9	
Holsbeek	110	I9	
Hombeek	109	H8	
Hombourg	111	L9	
Hompré	114	L12	
Hondelange	115	L13	
Honnay	113	J11	
Honnelles	112	F10	
Honsfeld	114	M10	
Hooglede	108	D9	

Hoogstade	108	C9	
Hoogstraten	110	I7	
Horion	110	K10	
Hornu	112	F10	
Horrues	112	G10	
Horst	110	I9	
Hotton	113	K11	
Hotton (Grottes de)	114	K11	
Houdeng-Aimeries	112	G10	
Houdremont	113	I12	

Houffalize	114	L11	
Houille	113	I11	
Houppe (La)	109	F9	
Hour	113	J11	
Houtain-le-Val	113	H10	
Houtain-St. Siméon	110	K9	
Houtaing	109	F10	
Houtem	108	B8	
Houthalen-Helchteren	110	K8	
Houthem	108	C9	

Houthulst	108	C9	
Houtvenne	110	I8	
Houwaart	110	I9	
Houyet	113	J11	
Hoves	109	G9	
Huccorgne	113	J10	
Huise	109	E9	
Huissignies	112	F10	
Huizingen	109	G9	
Huldenberg	109	H9	

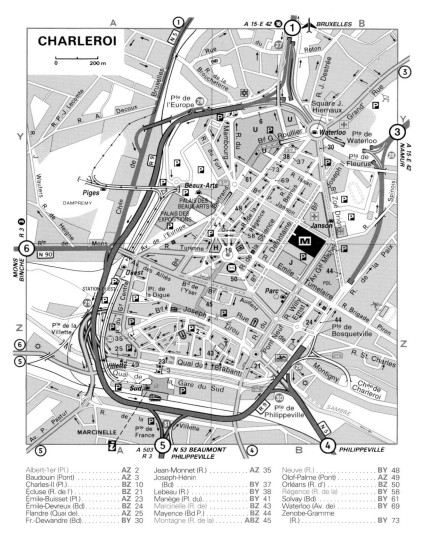

CHARLEROI

0   200 m

Albert-1er (Pl.)	AZ	2	Jean-Monnet (R.)	AZ	35	Neuve (R.)	BY	48
Baudouin (Pont)	AZ	3	Joseph-Hénin			Olof-Palme (Pont)	AZ	49
Charles-II (Pl.)	BZ	10	(Bd)	BY	37	Orléans (R. d')	BZ	50
Écluse (R. de l')	BZ	21	Lebeau (R.)	BY	38	Régence (R. de la)	BY	58
Émile-Buisset (Pl.)	AZ	23	Manège (Pl. du)	BY	41	Solvay (Bd)	BY	61
Émile-Devreux (Bd)	BZ	24	Marcinelle (R. de)	BZ	43	Waterloo (Av. de)	BY	69
Flandre (Quai de)	AZ	25	Mayence (Bd P.)	BZ	44	Zenobe-Gramme		
Fr.-Dewandre (Bd)	BY	30	Montagne (R. de la)	ABZ	45	(R.)	BY	73

Hulpe (La)
(=Terhulpen) 109 H9
Hulshout 110 I8
Hulsonniaux 113 I11
Humain 113 J11
Humbeek 109 H9
Hundelgem 109 F9
Huppaye 110 I9
Huy (=Hoei) 113 J10

I
Ichtegem 108 D8
Ieper (=Ypres) 108 C9
Ijse 109 H9
Ijzer 108 C9
Incourt 110 I9
Ingelmunster 108 D9
Ingooigem 108 E9
Isières 109 F10
Itegem 110 I8
Ittre 109 G10
Ivoz-Ramet 114 K10
Izegem 108 D9
Izel 113 K12
Izenberge 108 B8
Izier 114 K10

J
Jabbeke 108 D8
Jalhay 114 L10
Jamagne 113 H11
Jambes 113 I10
Jamioulx 113 H10
Jamoigne 113 K12
Jandrain 110 I9
Jannée 113 J11
Jauche 110 I9
Jehanster 114 L10
Jehay 113 J11
Jehonville 113 J12
Jemappes 112 F10
Jemelle 113 J11
Jemeppe (sur Meuse) ..110 K10
Jemeppe-sur-Sambre 113 I10
Jeneffe (en Condroz) ...113 J10
Jeneffe (en Hesbaye) ...110 K10

Jenneret 113 K10
Jeuk (=Goyer) 110 J9
Jezus-Eik (=Notre-Dame-
au-Bois) 109 H9
Jodoigne
(=Geldenaken) 110 I9
Jonkershove 108 C9
Julémont 111 L9
Jupille 110 K10
Juprelle 110 K9
Jurbise 112 F10
Juseret 114 K12

K
Kaaskerke 108 C8
Kachtem 108 D9
Kalken 109 F8
Kallo 109 G8
Kalmthout 110 H7
Kampenhout 109 H9
Kanegem 108 E8
Kanne 111 L9
Kapelle-op-den-Bos .109 H8
Kapellen 109 H8
Kaprijke 108 E8
Kaster 109 E9
Kasterlee 110 I8
Kaulille 110 K8
Keerbergen 109 H8
Kelmis (=La Calamine) ...111 M9
Kemmel 108 C9
Kemmelbeek 108 C9
Kemmelberg 108 C9
Kempen 110 J8
Kemzeke 109 G8
Kerkbrugge 109 F8
Kerkhoven 110 J8
Kermt 110 J9
Kerniel 110 K9
Kessel 109 H8
Kessel-Lo 110 I9
Kessenich 111 L8
Kettenis 111 M10
Kieldrecht 109 G8
Kinrooi 110 L8
Klein Vorst 110 J8
Kleine-Brogel 110 K8
Kleine Gete /
Petite Gette 110 I9

Kleine Nete 110 I8
Klemskerke 108 D8
Klerken 108 C9
Klinge (De) 109 G8
Kluisberg 108 E9
Kluisbergen 108 E9
Kluizen 109 F8
Knesselare 108 E8
Knokke-Heist 108 D7
Koekelare 108 C8
Koersel 110 J8
Koewacht 109 F8
Koksijde 108 B8
Koksijde-Bad 108 B8
Koloniën (De) 110 K8
Koningshooikt 109 H8
Kontich 109 H8
Koolskamp 108 D8
Korbeek-Lo 110 I9
Kortemark 108 D8
Kortenaken 110 J9
Kortenberg 109 H9
Kortenbos 110 J9
Kortessem 110 K9
Kortrijk (=Courtrai) ...108 D9
Kortrijk-Dutsel 110 I9
Kozen 110 J9
Kraainem 109 H9
Krombeke 108 C9
Kruibeke 109 G8
Kruishoutem 109 E9
Kruisstraat 109 F8
Kumtich 110 I9
Kuringen 110 J9
Kuurne 108 D9
Kwaadmechelen 110 J8
Kwatrecht 109 F9

L
Laakdal 110 I8
Laarne 109 F8
Lacuisine 113 J12
Lahamaide 109 F9
Lambermont 113 J12
Lambermont (Liège) ..111 L9
Lambusart 113 H10
Lamorteau 115 K13
Lampernisse 108 C8
Lanaken 110 K9

Lanaye (=Ternaaien) ..110 L9
Landelies 113 H10
Landen 110 J9
Laneffe 113 H11
Laneuville 114 K12
Langdorp 110 I9
Langemark-
Poelkapelle 108 C9
Langlire 114 L11
Lapscheure 108 E8
Lasne 109 H9
Lasne / Laan (Rivière) .109 H9
Latour 115 K13
Lauw (=Lowaige) 110 K9
Lauwe 108 D9
Lavacherie 114 K11
Lavaux-Ste. Anne 113 J11
Lebbeke 109 G9
Lede 109 F9
Ledegem 108 D9
Leefdaal 109 H9
Leerbeek 109 G9
Leernes 113 H10
Leers-et-Fosteau 112 G11
Leers-Nord 108 D9
Leest 109 H8
Leffinge 108 C8
Léglise 114 K12
Leie / Lys 108 C9
Leignon 113 J11
Leisele 108 B9
Leke 108 C8
Lembeek 109 G9
Lembeke 108 E8
Lendelede 108 D9
Lennik 109 G9
Lens 112 F10
Lens-St. Servais 110 J10
Leopold Kanaal 109 E8
Leopoldsburg 110 J8
Lesse 113 I11
Lesse et Lomme
(Parc Naturel de) 113 J11
Lessines (=Lessen) ...109 F9
Lessive 113 J11
Lesterny 113 J11
Leugnies 112 G11
Leut 110 L9
Leuven (=Louvain) 110 I9
Leuze 113 I10
Leuze-en-Hainaut 112 E10
Leval-Chaudeville 112 G11

Leval-Trahegnies 112 G10
Libin 113 J12
Libramont 113 K12
Lichtaart 110 I8
Lichtenbusch 111 M9
Lichtervelde 108 D8
Liedekerke 109 G9
Liège (=Luik) 110 K10
Liège (Province) 114 K10
Liège-Bierset (Aéroport) 114 K10
Lienne 114 L11
Lier (=Lierre) 109 H8
Lierde 109 F9
Lierneux 114 L11
Liernu 113 I10
Liers 110 K9
Ligne 112 F10
Ligny 113 H10
Lille 110 I8
Lillois-Witterzée 109 H10
Limal 110 H9
Limbourg 111 L10
Limburg (Province) ...110 K8
Limelette 109 H9
Limerlé 114 L11
Limes 115 K13
Limont 110 J10
Lincent (=Lijsem) 110 J9
Linkebeek 109 H9
Linkhout 110 J9
Lint 109 H8
Linter 110 J9
Lion (Butte du) 109 H9
Lisogne 113 I11
Lissewege 108 D8
Lo 108 C9
Lobbes 112 G10
Lochristi 109 F8
Loenhout 109 H7
Logbiermé 114 L10
Loker 108 C9
Lokeren 109 F8
Loksbergen 110 J9
Lomme 113 J11
Lommel 110 J8
Lommersweiler 114 M11
Lompret 113 H11
Lomprez 113 J11
Londerzeel 109 G8
Longchamps
(lez-Bastogne) 114 L11
Longchamps
(lez-Dhuy) 113 I10
Longlier 114 K12
Longueville 110 I9
Longvilly 114 L11
Lontzen 111 M9
Loppem 108 D8
Lorcé 114 L10
Losheimergraben 114 N10
Lot 109 G9
Lotenhulle 108 E8
Louette-St. Denis 113 I12
Louette-St. Pierre 113 I12
Louise-Marie 109 E9
Louvain-la-Neuve 109 H9
Louveigné 114 L10
Louvière (La) 112 G10
Lovendegem 109 E8
Loyers 113 I10
Lozen 110 K8
Lubbeek 110 I9
Luchi (Forêt de) 113 J12
Lummen 110 J9
Lustin 113 I10
Luttre 113 H10
Luxembourg
(Province) 113 J12

M
Maarkedal 109 E9
Maaseik 110 L8
Maasmechelen 110 L9
Mabompré 114 L11
Machelen 109 H9
Machelen
(Oost Vlaanderen) ..108 E9
Macon 112 G11
Macquenoise 112 G12
Maffe 113 J10
Mageret 114 L11
Maillen 113 I10
Mainvault 109 F10
Maisières 112 F10
Maissin 113 J12
Maizeret 113 I10
Malchamps 114 L10
Maldegem 108 E8
Malderen 109 G8
Malempré 114 L11
Malle 110 I7
Malmédy 114 M10
Malonne 113 I10
Manage 112 G10
Manderfeld 114 N10
Manhay 114 L11
Marbais 113 H10
Marbehan 114 K12

Marche-en-Famenne ..113 K11
Marche-les-Dames ...113 I10
Marche-lez-Ecaussinnes.112 G10
Marchin 113 J10
Marcinelle 113 H10
Marcourt 114 K11
Marèdret 113 I11
Maredsous (Abbaye de).113 I11
Marenne 113 K11
Maria-Aalter 108 E8
Maria-ter-Heide 109 H8
Mariakerke 108 C8
Mariekerke 109 G8
Mariembourg 113 H11
Mariemont 112 G10
Marilles 110 I9
Marloie 113 J11
Marquain 112 D10
Martelange 114 L12
Masbourg 113 J11
Masnuy-St.Jean 112 F10
Massemen 109 F9
Massenhoven 109 H8
Matagne-la-Grande .113 H11
Matagne-la-Petite 113 H11
Maten (De) 110 K9
Maubray 112 E10
Maulde 112 E10
Maurage 112 G10
Mazée 113 H11
Mazenzele 109 G9
Mazy 113 I10
Méan 114 K10
Mechelen (=Malines) .109 H8
Mechelen-Bovelingen ..110 J9
Mechelse Heide 110 K9
Meeffe 113 J10
Meensel 110 I9
Meer 110 I7
Meerbeke 109 G9
Meerdonk 109 G8
Meerhout 110 J8
Meerle 110 I7
Meeuwen 110 K8
Mehaigne 110 I10
Meise 109 G9
Meix-devant-Virton ..115 K13
Meix-le-Tige 115 L13
Meldert (Limburg) 110 J8
Meldert
(Oost-Vlaanderen) ..109 G9
Melen 110 L10
Mélin 110 I9
Melle 109 F8
Mellery ....109 H8 [?]
Mellet 113 H10
Mellier 114 K12
Melsele 109 G8
Melsen 109 F9
Membre 113 I12
Menen (=Menin) 108 D9
Menuchenet 113 J12
Merbes-le-Château ..112 G11
Merbes-Ste. Marie ...112 G10
Merchtem 109 G9
Merdorp 110 J10
Mere 109 F9
Merelbeke 109 F9
Merendree 109 E8
Merkem 108 C9
Merksplas 110 I7
Merlanvaux (Forêt de).115 K13
Merlemont 113 H11
Mesen (=Messines) ..108 C9
Meslin-l'Évêque 109 F10
Mesnil-St. Blaise 113 I11
Messancy 115 L13
Mettet 113 H11
Meulebeke 108 D9
Meuse / Maas 113 I11
Meux 113 I10
Meyerode 114 M11
Michelbeke 109 F9
Micheroux 110 L10
Middelburg 108 E8
Middelkerke 108 C8
Middelkerke-Bad 108 C8
Miécret 113 J10
Mielmont 113 H10
Mignault 112 G10
Millen 110 K9
Minderhout 110 I7
Mirwart 113 J11
Modave 113 J10
Moelingen 110 L9
Moen 108 E9
Moerbeke (Aalst) 109 F9
Moerbeke (Waas) 109 F8
Moerbrugge 108 D8
Moere 108 C8
Moeren (De) 108 B8
Moerkerke 108 E8
Moervaart 109 F8
Moerzeke 109 G8
Moha 113 J10
Mohiville 113 J11
Moircy 114 K12
Mol 110 J8
Molenbeek 110 I8
Molenbeersel 110 L8
Molenstede 110 J8
Molinfaing 114 K12

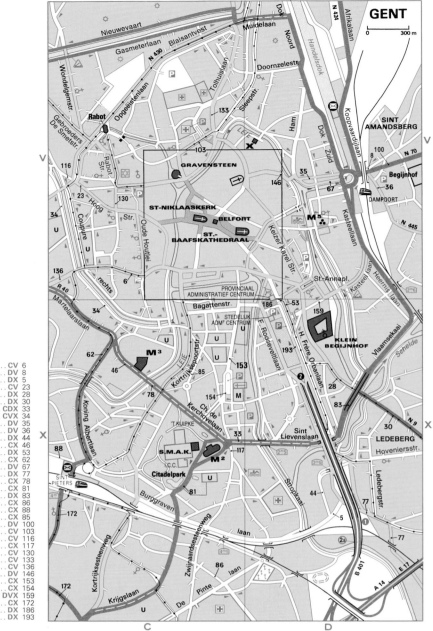

Annonciadenstr. . . . . CV 6
Antwerpenpl. . . . . DV 8
A. Heyndrickxlaan . . . . DX 5
Brugsepoortstr. . . . . CV 23
Brusselsepoortstr. . . . . DX 28
Brusselsesteenweg. . . . . DX 30
Citadellaan . . . . CDX 33
Coupure links . . . . CVX 34
Dampoortstr. . . . . DV 35
Dendermondsesteenweg. . . . . DX 36
Gaston Crommenlaan . . . . . . DX 44
Godshuizenlaan . . . . CX 46
Graaf van Vlaanderenpl. . . . . DX 53
Groot Brittannielaan . . . . CX 62
Hagelandkaai . . . . DV 67
Hundelgemse steenweg . . . . DX 77
IJzerlaan . . . . CX 78
Joz. Wauterstr. . . . . CX 81
Keizervest . . . . DX 83
Koekoeklaan . . . . CX 86
Koningin Fabiolalaan . . . . CX 88
K. van Hulthemstr. . . . . CX 85
Land van Waaslaan . . . . DV 100
Lange Steenstr. . . . . CV 103
Noordstr. . . . . CV 116
Normaalschoolstr. . . . . CX 117
Peperstr. . . . . CV 130
Rodelijvekensstr. . . . . CV 133
Rozemarijnstr. . . . . CV 136
Sint-Joriskaai. . . . . DV 146
Sint-Pietersnieuwstr. . . . . . . CX 153
Sint-Pieterspl. . . . . CX 154
Tweebruggenstr. . . . . DVX 159
Voskenslaan. . . . . CX 172
Woodrow Wilsonpl. . . . . DX 186
Zuidparklaan. . . . . DX 193

Mollem............................109 G9
Momalle.........................110 K9
Mombeek........................110 K9
Momignies.....................112 G11
Monceau-en-Ardenne.113 I12
Monceau-Imbrechies....112 G11
Mons (=Bergen)...........112 F10
Mont (lez-Houffalize)...114 L11
Mont (sur-Meuse).......113 I10
Mont-de-l'Enclus.........109 E9
Mont-Gauthier.............113 J11
Mont-St. Guibert.........109 H10
Mont-Ste. Geneviève...112 G10
Montaigle (Château de).113 I11
Montauban....................115 K13
Montbliart......................112 G11
Montenaken...................110 J9
Montignies-lez-Lens....112 F10
Montignies-
  St-Christophe............112 G11
Montignies-sur-Roc.....112 F10
Montigny-le-Tilleul.........113 H10
Montleban.....................114 L11
Montquintin...................115 K13
Montrœul-au-Bois.......109 E10
Montzen........................111 L9
Moorsel
  (Oost-Vlaanderen).....109 G9
Moorsel.........................108 D9
Moorslede.....................108 D9
Moortsele.......................109 F9
Mopertingen.................110 K9
Moresnet.......................111 L9
Morhet...........................114 K12
Morialmé.......................113 H11
Morkhoven.....................110 I8
Morlanwelz....................112 G10
Mormont
  (près d'Erezée)..........114 K11

Mormont
  (près d'Houffalize)....114 L11
Mortehan......................113 J12
Mortsel...........................109 H8
Morville..........................113 I11
Moulbaix........................112 F10
Mourcourt......................108 E10
Mouscron
  (=Moeskroen)............108 D9
Moustier........................109 G10
Moxhe............................110 J10
Munkzwalm...................109 F9
Muno...............................113 J12
Muno (Forêt de)............113 J12
Munsterbilzen...............110 K9
Musson..........................115 L13
Mussy-la-Ville...............115 K13
My...................................114 K10

N
Naast...............................112 G10
Nadrin...........................114 L11
Nafraiture.......................113 I12
Nalinnes.........................113 H11
Naméche........................113 I10
Namur (=Namen)..........113 I10
Namur (Province).........113 I10
Nandrin..........................110 K10
Naninne.........................113 I10
Naomé............................113 J12
Nassogne.......................113 K11
Natoye............................113 J10
Nazareth........................109 E9
Néchin............................108 D9
Nederzwalm..................109 F9
Neerharen......................110 L9

Neerheylissem..............110 I9
Neerijse..........................109 H9
Neerlinter......................110 J9
Neeroeteren..................110 L8
Neerpelt.........................110 K8
Neerwinden....................110 J9
Neigem..........................109 G9
Nete................................109 H8
Nethen............................110 I9
Neudort..........................111 M9
Neufchâteau (Liège)......111 L9
Neufchâteau
  (Luxembourg)............114 K12
Neufchâteau (Forêt de).114 K12
Neufmaison..................112 F10
Neufvilles......................112 G10
Neupré...........................114 K10
Neuville..........................113 I9
Neuville-en-Condroz.113 K10
Nevele............................109 E8
Niel.................................109 G8
Nieuwenhove................109 F9
Nieuwenrode................109 H9
Nieuwerkerken.............110 J9
Nieuwkerke
  (=Neuve-Église)........108 C9
Nieuwkerken-Waas......109 G8
Nieuwmoer....................109 H7
Nieuwmunster..............108 D8
Nieuwpoort....................108 C8
Nieuwpoort-Bad............108 C8
Nijlen..............................110 I8
Nil-St. Vincent-
  St. Martin....................110 I10
Ninove...........................109 G9
Nismes (Viroinval).......113 H11
Nismes (Forêt de)........113 H11
Nisramont......................114 K11

Nivelles (=Nijvel).........113 H10
Nobressart....................114 L12
Noduwez........................110 I9
Noirefontaine................113 J12
Noiseux..........................113 K11
Nokere............................109 E9
Nollevaux......................113 J12
Noncèveux....................114 L10
Noordwijk.......................110 I8
Nossegem......................109 H9
Notre-Dame
  de Scourmont............113 H12
Noville (Liège)...............110 K10
Noville (Luxembourg)...114 L11
Noville-les-Bois............113 I10
Nukerke.........................109 E9
Ny...................................114 K11

O
Obourg...........................112 G10
Ochamps........................113 J12
Ocquier..........................113 K10
Odeigne..........................114 L11
Oedelem.........................108 E8
Oekene...........................108 D9
Oelegem.........................110 H8
Oeselgem......................108 E9
Oetingen........................109 G9
Œudeghien....................109 F9
Offagne..........................113 J12
Ogy.................................109 F9
Ohain.............................109 H9
Ohey...............................113 J10
Oignies-en-Thiérache.113 H11
Oizy................................113 J12
Olen................................110 I8

Ollignies (=Woelingen).109 F9
Olloy...............................113 H11
Olmen.............................110 J8
Olne................................114 L10
Olsene............................108 E9
Ombret-Rawsa...........113 K10
Ommer Wald.................114 M11
Onhaye...........................113 I11
Onkerzele......................109 F9
Oombergen....................109 F9
Oordegem......................109 F9
Oost-Vlaanderen
  (Provincie)...................109 E8
Oostakker......................109 F8
Oostduinkerke..............108 C8
Oostduinkerke-Bad......108 C8
Oosteeklo.......................108 F8
Oosterlo.........................110 I8
Oosterzele.....................109 F9
Oostham.........................110 J8
Oostkamp.......................108 D8
Oostkerke......................108 D8
Oostmalle......................110 I8
Oostnieuwkerke...........108 D9
Oostrozebeke................108 E9
Oostvleteren.................108 C9
Oostwinkel....................108 E8
Opglabbeek...................110 K8
Opgrimbie......................110 L9
Ophain............................109 H9
Ophasselt......................109 F9
Opheylissem..................110 I9
Ophoven.........................111 L8
Opitter............................110 K8

Oplinter.........................110 I9
Opoeteren.....................110 K8
Opont.............................113 J12
Opvelp...........................110 I9
Opwijk............................109 G9
Orchimont.....................113 I12
Oret................................113 H11
Oreye (=Oerle).............110 K9
Orgeo.............................113 J12
Orp-Jauche...................110 I9
Orp-le-Grand................110 I9
Orroir..............................108 E9
Orsmaal-Gussenhoven....110 J9
Ortheuville....................114 K11
Ortho.............................114 K11
Orval (Abbaye d')........115 K13
Orval (Forêt d')............113 K12
Ossogne.........................113 J10
Ostiches.........................109 F9
Oteppe...........................113 J10
Othée (=Elch)...............110 K9
Ottenburg.....................109 H9
Ottignies.......................109 H9
Oud-Heverlee...............110 H9
Oud-Turnhout................110 I8
Oudegem.......................109 G8
Oudekapelle..................108 C8
Oudenaarde
  (=Audenarde).............109 E9
Oudenburg....................108 D8
Oudler............................114 M11
Ouffet.............................113 K10
Oupeye...........................110 K9
Our.................................113 J12
Ouren.............................114 M11
Ourt................................113 K12
Ourthe............................114 K11
Ourthe Occidentale.....114 K12
Ourthe Orientale..........114 L11
Outgaarden...................110 I9
Ouwegem......................109 E9
Overboelare..................109 F9
Overijse.........................109 H9
Overmere.......................109 F8
Overpelt.........................110 K8
Overrepen.....................110 K9

P
Paal (Limburg).............110 J8
Paal
  (Oost-Vlaanderen).....109 G8
Pailhe.............................113 J10
Paliseul..........................113 J12
Panne (De)...................108 B8
Papignies (Papegem)...109 F9
Paradis (Défilé du).......113 J12
Parike.............................109 F9
Passendale....................108 D9
Pâturages......................112 F10
Pays (Bois du)..............114 K11
Pecq...............................108 E9
Peer................................110 K8
Peissant..........................112 G10
Pepingen........................109 G9
Pepinster.......................114 L10
Péronnes.......................112 G10
Péruwelz........................112 E10
Pervijze..........................108 C8
Perwez (en-Condroz)...113 J10
Perwez (en-Hesbaye)...110 I10
Pesche...........................113 H11
Pessoux.........................113 J10
Petegem.........................109 E9
Petegem-aan-de-Leie...109 E9
Petigny...........................113 H11
Petit Rechain................111 L10
Petit-Rœulx-lez-Braine.109 G10
Petit-Rœulx-lez-Nivelles.112 G10
Petit-Thier.....................114 L11
Petite Chapelle.............113 H12
Petite Dendre...............112 E10
Petithan.........................113 K10
Philippeville..................113 H11
Piéton............................112 G10
Pilarde...........................112 G11
Pin..................................113 K12
Pinte (De)......................109 E9
Pipaix.............................112 E10
Pittem............................108 D9
Plainevaux....................114 K10
Plancenoit.....................109 H10
Plein Fayi.......................114 L10
Ploegsteert...................108 C9
Plombières....................111 L9
Poederlee......................110 I8
Poelkapelle...................108 C9
Poilvache (Château de).113 I10
Poix-St-Hubert.............113 J12
Polleur...........................114 L10
Pollinkhove...................108 C9
Pommerœul..................112 F10
Pondrôme......................113 J11
Pont de Bonne.............113 J10
Pont-à-Celles...............113 H10
Pont-de-Loup...............113 H10
Poperinge......................108 C9
Poppel............................110 J7

HASSELT

Badderijstr. . . . . Y 2
Botermarkt . . . . Y 7
Demerstr. . . . . Y
de Schiervellaan . . . . Z 43
Diesterstr. . . . . YZ 8
Dorpstr. . . . . Y 10
Grote Markt. . . . . Z

Havermarkt . . . . Z 18
Hoogstr. . . . . Y 22
Kapelstr. . . . . Y 23
Kempische
  Steenweg . . . . Y 24
Kolonel Dusartpl. . . . Y 26
Koningin Astridlaan . . Y 30
Koning Albertstr. . . . . Z 27
Koning Boudewijnlaan Y 28

Kunstlaan . . . . Z 32
Lombaardstr. . . . . Y 34
Maastrichtersteenweg Y 35
Maastrichterstr. . . . . YZ 36
Ridder
  Portmanstr. . . . . . . Z 39
St-Jozefstr. . . . . Z 44
Windmolenstr. . . . . . . Z 50
Zuivelmarkt . . . . Y 51

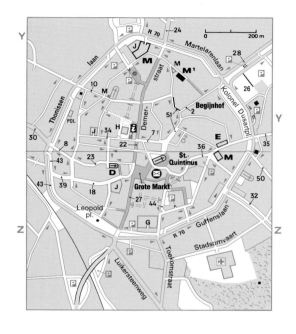

Reid (La) 114 L10
Reinhardstein 114 M10
Rekem 110 L9
Rekkem 108 D9
Remagne 114 K12
Remersdaal 111 L9
Remicourt 110 J9
Rendeux 114 K11
Reninge 108 C9
Reningelst 108 C9
Renlies 112 G11
Ressaix 112 G10
Resteigne 113 J11
Retie 110 J8
Rettigny 114 L11
Rhisnes 113 I10
Riemst 110 K9
Rienne 113 I12
Rièzes 113 H12
Rijkevorsel 110 I7
Rijkhoven 110 K9
Rijmenam 109 H8
Rillaar 110 I9
Rivière 113 I10
Rixensart 109 H9
Robechies 112 G11
Robelmont 115 K13
Robertville 114 M10
Roche-en-Ardenne (La) .114 K11
Rochefort 113 J11
Rochefort (Grotte de) . . .113 J11
Rochehaut 113 J12
Rocherath 114 M10
Rocherather Wald 114 M10
Rocourt 110 K9
Rodt 114 M11
Roesbrugge-Haringe 108 B9
Roeselare (=Roulers) 108 D9
Rœulx (Le) 112 G10
Rogery 114 L11
Roisin 112 F10
Roksem 108 D8
Rollegem-Kapelle 108 D9
Roly 113 H11
Romedenne 113 I11
Romerée 113 I11
Ronchamp 114 K11

Rone 109 E9
Rongy 112 E10
Ronquières 112 G10
Ronse (=Renaix) 109 E9
Roosdaal 109 G9
Rosée 113 I11
Rosières 109 H9
Rosoux-Crenwick 110 J9
Rosseignies 112 G10
Rossignol 114 K12
Rotheux-Rimière 114 K10
Rotselaar 110 I9
Rotem 110 L8
Rouveroy 112 G10
Rouvroy 115 K13
Roy 113 K11
Ruddervoorde 108 D8
Ruette 115 K13
Ruisbroek 109 G9
Ruisbroek 109 G9
Ruiselede 108 E8
Rulles 114 K12
Rulles (Forêt de) 114 K12
Rulles (Rivière) 114 L12
Rumbeke 108 D9
Rumes 112 D10
Rumillies 112 E10
Rummen 110 J9
Rumst 109 H8
Rupel 109 H8
Rupelmonde 109 G8
Rutten (=Russon) 110 K9

S

St. Aubert (Mont) 112 E10
St. Aubin 113 H11
St. Denis (Namur) 113 I10
St. Georges-sur-Meuse . .113 K10
St. Gérard 113 I10
St. Ghislain 112 F10
St. Hubert 113 K11
St. Léger 115 K13
St. Marc 113 I10
St. Mard 115 K13

St. Maur 112 E10
St. Médard 114 K12
St. Remacle (Bois de) . . .113 J11
St. Sauveur 109 E9
St. Séverin 113 K10
St. Symphorien 112 G10
St. Vincent 114 K12
Ste. Cécile 113 J12
Ste. Marie 114 K12
Ste. Marie-Chevigny 114 K12
Saintes (=St.-Renelde) . .109 G9
Saive 110 L10
Salles 112 G11
Salm 114 L10
Salmchâteau 114 L11
Sambreville 113 H10
Samrée 114 K11
Samson 113 J10
St. Vith 114 M11
Sars-la-Bruyère 112 F10
Sart (près de Lierneux) . .114 L11
Sart (près de Spa) 114 L10
Sart-Bernard 113 I10
Sart-Custinne 113 I11
Sart-Dames-Avelines . . .113 H10
Sart-Eustache 113 H10
Sart-Risbart 110 I9
Sart-St. Laurent 113 I10
Sautin 112 G11
Sautour 113 H11
Schaltin 113 J10
Scheldewindeke 109 F9
Schelle 109 G8
Schellebelle 109 F8
Schendelbeke 109 F9
Schepdaal 109 G9
Scherpenheuvel
  (=Montaigu) 110 I9
Schilde 109 H8
Schoenberg 114 M11
Schoonaarde 109 G8
Schorisse 109 F9
Schoten 109 H8
Schriek 110 I9
Schuiferskapelle 108 E8
Schulen 110 J9

Porcheresse
  (en Ardenne) 113 J12
Porcheresse
  (en Condroz) 113 J10
Postel (Abdij) 110 J8
Pottes 108 E9
Poulseur 114 K10
Poupehan 113 J12
Pousset 110 J9
Prayon 114 L10
Presgaux 113 H11
Presles 113 H10
Profondeville 113 I10
Prosper 109 G8
Proven 108 B9
Pulle 110 I8
Purnode 113 I11
Pussemange 113 I12
Putkapel 110 I9
Putte (bij Mechelen) 109 H8
Putte (bij Stabroek) 109 H7
Putte (Ten) 108 C8
Puurs 109 G8

Q

Quaregnon 112 F10
Quartes 109 E10
Quatre Bras (Les) 113 H10
4 Chemins (Les) 113 J12
Quenast 109 G9
Quevaucamps 112 F10
Quévy 112 G10
Quévy-le-Grand 112 F10
Quiévrain 112 F10

R

Rachecourt 115 L13
Raeren 111 M9
Raerenerwald 114 M10
Ragnies 112 G11
Rahier 114 L10
Ramegnies-Chin 108 E10
Ramillies 110 I10
Ramsel 110 I8
Ramskapelle 108 C8
Rance 112 G11
Rance (Forêt de) 112 G11
Ransberg 110 J9
Ranst 109 H8
Rauw 110 J8
Ravels 110 I7
Rebecq 109 G10
Recht 114 M10
Recogne 113 K12
Redu 113 J11
Reet 109 H8
Regniessart 113 H11

LEUVEN

Aarschotsesteenweg . . . . . . .BY 2
Bondgenotenlaan . . . . .BCY 5
Brusselsestr. . . . . .ABY
Dirk Boutslaan . . . . .BY 10
Grote Markt. . . . . .BY 16

Jean Baptiste van Monsstr. . .BCY 20
Kapucijnenvoer . . . . .AZ 22
Karel v. Lotharingenstr. . . . . .BY 24
Leopold I-str. . . . . .BY 27
Leopold Vanderkelenstr. . . . .BY 28
Maarschalk Fochpl. . . . . .BY 29
Margarethapl. . . . . .BY 30

Martelarenpl. . . . . .CY 31
Mgr Ladeuzepl. . . . . .BY 33
Muntstr. . . . . .BYZ 34
Naamsestr. . . . . .BZ
Oude Markt. . . . . .BZ 37
Petermannenstr. . . . . .AY 40
Redingenstr. . . . . .ABZ 41

Rijschoolstr. . . . . .BY 42
Smolderspl. . . . . .BY 44
Tiensestr. . . . . .BCZ
Vaartstr. . . . . .BY
Vismarkt. . . . . .BY 48
Vital
  Decosterstr. . . . . .BY 50

LIÈGE

0   300m

Académie (R. de l')	EY	4
Adolphe-Maréchal (R.)	FY	7
Amercœur (Pont d')	DW	9
Amercœur (R. d')	DW	10
Bois-l'Evêque (R.)	CX	15
Bonaparte (Quai)	DW	16
Bonnes Villes (R. des)	DW	18
Boverie (R. de la)	DX	21
Bressoux (Pont de)	DW	22
Casquette (R. de la)	EYZ	28
Cathédrale (R. de la)	EZ	
Charles-Magnette (R.)	EZ	31
Churchill (Quai)	FZ	33
Clarisses (R. des)	EZ	34
Commissaire Maigret (Pl. du)	EY	35
Croisiers (R. des)	EZ	39
Dartois (R.)	CX	40
Déportés (R. des)	FY	42
Dérivation (Quai de la)	DW	43
Emile-de-Laveleye (Bd.)	DX	49
En Féronstrée	FY	
Est (Bd de l')	FYZ	51
Fer (R. du)	DX	54
Fétinne (Pont de)	FY	57
Gérardrie (R.)	EY	63
Goffe (Quai de la)	FY	64
Guillemins (R. des)	CX	66
Hauteurs (Bd des)	CW	69
Huy (Pont de)	DX	73
Joffre (R.)	EY	75
Lairesse (R.)	DX	84
Léon-Philippet (Bd)	CW	87
Léopold (R.)	EFY	
Liberté (R. de la)	FZ	88

Longdoz (Pont de)	FZ	90
Longdoz (Quai de)	FZ	91
Maastricht (Quai de)	FY	93
Maghin (R.)	DW	94
Marché (Pl. du)	EY	96
Notger (Square)	EY	107
Orban (Quai)	DX	108
Ourthe (Quai de l')	FZ	112
Palais (R. du)	EY	114
Parc (R. du)	DX	115
Paul van Hoegaerden (Quai)	EZ	119
Pitteurs (R. des)	FY	120
Pont d'Avroy (R.)	EZ	121
Pont d'Ile	EY	123
Prémontrés (R. des)	EZ	124
Puits en Sock (R.)	FZ	126
Ransonnet (R.)	FY	127
Régence (R. de la)	EYZ	129
Rép. Française (Pl.)	EY	130
Saint-Etienne (Place)	EY	134
Saint-Gilles (R.)	EZ	
Saint-Hubert (R.)	EY	136
Saint-Lambert (Pl.)	EY	138
Saint-Léonard (Quai)	FY	139
Saint-Léonard (R.)	DW	141
Saint-Pholien (R. et Pl.)	FY	142
Serbie (R. de)	CX	148
Trappé (R.)	CW	156
Université (R. de l')	EZ	157
Ursulines (Imp. des)	FY	159
Vennes (Pont des)	DX	162
Victor-Hugo (Av.)	CW	163
Vinâve d'Ile	EZ	
20-Août (Pl. du)	EZ	169

Sclayn	113	J10
Scy	113	J11
Seilles	113	J10
Selange	115	L13
Seloignes	112	G11
Semois	115	K13
Seneffe	112	G10
Sensenruth	113	J12
Seny	113	K10
Senzeille	113	H11
Septon	114	K10
Seraing	110	K10
Seraing-le-Château	113	J10
Serinchamps	113	J11
Serskamp	109	F9
Sevri (Bois de)	113	I11
Sibret	114	K12
Sijsele	108	D8
Silenrieux	113	H11
Silly	109	F10
Sinaai	109	G8
Sinsin	113	J11
St.-Agatha-Rode	110	H9
St.-Amands	109	G8
St.-Andries	108	D8
St.-Antelinks	109	F9
St.-Denijs	108	E9
St.-Denijs-Boekel	109	F9
St.-Denijs-Westrem	109	E8
St.-Eloois-Vijve	108	E9
St.-Eloois-Winkel	108	D9
St.-Genesius-Rode (=Rhode St. Genèse)	109	H9
St.-Gillis (bij Dendermonde)	109	G8
St.-Gillis-Waas	109	G8
St.-Huibrechts-Lille	110	K8
St.-Idesbald	108	B8
St.-Jan-in-Eremo	109	E8
St.-Job-in-'t-Goor	109	H8
St.-Joris	108	E8
St.-Joris-Weert	109	H9
St.-Joris-Winge	110	I9
St.-Katelijne-Waver	109	H8
St.-Katharina-Lombeek	109	G9
St.-Kruis	108	D8
St.-Kwintens-Lennik	109	G9
St.-Lambrechts-Herk	110	J9
St.-Laureins	108	E8
St.-Lenaarts	110	I7
St.-Lievens-Esse	109	F9
St.-Lievens-Houtem	109	F9
St.-Margriete	109	E8
St.-Maria-Horebeke	109	F9
St.-Maria-Lierde	109	F9
St.-Maria-Oudenhove	109	F9
St.-Martens-Latem	109	E8
St.-Martens-Lennik	109	G9
St.-Martens-Lierde	109	F9
St.-Martens-Voeren (=Fouron-St. Martin)	111	L9
St.-Michiels	108	D8
St.-Niklaas (=St. Nicolas)	109	G8
St.-Pauwels	109	G8
St.-Pieters-Kapelle (aan-den-Ijzer)	108	C8
St.-Pieters-Kapelle (bij-Edingen)	109	F9
St.-Pieters-Leeuw	109	G9
St.-Truiden (=St. Trond)	110	J9
Sirault	112	F10
Sivry	112	G11
6 Ourthes (Belvédère des)	114	K11
Sledderlo	110	K9
Sleidinge	109	F8
Slijpe	108	C8
Sluis	110	J8

Smeermaas	111	L9
Smuid	113	J11
Snaaskerke	108	C8
Snellegem	108	D8
Soheit-Tinlot	113	K10
Soignes (Forêt de) / Zoniënwoud	109	H9
Soignies (=Zinnik)	112	G10
Soiron	114	L10
Solre-St. Géry	112	G11
Solre-sur-Sambre	112	G11
Solwaster	114	L10
Sombreffe	113	H10
Somme-Leuze	113	K10
Sommethonne	115	K13
Sommière	113	I11
Somzée	113	H11
Sorée	113	J10
Sorinne-la-Longue	113	J10
Sorinnes	113	I11
Sosoye	113	I11
Sougné-Remouchamps	114	L10
Soumagne	110	L10
Soumoy	113	H11
Sovet	113	J11
Soy	114	K11
Spa	114	L10
Spa-Francorchamps (Circuit de)	114	L10
Spiennes	112	F10
Spiere (=Espierres)	108	E9
Spontin	113	J11
Spouwen	110	K9
Sprimont	114	L10
Spy	113	I10
Stabroek	109	H8
Staden	108	D9
Stahille	108	D8
Stambruges	112	F10
Stave	113	H11
Stavele	108	C9
Stavelot	114	L10
Steendorp	109	G8
Steenhuffel	109	G9
Steenkerque	112	G10
Steenokkerzeel	109	H9
Steinebrück	114	M11
Stekene	109	G8
Stembert	111	L10
Ster	114	L10
Sterrebeek	109	H9
Stevoort	110	J9
Stokkem	110	L8
Stoumont	114	L10
Straimont	113	K12
Strée (en Condroz)	113	J10
Strée (sous Thuin)	112	G11
Strépy-Bracquegnies	112	G10
Strombeek-Bever	109	H9
Suarlée	113	I10
Sugny	113	I12
Sûre	114	K12
Surice	113	I11
Suxy	113	K12
Sy	114	K10

Temse (=Tamise)	109	G8
Ten Aard	110	I8
Tenneville	114	K11
Ternat	109	G9
Tertre	112	F10
Tervuren	109	H9
Terwagne	113	K10
Tessenderlo	110	J8
Teuven	111	L9
Theux	114	L10
Thieu	112	G10
Thieusies	112	G10
Thiméon	113	H10
Thimister-Clermont	111	L10
Thirimont	112	G11
Thisnes	110	J9
Thommen	114	M11
Thon	113	J10
Thorembais-St. Trond	110	I9
Thoricourt	112	F10
Thuillies	113	H11
Thuin	112	G10
Thulin	112	F10
Thy-le-Château	113	H11
Tiège	114	L10
Tiegem	108	E9
Tielen	110	I8
Tielrode	109	G8
Tielt (Brabant)	110	I9
Tielt (West-Vlaanderen)	108	E8
Tielt-Winge	110	I9
Tienen (=Tirlemont)	110	I9
Tihange	113	J10
Tildonk	109	H9
Tilff	114	K10
Tillet	114	K11
Tillier	113	I10
Tilly	113	H10
Tinlot	114	K10
Tintange	114	L12
Tintigny	114	K12
Tisselt	109	H8
Tohogne	114	K10
Tollembeek	109	G9
Tombeau du Géant	113	J12
Tombeek	109	H9
Tongeren (=Tongres)	110	K9
Tongerlo	110	I8
Tongre-Notre-Dame	112	F10
Tongrinne	113	H10
Tontelange	114	L12
Torgny	115	K13
Torhout	108	D8
Tourinnes-St. Lambert	110	I10
Tournai (=Doornik)	112	E10
Tournay	113	K12
Tourpes	112	E10
Transinne	113	J12
Trazegnies	113	H10
Treignes	113	H11
Tremelo	110	I9
Trimbleu (Le)	110	L9
Trognée	110	J9
Trois-Ponts	114	L10
Trooz	114	L10
Tubize (=Tubeke)	109	G9
Turnhout	110	I8

T

Tailles	114	L11
Taintignies	112	E10
Tamines	113	H10
Tarcienne	113	H11
Tavier	114	K10
Taviers	110	I10
Tavigny	114	L11
Tellin	113	J11
Templeuve	108	D10

U

Uccle / Ukkel	109	H9
Udange	115	L13
Uitbergen	109	F8
Ulbeek	110	J9
Ursel	108	E8

V

Vance	114	K12
Varsenare	108	D8
Vaucelles	113	I11
Vaulx	112	E10
Vaux-Chavanne	114	L11
Vaux-et-Borset	110	J10
Vaux-sur-Rosières	114	K12
Vaux-sur-Sûre	114	K12
Veerle		I8
Velaine	113	H10
Velaines	109	E9
Veldegem		D8
Veldwezelt	110	K9
Vellereille-les-Brayeux	112	G10
Velm		J9
Veltem-Beisem	109	H9
Vencimont	113	I11
Vergnies	112	G11
Verlaine	110	J10
Verlée	113	J10
Verrebroek	109	G8
Verviers	114	L10
Vesdre	114	M10
Vesdre (Barrage de la)	111	M10
Vesqueville	113	K11
Veurne (=Furnes)	108	C8
Vêves	113	I11
Vezin	113	I10
Vezon	112	E10
Viane	109	F9
Vichte	108	E9
Vielsalm	114	L11
Viemme	110	J10
Vierre	113	K12
Vierset-Barse	113	J10
Vierves-sur-Viroin	113	H11
Viesville	113	H10
Vieux-Waleffe	110	J10
Vieux-Genappe	113	H10
Vieuxville	114	K10
Villance	113	J12
Ville-sur-Haine	112	G10
Villers-Deux-Églises	113	H11
Villers-devant-Orval	113	J13
Villers-en-Fagne	113	H11
Villers-la-Bonne-Eau	114	L12

Villers-la-Loue	115	K13
Villers-la-Ville	113	H10
Villers-le-Bouillet	113	J10
Villers-le-Gambon	113	H11
Villers-le-Temple	113	K10
Villers-Perwin	113	H10
Villers-St. Amand	112	F10
Villers-St. Ghislain	112	G10
Villers-sur-Lesse	113	J11
Villers-sur-Semois	114	K12
Villers-l'Évêque	110	K9
Vilvoorde (=Vilvorde)	109	H9
Vinalmont	113	J10
Vinkt	108	E8
Virelles	112	G11
Virelles (Étang de)	113	H11
Virginal-Samme	109	G10
Viroin	113	I11
Viroinval	113	H11
Virton	115	K13
Visé (=Wezet)	110	L9
Vitrival	113	H10
Vivy	113	J12
Vlaams-Brabant (Provincie)	109	G9
Vladslo	108	C8
Vlamertinge	108	C9
Vlasmeer	110	K8
Vlessart	114	K12
Vleteren	108	C9
Vlezenbeek	109	G9
Vliermaal	110	K9
Vliermaalroot	110	K9
Vlierzele	109	F9
Vlijtingen	110	K9
Vlimmeren	110	I8
Vlissegem	108	D8
Vodecée	113	H11
Vodelée	113	I11
Voer	109	H9
Voeren (=Fourons)	110	L9
Vollezele	109	G9
Vonêche	113	I11
Voorde	109	F9
Voorheide	110	J7
Vorselaar	110	I8
Vorst	110	J8
Vosselaar	110	I8

Vrasene	109	G8
Vreren	110	K9
Vresse-sur-Semois	113	I12
Vroenhoven	110	K9
Vyle-et-Tharoul	113	J10

W

Waanrode	110	J9
Waardamme	108	D8
Waarloos	109	H8
Waarmaarde	109	E9
Waarschoot	109	E8
Waasmunster	109	G8
Wachtebeke	109	F8
Waha	113	K11
Wahlerscheid	114	M10
Waillet	113	J11
Waimes	114	M10
Wakken	108	E9
Walcourt	113	H11
Walhain	113	I10
Walhorn	111	M9
Walshoutem (=Houtain-l'Évêque)	110	J9
Walzin	113	I11
Wandre	110	L10
Wanfercée-Baulet	113	H10
Wanlin	113	J11
Wanne	114	L10
Wannegem-Lede	109	E9
Wanze	113	J10
Waransart (Bois de)	113	K12
Warche	114	M10
Warcoing	108	E9
Wardin	114	L12
Waregem	108	E9
Waremme (=Borgworm)	110	J9
Warnant	113	J10
Warneton (=Waasten)	108	C9
Warsage (=Weerst)	110	L9
Warzée	113	K10
Wasmes	112	F10
Wasseiges	110	J10
Waterland Oudeman	109	E8

Waterloo	109	H9
Waterschei	110	K8
Watervliet	109	E8
Watou	108	B9
Wattripont	109	E9
Waulsort	113	I11
Wavre (=Waver)	109	H9
Wavreille	113	J11

Wechelderzande	110	I8
Weelde	110	I7
Weelde Station	110	I7
Weerde	109	H9
Weert	109	G8
Weillen	113	I11
Welkenraedt	111	L10
Wellen	110	K9

Wellin	113	J11
Wemmel	109	G9
Wenduine	108	D8
Wépion	113	I10
Werbomont	114	L10
Werchter	110	I9
Wéris	114	K11
Werken	108	C8

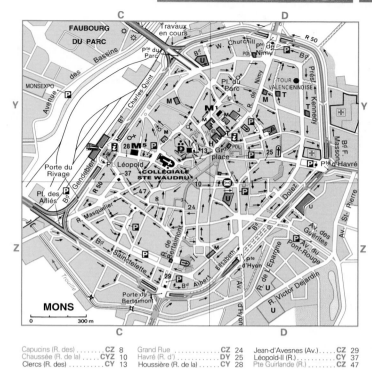

MONS

0 — 300 m

Capucins (R. des)	CZ	8	Grand Rue	CZ	24	Jean-d'Avesnes (Av.)	CZ	29
Chaussée (R. de la)	CYZ	10	Havré (R. d')	DY	25	Léopold-II (R.)	CYZ	37
Clercs (R. des)	CY	13	Houssière (R. de la)	CY	28	Pte Guirlande (R.)	CZ	47

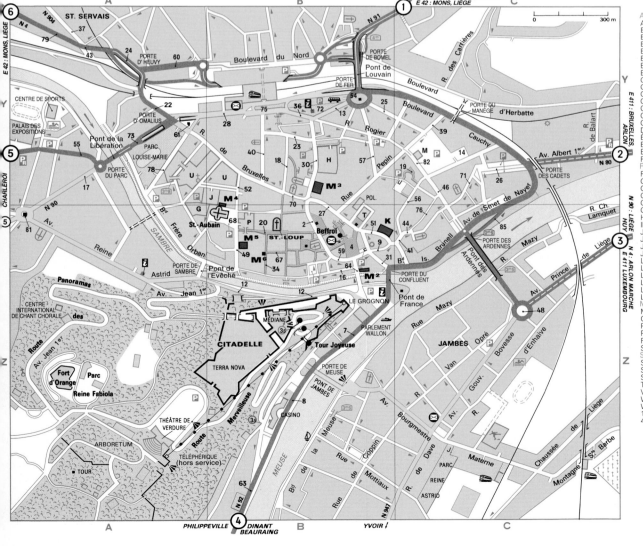

NAMUR

Ange (R. de l')	BZ	2
Armes (Pl. d')	BZ	4
Baron-de-Moreau (Av.)	BZ	8
Baron-L.-Huart (Bd)	BZ	7
Bas de la Place (R.)	BZ	9
Bord de l'Eau (R. du)	BZ	12
Borgnet (R.)	BY	13
Bourgeois (R. des)	CY	14
Brasseurs (R. des)	BZ	16
Cardinal-Mercier (Av.)	AY	17
Carmes (R. des)	BZ	18
Célestines (Pl. des)	CY	19
Collège (R. du)	BZ	20
Combattants (Av. des)	AY	22
Croisiers (R. des)	BY	23
Croix du Feu (Av. des)	AY	24
Dewez (R.)	BCY	25
École des Cadets (Pl. de l')	CY	26
Emile-Cuvelier (R.)	BZ	27
Ernest-Mélot (Bd)	BY	28
Fernand-Golenvaux (Av.)	BZ	31
Fer (R. de)	BY	30
Fumal (R.)	BZ	34
Gare (Av. de la)	BY	36
Gembloux (R. de)	AY	37
Général-Michel (R.)	CY	39
Godefroid (R.)	BY	40
Gravière (R. de)	CZ	41
Hastedon (Pl. d')	AY	43
Ilon (Pl. l')	CZ	44
Joséphine-Charlotte (Pl.)	CZ	48
Joseph-Saintraint (R.)	BZ	49
Julie-Billiard (R.)	BZ	51
J.-B.-Brabant (R.)	CY	46
Lelièvre (R.)	BZ	52
Léopold-II (Av.)	AY	55
Léopold (Pl.)	BY	54
Léopold (Sq.)	BY	72
Lombard (R. du)	CYZ	56
Lucien-Namèche (R.)	BY	57
Marchovelette (R. de)	BZ	59
Merckem (Bd de)	AY	60
Omalius (Pl. d')	AY	61
Plante (Av. de la)	BZ	63
Pont (R. du)	BZ	64
Rupplémont (R.)	BZ	67
St-Aubain (Pl.)	BZ	68
St-Jacques (R.)	BY	70
St-Nicolas (R.)	CY	71
Stassart (Av. de)	BY	73
Station (Pl. de la)	BY	75
Tanneries (R. des)	CYZ	76
Vierge (Rempart de la)	AY	78
Waterloo (Chaussée de)	AY	79
Wiertz (Pl.)	AZ	81
1er-Lanciers (R. du)	CY	82
4-Fils-Aymon (R. des)	CZ	85

OOSTENDE

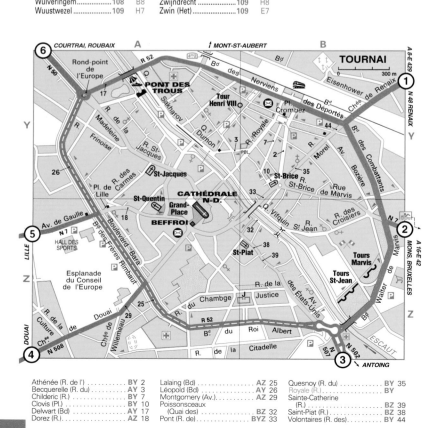

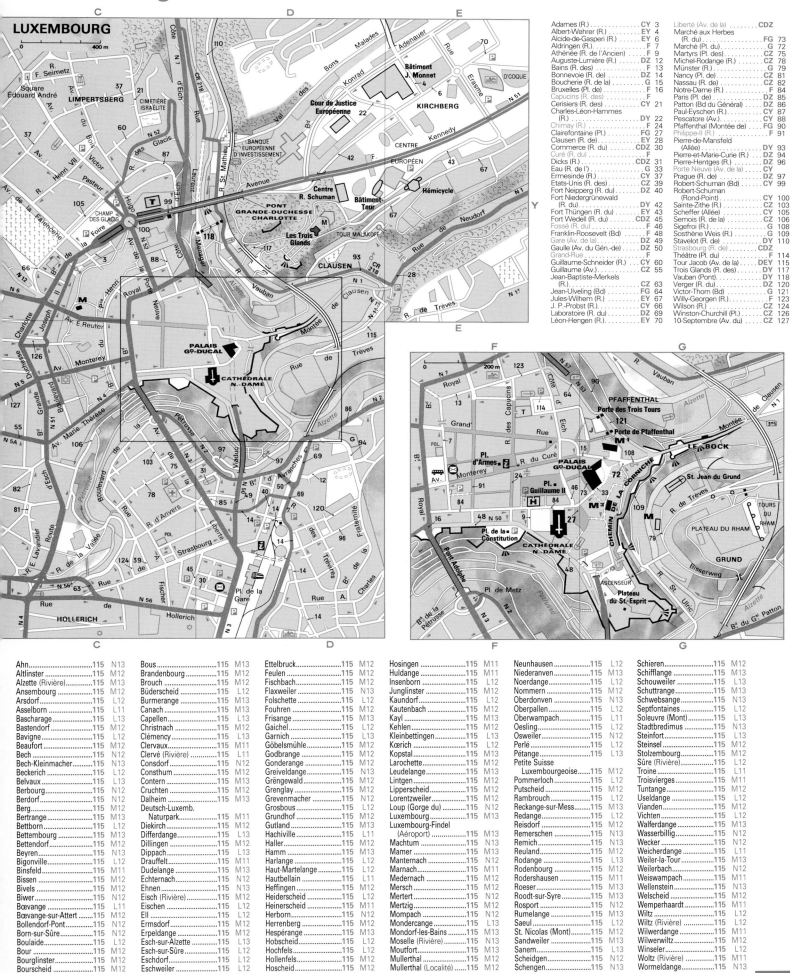

Luxembourg

LUXEMBOURG

Adames (R.) .... CY 3
Albert-Wehrer (R.) .... EY 4
Alcide-de-Gasperi (R.) .... EY 6
Aldringen (R.) .... F 7
Athénée (R. de l'Ancien) ..... F 9
Auguste-Lumière (R.) .... DZ 12
Bains (R. des) .... F 13
Bonnevoie (R. de) .... DZ 14
Boucherie (R. de la) .... G 15
Bruxelles (Pl. de) .... F 16
Capucins (R. des) .... F
Cerisiers (R. des) .... CY 21
Charles-Léon-Hammes
    (R.) .... DY 22
Chimay (R.) .... F 24
Clairefontaine (Pl.) .... FG 27
Clausen (R. de) .... EY 28
Commerce (R. du) .... CDZ 30
Curé (R. du) .... F
Dicks (R.) .... CDZ 31
Eau (R. de l') .... G 33
Ermesinde (R.) .... CY 37
Etats-Unis (R. des) .... DZ 39
Fort Neipperg (R. du) .... DZ 40
Fort Niedergrünewald
    (R. du) .... DY 42
Fort Thüngen (R. du) .... EY 43
Fort Wedell (R. du) .... CDZ 45
Fossé (R. du) .... G 46
Franklin-Roosevelt (Bd) ...... DZ 48
Gare (Av. de la) .... DZ 49
Gaulle (Av. du Gén.-de) ...... DZ 50
Grand-Rue .... F
Guillaume-Schneider (R.) ..... CY 52
Guillaume (Av.) .... CY 55
Jean-Baptiste-Merkels
    (R.) .... CZ 63
Jean-Ulveling (Bd) .... FG 64
Jules-Wilhem (R.) .... EY 67
J. P.-Probst (R.) .... CY 66
Laboratoire (R. du) .... DZ 69
Léon-Hengen (R.) .... EY 70

Liberté (Av. de la) .... CDZ
Marché aux Herbes
    (R. du) .... FG 73
Marché (Pl. du) .... G 72
Martyrs (Pl. des) .... CZ 75
Michel-Rodange (R.) .... CZ 78
Münster (R.) .... G 79
Nancy (Pl. de) .... CZ 81
Nassau (R. de) .... CZ 82
Notre-Dame (R.) .... F 84
Paris (Pl. de) .... DZ 85
Patton (Bd du Général) .... DZ 86
Paul-Eyschen (R.) .... CY 87
Pescatore (Av.) .... CY 88
Pfaffenthal (Montée de) ...... FG 90
Philippe-II (R.) .... F 91
Pierre-de-Mansfeld
    (Allée) .... DY 93
Pierre-et-Marie-Curie (R.) ... DZ 94
Pierre-Hentges (R.) .... DZ 96
Porte Neuve (Av. de la) ...... CY
Prague (R. de) .... DZ 97
Robert-Schuman (Bd) .... CY 99
Robert-Schuman
    (Rond-Point) .... CY 100
Sainte-Zithe (R.) .... DZ 103
Scheffer (Allée) .... CY 105
Semois (R. de la) .... CY 106
Sigefroi (R.) .... G 108
Sosthène Weis (R.) .... G 109
Stavelot (R. de) .... DY 110
Strasbourg (R. de) .... CDZ
Théâtre (Pl. du) .... F 114
Tour Jacob (Av. de la) .... DEY 115
Trois Glands (R. des) .... DY 117
Vauban (Pont) .... DY 118
Verger (R. du) .... DZ 120
Victor-Thorn (Bd) .... G 121
Willy-Georgen (R.) .... F 123
Wilson (R.) .... CZ 124
Winston-Churchill (Pl.) ...... CZ 126
10-Septembre (Av. du) .... CZ 127

Ahn 115 N13
Altlinster 115 M12
Alzette (Rivière) 115 M12
Ansembourg 115 M12
Arsdorf 115 L12
Asselborn 115 L11
Bascharage 115 L13
Bastendorf 115 M12
Bavigne 115 L12
Beaufort 115 M12
Bech 115 N12
Bech-Kleinmacher 115 N13
Beckerich 115 L12
Belvaux 115 L13
Berbourg 115 N12
Berdorf 115 N12
Berg 115 M12
Bertrange 115 M13
Bettborn 115 L12
Bettembourg 115 M13
Bettendorf 115 M12
Beyren 115 N13
Bigonville 115 L12
Binsfeld 115 M11
Bissen 115 M12
Bivels 115 M12
Biwer 115 N12
Bœvange 115 L11
Bœvange-sur-Attert .. 115 M12
Bollendorf-Pont 115 N12
Born-sur-Sûre 115 N12
Boulaide 115 L12
Bour 115 M12
Bourglinster 115 M12
Bourscheid 115 M12

Bous 115 M13
Brandenbourg 115 M12
Brouch 115 M12
Büderscheid 115 L12
Burmerange 115 M13
Canach 115 N13
Capellen 115 L13
Christnach 115 M12
Clémency 115 L13
Clervaux 115 M11
Clervé (Rivière) 115 L11
Consdorf 115 N12
Consthum 115 M12
Contern 115 M13
Cruchten 115 M12
Dalheim 115 M13
Deutsch-Luxemb.
    Naturpark. 115 M11
Diekirch 115 M12
Differdange 115 L13
Dillingen 115 N12
Dippach 115 L13
Drauffelt 115 M11
Dudelange 115 M13
Echternach 115 N12
Ehnen 115 N13
Eisch (Rivière) 115 M12
Eischen 115 L12
Ell 115 L12
Ermsdorf 115 M12
Erpeldange 115 M12
Esch-sur-Alzette 115 L13
Esch-sur-Sûre 115 L12
Eschdorf 115 L12
Eschweiler 115 M12

Ettelbruck 115 M12
Feulen 115 M12
Fischbach 115 M12
Flaxweiler 115 N13
Folschette 115 L12
Fouhren 115 M12
Frisange 115 M13
Gaichel 115 L12
Garnich 115 L13
Göbelsmühle 115 M12
Godbrange 115 M12
Gonderange 115 M12
Greiveldange 115 N13
Grëngewald 115 M12
Grenglay 115 M12
Grevenmacher 115 N12
Grosbous 115 L12
Grundhof 115 M12
Gutland 115 M13
Hachiville 115 L11
Haller 115 M12
Harlange 115 L12
Haut-Martelange 115 L12
Hautbellain 115 L11
Heffingen 115 M12
Heiderscheid 115 L12
Heinerscheid 115 M11
Herborn 115 N12
Herrenberg 115 M12
Hespérange 115 M13
Hobscheid 115 L12
Hochfels 115 L12
Hollenfels 115 M12
Hoscheid 115 M12

Hosingen 115 M11
Huldange 115 M11
Insenborn 115 L12
Junglinster 115 M12
Kaundorf 115 L12
Kautenbach 115 M12
Kayl 115 M13
Kehlen 115 M12
Kleinbettingen 115 L13
Kœrich 115 L12
Kopstal 115 M12
Larochette 115 M12
Leudelange 115 M13
Lintgen 115 M12
Lipperscheid 115 M12
Lorentzweiler 115 M12
Loup (Gorge du) 115 N12
Luxembourg 115 M13
Luxembourg-Findel
    (Aéroport) 115 M13
Machtum 115 N13
Mamer 115 M13
Manternach 115 N12
Marnach 115 M11
Medernach 115 M12
Mersch 115 M12
Mertert 115 N12
Mertzig 115 M12
Mompach 115 N12
Mondercange 115 L13
Mondorf-les-Bains 115 M13
Moselle (Rivière) 115 N13
Moutfort 115 M13
Mullerthal 115 M12
Mullerthal (Localité) 115 M12

Neunhausen 115 L12
Niederanven 115 M13
Noerdange 115 L12
Nommern 115 M12
Oberdonven 115 N13
Oberpallen 115 L12
Oberwampach 115 L11
Oesling 115 L12
Osweiler 115 N12
Perlé 115 L12
Pétange 115 L13
Petite Suisse
    Luxembourgeoise .. 115 M12
Pommerloch 115 L12
Putscheid 115 M12
Rambrouch 115 L12
Reckange-sur-Mess. ... 115 M13
Redange 115 L12
Reisdorf 115 M12
Remerschen 115 N13
Remich 115 N13
Reuland 115 M12
Rodange 115 L13
Rodenbourg 115 M12
Rodershausen 115 M11
Roeser 115 M13
Roodt-sur-Syre 115 M13
Rosport 115 N12
Rumelange 115 M13
Saeul 115 L12
St. Nicolas (Mont) ... 115 M13
Sandweiler 115 M13
Sanem 115 L13
Scheidgen 115 N12
Schengen 115 N13

Schieren 115 M12
Schifflange 115 M13
Schouweiler 115 L13
Schuttrange 115 M13
Schwebsange 115 N13
Septfontaines 115 L12
Soleuvre (Mont) 115 L13
Stadtbredimus 115 N13
Steinfort 115 L13
Steinsel 115 M12
Stolzembourg 115 M12
Sûre (Rivière) 115 L12
Troine 115 L11
Troisvierges 115 M11
Tuntange 115 M12
Useldange 115 L12
Vianden 115 M12
Vichten 115 L12
Walferdange 115 M13
Wasserbillig 115 N12
Wecker 115 N12
Weicherdange 115 L11
Weiler-la-Tour 115 M13
Weilerbach 115 N12
Weiswampach 115 M11
Wellenstein 115 N13
Welscheid 115 M12
Wemperhaardt 115 L11
Wiltz 115 L12
Wiltz (Rivière) 115 L12
Wilwerdange 115 M11
Wilwerwiltz 115 M12
Winseler 115 L12
Woltz (Rivière) 115 M11
Wormeldange 115 N13

Nederland

A

Aa	110	K7
Aa of Weerijs	110	I7
Aagtekerke	109	E7
Aalburg	106	J6
Aalden	104	O3
Aalsmeer	106	I5
Aalst (Gelderland)	106	J6
Aalst (Noord-Brabant)	110	K7
Aalten	107	N6
Aar (Ter)	106	I5
Aardenburg	108	E8
Aarkanaal	106	I5
Aarle-Rixtel	110	K7
Abbekerk	102	J3
Abbenes	105	H5
Abcoude	106	I5
Absdale	109	G8
Achlum	102	K2
Acht	110	K7
Achterveld	106	K5
Achthuizen	105	G6
Achtkarspelen	103	M2
Achtmaal	109	H7
Adorp	103	N2
Aduard	103	N2
Aerdenhout	105	H4
Afferden (Gelderland)	106	K6
Afferden (Limburg)	107	M7
Afsluitdijk	102	J3
Akersloot	105	I4
Akkrum	103	L2
Akmarijp	103	L2
Albergen	107	O4
Alblasserdam	105	I6
Alblasserwaard	106	I6
Aldeboarn	103	L2
Aldtsjerk (Oudkerk)	103	L2
Alem	106	K6
Alkemade	105	H5
Alkmaar	102	I4
Alkmaardermeer	105	H4
Allingawier	102	K2
Almelo	107	N4
Almelo-Nordhorn (Kanaal)	107	O4
Almen	107	M5
Almere	106	J4
Almere-Buiten	106	J4
Almere-Hout	106	J4
Almere-Haven	106	J4
Almere-Stad	106	J4
Almkerk	106	I6
Alphen	106	K6
Alphen aan den Rijn	105	I5
Alphen en Riel	110	I7
Alphen-Oosterwijk	110	I7
Altena (Land van)	106	I6
Alteveer (Drenthe)	103	N3
Alteveer (Groningen)	104	O2
Altforst	106	K6
Altweerterheide	110	L8
Alverna	106	L6
Ambt Delden	107	O5
Ameide	106	I6
Ameland	103	L1
Amer	106	I6
America	111	L7
Amerongen	106	K5
Amersfoort	106	K5
Ammerstol	106	I6
Ammerzoden	106	J6
Amstel	106	I5
Amstelmeer	102	I3
Amstelveen	106	I5
Amsterdam	106	J4
Amsterdam Rijnkanaal	106	K6
Amsterdam-Schiphol (Luchthaven)	106	I5
Amsterdam Zuidoost	106	I5
Andel	106	J6
Andel (Den)	103	N1
Andelst	106	L6
Anderen	104	O2
Andijk	102	J3
Ane	103	N4
Angeren	107	L6
Angerlo	107	M6
Anjum	103	M1
Anloo	104	O2
Anna Jacobapolder	105	G7
Anna Paulowna	102	I3
Annen	104	O2
Ansen	103	N3
Apel (Ter)	104	P3
Apeldoorn	107	L5
Apeldoornskanaal	106	M5
Apelkanaal (Ter)	104	P3
Appelscha	103	N3
Appeltern	106	K6
Appingedam	104	O2
Arcen	111	M7
Archemerberg	107	N4
Arkel	106	I6
Arnemuiden	109	F7
Arnhem	107	L6
Arum	102	K2
Asch	106	J6
Asperen	106	J6
Asselt	111	M8
Assen	103	N3
Assendelft	105	I4
Asten	110	L7
Augustinusga	103	M2
Avenhorn	102	I4
Avereest	103	N4
Axel	109	F8
Azewijn	107	M6

B

Baak	107	M5
Baambrugge	106	I5
Baard	103	L2
Baarland	109	F7
Baarlo	111	M8
Baarn	106	J5
Babberich	107	M6
Badhoevedorp	106	I4
Baexem	111	L8
Baflo	103	N1
Bakel	110	L7
Bakhuizen	102	K3
Bakkeveen	103	M2
Balgoij	106	L6
Balinge	103	N3
Balk	102	K3
Balkbrug	103	N4
Ballum	103	L1
Bant	103	L3
Barchem	107	N5
Barendrecht	105	H6
Barger-Compascuum	104	P3
Barger-Oosterveld	104	O3
Barneveld	106	K5
Barsingerhorn	102	I3
Batenburg	106	K6
Bath	109	G7
Bathmen	107	M5
Beckum	107	O5
Bedum	103	N2
Beegden	111	L8
Beek (bij 's-Heerenberg)	107	M6
Beek (bij Nijmegen)	107	L6
Beek (Limburg)	111	L9
Beek en Donk	110	K7
Beekbergen	107	L5
Beemster	106		
Beers	106	L6
Beerta	104	P2
Beerze	110	J7
Beesd	106	J6
Beesel	111	M8
Beetgumermolen	103	L2
Beetsterzwaag	103	M2
Beijerland	105	G6
Beilen	103	N3
Belfeld	111	M8
Bellingwedde	104	P2
Bellingwolde	104	P2
Belt Schutsloot	103	M3
Belterwijde	103	M3
Beltrum	107	N5
Bemelen	110	L9
Bemmel	107	L6
Beneden Merwede	106	I6
Beneden-Leeuwen	106	K6
Bennebroek	105	H5
Bennekom	106	L5
Benschop	106	I5
Bentelo	107	O5
Benthuizen	105	H5
Berg	110	L8
Berg en Terblijt	110	L9
Berg en Dal	107	L6
Bergambacht	106	I6
Bergeijk	110	K8
Bergen (Limburg)	107	M7
Bergen (Noord-Holland)	102	I3
Bergen aan Zee	102	H4
Bergen op Zoom	109	G7
Bergentheim	103	N4
Bergh	107	M6
Bergharen	106	L6
Berghem	106	K6
Bergschenhoek	105	H6
Bergse Maas	106	I6
Bergumermeer	103	M2
Beringe	111	L7
Berkel	107	N5
Berkel en Rodenrijs	105	H6
Berkel-Enschot	110	J7
Berkenwoude	106	I6
Berkhout	102	J4
Berkum	107	M4
Berlicum	106	K7
Berlikum	103	K2
Best	110	K7
Beugen	107	L6
Beulakerwijde	103	M3
Beuningen	106	L6
Beusichem	106	J6
Beverwijk	105	H4
Biddinghuizen	106	L4
Bierum	104	O1
Biervliet	109	F8
Biesbosch (Nationaal Park De)	106	I6
Biezelinge	109	F7
Biggekerke	109	E7
Bildt (Het)	103	K2
Bilt (De)	106	J5
Bilthoven	106	J5
Bingelrade	111	L9
Bladel	110	J7
Blankenham	103	L3
Blaricum	106	J5
Blauwe Hand	103	M3
Blauwhuis	103	K2
Bleiswijk	105	H5
Blerick	111	M7
Bleskensgraaf	106	I6
Blesse (De)	103	M3
Blije	103	L1
Blijham	104	P2
Blitterswijck	111	M7
Bloemendaal	105	H4
Bloemendaal aan Zee	105	H4
Blokzijl	103	L3
Boarnsterhim	103	L2
Bocholtz	111	M9
Bodegraven	106	I5
Boekel	106	L7
Boekelo	107	O5
Boelenslaan	103	M2
Boer (Ten)	104	O2
Boerakker	103	M2
Boerdonk	110	K7
Boijl	103	M3
Boksum	103	L2
Bolsward	103	K2
Bommel (Den)	105	G6
Bommelerwaard	106	J6
Boornbergum	103	M2
Borculo	107	N5
Borger	104	O3
Borkel	110	K8
Born	111	L8
Borndiep	102	K1
Borne	107	O5
Bornerbroek	107	N5
Borssele	109	F7
Bosch en Duin	106	J5
Boschplaat (De)	102	K1
Boskamp	107	M4
Boskoop	105	I5
Bosschenhoofd	109	H7
Boterdiep	103	N2
Boukoul	111	M8
Bourtange	104	P2
Boven-Hardinxveld	106	I6
Boven-Leeuwen	106	K6
Boven Pekela	104	O2
Bovenkarspel	102	J3
Bovensmilde	103	N3
Boxmeer	107	L7
Boxtel	106	J7
Bozum	103	L2
Braassemermeer	105	H5
Brakel	106	J6
Brantgum	103	L1
Breda	106	I7
Brederwiede	103	L3
Bredevoort	107	N6
Bredeweg	107	L6
Breezand	102	I3
Breezanddijk	102	J2
Breskens	109	E7
Breugel	110	K7
Breukelen	106	J5
Breukeleveen	106	J5
Brielle	105	G6
Brielse Meer	105	G6
Broek in Waterland	106	I4
Broek op Langedijk	102	I3
Broekhuizen	111	M7
Broekhuizenvorst	111	M7
Broekland	107	M4
Broeksterwoude	103	L2
Bronkhorst	107	M5
Brouwersdam	105	F6
Brouwershaven	105	F6
Brouwershavense Gat	105	F6
Brouwhuis	110	L7
Bruinisse	105	G6
Brummen	107	M5
Brunssum	111	L9
Bruntinge	103	N3
Buchten	111	L8
Budel	110	K8
Budel-Schoot	110	K8
Buinen	104	O3
Buinerveen	104	O3
Buitenpost	103	M2
Bunde	110	L9
Bunnik	106	J5
Bunschoten	106	K5
Burdaard	103	L2
Buren (Fryslân)	103	L1
Buren (Gelderland)	106	K6
Burg (Den)	102	I2
Burgervlotbrug	102	I3
Burgh	105	F6
Burgum	103	L2
Burum	103	M2
Bussum	106	J5
Buurmalsen	106	J6
Buurse	107	O5
Buurserbeek	107	O5

C

Cabauw	106	I6
Cadier en Keer	110	L9
Cadzand	108	E7
Cadzand-Bad	108	E7
Callantsoog	102	I3
Camperduin	102	H3
Capelle aan den IJssel	105	H6
Castenray	111	M7
Casteren	110	J7
Castricum	105	H4
Castricum aan Zee	105	H4
Chaam	110	I7
Circuit van Zandvoort	105	H4
Clinge	109	G8
Cocksdorp (De)	102	I2
Coentunnel	106	I4
Coevorden	104	O4
Colijnsplaat	105	F7
Cothen	106	J6
Creil	103	K3
Cromstrijen	105	H6
Cromvoirt	106	J7
Cruquius	105	H5
Cuijk	107	L6
Culemborg	106	J6

ARNHEM

Apeldoornsestr.	DY 3
Boulevard Heuvelink	DZ 8
Bouriciusstr.	CY 9
Eusebiusbinnensingel	DZ 16
Ir. J. P. Muylwijkstr.	DZ 25
Jansbinnensingel	CZ 28
Janspl.	CZ 30
Jansstr.	CZ 31
Ketelstr.	CDZ 34
Looierstr.	DZ 39
Oranjewachtstr.	DZ 48
Rijnstr.	CZ
Roggestr.	DZ 55
Velperbinnensingel	DZ 60
Velperbuitensingel	DZ 61
Vijzelstr.	DZ 63
Walburgstr.	DZ 66

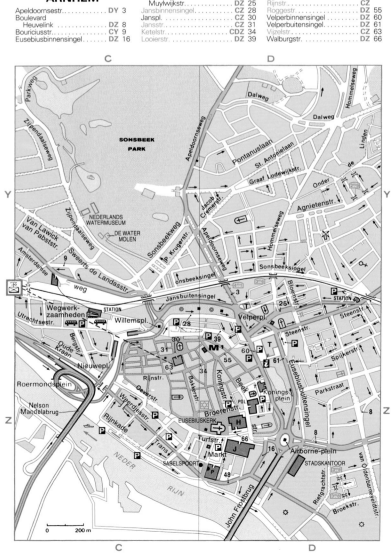

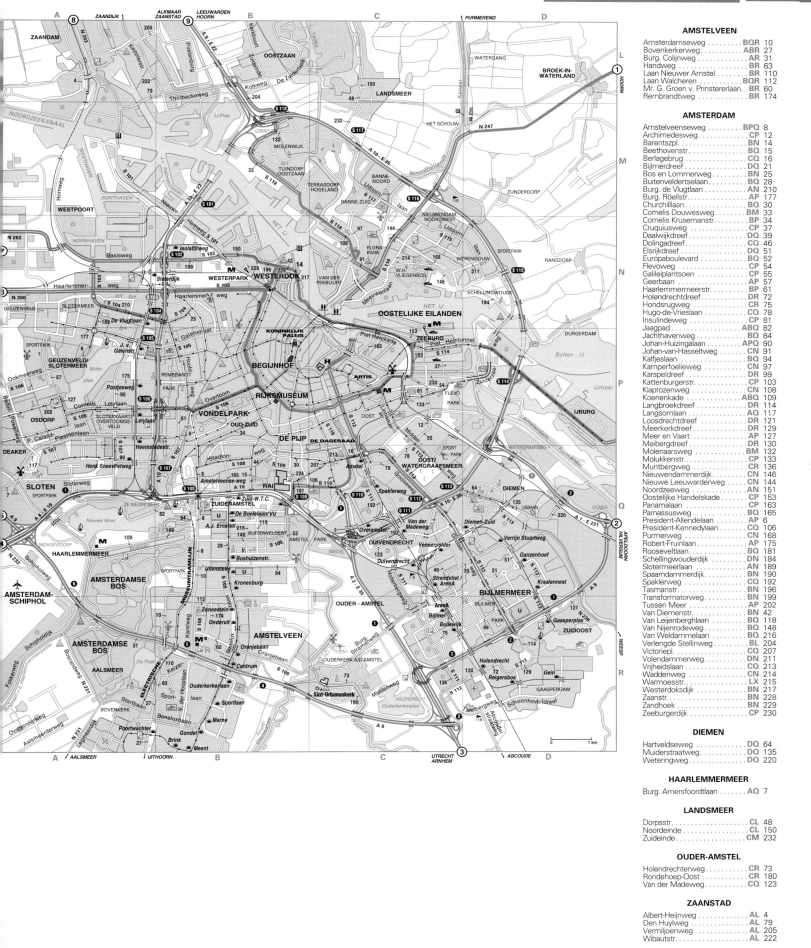

AMSTELVEEN

Amsterdamseweg . . . . BQR 10
Bovenkerkerweg . . . . ABR 27
Burg. Colijnweg . . . . AR 31
Handweg . . . . BR 63
Laan Nieuwer Amstel . . . . . . BR 110
Laan Walcheren . . . . BQR 112
Mr. G. Groen v. Prinstererlaan. . BR 60
Rembrandtweg . . . . BR 174

AMSTERDAM

Amstelveenseweg . . . . BPQ 8
Archimedesweg . . . . CP 12
Barentszpl. . . . . BN 14
Beethovenstr. . . . . BQ 15
Berlagebrug . . . . CQ 16
Bijlmerdreef . . . . DQ 21
Bos en Lommerweg . . . . BN 25
Buitenveldertselaan . . . . BQ 28
Burg. de Vlugtlaan . . . . AN 210
Burg. Röellstr. . . . . AP 177
Churchilllaan . . . . BQ 30
Cornelis Douwesweg . . . . BM 33
Cornelis Krusemanstr. . . . . . . BP 34
Cruquiusweg . . . . CP 37
Daalwijkdreef . . . . DQ 39
Dolingadreef . . . . CQ 46
Elsrijkdreef . . . . DQ 51
Europaboulevard . . . . BQ 52
Flevoweg . . . . CP 54
Galileiplantsoen . . . . CP 55
Geerbaan . . . . AP 57
Haarlemmermeerstr. . . . . BP 61
Holendrechtdreef . . . . DR 72
Hondsrugweg . . . . CP 75
Hugo-de-Vrieslaan . . . . CQ 78
Insulindeweg . . . . CP 81
Jaagpad . . . . ABQ 82
Jachthavenweg . . . . BQ 84
Johan-Huizingalaan . . . . APQ 90
Johan-van-Hasseltweg . . . . . . CN 91
Kalfjeslaan . . . . BQ 94
Kamperfoelieweg . . . . CN 97
Karspeldreef . . . . DR 99
Kattenburgerstr. . . . . CP 103
Klaprozenweg . . . . CN 108
Koenenkade . . . . ABQ 109
Langbroekdreef . . . . DR 114
Langsomlaan . . . . AQ 117
Loosdrechtdreef . . . . DR 121
Meerkerkdreef . . . . DR 129
Meer en Vaart . . . . AP 127
Meibergdreef . . . . DR 130
Molenaarsweg . . . . BM 132
Molukkenstr. . . . . CP 133
Muntbergweg . . . . CR 136
Nieuwendammerdijk . . . . CN 146
Nieuwe Leeuwarderweg . . . . . CN 144
Noordzeeweg . . . . AN 151
Oostelijke Handelskade . . . . . . CP 153
Panamalaan . . . . CP 163
Parnassusweg . . . . BQ 165
President-Allendelaan . . . . AP 6
President-Kennedylaan . . . . . . CQ 106
Purmerweg . . . . CN 168
Robert-Fruinlaan . . . . AP 175
Rooseveltlaan . . . . BQ 181
Schellingwouderdijk . . . . DN 184
Slotermeerlaan . . . . AN 189
Spaarndammerdijk . . . . BN 190
Spaklerweg . . . . CQ 192
Tasmanstr. . . . . BN 196
Transformatorweg . . . . BN 199
Tussen Meer . . . . AP 202
Van Diemenstr. . . . . BN 42
Van Leijenberghlaan . . . . BQ 118
Van Nijenrodeweg . . . . BQ 148
Van Weldammelaan . . . . BQ 216
Verlengde Stellinweg . . . . BL 204
Victoriepl. . . . . CQ 207
Volendammerweg . . . . DN 211
Vrijheidslaan . . . . CQ 213
Waddenweg . . . . CN 214
Warmoesstr. . . . . LX 215
Westerdoksdijk . . . . BN 217
Zaanstr. . . . . BN 228
Zandhoek . . . . BN 229
Zeeburgerdijk . . . . CP 230

DIEMEN

Hartveldseweg . . . . DQ 64
Muiderstraatweg . . . . DQ 135
Weteringweg . . . . DQ 220

HAARLEMMERMEER

Burg. Amersfoordtlaan . . . . . . AQ 7

LANDSMEER

Dorpsstr. . . . . CL 48
Noordeinde . . . . CL 150
Zuideinde . . . . CM 232

OUDER-AMSTEL

Holendrechterweg . . . . CR 73
Rondehoep-Oost . . . . CR 180
Van der Madeweg . . . . CQ 123

ZAANSTAD

Albert-Heijnweg . . . . AL 4
Den Huylweg . . . . AL 79
Vermiljoenweg . . . . AL 205
Wibautstr. . . . . AL 222

BREDA

Catharinastr. . . . . **CD** 10
Concordiastr. . . . . **C** 12
Dr Struyckenstr. . . . . **C** 16
Eindstraat . . . . **C** 22
Ginnekenstr. . . . . **CD**
Grote Markt . . . . **C** 27
Haven . . . . **C** 28
Havermarkt . . . . **C** 30
J. F. Kennedylaan . . . . **D** 34
Lange Brugstr. . . . . **C** 36
Lunetstr. . . . . **C** 39

Markendaalseweg . . . . **C** 42
Mauritsstr. . . . . **D** 45
Nieuwe Boschstr. . . . . **D** 48
Nieuwe
  Ginnekenstr. . . . . **CD** 49
Nieuwe Haagdijk . . . . **C** 51
Nieuwe Prinsenkade . . . . **C** 52
Prinsenkade . . . . **C** 55
Reigerstr. . . . . **C** 56
Ridderstr. . . . . **C** 57
Sint-Ignatiusstr. . . . . **D** 60

Terheijdenstr. . . . . **D** 63
Teteringenstr. . . . . **D** 64
Tolbrugstr. . . . . **C** 67
Valkenstr. . . . . **D** 72
van Coothpl. . . . . **CD** 13
Veemarktstr. . . . . **C** 73
Vierwindenstr. . . . . **D** 75
Vincent
  van Goghstr. . . . . **C** 76
Vismarktstr. . . . . **C** 77
Wilhelminastr. . . . . **D** 78

D

Daarle 107 N4
Daarlerveen 107 N4
Dalen 104 O3
Dalerpeel 103 N3
Dalfsen 107 M4
Damsterdiep 104 O2
Damwoude 103 L2
Dantumadeel 103 L2
Dedemsvaart 103 N4
Deelen 107 L5
Deest 106 L6
Deil 106 J6
Deinum 103 L2
Delden 107 O5
Delfstrahuizen 103 L3
Delft 105 H5
Delftse Schie 105 H6
Delfzijl 104 O1
Denekamp 107 P4
Deurne 111 L7
Deurningen 107 O5
Deursen-Dennenburg . . . 106 K6
Deventer 107 M5
Didam 107 M6
Diemen 106 I4
Diepenheim 107 N5
Diepenveen 107 M5
Dieren 107 M5
Diessen 110 J7
Diever 103 M3
Dieverbrug 103 N3
Diffelen 103 N4
Dinkel 107 P4
Dintel 109 H7
Dinteloord 105 H7
Dinxperlo 107 N6
Dirkshorn 102 I3
Dirksland 105 G6
Dodewaard 106 K6
Doesburg 107 M5
Doetinchem 107 M6
Doezum 103 M2
Dokkum 103 L2
Dokkumer Ee 103 L2
Dokkumerdiep 103 M2
Dolder (Den) 106 J5
Dollard 104 P2
Domburg 108 E7
Dommel 110 K7
Dommelen 110 K7
Donderen 103 N2
Dongen 106 I7
Dongeradeel 103 L2
Dongjum 103 K2
Donkerbroek 103 M2

Doorn 106 K5
Doornenburg 107 M6
Doornspijk 106 L4
Doorwerth 106 L6
Dordrecht 105 I6
Dordtse Kil 105 H6
Dorst 106 I7
Drachten 103 M2
Drachtstercompagnie . . . 103 M2
Drechterland 102 J3
Dreischor 105 F6
Drempt 107 M5
Drenthe (Provincie) 103 N3
Drentse Hoofdvaart 103 N3
Dreumel 106 K6
Driebergen-Rijsenburg . . 106 J5
Drieborg 104 P2
Driebruggen 106 I5
Driehuis 105 H4
Driel 106 L6
Drielandenpunt 111 M9
Driesum 103 M2
Driewegen 109 E7
Drijber 103 N3
Drimmelen 106 I6
Drogeham 103 M2
Drongelen 106 J6
Dronrijp 103 K2
Dronten 103 L4
Drontermeer 106 L4
Drouwen 104 O3
Drunen 106 J6
Druten 106 K6
Dubbeldam 105 I6
Duiveland 105 F7
Duiven 107 M6
Duivendrecht 106 I5
Duizel 110 J7
Dungen (Den) 106 K7
Dussen 106 I6
Dwingeloo 103 N3

E

Earnewâld
  (Eernewoude) 103 L2
Eastermar 103 M2
Echt 111 L8
Echteld 106 K6
Echten 103 N3
Echtenerbrug 103 L3
Eck en Wiel 106 K6
Edam 106 J4
Ede 106 L5
Ederveen 106 K5

Ee 103 M2
Eede 108 E8
Eefde 107 M5
Eelde 103 N2
Eem 106 J5
Eembrugge 106 J5
Eemmeer 106 J5
Eemnes 106 J5
Eems 104 O1
Eemshaven 104 O1
Eemskanaal 104 O2
Eemsmond 103 O1
Een 103 N2
Eenrum 103 N1
Eerbeek 107 M5
Eersel 110 J7
Eethen 106 J6
Eext 104 O2
Egmond aan den Hoef . . 102 H4
Egmond aan Zee 102 H4
Egmond-Binnen 102 H4
Eibergen 107 N5
Eijerlandse Gat 102 I2
Eijerlandse Polder 102 I2
Eijerlandse Duinen (De) . 102 I2
Eijs 111 L9
Eijsden 111 L9
Eindhoven 110 K7
Eindhoven
  (Luchthaven) 110 K7
Ekehaar 103 N3
Elahuizen 103 K3
Elburg 106 L4
Elden 106 L6
Elim 103 N3
Ell 111 L8
Ellecom 107 M5
Ellewoutsdijk 109 F7
Elp 103 N3
Elshout 106 J6
Elsloo (Fryslân) 103 M3
Elsloo (Limburg) 110 L9
Elspeet 106 L5
Elst (Gelderland) 106 L6
Elst (Utrecht) 106 K6
Emmeloord 103 L3
Emmen 104 O3
Emmer-Compascuum . . . 104 P3
Emmer-
  Erfscheidenveen 104 O3
Empe 107 M5
Empel 106 K6
Emst 107 L5
Engelbert 103 N2
Engelen 106 J6
Engelmanplaat 103 M1
Engwierum 103 L2
Enkhuizen 102 J3

Ens 103 L4
Enschede 107 O5
Enter 107 N5
Enumatil 103 N2
Epe 107 L4
Epen 111 L9
Epse 107 M5
Erica 104 O3
Erm 104 O3
Ermelo 106 K5
Erp 106 K7
Esbeek 110 J7
Esch 106 J7
Escharen 106 L6
Espel 103 K3
Est 106 J6
Etten-Leur 109 H7
Europoort 105 G6
Eursinge 103 N3
Everdingen 106 J6
Ewijk 106 L6
Exloo 104 O3
Exmorra 102 K2
Eygelshoven 111 M9
Ezinge 103 N2

F

Farmsum 104 O2
Ferwerderadell 103 L1
Ferwert 103 L1
Ferwoude 102 K2
Fijnaart 105 H7
Finsterwolde 104 P2
Fleringen 107 O4
Flevoland (Provincie) . . . 106 K4
Fluessen 103 K3
Fluitenberg 103 N3
Foxhol 104 O2
Franeker 102 K2
Frederiksoord 103 M3
Frieschepalen 103 M2
Friesewad 103 L1
Friese Zeegat 103 M1
Fryslân (Provincie) 103 L2

G

Gaanderen 107 N6
Gaast 102 K2
Gaasterlân-Sleat 103 K3
Gaasterland 103 K3
Gaastmeer 103 K3
Gameren 106 J6
Garderen 106 L5

Garmerwolde 103 N2
Garnwerd 103 N2
Garrelsweer 104 O2
Garsthuizen 104 O1
Garyp 103 L2
Gassel 106 L6
Gasselte 104 O3
Gasselternijveen 104 O3
Gasteren 103 N2
Geerdijk 107 N4
Geersdijk 109 F7
Geertruidenberg 106 I6
Geervliet 105 G6
Gees 104 O3
Geesteren
  (Gelderland) 107 N5
Geesteren (Overijssel) . . 107 O4
Geffen 106 K6
Gelderland (Provincie) . . 106 L5
Geldermalsen 106 J6
Gelderse Buurt 102 I3
Geldrop 110 K7
Geleen 111 L9
Gellicum 106 J6
Gelselaar 107 N5
Gemert 110 L7
Gemonde 106 K7
Genderen 106 J6
Gendringen 107 N6
Gendt 107 L6
Genemuiden 103 M4
Gennep 107 L6
Ginnum 103 L2
Gerkesklooster 103 M2
Gerwen 110 K7
Geul (De) 102 I2
Geulle 110 L9
Geysteren 107 M7
Giesbeek 107 M6
Giessen 106 J6
Giessenburg 106 I6
Giessenlanden 106 I6
Gieten 104 O2
Gieterveen 104 O2
Giethoorn 103 M3
Gilze 110 I7
Gilze en Rijen 106 I7
Glane 107 P5
Glanerbrug 107 O5
Glimmen 103 N2
Godlinze 104 O1
Goedereede 105 F6
Goeree 105 F6
Goes 109 F7
Goirle 110 J7
Gooi ('t) 106 J5
Gooimeer 106 J5
Goor 107 N5
Gorinchem 106 I6
Gorishoek 109 G7
Gorredijk 103 M3
Gorssel 107 M5
Gouda 106 I5
Gouderak 105 I6
Goudriaan 106 I6
Goudswaard 105 G6
Goutum 103 L2
Gouwe 106 I5
Gouwzee 106 J4
Graafschap 107 N5
Graafstroom 106 I6
Graauw 109 G8
Grafhorst 103 L4
Graft 102 I4
Gramsbergen 104 O4
Grashoek 111 L7
Grathem 111 L8
Grave 106 L6
Graveland ('s-) 106 J5
Gravendeel ('s-) 105 H6
Gravenhage ('s-)
  = Den Haag 105 G5
Gravenmoer ('s-) 106 I7
Gravenpolder ('s-) 109 F7
Gravenzande ('s-) 105 G5
Grevelingendam 105 G6
Grevelingenmeer 105 F6
Grevenbicht 111 L8
Griend 102 J2
Griendtsveen 111 L7
Grijpskerk 103 M2
Grijpskerke 109 E7
Groede 109 E7
Groenlo 107 N5
Groesbeek 107 L6
Groet 102 I3
Grolloo 103 N3
Groningen 103 N2
Groningen (Provincie) . . 104 O2
Groningerwad 103 N1
Gronsveld 110 L9
Groot Ammers 106 I6
Groote Keeten 102 I3
Groote Peel
  (Nationaal Park De) . . 111 L7
Grootebroek 102 J3
Grootegast 103 M2

Grootschermer 102 I4
Grote Brekken 103 L3
Grou 103 L2
Grubbenvorst 111 M7
Gulpen 111 L9
Gytsjerk 103 L2

H

Haaften 106 J6
Haag (Den)
  = 's-Gravenhage 105 G5
Haaksbergen 107 O5
Haalderen 107 L6
Haamstede 105 F6
Haar (Kasteel De) 106 I5
Haaren 106 J7
Haarle 107 N4
Haarlem 105 H4
Haarlemmerliede 105 I4
Haarlemmermeerpolder . 105 H5
Haarlemmermeerpolder
  (Ringvaart van de) . . . 106 I5
Haarlerberg 107 N4
Haarlo 107 N5
Haarsteeg 106 J6
Haarzuilens 106 I5
Haastrecht 106 I6
Haelen 111 L8
Hagestein 106 J6
Hall 107 M5
Halle 107 N6
Hallum 103 L2
Halsteren 109 G7
Ham (Den)
  (Groningen) 103 N2
Ham (Den)
  (Overijssel) 107 N4
Handel 106 L7
Hank 106 I6
Hansweert 109 G7
Hantumhuizen 103 L1
Hapert 110 J7
Haps 106 L6
Harde ('t) 106 L4
Hardenberg 103 N4
Hardersluis 106 K4
Harderwijk 106 K4
Hardinxveld-
  Giessendam 106 I6
Haren (Groningen) 103 N2
Haren
  (Noord-Brabant) 106 K6
Harenkarspel 102 I3
Harfsen 107 M5
Haringvliet 105 G6
Haringvlietbrug 105 H6
Haringvlietdam 105 G6
Harkema 103 M2
Harkstede 104 O2
Harlingen 102 K2
Harmelen 106 I5
Harreveld 107 N6
Harskamp 106 L5
Hasselt 103 M4
Hattem 107 M4
Haule 103 M2
Haulerwijk 103 N2
Havelte 103 M3
Havelterberg 103 M3
Hazerswoude-
  Rijndijk 105 H5
Hazerswoude-Dorp 105 H5
Hedel 106 J6
Heeg 103 K3
Heel 111 L8
Heelsum 106 L6
Heemse 103 N4
Heemskerk 106 I4
Heemstede 105 H4
Heen (Den) 105 G7
Heenvliet 105 G6
Heer Arendskerke ('s-) . . 109 F7
Heer Hendrikskinderen
  ('s-) 109 F7
Heerde 107 M4
Heerenberg ('s-) 107 M6
Heerenhoek ('s-) 109 F7
Heerenveen 103 L3
Heerewaarden 106 K6
Heerhugowaard 102 I3
Heerjansdam 105 H6
Heerlen 111 L9
Heesch 106 K6
Heeswijk-Dinther 106 K7
Heeten 107 M4
Heeze 110 K7
Hegebeintum 103 L1
Hei-en Boeicop 106 J6
Heibloem 111 L7
Heijen 107 L6
Heikant 109 G8
Heiligerlee 104 O2
Heiloo 102 I4
Heinenoord 105 H6
Heinkenszand 109 F7

GRONINGEN

A-Kerkhof . . . . Z 3
A-Str. . . . . Z 4
Brugstr. Z 9
de Brink . . . . Z 7
Eeldersingel . . . . Z 10
Eendrachtskade N. Z. . . . . Z 8
Eendrachtskade Z. Z. . . . . Z 12
Emmaviaduct. . . . . Z 13
Gedempte Zuiderdiep . . . . Z 18

Grote Markt . . . . Z
Herestr. Z
Lopende Diep . . . . Y 33
Martinikerkhof . . . . YZ 34
Noorderhaven N. Z. . . . . Y 37
Noorderhaven Z. Z. . . . . Y 39
Oosterstr. . . . . Z
Ossenmarkt . . . . Y 43
Oude Boteringestr. . . . . Y 45
Oude Ebbingestr. . . . . Y 46
Paterswoldseweg . . . . Z 49

Rademarkt . . . . Z 55
Radesingel . . . . Z 57
Schuitendiep . . . . Z 58
St-Jansstr. . . . . Z 60
Spilsluizen . . . . Y 63
Verlengde
  Oosterstr. . . . . Z 66
Vismarkt . . . . Z 67
Westerhaven . . . . Z 70
Westersingel . . . . Z 72
Zuiderpark . . . . Z 76

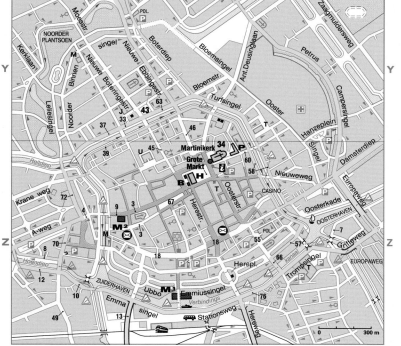

Heino 107 M4
Hekelingen 105 H6
Helden 111 L8
Helder (Den) 102 I3
Helenaveen 111 L7
Hellendoorn 107 N4
Hellendoornseberg 107 N4
Hellevoetsluis 105 G6
Helmond 110 L7
Helvoirt 106 J7
Hem 102 J4
Hemelum 102 K3
Hendrik-Ido-Ambacht 105 H6
Hengelo (Gelderland) 107 M5
Hengelo (Overijssel) 107 O5
Hengevelde 107 N5
Hengstdijk 109 G7
Hensbroek 102 I4
Herikerberg 107 N5
Herkenbosch 111 M8
Herkingen 105 G6
Herpen 106 K6
Herten 111 L8
Hertogenbosch ('s-) 106 J6
Herwen 107 M6
Herwijnen 106 J6
Heteren 106 L6
Heukelum 106 J6
Heumen 106 L6
Heusden (bij Asten) 110 L7
Heusden (bij Drunen) 106 J6
Heythuysen 111 L8
Hierden 106 L4
Hijken 103 N3
Hijkersmilde 103 N3
Hillegersberg 105 H6
Hillegom 105 H5
Hilvarenbeek 110 J7
Hilversum 106 J5
Hindeloopen 102 K3
Hippolytushoef 102 I3
Hitzum 103 K2
Hoedekenskerke 109 F7
Hoek 109 F8
Hoek van Holland 105 G6
Hoekse Waard 105 H6
Hoenderloo 106 L5
Hoensbroek 111 L9
Hoevelaken 106 K5
Hoeven 109 H7
Hoge Vaart 106 L4
Hoge Veluwe
  (Nationaal Park De) 106 L5
Hole (Ter) 109 G8
Hollands Diep 105 H6
Hollandse Rading 106 J5
Hollandscheveld 103 N3

Hollandse Brug 106 J5
Hollandse IJssel 105 H6
Hollandse IJssel 105 H6
Hollum 103 K1
Holten 107 N5
Holterberg 107 N5
Holtum 111 L8
Holwerd 103 L1
Holwierde 104 O1
Hommerts 103 K3
Hondsbosse
  Zeewering 102 H3
Hondshaltermeer 104 O2
Hondsrug 104 O2
Honselersdijk 105 G5
Hoofddorp 105 I5
Hoofdplaat 109 F7
Hoog Soeren 106 L5
Hooge Hexel 107 N4
Hooge Mierde 110 J7
Hooge Zwaluwe 106 I6
Hoogeloon 110 J7
Hoogerheide 109 G7
Hoogersmilde 103 N3
Hoogeveen 103 N3
Hoogeveense Vaart
  (Verlengde) 104 O3
Hoogezand
  Sappemeer 104 O2
Hooghalen 103 N3
Hoogkarspel 102 J3
Hoogkerk 103 N2
Hoogland 106 K5
Hoogmade 105 H5
Hoogvliet 105 H6
Hoogwoud 102 I3
Hoorn (Fryslân) 102 K1
Hoorn
  (Noord-Holland) 102 J4
Hoorn (Den) 102 I2
Hoornaar 106 I6
Hoornsterzwaag 103 M3
Horn 111 L8
Horn (Den) 103 N2
Horntje ('t) 102 I2
Horssen 106 K6
Horst (Gelderland) 106 K5
Horst (Limburg) 111 M7
Hout ('t) 110 K7
Houtakker 110 J7
Houten 106 J6
Houtribsluizen 106 K4
Houwerzijl 103 N1
Huibergen 109 H7
Huisduinen 102 I3
Huissen 107 L6

Huizen 106 J5
Hulsberg 111 L9
Hulsel 110 J7
Hulst 109 G8
Hulten 106 I7
Hummelo 107 M5
Hunsel 111 L8
Hunze 104 O2
Hurdegaryp 103 L2

I

Idskenhuizen 103 L3
IJ-Tunnel 106 I4
IJhorst 103 M4
IJlst 103 K2
IJmeer 106 J4
IJmuiden 105 H4
IJssel 107 M5
IJsselham 103 L3
IJsselmeer 102 J3
IJsselmuiden 103 L4
IJsselstein 106 J5
Ysselsteyn 111 L7
IJzendijke 109 E8
Ilpendam 106 I4
Itens 103 K2
Itteren 110 L9
Ittersum 107 M4
Ittervoort 111 L8

J

Jaarsveld 106 I6
Jelsum 103 L2
Jipsinghuizen 104 P3
Jirnsum 103 L2
Jisp 106 I4
Jistrum 103 M2
Jorwerd 103 L2
Joure 103 L3
Jubbega 103 M3
Jubbega Derde-Sluis 103 M2
Julianadorp 102 I3
Julianakanaal 111 L9

K

Kaag 105 H5
Kaart 102 J1
Kaatsheuvel 106 J7
Kagerplassen 105 H5

Kamerik 106 I5
Kampen 103 L4
Kamperland 109 F7
Kantens 103 N1
Kapelle 109 F7
Kats 109 F7
Kattendijke 109 F7
Katwijk 106 L6
Katwijk aan den Rijn 105 H5
Katwijk aan Zee 105 H5
Kedichem 106 J6
Keeten Mastgat 109 G7
Keijenborg 107 M5
Kekerdom 107 M6
Kerkbuurt 106 J4
Kerkdriel 106 K6
Kerkenveld 103 N3
Kerkrade 111 M9
Kerkwerve 105 F6
Kerkwijk 106 J6
Kessel 111 M8
Kesteren 106 K6
Ketelbrug 103 K4
Ketelhaven 103 L4
Ketelmeer 106 L4
Keukenhof 105 H5
Kiel (De) 104 O3
Kiel-Windeweer 104 O2
Kijkduin 105 G5
Kilder 107 M6
Kinderdijk 105 H6
Klaaswaal 105 H6
Klarenbeek 107 M5
Klazienaveen 104 O3
Klijndijk 104 O3
Klimmen 111 L9
Klomp (De) 106 K5
Kloosterburen 103 N1
Kloosterdijk 107 N4
Kloosterhaar 107 O4
Kloosterzande 109 G7
Klundert 105 H7
Knegsel 110 K7
Knijpe (De) 103 L3
Kockengen 106 I5
Koedijk 102 I3
Koekange 103 M3
Koevordermeer 103 L3
Koewacht 109 F8
Kolham 104 O2
Kolhorn 102 I3
Kollum 103 M2
Kollumerland c.a. 103 M2
Kollumerpomp 103 M2
Kollumerzwaag 103 M2
Kommerzijl 103 M2
Koningsbosch 111 L8

Koog aan de Zaan 106 I4
Koog (De) 102 I2
Kootwijk 106 L5
Kootwijkerbroek 106 L5
Kop van 't Land 106 I6
Kopstukken 104 P3
Korendijk 105 G6
Kornhorn 103 M2
Kortenhoef 106 J5
Kortgene 109 F7
Kotten 107 O6
Koudekerk
  aan den Rijn 105 H5
Koudekerke 109 E7
Koudum 102 K3
Krabbendijke 109 G7
Kraggenburg 103 L4
Krammer 109 G7
Krewerd 104 O1
Krim (De) 103 N4
Krimpen aan de Lek 105 H6
Krimpen
  aan den IJssel 105 H6
Krimpenerwaard 106 I6
Kröller-Müller-Museum . . . 106 L5
Kromme Mijdrecht 106 I5
Kromme Rijn 106 J5
Krommenie 106 I4
Kropswolde 104 O2
Kruiningen 109 G7
Kruisland 109 H7
Kudelstaart 106 I5
Kuinder of Tjonger 103 L3
Kuinre 103 L3
Kwadendamme 109 F7

L

Laag-Keppel 107 M6
Laag-Soeren 107 M5
Lage Mierde 110 J7
Lage Vaart 106 K4
Lage Vuursche 106 J5
Lage Zwaluwe 106 I6
Lamswaarde 109 G7
Landgraaf 111 M9
Landsmeer 106 I4
Langbroek 106 J5
Langedijk 102 I3
Langelo 103 N2
Langeraar 106 I5
Langerak 106 I6
Langeveen 107 O4
Langezwaag 103 M3
Langweer 103 L3
Laren (Gelderland) 107 N5
Laren (Noord-Holland) . . . 105 J5
Lattrop 107 O4
Lauwersmeer 103 M1
Lauwersoog 103 M1
Leek 103 N2
Leende 110 K7
Leens 103 N1
Leerbroek 106 J6
Leerdam 106 J6
Leermens 104 O1
Leersum 106 K5
Leeuwarden 103 L2
Leeuwarderadeel 103 L2
Leeuwte 103 L3
Leiden 105 H5
Leiderdorp 105 H5
Leidschendam 105 H5
Leijen (De) 103 M2
Leimuiden 105 I5
Lek 106 I6
Lekkerkerk 105 I6
Lekkum 103 L2
Lelystad 106 K4
Lelystad Haven 106 K4
Lemele 107 N4
Lemelerberg 107 N4
Lemelerveld 107 N4
Lemmer 103 L3
Lemsterland 103 L3
Lent 106 L6
Lepelstraat 109 G7
Lettele 107 M5
Leunen 111 L7
Leusden 106 K5
Leusden-Zuid 106 K5
Leuth 106 L6
Leuvenum 106 L5
Lewedorp 109 F7
Lexmond 106 J6
Lhee 103 N3
Lichtenvoorde 107 N6
Liempde 110 K7
Lienden 106 K6
Lier (De) 105 G6
Lierop 110 L7
Lies 102 J1
Lieshout 110 K7
Liessel 111 L7
Liesveld 106 I6
Lievelde 107 N5

Lieveren 103 N2
Lijmers 107 M6
Limbricht 111 L8
Limburg (Provincie) 111 L8
Limmen 102 I4
Linge 106 L6
Lingewaal 106 J6
Linne 111 L8
Linschoten 106 I5
Lippenhuizen 103 M2
Lisse 105 H5
Lith 106 K6
Lithoijen 106 K6
Littenseradeel 103 K2
Lobith 107 M6
Lochem 107 N5
Lochemseberg 107 N5
Loenen (Gelderland) 107 M5
Loenen (Utrecht) 106 J5
Loil 107 M6
Lollum 103 K2
Lomm 111 M7
Loo 107 L6
Loo (Het) 107 L5
Loon 103 N2
Loon op Zand 106 J7
Loonse en Drunense
  Duinen 106 J7
Loosdrecht 106 J5
Loosdrechtse Plassen 106 J5
Loosduinen 105 G5
Lopik 106 I6
Lopikerkapel 106 J6
Loppersum 104 O2
Lorentzsluizen 102 J2
Losser 107 P5
Lottum 111 M7
Lunteren 106 K5
Lutjegast 103 M2
Lutte (De) 107 O5
Luttelgeest 103 L3
Lutten 103 N4
Luttenberg 107 N4
Luyksgestel 110 J8

M

Maarheeze 110 K8
Maarn 106 K5
Maarsbergen 106 K5
Maarssen 106 J5
Maartensdijk 106 J5
Maas 106 J6
Maas en Waal
  (Land van) 106 K6
Maas Land 106 K6
Maas-Schwalm-Nette
  (Grenspark) 111 L8
Maas-Waalkanaal 106 L6
Maasbommel 106 K6
Maasbracht 111 L8
Maasbree 111 M7
Maasdam 105 H6
Maasdijk 105 G6
Maasdriel 106 K6
Maashees 107 M7
Maasland 105 G6
Maassluis 105 G6
Maastricht 110 L9
Maastricht
  (Luchthaven) 111 L9
Maasvlakte 105 G6
Made 106 I6
Makkinga 103 M3
Makkum 102 K2
Malden 106 L6
Mantgum 103 L2
Mantinge 103 N3
Maren 106 K6
Margraten 111 L9
Mariaheide 106 K7
Mariahoop 111 L8
Mariahout 110 K7
Mariaparochie 107 O4
Mariënberg 107 N4
Mariënvelde 107 N5
Mark 109 H7
Markelo 107 N5
Marken 106 J4
Markermeer 102 J4
Markerwaarddijk 102 K4
Marknesse 103 L3
Marrum 103 L2
Marsdiep 102 I3
Marssum 103 L2
Marum 103 M2
Mastenbroek 103 M4
Mastenbroek (Polder) 103 M4
Maurik 106 K6
Mechelen 111 L9
Medemblik 102 J3
Meeden 104 O2
Meedhuizen 104 O2
Meerkerk 106 I6
Meerlo 111 M7
Meern (De) 106 J5

DEN HAAG

Muiderberg...106 J5
Munnekeburen...103 L3
Munnekezijl...103 M2
Muntendam...104 O2
Mussel...104 P3
Musselkanaal...104 O3
Musselkanaal (Plaats)...104 P3
Muy (De)...102 I2

N
Naaldwijk...105 G6
Naarden...106 J5
Nagele...103 L4
Neder Rijn...106 K6
Nederasselt...106 L6
Nederhemert...106 J6
Nederhorst den Berg...106 J5
Nederweert...110 L7
Nederwetten...110 K7
Neede...107 N5
Neer...111 L8
Neerijnen...106 J6
Neeritter...111 L8
Neerkant...111 L7
Nes (bij Dokkum)...103 M1
Nes (op Ameland)...103 L1
Netersel...110 J7
Netterden...107 M6
Nibbixwoud...102 J3
Niekerk...103 N2
Nienoord...103 N2
Nieuw Amsterdam...104 O3
Nieuw Balinge...103 N3
Nieuw-Beerta...104 P2
Nieuw-Beijerland...105 H6
Nieuw-Bergen...107 M7
Nieuw Buinen...104 O3
Nieuw Den Helder...102 I3
Nieuw Dordrecht...104 O3
Nieuw en St.Joosland...109 E7
Nieuw-Ginneken...110 I7
Nieuw Heeten...107 N5
Nieuw Lekkerland...105 I6
Nieuw Milligen...106 L5
Nieuw-Namen...109 G8
Nieuw-Roden...103 N2
Nieuw-Scheemda...104 O2
Nieuw-Schoonebeek...104 O4
Nieuw-Vennep...105 H5
Nieuw-Vossemeer...109 G7
Nieuw Weerdinge...104 O3
Nieuwdorp...109 F7
Nieuwe Maas...105 H6
Nieuwe Merwede...106 I6
Nieuwe-Niedorp...102 I3
Nieuwe Pekela...104 O2
Nieuwe Tonge...105 G6
Nieuwe Waterweg...105 G6
Nieuwegein...106 J5
Nieuwendijk...106 I6
Nieuwenhoorn...105 G6
Nieuwer-ter-Aa...106 I5
Nieuwerbrug...106 I5
Nieuwerkerk...105 G7
Nieuwerkerk aan den IJssel...105 H6
Nieuweroord...103 N3
Nieuweschans...104 P2
Nieuwkoop...106 I5
Nieuwkoopse Plassen...106 I5
Nieuwkuijk...106 J6
Nieuwland (Zuid-Holland)...106 J6
Nieuwlande...103 N3
Nieuwleusen...103 M4
Nieuwolda...104 O2
Nieuwpoort...106 I6
Nieuwstadt...111 L8
Nieuwveen...106 I5
Nieuwvliet...108 E7
Niew-Loosdrecht...106 J5
Niezijl...103 N2
Niftrik...106 L6
Nigtevecht...106 J5
Nij Beets...103 M2
Nijbroek...107 M5
Nijefurd...102 K3
Nijega...103 M2
Nijemirdum...103 K3
Nijeveen...103 M3
Nijkerk...106 K5
Nijland...103 K2
Nijmegen...106 L6
Nijnsel...110 K7
Nijswiller...111 L9
Nijverdal...107 N4
Nispen...109 H7
Nisse...109 F7
Nistelrode...106 K6
Noarburgum...103 M2
Noordbeek...111 L9
Noord...105 H6
Noord Beveland...109 F7
Noord-Brabant (Provincie)...109 H7

Noord-Holland (Provincie)...106 I4
Noord-Oost-Polder...103 L3
Noord Willemskanaal...103 N2
Noordbroek...104 O2
Noordeinde (Overijssel)...103 M3
Noordeinde (Zuid-Holland)...106 I5
Noordeinde (Gelderland)...106 L4
Noordeloos...106 I6
Noorden...106 I5
Noorder-Koggenland...102 J3
Noorderhaaks...102 H3
Noordervaart...111 L8
Noordgouwe...105 F6
Noordhollandskanaal...106 I4
Noordhorn...103 N2
Noordlaren...103 O2
Noordscheschut...103 N3
Noordsleen...104 O3
Noordwijk...103 M2
Noordwijk aan Zee...105 H5
Noordwijk-Binnen...105 H5
Noordwijkerhout...105 H5
Noordwolde...103 M3
Noordzeekanaal...106 I4
Nootdorp...105 H5
Norg...103 N2
Nuenen...110 K7
Nul (Den)...107 M4
Nuland...106 K6
Numansdorp...105 H6
Nunspeet...106 L4
Nuth...111 L9

O
Obdam...102 I3
Ochten...106 K6
Odijk...106 J5
Odiliapeel...106 L7
Odoorn...104 O3
Oeffelt...107 L6
Oegstgeest...105 H5
Oene...107 M4
Oerle...110 K7
Oesterdam...109 G7
Oever (Den)...102 J3
Ohé en Laak...111 L8
Oirsbeek...111 L9
Oirschot...110 J7
Oisterwijk...110 J7
Olburgen...107 M5
Oldeberkoop...103 M3
Oldebroek...106 L4
Oldeholtpade...103 M3
Oldehove...103 N2
Oldemarkt...103 L3
Oldenzaal...107 O5
Oldenzijl...103 O1
Olland...106 K7
Olst...107 M4
Ommel...110 L7
Ommelanderwijk...104 O2
Ommen...107 N4
Ommeren...106 K6
Ommerkanaal...103 N4
Onderbanken...111 L9
Onderdendam...103 N1
Onderdijk...102 J3
Onnen...103 N2
Onstwedde...104 P2
Ooij...107 L6
Ooltgensplaat...105 H6
Oost-Graftdijk...106 I4
Oost-Souburg...109 E7
Oost-Vlieland...102 J2
Oostburg...108 E8
Oosteind...106 I7
Oosteinde...103 M3
Oostelbeers...110 J7
Oostelijk-Flevoland...106 K4
Oostendorp...106 L4
Oosterbeek...106 L6
Oosterbierum...102 K2
Oosterbroek...104 O2
Oosterend (bij Wommels)...103 K2
Oosterend (op Terschelling)...102 K1
Oosterend (op Texel)...102 I2
Oosterhesselen...104 O3
Oosterhout (Noord-Brabant)...106 I7
Oosterhout-Nijmegen (Gelderland)...106 L6
Oosterkwelder...103 M1
Oosterland (Duiveland)...105 G7
Oosterland (Noord-Holland)...102 J3
Oosterleek...102 J4
Oosternijkerk...103 M1
Oosterschelde...109 F7

Oosterscheldedam (Stormvloedkering)...105 F7
Oosterwierum...103 L2
Oosterwolde (Fryslân)...103 M3
Oosterwolde (Gelderland)...106 L4
Oosthem...103 K2
Oosthuizen...102 J4
Oostkapelle...109 E7
Oostmahorn...103 M1
Oostrum...111 M7
Ooststellingwerf...103 M3
Oostvaardersdijk...106 J4
Oostvaardersplassen...106 J4
Oostvoorne...105 G6
Oostwold (bij Hoogkerk)...103 N2
Oostwold (bij Winschoten)...104 P2
Oostzaan...106 I4
Ootmarsum...107 O4
Opeinde...103 M2
Opende...103 M2
Ophemert...106 K6
Opheusden...106 K6
Oploo...107 L7
Opmeer...102 I3
Oppenhuizen...103 L2
Opperdoes...102 J3
Opsterland...103 M2
Oranjekanaal...103 N3
Oranjewoud...103 L3
Orvelte...103 N3
Osdorp...106 I4
Ospel...110 L8
Ospeldijk...111 L8
Oss...106 K6
Osse (Den)...105 F6
Ossendrecht...109 H7
Ossenisse...109 F7
Ossenzijl...103 L3
Oterleek...102 I4
Otterlo...106 L5
Ottersum...107 L6
Oud-Beijerland...105 H6
Oud Gastel...109 H7
Oud-Loosdrecht...106 J5

Oud-Reemst...106 L5
Oud-Sabbinge...109 F7
Oud-Vossemeer...109 G7
Oud-Wassenaar...105 H5
Oud-Zuilen...106 J5
Ouddorp...105 F6
Oude IJssel...107 M6
Oude Maas...105 H6
Oude Pekela...104 P2
Oude Rijn...105 I5
Oude-Tonge...105 G6
Oude Venen...103 L2
Oude-Wetering...105 H5
Oudebildtzijl...103 L2
Oudega (bij Drachten)...103 M2
Oudega (bij Koudum)...103 K3
Oudega (bij Sneek)...103 K3
Oudehaske...103 L3
Oudehorne...103 M3
Oudemirdum...103 K3
Oudemolen (Drenthe)...103 N2
Oudemolen (Noord-Brabant)...105 H7
Oudenbosch...109 H7
Oudenhoorn...105 G6
Ouderkerk...105 H6
Ouderkerk aan de Amstel...106 I5
Oudeschans...104 P2
Oudeschild...102 I2
Oudewater...106 I5
Oudkarspel...102 I3
Oudleusen...103 M4
Oudorp...102 I4
Oudwoude...103 M2
Ouwerkerk...105 F7
Overberg...106 K5
Overdinkel...107 P5
Overflakkee...105 G6
Overlangel...106 L6
Overloon...107 L7
Overschie...105 H6
Overschild...104 O2
Overslag...109 F8
Overveen...105 H4

Ovezande...109 F7

P
Pannerden...107 M6
Pannerdens Kanaal...106 L5
Panningen...111 L8
Papendrecht...105 I6
Papenvoort...104 O3
Parrega...103 K2
Paterswolde...103 N2
Peel (De)...106 L7
Peelland...110 K7
Peij...111 L8
Peize...103 N2
Pekel-Aa...104 O2
Pernis...105 H6
Pesse...103 N3
Petten...102 I3
Philippine...109 F8
Philipsdam...105 G6
Piaam...103 K2
Piershil...105 G6
Pieterburen...103 N1
Pijnacker...105 H5
Pikmeer...103 L2
Pingjum...102 K2
Poeldijk...105 G5
Polsbroek...106 I5
Polsbroekerdam...106 I6
Poortugaal...105 H6
Poortvliet...109 G7
Poppenwier...103 L2
Popta...103 L2
Port Zélande...105 F6
Posbank...107 M5
Post (Ten)...104 O2
Posterholt...111 M8
Posthoorn...106 L4
Princehof...103 L2
Princenhage...110 I7
Prinsenbeek...106 I7
Prinses Margrietkanaal...103 L2
Punt (De)...103 N2
Punthorst...103 M4

Purmerend...106 I4
Purmerland...106 I4
Putte...109 H7
Putten (Gelderland)...106 K5
Putten (Zuid-Holland)...105 G6
Puttershoek...105 H6

R
Raalte...107 M4
Raam...106 L6
Raamsdonk...106 I6
Raamsdonksveer...106 I6
Raerd...103 L2
Randwijk...106 L6
Ravenstein...106 K6
Rechteren...107 M4
Reduzum...103 L2
Reek...107 L6
Reest...107 N4
Reeuwijk...106 I5
Reeuwijk Dorp...105 I5
Reeuwijkse Plassen...106 I5
Regge...107 N5
Reimerswaal...109 G7
Reitdiep...103 N2
Rekken...107 O5
Renesse...105 F6
Renkum...106 L6
Renswoude...106 K5
Retranchement...108 E7
Reusel...110 J7
Reusel (Rivier)...110 J7
Reutum...107 O4
Reuver...111 M8
Rheden...107 M5
Rheeze...103 N4
Rhenen...106 K6
Rhoon...105 H6
Richel...103 J2
Ridderkerk...105 H6
Ried...103 K2
Riel...110 J7
Riethoven...110 K7
Rif (Het)...103 M1

HAARLEM

Anegang...BCY
Bakenessergracht...CY 6
Barrevoetestr...BY 7
Barteljorisstr...BY 9
Botermarkt...BYZ 13
Damstr...CY 18
Donkere Spaarne...CY 19
Frans Halsstr...CX 25
Friese Varkenmarkt...CXY 27
Gasthuisvest...BZ 28

Ged. Voldersgracht...BY 30
Gierstr...BZ 31
Groot Heiligland...BZ 33
Grote Houtstr...BYZ
Hagestr...CZ 34
Hoogstr...CZ 39
Jacobstr...BY 40
Keizerstr...BY 45
Klokhuispl...CY 48
Koningstr...BY 49
Kruisstr...BY

Nassaustr...BY 54
Nieuwe Groenmarkt...BY 55
Oostadestr...BX 57
Oude Groenmarkt...BCY 58
Smedestr...BY 66
Spaarndamseweg...CX 67
Spaarnwouderstr...CZ 69
Tuchthuisstr...BZ 72
Verwulft...BYZ 75
Zijlsingel...BY 79
Zijlstr...BY

LEEUWARDEN

Blokhuispl. . . . . CZ 4
de Brol . . . . CZ 6
Druifstreek. . . . . CZ 9
Groningerstraatweg . . . . . . CY 13
Harlingersingel . . . . BY 15
Harlingerstraatweg . . . . . . BY 16
Hoeksterend . . . . CY 18
Kleine Kerkstr. . . . . BY 21
Monnikemuurstr. . . . . CY 22

Naauw . . . . CZ 24
Nieuwestad. . . . . BZ
Nieuwe
  Kade . . . . CY 25
Over de Kelders . . . . CYZ 27
Peperstr. . . . . CZ 28
Prins Hendrikstr. . . . . BZ 31
Schoenmakersperk . . . . . CY 34
St-Jacobsstr. . . . . CY 36
Sophialaan . . . . BZ 37
Speelmansstr. . . . . CY 39

Tesselschadestr. . . . . BZ 42
Torenstr. . . . . BY 43
Tuinen . . . . CY 44
Turfmarkt. . . . . CY 45
Tweebaksmarkt . . . . CZ 46
Voorstreek . . . . CY
Waagpl. . . . . CY 48
Westerplantage . . . . BYZ 49
Wirdumerdijk . . . . CZ 53
W.
  Lodewijkstr. . . . . CZ 51

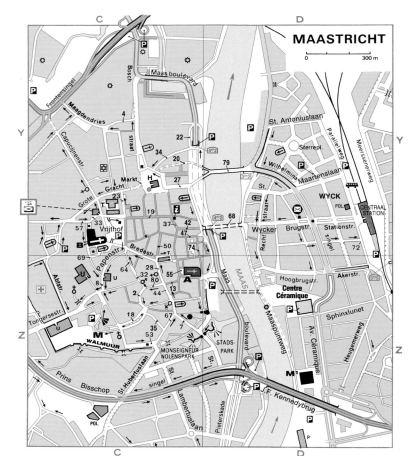

Rijen 106 I7
Rijkevoort 107 L7
Rijnsburg 105 H5
Rijnwaarden 107 M6
Rijp (De) 102 I4
Rijs 103 K3
Rijsbergen 110 I7
Rijsenhout 105 I5
Rijsoord 105 H6
Rijssen 107 N5
Rijswijk (Gelderland) . . . 106 K6
Rijswijk (Zuid-Holland). . 105 G5
Rilland 109 G7
Rimburg 111 M9
Rinsumageest 103 L2
Rips 111 L7
Ritthem 109 E7
Rockanje 105 G6
Roden 103 N2
Roderwolde 103 N2
Roelofarendsveen 105 H5
Roer 111 L8
Roermond 111 L8
Roggebotsluis 103 L4
Roggel 111 L8
Rolde 103 N3
Ronde Venen (De) 106 I5
Ronduite 103 M3
Roodeschool 104 O1
Roompot 109 F7
Roosendaal 109 H7
Roosteren 111 L8
Rosmalen 106 K6
Rossum (Gelderland) . . . 106 K6
Rossum (Overijssel) . . . 107 O4
Roswinkel 104 P3
Rottemeren 105 H5
Rotterdam 105 H6
Rotterdam (Luchthaven) 105 H6
Rottevalle 103 M2
Rottum (Fryslân) 103 L3
Rottum (Groningen) 103 N1
Rottumeroog 103 N1
Rottumerplaat 103 N1
Rouveen 103 M4
Rozenburg 105 G6
Rozendaal 107 L5
Rucphen 109 H7
Ruinen 103 N3
Ruinerwold 103 M3
Ruiten-Aa 104 P3
Ruiten-Aa Kanaal 104 P3
Ruitenveen 103 M4
Rutten 103 L3
Ruurlo 107 N5

S

Saaksum 103 N2
Saasveld 107 O5
Sambeek 107 L7

Santpoort 105 H4
Sas-van-Gent 109 F8
Sassenheim 105 H5
Sauwerd 103 N2
Schaarsbergen 106 L5
Schaft 110 K8

Schagen 102 I3
Schagerbrug 102 I3
Schaijk 106 K6
Schalkhaar 107 M5
Schalkwijk 106 J6
Scharendijke 105 F6

Scharnegoutum 103 L2
Scharsterbrug 103 L3
Scharwoude 102 J4
Scheemda 104 O2
Schelde 109 G7
Schelde-Rijnverbinding . 109 G7
Schellingwoude 106 I4
Schellinkhout 102 J4
Schermer 102 I4
Schermerhorn 102 I4
Scherpenisse 109 G7
Scherpenzeel (Fryslân) . . 103 L3
Scherpenzeel
  (Gelderland) 106 K5
Scheveningen 105 G5
Schiedam 105 H6
Schijf 109 H7
Schijndel 106 K7
Schildmeer 104 O2
Schildwolde 104 O2
Schimmert 111 L9
Schin op Geul 111 L9
Schinnen 111 L9
Schinveld 111 L9
Schipbeek 107 N5
Schipborg 103 O2
Schipluiden 105 G6
Schokland 103 L4
Schoondijke 109 E7
Schoonebeek 104 O4
Schoonebeekerdiep . . . 107 O4
Schoonhoven 106 I6
Schoonloo 104 O3
Schoonoord 104 O3
Schoonrewoerd 106 J6
Schoorl 102 I3
Schooten (De) 102 I3
Schouwen 105 F6
Schouwerzijl 103 N2
Schuddebeurs 105 F6
Schutsluis 103 M1
Sebaldeburen 103 M2
Sellingen 104 P3
Serooskerke (Veere) . . . 109 E7
Serooskerke
  (Westerchouwen) . . . 105 F6
Sevenum 111 M7
Sexbierum 102 K2

Simpelveld 111 L9
Sinderen 107 N6
St. Anna ter Muiden . . . 108 E8
St. Annaland 109 G7
St. Annaparochie 103 K2
St. Hubertus (Jachtslot) 106 L5
St. Kruis 108 E8
St. Maartensdijk 109 G7
St. Philipsland 105 G7
St.-Annen 103 O2
St.-Anthonis 107 L7
St.-Geertruid 110 L9
St.-Hubert 106 L7
St.-Isidorushoeve 107 O5
St.-Jacobiparochie 103 K2
St.-Janskloster 103 M3
St.-Jansteen 109 G8
St.-Laurens 109 E7
St.-Maarten 102 I3
St.-Maartensvlotbrug . . 102 I3
St.-Michielsgestel 106 K7
St.-Nicolaasga 103 L3
St.-Odiliënberg 111 L9
St.-Oedenrode 110 K7
St.-Pancras 102 I4
St.-Pietersberg 111 L9
Sittard 111 L8
Six Flags (Park) 106 L4
Skarsterlân 103 L3
Slagharen 103 N4
Slagharen
  (Attractiepark) 103 N4
Sleen 104 O3
Sleeuwijk 106 I6
Slenaken 111 L9
Sliedrecht 106 I6
Slinge 107 O5
Slochteren 104 O2
Sloehaven 109 F7
Slootdorp 102 I3
Sloten (Friesland) 103 K3
Slotermeer 103 K3
Slufter (De) 102 I2
Sluis 108 E8
Sluiskil 109 F8
Smallingerland 103 M2
Smilde 103 N3
Sneek 103 L2
Sneekermeer 103 L2
Soerendonk 110 K8
Soest 106 J5
Soestdijk 106 J5
Soestduinen 106 J5
Soesterberg 106 J5
Someren 110 L7
Someren-Eind 110 L7
Someren-Heide 110 L7

MAASTRICHT

Achter de Molens . . . . CZ 3
A. D. Barakken . . . . CY 4
Begijnenstr. . . . . CZ 7
Bouillonstr. . . . . CZ 8
Cortenstr. . . . . CZ 13
Grote Looiersstr. . . . . CZ 18
Grote Staat . . . . CY 19
Gubbelstr. . . . . CY 20
Helmstr. . . . . CY 23
Hoenderstr. . . . . CY 27
Hondstr. . . . . CY 28
Kapoenstr. . . . . CZ 32
Keizer Karelpl. . . . . CY 33
Kleine Gracht . . . . CY 34
Kleine Looiersstr. . . . . CZ 35
Kleine Staat . . . . CY 37
Maastr. Brugstr. . . . . CY 42
Maastr. Heidenstr. . . . . CZ 44
Maastr. Smedenstr. . . . . . . CY 47
Minckelerstr. . . . . CY 50
Nieuwenhofstr. . . . . CZ 53
Onze Lieve Vrouwepl. . . . . . CZ 55
Oude Tweebergenpoort . . . . CY 57
St-Jacobstr. . . . . CY 64
St-Pieterstr. . . . . CY 67
St-Servaasbrug . . . . DY 68
St-Servaasklooster . . . . CZ 69
Spoorweglaan . . . . DY 72
Stokstr. . . . . CY 74
van Hasseltkade . . . . CY 22
Wilhelminabrug . . . . DY 79
Witmakersstr. . . . . CZ 80
Wycker Brugstr. . . . . DY

MIDDELBURG

Achter de Houttuinen	AZ	3
Bierkaai	BZ	4
Dampl	BY	6
Groenmarkt	AYZ	7
Hoogstr	AZ	9
Houtkaai	BZ	10
Koepoortstr	BY	12
Koestr	AZ	13
Koorkerkstr	BZ	15
Korte Burg	AY	16

Korte Delft	BYZ	18
Korte Noordstr	AY	19
Langeviele	AZ	
Lange Delft	ABZ	
Lange Noordstr	AY	21
Londensekaai	BZ	22
Markt	AZ	
Nieuwe Burg	AZ	24
Nieuwe Haven	AZ	25
Nieuwe Vlissingseweg	AZ	27
Nieuwstr	BZ	28
Plein 1940	AZ	30

Pottenmarkt	AZ	2
Rotterdamsekaai	BY	31
Schuitvlotstr	BY	5
Segeerstr	BZ	33
Sint-Pieterstr	BY	34
Stadhuisstr	AY	36
Vismarkt	ABZ	37
Vlissingsestr	AZ	39
Volderijlaagte	AY	40
Wagenaarstr	AY	42
Walensingel	AYZ	43

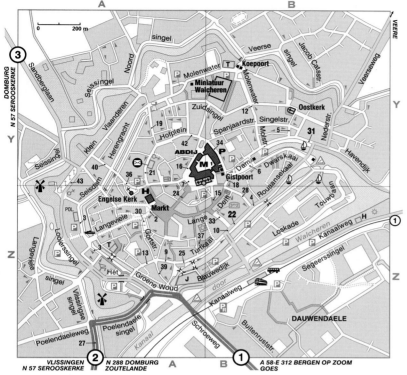

Tiel	106	K6
Tiengemeten	105	G6
Tienhoven	106	J5
Tienray	111	M7
Tystjerk	103	L2
Tijnje	103	L2
Tilburg	110	J7
Tilligte	107	O4
Tjalleberd	103	L3
Tjerkwerd	103	K2
Tjeukemeer	103	L3
Tjongerkanaal	103	M3
Tolbert	103	N2
Toldijk	107	M5
Tolkamer	107	M6
Tollebeek	103	L3
Tongelre	110	K7
Tongelreep	110	K8
Trekkersveld	106	K4
Tricht	106	J6
Tubbergen	107	O4
Tuk	103	M3
Tungelroy	110	L8
Turfvaart	109	H7
Tweede-Exloërmond	104	O3
Twello	107	M5
Twentekanaal	107	O5
Twickel	107	O5
Twijzel	103	M2
Twijzelerheide	103	M2
Twisk	102	J3
Tynaarlo	103	N2
Tytsjerksteradiel	103	M2
Tzum	103	K2
Tzummarum	103	K2

V

Vaals	111	M9
Vaart (De)	106	J4
Vaassen	106	L5
Valburg	106	L6
Valkenburg	105	H5
Valkenburg aan de Geul	111	L9
Valkenswaard	110	K7
Valthe	104	O3
Valthermond	104	O3
Van Harinxmakanaal	103	K2
Van Starkenborghkanaal	103	M2
Varik	106	K6
Varsen	107	N4
Varsseveld	107	N6
Vasse	107	O4
Vecht	107	M4
Veelerveen	104	P2
Veen	106	J6
Veendam	104	O2
Veenendaal	106	K5
Veenhuizen	103	N2
Veeningen	103	N3
Veenoord	104	O3
Veenwouden	103	L2
Veere	109	F7
Veerse Gatdam	109	E7
Veerse Meer	109	E7
Veessen	107	M4
Veghel	106	K7
Velddriel	106	J6
Velden	111	M7
Veldhoven	110	K7
Velp (Gelderland)	107	L6
Velp (Noord-Brabant)	106	L6
Velsen	105	H4
Velsertunnel	105	H4
Veluwe	106	L5
Veluwemeer	106	K5
Veluwezoom (Nationaal Park De)	106	L5
Venhorst	106	L7
Venhuizen	102	J4
Venlo	111	M7
Venray	111	L7
Vessem	106	J7
Veulen	111	L7
Vianen	106	J6
Vierhouten	106	L4
Vierlingsbeek	107	M7
Vijfhuizen	105	I4
Vijlen	111	L9
Vilsteren	107	N4
Vinkel	106	K6
Vinkeveen	106	I5
Vinkeveense Plassen	106	I5
Visvliet	103	M2
Vlaardingen	105	H6
Vlagtwedde	104	P2
Vledder	103	M3
Vleut	110	K7
Vleuten	106	J5
Vlieland	102	I2
Vlierden	110	L7
Vliestroom	102	J2

U

Ubachsberg	111	L9
Ubbergen	107	L6
Uddel	106	L5
Uden	110	K7
Udenhout	106	J7
Uffelte	103	M3
Ugchelen	107	L5
Uitdam	106	J4
Uitgeest	105	I4
Uithoorn	106	I5
Uithuizen	103	O1
Uithuizermeeden	103	O1
Uithuizerwad	103	N1
Ulestraten	110	L9
Ulft	107	N6
Ulicoten	110	I7
Ulrum	103	N1
Ulvenhout	110	I7
Ureterp	103	M2
Urk	106	L4
Urmond	110	L9
Ursem	102	I4
Usquert	103	N1
Usselo	107	O5
Utrecht	106	J5
Utrecht (Provincie)	106	J5

Sommelsdijk	105	G6
Son	110	K7
Sondel	103	K3
Spaarndam	105	I4
Spakenburg	106	K5
Spanbroek	102	I3
Sparjebird	103	M2
Spaubeek	111	L9
Spekholzerheide	111	M9
Spier	103	N3
Spierdijk	102	I4
Spijk (Gelderland)	107	M6
Spijk (Groningen)	104	O1
Spijkenisse	105	G6
Spijkerboor	104	O2
Spoordonk	110	J7
Sprang-Capelle	106	J6
Sprundel	109	H7
Spui (Zeeland)	109	F8
Spui (Zuid-Holland)	105	G6
Stad aan 't Haringvliet	105	G6
Stade Broek	102	J3
Stadskanaal	104	O3
Stampersgat	105	H7
Standdaarbuiten	105	H7
Staphorst	103	M4
Stavenisse	109	G7
Stavoren	102	K3
Stedum	103	O2
Steeg (De)	107	M5
Steenbergen	109	G7
Steenbergse Vliet	109	G7
Steendam	104	O2
Steenderen	107	M5
Steensel	110	K7
Steenwijk	103	M3
Steenwijkerwold	103	M3
Steenwijksmoer	104	O3
Steggerda	103	M3
Stein	110	L9
Stellendam	105	G6
Sterksel	110	K7
Stevensbeek	107	L7
Stevensweert	111	L8
Stevinsluizen	102	J3
Steyl	111	M8
Stichtse Brug	106	J5
Stiens	103	L2
Stiphout	110	K7
Stolwijk	106	I6
Stompwijk	105	H5
Stramproy	110	L8
Streefkerk	106	I6

Streek (De)	102	J3
Strijbeek	110	I7
Strijen	105	H6
Strijenham	109	G7
Strijensas	105	H6
Stroe	106	L5
Stuifzand	103	N3
Sumar	103	M2
Surhuisterveen	103	M2
Susteren	111	L8
Swalmen	111	M8
Swartbroek	110	L8
Swifterbant	103	K4

T

Tankenberg	107	O5
Tegelen	111	M7
Terband	103	L3
Terborg	107	N6
Terheijden	106	I7
Terherne	103	L2
Terkaple	103	L2
Terlet	107	L5
Termunten	104	P2
Ternaard	103	L1

Terneuzen	109	F7
Terneuzen (Pas van)	109	F7
Terschelling	102	K1
Terschellingerwad	102	J2
Terschuur	106	K5
Terwolde	107	M5
Teteringen	106	I7
Teuge	107	M5
Texel	102	I2
Thesinge	103	N2
Tholen	109	G7
Tholen (Plaats)	109	G7
Thorn	111	L8

NIJMEGEN

Augustinenstr	B	4
Barbarossastr	C	6
Bisschop Hamerstr	B	10
Bloemerstr	B	
Broerstr	B	
Burchtstr	C	
Ganzenheuvel	B	2
Gerard Noodstr	C	15
Graadt Roggenstr	C	16
Groesbeekseweg	B	18
Grotestr	C	21
Grote Markt	B	19
in de Betouwstr	B	9
Julianapl	C	28
Keizer Traianuspl	C	30
Kelfkensbos	C	31
Kitty de Wijzepl	B	8
Lange Hezelstr	B	
Marienburgsestr	C	34
Molenstr	B	
Mr Franckenstr	C	35
Nassausingel	B	37
Nonnenstr	B	40
Passage Molenpoort	B	45
Plein 1944	B	
Prins Bernhardstr	C	46
Prins Hendrikstr	C	48
Regulierstr	B	49
Stationspl	B	55
Stikke Hezelstr	B	57
Tunnelweg	B	60
Tweede Walstr	B	61
van Berchenstr	B	7
van Broeckhuysenstr	C	12
van Demerbroeckstr	B	13
van Oldenbarneveltstr	B	42
van Schevichavenstr	C	51
van Trieststr	B	58
Wilhelminasingel	B	64
Ziekerstr	BC	

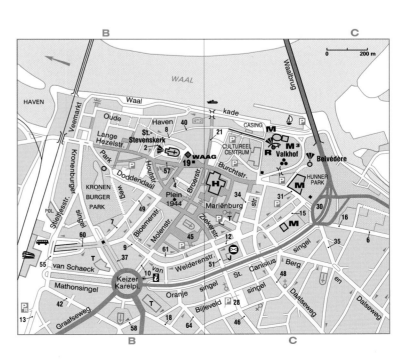

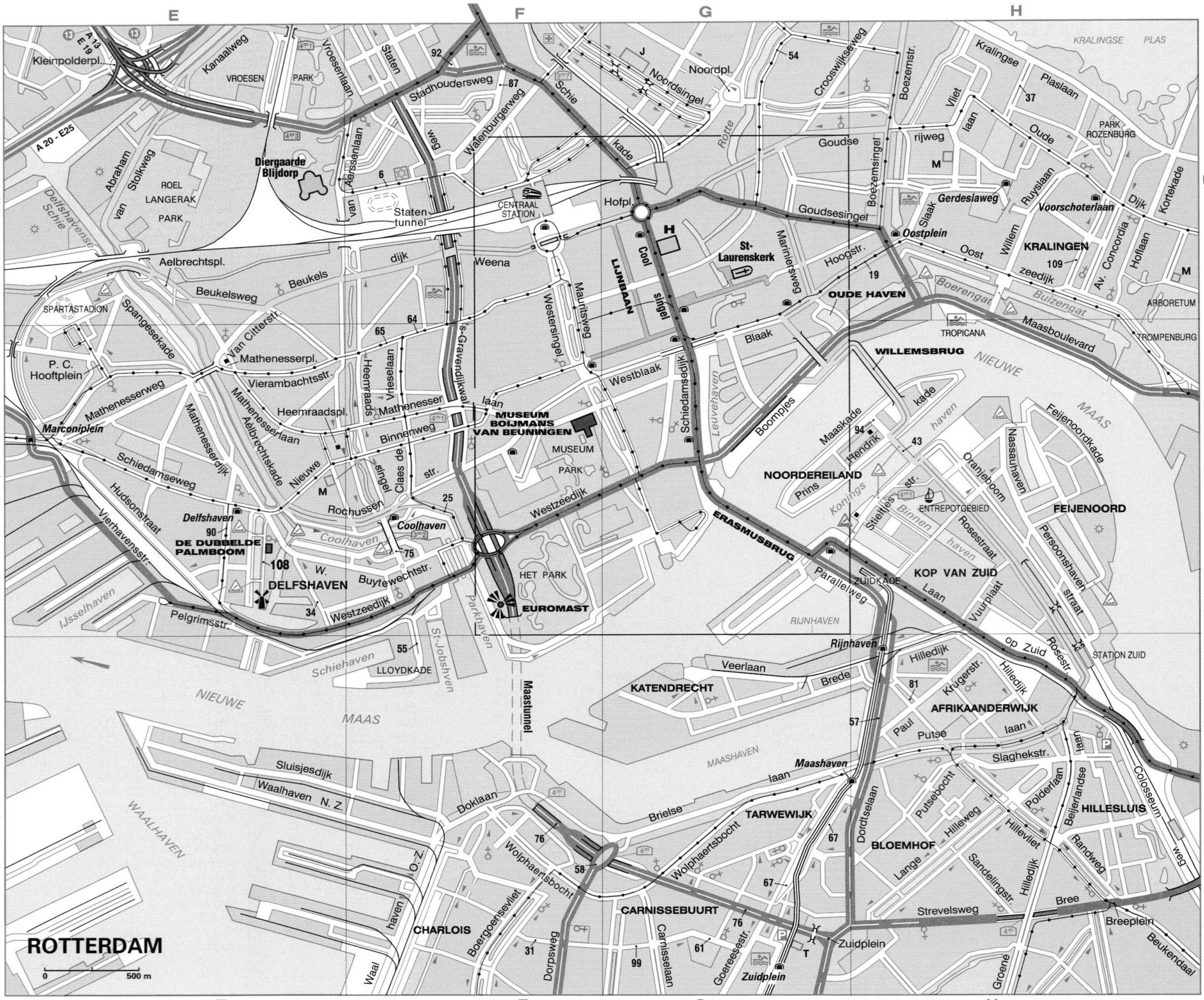
E
F
G
H
U
V
X
ROTTERDAM
0
500 m
KRALINGSE PLAS
Kleinpolderpl.
Kanaalweg
VROESEN PARK
Vroesenlaan
Statenweg
Stadhoudersweg
Walenburgerweg
Schiekade
Noordsingel
Noordpl.
Crooswijkseweg
Boezemstr.
Kralingse Plaslaan
PARK ROZENBURG
Diergaarde Blijdorp
ROEL LANGERAK PARK
Delfshavense Schie
Abraham van Stolkweg
Statentunnel
CENTRAAL STATION
Hofpl.
Goudse rijweg
Goudsesingel
Gerdesiaweg
Voorschoterlaan
Oostplein
KRALINGEN
ARBORETUM
TROMPENBURG
Aelbrechtspl.
Beukelsweg
SPARTASTADION
P. C. Hooftplein
Mathenesserpl.
Vierambachtsstr.
Marconiplein
Weena
Westersingel
Mauritsweg
LIJNBAAN
Coolsingel
St-Laurenskerk
Hoogstr.
Marinierweg
OUDE HAVEN
Blaak
TROPICANA
Maasboulevard
WILLEMSBRUG
NIEUWE MAAS
MUSEUM BOIJMANS VAN BEUNINGEN
MUSEUM PARK
Westblaak
Schiedamsedijk
Boompjes
Westzeedijk
NOORDEREILAND
ENTREPOTGEBIED
FEIJENOORD
Feijenoordkade
Nassauhaven
Coolhaven
Delfshaven
DE DUBBELDE PALMBOOM
DELFSHAVEN
HET PARK
EUROMAST
ERASMUSBRUG
KOP VAN ZUID
Rijnhaven
RIJNHAVEN
STATION ZUID
Pelgrimsstr.
Schiehaven
LLOYDKADE
Maastunnel
KATENDRECHT
Veerlaan
AFRIKAANDERWIJK
MAASHAVEN
Maashaven
Sluisjesdijk
Waalhaven N. Z.
WAALHAVEN
TARWEWIJK
BLOEMHOF
HILLESLUIS
Strevelsweg
CHARLOIS
CARNISSEBUURT
Zuidplein
Breeplein
Beukendaal

W

Wittem ...111 L9	Wouwse Plantage ...109 H7	Zandloper (De) ...102 I3	Zevenaar ...107 M6	Zuid-Beijerland ...105 H6	Zuilichem ...106 J6
Woensdrecht ...109 G7	Wünseradiel ...102 K2	Zandt ('t) ...104 O1	Zevenbergen ...109 H7	Zuid Beveland ...109 F7	Zunderdorp ...106 I4
Woerden ...106 I5	Wymbritseradiel ...103 K2	Zandvoort ...105 H4	Zevenbergschen Hoek ...106 I6	Zuid-Holland (Provincie) ...105 H5	Zundert ...109 H7
Wognum ...102 J3	Wyns ...103 L2	Zeddam ...107 M6	Zevenhuizen (Groningen) ...103 N2	Zuid-Kennemerland (Nationaal Park) ...105 H4	Zurich ...102 K2
Woldberg ...106 L4	Wytgaard ...103 L2	Zederik ...106 J6	Zevenhuizen (Zuid-Holland) ...105 H5	Zuid-Willemsvaart ...110 K8	Zutphen ...107 M5
Woldendorp ...104 P2		Zeegse ...103 N2	Zierikzee ...105 F7	Zuidbarge ...104 O3	Zwaag ...102 J3
Wolfheze ...106 L5	**Y - Z**	Zeeland ...106 L6	Zieuwent ...107 N5	Zuidbroek ...104 O2	Zwaagdijk ...102 J3
Wolphaartsdijk ...109 F7		Zeeland (Provincie) ...109 E7	Zijderveld ...106 J6	Zuiddorpe ...109 F8	Zwaagwesteinde ...103 M2
Woltersum ...104 O2	Yerseke ...109 G7	Zeelandbrug ...105 F7	Zijdewind ...102 I3	Zuidelijk-Flevoland ...105 K4	Zwammerdam ...106 I5
Wolvega ...103 M3	Zaamslag ...109 F8	Zeerijp ...104 O1	Zijpe ...102 I3	Zuideropgaande ...103 N3	Zwanenburg ...106 I4
Wommels ...103 K2	Zaan ...106 I4	Zeewang ...102 J4	Zijtaart ...105 K7	Zuiderwoude ...106 J4	Zwanenwater ('t) ...102 I3
Wons ...102 K2	Zaandam ...106 I4	Zeewolde ...105 K5	Zilk (De) ...105 H5	Zuidhorn ...104 N2	Zwartemeer (Drenthe) ...104 P3
Workum ...102 K3	Zaandijk ...106 I4	Zegge ...109 H7	Zoelen ...106 K6	Zuidlaardermeer ...104 O2	Zwartemeer (Overijssel) ...106 L4
Wormer ...106 I4	Zaanstad ...106 I4	Zegveld ...106 I5	Zoetermeer ...105 H5	Zuidland ...105 G6	Zwartewaal ...105 G6
Wormerveer ...106 I4	Zalk ...107 M4	Zeijen ...103 N2	Zoeterwoude-Rijndijk ...105 H5	Zuidlaren ...104 O2	Zwartewater ...107 M4
Woubrugge ...105 H5	Zaltbommel ...106 J6	Zeilberg ...111 L7	Zonnemaire ...105 F6	Zuidveen ...103 M3	Zwartsluis ...103 M4
Woudenberg ...106 K5	Zand ('t) ...102 I3	Zeist ...106 J5	Zoutelande ...108 E7	Zuidwolde (Drenthe) ...103 N3	Zweeloo ...104 O3
Woudrichem ...106 J6	Zandkreekdam ...109 F7	Zelhem ...107 N5	Zoutkamp ...103 M1	Zuidwolde (Groningen) ...103 N2	Zwijndrecht ...105 H6
Woudsend ...103 K3		Zenderen ...107 O5		Zuidzande ...108 E7	Zwinderen ...104 O3
Wouw ...109 H7		Zetten ...106 L6			Zwolle ...107 M4

UTRECHT

Achter de Dom ... BY 3	Dav. van Mollemstr. ... AX 37	Kromme Nieuwegracht ... BY 70	Oudegracht ... AXBZ	Valkstr. ... BX 129
Achter St-Pieter ... BY 4	Dompl. ... BY 39	Kruisstr. ... CX 72	Oudkerkhof ... BY 97	van Asch van Wijckskade ... BX 10
Agnietenstr. ... BZ 6	Domstr. ... BY 40	Lange Jansstr. ... BX 73	Oudenoord ... BY 100	van Sijpesteijnkade ... AY 116
Badenpowellweg ... BZ 11	Duifstr. ... BX 43	Lange Smeestr. ... BY 75	Pieterskerkhof ... BY 103	Venuslaan ... BCZ 130
Bakkerbrug ... BY 12	Herculeslaan ... CZ 48	Lange Viestr. ... AX 76	Pieterstr. ... BY 2	Vismarkt ... BY 133
Biltsestraatweg ... CX 15	Jansbrug ... ABY 54	Ledig Erf ... BZ 78	Potterstr. ... BX 106	Voetiusstr. ... BY 135
Blauwkapelseweg ... BX 18	Janskerkhof ... BX 55	Leidseveer ... AXY 79	Predikherenkerkhof ... BX 108	Voorstr. ... BX
Bleekstr. ... BZ 21	Johannes de Bekastr. ... BX 57	Maliesingel ... BCYZ 82	Prins Hendriklaan ... CY 110	Vredenburg ... AY
Bosboomstr. ... CZ 22	Kaatstr. ... AX 60	Mariaplaats ... BY 84	Servetstr. ... BY 115	Westpl. ... AY 141
Briljantlaan ... BZ 25	Kleinesingel ... BX 61	Mecklenburglaan ... CYZ 87	Stadionlaan ... CZ 122	Willem van Noortstr. ... BX 142
Catharijnebaan ... AY 31	Koekoekstr. ... BX 63	Moreelsepark ... AY 90	Stationspl. ... AY 123	Wittevrouwenstr. ... BX 144
Catharijnekade ... AX 33	Koningin Wilhelminalaan ... AZ 64	Nachtegaalstr. ... CY	Steenweg ... ABY 124	Wolvenpl. ... BX 145
	Korte Jansstr. ... BY 67	Neude ... BXY 91	Twijnstr. ... BZ 128	Zuilenstr. ... BY 148
	Korte Nieuwstr. ... BY 69	Nicolaasstr. ... BZ 93		

STADTPLÄNE

Straßen

- Autobahn - Schnellstraße
- Hauptverkehrsstraße
- Dunant — Einkaufsstraße - Einbahnstraße
- ‡=====‡ Gesperrte Straße, mit Verkehrsbeschränkungen
- Fußgängerzone
- P Parkplatz
- P+R Park-and-Ride-Plätze

Sehenswürdigkeiten

- Sehenswertes Gebäude
- Sehenswerter Sakralbau

Sonstige Zeichen

- Informationsstelle - Krankenhaus
- Bahnhof und Bahnlinie
- Flughafen - Autobusbahnhof
- U-Bahnstation
- Öffentliches Gebäude, durch einen Buchstaben gekennzeichnet:
- P   H   Kantonale Verwaltung - Rathaus
- J   Justizpalast
- M   T   U   Museum - Theater - Universität, Hochschule
- POL.   G   Stadtpolizei - Kantonspolizei
- Hauptpostamt (postlagernde Sendungen)
- Touring Club der Schweiz (T.C.S.)
- Automobil Club der Schweiz (A.C.S.)

PLATTEGRONDEN

Wegen

- Autosnelweg - Weg met gescheiden rijbanen
- Hoofdverkeersweg
- Dunant — Winkelstraat - Eenrichtingsverkeer
- ‡=====‡ Onbegaanbare straat, beperkt toegankelijk
- Voetgangersgebied
- P Parkeerplaats
- P+R Parkeer en Reis

Bezienswaardigheden

- Interessant gebouw
- Interessant kerkelijk gebouw

Overige tekens

- Informatie voor toeristen - Ziekenhuis
- Station spoorweg
- Luchthaven - Busstation
- Metrostation
- Openbaar gebouw, aangegeven met een letter:
- P   H   Prefectuur - Stadhuis
- J   Gerechtshof
- M   T   U   Museum - Schouwburg - Universiteit, hogeschool
- POL.   G   Gemeentepolitie - Kantonpolitie
- Hoofdkantoor voor poste-restante
- Touring Club Suisse (T.C.S.)
- Automobile Club de Suisse (A.C.S.)

TOWN PLANS

Roads

- Motorway - Dual carriageway
- Major thoroughfare
- Dunant — Shopping street - One-way street
- ‡=====‡ Unsuitable for traffic, street subject to restrictions
- Pedestrian street
- P Car Park
- P+R Park and Ride

Sights

- Place of interest
- Interesting place of worship

Various signs

- Tourist Information Centre - Hospital
- Station and railway
- Airport - Coach station
- Underground station
- Public buildings located by letter:
- P   H   Offices of cantonal authorities - Town Hall
- J   Law Courts
- M   T   U   Museum - Theatre - University, College
- POL.   G   Police - Local Police Station
- Main post office with poste restante
- Touring Club Suisse (T.C.S.)
- Automobil Club der Schweiz (A.C.S.)

LES PLANS

Voirie

- Autoroute - Route à chaussées séparées
- Grande voie de circulation
- Dunant — Rue commerçante - Sens unique
- ‡=====‡ Rue impraticable, réglementée
- Rue piétonne
- P Parking
- P+R Parking Relais

Curiosités

- Bâtiment intéressant
- Édifice religieux intéressant

Signes divers

- Information touristique - Hôpital
- Gare et voie ferrée
- Aéroport - Gare routière
- Station de métro
- Bâtiment public repéré par une lettre:
- P   H   Prefecture - Hôtel de ville
- J   Palais de justice
- M   T   U   Musée - Théâtre - Université, grande école
- POL.   G   Police municipale - Gendarmerie
- Bureau principal de poste restante
- Touring Club Suisse (T.C.S.)
- Automobile Club de Suisse (A.C.S.)

LE PIANTE

Viabilità

- Autostrada - Strada a carreggiate separate
- Grande via di circolazione
- Dunant — Via commerciale - Senso unico
- ‡=====‡ Via impraticabile, a circolazione regolamentata
- Via pedonale
- P Parcheggio
- P+R Parcheggio Ristoro

Curiosità

- Edificio interessante
- Costruzione religiosa interessante

Simboli vari

- Ufficio informazioni turistiche - Ospedale
- Stazione e ferrovia
- Aeroporto - Stazione di autobus
- Stazione della Metropolitana
- Edificio pubblico indicato con lettera:
- P   H   Prefettura - Municipio
- J   Palazzo di Giustizia
- M   T   U   Museo - Teatro - Università, grande scuola
- POL.   G   Polizia - Polizia cantonale
- Ufficio centrale di fermo posta
- Touring Club Svizzero (T.C.S.)
- Club Svizzero dell'Automobile (A.C.S.)

PLANOS

Vías de circulación

- Autopista - Autovía
- Vía importante de circulacíon
- Dunant — Calle comercial - Sentido único
- ‡=====‡ Calle impraticable, de uso restringido
- Calle peatonal
- P Aparcamiento
- P+R Aparcamientos "P+R"

Curiosidades

- Edificio interesante
- Edificio religioso interesante

Signos diversos

- Oficina de información de Turismo - Hospital
- Estación y linea férrea
- Aeropuerto - Estación de autobuses
- Boca de metro
- Edificio público localizado con letra:
- P   H   Gobierno cantonal - Ayuntamiento
- J   Palacio de Justicia
- M   T   U   Museo - Teatro - Universidad, Escuela Superior
- POL.   G   Policía municipal - Policía cantonal
- Oficina central de lista de correos
- Touring Club Suisse (T.C.S.)
- Automobile Club de Suisse (A.C.S.)

Suisse/Schweiz/Svizzera

A

Aabach	117	I3
Aadorf	118	K3
Aarau	117	I3
Aarberg	116	F4
Aarburg	117	H4
Aare	117	I3
Aarekanal	116	F4
Aareschlucht	122	I5
Aargau (Kanton)	117	I3
Aarwangen	117	H4
Abbaye (L')	120	C6
Abländschen	121	F6
Abtwil	117	J4
Ächerlipass	117	J5
Aclens	120	D6
Acquarossa	122	K6
Adelboden	121	G6
Adligenswil	117	J4
Adlikon	118	J3
Adliswil	118	J4
Aesch (Basel-Land)	117	G3
Aesch (Luzern)	117	I4
Aeschi bei Spiez	121	H6
Affeltrangen	118	L3
Affoltern a. Albis	117	J4
Affoltern bei Zürich	118	J3
Affoltern i. Emmental	117	H4
Agarn	121	G7

Agarone	122	K7
Ägerisee	117	J4
Agno	122	K7
Aigle	120	E7
Aire-la-Ville	120	C7
Airolo	122	J6
Alberswil	117	H4
Albeuve	121	F6
Albis	118	J4
Albristhorn	121	G6
Albrunpass	122	I6
Albula	123	M5
Albulapass	123	N6
Aletschhorn	121	I6
Allalinhorn	121	H7
Allaman	120	D6
Alle	116	H3
Allschwil	117	G3
Allweg	117	I5
Alp Grüm	123	O6
Alperschällihorn	123	L6
Alpes (Vue des)	116	E4
Alphubel	121	H7
Alpnach	117	I5
Alpnachstad	117	I5
Alpstein	118	M4
Alptal	118	K4
Alt St. Johann	118	L4
Altanca	122	K6
Altbüron	117	H4
Altdorf	122	J5

Altendorf	118	K4
Altenrhein	118	M3
Alter Spittel	121	I7
Alterswil	121	F5
Altnau	118	L3
Altstätten	118	M3
Altstetten	117	J3
Alvaneu	123	M5
Alvra (Val d')	123	N6
Ambri	122	K6
Amburnex (Combe des)	120	C6
Amden	118	L4
Aminona	121	G6
Amlikon	118	L3
Amriswil	118	L3
Amsoldingen	121	G5
Amsteg	122	J5
Andeer	123	M6
Andelfingen	118	K3
Andermatt	122	J6
Anières	120	C7
Anniviers (Val d')	121	G7
Anzère	121	G7
Appenzell	118	M4
Appenzell Ausserrhoden (Kanton)	118	L3
Appenzell Innerrhoden (Kanton)	118	M3
Apples	120	D6
Aquila	122	K6

Aran	120	E6
Arbedo-Castione	122	L7
Arbon	118	M3
Arch	116	G4
Arconciel	121	F5
Ardez	119	O5
Ardon	121	F7
Arenenberg	118	L2
Areuse	116	E5
Areuse (Gorges de l')	116	E5
Argentière (Aiguille d')	120	F8
Argovie = Aargau	117	I3
Arisdorf	117	H3
Arlesheim	117	G3
Arnegg	118	L3
Arni	117	J4
Arogno	122	K8
Arolla	121	G7
Arosa	119	N5
Aroser Rothorn	123	M5
Arth	117	J4
Arvigo	123	L7
Arzier	120	C6
Arzo	122	K8
Ascona	122	K7
Assens	120	D6
Astano	122	K7
Asuel	116	F3

Attalens	120	E6
Attinghausen	118	J5
Attiswil	117	G4
Au	119	M3
Auberson (L')	116	D5
Aubonne	120	D6
Auboranges	120	E6
Aubrig	118	K4
Auenstein	117	I3
Augio	123	L6
Augst	117	H3
Augstbordhorn	121	H7
Augstenberg	119	O5
Aumont	116	E5
Ausserberg	121	H7
Ausserferrera	123	M6
Auvernier	116	E5
Auw	117	J4
Avants (Les)	120	E6
Avegno	122	K7
Avenches	116	F5
Averserrhein	123	M6
Avry	121	F5
Avry-devant-Pont	121	F5
Avully	120	C7
Ayent	121	G7
Ayer	121	G7
Axalp	122	I5
Axenstrasse	118	J5
Azmoos	119	M4

B

Baar	118	J4
Bäch	118	K4
Bachsee	121	I5
Baden	117	I3
Badus	122	J6
Bagnes (Vallée de)	121	F7
Baldegger See	117	I4
Bâle = Basel	117	G3
Balerna	122	L8
Balfrin	121	H7
Balgach	118	M3
Ballaigues	120	D5
Ballens	120	D6
Ballwil	117	I4
Balmhorn	121	H6
Balsthal	117	H4
Balterswil	118	K3
Bannwil	117	H4
Bärau	121	H5
Bärentritt	119	N5
Bäretswil	118	K3
Bargen	118	J2
Bäriswil	117	G4
Barrhorn	121	H7
Bärschwil	117	G3
Basel	117	G3
Basel-Land (Kanton)	117	H3
Basel-Stadt (Kanton)	117	G3

BASEL

Aeschenvorstadt	CYZ	
Alemannengasse	DY	3
Andreasplatz	BY	5
Andreas-Heusler-Strasse	DZ	4
Augustinergasse	BY	6
Bäumleingasse	CY	9
Barfüsserplatz	BY	7
Bernoullistrasse	ABY	12
Brunngässlein	CYZ	15
Centralbahnplatz	BZ	16
Centralbahnstrasse	BZ	18
Claraplatz	CX	
Drahtzugstrasse	CX	19
Dufourstrasse	CY	22
Eisengasse	BY	24
Erdbeergraben	BZ	25
Falknerstrasse	BY	27
Fischmarktplatz	BY	28
Freie Strasse	BY	
Gemsberg	BY	31
Gerbergasse	BY	
Greifengasse	BCY	33
Innere-Margarethen-strasse	BZ	43
Isteinerstrasse	DX	45
Kannenfeldstrasse	AX	46
Klingentalstrasse	CX	48
Klosterberg	BZ	49
Kohlenberg	BZ	51
Kohlenberggasse	BY	52
Leonhardsgraben	BY	55
Leonhardsstrasse	BY	57
Lindenhofstrasse	CZ	58
Luftgässlein	CY	60
Marktgasse	BY	61
Marktplatz	BY	
Marschalkenstrasse	AZ	63
Messeplatz	DX	64
Mühlenberg	CDY	66
Münsterberg	BY	69
Münsterplatz	BY	70
Peter Merian-Strasse	CZ	73
Riehentorstrasse	BY	75
Rümelinsplatz	BY	76
St. Alban-Graben	BY	78
Schaffhauserrheinweg	DY	81
Schneidergasse	BY	82
Spalengraben	BY	84
Spalenvorstadt	BY	85
Stadthausgasse	BY	87
Steinentorstrasse	BZ	88
Steinenvorstadt	BYZ	
Streitgasse	BY	90
Theaterstrasse	BY	92
Unterer Heuberg	BY	93
Wettsteinstrasse	CY	94

Bassecourt	116	F3	
Bassersdorf	118	J3	
Bassins	120	C6	
Bätterkinden	117	G4	
Bättlihorn	122	I7	
Bauen	118	J5	
Baulmes	116	D5	
Baulmes (Mont de)	116	D5	
Bauma	118	K3	
Bavois	120	D5	
Bavona (Val)	122	J6	
Bayards (Les)	116	D5	
Bazenheid	118	L3	
Beatenberg	121	H5	
Beckenried	117	J5	
Bedano	122	K7	
Bedigliora	122	K7	
Bedretto	122	J6	
Bedretto (Val)	122	J6	
Beggingen	118	J2	
Begnins	120	C6	
Beinwil	117	J4	
Beinwil a. See	117	I4	
Belfaux	121	F5	
Bella Lui	121	G6	
Bellavista	122	L8	
Bellelay	116	F4	
Bellinzona	122	L7	
Bellwald	122	I6	
Belp	117	G5	
Benken (Basel-Land)	117	G3	
Benken (St. Gallen)	118	L4	
Benken (Zürich)	118	J3	
Bercher	120	E5	
Berg	118	L3	
Bergdietikon	118	J3	
Berglistock	122	I6	
Bergün / Bravuogn	123	N6	
Bergüner Stein	123	N6	
Berikon	118	J3	
Beringen	118	J2	
Bern	121	G5	
Bern-Belp (Aéroport)	121	G5	
Bern (Kanton)	121	H6	
Berne = Bern	121	G5	
Berneck	119	M3	
Bernex	120	C7	
Bernina (Passo del)	123	O6	
Bernina (Piz)	123	N6	
Beromünster	117	I4	
Berra (La)	121	F5	
Berschis	118	M4	
Betten	122	I6	
Bettens	120	D6	
Bettlach	116	G4	
Bettmeralp	122	I6	
Beurnevésin	116	F3	
Bevaix	116	E5	
Bever	123	N6	
Bévilard	116	F4	
Bex	121	F7	
Biasca	122	K6	
Biaufond	116	E4	
Biberbrugg	118	K4	
Biberist	117	G4	
Bidogno	122	K7	
Biel / Bienne	116	F4	
Bieler See	116	F4	
Bière	120	C6	
Bietschhorn	121	H6	
Bifertenstock	122	K5	
Bigenthal	117	G5	
Biglen	117	G5	
Bignasco	122	J6	
Bilten	118	L4	
Binn	122	I6	
Binningen	117	G3	
Bioggio	122	K7	
Bioux (Les)	120	C6	
Birchli	118	K4	
Birmensdorf	117	J3	
Bironico	122	K7	
Birr	117	I3	
Birri	117	J4	
Birs	117	G3	
Birse	116	F4	
Birsfelden	117	G3	
Bischofszell	118	L3	
Bisistal	118	K5	
Bissone	122	K8	
Bivio	123	M6	
Blanc de Cheilon (Mont)	121	G8	
Blas (Piz)	122	K6	
Blatten	121	H6	
Blatten bei Naters	121	H6	
Blausee	121	G6	
Blenio (Val)	122	K6	
Bles (Piz)	123	M6	
Blinnenhorn	122	I6	
Blitzingen	122	I6	
Blonay	120	E6	
Blumenstein	121	G5	
Bodio	122	K6	
Bogno	122	L7	
Bois (Les)	116	E4	
Boll	117	G5	
Bolligen	117	G5	
Boltigen	121	G6	
Bonaduz	123	M5	
Boncourt	116	F3	
Bonfol	116	F3	
Bönigen	121	H5	
Boniswil	117	I4	
Bonmont (Abbaye de)	120	C6	
Bordier	121	H7	
Bosco Luganese	122	K7	
Bosco / Gurin	122	J7	
Bösingen	116	F5	
Bosson (Becs de)	121	G7	
Bossonnens	120	E6	
Boswil	117	I4	
Bottens	120	E6	
Bottenwil	117	I4	
Bottighofen	118	L3	
Böttstein	117	I3	
Boudevilliers	116	E4	
Boudry	116	E5	
Bougy (Signal de)	120	D6	
Bouloz	120	E6	
Bourg-St. Pierre	121	F8	
Boussens	120	D6	
Bouveret	120	E6	
Bovernier	121	F7	
Bowil	117	H5	
Bözen	117	I3	
Bözingen	116	F4	
Brail	123	O6	
Bramois	121	G7	
Brassus (Le)	120	C6	
Brassus-Carroz	120	C6	
Braunau	118	L3	
Braunwald	118	K5	
Bré (Monte)	122	K7	
Bregaglia (Val)	123	M6	
Breil / Brigels	118	L5	
Breitenbach	117	G3	
Breithorn (Lauterbrunner)	121	H6	
Breithorn (Lötschentaler)	121	H6	
Breithorn (Zermatter)	121	H8	
Bremgarten (Aargau)	117	J3	
Brenets (Les)	116	E4	
Brenleire (Dent de)	121	F6	
Brenles	120	E5	
Brenno	122	K6	
Breno	122	K7	
Bretaye	121	F6	
Bretzwil	117	G3	
Breuleux (Les)	116	F4	
Brévine (La)	116	D5	
Breya (La)	121	F7	
Brienz (Bern)	121	I5	
Brienz (Graubünden)	123	M5	
Brienzer Rothorn	122	I5	
Brienzer See	121	I5	
Brienzwiler	122	I5	
Brig	121	H7	
Brione	122	K7	
Brione Sopra Minusio	122	K7	
Brissago	122	K7	
Brittnau	117	H4	
Broc	121	F6	

BERN

200 m

Amthausgasse	DEZ 3	Helvetiaplatz	EZ 10
Bärenplatz	DZ	Jubiläumsstrasse	EZ 12
Brunngasse	EY 6	Kochergasse	DEZ 13
Bundesterrasse	DZ 7	Kramgasse	EZ
Christoffelgasse	DZ 9	Kreuzgasse	EZ 15
Marktgasse	DEZ	Rathausgasse	EY 28
Münstergasse	EZ 16	Rathausplatz	EY 30
Münsterplatz	EZ 18	Schosshaldenstrasse	FZ 33
Nägeligasse	DY 20	Schwarzenburgstrasse	CZ 34
Nydeggasse	FY 22	Schwarztorstrasse	CZ 36
Seftigenstrasse	CZ 37	Waisenhausplatz	DY 40
Spitalgasse	DZ	Zeughausgasse	DY 46
Untertorbrücke	FY 39	Zieglerstrasse	CZ 48

Bronschhofen ... 118 L3
Brot-Dessous ... 116 E5
Brot-Dessus ... 116 E5
Broye ... 116 E5
Brugg ... 117 I3
Brügg ... 116 F4
Bruggen ... 118 L3
Brülisau ... 119 M4
Brunegg ... 117 I3
Brünigpass ... 122 I5
Brunnadern ... 118 L3
Brunnen ... 118 J5
Brunni ... 118 K4
Brusino-Arsizio ... 122 K8
Brusio ... 123 O7
Bruson ... 121 F7
Brüttelen ... 116 F4
Brütten ... 118 J3
Bubendorf ... 117 H3
Bubikon ... 118 K4
Buch ... 118 K2
Buch a. Irchel ... 118 J3
Buch bei Frauenfeld ... 118 K3
Buchen im Prättigau ... 119 N5
Buchrain ... 117 J4
Buchs (Aargau) ... 117 I3
Buchs (St. Gallen) ... 119 M4
Buchs (Zürich) ... 117 J3
Büetigen ... 116 G4
Bühl ... 116 F4
Bühler ... 118 M3
Buin (Piz) ... 119 O5
Bülach ... 118 J3
Bulle ... 121 F6
Bümpliz ... 116 G5
Bundtels ... 116 F5
Buochs ... 117 J5
Bürchen ... 121 H7
Bure ... 116 F3
Büren a. A. ... 116 G4
Büren zum Hof ... 117 G4
Burg im Leimental ... 117 G3
Burgdorf ... 117 G4
Bürgenstock ... 117 J4
Bürglen (Thurgau) ... 118 L3
Bürglen (Uri) ... 118 K5
Büron ... 117 I4
Bursins ... 120 C6
Burtigny ... 120 C6
Büsserach ... 117 G3
Bussigny ... 120 D6
Bussy (Neuchâtel) ... 116 E5
Bussy (Vaud) ... 120 D6
Bütschwil ... 118 L3
Buttes ... 116 D5
Buttisholz ... 117 I4
Buus ... 117 H3

C
Cadeina dil Sighina ... 123 L5
Cademario ... 122 K7
Cadenazzo ... 122 K7
Cadlimo ... 122 K6
Cagiallo ... 122 K7
Calanca (Val) ... 122 L7
Calanda ... 119 M5
Calanda (Refuge) ... 119 M5
Calfeisen ... 118 L5
Calonico ... 122 K6
Cama ... 123 L7
Camedo ... 122 J7
Camoghè ... 122 L7
Campo ... 122 J7
Campo Blenio ... 122 K6
Campo Tencia (Refuge) ... 122 K6
Campo Tencia (Piz) ... 122 K6
Campo (Valle di) ... 122 J7
Campocologno ... 123 O7
Campsut ... 123 M6
Canfinal (Pass da) ... 123 N7
Canobbio ... 122 K7
Caprino ... 122 K8
Carena ... 122 L7
Carouge ... 120 C7
Carrouge ... 120 E6
Casaccia ... 123 M6
Caslano ... 122 K8
Cassimoi ... 122 L6
Cassonsgrat ... 118 L5
Castasegna ... 123 M6
Castello (Cima di) ... 123 N7
Castiel ... 119 M5
Castrisch ... 123 L5
Cavardiras (Refuge) ... 122 K5
Cavistrau ... 122 K5
Cazis ... 123 M5
Celerina / Schlarigna ... 123 N6
Ceneri (Monte) ... 122 K7
Cengalo (Piz) ... 123 M7
Centovalli ... 122 J7
Centrale (Piz) ... 122 J6
Cerentino ... 122 J7
Ceresio ... 122 L7
Cerneux-Péquignot (Le) ... 116 E4
Cernier ... 116 E4
Certoux ... 120 C7

Cervin / Cervino
 (Monte) / Matterhorn 121 G8
Cevio ... 122 J7
Châble (Le) ... 121 F7
Châbles ... 116 E5
Chabrey ... 116 E5
Chaillexon (Lac de) ... 116 E4
Chaiserstock ... 118 K5
Chalais ... 121 G7
Cham ... 117 J4
Chamoson ... 121 F7
Chamossaire (Le) ... 121 F6
Champagne ... 116 E5
Champéry ... 120 E7
Champex ... 121 F7
Champsec ... 121 F7
Champtauroz ... 116 E5
Champvent ... 116 D5
Chancy ... 120 B7
Chandolin ... 121 G7
Charbonnières (Les) ... 120 C6
Chardonne ... 120 E6
Charmey ... 121 F6
Charmoille ... 116 F3
Charrat ... 121 F7
Le Chasseral ... 116 F4
Le Chasseron ... 116 D5
Château-d'Oex ... 121 F6
Châtelard (Le) ... 120 E7
Châtillon ... 116 G4
Châtonnaye ... 120 E5
Chaumont ... 116 E4
Chaux-de-Fonds (La) ... 116 E4
Chaux-du-Milieu (La) ... 116 E4
Chavalatsch (Piz) ... 119 P6
Chavannes-de-Bogis ... 120 C6
Chavannes-des-Bois ... 120 C7
Chavannes-les-Forts ... 120 E5
Chavornay ... 120 D5
Chenalette (La) ... 121 F8
Chêne-Bourg ... 120 C7
Chénens ... 120 E5
Chermignon ... 121 G7
Cheseaux-
 sur-Lausanne ... 120 D6
Chesières ... 121 F7
Chessel ... 120 E6
Chevenez ... 116 F3
Cheville (Pas de) ... 121 F7
Chevroux ... 116 E5
Chexbres ... 120 E6
Cheyres ... 116 E5
Chiasso ... 122 L8
Chiggiogna ... 122 K6
Chiggiona ... 122 K6
Chillon ... 120 E6
Chippis ... 121 G7
Chrüzegg ... 118 L4
Chünetta ... 123 N6
Churfirsten ... 118 L4
Churwalden ... 123 M5
Cimetta ... 122 K7
Clarens ... 120 E6
Clariden (Refuge) ... 118 K5
Clariden ... 118 K5
Claro ... 122 L7
Cleuson (Lac de) ... 121 G7
Coaz ... 123 N6
Coffrane ... 120 E4
Coglio ... 122 K7
Coinsins ... 120 C6
Coire = Chur ... 123 M5
Collombey ... 120 E7
Collon (Mont) ... 121 G8
Collonge-Bellerive ... 120 C7
Collonges ... 121 F7
Colombier (Neuchâtel) ... 116 E4
Colombier (Vaud) ... 120 D6
Comballaz (La) ... 121 F6
Combremont ... 120 E5
Concise ... 116 E5
Constance (Lac de)
 / Bodensee ... 118 M3
Conthey ... 121 F7
Coppet ... 120 C7
Corbassière (Glacier de) ... 121 F8
Corbeyrier ... 120 E6
Corbières ... 121 F6
Corcelles-le-Jorat ... 120 E6
Corcelles-près-Payerne ... 116 E5
Corcelles-s-Chavornay ... 120 D5
Corgémont ... 116 F4
Corno-Gries (Refuge) ... 122 J6
Cornol ... 116 F3
Corpataux ... 121 F6
Corserey ... 116 E5
Cortaillod ... 116 E5
Corsier ... 120 C7
Corvatsch (Piz) ... 123 N6
Cossonay ... 120 D6
Cottens (Fribourg) ... 121 F5
Cottens (Vaud) ... 120 D6
Courchapoix ... 117 G3
Courfaivre ... 116 F3
Courgenay ... 116 F3
Courgevaux ... 116 F5
Courrendlin ... 116 G3

Courroux ... 116 G3
Court ... 117 G4
Courtelary ... 116 F4
Courtemaîche ... 116 F3
Courtepin ... 116 F5
Courtételle ... 116 F3
Courtion ... 116 F5
Couvet ... 116 D5
Coux (Col de) ... 120 E7
Cramalina (Piz) ... 122 J7
Crans-près-Céligny ... 120 C7
Crans-sur-Sierre ... 121 G7
Crassier ... 120 C6
Crémines ... 117 G4
Cresciano ... 122 L7
Cressier ... 116 F4
Cresta ... 123 M6
Cresuz ... 121 F6
Crêt (Le) ... 120 E5
Creux du Van ... 116 E5
Crissier ... 120 D6
Cristallina (Refuge) ... 122 J6
Cristallina ... 122 J6
Croix (La) ... 120 E6
Croix (Col de la) ... 121 F7
Croy ... 120 D5
Cuarnens ... 120 D6
Cudrefin ... 116 F5
Cufercal(Refuge) ... 123 M6
Cugnasco ... 122 K7
Cugy ... 120 D6
Culet (Croix de) ... 120 E7
Cully ... 120 E6
Cumbels ... 123 L5
Cunter ... 123 M6
Curaglia ... 122 K5
Cure (La) ... 120 C6
Cureglia ... 122 K7
Curnera (Lac da) ... 122 K6
Curtilles ... 120 E5

D
Dachsen ... 118 J2
Dagmersellen ... 117 H4
Dallenwil ... 117 J5
Dalpe ... 122 K6
Dammastock ... 122 J6
Damvant ... 116 E3
Dangio ... 122 K6
Dardagny ... 120 B7

Därligen ... 121 H6
Därstetten ... 121 G6
Daubensee ... 121 G6
Davos ... 119 N5
Delémont ... 117 G3
Denezy ... 120 E5
Dent Blanche (Refuge) ... 121 G7
Dent de Lys ... 121 F6
Dent de Vaulion ... 116 D5
Dent Blanche ... 121 G7
Dent d'Hérens ... 121 G8
Dents Blanches (Les) ... 120 E7
Dents du Midi ... 120 E7
Derborence ... 121 F7
Derendingen ... 117 G4
Develier ... 116 F3
Diablerets (Refuge) ... 121 F6
Diablerets (Les) ... 121 F6
Diablerets (Les)
 (Massif) ... 121 F7
Diablons (Les) ... 121 H7
Diavolezza ... 123 N6
Diegten ... 117 H3
Dielsdorf ... 118 J3
Diemtigen ... 121 G6
Diemtigtal ... 121 G6
Diepoldsau ... 119 M3
Diessenhofen ... 118 K2
Dietikon ... 117 J3
Dietwil ... 117 J4
Dirinella ... 122 K7
Disentis / Mustér ... 122 K5
Dix (Refuge) ... 121 G7
Dix (Lac des) ... 121 G7
Doldenhorn ... 121 H6
La Dôle ... 120 C6
Dolent (Mont) ... 121 F8
Dom ... 121 H7
Domat / Ems ... 123 M5
Dombresson ... 116 E4
Domdidier ... 116 F5
Domhütte ... 121 H7
Domleschg ... 123 M5
Dompierre ... 121 F5
Donath ... 123 M6
Dongio ... 122 K6
Donneloye ... 120 E5
Doppleschwand ... 117 I4
Dorénaz ... 121 F7
Dorf ... 118 J3
Dorf bei Andelfingen ... 118 J3
Dornach ... 117 G3
Dossen (Refuge) ... 122 I6

Dottikon ... 117 I3
Döttingen ... 117 I3
Doubs ... 116 E4
Dranse ... 121 F7
Dreibündenstein ... 123 M5
Droit (Montagne du) ... 116 E4
Drusenfluh ... 119 N4
Düan (Piz) ... 123 M6
Dübendorf ... 118 J3
Düdingen ... 116 F5
Dufourspitze ... 121 H8
Dulliken ... 117 H3
Dully ... 120 C6
Dündenhorn ... 121 H6
Dürnten ... 118 K4
Dürrboden ... 119 N5
Dürrenboden ... 118 K5
Dürrenroth ... 117 H4
Düssi ... 122 K5
Dussnang ... 118 K3

E
Ebenalp ... 118 M4
Ebikon ... 117 J4
Ebnat-Kappel ... 118 L4
Echallens ... 120 D6
Echandens ... 120 D6
Ecrenaz (L') ... 116 D5
Ecublens ... 120 D6
Effingen ... 117 I3
Effretikon ... 118 K3
Egerkingen ... 117 H4
Egg bei Zürich ... 118 K3
Eggenwil ... 117 J3
Eggerstanden ... 119 M4
Eggishorn ... 122 I6
Eggiwil ... 117 H5
Eglisau ... 118 J3
Egnach ... 118 M3
Eich ... 117 I4
Eichberg ... 118 M3
Eichenthal ... 117 I4
Eiger ... 121 I6
Eiken ... 117 H3
Einigen ... 121 G5
Einsiedeln ... 118 K4
Eischoll ... 121 H7
Eisten ... 121 H7
Ela (Piz) ... 123 N6
Elgg ... 118 K3
Elikon ... 118 J3

Elikon a. d. Thur ... 118 K3
Elm ... 118 L5
Embrach ... 118 J3
Emme ... 117 G4
Emme (Kleine) ... 117 I4
Emmen ... 117 I4
Emmenbrücke ... 117 I4
Emmental ... 117 H5
Emmetten ... 118 J5
Emosson (Barrage d') ... 120 E7
Endingen ... 117 I3
Engelberg ... 117 J5
Engelburg ... 118 M3
Engelhorn ... 122 I5
Enges ... 116 F4
Engi ... 118 L5
Engstlenalp ... 117 I5
Engstlensee ... 122 J5
Engstligenfälle ... 121 G6
Engstligental ... 121 G6
Engwilen ... 118 L3
Enhaut (Pays d') ... 121 F6
En / Inn ... 119 O5
Ennenda ... 118 L4
Ennetbühl ... 118 L4
Ennetbürgen ... 117 J5
Enney ... 121 F6
Entremont (Vallée d') ... 121 F7
Envelier ... 117 G4
Epagny ... 121 F6
Epauvillers ... 116 F3
Ependes ... 120 D5
Epesses ... 120 E6
Eptingen ... 117 H3
Ergolz ... 117 H3
Eriswil ... 117 H4
Eriz ... 121 H5
Erlach ... 116 F4
Erlen ... 118 L3
Erlenbach ... 118 J4
Erlenbach im
 Simmental ... 121 G6
Ermatingen ... 118 L2
Ermensee ... 117 I4
Ernen ... 122 I6
Err (Piz d') ... 123 N6
Erschwil ... 117 G3
Erstfeld ... 122 J5
Eschenbach (Luzern) ... 117 I4
Eschenbach
 (St. Gallen) ... 118 K4
Eschenz ... 118 K3
Eschlikon ... 118 L3

FRIBOURG

Alpes (Rte des) ... CY 3
Europe (Av. de l') ... CY 8
Gare (Av. de la) ... CY 9
Georges-Python (Pl.) ... CY 10
Grand-Fontaine
 (R. de la) ... CY 12
Hôpital (R. de l') ... CY 15
Industrie (R. de l') ... CZ 16
Lausanne (R. de) ... CY
Neuveville (R. de la) ... CY 24
Pérolles (Bd de) ... CZ
Planche Supérieure ... DY 26
Romont (R. de) ... CY 28
St-Jean (Pont de) ... DY 31
Samaritaine
 (R. de la) ... DY 30
Tavel (Rte de) ... DY 33
Tivoli (Av. de) ... CY 34

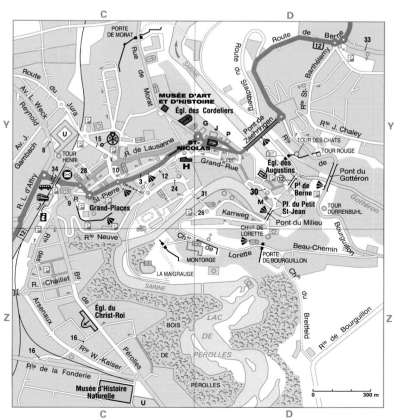

Escholzmatt	117	H5
Essertes	120	E6
Essertines	120	D5
Estavayer-le-Lac	116	E5
Etivaz (L')	121	F6
Ettingen	117	G3
Ettiswil	117	I4
Etzel	118	K4
Etzgen	117	I3
Etziken	117	G4
Etzli (Refuge)	122	K5
Etzwilen	118	K3
Euseigne	121	G7
Euthal	118	K4
Evionnaz	120	E7
Evolène	121	G7
Evouettes (Les)	120	E6

F

Fahrwangen	117	I4
Fahy	116	E3
Faido	122	K6
Falera	123	L5
Fällanden	118	J3
Fanellahorn	123	L6
Fankhaus	117	H5
Faoug	116	F5
Färnigen	122	J5
Farvagny	121	F5
Faulensee	121	H5
Faulhorn	121	H5
Fehraltorf	118	K3
Felben	118	K3
Feldis / Veulden	123	M5
Felsberg	119	M5
Fenêtre de Durand	121	G8
Ferpècle	121	G7
Ferrera (Val)	123	M6
Ferret	121	F8
Ferret (Mont)	121	F8
Ferret (Val)	121	F8
Ferrière (La)	116	E4
Fétigny	116	E5
Feusisberg	118	K4
Feutersoey	121	F6
Fey	120	E5
Fideris	119	N5
Fiesch	122	I6
Fiescherhörner	122	I6
Figino	122	K8
Filisur	119	N5
Filzbach	118	L4
Findelen	121	H7
Finhaut	120	E7
Finsteraarhorn	122	I6
Finsterwald	117	I5
Fionnay	121	F7
First	117	I5
Fischenthal	118	K4
Fischingen	118	K3
Fislisbach	117	I3
Flaach	118	J3
Fläsch	119	M4
Flamatt	116	F5
Flawil	118	L3
Fleckistock	122	J5
Fletschhorn	121	I7
Fleurier	116	D5
Flims-Dorf	118	L5
Flims-Waldhaus	118	L5
Fluchthorn	119	O5
Flüelapass	119	N5
Flüelatal	119	N5
Flüelen	118	J5
Flüeli-Ranft	117	I5
Flüh	117	G3
Flühli	117	I5
Flums	118	L4
Flumserberg	118	L4
Fontaines	116	E4
Fontaines-s-Grandson	116	D5
Fontana (Val Bavona)	122	J6
Fontana (Val Bedretto)	122	J6
Fontenais	116	F3
Foopass	118	L5
Forch	117	J4
Forclaz (Col de la)	120	F7
Forel	120	E6
Fornasette	122	K8
Forno (Monte del)	123	N6
Fort (Mont)	121	F7
Fouly (La)	121	F8
Franches Montagnes	116	E4
Fräschels	116	F4
Frasco	122	K6
Fraubrunnen	117	G4
Frauenfeld	118	K3
Frauenkappelen	121	G5
Frauenkirch	119	N5
Freiburg = Fribourg	121	F5
Frenkendorf	117	H3
Fribourg	121	F5
Fribourg (Canton)	121	F5
Frick	117	I3
Fridolins	118	K5

Friedlisberg	117	J3
Frieswil	116	F5
Froideville	120	E6
Fronalpstock	118	J5
Fründen	121	H6
Fruthwilen	118	L3
Frutigen	121	G6
Frutt	122	I5
Ftan	119	O5
Fuldera	119	P6
Fully	121	F7
Furkapass	122	J6
Fusio	122	J6

G

Gadmen	122	J5
Gadmental	122	I5
Gaggiolo	122	K8
Gähwil	118	L3
Gais	118	M3
Galenstock	122	J6
Gallina (Pizzo)	122	J6
Galmiz	116	F5
Gampel	121	H7
Gampelen	116	F4
Gams	119	M4
Gandria	122	L7
Gannaretsch (Piz)	122	K6
Gänsbrunnen	117	G4
Gansingen	117	I3
Ganterschwil	118	L3
Gantrisch	121	G5
Garschina	119	N4
Gattikon	117	J4
Gelé (Mont)	121	F7
Gelfingen	117	I4
Gelgia	123	M6
Gelgia	123	M6
Gelmer	122	J6
Gelmersee	122	I6
Geltenalp	121	G6
Gelterkinden	117	H3
Gemmipass	121	G6
Gempenach	116	F5
Generoso (Monte)	122	L8
Genève (Aéroport)	120	C7
Genève (Canton)	120	C7
Genevez (Les)	116	F4
Genève	120	C7
Genf = Genève	120	C7
Genolier	120	C6
Genthod	120	C7
Gerlafingen	117	G4
Geroldswil	117	J3
Gerolfingen	116	F4
Gerra Gambarogno	122	K7
Gersau	122	J5
Gerzensee	121	G5
Geschinen	122	I6
Gettnau	117	H4
Giessbach	117	I5
Giessbachfälle	117	I5
Gifferhorn	121	G6
Giffers	121	F5
Gigerwald	118	M5
Gilly	120	C6
Gimel	120	C6
Gingins	120	C6
Giornico	122	K6
Gipf-Oberfrick	117	H3
Gisenhard	118	K3
Gisikon	117	J4
Giswil	117	I5
Giubiasco	122	L7
Giuv (Piz)	122	K5
Givrine (Col de la)	120	C6
Gland	120	C6
Glâne	121	F5
Glaris	119	N5
Glärnisch	118	K4
Glarus	118	L4
Glarus (Kanton)	118	L4
Glattalp	118	K5
Glattbrugg	118	J3
Glattfelden	118	J3
Glaubenbergpass	117	I5
Glaubenbüelenpass	117	I5
Gleckstein	122	I6
Gletsch	122	J6
Gletscher Ducan	119	N5
Gletscherhorn	121	H6
Glion	120	E6
Glishorn	121	H7
Glogghüs	122	I5
Glovelier	116	F3
Gnosca	122	L7
Gœtheanum	117	G3
Goldau	118	J4
Goldiwil	121	H5
Golino	122	K7
Gollion	120	D6
Gommiswald	118	L4
Goms	122	I6
Gondo	122	I7
Gondoschlucht	122	I7

Gonten	118	M4
Goppenstein	121	H6
Gordevio	122	K7
Gordola	122	K7
Gorduno	122	L7
Gornergletscher	121	H8
Gornergrat	121	H8
Göschenen	122	J6
Göscheneralpsee	122	J6
Göschenertal	122	J6
Gossau (St. Gallen)	118	L3
Gossau (Zürich)	118	K4
Gossliwil	116	G4
Gotthardtunnel	122	K6
Gottlieben	118	L3
Goumoens-la-Ville	120	D6
Gr. Windgällen	118	K5
Graben	121	G5
Grabs	119	M4
Grächen	121	H7
Grafenort	117	J5
Grand Combin	121	F8

Grand Saint-Bernard (Col du)	121	F8
Grand Sidelhorn	122	I6
Grandcour	116	E5
Grande Dixence (Barrage de la)	121	G7
Grand-Saconnex (Le)	120	C7
Grandson	116	D5
Granges	116	E5
Grangettes	120	E5
Gränichen	117	I3
Graue Hörner	118	M5
Gravesano	122	K7
Greifensee	118	J3
Greina (Passo della)	122	K6
Grellingen	117	G3
Grenchen	116	G4
Greppen	117	J4
Griesalp	121	H6
Griespass	122	J6
Grimentz	121	G7
Grimisuat	121	G7
Grimmialp	121	G6

Grimselpass	122	I6
Grimselsee	122	I6
Grindelwald	122	I6
Graubünden (Kanton)	118	L5
Grisons = Graubünden	118	L5
Grolley	121	F5
Gröne	121	G7
Grono	123	L7
Gross	118	K4
Gross Litzner	119	O5
Gross-Spannort	122	J5
Grossaffoltern	116	G4
Grossdietwil	117	H4
Grosser Aletschfirn	121	H6
Grosser Aletschgletscher	122	I6
Grosser Mythen	118	K4
Grosse Scheidegg	122	I6
Grosshöchstetten	117	I5
Grossteil	117	I5
Grosswangen	117	H4
Grub	118	M3
Gruben	121	H7

Grünhorn	122	I6
Grüningen	118	K4
Grüsch	119	M5
Gruyère (Lac de la)	121	F5
Gruyères	121	F6
Gryon	121	F7
Gspaltenhorn	121	H6
Gspon	121	H7
Gstaad	121	F6
Gsteig	121	F6
Gstein-Gabi	121	I7
Guarda	119	O5
Gudo	122	K7
Gueuroz (Pont du)	121	F7
Güferhorn	122	L6
Guggisberg	121	F5
Güglia / Julier	123	N6
Gümligen	117	G5
Gümmenen	116	F5
Gummfluh	121	F6
Günsberg	117	G4
Gunten	121	H5
Gurbrü	116	F5

GENÈVE

Bel Air (Pl.)	FY	10
Bergues (Quai des)	FY	12
Bourg de Four (Pl. du)	FZ	14
Candolle (R. de)	FZ	21
Chantepoulet (R. de)	FY	28
Cirque (Pl. du)	FZ	37
Confédération (R. de la)	FXY	42
Cornavin (Pl. de)	FY	43
Corraterie (R. de la)	FY	45
Couloverenière (Pont de la)	FY	48
Croix d'Or (R. du)	FY	49
Eaux Vives (Pl. des)	GZ	52
Fort-Barreau (R. du)	FX	58
Frontenex (Av. de)	GZ	61
Granges (R. des)	FZ	65
Italie (R. d')	GZ	72
Longemalle (Pl.)	FY	76
Malagnou (Rte de)	GZ	79
Marché (R. du)	FY	81
Molard (Pl. du)	FY	84
Mont-Blanc (R. du)	FY	85
Monthoux (R. de)	FY	87
Pépinière (R. de la)	FY	90
Pictet-de-Rochemont (Av.)	GZ	93
Pierre-Fatio (R.)	GYZ	94
Rhône (R. du)	FGY	
Rive (Rond-Point de)	GZ	105
Rive (R. de)	FGZ	
St-Léger (R.)	FZ	118
Stand (R. du)	FY	120
Terrassière (R. de la)	GZ	121
Terreaux du Temple (R. des)	FY	123
Théâtre (Bd du)	FY	124
Tour (Bd de la)	FZ	126
Turrettini (Quai)	FY	127
Versonnex (R.)	GY	133
Villereuse (R. de)	GZ	139
Voltaire (R.)	FY	140
22-Cantons (Pl. des)	FY	142

Name	Page	Grid
Gurmels	116	F5
Gurten	116	G5
Gurtnellen	122	J5
Gutenswil	118	K3
Guttannen	122	I6
Güttingen	118	L3
Gwatt	121	G5
Gypsera	121	F5

H

Name	Page	Grid
Haag	119	M4
Habkern	121	H5
Hägendorf	117	H3
Hägglingen	117	I3
Hahnenmoos	121	G6
Haldenstein	119	M5
Hallau	117	J2
Hallwiler See	117	I4
Hämikon	117	I4
Handegg	122	I6
Handeggfall	122	I6
Härkingen	117	H4
Hasle	117	I5
Hasle bei Burgdorf	117	G4
Haslen (Appenzell)	118	M3
Haslen (Glarus)	118	L5
Hasliberg	122	I5
Haslital	122	I5
Hätzingen	118	L5
Haudères (Les)	121	G7
Hauenstein (Oberer)	117	H3
Hauenstein (Unterer)	117	H3
Hauptwil	118	L3
Hausen	118	J4
Häusernmoos	117	H4
Hausstock	118	L5
Haute-Nendaz	121	F7
Hauterive (Fribourg)	121	F5
Hauterive (Neuchâtel)	116	E4
Hauteville	121	F5
Hauts-Geneveys (Les)	116	E4
Hedingen	117	J4
Hefenhausen	118	L3
Hegnau	118	K3
Heidelberger H.	119	O5
Heiden	118	M3
Heiligenschwendi	121	H5
Heiligkreuz	117	I5
Heimberg	121	G5
Heimiswil	117	G4
Heinzenberg	123	M5
Heitenried	121	F5
Hellbühl	117	I4
Helsenhorn	122	I7
Hemberg	118	L4
Hemmental	118	J2

Name	Page	Grid
Henggart	118	K3
Henniez	120	E5
Herbetswil	117	G4
Herblingen	118	J2
Herdern	118	K3
Hérémence	121	G7
Hérémence (Val d')	121	G7
Hérens (Val d')	121	G7
Hergiswil	117	I5
Hergiswil b. Willisau	117	H4
Herisau	118	L3
Hermance	120	C7
Herrliberg	118	J4
Herznach	117	I3
Herzogenbuchsee	117	H4
Hessigkofen	117	G4
Hettlingen	118	K3
Hildisrieden	117	I4
Hilferenpass	121	H5
Hilterfingen	121	G5
Hindelbank	117	G4
Hinterberg	119	M5
Hinterrhein	123	L6
Hinterthal	118	K5
Hinwil	118	K4
Hittnau	118	K3
Hoch Ducan	119	N5
Hochdorf	117	I4
Hochwald	117	G3
Hochwang	119	M5
Hochybrig	118	K4
Hofen	118	K2
Hofstetten	117	G3
Hohenrain	117	I4
Hoher Kasten	119	M4
Hohfluh	122	I5
Hohgant	121	H5
Hohtürli	121	H6
Hollandia	121	H6
Höllochgrotte	118	K5
Hölstein	117	H3
Holzhäusern	117	J4
Hombrechtikon	118	K4
Homburg	118	L3
Honegg	121	H5
Hongrin (Lac de l')	121	F6
Horboden	121	G6
Horgen	118	J4
Hörhausen	118	K3
Horn	118	M3
Hörnli	118	K3
Hornussen	117	I3
Horw	117	I4
Hospental	122	J6
Hottwil	117	I3
Huémoz	121	F7
Huetstock	117	I5
Hüfi	122	K5
Hugelshofen	118	L3
Hulftegg	118	K3

Name	Page	Grid
Hundwil	118	L3
Hunzenschwil	117	I3
Hurden	118	K4
Hütten	118	K4
Hüttlingen	118	K3
Huttwil	117	H4
Hüttwilen	118	K3

I

Name	Page	Grid
Ibach	118	J4
Ibergeregg	118	K4
Iffigenalp	121	G6
Iffwil	117	G4
Ifwil	118	K3
Ilanz	123	L5
Illgau	118	K5
Illiez (Val d')	120	E7
Illnau	118	K3
Im Fang	121	F6
Immensee	117	J4
Indemini	122	K7
Inden	121	G6
Inn	119	P5
Innereriz	121	H5
Innerferrera	123	M6
Innerthal	118	K4
Innertkirchen	122	I5
Ins	116	F4
Interlaken	121	H5
Intragna	122	K7
Inwil	117	J4
Iragna	122	K7
Iseltwald	121	H5
Isenthal	118	J5
Isérables	121	F7
Isle (L')	120	D6
Isleten	118	J5
Islikon	118	K3
Isone	122	K7

J

Name	Page	Grid
Jassbach	121	H5
Jaun	121	F6
Jaunpass	121	F6
Javroz (Pont du)	121	F6
Jegenstorf	117	G4
Jenins	119	M4
Jochpass	122	J5
Jogne	121	F6
Jona	118	K4
Jorat (Mont)	120	E6
Joux (La)	120	E6
Joux (Lac de)	120	C6
Joux (Vallée de)	120	C6

K

Name	Page	Grid
Juf	123	M6
Julier (Piz)	123	N6
Julierpass	123	N6
Jungfrau	121	H6
Jungfraujoch	121	H6
Jürg. Jenatsch	123	N6
Jussy	120	C7
Kägiswil	117	I5
Kaiseraugst	117	I3
Kaiseregg	121	F6
Kaiserstuhl (Aargau)	117	J3
Kaiserstuhl (Unterwalden)	117	I5
Kaisten	117	I3
Kallnach	116	F4
Kaltbrunn	118	L4
Kander	121	H6
Kandergrund	121	H6
Kandersteg	121	G6
Kandertal	121	G6
Kappel	118	J4
Kappelen	116	F4
Kärpf	118	L5
Kastanienbaum	117	J4
Kehlenalp	122	J5
Kehrsatz	116	G5
Kempten	118	K3
Kemptthal	118	K3
Kerenzerberg	118	L4
Kerns	117	I5
Kerzers	116	F5
Kesch	123	N6
Kesch (Piz)	123	N6
Kesswil	118	L3
Kestenholz	117	H4
Kienberg	117	H3
Kiental	121	H6
Kiesen	121	G5
Kilchberg	118	J4
Kippel	121	H6
Kirchberg (Bern)	117	G4
Kirchberg (St. Gallen)	118	L3
Kirchbühl	117	I4
Kirchdorf	121	G5
Kirchenthurnen	121	G5
Kirchlindach	116	G4
Kistenpass	118	L5
Klausenpass	118	K5
Kleine Scheidegg	121	H6
Kleinlützel	116	G3
Kleinteil	117	I5
Klöntal	118	K4
Klöntaler See	118	K4
Klosters	119	N5
Klosters-Dorf	119	N5

Name	Page	Grid
Kloten	118	J3
Knutwil	117	I4
Koblenz	117	I3
Kollbrunn	118	K3
Kölliken	117	I3
Köniz	116	G5
Konkordia	122	I6
Konolfingen	117	G5
Koppigen	117	G4
Kradolf	118	L3
Krattigen	121	H6
Krauchthal	117	G4
Kreuzlingen	118	L3
Kreuzweg	121	H5
Kriegstetten	117	G4
Kriens	117	I4
Kriessern	119	M3
Kronberg	118	L4
Kronbühl	118	M3
Krönten	122	J5
Krummenau	118	L4
Kublis	119	N5
Kulm	117	J4
Kunkelspass	118	M5
Künten	117	J3
Küsnacht	118	J4
Küssnacht	117	J4
Küttigen	117	I3
Kyburg	118	K3

L

Name	Page	Grid
Laax	123	L5
Lachen	118	K4
Laconnex	120	C7
Lad (Piz)	119	P5
Lämmern	121	G6
Lägeren	117	J3
Lagginhorn	121	I7
Lagrev (Piz)	123	N6
Lajoux	116	F3
Lalden	121	H7
Lamboing	116	F4
Lancy	120	C7
Landeron (Le)	116	F4
Landquart	119	M5
Landwasser	119	N5
Langenbruck	117	H3
Langendorf	117	G4
Langenthal	117	H4
Langnau am Albis	118	J4
Langnau bei Reiden	117	H4
Langnau im Emmental	117	H5
Langrickenbach	118	L3
Languard (Piz)	123	N6
Langwies	119	N5
Lantsch / Lenz	123	M5
Larmont (Montagne du)	116	D5
Latterbach	121	G5
Lauenen	121	F6
Lauerz	118	J4
Lauerzer See	118	J4
Läufelfingen	117	H3
Laufen	117	G3
Laufenburg	117	I3
Laupen	116	F5
Laupersdorf	117	G4
Lauperswil	117	H5
Lausanne	120	D6
Lausen	117	H3
Lauteraar	122	I6
Lauteraarhorn	122	I6
Lauterbrunnen	121	H6
Lavertezzo	122	K7
Lavey-Village	121	F7
Lavin	119	O5
Lavizzara (Val)	122	J6
Lavorgo	122	K6
Lax	122	I6
Leberen	117	G4
Léchelles	121	F5
Lécherette (La)	121	F6
Legler	118	L5
Leibstadt	117	I3
Leissigen	121	H6
Léman (Lac)	120	C6
Lengnau	117	I3
Lengnau bei Biel	116	G4
Lenk	121	G6
Lens	121	G7
Lenzburg	117	I3
Lenzerheide / Lai	123	M5
Lenzerheidepass	123	M5
Leontica	122	K6
Leuggern	117	I3
Leuk	121	G7
Leukerbad	121	G6
Leutschach	122	J5
Leuzigen	117	G4
Leventina (Valle)	122	J6
Levron (Le)	121	F7
Leysin	121	F6
Leytron	121	F7
Lichtensteig	118	L4
Liddes	121	F8
Liebewil	116	G5

Name	Page	Grid
Liebistorf	116	F5
Lienz	119	M4
Liestal	117	H3
Lieu (Le)	120	C6
Lignerolle	120	D5
Lignières	116	F4
Limmat	118	J3
Limmernsee	118	L5
Limpach	117	G4
Linard (Piz)	119	O5
Lindau	118	K3
Linth	118	L4
Linthal	118	K5
Linthkanal	118	L4
Lischana (Piz)	119	P5
Littau	117	I4
Litzenberg	118	M3
Litzirüti	119	N5
Livigno (Forcola di)	123	O6
Löbbia	123	N6
Locarno	122	K7
Locle (Le)	116	E4
Loco	122	K7
Lodano	122	K7
Lodrino	122	K7
Loèche-les-B. = Leukerbad	121	G6
Lohn (Graubünden)	123	M6
Lohn (Schaffhausen)	118	K2
Lohner	121	G6
Löhningen	118	J2
Lömmenschwil	118	M3
Lommis	118	K3
Lonza	121	H6
Losone	122	K7
Lostallo	123	L7
Lostorf	117	H3
Lötschbergtunnel	121	H6
Lötschenpass	121	H6
Lötschental	121	H6
Lotzwil	117	H4
Lourtier	121	F7
Lucelle	116	F3
Lucens	120	E5
Lucerne = Luzern	117	I4
Lucomagno (Passo del) / Lukmanierpass	122	K6
Lüderenalp	117	H4
Ludiano	122	K6
Lueg	117	H4
Lugano	122	K7
Lugano (Lago di)	122	K8
Lugano-Agno (Aéroport)	122	K7
Lugnez	116	F3
Lugnorre	116	F5
Lully	120	C7
Lumbrein	123	L5
Lumnezia	123	L5
Lungern	122	I5
Lungernsee	117	I5
Lunschania	123	L6
Lurengo	122	K6
Lüscherz	116	F4
Luterbach	117	G4
Lüterkofen	117	G4
Luthern	117	H4
Lütisburg	118	L3
Lutry	120	E6
Lützelflüh	117	H4
Luzein	119	N5
Luzern	117	I4
Luzern (Kanton)	117	H4
Luzzone (Lago di)	122	K6
Lyss	116	F4

M

Name	Page	Grid
Maderanertal	122	K5
Madiswil	117	H4
Madra	122	L6
Madrisahorn	119	N5
Madulain	123	N6
Magadino	122	K7
Magden	117	H3
Mägenwil	117	I3
Maggia	122	J6
Maggia (Valle)	122	J7
Magglingen / Macolin	116	F4
Maienfeld	119	M4
Maira	123	M6
Maisprach	117	H3
Maladers	119	M5
Malans	119	M5
Malbun (St. Gallen)	119	M4
Malix	123	M5
Malleray	116	F4
Maloja	123	N6
Maloja (Passo del)	123	N6
Malters	117	I4
Malvaglia	122	K6
Mammern	118	K3
Männedorf	118	K4
Mannenbach	118	L2
Mannens	116	E5
Männlichen	121	H6
Männlifluh	121	G6

INTERLAKEN

Harderkulm · BRIENZ RINGGENBERG · HARDER · AARE · Goldey · Obere · CONGRESSCENTER · KURSAAL · HÖHEWEG · HÖHEMATTE · Untere Bönigstr. · Allmendstrasse · SCHLOSS · Lindenallee · Alpenstrasse · BRIENZ, LUZERN · A8 · Postgasse · Höheweg · Klosterstr. · Freiestrasse · Centralplatz · UNTERSEEN · Scheidgasse · Seestr. · Bahnhofstr. · Helvetiastr. · WEST · Bernastr. · Gén.-Guisan-Str. · Alpenstr. · Parkstrasse · Hauptstr. · Unterdorfstr. · Oelestrasse · Rütistrasse · Wychelstrasse · Hauptstrasse · Kupfergasse · MATTEN · Aegertenstr. · Brünngasse · Gsteigstr. · Waldegg · Rugenparkstr. · Därligenstr. · HEIMWEHFLUH · KLEINER RUGEN · 733 · A8, SPIEZ, THUN, BERN · WILDERSWIL · WENGEN GRINDELWALD · BEATENBERG · THUN · Kanal · 0 — 300 m

Street	Ref	No.
Aarmühlestrasse	AYZ	3
Bahnhofplatz	AZ	4
Beaurivage-Brücke	BY	6
Brienzstrasse	BY	7
Centralplatz	AY	9
Centralstrasse	AY	10
Harderstrasse	AY	12
Höheweg	ABY	
Jungfraustrasse	AYZ	13
Marktgasse	AY	15
Obere Bönigstrasse	BY	16
Rothornstrasse	AZ	18
Schlossstrasse	BY	19
Strandbadstrasse	BY	21

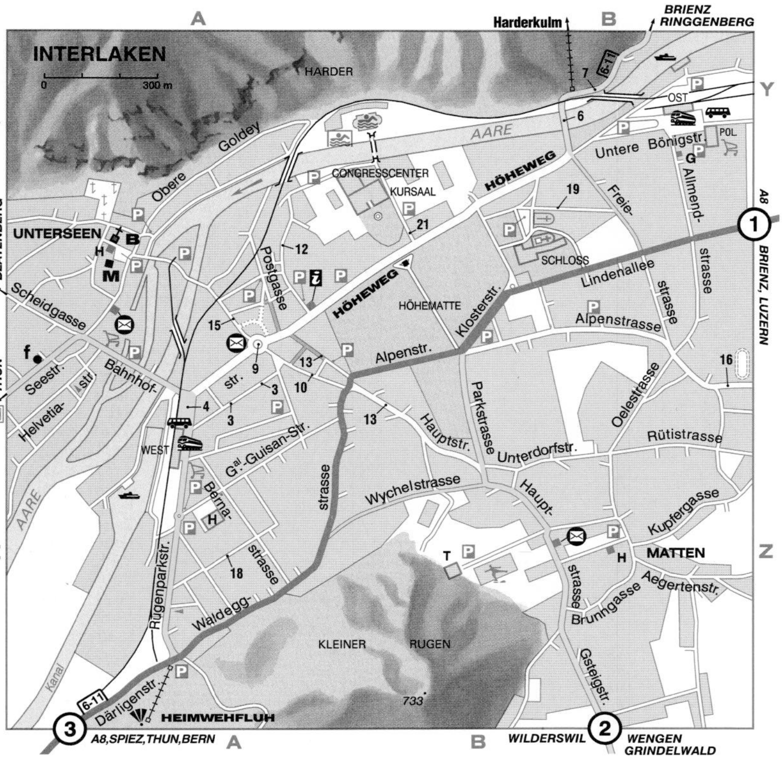

CH

LAUSANNE

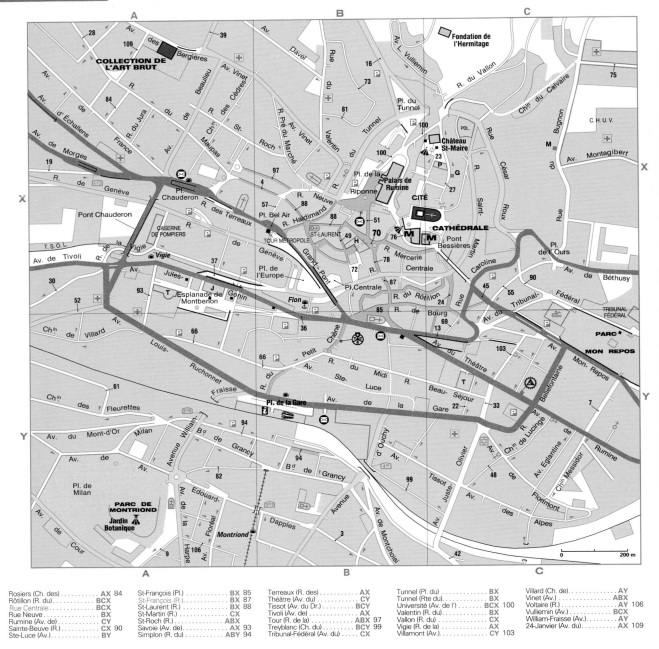

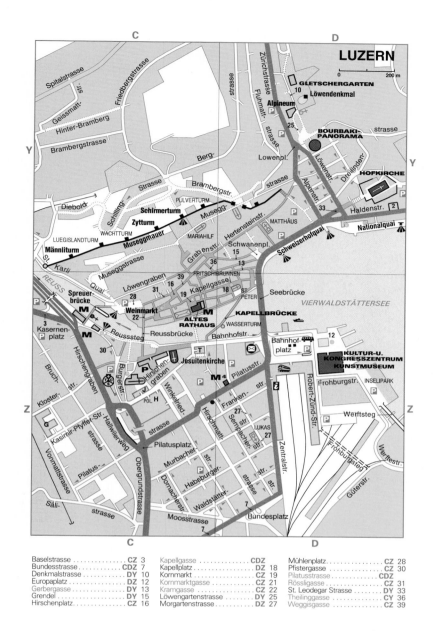

LUZERN

Baselstrasse . . . . CZ 3
Bundesstrasse . . . . CDZ 7
Denkmalstrasse . . . . DY 10
Europaplatz . . . . DZ 12
Gerbergasse . . . . DY 13
Grendel . . . . DY 15
Hirschenplatz . . . . CZ 16

Kapellgasse . . . . CDZ
Kapellplatz . . . . DZ 18
Kornmarkt . . . . CZ 19
Kornmarktgasse . . . . CZ 21
Kramgasse . . . . CZ 22
Löwengartenstrasse . . . . . . DY 25
Morgartenstrasse . . . . DZ 27

Mühlenplatz . . . . CZ 28
Pfistergasse . . . . CZ 30
Pilatusstrasse . . . . CDZ
Rössligasse . . . . CZ 31
St. Leodegar Strasse . . . . . DY 33
Theilingasse . . . . CY 36
Weggisgasse . . . . CZ 39

Neuveville (La) 116 F4
Neuwilen 118 L3
Neyruz 121 F5
Nidau 116 F4
Niderhorn 121 G6
Niederbipp 117 H4
Niederbüren 118 L3
Niederglatt 118 J3
Niedergössen 117 H3
Niederhelfenschwil . . . 118 L3
Niederhorn 121 H5
Niedermuhlern 117 G5
Niederrickenbach 117 J5
Niederried 121 H5
Niederscherli 116 G5
Niederurnen 118 L4
Niederwangen 116 G5
Niederweningen 117 J3
Niesen 121 G6
Nods 116 F4
Noirmont (Le) 120 C6
Noirmont (Le) (Bern) . . 116 E4
Noréaz 121 F5
Nottwil 117 I4
Novazzano 122 K8
Nufenen 123 L6
Nufenenpass 122 J6
Nuglar-St. Pantaleon . . 117 H3
Nunningen 117 G3
Nürensdorf 118 J3
Nyon 120 C6

O

Oberaach 118 L3
Oberaarhorn 122 I6
Oberaarsee 122 I6
Oberägeri 118 J4
Oberalppass 122 K6
Oberalpstock 122 K5
Oberbalm 116 G5
Oberbüren 118 L3

Oberburg 117 G4
Oberdiessbach 121 G5
Oberdorf (Basel-Land) . 117 H3
Oberdorf (Solothurn) . . 117 G4
Oberegg 118 M3
Oberehrendingen 117 J3
Oberei 121 H5
Oberembrach 118 J3
Oberems 121 H7
Oberentfelden 117 I3
Oberer Hauenstein . . . 117 H3
Obergesteln 122 I6
Oberhalbstein 123 M6
Oberhofen 121 H5
Oberiberg 118 K4
Oberönz 117 H4
Oberneunforn 118 K3
Oberrickenbach 117 J5
Oberried (Bern) 121 G6
Oberried am Brienzer
See 121 H5
Oberrieden 117 J4
Oberriet 119 M4
Obersaxen Meierhof . . 123 L5
Oberschan 119 M4
Obersee 118 K4
Obersiggenthal 117 I3
Oberstammheim 118 K3
Oberstocken 121 G5
Oberterzen 118 L4
Oberuzwil 118 L3
Obervaz / Vaz 123 M5
Oberwald 122 I6
Oberwil (Basel-Land) . . 117 G3
Oberwil bei Zug 118 J4
Oberwil i. Simmental . . 121 G6
Obstalden 118 L4
Ochlenberg 117 H4
Oensingen 117 H4
Oetwil 118 K4
Ofenpass /
Pass dal Fuorn 123 O6

Oftringen 117 H4
Ogens 120 E5
Oldenhorn 121 F7
Olivone 122 K6
Ollon 120 E7
Olten 117 H3
Oltigen 116 F5
Oltschibachfall 121 I5
Onex 120 C7
Onnens 116 E5
Onsernone (Valle) 122 J7
Orbe 120 D5
Orbe (L') 120 C6
Orient (L') 120 C6
Origlio 122 K7
Ormalingen 117 H3
Orpund 116 F4
Oron-le-Châtel 120 E6
Oron-la-Ville 121 F7
Orsalietta (Piz) 122 J6
Orsières 121 F7
Ortstock 118 K5
Orvin 116 F4
Orzens 120 E5

Osco 122 K6
Osogna 122 K7
Otelfingen 117 J3
Otemma (Glacier d') . . 121 G8
Ottenbach 117 J4
Ouchy 120 D6
Oulens 120 D6
Ovronnaz 121 F7

P

Paccots (Les) 120 E6
Paglia (Piz) 123 L7
Palagnedra 122 J7
Palézieux 120 E6
Palü (Piz) 123 N6
Pampigny 120 D6
Panixerpass 118 L5
Panossière 121 F8
Pâquier (Le) 116 E4
Paradisin (Piz) 123 O6
Parpan 123 M5
Parsenn 119 N5
Pass Umbrail 119 P6
Passwang 117 G3
Payerne 116 E5
Peccia 122 J6
Pedrinate 122 L8
Peist 119 N5
Pélerin (Mont) 120 E6
Peney (Genève) 120 C7
Peney-le-Jorat 120 E6
Penthaz 120 D6
Perroy 120 D6
Péry-Reuchenette 116 F4
Peseux 116 E5
Petersgrat 121 H6
Petit Combin 121 F8
Pfäffiker See 118 K3
Pfäffikon (Schwyz) . . . 118 K4
Pfäffikon (Zürich) 118 K3
Pfaffnau 117 H4
Pfungen 118 J3
Pfyffe 121 G5
Pfyn 118 K3
Pia San Giacomo 123 L6
Pianezzo 122 L7
Piano 122 J7
Piano di Peccia 122 J6
Piansecco 122 J6
Pichoux (Le) 116 F4
Pichoux (Gorges du) . . 116 F4
Pierre Avoi 121 F7
Pierre Pertuis 116 F4
Pieterlen 116 G4
Pigniu 123 L5
Pilatus 117 I5
Pillon (Col du) 121 F6
Piotta 122 K6
Pischahorn 119 N5
Pisoc (Piz) 119 O5
Pitasch 123 L5
Piz Curver 123 M6
Piz Ot 123 N6
Plaffeien 121 F5
Plagne 116 F4
Plaine (La) 120 B7
Plan-Névé 121 F7
Planchettes (Les) 116 E4
Plans (Les) 121 F7
Planura 118 K5
Plasselb 121 F5
Platta 122 K6
Platta (Piz) 123 M6
Plavna Dadaint (Piz) . . 119 O5
Pléiades (Les) 120 E6

Pleigne (La) 116 F3
Pohlern 121 G5
Poliez 120 D6
Pomy 116 E5
Pont (Le) 120 D5
Pont-la-Ville 121 F5
Ponte Brolla 122 K7
Ponte Capriasca 122 K7
Ponte Tresa 122 K8
Pontirone 122 L6
Pontresina 123 N6
Ponts-de-Martel (Les) . 116 E5
Porrentruy 116 F3
Porsel 120 E6
Portalban 116 E5
Portels 118 L4
Poschiavo 123 O7
Poschiavo (Val) 123 O7
Posieux 121 F5
Possens 120 E6
Pra-Combère 121 G6
Pragelpass 118 K5
Pragg-Jenaz 119 N5
Prahins 120 E5
Pralong 121 G7
Prangins 120 C6
Prato-Sornico 122 J6
Pratteln 117 H3
Prättigau 119 N5
Praz (La) 120 D5
Praz-de-Fort 121 F8
Preda 123 N6
Prêles 116 F4
Preonzo 122 K7
Prese (Le) 123 O7
Préverenges 120 D6
Prévonloup 120 E5
Prez 121 F5
Prilly 120 D6
Prosito 122 K7
Provence 116 E5
Pso. del Maloja 123 N6
Puidoux 120 E6
Pully 120 D6
Punt-Chamues-ch (La) . 123 N6
Punteglias 122 K5

Q

Quarten 118 L4
Quartino 122 K7
Quatre-Cantons (Lac des) =
Vierwaldstätter See . 117 J4
Quattervals (Piz) 123 O6
Quinto 122 K6

R

Rabius 122 K5
Radelfingen 116 F4
Rafz 118 J3
Ragaz, Bad 119 M4
Rain 117 I4
Rambert 121 F7
Ramosch 119 P5
Ramsei 117 H4
Ramsen 118 K2
Rances 116 D5
Randa 121 H7
Randen 118 J2
Rangiers (Les) 116 F3
Rapperswil (St. Gallen) 118 K4
Rapperswil (Bern) 116 G4
Raron 121 H7

LUGANO

Canova (V.) . . . . Y 12
Cantonale (V.) . . . . Y 13
Cattaneo (Viale C.) . . . . Y 20
Cattedrale (V.) . . . . Y 21
Cioccaro (Pza) . . . . Y 23
Dante (Pza) . . . . Y 25
Indipendenza (Pza) . . . . Y 29
Luvini (V. G.) . . . . Y 32
Manzoni (Pza A.) . . . . Z 37
Nassa (V.) . . . . Y 43
Peri (V. P.) . . . . Y 46
Pessina (V.) . . . . Y 48
Pestalozzi (Cso) . . . . Y 49
Posta (V. della) . . . . Y 51
Regazzoni (V. P.) . . . . Y 52
Rezzonico (Pza R.) . . . . Y 54
Riforma (Pza della) . . . . YZ 55
San Carlo (Piazzetta) . . . . Z 58
San Gottardo (V.) . . . . Y 60
Verla (Contrada di) . . . . Y 66

CH

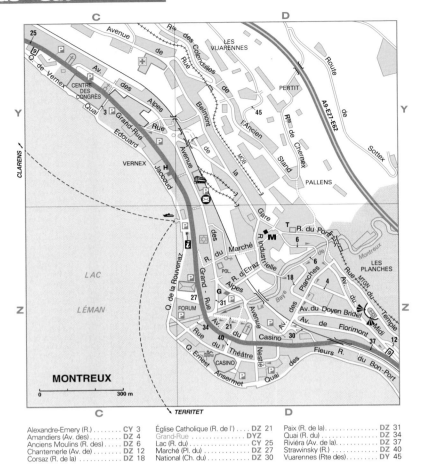

MONTREUX

0 — 300 m

Alexandre-Emery (R.) . . . . **CY** 3
Amandiers (Av. des) . . . . **DZ** 4
Anciens Moulins (R. des) . . . . **DZ** 6
Chantemerle (Av. de) . . . . **DZ** 12
Corsaz (R. de la) . . . . **DZ** 18

Église Catholique (R. de l') . . . . **DZ** 21
Grand-Rue . . . . **DYZ**
Lac (R. du) . . . . **CY** 25
Marché (Pl. du) . . . . **DZ** 27
National (Ch. du) . . . . **DZ** 30

Paix (R. de la) . . . . **DZ** 31
Quai (R. du) . . . . **DZ** 34
Riviéra (Av. de la) . . . . **DZ** 37
Strawinsky (R.) . . . . **DZ** 40
Vuarennes (Rte des) . . . . **DY** 45

Rasses (Les)	116	D5	Riemenstalden	118	K5
Räterschen	118	K3	Rietbad	118	L4
Rätikon	119	M4	Rietheim	117	I3
Rawilpass	121	G6	Riffenmatt	121	G5
Realp	122	J6	Riggisberg	121	G5
Rebstein	119	M3	Rigi	117	J4
Rechthalten	121	F5	Rigi Kaltbad	117	J4
Reckingen	122	I6	Rimpfischhorn	121	H7
Réclère	116	E3	Rinderberg	121	G6
Reconvilier	116	F4	Ringelspitz	118	M5
Regensberg	117	J3	Ringgenberg	121	H5
Regensdorf	117	J3	Rippe (La)	120	C6
Rehetobel	118	M3	Risch	117	J4
Reichenau	118	M5	Risoux (Mont)	120	C6
Reichenbach	121	H6	Ritom (Lago)	122	K6
Reichenbachfälle	122	I5	Ritterpass	122	I7
Reichenburg	118	K4	Ritzlihorn	122	I6
Reiden	117	H4	Riva S. Vitale	122	K8
Reidenbach	121	G6	Rivera	122	K7
Reigoldswil	117	H3	Roche (La)	121	F5
Reinach (Aargau)	117	I4	Roche (Vaud)	120	E6
Reinach (Basel-Land)	117	G3	Rochefort	116	E5
Reitnau	117	I4	Roches (Bern)	116	G4
Rekingen	117	I3	Roches (Col des)	116	E4
Remetschwil	117	I3	Rodels	123	M5
Remigen	117	I3	Rodersdorf	117	G3
Renan	116	E4	Rodi	122	K6
Renens	120	D6	Rodond (Graubünden)	123	L6
Rengg	117	I4	Rofflaschlucht	123	M6
Rennaz	120	E6	Roggenburg	116	G3
Reuchenette	116	F4	Roggwil	118	M3
Reuss	117	I3	Rohr	117	H3
Reute	119	M3	Rohrbach	117	H4
Reuti	122	I5	Rohrbach bei Huttwil	121	G5
Reutigen	121	G5	Rolle	120	D6
Rhäzuns	123	M5	Romainmôtier	120	D5
Rheinau	118	J3	Romanel-sur-Morges	120	D6
Rheineck	119	M3	Romanens	120	E6
Rheinfall	118	J2	Romanshorn	118	M3
Rheinfelden	117	H3	Romont	120	E5
Rheinheim	117	I3	Romoos	117	I4
Rheinwald	123	L6	Rona	123	M6
Rheinwaldhorn	122	L6	Ronco	122	K7
Rhône			Root	117	J4
Rhonegletscher	122	J6	Rorbas	118	J3
Riaz	121	F6	Rorschach	118	M3
Richisau	118	K4	Rösa (La)	123	O6
Richterswil	118	K4	Röschenz	117	G3
Ricken	118	L4	Roseg (Piz)	123	N6
Rickenbach bei Wil	118	L3	Rosenlaui	122	I5
Rickenbach (Luzern)	117	I4	Rosenlauital	122	I5
Riddes	121	F7	Rossa	123	L6
Riederalp	121	I6	Rossa (Cima)	122	L6
Riedern	118	L4	Rossberg	118	J4
Riedholz	117	G4	Rossens	121	F5
Riehen	117	G3	Rossinière	121	F6

Rosso (Poncione)	122	K7	Rougemont	121	F6
Röthenbach	121	H5	Rouges (Aiguilles)	121	G7
Rothenbrunnen	123	M5	Roveredo	123	L7
Rothenburg	117	I4	Rovio	122	K8
Rothenfluh	117	H3	Rovray	116	E5
Rothenthurm	118	K4	Ruan (Grand Mont)	120	E7
Rothorn	121	H7	Rubigen	117	G5
Rothrist	117	H4	Rue	120	E6
Rotkreuz	117	J4	Rüeggisberg	121	G5
Rotondo	122	J6	Rüegsau	117	H4
Rotondo (Piz)	122	J6	Rüegsegg	117	H5

Rueun	123	L5	Saleina	121	F8
Rugghubel	117	I5	Salez	119	M4
Rümlang	118	J3	Salgesch	121	G7
Rümlingen	117	H3	Salins	121	G7
Rupperswil	117	I3	Salouf	123	M6
Rüschegg-Gambach	121	G5	Salvan	121	F7
Rüschlikon	117	J4	Salvenach	116	F5
Russein (Piz)	122	K5	Sambuco (Lago)	122	J6
Russikon	118	K3	Samedan	123	N6
Russo	122	J7	Samnaun	119	P5
Ruswil	117	I4	San Bernardino	123	L6
Ruth (Dent de)	121	F6	S. Bernardino		
Rüti (Glarus)	118	L5	(Passo del)	123	L6
Rüti (Zürich)	118	K4	S. Bernardo	122	K7
Rüti bei Riggisberg	121	G5	S. Carlo (Poschiavo)	123	O6
			S. Carlo (Val Bavona)	122	J6
			S. Giacomo (Passo di)	122	J6
S			S. Jorio (Passo di)	123	L7
			S. Nazzaro	122	K7
Saane / Sarine	121	F6	S. Salvatore	122	K8
Saanen	121	F6	S. Vittore	122	L7
Saanenmöser	121	F6	Sandhubel	119	N5
Saas	119	N5	Sandpass	123	K5
Saas Almagell	121	H7	Sanetsch (Col du)	121	F7
Saas-Balen	121	H7	Sangernboden	121	G5
Saas-Fee	121	H7	St. Antoni	121	F5
Saas-Grund	121	H7	St. Antönien	119	N5
Saastal	121	H7	St. Gallen	118	M3
Sachseln	117	I5	St. Gall = St. Gallen	118	M3
Safien-Platz	123	L5	St. Gallen (Kanton)	118	L4
Safiental	123	L6	St. Gallen-Kappel	118	K4
Safierberg	123	L6	St. Gotthardpass / S. Gottardo		
La Sagne	116	E4	(Passo del)	122	J6
Saignelégier	116	E4	St. Jakob-Gitschenen	118	J5
Saillon	121	F7	St. Luzisteig	119	M4
St-Aubin-Sauges	116	E4	St. Margrethen	119	M3
St-Blaise	116	E4	St. Moritz	123	N6
St-Brais	116	F4	St. Moritz-Bad	123	N6
St-Cergue	120	C6	St. Niklaus		
St-Cierges	120	E5	bei Koppigen	117	G4
St-George	120	C6	St. Niklaus (Valais)	121	H7
St-Gingolph	120	E6	St. Petersinsel	116	F4
St-Imier	116	E4	St. Peterzell	118	L4
St-Légier	120	E6	St. Stephan	121	G6
St-Léonard	121	G7	St. Urban	117	H4
St-Livres	120	D6	St. Ursen	121	F5
St-Luc	121	G7	Sta Domenica	123	L6
St-Martin	121	G7	Sta Maria (Giogo di)	119	P6
St-Martin	120	E6	Sta Maria (Valle)	122	K6
St-Maurice	120	E7	Sta Maria im M.	119	P6
St-Pélagiberg	118	L3	Sta Maria in Calanca	123	L7
St-Pierre-de-Clages	121	F7	Säntis	118	M4
St-Prex	120	D6	Saoseo (Scima di)	123	O6
St-Sulpice	120	D6	Sapün	119	N5
St-Triphon	120	E7	Sardona (Refuge)	118	L5
St-Ursanne	116	F3	Sardona (Piz)	118	L5
Ste Croix	116	D5	Sargans	119	M4
S-chalambert (Piz)	119	P5	Sarmenstorf	117	I4
S-chanf	123	N6	Sarnen	117	I5
S-charl	119	P5	Sarner See	117	I5
			Sarraz (Château de la)	120	D6
Saland	118	K3	Sarraz (La)	120	D6
Salanfe (Lac de)	120	E7	Satigny	120	C7
Salavaux	116	F5	Sattel	118	J4
Salbit	122	J5	Sattelegg	118	K4

MARTIGNY

SALVAN, LAUSANNE, EVIAN — LAUSANNE — A9-E62 SION

Tour de la Bâtiaz

N.D. des Champs

FONDATION P. GIANADDA

Amphithéâtre Romain

FORCLAZ, VERBIER GRAND ST-BERNARD

SION, BRIG, SIMPLON

Pl. du Bourg

0 — 200 m

Alpes (R. des) . . . . **Y** 3
Bâtiaz (R. de la) . . . . **Y** 4
Centrale (Pl.) . . . . **Y** 6
Collège (R. du) . . . . **Y** 7
Fully (Av. de) . . . . **Y** 9
Grand St-Bernard
(Av. du) . . . . **Y**
Hôpital (R. de l') . . . . **Y** 10
Maladière (R. de la) . . . . **Y** 12
Manoir (R. du) . . . . **Y** 13
Midi (Pl. du) . . . . **Y** 15
Neuvilles (Av. des) . . . . **Y** 16
Nord (R. du) . . . . **Y** 18
Petits Epineys (R. des) . . . . . . **Y** 19
Plaisance (Pl. de) . . . . **Y** 21
Plaisance (R. de) . . . . **Y** 22
Poste (R. de la) . . . . **Y** 24
Pré Borvey (R. de) . . . . **Z** 25
Rome (Pl. de) . . . . **Y** 27
St-Théodule (R.) . . . . **Z** 28
Surfrête (R. de) . . . . **Z** 30

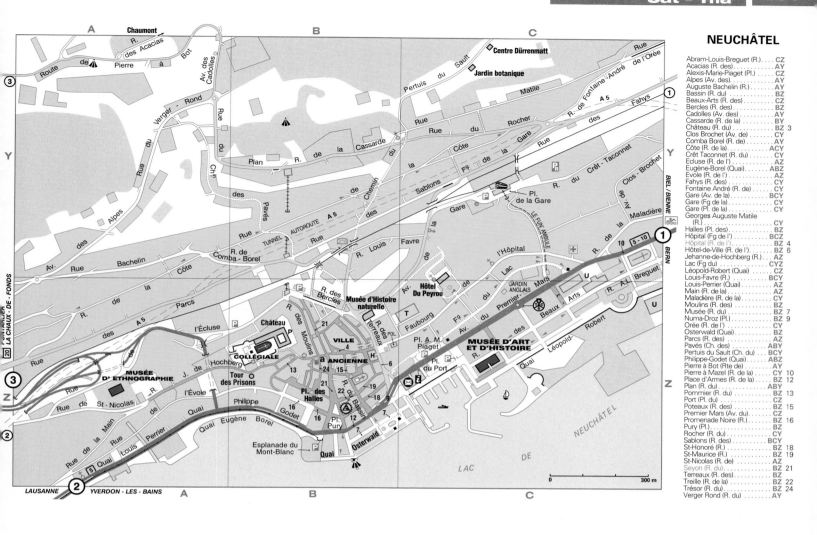

NEUCHÂTEL

Abram-Louis-Breguet (R.) . . . . CZ
Acacias (R. des) . . . . AY
Alexis-Marie-Piaget (Pl.) . . . . . CZ
Alpes (Av. des) . . . . AY
Auguste Bachelin (R.) . . . . AY
Bassin (R. du) . . . . BZ
Beaux-Arts (R. des) . . . . CZ
Bercles (R. des) . . . . BZ
Cadolles (Av. des) . . . . AY
Cassarde (R. de la) . . . . BY
Château (R. du) . . . . BZ 3
Clos Brochet (Av. de) . . . . CY
Comba Borel (R. de) . . . . AY
Côte (R. de la) . . . . ACY
Crêt Taconnet (R. du) . . . . CY
Ecluse (R. de l') . . . . AZ
Eugène-Borel (Quai) . . . . . . ABZ
Evole (R. de l') . . . . AZ
Fahys (R. des) . . . . CY
Fontaine André (R. de) . . . . . . CY
Gare (Av. de la) . . . . BCY
Gare (Fg de la) . . . . CY
Gare (Pl. de la) . . . . CY
Georges Auguste Matile
(R.) . . . . CY
Halles (Pl. des) . . . . BZ
Hôpital (Fg de l') . . . . BCZ
Hôpital (R. de l') . . . . BZ 4
Hôtel-de-Ville (R. de l') . . . . BZ 6
Jehanne-de-Hochberg (R.) . . . AZ
Lac (Fg du) . . . . CYZ
Léopold-Robert (Quai) . . . . . . CZ
Louis-Favre (R.) . . . . BCY
Louis-Perrier (Quai) . . . . AZ
Main (R. de la) . . . . AZ
Maladière (R. de la) . . . . CY
Moulins (R. des) . . . . BZ
Musée (R. du) . . . . BZ 7
Numa-Droz (Pl.) . . . . BZ 9
Orée (R. de l') . . . . CY
Osterwald (Quai) . . . . BZ
Parcs (R. des) . . . . AZ
Pavés (R. des) . . . . ABY
Pertuis du Sault (Ch. du) . . . . BCY
Philippe-Godet (Quai) . . . . . ABZ
Pierre à Bot (Rte de) . . . . AY
Pierre à Mazel (R. de la) . . . CY 10
Place d'Armes (R. de la) . . . BZ 12
Plan (R. du) . . . . ABY
Pommier (R. du) . . . . BZ 13
Port (Pl. du) . . . . CZ
Poteaux (R. des) . . . . BZ 15
Premier Mars (Av. du) . . . . CZ
Promenade Noire (R.) . . . . . BZ 16
Pury (Pl.) . . . . BZ
Rocher (R. du) . . . . CY
Sablons (R. des) . . . . BCY
St-Honoré (R.) . . . . BZ 18
St-Maurice (R.) . . . . BZ 19
St-Nicolas (R. de) . . . . AZ
Seyon (R. du) . . . . BZ 21
Terreaux (R. des) . . . . BZ
Treille (R. de la) . . . . BZ 22
Trésor (R. du) . . . . BZ 24
Verger Rond (R. du) . . . . AY

Sattelhorn	121 H6	Schötz	117 H4	Sembrancher	121 F7	Sisikon	118 J5	Stansstad	117 J5	Susch	119 O5
Sauge (La)	116 F5	Schrattenflue	121 H5	Sementina	122 K7	Sissach	117 H3	Starkenbach	118 L4	Susten-Leuk	121 G7
Saulcy	116 F4	Schreckhorn	122 I6	Semione	122 K6	Sion	121 G7	Stätzerhorn	123 M5	Sustenhorn	122 J5
Savagnier	116 E4	Schuders	119 N5	Sempach	117 I4	Sitten = Sion	121 G7	Stechelberg	121 H6	Sustenpass	122 J5
Savièse	121 G7	Schüpbach	117 H5	Sempach-Station	117 I4	Sitter	118 M3	Steckborn	118 K3	Sutz-Lattrigen	116 F4
Savigny	120 E6	Schüpfart	117 H3	Sempacher See	117 I4	Siviriez	120 E6	Steffisburg	121 G5	Suze	116 F4
Savognin	123 M6	Schüpfen	116 G4	Sempione = Simplon	122 I7	Soazza	123 L6	Steg	118 K3		
Sax	119 M4	Schüpfheim	117 I5	Semsales	120 E6	Sobrio	122 K6	Stein (Aargau)	117 H3		
Saxeten	121 H6	Schutt	118 K4	Sennwald	119 M4	Soglio	123 M6	Stein (St. Gallen)	118 L4	**T**	
Saxon	121 F7	Schwägalp	118 L4	Sense	121 F5	Sogn Gions	122 K6	Stein am Rhein	118 K3		
Says	119 M5	Schwalmern	121 H6	Sent	119 P5	Soleure = Solothurn	117 G4	Steinen	118 J4	Tafers	121 F5
Scalettapass	119 N5	Schwanden		Sentier (Le)	120 C6	Solothurn	117 G4	Steinhausen	117 J4	Tägerschen	118 L3
Scalottas (Piz)	123 M5	i. Emmental	117 H5	Seon	117 I3	Solothurn (Kanton)	117 G4	Steinhüshorn	122 I5	Tägerwilen	118 L3
Schachen	117 I4	Schwanden (Glarus)	118 L5	Sépey (Le)	121 F6	Someo	122 J7	Steinibach	118 L5	Tälli	122 J5
Schaffhausen	118 J2	Schwarenbach	121 G6	Septimerpass	123 M6	Somvix	122 K5	Steinmaur	117 J3	Tamaro (Monte)	122 K7
Schaffhausen (Kanton)	118 J2	Schwarzenberg	117 I4	Sernftal	118 L5	Sonceboz	116 F4	Steinmur		Tambo (Piz)	123 L6
Schallenberg	121 H5	Schwarzenburg	121 G5	Sertig-Dörfli	119 N5	Sonlerto	122 J6	Sternberg	118 K3	Taminaschlucht	119 M5
Schanfigg	123 M5	Schwarzenegg	121 H5	Sesvenna (Piz)	119 P5	Sonloup (Col de)	120 E6	Stettenbach	117 I4	Taminatal	119 M5
Schangnau	121 H5	Schwarzhorn		Seuzach	118 K3	Sonnenhorn	122 J7	Stierva	123 M6	Tamins	118 M5
Schänis	118 L4	(Graubünden)	119 N5	Sevelen	119 M4	Sonogno	122 K6	Stilli	117 I3	Tannenbodenalp	118 L4
Schärhorn	118 K5	Schwarzhorn (Valais)	121 H7	Sewen	122 J5	Sontga Maria (Lago da)	122 K6	Stöckalp	117 I5	Tarasp	119 O5
Schattdorf	118 K5	Schwarzsee	121 F6	Sezegnin	120 C7	Sonvico	122 L7	Stockhorn (Bern)	121 G5	Täsch	121 H7
Scheidegg	118 J4	Schwarzsee (Fribourg)	121 F6	Sezner (Piz)	123 L5	Sonvilier	116 E4	Stockhorn (Valais)	121 H8	Täsch (Refuge de)	121 H7
Scheltenpass	117 G3	Schwarzsee (Valais)	121 H8	Siblingen	118 J2	Soral	120 C7	Stoos	118 K5	Tasna (Piz)	119 O5
Schesaplana	119 N4	Schwefelbergbad	121 G5	Siders = Sierre	121 G7	Sörenberg	117 I5	Strada	119 P5	Taubenlochschlucht	116 F4
Scheunenberg	116 G4	Schwellbrunn	118 L3	Siebnen	118 K4	Sorens	121 F5	Strengelbach	117 H4	Täuffelen	116 F4
Schiers	119 N5	Schwyz	117 J4	Siegershausen	118 L3	Sorne	116 F3	Studen bei Brügg	116 F4	Tavanasa	123 L5
Schiffenensee	116 F5	Schwyz (Kanton)	118 K4	Sierre	121 G7	Sottens	120 E6	Studen (Schwyz)	118 K4	Tavannes	116 F4
Schilthorn	121 H6	Schynige Platte	121 H6	Sigigen	117 I4	Soubey	116 F4	Stüsslingen	117 H3	Taverne	122 K7
Schin	123 M5	Sciora	123 M7	Siglistorf	117 J3	Soyhières	116 G3	Suchet (Le)	116 D5	Tavetsch (Val)	122 K6
Schinznach Bad	117 I3	Scopi	122 K6	Signal	122 J5	Spannort	122 J5	Sufers	123 M6	Tavrü (Piz)	119 O5
Schinznach Dorf	117 I3	Scuol / Schuls	119 O5	Signau	117 H5	Speer	118 L4	Sugiez	116 F5	Tegerfelden	117 I3
Schlappin	119 N5	Sedrun	122 K5	Sigriswil	121 H5	Speicher	118 M3	Sugnens	120 E6	Tegna	122 K7
Schlatt	118 K3	Seeberg	117 H4	Sihl	118 J3	Spiez	121 H5	Suhr	117 I3	Tellskapelle	118 J5
Schleitheim	118 J2	Seedorf (Bern)	116 F4	Sihlbrugg	118 J4	Spiringen	118 K5	Suhre	117 I4	Tendre (Mont)	120 C6
Schleuis	123 L5	Seedorf (Uri)	118 J5	Sihlsee	118 K4	Spittelrüti	118 K5	Sulgen	118 L3	Tenigerbad	122 K5
Schlieren	117 J3	Seelisberg	122 J5	Silenen	122 K5	Spluga (Passo dello)		Sullens	120 D6	Tenna	123 M5
Schmerikon	118 K4	Seengen	117 I4	Sils	123 M5	/ Splügenpass	123 L6	Sulz	117 I3	Tentlingen	121 F5
Schmiedrued	117 I4	Seen	118 K3	Sils / Segl Baselgia	123 N6	Splügen	123 M6	Sulzfluh	119 N4	Terri (Refuge)	122 L6
Schneisingen	118 J3	Seewen (Schwyz)	118 J4	Sils / Segl Maria	123 N6	Spöl (Val dal)	119 O5	Sumiswald	117 H4	Terri (Piz)	122 L6
Schnottwil	116 G4	Seewen (Solothurn)	117 G3	Silvaplana	123 N6	Spruga	122 J7	Sumvitg (Val)	122 K5	Territet	120 E6
Schöftland	117 I4	Seewis	123 M5	Silvaplauna (Lago da)	123 N6	Staad	118 M3	Sunnenberg	118 G3	Tesserete	122 K7
Schöllenen Schlucht	122 J6	Seez	119 M4	Silvrettagruppe	119 N5	Stabio	122 K8	Super Nendaz	121 F7	Tête Noire (Défilé de)	122 I7
Schönbühl	117 G4	Seftigen	121 G5	Simme	121 G6	Stadel	117 J3	Surava	123 M6	Tête Blanche	121 G8
Schönenberg		Segl (Lago da)	123 N6	Simmental		Stäfa	118 K4	Surenenpass	118 J5	Tête de Ran	116 E4
a.d. Thur	118 L3	Segnas (Piz)	118 L5	(Nieder- Ober-)	121 G6	Stalden (Unterwalden)	117 I5	Surettahorn	123 M6	Teufen (Appenzell)	118 M3
Schönenberg (Zürich)	118 J4	Segnaspass	118 L5	Simplon	121 I7	Stalden (Valais)	121 H7	Surlej	123 N6	Teufen (Zürich)	118 J3
Schönengrund	118 L4	Selbsanft	118 K5	Simplonpass	121 I7	Stallikon	117 J4	Sursee	117 I4	Teufenthal	117 I4
Schönenwerd	117 I3	Selibüel	121 G5	Simplontunnel	122 I7	Stampa	123 M6	Surselva	122 K5	Thal	119 M3
Schönried	121 F6	Selma	123 L7	Sins	117 J4	Stans	117 J5	Susanfe (Val)	120 E7	Thalheim (Aargau)	117 I3
Schons	123 M6	Selzach	117 G4	Siselen	116 F4	Stanserhorn	117 J5	Susasca (Val)	119 N5		

SANKT GALLEN

Bahnhofplatz .... B 3
Bankgasse .... B 4
Dierauerstrasse .... B 8
Engelgasse .... B 9
Frongartenstrasse .... B 12
Gallusplatz .... B 13
Gallusstrasse .... C 14
Hafnerstrasse .... C 17
Hinterlauben .... B 18
Kugelgasse .... C 19
Marktgasse .... BC
Neugasse................ B 3
Rotachstrasse............ C 24
Sonnenstrasse .... C 27
Unterer
  Graben .... B 32
Untere Büschenstrasse ...... C 31
Webergasse .... B 36

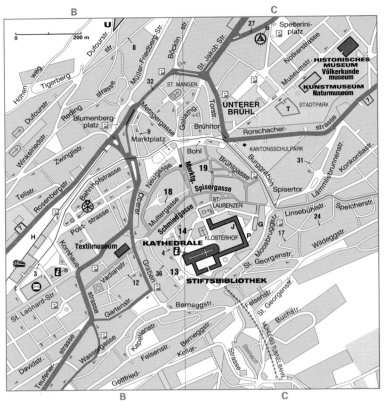

Unterbäch	....	121	H7	Valens	....	119	M5

Unterbäch 121 H7
Unterengstringen 118 J3
Unterer Hauenstein ...117 H3
Unteriberg 118 K4
Unterkulm 117 I4
Unterlunkhofen 117 J4
Unterschächen 118 K5
Unterschlatt 118 K3
Unterseen 121 H5
Untersiggenthal 117 I3
Unterstammhein 118 K3
Unterstock 122 I5
Untervaz 119 M5
Unterwalden
  (Nidwalden Kanton).122 J5
Unterwalden
  (Obwalden Kanton).117 I5
Unterwasser 118 L4
Urdorf 118 J3
Uri (Kanton) 122 J5
Uri-Rotstock 118 K5
Urnäsch 118 L4
Urnerboden 118 K5
Urner See 118 J5
Ursenbach 117 H4
Urseren 122 J6
Ursy 120 E6
Uster 118 K3
Uttwil 118 M3
Utzenstorf 117 G4
Utzigen 117 G5
Uznach 118 K4
Uzwil 118 L3

V

Vacallo 122 L8
Vadret da Morteratsch ..123 N6
Vadret (Piz) 119 N5
Vadura 119 M5
Val Bernina.........123 N6
Val Müstair 123 O6
Val Poschiavo 123 O6
Val Susasca 119 N5
Valangin 116 E4
Valbella 123 M5
Valbella (Val Calanca)...123 L6
Valchava...........119 P6
Valendas 123 L5

Vallamand 116 F5
Vallamand-Dessous...121 F5
Valle Leventina 122 J6
Vallorbe 120 D5
Valmara 122 K7
Vals 123 L6
Valsainte (La) 121 F6
Valsertal 123 L6
Valsorey 121 F8
Vandoeuvres 120 C7
Vanil Noir 121 F6
Varuna (Piz) 123 N6
Vättis 119 M5
Vaud (Canton) 120 D6
Vaulion 120 D5
Vaulion (Dent de)...120 D5
Vaulruz 120 E6
Vélan 121 F8
Vélan (Mont) 121 F8
Vendlincourt.......116 F3
Vens 121 F7
Verbier 121 F7
Vercorin 121 G7
Vergeletto 122 J7
Vermala 121 G7
Vermes 117 G4
Vernamiège 121 G7
Vernayaz 121 F7
Vernier 120 C7
Vérossaz 120 E7
Verrières (Les) 116 D5
Vers l'Église 121 F6
Versam 123 L5
Versoix 120 C7
Verstanklahorn ...119 O5
Verzasca (Val) 122 K7
Vétroz 121 F7
Vevey 120 E6
Vex 121 G7
Veyrier 120 C7
Veysonnaz 121 F7
Vial (Piz) 122 K6
Via Mala 123 M6
Vicques 116 G3
Vierwaldstätter See ...117 J4
Vigezzo Centovalli ..122 J7
Vignettes 121 G8
Villa 123 L5
Villarepos 121 F5
Villarlod 121 F5

Thalheim an der Thur ...118 K3
Thalkirch 123 L6
Thalwil 118 J4
Thayngen 118 K2
Theodulpass 121 H8
Thiele 116 F4
Thierachern 121 G5
Thierrens 120 E5
Thörigen 117 H4
Thoune = Thun 121 G5
Thun 121 G5
Thundorf 118 K3
Thuner See 121 G5
Thur 118 J3
Thurgau (Kanton) ..118 K3
Thurgovie = Thurgau ..118 K3
Thusis 123 M5
Thyon-Les Collons ..121 G7
Tessin = Ticino 122 K7
Ticino 122 K7
Ticino (Cantone) ...122 K7
Tiefencastel 123 M6
Tiejerflue 119 N5
Tieralplistock 122 J6
Tierberg 122 J5
Tierbergli 122 J5
Tierfehd 118 K5
Timun (Piz) 123 M6
Tinizong 123 M6
Titlis 122 J5
Tödi 118 K5
Toffen 117 G5
Toggenburg 118 L3
Tomils / Tumegl ..123 M5
Törbel 121 H7
Tornette (La) 121 F6
Torrone Alto 122 L6
Töss 118 K3
Tour (Aiguille du) ..120 F8
Tour d'Aï 120 E6
Tour de Peilz (La)...120 E6
Tour-de-Trême (La) ..121 F6
Tourne (La) 116 E5
Tracuit 121 H7
Trachselwald 117 H4
Tramelan 116 F4
Trasadingen 117 J2
Travers 117 E5
Travers (Val de) ..116 D5
Treiten 116 F4
Trélex 120 C6
Tremola (Val) 122 J6

Trey 116 E5
Treyvaux 121 F5
Triengen 117 I4
Trient 120 E7
Trift 122 J5
Trimbach 117 H3
Trimmis 119 M5
Trin 118 M5
Trogen 118 M3
Troistorrents 120 E7
Trub 117 H5
Trübbach 119 M4
Trubschachen ...117 H5
Trübsee 122 J5
Trüllikon 118 K3
Trümmelbachfälle .121 H6
Trun 122 K5
Trütlisbergpass ...121 G6
Tschierva 123 N6
Tschamut 122 K6
Tschappina 123 M5
Tscheischhorn ...123 M6
Tschiertschen ...123 M5
Tschierv 119 P6
Tschlin 119 P5
Tschuggen 119 N5
Tseuzier (Lac de) ..121 G6
Tüback 118 M3
Tuggen 118 K4
Turbenthal 118 K3
Turtmann (Refuge) ..121 H7
Turtmanntal 121 H7
Twann 116 F4

U

Udligenswil.......117 J4
Uerkheim........117 I4
Uesslingen 118 K3
Uetendorf 121 G5
Uetikon am See....118 K4
Uetliberg 117 J3
Uetliburg 118 L4
Uitikon 118 J3
Ulisbach 118 L4
Ulmiz 121 F5
Ulrichen 122 I6
Umiken 117 I3
Undervelier 116 F4
Unter-Engadin ...119 O5
Unterägeri 118 J4

SCHAFFHAUSEN

Bahnhofstrasse .... A 3
Fischerhäuserstrasse ..... B 4
Freier
  Platz .... B 7
Fronwagplatz .... A 9
Goldsteinstrasse ...... B 10
Herrenacker .... A 12
Kirchhofplatz .... B 13
Klosterstrasse .... B 15
Krummgasse .... A 16
Münsterplatz .... B 18
Pfarrhofgasse .... B 19
Pfrundhausgasse ..... B 21
Promenadenstrasse ... A 22
Rheinuferstrasse ..... A 23
Rosengasse .... A 24
Safrangasse .... B 25
Schützengraben ...... B 27
Sporrengasse .... A 28
Tanne .... A 30
Unterstadt .... B 31
Vordergasse .... AB
Vorstadt .... A
Webergasse .... B 33

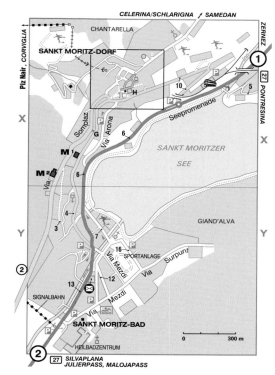

SANKT MORITZ

CELERINA/SCHLARIGNA · SAMEDAN
ZERNEZ
CHANTARELLA
Piz Nair, CORVIGLIA
SANKT MORITZ-DORF
PONTRESINA
Somplaz
Via Arona
Seepromenade
SANKT MORITZER SEE
M¹
M²
Via
GIAND'ALVA
Via Mezdi
SPORTANLAGE
Via Surpunt
Via Mezdi
SIGNALBAHN
SANKT MORITZ-BAD
0   300 m
HEILBADZENTRUM
SILVAPLANA
JULIERPASS, MALOJAPASS

Arona (V.)		X
Aruons (V.)		XY 3
Bagn (V. dal)		XY 4
Dim Lej (V.)		X 5
Grevas (V.)		XY 6
Ludains (V.)		Y 7
Maistra (V.)		Y
Mezdi (V.)		Y
Mulin (Pl. dal)		Y
Mulin (V.)		Z 9
Posta Veglia (Pl. da la)		Z 10
Quadrellas (V.)		Z
Rosatsch (V.)		Z 12
San Gian (V.)		Y 13
Scoula (Pl. da)		Y 15
Seepromenade		XY
Sela (V.)		Y 16
Serlas (V.)		Z
Somplaz (V.)		XY
Stredas (V.)		Z 18
Surpunt (V.)		Y
Tinus (V.)		Z
Trauter Plazzas (V.)		Z 19
Veglia (V.)		Z
Vout (V.)		Z 21

Via Tinus
SCHIEFER TURM
Pl. dal Mulin
Via Maistra
Via Veglia
Quadrellas
Via
POL.
Serlas
Via

0   100 m

Weisshorn (Graubünden)	123	M5
Weisshorn (Refuge)	121	H7
Weissmies	121	I7
Weisstannental	118	L5
Weite	119	M4
Welschenrohr	117	G4
Wengen	121	H6
Wengi	116	G4
Werdenberg	119	M4
Werthenstein	117	I4
Wetterhorn	122	I6
Wettingen	117	I3
Wetzikon	118	K4
Wichtrach	121	G5
Widen	118	J3
Widnau	119	M3
Wiedlisbach	117	G4
Wiesen	119	N5
Wiesendangen	118	K3
Wiggen	117	H5
Wigoltingen	118	L3
Wil	118	L3
Wila	118	K3
Wilchingen	118	J3
Wildberg	118	K3
Wildegg	117	I3
Wilderswil	121	H6
Wildhaus	118	M4
Wildhorn	121	G6
Wildstrubel	121	G6
Wildstrubel (Refuge de)	121	G6
Willerzell	118	K4
Willisau	117	H4
Wimmis	121	G5
Windgällen	122	K5
Windisch	117	I3
Winikon	117	I4
Winterthur	118	K3
Winznau	117	H3
Wisshorn	119	N5

Wittnau	117	H3
Wohlen (Aargau)	117	I3
Wohlen bei Bern	116	G5
Wohlensee	116	F5
Wolfenschiessen	117	J5
Wolfgang	119	N5
Wolfwil	117	H4
Wolhusen	117	I4
Worb	117	G5
Worben	116	F4
Wuppenau	118	L3
Würenlingen	117	I3
Würenlos	117	J3
Wynigen	117	G4

Y

Yens	120	D6
Yverdon-les-Bains	116	D5
Yvonand	116	E5
Yvorne	120	E6

Z

Zapport	123	L6
Zapporthorn	123	L6
Zäziwil	121	G5
Zeglingen	117	H3
Zeiningen	117	H3
Zell	117	H4
Zermatt	121	H7
Zernez	119	O5
Zervreila See	122	L6
Zetzwil	117	I4
Ziefen	117	H3
Zihlkanal	116	F4
Zihlschlacht	118	L3
Zillis	123	M6

Weggis	117	J4
Weglosen	118	K4
Weiach	117	J3
Weier	117	H4
Weinfelden	118	L3
Weiningen	117	J3
Weissenbach	121	G6
Weissenstein	117	G4
Weissfluhgipfel	119	N5
Weissgrat	121	H8
Weisshorn	121	H7

Villars-Burquin	116	D5
Villars-le-Grand	116	E5
Villars-sous-Mont	121	F6
Villars-sur-Ollon	121	F7
Villaz-St-Pierre	120	E5
Villeneuve	120	E6
Villigen	117	I3
Villmergen	117	I3
Vilters	119	M4
Vinadi	117	P5
Vinelz	116	F4
Vionnaz	120	E7
Vira (Gambarogno)	122	K7
Visp	121	H7
Vispa	121	H7
Visperterminen	121	H7
Vissoie	121	G7
Vitznau	117	J4
Vogelsang	117	I4
Vogorno	122	K7
Vogorno (Piz di)	122	K7
Vollèges	121	F7
Vorab	118	L5
Voralp	122	J5
Voralp (St. Gallen)	118	M4
Vorderrhein	122	K5
Vouvry	120	D6
Vrin	123	L6
Vuadens	120	E6
Vuarrens	120	D5
Vufflens-le-Château	120	D6
Vuippens	121	F6
Vuisternens-devant-Romont	120	E6
Vuisternens-en-Ogoz	121	F5
Vuitebœuf	116	D5
Vulpera	119	O5

W

Waadt / Vaud	120	D6
Wädenswil	118	K4
Wägitaler See	118	K4
Walchwil	118	J4
Wald	118	K4
Waldenburg	117	H3
Waldkirch	118	L3
Waldstatt	118	L3
Walensee	118	L4
Walenstadt	118	L4
Walenstadtberg	118	L4
Walkringen	117	G5
Wallbach	117	H3
Valais (Canton)	121	G7
Wallis = Valais	121	G7
Wallisellen	118	J3
Walperswil	116	F4
Waltensburg / Vuorz	123	L5
Waltenschwil	117	I4
Walzenhausen	118	M3
Wangen	118	K4
Wangen a. d. Aare	117	G4
Wängi	118	K3
Wangs	118	M4
Wannenhorn	122	I6
Wasen	117	H4
Wasenhorn	122	I7
Wassen	117	J5
Wasserauen	119	M4
Wattenwil	121	G5
Wattwil	118	L4
Wauwil	117	I4
Weesen	118	L4
Wegenstetten	117	H3

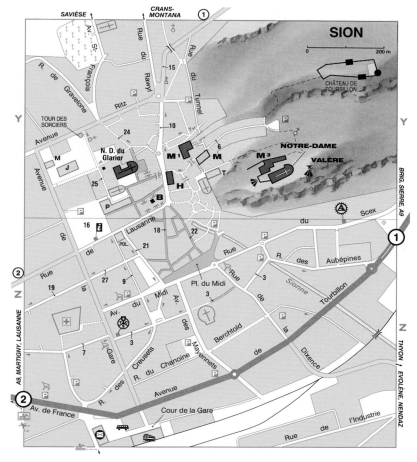

SION

SAVIÈSE
CRANS-MONTANA
BRIG, SIERRE, A9
CHÂTEAU DE TOURBILLON
TOUR DES SORCIERS
NOTRE-DAME
VALÈRE
N. D. du Glarier
M¹
M³
Rue du Tunnel
Av. de la Gare
Scex
Lausanne
Pl. du Midi
Rue de Lausanne
A9, MARTIGNY, LAUSANNE
Av. de France
Cour de la Gare
Rue de l'Industrie
THYON / EVOLÈNE, NENDAZ
Sionne
Tourbillon
Dixence
0   200 m

Aubépines (R. des)		Z
Cèdres (R. des)		Z 3
Chanoine-Berchtold (R. du)		Z
Châteaux (R. des)		Y 6
Condémines (R. des)		Z 7
Creusets (R. des)		Z
Dent Blanche (R. de la)		Z 9
Dixence (R. de la)		Z
France (Av. de)		Z
Gare (Av. de la)		YZ
Grand Pont (R. du)		Y 10

Gravelone (R. de)		Y
Industrie (R. de l')		Z
Lausanne (R. de)		YZ
Loèche (R. de)		Y 15
Mayennets (Av. des)		Z
Midi (Av. du)		Z
Midi (Pl. du)		Z
Planta (Pl. de la)		Y 16
Porte Neuve (R. de la)		YZ 18
Pratifori (Av. de)		Z 19
Rawil (R. du)		Y

Remparts (R. des)		Z 21
Rhône (R. du)		Z 22
Ritz (Av.)		Y
St-François (Av.)		Y
Savièse (R. de)		Y 24
Scex (R. du)		YZ
Tourbillon (Av. du)		Z
Tour (R. de la)		Y 25
Tunnel (R. du)		Y
Vergers (R. des)		Z 27

CH

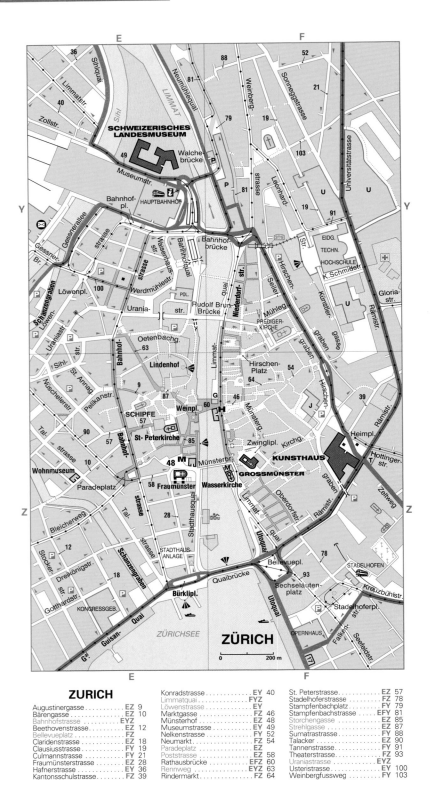

Liechtenstein

ZURICH

STADTPLÄNE

Straßen

Autobahn - Schnellstraße
Hauptverkehrsstraße
Karlstr. Einkaufsstraße - Einbahnstraße
Gesperrte Straße, mit Verkehrsbeschränkungen
Fußgängerzone
P / P Parkplatz - Parkhaus, Tiefgarage
P+R Park-and-Ride-Plätze
Bewegliche Brücke - Autofähre

Sehenswürdigkeiten

Sehenswertes Gebäude
Sehenswerter Sakralbau

Sonstige Zeichen

Informationsstelle - Krankenhaus
Bahnhof und Bahnlinie
Flughafen - Autobusbahnhof
U-Bahnstation, unterirdischer S-Bahnhof
Öffentliches Gebäude, durch einen Buchstaben gekennzeichnet:
L R Sitz der Landesregierung - Rathaus
J Gerichtsgebäude
M T U Museum - Theater - Universität, Hochschule
POL. Polizei (in größeren Städten Polizeipräsidium)
Hauptpostamt (postlagernde Sendungen), Telefon
ADAC Automobilclub

PLATTEGRONDEN

Wegen

Autosnelweg - Weg met gescheiden rijbanen
Hoofdverkeersweg
Karlstr. Winkelstraat - Eenrichtingsverkeer
Onbegaanbare straat, beperkt toegankelijk
Voetgangersgebied
P / P Parkeerplaats
P+R Parkeer en Reis
Beweegbare brug - Auto-veerpont

Bezienswaardigheden

Interessant gebouw
Interessant kerkelijk gebouw

Overige tekens

Informatie voor toeristen - Ziekenhuis
Station spoorweg
Luchthaven - Busstation
Metrostation
Openbaar gebouw, aangegeven met een letter:
L R Provinciehuis - Stadhuis
J Gerechtshof
M T U Museum - Schouwburg - Universiteit, hogeschool
POL. Politie (in grote steden, hoofdbureau)
Hoofdkantoor voor poste-restante, Telefoon
ADAC Automobielclub

TOWN PLANS

Roads

Motorway - Dual carriageway
Major thoroughfare
Karlstr. Shopping street - One-way street
Unsuitable for traffic, street subject to restrictions
Pedestrian street
P / P Car Park -Covered parking
P+R Park and Ride
Lever bridge - Car ferry

Sights

Place of interest
Interesting place of worship

Various signs

Tourist Information Centre - Hospital
Station and railway
Airport - Coach station
Underground station, S-Bahn station underground
Public buildings located by letter:
L R Provincial Government Office - Town Hall
J Law Courts
M T U Museum - Theatre - University, College
POL. Police (in large towns police headquarters)
Main post office with poste restante, telephone
ADAC Automobile Club

LES PLANS

Voirie

Autoroute - Route à chaussées séparées
Grande voie de circulation
Karlstr. Rue commerçante - Sens unique
Rue impraticable, réglementée
Rue piétonne
P / P Parking - Parking couvert
P+R Parking Relais
Pont mobile - Bac pour autos

Curiosités

Bâtiment intéressant
Édifice religieux intéressant

Signes divers

Information touristique - Hôpital
Gare et voie ferrée
Aéroport - Gare routière
Station de métro, gare souterraine
Bâtiment public repéré par une lettre:
L R Conseil provincial - Hôtel de ville
J Palais de justice
M T U Musée - Théâtre - Université, grande école
POL. Police (commissariat central)
Bureau principal de poste restante et téléphone
ADAC Automobile Club

LE PIANTE

Viabilità

Autostrada - Strada a carreggiate separate
Grande via di circolazione
Karlstr. Via commerciale - Senso unico
Via impraticabile, a circolazione regolamentata
Via pedonale
P / P Parcheggio - Parcheggio coperto
P+R Parcheggio Ristoro
Ponte mobile - Traghetto per auto

Curiosità

Edificio interessante
Costruzione religiosa interessante

Simboli vari

Ufficio informazioni turistiche - Ospedale
Stazione e ferrovia
Aeroporto - Stazione di autobus
Stazione della Metropolitana, stazione sotterranea
Edificio pubblico indicato con lettera:
L R Sede del Governo della Provincia - Municipio
J Palazzo di Giustizia
M T U Museo - Teatro - Università
POL. Polizia (Questura, nelle grandi città)
Ufficio centrale di fermo posta e telefono
ADAC Automobile Club

PLANOS

Vías de circulación

Autopista - Autovía
Vía importante de circulacíon
Karlstr. Calle comercial - Sentido único
Calle impracticable, de uso restringido
Calle peatonal
P / P Aparcamiento - Aparcamiento cubierto
P+R Aparcamientos "P+R"
Puente móvil - Barcaza para coches

Curiosidades

Edificio interesante
Edificio religioso interesante

Signos diversos

Oficina de información de Turismo - Hospital
Estación y linea férrea
Aeropuerto - Estación de autobuses
Boca de metro
Edificio público localizado con letra:
L R Gobierno provincial - Ayuntamiento
J Palacio de Justicia
M T U Museo - Teatro - Universidad, Escuela Superior
POL. Policía (en las grandes ciudades : Jefatura)
Oficina central de lista de correos - Teléfonos
ADAC Automóvil Club

Österreich

A

Abern 132 K4
Abfaltersbach 136 J8
Absam 125 G7
Absdorf 130 T3
Abtei 138 P9
Abtenau 132 M6
Abtissendorf 138 S8
Abtsdorf 132 M5
Ach 132 K4
Ach 132 L4
Achau 131 V4
Achenbach 126 H6
Achenkirch 126 H6
Achenpaß 125 G6
Achensee 126 H6
Achental 126 H6
Achenwald 126 H6
Adameck-H. 132 M6
Aderklaa 131 V4
Adlwang 133 O5
Admont 133 P6
Adnet 132 L5
Aflenzer Seeberg 134 R6
Aflenz Kurort 134 R6
Afling 138 R7
Afritz 137 N8
Aggsbach 130 S4
Aggsbach Markt 130 S4
Aggstein 130 S4
Ahorn 129 O3
Ahornspitze 126 H7
Aich 133 N6
Aich 138 Q9
Aichdorf 138 Q7
Aigen 130 S2
Aigen 135 U6
Aigen im Ennstal 133 O6
Aigen im Mühlkreis .128 N3
Ainet 136 K8
Aist 129 P4
Aistersheim 128 N4
Alberndorf
  in der Riedmark 129 P3
Alberschwende 124 B6
Albrechtsberg an der
  Großen Krems 130 S3
Aldrans 125 G7
Alfenz 124 B7
Alkoven 129 O4
Alkus 136 K8
Alland 130 U4
Allentgschwendt 130 S3
Allentsteig 130 S3
Allerheiligen 134 S6
Allerheiligen b. Wildon .139 S8
Allerheiligen
  im Mühlkreis 129 P4
Allgäuer Alpen 124 C6
Allhaming 133 O4
Allhartsberg 133 Q4
Alm 133 N5
Almsee 133 N5
Almwirt 138 R7
Alpbach 126 H6
Alpl 135 S6
Altach 124 A6
Altausee 132 N6
Altausseersee 133 N6
Altenberg 134 S4
Altenberg bei Linz ..129 P3
Altenburg 130 S3
Altenfelden 129 N3
Altenhof 128 N3
Altenmarkt 132 M6
Altenmarkt 139 U7
Altenmarkt
  an der Triesting 130 T4
Altenmarkt
  bei St. Gallen 133 P5
Altenmarkt i. Yspertal .130 R4
Altenwörth 130 T3
Altersberg 137 M8
Altheim 132 L4
Althofen 138 P8
Althofen 137 O7
Altlengbach 130 T4
Altlichtenwarth 131 W3
Altmanns 131 V3
Altmanns 130 R2
Altmelon 129 Q3
Altprerau 131 V2
Altschwendt 128 N4

Am See 125 E8
Amagmach 124 B6
Amaliendorf 130 R2
Am Alpsteig 134 S6
Ameis 131 V2
Amesreith 129 P3
Amlach 136 K8
Ammer Sattel 125 E6
Ampflwang 132 M4

Amstetten 129 Q4
Andau 135 W5
Andelsbuch 124 B6
Andorf 128 M3
Andrichsfurth 132 M4
Angath 126 I6
Anger 139 T7
Angern 133 O6
Angern a. d. March ..131 W3
Anif 132 L5
Ankogel 136 L7
Annaberg 132 M6
Annaberg 134 S5
Annaberg
  im Lammertal 132 M6
Annenheim 137 N9
Anras 126 J8
Ansfelden 133 O4
Antau 135 V5
Anthering 132 L5
Antiesen 132 M4
Antiesenhofen 128 M3
Anton-Karg-H. 126 I6
Anzenbach 133 P5
Anzendorf 130 S4
Apetlon 135 W5
Arbesbach 129 Q3
Arbesthal 131 W4
Arbing 129 Q4
Ardagger Markt 129 Q4
Ardagger Stift 129 Q4
Ardning 133 P6
Arlbergpaß 124 C7
Arlbergtunnel 124 C7
Arnbach 126 J8
Arnfels 138 S8
Arnoldstein 137 N9
Arnreit 129 N3
Arriach 137 N8
Artstetten 130 R4
Arzberg 138 S7
Arzl 125 E7
Aschach 126 N3
Aschach an der Donau .129 O3
Aschach a. d. Steyr ..133 P4
Aschach (Talsperre) .129 O3
Aschau 126 H6
Aschau (Kitzbühel) ..126 I6
Aschau (Mayrhofen) .126 H7
Aschau (Oberösterr.) .132 M5
Aschau im Burgenland .135 U6
Aschbach 135 S5
Aschbach-Markt 129 Q4
Asitz-Kogel 126 K6
Aspach 132 L4
Aspang Markt 135 U6
Asparn 131 V3
Aspern 131 V4
Aspern 131 V4
Asperhofen 130 T4
Aspersdorf 130 U3
Assling 126 J8
Asten 129 P4
Attersee 132 M5
Attnang-Puchheim ..132 N4
Atzbach 128 N4
Atzenbrugg 130 T4
Au 134 R6
Au 133 P6
Au (Oberösterr.) 132 M5
Au (Tirol) 125 E7
Au (Vorarlberg) 124 B7
Au am Leithagebire ..130 V5
Auerbach 132 K4
Auerthal 131 V3
Auf dem Hals 135 U5
Auf dem Straßegg ...134 S6
Auf der Schanz 134 S6
Auffach 126 I6
Aurach 126 J6
Aurach am Hongar ..132 N5
Aurachkirchen 132 N5
Aurolzmünster 132 M4
Außere Einöde 137 N8
Außere Kainisch 133 N6
Außerfern 125 E6
Außerfragant 136 L8
Außervillgraten 136 J8
Austria-H. 132 M6
Axamer Lizum 125 F7
Axams 125 F7

B

Baad 124 C7
Bach 124 D7
Bachmanning 128 N4
Bad Aussee 132 N6
Bad Bleiberg 137 N9
Bad Deutsch Altenburg .131 W4
Bad Dürrnberg 132 L6
Bad Fischau 135 U5
Bad Fusch 136 K7

Bad Gams 138 R8
Bad Gleichenberg 139 T8
Bad Goisern 132 M6
Bad Großpertholz 129 Q3
Bad Hall 133 O4
Bad Häring 126 I6
Bad Hofgastein 136 L7
Bad Innerlaterns 124 B7
Bad Ischl 132 M5
Bad Kleinkirchheim ..137 N8
Bad Kreuzen 129 Q4
Bad Leonfelden 129 O3
Bad Mitterndorf 133 N6
Bad Pirawarth 131 V3
Bad Radkersburg 139 T8
Bad St. Leonhard 137 O8
Bad St. Leonhard
  im Lavanttal 138 Q8
Bad Schallerbach 128 N4
Bad Schönau 135 U6
Bad Tatzmannsdorf ..135 U6
Bad Vellach 138 P9
Bad Vöslau 135 U5
Bad Waltersdorf 139 U7
Bad Weißenbach 138 Q8
Bad Wimsbach-
  Neydharting 133 N4
Bad Zell 129 P3
Baden 131 U4
Badenthein 137 N8
Bad Gastein 136 L7
Bärenbad 126 I7
Bärenriß Sattel 134 R5
Bärental 137 O9
Bärnbach 138 R7
Bärndorf 133 P6
Bärnkopf 129 R3
Baierdorf 137 O7
Baierdorf bei Anger .137 T7
Bairisch Kölldorf 139 T8
Baldramsdorf 137 M8
Bangs 124 A7
Bannberg 136 K8
Bartholomäberg 124 B7
Barwies 125 E7
Baumgart 134 S5

Baumgarten
  an der March 131 W4
Baumgarten
  im Burgenland 135 V5
Baumgartenberg 129 Q4
Behamberg 133 P4
Berg (Kärnten) 136 L8
Berg (Niederösterr.) .131 X4
Berg bei Rohnrbach .129 N3
Bergheim 132 L5
Berndorf 135 U5
Berndorf 138 R7
Berndorf bei Salzburg .132 K5
Bernhardsthal 131 W2
Bernkogel 132 L7
Bernstein 135 U6
Berwang 125 E6
Bettelwurfspitze 126 G6
Bezau 124 B6
Biberbach 133 Q4
Biberwier 125 E6
Bichlbach 125 E6
Bielerhöhe 124 C8
Bierbaum 139 U7
Bierbaum a. Kleebigl .130 T3
Bigerbach 125 E7
Bildstein 124 B6
Birkfeld 134 T6
Birkkarspitze 125 G6
Birnbaum 136 K8
Birnhorn 127 K6
Birnlücke 126 I7
Bisamberg 131 V4
Bischoffeld 138 Q7
Bischofshofen 132 L6
Bischofstetten 130 S4
Bizau 124 B6
Blattberg 125 E6
Bleiberg-Kreuth 137 M9
Bleiburg 138 Q9
Bleikogel 132 L6
Bleitenau 131 V4
Blindenmarkt 129 Q4
Blons 124 B7
Blosen 124 B7
Bludenz 124 B7
Blumau 135 U6

Blumau an der Wild ..130 S2
Blumau i. Steiermark .139 U7
Bochumer H. 126 J6
Bockfließ 131 V3
Bocksdorf 139 U7
Boden 137 M8
Bodensdorf 137 N8
Bodensee 124 A6
Bodental 137 O9
Böckstein 136 L7
Bödele 124 B6
Bödmen 124 C7
Böheimkirchen 130 T4
Bonisdorf 139 U8
Bramberg 126 J7
Brand 130 T4
Brand (Niederösterr.) .129 R2
Brand (Vorarlberg) ..124 B7
Brandberg 126 H7
Brandenberg 126 H6
Brandhof 134 R6
Brandnertal 124 B7
Brandwald 133 N6
Braunarlspitze 124 C7
Braunau 132 L4
Braz 124 B7
Bregenz 124 B6
Bregenzerach 124 B6
Bregenzerwald 124 B7
Breiteckkoppe 133 O6
Breitegg 126 I6
Breitenaich 129 N4
Breitenau
  (Niederösterr.) 135 U5
Breitenau (Oberösterr.) .133 O5
Breitenbach am Inn ..126 H6
Breitenbrunn 134 T6
Breitenfurt 131 U4
Breitenhilm 139 S7
Breitenlee 131 V4
Breitenstein 134 T6
Breitenwaida 130 U3
Breitenwang 125 E6
Breitfuß 126 I7
Breithorn 127 K6

Breitsetten 131 W4
Brennerpaß 125 G7
Bretstein 133 P6
Bretsteingraben 133 O6
Brixen 126 I6
Brixlegg 126 H6
Bromberg 135 U5
Bruck am Ziller 126 H6
Bruck an der
  Großglocknerstraße .136 K7
Bruck an der Leitha ..131 W4
Bruck an der Mur 134 R6
Brückl 138 P8
Bruckneudorf 131 W4
Bruderkogel 133 P6
Brunn 134 R6
Brunnalm 134 S6
Brunn am Gebirge ...131 U4
Brunn an der Wild ...130 S2
Brunnbach 133 P5
Brunnenthal 128 M3
Bschlabs 125 D7
Buch 124 B6
Buch bei Jenbach 126 H6
Buchboden 124 B7
Bucheben 136 K7
Buchkirchen 133 O4
Buchschachen 135 U7
Bucklige Welt 135 U6
Bürgeralpe 134 S5
Bürs 124 B7
Bürserberg 124 B7
Bundschuh 137 N7
Burg 139 V7
Burgau (Salzburg) 132 M5
Burgau (Steiermark) ..139 U7
Burgauberg-
  Neudauberg 139 U7
Burgenland (Land) ...135 U6
Burggrabenklamm ...132 M5
Burgkirchen 132 L4
Burgschleinitz 130 T3

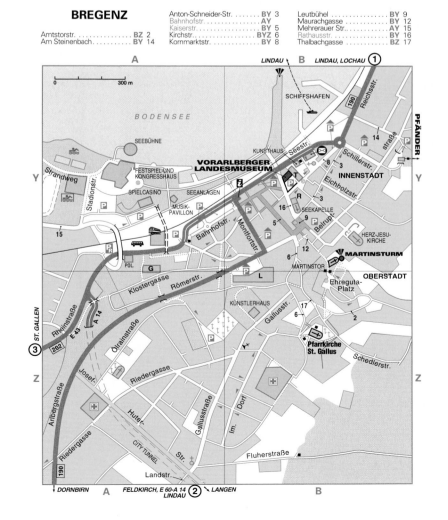

BREGENZ

Amtsstorstr. ....BZ 2
Am Steinenbach ....BY 14
Anton-Schneider-Str. ...BY 3
Bahnhofstr. ....AY
Kaiserstr. ....BY 5
Kirchstr. ....BYZ 6
Kornmarktstr. ....BY 8
Leutbühel ....BY 9
Maurachgasse ....BY 12
Mehrerauer Str. ....AY 15
Rathausstr. ....BY 16
Thalbachgasse ....BZ 17

C

Carl von Stahl-Hs. 132 L6
Christkindl 133 P4
Coburger H. 125 E6
Cumberland 133 N5

D

Dachstein-
  Rieseneishöhle 132 N6
Dachsteingruppe 132 M6
Dalaas 124 B7
Damüls 124 B7
Damülser Mittagspitze ...124 B7
Dechantskirchen 135 U6
Defereggental 126 I8
Defereggeralpen 126 I8
Defreggerhaus 126 J7
Dellach 136 L9
Dellach 137 M8
Dellach im Drautal 136 L8
Demeljoch 125 G6
Deutsch Hörschlag 129 P3
Deutsch Brodersdorf 135 V5
Deutsch Ehrensdorf 139 V7
Deutsch Feistritz 137 R7
Deutsch Goritz 139 T8
Deutsch Griffen 137 O8
Deutsch Haslau 131 W4
Deutsch Jahrndorf 131 W4
Deutsch Kaltenbrunn 139 U7
Deutschkreutz 137 V6
Deutschlandsberg 138 R8
Deutsch Schützen 139 V7
Deutsch Wagram 131 V4
Diedamskopf 124 C6
Dienten 132 L6
Dientner Sattel 132 L6
Diersbach 128 M3
Dietachdorf 129 P4
Dietersdorf
  am Gnasbach 139 T8
Dietmanns
  (bei Gmünd) 129 Q2
Dietmanns (bei
  Waidhofen a.d.T.) 130 S2
Dietmannsdorf
  b. Trieben 133 P6
Diex 138 P8
Dimbach 129 Q4
Dobermannsdorf 131 W3
Dobersberg 130 R2
Dobersdorf 139 U7
Dobl 138 S8
Döbling 131 U4
Dobra Stausee 130 S3
Dobratsch 137 M9
Döbriach 137 M8
Dölach 126 J8
Döllach 133 O6
Döllach 136 K8
Dolomiten H. 136 K8
Dölsach 136 K8
Donau 128 M3
Donaustadt 131 V4
Donawitz 134 R6
Donnersbach 133 O6
Donnersbachwald 133 O6
Donnerskirchen 135 V5
Doren 124 B6
Dorf 128 M4
Dorfgastein 136 L7
Dörfl im Burgenland 135 V6
Dorfstetten 129 Q4
Dornach 129 Q4
Dornbirn 124 B6
Douglass-H. 124 B7
Drasenhofen 131 V2
Draßburg 135 V5
Draßmarkt 135 V6
Dreiherrnspitze 126 I7
Dreistetten 135 U5
Dr. H. Hackel-H. 132 L6
Drobollach 137 N9
Drösing 131 W3
Drosendorf Stadt 130 S2
Droß 130 S3
Drossensperre 126 K7
Düns 124 B7
Dürnbach 139 V7
Dürnkrut 131 W3
Dürnstein
  (Niederösterr.) 130 S3
Dürnstein (Steiermark) ..137 P7
Dürradmer 134 R5
Dürre Wand 134 T5
Dunkelsteinerwald 130 S4
Durchholzen 126 I6

E

Ebbs 126 I6
Ebelsberg 129 P4
Eben 126 H6

Eben im Pongau 132 M6
Ebenau 132 L5
Ebene 125 E7
Ebene Reichenau 137 N8
Ebenfurth 135 V5
Ebensee 132 N5
Ebenthal (Kärnten) 137 P9
Ebenthal
  (Niederösterr.) 131 W3
Eberau 139 V7
Ebergassing 131 V4
Eberndorf 138 P9
Eberschwang 132 M4
Ebersdorf
  (Niederösterr.) 134 R4
Ebersdorf (Steiermark) ..139 T7
Eberstallzell 133 N4
Eberstein 138 P8
Ebenhof 134 S5
Ebnit 124 B6
Ebreichsdorf 135 V5
Echsenbach 130 R2
Eckartsau 131 W4
Edel-H. 126 H7
Edelsbach 139 T8
Edelschrott 138 R7
Edelstal 131 W4
Edelweißspitze 136 K7
Edlach 134 T5
Edling 134 Q6
Edlitz 139 V7
Edlitz Markt 135 U6
Edmund-Graf-H. 124 D7
Eferding 129 O4
Egg 137 M9
Egg (Vorarlberg) 124 B6
Egg am Faakersee 137 N9
Eggelsberg 132 K4
Eggenberg 138 S7
Eggenburg 130 T3
Eggendorf 135 U5
Eggendorf am Walde 130 T3
Eggeralm 137 M9
Eggerding 128 M3
Eggern 130 R2
Eggersdorf 139 S7
Ehrenberger Klause 125 E6
Ehrenhausen 139 S8
Ehrenschachen 135 U6
Ehrwald 125 E6
Eibenstein 130 S2
Eibesbrunn 131 V3
Eibesthal 131 V3
Eibiswald 138 R8
Eichberg 135 T6
Eichenberg 124 B6
Eichenbrunn 131 V3
Eichgraben 130 T4
Eidenberg 129 O3
Eingenheimsiedlung 131 U4
Eisenberg 139 V7
Eisenerz 133 Q6
Eisenerzer Alpen 133 P6
Eisenhüttl 139 U7
Eisenkappel 138 P9
Eisenstadt 135 V5
Eisentratten 137 M8
Eisenwurzen 134 Q5
Eisgarn 130 R2
Eisriesenwelt 132 L6
Eitzing 132 M4
Eizendorf 129 Q4
Elbigenalp 124 D7
Elixhausen 132 L5
Ellbögen 125 G7
Ellmau 126 I6
Ellmauer Halt 126 I6
Elmen 124 D6
Els 130 S3
Elsbethen 132 L5
Elsenreith 130 R3
Eltendorf 139 U7
Embach 136 L7
Emmersdorf
  an der Donau 130 S4
Empersdorf 138 S8
Eng 125 G6
Engelhartstetten 131 W4
Engelhartszell 128 N3
Engelmannsbrunn 130 T3
Engelstein 129 Q3
Engerwitzdorf 129 P3
Enns 129 P4
Enns (Bach) 127 M7
Ennsdorf 131 V4
Ennstal 133 O6
Ennstaler Alpen 133 P6
Enzenkirchen 128 M3
Enzersdorf a. d. Fischa ..131 V4
Enzersdorf im Thale 131 U3
Enzersfeld 131 V3
Enzesfeld 135 U5
Enzingerboden 126 J7
Erb 133 Q6
Erdberg 131 V3
Erdleiten 129 P3
Erfurter H. 126 H6
Erl 126 I5

Erlach 135 U5
Erlauf 134 R4
Erlaufsee 134 R5
Erlsbach 126 I8
Ernstbrunn 131 V3
Ernsthofen 129 P4
Erpfendorf 126 J6
Ertl 133 P5
Erzberg 133 Q6
Erzherzog
  Johann-Klause 126 H6
Eschelberg 129 O3
Eschenau 130 S4
Eschenau 130 R2
Eschenau
  im Hausrukkreis 128 N3
Eßling 131 V4
Esternberg 128 M3
Etmißl 134 R6
Etsdorf am Kamp. 130 T3
Ettendorf 138 Q8
Etzen 129 R3
Etzersdorf 139 T7
Eugendorf 132 L5
Euratsfeld 129 Q4
Europabrücke 125 G7

F

Faak 137 N9
Faakersee 137 N9
Fachwerk 134 Q5
Faggenbach 125 E8
Faistenau 132 L5
Falken-H. 125 G6
Falkenstein 131 V2
Falkert 137 N8
Fallegg 138 R8
Farrenau-Bühel 133 N5
Faschina 124 B7
Favoriten 131 V4
Fehring 139 U8
Feichsen 134 R4
Feichten 125 E7
Feistritz 134 T6
Feistritz (bei Bleiburg) ..138 Q9
Feistritz (bei Friesach) ..137 O8
Feistritz am Wechsel 135 U6
Feistritz an der Drau 137 M8
Feistritz an der Gail 137 M9
Feistritz b. Knittelfeld ...138 Q7
Feistritzer Stausee 137 O9
Feistritz im Rosental 137 O9
Feistritz Sattel 134 T6
Felbertal 126 J7
Felbertauerntunnel 126 J7
Feldaist 129 P3
Feld am See 137 N8
Feldbach 139 T8
Feldkirch 124 A7
Feldkirchen 138 S7
Feldkirchen
  an der Donau 129 O3
Feldkirchen
  bei Mattighofen 132 L4
Feldkirchen in Kärnten ..137 O8
Felixdorf 135 U5
Fell 137 M7
Fellach 137 N9
Fellbach 136 L8
Fellhorn 126 J6
Fels 130 T3
Fendels 125 E7
Ferlach 137 O9
Ferlacher Stausee 137 O9
Ferleiten 136 K7
Ferndorf 137 M8
Fernitz 138 S8
Fernpaß 125 E6
Fernstein 125 E6
Fernsteinsee 125 E6
Ferschnitz 129 Q4
Feßnach 137 P7
Festenburg 134 T6
Feuerkogel 132 N5
F.Fischer-H. 127 M7
Fieberbrunn 126 J6
Filzmoos 132 M6
Fimbertal 124 C8
Finkenberg 126 H7
Finkenstein 137 N9
Finstermünzpaß 124 D8
Finstertal Stausee 125 F7
Fischa 131 V5
Fischamend Markt 131 V4
Fischbach 134 S6
Fischbacheralpe 134 S6
Fisching 138 Q7
Fischlham 129 N4
Fiß 125 D7
Flachau 132 M6
Fladnitz 139 T8
Fladnitz an der Teichalm .138 S7
Flaschberg 136 K8
Flatschach 138 Q7
Flattach 136 L8
Flattnitz 137 O8

Flattnitzer Höhe 137 O8
Flaurling 125 F7
Flexenpaß 124 C7
Fließ 125 D7
Flirsch 124 D7
Floing 139 T7
Floridsdorf 131 V4
Fluchthorn 124 C8
Fluttendorf 138 R8
Föllim 131 V2
Fohnsdorf 138 Q7
Fontanella 124 B7
Forchach 125 D6
Forchtenau 135 V5
Forchtenstein 135 U5
Fornach 132 M4
Forst 138 Q8
Forstau 132 M6
Fraham 129 O4
Frankenau 135 V6
Frankenburg 132 M4
Frankenfels 134 R5
Frankenmarkt 132 M5
Frantschach-
  St. Gertraud 138 Q8
Franzen 130 S3
Franzensdorf 131 V4
Franz Josephs-Höhe 136 K7
Franz Senn H. 125 F7
Frastanz 124 A7
Fratres 130 S2
Frauenberg
  (bei Bruck a. d. Mur) ..134 S6
Frauenberg (bei Liezen) .132 P6
Frauenburg 137 P7
Frauendorf 130 T3
Frauenkirchen 135 W5
Frauenstein (Kärnten) ...137 P8
Frauenstein
  (Oberösterr.) 133 O5
Frauental 138 R8
Frauschereck 132 L4
Fraxern 124 B7
Freiburger H. 124 B7
Freiland 134 S5
Freiland bei
  Deutschlandsberg 138 R8
Frein 134 S5
Freinberg 128 M3
Freistadt 129 P3
Fresach 137 N8
Fresing 138 S8
Friedauwerk 134 Q6
Friedberg 135 U6
Friedburg 132 L4
Friedersbach 130 R3
Friesach 138 P8
Friesach 138 S7
Fritzens 125 G7
Frohnleiten 138 S7
Frojach-Katsch 137 O7
Fügen 126 H6
Fügenberg 126 H6
Fürstenfeld 139 U7
Fuglau 130 S3
Fulpmes 125 G7
Furkajoch 124 B7
Furth 130 T4
Furth an der Triesting 134 T5
Furth bei Göttweig 130 S3
Fusch a. d.
  Großglocknerstraße ...136 K7
Fuschertal 136 K7
Fuscher Törl 136 K7
Fuschl 132 L5
Fuschlsee 132 L5
Fußach 124 A6
Futschölpaß 124 C8

G

Gaaden 131 U4
Gaaldorf 138 P7
Gaas 139 V7
Gaberl 138 Q7
Gabersdorf 139 S8
Gablitz 131 U4
Gablonzer H. 132 M6
Gaflenz 133 Q5
Gaichtpaß 125 D6
Gail 136 J8
Gailberg Sattel 136 K8
Gailtaler Alpen 136 K8
Gaimberg 136 K8
Gainfarn 135 U5
Gaisbach 129 P4
Gaisberg 132 L5
Gaisfeld 138 R7
Gaishorn 133 P6
Gaislacher Kogel 125 E8
Gaisruck 138 U3
Gaißau 124 A6
Gajach 136 L8
Galinakopf 124 A7
Gallbrunn 131 V4

Gallizien 138 P9
Gallneukirchen 129 P3
Gallsbach 129 N4
Gallspach 128 N4
Galtür 124 C8
Gaming 134 R5
Gamlitz 139 S8
Gamperdonatal 124 B7
Gampern 132 M5
Gams bei Hieflau 133 Q6
Gamsfeld 132 M6
Gamskarkogel 136 L7
Gansbach 130 S4
Ganser 137 O7
Gänserndorf 131 W3
Gargellen 124 B8
Garnei 132 L6
Gars am Kamp 130 T3
Garsten 133 P4
Gaschurn 124 C8
Gasen 134 S6
Gaspoltshofen 128 N4
Gasteiner Ache 136 L7
Gasteinertal 136 L7
Gastern 130 R2
Gattendorf 131 W4
Gaubitsch 131 V3
Gaweinstal 131 V3
Geboltskirchen 132 M4
Gedersdorf 130 T3
Geiersberg 132 M4
Geinberg 132 L4
Geisenheim 128 N4
Geistthal 138 R7
Gemeindealpe 134 R5
Gemeinlebarn 130 T3
Geras 130 T2
Gerasdorf 131 V4
Gerersdorf
  (Niederösterr.) 130 S4
Gerersdorf-Sulz 139 U7
Geretsberg 132 K4
Gerhaus 131 W4
Gerlitzen 137 N8
Gerlos 126 I7
Gerlosberg 126 H7
Gerlospaß 126 I7
Gerlostal 126 H7
Gerotten 130 R3
Gerzkopf 132 M6
Gesäuse 133 P6
Gettsdorf 130 T3
Gföhl 130 S3
Gföhlerwald 130 S3
Gilfertberg 125 U6
Gilgenberg am Weilhart .132 K4
Gimpel H. 124 D6
Ginzling 126 H7
Gitschtal 136 L8
Glanegg 137 O8
Glanhofen 137 O8
Glasenbach 132 L5
Glashütten 125 V6
Glashütten 138 R8
Glattjoch 137 O7
Glatzau 138 T8
Glaubendorf 130 T3
Glein 138 Q7
Gleinalmtunnel 138 R7
Gleinalpe 138 R7
Gleinstätten 138 S8
Gleisdorf 139 T7
Gleißenfeld 135 U5
Gleiwitzer H. 136 K7
Glemmtal 126 J6
Globasnitz 138 Q9
Glockturm 125 E8
Glödnitz 137 O8
Gloggnitz 134 T5
Gmund (Kärnten) 126 I7
Gmünd (Kärnten) 137 M8
Gmünd (Niederösterr.) ..129 Q2
Gmunden 132 N5
Gmundnerberg 132 N5
Gnadendorf 131 V3
Gnadenfall 127 M7
Gnadenwald 125 G7
Gnas 139 T8
Gnesau 137 N8
Gnetting 139 T8
Gnigl 132 L5
Göblberg 132 M4
Göfis 124 A7
Gölbner 126 J8
Göllersdorf 130 U3
Göllersdorf 130 U3
Göltschach 137 P9
Göpfritz an der Wild 130 S2
Göpfritzschlag 130 S2
Göriach 137 N7
Görtschach 138 M9
Gösing 130 T3
Gösing 134 R5
Göß 138 Q6
Gößeck 134 Q6
Gösselsdorf 138 P9
Gößl 133 N6
Gösting 138 S7

Göstling 134 Q5
Göstlingeralpen 133 Q5
Göttlesbrunn 131 W4
Götzendorf 138 P7
Götzendorf
  an der Leitha 131 V4
Götzens 125 F7
Götzis 124 A7
Going 126 I6
Goldeck 137 M8
Goldegg 136 L7
Goldwörth 129 O4
Golling 132 L6
Gollinger Wasserfall 132 L6
Gollrad 134 R6
Gols 135 W5
Gosau 132 M6
Gosaumühle 132 M6
Gosauschmied 132 M6
Gosdorf 139 T8
Gr. Galtenberg 126 H6
Gr. Höllkogel 133 N5
Gr. Ochsenhorn 126 J6
Gr. Schwarzkogel 132 M6
Gr. Teufelshorn 132 L6
Graben-Prebl 138 Q8
Graden 138 R7
Grades 137 O8
Grän 124 D6
Graßnitz 134 S5
Gratendorf 137 P8
Gratkorn 138 S7
Gratwein 138 S7
Graukogel 136 L7
Graz (Flughafen) 138 S8
Greifenburg 136 L8
Greifenstein 131 U3
Greillenstein 130 S3
Grein 129 Q4
Greith 134 R5
Gresten 134 R5
Greutschach 138 Q8
Gries am Brenner 125 G7
Griesbach 129 Q3
Griesenau 126 J6
Gries im Sellrain 125 F7
Grieskirchen 128 N4
Grießen 126 K6
Grießenkareck 127 M7
Grießenpaß 126 K6
Griffen 138 Q8
Grillenberg 135 U5
Grimmenstein 135 U6
Grimming 133 O6
Grimsing 130 S4
Grins 124 D7
Grinzens 125 F7
Gröbming 133 N6
Grödig 132 L5
Groißbrunn 131 W4
Groß Engersdorf 131 V3
Groß Gerungs 129 Q3
Groß Litzner 124 C8
Groß St. Florian 138 R8
Groß-Siegharts 130 S2
Groß-Alm 132 M5
Großarl 136 L7
Großarltal 136 L7
Großau 130 S2
Grossau 135 U5
Großburgstall 130 S2
Große Mühl 129 O3
Große Sandspitze 126 K8
Große Schlenkerspitze ..125 D7
Große Tulln 130 T4
Großebersdorf 131 V3
Großenzersdorf 131 V4
Großer Ahornboden 125 G6
Großer Bösenstein 133 P6
Großer Buchstein 133 P6
Großer Königstuhl 137 N8
Großer Krottenkopf 124 D7
Großer Ötscher 134 R4
Großer Priel 133 O5
Großer Pyhrgas 133 P6
Großer Rettenstein 126 J6
Großer Rosennock 137 N8
Großer Scheiben Berg ..134 T6
Großer Speikkogel 138 Q8

GRAZ

Abraham-
a-Santa-Clara-Gasse . . . . . . DZ 2
Altstadtpassage . . . . DZ 3
Färbergasse . . . . DZ 5
Färberpl. . . . . DZ 6
Franziskanergasse . . . . CZ 8
Franziskanerpl. . . . . CZ 9
Freiheitspl. . . . . DY 10
Girardigasse . . . . DZ 35
Glockenspielpl. . . . . DZ 12
Griespl. . . . . CZ 13
Hauptbrücke . . . . CZ 16
Keplerbrücke . . . . CY 19
Luthergasse . . . . DZ 20
Mehlpl. . . . . DZ 22
Neue-Welt-Gasse . . . . CZ 23
Paradeisgasse . . . . CZ 26
Radetzkybrücke . . . . CZ 27
Schloßbergpl. . . . . CY 29
Stempfergasse . . . . DZ 30
Tegetthoffbrücke . . . . CZ 32

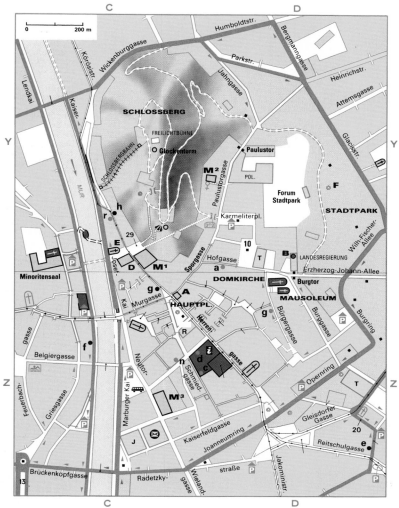

Großes Mösele
/ Mesule 126 H8
Großes Walsertal 124 B7
Großfeistritz 138 Q7
Großglobnitz 130 R2
Großglockner 136 K7
Großglockner-
Hochalpenstraße 136 K7
Großgmain 132 K5
Großgöttfritz 130 R3
Großharras 131 U3
Großhartmannsdorf 139 T7
Großhaselbach 130 R2
Großheinrichschlag 130 S3
Großhöflein 135 V5
Großinzersdorf 131 W3
Großjedlersdorf 131 V4
Großklein 138 S8
Großkrut 131 W3
Großlobming 137 Q7
Großmeiseldorf 130 T3
Großmugl 131 U3
Großmürbisch 139 U7
Großnondorf 130 T3
Großpesendorf 139 T7
Großpetersdorf 139 U7
Großraming 133 P5
Großreifling 133 Q6
Großreinprechts 130 R3
Großriedenthal 130 T3
Großrußbach 131 V3
Großschweinbarth 131 V3
Großsölk 133 N6
Großsteinbach 139 T7
Großstelzendorf 130 U3
Großstübing 138 R7
Großtraberg 129 O3
Großveitsch 134 S6
Großvenediger 125 J7
Großwarasdorf 135 V5
Großweikersdorf 130 T3
Großweißenbach 130 R3
Großwilfersdorf 139 U7

Grub 131 U4
Grubigstein 125 E6
Grünau im Almtal 133 N5
Grünbach 129 P3
Grünbach
am Schneeberg 134 T5
Grund 130 U3
Grundlsee 132 N6
Grutten-H. 126 I6
Gschaidt 135 U6
Gscheid 134 S5
Gschnitz 125 G7
Gschnitztal 125 F7
Gschwand 133 N5
Gshwandt 133 N5
Gstatterboden 133 P6
Gstoder 137 O7
Gündorf 138 S8
Güns 135 V6
Günselsdorf 135 U5
Günser-Gebirge 135 V6
Güssing 139 U7
Güttenbach 139 U7
Guffertspitze 126 H6
Guglwald 129 O3
Gumpoldskirchen 131 U4
Gundersdorf 138 R8
Gundersheim 136 L9
Gundertshausen 132 L4
Gunskirchen 129 N4
Guntersdorf 131 U4
Guntramsdorf 131 U4
Gurgltal 125 F8
Gurktaleralpen 137 O8
Gurten 132 M4
Gurtis 124 A7
Gusen 129 P4
Gußwerk 134 R5
Gut 130 S3
Gutau 129 P3
Gutenbrunn (bei Melk) . . 130 R3

Gutenbrunn
(bei St. Pölten) 130 T4
Gutenstein 134 T5
Guttaring 138 P8

H

Haag 129 P4
Haag am Hausruck 132 M4
Habernau 133 N5
Habicht 125 F7
Hadersdorf 131 U4
Hadersdorf am Kamp . . . 130 T3
Hadres 130 U2
Hafelekar 125 F7
Hafendorf 134 R6
Hafner 127 M7
Hafnerbach 130 S4
Hafning 134 R6
Hagen 134 R5
Hagenberg 131 V3
Hagenberg
im Mühlkreis 129 P3
Hagenbrunn 131 V3
Hagengebirge 132 L6
Hahnbaum 132 L6
Hahnenkamm 126 J6
Hahntennjoch 125 D7
Haibach ob der Donau . . 128 N3
Haid 133 O4
Haidboden 135 X5
Haidershofen 129 P4
Haimburg 138 Q8
Haiming 125 E7
Hain 130 S4
Hainburg a. d. Donau . . . 131 W4
Haindlkarbrücke 133 P6
Haindorf 130 S4
Hainersdorf 139 T7
Hainfeld 130 T4
Hainsdorf-Brunnsee 139 T8

Hainzen 132 M5
Hainzenberg 126 H7
Hainzl 133 O6
Haitzendorf 130 T3
Halbenrain 139 T8
Halbturn 135 W5
Hall 133 P6
Hallein 132 L5
Haller Mauern 133 P6
Hall in Tirol 125 G7
Hallstätter See 132 M6
Hallstatt 132 M6
Hallwang 132 L5
Handalpe 138 R8
Hanfthal 131 V2
Hanging 128 N3
Hannersdorf 139 V7
Hansl im Reith 134 T6
Harbach 136 L7
Harbach 129 Q2
Hard 124 B6
Hardegg 130 T2
Hargelsberg 129 P4
Harham 127 K6
Haringsee 131 W4
Harland 130 S4
Harmannsdorf 130 T3
Harmanschlag 129 Q3
Harrachsthal 129 Q3
Hart 126 H6
Hart 133 Q5
Hartberg 139 T7
Harth 130 S2
Hartkirchen 129 N3
Hartmannsdorf 139 T7
Häselgehr 125 E7
Haslach an der Mühl . . . 129 O3
Haslau 132 M5
Haßbach 135 U6
Hatzendorf 139 U8
Hatting 125 F7
Haugschlag 129 R2

Haugsdorf 130 U2
Haunsberg 132 L5
Haus 132 N6
Hausbrunn 131 W3
Hauskirchen 131 W3
Hausleiten 130 U3
Hausmannstätten 138 S8
Hebenkas 133 O6
Heckenau 133 N5
Hegerberg 134 S5
Heidenreichstein 130 R2
Heilbrunn 134 S6
Heiligenblut 136 K7
Heiligenbrunn 139 V7
Heiligengeist 137 N9
Heiligenkreuz 125 E8
Heiligenkreuz
(bei Baden) 131 U4
Heiligenkreuz
am Waasen 139 S8
Heiligenkreuz
im Lafnitztal 139 U8
Heimschuh 138 S8
Heinreichs 130 R2
Heinrichs 129 Q2
Heinrichsbrunn 129 P4
Heiterwand 125 E7
Heiterwang 125 E6
Helenental 131 U4
Helfenberg 129 O3
Hellbrunn 132 L5
Hellmonsödt 129 O3
Hengstpaß 133 P5
Henndorf 132 L5
Herberstein 139 T7
Hermagor 136 M9
Hernals 131 U4
Hernstein 135 U5
Herrenhauser 125 G7
Herrnbaumgarten 131 W2
Herzogbirbaum 131 U3
Herzogenburg 130 T4
Herzogsdorf 129 O3
Hetzmannsdorf 131 V3
Heufurth 130 T2
Heutal 126 K6
Hieflau 133 Q6
Hietzing 131 U4
Himberg 131 V4
Himmelberg 137 O8
Hinteranger 128 N2
Hinterautal 125 F6
Hinterbichl 126 J7
Hinterbrühl 131 U4
Hintere Gosausee 132 M6
Hinterglemm 126 J6
Hinterhornbach 124 D6
Hintermoos 127 K6
Hinternaßwald 134 T5
Hinterriß 125 G6
Hintersdorf 131 U4
Hintersee 126 J7
Hintersee 132 L5
Hintersteinersee 126 I6
Hinterstoder 133 O5
Hinterthal 127 K6
Hintertux 126 H7
Hinterweißenbach 129 O3
Hinterwildalpen 134 Q6
Hippach 126 H7
Hippersdorf 130 T3
Hirm 135 V5
Hirschbach 130 R2
Hirschbach
im Mühlkreis 129 P3
Hirschegg 124 C6
Hirschegger Sattel 138 Q7
Hirschegg-Rein 138 Q7
Hirschenwies 129 Q2
Hirschguntdal 124 C6
Hirschwang 134 T5
Hirtenberg 135 U5
Hirzberg 132 N6
Hirzmann-Stausee 138 R7
Hittisau 124 B6
Hitzendorf 138 R7
Hoadl 125 F7
Höbach 133 O5
Hochalmsattel 125 G6
Hochalmspitze 136 L7
Hochalpe 134 R6
Hochburg 132 K4
Hocheck 134 T5
Hochegg 135 U6
Hochfeiler /
Gran Pilastro 126 H8
Hochfeind 127 M7
Hochfilzen 126 J6
Hochfügen 126 H7
Hochgolling 137 N7
Hochgurgl 125 F8
Hochiß 126 H6
Hochjoch 124 B7
Hochkar 133 Q5
Hochkeil 132 L6
Hochkönig 132 L6
Hochkogel
(Eisenerzeralpen) 133 Q6
Hochkogel (Joglland) . . . 135 T6

Hochkreuz 136 L8
Hochlantsch 134 S6
Hochlecken-Hs. 132 M5
Hochneukirchen 135 U6
Hochosterwitz 138 P8
Hochplattig 125 E6
Hochreichart 133 P6
Hochrindlhütte 137 N8
Hochschober 136 K8
Hochschwab 134 R6
Hochsölden 125 E8
Hochstein 136 K8
Hochstraß 130 T4
Hochstraß 135 V6
Hochstuhl 137 O9
Hochtannbergpaß 124 C7
Hochtor 136 K7
Hochtor
(Eisenerzeralpen) 133 P6
Hochtor (Hohe Tauern) . 136 K7
Hochvogel 124 D6
Hochwildstelle 133 N6
Hochwolkersdorf 135 U6
Hochwurzen 132 M6
Höchst 124 A6
Höfen 125 E6
Höflein 131 W4
Höhenberg 129 Q2
Höhnhart 132 L4
Höllengebirge 132 M5
Höllental 134 T5
Hönigsberg 134 S6
Hönigthal 139 S7
Hörbranz 124 B6
Hörgasgraben 138 R7
Hörsching 133 O4
Hörzendorf 137 P8
Hof 132 L5
Hof am Leithagebirge . . . 135 V5
Hofkirchen
an der Trattbach 128 N4
Hofkirchen
im Mühlkreis 128 N3
Hofkirchen
im Traunkreis 129 P4
Hofpürgl.H. 132 M6
Hofstätten a. d. Raab . . . 139 T7
Hofstetten-Grünau 130 S4
Hohe Geige 125 E7
Hohe Kugel 124 B6
Hohe Mut 125 F8
Hohe Nock 133 O5
Hohe Salve 126 I6
Hohe-Tauern 126 I7
Hohe Wand 135 U5
Hohe Warte 136 K9
Hohenau 131 W3
Hohenberg 134 S5
Hohenbrugg 139 U8
Hohenbrunn 129 P4
Hoheneich 129 R2
Hohenems 124 B6
Hohenruppersdorf 131 V3
Hohentauern 133 P6
Hohenwart 133 O6
Hohenwarth 130 T3
Hohenweiler 124 B6
Hohenwerfen 132 L6
Hohenzell 132 M4
Hoher Riffler 124 D7
Hoher Dachstein 132 M6
Hoher Freschen 124 B7
Hoher Göll 132 L6
Hoher Ifen 124 C6
Hoher Sarstein 132 N6
Hoher Sonnblick 136 K7
Hoher Zinken 132 M5
Hohes Licht 124 C7
Hollabrunn 130 U3
Hollbruck 126 J8
Hollenbach 130 S2
Hollenburg (Kärntern) . . 137 O9
Hollenburg
(Niederösterr.) 130 T3
Hollenstein
an der Ybbs 133 Q5
Hollenthon 135 U6
Hollersbach 126 J7
Holzgau 124 D7
Holzhausen 133 O4
Holzleithen 132 M4
Holzleitner Sattel 125 E7
Holzschlag 129 N2
Hopfgarten 126 I6
Hopfgarten
in Defereggen 126 J8
Hopfreben 124 C7
Hörsdorf 131 V3
Horitschon 135 V6
Horn 130 S2
Hornbachtal 124 D6
Hornstein 135 V5
Ht. Sonnwendjoch 126 H6
Ht.-Thiersee 126 I6
Huben (Osttirol) 126 J8
Huben (Tirol) 125 E7
Hütten 126 K6
Hundskehljoch 126 I7

INNSBRUCK

Adolf-Pichler-Pl.	CZ 2	Herzog-Friedrich-Str.	CZ 20	Meinhardstr.	DZ 28
Anichstr.	CZ	Ingenieur-Etzel-Str.	DZ 22	Meraner Str.	CZ 30
Burggraben	CZ 14	Kiesbachgasse	CZ 25	Museumstr.	CDZ
Dompl.	CZ 15	Landhauspl.	CZ 26	Pfarrgasse	CZ 32
		Leopoldstr.	CZ 27	Reisengasse	CZ 36
		Maria-Theresien-Str.	CZ	Stiftgasse	CZ 37
		Marktgraben	CZ	Südbahnstr.	DZ 38

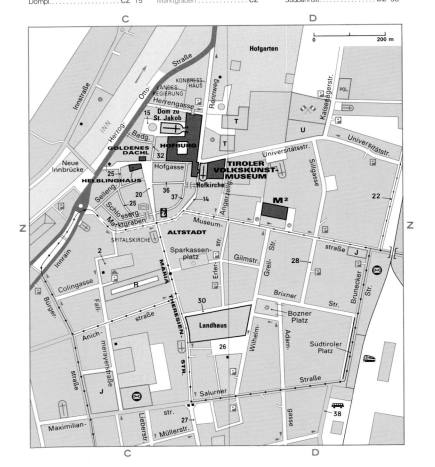

Hundstein	127	K6	Isel	126	I7
Hunerkogel	132	M6	Iselsberg	136	K8
Hürm	130	S4	Iselsbergpaß	136	K8
Hüttau	132	L6	Ispersdorf	134	R4
Hutteltalkopf	126	I7	Itter	126	I6
Hüttenberg	138	P8	Itzling (Salzburg)	132	L5
Huttererhöß	133	O5			
Hüttschlag	136	L7			

J					
			Jagenbach	129	R3
			Jagerberg	139	T8
I			Jaidhof	130	S3
I-Mattis-Hütte	127	M7	Jakling	138	Q8
Ibm	132	K4	Jakobsberg	138	P7
Idolsberg	130	S3	Japons	130	S2
Igls	125	G7	Jedenspeigen	131	W3
Ill	124	A7	Jenbach	126	H6
Illmitz	135	W5	Jenig	136	L9
Ilz	138	T7	Jennersdorf	139	U8
Imbach	130	S3	Jerzens	125	E7
Imbachhorn	136	K7	Jetzelsdorf	130	U2
Imlau	136	L6	Jochberg	126	J6
Immendorf	130	U3	Jochenstein (Talsperre)	128	N3
Imst	125	E7	Joglland	134	T6
Imsterberg	125	E7	Johnsbach	133	P6
Ingolstädter Hs.	127	K6	Jois	135	W5
Ingolsthal	137	O8	Josefsberg	134	R5
Inn	124	D8	Judenau	130	U4
Innbach	133	O4	Judenburg	138	P7
Inneralpbach	126	H6	Judendorf-Straßengel	138	S7
Innerbraz	124	B7	Juifen	125	G6
Innerfragant	136	L8	Julbach	128	N3
Innergschloß	126	J7	Jungholz	124	D6
Innerkrems	137	N8			
Innerlaterns	124	B7	**K**		
Innernöring	137	M8			
Innervillgraten	126	J8	Kahlenberg	131	U4
Innsbruck	125	G7	Kahlersberg	132	L6
Innsbruck (Flughafen)	125	G7	Kahlkogel	137	O9
Inntal	125	D8	Kaibing	139	T7
Innviertel	128	L4	Kainach	138	R7
Inzersdorf	133	O5	Kainach b. Voitsberg	138	R7
Inzing	125	F7	Kaindorf	139	T8
Irdning	133	O6	Kaindorf an der Sulm	139	S8
Irnfritz	130	S2	Kaiserdorf	135	V6
Irnharting	128	N4	Kaisergebirge	126	I6
Irrsdorf	132	L5	Kaiserhäuser	133	P6
Irschen	136	L8	Kaisers	124	C7
Isar	125	F6	Kaisersberg	134	Q6
Ischgl	124	C7	Kaisersteinbruch	135	W5
			Kaisertal	126	I6
			Kalch	139	U8
			Kalkgruben	135	V6
			Kalkkögel	125	F7
			Kalksburg	131	U4
			Kalkstein	126	I8
			Kallham	128	N4
			Kals	126	J7
			Kalsdorf	138	S8
			Kalsertal	126	J8
			Kalser Tauern	126	J7
			Kaltenbach	126	H7

KITZBÜHEL

Bichlstr.	2	Hammerschmiedstr.	7
Franz-Reich-Str.	4	Hinterstadt	8
Graggaugasse	5	J.-Pirchl-Str.	10
		Klostergasse	12
		Malinggasse	13
		Vorderstadt	15

Kaltenberg (Oberösterr.)	129	Q3			
Kaltenberg (Vorarlberg)	124	C7			
Kaltenbrunn	125	E7			
Kaltenleutgeben	131	U4			
Kaltwasser	137	O7			
Kalwang	133	Q6			
Kamering	137	M8			
Kammern im Liesingtal	134	Q6			
Kammersdorf	131	U3			
Kamp	130	R3			
Kampertal	133	P5			
Kamptal	130	S3			
Kaning	137	N8			

Kanzelhöhe	137	N8	Kitzeck	138	S8
Kanzelkehre	126	H6	Kitzladen	135	U7
Kapellen	134	S6	Kitzsteinhorn	136	K7
Kapellerfeld	131	V4	Kl. Gerungs	130	R3
Kapelln	130	T4	Kl. Pertholz	130	R3
Kapfenberg	134	R6	Klachau	133	O6
Kapfenstein	139	T8	Klaffer	128	N2
Kappel	138	P8	Klagenfurt	137	O9
Kappl	124	D7	Klagenfurt (Flughafen)	137	P9
Kaprun	136	K7	Klam	129	Q4
Kaprunertal	136	K7	Klamm	134	R5
Karawanken	137	N9	Klammhöhe	130	T4
Karawankentunnel	137	O9	Klammljoch	126	I8
Karl	135	V6	Klammpaß	136	L7
Karlsbach (Niederösterr.)	134	R4	Klaus	134	R5
Karlsbach (Oberösterr.)	128	N3	Klaus an der Pyhrnbahn	133	O5
Karlstein	130	S2	Klausenleopoldsdorf	130	U4
Karlstetten	130	S4	Klebach	136	L8
Karlstift	129	Q3	Klein St. Veit	138	P8
Karnabrunn	131	U3	Kleinarl	136	L7
Karnburg	137	O8	Kleinarler H.	136	L7
Karnische Alpen	136	J8	Kleine Erlauf	129	Q4
Kärnten (Land)	137	M8	Kleine Mühl	128	N3
Karres	125	E7	Kleiner Loibl-Paß	137	O9
Kartitsch	136	J8	Kleinfeistritz	138	Q7
Karwendelgebirge	125	F6	Klein Glödnitz	137	O8
Karwendelhaus	125	G6	Kleinhadersdorf	131	V3
Kasereck	136	K7	Kleinhaugsdorf	130	U2
Kasern	125	G7	Kleinhöflein	130	T2
Kasten	128	M3	Kleinklein	138	S8
Kasten bei Böheimkirchen	130	T4	Kleinlobming	138	Q7
Katerloch	138	S7	Kleinmariazell	130	T4
Kathal	138	Q7	Kleinmeiseldorf	130	T3
Katsch	137	O7	Kleinneusiedl	131	V4
Katschberg	127	M7	Kleinpertenschlag	129	Q3
Katschbergtunnel	127	M7	Kleinpöchlarn	134	R4
Katsdorf	129	P4	Kleinraming	133	P4
Kattowitzer H.	127	M7	Kleinreifling	133	P5
Katzelsdorf (bei Poysdorf)	131	W2	Klein St. Paul	138	P8
Katzelsdorf (bei Wiener Neustadt)	135	U5	Klein St. Veit	137	O8
			Kleinschweinbarth	131	V2
Kaumberg	130	T4	Kleinsölk	133	N6
Kaunerberg	125	E7	Kleinstetteldorf	131	U3
Kauner Grat	125	E8	Kleinstübing	138	R7
Kaunertal	125	E7	Kleinwarasdorf	135	V6
Kauns	125	E7	Kleinzell	125	T5
Kautzen	130	R2	Kleinzell i. Mühlkr.	129	N3
Kefermarkt	129	P3	Klement	131	V3
Kelchsau	126	I6	Klenglbach	133	N4
Kellerberg	137	N8	Kliening	138	Q8
Kellerjoch	126	H7	Klingenbach	135	V5
Kelmen	125	E6	Klippitztörl	138	Q8
Kematen	133	Q4	Klobenstein	126	J5
Kematen am Innbach	128	N4	Klöch	139	T8
Kematen a. d. Krems	130	O4	Klopeinersee	138	P9
Kematen in Tirol	125	F7	Klösterle	124	C7
Kemeten	139	U7	Klostermarienberg	135	V6
Kemmelbach	134	R4	Klosterneuburg	131	U4
Kendlbruck	137	N7	Klostertal	124	B7
Kernhof	134	S5	Klostertaler Gscheid	134	T5
Kerschbaum	129	P3	Knappenberg	138	P8
Kerschdorf	137	O9	Knittelfeld	138	Q7
Kessefall-Alpenhaus	136	K7	Knittelkarspitze	124	D6
Kesselspitze	125	G7	Kobenz	138	Q7
Kettenreith	130	S4	Kobernaußer Wald	132	L4
Keutschach	137	O9	Kobersdorf	135	V6
Kienberg	134	R5	Koblach	124	A7
Kienberg	126	H6	Köflach	138	R7
Kilb	130	S4	Kogl	130	T4
Kindberg	134	S6	Koglereck	138	R9
Kirchbach (Kärnten)	136	L9	Koglhof	134	S7
Kirchbach (Niederösterr.)	129	R3	Kohfidisch	139	V7
Kirchbach in Steiermark	139	S8	Kolbnitz	136	L8
Kirchberg	126	I6	Kollerschlag	128	N3
Kirchberg a. d. Wild	130	S2	Kollersdorf	130	T3
Kirchberg am Wagram	130	T3	Kolm Saigurn	136	K7
Kirchberg am Walde	130	R2	Kölnbreinsperre	127	M7
Kirchberg am Wechsel	135	T6	Kolomannsberg	132	L5
Kirchberg an der Pielach	130	S4	Königsberg	133	Q5
Kirchberg a. d. Raab	139	T8	Königsbrunn am Wagram	130	T3
Kirchberg-Thening	133	O4	Königsdorf	139	U8
Kirchbichl	126	I6	Königstetten	131	U4
Kirchdorf	136	R6	Königswiesen	129	Q3
Kirchdorf an der Krems	133	O5	Kopfing i. Innkreis	128	N3
Kirchdorf in Tirol	126	J6	Kopfstetten	131	W4
Kirchdorf a. I.	128	L4	Koppenbrüllerhöhle	132	N6
Kirchenlandl	133	Q6	Koppl	132	L5
Kirchfidisch	139	V7	Kops-Stausee	124	C8
Kirchham	133	N5	Koralpe	138	Q8
Kirchheim	132	M4	Kordeschkogel	138	Q8
Kirchplatzl	125	F6	Korneuburg	131	V3
Kirchschlag	130	R3	Koschach	137	M8
Kirchschlag bei Linz	129	O3	Koschuta	137	O9
Kirchschlag in der Bucklingen Welt	135	U6	Köstenberg	137	O9
Kirchstetten	130	T4	Köstendorf	132	L5
Kirnberg a. d. Mank	134	R4	Kotezicken	139	V7
Kirnberg	139	O9	Kötschach	136	L8
Kittsee	131	X4	Kottes	130	R3
Kitzbühel	126	J6	Kottingbrunn	135	U5
Kitzbüheler Alpen	126	I7	Köttmannsdorf	137	O9
Kitzbüheler Horn	127	K6	Kraig	138	P8
			Krakaudorf	137	N7
			Krakauebene	137	N7
			Krakauhintermühlen	137	N7
			Krampen	134	S5

KLAGENFURT

August-Jaksch Str.	Z	2
Benediktinerpl.	Z	3
Domgasse	YZ	
Feldkirchner Str.	Y	4
Feldm.-Conrad-Pl.	Y	5
Heiligengeistpl.	Y	6
Herbertstraße	Y	19
Herrengasse	Y	7
Heuplatz	Y	16
Karfreitstraße	YZ	14
Kramergasse	Y	9
Landhaushof	Y	8
Pernhartgasse	Y	10
Purtscherstr.	Y	12
St.-Veiter Str.	Y	13
Sterneckstraße	Y	20
Theaterpl.	Y	15
Wienergasse	Y	17
Wiesbadener Str.	Y	18

Kramsach	126	H6
Kranebitten	125	F7
Kranichberg	135	T6
Kraubath	138	Q7
Kräuterin	134	R5
Krefelder H.	136	K7
Krems	133	O5
Krems	133	S3
Krems a. d. Donau	130	S3
Kremsbrücke	137	M8
Kremsdorf	133	O4
Kremsegg	133	O4
Kremsmünster	133	O4
Kremstal	130	S3
Krensdorf	135	V5
Krenstetten	129	P4
Kreuth	134	T5
Kreuzbach	138	R8
Kreuzberg	134	T5
Kreuzen	137	M8
Kreuzjoch	126	H7
Kreuzkogel	136	L7
Kreuzspitze	125	G7
Krieglach	134	S6
Krimml	126	I7
Krimmler Wasserfälle	126	I7
Krippau	133	Q5
Krippenstein	132	M6
Krispl	132	L5
Kritzendorf	131	U4
Kroatisch Geresdorf	135	V6
Kroatisch Minihof	135	V6
Krößbach	125	F7
Kröllendorf	129	Q4
Kronbichler	138	P6
Kronstorf	129	P4
Krottendorf	138	R7
Krumau	133	P6
Krumau	130	S3
Krumbach (Niederösterr.)	135	U6
Krumbach (Vorarlberg)	124	B6
Krumegg	139	S7
Krummnußbaum	130	R4
Krumpendorf	137	O9
Krusdorf	139	T8
Kuchenspitze	124	C7
Kuchl	132	L6
Kühtai	125	E7
Kufstein	126	I6
Kühnsdorf	138	P9
Kukmirn	139	U7
Kulm	132	N6

Kumberg	138	S7
Kumpfmühl	132	M4
Kundl	126	H6
Kürnberg	133	P4

L

Laa an der Thaya	131	V2
Laab	131	U4
Laaben	130	T4
Laakirchen	132	N5
Laas	136	K8
Lackenbach	135	V6
Lackendorf	135	V6
Lackenhof	134	R5
Ladendorf	131	V3
Ladingerspitze	138	P8
Ladis	125	D7
Lafnitz	135	U6
Lahn	132	M6
Lahn Sattel	134	S5
Lailachspitze	124	D6
Laimbach	130	R4
Lainbach	133	Q6
Lainsitz	129	Q2
Laintal	124	R6
Lambach	128	N4
Lambrechten	128	M4
Lammer	132	L6
Lammeröfen	132	L6
Lamprechtshausen	132	K5
Lamprechtshöhle	126	K6
Lamsenjoch-H.	125	G6
Landeck	125	D7
Landl	126	I6
Landsberger H.	124	D6
Landscha a. d. Mur	139	S8
Landsee	135	U6
Landskron	137	N9
Lanersbach	126	H7
Langau	130	T2
Langau	134	R5
Langbathsee	132	M5
Langeck	135	V6
Langegg	138	R8
Langegg (Niederösterr.)	129	R2
Langegg (Steiermark)	139	S9
Langen	138	B6
Langen am Arlberg	124	C7
Langenegg	124	B6
Langenlebarn	130	U3

Langenlois	130	T3
Langenrohr	130	U4
Langenstein	129	P4
Langenwang	134	S6
Langenzersdorf	131	V4
Langkampfen	126	I6
Langschlag	129	Q3
Langschwarza	130	R2
Längsee	137	P8
Langwies	132	N5
Lannach	138	R8
Lans	125	G7
Lanzenkirchen	135	U5
Lasberg	129	P3
Lasörling	126	J8
Lasörlinggruppe	126	I8
Lassach	136	L8
Lassee	131	W4
Lassing	133	Q5
Lassing	133	O6
Laßnitz (Bach)	137	O7
Laßnitz	138	S8
Laßnitz-Murau	137	O7
Laßnitzhöhe	139	S7
Laßnitzthal	138	S7
Laterns	124	B7
Latschach	137	N9
Laufener H.	132	M6
Lauffen	132	M5
Launsdorf	138	P8
Laussa	133	P5
Lauterach	124	B6
Lavamünd	138	Q9
Lavant (Kärnten)	138	Q8
Lavant (Osttirol)	126	K8
Lavanttalbrücke	138	Q8
Laxenburg	131	V4
Lebring	139	S8
Lebring St. Margarethen	139	S8
Lech	124	D6
Lech	124	C7
Lechaschau	124	E6
Lech (Bach)	124	D6
Lechtal	124	D7
Lechtaleralpen	124	C7
Ledenitzen	137	N9
Lehenrotte	134	S5
Leiben	130	R4
Leibnitz	139	S8
Leisach	136	K8
Leiserberge	131	V3
Leitenhaus	132	M6

Leitersdorf	139	S8
Leitersdorf	139	U7
Leitersdorf	139	T8
Leiterspitze	124	D7
Leithagebirge	135	V5
Leithaprodersdorf	135	V5
Leithner	133	P5
Leitring	139	S8
Leitzersdorf	131	U3
Lembach im Mühlkreis	128	N3
Lend	126	L7
Lendorf (bei Klagenfurt)	137	O9
Lendorf (bei Spittal)	137	M8
Lengberg	136	K8
Lengenfeld	130	S3
Lenzing	132	M5
Leoben (Kärnten)	137	M8
Leobendorf	131	U3
Leoben (Steiermark)	134	R6
Leobersdorf	135	U5
Leogang	127	K6
Leombach	133	O4
Leonding	129	O4
Leonsberg	132	M5
Leonstein	133	O5
Leopoldsberg	131	U4
Leopoldschlag Markt	129	P3
Leopoldsdorf (bei Litschau)	130	R2
Leopoldsdorf (bei Wien)	131	V4
Leopoldsdorf im Marchfelde	131	W4
Leopoldsteiner See	133	Q6
Lermoos	125	E6
Lesach	128	J8
Lesachtal	136	K8
Lesch	137	N7
Lessach	137	N7
Leutasch	125	F6
Leutschach	138	S9
Lichendorf	139	T8
Lichendorf (b. Mureck)	139	T8
Lichtenau	130	S3
Lichtenau im Mühlkreis	129	O3
Lichtenberg	129	O3
Lichtenegg	135	U6
Lichtenwörth	135	U5
Liebenau	129	Q3
Liebenfels	137	O8
Lieboch	138	R8
Liechtensteinklamm	126	L7
Liemberg	137	O8

Lienz	136	K8
Lienzer Dolomiten	136	K8
Lieserbrücke	137	M8
Lieserhofen	137	M8
Liesing	136	K8
Liesingau	133	Q6
Liezen	133	O6
Ligist	138	R8
Lilienfeld	134	S4
Limbach	130	R2
Limberg	130	T3
Limbergsperre	136	K7
Lind	138	Q8
Lind	137	O9
Lind b. S.	137	P7
Lindach	133	N5
Lindau	133	Q5
Lindauer H.	124	B7
Linderalm	138	P7
Lind im Drautal	136	M8
Lingenau	124	B6
Linz	129	O4
Linz (Flughafen)	133	O4
Litschau	129	R2
Litzelsdorf	139	U7
Lizumer H.	125	G7
Lizumer Reckner	125	G7
Lobau	131	V4
Lobming	138	R7
Lochau	124	B6
Lochen	132	L4
Lockenhaus	135	V6
Lödersdorf	139	T8
Löffelspitze	124	B7
Lölling Graben	138	P8
Lofer	126	K6
Loferer Alpe	126	J6
Lohnsburg	132	M4
Loibichl	132	M5
Loibltal	137	O9
Loibltunnel	137	O9
Loidesthal	131	W3
Loipersbach im Burgenland	135	V5
Loipersdorf (Burgenland)	139	U7
Loipersdorf (Steiermark)	135	U6
Loiwein	130	S3
Loosdorf	130	S4
Lorüns	124	B7
Losenheim	134	T5
Losenstein	133	P5
Loser	132	N6
Luckbauerhube	138	Q7
Luder-Lehen	132	O6
Ludersch	124	B7
Ludersdorf-Wilfersdorf	138	S7
Ludesch	124	B7
Ludmannsdorf	137	O9
Ludweis	130	S2
Ludwig	135	U7
Lünersee	124	B7
Lüsens	125	F7
Lüsenstal	125	F7
Luftenberg	129	P4
Lugendorf	130	R3
Luising	139	V7
Lungitz	135	U7
Lungitz	129	P4
Lungötz	132	M6
Lunz	134	R5
Lunzersee	134	R5
Lurgrotte	138	S7
Lustenau	124	A6
Lutzmannsburg	135	V6

M

Madau	124	D7
Madrisahorn	124	B8
Madstein	134	Q6
Mäder	124	A6
Magdalensberg	138	P8
Maiersdorf (Niederösterr.)	135	U5
Maiersdorf (Steiermark)	138	R7
Mailberg	131	U2
Maisbirbaum	131	U3
Maishofen	127	K6
Maiskogel	136	K7
Maissau	130	T3
Mallnitz	136	L8
Malta	137	M8
Maltatal	127	M7
Maltschach	137	O8
Mammuthöhle	132	N6
Mandling	132	M6
Manhartsbrunn	131	V3
Mank	130	S4
Mannersdorf am Leithagebirge	135	V5
Mannersdorf an der Rabnitz	135	V6
Mannsdorf	131	V4
Mannswörth	131	V4
Mantscha	138	R7

Marbach a. d. Kl. E.	134	R4
Marbach am Walde	130	R3
Marbach a. d. Donau	134	R4
Marbach im Felde	130	S3
March	129	P3
March	131	W3
Marchegg	131	W4
Marchfeld	131	V4
Marchstein	129	Q3
Marchtrenk	133	O4
Maria Alm	127	K6
Maria Anzbach	130	T4
Maria Dreichen	130	T3
Maria Elend	137	O9
Maria Ellend	131	W4
Maria Enzersdorf	131	U4
Maria Feicht	137	O8
Maria Gail	137	N9
Maria Kirchental	126	K6
Maria Laach	130	S4
Maria Langegg	130	S4
Maria Lankowitz	138	R7
Maria Lanzendorf	131	V4
Maria Luggau	136	K8
Maria Neustift	133	P5
Maria Plain	132	L5
Maria Rain	137	O9
Maria Rast	126	H7
Maria Rojach	138	Q8
Maria Saal	137	P8
Maria Schmolln	132	L4
Maria Schutz	134	T6
Maria Taferl	134	R4
Maria Wörth	137	O9
Mariahilf	126	I8
Mariahof	137	P7
Mariapfarr	137	N7
Mariasdorf	135	U6
Mariastein	126	I6
Mariazell	134	R5
Mariensee	135	T6
Marienwasserfall	134	R5
Markersdorf an der Pielach	130	S4
Markgrafneusiedl	131	W4
Markt Allhau	135	U7
Markt Neuhodis	135	V7
Markt Piesting	135	U5
Markt St. Florian	129	P4
Markt St. Martin	135	V6
Markt Übelbach	138	R7
Martinsberg	130	R3
Marz	135	V5
Masenberg	134	T6
Mathon	124	C8
Matrei am Brenner	125	G7
Matreier Tauernhaus	126	J7
Matrei in Osttirol	126	J7
Mattersburg	135	V5
Mattig	132	L4
Mattighofen	132	L4
Mattsee	132	L5
Matzendorf	135	U5
Matzen-Raggendorf	131	W3
Matzleinsdorf	134	R4
Mauer	130	S4
Mauerbach	131	U4
Mauerkirchen	132	L4
Maurach (Salzburg)	136	L7
Maurach (Tirol)	126	H6
Maustrenk	131	W3
Mautern	133	Q6
Mautern an der Donau	130	S3
Mauterndorf	137	N7
Mauthausen	129	P4
Mauthen	136	K9
Mautstatt	134	S6
Mayerling	135	U4
Mayrhofen	126	H7
Meggenhofen	128	N4
Mehrnbach	132	M4
Meiningen	124	A7
Meiselding	137	P8
Meißner Hs.	125	G7
Melk	130	S4
Mellau	124	B6
Memminger H.	124	D7
Memmersdorf	139	T8
Merkersdorf (bei Ernstbrunn)	131	U3
Merkersdorf (bei Retz)	130	T2
Merzenstein	130	R3
Messern	130	S2
Metnitz	137	O8
Mettersdorf	138	S8
Mettersdorf am Saßbach	139	T8
Mettmach	132	M4
Michaelbeuern	132	L4
Michaelnbach	128	N4
Michelbach	130	T4
Micheldorf	137	P8
Micheldorf	133	O5
Michelhausen	130	T4
Mieders	125	G7
Mieming	125	E7
Miemingergebirge	125	E7
Miesenbach	134	T6
Milders	125	F7

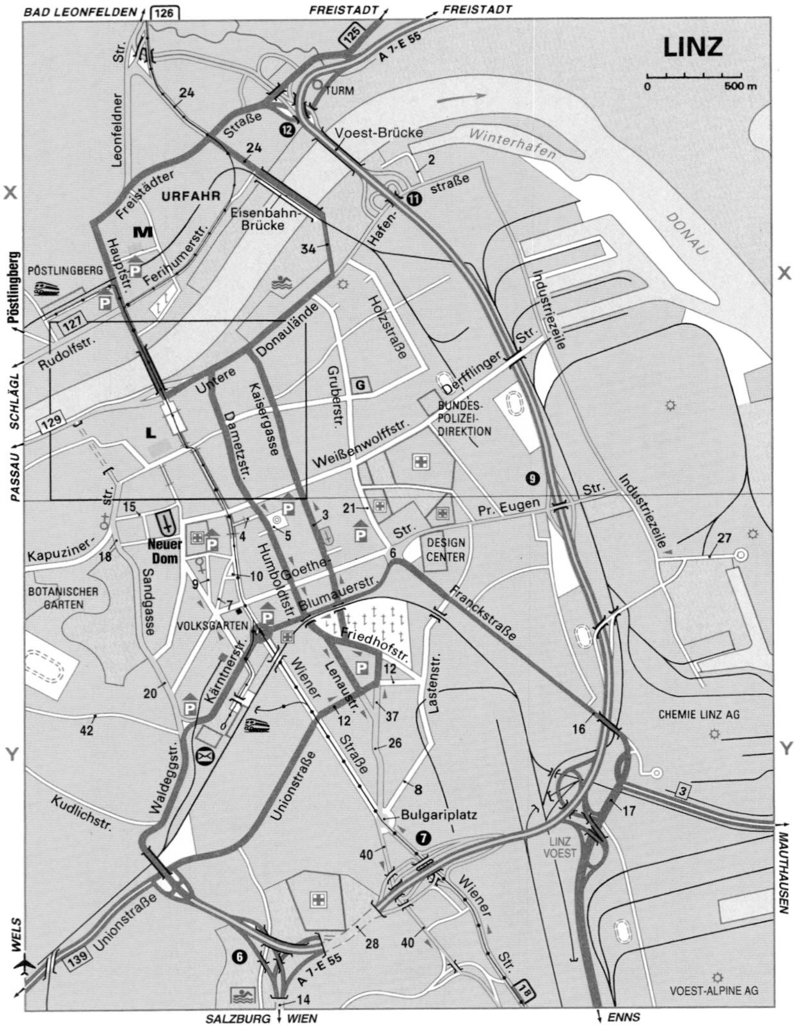
LINZ
0 500 m
BAD LEONFELDEN
FREISTADT
FREISTADT
URFAHR
PÖSTLINGBERG
Pöstlingberg
Voest-Brücke
Winterhafen
DONAU
Eisenbahn-Brücke
Leonfeldner Str.
Freistädter Straße
Hauptstr.
Ferihumerstr.
Hafenstr.
Industriezeile
Donaulände
Holzstraße
Untere Donaulände
Kaisergasse
Dametzstr.
Gruberstr.
Derfflinger Str.
BUNDES-POLIZEI-DIREKTION
Weißenwolffstr.
Rudolfstr.
Pr. Eugen Str.
Kapuziner-
Neuer Dom
Sandgasse
Humboldtstr.
Goethe
Blumauerstr.
Francksstraße
DESIGN CENTER
BOTANISCHER GARTEN
VOLKSGARTEN
Friedhofstr.
Kärntnerstr.
Wiener Straße
Lenaustr.
Lastenstr.
CHEMIE LINZ AG
Waldeggstr.
Unionstraße
Kudlichstr.
Bulgariplatz
LINZ VOEST
MAUTHAUSEN
WELS
Unionstraße
A 7-E 55
VOEST-ALPINE AG
SALZBURG
WIEN
ENNS
PASSAU
SCHLÄGL
TURM
X
Y

Aigengutstr. Y 17
Am Winterhafen X 2
Baumbachstr. XY 15
Dinghoferstr. Y 3
Einhausung Niedernhart Y 28
Europaplatz Y 6
Gesellenhausstr. Y 9
Gürtelstr. Y 8
Hamerlingstr. Y 12
Henssenplatz Y 5
Hopfengasse Y 18
Johann-Konrad-Vogel-Str. Y 4
Kellergasse Y 20
Khevenhüllerstr. X 21
Linke-Brückenstr. X 24
Makartstr. Y 26
Nebingerstr. Y 27
Rainerstr. Y 7
Rechte Brückenstr. X 34
Rilkestr. Y 37
St. Peter Str. Y 16
Schillerplatz Y 10
Tunnel Bindermichl Y 14
Wankmüllerhofstr. Y 40
Ziegeleistr. Y 42

Millstatt 137 M8
Millstätter See 137 M8
Mils bei Imst 125 E7
Minihof-Liebau 139 U8
Minimundus 137 O9
Mining 132 L4
Mischendorf 139 U7
Missingdorf 130 T2
Mistelbach 131 V3
Mittagskogel 137 N9
Mittelberg 125 E8
Mittelberg (Kl-Walsertal) 124 C7
Mitterarnsdorf 130 S3
Mitterau 136 L7
Mitterbach am Erlaufsee 134 R5
Mitterding 128 M3
Mitterdorf im Mürztal 134 S6
Mittergrabern 130 T3
Mitterkirchen 129 Q4
Mitterndorf 130 T4
Mitterndorf 128 M3
Mitterndorf an der Fischa 135 V5
Mitterretzbach 130 T2
Mittersill 126 J7
Mittertrixen 138 P8
Mitterweißenbach 132 N5
Mittewald a. d. Drau 126 J8
Mixnitz 134 S6
Möderbrugg 137 P7
Mödling 131 U4
Modriach 138 R8
Mödring 130 S2
Möchling 138 P9
Möderndorf 136 M9
Möllbrücke 137 M8
Möschitzgraben 138 P7
Mösendorf 132 M5
Mösern 125 F7
Mößna 133 O6
Mogersdorf 139 U8
Möggers 124 B6
Mölbling 137 P8
Mold 130 T3
Möll 136 K7
Molln 133 O5
Mollram 135 U5
Mölltal 136 K7
Molzbichl 137 M8
Molzegg 135 T6
Mönchdorf 129 Q3
Mönchhof 135 W5
Mondsee 132 M5
Mönichkirchen 135 U6
Mönichwald 134 T6
Montafon 124 B7
Moos 125 F6
Moosbach 132 L4
Moosbrunn 131 V4
Moosburg 137 O9
Moosdorf 132 K4
Mooserboden (Stausee) 136 K7
Moosersperre 136 K7
Moosham 137 N7
Moosheim 133 N6
Mooskirchen 138 R8
Moosland 133 O6
Mörbisch 135 V5
Mortantsch 139 S7
Mörtschach 136 K8
Moschendorf 139 V7
Mosermandl 127 M7
Mößlacher 137 M8
Mötz 125 E7
Muckenkogel 134 S5
Mühlbach 137 O9
Mühlbach 126 J7
Mühldorf 136 M8
Mühlham 132 M5
Mühlheim 132 L4
Mühllacken 129 O3
Mühltal 125 G7
Müselbach 124 B6
Mugel 134 R6
Muggendorf 134 T5
Mühlbach am Hochkönig 132 L6
Mühlbach am Manhartsberg 130 T3
Mühldorf 130 S3
Mühldorfer See 136 M8
Mühlen 138 P7
Mühltal 126 I6
Mühlviertel 128 N3
Muhr 127 M7
Müllendorf 135 V5
Münchendorf 131 V4
Munderfing 132 L4
Münichreith 130 R4
Münichthal 133 Q6
Münster 126 H6
Muntanitz 126 J7
Münzbach 129 Q4
Münzkirchen 128 M3
Murau 137 O7
Mureck 139 T8
Murstetten 130 T4
Murtal 138 S7
Mürz 134 S5
Mürzhofen 134 S6
Mürzsteg 134 S5
Mürzzuschlag 134 S6
Muthmannsdorf 135 U5
Mutterbergalm 125 F7
Mutters 125 G7

N

Naarn 129 P4
Nachbargauer 133 Q5
Namlos 125 E6
Namloser Wetterspitze 125 D7
Nappersdorf 131 U3
Napplach 136 L8
Nassereith 125 E7
Naßfeld-Paß 136 L9
Natternbach 128 N3
Natters 125 G7
Nauders 124 D8
Navis 125 G7
Nebelberg 128 N3
Nebersdorf 135 V6
Neckenmarkt 135 V6
Nederkogel 125 F8
Neidling 130 S4
Nenzing 124 B7
Nenzinger Himmel 124 A7
Nesselwängle 125 D6
Neßlegg 124 C7
Nestelbach bei Graz 139 S7
Neuaigen 130 U3
Neubau 131 V3
Neuberg 139 U7
Neuberg an der Mürz 134 S6
Neudau 139 U7
Neudorf 131 W4
Neudorf im Sausal 138 S8
Neudorf bei Landsee 135 V6
Neudorf bei Staatz 131 V2
Neudörfl 135 U5
Neufeld an der Leitha 135 V5
Neufelden 129 O3
Neuhaus 134 R5
Neuhaus am Klausenbach 139 U8
Neuhaus (Kärnten) 138 Q9
Neuhaus (Niederösterr.) 135 U5
Neuhof 138 R7
Neuhofen an der Krems 133 O4
Neuhofen a. d. Ybbs 129 Q4
Neukirchen 132 N5
Neukirchen am Großvenediger 126 I7
Neukirchen am Walde 128 N3
Neukirchen an der Enknach 132 L4
Neukirchen an der Vöckla 132 M4
Neuleugbach 130 T4
Neumarkt 132 L5
Neumarkt an der Raab 139 U8
Neumarkt a. d. Ybbs 134 R4
Neumarkter Sattel 137 P7
Neumarkt im Hausruckkreis 128 N4
Neumarkt im Mühlkreis 129 P3
Neumarkt im Tauchental 135 U7
Neumarkt in Steiermark 137 P7
Neunagelberg 129 Q2
Neunkirchen 135 U5
Neupölla 130 S3
Neurißhof 135 U5
Neusach 136 L8
Neusiedl am See 135 W5
Neusiedl an der Zaya 131 W3
Neusiedler See 133 W5
Neußerling 129 O3
Neustadtl an der Donau 129 Q4
Neustift 128 N3
Neustift 134 R5
Neustift im Stubaital 125 F7
Neustift bei Güssing 139 U7
Neustift im Felde 130 T3
Neustift-Innermanzing 130 T4
Neutal 135 V6
Nickelsdorf 135 X5
Niederabsdorf 131 W3
Niederalm 132 L5
Niederalpl 134 S5
Niederau 126 I6
Niederdorf 137 P9
Niedere Tauern 137 N7
Niederfellabrunn 131 U3
Niederfladnitz 130 T2
Niederhollabrunn 131 U3
Niederkappel 128 N3
Niederkreuzstetten 131 V3
Niederleis 131 V3
Niederndorf 126 I6
Niederneukirchen 129 P4
Niedernfritz-St. Martin 132 M6
Niedernsill 126 J7
Niederösterreich (Land) 130 S3
Niederrüßbach 130 U3
Niedersachsen-Hs. 136 L7
Niedersulz 131 W3
Niederthalheim 128 N4
Niederthai 125 E7
Niederwaldkirchen 129 O3
Niederwölz 137 P7
Nikelsdorf 137 M8
Nikitsch 135 V6
Niklasdorf 134 R6
Nikolsdorf 136 K8
Nöchling 129 Q4
Nofels 124 A7
Nondorf 129 Q2
Nößlach 125 G7
Nöstach 130 U4
Nötsch 137 M9
Nußbach 133 O5
Nußdorf 132 L5
Nußdorf am Attersee 132 M5
Nußdorf an der Traisen 130 T3
Nüziders 124 B7

O

Obdach 138 Q7
Ober-Längenfeld 125 E7
Ober-Loibach 138 Q9
Oberaich 134 R6
Oberalm 132 L5
Oberasch 132 L5
Oberau 126 I6
Oberbergtal 125 F7
Oberdorf 127 M7
Oberdorf a. Hochegg 139 T8
Oberdorf im Burgenland 139 U7
Oberdrauburg 136 K8
Oberdrautal 136 K8
Oberes Gailtal 136 L9
Oberfeistritz 139 T7
Oberfellabrunn 130 U3
Obergänserndorf 131 V3
Obergottesfeld 136 M8
Obergrafendorf 130 S4
Obergrünburg 133 O5
Obergurgl 125 F8
Oberhaag 138 R8
Oberhaus 126 I8
Oberhof 137 O8
Oberhofen am Irrsee 132 L5
Oberhöflein 130 T2
Oberjoch Paß 124 D6
Oberkappel 128 N3
Oberland 133 Q5
Oberlech 124 C7
Oberleibnig 126 J8
Oberlienz 136 K8
Oberloibach 138 Q9
Oberloisdorf 135 V6
Obermarkersdorf 130 T2
Obermeisling 130 S3
Obermieger 138 P9
Obermillstatt 137 M8
Obermoos 125 E6
Obermosgan 138 Q9
Obermühl a. d. Donau 128 N3
Obermühlbach 137 O8
Obernalb 130 T2
Obernberg 125 G7
Obernberg am Inn 128 M4
Oberndorf a. d. Melk 134 R4
Oberndorf bei Salzburg 132 K5
Oberndorf in Tirol 126 J6
Oberneukirchen 129 O3
Oberort-Tragöß 134 R6
Oberösterreich (Land) 132 M4
Oberperfuß 125 F7
Oberpetersdorf 135 V6
Oberpullendorf 135 V6
Oberrabnitz 135 V6
Oberrohrbach 131 U3
Oberrußbach 130 U3
Oberschützen 135 U6
Obersiebenbrunn 131 W4
Oberstinkenbrunn 131 U3
Oberstrahlbach 130 R3
Obersulz 131 W3
Obersulzbachtal 126 I7
Obertauern 127 M7
Obertilliach 136 J8
Obertraun 132 N6
Obertrum 132 L5
Obertrumer See 132 L5
Obervellach 136 L8
Oberwalder H. 136 K7
Oberwaltenreith 130 R3
Oberwaltersdorf 135 U5
Oberwang 132 M5
Oberwart 139 U7
Oberweiden 131 W4
Oberwölbling 130 S4
Oberwölz 137 O7
Oberzeiring 138 P7
Obladis 125 D7
Oblarn 133 O6
Obritz 131 U2
Obritzberg 130 S4
Obsteig 125 E7
Ochsengarten-Wald 125 E7
Ochsner 126 H7
Ockert 134 R4
Ödenburgergebirge 135 V6
Odensee 133 N6
Oed 135 U5
Oed 129 Q4
Ödenhof 134 T5
Oehling 129 Q4
Oepping 128 N3
Österreichisches Freilichtmuseum 138 R7
Österreichring 138 Q7
Österreuten 125 E7
Östl. Karwendelspitze 125 G6
Oetz 125 E7
Ötztal 125 E7
Ötztaleralpen 125 E8
Oeynhausen 135 U5
Offenhausen 128 N4
Offensee 133 N5
Oftering 133 O4
Oggau 135 W5
Ohlsdorf 132 N5
Ois (Ybbs) 133 Q5
Olbendorf 139 U7
Ollersbach 130 T4
Ollersdorf 131 W3
Ollersdorf im Burgenland 139 U7
Olperer 125 G7
Olsach 137 M8
Oppenberg 133 O6
Opponitz 133 Q5
Ornding 134 R4
Ort 133 N5
Orth 131 W4
Ort im Innkreis 128 M4
Osch 134 R5
Oslip 135 V5
Osselitzenberg 137 P8
Ossiach 137 N8
Ossiacher See 137 N8
Ostermiething 132 K4
Ostpreußen-H. 132 L6
Ostrong 130 R4
Ottenhausen 132 L4
Ottenschlag 130 R3
Ottenschlag im Mühlkreis 129 P3
Ottensheim 129 O3
Ottenstein Stausee 130 R3
Ottenthal 131 V2
Otterthal 134 T6
Ottmanach 137 P8
Ottnang 132 M4
Ottsdorf 133 O5

P

Paasdorf....131 V3
Pabneukirchen....129 Q4
Pachfurth....131 W4
Pack....138 Q8
Packalpe....138 Q7
Packer Stausee....138 R8
Packsattel (Vier Tore)....138 Q8
Paldau....139 T8
Palfau....133 Q5
Palten....133 P6
Palterndorf....131 W3
Palting....132 L4
Pama....131 W4
Pamhagen....135 W5
Panzendorf....136 J8
Parndorf....135 W5
Parschlug....134 R6
Parseierspitze....124 D7
Partenen....124 C8
Pasching....133 O4
Paß Gschütt....132 M6
Paß Lueg....132 L6
Paß Strub....126 J6
Paß Thurn....132 J7
Passail....138 S7
Passering....138 P8
Paßriach....137 M9
Pasterze....136 K7
Patergassen....137 N8
Paternion....137 M8
Patsch....125 G7
Patscherkofel....125 G7
Pattigham....132 M4
Patzmannsdorf....130 U2
Paudorf....130 S3
Payerbach....134 T5
Paznauntal....124 C7
Peggau....138 S7
Pehendorf....130 R3
Peilstein....128 N3
Peishlach....126 J8
Pendling....126 I6
Penk....135 U6
Penk....138 L8
Penken....126 H7
Pennewang....128 N4
Penzing....131 U4
Perchau....137 P7
Perchauer Sattel....137 P7
Perchtoldsdorf....131 U4
Perg....129 P4
Pernegg....130 S2
Pernegg an der Mur....134 S6
Pernersdorf....130 U2
Pernitz....134 T5
Perschling....130 T4
Persenbeug....130 R4
Pertisau....126 H6
Perwang....132 L4
Perwarth....134 Q4
Pesentheim....137 M8
Petersdorf....139 T8
Peterskirchen....132 M4
Petronell-Carnuntum....131 W4
Pettenbach....133 O5
Pettnau....124 F7
Pettneu....124 D7
Petzeck....136 K8
Petzen....138 Q9
Petzenkirchen....134 R4
Peuerbach....128 N3
Pfänder....124 B6
Pfändertunnel....124 B6
Pfaffenhofen....125 F7
Pfaffensattel....134 T6
Pfaffenschlag bei Waidhofen an der Thaya....130 R2
Pfafflar....125 D7
Pfaffstätt....132 L4
Pfaffstätten....131 U4
Pfaffstetten....130 T3
Pfarrkirchen....133 O4
Pfarrkirchen im Mühlkreis....128 N3
Pfarrwerfen....132 L6
Pfeis-H.....125 G7
Pfitscherjoch....126 H8
Pflach....125 E6
Pfons....125 G7
Pfroslkopf....125 E8
Pfunds-Dorf....124 D8
Pfunds-Stuben....124 D8
Pians....124 D7
Piber....138 R7
Pich Auhof....132 M5
Pichl....132 L6
Pichl bei Aussee....133 N6
Pichl bei Wels....130 N4
Pichlern....137 N7
Pichlern....130 O4
Pichl-Großdorf....134 R6
Pichl-Preunegg....132 M6
Pielach....130 S4
Pierbach....129 Q3
Piesendorf....136 K7
Pießling....135 O5
Piesting....135 T5

Pilgersdorf....135 V6
Pill....126 H7
Piller....125 E7
Pillichsdorf....131 V3
Pinegg....135 H6
Pinggau....135 U6
Pinka....135 U7
Pinkafeld....135 U6
Pinsdorf....132 N5
Piringsdorf....135 V6
Pischeldorf....138 P8
Pischelsdorf am Engelbach....132 L4
Pischelsdorf in Steiermark....139 T7
Pisweg....137 O8
Pitschgau....138 R8
Pitten....135 U5
Pitzbach....125 E7
Pitztal....125 E7
Pitztaler Jöchl....125 E8
Piz Buin....124 C8
Plainfeld....132 L5
Planai....132 N6
Plangeroß....125 E8
Plank....130 T3
Plankenstein....134 R4
Plansee....125 E6
Platt....130 T2
Pleißing....130 T2
Plöckenpaß....136 K9
Plomberg....132 M5
Plumsersattel....125 G6
Pöchlarn....134 R4
Poderdorf am See....135 W5
Pöbring....130 R4
Pöham....132 L6
Pöllauberg....134 T7
Pölling....132 Q8
Pöndorf....132 M5
Pötschenhöhe....132 N6
Poggersdorf....138 P9
Pöggstall....130 R4
Pölfing-Brunn....138 R8
Pölla....127 M7
Pöllatal....127 M7
Pöllau (bei Gleisdorf)....139 T7
Pöllau (bei Murau)....137 O7
Pollham....128 N4
Polling im Innkreis....132 L4
Pöls....138 P7
Polster....134 Q6
Pontlatzerbrücke....125 D7
Porrau....131 U3
Pörtschach....137 O9
Possruck....130 S9
Postalm....132 M6
Postlingberg....133 O4
Pottenbrunn....130 T4
Pottendorf....135 V5
Pottenhofen....131 V2
Pottenstein....135 U5
Pötting....128 N4
Pottschach....130 T5
Pötsching....135 V5
Potzneusiedl....131 W4
Poysdorf....131 V2
Präbichl....134 Q6
Prager H.....126 J7
Prägraten....124 J7
Pram....128 M3
Pram....132 M4
Prambachkirchen....128 N4
Pramerdorf....132 M4
Pramet....132 M4
Prater....131 V4
Preber....137 N7
Preding....138 S8
Predlitz....137 N7
Preg....138 Q7
Pregarten....129 P3
Preims....125 Q8
Prein....134 T5
Preiner Gscheid....134 T5
Preitenegg....138 Q8
Prellenkirchen....131 W4
Prendt....129 P3
Prescenyklause....134 R6
Pressbaum....130 U4
Preßguts....139 T7
Pretalsattel....134 S6
Prigglitz....134 T5
Prinzendorf....131 W3
Prinzersdorf....130 S4
Probstdorf....131 V4
Proleb....134 R6
Promau....133 Q5
Prottes....131 W3
Pruggern....133 N6
Prutz....124 D7
Puch....137 N8
Puch bei Hallein....132 L5
Puch bei Weiz....139 T7
Puchberg am Schneeberg....134 T5
Puchenstuben....134 R5
Pucking....133 O4
Pürschhaus....125 G6
Pulkau....130 T2

Pupping....129 O3
Pürbach....130 R2
Purbach am Neusiedler See....135 W5
Pürgg....133 O6
Purgstall....134 R4
Purk....130 R3
Purkersdorf....131 U4
Pürnstein....129 O3
Purrath....129 Q3
Purtscheller-Hs.....132 L6
Pusarnitz....136 M8
Pustertal....136 J8
Pusterwald....133 P6
Pustritz....138 Q8
Putschall....136 K8
Putzleinsdorf....128 N3
Pyhra....130 T4
Pyhrabruck....129 Q2
Pyhrn....133 O6
Pyhrnpaß....133 O6
Pyramidenkogel....137 O9
Pyramidenspitze....126 I6
Pyrawang....128 M3

R

Raab....139 T8
Raab (Oberösterr.)....128 M3
Raaba....138 S7
Raabs an der Thaya....130 S2
Raach....134 T6
Raasdorf....131 V4
Rabensburg....131 W3
Rabenstein....130 S4
Rabenwald....139 T7
Rabnitz....135 V6
Rachau....138 Q7
Radlbrunn....130 T3
Radlpaß....138 R9
Radmer a. d. Hasel....133 Q6
Radmer a. d. Stube....133 Q6
Radnig....136 M9
Radsberg....137 P9
Radstädter Tauern....136 L7
Radstädter Tauernpaß....127 M7
Radstädt....132 M6
Radstädter H.....132 M6
Raffelding....129 O4
Raggal....124 B7
Raggendorf....131 W3
Raglitz....135 U5
Ragnitz....139 S8
Raiding....135 V6
Rainbach im Innkreis....128 M3
Rainbach im Mühlkreis....129 P3
Rainfeld....130 T4
Ramingstein....137 N7
Ramsau (Molln)....133 O5
Ramsau im Zillertal....126 H7
Ramsau (Niederöster.)....130 T4
Ramsau (Oberösterr.)....132 N5
Ramsau am Dachstein....133 N6
Ramsbach....133 Q6
Ranalt....125 F7
Randegg....134 Q4
Rangersdorf....136 K8
Rankweil....124 A7
Rannersdorf....131 W3
Ranshofen....132 L4
Ranten....137 O7
Rappenlochschlucht....124 B6
Rappoltenkirchen....130 U4
Rappolz....130 S2
Rappottenstein....130 R3
Rassach....138 R8
Rastenberg....130 R3
Rastenfeld....130 R3
Rastkogel....126 H7
Rastkogelhütte....126 H7
Rätikon....124 A7
Ratten....134 T6
Rattenberg....126 H6
Rattendorf....136 L9
Rattersdorf-Liebing....135 V6
Ratzersdorf an der Traisen....130 T4
Raucheck....132 L6
Rauchenwarth....131 V4
Rauchwart....139 U7
Rauris....124 C7
Rauz....124 C7
Ravelsbach....130 T3
Ravensburger H.....124 C7
Raxalpe....134 T5
Raxblick....134 T6
Raxendorf....130 R3
Rechberg (Kärnten)....138 P9
Rechberg (Oberösterr.)....129 Q4
Redl....132 M4
Redlthal....132 M4
Regelsbrunn....131 W4
Rehberg....130 S3
Reichenau....134 T5
Reichenau im Mühlkreis....129 P3

Reichenfels....138 Q7
Reichenspitze....126 I7
Reichenthal....129 P3
Reichenthalheim....132 M5
Reichersberg....128 M3
Reichraming....133 P5
Reidling....130 T4
Reifenstein....138 P7
Reifnitz....137 O9
Rein....138 R7
Reingers....130 R2
Reinprechtspölla....130 T3
Reinsberg....134 R5
Reinthal....131 W2
Reisach....136 L9
Reisalpe....134 S5
Reisenberg....135 V5
Reißeck....136 M8
Reißkofel....136 L8
Reitdorf....132 M6
Reitereck....127 M7
Reith....127 K6
Reith bei Kitzbühel....126 H6
Reith bei Seefeld....125 F7
Reither Spitze....125 F7
Rekawinkel....130 U4
Rennfeld....134 S6
Rennweg....127 M7
Reschenpaß....124 D8
Rettenbach....126 I6
Rettenbachalm....132 N5
Rettenegg....134 T6
Retz....130 T2
Reuthe....124 B6
Reutte....125 E6
Reyersdorf....131 W3
Ried....137 M8
Ried....132 M5
Ried im Zillertal....126 H7
Ried am Riederberg....130 U4
Riedau....128 M4
Rieden....125 E7
Riedersdorf....129 Q3
Ried im Innkreis....132 M4
Ried im Oberinntal....125 D7
Ried im Traunkreise....133 O4
Ried in der Riedmark....129 P4
Riedlingsdorf....135 U6
Riefensberg....124 B6
Riegersburg (Niederösterr.)....130 T2
Riegersburg (Steiermark)....139 T7
Riegersdorf....139 T7
Riemann-Hs.....127 K6
Rietz....125 F7
Rietzer Grießkogel....125 F7
Riezlern....124 C6
Rifflkopf....132 L6
Rindbach....132 N5
Rinegg....138 S7
Ringelsdorf....131 W3
Rinn....125 G7
Rißtal....125 G6
Ritzing....135 V6
Rodingersdorf....130 T2
Röthis....124 A7
Rofangebirge....126 H6
Rohr....139 U7
Rohrau....131 W4
Rohrbach an der Gölsen....130 T4
Rohrbach an der Lafnitz....135 T6
Rohrbach an der Teich....139 U7
Rohrbach bei Mattersburg....135 V5
Rohrbach-See....137 N9
Rohrbach in Oberösterreich....129 N3
Rohr bei Hartberg....139 U7
Rohrberg....126 H7
Rohrbrunn....139 U7
Röhrenbach....130 S3
Rohrendorf....130 S3
Rohrer....133 O6
Rohrer Sattel....134 T5
Rohr im Gebirge....134 T5
Rohr im Kremstal....133 O4
Rohrmoos....132 M6
Roiten....130 R3
Roith....132 N5
Roppen....125 E7
Rosaliengebirge....135 U5
Röschitz....130 T2
Rosegg....137 O9
Roseldorf....130 T3
Rosenau am Hengstpaß....133 P5
Rosenau Schloß....130 R3
Rosenbach....130 O9
Rosenburg....130 S3
Rosenheim....137 M8
Rossatz....130 S3
Roßbach....130 L4
Roßberg....129 O3

Roßbrand....132 M6
Rossegg....139 T7
Roßkogel....134 S6
Roßleithen....133 O5
Roßwandspitze....126 H7
Rotenkogel....126 J8
Rotenturm....139 U7
Rote Wand....124 B7
Rötgülden....127 M7
Rotheau....130 S4
Röthelstein....138 S7
Rothenthurm....138 P7
Rothleiten....138 R7
Rothwald....134 R5
Rottal....130 R2
Rottenbach....128 N4
Rottenmann....133 P6
Rottenmanner Tauern....133 P6
Rottenstein....138 P9
Rubland....137 M9
Rückersdorf....138 P9
Rückersdorf-Harmannsdorf....131 V3
Ruden....138 Q9
Ruderhofspitze....125 F7
Ruders....130 R2
Rudersdorf....139 U7
Rudmanns....130 R3
Rudolfs-H.....126 J7
Rum....125 G7
Ruppersthal....130 T3
Ruprechtshofen....134 R4
Rußbach (bei Abtenau)....132 M6
Rust (Burgenland)....135 W5
Rust (Niederösterr.)....130 T4
Rüstorf....132 N4

S

Saalach....126 J6
Saalachtal....127 K6
Saalbach....126 J6
Saalfelden....127 K6
Sachendorf....138 Q7
Sachsenburg....136 M8
Säuling....125 E6
Safen....139 U7
Sagritz....136 K8
Salla....138 Q7
Sallapulka....130 T2
Sallingberg....130 R3
Salza....134 S5
Salzach....126 J6
Salzachgeier....126 I7
Salzachöfen....132 L6
Salzachtal....127 L6
Salzatal....134 R6
Salzburg....132 L5
Salzburg (Flughafen)....132 L5
Salzburg (Land)....136 K7
Salzburgring....132 L5
Salzkammergut....132 M5
Salzsteigjoch....133 O6
Samnaungruppe....124 D7
Sandl....129 P3
Sandling....132 N6
St. Aegidi....128 N3
St. Aegyd....134 S5
St. Agatha....128 N3
St. Agatha (bei Bad Ischl)....132 M6
St. Andrä....138 Q8
St. Andrä an der Traisen....130 T4
St. Andrä bei Frauenkirchen....135 W5
St. Andrä im Lungau....137 N7
St. Andrä im Sausal....138 S8
St. Andrä-Wördern....131 U4
St. Anna am Aigen....139 T8
St. Anton am Arlberg....124 C7
St. Anton an der Jeßnitz....134 R5
St. Anton in Montafon....124 B7
St. Bartholomä....138 R7
St Bernhard....130 S2
St. Blasen....137 O7
St. Christoph am Arlberg....124 C7
St. Christophen....130 T4
St. Corona....130 T4
St. Corona am Wechsel....135 U6
St. Donat....137 P8
St. Egyden....137 O9
St. Egyden am Steinfeld....135 U5
St. Filippen....137 P8
St. Florian am Inn....128 M3
St. Gallen....133 P5
St. Gallenkirch....124 B7
St. Georgen....135 V5
St. Georgen....138 S8
St. Georgen am Fillmannsbach....132 L4
St. Georgen am Längsee....137 P8

St. Georgen am Reith....133 Q5
St. Georgen am Steinfelde....130 S4
St. Georgen am Walde....129 Q3
St. Georgen am Ybbsfelde....129 Q4
St. Georgen an der Gusen....129 P4
St. Georgen an der Leys....134 R4
St. Georgen an der Stiefing....139 S8
St. Georgen bei Obernberg....128 M4
St. Georgen bei Salzburg....132 K5
St. Georgen im Attergau....132 M5
St. Georgen ob Judenburg....138 P7
St. Georgen ob Murau....137 O7
St. Gilgen....132 M5
St. Ilgen....134 R6
St. Jakob....124 C7
St. Jakob an der Straße....137 P9
St. Jakob bei Mixnitz....134 S6
St. Jakob im Lesachtal....136 K8
St. Jakob i. Rosental....137 O9
St. Jakob im Walde....134 T6
St. Jakob in Defereggen....126 J8
St. Jakob in Haus....126 J6
St. Jodok....125 G7
St. Johann a. Pressen....138 P8
St. Johann am Tauern....136 P7
St. Johann am Walde....132 L4
St. Johann am Wimberg....129 O3
St. Johann bei Herberstein....139 T7
St. Johann im Pongau....132 L6
St. Johann im Saggautal....138 S8
St. Johann im Walde....126 J8
St. Johann in der Haide....139 U7
St. Johann in Engstetten....134 P4
St. Johann in Tirol....126 J6
St. Kanzian am Klopeiner See....138 P9
St. Katharein an der Laming....134 R6
St. Katharina....138 R8
St. Kathrein am Hauenstein....134 S6
St. Kathrein am Offenegg....139 S7
St. Kathrein im Burgenland....139 V7
St. Koloman....132 L6
St. Konrad....133 N5
St. Lambrecht....137 O7
St. Leonhard....137 N7
St. Leonhard a. Forst....134 R4
St. Leonhard am Hornerwald....130 S3
St. Leonhard am Walde....133 Q5
St. Leonhard bei Freistadt....129 P3
St. Leonhard im Pitztal....125 E7
St. Lorenz....132 M5
St. Lorenzen....137 N8
St. Lorenzen am Wechsel....135 T6
St. Lorenzen bei Knittelfeld....138 Q7
St. Lorenzen im Gitschtal....136 L8
St. Lorenzen im Lesachtal....136 K8
St. Lorenzen im Paltental....133 P6
St. Lorenzen ob Murau....137 O7
St. Magdalena....138 R9
St. Marein....138 Q8
St. Marein bei Graz....139 T7
St. Marein bei Knittelfeld....138 Q7
St. Marein im Mürztal....134 S6
St. Margareten im Rosental....137 P9
St. Margarethen an der Raab....139 T7
St. Margarethen an der Sierning....130 S4
St. Margarethen bei Knittelfeld....138 Q7
St. Margarethen im Burgenland....135 V5
St. Margarethen im Lavanttal....138 Q8
St. Margarethen im Lungau....127 M7
St. Margarethen ob Töllerberg....138 P8
St. Marien....133 O4
St. Marienkirchen....132 M4
St. Marienkirchen an der Polsenz....128 N4

A

SALZBURG

Auerspergstr.	V	3
Bürglsteinstr.	X	5
Erzabt-Klotz-Str.	X	9
Gstättengasse	X	12
Kaiserschützenstr.	V	20
Lindhofstr.	V	22
Mirabellpl.	V	26
Nonntaler Hauptstr.	X	29
Nußdorfer Str.	X	31
Rainerstr.	V	33
Schießstrattstr.	V	34
Schwatzstr.	V	34
Späthgasse	X	37

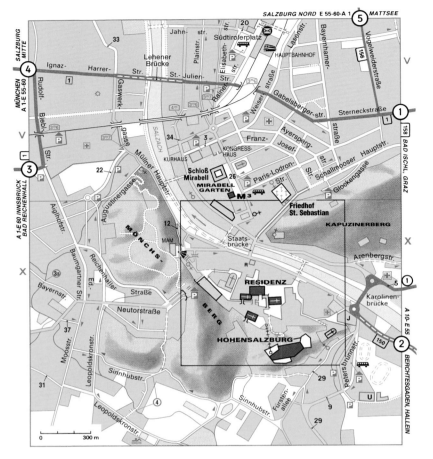

St. Stefan	138	Q9				Schindeltal	134		S5
St. Stefan	137	P8				Schirmitzbühel	134		R6
St. Ulrich im Mühlkreis	129	O3				Schlader	130		S2
St. Veit im Jautal	138	P9				Schladming	132		N6
St. Vinzenz	138	R8				Schladminger Tauern	127		M7
St. Walburgen	138	P8				Schlag	129		R2
St. Wolfgang	138	P7				Schlag	135		U6
St. Wolfgang	129	Q2				Schlag bei Thalberg	134		T6
Santneralm	127	M7				Schlägl	128		N3
Sarasdorf	131	W4				Schlaiten	126		J8
Sarleinsbach	128	N3				Schleedorf	132		L4
Sarmingstein	129	Q4				Schlegeis-Speicher	126		H7
Satteins	124	B7				Schleinbach	131		V3
Sattelbach	131	U4				Schleißheim	133		N5
Sattelwirt	138	R7				Schlicke	125		D6
Sattendorf	137	N8				Schlieferspitze	126		I7
Sattledt	133	O4				Schlierbach	133		O5
Saualpe	138	Q8				Schlins	124		B7
Sauerbrunn	135	U5				Schlitters	126		H6
Sauerfeld	137	N7				Schlögen	128		N3
Saurau	137	O7				Schlöglmühl	131		T5
Saurüsselkogel	132	M5				Schloßhof	131		W4
Sausal	138	S8				Schlüßlberg	128		N4
Säusenstein	134	R4				Schmida	131		U3
Sautens	125	E7				Schmiding Vogelpark	128		N4
Sauwald	128	M3				Schmirn	125		G7
Saxen	129	Q4				Schmittenhöhe	127		K6
Schachendorf	139	V7				Schmittenstein	132		L5
Schachenstein	134	R6				Schnann	124		D7
Schärding	128	M3				Schneealpe	134		S5
Schafberg	132	M5				Schneeberg	132		L6
Schäffern	135	U6				Schneeberg	134		T5
Schalchen	132	L4				Schneebergdörfl	134		T5
Schallaburg	130	S4				Schneegattern	132		L4
Schardenberg	128	M3				Schnepfau	124		B6
Scharfling	132	M5				Schnifis	124		B7
Scharfreuter	125	G6				Schober	132		L5
Scharnitz	125	F6				Schobergruppe	136		K8
Scharnitzpaß	125	F6				Schoberpaß	133		Q6
Scharnstein	133	N5				Schöckl	138		S7
Scharten	133	O4				Schöder	137		O7
Schattbach	132	M6				Schönau	126		H6
Schattberg	126	J6				Schönau a.d.D.	131		V4
Schattendorf	135	V5				Schönberg	132		N2
Schattwald	124	D6				Schöneck	136		K7
Scheffau						Schönering	129		O4
am Wilden Kaiser	126	I6				Schönwies	124		D7
Scheffau						Schöpflgitter	130		T4
an der Lammer	132	L6				Schörfling	132		M5
Scheibbs	134	R4				Schöllach	134		S4
Scheiblingkirchen	135	U6				Schönau im Mühlkreis	129		P3
Scheiblingstein	131	U4				Schönbach	130		R3
Scheideldorf	130	S2				Schönberg	130		T3
Scheifling	137	P7				Schönberg			
Schellgaden	127	M7				bei Niederwölz	137		P7
Schenkenfelden	129	O3				Schönberg			
Schesaplana	124	A7				im Stubaital	125		G7
Schiedlberg	133	O4				Schönbrunn	131		U4
Schiefer	139	U8				Schönbühel			
Schiefling	137	O9				an der Donau	130		S4
Schießeck	137	O7				Schöneben	128		N2
Schildbach	139	T7				Schönegg	129		O3
Schiltern	130	S3				Schönegg bei Pöllau	139		T7

St. Marienkirchen				St. Paul im Lavanttal	138	Q8	St. Gotthard		
bei Schärding	128	M3		St. Peter am Bichl	137	O8	im Mühlkreis	129	O3
St. Martin	137	N9		St. Peter am Hart	132	L4	St. Joseph	138	S8
St. Martin				St. Peter			St. Katarina	126	J8
am Grimming	133	N6		am Kammersberg	137	O7	St. Lorenzen	138	R8
St. Martin				St. Peter am Ottersbach	139	T8	St. Lorenzen im Mürztal	134	S6
am Silbergerg	138	P8		St. Peter am Wimberg	129	O3			
St. Martin				St. Peter-Freienstein	134	R6			
am Tennengebirge	132	M6		St. Peter in			St. Oswald	138	P8
St. Martin				der Au Markt	133	P4	St. Pankrazen	138	R7
am Wöllmißberg	138	R7		St. Peter ob Judenburg	138	P7	St. Petel	127	M7
St. Martin				St. Pölten	130	S4	St. Peter im Lavanttal	138	Q7
am Ybbsfelde	129	Q4		St. Radegund	132	K4	St. Ruprecht	137	N9
St. Martin an der Raab	139	U8		St. Radegund bei Graz	138	S7	St. Sebastian	134	R5
St. Martin bei Lofer	127	K6		St. Roman	128	M3			
St. Martin bei Traun	133	O4		St. Ruprecht					
St. Martin im Innkreis	128	M4		an der Raab	139	S7			
St. Martin im Mühlkreis	129	N3		St. Ruprecht ob Murau	137	O7			
St. Martin im Sulmtal	138	R8		St. Salvator	137	P8			
St. Michael	138	Q9		St. Sigmund	125	F7			
St. Michael				St. Stefan am Walde	129	O3			
(bei Wolfsberg)	138	Q8		St. Stefan an der Gail	137	M9			
St. Michael				St. Stefan im Lavanttal	138	Q8			
(Niederösterr.)	130	S3		St. Stefan im Rosental	139	T8			
St. Michael ob. d. Gurk	138	P8		St. Stefan ob Leoben	138	Q7			
St. Michael am Zoldeld	137	P8		St. Stefan ob Stainz	138	R8			
St. Michael				St. Thomas	128	N4			
im Burgenland	139	U7		St. Thomas					
St. Michael im Lungau	127	M7		am Blasenstein	129	Q4			
St. Michael				St. Ulrich	137	O8			
in Obersteiermark	138	R7		St. Ulrich am Pillersee	126	J6			
St. Nikola				St. Urban	137	O8			
an der Donau	129	Q4		St. Valentin	129	P4			
St. Nikolai im Saussal	138	S8		St. Veit am Vogau	139	S8			
St. Nikolai im Sölktal	137	O7		St. Veit an der Glan	137	P8			
St. Nikolai ob Draßling	139	T8		St. Veit a. d. Gölsen	130	T4			
St. Oswald (Kärnten)	137	N8		St. Veit an der Triesting	135	U5			
St. Oswald				St. Veit im Innkreis	132	L4			
(Niederösterr.)	130	R4		St. Veit im Mühlkreis	129	O3			
St. Oswald bei Freistadt	129	P3		St. Veit im Pongau	132	L6			
St. Oswald bei Haslach	129	O3		St. Veit in Defereggen	126	J8			
St. Oswald				St. Willibald	128	N3			
bei Plankenwarth	138	R7		St. Wolfgang					
St. Oswald im Freiland	138	R8		im Salzkammergut	132	M5			
St. Oswald-				St. Wolfgangsee	132	M5			
Möderbrugg	138	P7		St. Anna	138	Q7			
St. Oswald				St. Erhard	134	S6			
ob Eibiswald	138	R8		St. Georgen	137	P8			
St. Pankraz	133	O5		St. Georgen i. d. Klaus	133	Q5			
St. Pantaleon	132	K4		St. Georgen					
St. Pantaleon-Erla	129	P4		im Obdachegg	138	Q7			

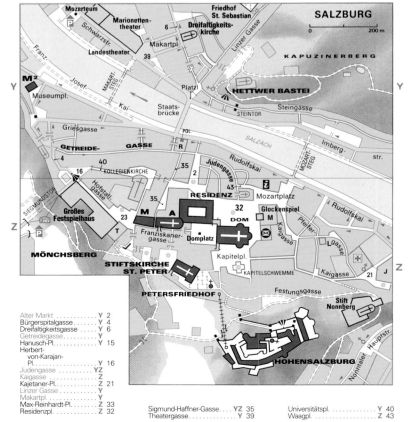

Alter Markt	Y	2	Sigmund-Haffner-Gasse	YZ	35
Bürgerspitalgasse	Y	4	Theatergasse	Y	39
Dreifaltigkeitsgasse	Y	6	Universitätspl.	Y	40
Getreidegasse	Y		Waagpl.	Z	43
Hanusch-Pl.	Y	15			
Herbert-von-Karajan-Pl.	Y	16			
Judengasse	YZ				
Kaigasse	Z				
Kajetaner-Pl.	Z	21			
Linzer Gasse	Y				
Makartpl.	Y				
Max-Reinhardt-Pl.	Z	33			
Residenzpl.	Z	32			

Schönenbach 124 B6
Schönfeld 131 W4
Schöngrabern 130 U3
Schönkirchen 131 V3
Schoppernau 124 C7
Schottwien 134 T6
Schrankogel 125 F7
Schrattenberg 131 V2
Schrattenthal 130 T2
Schreckenspitze 125 G6
Schrems 130 R2
Schrems
  bei Frohnleiten 138 S7
Schrick 131 V3
Schröcken 124 C7
Schrottkopf 126 J7
Schruns 124 B7
Schützen 135 V5
Schwadorf 131 V4
Schwaigern 132 M5
Schwaighof 132 M6
Schwallenbach 130 S3
Schwanberg 138 R8
Schwand im Innkreis ..132 K4
Schwanenstadt 132 N4
Schwarza 135 T5
Schwarzach 124 B6
Schwarzach im Pongau ..136 L7
Schwarzau
  am Steinfelde 135 U5
Schwarzau im Gebirge ..134 T5
Schwarzenau 130 R2
Schwarzenbach 135 U6
Schwarzenbach
  an der Gölsen 130 S4
Schwarzenbach
  an der Pielach 134 R5
Schwarzenberg 124 B6
Schwarzenberg
  a. Böhmerwald 128 N2
Schwarzensee
  (Niederösterr.) 132 M5
Schwarzensee
  (Oberösterr.) 135 U4
Schwarzenstein 126 H7
Schwarzkopf 136 K7
Schwarzsee 126 J6
Schwaz 126 H6
Schwechat 131 V4
Schwechat (Bach) 131 U4
Schweiggers 130 R2
Schwendau 126 H7
Schwendt 126 J6
Schwerbach 135 S4
Schwertberg 129 P4
Schwoich 126 I6
Sebersdorf 139 T7
Seckau 138 Q7
Seckauer Tauern 133 P6
Seckauer Zinken 136 Q6
See 138 P7
See 124 D7
Seebach 137 O7
Seebarn an Wagram ...130 T3
Seebenstein 135 U5
Seeboden 137 M8
Seefeld 132 M5
Seefeld 131 U2
Seefeld in Tirol 125 F6
Seeham 132 L5
Seehaus 133 N5
Seekirchen 132 L5
Seeklause 133 N6
Seetaleralpen 136 P7
Seethal 137 N7
Seewalchen 132 M5
Seewiesen 134 R6
Seewinkel 135 W5
Seggauberg 138 S8
Seibersdorf 135 V5
Seibuttendorf 139 T8
Seiersberg 138 S7
Seisenbergklamm 127 K6
Seitenstetten Markt ...133 P4
Seiz 134 Q6
Selbhorn 126 K6
Sellrain 125 F7
Sellraintal 125 F7
Selzthal 133 O6
Semmering Kurort 134 T6
Semmering-Paß 134 T6
Semriach 138 S7
Senftenbach 132 M4
Senftenberg 135 S3
Sengsengebirge 133 O5
Senning 131 U3
Serfaus 130 D7
Seyfrieds 130 R2
Seyring 131 V4
Sibratsgfäll 124 C6
Sicheldorf 139 U8
Siebenhirten 131 V3
Sieding 135 T5
Siegendorf 135 V5
Siegenfeld 131 U4
Sieggraben 135 V6
Sieghartskirchen 130 T4
Sierndorf 131 U3
Sierning 133 O4

Sierninghofen 133 P4
Siezenheim (Salzburg) ..132 K5
Sigharting 128 M3
Sigleß 135 V5
Sigmundsherberg 130 T2
Silberegg 137 P8
Silbertal 124 B7
Sill 125 G7
Sillian 136 J8
Silvrettagruppe 124 C8
Silvrettahorn 124 C8
Silvretta-Stausee 124 C8
Silz 125 E7
Similaun 125 E8
Simmering 131 V4
Simonhöhe 137 O8
Simony-H. 132 M6
Sinabelkirchen 139 T7
Sinnersdorf 135 U6
Sipbachzell 133 O4
Sirnitz 137 O8
Sistrans 125 G7
Sittersdorf 138 P9
Sitzendorf 130 T3
Soboth-Ort 138 R8
Söchau 139 U7
Söding 138 R7
Södingberg 138 R7
Söll 126 I6
Sölk 134 R4
Sölden 125 F8
Sölker Paß 137 O7
Sollenau 135 U5
Solstein 125 F7
Sommerein 135 V5
Sonnblick 126 J7
Sonnjoch 125 G6
Sonntag 124 B7
Sonntagberg 133 Q5
Sonnwendstein 134 T6
Spannberg 131 W3
Sparbach 131 U4
Speicher Durlaßboden ..126 I7
Speicher Sameralm 136 L7
Speicher Zillergründl ..126 I7
Speiereck 127 M7
Speikkogel 138 R7
Speisendorf 130 S2
Spertental 126 I6
Spielberg 130 R3
Spielberg
  bei Knittelfeld 126 H7
Spielfeld 139 S8
Spillern 131 U3
Spiß 124 D8
Spital 126 J6
Spital am Pyhrn 133 P6
Spital am Semmering ..134 T6
Spittal an der Drau 137 M8
Spitz 130 S3
Sportgastein 136 L7
Sprinzenstein 129 N3
Staatz 131 V2
Stadelhorn 127 K6
Stadl an der Mur 137 N7
Stadl-Paura 128 N4
Stadtschlaining 135 U7
Stafflach 125 G7
Stainach 133 O6
Stainz 138 R8
Stall 136 L8
Stallersattel 136 L8
Stallhofen 136 L8
Stallhofen 138 R7
Stambach 132 T6
Stammersdorf 131 V4
Stams 125 E7
Stang 130 U6
Stans 126 H6
Stanzach 124 D6
Stanz bei Landeck 124 D7
Stanzertal 124 D7
Stanz im Mürztal 134 S6
Starkenbach 125 D7
Stattegg 138 S7
Stattersdorf 130 S4
Statzendorf 130 S4
Stausee-Gepatsch 125 E8
Steeg 132 M6
Steeg 124 C7
Stegersbach 139 U7
Steiermark (Land) 138 P7
Stein 130 S3
Stein 139 U7
Steinabrückl 135 U5
Steinach 125 G7
Steinakirchen 134 R4
Steinalpl 134 S5
Stein an der Enns 133 N6
Steinbach am Attersee ..132 M5
Steinbach an der Steyr ..133 O5
Steinberg b. L. 138 R8
Steinberg am Rofan ...126 H6
Steinberg an der Rabnitz ..135 V6
Steinbrunn 135 V5
Steindorf 132 M5
Steindorf 126 J7

Steindorf
  am Ossiachersee 137 N8
Steinegg 130 S3
Steinerkirchen 129 N4
Steinernes Meer 127 K6
Steinfeld 136 L8
Steinfelden 133 N5
Steinfeldspitze 127 M7
Steinhaus 133 O4
Steinhaus
  am Semmering 134 T6
Steinplatte 126 J6
Steinsee-H. 124 D7
Steirische Kalkspitze ..127 M7
Steirisch Laßnitz 137 O7
Sternstein 129 O3
Stetteldorf 130 U3
Stetten 131 V3
Steuerberg 137 O8
Steyesberger-Schwaig ..134 T6
Steyr (Bach) 133 P4
Steyr (Bach) 133 O5
Steyrbrücke 133 O5
Steyregg 129 P4
Steyrermühl 132 N5
Steyrling 133 O5
Stiefern 130 S3
Stiftung 129 P3
Stillfried 131 W3
Stilluppgrund 126 H7
Stillupp-Speicher 126 H7
Stinatz 139 U7
Stiwoll 138 R7
Stixneusiedl 131 W4
Stockenboi 137 M8
Stockerau 131 U3
Stocking 139 S8
Stockwinkl 132 M5
Stodertal 133 O6
Stollhof 135 U5
Stolzalpe 137 O7
Stoob 135 V6
Stopfenreuth 131 W4
Stössing 130 T4
Stotzing 135 V5
Straden 139 T8
Stralegg 134 T6
Stranig 136 L9
Straßburg 137 P8
Straßen 136 J8
Straßgang 138 S7
Straßham 129 O4
Straßhof
  an der Nordbahn 131 W4
Straß im Attergau 132 M5
Straß im Straßertal ...130 T3
Straß im Zillertal 126 H6
Straß in Steiermark ...139 S8
Straßwalchen 132 L5
Stratzing 130 S3
Straubinger Hs. 126 J6
Straubinger Hs. 129 Q4
Strengberg 129 P4
Strengen 124 D7
Strem 139 V7
Stripsenjoch 126 I6
Stripsenkopf 126 I6
Strobl 132 M5
Stroheim 129 N3
Stronsdorf 131 U3
Strub 131 J6
Struden 129 Q4
Strudengau 129 Q4
Stubachtal 126 J7
Stubaier Alpen 125 F7
Stubaital 125 F7
Stubalpe 138 Q7
Stubenberg a. See 139 T7
Stuben (Burgenland) ..135 U6
Stuben (Vorarlberg) ..124 C7
Stübming 134 S6
Stubnerkogel 136 L7
Studenzen 139 T7
Stuhleck 134 T6
Stuhlfelden 126 J7
Stuibenfall 125 E7
Stumm 126 H7
Suben 128 M3
Südwiener H. 127 M7
Suetschach 137 O9
Sulm 139 S8
Sulz 125 E6
Sulzberg 124 B6
Sulz im Wienerwald ...131 U4
Sulzkogel 125 F7
Sulztal 125 F7
Summerau 129 P3

Tadten 135 X5
Taiskirchen 132 M4
Talnach 133 P9
Tamsweg 137 N7
Tannheim 124 D6
Tannheimer Gruppe ...125 D6
Tannsdorf 131 V4
Trautmannsdorf
  in Oststeiermark 139 T8

Tarsdorf 132 K4
Tattendorf 135 U5
Tauchen 135 U6
Tauernmoossee 126 J7
Tauerntal 126 J7
Tauerntunnel
  (Autobahn) 127 M7
Tauerntunnel
  (Autotransport) 136 L7
Taufkirchen
  an der Trattbach 128 N4
Taufkirchen
  an der Pram 128 M3
Tauka 139 U8
Tauplitz 133 O6
Tauplitzalm 133 N6
Taurach 127 M7
Tautendorf 130 S3
Taxenbach 136 K7
Techendorf 136 L8
Telfes 125 G7
Telfs 125 F7
Tenneck 132 L6
Tennengebirge 132 L6
Terfens 125 G7
Ternberg 133 P5
Ternitz 135 U5
Terz 134 S5
Tessenberg 136 J8
Teufenbach 137 P7
Teuflau 128 M3
Teurnia
  (Ausgrabungen) 137 M8
Texing 134 R4
Thal 134 T5
Thalerkogel 134 R6
Thalgau 132 L5
Thalheim 133 O4
Thaur 125 G7
Thaures 129 R2
Thaya 130 R2
Thaya (Bach) 130 R2
Theiß 130 T3
Theißenegg 138 Q8
Thenneberg 130 T4
Theras 130 T2
Theresienfeld 135 U5
Thernberg 135 U5
Thierbach 126 H6
Thiersee 126 I6
Th. Korner-H. 132 M6
Thomasberg 135 U6
Thomasroith 132 M4
Thomatal 137 N7
Thon 138 P9
Thondorf 138 S7
Thörl 134 R6
Thörl 134 S6
Thüringen 124 B7
Thüringer H. 124 B7
Thüringerdorf 124 B7
Thumersbach 136 K7
Tiefenbach 125 L5
Tieschen 139 T8
Tiffen 137 O8
Tigring 137 O8
Tillmitsch 138 S8
Timelkam 132 M5
Timmelsjoch 125 F8
Tirol (Land) 125 F7
Tisis 124 A7
Tobaj 139 U7
Tobelbad 138 S8
Tölzer H. 125 G6
Topitza 138 Q9
Töplitsch 137 N9
Toplitzsee 133 N9
Tormäuer 134 R5
Torren 132 L6
Töschling 137 O9
Tösens 124 D7
Toter Mann 134 T6
Totes Gebirge 133 N5
Traboch 133 Q6
Tradigist 130 S4
Tragöß 134 R6
Tragwein 129 P4
Trahütten 138 R8
Traisen 130 S4
Traisen (Bach) 130 S4
Traiskirchen 131 U4
Traismauer 130 T3
Traming 137 O8
Trandorf 130 R3
Trasdorf 130 T4
Tratten 137 M9
Trattenbach 135 T6
Trattenbach 133 P5
Trattenköpfl 126 I7
Tratzberg 126 H6
Traun 133 O4
Traun (Bach) 132 N6
Traunkirchen 133 N5
Traunsee 133 N5
Traunstein 130 R3
Trausdorf 135 V5
Trautenfels 133 O6
Trautmannsdorf 131 V4

Trebesing 137 M8
Treffen 137 N8
Treffling 137 M8
Treglwang 133 P6
Tresdorf 131 V3
Treßdorf 136 K8
Treubach 132 L4
Trieben 133 P6
Triebenthal 133 P6
Triesting 131 V4
Triestingtal 131 V4
Trimmelkam 132 K4
Trins 125 G7
Trisanna 124 C8
Trisannabrücke 124 D7
Tristach 136 K8
Tristkogel 132 L6
Trofaiach 134 R6
Trögern 138 P9
Tröpolach 136 L9
Trumau 135 V5
Tschagguns 124 B7
Tschurndorf 135 V6
Türchlwand 136 L7
Tulbing 130 U4
Tulfes 125 G7
Tulln 130 U3
Tullnerbach 131 U4
Tullnerfeld 130 T4
Tulwitz 138 S7
Tumeltsham 132 M4
Tumpen 125 E7
Turmberg 132 M4
Turnau 134 S6
Türnitz 134 S5
Turrach 137 N8
Turracher Höhe 137 N8
Tux 126 H7
Tuxeralpen 125 G7
Tuxerjoch 126 H7
Tuxertal 126 H7
Tweng 127 M7
Twenger Talpaß 127 M7
Twimberg 138 Q8
Tyrnau 138 S7

Überackern 132 K4
Übersaxen 124 B7
Übersbach 139 U7
Uderns 126 H7
Ulmerfeld-Hausmening ..129 Q4
Ulreichsberg 134 S5
Ulrichsberg 128 N2
Ulrichschlag 130 R3
Ulrichskirchen 131 V3
Umhausen 125 E7
Ungenach 132 M4
Ungerdorf 139 T8
Ungerndorf 131 V2
Unken 127 K6
Unserfrau-Altweitra ..129 Q2
Unter-Längenfeld 125 E7
Unter-Loibach 138 Q9
Unterach 132 M5
Unteramlach 137 M8
Unterberg 134 T5
Unterbergen 130 S3
Unterbergtal 125 F7
Unterbildein 139 V7
Unterboden-Alm 133 Q6
Unterbuch 139 T7
Unterfladnitz 139 T7
Unterfrauenhaid 135 V6
Untergroßau 139 T7
Untergrünburg 133 O5
Unterkirchen 137 F6
Unterkohlstätten 135 U6
Unterlaussa 133 P5
Unterleins 137 E7
Unterlimbach 139 U7
Unterloibach 138 Q9
Unterloibl 137 O9
Untermeisling 130 S3
Untermühl 129 N3
Unternberg 137 N8
Unternußdorf 136 K8
Unterolberndorf 131 V3
Unterort-Tragöß 134 R6
Unterpinswang 125 E6
Unterpetersdorf 135 V6
Unterpremstätten 138 S8
Unterpullendorf 135 V6
Unterpurkla 139 T8
Unterrabnitz 135 V6
Unterregau 132 N5
Unterretzbach 130 U2
Unterried 132 J8
Untersberg 132 K5
Untersiebenbrunn 131 W4
Unterstinkenbrunn ...131 U2
Untertauern 127 M7
Unterthal 130 T4
Unterthörl 137 M9
Untertilliach 136 K8
Unterwaltersdorf 135 V5
Unterwart 139 U7

Unterweißenbach 129 Q3
Unterweitersdorf 129 P3
Unterwolfern 129 P4
Unterzeiring 138 P7
Unzmarkt 137 P7
Urbeleskarspitze 124 D6
Urbersdorf 139 V7
Urfahr 129 O3
Ursprungpaß 126 I6
Utermauerbach 131 U4
Uttendorf 132 L4
Uttendorf 132 J7
Utzenaich 132 M4

V

Valluga 124 C7
Vals 125 G7
Vandans 124 B7
Vasoldsberg 139 S7
Veitsch 134 S6
Veitschalpe 134 S6
Velden 137 O9
Vellach 137 M9
Velm 131 V4
Velm-Götzendorf 131 W3
Vent 125 E8
Ventertal 125 E8
Verditz 137 N8
Vermunt-Stausee 124 C8
Verwallgruppe 124 C7
Verwalltal 124 C7
Vesilspitze 124 C8
Vesulspitze 124 D7
Vichtenstein 128 M3
Viechtwang 133 N5
Viehdorf 129 Q4
Viehhofen 127 K6
Viehofen 130 S4
Vigaun 132 L5
Viktorsberg 124 B7
Viktring 137 O9
Villach 137 N9
Villacher Alpe 137 M9
Vilsalpsee 124 D6
Vinaders 125 G7
Virgen 126 J7
Virgental 126 J7
Vitis 130 R2
Vöcklabruck 132 M4
Vöcklamarkt 132 M4
Vögelsberg 125 G7
Völkermarkt 138 P9
Völkermarkter Stausee ..138 P9
Völs 125 F7
Voitsberg 138 R7
Voitsdorf 133 O4
Volders 125 G7
Volderwildbad 125 G7
Vomp 126 H6
Von-Schmidt-
  Zabierow-H. 126 J6
Vorarlberg (Land) 124 B7
Vorau 134 T6
Vorchdorf 133 N4
Vorderberg 137 M9
Vorderer Thiersee 126 I6
Vorderer Gosausee ...132 M6
Vorderhornbach 124 D6
Vorderkaiserfelden-H. ..126 I6
Vorderlanersbach 126 H7
Vordernberg 134 Q6
Vorderstein 132 L5
Vorderstoder 133 O5
Vorderunutz 126 H6
Vorderweißenbach 129 O3
Vösendorf 131 V4

W

Wachau 130 S4
Wagendorf 135 U7
Wagna 139 S8
Wagrain 132 L6
Wagrainer Höhe 132 L6
Wagram a. d. Donau ..131 W4
Wagram an der Traisen ..130 T3
Waidegg 136 L9
Waidendorf 131 W3
Waidhofen
  an der Thaya 130 R2
Waidhofen
  an der Ybbs 133 Q5
Waidisch 137 P9
Waidmannsfeld 134 T5
Waidring 126 J6
Waisach 136 L8
Waizenkirchen 128 N4
Walchen 133 O6
Walchsee 126 I6
Wald 133 Q6
Wald 130 T4
Wald 127 M7
Waldaist 129 Q3
Wald am Arlberg 124 C7
Waldbach 134 T6

WIEN

Wanghausen 132 K4
Wanneck 125 E6
Wappoltenreith 130 S2
Warscheneck 133 O6
Wartberg 130 T3
Wartberg 134 S6
Wartberg an der Krems ..133 O5
Wartberg o. d. Aist ..129 P3
Warth 124 C7
Wartmannstetten 135 U5
Wasserburg 130 T4
Wasserfallboden (Stausee) ..136 K7
Wasserfallwinkel 136 K7
Wattens 125 G7
Watzelsdorf 130 T2
Waxenberg 129 O3
Wechsel 134 T6
Wechselpaß 135 T6
Weer 125 G7
Weerberg 126 H7
Wegscheid 134 R5
Wegscheidt 133 S3
Wehrberg 132 K4
Weibern 128 N4
Weichselboden 134 R5
Weichstetten 133 O4
Weidach 125 F6
Weiden am See 135 W5
Weiden b. Rechnitz ..135 U7
Weidling 131 U4
Weigelsdorf 135 V5
Weikendorf 131 W3
Weikersdorf 135 U5
Weikertschlag 130 S2
Weilbach 132 M4
Weilhart-Forst 132 K4
Weinburg 130 S4
Weinburg am Saßbach ..139 T8
Weinebene 138 Q8
Weingraben 135 V6
Weinsbergerwald 129 Q3
Weinsteig 131 V3
Weinviertel 131 U3
Weinzierl a. Walde ..130 S3
Weißbach 127 K6
Weißberg 137 O8
Weißbriach 136 L8
Weißeck 127 M7
Weißalbern 130 R2

Weißenbach 132 N6
Weißenbach a. Lech ..125 D6
Weißenbach (bei Bad Ischl) 132 M6
Weißenbach (Kärnten) ..137 M8
Weißenbach (Stodertal) ..133 O5
Weißenbach am Attersee ..132 M5
Weißenbach an der Enns ..133 P5
Weißenbach an der Triesting ..135 U5
Weißenbach bei Liezen ..133 O6
Weißenkirchen an der Perschling ..130 T4
Weißenkirchen in der Wachau ..130 S3
Weißensee 136 M8
Weißenstein 137 N8
Weiße Spitze 126 J8
Weißkirchen 138 Q7
Weißkirchen an der Traun ..133 O4
Weißkugel 125 E8
Weißpriach 137 N7
Weißsee 126 J7
Weißseespitze 125 E8
Weistrach 129 P4
Weiten 130 R4
Weitendorf 138 S8
Weitenegg 134 R4
Weitensfeld 137 O8
Weitersfeld 130 T2
Weitersfelden 129 Q3
Weitra 129 Q2
Weiz 139 S7
Weizelsdorf 137 O9
Wels 133 O4
Wendling 132 M4
Weng 136 L7
Weng bei Admont ..133 P6
Weng im Innkreis ..132 L4
Wenigzell 134 T6
Wenns 125 E7
Weppersdorf 135 V6
Werfen 132 L6
Werfenweng 132 L6
Wernberg 137 N9
Werndorf 138 S8
Wernstein 128 M3
Wesenufer 128 N3

Westendorf 126 I6
Wetterspitze 124 D7
Wetterstein Gebirge ..125 F6
Wettmannstätten 138 S8
Wetzelsdorf 131 V3
Wetzleinsdorf 131 V3
Weyer Markt 133 Q5
Weyerburg 131 U3
Weyersdorf 130 S4
Weyregg a. Attersee ..132 M5
Wiechenthaler H. ..127 K6
Wieden 139 T8
Wiedersberger Horn ..126 H6
Wien 131 U4
Wien-Schwechat (Flughafen) 131 V4
Wienerbruck 134 R5
Wienerherberg 131 V4
Wiener Neudorf 131 U4
Wiener Neustadt 135 U5
Wienerwald 134 T5
Wien (Land) 131 V4
Wies 138 R8
Wieselburg 134 R4
Wiesen 135 U5
Wiesenfeld 130 S4
Wiesfleck 135 U6
Wiesing 126 H6
Wiesmath 135 U6
Wiestal-Stausee 132 L5
Wieting 138 P8
Wildalpen 134 Q6
Wildbad-Einöd 137 P7
Wildendürnbach 131 V2
Wilder Kaiser 126 I6
Wildermieming 125 F7
Wildgerlostal 126 I7
Wildgrat 125 E7
Wildkogel 126 I7
Wildon 138 S8
Wildschönau 126 I6
Wildseeloder 126 J6
Wildshut 132 K4
Wildspitze 125 E8
Wildungsmauer 131 W4
Wilfersdorf 131 V3
Wilfleinsdorf 131 W4
Wilhelmsburg 130 S4
Wilhering 129 O4
Willendorf 135 U5
Willersbach 129 Q4

Wimpassing 135 U5
Wimpassing an der Leitha 135 V5
Windauer Ache 126 I6
Windegg 125 F8
Winden am See 135 W5
Windgrube 134 R6
Windhaag 129 Q4
Windhaag bei Freistadt ..129 P3
Windhag 133 Q5
Windigsteig 130 R2
Windisch Bleiberg ..137 O9
Windische Höhe 137 M9
Windischgarsten 133 O5
Windorf 129 O3
Winkl 132 M5
Winkler 133 P5
Winklern 136 K8
Winklern bei Oberwölz ..137 O7
Winterbach 134 R5
Winterstaude 124 B6
Winzendorf 135 U5
Wittau 131 V4
Wittmannsdorf 139 T8
Wölfnitz 138 Q8
Wöllersdorf 135 U5
Wölting 137 N7
Wölzer Tauern 133 O6
Wörgl 126 I6
Wörnharts 129 Q2
Wörschach 133 O6
Wörth 136 K7
Wörth a. d. Lafnitz ..139 U7
Wörther See 137 O9
Wohlsdorf 138 S8
Wolfau 139 U7
Wolfpassing 134 R4
Wolfpassing an der Hochleithen 131 V3
Wolfsbach 129 Q4
Wolfsberg 138 Q8
Wolfsegg am Hausruck ..128 N4
Wolfsgraben 131 U4
Wolfsthal 131 X4
Wolfurt 124 B6
Wolkersdorf 131 V3
Württemberger Hs. ..124 D7
Wulka 135 V5
Wulkaprodersdorf ..135 V5
Wullersdorf 130 U3
Wullowitz 129 P3

Wultendorf 131 V3
Wultschau 129 Q2
Wulzeshofen 131 U2
Wundschuh 138 S8
Würflach 135 U5
Wurmbrand 129 Q3
Würmla 130 T4
Würmlach 136 L9
Würnsdorf 130 R4
Wurzen-Paß 137 N9

Y

Ybbs 129 Q4
Ybbs an der Donau ..134 R4
Ybbsitz 133 Q5
Ysper 130 R4

Z

Zahmer Kaiser 126 I6
Zams 124 D7
Zarnsdorf 134 R4
Zauchen 133 N6
Zauchsee 127 M7
Zaunhof 125 E7
Zaya 131 V3
Zederhaus 127 M7
Zedlitzdorf 137 N8
Zeillern 129 Q4
Zeinisjoch 124 C8
Zeiritzkampel 133 Q6
Zeiselmauer 131 U4
Zelking 134 R4
Zell am Moos 132 L5
Zell am Pettenfirst ..132 M4
Zell am See 136 K7
Zell am Ziller 126 H7
Zell an der Pram 128 M4
Zell an der Ybbs 133 Q5
Zellberg 126 H7
Zellerndorf 130 T2
Zeller See (bei Zell a. Moos) 132 L5
Zeller See (bei Zell a. See) 136 K7

Zellinkopf 136 K8
Zell Pfarre 137 P9
Zelting 139 U8
Zeltschach 137 P8
Zeltweg 138 Q7
Zemendorf 135 V5
Zemmtal 126 H7
Zettersfeld 136 K8
Zeutschach 137 P7
Ziersdorf 130 T3
Ziethenkopf 136 K8
Ziller 126 I7
Zillergrund 126 H7
Zillertal 126 H6
Zillertaler Alpen 126 H7
Zillingtal 135 V5
Zimba 124 B7
Zinkenbach 132 M5
Zipf 132 M4
Zirbitzkogel 138 P7
Zirl 125 F7
Zirlerberg 125 F7
Zissersdorf (bei Raabs) .130 S2
Zissersdorf (bei Stockerau) 131 U3
Zistersdorf 131 W3
Zitterklapfen 124 B7
Zlabern 131 V2
Zöbern 135 U6
Zöbing 130 T3
Zöblen 124 D6
Zuckerhütl 125 F8
Zürs 124 C7
Zug 124 C7
Zugspitze 125 E6
Zurndorf 135 W5
Zwaring 138 S8
Zweinitz 137 O8
Zwentendorf 130 T3
Zwentendorf 131 V3
Zwerndorf 131 W3
Zwettl 130 R3
Zwettl an der Rodl ..129 O3
Zwickenberg 136 K8
Zwieselstein 125 F8
Zwingendorf 131 U2
Zwölfaxing 131 V4
Zwölferhorn 132 M5

STADTPLÄNE

Straßen

≡≡ ≡≡		Autobahn - Schnellstraße
▬▬ ▬▬		Hauptverkehrsstraße
Vodní	→	Einkaufsstraße - Einbahnstraße
‡======‡		Gesperrte Straße, mit Verkehrsbeschränkungen
▓▓▓▓		Fußgängerzone
	P	Parkplatz
	P̲ᴿ	Park-and-Ride-Plätze
△	B	Bewegliche Brücke - Autofähre

Sehenswürdigkeiten

■	⊔	Sehenswertes Gebäude
⬗	⸶	Sehenswerter Sakralbau

Sonstige Zeichen

🅑	✚	Informationsstelle - Krankenhaus
▭	🚆	Bahnhof und Bahnlinie
✈	🚌	Flughafen - Autobusbahnhof
	●	U-Bahnstation
□		Öffentliches Gebäude, durch einen Buchstaben gekennzeichnet :
H		Rathaus
J		Gerichtsgebäude
M T U		Museum - Theater - Universität, Hochschule
POL.		Polizei (in größeren Städten Polizeipräsidium)
✉	☎	Hauptpostamt (postlagernde Sendungen), Telefon

PLATTEGRONDEN

Wegen

≡≡ ≡≡		Autosnelweg - Weg met gescheiden rijbanen
▬▬ ▬▬		Hoofdverkeersweg
Vodní	→	Winkelstraat - Eenrichtingsverkeer
‡======‡		Onbegaanbare straat, beperkt toegankelijk
▓▓▓▓		Voetgangersgebied
	P	Parkeerplaats
	P̲ᴿ	Parkeer en Reis
△	B	Beweegbare brug - Auto-veerpont

Bezienswaardigheden

■	⊔	Interessant gebouw
⬗	⸶	Interessant kerkelijk gebouw

Overige tekens

🅑	✚	Informatie voor toeristen - Ziekenhuis
▭	🚆	Station spoorweg
✈	🚌	Luchthaven - Busstation
	●	Metrostation
□		Openbaar gebouw, aangegeven met een letter :
H		Stadhuis
J		Gerechtshof
M T U		Museum - Schouwburg - Universiteit, hogeschool
POL.		Politie (in grote steden, hoofdbureau)
✉	☎	Hoofdkantoor voor poste-restante - Telefoon

TOWN PLANS

Roads

≡≡ ≡≡		Motorway - Dual carriageway
▬▬ ▬▬		Major thoroughfare
Vodní	→	Shopping street - One-way street
‡======‡		Unsuitable for traffic, street subject to restrictions
▓▓▓▓		Pedestrian street
	P	Car Park
	P̲ᴿ	Park and Ride
△	B	Lever bridge - Car ferry

Sights

■	⊔	Place of interest
⬗	⸶	Interesting place of worship

Various signs

🅑	✚	Tourist Information Centre - Hospital
▭	🚆	Station and railway
✈	🚌	Airport - Coach station
	●	Underground station
□		Public buildings located by letter :
H		Town Hall
J		Law Courts
M T U		Museum - Theatre - University, College
POL.		Police (in large towns police headquarters)
✉	☎	Main post office with poste restante - Telephone

LES PLANS

Voirie

≡≡ ≡≡		Autoroute - Route à chaussées séparées
▬▬ ▬▬		Grande voie de circulation
Vodní	→	Rue commerçante - Sens unique
‡======‡		Rue impraticable, réglementée
▓▓▓▓		Rue piétonne
	P	Parking
	P̲ᴿ	Parking Relais
△	B	Pont mobile - Bac pour autos

Curiosités

■	⊔	Bâtiment intéressant
⬗	⸶	Édifice religieux intéressant

Signes divers

🅑	✚	Information touristique - Hôpital
▭	🚆	Gare et voie ferrée
✈	🚌	Aéroport - Gare routière
	●	Station de métro
□		Bâtiment public repéré par une lettre :
H		Hôtel de ville
J		Palais de justice
M T U		Musée - Théâtre - Université, grande école
POL.		Police (commissariat central)
✉	☎	Bureau principal de poste restante - Téléphone

LE PIANTE

Viabilità

≡≡ ≡≡		Autostrada - Strada a carreggiate separate
▬▬ ▬▬		Grande via di circolazione
Vodní	→	Via commerciale - Senso unico
‡======‡		Via impraticabile, a circolazione regolamentata
▓▓▓▓		Via pedonale
	P	Parcheggio
	P̲ᴿ	Parcheggio Ristoro
△	B	Ponte mobile - Traghetto per auto

Curiosità

■	⊔	Edificio interessante
⬗	⸶	Costruzione religiosa interessante

Simboli vari

🅑	✚	Ufficio informazioni turistiche - Ospedale
▭	🚆	Stazione e ferrovia
✈	🚌	Aeroporto - Stazione di autobus
	●	Stazione della Metropolitana
□		Edificio pubblico indicato con lettera :
H		Municipio
J		Palazzo di Giustizia
M T U		Museo - Teatro - Università, grande scuola
POL.		Polizia (Questura, nelle grandi città)
✉	☎	Ufficio centrale di fermo posta - Telefono

PLANOS

Vías de circulación

≡≡ ≡≡		Autopista - Autovía
▬▬ ▬▬		Vía importante de circulacíon
Vodní	→	Calle comercial - Sentido único
‡======‡		Calle impraticable, de uso restringido
▓▓▓▓		Calle peatonal
	P	Aparcamiento
	P̲ᴿ	Aparcamientos "P+R"
△	B	Puente móvil - Barcaza para coches

Curiosidades

■	⊔	Edificio interesante
⬗	⸶	Edificio religioso interesante

Signos diversos

🅑	✚	Oficina de información de Turismo - Hospital
▭	🚆	Estación y linea férrea
✈	🚌	Aeropuerto - Estación de autobuses
	●	Boca de metro
□		Edificio público localizado con letra :
H		Ayuntamiento
J		Palacio de Justicia
M T U		Museo - Teatro - Universidad, Escuela Superior
POL.		Policía (Comisaría central)
✉	☎	Oficina central de lista de correos - Teléfonos

Česká Republika

A

Abertamy	140	C3
Adamov	146	K5
Albrechtice	143	O4
Albrechtice nad Vltavou	145	F5
Arnoltice	141	F2
Aš	140	B3

B

Babylon	144	C5
Bakov nad Jizerou	141	G3
Bánov	147	M6
Bartošovice	147	N4
Bartošovice v Orlických horách	142	K3
Baška	147	N4
Batelov	145	H5
Bavorov	145	F5
Bečice	145	G5
Bečov	146	E3
Bečov nad Teplou	140	C3
Bečva	147	L5
Bedihošť	147	L5
Bedřichov	146	J5
Bechlín	141	F3
Bechyně	145	F5
Bělá nad Radbuzou	144	C4
Bělá nad Svitavou	146	J4
Bělá pod Bezdězem	141	G2
Bělá pod Pradědem	143	L3
Bělčice	145	E5
Bělečko	142	I3
Bělkovice-Lašťany	147	L4
Bělotín	147	M4
Benátky nad Jizerou	141	G3
Benecko	142	I2
Benešov (Jihočeský kraj)	146	K4
Benešov (Středočeský kraj)	141	G4
Benešov nad Černou	145	G6
Benešov nad Ploučnicí	141	F2
Bernartice (Jihočeský kraj)	145	F5
Bernartice (Královéhradecký kraj)	142	I2
Beroun	141	F4
Berounka	140	E4
Besednice	145	G6
Běstvina	142	I4
Běšiny	144	D5
Bezděz	141	G2
Bezdružice	140	C4
Bezno	141	G3
Bezvěrov	140	D4
Bílá	147	N5
Bílá Lhota	146	K4
Bílá Třemešná	142	I3
Bílá Voda	142	K3
Bílina	140	D2
Bílina	141	E2
Bílovec	143	N4
Bílovice	147	M5
Bílovice nad Svitavou	146	K5
Bílý Potok	141	H2
Biskupice	147	M5
Bítov	146	I6
Blanice	145	F5
Blansko	146	K5
Blanský les	145	F6
Blatná	145	E5
Blatnice pod svatým Antonínkem	147	L6
Blatno	140	D3
Bližejov	144	C4
Bliževedly	141	F2
Bližkovice	146	I6
Blovice	144	E4
Blšany	140	D3
Bludov	142	K4
Bobrová	146	J5
Bohdalice	146	L5
Bohdalín	145	H5
Bohdalov	146	I5
Bohumín	143	N4
Bohuňovice	147	L4
Bohuslavice (Jihočeský kraj)	146	L5
Bohuslavice (Královéhradecký kraj)	142	J3
Bohuslavice (Moravskoslezský kraj)	143	N4
Bohuslavice u Zlína	147	M5
Bohušov	143	M3
Bohutín	145	E4
Bochov	140	D3
Bojkovice	147	M5
Bolatice	143	N4
Boleboř	140	D2
Bolešiny	144	D5
Boletice nad Labem	141	F2
Bonětice	140	C4
Bor	140	C4
Borohrádek	142	J3
Borotín	145	G5
Borová	142	J4
Borová Lada	144	E6
Borovany	145	G6
Borovnice	146	J4
Borovnice (Královéhradecký kraj)	142	J3
Boršice u Buchlovic	147	L5
Bory	146	J5
Bořetice	146	K6
Bořitov	146	I6
Boskovice	146	K5
Boubín	144	E6
Boubínský prales	144	E6
Bouzov	146	K4
Božanov	142	J2
Božejov	145	H5
Boží Dar	140	C3
Božice	146	J6
Brandov	140	D2
Brandýs nad Labem	141	G3
Brandýs nad Orlicí	142	J3
Branišovice	146	J6
Brantice	143	M3
Bratronice	141	F3
Bratrušov	142	K3
Brloh	145	F6
Brná nad Labem	141	F2
Brněnec	146	K4
Brništĕ	141	G2
Brno	146	K5
Brno-Tuřany (Letiště)	146	K5
Brodek u Konice	146	K4
Brodek u Prostějova	146	L5
Brodek u Přerova	147	L5
Broumov	142	J2
Brozany	141	F3
Brtnice	146	I5
Brtníky	141	F2
Brumov-Bylnice	147	N5
Brumovice	143	M3
Bruntál	143	L4
Brušperk	147	N4
Břasy	140	E4
Břeclav	146	K6
Břehy	142	I3
Březí	146	K6
Březina	141	H2
Březnice	145	E4
Březno (Středočeský kraj)	141	H3
Březno (Ústecký kraj)	140	D3
Březolupy	147	M5
Březová (Moravskoslezský kraj)	143	M4
Březová (Pardubický kraj)	140	C3
Březová (Zlínský kraj)	147	M6
Březůvky	147	M5
Břežany	146	J6
Břidličná	143	L4
Bublava	140	C3
Bučovice	146	L5
Budeč	146	I5
Budišovice	145	I5
Budišov	146	J5
Budišov nad Budišovkou	143	M4
Budyně nad Ohří	141	F3
Buchlov	147	L5
Buchlovice	147	L5
Bukovec	147	O4
Bukovice	142	K4
Buštěhrad	141	F3
Byňov	145	G6
Bystrc	146	K5
Bystré	146	J4
Bystřany	141	E2
Bystřice (Moravskoslezský kraj)	147	O4
Bystřice (Středočeský kraj)	141	G4
Bystřice nad Pernštejnem	146	J4
Bystřice pod Hostýnem	147	M5
Bystřička	147	M5
Byšice	141	G3
Byšť	142	I3
Bzenec	147	L6

C

Cehnice	145	F5
Cínovec	140	E2
Cítoliby	141	E3
Cornštejn	146	I6
Cvikov	141	G2

Č

Čachrov	144	D5
Čáslav	141	H4
Častolovice	142	J3
Častrov	145	H5
Čechtice	145	H4
Čechtín	146	I5
Čejč	146	K6
Čejkovice	146	K6
Čeladná	147	N4
Čelákovice	141	G3
Čelina	141	F4
Čenkovice	142	K3
Čepřovice	145	E5
Čeradice	140	D3
Čerčany	141	G4
Čerchov	144	C5
Černá Hora	146	K5
Černá hora	142	I2
Černá v Pošumaví	145	F6
Černčice	141	E3
Černilov	142	I3
Černošice	141	F4
Černošín	140	C4
Černovice	145	G5
Černuc	141	F3
Černý Důl	142	I2
Čertův kámen	145	G5
Červená Lhota	145	G5
Červená Řečice	145	H4
Červená Voda	142	K3
Červené Janovice	141	H4
Červený Kostelec	142	J3
Červený Újezd	145	G4
Červený vrch	146	K5
Česká Bělá	146	I4
Česká Kamenice	141	F2
Česká Lípa	141	G2
Česká Skalice	142	J3
Česká Třebová	142	J4
České Budějovice	145	F5
České Velenice	145	G6
České Žleby	144	E6
Český Brod	141	G3
Český Dub	141	H2
Český Krumlov	145	F6
Český les	140	C4
Český ráj	141	H2
Český Rudolec	145	H5
Český Šternberk	141	G4
Český Těšín	143	O4
Čestice	144	E5
Čestín	141	H4
Čimelice	145	F5
Čímĕř	145	H5
Čiňěves	141	H3
Čisovice	141	F4
Čistá	140	E3
Čistá (Pardubický kraj)	142	J4
Čížkovice	141	F3
Čížová	145	F5
Čkyně	144	E5

D

Dačice	145	H5
Dalečín	146	J4
Dalešice	146	J5
Dalešice (Vodní nádrž)	146	J5
Dambořice	146	K5
Dašice	142	I3
Davle	141	F4
Deblín	146	J5
Debrník	144	D5
Děčín	141	F2
Děčínský Sněžník	141	F2
Defurovy Lažany	144	D5
Dejvice	141	F3
Desná	141	H2
Deštěnice	144	D4
Dešov	146	I6
Deštná	145	G5
Deštné v Orlických horách	142	J3
Dětmarovice	143	N4
Dětřichov nad Bystřicí	143	L4
Devět skal	146	J4
Dirná	145	G5
Divčí Hrady	146	K6
Divčice	145	F5
Divišov	141	G4
Dlouhá Loučka	143	L4
Dlouhá Ves	144	E5
Dlouhopolsko	141	H3
Dobčice	145	F6
Dobev	145	F5
Dobrá	147	N4
Dobronín	146	I5
Dobrovice	141	G3
Dobruška	142	J3
Dobřany	140	D4
Dobřenice	142	I3
Dobřeň	141	G3
Dobříč	140	D4
Dobřichovice	141	F4
Dobříš	141	F4
Doksy	141	G2
Dolany	144	D5
Dolany (Olomoucký kraj)	147	L4
Dolní Benešov	143	N4
Dolní Bojanovice	146	L6
Dolní Bousov	141	H3
Dolní Břežany	141	F4
Dolní Bukovsko	145	G5
Dolní Cerekev	145	H5
Dolní Čermná	142	K4
Dolní Dobrouč	142	K4
Dolní Dunajovice	146	K6
Dolní Dvořiště	145	F6
Dolní Hbity	145	F4
Dolní Kalná	142	I2
Dolní Kounice	146	J5
Dolní Kralovice	145	H4
Dolní Krupá (Středočeský kraj)	141	G2
Dolní Krupá (Vysočina kraj)	146	I4
Dolní Lipka	142	K3
Dolní Loučky	146	J5
Dolní Lukavice	144	D4
Dolní Lutyně	143	N4
Dolní Město	146	H4
Dolní Morava	142	K3
Dolní Němčí	147	M6
Dolní Nivy	140	C3
Dolní Oldříš	141	H1
Dolní Poustevna	141	F2
Dolní Rožínka	146	J5
Dolní Slivno	141	G3
Dolní Údolí	143	L3
Dolní Újezd (Olomoucký kraj)	147	M4
Dolní Újezd (Pardubický kraj)	142	J4
Dolní Vltavice	145	F6
Dolní Žandov	140	C3
Dolnomoravský úval	147	L6
Domanín	147	L6
Domašov	146	J5
Domašov nad Bystřicí	147	L4
Domažlice	144	C5
Domousnice	141	H3
Doubí	140	C3
Doubravník	146	J5
Doubravy	147	M5
Doudleby nad Orlicí	142	J3
Doupovské hory	140	D3
Drahanovice	147	L4
Drahany	146	K5
Drahobuz	141	F2
Drahonice	145	F5
Draženov	144	C5
Dražice	145	G5
Dražíč	145	F5
Drmoul	140	C4
Drnholec	146	J6
Drnovice	146	K5
Dřevohostice	147	M5
Dříteč	142	I3
Dříteň	145	F5
Dub nad Moravou	147	L5
Dubá	141	G2
Dubenec	142	I3
Dubí	141	E2
Dubice	141	F2
Dubicko	142	K4
Dublovice	145	F4
Dubné	145	F6
Dubňany	146	L6
Duchcov	140	E2
Dvorce	143	M4
Dvory nad Lužnicí	145	G6
Dvořiště	145	G5

BRNO

Beethovenova	X 2
Běhounská	X 3
Besední	X 4
Divadelní	Y 6
Dominikánská	Y 7
Františkánská	X 8
Jakubské náměstí	X 9
Kapucínské náměstí	Y 10
Komenského náměstí	X 12
Malinovského náměstí	XY 14
Masarykova	Y 15
Mečová	Y 16
Měnínská	Y 17
Minoritská	Y 19
Mozartova	X 20
Panenská	Y 21
Petrská	Y 22
Poštovská	Y 23
Radnická	Y 24
Šilingrovo náměstí	Y 25
Starobrněnská	Y 26
Středová	Y 27
Zámečnická	Y 29

Map of Brno city centre. Landmarks labelled: ★ MORAVSKÁ GALERIE, ★ ŠPILBERK, Sv. Tomáše, Sv. Jakuba, Náměstí Svobody, Dominikánské náměstí, Stará radnice, ZELNÝ TRH, Moravské zemské muzeum, Parnas, Petrov, Kapucínský kostel, ★ SV. PETRA A PAVLA, Vila Tugendhat.

Directions: HRADEC KRÁLOVÉ 43 E 461 \ Moravský kras — E 50-E 65 / PRÁHA — BRATISLAVA \ E 65

Dvůr Králové
  nad Labem ...142 I3
Dyje ...146 J6
Dyleň ...140 C4
Dymokury ...141 H3
Dýšina ...140 D4

E - F

Entenbühl ...140 B4
Fláje ...140 E2
Folmava ...144 C5
Francova Lhota ...147 N5
Františkovy Lázně ...140 B3
Frenštát
  pod Radhoštěm ...147 N4
Fryčovice ...147 N4
Frýdek-Místek ...147 N4
Frýdlant ...141 H2
Frýdlant nad Ostravicí ...147 N4
Frymburk ...145 F6
Fryšava ...146 J4
Fryšták ...147 M5
Fulnek ...147 M4

G

Golčův Jeníkov ...141 H4
Grygov ...147 L4

H

Habartice ...141 H1
Habartov ...140 C3
Habrovany ...146 K5
Habry ...141 I4
Háj ...140 B3
Háj ve Slezsku ...143 N4
Hajnice ...142 I3
Halenkov ...147 N5
Halenkovice ...147 L5
Halže ...140 C4
Hanušovice ...142 K3
Harrachov ...141 H2
Hartmanice ...144 D5
Hať ...143 N4
Hatě ...146 J6
Hatín ...145 G5
Havířov ...143 N4
Havlíčkova Borová ...146 I4
Havlíčkův Brod ...146 I4
Havraň ...140 E3
Hazlov ...140 B3
Hazmburk ...141 F3
Hejnice ...141 H2
Helfenburk ...145 F5
Helfštýn ...147 M4
Herálec (Pelhřimov) ...146 J4
Herálec (Žďár
  nad Sázavou) ...145 H4
Heřmaničky ...145 G4
Heřmanova Huť ...140 D4
Heřmanovice ...143 L3
Heřmanův Městec ...142 I4
Hevlín ...146 J6
Hlavňovice ...144 D5
Hlinné ...146 J4
Hlinsko ...142 I4
Hlubočky ...147 L4
Hluboká nad Vltavou ...145 F5
Hluboké Mašůvky ...146 J6
Hlučín ...143 N4
Hluk ...147 M6
Hněvkovice ...145 N4
Hnojník ...147 O4
Hodkovice
  nad Mohelkou ...141 H2
Hodonice ...146 J6
Hodonín ...146 L6
Hodslavice ...147 N4
Hojsova Stráž ...144 D5
Holasovice ...143 M3
Holčovice ...143 L3
Holešov ...147 M5
Holice ...142 I3
Holoubkov ...140 E4
Holýšov ...144 D4
Homole ...145 F6
Honezovice ...140 D4
Hora Svaté Kateřiny ...140 D2
Hora Svatého
  Šebestiána ...140 D2
Horažďovice ...144 E5
Horka nad Moravou ...147 L4
Horní Bečva ...147 N5
Horní Benešov ...143 M4
Horní Beřkovice ...141 F3
Horní Blatná ...140 C3
Horní Bradlo ...142 I4
Horní Bříza ...140 D4
Horní Cerekev ...145 H5
Horní Čermná ...142 K4

Horní Dvořiště ...145 F6
Horní Jelení ...142 J3
Horní Jiřetín ...140 E2
Horní Kněžeklady ...145 F5
Horní Kruty ...141 G4
Horní Libchava ...141 G2
Horní Lideč ...147 N5
Horní Loděnice ...143 L4
Horní Lomná ...147 O4
Horní Maršov ...142 I2
Horní Město ...143 L4
Horní Moštěnice ...147 L5
Horní Planá ...145 F6
Horní Počernice ...141 G3
Horní Slavkov ...140 C3
Horní Stěpánov ...146 K4
Horní Stropnice ...145 G6
Horní Suchá ...143 N4
Horní Vltavice ...144 E6
Horšovský Týn ...144 C5
Horusický rybník ...145 G5
Hořepník ...145 H4
Hořice ...142 I3
Hořice na Šumavě ...145 F6
Hořičky ...142 I3
Hořovice ...141 E4
Hořovičky ...140 E3
Hostěradice ...146 J6
Hostim ...146 I5
Hostinné ...142 I2
Hostivice ...141 F3
Hostomice
  (Středočeský kraj) ...141 F4
Hostomice
  (Ústecký kraj) ...141 E2
Hostouň ...144 C4
Hostýnské vrchy ...147 M5
Hošťálková ...147 M5
Hošťálkovy ...143 M3
Hoštka ...141 F3
Hovězí ...147 N5
Hovorany ...146 K6
Hrabišín ...142 L4
Hrabyně ...143 N4
Hradčany ...141 G2
Hradec Králové ...142 I3
Hradec nad Moravicí ...143 M4
Hradec nad Svitavou ...146 J4
Hrádek (Klatovy) ...144 D5
Hrádek (Rokycany) ...140 E4
Hrádek (Znojmo) ...146 J6
Hrádek nad Nisou ...141 G2
Hrádek u Nechanic ...142 I3
Hradiště ...140 D3
Hracholusky
  (Vodní nádrž) ...140 D4
Hranice
  (Karlovarský kraj) ...140 B3
Hranice
  (Olomoucký kraj) ...147 M4
Hrejkovice ...145 F5
Hrob ...140 E2
Hrobčice ...141 E2
Hrochův Týnec ...142 I4
Hronov ...142 J3
Hrotovice ...146 J5
Hroznětín ...140 C3
Hrubá Voda ...147 L4
Hrubý Jeseník ...143 L3
Hrušky ...146 K6
Hrušovany
  nad Jevišovkou ...146 J6
Hrušovany u Brna ...146 K5
Hřensko ...141 F2
Hřiměždice ...141 F4
Hříškov ...141 E3
Hřivice ...140 E3
Hukvaldy ...147 N4
Hulín ...147 L5
Humpolec ...145 H4
Husinec ...145 E5
Huslenky ...147 N5
Hustopeče ...146 K6
Hustopeče nad Bečvou ...147 M4
Huštěnovice ...147 L5
Hutisko-Solanec ...147 N5
Huzová ...143 L4
Hvězdlice ...146 L5
Hvozd ...146 K4
Hvozďany ...144 E4

CH

Chabařovice ...141 E2
Cheb ...140 B3
Chlístov ...144 D5
Chlum
  (Hradec Králové) ...142 I3
Chlum (Chrudim) ...146 I4
Chlum (Jihočeský kraj) ...146 K4
Chlum u Třeboně ...145 G6
Chlumčany ...144 D4
Chlumec nad Cidlinou ...141 H3
Choceň ...142 J4

Chocerady ...141 G4
Chodov (Praha) ...141 G3
Chodov (Sokolov) ...140 C3
Cholina ...146 L4
Choltice ...142 I4
Chomutov ...140 D3
Chornice ...146 K4
Chorušice ...141 G3
Chotěboř ...142 I4
Chotěšov
  (Plzeňský kraj) ...140 D4
Chotěšov
  (Ústecký kraj) ...141 F3
Chotětov ...141 G3
Chotilsko ...141 F4
Chotoviny ...145 G5
Chrást ...140 D4
Chrast ...142 I4
Chrastava ...141 G2
Chrášťany ...145 G4
Chroboly ...145 F6
Chropyně ...147 L5
Chrudim ...142 I4
Chřibská ...141 F2
Chřiby ...147 L5
Chřič ...140 E4
Chudenice ...144 D5
Chudenín ...144 D5
Chudolazy ...141 F3
Chuchelná ...143 N4
Chvalčov ...147 M5
Chvaletice ...142 I3
Chvaleč ...142 J2
Chvalšiny ...145 F6
Chýnov ...145 G5
Chyňava ...141 F3
Chyše ...140 D3
Chyšky ...145 F4

I

Ivančice ...146 J5
Ivanovice na Hané ...146 L5

J

Jabkenice ...141 H3
Jablonec nad Jizerou ...141 H2
Jablonec nad Nisou ...141 H2
Jablonné nad Orlicí ...142 K3
Jablonné v Podještědí ...141 G2
Jablůnka ...147 M5
Jablunkov ...147 O4

Jáchymov ...140 C3
Jalubí ...147 L5
Jankov ...145 G4
Janov nad Nisou ...141 H2
Janovice ...147 N4
Janovice nad Úhlavou ...144 D5
Janské Lázně ...142 I2
Jaroměř ...142 I3
Jaroměřice ...146 K4
Jaroměřice
  nad Rokytnou ...146 I5
Jaroslav ...142 J3
Jaroslavice ...146 J6
Jarošov nad Nežárkou ...145 H5
Javorník
  (Olomoucký kraj) ...142 L3
Javorník
  (Pardubický kraj) ...142 J4
Javořice ...145 H5
Jedlová ...146 J4
Jedovnice ...146 K5
Jemnice ...146 I5
Jeneč ...141 F3
Jesenice (Praha) ...141 G4
Jesenice (Rakovník) ...140 D3
Jesenice (Vodní nádrž) ...140 B3
Jeseník ...143 L3
Jeseník nad Odrou ...147 M4
Jestřebí ...143 N4
Ještěd ...141 G2
Jetřichovice ...147 F2
Jevany ...141 G4
Jevíčko ...146 K4
Jevišovice ...146 I6
Jezerní hora ...144 D5
Jezeřany-Maršovice ...146 J5
Ježov ...147 L5
Jičín ...141 H3
Jičíněves ...141 H3
Jihlava ...145 I5
Jihlava (Sídla) ...146 I5
Jilemnice ...142 I2
Jílové ...141 F2
Jílové u Prahy ...141 F4
Jílovice ...145 G6
Jimramov ...146 J4
Jince ...141 E4
Jindřichov (Bruntál) ...143 M3
Jindřichov (Šumperk) ...142 K3
Jindřichov ...140 C3
Jindřichovice
  pod Smrkem ...141 H2
Jindřichův Hradec ...145 H5
Jínošov ...146 J5
Jirkov ...140 D3
Jiřetín pod Jedlovou ...141 G2
Jiříkov ...141 G2

Jistebnice ...145 G5
Jistebník ...143 N4
Jívová ...147 L4
Jizera ...141 H2
Jizera ...141 H2
Jizerské hory ...141 H2
Josefov ...142 I3
Josefův Důl ...141 H2

K

Kaceřov (Plzeň-sever) ...140 E4
Kaceřov (Sokolov) ...140 C3
Kácov ...141 H4
Kadaň ...140 D3
Kadov ...144 E5
Kájov ...145 F6
Kalek ...140 D2
Kámen ...145 H5
Kamenice
  (Středočeský kraj) ...141 G4
Kamenice
  (Vysočina kraj) ...146 I5
Kamenice nad Lipou ...145 H5
Kamenický Šenov ...141 F2
Kamenný Přívoz ...141 G4
Kamenný Újezd ...145 F6
Kamýk nad Vltavou ...145 F4
Kaplice ...145 F6
Kardašova Řečice ...145 G5
Karlova Studánka ...143 L3
Karlovice ...143 L3
Karlovy Vary ...140 C3
Karlštejn ...141 F4
Karolinka ...147 N5
Karviná ...143 O4
Kařez ...140 E4
Kasárna ...145 I5
Kasejovice ...144 E5
Kašperk ...144 E5
Kašperské Hory ...144 E5
Katovice ...144 E5
Katusice ...141 G3
Kaznějov ...140 D4
Kbely ...141 G3
Kdyně ...144 D5
Kejžlice ...145 H4
Kelč ...147 M5
Keprník ...142 L3
Kladno ...141 F3
Kladruby ...140 C4
Kladruby nad Labem ...141 H3
Klášterec nad Ohří ...140 D3
Klatovy ...144 D5
Klecany ...141 F3

Klenčí pod Čerchovem ...144 C5
Klenovice na Hané ...147 L5
Klet ...145 F6
Klimkovice ...147 N4
Klínovec ...140 C3
Klobouky ...146 K6
Klobuky ...141 E3
Kněždub ...147 L6
Kněževes ...140 E3
Kněžice
  (Středočeský kraj) ...141 H3
Kněžice (Vysočina kraj) ...146 I5
Kněžmost ...141 H3
Knížecí stolec ...145 F6
Knížecí strom ...140 B4
Kobeřice ...143 N4
Kobylí ...146 K6
Kocbeře ...142 I3
Kojetín (Olomoucký
  kraj) ...147 L5
Kojetín (Ústecký kraj) ...140 D3
Kokašice ...140 C4
Kokory ...147 L5
Kokořín ...141 G3
Kolín ...141 H3
Kolinec ...144 D5
Kolný ...145 G5
Koloveč ...144 D5
Komárov ...141 E4
Komáří hůrka ...141 E2
Komorní Lhotka ...147 O4
Komorovice ...146 H4
Koněprusy ...141 F4
Konice ...146 K4
Konopiště ...141 G4
Konstantinovy Lázně ...140 C4
Kopaniny ...140 B3
Kopidlno ...141 H3
Kopřivnice ...147 N4
Koryčany ...146 L5
Korytná ...147 M6
Kořenov ...141 H2
Kosičky ...141 I3
Kosova Hora ...145 F4
Kost ...141 H3
Kostelec ...141 I5
Kostelec na Hané ...146 L4
Kostelec nad
  Černými Lesy ...141 G4
Kostelec nad labem ...141 G3
Kostelec nad Orlicí ...142 J3
Kostelní Hlavno ...141 G3
Kostomlaty nad Labem ...141 H3
Kostomlaty
  pod Milešovkou ...141 E2
Košetice ...145 H4
Košice ...145 G5

KARLOVY VARY

Bulharská ... A 2
Divadelní ... B 3
Drahomířino
  nábřeží ... B 4
I.P. Pavlova ... AB 6
Lázeňská ... B 7
Mariánskolázeňská ... B 9
Mattoniho
  nábřeží ... B 10
Mlýnské nábřeží ... B 12
náměstí Republiky ... A 14
Nová louka ... B 15
Poděbradská ... AB 17
Škroupova ... B 19
Tylova ... B 21
Varšavská ... A 23
Vřídelní ... B 24
Vyšehradská ... B 25

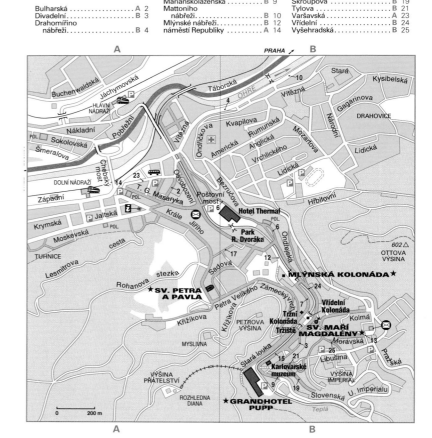

Košťálov ... 141 H2
Košťany ... 141 E2
Koštice ... 141 E3
Kotel ... 142 I2
Kounice ... 141 G3
Kouřim ... 141 G3
Kouty ... 146 I5
Kouty nad Desnou ... 142 L3
Kovářov ... 145 F4
Kovářská ... 140 D3
Kozí Hrádek ... 145 G5
Kozlovice ... 147 N4
Kozojedy ... 140 E4
Kozolupy ... 140 D4
Kožlany ... 140 E4
Krajková ... 140 C3
Kralice nad Oslavou ... 146 J5
Králický Sněžník ... 142 K3
Králíky ... 142 K3
Královec ... 142 I2
Kralovice ... 140 D4
Kralupy nad Vltavou ... 141 F3
Králův Dvůr ... 141 F4
Kramolín ... 145 J5
Kraselov ... 144 E5
Kraslice ... 140 C3
Krásná Hora nad Vltavou ... 145 F4
Krásná Lípa ... 141 G2
Krásný Dvůr ... 140 D3
Kratochvíle ... 145 F5
Kravaře (Liberecký kraj) ... 141 F2
Kravaře (Moravskoslezský kraj) ... 143 N4
Krchleby (Kutná Hora) ... 141 H4
Krchleby (Nymburk) ... 141 H3
Krkonoše ... 142 I2
Krnov ... 143 M3
Kroměříž ... 147 L5
Krompach ... 141 G2
Krouna ... 144 J4
Krsy ... 140 D4
Krumvíř ... 146 K6
Krupá ... 140 E3
Krupka ... 141 E2
Krušné hory ... 140 C3
Kryry ... 140 D3
Křečovice ... 141 F4
Křelovice ... 145 H4
Křemže ... 145 F6
Křenice ... 144 D4
Křenov ... 140 K4
Křenovice ... 146 K5
Křešice ... 141 F2
Křetín ... 140 K4
Křinec ... 141 H3
Křivoklát ... 141 E3
Křižanov ... 146 J5
Křižany ... 141 G2
Křížová ... 140 I4
Křtiny ... 146 K5
Kučeř ... 145 F5
Kuks ... 142 I3
Kunčice pod Ondřejníkem ... 147 N4
Kunčina ... 142 K4
Kunín ... 147 M4
Kunovice ... 147 L5
Kunštát ... 142 K4
Kunvald ... 142 J3
Kunžak ... 145 H5
Kuřim ... 146 K5
Kuřivody ... 141 G2
Kutná Hora ... 141 H4
Kvasice ... 147 L5
Kvasiny ... 142 J3
Kvilda ... 144 E5
Kyjov ... 146 L5
Kyjovice ... 143 N4
Kynšperk nad Ohří ... 140 C3
Kyselka ... 140 C3
Kytlice ... 141 G2

L
Labe ... 142 I3
Landštejn ... 145 H5
Lánov ... 142 I2
Lanškroun ... 142 K4
Lanžhot ... 142 K6
Lanžov ... 142 I3
Lásenice ... 145 G5
Lázně Bělohrad ... 142 I3
Lázně Bohdaneč ... 142 I3
Lázně Kynžvart ... 140 C3
Ledeč nad Sázavou ... 141 H4
Ledenice (Jihočeský kraj) ... 145 G6
Lednice (Jihočeský kraj) ... 146 K6
Lechovice ... 146 J6
Lelekovice ... 146 K5
Lenešice ... 140 E3
Lenora ... 144 E6
Leština ... 142 K4
Leskovec nad Moravicí ... 143 M4

Lesná ... 140 C4
Lesný ... 140 C3
Lestkov ... 140 C4
Lešná (Severomoravský kraj) ... 147 M4
Leština u Světlé ... 141 H4
Letiny ... 144 D4
Letňany ... 141 G3
Letohrad ... 142 K3
Letonice ... 146 K5
Letovice ... 146 K4
Leznik ... 142 J4
Lhenice ... 145 F6
Lhota ... 147 M4
Lhota pod Libčany ... 141 I3
Lhota pod Radčem ... 140 E4
Lhotka ... 141 F3
Libá ... 140 B3
Libáň ... 141 H3
Libčeves ... 141 E3
Libčice nad Vltavou ... 141 F3
Libecina ... 142 J4
Liběchov ... 141 F3
Liberec ... 141 H2
Liběšice ... 141 F2
Libeznice ... 141 F3
Libchavy ... 142 J3
Libice nad Doubravou ... 142 I4
Libín ... 145 F6
Libina ... 142 L4
Libínské Sedlo ... 145 E6
Libňatov ... 142 J3
Libočany ... 140 E3
Libochovice ... 141 F3
Liboměřice ... 142 I4
Libošovice ... 141 H3
Libouchec ... 141 F2
Liběřice ... 142 I3
Libušín ... 141 F3
Lično ... 142 J3
Lidečko ... 147 N5
Lidice ... 141 F3
Lichnov ... 143 M3
Lindava ... 141 G2
Lině ... 140 D4
Lípa ... 146 I4
Lipí ... 145 F6
Lipnice ... 145 G6
Lipník ... 146 I5
Lipník nad Bečvou ... 147 M4
Lipno I (Vodní nádrž) ... 145 F6
Lipno-Lipenec ... 140 E3
Lipno nad Vltavou ... 145 F6
Lipoltice ... 142 I4
Lipov ... 141 L6
Lipová ... 146 K4
Lipová-lázně ... 142 L3
Lipovec ... 146 K5
Liptál ... 147 M5
Lipůvka ... 146 K5
Líšeň ... 146 K5
Lišov ... 145 G5
Líšťany ... 140 D4
Litenčice ... 147 L5
Liteň ... 141 F4
Litice ... 140 D4
Litobratřice ... 146 J6
Litohoř ... 146 I5
Litoměřice ... 141 F3
Litomyšl ... 142 J4
Litovel ... 146 L4
Litultovice ... 143 M4
Litvínov ... 140 E2
Lnáře ... 144 E5
Lobendava ... 141 F1
Loděnice ... 141 F4
Lochovice ... 141 E4
Loket ... 140 C3
Lom (Jihočeský kraj) ... 145 E5
Lom (Ústecký kraj) ... 140 E2
Lomnice ... 146 J5
Lomnice nad Lužnicí ... 145 G5
Lomnice nad Popelkou ... 141 H2
Loštice ... 142 K4
Loučeň ... 141 H3
Loučka ... 147 M5
Loučka (Přerov) ... 147 M4
Loučky ... 147 M4
Loučná nad Desnou ... 142 L3
Loučovice ... 145 F6
Louka ... 144 C4
Louny ... 141 E3
Louňovice pod Blaníkem ... 145 G4
Lovčice ... 146 L5
Lovečkovice ... 141 F2
Lovosice ... 141 F3
Loza ... 140 D4
Lubenec ... 140 D3
Lubná ... 147 L5
Lubná (Východočeský kraj) ... 142 J4
Luby ... 140 B3
Lučina ... 147 N4
Ludgeřovice ... 147 N4
Ludvíkovice ... 141 F2
Luhačovice ... 147 M5

Luká ... 146 K4
Luka nad Jihlavou ... 146 I5
Lukavec ... 145 G4
Lukov ... 147 M5
Lukov (Znojmo) ... 146 I6
Luleč ... 146 K5
Lusen ... 144 E6
Luštěnice ... 141 G3
Lutín ... 146 L4
Luž ... 141 G2
Luže ... 142 J4
Lužec nad Vltavou ... 141 F3
Lužice ... 140 D5
Lužická hora ... 141 G2
Lužná ... 140 E3
Lužné ... 145 G6
Lysá hora ... 147 N4
Lysá nad Labem ... 141 G3
Lysice ... 146 K5

M
Macocha ... 146 K5
Machov ... 142 J3
Máchovo jezero ... 141 G2
Malá Morávka ... 143 L3
Malá Skála ... 141 H2
Malá Štáhle ... 143 L4
Malá Úpa ... 143 I2
Malé Březno (Most) ... 140 E3
Malé Březno (Ústí n. Lab.) ... 141 F2
Malešov ... 141 H4
Maletín ... 142 K4
Malonty ... 145 G6
Malšice ... 145 F5
Malšín ... 145 F6
Manětín ... 140 D4
Mariánské Lázně ... 140 C4
Markvarec ... 145 H5
Markvartovice ... 143 N4
Maršíkov ... 142 L3
Maršovice ... 141 G4
Maštov ... 140 D3
Maxičky ... 141 F2
Mcely ... 141 H3
Měděnec ... 140 D3
Měcholupy ... 140 E3
Melč ... 143 M4
Mělnické Vtelno ... 141 G3
Mělník ... 141 F3
Měnín ... 146 K5
Merklín ... 144 I5
Měřín ... 146 I5
Městec Králové ... 141 H3
Městečko Trnávka ... 146 K4
Město Albrechtice ... 143 M3
Město Libavá ... 147 M4
Město Touškov ... 140 D4
Mezibolí ... 140 E2
Meziměstí ... 142 J3
Mikulášovice ... 141 F2
Mikulov (Jihomoravský kraj) ... 146 K6
Mikulov (Ústecký kraj) ... 140 E2
Mikulovice (Jihočeský kraj) ... 146 J4
Mikulovice (Olomoucký kraj) ... 143 L3
Milešov (Středočeský kraj) ... 145 F4
Milešov (Ústecký kraj) ... 141 E2
Miletín ... 142 I3
Milevsko ... 145 F5
Miličín ... 145 G4
Milín ... 145 F4
Milotice ... 146 L6
Milovice (Jihočeský kraj) ... 146 K6
Milovice (Středočeský kraj) ... 141 G3
Mimoň ... 141 G2
Miroslav ... 146 J6
Mirošov ... 140 E4
Mirotice ... 145 F5
Mirovice ... 145 F4
Miřetice ... 142 I4
Miřkov ... 144 C4
Míšečky ... 142 I2
Místo ... 140 D3
Miškovice ... 147 M5
Mladá Boleslav ... 141 G3
Mladá Vožice ... 145 G4
Mladé Buky ... 142 I2
Mladějovice ... 143 L4
Mladkov ... 142 K3
Mladošovice ... 145 G6
Mladotice ... 140 D4
Mlázovice ... 142 I3
Mlečice ... 140 E4
Mlýny ... 145 G5
Mnich ... 140 C3
Mnichov ... 140 C3
Mnichovice (Benešov) ... 145 H4

Mnichovice (Praha-východ) ... 141 G4
Mnichovo Hradiště ... 141 G2
Mníšek ... 141 H2
Mníšek pod Brdy ... 141 F4
Modrava ... 144 D5
Modřice ... 146 K5
Mohelnice ... 142 K4
Mohelnice nad Jizerou ... 141 G2
Mohelno ... 146 J5
Mohyla míru ... 146 K5
Mochov ... 141 G3
Mochtín ... 144 D5
Mokrá-Horákov ... 146 K5
Moldava ... 140 E2
Morašice ... 142 J4
Morava ... 142 K3
Moravany ... 142 I4
Moravec ... 146 J5
Moravice ... 147 M4
Moravičany ... 142 K4
Morávka ... 147 O4
Moravská Nová Ves ... 146 L6
Moravská Třebová ... 142 K4
Moravské Budějovice ... 146 I5
Moravskoslezské Beskydy ... 147 N5
Moravský Beroun ... 143 L4
Moravský Kras ... 146 K5
Moravský Krumlov ... 146 J5
Moravský Písek ... 147 L6
Mořina ... 141 F4
Mořkov ... 147 N4
Most ... 140 E2
Mostek ... 142 I3
Mostkovice ... 146 L5
Mosty u Jablunkova ... 147 O4
Mošnov ... 147 N4
Moutnice ... 146 K5
Mratín ... 141 G3
Mrázov ... 140 C4
Mšec ... 141 E3
Mšené-lázně ... 141 F3
Mšeno ... 141 G3
Mukařov ... 141 G4
Mutějovice ... 140 E3
Mutěnice ... 146 L6
Myslejovice ... 146 L5
Myslibořice ... 146 I5
Myštice ... 145 F5
Mýtina ... 140 B3
Mýto ... 140 E4
Mže ... 140 C4

N
Načeradec ... 145 G4
Náchod ... 142 J3
Náklo ... 146 L4
Nalžovské Hory ... 144 E5
Náměšť na Hané ... 146 L4
Náměšť nad Oslavou ... 146 J5
Napajedla ... 147 M5
Nasavrky ... 142 I4
Nebužely ... 141 G3
Nečemice ... 140 E3
Nečtiny ... 140 D4
Nedakonice ... 147 L5
Nedašov ... 147 N5
Nedvědice ... 146 J5
Nechanice ... 142 I3
Nechranice (Vodní nádrž) ... 140 D3
Nechvalice ... 141 F4
Nejdek ... 140 C3
Nekvasovy ... 144 E5
Nelahozeves ... 144 C5
Nemanice ... 146 K5
Němčice ... 140 D5
Němčice nad Hanou ... 147 L5
Nepomuk ... 144 E4
Neratovice ... 141 G3
Neslovice ... 146 J5
Nesovice ... 146 K5
Nespeky ... 141 G4
Netolice ... 145 F5
Netřebice ... 141 H3
Netvořice ... 141 G4
Neurazy ... 144 D5
Neustupov ... 145 G4
Neveklov ... 141 G4
Nezamyslice ... 146 L5
Nezvěstice ... 144 E4
Nivnice ... 147 M6
Nižbor ... 141 F3
Nížkov ... 146 I4
Nišovice ... 146 K5
Nová Bystřice ... 145 H5
Nová Cerekev ... 145 H5
Nová Hospoda ... 140 C4
Nová Lhota ... 147 M6
Nová Paka ... 142 I3
Nová Pec ... 144 E6
Nová Role ... 140 C3
Nová Říše ... 146 I5

Nová Včelnice ... 145 H5
Nová Ves (Břeclav) ... 146 K6
Nová Ves (Jihlava) ... 145 H5
Nová Ves (Mělník) ... 141 F3
Nová Ves I ... 141 H3
Nová Ves v Horách ... 140 D2
Nové Dvory ... 141 H4
Nové Hrady (Jihočeský kraj) ... 145 G6
Nové Hrady (Pardubický kraj) ... 142 J4
Nové Město na Moravě ... 146 J4
Nové Město nad Metují ... 142 J3
Nové Město pod Smrkem ... 141 H2
Nové Mitrovice ... 144 E4
Nové Mlýny (Vodní nádrž) ... 146 K6
Nové Sedlo ... 140 C3
Nové Strašecí ... 141 E3
Nové Syrovice ... 146 I5
Nové Veselí ... 146 I4
Novohradské hory ... 145 G6
Novosedly nad Nežárkou ... 145 G5
Nový Bor ... 141 G2
Nový Bydžov ... 142 I3
Nový Hrádek ... 142 J3
Nový Hrozenkov ... 147 N5
Nový Jičín ... 147 N4
Nový Knín ... 141 F4
Nový Kostel ... 140 B3
Nový Malín ... 142 L4
Nový Přerov ... 146 J6
Nový Rychnov ... 145 H5
Nýdek ... 147 O4
Nymburk ... 141 H3
Nýrsko ... 144 D5
Nýřany ... 140 D4

O
Obecnice ... 141 E4
Obory ... 141 F4
Obratań ... 145 G5
Obrnice ... 140 E2
Obříství ... 141 F3
Odolena Voda ... 141 F3
Odra ... 147 N4
Odry ... 147 M4
Oheb ... 142 I4
Ohře ... 140 D3
Ochoz u Brna ... 146 K5
Okna ... 141 G2
Okounov ... 140 D3
Okrouhlá ... 140 B3
Okrouhlice ... 145 I4
Okříšky ... 146 I5
Olbramovice (Jihočeský kraj) ... 146 J6
Olbramovice (Středočeský kraj) ... 145 G4
Oldřichovice ... 147 O4
Oldřišov ... 147 M4
Olešnice (Jihočeský kraj) ... 145 G6
Olešnice (Jihočeský kraj) ... 146 J4
Olešnice v Orlických horách ... 142 J3
Olomouc ... 147 L4
Oloví ... 140 C3
Olšany ... 142 K4
Olšany u Prostějova ... 147 L4
Olší ... 146 J5
Olšovec ... 147 M4
Oltyně ... 145 G5
Ondřejov ... 141 G4
Opařany ... 145 F5
Opatov (Pardubický kraj) ... 142 K4
Opatov (Vysočina kraj) ... 146 I5
Opatovice ... 147 M4
Opatovice nad Labem ... 142 I3
Opava ... 143 M3
Opava (Sídla) ... 143 M4
Opočno ... 142 J3
Opolany ... 141 H3
Oráčov ... 140 E3
Orlice ... 142 J3
Orlické hory ... 142 J3
Orlické Záhoří ... 142 J3
Orlík ... 143 L3
Orlík (Vodní nádrž) ... 141 F4
Orlík nad Vltavou ... 145 F4
Orlová ... 143 N4
Ořechov ... 146 J5
Osečná ... 141 G2
Osek (Plzeňský kraj) ... 140 E4
Osek (Ústecký kraj) ... 140 E2
Osek nad Bečvou ... 147 M4
Oskava ... 142 L4
Oskořínek ... 141 H3
Oslavany ... 146 J5
Osoblaha ... 143 M3
Osová Bítýška ... 146 J5
Ostrava ... 143 N4

Ostrava-Mošnov (Letiště) ... 147 N4
Ostravice ... 147 N4
Ostroměř ... 142 I3
Ostrov (Karlovarský kraj) ... 140 C3
Ostrov (Pardubický kraj) ... 142 K4
Ostrov nad Oslavou ... 146 I5
Ostrov u Macochy ... 146 K5
Ostrovec ... 145 F5
Ostrožská Nová Ves ... 147 L5
Ostružná ... 142 L3
Ostrý ... 144 D5
Osvětimany ... 146 L5
Otaslavice ... 146 L5
Otava ... 144 D5
Otice ... 143 M4
Otnice ... 146 K5
Otročín ... 140 C3
Otrokovice ... 147 M5
Otryby ... 141 G4
Otvice ... 140 D3
Ovčáry ... 141 H3

P
Pacov ... 145 H5
Pačejov ... 144 E5
Pačlavice ... 146 L5
Palkovice ... 147 N4
Pancíř ... 144 D5
Panenský Týnec ... 141 E3
Panská skála ... 141 F2
Panské Dubenky ... 145 H5
Paračov ... 145 E5
Pardubice ... 142 I3
Paseka ... 147 L4
Paskov ... 147 N4
Pasohlávky ... 146 K6
Pastviny ... 142 K3
Pašovice ... 147 M5
Pavlice ... 146 I6
Pavlíkov ... 140 E3
Pavlovské vrchy ... 146 K6
Pec pod Sněžkou ... 142 I2
Pecka ... 142 I3
Pěčín ... 142 J3
Pečky ... 141 H3
Pelhřimov ... 145 H5
Pěnčín ... 141 H2
Pernarec ... 140 D4
Pernink ... 140 C3
Pernštejn ... 146 J5
Perštejn ... 140 D3
Peruc ... 141 E3
Pětipsy ... 140 D3
Petrovice (Ústí n. Lab.) ... 141 E2
Petrovice (Česká Lípa) ... 141 G2
Petrovice (Příbram) ... 145 F4
Petrovice (Znojmo) ... 146 J5
Petrovice u Karviné ... 143 O4
Petrovice u Sušice ... 144 D5
Petřvald ... 143 N4
Pchery ... 141 F3
Píla ... 140 C3
Pilníkov ... 142 I2
Písečná ... 143 L3
Písečné ... 145 H6
Písek (Jihočeský kraj) ... 145 F5
Písek (Moravskoslezský kraj) ... 147 O4
Píšť ... 143 N4
Planá ... 140 C4
Planá nad Lužnicí ... 145 G5
Plánice ... 144 D5
Pláňany ... 141 H3
Plasy ... 140 D4
Plavy ... 142 H2
Plechy ... 144 E6
Plesná ... 140 B3
Plešivec ... 140 C3
Plumlov ... 146 L5
Plzeň ... 140 D4
Pňovany ... 140 D4
Pňovice ... 146 L4
Poběžovice ... 144 C4
Pocinovice ... 145 D5
Počátky ... 145 H5
Podbořanský Robozec ... 140 D3
Podbořany ... 140 D3
Podbřeží ... 142 J3
Poděbrady ... 141 H3
Podhora ... 141 H3
Podhradí ... 142 J3
Podhradí nad Dyjí ... 146 I6
Podivice ... 146 L5
Podivín ... 146 K6
Podlesí ... 143 M4
Podmokly ... 147 M5
Podomí ... 146 K5
Podstráň ... 140 C3
Pohorská Ves ... 145 G6
Pohořelice ... 146 K6
Pohoří na Šumavě ... 145 G6
Polánka ... 146 J5

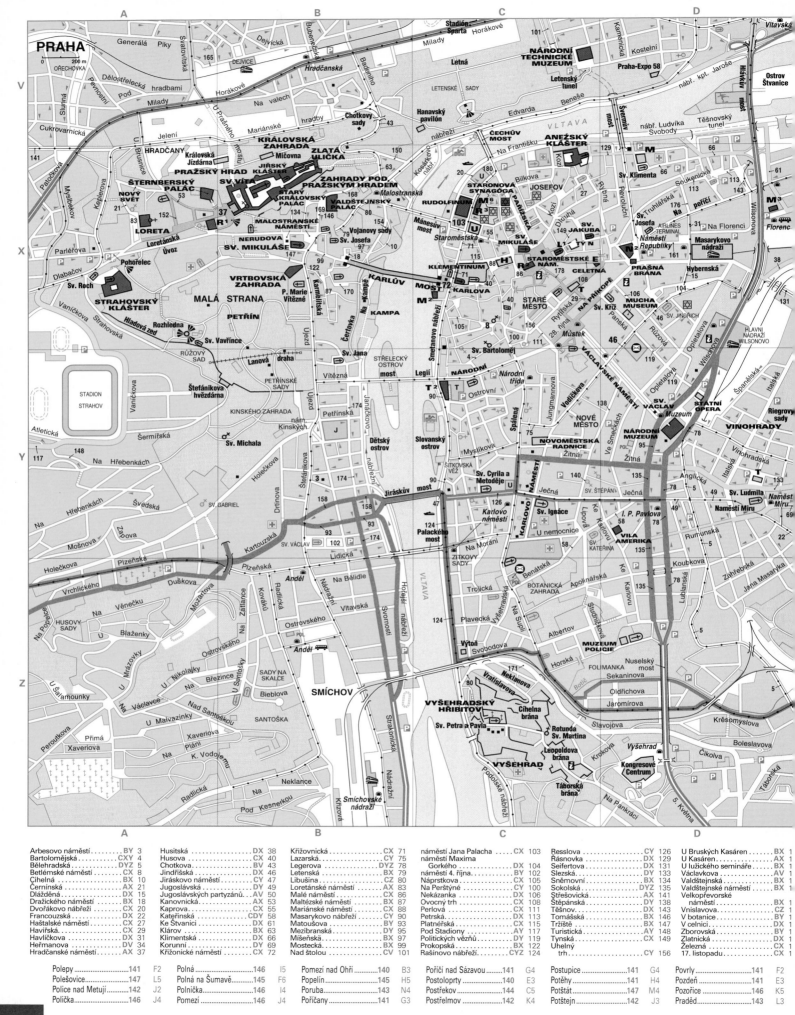

Arbesovo náměstí	BY 3	Husitská	DX 38	Křížovnická	CX 71	náměstí Jana Palacha	CX 103	Resslova	CY 126	U Brúských Kasáren	BX 1
Bartolomějská	CXY 4	Husova	CX 40	Lazarská	CY 75	náměstí Maxima		Rásnovka	DX 129	U Kasáren	AX 1
Bělehradská	DYZ 5	Chotkova	BV 43	Legerova	DYZ 78	Gorkého	DX 104	Seifertova	DX 131	U lužického semináře	BX 1
Betlémské náměstí	CX 8	Jindřišská	DX 46	Letenská	BX 79	náměstí 4. října	BY 102	Slezská	DY 133	Václavkova	AV 1
Cihelná	BX 10	Jiráskovo náměstí	CY 47	Letenská	BX 79	Náprstkova	CX 105	Sněmovní	BX 134	Valdštejnská	BX 1
Černínská	AX 21	Jugoslávská	DY 49	Libušina	CZ 80	Na Perštýně	CY 100	Sokolská	DYZ 135	Valdštejnské náměstí	BX 1
Dlážděná	DX 15	Jugoslávských partyzánů	AV 50	Loretánské náměstí	AX 83	Nekázanka	DX 106	Střešovická	AX 141	Velkopřevorské	
Dražického náměstí	BX 18	Kanovnická	AX 53	Malé náměstí	CX 86	Ovocný trh	CX 108	Štěpánská	DY 138	náměstí	BX 1
Dvořákovo nábřeží	DX 20	Kaprova	CX 55	Maltézské náměstí	BX 87	Perlová	CX 111	Těšnov	DX 143	Vnislavova	BY 1
Francouzská	DX 22	Kateřinská	CDY 58	Mariánské náměstí	CX 88	Petrská	DX 113	Tomášská	BX 146	V botanice	BY 1
Haštalské náměstí	CX 27	Ke Štvanici	DX 61	Masarykovo nábřeží	CY 90	Platnéřská	CX 115	Tržiště	BX 1	V celnici	DX 1
Havířská	CX 29	Klárov	BX 63	Matoušova	BY 93	Pod Stadiony	AY 117	Turistická	AY 148	Zborovská	BY 1
Havlíčkova	DX 31	Klimentská	BX 66	Mezibranská	DY 95	Politických vězňů	DY 119	Tynská	CX 149	Zlatnická	DX 1
Heřmanova	DV 34	Korunní	DY 69	Míšeňská	BX 97	Prokopská	BX 122	Uhelný		Železná	CX 1
Hradčanské náměstí	AX 37	Křižíkovo náměstí	CX 72	Mostecká	BX 99	Rašínovo nábřeží	CYZ 124	trh	CY 156	17. listopadu	CX 1

Polepy	141 F2	Polná	146 I5	Pomezí nad Ohří	140 B3	Poříčí nad Sázavou	141 G4	Postupice	141 G4	Povrly	141 F2
Polešovice	147 L5	Polná na Šumavě	145 H6	Popelín	145 H5	Postoloprty	140 E3	Potěhy	141 G4	Pozdeň	141 E3
Police nad Metují	142 J2	Polnička	146 I4	Poruba	143 N4	Postřekov	144 C5	Potštát	147 M4	Pozořice	146 K5
Polička	146 J4	Pomezí	146 J4	Pořičany	141 G3	Postřelmov	142 K4	Potštejn	142 J3	Praděd	143 L3

Praha....141 G3
Praha-Ruzyně (Letiště)....141 F3
Prachatice....145 F5
Prachomety....140 C3
Prachovice....142 I4
Prameny....140 C3
Pravčická brána....141 F2
Pražmo....147 N4
Proseč....142 J4
Prosiměřice....146 J6
Prostějov....146 L5
Prostřední Bečva....147 N5
Protivanov....145 K5
Protivín....145 F5
Průhonice....141 G4
Pruněřov....140 D3
Prusinovice....147 M5
Prušánky....146 K6
Přáslavice....147 L4
Přebuz....140 C3
Předín....146 I5
Předměřice nad Jizerou...141 G3
Předměřice nad Labem..142 I3
Přelouč....142 I3
Přemyslovice....146 K4
Přepychy....142 J3
Přerov....147 L5
Přerov nad Labem....141 G3
Přešín....144 E4
Přeštice....144 D4
Příbor....147 N4
Příbram
 (Středočeský kraj)...145 F4
Příbram (Ústecký kraj)..141 F2
Přibyslav....146 I4
Přimda....140 C4
Přísečnice (Vodní nádrž).140 D3
Psáry....141 G4
Pšov....140 D3
Pšov
 (Západočeský kraj)....140 D3
Ptení....140 K4
Purkarec....145 F5
Pustá Polom....143 N4
Pustiměř....146 L5

R
Rabí....144 E5
Rabyně....141 F4
Račice-Pístovice....146 K5
Radbuza....144 C4
Radeč....140 E4
Radíč....141 F4
Radiměř....146 J4
Radnice....140 E4
Radomyšl....145 E5
Radonice....140 D3
Radostín nad Oslavou...146 I5
Radošice....144 E4
Radotice....146 I6
Radotín....141 F4
Radovesnice I....141 H3
Radslavice....147 M5
Raduň....143 M4
Rájec-Jestřebí....146 K5
Rajhrad....146 K5
Rajnochovice....147 M5
Rakovník....140 E3
Rakvice....146 K6
Rancířov....145 I6
Rapotín....141 L4
Rapšach....145 G6
Raspenava....141 H2
Rataje nad Sázavou....141 G4
Ratiboř....147 M5
Ratibořice....142 J3
Ratibořské Hory....145 G5
Ratíškovice....146 L6
Ražice....145 F5
Rejštejn....144 E5
Ročov....140 E3
Rohatec....147 L6
Rohovládová Bělá....142 I3
Rohozná....146 J4
Rokycany....140 E4
Rokytnice....147 L5
Rokytnice nad Jizerou...141 H2
Rokytnice
 nad Rokytnou....146 I5
Rokytnice v
 Orlických horách....142 J3
Ronov nad Doubravou....142 I4
Ropice....147 O4
Rosice....146 J5
Rosovice....141 F4
Roštejn....145 H5
Rotava....140 C3
Roudnice nad Labem....141 F3
Rouchovany....146 J5
Rousínov
 (Jihočeský kraj)....146 K5
Rousínov
 (Středočeský kraj)...140 E3
Rovečné....146 J4
Rovensko pod Troskami.141 H2

Rozkoš....146 I5
Rozkoš (Vodní nádrž)....142 J3
Rozseč nad Kunštátem....146 J4
Roztoky (Praha-západ)....141 F3
Roztoky (Rakovník)....140 E3
Rozvadov....140 C4
Rožďalovice....141 H3
Rožmberk....145 G5
Rožmberk nad Vltavou...145 F6
Rožmitál
 pod Třemšínem....145 E4
Rožnov pod Radhoštěm.147 N5
Rtyně v Podkrkonoší....142 J2
Ruda nad Moravou....142 K4
Rudná....141 F3
Rudník....142 I2
Rudolfov....145 G6
Rumburk....141 G2
Rusava....147 M5
Rybitví....142 I3
Rybničná....140 C3
Rybník....144 C4
Rýdeč....141 F2
Rychlebské hory....142 K3
Rychnov....142 K4
Rychnov nad Kněžnou....142 J3
Rychnov u
 Jablonce nad Nisou...141 H2
Rychtářov....146 K5
Rychvald....143 N4
Rýmařov....147 L4
Rymice....147 M5
Rynárec....145 H5
Rynoltice....141 G2

Ř
Řásná....145 H5
Řečany nad Labem....141 H3
Řečice....145 H5
Řeka....147 O4
Řepiště....147 N4
Řevnice....141 F4
Řevničov....141 E3
Říčany (Jihočeský kraj)..146 J5
Říčany
 (Středočeský kraj)....141 G4
Říčky....142 J3
Římov....145 F6
Římov (Vodní nádrž)....145 F6

S
Sadov....140 C3
Sadová....142 I3
Sadská....141 G3
Sázava....145 H4
Sázava
 (Středočeský kraj)...141 G4
Sázava (Vysočina kraj)..146 I4
Sebuzín....141 F2
Seč....142 I4
Sedlčany....145 F4
Sedlec....142 I3
Sedlec-Prčice....145 G4
Sedlice....145 E5
Sedliště....147 N4
Sedlo....141 F2
Semčice....141 H3
Semily....142 H2
Semněvice....144 C4
Senice na Hané....146 L4
Senomaty....140 E3
Senožaty....145 H4
Sepekov....145 F5
Sezemice....142 I3
Sezimovo Ústí....145 G5
Sirotčí Hrádek....146 K5
Skalná....140 B3
Skašov....144 D4
Skochovice....141 H3
Skryje....140 E4
Skřipov....143 M4
Skuhrov....142 I4
Skuhrov nad Bělou....142 J3
Skuteč....146 I4
Slabce....140 E4
Slaný....141 F3
Slapy....141 F4
Slapy (Vodní nádrž)....141 F4
Slatinice....146 L4
Slatiňany....142 I4
Slavhostice....141 H3
Slavkov (Moravskoslezský
 kraj)....147 M4
Slavkov (Zlínský kraj)....147 M6
Slavkov u Brna....146 K5
Slavkovský les....140 C3
Slavonice....145 H6
Sloup....146 K5
Sloup v Čechách....141 G2
Sloupnice....142 J4
Slušovice....147 M5

Smečno....141 F3
Smědeč....145 F6
Smidary....141 H3
Smiřice....142 I3
Smolov....144 C4
Smrčná....146 I5
Smrk....141 N4
Smrk....142 L3
Smrk....141 H2
Smržice....147 L5
Smržovka....141 H2
Sněžka....142 I2
Sněžné....146 J4
Soběslav....145 G5
Soběšice....144 E5
Sobotín....142 L3
Sobotka....141 H3
Sokolnice....146 K5
Sokolov....140 C3
Solenice....145 F4
Solnice....142 J3
Sopotnice....142 J3
Sovinec....147 L4
Spálené Poříčí....144 E4
Spálov....147 M4
Spytihněv....147 M5
Srbeč....141 E3
Srbská Kamenice....141 F2
Srní....144 D5
Stachy....144 E5
Stáj....146 I5
Stanovice (Vodní nádrž).140 C3
Staňkov....144 D4
Stará Bělá....143 N4
Stará Boleslav....141 G3
Stará Libavá....143 M4
Stará Paka....142 I2
Stará Ves
 nad Ondřejnicí....147 N4
Staré Voda....140 C4
Staré Čivice....142 I3
Staré Hamry....147 N5
Staré Hobzí....145 H5
Staré Hradiště....142 I3
Staré Křečany....141 G2
Staré Město (Bruntál)..143 L3
Staré Město (Svitavy)..142 K4
Staré Město (Šumperk).142 K3
Staré Město
 pod Landštejnem....145 H5
Staré Sedliště....140 C4
Staré Smrkovice....142 I3
Staré Splavy....141 G2
Staré Ždánice....142 I3
Stárkov....142 J2
Starý Hrozenkov....147 M6
Starý Jičín....147 M4
Starý Plzenec....140 D4
Starý Smolivec....144 E4
Stařeč....146 I5
Stěbořice....143 M4
Stěžery....142 I3
Stod....140 D4
Stodůlky....141 F3
Stochov....141 E3
Stonařov....146 I5
Stonava....147 O4
Stradouň....142 I4
Strachotice....146 J6
Strachotín....146 K6
Strakonice....145 E5
Strančice....141 G4
Strání....147 M6
Strašice....142 E4
Strašín....144 E5
Straškov-Vodochody....141 F3
Stráž....140 C4
Stráž nad Nežárkou....145 G5
Stráž pod Ralskem....141 G2
Strážek....146 J5
Strážiště....141 G2
Strážkovice....145 G6
Strážnice....147 L6
Strážný....144 E6
Strážov....144 D5
Strmilov....145 H5
Strunkovice nad Blanicí.145 F5
Strupčice....140 E3
Střekov....141 F2
Střela....141 F3
Střelice....146 K5
Stříbrná....146 K5
Stříbrná Skalice....141 G4
Stříbrnice....142 K3
Stříbřec....145 G5
Střílky....147 L5
Studánka....141 G2
Studánky....145 F6
Studená....145 H5
Studené....146 K3
Studenec....142 I2
Studénka....147 N4
Studnice....146 K5
Stvolny....140 D3

Sudice....143 N3
Sudoměřice....147 L6
Sudoměřice u Bechyně.145 G5
Suchdol....141 H4
Suchdol nad Lužnicí....145 G6
Suchdol nad Odrou....147 M4
Suchohrdly....146 J6
Suchomasty....141 F4
Suchý vrch....142 K3
Sukorady....142 I3
Sušice....144 E5
Svatá....141 E4
Svatá Kateřina....144 D5
Svatobořice-Mistřín....146 L6
Svatoslav....146 I5
Svatý Kopeček....147 L4
Svébohov....142 K4
Světlá Hora....143 L3
Světlá nad Sázavou....145 H4
Světlík....145 F6
Světnov....146 I4
Svinky....145 G5
Svitava....146 K5
Svitávka....146 K5
Svitavy....142 J4
Svoboda nad Úpou....142 I2
Svojanov....146 J4
Svojetín....140 E3
Svojsice....141 H3
Svratka....146 J4
Svratka....146 J5
Sychrov....141 H2
Syrovice....146 K5

Š
Šafov....146 I6
Šakvice....146 K6
Šance (Vodní nádrž)....147 N4
Šardice....146 L6
Šatov....146 J6
Šebetov....146 K4
Šebkovice....146 I5
Šenov....143 N4
Ševětín....145 G5
Široká Niva....143 L3
Šitbořice....146 K5
Škrdlovice....146 I4
Škvorec....141 G3
Šlapanice....146 K5
Šlapanov....146 I4
Šluknov....141 F2
Špičák....144 D5
Špindlerův Mlýn....142 I2
Šťáhlavy....140 D4
Štěchovice....141 F4
Štěkeň....145 F5
Štěnovice....140 D4
Štěpánkovice....143 N4
Štěpánov....147 L4
Štěpánov nad Svratkou.146 J4
Šternberk....147 L4
Štětí....141 F3
Štítina....143 N4
Štítná nad Vláří-Popov..147 M5
Štíty....142 K4
Štoky....146 I4
Štramberk....147 N4
Šumava....144 D5
Šumice....147 M5
Šumná....146 I6
Šumperk....142 K4
Šumvald....142 L4
Švihov....144 D5

T
Tábor....145 G5
Tachov....140 C4
Tálín....145 F5
Tanečnice....147 N5
Tanvald....141 H2
Tasov....146 J5
Tatenice....142 K4
Tavíkovice....146 J5
Tečovice....147 M5
Těchlovice....141 F2
Těchobuz....145 H4
Telč....145 H5
Telecí....146 J4
Telnice....141 E2
Temelín....145 F5
Teplá....140 C4
Teplice....141 E2
Teplice nad Bečvou....147 M4
Teplice nad Metují....142 J2
Teplicko-adršpašské
 skály....142 J2
Terezín....141 F2
Těrlicko....143 N4
Těšetice....146 L4
Těšíkov....147 L4
Těškov....147 N4
Tichá....147 N4

Tisá....141 F2
Tišice....141 G3
Tišnov....146 J5
Tlumačov....147 M5
Tochovice....145 E4
Topolná....147 M5
Toužim....140 C3
Tovačov....147 L5
Travná....142 K3
Trhová Kamenice....142 I4
Trhové Sviny....145 G6
Trhový Štěpánov....141 H4
Trnava....146 I5
Trojanovice....147 N4
Troskovice....141 H2
Troubelice....142 L4
Troubky....147 L5
Trutnov....142 I2
Tršice....147 L4
Třebařov....142 K4
Třebechovice
 pod Orebem....142 J3
Třebenice
 (Ústecký kraj)....141 E3
Třebenice
 (Vysočina kraj)....146 J5
Třebíč....146 I5
Třebíz....141 E3
Třebnice....145 F4
Třebohostice....144 E5
Třebom....143 N3
Třeboň....145 G5
Třebotov....141 F4
Třebušín....141 F2
Třemešná....143 M3
Třemošná....140 D4
Třemošnice....142 I4
Třešť....145 H5
Tři Sekery....140 C4
Třinec....147 O4
Třtěno....141 E3
Tučapy....145 G5
Tuhaň....141 F2
Tuchlovice....140 E3
Tuchořice....140 E3
Tulešice....146 J5
Turnov....141 H2
Tuřany....146 K5
Tvarožná....146 K5
Tvrdonice....146 K6
Týn nad Vltavou....145 F5
Týnec nad Labem....141 H3
Týnec nad Sázavou....141 G4
Týniště nad Orlicí....142 J3

U
Údlice....140 D3
Uhelná Příbram....142 I4
Uherčice....146 I6
Uherské Hradiště....147 L5
Uherský Brod....147 M5
Uherský Ostroh....147 L6
Uhlířské Janovice....141 H4
Uhonice....141 F3
Uhřetická Lhota....142 I4
Uhříněves....141 G3
Újezd u Brna....146 K5
Újezd....147 M5
Újezd nad Lesy....141 G3
Úlibice....141 H3
Únanov....146 J6
Únětice....140 F3
Unhošť....141 F3
Uničov....142 L4
Úpice....142 J2
Určice....146 L5
Úsov....142 L4
Úterý....140 D4
Ústí nad Labem....141 F2
Ústí nad Orlicí....142 J4
Uštěk....141 F2
Úterý....140 D4
Úvalno....143 M3
Úvaly....141 G3

V
Vacenovice....146 L6
Vacov....144 E5
Valašská Bystřice....147 N5
Valašská Polanka....147 M5
Valašské Klobouky....147 M5
Valašské Meziříčí....147 M5
Valdštejn....141 H2
Valeč....140 D3
Valtice....146 K6
Vamberk....142 J3
Varnsdorf....141 G2
Včelná....145 F6
Vejprnice....140 D4
Vejprty....140 D3
Velehrad....147 L5
Velemín....141 E2
Velešín....145 F6
Velhartice....144 D5

Velichovky....142 I3
Velim....141 H3
Velká Bíteš....146 J5
Velká Bystřice....147 L4
Velká Deštná....142 J3
Velká Dobrá....141 F3
Velká Hleďsebe....140 C4
Velká nad Veličkou....147 M6
Velká Polom....143 N4
Velké Bílovice....146 K6
Velké Březno....141 F2
Velké Heraltice....143 M4
Velké Hoštice....147 N4
Velké Karlovice....147 N5
Velké Kunětice....143 L3
Velké Losiny....142 L3
Velké Meziříčí....146 J5
Velké Němčice....146 K6
Velké Opatovice....146 K4
Velké Pavlovice....146 K6
Velké Popovice....141 G4
Velké Přílepy....141 F3
Velký Bor....144 E5
Velký Osek....141 H3
Velký Šenov....141 F2
Velký Tisý....145 G5
Velký Týnec....147 L4
Velký Újezd....147 L4
Veltrusy....141 F3
Velvary....141 F3
Vémyslice....146 J5
Vepřová....146 I4
Verneřice....141 F2
Veřovice....147 N4
Veselí nad Lužnicí....145 G5
Veselí nad Moravou....147 L6
Věšín....144 E4
Větrný Jeníkov....145 H5
Větřní....145 F6
Veverská Bítyška....146 J5
Věž....145 H4
Vícov....146 K5
Vídeň....141 F2
Vidnava....143 L3
Vilémov....142 I4
Vimperk....144 E5
Vinařice....141 F3
Vír....146 J4
Višňová....141 H2
Višňové....146 J6
Vítězná....142 I3
Vítkov....143 M4
Vítkovice....142 I2
Vítkův kámen....145 F6
Vítonice....147 M5
Vizovice....147 M5
Vladislav....146 I5
Vlachovice....147 M5
Vlachovo Březí....145 E5
Vlasatice....146 J6
Vlastiboř....145 G5
Vlašim....141 G4
Vlčkovice v
 Podkrkonoší....142 I3
Vlčnov....147 M5
Vlhošť....141 F2
Vltava....145 F5
Vodňany....145 F5
Vodokrty....144 D4
Vojkov....145 G4
Vojtanov....140 B3
Volary....145 E6
Volenice....144 E5
Volevčice....140 E3
Volfartice....141 F2
Volyně....144 E5
Votice....145 G4
Voznice....141 F4
Vracov....147 L6
Vrané nad Vltavou....141 F4
Vranov (Vodní nádrž)...146 I6
Vranov nad Dyjí....146 I6
Vranová....146 K6
Vranovská Ves....146 I6
Vratěnín....146 I6
Vratimov....143 N4
Vrbátky....147 L4
Vrbno pod Pradědem....143 L3
Vrčeň....144 E4
Vrdy....141 H4
Vrchlabí....142 I2
Vroutek....140 D3
Vřesina....143 N4
Vřesová....140 C3
Vsetín....147 N5
Vsetínské vrchy....147 N5
Všeruby....144 C5
Všeruby (Plzeň-sever)...140 D4
Všestary....142 I3
Všetaty....141 G3
Výprachtice....142 K4
Vysočany....146 I6
Vysočina....142 I4
Vysoká....147 N5
Vysoké Chvojno....142 I3
Vysoké Mýto....142 J4
Vysoké nad Jizerou....141 H2

Vysoké Veselí 141 H3
Výškov 146 L5
Výškovice 143 M4
Výšovice 147 L5
Vyšší Brod 145 F6

Z

Záblatí 145 E6
Záblatský rybník 145 G5
Zábořdí 144 E5
Zábřeh 142 K4
Zadní Chodov 140 C4
Zádveřice 147 M5
Zahořany 145 F4
Záhoří 145 F5

Zahrádky 141 G2
Zaječí 146 K6
Zaječov 141 E4
Zákolany 141 F3
Zákupy 141 G2
Záluží 140 E2
Zásmuky 141 H4
Zastávka 146 J5
Zašová 147 N5
Zavidov 140 E3
Zbiroh 140 E4
Zborovice 147 L5
Zbraslav
  (Jihočeský kraj) 146 J5
Zbraslav (Praha) 141 F4
Zbraslavice 141 H4
Zbůch 140 D4
Zbýšov (Jihočeský kraj) .146 J5

Zbýšov
  (Středočeský kraj) 141 H4
Zbytiny 145 E6
Zděchov 147 N5
Zdice 141 E4
Zdíkov 144 E5
Zdobnice 142 J3
Zdounky 147 L5
Zhoř 140 C4
Zlatá Koruna 145 F6
Zlaté Hory 143 L3
Zlín 147 M5
Zliv 145 F5
Zlobice 147 L5
Zlonice 141 F3
Znojmo 146 J6
Zruč 140 D4
Zruč nad Sázavou 141 H4

Zubrnice 141 F2
Zubří 147 N5
Zvíkov 145 F5
Zvíkovské Podhradí 145 F5
Zvole 146 J5

Ž

Žacléř 142 I2
Žalany 141 E2
Žamberk 142 J3
Žandov 141 F2
Žár 145 G6
Žarošice 146 K5
Ždánice 146 L5

Ždánický les 146 K6
Žďár (Mladá Boleslav) ..141 H2
Žďár (Rakovník) 140 D3
Žďár nad Sázavou 146 I4
Žďárec 147 J5
Žďárské vrchy 142 J4
Ždírec 141 G2
Ždírec nad Doubravou ...146 I4
Žebětín 146 J5
Žebrák 141 E4
Žebráky 140 C4
Žehuň 141 H3
Žehušice 141 H4
Želeč 145 G5
Želetava 146 I5
Železná 144 C4
Železná Ruda 144 D5
Železnice 141 H3

Železný Brod 141 H2
Želiv 145 H4
Želivka (Vodní nádrž) 141 H4
Želnava 145 E6
Žeravice 147 L5
Židlochovice 146 K5
Žihle 140 D3
Žichlínek 142 K4
Žichovice 144 E5
Žinkovy 144 D5
Žirovnice 145 H5
Živohošť 141 E4
Žiželice 141 H3
Žleby 142 I4
Žlutice 140 D3
Žlutice (Vodní nádrž) 140 D3
Žulová 142 L3

ATLAS ROUTIER *et* TOURISTIQUE
TOURIST *and* MOTORING ATLAS
STRASSEN- *und* REISEATLAS
TOERISTISCHE WEGENATLAS

España
& Portugal

BIBENDUM

Le compagnon de vos voyages...

Your travel companion...

Uw reisgezel...

Ihr Reisebegleiter...

SUR LA ROUTE
ON THE ROAD
OP DE BAAN
AUF DER STRAßE

A L'ÉTAPE
TAKING A BREAK
VOOR ELKE BESTEMMING
UNTERWEGS

A TRAVERS LE MONDE
ALL OVER THE WORLD
OVERAL TER WERELD
AUF DER GANZEN WELT

EN VACANCES
ON HOLIDAY
OP VAKANTIE
IM URLAUB

...vous conduit vers le XXIe siècle
...taking you into the 21st century
... leidt u naar de 21ste eeuw
... er führt Sie ins 21. Jahrhundert **!**

Sommaire

Intérieur de couverture
Tableau d'assemblage

IV **Grands itinéraires**
VI **Tableau de distances**
VIII **Régimes climatiques**

1 **Légende**
2 **Espagne/Portugal** - 1/400 000
80 **Madère**
90 **Iles Baléares**
92 **Iles Canaries**
96 **Iles Açores**

97 **Index Espagne**
159 **Index Portugal**

Intérieur de couverture
Légende complète

Contents

Inside front cover
Key to map pages

IV **Route planning**
VI **Distances**
VIII **Temperatures**

1 **Key to maps**
2 **Spain/Portugal** - 1:400 000
80 **Madeira**
90 **Balearic islands**
92 **Canary islands**
96 **Azores islands**

97 **Index Spain**
159 **Index Portugal**

Inside back cover
Key

Inhaltsübersicht

Umschlaginnenseite
Übersicht

IV **Autobahnen-Straßen**
VI **Entfernungstrabelle**
VIII **Temperaturen**

1 **Legende**
2 **Spanien/Portugal** - 1:400 000
80 **Madeira**
90 **Balearen**
92 **Kanarische Inseln**
96 **die Azoren**

97 **Register Spanien**
159 **Register Portugal**

Umschlaginnenseite
Zeichener Klärung

Inhoud

Binnenzijde van het omslag
Overzichtskaart

IV **Grote verbindingswegen**
VI **Afstandtabel**
VIII **Temperaturen**

1 **Verklaring van tekens**
2 **Spanje/Portugal** - 1:400 000
80 **Madeira**
90 **Balearen**
92 **Canarische Eilanden**
96 **Azoren**

97 **Register Spanje**
159 **Register Portugal**

Binnenzijde van het omslag
Verklaring van alle tekens

Plans de villes | Town plans | Stadtpläne | Stadsplattegronden

España

97 Albacete
99 Alicante/Alacant
99 Almería
101 Ávila
102 Badajoz
102 Barcelona (alrededores)
103 Barcelona
105 Bilbao/Bilbo
106 Burgos
107 Cáceres

107 Cádiz
109 Cartagena
111 Ciudad Real
112 Córdoba
113 La Coruña/A Coruña
115 Elche/Elx
117 Gijón
118 Granada
121 Jerez de la Frontera
122 León
123 Logroño
124 Madrid (alrededores)

125 Madrid
126 Málaga
127 Mérida
129 Murcia
131 Oviedo
132 Palma
133 Las Palmas
de Gran Canaria
132 Pamplona/Iruñea
139 Salamanca
141 San Sebastián/Donostia
143 Santa Cruz de Tenerife

144 Santander
144 Santiago de Compostela
145 Segovia
146 Sevilla (alrededores)
147 Sevilla
149 Toledo
151 Valencia (alrededores)
152 Valencia
153 Valladolid
154 Vigo
156 Vitoria/Gasteiz
157 Zaragoza

Portugal

160 Braga
161 Coimbra
162 Évora
163 Funchal
164 Lisboa (arredores)
165 Lisboa
167 Porto (arredores)
168 Porto
171 Setúbal

Grands itinéraires

══════	Autoroute
═══════	Double chaussée de type autoroutier
───────	Route principale
───────	Route secondaire
A 7 / N 120	Numéro d'autoroute ou de route
E 80	Numéro de route européenne
14	Distance en kilomètres
──●──	Limite et capitale de Communauté ou de Région autonome
·····●·····	Limite et capitale de Province (Espagne) de District (Portugal)

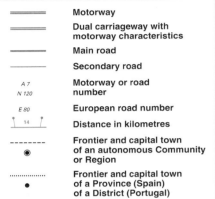

Route planning

══════	Motorway
═══════	Dual carriageway with motorway characteristics
───────	Main road
───────	Secondary road
A 7 / N 120	Motorway or road number
E 80	European road number
14	Distance in kilometres
──●──	Frontier and capital town of an autonomous Community or Region
·····●·····	Frontier and capital town of a Province (Spain) of a District (Portugal)

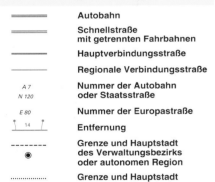

Reiseplanung

══════	Autobahn
═══════	Schnellstraße mit getrennten Fahrbahnen
───────	Hauptverbindungsstraße
───────	Regionale Verbindungsstraße
A 7 / N 120	Nummer der Autobahn oder Staatsstraße
E 80	Nummer der Europastraße
14	Entfernung
──●──	Grenze und Hauptstadt des Verwaltungsbezirks oder autonomen Region
·····●·····	Grenze und Hauptstadt der Provinz (Spanien) des Distrikts (Portugal)

Grote verbindingswegen

══════	Autosnelweg: met gescheiden rijbaden
═══════	Weg met gescheiden rijbanen van het type autosnelweg
───────	Hoofdweg
───────	Secundaire verbindingsweg
A 7 / N 120	Autosnelweg
	Weg
E 80	Europaweg
14	Afstanden
──●──	Grens en hoofdstad of-plaats van autonome regio
·····●·····	Grens en hoofdstad of-plaats van provincie (Spanje) van district (Portugal)

ESPAÑA

Comunidades Autónomas

1. Andalucía
2. Aragón
3. Asturias (Principado)
4. Cantabria
5. Castilla - La Mancha
6. Castilla y León
7. Cataluña/Catalunya
8. Extremadura
9. Galicia
10. Madrid
11. Murcia (Región)
12. Navarra (C. Foral)
13. País Vasco/Euskadi
14. La Rioja
15. Valenciana

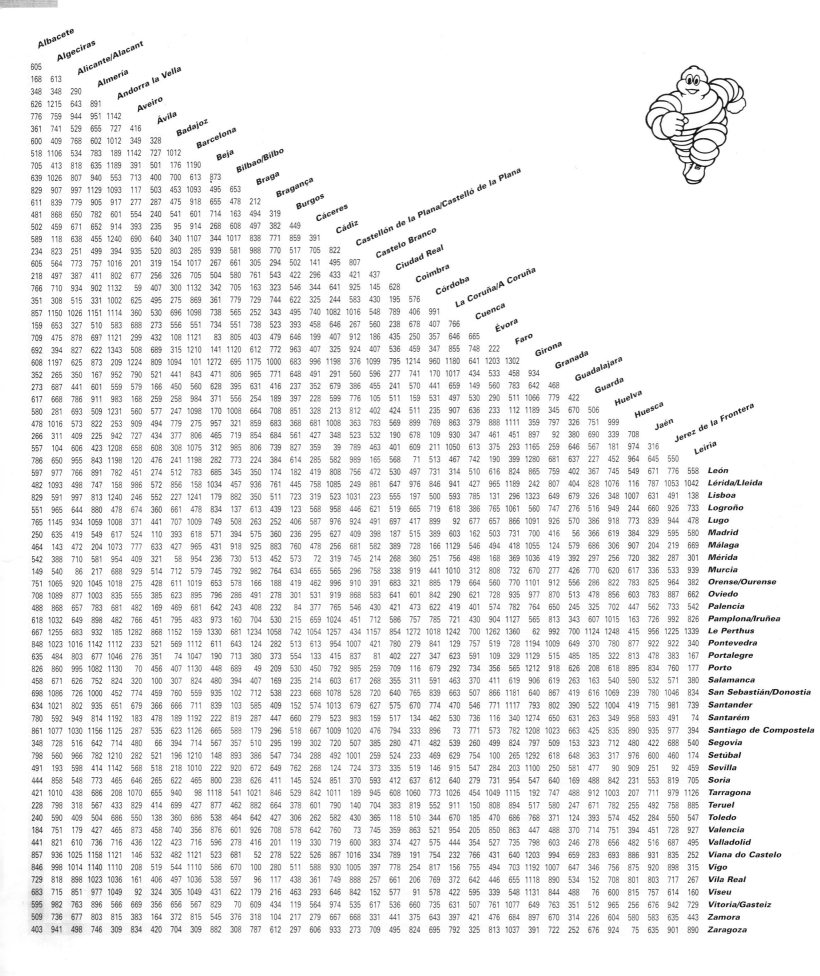

	Albacete	Algeciras	Alicante/Alacant	Almería	Andorra la Vella	Aveiro	Ávila	Badajoz	Barcelona	Beja	Bilbao/Bilbo	Braga	Bragança	Burgos	Cáceres	Cádiz	Castellón de la Plana/Castelló de la Plana	Castelo Branco	Ciudad Real	Coimbra	Córdoba	La Coruña/A Coruña	Cuenca	Évora	Faro	Girona	Granada	Guadalajara	Guarda	Huelva	Huesca	Jaén	Jerez de la Frontera	Leiria
Algeciras	605																																	
Alicante/Alacant	168	613																																
Almería	348	348	290																															
Andorra la Vella	626	1215	643	891																														
Aveiro	776	759	944	951	1142																													
Ávila	361	741	529	655	727	416																												
Badajoz	600	409	768	602	1012	349	328																											
Barcelona	518	1106	534	783	189	1142	727	1012																										
Beja	705	413	818	635	1189	391	501	176	1190																									
Bilbao/Bilbo	639	1026	807	940	553	713	400	700	613	873																								
Braga	829	907	997	1129	1093	117	503	453	1093	495	653																							
Bragança	611	839	779	905	917	277	287	475	918	655	478	212																						
Burgos	481	868	650	782	601	554	240	541	601	714	163	494	319																					
Cáceres	502	459	671	652	914	393	235	95	914	268	608	497	382	449																				
Cádiz	589	118	638	455	1240	690	640	340	1107	344	1017	838	771	859	391																			
Castellón de la Plana/Castelló de la Plana	234	823	251	499	394	935	520	803	285	939	581	988	770	517	705	822																		
Castelo Branco	605	564	773	757	1016	201	319	154	1017	267	661	305	294	502	141	495	807																	
Ciudad Real	218	497	387	411	802	677	256	326	705	504	580	761	543	422	296	433	421	437																
Coimbra	766	710	934	902	1132	59	407	300	1132	342	705	163	323	546	344	641	925	145	628															
Córdoba	351	308	515	331	1002	625	495	275	869	361	779	729	744	622	325	244	583	430	195	576														
La Coruña/A Coruña	857	1150	1026	1151	1114	360	530	696	1098	738	565	252	343	495	740	1082	1016	548	789	406	991													
Cuenca	159	653	327	510	583	688	273	556	551	734	551	738	523	393	458	646	267	560	238	678	407	766												
Évora	709	475	878	697	1121	299	432	108	1121	83	805	403	479	646	199	407	912	186	435	250	357	646	665											
Faro	692	394	827	622	1343	508	689	315	1210	141	1120	612	772	963	407	325	924	407	536	459	347	855	748	222										
Girona	608	1197	625	873	209	1224	809	1094	101	1272	695	1175	1000	683	996	1198	376	1099	795	1214	960	1180	641	1203	1302									
Granada	352	265	350	167	952	790	521	441	843	471	806	965	771	648	491	291	560	596	277	741	170	1017	434	533	458	934								
Guadalajara	273	687	441	601	559	579	166	450	560	628	395	631	416	237	352	679	386	455	241	570	441	659	149	560	783	642	468							
Guarda	617	668	786	911	983	168	259	258	984	371	556	254	189	397	228	599	776	105	511	159	531	497	530	290	511	1066	779	422						
Huelva	580	281	693	509	1231	560	577	247	1098	170	1008	664	708	851	328	213	812	402	424	511	235	907	636	233	112	1189	345	670	506					
Huesca	478	1016	573	822	253	909	494	779	275	957	321	859	683	368	681	1008	363	783	569	899	769	863	379	888	1111	359	797	326	751	999				
Jaén	266	311	409	225	942	727	434	377	806	465	719	854	684	561	427	348	523	532	190	678	109	930	347	461	451	897	92	380	690	339	708			
Jerez de la Frontera	557	104	606	423	1208	658	608	308	1075	312	985	806	739	827	359	39	789	463	401	609	211	1050	613	375	293	1165	259	646	567	181	974	316		
Leiria	786	650	955	843	1198	120	476	241	1198	282	773	224	384	614	285	582	989	165	568	71	513	467	742	190	399	1280	681	637	227	452	964	645	550	
León	597	977	766	891	782	451	274	512	783	685	345	350	174	182	419	808	756	472	530	497	731	314	510	616	824	865	759	402	367	745	549	671	776	558
Lérida/Lleida	482	1093	498	747	158	986	572	856	158	1034	457	936	761	445	758	1085	249	861	647	976	846	941	427	965	1189	242	807	404	828	1076	116	787	1053	1042
Lisboa	829	591	997	813	1240	246	552	227	1241	179	882	350	511	723	319	523	1031	223	555	197	500	593	785	131	296	1323	649	679	326	348	1007	631	491	138
Logroño	551	965	644	880	478	674	360	661	478	834	137	613	439	123	568	958	446	621	519	665	719	618	386	765	1061	560	747	276	516	949	244	660	926	733
Lugo	765	1145	934	1059	1008	371	441	707	1009	749	508	263	252	406	587	976	924	491	697	417	899	92	677	657	866	1091	926	570	386	918	773	839	944	478
Madrid	250	635	419	549	617	524	110	393	618	571	394	575	360	236	295	627	409	398	187	515	389	603	162	503	731	700	416	56	366	619	384	329	595	580
Málaga	464	143	472	204	1073	777	633	427	965	431	918	925	883	760	478	256	681	582	389	728	166	1129	546	494	418	1055	124	579	686	306	907	204	219	669
Mérida	542	388	710	581	954	409	321	58	954	236	730	513	452	573	72	319	745	214	268	360	251	756	498	168	369	1036	419	392	297	256	720	382	287	301
Murcia	149	540	86	217	688	929	514	712	579	745	792	982	764	634	655	565	296	758	338	919	441	1010	312	808	732	670	277	426	770	620	617	336	533	939
Orense/Ourense	751	1065	920	1045	1018	275	428	611	1019	653	578	166	188	419	462	996	910	391	683	321	885	179	664	560	770	1101	912	556	286	822	783	825	964	382
Oviedo	708	1089	877	1003	835	555	385	623	895	796	286	491	278	301	531	919	868	583	641	601	842	290	621	728	935	977	870	513	478	856	603	783	887	662
Palencia	488	868	657	783	681	482	169	469	681	642	243	408	232	84	377	765	546	430	421	473	622	419	401	574	782	764	650	245	325	702	447	562	733	542
Pamplona/Iruñea	618	1032	649	898	482	766	451	795	483	973	160	704	530	215	659	1024	451	712	586	757	785	721	430	904	1127	565	813	343	607	1015	163	726	992	826
Le Perthus	667	1255	683	932	185	1282	868	1152	159	1330	681	1234	1058	742	1054	1257	434	1157	854	1272	1018	1242	700	1262	1360	62	992	700	1124	1248	415	956	1225	1339
Pontevedra	848	1023	1016	1142	1112	233	521	569	1112	611	643	124	282	513	613	954	1007	421	780	279	841	129	757	519	728	1194	1009	649	370	780	877	922	922	340
Portalegre	635	484	803	677	1046	276	351	74	1047	190	713	380	373	554	133	415	837	81	402	227	347	623	591	109	329	1129	515	485	185	322	813	478	383	167
Porto	826	860	995	1082	1130	70	456	407	1130	448	689	49	209	530	450	792	985	259	709	116	679	292	734	356	565	1212	918	626	208	618	895	834	760	177
Salamanca	458	671	626	752	824	320	100	307	824	480	394	407	169	235	214	603	617	268	355	311	591	463	370	411	619	906	619	263	163	540	590	532	571	380
San Sebastián/Donostia	698	1086	726	1000	452	774	459	760	559	935	102	712	538	223	668	1078	528	720	640	765	839	663	507	866	1181	640	867	419	616	1069	239	780	1046	834
Santander	634	1021	802	935	651	679	366	666	711	839	103	585	409	152	574	1013	679	627	575	670	774	470	546	771	1117	793	802	390	522	1004	419	715	981	739
Santarém	780	592	949	814	1192	183	478	189	1192	222	819	287	447	660	279	523	983	159	517	134	462	530	736	116	340	1274	650	631	263	349	958	593	491	74
Santiago de Compostela	861	1077	1030	1156	1125	287	535	623	1126	665	588	179	296	518	667	1009	1020	476	794	333	896	73	771	573	782	1208	1023	663	425	835	890	935	977	394
Segovia	348	728	516	642	714	480	66	394	714	567	357	510	295	199	302	720	507	385	280	471	482	539	260	499	824	797	509	153	323	712	480	422	688	540
Setúbal	798	560	966	782	1210	282	521	196	1210	148	893	386	547	734	288	492	1001	259	524	233	469	629	754	100	265	1292	618	648	363	317	976	600	460	174
Sevilla	491	193	598	414	1142	568	518	218	1010	222	920	672	649	762	268	124	724	373	335	519	146	915	547	284	203	1100	250	581	477	90	909	251	92	459
Soria	444	858	548	773	465	646	265	622	465	800	238	626	411	145	524	851	370	593	412	637	612	640	279	731	954	547	640	169	488	842	231	553	819	705
Tarragona	421	1010	438	686	208	1070	655	940	98	1118	541	1021	846	529	842	1011	189	945	608	1060	773	1026	454	1049	1115	192	747	488	912	1003	207	711	979	1126
Teruel	228	798	318	567	433	829	414	699	427	877	462	882	664	378	601	790	140	704	383	819	552	911	150	808	894	517	580	247	671	782	255	492	758	885
Toledo	240	590	409	504	686	550	138	360	686	538	464	642	427	306	262	582	430	365	118	510	344	670	185	470	686	768	371	124	393	574	452	284	550	547
Valencia	184	751	179	427	465	873	458	740	356	876	601	926	708	578	642	760	73	745	359	863	521	954	205	850	863	447	488	370	714	751	394	451	728	927
Valladolid	441	821	610	736	716	436	122	423	716	596	278	416	201	119	330	719	600	383	374	427	575	444	354	527	735	798	603	246	278	656	482	516	687	495
Viana do Castelo	857	936	1025	1158	1121	146	532	482	1121	523	681	52	278	522	526	867	1016	334	789	191	754	232	766	431	640	1203	994	659	283	693	886	931	835	252
Vigo	846	998	1014	1140	1110	208	519	544	1110	586	670	100	280	511	588	930	1005	397	778	254	817	156	755	494	703	1192	1007	647	346	756	875	920	898	315
Vila Real	729	818	898	1023	1036	161	406	497	1036	538	597	96	117	438	361	749	888	257	661	206	769	372	642	446	655	1118	890	534	152	708	801	803	717	267
Viseu	683	715	851	977	1049	92	324	305	1049	431	622	179	216	463	293	646	842	152	577	91	578	422	595	339	548	1131	844	488	76	600	815	757	614	160
Vitoria/Gasteiz	595	982	763	896	566	669	356	656	567	829	70	609	434	119	564	974	535	617	536	660	735	631	507	761	1077	649	763	351	512	965	256	676	942	729
Zamora	509	736	677	803	815	383	164	372	815	545	376	318	104	217	279	667	668	331	441	375	643	397	421	476	684	897	670	314	226	604	580	583	635	443
Zaragoza	403	941	498	746	309	834	420	704	309	882	308	787	612	297	606	933	273	709	495	824	695	792	325	813	1037	391	722	252	676	924	75	635	901	890

Distances   Entfernungen   Afstandstabel

Les distances sont comptées à partir du centre-ville et par la route la plus pratique, c'est-à-dire celle qui offre les meilleures conditions de roulage, mais qui n'est pas nécessairement la plus courte.

Die Entfernungen gelten ab Stadtmitte unter Berücksichtigung der günstigsten (nicht immer kürzesten) Strecke.

Distances are calculated from town-centres and using the best roads from a motoring point of view – not necessarily the shortest.

De afstanden zijn in km berekend van centrum tot centrum langs de geschicktste, dus niet noodzakelijkerwijze de kortste route.

604 km

Lisboa - Valladolid

	León	Lérida/Lleida	Lisboa	Logroño	Lugo	Madrid	Málaga	Mérida	Murcia	Orense/Ourense	Oviedo	Palencia	Pamplona	Le Perthus	Pontevedra	Portalegre	Porto	Salamanca	San Sebastián/Donostia	Santander	Santarém	Santiago de Compostela	Segovia	Setúbal	Sevilla	Soria	Tarragona	Teruel	Toledo	Valencia	Valladolid	Viana do Castelo	Vigo	Vila Real	Viseu	Vitoria/Gasteiz	Zamora
Lérida/Lleida	627																																				
Lisboa	684	1085																																			
Logroño	305	322	843																																		
Lugo	225	852	604	529																																	
Madrid	341	462	623	334	514																																
Málaga	864	929	610	858	1037	527																															
Mérida	484	798	288	671	657	335	406																														
Murcia	745	543	941	690	918	403	399	695																													
Orense/Ourense	259	862	508	539	100	500	990	532	904																												
Oviedo	120	739	788	419	233	457	947	600	861	332																											
Palencia	128	526	651	204	330	237	727	447	641	333	248																										
Pamplona	396	327	935	92	621	401	890	737	694	630	442	295																									
Le Perthus	923	299	1382	619	1149	758	1114	1094	728	1159	963	822	623																								
Pontevedra	353	955	466	632	170	594	1041	629	1001	94	368	427	723	1253																							
Portalegre	519	891	225	673	634	428	502	134	788	537	630	482	766	1187	496																						
Porto	383	973	304	650	303	571	979	467	979	207	487	441	742	1271	165	333																					
Salamanca	201	668	489	355	374	207	696	284	611	324	312	163	446	965	417	329	360																				
San Sebastián/Donostia	404	404	944	169	605	453	944	790	771	638	384	303	79	580	731	774	751	454																			
Santander	270	555	848	235	412	389	879	643	787	510	191	197	258	779	547	679	619	360	200																		
Santarém	621	1036	78	779	541	574	610	249	902	445	725	588	872	1333	403	161	240	426	880	784																	
Santiago de Compostela	337	969	521	646	115	607	1096	684	1014	108	313	440	737	1264	56	550	220	431	686	492	457																
Segovia	277	559	619	317	450	97	587	387	501	436	388	161	408	855	529	417	507	163	416	352	544	543															
Setúbal	720	1054	45	854	640	591	579	256	909	544	824	662	993	1350	502	197	340	500	955	859	114	557	587														
Sevilla	681	987	401	859	853	529	211	197	525	829	792	643	926	1159	788	293	625	480	979	915	401	842	622	369													
Soria	326	309	851	106	551	227	717	564	597	551	446	225	174	606	645	656	623	327	251	336	802	658	201	820	753												
Tarragona	711	91	1169	406	937	546	868	882	483	947	823	610	411	250	1040	975	1059	752	487	639	1120	1054	643	1138	914	393											
Teruel	559	277	928	327	819	305	657	641	363	805	678	407	332	576	901	734	881	511	408	560	879	915	402	897	693	230	330										
Toledo	408	530	590	403	581	71	449	302	393	567	519	304	469	826	660	395	590	237	523	459	541	674	164	558	485	296	614	373									
Valencia	689	320	970	467	862	347	609	682	224	848	800	585	471	505	945	775	924	555	548	700	921	958	445	938	663	370	260	140	365								
Valladolid	138	561	604	239	355	190	680	400	594	341	257	47	330	857	435	435	413	117	338	244	541	448	123	616	596	214	644	415	257	538							
Viana do Castelo	405	964	379	641	243	603	954	542	1010	147	471	436	732	1262	105	408	76	436	740	650	315	160	538	415	700	654	1049	910	670	954	444						
Vigo	353	953	442	630	197	592	1017	605	999	95	395	425	721	1251	29	471	141	415	729	574	378	83	527	478	763	643	1038	899	658	943	433	80					
Vila Real	290	879	394	557	258	478	836	430	882	158	395	348	648	1177	245	423	94	287	657	525	330	300	414	430	715	529	964	783	545	826	319	161	221				
Viseu	389	893	286	582	363	432	733	363	836	264	494	391	675	1190	295	232	132	229	683	587	223	349	388	322	524	554	977	736	458	780	342	208	270	105			
Vitoria/Gasteiz	301	411	838	91	525	350	840	686	748	534	352	199	95	683	628	669	646	350	104	168	774	641	312	849	877	192	495	416	419	555	234	637	626	553	577		
Zamora	135	658	552	337	308	258	747	349	662	258	247	145	428	956	352	383	316	65	436	342	489	366	193	565	545	309	743	562	325	606	99	383	350	222	292	332	
Zaragoza	478	153	934	174	703	310	800	646	543	713	590	377	178	450	806	739	825	516	255	407	884	820	407	902	836	161	237	180	378	320	412	815	804	731	741	262	510

Climat   Climate   Klima   Klimaat

TEMPÉRATURES (MOYENNE MENSUELLE)
16 max. quotidien en rouge
8 min. quotidien en noir

AVERAGE DAILY TEMPERATURE
16 maximum in red
8 minimum in black

TEMPERATUREN (MONATLICHER DURCHSCHNITT)
16 maximale Tagestemperatur (rot)
8 minimale Tagestemperatur (schwarz)

GEMIDDELDELDE MAANDELIJKSE NEERSLAG
16 maximum in rood
8 minimum in zwart

TEMPÉRATURE MOYENNE DE L'EAU DE MER

AVERAGE SEA TEMPERATURE

DURCHSCHNITTLICHE MEERESTEMPERATUR

GEMIDDELDE TEMPERATUUR ZEEWATER

PRÉCIPITATIONS (MOYENNE MENSUELLE) - **AVERAGE MONTHLY RAINFALL**
NIEDERSCHLAGSMENGEN (MONATLICHER DURCHSCHNITT) - **GEMIDDELDE MAANDELIJKSE NEERSLAG**

0-20 mm   20-50 mm   50-100 mm   + 100 mm

Average daily temperature (max / min per month)

City	1	2	3	4	5	6	7	8	9	10	11	12
Albacete (max)	9	12	16	19	22	28	33	32	27	20	14	10
Albacete (min)	-1	-1	2	5	8	12	15	16	13	7	3	0
Alicante/Alacant (max)	16	18	20	22	25	29	32	32	30	25	21	17
Alicante/Alacant (min)	6	6	8	10	13	17	19	20	18	14	10	7
Almería (max)	16	16	18	20	22	26	29	29	27	23	19	17
Almería (min)	8	8	10	12	15	18	21	22	20	16	12	9
Andorra la Vella (max)	6	7	12	14	17	23	26	24	22	16	10	6
Andorra la Vella (min)	-1	-1	2	4	6	10	12	12	10	6	2	-1
Badajoz (max)	13	15	18	21	24	30	34	33	29	23	17	13
Badajoz (min)	4	5	8	9	12	16	18	18	16	12	8	5
Barcelona (max)	13	14	16	18	21	25	28	28	25	21	16	13
Barcelona (min)	6	7	9	11	14	18	21	21	19	15	11	7
Bilbao/Bilbo (max)	13	13	17	17	20	23	25	25	23	21	16	13
Bilbao/Bilbo (min)	5	5	7	7	9	13	14	14	13	11	8	6
Bragança (max)	8	10	13	16	19	24	28	28	24	18	12	8
Bragança (min)	1	1	3	5	8	11	13	13	11	8	4	1
Burgos (max)	6	8	12	15	18	22	26	25	22	16	10	6
Burgos (min)	-1	0	2	4	7	10	12	12	10	7	3	0
Cádiz (max)	15	16	18	21	23	27	29	30	27	23	19	16
Cádiz (min)	8	9	11	12	14	18	20	20	19	16	12	9
Castelo Branco (max)	11	13	16	19	23	28	31	31	27	21	15	11
Castelo Branco (min)	5	5	7	9	12	16	18	18	16	12	8	5
Córdoba (max)	14	16	19	23	26	32	36	36	31	24	19	14
Córdoba (min)	4	5	8	10	13	17	19	20	17	13	8	5
La Coruña/A Coruña (max)	13	13	15	16	18	20	22	23	22	19	16	13
La Coruña/A Coruña (min)	7	7	8	9	11	13	15	15	14	12	9	7
Cuenca (max)	8	10	13	16	20	25	30	29	25	18	13	9
Cuenca (min)	-2	-2	1	4	7	11	14	14	11	6	2	-1
Faro (max)	15	16	18	20	23	26	29	29	27	23	19	16
Faro (min)	9	9	11	12	14	17	19	19	18	16	12	9
Funchal (Madeira) (max)	19	19	20	21	22	24	25	25	25	24	22	20
Funchal (Madeira) (min)	13	13	14	14	15	17	19	19	19	18	16	14
Gijón (max)	13	13	15	16	18	20	22	23	22	19	16	13
Gijón (min)	6	6	8	9	11	14	16	16	15	12	8	7
Granada (max)	12	14	18	20	24	30	34	34	29	22	17	12
Granada (min)	1	2	5	7	9	14	17	17	14	9	5	2
León (max)	7	9	13	16	19	24	27	27	23	17	12	7
León (min)	-1	-1	2	4	6	10	12	12	10	6	2	0
Lérida/Lleida (max)	9	13	18	22	25	29	32	32	28	21	15	10
Lérida/Lleida (min)	1	1	5	8	11	15	18	18	15	10	4	2
Lisboa (max)	14	16	18	20	22	26	28	28	26	23	18	15
Lisboa (min)	8	8	10	11	13	16	17	17	17	14	11	8
Madrid (max)	9	11	15	18	21	27	31	31	26	19	13	9
Madrid (min)	1	2	5	7	10	14	17	17	14	9	5	2
Mar Menor (max)	15	16	18	21	24	29	30	30	27	24	18	17
Mar Menor (min)	5	5	8	9	13	17	20	20	18	14	10	6
Palma (Baleares) (max)	14	15	17	19	22	26	29	29	27	23	18	15
Palma (Baleares) (min)	6	6	8	10	13	16	19	19	17	13	9	7
Pamplona/Iruñea (max)	9	10	14	16	20	24	27	27	24	19	12	9
Pamplona/Iruñea (min)	1	1	4	6	9	12	13	14	12	8	4	2
Peniche (max)	14	14	18	18	20	20	21	20	20	17	17	15
Peniche (min)	9	9	10	12	13	15	16	16	16	14	12	9
Ponta Delgada (Açores) (max)	17	17	17	18	20	22	25	26	25	22	20	18
Ponta Delgada (Açores) (min)	11	11	11	12	13	15	17	18	17	16	14	12
Porto (max)	14	15	17	18	20	22	23	23	23	21	17	14
Porto (min)	6	6	8	9	11	13	15	15	14	12	8	6
Puerto de Navacerrada (max)	2	3	5	8	11	17	22	21	17	10	6	3
Puerto de Navacerrada (min)	-4	-4	-1	0	3	7	11	10	8	3	0	-3
Salamanca (max)	8	10	14	17	20	26	30	30	25	19	13	8
Salamanca (min)	-1	0	2	4	7	11	13	13	11	6	2	0
San Sebastián/Donostia (max)	10	11	14	15	17	20	22	22	21	17	13	10
San Sebastián/Donostia (min)	5	5	8	9	11	14	15	16	15	12	8	5
Santa Cruz de T. (Canarias) (max)	20	21	22	23	24	26	28	29	28	26	24	21
Santa Cruz de T. (Canarias) (min)	14	14	15	16	17	18	20	21	20	19	17	15
Santander (max)	12	13	15	15	17	20	22	22	21	18	15	12
Santander (min)	7	6	8	9	11	14	16	16	15	12	9	7
Santiago de Compostela (max)	11	13	16	16	18	22	24	24	22	19	14	12
Santiago de Compostela (min)	4	4	6	6	8	11	13	13	12	10	7	5
Sevilla (max)	15	17	20	23	26	32	36	36	32	26	20	16
Sevilla (min)	6	6	9	11	13	17	20	20	18	14	10	7
Sines (max)	15	15	16	18	19	21	21	21	21	20	17	16
Sines (min)	9	10	10	11	13	15	17	16	16	14	12	10
Tarifa (max)	16	16	18	20	22	22	25	25	23	20	17	17
Tarifa (min)	10	11	12	13	15	17	20	20	19	17	14	11
Tarragona (max)	13	14	15	17	20	25	28	28	25	20	18	14
Tarragona (min)	5	6	8	10	13	16	19	20	18	14	9	7
Toledo (max)	10	13	16	19	23	29	33	32	26	19	15	10
Toledo (min)	2	3	5	8	11	16	19	17	15	10	5	2
Valencia (max)	15	16	18	20	23	26	29	29	27	23	19	16
Valencia (min)	5	6	8	10	13	16	19	20	17	13	9	7
Valladolid (max)	7	10	14	17	20	25	30	29	25	18	12	8
Valladolid (min)	0	0	3	5	8	12	14	14	11	7	3	1
Vigo (max)	14	14	16	18	19	22	24	24	23	20	17	14
Vigo (min)	7	7	9	10	12	14	16	16	15	13	9	7
Zaragoza (max)	10	12	17	19	23	27	31	30	26	20	14	10
Zaragoza (min)	2	3	6	8	11	15	17	17	15	10	6	4

Average sea temperature

City	1	2	3	4	5	6	7	8	9	10	11	12
Alicante/Alacant	14	13	14	15	16	20	22	25	23	21	17	15
Almería	15	14	15	15	17	19	21	22	22	20	17	15
Barcelona	12	12	13	14	16	20	23	23	22	19	16	14
Cádiz	14	14	15	15	16	18	20	21	20	20	17	15
La Coruña/A Coruña	12	12	12	13	13	15	18	18	18	17	14	13
Funchal (Madeira)	18	17	17	18	18	20	21	22	23	22	21	19
Gijón	12	12	13	13	13	15	18	19	18	17	14	13
Mar Menor	14	13	14	15	17	20	22	24	23	21	17	15
Palma (Baleares)	13	13	13	15	17	21	23	25	23	21	18	15
Peniche	14	14	14	15	16	16	17	16	17	16	15	14
Porto	12	12	13	14	15	15	16	15	16	16	14	13
San Sebastián/Donostia	11	11	12	13	13	17	19	22	19	18	14	12
Santa Cruz de T. (Canarias)	19	18	18	18	19	20	21	22	23	22	21	20
Santander	12	11	12	12	13	16	19	19	17	14	13	12
Sines	14	14	14	15	16	16	16	17	16	17	15	14
Tarragona	13	12	13	14	16	19	23	23	22	19	16	14
Valencia	14	12	14	14	16	18	21	24	23	20	17	14
Vigo	13	13	13	13	14	16	18	18	19	18	15	14

1

Signos convencionales

Para más información ver contraportada interior

Carreteras
Autopista
Áreas de servicio
Autovía

Accesos: completo - parciales
Números de los accesos

Carretera general:
con calzadas separadas
con 4 carriles - con 2 carriles anchos
con 2 carriles - con 2 carriles estrechos
asfaltada, en mal estado - sin asfaltar

Carretera regional:
con calzadas separadas
con 2 carriles - con 2 carriles estrechos
asfaltada, en mal estado - sin asfaltar
Otra carretera: asfaltada - sin asfaltar
Carretera en construcción
(en su caso:fecha de entrada en servicio prevista)

Distancias en carretera

Distancias en autopista:
tramo de peaje

tramo libre

Transportes
Línea férrea - Estación de viajeros
Línea marítima con transporte de coches
(enlace de temporada: signo rojo)
Barcaza para el paso de coches
(carga máxima en toneladas)
Aeropuerto - Aeródromo

Localidades
Localidad con plano
en la Guía Roja Michelin

Legenda

Ver a legenda completa no interior da capa

Estradas
Auto-estrada
Área de serviço
Estrada com 2 faixas de rodagem tipo auto-estrada

Nós: completo - parciais
Número de nós

Estrada de ligação principal:
com faixas de rodagem separadas
com 4 vias - com 2 vias largas
com 2 vias - com 2 vias estreitas
asfaltada, em mau estado - não asfaltada

Estrada de ligação regional:
com faixas de rodagem separadas
com 2 vias - com 2 vias estreitas
asfaltada, em mau estado - não asfaltada
Outra estrada: asfaltada - não asfaltada
Estrada em construção
(eventual data prevista para estrada transitável)

Distâncias na estrada

Distâncias na auto-estrada:
secçáo com portagem

secçáo sem portagem

Transportes
Via férrea - Estação de passageiros
Linha de navegação com transporte de automóveis
(ligação de temporada:sinal vermelho)
Barcaça para passagem de automóveis
(carga máxima em toneladas)
Aeroporto - Aeródromo

Localidades
Localidade cuja planta esta
no Guia Vermelho Michelin

Légende

Voir la légende complète à l'intérieur de la couverture

Routes
Autoroute
Aires de service
Double chaussée de type autoroutier

Echangeurs: complet - partiels
Numéros d'échangeurs

Route de liaison principale:
à chaussées séparées
à 4 voies - à 2 voies larges
à 2 voies - à 2 voies étroites
revêtue, en mauvais état - non revêtue

Route de liaison régionale:
à chaussées séparées
à 2 voies - à 2 voies étroites
revêtue, en mauvais état - non revêtue
Autre route: revêtue - non revêtue
Route en construction
(le cas échéant : date de mise en service prévue)

Distances sur route

Distances sur autoroute:
section à péage

section libre

Transports
Voie ferrée - Station voyageurs
Ligne de navigation passant les autos
(liaison saisonnière: signe rouge)
Bac passant les autos
(charge maximum en tonnes)
Aéroport - Aérodrome

Localités
Localité possédant un plan
dans le Guide Rouge Michelin

Segni convenzionali

Vedere la legenda completa all'interno della copertina

Strade
Autostrada
Area di servizio
Doppia carreggiata di tipo autostradale

Svincoli: completo - parziali
Svincoli numerati

Strada principale:
a carreggiate separate
a 4 corsie - a 2 corsie larghe
a 2 corsie - a 2 corsie strette
con, senza rivestimento - in pessimo stato

Strada regionale:
a carreggiate separate
a 2 corsie - a 2 corsie strette
con, senza rivestimento - in pessimo stato
Altra strada: con, senza rivestimento
Strada in costruzione
(data di apertura prevista)

Distanze su strada

Distanze su autostrada:
tratto a pedaggio

tratto libero

Trasporti
Ferrovia - Stazione viaggiatori
Linea di navigazione trasporto auto
(stagionale: segno rosso)
Trasporto auto su chiatta
(carico massimo in tonnellate)
Aeroporto - Aerodromo

Località
Località con pianta
sulla Guida Rossa Michelin

Zeichenerklärung

Vollständige Zeichenerklärung siehe Umschlaginnenseite

Straßen
Autobahn
Tankstelle mit Raststätte
Schnellstraße mit getrennten Fahrbahnen

Anschlußstellen: Autobahnein- und/oder - ausfahrt
Nummern der Anschlußstellen

Hauptverbindungsstraße:
mit getrennten Fahrbahnen
4 Fahrspuren - 2 breite Fahrspuren
2 Fahrspuren - 2 schmale Fahrspuren
mit Belag, in schlechtem Zustand - ohne Belag

Regionale Verbindungsstraße:
mit getrennten Fahrbahnen
2 Fahrspuren - 2 schmale Fahrspuren
mit Belag, in schlechtem Zustand - ohne Belag
Andere Straße: mit Belag - ohne Belag
Straße im Bau
(ggf.voraussichtliches Datum der Verkehrsfreigabe)

Entfernungsangaben auf der Straße

Entfernungsangaben auf der Autobahn:
gebührenpflichtiger Abschnitt

gebührenfreier Abschnitt

Transport
Bahnlinie - Bahnhof
Autofähren
(rotes Zeichen: saisonbedingte Verbindung)
Autofähre
(Höchstbelastung in t)
Flughafen - Flugplatz

Ortschaften
Ort mit Stadtplan
im Roten Michelin-Führer

Key to symbols

A full key to symbols appears inside the front cover

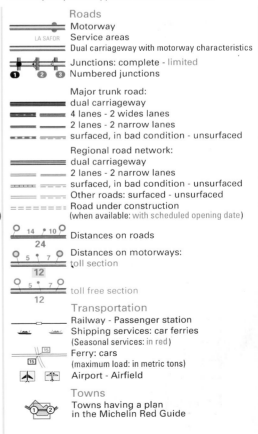

Roads
Motorway
Service areas
Dual carriageway with motorway characteristics

Junctions: complete - limited
Numbered junctions

Major trunk road:
dual carriageway
4 lanes - 2 wides lanes
2 lanes - 2 narrow lanes
surfaced, in bad condition - unsurfaced

Regional road network:
dual carriageway
2 lanes - 2 narrow lanes
surfaced, in bad condition - unsurfaced
Other roads: surfaced - unsurfaced
Road under construction
(when available: with scheduled opening date)

Distances on roads

Distances on motorways:
toll section

toll free section

Transportation
Railway - Passenger station
Shipping services: car ferries
(Seasonal services: in red)
Ferry: cars
(maximum load: in metric tons)
Airport - Airfield

Towns
Towns having a plan
in the Michelin Red Guide

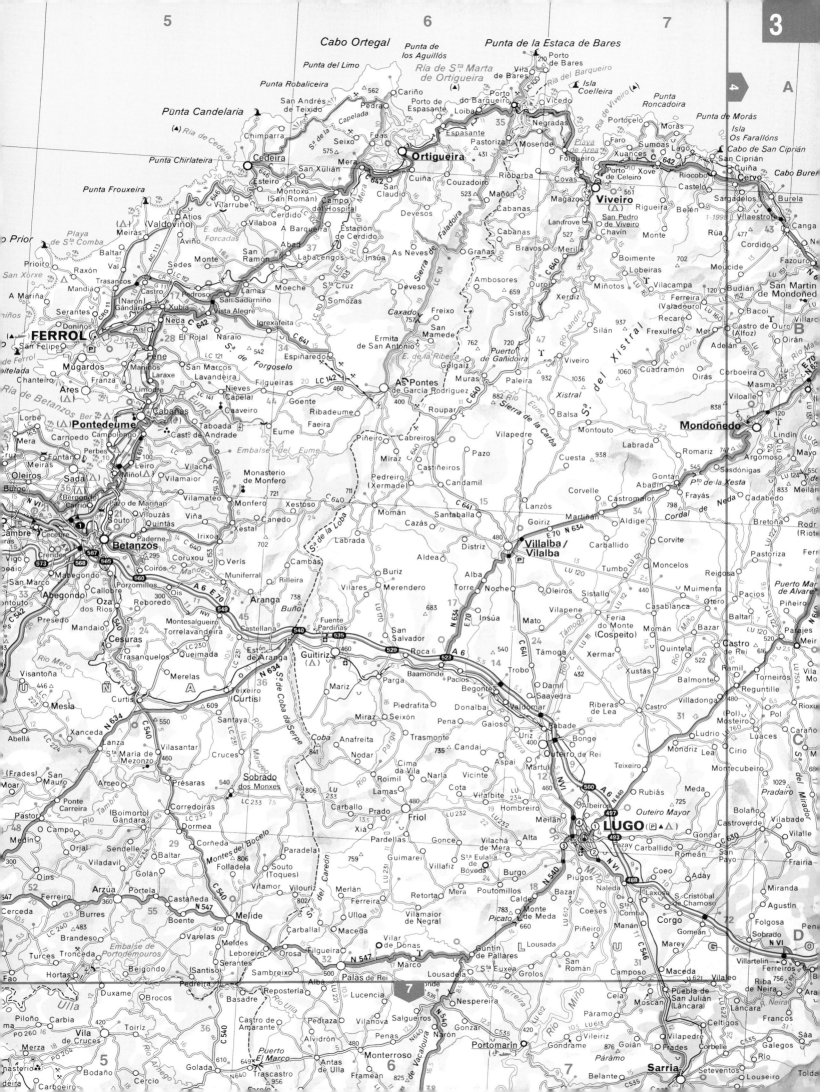

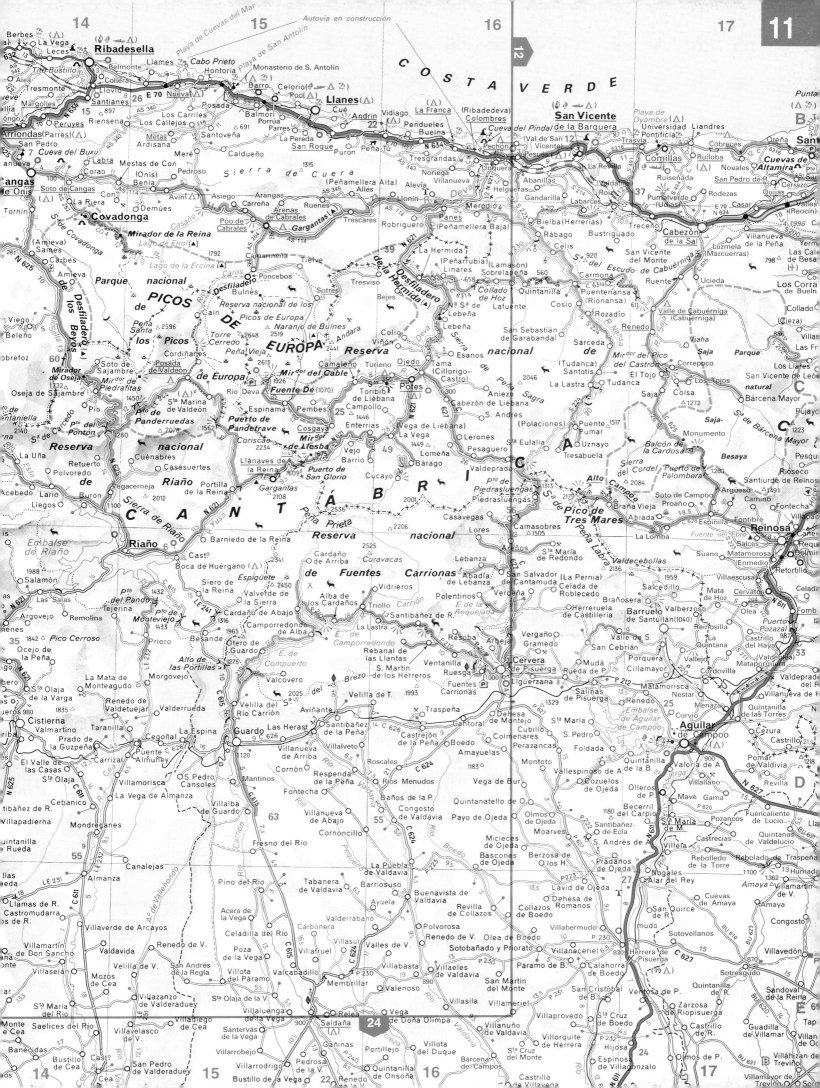

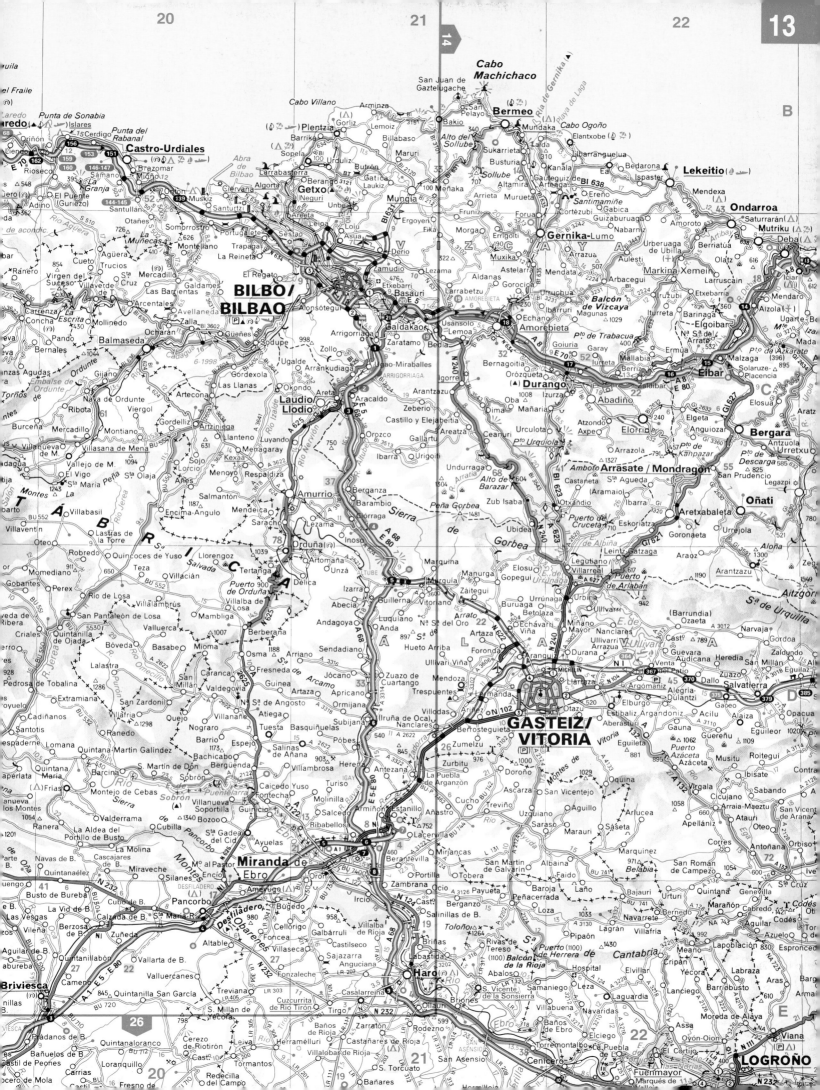

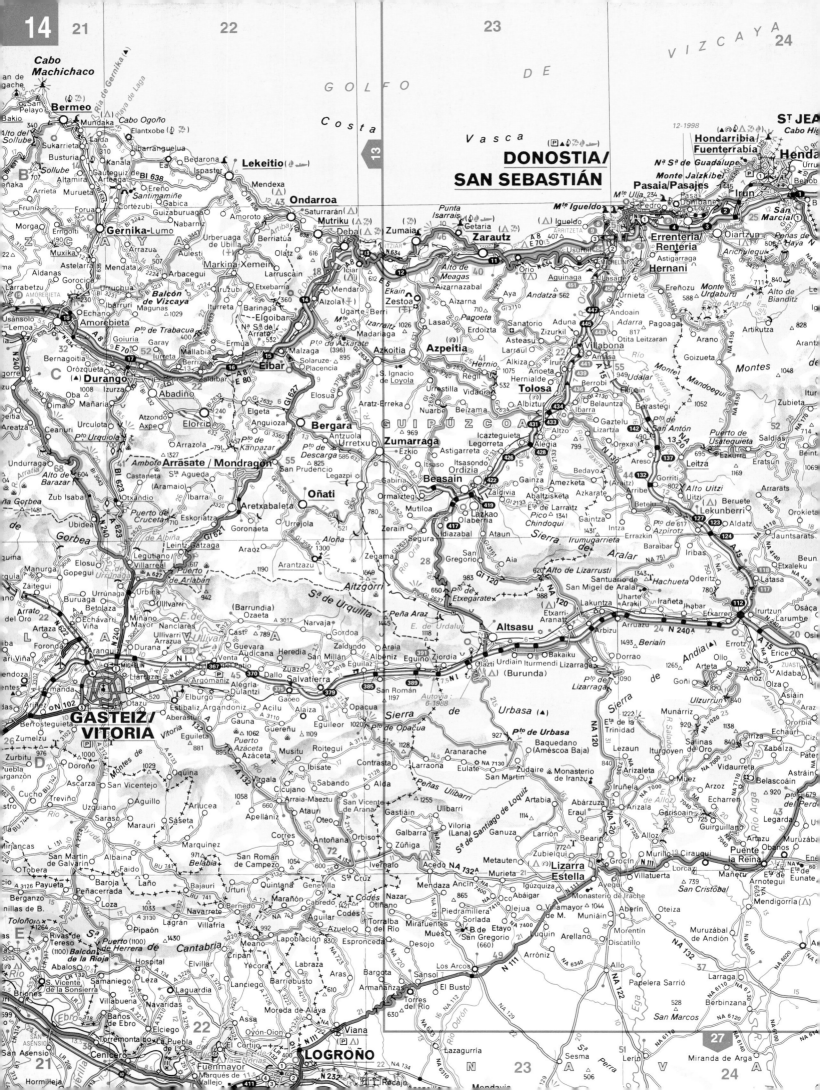

COSTA
VERDE
F
G
H
6
34
Ría de Pontevedra
Isla de Onceta
Cabo de Udra
Punta de Couso
Coto Redondo
Península del Morrazo
Bueu
Cangas
Moaña
Vilaboa
Marín
Redondela
Cabo de Home
Isla de Monteagudo
Islas Cíes
Isla de San Martiño
VIGO
Ría de Vigo
Playa de Samil
Parque natural
Monte Ferro
Islas As Estelas
Playa América
Baiona
Monterreal
Nigrán
Cabo Silleiro
Gondomar
Porriño
Ponteareas
Mondariz
Mondariz Balneario
Salvaterra de Miño
A Cañiza
Ribadavia
Sierra del Suido
Faro de Avión
Parque natural del Monte Alhoya
Tui
Valença do Minho
Monte do Faro
Tomiño
Monção
Melgaço
Arbo
As Neves
Rio Minho
Vila Nova de Cerveira
Goián
Paredes de Coura
A Garda
Sta Tecla
Caminha
Serra de Arga
Serra da Peneda
Parque nacional
Castro Laboreiro
Lindoso
Soajo
Arcos de Valdevez
Ponte da Barca
Ponte de Lima
Viana do Castelo
Praia de Moledo
Vila Praia de Âncora
Praia de Afife
Sta Luzia
Praia do Cabedelo
Barcelos
Esposende
Praia de Ofir
Praia de Suave Mar
BRAGA
Bom Jesus do Mte
Mte Sameiro
Caldelas
Vila Verde
Gerês
Serra da Peneda - Gerês
Vieira do Minho
Póvoa de Lanhoso
Guimarães
Fafe
Felgueiras
Vila Nova de Famalicão
Póvoa de Varzim
Vila do Conde
Praia de Sto André
Praia da Árvore
Sto Tirso
Caldas de Vizela
Trofa
Penha
Citânia

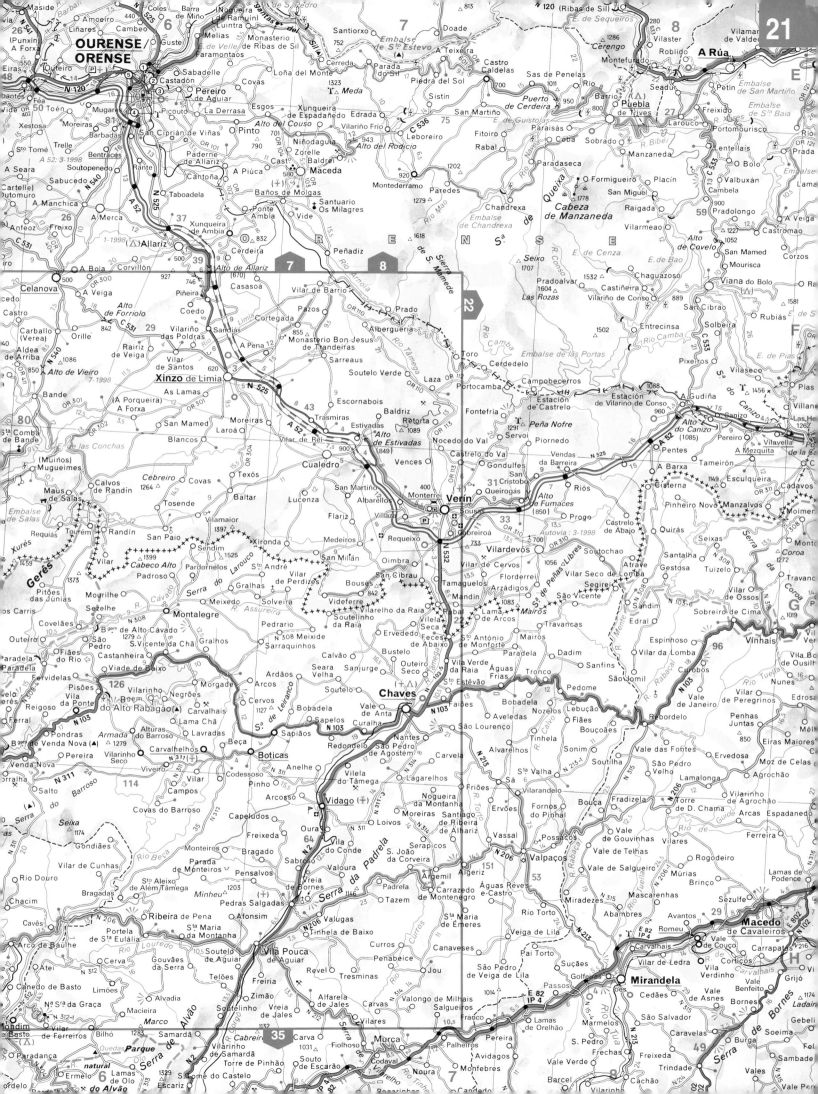

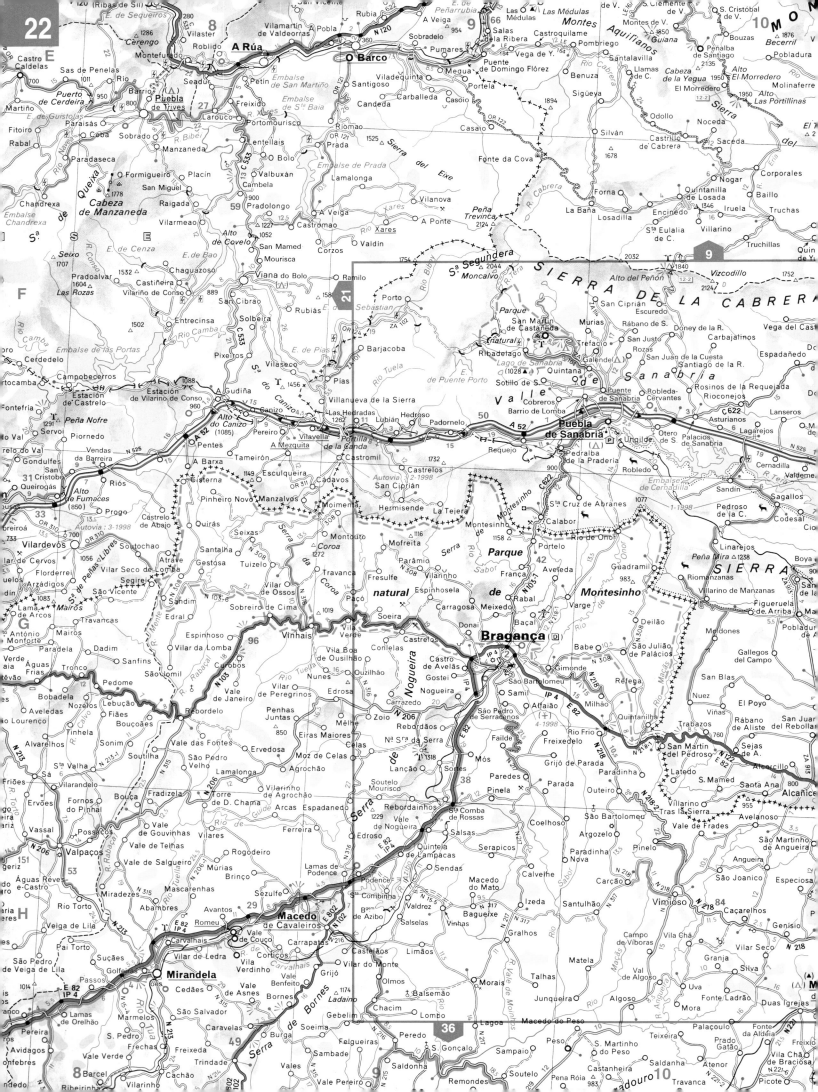

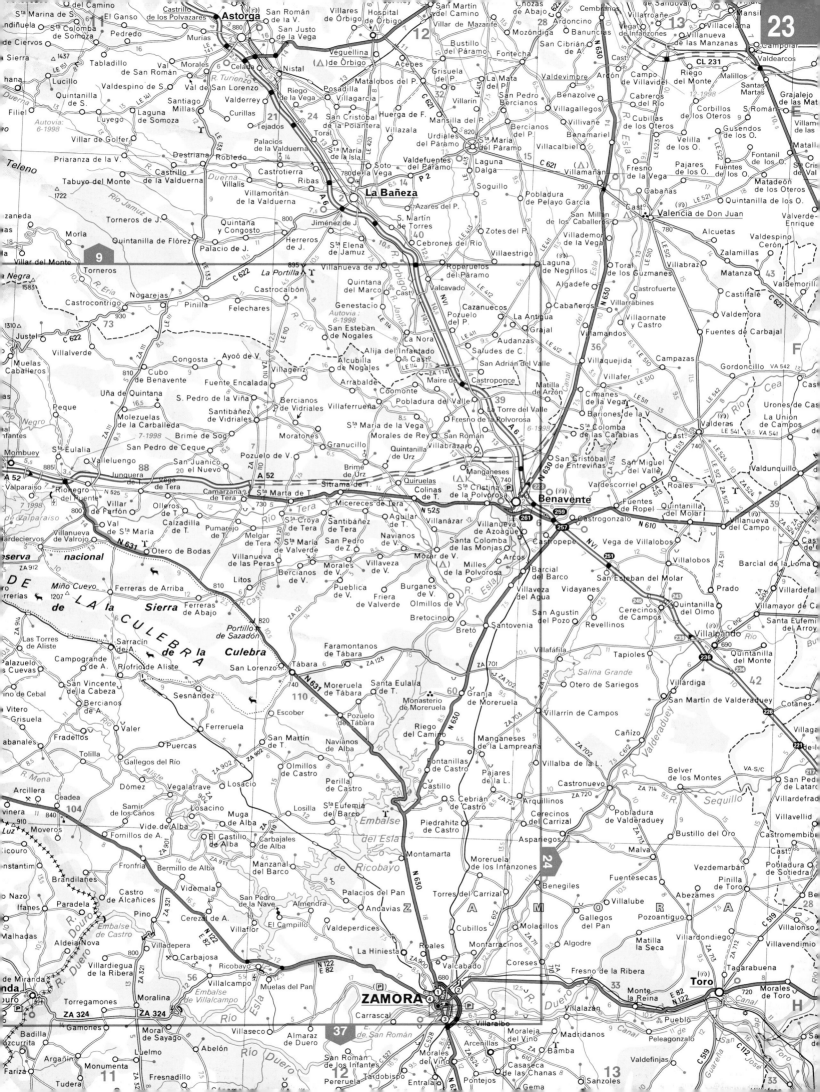

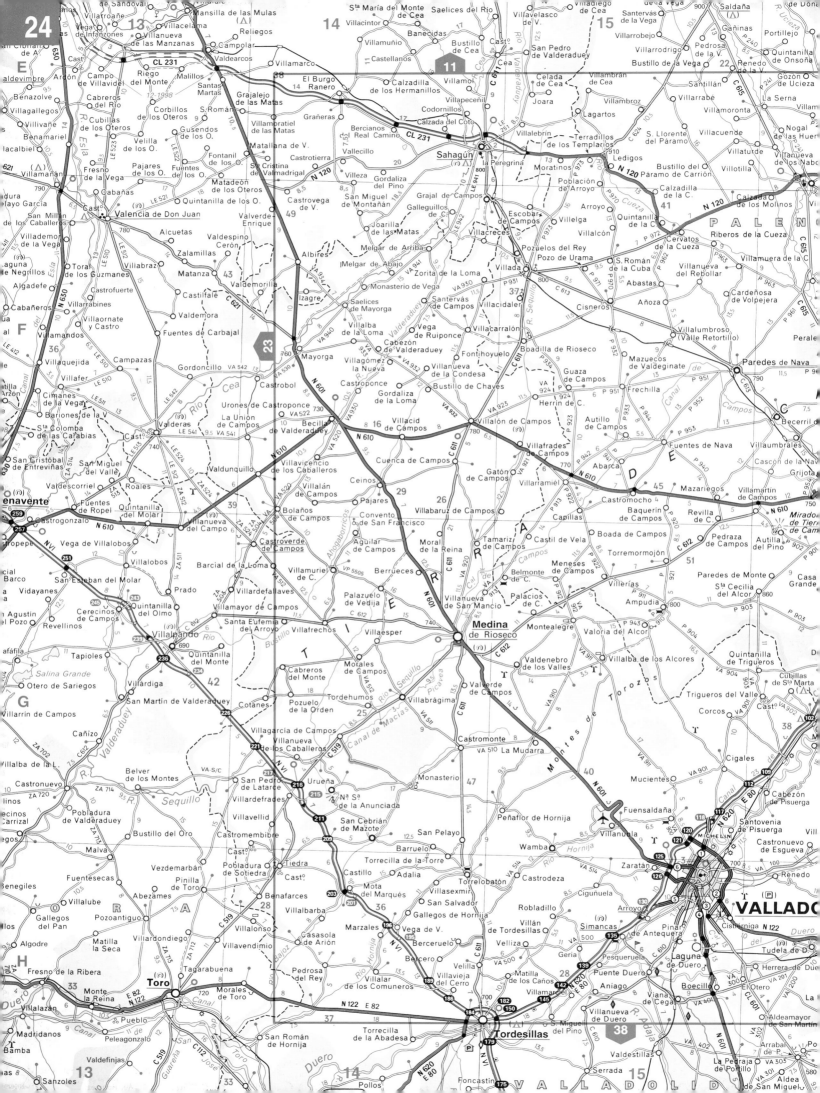

LOGROÑO

Nájera

Soria (P)

Almazán

Calahorra

Arnedo

Ágreda

Viana · Mendavia · Lodosa · San Adrián · Miranda de Arga · San Marcos · Sesma · Lerín · Cárcar · Andosilla · Sartaguda · Pradejón · Azagra · Aldeanueva de Ebro · Autol

Rodezno · Baños de Ebro · Elciego · Assa · Oyón-Oion · San Asensio · Torremontalbo · La Puebla de L. · El Cortijo · Cenicero · Fuenmayor · Marqués de Vallejo · Navarrete · Lardero · Villamediana de Iregua · Agoncillo · Arrúbal · Recajo · El Olivar · Alcanadre · El Villar de Arnedo · Murillo de C.

Hormilleja · Uruñuela · Huércanos · Hormilla · Azofra · Alesón · Manjarrés · Medrano · Entrena · Hospital · Albelda de Iregua · Alberite · Ribafrecha · Ventas Blancas · Galilea · Ausejo · Corera · El Redal · Tudelilla · Quel · Cast.

Cordovín · Cárdenas · Tricio · Sotés · Daroca de Rioja · Sorzano · Nalda · Clavijo · Lagunilla de Jubera · Sta Engracia de Jubera · Sta Lucía · San Vicente · Cabi Monteros · Bergasillas Somera · Bergasillas Bajera · Bergasa · Cast.

Badarán · Arenzana de Abajo · Bezares · Sta Coloma · Sojuela · Leza de Río Leza · San Bartolomé de Jubera · Ocón · Las Ruedas de Ocón · Sta Eulalia · Arnedo · Herce · Autol

Bérceo · Estollo · Baños de Río Tobía · Bobadilla · Castroviejo · Ledesma de la Cogolla · Viguera · Trevijano · Robres del Castillo · Munilla · Sta de Arnedillo · Bajera · Monasterio de Nª Sª de Vico · Aldeanueva de Ebro

Monasterio de Yuso · Villaverde · Matute · Pedroso · Nestares · Torre en Cameros · San Román de Cameros · Sta Marina · La Hez · Préjano · Turruncún · Villaroya · Grávalos

Monasterio de Valvanera · Anguiano · Sª de Camero Nuevo · Torrecilla en Cameros · Muro en Cameros · Jalón de C. · Hornillos de Cameros · La Santa · Zarzosa · Enciso · El Villar · Muro de Aguas · Yerga · Cervera del Río Alhama · Cintrué

Viniegra de Abajo · Brieva de C. · Nieva de Cameros · El Rasillo · Ortigosa · Gallinero · Villanueva de Cameros · Almarza · Pinillos · Cabezón · Rabanera · Vadillos · Avellaneda · Ajamil · Navalsaz · Baños de Fitero · Igea · Fitero

nacional · Viniegra de Arriba · Montenegro de C. · Villoslada · Aldeanueva · Laguna de Cameros · Collado de Sancho Leza · Lumbreras · San Andrés · Diustes · Yanguas · Sª de Achena · Valdeperillo · Cornago · Rincón de Olivedo

Peña Negra · de Cameros · Nª Sª de Lomos de Orios · Puerto de Piqueras · Sta Cruz de Yanguas · Villartoso · Villar de Maya · Sta Cecilia · Villar del Río · Aldealcardo · Ayedo · La Cuesta · Taniñe · Cervera del Río Alhama · Cabretón · Puerto Los Degollados

Puerto de Sta Inés · La Mesa · Barriomartín · Terrazas · Arguijo · La Póveda de Soria · Bretún · Vizmanos · Huérteles · Ventosa de S. Pedro · San Pedro Manrique · Sarnago · Sierra de Alcarama · Valdemadera · Inestrillas · Valdegutur · Valverde

Laguna Negra de Urbión · Cebollera · de Urbión · Congosto · Molinos de Razón · Valdeavellano de T. · Gallinero · Oncala · Puerto de Oncala · San Andrés · Valdelavilla · Valtajeros · Cigudosa · Aguilar del Río Alhama · Gutur

Covaleda · Vinuesa · Salduero · El Royo · Villar del Ala · Rebollar · Almarza · Rollamienta · Sotillo del Rincón · Arévalo · Ventosa · Estepa de San Juan · Magaña · Valdeprado · Cerbón · Valdelagua · Castilruiz · Devanos · Añavieja

Molinos de Duero · Vilviestre · Cast. · Langosto · Hinojosa de la Sierra · Chavaler · Portelárbol · Cubo de la S. · La Rubia · Castilfrío de la S. · Aldealseñor · Carrascosa · Matasejún · El Collado · Los Campos · Torrearévalo

Cabrejas del Pinar · Herreros · Abejar · Cidones · Pedrajas · Toledillo · Numancia · Velilla · Ventosilla · Arancón · Calderuela · Valdegeña · Matalebreras · Muro de A. · Vozmediano · Ólvega

Villaverde del Monte · Sª Llana · Sierra de Cabrejas · Fuentetoba · Golmayo · Villaciervos · La Cuenca · Carbonera de Frentes · Ermita de San Saturio · Fuensaúco · Fuentetecha · Omeñaca · Aldealpozo · Pozalmuro · Tajahuerce · Hinojosa del Campo

Muriel de la Fuente · Aldehuela de C. · Villabuena · Camparañón · Los Rábanos · Martialay · Duañez · Tozalmoro · Esteras · Pinilla del Campo · Noviercas · Toranzo

Calatañazor · Nódalo · Las Fraguas · Hinojedo · Las Cuevas de Soria · Izana · Navalcaballo · Cubo de Hogueras · Candilichera · Mazalvete · Almenar de Soria · Castejón · Jaray · Cardején · Borobia

Nafría la Llana · Rioseco de Soria · Monasterio · Villa Tardo Romana · Tardajos de D. · Aldealafuente · Cabrejas del C. · Jaray · Portillo de Soria · Torrubia de S. · Ciria · Cigudosa · Bigornia · Cucuta

La Revilla de Calatañazor · Quintana Redonda · Osonilla · Tardelcuende · Miranda de D. · Lubia · Ribarroya · Paredesroyas · Gómara · Villaseca de Arciel · Reznos · Torrelapaja · Malanq

Fuentelárbol · Ventosa de Fuentepinilla · La Seca · Cascajosa · Cubo de la Solana · Zamajón · Villanueva de Z. · Aliud · Torralba · Ledesma de S. · Almazul · Berdejo · Carabantes · Bijuesca

Valderrodilla · Fuentepinilla · Osona · Valderrueda · Alto de Lubia · Valdespina · Sauquillo de B. · Castil de Tierra · Nomparedes · Mazaterón · Miñana · La Alameda · Torrijo

Andaluz · Centenera de Andaluz · Matamala de Almazán · Sta María del Prado · Tejerizas · Casa Forestal · Viana de D. · Borjabad · Nepas · Nolay · Serón de Nágima · Deza

Rebollo · Fuentetovar · Matute · Almazán · Fuentelcarro · Báñel · Torre · Moñux · Perdices · Velilla de los Ajos · Blieco · Covarrubias · Neguillas · Soliedra · Maján · Cañamaque · Torlengua

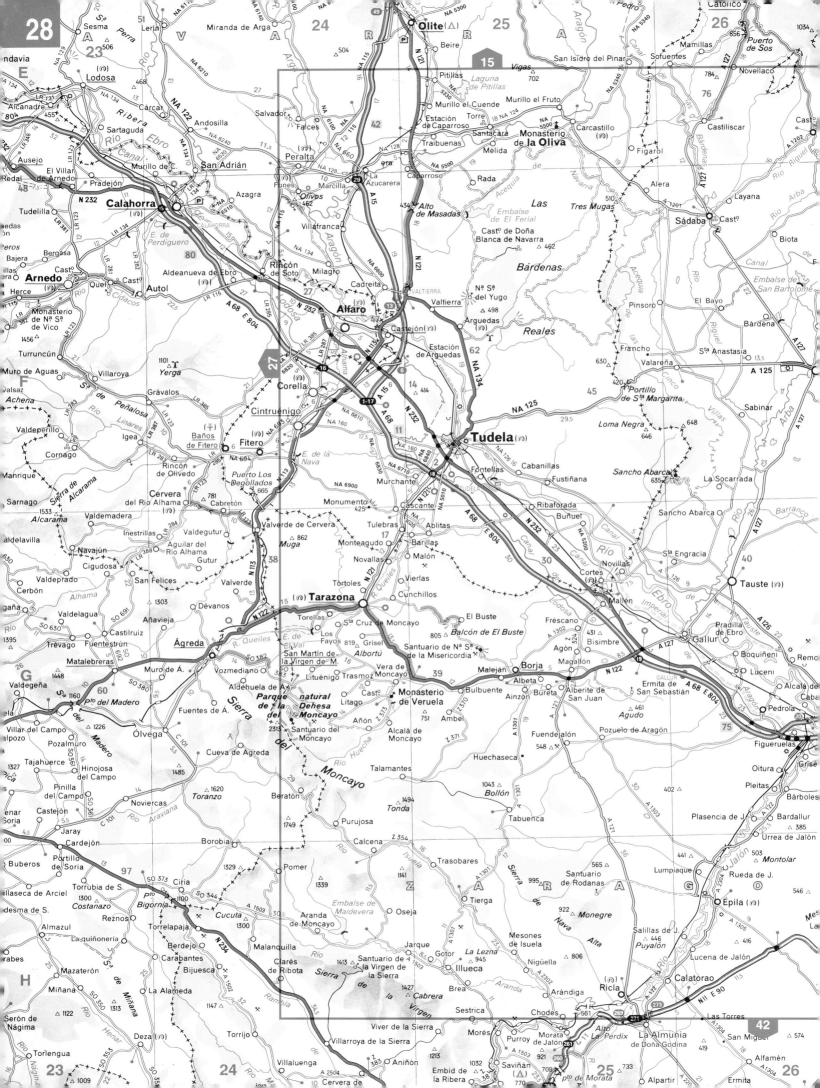

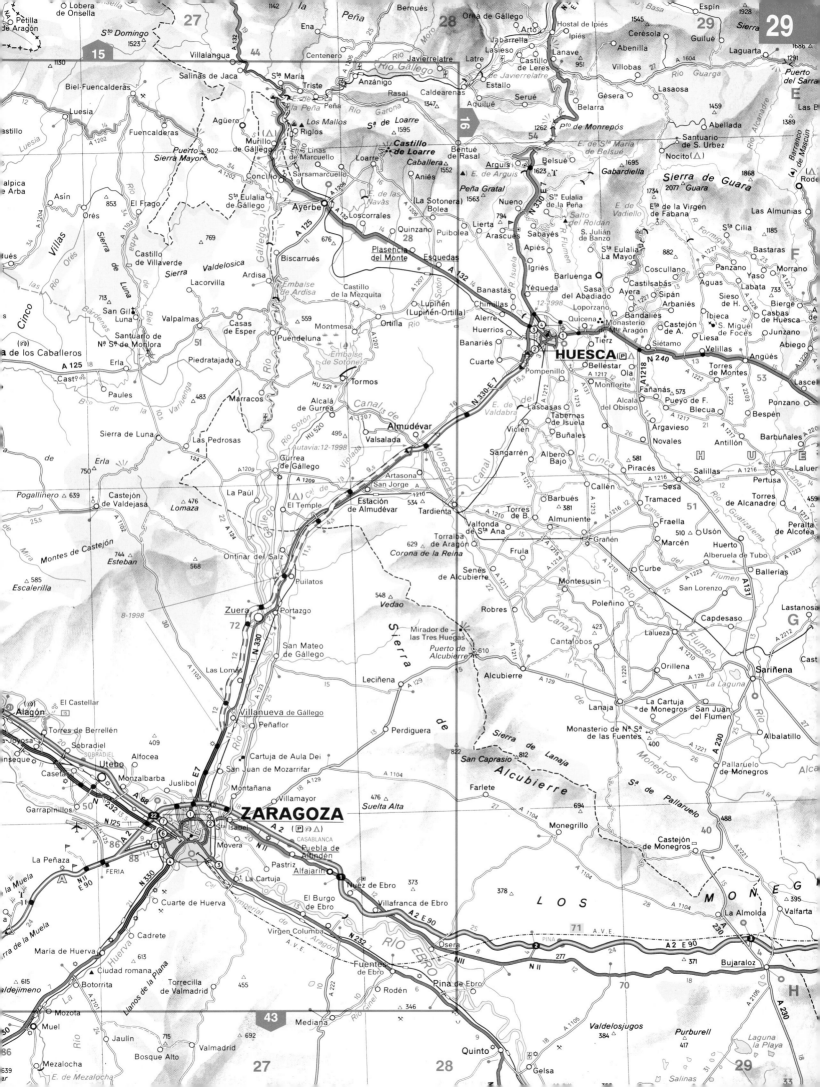

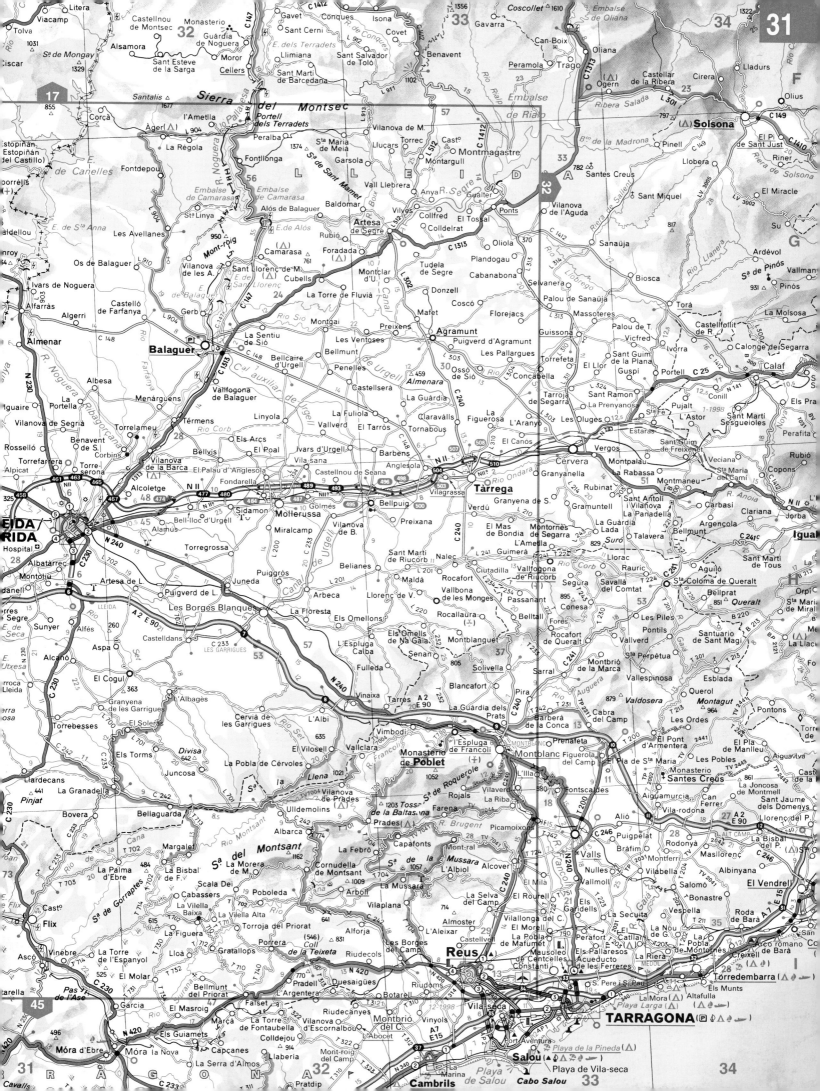

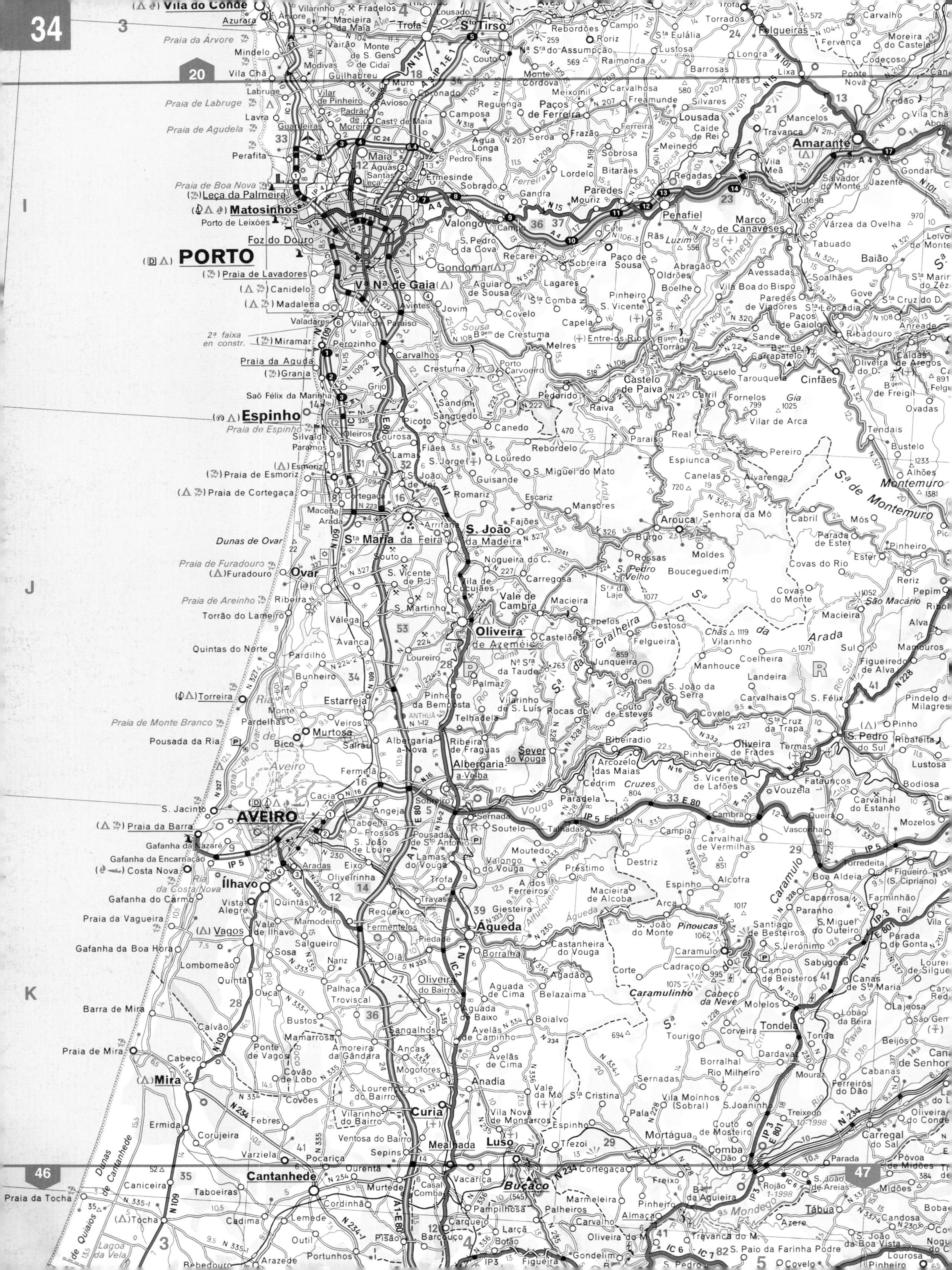
Vila do Conde
Azurara
Praia da Árvore
Mindelo
Vila Chã
Labruge
Praia de Labruge
Lavra
Praia de Agudela
Perafita
Praia de Boa Nova
Leça da Palmeira
Matosinhos
Porto de Leixões
Foz do Douro
PORTO
Praia de Lavadores
Canidelo
Madalena
Valadares
2ª faixa en constr.
Miramar
Praia da Aguda
Granja
São Félix da Marinha
Espinho
Praia de Espinho
Silvalde
Paramos
Esmoriz
Praia de Esmoriz
Praia de Cortegaça
Cortegaça
Maceda
Arada
Dunas de Ovar
Praia de Furadouro
Furadouro
Ovar
Praia de Areinho
Ribeira
Torrão do Lameiro
Quintas do Norte
Torreira
Praia de Monte Branco
Pardelhas
Murtosa
Pousada da Ria
Bico
Ria de Aveiro
S. Jacinto
AVEIRO
Praia da Barra
Gafanha da Nazaré
Gafanha da Encarnação
Costa Nova
Ílhavo
Gafanha do Carmo
Vista Alegre
Praia da Vagueira
Vagos
Gafanha da Boa Hora
Lombomeão
Quintã
Barra de Mira
Calvão
Praia de Mira
Cabeço
Mira
Ermida
Corujeira
Varziela
Dunas de Cantanhede
Praia da Tocha
Caniceira
Taboeiras
Tocha
Cadima
Lagoa da Vela
Cantanhede
Pocariça
Murtede
Cordinhã
Lemede
Outil
Portunhos
Arazede
Bebedouro
Vilarinho
Fradelos
Árvore
Macieira da Maia
Trofa
Sto Tirso
Lousado
Vairão
Monte
Modivas
Guilhabreu
Vilar de Pinheiro
Mosteiró
Muro
Coronado
Avioso
Padrão de Moreira
Castº de Maia
Guardeiras
Maia
Águas Santas
Ermesinde
Leça
Sobrado
Valongo
Campo
Rebordões
Roriz
Nª Sª do Assumpção
Raimonda
Couto
Monte Córdova
Meixomil
Reguenga
Camposa
Água Longa
S. Pedro Fins
Paços de Ferreira
Seroa
Frazão
Carvalhosa
Freamunde
Lordelo
Sobrosa
Bitarães
Gandra
Paredes
Mouriz
Penafiel
Cete
Recarei
Sobreira
S. Pedro da Cova
Gondomar
Vª Nª de Gaia
Aguiar de Sousa
Lagares
Sta Comba
Avintes
Jovim
Covelo
Capela
Vilar de Paraíso
Perozinho
Carvalhos
Crestuma
Bgem de Crestuma
Melres
Entre-os-Rios
Porto Carvoeiro
Grijó
Sandim
Sanguedo
Picoto
Canedo
Pedorido
Raiva
Castelo de Paiva
Oleiros
Lourosa
Fiães
Lamas
S. Jorge
Louredo
Rebordelo
S. João de Ver
Guisande
S. Miguel do Mato
Romariz
Escariz
Mansores
Arrifana
S. João da Madeira
Sta Maria da Feira
Fajões
Souto
Nogueira do C.
S. Vicente de P.J.
Carregosa
Vila de Cucujães
Vale de Cambra
Macieira
S. Martinho
Válega
Avanca
Oliveira de Azeméis
Castelões
Cepelos
Pardilhó
Loureiro
Bunheiro
Pinheiro da Bemposta
Palmaz
Nª Sª da Taude
Estarreja
Veiros
Telhadela
Vilarinho de S. Luís
Rocas do V.
Couto de Esteves
Salreu
Albergaria-a-Nova
Ribeira de Fráguas
Sever do Vouga
Albergaria-a-Velha
Fermelã
Cacia
Angeja
Taboeira
Frossos
S. João de Loure
Pousada de Sto António
Sobreiro
Sernada
Soutelo
Talhadas
Paradela
Aradas
Eixo
Oliveirinha
Lamas do Vouga
Valongo do Vouga
Moutedo
Préstimo
Trofa
A dos Ferreiros
Travassô
Macieira de Alcoba
Quintãs
Requeixo
Fermentelos
Mamodeiro
Vale de Ílhavo
Salgueiro
Giesteira
Águeda
Piedade
Borralha
Castanheira do Vouga
Sosa
Nariz
Oiã
Oliveira do Bairro
Palhaça
Troviscal
Aguada de Cima
Aguada de Baixo
Belazaima
Agadão
Ouca
Bustos
Mamarrosa
Sangalhos
Avelãs de Caminho
Boialvo
Ponte de Vagos
Amoreira da Gândara
Ancas
Mogofores
Avelãs de Cima
Covão do Lobo
Covões
S. Lourenço do Bairro
Anadia
Vale da Mó
Sta Cristina
Febres
Vilarinho do Bairro
Curia
Vila Nova de Monsarros
Espinho
Ventosa do Bairro
Sepins
Mealhada
Luso
Trezoi
Ourentã
Casal Comba
Vacariça
Buçaco
Cortegaça
Pampilhosa
Carqueijo
Barcouço
Pisão
Larçã
Botão
Palheiros
Carvalho
Marmeleira
Figueira
Trofa
Torrados
Felgueiras
Carvalho
Moreira do Castelo
Fervença
Codeçoso
Sta Eulália
Lustosa
Longra
Barrosas
Lixa
Ponte Nova
Airães
Silvares
Lousada
Caíde de Rei
Meinedo
Mancelos
Travanca
Amarante
Vila Chã
Fridão
Vila Meã
Regadas
Salvador do Monte
Jazente
Gondar
Toutosa
Marco de Canaveses
Várzea da Ovelha
Rãs
Luzim
Paço de Sousa
Abragão
Oldrões
Boelhe
Pinheiro
S. Vicente
Tabuado
Baião
Avessadas
Soalhães
Vila Boa do Bispo
Paredes de Viadores
Sta Leocádia
Paços de Gaiolo
Gove
Sta Cruz do D.
Sande
Bgem de Carrapatelo
Ribadouro
Anreade
Souselo
Tarouquela
Cinfães
Oliveira do D.
Caldas de Aregos
Fornelos
Gia
Vilar de Arca
Bgem de Freigil
Ovadas
Tendais
Bustelo
Alhões
Montemuro
Sª de Montemuro
Paraíso
Real
Espiunca
Pereiro
Canelas
Alvarenga
Senhora da Mó
Arouca
Cabril
Mós
Parada de Ester
Pinheiro
Burgo
Moldes
Rossas
S. Pedro Velho
Bouceguedim
Ester
Covas do Rio
Reriz
Sra da Laje
Covas do Monte
Pepim
São Macário
Gestoso
Sª da Gralheira
Felgueira
Chãs
Vilarinho
Sª da Arada
Macieira
Alva
Junqueira
Arões
Manhouce
Coelheira
Landeira
Mamouros
Figueiredo de Alva
S. João da Serra
Carvalhais
S. Félix
Pindelo de Milagres
Covelo
Sta Cruz da Trapa
Pinho
S. Pedro do Sul
Ribafeita
Ribeiradio
Pinheiro
Oliveira de Frades
Termas
Arcozelo das Maias
Cedrim
Cruzes
S. Vicente de Lafões
Fataunços
Lustosa
Bodiosa
Vouzela
Carvalhal do Estanho
Cambra
Queirã
Vasconha
Mozelos
Campia
Carvalhal de Vermilhas
Destriz
Torredeita
Figueiró (S. Cipriano)
Boa Aldeia
Espinho
Alcofra
Caramulo
Caparrosa
Farminhão
Paranho
Fail
Arca
S. João do Monte
Pinoucas
Santiago de Besteiros
S. Miguel do Outeiro
Parada de Gonta
S. Jerónimo
Corte
Cadraço
Campo de Besteiros
Sabugosa
Canas de Sta Maria
Caramulinho
Cabeço da Neve
Molelos
Lobão da Beira
Lajeosa
Sª Tourigo
Corveira
Tondela
Tonda
Beijós
Dardavaz
Borralhal
Rio Milheiro
Mouraz
Cabanas
Ferreirós do Dão
Sernadas
Vila Moinhos (Sobral)
S. Joaninho
Pala
Treixedo
Oliveira do Conde
Mortágua
Couto de Mosteiro
Sta Comba Dão
Carregal do Sal
Póvoa de Midões
Parada
Freixo
Bgem da Aguieira
Rojão
S. João de Areias
Midões
Pinheiro
Almaça
Tábua
Candosa
Azere
Travanca do M.
S. João da Boa Vista
S. Paio da Farinha Podre
Oliveira do M.
Gondelim
S. Pedro
Covelo
Pinheiro

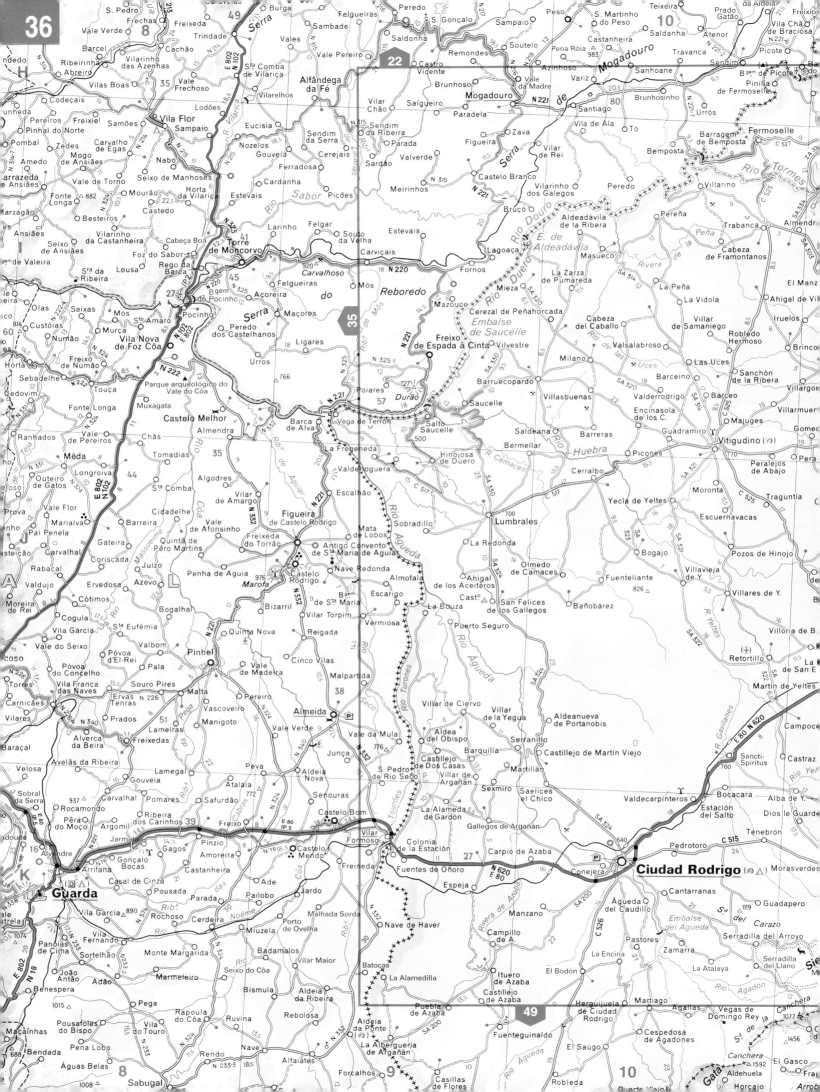

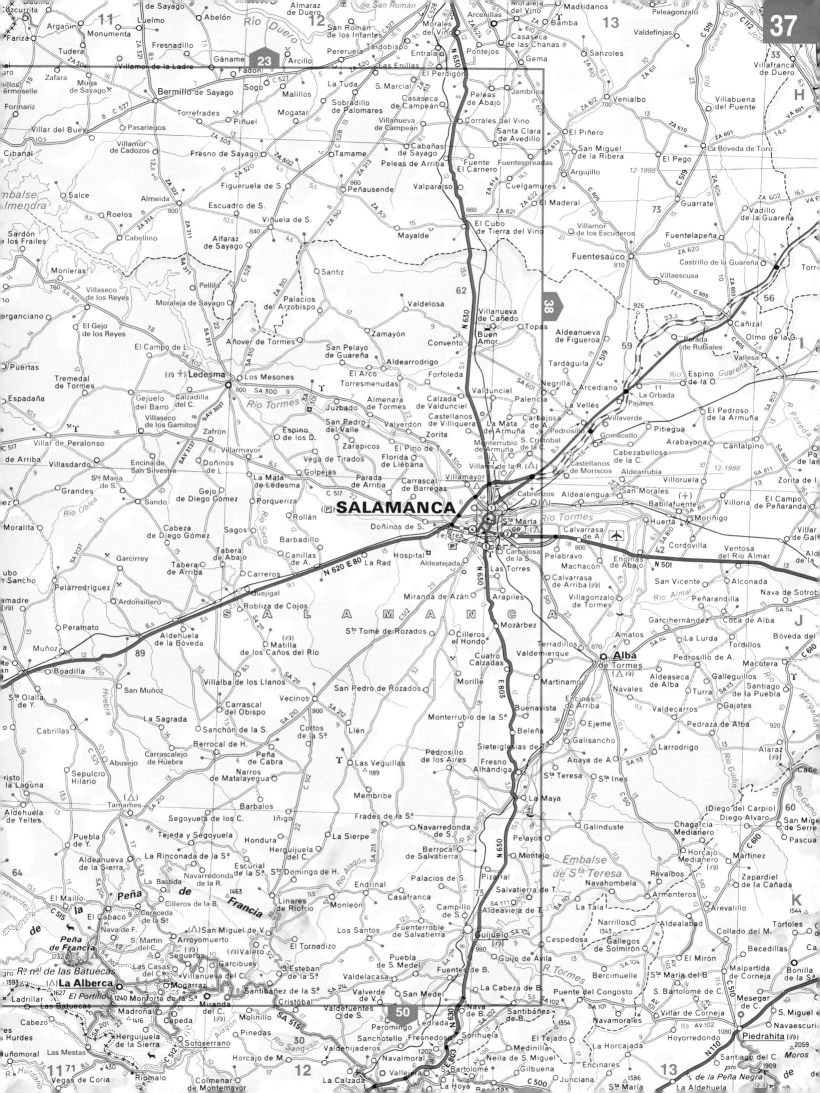

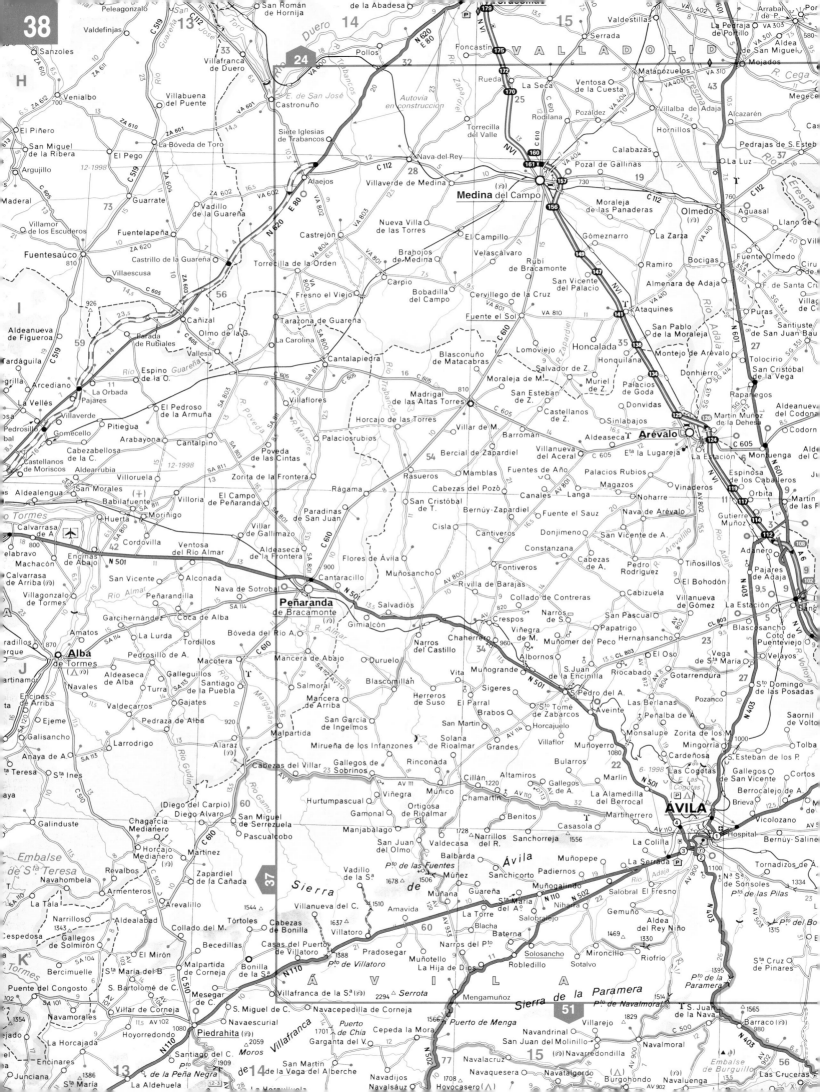

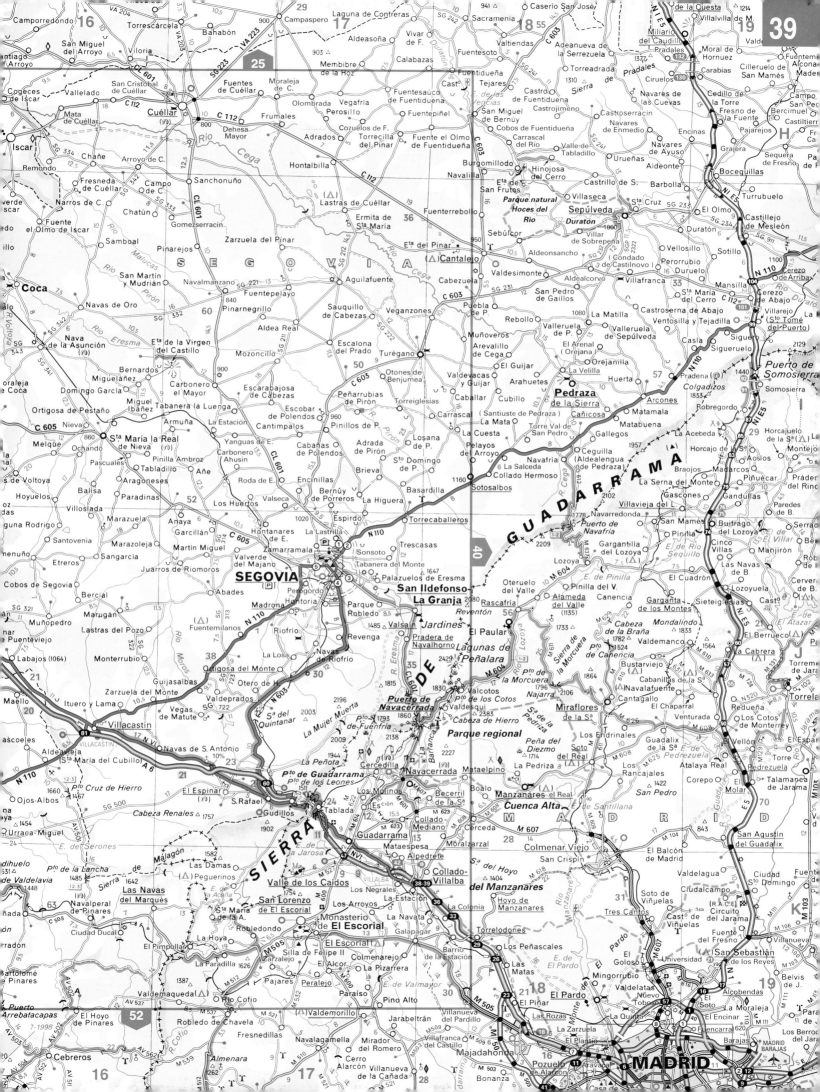

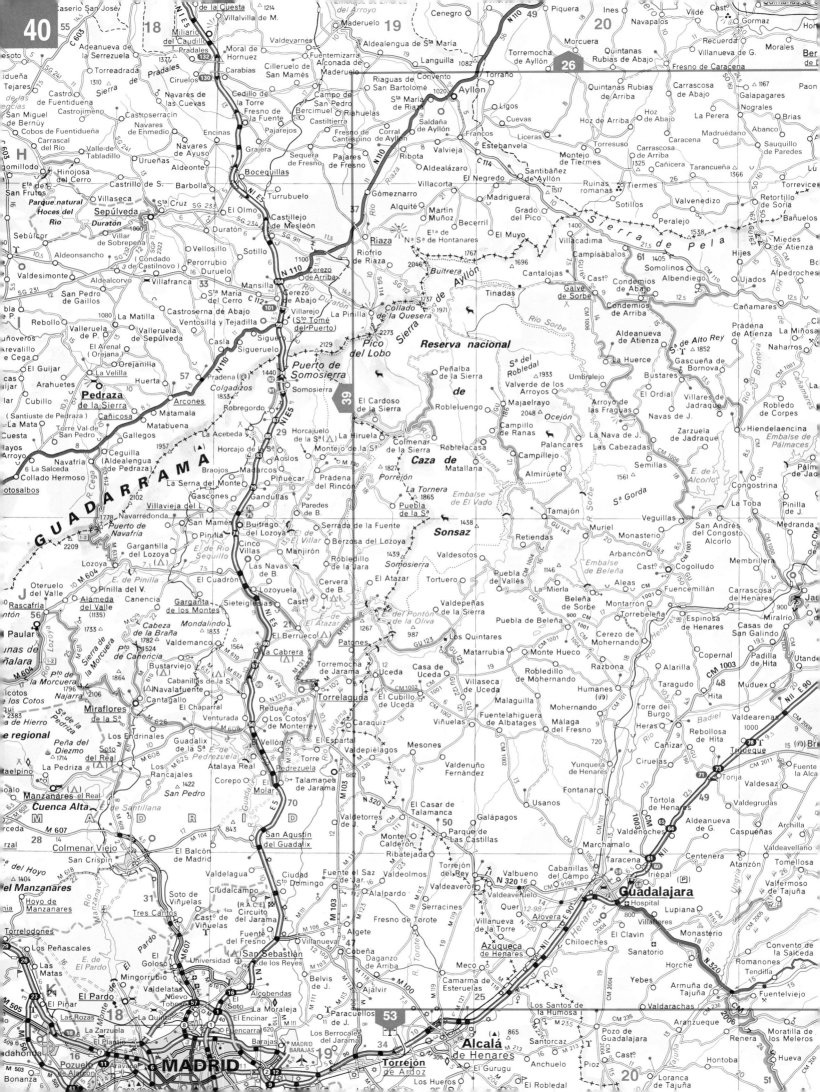

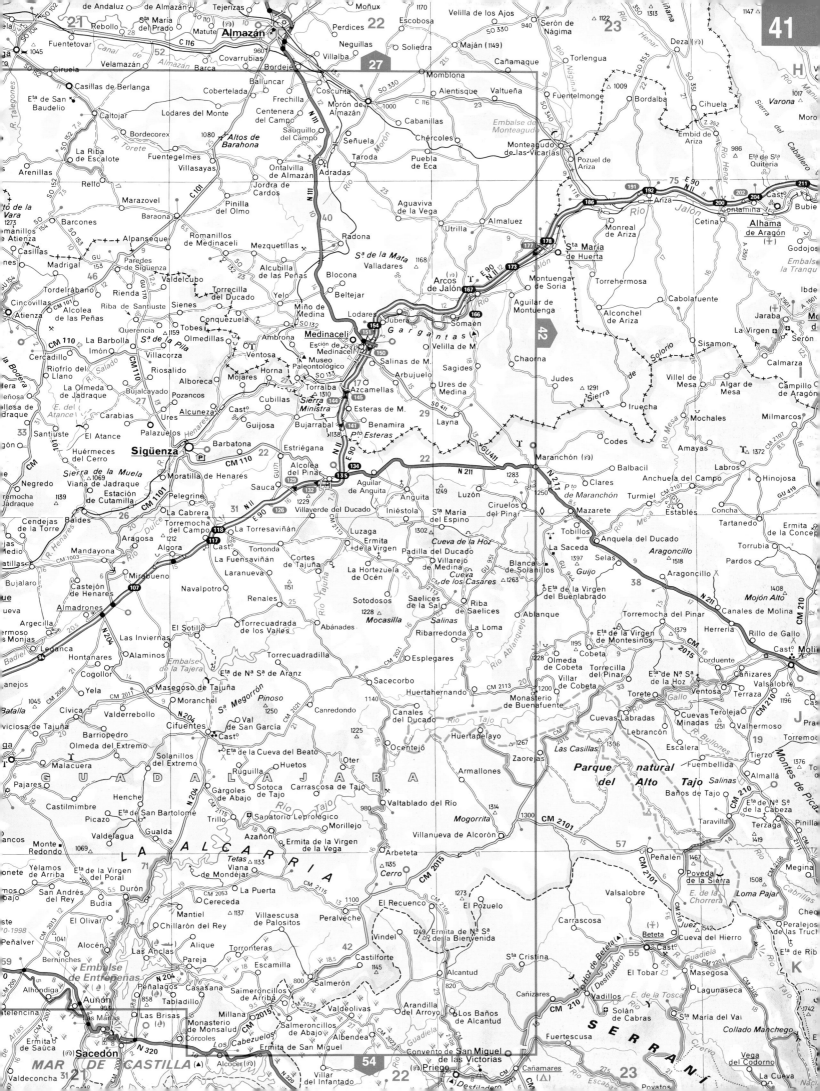

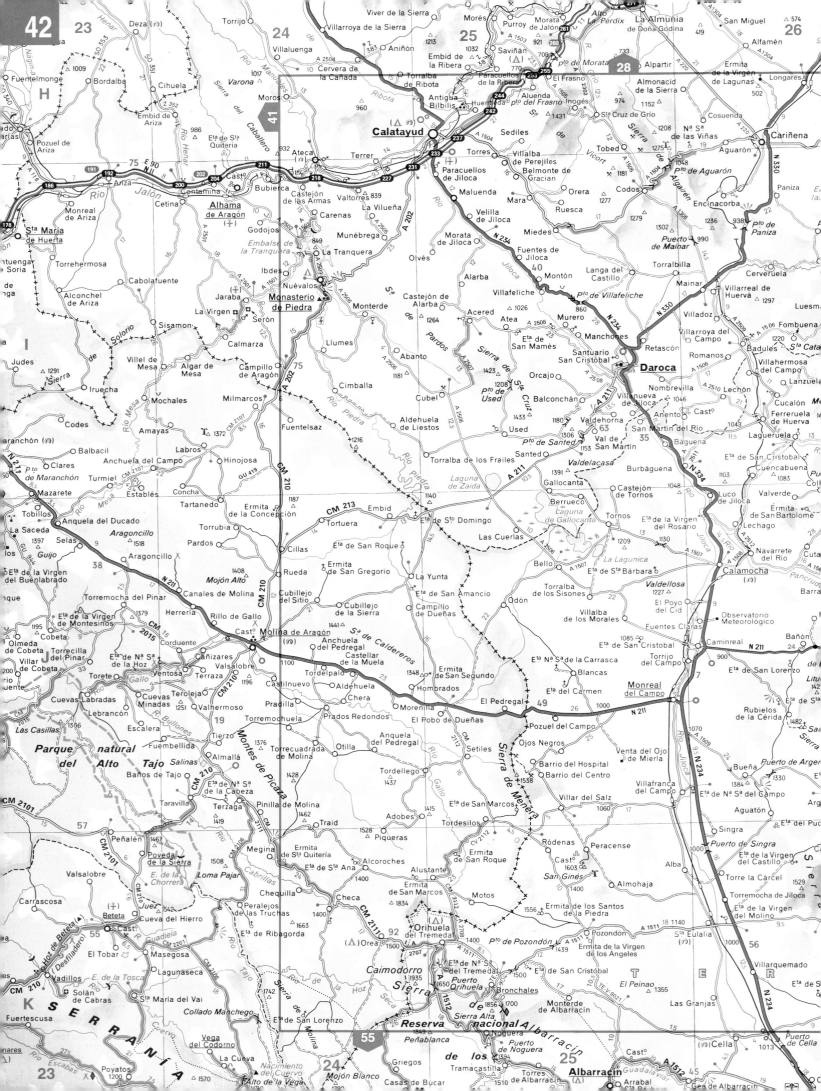

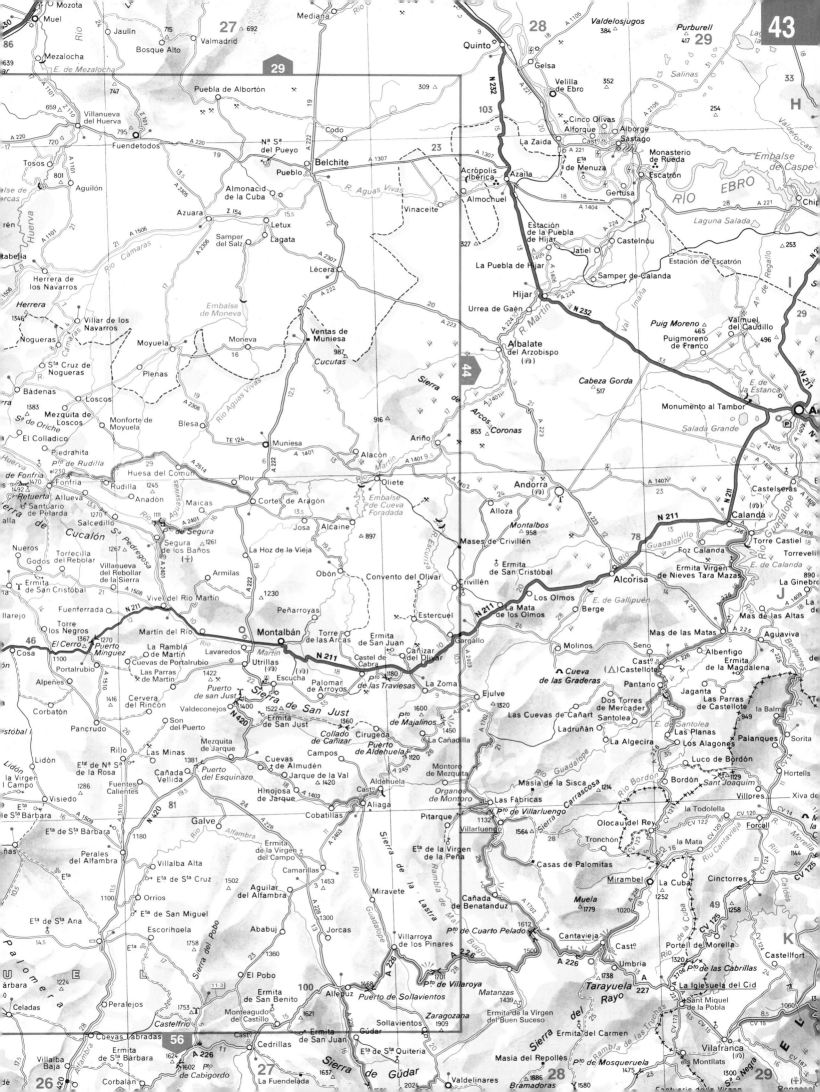

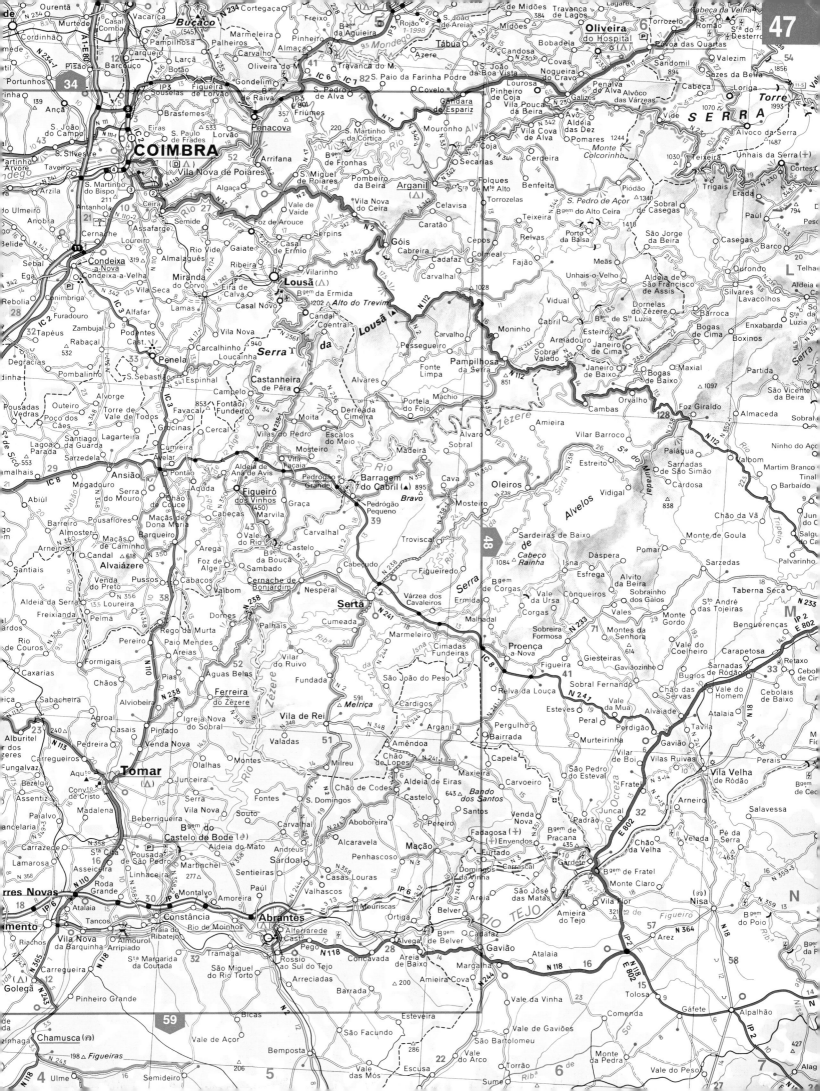

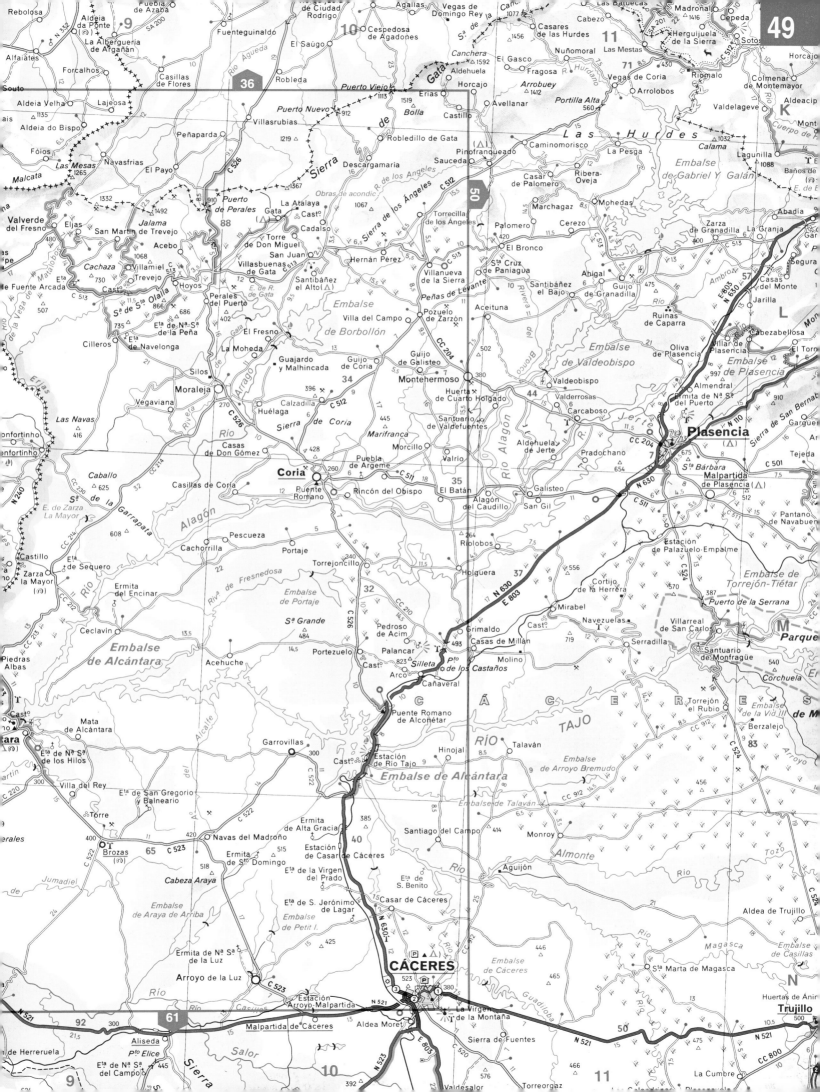

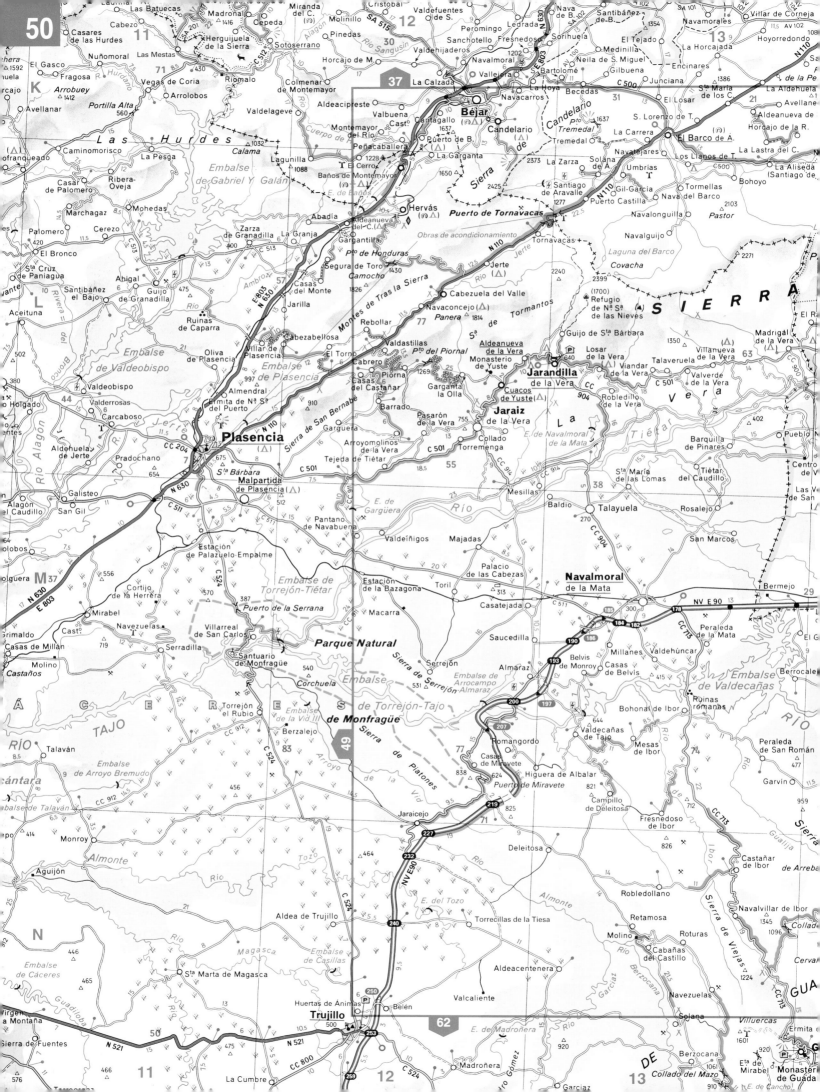

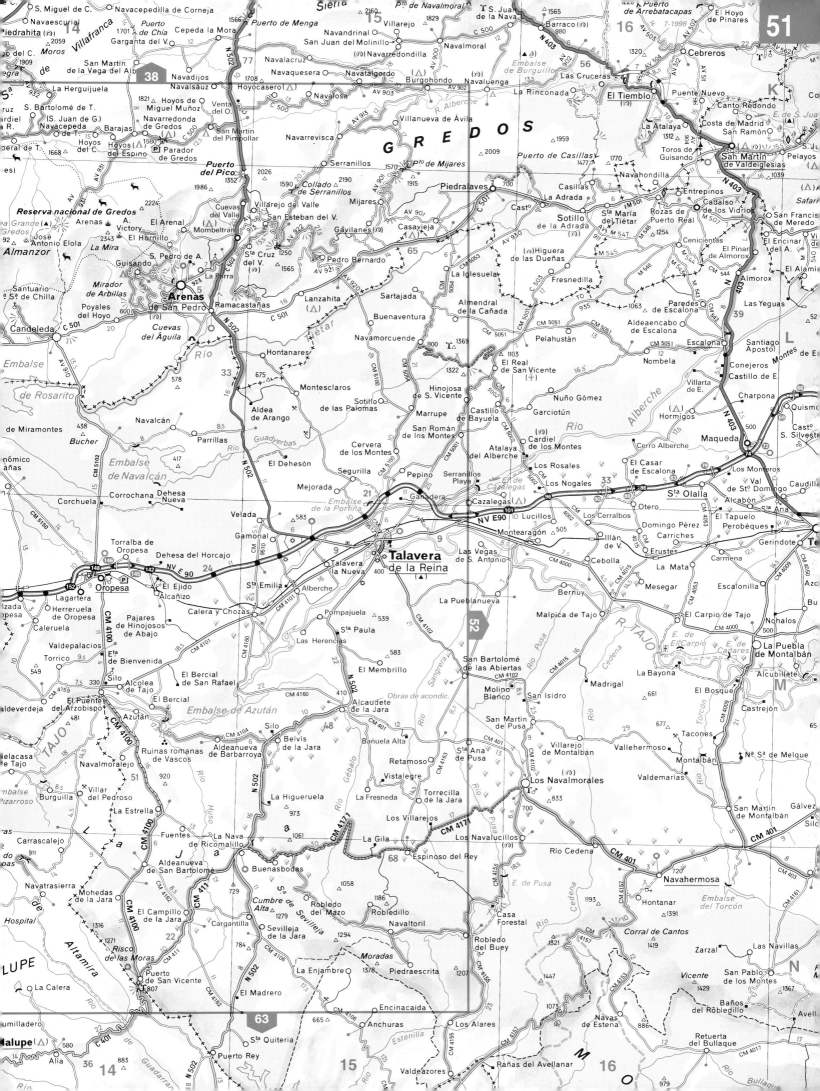

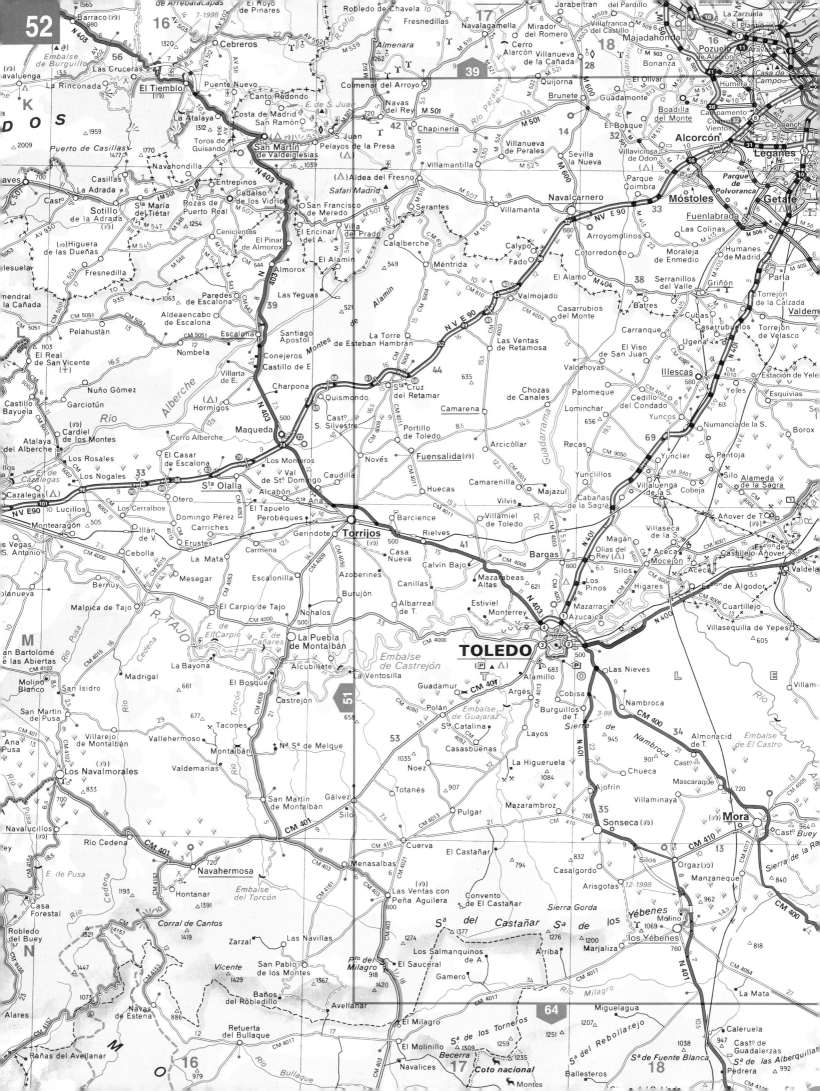

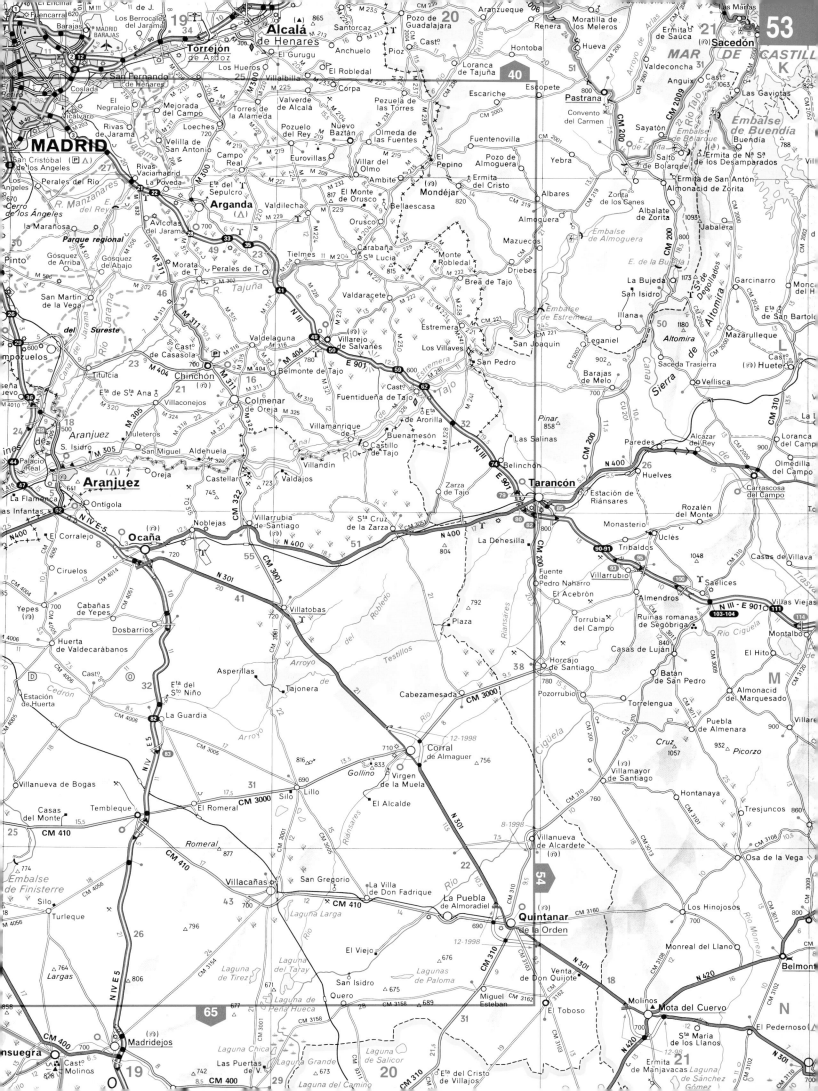

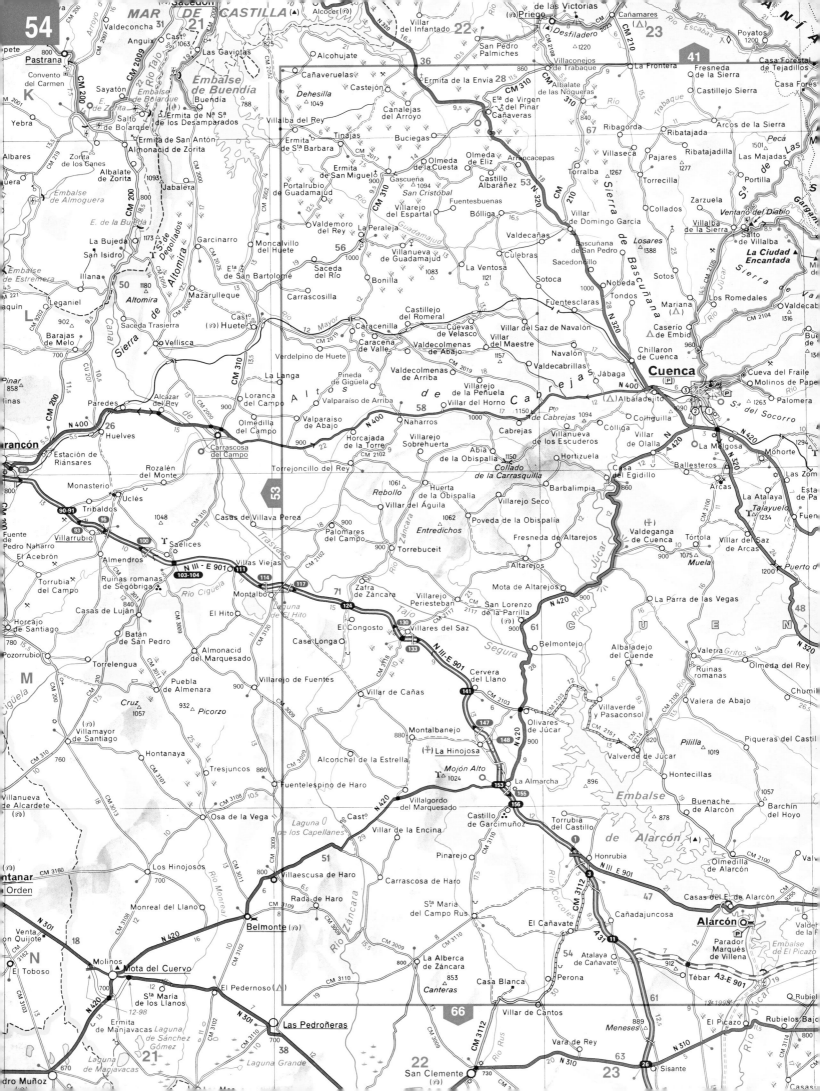

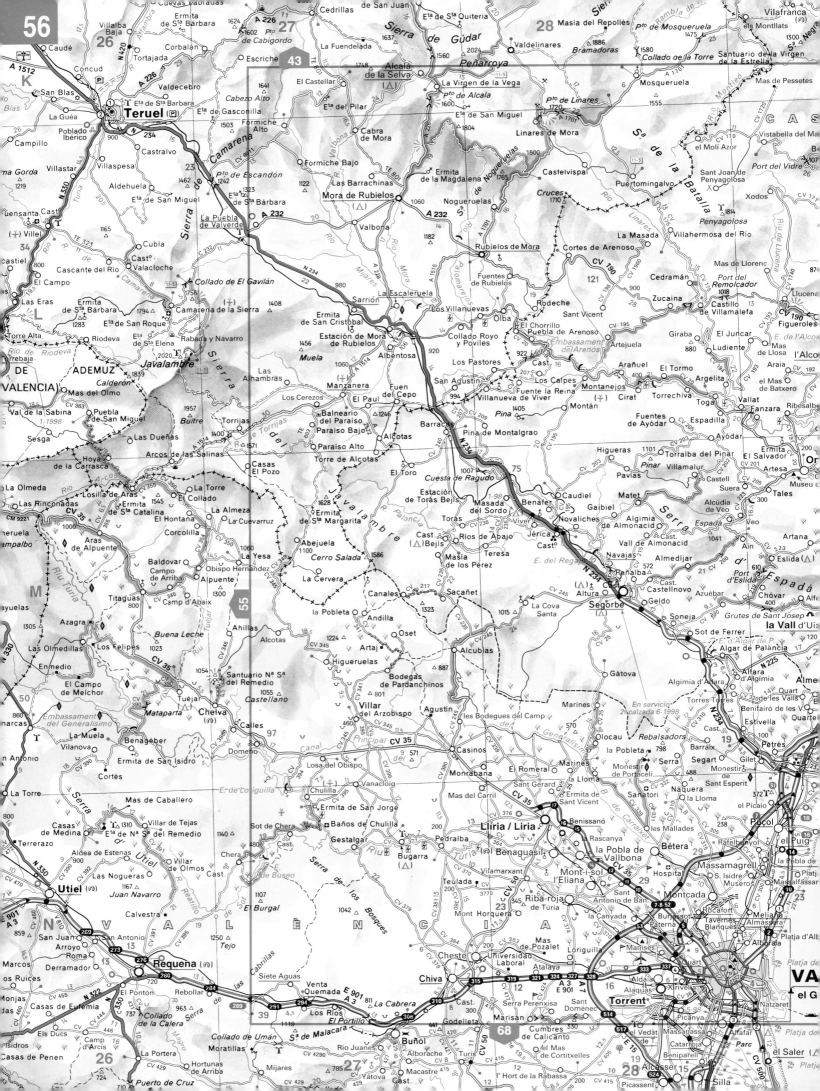

46

70

LISBOA

Santarén

Torres Vedras

Sintra

ESTORIL

Cascais

Mafra

Ericeira

Amadora

Queluz

Almada

Barreiro

Montijo

Alcochete

Vila Franca de Xira

Alverca do Ribatejo

Alhandra

Alenquer

Azambuja

Cartaxo

Benavente

Salvaterra de Magos

Samora Correia

Palmela

SETÚBAL

Sesimbra

Costa da Caparica

Bombarral

Lourinhã

Praia da Areia Branca

São Bernardino

Praia do Porto Novo

Praia de Stª Cruz

Praia Azul

Ponta da Lamporeira

São Pedro da Cadeira

Ribamar

Porto da Calada

Praia de S. Lourenço

Praia de S. Sebastião

P. de Ericeira

Praia de Samarra

Praia de Magoito

Azenhas do Mar

Praia das Maçãs

Praia Grande

Adraga

Cabo da Roca

Praia do Guincho

Cabo Raso

Boca do Inferno

Ponta da Laje

Praia de Cascais

Bugio

Trafaria

São João da Caparica

Praia da Caparica

Fonte da Telha

Fernão Ferro

Apostiça

Lagoa de Albufeira

Alfarim

Cabo Espichel

Nª Srª do Cabo

Sª da Arrábida

Portinho da Arrábida

Península de Tróia

Tróia

Ruínas Romanas de Cetóbriga

BAIA DE SETÚBAL

Praia de Comporta

Comporta

Colares

Peninha

Sª de Sintra

Parque da Pena

Alcabideche

S. Domingos de Rana

Carnaxide

Caxias

Oeiras

Paço de Arcos

Carcavelos

Parede

Belém

Cacilhas

Cristo Rei

Olivais

Sacavém

Moscavide

Loures

Odivelas

Belas

Caneças

S. Julião do Tojal

Bucelas

Vialonga

Póvoa de Stª Iria

Stª Iria da Azóia

Stº Antão do Tojal

Unhos

São João da Talha

Santa Iria

Samouco

Lavradio

Seixal

Amora

Paio Pires

Arrentela

Palhais

Moita

Baixa da Banheira

Alhos Vedros

Coina

Pinhal Novo

Quinta do Anjo

Parque Natural da Arrábida

São Filipe

Outão

Aldeia de Irmãos

Calhariz

Santana

Corva

Zambujal de Cima

Azóia

Casal

Montevil

Alcácer

N1 N3 N8 N9 N10 N114 N115 N116 N117 N118 N247 N248 N250 N252 N253 N365 N366 N367 N374 N377 N378 N379 N577 N578

A1 A2 A5 A8 A9 A12

IC1 IC2 IC17 IC19 IC20 IC22

IP1 IP7

E1 E80 E90

RIO TEJO

RIO SADO

Serra de Montejunto

Mte Gordo

Cabo da Roca

O P Q R

1 2 3 4

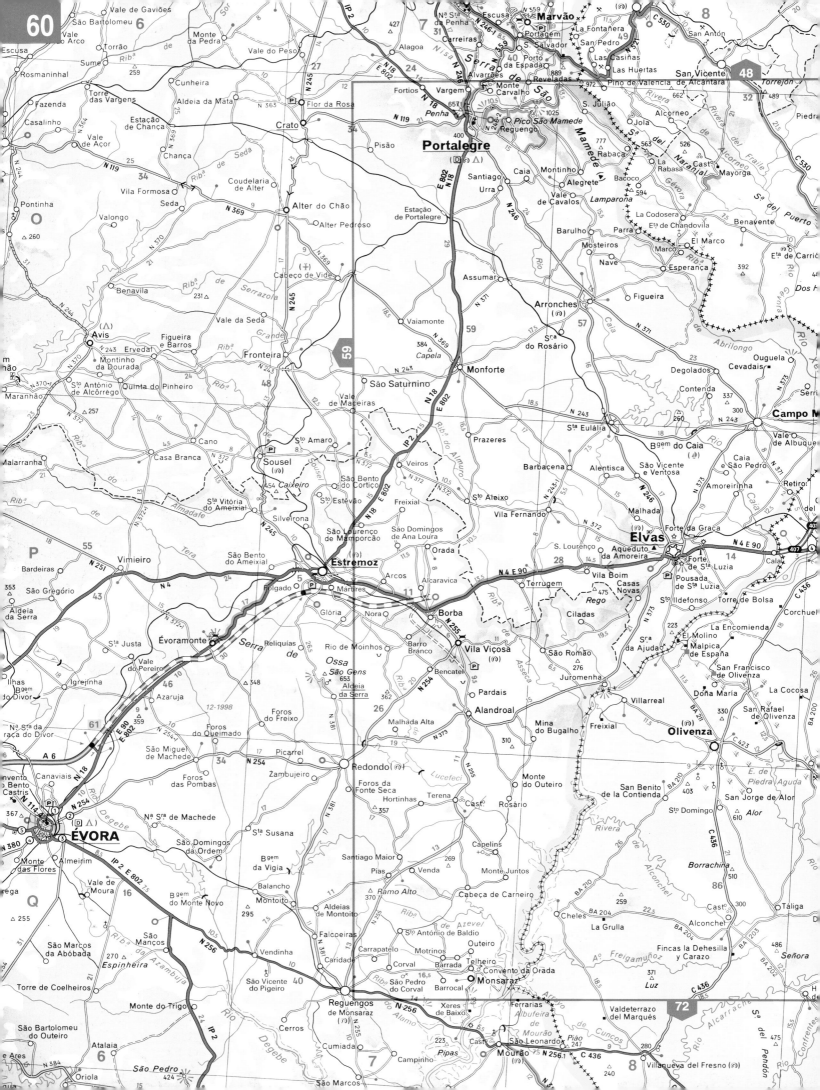

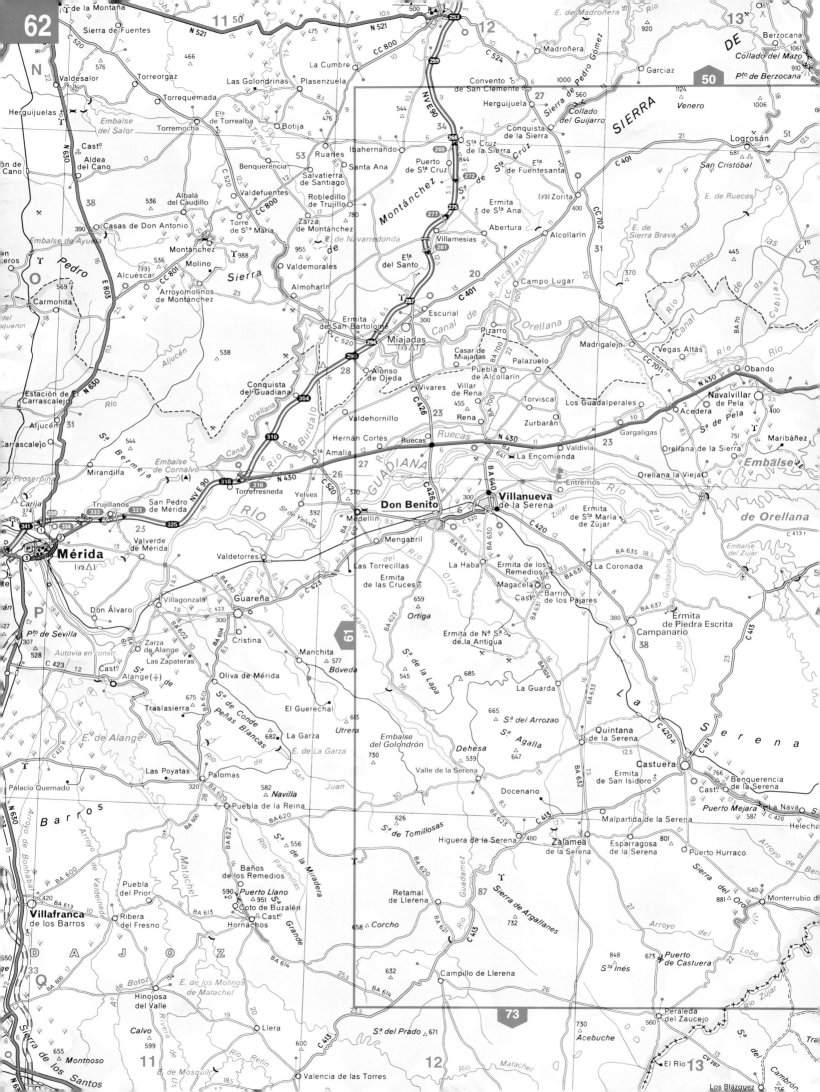

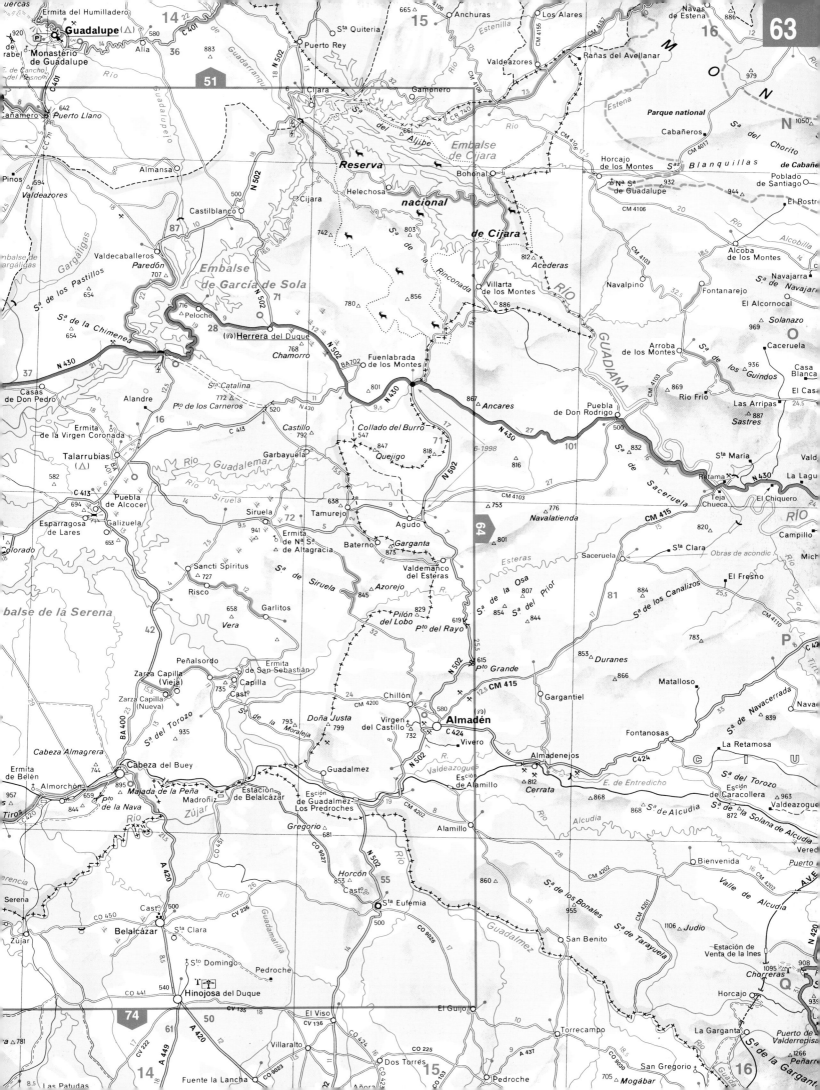

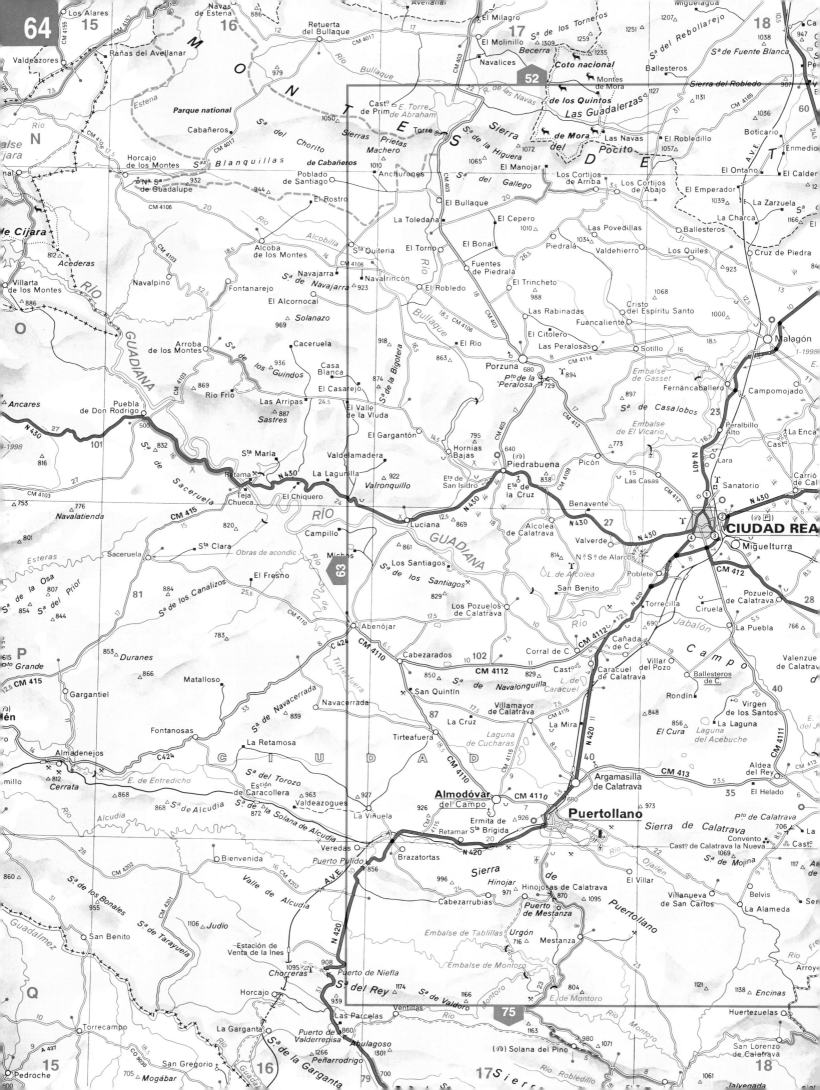

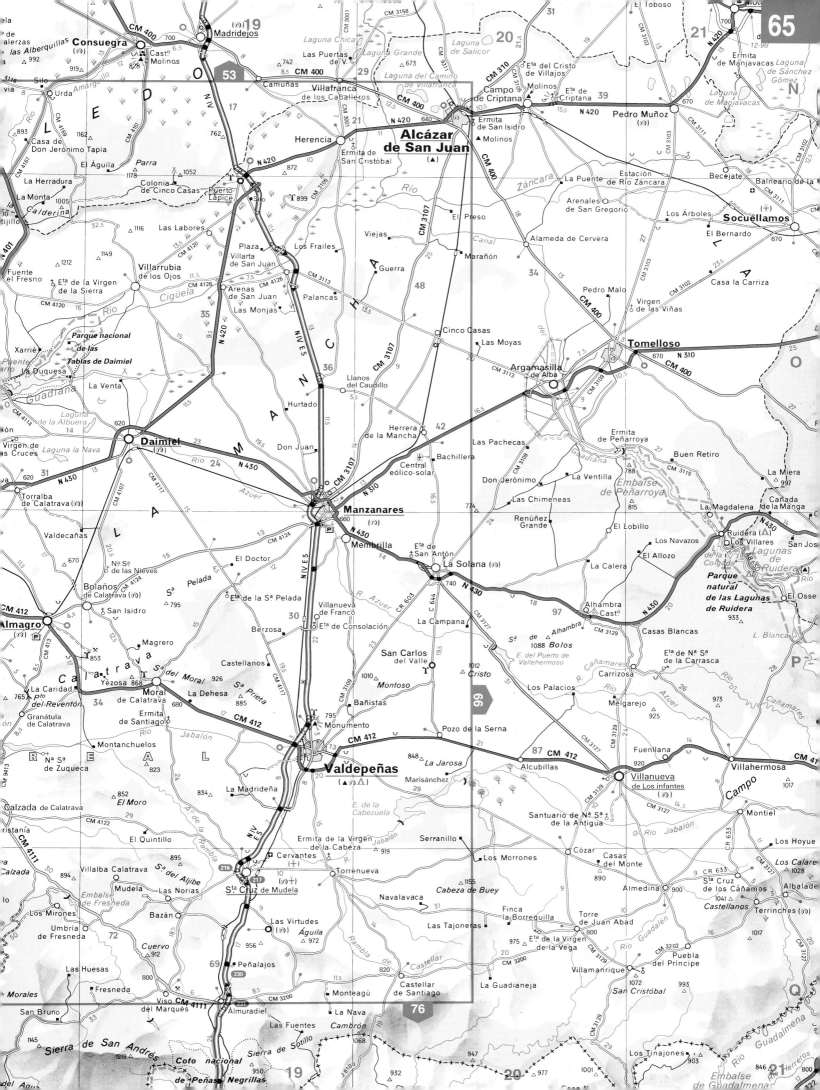

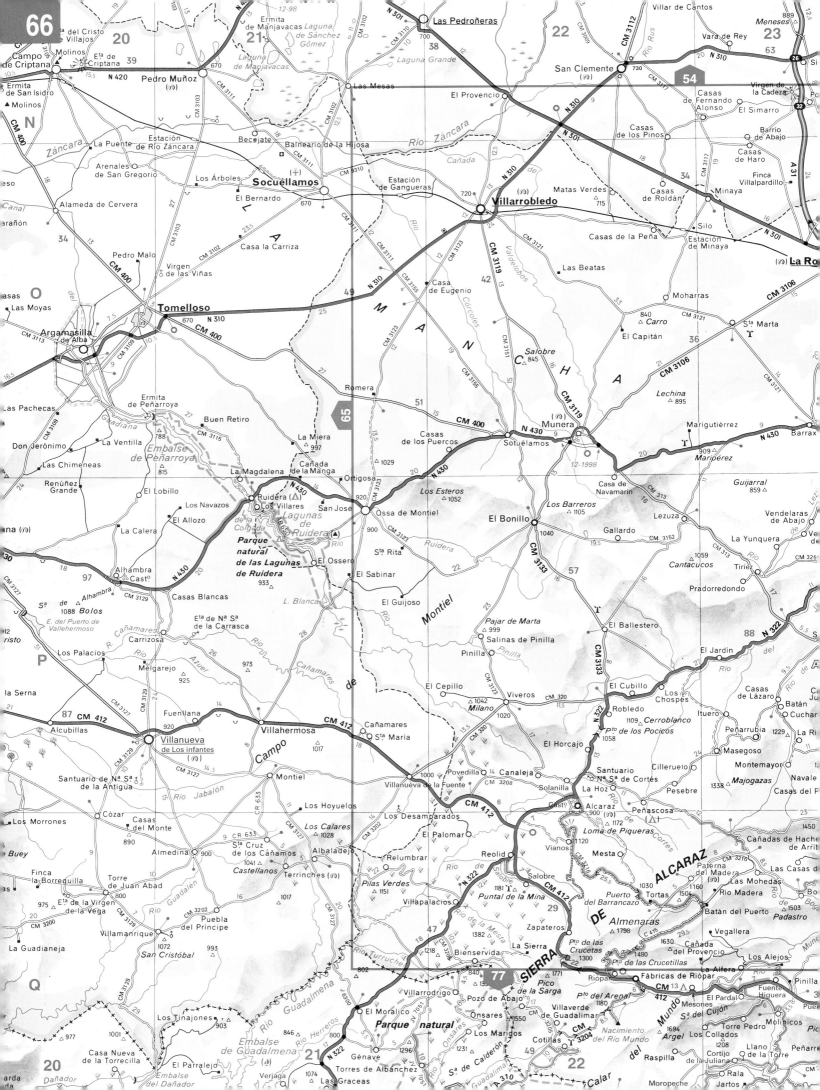

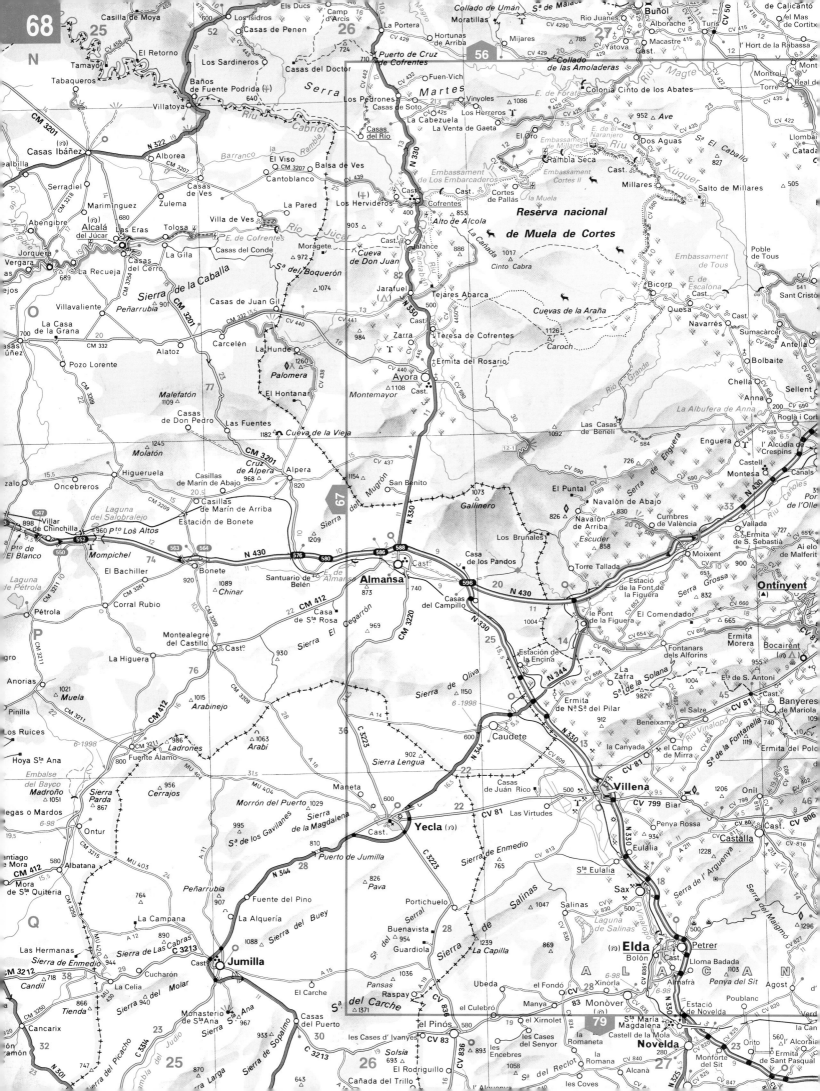

DE

SETÚBAL

58

R

S

T

80

Torre

Barrosinha

Carvalhal

Sta da
Conceição

Torroal

Casa
Branca

Vale de Guizo

Casa Branca

Fontainhas

Boiças

IP 8

Vale de Ossos

São Romão
do Sado

Barragem
de Vale do Gaio

Carrasca

31

Atalaia
325

N 261.2

Grândola

Brejo

Rio de Moinhos

Praia de Melides

Melides (△)

33

Nª Srª
da Penha

Grândola

Sesmarias

São Mamede
do Sádão

Costa de Sto André

29

Sta Margarida
da Serra

Estação
Canal Caveira

Sta Margarida
do Sádão

Praia de Sto André

Lagoa de
Sto André

São Francisco
da Serra

Serra

Mina
da Caveira

N 259

44

Panas

Vila Nova
de Sto André

Cruz de João
Mendes

Tanganhal

Brunheira

Azinheira
dos Barros

Rio

51

Sto André

31

Sta Cruz

Santiago
do Cacém

São Bartolomeu
da Serra

Mina do Lousal

Canhestros

Aldeia
ruin

5

N 121

Ruinas
Romanas
de Miróbriga

Ermidas-Sado

Ermidas-Aldeia

N 121

25

Cabo de Sines
(△ ⚓) Sines

IP 8

Zonas Industriais

282

30

Abela

17

IP 1

São Domingos

Alvalade

Vale
de Zebro

Figueiras

Jungeiros

Porto de Sines

Provença

Boavista do Paiol

Vergeira

Quinta
da Corona

Vale Vinagre

Mina de São Jo
do Deserto

Praia de São Torpes

Bgem de Morgavel

Muda
214

Vale de Água

Foros de Casa Nova

Fornalhas
Velhas

N 262

27

29

Monte Grande

Mancoca

Rio de
Moinhos

Praia de Morgavel

Sol Posto

N 120

Bgem Fonte Serne

Fornalhas
Novas

Praia de Porto Covo

IC 4

N 390

149

Foros da
Caiada

Torre Vã

N 264

Messejana

(△) Porto Covo

Tanganheira

Bgem de
Campilhas

21

Praia da Ilha

26

Bracial

Vales

Bicos

Aldeia
dos Delbas

251

Malpensado

Serra do Cercal

Cercal

N 262

23

Campo Redondo

Vale de
Santiago

Panoias

225

Conceição

N 390

341

N 389

Ribeira do Seissal

Sta das Neves 277

Colos

Bgem de
Monte da Rocha

Estação
de Ouriq

Brunheiras

N 120

Casa Nova

Sta Luzia

N 389

Vila Nova
de Milfontes

São Luís

Monte
da Estrada

Garvão

206

21

Vale Beijinha

Relíquias

N 123

37

N 393

Zambujeiras

37

303

Amoreiras

Aldeia
Granda

Almograve

Vale de
Ferro

N 263

Aldeia
das Amoreiras

Praia Grande

Troviscais

Torgal

São Martinho
das Amoreiras

Ourique

Cabo Sardão

Cavaleiro N 393

Telheiro

Milharadas

Vigia 393

Aldeia
dos Palheiros

Maroufenha

N 123

Luzianes

243

Touril

Fontinha

Odemira

209

Vª Srª da
Cola

Porto das Barcas

Boavista
dos Pinheiros

N 266

Corte Brique

Aldeia
dos Fernandes

Estibeira

Mira

(△) Zambujeira do Mar

Camachos

Bgem de
Sta Clara

Carvalhal

220

São Teotónio

Sta Clara-a-Velha

Gomes Aires

Brejão

38

Sabóia

306

Santana da Serra

Oleiros

Sta Bárbara

63

Serra

Praia de Odeceixe

Caeiro

455

Pereiras

453

Odeceixe

Samouqueira

Maria
Vinagre

Moitinhas

Nave
Redonda

387

Praia da Carreagem

Foz do Arroio

São Marcos
da Serra

Rogil

516

N 266 Serra

Bunheira

346

Perna Seca

Praia de Monte Clérigo

Foz do Farelo

Portela das
Corchas

Ponta da Atalaia
Vale da Telha

Pêro Negro

902 Fóia

Alferce

Monte Alto

(△) Arrifana

Vales

Marmelete

773

Monchique

353

Arrifana

N 120

Serra

Caldas de

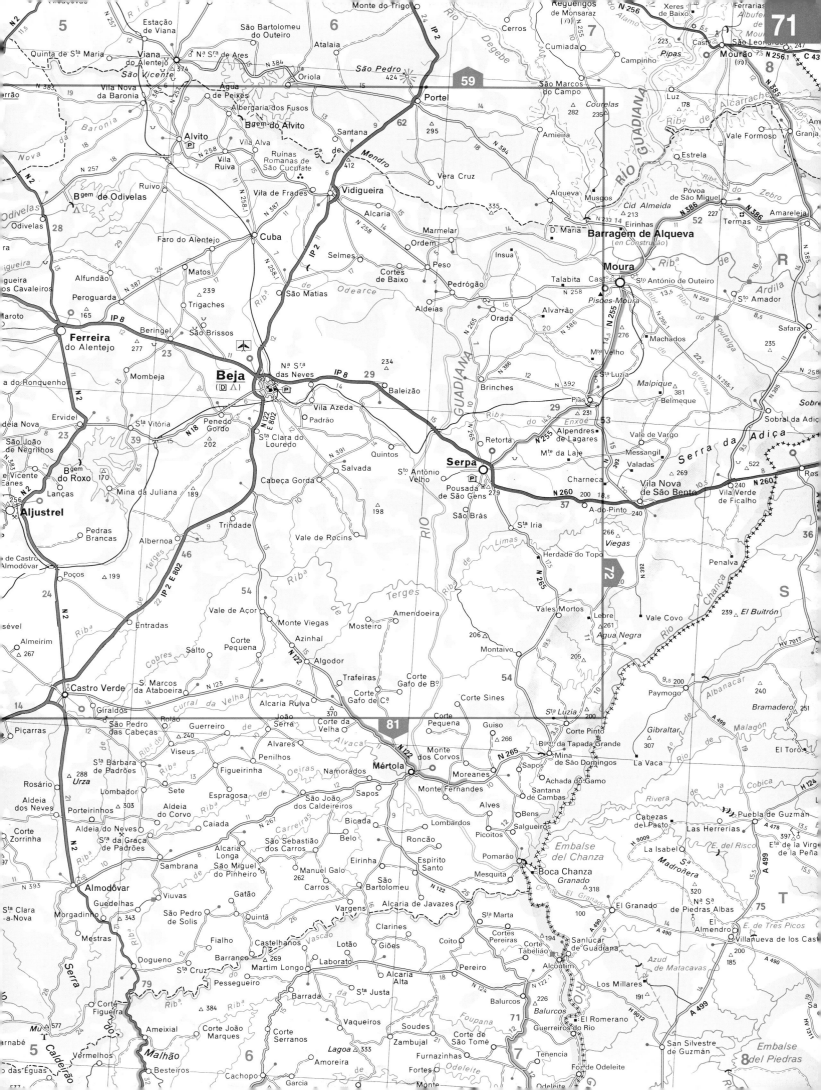

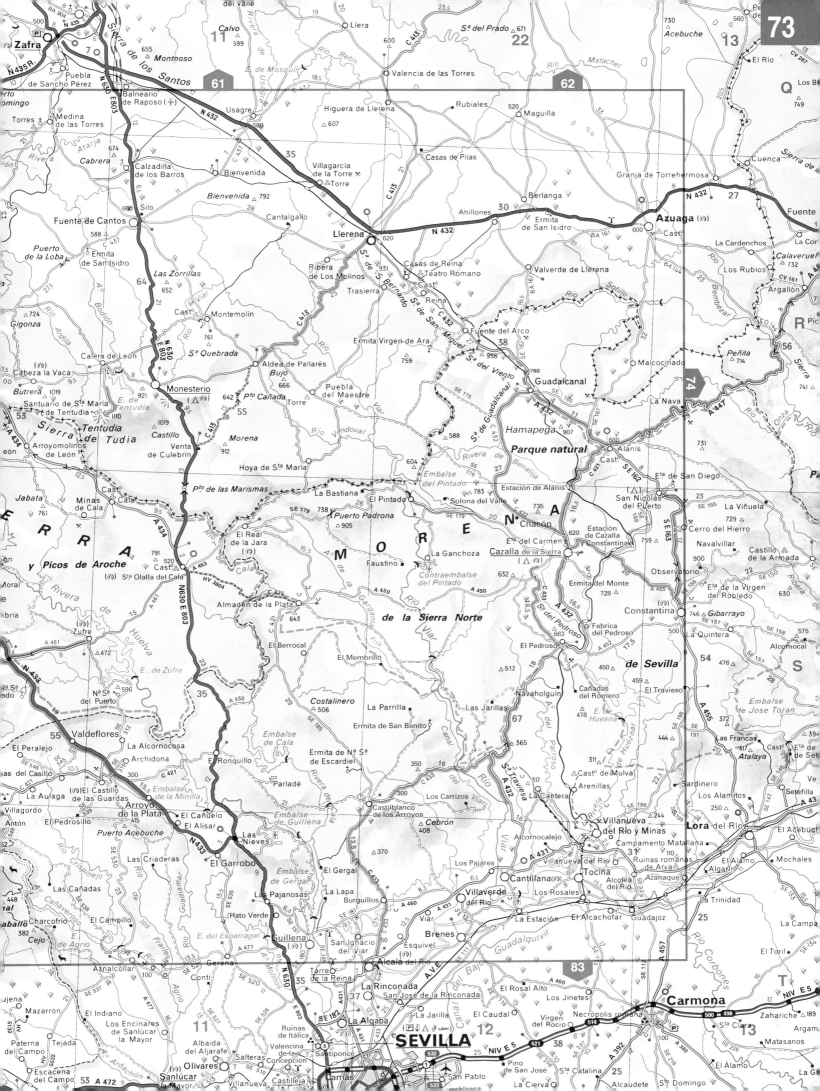

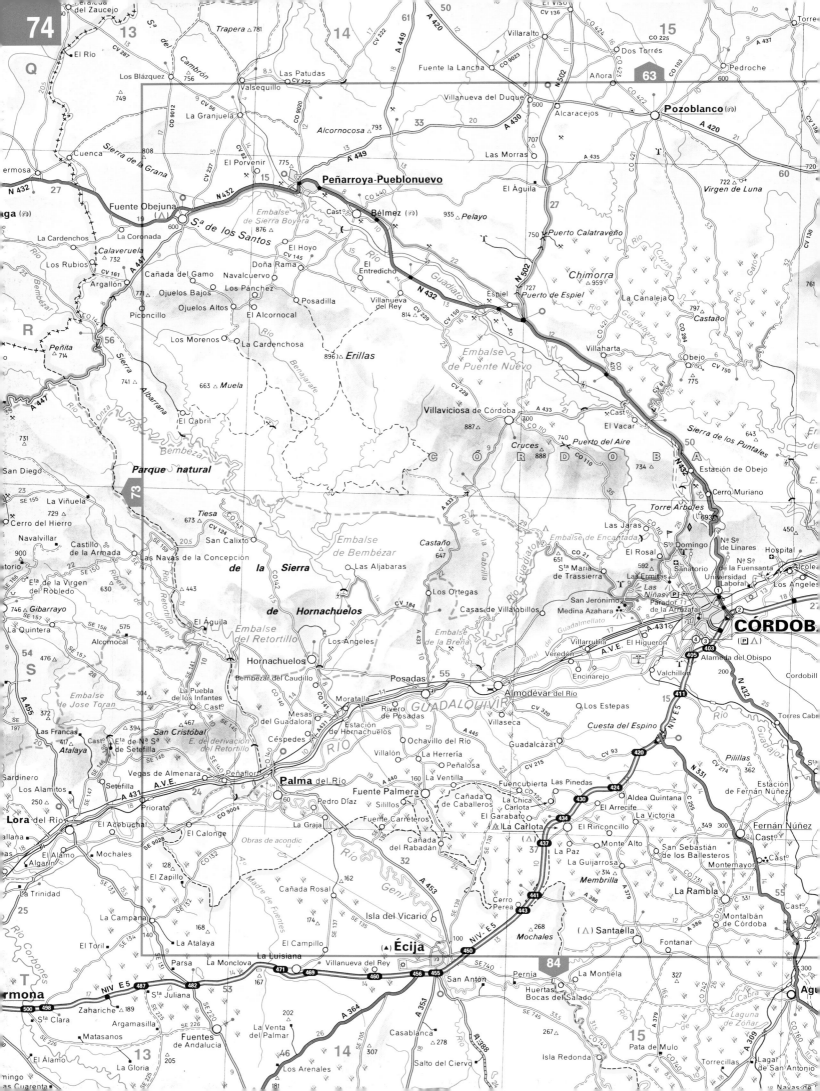

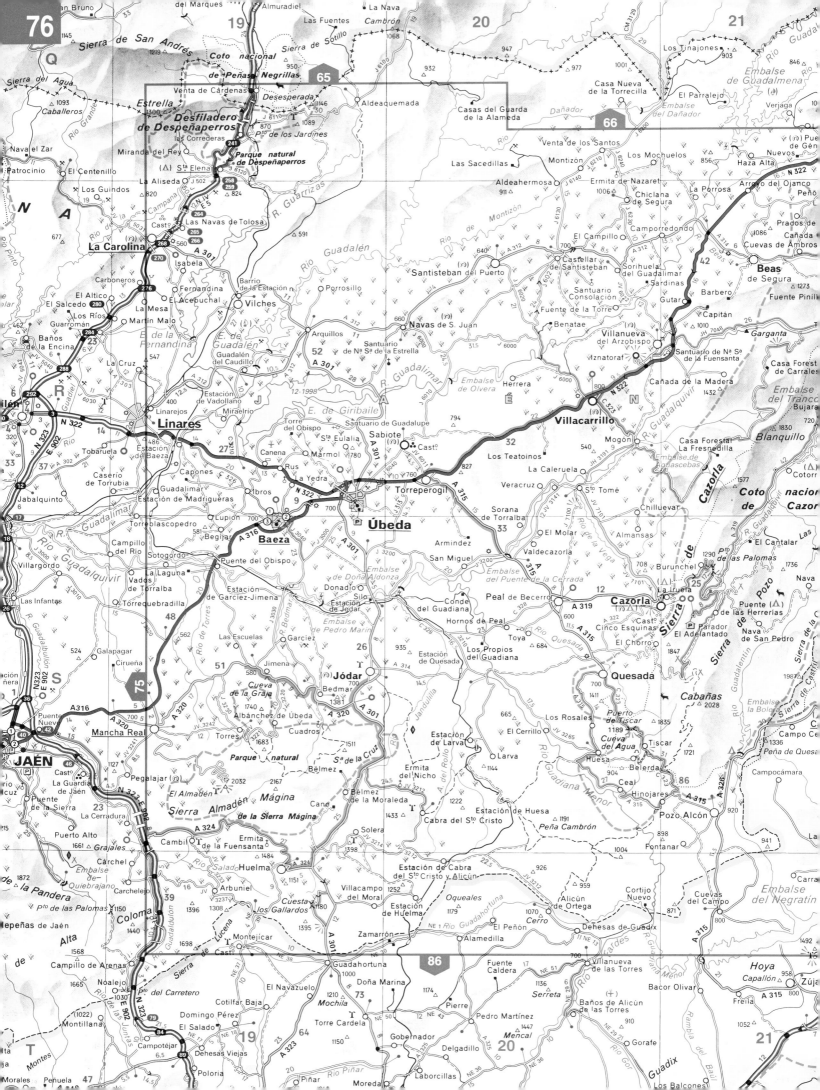

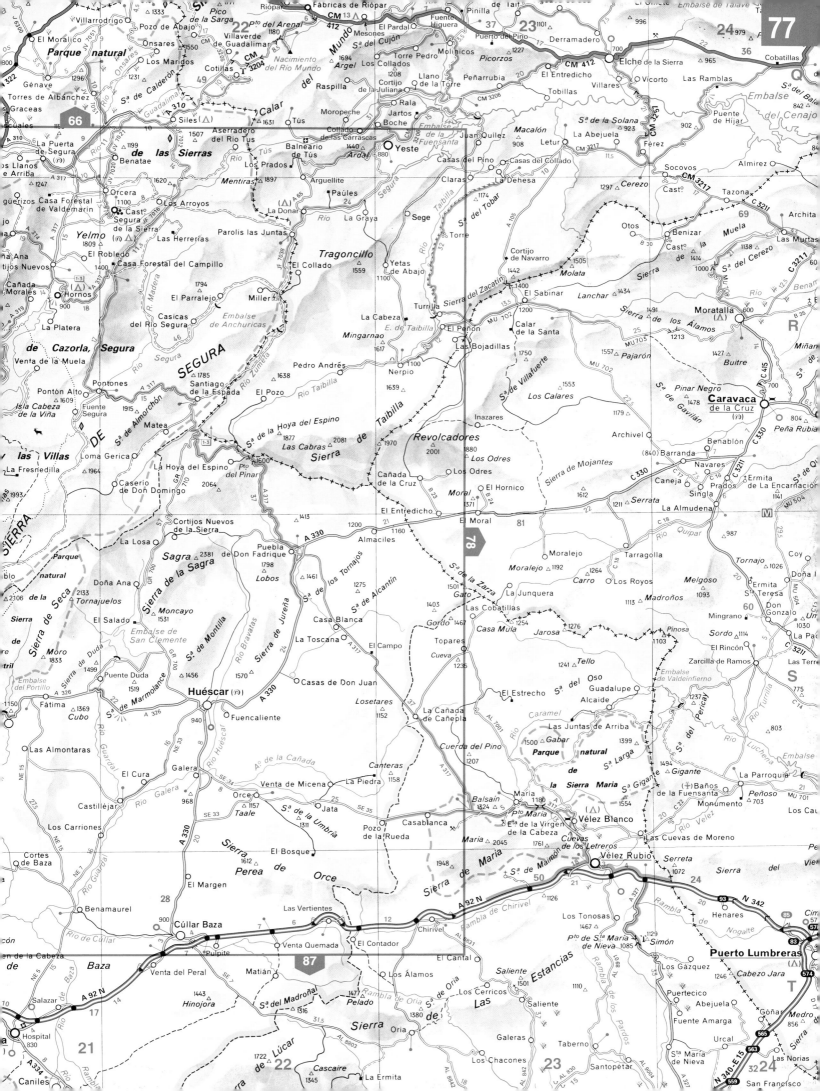

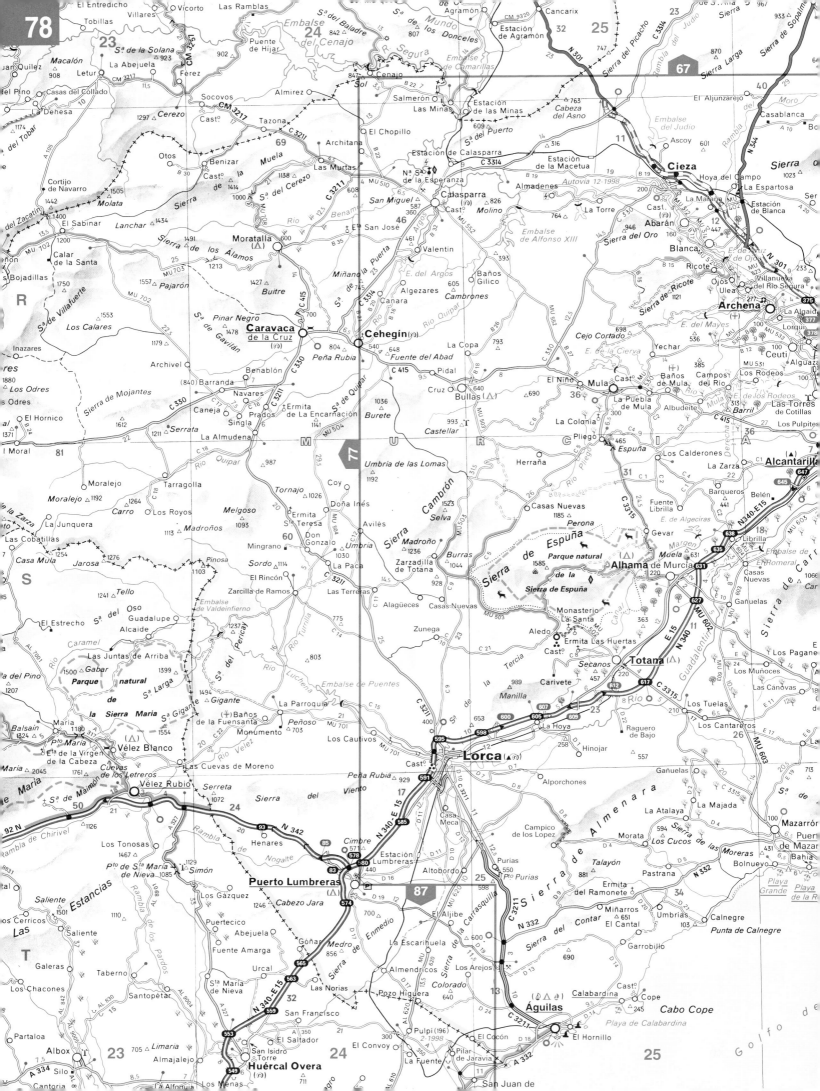

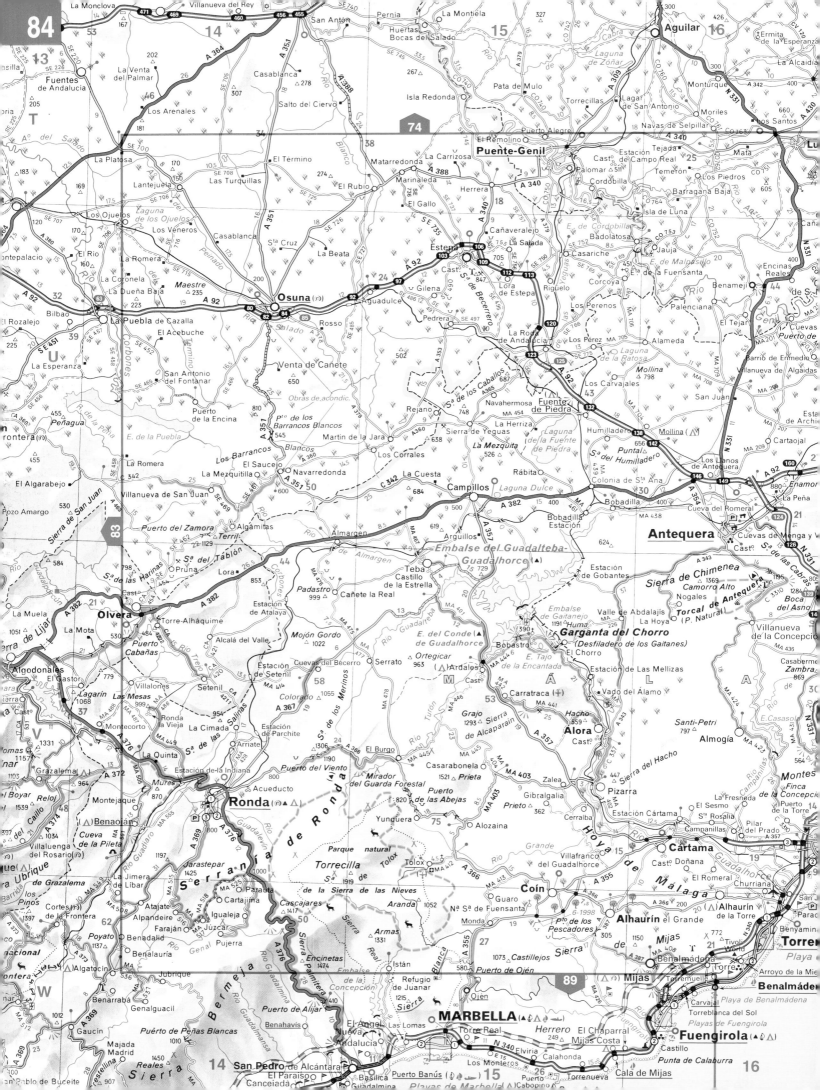

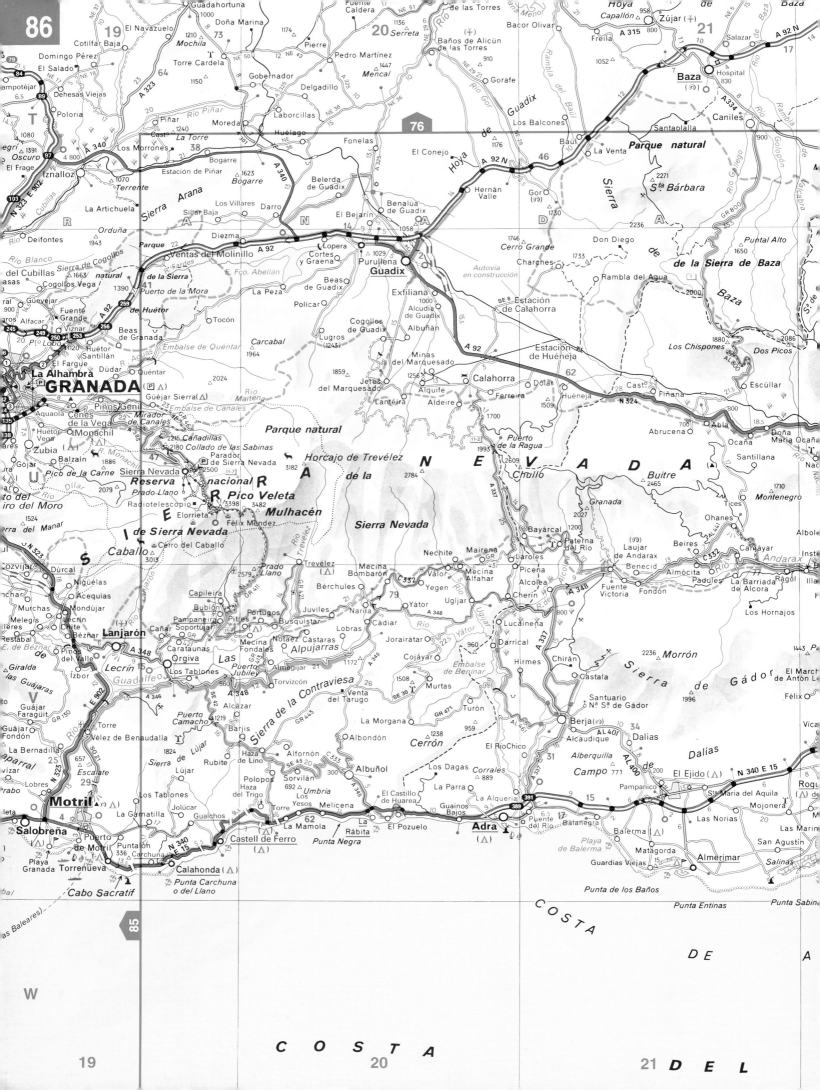

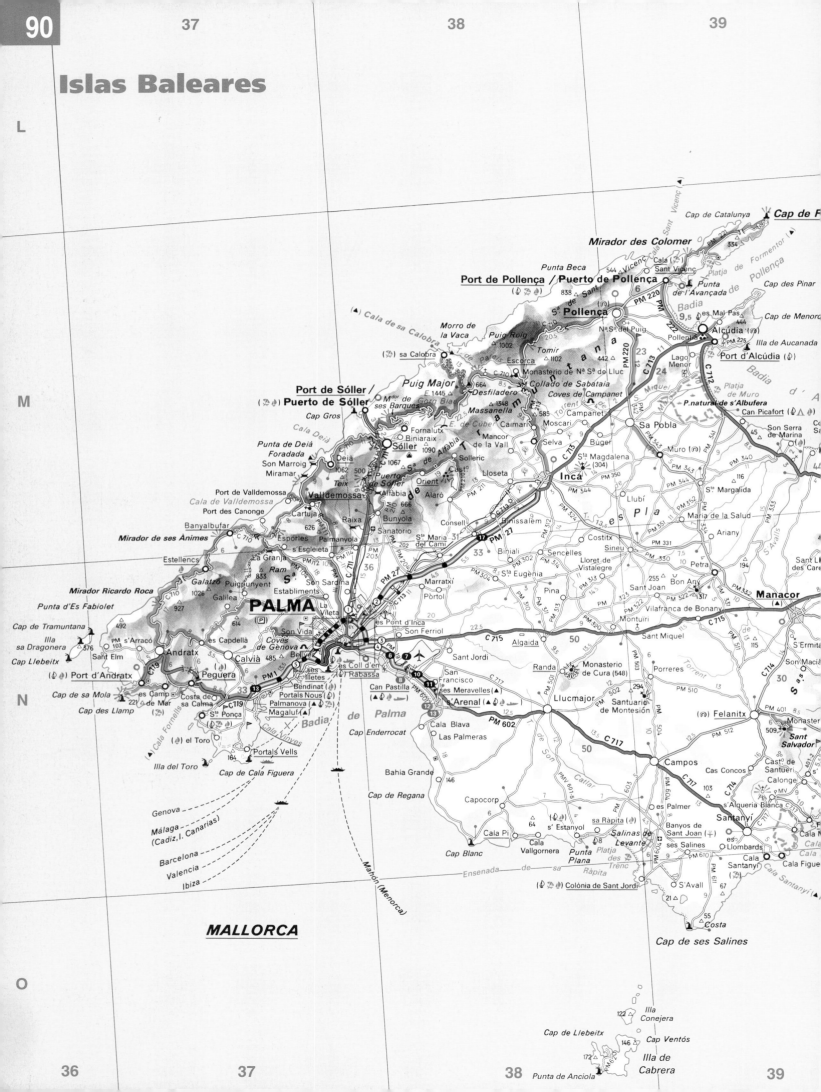

Islas Baleares

Cap de Catalunya
Cap de F
Mirador des Colomer
Punta Beca
Port de Pollença / Puerto de Pollença
Cala
Sant Vicenç
544
Platja de Formentor
838
PM 221
334
Punta de l'Avançada
Cap des Pinar
6
PM 220
Morro de la Vaca
Puig Roig
1002
Sª de Pollença
Nª Sª del Puig
PM 222
9,5
des Mal Pas
444
Cap de Menor
Pollença
PM 220
23
Escorca
Tomir
1102
442
Pollentia
Nª Sª del Puig
Alcúdia
Illa de Aucanada
sa Calobra
Cala de sa Calobra
Monasterio de Nª Sª de Lluc
C 713
11
PM 225
Port d'Alcúdia
Badia d'A
Port de Sóller / Puerto de Sóller
Puig Major
Desfiladero
Collado de Sabátaia
24
Lago Menor
Platja de Muro
Cap Gros
1445
Massanella
Coves de Campanet
585
Campanet
P.natural de s'Albufera
Can Picafort
Cala Deià
Mdor de ses Barques
1348
Caimari
Moscari
213
Sa Pobla
45
Son Serra de Marina
Punta de Deià
Fornalutx
Biniaraix
Mancor de la Vall
Selva
Buger
Sóller
Sollerich
C 713
PM 340
Muro
Foradada
Son Marroig
Miramar
Deià
1067
Sollerich
Sª Magdalena (304)
PM 344
Sª Margalida
Port de Valldemossa
1062
500
Puerto de Sóller
Alfàbia
Orient
Lloseta
Inca
PM 350
PM 344
Cala de Valldemossa
Valldemossa
Teix
666
Alaró
PM 211
Llubí
PM 352
Maria de la Salud
Port des Canonge
Cartuja
Raixa
Bunyola
Consell
C 713
Ariany
Banyalbufar
626
Sanatorio
Binissalem
Costitx
PM 331
Mirador de ses Ànimes
C 710
Espórles
Palmanyola
Sª Maria del Camí
17 PM 27
Sineu
PM 330
7,5
Petra
Estellencs
6
s'Esgleieta
33
Biniali
Sª Eugènia
PM 313
PM 352
194
Sant L... des Care...
La Granja
Ram
833
PM 112
PM 203
Sencelles
Lloret de Vistalegre
PM 302
PM 314
Bon Any
Mirador Ricardo Roca
Galatzó
Puigpunyent
Son Sardina
Marratxí
Pina
Sant Joan
PM 322
Manacor
Punta d'Es Fabiolet
1026
Galilea
36
PM 27
Pòrtol
Montuïri
Vilafranca de Bonany
C 715
Cap de Tramuntana
492
927
Establiments
2
PM 713
20
22,5
PM 320
Illa sa Dragonera
576
PM 103
s'Arracó
es Capdellà
La Vileta
3
Son Ferriol
C 715
Algaida
50
Sant Miquel
13
115
Cap Llebeitx
221
Sant Elm
PALMA
Coves de Gènova
Son Vida
Son Jordi
Randa
Monasterio de Cura (548)
Porreres
C 714
Son Macià
Andratx
Calvià
485
Bellver
4
6
7
San Francisco
PM 503
294
Son M...
Peguera
C 719
6
5
ses Illetes
es Coll d'en Rabassa
10
ses Meravelles
Santuario de Montesión
PM 510
30
es Camp
Costa de sa Calma
33
13
Bendinat
Can Pastilla
11
s'Arenal
Llucmajor
PM 401
Felanitx
Cap de sa Mola
C 719
Sª Ponça
Portals Nous
12
PM 602
Monaster...
509
Sant Salvador
Cap des Llamp
Magaluf
13
Cala Blava
50
C 717
Port d'Andratx
Badia de Palma
Las Palmeras
Campos
Cas Concos
Calonge
el Toro
Cala Vinyes
Cap Enderrocat
s'Alqueria Blanca
Illa del Toro
164
Portals Vells
Santanyí
Cap de Cala Figuera
Bahía Grande
146
es Palmer
Cap de Regana
Capocorp
7
603
PM 512
Cala Mª
Genova
Cala Pi
64
s' Estanyol
sa Ràpita
Banyos de Sant Joan
S'Avall
Cala Figue...
Málaga (Cadiz,I. Canarias)
Cap Blanc
Cala Vallgornera
Punta Plana
Salinas de Levante
es Salines
Llombards
Cala Santanyí
Barcelona
Platja des Trenc
Valencia
Mahón (Menorca)
Ibiza
Ensenada de sa Ràpita
Colónia de Sant Jordi
21
S'Avall
67
Costa
MALLORCA
Cap de ses Salines

O
Illa Conejera
122
Cap de Llebeitx
Cap Ventós
146
172
PM 610
Illa de Cabrera

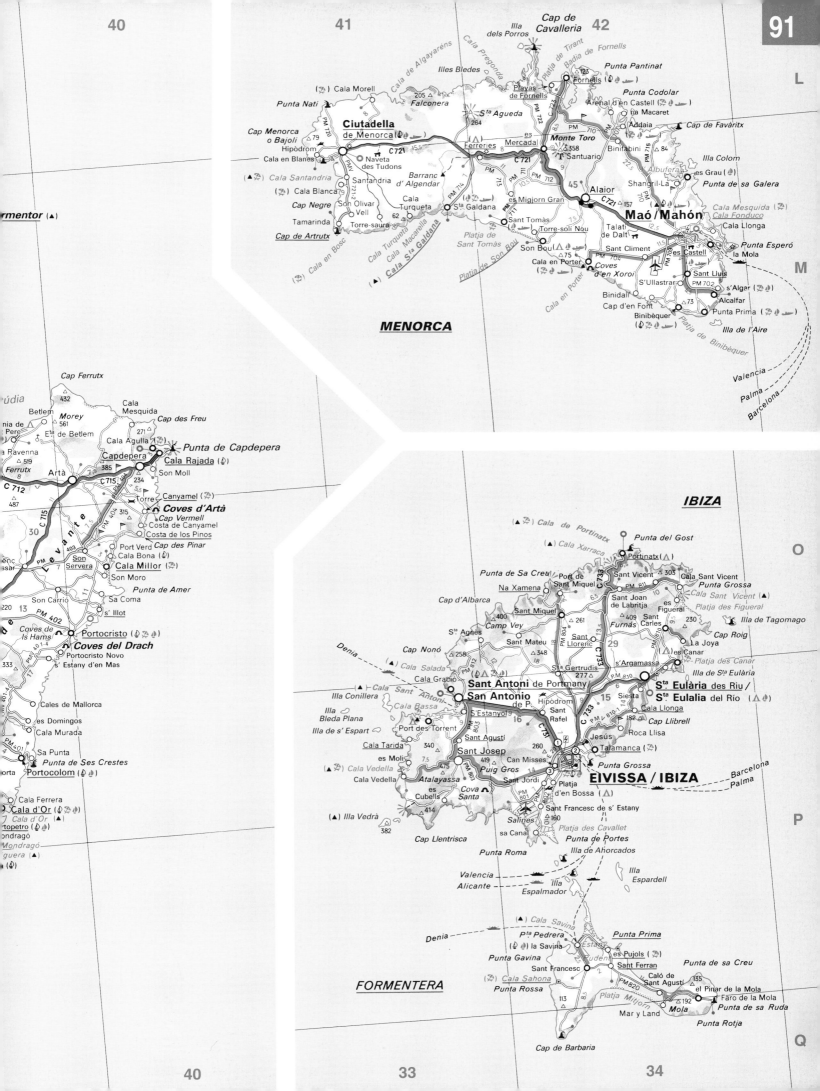

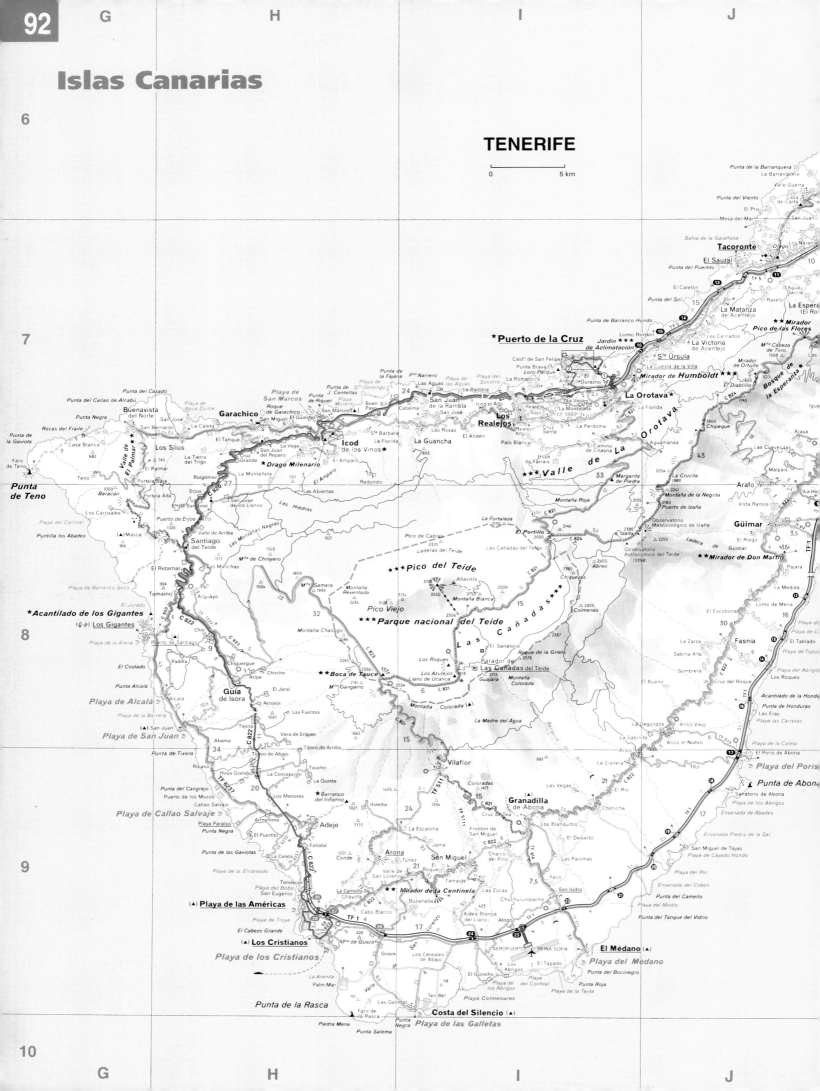

GRAN CANARIA

LA GOMERA

LA PALMA

LANZAROTE

Islas Azores

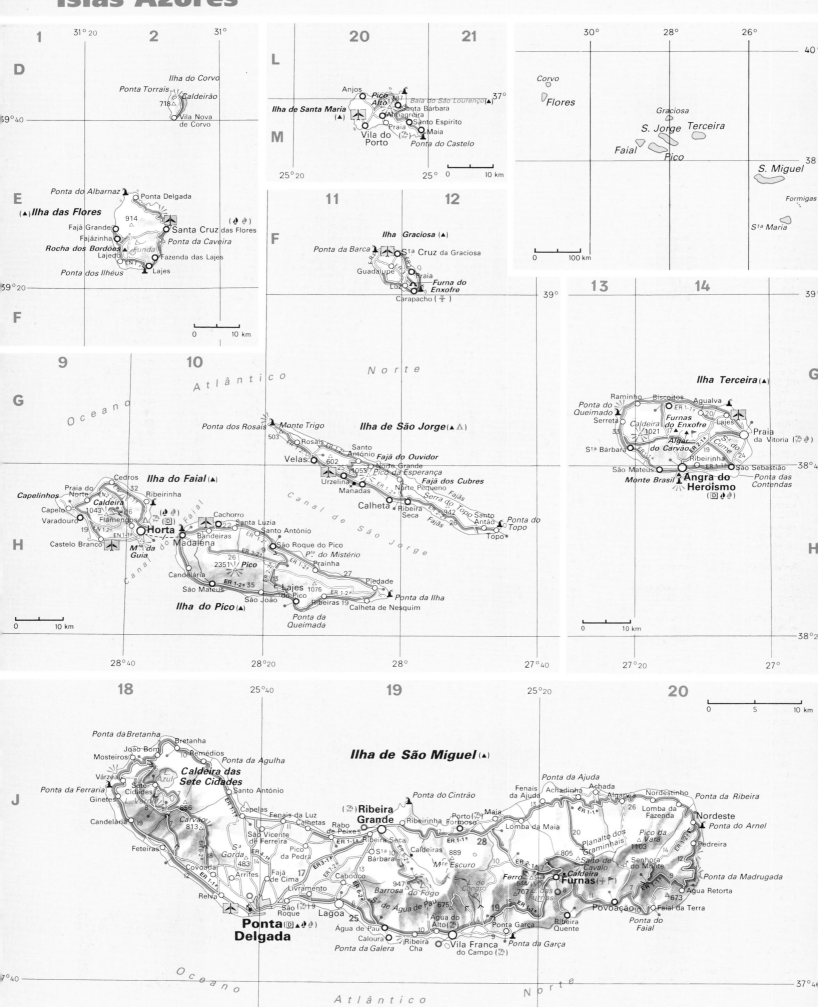

1 31°20 **2** 31°

D
Ilha do Corvo
Ponta Torrais
Caldeirão
718
39°40
Vila Nova
de Corvo

E
Ponta do Albarnaz Ponta Delgada
(▲)Ilha das Flores
Fajã Grande 914
Fajãzinha Santa Cruz das Flores
Rocha dos Bordões Ponta da Caveira
Lajedo Funda
EN 2 Fazenda das Lajes
Ponta dos Ilhéus Lajes

F
0   10 km

20 **21**

L
Anjos Pico Baía do São Lourenço 37°
Ilha de Santa Maria Alto Santa Bárbara
(▲) Almagreira Santo Espírito
Praia Maia
M Vila do Ponta do Castelo
Porto
25°20 25° 0   10 km

11 **12**

F
Ilha Graciosa (▲)
Ponta da Barca Sta Cruz da Graciosa
Guadalupe Praia
Luz **Furna do**
Enxofre
Carapacho 39°

30° 28° 26°

D 40°
Corvo
Flores
Graciosa
S. Jorge Terceira 38°
Faial
Pico
S. Miguel
Formigas
Sta Maria
0   100 km

9 **10** Atlântico Norte **13** **14** 39°

G Oceano Ilha Terceira (▲) G
Raminho Biscoitos
Ponta dos Rosais Monte Trigo Ilha de São Jorge (▲ △) Ponta do Agualva
503 Rosais ER Santo Queimado Furnas 20
Velas António Fajã do Ouvidor Serreta do Enxofre Lajes
602 Norte Grande Pico da Esperança Caldeira 1021 Praia
Ilha do Faial (▲) Urzelina 1053 Fajã dos Cubres Algar da Vitoria
Cedros Manadas Norte Pequeno Sta Bárbara do Carvão Ribeirinha
Capelinhos Praia do Ribeirinha Calheta Fajãs São Mateus São Sebastião
Norte Caldeira Cachorro Ribeira Serra do Topo Santo Monte Brasil Angra do Ponta das
Capelo 1043 Santa Luzia Seca Antão Heroísmo Contendas
Varadouro Flamengos Santo António Fajãs Topo
19 EN 1-2 Horta São Roque do Pico Ponta do
Castelo Branco Madalena Pta do Mistério Topo H
Mta da Bandeiras Prainha
Guia 26 Pico Piedade
Candelária 2351 27
São Mateus ER 1-2 35 Lajes 1076 Ponta da Ilha
São João do Pico Ribeiras 19
Ilha do Pico (▲) Ribeiras Calheta de Nesquim
Ponta da Ponta da
Queimada
0   10 km 0   10 km 38°2

28°40 28°20 28° 27°40 27°20 27°

18 25°40 **19** 25°20 **20**
0   5   10 km

Ilha de São Miguel (▲)
Ponta da Bretanha Bretanha
Mosteiros João Bom Remédios Ponta da Ajuda
Várzea Caldeira das Ponta da Agulha Fenais Achadinha Achada Algarvia Nordestinho Ponta da Ribeira
J Sete Cidades Santo António da Ajuda Lomba da Nordeste
Ponta da Ferraria Azul 856 Capelas Ponta da Ajuda Fazenda Ponta do Arnel
Ginetes Sete L. Verde Fenais da Luz Calhetas Ponta do Cintrão Maia Pedreira
Candelária Cidades Rabo Ribeira Porto Planalto dos Pico
Carvão de Peixe Grande Ribeirinha Formoso Lomba da Maia Graminhais da Vara 1103
813 São Vicente Ribeira Seca 28 805 14
Feteiras de Ferreira Sta Caldeiras Mte Escuro Salto do Senhora
Pico Bárbara 889 Cavalo do Monte Ponta da Madrugada
483 da Pedra Ferro 707
Covoada Cabouço Barrosa do Fogo 675 Caldeira Furnas Água Retorta
Arrifes Fajã Lagoa do Lagoa Faial da Terra
12 de Cima **17** Lívramento 947 das Furnas 673
Relva Ponta da
São Caloura 544 Furnas Ponta do
Ponta Roque **25** Água do 19 Povoação Faial
Delgada Água de Pau Alto Ribeira
Ponta da Galera Ribeira Quente
Caloura Cha Vila Franca Ponta da Garça
37°40 Ponta da Galera do Campo Oceano Atlântico Norte 37°4

España

A

Ababuj	43	K 27
Abad	3	B 6
Abad (Fuente del)	78	R 24
Abades	39	J 17
Abades (Ensenada de)	92	J 9
Abades (Puntilla los)	92	G 8
Abadía	50	L 12
Abadía de Lebanza	11	D 16
Abadín	3	B 7
Abadíño	14	C 22
Abáigar	14	E 23
Abajas	12	E 19
Abalario (El)	82	U 9
Abalos	13	E 21
Abaltzisketa	14	C 23
Abama	92	H 8
Abánades	41	J 22
Abanco	40	H 21
Abaniella	4	C 10
Abanilla	79	R 26
Abanilla (Sierra de)	79	R 26
Abanillas	11	B 16
Abano	10	E 11
Abanqueiro	6	E 3
Abanto	42	I 24
Abarán	78	R 25
Abarca	24	F 15
Abárzuza	14	D 23
Abastas	24	F 15
Abaurrea Alta	15	D 26
Abaurrea Baja	15	D 26
Abay	16	E 28
Abdet (L')	69	P 29
Abecia	13	D 21
Abegondo	3	C 5
Abejar	27	G 21
Abejas (Puerto de las)	84	V 15
Abejuela (Almería)	78	T 24
Abejuela (La)	77	Q 23
Abejuela (Teruel)	56	M 27
Abelgas	10	D 12
Abellá	3	C 5
Abella	17	E 31
Abellada	16	E 29
Abella de la Conca	17	F 33
Abelleira	6	D 2
Abelón	23	H 11
Abena	16	E 28
Abengibre	67	O 25
Abengibre (Arroyo de)	67	O 25
Abenilla	16	E 29
Abenójar	64	P 16
Abenuz	67	Q 24
Aberásturi	14	D 22
Abertura	62	O 12
Abetenda	7	E 10
Abezames	23	H 13
Abiada	12	C 17
Abia de la Obispalía	54	L 22
Abia de las Torres	25	E 16
Abiego	16	F 29
Abiertas (Las)	92	H 7
Abinzano	15	E 25
Abió	69	Q 28
Abionzo	12	C 18
Abizanda	16	F 30
Abla	86	U 21
Ablanque	41	J 23
Ablanquejo	41	J 23
Ablaña	5	C 12
Ablitas	28	G 25
Abodi	15	D 26
Abodi (Sierra de)	15	D 26
Abona (Punta de)	92	J 9
Abra de Bilbao	13	B 20
Abreo	92	I 8
Abrera	32	H 35
Abrigos	55	K 25
Abrigos (Los)	92	I 9
Abrucena	86	U 21
Abuime	8	E 7
Abulagoso	64	Q 17
Abusejo	37	J 11
Abuzaderas	67	P 24
Acaderas	63	O 15
Acantilado y Pinar de Barbate (Parque natural del)	88	X 11
Acebeda (La)	40	I 19
Acebedo	11	C 14
Acebedo del Río	20	F 5
Acebes	23	E 12
Acebo (Alto de)	4	C 9
Acebo (Cáceres)	49	L 9
Acebo (Leon)	9	E 10
Acebrón (El) (Huelva)	82	U 10
Acebrón (El) (Cuenca)	53	M 21
Acebuchal (El) (Jaén)	76	R 19
Acebuchal (El) (Sevilla)	74	T 13
Acebuche (Badajoz)	62	Q 13
Acebuche (El) (Huelva)	82	U 10
Acebuche (El) (Sevilla)	84	U 14
Acebuche (Huelva)	82	U 10
Acebuche (Laguna del)	64	P 18
Acebuche (Puerto)	73	T 11
Acebuche (Punta)	89	X 13
Aceca	52	M 18
Acedera	62	O 13
Acedo	14	D 23
Acehuche	49	M 10
Aceituna	49	L 11
Acequias	86	V 19
Acera de la Vega	11	E 15
Acered	42	I 25
Aceredo	20	G 5
Aceuchal	61	Q 10
Achena (Sierra de)	27	F 23
Acibeiro	7	E 5
Acilu	14	D 22
Aciscar (El)	88	X 12
Acojeja	92	H 8
Acosta (Salinas de)	87	V 23
Ácula	85	U 18
Acumuer	16	E 28
Adahuesca	16	F 29
Adaja	38	K 15
Adalia	24	H 14
Adalid (El)	75	S 16
Adal Treto	12	B 19
Adamuz	75	R 16
Adanero	38	J 16
Adarra	14	C 24
Aday	8	D 7
Addaia	91	L 42
Adeanueva de la Serrezuela	39	H 18
Adeje	92	H 9
Adelán	3	B 7
Adelantado (Parador El)	76	S 21
Ademuz	55	L 26
Adí	15	C 25
Adina	6	E 3
Adino	13	B 19
Adiós	15	D 24
Adoain	15	D 26
Adobes	42	J 24
Adra	86	V 20
Adrada (La)	52	L 16
Adrada de Haza	25	H 18
Adrada de Piron	39	I 17
Adradas	41	H 22
Adrados (León)	10	D 14
Adrados (Segovia)	39	H 17
Adrados de Ordás	10	D 12
Adrall	18	F 34
Adriano	83	U 12
Aduna	14	C 23
Afur	93	K 6
Agadón	36	K 10
Agaete	94	N 9
Agaete (Valle de)	94	N 9
Agalla (Sierra)	62	P 12
Agallas	36	K 10
Áger	17	F 32
Agoitz	15	D 25
Agón	28	G 25
Agoncillo	27	E 23
Agost	68	Q 28
Agra	67	Q 24
Agramaderos (Los)	85	T 18
Agramón	67	Q 25
Agramunt	31	G 33
Agraviados (Los)	88	W 12
Ágreda	28	G 24
Agres	69	P 28
Agrio	73	T 11
Agrio (Embalse de)	73	T 11
Agrón	85	U 18
Agua (Cabo de)	79	T 27
Agua (Cueva del)	76	S 20
Agua de Enmedio	87	U 24
Agua (Sierra del)	76	Q 18
Agua Amarga	87	V 24
Aguacil (Puerto del)	84	V 13
Aguada Salada	67	Q 23
Agua de Valls	18	F 35
Aguadulce (Almería)	87	V 22
Aguadulce (Sevilla)	84	U 15
Aguadulce (Urbanización)	87	V 22
Aguafría	72	S 9
Agua García	92	J 7
Agualada	2	C 3
Aguamansa	92	J 7
Aguarón	42	H 26
Aguarón (Puerto de)	42	I 25
Águas	16	F 29
Aguas (Las)	92	I 7
Aguas (Río de)	87	U 23
Aguasal	38	I 16
Aguasantas (cerca de Ponte-Caldelas)	6	E 4
Aguasantas (cerca de Rois)	6	D 3
Aguas Cándidas	12	D 19
Aguascebas (Embalse)	76	R 21
Aguasmestas	4	C 11
Aguasnuevas	67	P 24
Aguasvivas	43	J 27
Aguas Vivas	43	I 27
Aguatón	42	J 26
Aguatona	94	P 10
Aguaviva	44	J 29
Aguaviva de la Vega	41	I 22
Aguda (Sierra)	72	R 10
Agudo	93	U 7
Agudo (Ciudad Real)	63	P 15
Agudo (Zaragoza)	28	G 25
Águeda (Embalse del)	36	K 10
Águeda (Río)	36	J 9
Águeda del Caudillo	36	K 10
Agüeira (Río)	4	C 9
Aguera (Asturias)	5	B 11
Agüera (Burgos)	12	C 19
Agüera (Cantabria)	13	C 20
Agüera (Río)	13	C 20
Agüeras (Las)	5	C 11
Agüerina	5	C 11
Agüero	29	E 27
Aguijón (Embalse del)	61	Q 9
Agustín (Lugo)	8	D 8 *
Agustín (València)	56	M 27
Águila	65	Q 19
Aguazadera	89	W 14
Aguazadera (Castillo)	83	U 13
Agüimes	94	P 10
Ahedo de la Sierra	26	F 19
Ahedo del Butrón	12	D 18
Ahigal	49	L 11
Ahigal de los Aceiteros	36	J 9
Ahigal de Villarino	36	I 10
Ahillas	56	M 27
Ahillones	73	R 12
Ahillos (Sierra)	85	T 17
Ahorcados (Illa de)	91	P 33
Aia (cerca de Beasain)	14	D 23
Aibar	15	E 25
Aielo de Malferit	68	P 28
Aigua Blava	33	G 39
Aigua d'Ora	18	F 34
Aiguafreda (Barcelona)	32	G 36
Aiguafreda (Gerona)	33	G 39
Aiguamolls de l'Empordà (Parc natural dels)	19	F 39
Aiguamúrcia	32	I 34
Aiguaviva (Gerona)	33	G 38
Aiguaviva (Tarragona)	31	H 34
Aigües de Busot	69	Q 28
Aigüestortes (Parc nacional d')	17	E 32
Aín	56	M 28
Ainet de Besan	17	E 33
Ainsa	16	E 30
Aintzioa	15	D 25
Ainzón	28	G 25
Aire (Illa de l')	91	M 42
Aire (Puerto del)	74	R 15
Aisa	16	D 28
Aisa (Sierra de)	16	D 28
Aisl	3	B 5
Aitana (Serra d')	69	Q 29
Aitona	30	H 31
Aitzgorri	14	D 23
Aizarna	14	C 23
Aizarnazabal	14	C 23
Aja	12	C 19
Ajalvir	40	K 19
Ajamil	27	F 22
Ajo	12	B 19
Ajo (Cabo de)	12	B 19
Ajofrín	52	M 18
Ajuy	93	T 7
Alacant / Alicante	79	Q 28
Alacón	43	I 27
Aladrén	43	I 26
Alaejos	38	I 14
Alagón (Río)	49	M 9
Alagón (Zaragoza)	29	G 26
Alagón del Caudillo	49	M 11
Alagones (Los)	44	J 29
Alagüeces	78	S 24
Alaior	91	M 42
Alaiza	14	D 22
Alájar	72	S 10
Alajeró	95	E 9
Alaló	40	H 21
Alalpardo	40	K 19
Alameda	84	U 16
Alameda (Arroyo de la)	83	U 13
Alameda (La) (Ciudad Real)	64	Q 18
Alameda (La) (Soria)	27	H 23
Alameda de Cervera	65	O 20
Alameda de Gardón (La)	36	K 9
Alameda de la Sagra	52	L 18
Alameda del Obispo	74	S 15
Alameda del Valle	39	J 18
Alamedilla	76	T 20
Alamedilla (La)	36	K 9
Alamedilla del Berrocal (La)	38	J 15
Alamillo (Ciudad Real)	63	P 15
Alamillo (El)	82	U 10
Alamillo (Estación de)	63	P 15
Alamillo (Toledo)	52	M 17
Alamín (El)	52	L 17
Alamín (Montes de)	52	L 17
Alaminos	41	J 21
Alamitos (Los)	73	S 13
Álamo	88	W 12
Álamo (El) (Madrid)	52	L 18
Álamo (El) (cerca de El Madroño)	72	T 10
Álamo (El) (cerca de Lora del Río)	73	T 13

ALBACETE

Marqués de Molins	BZ 24
Mayor	AYZ 28
Arcángel San Gabriel	AZ 3
Arquitecto Julio Carrilero (Av. del)	AY 4
Batalla del Salado	AZ 5
Caba	AZ 6
Carretas (Pl. de las)	BZ 7
Catedral (Pl. de la)	AY 8
Comandante Padilla	AZ 9
Fernán Pérez de Oliva	AY 14
Francisco Fontecha	BY 16
G. Lodares (Pl. de)	AZ 17
Granada	AY 18
Iris	BY 19
Isabel la Católica	AY 20
Joaquín Quijada	AY 21
Libertad (Pas. de la)	AY 22
Martínez Villena	BY 26
Mayor (Pl.)	AY 29
Pedro Martínez Gutiérrez	AY 30
Pedro Simón Abril (Pas. de)	AZ 32
Rosario	AY 33
San Antonio	BY 34
San Julián	AY 35
San Sebastián	AY 36
Santa Quiteria	BZ 37
Tesifonte Gallego	AY 38
Tinte	AY 39
Valencia (Puerta de)	BZ 42
Virgen de las Maravillas	AY 44
Zapateros	AY 46
M[1] MUSEO	

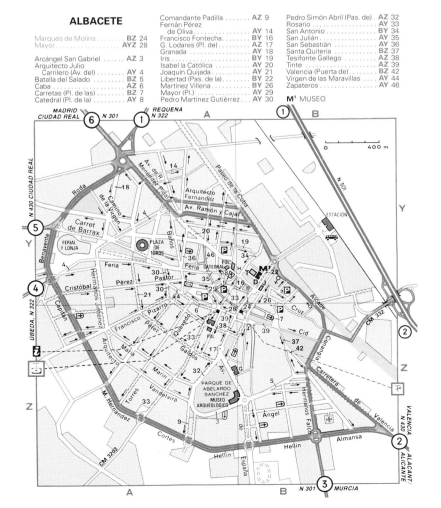

Álamos (Los) 77 T 23
Álamos (Sierra de los) 78 R 24
Álamus (Els) 31 H 32
Almazul 27 H 23
Alandre 63 O 14
Alange 62 P 11
Alanís 73 R 12
Alanís (Estación de) 73 S 12
Alaquás 56 N 28
Alaraz 38 J 14
Alarba 42 I 25
Alarcia 26 F 20
Alarcón 54 N 23
Alarcón (Embalse de) 54 N 23
Alarcones 75 R 18
Alar del Rey 12 E 17
Alares (Los) 51 N 15
Alarilla 40 J 20
Alaró 90 M 38
Alàs i Cerc 18 E 34
Alastuey 15 E 26
Alatoz 67 O 25
Álava (Provincia) 13 D 21
Alazores (Puerto de Los) 85 U 17
Albá (cerca de Palas de Rei) 7 D 6
Alba (cerca de Villalba) 3 C 6
Alba (Teruel) 42 K 25
Albacete 67 P 24
Alba de Cerrato 25 G 16
Alba de los Cardaños 11 D 15
Alba de Tormes 37 J 13
Alba de Yeltes 36 J 11
Albagès (L') 31 H 32
Albahacar (Arroyo de) 72 S 8
Albaicín 85 U 16
Albaida 69 P 28
Albaida (Port d') 69 P 28
Albaida del Aljarafe 73 T 11
Albaina 14 D 22
Albaladejito 54 L 23
Albaladejo 66 Q 21
Albaladejo del Cuende 54 M 23
Albalá del Caudillo 62 O 11
Albalat de la Ribera 69 O 28
Albalate de Cinca 30 G 30
Albalate del Arzobispo 43 I 28
Albalate de las Nogueras 54 K 23
Albalate de Zorita 54 L 21
Albalatillo 30 G 29
Albánchez 87 U 23
Albánchez de Úbeda 76 S 19
Albanyà 19 F 38
Albarca 45 I 32
Albarca (Cap d') 91 O 34
Albarda (Albacete) 67 Q 23
Albarda (Murcia) 79 R 26
Albarderos (Los) 94 P 8
Albarellos (cerca de Beariz) 7 E 5
Albarellos (cerca de Verín) 21 G 7
Albarellos (Embalse de) 20 E 5
Albarellos (La Coruña) 7 E 5
Albares 53 L 20
Albares de la Ribera 9 E 10
Albaricoques (Los) 87 V 23
Albarín 16 E 28
Albariño (Parador del) (Cambados) 6 E 3
Albariza 5 C 11
Albarracín 55 K 25
Albarracín (Sierra de) 42 K 25
Albarragena (Rivera de) 61 O 9
Albarrana (Sierra) 74 R 13
Albarreal de Tajo 52 M 17
Albatana 67 Q 25
Albatàrrec 31 H 31
Albatera 79 R 27
Albatera (Canal de) 79 R 27

Albayate (Sierra) 85 T 17
Albeiros 3 C 7
Albelda 30 G 31
Albelda de Iregua 27 E 22
Albendea 41 K 22
Albendiego 40 I 20
Albendín 75 S 17
Albenfigo 44 J 29
Albéniz 14 D 23
Albentosa 56 L 27
Alberca (La) (Murcia) 79 S 26
Alberca (La) (Salamanca) 37 K 11
Alberca de Záncara (La) 54 N 22
Alberche (Toledo) 51 M 15
Alberche (Río) 52 L 16
Alberguería 21 F 7
Alberguería de Argañán (La) 36 K 9
Alberic 69 O 28
Alberín 14 E 24
Alberite (Río) 88 W 13
Alberite (La Rioja) 27 E 22
Alberite de San Juan 28 G 25
Albero Alto 29 F 28
Albero Bajo 29 F 28
Alberquilla 86 V 21
Alberquillas (Sierra de las) 52 N 18
Alberuela de la Liena 16 F 29
Alberuela de Tubo 30 G 29
Albesa 31 G 31
Albeta 28 G 25
Albi (L') 31 H 32
Albilla (Fuente) 67 Q 24
Albillos 25 F 18
Albinyana 32 I 34
Albiña (Embalse de) 14 D 22
Albiol (L') 45 I 33
Albires 24 F 14
Albita 85 V 18
Albíztur 14 C 23
Albocàsser 57 K 30
Alboloduy 87 U 22
Albolote 85 U 19
Albondón 86 V 20
Alborache 56 N 27
Alboraya 56 N 28
Alborea 67 O 25
Alboreca 41 I 22
Albores 6 D 3
Alborge 43 H 28
Albornos 38 J 15
Albortú 28 G 24
Albox 87 T 23
Albudeite 78 R 25
Albuera (La) 61 P 9
Albuera (Laguna de la) 65 O 19
Albuera de Feira (Embalse de) 61 Q 10
Albufera (L') (València) 69 N 28
Albufera (La) (Menorca) 91 M 42
Albufera (Parque natural de s') 90 M 39
Albufera de Anna (La) 69 O 28
Albufereta (L') 79 Q 28
Albujón 79 S 26
Albujón (Rambla de) 79 S 26
Albuñán 86 U 20
Albuñol 86 V 20
Albuñuelas 85 V 19
Albuñuelas (Sierra de) 85 V 18
Alburquerque 61 O 9
Alburrel 44 N 7
Alcabala Alta 83 U 13
Alcabón 52 L 16
Alcachofar (El) 73 T 12
Alcadozo 67 Q 24
Alcahozo 55 N 25
Alcaide 77 S 23
Alcaide (Sierra) 85 T 17
Alcaidía (La) 74 T 16
Alcaina 79 R 26

Alcaine 43 J 27
Alcalá 92 H 8
Alcalá de Xivert 57 L 30
Alcalá (Punta) 92 G 8
Alcalá de Ebro 28 G 26
Alcalá de Guadaira 83 T 12
Alcalá de Gurrea 29 F 27
Alcalá de Henares 40 K 19
Alcalá de la Selva 56 K 27
Alcalá de la Vega 55 L 25
Alcalá del Obispo 16 F 29
Alcalá de los Gazules 88 W 12
Alcalá del Río 73 T 12
Alcalá del Valle 84 V 14
Alcalá de Moncayo 28 G 24
Alcalá la Real 85 T 18
Alcalalí 69 P 29
Alcalde (El) 53 M 20
Alcalá del Júcar 67 O 25
Alcalfar 91 M 42
Alcalfe (Arroyo del) 49 M 10
Alcampel 30 G 31
Alcanà 79 Q 27
Alcanadre (La Rioja) 27 E 23
Alcanadre (Río) 16 E 29
Alcanar 45 K 31
Alcanó 31 H 31
Alcántara 49 M 9
Alcántara (Embalse de) 49 M 9
Alcantarilla 79 S 26
Alcantarillas (Estación de las) 83 U 12
Alcantín (Sierra de) 77 S 22
Alcantud 41 K 23
Alcañices 22 G 10
Alcañiz 44 I 29
Alcañizo 51 M 14
Alcaparain (Sierra de) 84 V 15
Alcaparoza 75 R 17
Alcaracejos 74 Q 15
Alcarama 27 G 23
Alcarama (Sierra de) 27 F 23
Alcarayón (Arroyo de) 83 U 11
Alcaraz 66 P 22
Alcaraz (Sierra de) 66 Q 22
Alcarrache 60 Q 8
Alcarràs 30 H 31
Alcarria (La) 41 J 21
Alcàsser 69 N 28
Alcaucín 85 V 17
Alcaudete 83 T 17
Alcaudete (Sevilla) 83 T 12
Alcaudete de la Jara 51 M 15
Alcaudique 86 V 21
Alcazaba 61 P 9
Alcazaba (La) 87 V 22
Alcazaba (Río) 61 P 10
Alcázar (Granada) 86 V 19
Alcázar (Jaén) 85 T 17
Alcázar del Rey 54 L 21
Alcázar de San Juan 65 N 20
Alcazarén 38 H 15
Alcázares (Los) 79 S 27
Alceda 12 C 18
Alcoba de la Torre 26 G 19
Alcoba de los Montes 64 O 16
Alcobendas 40 K 19
Alcobilla 64 O 16
Alcocer 41 K 22
Alcocero de Mola 26 E 19
Alcohujate 54 K 22
Alcoi / Alcoy 69 P 28
Alcola (Alto de) 68 O 26
Alcolea (Almería) 86 V 21
Alcolea (Córdoba) 74 S 15
Alcolea (Laguna de) 64 P 17
Alcolea de Calatrava 64 P 17
Alcolea de Cinca 30 G 30
Alcolea de las Peñas 41 I 21
Alcolea del Pinar 41 I 22
Alcolea del Río 73 T 12
Alcolea de Tajo 51 M 14
Alcoleja 69 P 29
Alcoletge 31 H 32
Alcollarín 62 O 12

Alcollarín (Río) 62 O 12
Alconaba 27 G 22
Alconada 37 J 13
Alconada de Maderuelo 40 H 19
Alconchel 60 Q 8
Alconchel (Rivera de) 60 Q 8
Alconchel de Ariza 41 I 23
Alconchel de la Estrella 54 M 22
Alconera 73 Q 10
Alconétar (Puente Romano de) 49 M 10
Alcóntar 87 T 22
Alcor 82 U 9
Alcor (El) 39 K 17
Alcora 82 U 9
Alcora (Embassament de l') 56 L 29
Alcora (L') 57 L 29
Alcoraia (L') 68 Q 28
Alcorcillo 22 G 10
Alcorcón 52 K 18
Alcorisa 43 J 28
Alcorlo 40 J 20
Alcorlo (Embalse de) 40 I 20
Alcorneo 60 O 8
Alcorneo (Rivera de) 60 Q 8
Alcornocal 74 S 13
Alcornocal (El) (Córdoba) 74 R 14
Alcornocal (El) (Ciudad Real) 64 O 16
Alcornocalejo 73 T 12
Alcornocales (Parque natural de los) 88 V 12
Alcornocosa 74 Q 14
Alcornocosa (La) 73 S 11
Alcoroches 42 K 24
Alcossebre 57 L 30
Alcotas (Teruel) 56 L 27
Alcotas (València) 56 M 27
Alcover 45 I 33
Alcoy / Alcoi 69 P 28
Alcozar 26 H 20
Alcozarejos 67 O 25
Alcubierre 29 G 28
Alcubierre (Puerto de) 29 G 28
Alcubierre (Sierra de) 29 G 28
Alcubilla de Avellaneda 26 G 20
Alcubilla del Marqués 26 H 20
Alcubilla de Nogales 23 F 12
Alcubillas 65 P 20
Alcubillas (Las) 87 U 22
Alcubilla de las Peñas 41 I 22
Alcubillete 52 M 17
Alcublas 56 M 27
Alcúdia (Badia d') 90 M 39
Alcúdia de Crespins (L') 68 P 28
Alcúdia de Veo 56 M 28
Alcúdia (L') 69 O 28
Alcúdia (L') (Ruines d'Ilici) 79 R 27
Alcúdia (Mallorca) 90 M 39
Alcudia (Río) 63 P 15
Alcúdia (Sierra de) 64 P 16
Alcudia (Valle de) 64 O 16
Alcudia de Guadix 86 U 20
Alcudia de Monteagud 87 U 23
Alcuéscar 62 O 11
Alcuetas 23 F 13
Alcuneza 41 I 22
Alda 14 D 23
Aldaba 14 D 24
Aldaia 56 N 28
Aldán 20 F 3
Aldanas 13 C 21
Aldaris 6 D 3
Aldatz 14 C 24
Aldea de Estenas 55 N 26
Aldea de les Coves 55 N 26
Aldea de los Corrales 55 N 26
Aldea (Lugo) 3 C 6

Aldea (L') 45 J 31
Aldea (Punta de la) 94 N 9
Aldea Quintana 74 S 15
Aldea (Soria) 26 H 20
Aldea Blanca 94 P 10
Aldea Blanca del Llano 92 I 9
Aldeacentenera 50 N 13
Aldeacipreste 50 K 12
Aldeacueva 13 C 19
Aldeadávila 73 Q 10
Aldeadávila (Embalse de) 36 I 10
Aldeadávila 36 I 10
Aldea de Arango 51 L 15
Aldea de Arriba 21 F 6
Aldea de Ebro 12 D 17
Aldea del Cano 62 O 11
Aldea del Cano (Estación de) 61 O 10
Aldea del Fresno 52 L 17
Aldea del Obispo 36 J 9
Aldea del Pinar 26 G 20
Aldea del Portillo de Busto (La) 13 D 17
Aldea del Puente (La) 10 E 14
Aldea del Rey 64 P 18
Aldea del Rey Niño 38 K 15
Aldea de Pallarés 73 R 11
Aldea de San Miguel 38 H 16
Aldea de Trujillo 50 N 12
Aldeaencabo de Escalona 52 L 16
Aldeahermosa 76 R 20
Aldealabad del Mirón 37 K 13
Aldealafuente 27 G 23
Aldealázaro 40 H 19
Aldealbar 25 H 16
Aldealcardo 27 F 23
Aldealcorvo 39 I 18
Aldealengua 37 J 13
Aldealengua de Pedraza 39 I 18
Aldealengua de Santa María 40 H 19
Aldealices 27 G 23
Aldealpozo 27 G 23
Aldealseñor 27 G 23
Aldeamayor de San Martín 25 H 16
Aldea Moret 49 N 10
Aldeanueva de Atienza 40 I 20
Aldeanueva de Barbarroya 51 M 14
Aldeanueva de Cameros 27 F 22
Aldeanueva de Ebro 28 F 24
Aldeanueva de Figueroa 37 I 13
Aldeanueva de Guadalajara 40 J 20
Aldeanueva de la Sierra 37 K 11
Aldeanueva de la Vera 50 L 12
Aldeanueva del Camino 50 L 12
Aldeanueva del Codonal 38 I 16
Aldeanueva de Portanobis 36 J 10
Aldeanueva de San Bartolomé 51 N 14
Aldeanueva de Santa Cruz 50 K 13
Aldeaquemada 76 Q 19
Aldea Real 39 I 17
Aldearrodrigo 37 I 12
Aldearrubia 37 I 13
Aldeaseca 38 I 15
Aldeaseca de Alba 37 I 13
Aldeaseca de la Frontera 38 J 14
Aldeasoña 39 H 17
Aldeatejada 37 J 12
Aldeavieja 39 J 16
Aldeavieja de Tormes 37 K 13
Aldehorno 25 H 18

Aldehuela (cerca de Aliaga) 43 J 27
Aldehuela (cerca de Teruel) 55 L 26
Aldehuela (Guadalajara) 42 J 24
Aldehuela (La) 50 K 13
Aldehuela (Madrid) 53 L 19
Aldehuela (Puerto de) 43 J 28
Aldehuela de Ágreda 28 G 24
Aldehuela de Calatañazor 27 G 21
Aldehuela de Jerte 49 L 11
Aldehuela de la Bóveda 37 J 11
Aldehuela del Codonal 39 I 16
Aldehuela de Liestos 42 I 24
Aldehuela de Periáñez 27 G 23
Aldehuela de Yeltes 37 K 11
Aldehuelas (Las) 27 G 22
Aldeire 86 U 20
Aldeonsancho 39 I 18
Aldeonte 39 H 18
Aldeyuso 25 H 17
Aldige 3 C 7
Aldover 45 J 31
Alea 11 B 14
Aleas 40 J 20
Aledo 78 S 25
Alegia 14 C 23
Alegranza (Isla) 95 W 1
Alegría (La) 83 U 12
Alegría-Dulantzi 14 D 22
Aleixar (L') 45 I 33
Alejos (Los) 66 Q 23
Alella 33 H 36
Alentisque 41 I 23
Aler 17 F 31
Alera 28 F 25
Alerre 29 F 28
Alesanco 27 E 21
Alesón 27 E 21
Alevia 11 B 16
Alfàbia 90 M 38
Alfàbia (Sierra de) 90 M 38
Alfacar 85 U 19
Alfacs (Puerto de los) 45 K 31
Alfafar 56 N 28
Alfafara 69 P 28
Alfaix 87 U 24
Alfajarin 29 H 27
Alfambra 43 K 26
Alfambra (Río) 43 K 26
Alfamén 28 H 26
Alfántega 30 G 30
Alfara d'Algímia 56 M 28
Alfara de Carles 44 J 31
Alfaraz de Sayago 37 I 12
Alfarb 69 O 28
Alfarnate 85 V 17
Alfarnatejo 85 V 17
Alfaro 28 F 24
Alfaro (Serra d') 69 P 29
Alfarràs 31 G 31
Alfarrasí 69 P 28
Alfás del Pi (L') 69 Q 29
Alfera (La) 66 Q 23
Alfés 31 H 31
Alfocea 29 G 27
Alfondeguilla 57 M 29
Alfonse XIII (Embalse de) 78 R 25
Alfonso XIII 83 U 11
Alfoquia (La) 87 T 23
Alforja 45 I 32
Alfornón 86 V 20
Alforque 43 I 28
Alfoz (Castro de Ouro) 3 B 7
Alfoz (Lugo) 8 D 8
Algaba (La) 73 T 11
Algadefe 23 F 13
Algaiat (Serra de l') 79 R 27
Algaida 90 N 38
Algaida (La) (Cádiz) 82 V 11
Algaida (La) (Murcia) 78 R 26
Algaidilla 84 U 15
Algairén (Sierra de) 42 H 25
Algallarín 75 R 16

Algámitas 84 U 14
Algar 88 W 13
Algar de Palància 56 M 28
Algar de Palància (Embassament d') 56 M 28
Algar (El) 79 T 27
Algarabejo (El) 83 U 13
Algar de Mesa 42 I 24
Algarín 73 T 13
Algarinejo 85 U 17
Algarra 55 L 25
Algarra (Río de) 55 M 25
Algarróbillo (El) 83 V 12
Algarrobo 85 V 17
Algarrobo (Sierra de) 78 T 24
Algarrobo Costa 85 V 17
Algas 44 J 30
Algas (Punta de) 79 S 27
Algatocín 89 W 14
Algayón 30 G 31
Algecira (La) 43 J 28
Algeciras 89 X 13
Algeciras (Bahía de) 89 X 13
Algemesí 69 O 28
Algendar (Barranc d') 91 M 41
Algerri 31 G 31
Algete 40 K 19
Algezares (cerca de Cehegín) 78 R 24
Algezares (cerca de Murcia) 79 S 26
Algibillo 75 R 17
Algímia d'Alfara 56 M 28
Algímia de Almonacid 56 M 28
Alginet 69 O 28
Algodonales 84 V 13
Algodor 52 M 18
Algodre 23 H 13
Algora 41 J 22
Algorfa 79 R 27
Algorta 13 B 20
Algozón 7 E 6
Alguaire 31 G 31
Alguazas 78 R 26
Alguenya (L') 79 Q 26
Alhabia 87 V 22
Alhama de Granada 85 U 18
Alhama (Río) 27 G 23
Alhama (Sierra de) 85 V 17
Alhama (Tierras de) 85 V 17
Alhama de Almería 87 V 22
Alhama de Aragón 42 I 24
Alhama de Murcia 78 S 25
Alhambra 65 P 20
Alhambra (La) 85 U 19
Alhambra (Sierra de) 65 P 20
Alhambras (Las) 56 L 27
Alhamilla (Sierra) 87 V 22
Alhanchete (El) 87 U 24
Alhándiga 37 K 12
Alharilla 75 S 17
Alhaurín de la Torre 84 W 16
Alhaurín el Grande 89 W 15
Alhendín 85 U 19
Alhóndiga 41 K 21
Alía 51 N 14
Aliaga 43 J 27
Aliaguilla 55 M 26
Aliaguilla (Sierra de) 55 M 25
Alías 87 V 23
Alicante / Alacant 79 Q 28
Alicante (Golfo de) 79 R 28
Alicún 87 V 22
Alicún de Ortega 76 T 20
Alienes 4 B 10
Alija 10 E 13
Alija del Infantado 23 F 12
Alijar 82 V 11
Alijar (Puerto de) 89 W 14
Alins 17 E 33
Alins del Monte 17 F 31
Alinyà 18 F 34
Alió 45 I 33
Alique 41 K 22
Alisar (El) 73 T 11
Alisas (Puerto de) 12 C 19
Aliseda 49 N 9

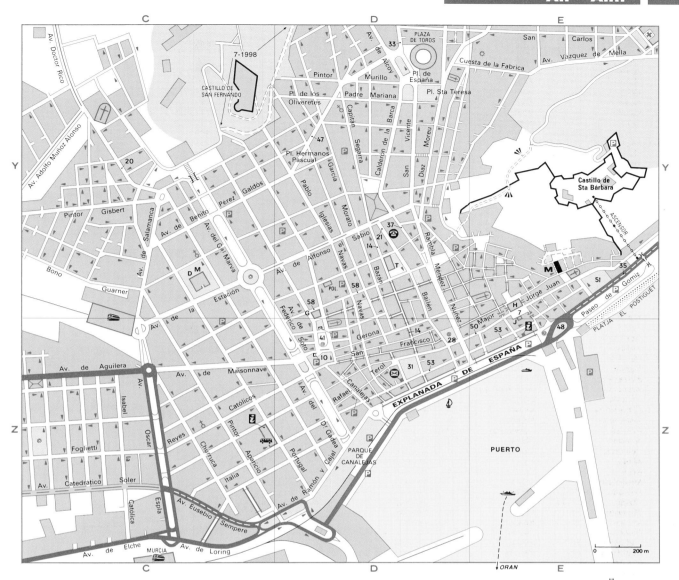

ALACANT ALICANTE

Alfonso X el Sabio (Av. de) **DY**
Constitución (Av. de la) **DY** 21
Major **EY**
Méndez Núñez (Rambla) **DYZ**

Adolfo Muñoz
　Alonso (Av.) . . . . **CY**
Aguilera (Av. de) . . . . **CZ**
Alcoy (Av. de) . . . . **DY**
Ayuntamiento (Pl. del) . . **EY** 7
Bailén . . . . **DY**
Bazán . . . . **DY**
Benito Pérez Galdós (Av.) . **CY**
Bono Guarner . . . . **CY**
Calderón de la Barca . . . . **DY**
Calvo Sotelo (Pl.) . . . . . . **DZ** 10
Canalejas . . . . **DZ**
Capitán Segarra . . . . **DY**
Castaños . . . . **DYZ** 14
Catedrático Soler (Av.) . . **CZ**
Churruca . . . . **CZ**
Condes de
　Soto Ameno (Av.) . . . . **CY** 20
Díaz Moreu . . . . **DY**
Doctor Gadea (Av. del) . . **DZ**
Doctor Rico (Av.) . . . . **CY**
Elche (Av. de) . . . . **CZ**
Elche (Portal de) . . . . **DZ** 28
España (Esplanada de) . . **DEZ**
España (Pl. de) . . . . **DY**
Estación (Av. de la) . . . . . **CY**
Eusebio Sempere (Av.) . . **DZ**
Fábrica (Cuesta de la) . . . **EY**
Federico Soto (Av. de) . . . **DZ**
Foglieti . . . . **CZ**
Gabriel Miró (Pl. de) . . . . **DZ** 31
García Morato . . . . **DY**
General Marva (Av. del) . . **CY**
Gerona . . . . **EY**
Gomiz (Paseo de) . . . . . . **DY**
Hermanos Pascual (Pl.) . . **DY**
Isabel la Católica . . . . . . **CZ**
Italia . . . . **CZ**
Jijona (Av. de) . . . . **DY** 33
Jorge Juan . . . . **EY**
Jovellanos (Av. de) . . . . . **EY** 35
López Torregrosa . . . . . . **DY** 37
Loring (Av. de) . . . . **DZ**
Maisonnave (Av. de) . . . . **DZ**
Montañeta (Pl. de la) . . . **DZ** 41
Navas . . . . **DYZ**
Oliveretes (Pl. de los) . . . **DY**
Oscar Esplá (Av.) . . . . . . **CZ**
Pablos Iglesias . . . . **CZ**
Padre Mariana . . . . **DY**
Pintor Aparicio . . . . **DY**
Pintor Gisbert . . . . **CY**
Pintor Murillo . . . . **DY**
Poeta Carmelo Calvo (Av.) **DY** 47
Portugal . . . . **DZ**
Puerta del Mar (Pl.) . . . . **EZ** 48
Rafael Altamira . . . . **EZ** 50
Rafael Terol . . . . **DZ**
Ramiro (Pas.) . . . . **EY** 51
Ramón y Cajal (Av. de) . . **DZ**
Reyes Católicos . . . . **CZ**
Salamanca (Av. de) . . . . **CY**
San Carlos . . . . **EY**
San Fernando . . . . **DEZ** 53
San Francisco . . . . **DZ**
San Vicente . . . . **DY**
Santa Teresa (Pl.) . . . . . . **DY**
Teatre Chapí . . . . **DY** 58
Vázquez de Mella (Av.) . . **EY**

Aliseda (La) . . . . 76 R 19
Aliseda de Tormes
　(La) . . . . 50 L 13
Aliste . . . . 23 G 11
Aliud . . . . 27 H 23
Aljabaras (Las) . . . . 74 S 14
Aljaraque . . . . 82 U 8
Aljariz . . . . 87 U 24
Aljibe . . . . 88 W 13
Aljibe (El) . . . . 78 T 24
Aljibe (Sierra del) . . 63 N 15
Aljibe (Sierra del)
　(Ciudad Real) . . . 65 Q 19
Aljorra (El) . . . . 79 S 26
Aljube . . . . 67 Q 25
Aljucén . . . . 62 O 11
Aljucén
　(Estación de) . . . 61 P 10
Aljucén (Río) . . . . . . 62 O 11
Aljunzarejo (El) . . . . 78 R 26
Alkiza . . . . 14 C 23
Alkotz . . . . 15 C 24
Allande . . . . 4 C 10
Allariz . . . . 21 F 6
Allariz (Alto de) . . . . 21 F 6
Allepuz . . . . 43 K 27
Aller . . . . 5 C 13
Allés . . . . 11 B 15
Allo . . . . 14 E 23
Alloz . . . . 14 D 24
Alloz (Embalse de) . 14 D 24
Alloza . . . . 43 J 28
Allozo (El) . . . . 66 P 21
Allueva . . . . 43 J 26
Almacelles . . . . 30 G 31
Almáchar . . . . 85 V 17
Almáciga . . . . 93 K 6
Almaciles . . . . 77 S 22
Almadén . . . . 63 P 15
Almadén (El) . . . . . . 76 S 19

Almadén (Sierra) . . 76 S 19
Almadén de la
　Plata . . . . 73 S 11
Almadenejos . . . . . 63 P 15
Almadenes . . . . 78 R 25
Almadraba de
　Monteleva . . . . .
Almadraba de
　Monteleva . . . . . 87 V 23
Almadraba de
　Monteleva (La) . . 87 V 23
Almadraba (La) . . . 88 W 10
Almadrava (L') . . . . 45 J 32
Almadrones . . . . . . 41 J 21
Almafrà . . . . 68 Q 27
Almagarinos . . . . . . 9 D 11
Almagrera
　(Cabeza) . . . . 63 P 14
Almagrera (Sierra) . 87 U 24
Almagro . . . . 65 P 18
Almagro (Sierra
　de) . . . . 78 T 24
Almagros . . . . 78 S 26
Almajalejo . . . . 78 T 24
Almajano . . . . 27 G 22
Almallá . . . . 42 J 24
Almaluez . . . . 41 I 23
Almandoz . . . . 15 C 25
Almansa (Albacete) 68 P 26
Almansa (Cáceres) . 63 O 14
Almansa
　(Embalse de) . . . 68 P 26
Almansas . . . . 76 S 20
Almanza . . . . 11 E 14
Almanzor (Pico) . . . 51 L 14
Almanzora . . . . 87 T 23
Almanzora (Río) . . . 78 T 24
Almar (Río) . . . . 37 J 13
Almarail . . . . 27 H 22
Almaraz . . . . 50 M 12

Almaraz de Duero . 23 H 12
Almarcha (La) . . . . . 54 M 22
Almarchal (El) . . . . . 88 X 12
Almargen . . . . 84 U 14
Almarza . . . . 27 G 22
Almarza de
　Cameros . . . . 27 F 22
Almàssera . . . . 56 N 28
Almassora . . . . 57 M 29
Almatret . . . . 44 I 31
Almayate . . . . 85 V 17
Almazán . . . . 27 H 22
Almazán
　(Canal de) . . . . . . 27 H 21
Almazán (Pinares
　de) . . . . 27 H 22
Almázcara . . . . 9 E 10
Almazorre . . . . 16 F 30
Almedíjar
　(cerca de
　Segorbe) . . . . . . 56 M 28
Almedíjar
　(cerca de
　Torreblanca) . . . 57 L 30
Almedina . . . . 66 Q 21
Almedinilla . . . . 85 T 17
Almegíjar . . . . 86 V 20
Almeida . . . . 37 I 11
Almenar . . . . 31 G 31
Almenara (Castelló) 57 M 29
Almenara (Lérida) . 31 G 33
Almenara (Madrid) . 39 K 17
Almenara (Sierra) . 89 X 13
Almenara
　(Sierra de) . . . . . 78 T 25
Almenara de Adaja 38 I 15
Almenara de
　Tormes . . . . 37 I 12
Almenaras . . . . 66 Q 22
Almenar de Soria . . 27 G 23

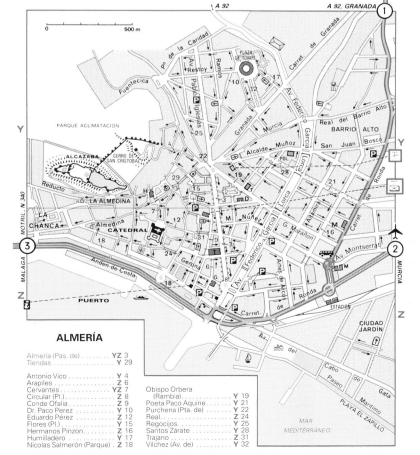

ALMERÍA

Almería (Pas. de) . . . . **YZ** 3
Tiendas . . . . **Y** 29

Antonio Vico . . . . **Y** 4
Arapiles . . . . **Z** 6
Cervantes . . . . **YZ** 7
Circular (Pl.) . . . . **Z** 8
Conde Ofalia . . . . **Z** 9
Dr. Paco Perez . . . . **Y** 10
Eduardo Pérez . . . . **Z** 14
Flores (Pl.) . . . . **Z** 15
Hermanos Pinzón . . . . . . **Y** 16
Humilladero . . . . **Y** 17
Nicolás Salmerón (Parque) **Z** 18
Obispo Orbera
　(Rambla) . . . . **Y** 19
Poeta Paco Aquino . . . . . **Y** 21
Purchena (Pta. de) . . . . . . **Y** 22
Real . . . . **Z** 24
Regocijos . . . . **Z** 25
Santos Zárate . . . . **Y** 28
Trajano . . . . **Z** 31
Vílchez (Av. de) . . . . **Y** 32

Almendra (Embalse de) 37 I 11
Almendra (Salamanca) 36 I 10
Almendra (Zamora) 23 H 12
Almendral 85 U 17
Almendral (Badajoz) 61 Q 9
Almendral (Cáceres) 49 L 11
Almendral (El) (Almería) 87 U 22
Almendral (El) (Granada) 85 V 17
Almendral de la Cañada 51 L 15
Almendralejo 61 P 10
Almendres 12 D 19
Almendricos 78 T 24
Almendro (El) 72 T 8
Almendros 54 M 21
Almensilla 83 U 11
Almenzora 87 T 22
Almería 87 V 22
Almería (Golfo de) 87 V 22
Almerimar 86 V 21
Almeza (La) 56 M 27
Almijara (Sierra de) 85 V 18
Almirez 78 Q 24
Almiruete 40 I 20
Almochuel 43 I 28
Almócita 86 V 21
Almodóvar 88 X 12
Almodóvar (Embalse de) 88 X 13
Almodóvar del Campo 64 P 17
Almodóvar del Pinar 55 M 24
Almodóvar del Río 74 S 14
Almogía 84 V 16
Almoguera 53 L 21
Almoguera (Embalse de) 53 L 21
Almohaja 42 K 25
Almoharín 62 O 11
Almoines 69 P 29
Almolda (La) 30 H 29
Almonacid de la Cuba 43 I 27
Almonacid del Marquesado 54 M 21
Almonacid de Toledo 52 M 18
Almonacid de Zorita 54 L 21
Almonació de la Sierra 42 H 26
Almonaster la Real 72 S 9
Almontaras (Las) 77 S 21
Almonte (Huelva) 82 U 10
Almonte (Río) 49 N 11
Almoradí 79 R 27
Almoraima 89 X 13
Almorchón 63 P 14
Almorchón (Sierra de) 77 R 22
Almorox 52 L 16
Almoster 45 I 33
Almudáfar 30 H 30
Almudaina 69 P 28
Almudena (La) 78 R 24
Almudévar 29 F 28
Almudévar (Estación de) 29 G 28
Almuerzo (El) 27 G 23
Almunia de Doña Godina (La) 28 H 25
Almunia de San Juan 30 G 30
Almunias (Las) 16 F 29
Almuniente 29 G 28
Almuña 4 B 10
Almuñécar 85 V 18
Almuradiel 65 Q 19
Almurfe 5 C 11
Almussafes 69 O 28
Alobras 55 L 25
Alocén 41 K 21
Alojera 95 E 9
Alomartes 85 U 18
Alonso de Ojeda 62 O 12
Alonsótegui 13 C 21
Aloña 14 D 22
Alor 60 Q 8
Álora 84 V 15
Alós (Embalse de) 17 G 32

Alós de Balaguer 31 G 32
Alós de Gil 17 D 33
Alosno 72 T 8
Alovera 40 K 20
Alozaina 84 V 15
Alp 18 E 35
Alpandeire 89 W 14
Alpanseque 41 I 21
Alpartir 42 H 25
Alpatró 69 P 29
Alpedrete 39 K 17
Alpedroches 40 I 21
Alpens 18 F 36
Alpeñés 43 J 26
Alpera 68 P 26
Alpicat 31 G 31
Alpizar 72 T 10
Alporchones 78 T 25
Alpuente 56 M 26
Alpujarras (Las) 86 V 20
Alquería (La) (Almería) 86 V 20
Alquería (La) (Murcia) 68 Q 26
Alquerías Zeneta 79 R 26
Alquézar 16 F 30
Alquián (El) 87 V 22
Alquife 86 U 20
Alquité 40 I 19
Alsamora 17 F 32
Alsodux 87 U 22
Alta 3 C 7
Alta 94 O 9
Alta (Sierra) 42 K 25
Altable 13 E 20
Alta Coloma (Sierra de) 75 T 18
Altafulla 32 I 34
Alta Gracia (Ermita de) 49 N 10
Altaira 13 B 21
Altamira (Cuevas de) 12 B 17
Altamira (Sierra de) 50 M 13
Altamiros 38 J 15
Altarejos 54 M 22
Altavista 92 I 8
Altavista 94 N 9
Altea 69 Q 29
Altea la Vella 69 Q 29
Altet (L') 79 R 28
Altico (El) 75 R 18
Alto de Ter (Vall) 19 F 37
Alto (Puntal) 86 U 21
Altobordo 78 T 24
Alto de la Madera 5 B 12
Altomira 54 L 21
Altomira (Sierra de) 54 L 21
Alto Rey (Sierra de) 40 I 20
Altorricón 30 G 31
Altorricón-Tamarite 30 G 31
Altos (Los) 12 D 19
Altos (Puerto Los) 67 P 25
Alto Tajo (Parque natural del) 41 J 23
Altotero 12 D 19
Altron 17 E 33
Altsasu 14 D 23
Altube 13 C 21
Altura 56 M 28
Altzo 14 C 23
Aluenda 42 H 25
Alueza 17 E 30
Alumbres 79 T 27
Alustante 42 K 25
Álvarez de Sotomayor 87 V 22
Alvarizones (Los) 88 W 11
Alvedro (Aeropuerto de) 2 C 4
Alvidrón 7 D 6
Alzira 69 O 28
Alzola 14 C 22
Amadòrio (Embassament d') 69 Q 29
Amaiur 15 C 25
Amandi 5 B 13
Amarguillo (Río) 65 N 19
Amasa 14 C 23
Amatos 37 J 13
Amatriáin 15 E 25
Amavida 38 K 14

Amaya 12 E 17
Amayas 42 I 24
Amayuelas 11 D 16
Ambás (cerca de Avilés) 5 B 12
Ambás (cerca de Villaviciosa) 5 B 13
Ambasaguas 10 D 13
Ambasmestas 8 E 9
Ambel 28 G 25
Ambite 53 L 20
Ambosores 3 B 6
Amboto 14 C 22
Ambrona 41 I 22
Ambroz (Río) 49 L 11
Ameixenda 6 D 2
Amer 19 F 37
Amer (Punta de) 91 N 40
Ames 6 D 4
Ames (Bertamiráns) 6 D 4
Améscoa Baja 14 D 23
Ametlers (Els) 45 K 31
Ametlla (L') (cerca de Àguer) 17 F 32
Ametlla (L') (cerca de Tàrrega) 31 H 33
Ametlla de Casseres (L') 18 F 35
Ametlla del Vallès (L') 32 G 36
Ametlla de Mar (L') 45 J 32
Ametlla de Merola (L') 32 G 35
Ameyugo 13 E 20
Amezketa 14 C 23
Amieva 11 C 14
Amil 6 E 4
Amiudal 7 E 5
Amoedo 20 F 4
Amoeiro 7 E 6
Amoladeras (Collado de las) 68 N 27
Amorebieta 13 C 21
Amoroto 14 C 22
Amparo (El) 92 H 7
Ampolla (L') 45 J 32
Amposta 45 J 31
Ampudia 24 G 15
Ampuero 12 B 19
Ampuyenta 93 U 7
Amurrio 13 C 20
Amusco 25 F 16
Amusquillo 25 G 17
Anadón 43 J 27
Anafreita 3 C 6
Anaga (Faro de) 93 L 6
Anaga (Punta de) 93 L 6
Anaya 39 J 17
Anaya de Alba 37 J 13
Anayet (Coto nacional del) 16 D 28
Ancares 63 O 15
Ancares (Refugio de) 8 D 9
Ancares (Río) 9 D 9
Ancares (Sierra de) 9 D 9
Ancares Leoneses (Reserva nacional de los) 9 D 9
Anchuela del Campo 41 I 23
Anchuela del Pedregal 42 J 24
Anchuelo 53 K 20
Anchuras 51 N 15
Anchuricas (Embalse de) 77 R 22
Anchurones 64 N 16
Anciles 17 E 31
Ancillo 12 C 19
Ancín 14 E 23
Anciola (Punta de) 90 O 38
Ancla (El) 88 W 11
Anclas (Las) 41 K 21
Anda 13 D 21
Andagoya 13 D 21
Andaluz 27 H 21
Andara 11 C 15
Andarax 86 V 21
Andatza 14 C 23
Andavias 23 H 12
Andén (El) 92 I 7
Andia (Sierra de) 14 D 24
Andilla 56 M 27

Andiñuela 23 E 11
Andoain 14 C 23
Andoio 2 C 4
Andorra 43 J 28
Andorra la Vella 18 E 34
Andosilla 28 E 24
Andrade (Castillo de) 3 B 5
Andratx 90 N 37
Andrín 11 B 15
Andújar 75 R 17
Aneas (Las) 87 U 22
Anento 42 I 25
Anero 12 B 19
Aneto (Pico de) 17 E 31
Anfeoz 21 F 6
Angel (El) 89 W 15
Ángeles (Cerro de los) 53 L 19
Ángeles (Los) 52 L 18
Ángeles (Los) (Cádiz) 89 W 13
Ángeles (Los) (Córdoba) 75 S 16
Ángeles (Río de Los) 49 L 10
Ángeles (Sierra de Los) 49 L 10
Anglès 33 G 37
Anglesola 31 H 33
Angón 41 I 21
Angostura (La) 94 P 9
Angüés 16 F 29
Anguciana 13 E 21
Anguiano 27 F 21
Anguijes (Los) 67 P 24
Anguiozar 14 C 22
Anguita 41 I 22
Anguix (Burgos) 25 G 18
Anguix (Guadalajara) 54 K 21
Aniago 24 H 15
Aniés 29 F 28
Anievas 12 C 17
Aniezo 11 C 16
Aniñon 28 H 24
Anleo 4 B 9
Anllares 9 D 10
Anllarinos 9 D 10
Anllóns 2 C 3
Anna 68 O 28
Anoeta 14 C 23
Anoia 32 H 34
Anorías (Las) 67 P 25
Anós 2 C 3
Anoz 14 D 24
Anquela del Ducado 41 J 23
Anquela del Pedregal 42 J 24
Ansares (Lucio de los) 82 V 10
Anserall 18 E 34
Ansó 15 D 27
Ansó (Valle de) 15 D 27
Antas 87 U 24
Antas (Río) 87 U 23
Antas de Ulla 7 D 6
Antella 68 O 28
Antemil 2 C 4
Antequera 84 U 16
Antequera (Bahía de) 93 L 6
Antequera (Punta de) 93 L 6
Antes 6 D 3
Antezana 13 D 21
Antigua (La) 93 T 7
Antigua (La) 23 F 12
Antigüedad 25 G 17
Antilla (La) 82 U 8
Antillón 16 F 29
Antimio 10 E 13
Antonio Machado (Parador) (Soria) 27 G 22
Antoñana 14 D 22
Antoñán del Valle 10 E 12
Antzuola 14 C 22
Anue 15 D 25
Anxeles (Os) 6 D 3
Anxeriz 2 C 3
Anya 31 G 33
Anzánigo 16 E 28
Anzofé 94 O 9
Anzur 84 T 16
Añarbe (Embalse de) 14 C 24

Añastro 13 D 21
Añavieja 28 G 24
Añaza 93 K 7
Añe 39 I 17
Añes 13 C 20
Añides 4 B 9
Añisclo (Garganta de) 16 E 30
Añón 28 G 24
Añora 74 Q 15
Añorbe 14 E 24
Añover de Tajo 52 M 18
Añover de Tormes 37 I 12
Añoza 24 F 15
Aós (Lérida) 18 E 34
Aós (Navarra) 15 D 25
Aoslos 40 I 19
Apadreado (El) 67 P 25
Aparecida (La) (Alacant) 79 R 26
Aparecida (La) (Murcia) 79 S 27
Apellániz 14 D 22
Apiés 29 F 28
Apricano 13 D 21
Aqua Brava 19 F 39
Aquaola 86 U 19
Aquasvivas 43 J 27
Aquijón 49 N 11
Aquilianos (Montes) 9 E 9
Aquilué 16 E 28
Ara 16 E 28
Ara (Río) 16 D 29
Arabayona 37 I 13
Arabexo 2 C 4
Arabí 68 P 26
Arabinejo 67 P 25
Aracaldo 13 C 21
Aracena 72 S 10
Aracena (Embalse de) 72 S 10
Aracena (Sierra de) 72 S 9
Arafo 92 J 7
Aragó i Catalunya (Canal d') 31 H 31
Aragón (Canal Imperial de) 28 G 25
Aragón (Río) 15 E 27
Aragoncillo 41 J 23
Aragoncillo (Monte) 41 J 23
Aragoneses 39 I 16
Aragón Subordán 15 D 27
Aragón y Cataluña (Canal de) 16 F 30
Aragosa 41 J 21
Araguás 16 E 30
Araguás del Solano 15 D 28
Aragüés del Puerto 15 D 27
Arahal (El) 83 U 13
Arahuetes 39 I 18
Araia / Araya (Álava) 14 D 23
Araitz 14 C 23
Arakil 14 D 23
Aralar (Sierra de) 14 D 23
Aralla 10 D 12
Aralla (Collada de) 10 D 12
Aramaio 14 C 22
Aramunt 17 F 32
Arán 44 J 30
Aran (Vall d') 17 D 32
Arana (Sierra) 76 T 19
Aranarache 14 D 23
Arancedo 4 B 9
Arancón 27 G 23
Aranda (Canal de) 26 H 19
Aranda (Málaga) 89 W 15
Aranda (Río) 28 H 25
Aranda de Moncayo 28 H 24
Arándiga 28 H 25
Arandilla 26 G 19
Arandilla (Río) 26 G 19
Arandilla del Arroyo 41 K 22
Aranga 3 C 5
Aranga (Estación de) 3 C 6
Arangas 11 C 15
Aranguiz 13 D 21
Aranguren 15 D 25
Aranjuez 53 L 19
Arano 14 C 24

Aranqüite 15 E 26
Aránser 18 E 34
Arante 4 B 8
Arantza 14 C 24
Arantzazu 14 D 22
Arantzazu (Vizcaya) 13 C 21
Aranyó (L') 31 G 33
Aranza 8 D 8
Aranzueque 40 K 20
Araña (Cuevas de la) 68 O 27
Arañuel 56 L 28
Araós 17 E 33
Araoz 14 D 22
Arapiles 37 J 13
Aras 14 E 22
Arascués 29 F 28
Aratz-Erreka 14 C 23
Arauzo de Miel 26 G 19
Arauzo de Salce 26 G 19
Arauzo de Torre 26 G 19
Aravaca 52 K 18
Aravel 18 E 34
Araviana 28 G 24
Araxes 14 C 23
Araya 92 J 7
Araya / Araia (Álava) 14 D 23
Araya (Cabeza) 49 N 10
Araya de Arriba (Embalse de) 49 N 9
Araz (Peña) 14 D 23
Arazuri 14 D 24
Arba 28 F 26
Arba de Biel 29 F 27
Arba de Luesia 29 F 27
Arbancón 40 J 20
Arbaniés 16 F 29
Arbás 10 D 12
Arbayún (Hoz de) 15 D 26
Arbeca 31 H 32
Arbedales (Cuevas de) 5 B 12
Arbeteta 41 J 22
Arbillas (Mirador de) 51 L 14
Arbizu 14 D 23
Arbo 20 F 5
Arboç (L') 32 I 34
Arboçar de Dalt (L') 32 I 35
Arbocet (L') 45 I 32
Arboleas 87 T 23
Árboles (Los) 66 O 21
Arbolí 45 I 32
Arbón 4 B 9
Arbón (Embalse de) 4 B 9
Arbúcies 33 G 37
Arbujuelo 41 I 22
Arbuniel 76 T 19
Arc de Cabanes 45 L 29
Arca 6 E 4
Arcade 6 E 4
Arcallana 5 B 11
Arcamo (Sierra de) 13 D 21
Arcángeles (Los) 40 K 19
Arcas 54 M 23
Arcavell 18 E 34
Arce (Valle de) 15 D 25
Arcediano 37 I 13
Arcellana 5 B 11
Arcenillas 23 H 12
Arcentales 13 C 20
Archena 78 R 26
Archez 85 V 18
Archidona (Málaga) 85 U 16
Archidona (Sevilla) 73 S 11
Archidona (Sierra de) 85 U 16
Archilla 40 J 21
Architana 78 R 24
Archivel 77 R 23
Arcicóllar 52 L 17
Arcillera 23 G 11
Arcillo 37 H 12
Arco 49 M 10
Arco (El) 37 I 12
Arcos (Burgos) 25 F 18
Arcos (cerca de Carnota) 6 D 2

Arcos (cerca de Cuntis) 6 E 4
Arcos (Embalse de) 83 V 12
Arcos (Los) 14 E 23
Arcos (Lugo) 7 E 6
Arcos (Orense) 7 E 5
Arcos (Río) 55 M 26
Arcos (Sierra de) 43 I 28
Arcos (Zamora) 23 G 12
Arcos de Jalón 41 I 23
Arcos de las Frontera 83 V 12
Arcos de la Sierra 54 K 23
Arcos de las Salinas 56 M 26
Arcs (Els) 31 G 32
Arcs (Ermita d'Els) 19 F 37
Arcusa 16 F 30
Ardachón (Arroyo) 73 T 11
Ardáiz 15 D 25
Ardal 77 Q 22
Ardales 84 V 15
Ardanaz 15 D 25
Ardaña 2 C 3
Ardèvol 32 G 34
Ardila 72 R 9
Ardisa 29 F 27
Ardisa (Embalse de) 29 F 27
Ardón 23 E 13
Ardoncino 10 E 13
Ardonsillero 37 J 11
Arduas (Las) 83 U 12
Area 20 F 3
Areas (cerca de Ponteareas) 20 F 4
Areas (cerca de Tui) 20 F 4
Areas (Estación de) 8 E 7
Areas (Lugo) 7 D 6
Areatza 13 C 21
Areeta (Vizcaya) 13 C 20
Arejos (Los) 78 T 24
Arellano 14 E 23
Arén 17 F 32
Arena (La) 5 B 11
Arenal (El) (Ávila) 51 L 14
Arenal (El) (Segovia) 39 I 18
Arenal (Puerto del) 66 Q 22
Arenal d'en Castell 91 L 42
Arenales (Los) 84 T 14
Arenales de San Gregorio 65 O 20
Arenals del Sol (Els) 79 R 28
Arenas (Asturias) 5 C 13
Arenas (Burgos) 12 D 18
Arenas de Cabrales 11 C 15
Arenas (Málaga) 85 V 17
Arenas (Refugio) 12 C 17
Arenas de Iguña 12 C 17
Arenas del Rey 85 V 18
Arenas de San Juan 65 O 19
Arenas de San Pedro 51 L 14
Arenetes (Les) 69 P 30
Arenillas (Soria) 41 I 22
Arenillas (Sevilla) 73 S 12
Arenillas de Muñó 25 F 18
Arenillas de Riopisuerga 25 E 17
Arenillas de Villadiego 12 E 18
Arenita (La) 92 H 9
Arenós (Embassament de) 56 L 28
Arenosillo (Arroyo) 75 R 16
Arenoso 75 R 16
Arens de Lledó 44 J 30
Arenteiro 7 E 5
Arenys de Mar 33 H 37
Arenys de Munt 33 H 37
Arenzana de Abajo 27 E 21
Areños 11 C 16
Arceo 13 C 21
Ares (Collado d') 19 E 37
Ares del Maestrat 44 K 29
Ares (La Coruña) 3 B 5
Ares (Mola d') 44 K 29
Areso 14 C 24
Areta 13 C 21
Areta (Río) 15 D 26
Aretxabaleta 14 C 22
Areu 17 E 33

Arevalillo	37 K 13	Arlanzón		Arrobuey	49 K 11	Arucas (Punta de)	94 P 9	Atalaya (La)		Ayedo	27 F 23
Arevalillo (Río)	38 J 15	(Embalse de)	26 F 20	Arrocampo-		Arure	95 E 9	(Cuenca)	54 M 23	Auñón	41 K 21	Ayegui	14 E 23
Arevalillo de Cega	39 I 18	Arlanzón (Río)	26 F 20	Almaraz		Arvas (Ruinas		Atalaya (La)		Aurela (Rivera)	48 N 8	Ayera	16 F 29
Arévalo (Soria)	27 G 22	Arlas (Arroyo de)	41 K 21	(Embalse de)	50 M 12	romanas de)	73 T 13	(Cerca de Gáldar)	94 O 9	Aurín	16 E 28	Ayerbe	29 F 27
Arévalo (Ávila)	38 I 15	Arlos	5 B 12	Arrojo	5 C 12	Arzádigos	21 G 8	Atalaya (La)		Auritz	15 D 26	Ayesa	15 E 25
Arga	15 D 25	Arlucea	14 D 22	Arrolobos	49 K 11	Arzón	6 D 3	(Murcia)	78 T 25	Auritzberri	15 D 25	Ayllón	40 H 19
Argallanes		Armada	5 C 12	Arróniz	14 E 23	Arzoz	14 D 24	Atalaya (La)		Ausejo	27 E 23	Ayllón (Sierra de)	40 I 19
(Sierra de)	62 Q 12	Armada		Arroyomuerto	37 K 11	Arzúa	7 D 5	(Salamanca)	36 K 10	Ausejo de la Sierra	27 G 22	Ayna	67 Q 23
Argallón	74 R 13	(Castillo de la)	74 S 13	Arroyal	12 D 17	Ascara	16 E 28	Atalaya (La)		Ausines (Los)	26 F 19	Ayódar	56 L 28
Argalo	6 D 3	Armada (La)	20 F 5	Arroyo	55 N 26	Ascarza	13 D 21	(Cerca de Santa		Autilla del Pino	24 G 16	Ayoluengo	12 D 18
Argamasilla	74 T 13	Armallones	41 J 23	Arroyo (Ciudad Real)	64 Q 18	Ascaso	16 E 30	Brígida)	94 P 9	Autillo de Campos	24 F 15	Ayón	14 E 22
Argamasilla		Armañanzas	14 E 23	Arroyo (Cantabria)	12 D 17	Ascó	45 I 31	Atalaya (La) (Ávila)	52 K 16	Autol	27 F 23	Ayones	4 B 10
de Alba	65 O 20	Armas	89 W 15	Arroyo (Huelva)	72 S 9	Ascopalls	69 O 28	Atalaya (La) (Sevilla)	74 T 13	Autza	15 C 25	Ayoó de Vidriales	23 F 11
Argamasilla		Armellada	10 E 12	Arroyo (Palencia)	24 F 15	Ascoy	78 R 25	Atalaya (Málaga)	89 W 14	Auza	15 D 24	Ayora	68 O 26
de Calatrava	64 P 17	Armenteira	6 E 3	Arroyo (Valladolid)	24 H 15	Ascoy (Sierra de)	78 R 25	Atalaya (Monte)	87 U 23	Avançada		Ayuda	14 D 22
Argamasón		Armentera (L')	19 F 39	Arroyo		Ase (Pas de l')	45 I 31	Atalaya (València)	56 N 28	(Punta de l')	90 M 39	Ayuela (Burgos)	11 E 16
(Albacete)	67 P 23	Armenteros	37 K 13	de las Fraguas	40 I 20	Aserradero		Atalaya		Ave	68 O 27	Ayuela (Embalse
Argamasón		Armentón	2 C 4	Arroyo Cerezo	55 L 25	del Río Tús	77 Q 22	del Alberche	51 L 16	Aveinte	38 J 15	de)	62 O 11
(Almería)	87 U 24	Armeñime	92 H 9	Arroyo de Cuéllar	39 I 16	Asiáin	14 D 24	Atalaya		Avellà (L')	44 K 29	Ayuela (Río)	61 N 10
Arganda	53 L 19	Armilla	85 U 19	Arroyo de la Luz	49 N 10	Asiego	11 C 15	del Cañavate	54 N 23	Avellanar (Cáceres)	49 K 10	Ayuelas	13 D 20
Arganza (Asturias)	4 C 10	Armillas	43 J 27	Arroyo de la Miel	84 W 16	Asientos (Los)	82 V 11	Atalaya Real	40 J 19	Avellanar (Toledo)	52 N 17	Azaba (Rivera de)	36 K 9
Arganza (León)	9 E 9	Armíndez	76 S 20	Arroyo de la Plata	73 S 11	Asín	29 F 26	Atalayassa	91 P 33	Avellaneda (Ávila)	50 K 13	Azáceta	14 D 22
Arganza (Río)	4 C 10	Arminza	13 B 21	Arroyo		Asín de Broto	16 E 29	Atamaría	79 T 27	Avellaneda (La		Azáceta (Puerto)	14 D 22
Argañín	23 H 11	Armiñon	13 D 21	de San Serván	61 P 10	Asma	7 E 6	Atán	6 D 3	Rioja)	27 F 22	Azagala	61 O 9
Argañoso (Asturias)	5 B 13	Armuña	39 I 17	Arroyo del Ojanco	76 R 21	Asma	7 E 6	Atance (El)	41 I 21	Avellaneda		Azagra (Navarra)	28 F 24
Argañoso (León)	9 E 11	Armuña		Arroyo de Salas	26 F 20	Asneiro	7 E 5	Atance (Embalse		(Vizcaya)	13 C 20	Azagra (València)	55 M 26
Argavieso	16 F 29	de Almanzora	87 T 22	Arroyo		Asno (Boca del)	84 V 16	de)	41 I 21	Avellanes (Les)	31 G 32	Azaila	43 I 28
Argecilla	41 J 21	Armuña de Tajuña	40 K 20	de San Serván		Asno (Cabeza del)	78 R 25	Atanzón	40 J 21	Avellanosa		Azanaque	73 T 13
Argel	66 Q 22	Arnao	88 W 13	Arroyofrío	55 L 25	Aso de		Atapuerca	26 E 19	del Páramo	25 E 18	Azanúy	30 G 30
Argelaguer	19 F 37	Arnedillo	27 F 23	Arroyo-Malpartida		Sobremonte	16 E 28	Ataquines	38 I 15	Avellanosa de		Azañón	41 J 22
Argelita	56 L 28	Arnedo	27 F 23	(Estación)	49 N 10	Asomadilla	67 O 25	Atarés	16 E 28	Muñó	25 G 18	Azara	16 F 29
Argençola	32 H 34	Arnego	7 D 5	Arroyomolinos		Asón	12 C 19	Atarfe	85 U 18	Aves	5 C 14	Azares del Páramo	23 F 12
Argente	42 J 26	Arnés	44 J 30	(Madrid)	52 L 18	Asón (Puerto del)	12 C 19	Atarja (Rivera)	72 R 10	Avià (Barcelona)	18 F 35	Azarrulla	26 F 20
Argente (Puerto de)	42 J 26	Arneva	79 R 27	Arroyomolinos		Aspa	31 H 32	Ataun	14 C 23	Avia (Río)	7 E 5	Azcamellas	41 I 22
Argentera (L')	45 I 32	Arnicio (Puerto de)	5 C 13	de la Vera	50 L 12	Aspai	3 C 6	Atauri	14 D 22	Aviados	10 D 13	Azkarate	14 C 23
Argentona	33 H 37	Arnoia (A Ponte)	20 F 5	Arroyomolinos		Aspariegos	23 G 13	Atauta	26 H 20	Avícolas del		Azkarate (Puerto
Argés	52 M 17	Arnoia (Río)	20 F 5	de Léon	73 R 10	Aspe	79 Q 27	Atazar (El)	40 J 19	Jarama	53 L 19	de)	14 C 22
Argómaniz	14 D 22	Arnostéguy		Arroyomolinos		Asperillas	53 M 19	Atazar		Avide	8 E 7	Azkoitia	14 C 23
Argómaniz		(Puerto d')	15 C 26	de Montánchez	62 O 11	Asperillo	82 U 10	(Embalse de El)	40 J 19	Ávila	38 K 15	Azlor	16 F 29
(Parador de)		Arnotegui		Arroyos (Los) (Jaén)	77 R 22	Aspra	4 B 9	Atea	42 I 25	Ávila (Bahía de)	95 V 4	Aznalcázar	83 U 11
(Gasteiz/Vitoria)	13 D 21	(Ermita de)	14 D 24	Arroyos (Los)		Aspurz	15 D 26	Ateca	42 H 24	Ávila (Sierra de)	38 K 14	Aznalcóllar	73 T 11
Argomoso	3 B 7	Arnuero	12 B 19	(Madrid)	39 K 17	Assa	14 E 22	Atiega	13 D 20	Avilés (Asturias)	5 B 12	Aznar	83 V 12
Argoños	12 B 19	Aro	6 D 3	Arroyuelo	13 D 19	Asso Veral	15 E 27	Atienza	41 I 21	Avilés (Murcia)	78 S 24	Azoberines	52 M 17
Argos	78 R 24	Aroche	72 S 9	Arrozao (Sierra del)	62 P 12	Asteasu	14 C 23	Atios	3 B 5	Avileses	79 S 27	Azofra	27 E 21
Argos (Embalse		Arona	92 H 9	Arruazu	14 D 24	Astelarra	13 C 21	Atlanterra	88 X 12	Avin	11 B 15	Azohía (La)	79 T 26
del)	78 R 24	Arorilla (Ermita de)	53 L 20	Arrúbal	27 E 23	Astigarraga	14 C 24	Atochares	87 V 23	Avinyó	32 G 35	Azorejo	63 P 15
Argovejo	11 D 14	Aróstegui	15 D 24	Arruchua	14 C 22	Astigarreta	14 C 23	Atogo	92 I 9	Avinyonet	19 F 38	Azparren	15 D 26
Arguayo	92 H 8	Arou	2 C 2	Ars	18 E 34	Astillero (El)	12 B 18	Atrave	21 G 8	Avinyonet		Azpeitia	14 C 23
Arguedas	28 F 25	Arousa (Isla de)	6 E 3	Arsèguel	18 E 34	Astor (L')	32 G 34	Atzeneta d'Albaida	69 P 28	del Penedès	32 H 35	Azpirotz (Puerto
Arguedas		Arousa (Ría de)	6 E 3	Artà	91 M 39	Astorga	10 E 11	Atzeneta		Aviñante	11 D 15	de)	14 C 24
(Estación de)	28 F 25	Arques (Pico de)	33 G 38	Artà (Coves d')	91 N 40	Astráin	14 D 24	del Maestrat	57 L 29	Aviño	3 B 5	Azuaga	74 R 13
Arguellite	77 R 22	Arquijo	27 G 22	Artabia	14 D 23	Astrana	12 C 19	Atzondo	13 C 22	Avión (Faro de)	20 F 5	Azuara	43 I 27
Argueny		Arquillinos	23 G 13	Artaiz	15 D 25	Astudillo	25 F 17	Atzúvia (L')	69 P 29	Avión (Pontevedra)	7 E 5	Azucaica	52 M 18
a (Serra de l')	68 Q 27	Arquillo		Artaj	56 M 27	Astún (Valle de)	16 D 28	Aubert	17 D 32	Avion (Río)	27 H 21	Azucarera (La)	28 E 24
Argüero	5 B 13	de San Blas		Artajo	15 D 25	Asturianos	22 F 10	Aucanada (Illa de)	90 M 39	Axpe	14 C 22	Azud de Matacavas	71 T 7
Arguillos	84 U 15	(Embalse del)	55 K 26	Artajona	14 E 24	Asua	13 C 21	Audanzas	23 F 12	Aya (Guipúzcoa)	14 C 23	Azuébar	56 M 28
Arguineguín	94 N 11	Arquillos	76 R 19	Artana	56 M 29	Atajate	89 W 14	Audícana	14 D 22	Ayacata	94 O 10	Azuel	75 R 17
Arguis	29 F 28	Arrabal	20 F 3	Artariáin	15 E 25	Atalaya (Badajoz)	73 Q 10	Auguera	31 H 33	Ayagaures	94 O 10	Azuelo	14 E 22
Arguis (Embalse		Arrabalde	23 F 12	Artasona (cerca de		Atalaya (Estación		Aulá (Puerto de)	17 D 32	Ayagaures		Azuer (Río)	65 O 19
de)	29 F 28	Arrabal de Portillo	25 H 16	Almudévar)	29 F 28	de)	84 V 14	Aula Dei		(Embalse de)	94 O 10	Azul (Charco)	95 C 5
Arguisuelas	55 M 24	Arrabal		Artasona (cerca de		Atalaya (La)		(Cartuja de)	29 G 27	Ayamonte	81 U 7	Azulejos (Los)	92 I 8
Argujillo	37 I 13	Santa Barbara	55 K 25	El Grado)	16 F 30	Atalaya (La)		Aulaga (La)	73 S 10	Ayaz	8 E 7	Azuqueca
Aria	15 D 26	Arrago	49 L 10	Artaza (cerca de		(Cáceres)	49 L 10	Aulago	87 U 22	Ayechu	15 D 26	de Henares	40 K 20
Ariany	90 N 39	Arraia-Maestu	14 D 22	Subijana)	13 D 21						
Aribe	15 D 26	Arraitz	15 C 25	Artaza (cerca de							
Arichulegui	14 C 24	Arrancacepas	54 L 22	Vitoria-Gasteiz)	13 D 21						
Arico	92 I 9	Arrankudiaga	13 C 21	Artazu	14 D 24						
Arico El Nuevo	92 I 8	Arrarats	14 C 24	Artea (El)	87 U 24						
Arico Viejo	92 J 8	Arrasate /		Arteara	94 O 10						
Arienza	10 D 11	Mondragón	14 C 22	Artecona	13 C 20						
Arija	12 D 18	Arratia	13 C 21	Artedo	5 B 11						
Arinaga	94 P 10	Arrato (Sierra de)	13 D 21	Arteixo	2 C 4						
Arinaga		Arrazola	14 C 22	Artejévez	94 N 10						
(Bahía de)	94 P 10	Arrazua	14 C 22	Artejuela	56 L 28						
Arinaga (Punta de)	94 P 10	Arrebatacapas		Artenara	94 O 9						
Arins	6 D 4	(Collado de)	51 N 14	Artés	32 G 35						
Arinsal	18 E 34	Arrebatacapas		Artesa	56 M 29						
Ariñez	13 D 21	(Puerto de)	39 K 16	Artesa de Lleida	31 H 32						
Ariñez	94 O 10	Arrecife	95 W 4	Artesa de Segre	31 G 33						
Ariño	43 I 28	Arrecife (El)	74 S 15	Artesiaga							
Aripe	92 H 8	Arredondo	12 C 19	(Puerto de)	15 C 25						
Arisgotas	52 N 18	Arrés (Huesca)	15 E 27	Arteta	14 D 24						
Aristebano (Alto		Arres (Lérida)	17 D 32	Artibay	14 C 22						
de)	4 B 10	Arriano	13 D 21	Artichuela (La)	86 T 19						
Aristot	18 E 34	Arriate	84 V 14	Artieda (Navarra)	15 D 26						
Ariza	41 I 23	Arriba	52 N 17	Artieda (Zaragoza)	15 E 27						
Arizala	14 D 24	Arribe	14 C 24	Arties	17 D 32						
Arizaleta	14 D 24	Arrieta	13 D 21	Artikutza	14 C 24						
Arizkun	15 C 25	Arrieta (Navarra)	15 D 25	Arto	16 E 28						
Arjona	75 S 17	Arrieta (Vizcaya)	13 B 21	Artomaña	13 D 21						
Arjonilla	75 S 17	Arrigorriaga	13 C 21	Artrutx (Cap de)	91 M 41						
Arjuá	7 E 6	Arriondas	11 B 14	Artze	12 B 18						
Arlaban (Puerto de)	14 D 22	Arripas (Las)	64 O 16	Artziniega	13 C 20						
Arlanza (León)	9 E 10	Arro	16 E 30	Arucas	94 O 9						
Arlanza (Río)	26 G 20	Arroba		Arucas							
Arlanzón (Burgos)	26 F 19	de los Montes	64 O 16	(Montaña de)	94 O 9						

ÁVILA

Alemania . . . . B 2
Calvo Sotelo
 (Plaza de) . . . . B 8
Reyes Católicos . . . . B 21

Alférez Provisional
 (Av. de) . . . . B 4

Caballeros . . . . B 6
Calvo Sotelo
 (Plaza de) . . . . B 8
Cardenal Pla y Deniel . . . . B 10
Esteban Domingo . . . . B 12
General Mola (Plaza) . . . . A 13
Jimena Blázquez . . . . A 15
Lope Núñez . . . . B 16
Marqués de Benavites . . . . . AB 18

Peregrino (Bajada del) . . . . . . B 19
Ramón y Cajal . . . . A 20
San Segundo . . . . B 22
San Vicente . . . . B 24
Santa (Pl. la) . . . . A 25
Sonsoles (Bajada de) . . . . B 27
Telares . . . . A 28
Tomás Luis de Victoria . . . . . . B 30
Tostado . . . . B 31

Alemania . . . . B 2
Generalísimo Franco . . . . B 14
Reyes Católicos . . . . B 21

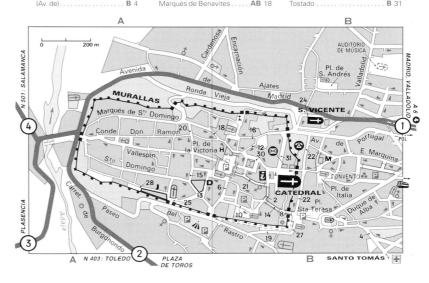

Azután	51 M 14	
Azután (Embalse de)	51 M 15	
Azud de Ojós (Embalse de)	78 R 25	

B

Baamonde	3 C 6
Baamorto	8 E 7
Babilafuente	37 J 13
Bacanera	17 D 32
Bacares	87 U 22
Bacarot	79 R 28
Bachicabo	13 D 20
Bachiller (El)	67 P 25
Bachillera	65 O 20
Bachimaña (Embalse de)	16 D 29
Bacoco	60 O 8
Bacoi	3 B 7
Bacor Olivar	76 T 21
Badajoz	61 P 9
Badalejos (Los)	88 W 12
Badalona	32 H 36
Bádames	12 B 19
Badarán	27 E 21
Bádenas	43 I 26
Badiel (Río)	40 J 20
Badilla	23 H 11
Badolatosa	84 U 15
Badostáin	15 D 25
Badules	42 I 26

Bael (El)	18 F 36
Baell (El)	18 F 36
Baell (El)	18 F 36
Baélls	30 G 31
Baélls (Embalse de la)	18 F 35
Baelo (Ruinas romanas de)	88 X 12
Baena	75 T 17
Baeza	76 S 19
Baezuela	53 K 19
Baga	18 F 35
Bagergue	17 D 32
Báguena	42 I 25
Bagüés	15 E 27
Bahabón	25 H 17
Bahabón de Esgueva	25 G 18
Bahia	78 T 26
Bahía de Cádiz (Parque natural de la)	83 W 11
Bahía Grande	90 N 38
Bahíllo	25 E 16
Baides	41 I 21
Baies (Les)	79 R 28
Bailadero (El)	93 K 6
Bailén	75 R 18
Baíllo (Burgos)	12 D 19
Baíllo (León)	22 F 10
Bailo	15 E 27
Baíña	5 C 12
Baíñas	2 C 2

Baio	2 C 3
Baiona	20 F 3
Baiuca (A) (Arteixo)	2 C 4
Baja (Punta de la)	95 X 2
Bajamar	93 J 6
Baja o de Miraflores (Cartuja)	29 H 27
Bajas (Puntas de las)	94 N 11
Bajauri	14 E 22
Bajo (Collado)	55 L 24
Bajo (Punta del)	93 U 7
Bajo Guadalquivir (Canal del)	73 T 12
Bajoz	24 H 14
Bakaiku	14 D 23
Bakio	13 B 21
Baladre (Sierra del)	67 Q 24
Balaguer	31 G 32
Balaguer (Embalse de)	31 G 32
Balaïtous	16 D 29
Balandrau	18 E 36
Balanegra	86 V 21
Balazote	67 P 23
Balbacil	41 I 23
Balbarda	38 K 15
Balbases (Los)	25 F 17
Balboa	8 D 9
Balcarca	30 G 30
Balces	16 F 29
Balconchán	42 I 25

BADAJOZ

Francisco Pizarro	BY 7
Obispo San Juan de Rivera	BZ 17
San Juan	BY
Antonio Masa Campos (Av.)	AZ 2
Calatrava	BCZ 3
Carolina Coronado	AY 4
Doblados	CZ 5
España (Pl. de)	BZ 6
Hernán Cortés	BZ 8
Huelva (Av. de)	AZ 9
Joaquín Costa (Av. de)	AY 12
Juan Sebastián Elcano (Av. de)	CZ 14
Minayo (Pl. de)	BZ 15
Muñoz Torrero	BYZ 16
Pedro de Valdivia	BZ 18
Reyes Católicos (Pl.)	AY 19
San Blas	BZ 20
San Francisco (Paseo)	AZ 21
Soledad (Pl. de la)	BY 23

BARCELONA

Alfons XIII (Av. d')	DS 2
Bartrina	CS 8
Berlin	BT 12
Bisbe Català	AT 13
Bonanova (Pas. de la)	BS 16
Borbó (Av. de)	BT 25
Brasil	CS 17
Can Serra	AT 30
Carles III (Gran Via de)	BT 38
Constitució	BT 50
Creu Coberta	BT 53
Dalt (Travessera de)	CS 56
Doctor Pi i Molist	CS 65
Enric Prat de la Riba	AT 66
Entença	BT 71
Estadi (Av. de l')	BCT 75
Fabra i Puig (Pas. de)	CS 77

FF. CC. (Pas. dels)	AT 78
Gavà	BT 84
Gran Sant Andreu	CS 88
Hospital Militar (Av. de)	BS 93
Isabel la Católica (Av. d')	AT 96
Josep Tarradellas (Av.)	BT 102
Just Oliveras (Rambla de)	AT 105
Llorens Serra (Pas.)	DS 107
Madrid (Av. de)	BT 110
Manuel Girona (Pas. de)	BT 112
Mare de Déu de Montserrat (Av. de la)	CS 113
Marina	CT 114
Marquès de Comillas (Av.)	BT 115
Marquès de Mont-Roig (Av.)	DS 116
Marquès de Sant Mori (Av. del)	DS 117
Miramar (Av. de)	CT 119
Numància	CT 129
Pi i Margall	CS 138
Princep d'Astúries (Av. del)	BT 144

Pujades (Pas. de)	CT 145
Ramiro de Maeztu	CS 146
Reina Elisenda de Montcada (Pas. de la)	BT 150
Reina Maria Cristina (Av.)	BT 151
Ribes (Carret.)	CS 154
Sant Antoni (Ronda de)	CT 160
Sant Antoni Maria Claret	CS 162
Sant Gervasi (Pas. de)	BT 164
Sant Joan (Rambla)	DS 166
Sant Pau (Ronda de)	CT 174
Sant Sebastià (Rambla de)	DS 179
Santa Coloma (Av. de)	DS 184
Santa Coloma (Pas. de)	DS 186
Sardenya	CT 191
Tarragona	BT 194
Tibidabo (Av. del)	BS 196
Universitat (Pl. de la)	CT 198
Verdum (Pas. de)	CS 200
4 Camins	BS 204

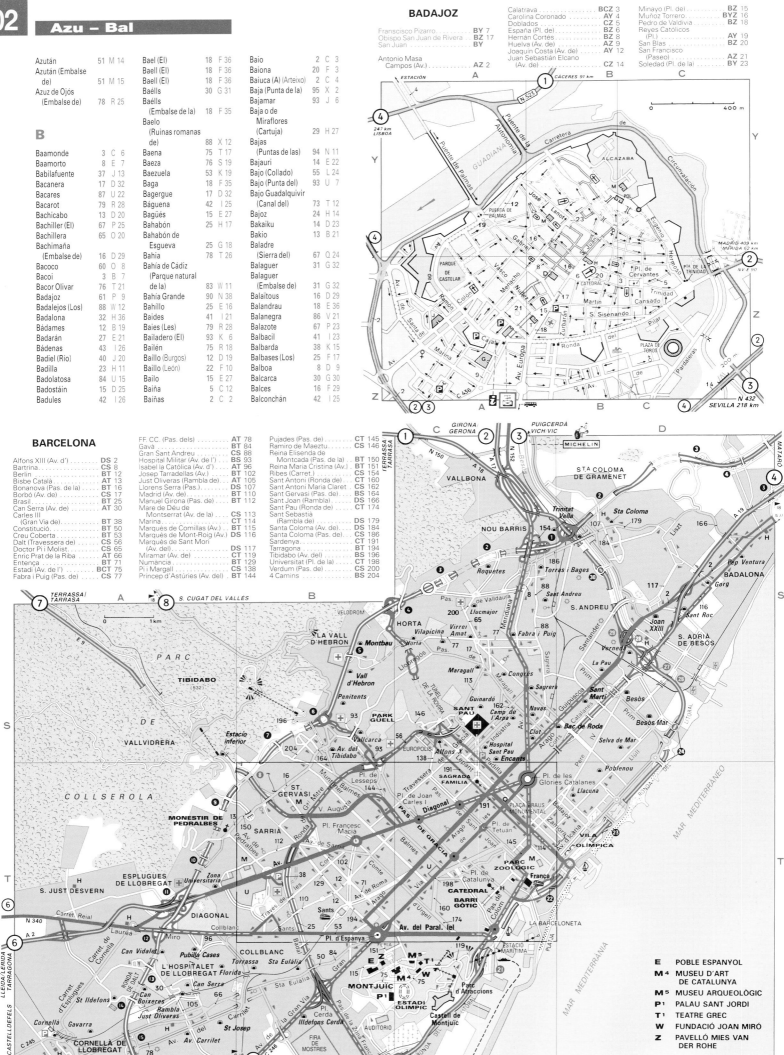

E   POBLE ESPANYOL

M⁴ MUSEU D'ART DE CATALUNYA

M⁵ MUSEU ARQUEOLÒGIC

P¹ PALAU SANT JORDI

T¹ TEATRE GREC

W   FUNDACIÓ JOAN MIRÓ

Z   PAVELLÓ MIES VAN DER ROHE

Balcón de los Alcores (El)	83 T 12
Balcón de Madrid (El)	40 J 19
Balcones (Los) (Alacant)	79 S 27
Balcones (Los) (Granada)	86 T 21
Balconete	40 K 21
Baldairan (Pico de)	16 D 29
Baldellou	31 G 31
Baldio	50 M 13
Baldios (Los)	93 K 7
Baldomar	31 G 33
Baldovar	55 M 26
Baldrei	21 F 7
Baldriz	21 F 7
Baleira	4 C 8
Balerma (Almería)	86 V 21
Balerma (Córdoba)	85 U 17
Balerma (Granada)	85 U 17
Baliera	17 E 31
Balis (Puerto El)	33 H 37
Balisa	39 I 16
Balitres (Puerto d'Els)	19 E 39
Ballabriga	17 E 31
Ballabriga (Sierra de)	17 E 31
Ballena (Punta de la)	93 T 5
Ballerías	30 G 29
Ballestero (El)	66 P 22

Ballesteros (Ciudad Real)	64 O 18
Ballesteros (Cuenca)	54 M 23
Ballesteros (Toledo)	64 N 18
Ballesteros de Calatrava	64 P 18
Ballobar	30 H 30
Ballota	5 B 11
Balluncar	41 H 22
Balma (La)	44 J 29
Balmaseda	13 C 20
Balmonte (Asturias)	4 B 9
Balmonte (Lugo)	3 C 7
Balmori	11 B 15
Balneario de Fortuna	79 R 26
Balneario de Jabalcuz	75 S 18
Balneario de Panticosa	16 D 29
Balneario de Raposo	73 Q 11
Baloira	6 D 4
Balones	69 P 28
Balouta	9 D 9
Balsa	3 B 7
Balsa de Ves	68 O 26
Balsaín	77 S 23
Balsa Pintada	79 S 26
Balsareny	32 G 35
Balsicas	79 S 27
Baltanás	25 G 17

Baltar (cerca de Arzua)	7 D 5
Baltar (cerca de Ferrol)	3 B 5
Baltar (Lugo)	3 C 7
Baltar (Orense)	21 G 6
Baltasana (Tossal de la)	45 I 33
Balzaín	85 U 19
Bama	7 D 4
Bamba	23 H 13
Bamio	6 E 3
Banaguás	16 E 28
Banariés	29 F 28
Banastás	29 F 28
Bandaliés	16 F 29
Bandama (Caldera de)	94 P 9
Bandama (Pico de)	94 P 9
Bande	21 F 6
Bandeira	7 D 5
Bandereta (La)	57 L 29
Banderillas (Las)	76 R 21
Banecidas	11 E 14
Bangueses	20 F 5
Baniel	27 H 22
Banos de la Peña	11 D 15
Banuncias	10 E 13
Banya (Faro de la)	45 K 31
Banyalbufar	90 M 37
Banyeres de Mariola	68 P 28
Banyeres del Penedès	32 I 34

Banyoles	19 F 38
Banyoles (Laguna de)	19 F 38
Banyuls (Collado de)	19 E 39
Baña (A)	6 D 3
Baña (La)	22 F 9
Bañaderos	94 O 9
Bañares	26 E 21
Bañeza (La)	23 F 12
Bañistas	65 P 19
Baño	79 R 26
Bañobárez	36 J 10
Bañón (Puerto de)	42 J 26
Baños (Los)	61 Q 9
Baños (Punta de los)	86 V 21
Baños de Alcantud (Los)	41 K 23
Baños de Alicún de las Torres	76 T 20
Baños de Arenosillo	75 R 16
Baños de Benasque	17 E 31
Baños de Cerrato	25 G 16
Baños de Ebro	13 E 21
Baños de Fitero	28 F 24
Baños de Fuente Podrida	67 N 25
Baños de Gigonza	88 W 12
Baños de la Encina	75 R 18

Baños de la Fuensanta	78 S 24
Baños de los Remedios	62 Q 11
Baños del Robledillo	52 N 16
Baños de Martos	75 S 18
Baños de Molgas	21 F 6
Baños de Montemayor	50 L 12
Baños de Mula	78 R 25
Baños de Rioja	13 E 21
Baños de Río Tobía	27 F 21
Baños de Santa Alhamilla	87 V 22
Baños de Tajo	42 J 24
Baños de Tredos	17 E 32
Baños de Valdearados	26 G 19
Baños de Valdeganga (Los)	54 M 23
Baños Gílico	78 R 25
Baños y Mendigo	79 S 26
Bañuela	75 Q 17
Bañuela Alta	51 M 15
Bañuelos (Guadalajara)	40 I 21
Bañuelos (Río)	26 G 19
Bañuelos de Bureba	13 E 20
Bañugues	5 B 12
Bao (Embalse de)	21 F 8
Baquedano	14 D 23
Baqueira	17 D 32

Baquerín de Campos	24 F 15
Barà (Arco romano de)	32 I 34
Baracán	92 G 8
Baradal	4 C 10
Bárago	11 C 16
Baraguás	16 E 28
Barahona (Altos de)	41 H 22
Baraibar	14 D 24
Barajas (Ávila)	51 K 14
Barajas (Madrid)	40 K 19
Barajas de Melo	54 L 21
Barakaldo	13 C 20
Baralla	8 D 8
Barambio	13 C 21
Baranda	12 C 19
Baraona	41 I 22
Barásoain	15 E 25
Barasona (Embalse de)	17 F 31
Barazar (Alto de)	13 C 21
Barbadás	21 F 6
Barbadillo	37 J 12
Barbadillo de Herreros	26 F 20
Barbadillo del Mercado	26 F 19
Barbadillo del Pez	26 F 20
Barbalimpia	54 M 22
Barbalos	37 J 12
Barbantes	7 E 5
Barbantiño	7 E 6

Barbanza (Sierra de)	6 D 3
Barbaño	61 P 10
Barbaría (Cap de)	91 Q 34
Barbarroja	79 R 27
Barbaruéns	17 E 31
Barbastro	16 F 30
Barbate	88 X 12
Barbate (Embalse de)	88 W 12
Barbate (Ensenada de)	88 X 12
Barbate (Marismas de)	88 X 12
Barbate (Río)	88 W 12
Barbatona	41 I 22
Barbeira	6 D 3
Barbeitos	4 C 8
Barbens	31 G 33
Barberà	32 H 36
Barberà de la Conca	31 H 33
Barbero	76 R 21
Bárboles	28 G 26
Barbolla	39 I 18
Barbolla (La)	41 I 21
Barbudo	6 E 4
Barbués	29 G 28
Barbuñales	16 F 29
Barca	41 H 22
Barca (Embalse de la)	5 C 11
Barca (Punta de la)	2 C 2
Bárcabo	16 F 30

BARCELONA

Capútxins (Rambla dels)	MY 35
Catalunya (Pl. de)	LV
Estudis (Rambla dels)	LX
Pelai	LV
Sant Josep (Rambla de)	LX 168
Santa Mònica (Rambla de)	MY

Bacardí (Pas.)	MY 4
Banys Nou	MX 7
Bergara	LV 10
Bisbe Irurita	MX 15
Bòria	MV 18
Born (Pas. del)	NX 20
Boters	MX 23
Canaletes (Rambla de)	LV 27
Canonge Colom (Pl.)	LY 28
Canvis Vells	NX 32
Cardenal Casañas	LX 36
Catedral (Av. de la)	MY 40
Ciutat	MX 43
Comercial (Pl.)	NV 45
Cucurulla	LX 55
Doctor Joaquim Pou	MV 61
Francesc Cambó (Av.)	MV 79
Garriga i Bach	MX 81
Isabel II (Pas. d')	NX 98
Montcada	MX 122
Montjuïc del Bisbe	MX 123
Nou de Sant Francesc	MY 126
Nova (Pl.)	MX 128
Paradís	MX 133
Pi (Pl. del)	LX 137
Pintor Fortuny	LX 140
Portal de Santa Madrona	MY 142
Ramon Berenguer el Gran (Pl. de)	MX 147
Rei (Plaça del)	MX 149
Sant Felip Neri (Pl.)	MX 163
Sant Josep Oriol	LX 167
Sant Lu (Pl. de)	MX 170
Sant Miquel (Pl. de)	MX 173
Sant Sever	MX 181
Santa Anna	LV 182
Santa Maria (Pl.)	NX 189
Seu (Pl. de la)	MX 192
Tapineria	MX 193
Universitat (Ronda de la)	LV 199

Y PALAU DE LA MÙSICA CATALANA

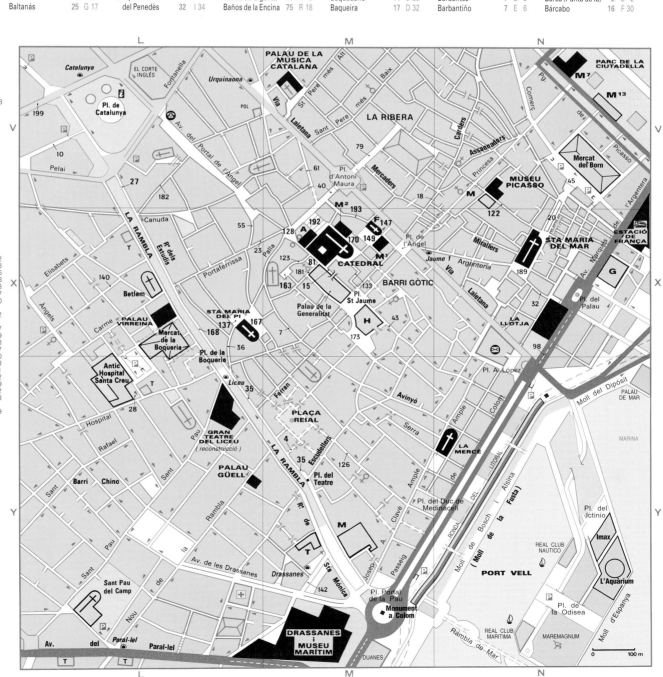

Michelin
pone sus mapas
constantemente al día.
Llevelos en su coche
y no tendrá
sorpresas desagradables
en carretera.

Barca de la Florida		Barrancos Blancos	
(La)	88 W 12	(Los)	84 U 14
Barcala	6 D 4	Barrancos Blancos	
Barcarrota	61 Q 9	(Puerto de los)	84 U 14
Barcebal	26 H 20	Barranda	78 R 24
Barcebalejo	26 H 20	Barranquera (La)	92 J 6
Barceino	36 I 10	Barranquera	
Barcelona	32 H 36	(Punta de la)	92 J 6
Barcena		Barranquete	87 V 23
(Embalse de)	9 E 10	Barrax	66 O 23
Bárcena de Bureba	12 E 19	Barreda	12 B 17
Bárcena de		Barreiros	4 B 8
Campos	11 E 16	Barrela (La)	7 E 6
Bárcena de Ebro	12 D 17	Barreras	36 I 10
Bárcena		Barreros (Los)	66 P 22
de la Abadía	9 D 10	Barres	4 B 9
Bárcena		Barriada de Alcora	
del Monasterio	4 B 10	(La)	86 V 21
Bárcena de Pié		Barriada de Jarana	88 W 11
de Concha	12 C 17	Barrida (Garganta	
Bárcena Mayor	12 C 17	de)	89 W 13
Bárcena Mayor		Barrié de la Maza	
(Sierra de)	12 C 17	(Embalse)	6 D 3
Bárcenas	12 C 19	Barrientas (Las)	13 C 20
Barceo	36 I 10	Barrika	13 B 21
Barchín del Hoyo	54 N 23	Barril	78 R 25
Barcia	4 B 10	Barrillos	10 D 13
Barciademera	20 F 4	Barrillos	
Barcial de la Loma	24 G 14	de las Arrimadas	10 D 14
Barcial del Barco	23 G 13	Barrina	69 Q 29
Barcience	52 M 17	Barrio (Álava)	13 D 20
Barcina	13 D 20	Barrio (Cantabria)	11 C 15
Barco (Laguna del)	50 L 12	Barrio (León)	8 D 9
Barco (O)	8 E 9	Barrio (Orense)	8 E 8
Barco de Ávila (El)	50 K 13	Barriobusto	14 E 22
Barcones	41 I 21	Barrio de Abajo	66 O 23
Bardallur	28 G 26	Barrio de Enmedio	84 U 16
Bardaos	2 C 4	Barrio de la	
Bárdena	28 F 26	Estación	
Bardenas (Canal		(Cáceres)	48 N 7
de las)	15 E 26	Barrio de la	
Bardenas Reales		Estación (Jaén)	76 R 19
(Las)	28 F 25	Barrio de la	
Bardullas	2 C 2	Estación	
Baredo	20 F 3	(Madrid)	39 K 18
Bareyo	12 B 19	Barrio de la Puente	10 D 11
Bareyo	12 B 19	Barrio del Centro	42 J 25
Bargas	52 M 17	Barrio del Hospital	42 J 25
Bargota	14 E 23	Barrio de Lomba	22 F 10
Bariáin	15 E 25	Barrio	
Barillas	28 G 25	de los Pajares	62 P 12
Barinaga	14 C 22	Barrio de Nuestra	
Barinas	79 R 26	Señora	10 D 13
Bariones de la Vega	23 F 13	Barriomartín	27 G 22
Barizo	2 C 3	Barrio-Panizares	12 D 18
Barjacoba	22 F 9	Barriopedro	41 J 21
Barjas	8 E 9	Barrios (Los) (Cádiz)	89 X 13
Barjas (Río)	9 E 9	Barrios (Los) (Jaén)	75 R 17
Barjis	86 V 20	Barrios de Bureba	
Barlovento	95 C 5	(Los)	12 E 19
Barlovento (Punta		Barrios de Colina	26 E 19
de)	93 R 9	Barrios de Gordón	
Barluenga	29 F 28	(Los)	10 D 12
Barniedo de la		Barrios de Luna	
Reina	11 D 15	(Embalse de los)	10 D 12
Baro	17 E 33	Barrios de Luna	
Baroja	13 E 21	(Los)	10 D 12
Barona (La)	57 L 29	Barrios de	
Baroña	6 D 2	Villadiego	12 E 17
Barqueira (A)	3 B 6	Barriosuso	11 E 16
Barqueiro (Ría del)	3 A 6	Barro (Asturias)	11 C 14
Barqueros	78 S 25	Barro (Pontevedra)	6 E 4
Barquilla	36 J 9	Barromán	38 I 15
Barquilla de		Barros (Asturias)	5 C 12
Pinares	50 L 13	Barros (Cantabria)	12 C 17
Barra (La)	45 J 32	Barros (Sevilla)	83 U 13
Barra (Punta de la)	19 F 39	Barros (Tierra de)	61 Q 10
Barraca		Barrosa (La)	88 W 11
d'Aigües Vives		Barruecopardo	36 I 10
(La)	69 O 28	Barruelo (Burgos)	12 D 19
Barracas	56 L 27	Barruelo (Valladolid)	24 G 14
Barrachina	43 J 26	Barruelo	
Barrachinas (Las)	56 L 27	de Santullán	12 D 17
Barraco	38 K 16	Barruera	17 E 32
Barra de Miño	7 E 6	Barrundia	14 D 22
Barrado	49 L 12	Barx	69 O 29
Barragana Baja	84 T 16	Barxa (A)	21 G 8
Barraix	56 M 28	Barxell (El)	69 P 28
Barral	20 F 5	Barxeta	69 O 28
Barranca (La)	39 J 18	Bárzana	5 C 12
Barrancazo		Basa	16 E 29
(Puerto del)	66 Q 22	Basabe	13 D 20
Barranco Grande	93 K 7	Basadre	7 D 6
Barranco Hondo	93 J 7	Basal (El)	30 H 30
Barranco Hondo		Basáran	16 E 29
(Punta de)	93 J 7	Basardilla	39 I 17

Basauri	13 C 21	Becerril (Monte)	9 E 10
Bàscara	19 F 38	Becerril (Segovia)	40 I 19
Basconcillos		Becerril de Campos	24 F 16
del Tozo	12 D 18	Becerril	
Báscones	12 D 17	de la Sierra	39 J 18
Báscones de Ojeda	11 D 16	Becerril del Carpio	12 D 17
Bascuñana		Becerro (Punta del)	95 E 9
(Sierra de)	54 L 23	Becilla	
Bascuñana		de Valderaduey	24 F 14
de San Pedro	54 L 23	Bédar	87 U 24
Baserca		Bédar (Sierra de)	87 U 24
(Embalse de)	17 E 32	Bedarona	14 B 22
Baseta		Bedayo	14 C 23
(Collado de la)	17 E 33	Bedia	13 C 21
Basquiñuelas	13 D 21	Bedmar	76 S 19
Bassa (Coll de la)	57 L 29	Bedón	12 C 19
Bassacs (Els)	18 F 35	Bedriñana	5 B 13
Bassars (Els)	79 R 28	Beget	19 F 37
Bassegoda	19 F 37	Begíjar	76 S 19
Bastaras	16 F 29	Begonte	3 C 6
Bastiana (La)	73 S 11	Begudà	19 F 37
Bastida (La)	37 K 11	Begues	32 I 35
Bastiments (Pic de)	18 E 36	Begur	33 G 39
Batalla	41 J 21	Begur (Cabo de)	33 G 39
Batalla		Behobia	14 B 24
(Sierra de la)	56 L 28	Beigondo	7 D 5
Batán	66 P 23	Beintza-Labaien	14 C 24
Batán (El)	49 M 10	Beire	28 E 25
Batán del Puerto	66 Q 23	Beires	86 U 21
Batán de San Pedro	54 M 21	Beizama	14 C 23
Batea	44 I 30	Béjar	50 K 12
Baterna	38 K 15	Bejarín (El)	86 T 20
Baterno	63 P 15	Bejes	11 C 16
Batet	19 F 37	Bejis	56 M 27
Batllòria (La)	33 G 37	Bel	44 K 30
Batoua (Pic de)	17 D 30	Belabia	14 D 22
Batres	52 L 18	Belalcázar	63 Q 14
Batuecas		Belalcázar	
(Monasterio Las)	37 K 11	(Estación de)	63 P 14
Batuecas (Reserva		Belante	8 D 7
nacional de las)	37 K 11	Belarra	16 E 28
Baúl (El)	86 T 21	Belascoáin	14 D 24
Baul (Rambla del)	86 T 21	Belauntza	14 C 23
Bausen	17 D 32	Belbimbre	25 F 17
Bayárcal	86 U 21	Belchite	43 I 27
Bayarque	87 U 22	Belén (Asturias)	4 B 10
Bayas	13 D 21	Belén (Cáceres)	50 N 12
Bayo	5 B 11	Belén (Ermita de)	63 P 14
Bayo (El)	28 F 26	Belén (Lugo)	3 B 7
Bayona (La)	52 M 16	Belén (Murcia)	78 S 26
Bayos (Los)	10 D 11	Beleña	37 J 13
Bayubas de Abajo	26 H 21	Beleña (Embalse	
Bayubas de Arriba	26 H 21	de)	40 J 20
Baza	77 T 21	Beleña de Sorbe	40 J 20
Baza (Hoya de)	77 T 21	Beleño	11 C 14
Baza (Sierra de)	86 T 21	Belerda (Asturias)	5 C 14
Bazagona		Belerda (Jaén)	76 S 20
(Estación de la)	50 M 12	Belerda de Guadix	86 T 20
Bazán	65 Q 19	Belesar (Embalse	
Bazana (La)	72 R 9	de)	8 D 7
Bazar (cerca de		Belesar (Lugo)	7 E 6
Castro)	3 C 7	Belesar	
Bazar (cerca de		(Pontevedra)	20 F 3
Lugo)	8 D 7	Bèlgida	69 P 28
Bazar (La Coruña)	2 C 3	Belianes	31 H 33
Baztan	15 C 25	Belicena	85 U 18
Baztan (El)	15 C 25	Belinchón	53 L 20
Bea	43 I 26	Bell-lloc	57 L 30
Beade (Orense)	7 E 5	Bell-lloc d'Urgell	31 H 32
Beade (Pontevedra)	20 F 3	Bellaescasa	
Beamud	55 L 24	(Ermita de)	53 L 20
Bearin	14 D 23	Bellaguarda	31 H 32
Beariz	7 E 5	Bellavista	83 U 12
Beas (Embalse de)	72 T 9	Bellavista (Huelva)	82 U 8
Beas (Huelva)	82 T 9	Bellavista (Sevilla)	83 U 12
Beas (Jaén)	76 R 21	Bellcaire	
Beasain	14 C 23	d'Empordà	19 F 39
Beas de Granada	86 U 19	Bellcaire d'Urgell	31 G 32
Beas de Guadix	86 U 20	Bellestar (cerca de	
Beas de Segura	76 R 21	Grau)	17 F 31
Beata (La)	84 U 14	Bellestar (cerca de	
Beatas (Las)		Huesca)	29 F 28
(Albacete)	66 O 22	Bellestar de la	
Beatas (Las)		Tinença (El)	44 K 30
(Córdoba)	74 T 16	Bellmunt (cerca	
Beba	6 D 2	de Bellcaire	
Bebares	4 C 10	d'Urgell)	31 G 32
Beca (Punta)	90 M 38	Bellmunt (cerca	
Becedas	50 K 13	de Sta Coloma de	
Becedillas	38 K 14	Queralt)	32 H 34
Beceite	44 J 30	Bellmunt del	
Becejate	66 N 21	Priorat	45 I 32
Becerra	52 N 17	Bello (Asturias)	5 C 13
Becerreá	8 D 8	Bello (Teruel)	42 I 25
Becerrero (Sierra		Bellostas (Las)	16 E 29
de)	84 U 15	Bellprat	32 H 34

Bellpuig	31 H 33	Benavent de Segrià	31 G 31
Bellreguard	69 P 29	Benavente (Badajoz)	60 O 8
Belltall	31 H 33	Benavente (Ciudad	
Bellús	69 P 28	Real)	64 O 17
Bellús (Embalse		Benavente (Huesca)	17 F 31
de)	69 P 28	Benavente (Zamora)	23 F 12
Bellvei	32 I 34	Benavides	10 E 12
Bellver	90 N 37	Benavites	56 M 29
Bellver de		Benazolve	23 E 13
Cerdanya	18 E 35	Benchijigua	95 E 9
Bélmez	74 R 14	Bendinat	90 N 37
Bélmez (Jaén)	76 S 19	Bendón	4 C 9
Bélmez		Benecid	86 V 21
de la Moraleda	76 S 19	Benegiles	23 H 13
Benés	17 E 32	Beneixama	68 P 27
Belmonte (Asturias)	11 B 15	Benejúzar	79 R 27
Belmonte (Cuenca)	54 N 21	Benés	17 E 32
Belmonte de		Benetússer	56 N 28
Gracian	42 I 25	Benferri	79 R 27
Belmonte de Tajo	53 L 19	Benia	11 B 15
Belmonte		Beniaia	69 P 29
(Estación de)	72 T 9	Beniaján	79 S 26
Belmonte		Benialfaquí	69 P 28
de Campos	24 G 15	Beniarbeig	69 P 29
Belmonte		Beniardá	69 P 29
de Mezquín	44 J 29	Beniarjó	69 P 29
Belmonte de		Beniarrés	69 P 28
Miranda	5 C 11	Beniarrés	
Belmontejo	54 M 22	(Embassament	
Belones (Los)	79 T 27	de)	69 P 28
Belorado	26 E 20	Beniatjar	69 P 28
Belsué	29 F 28	Benicadell	
Beltejar	41 I 22	(Serra de)	69 P 28
Beltrana (Puerto)	72 R 9	Benicarló	45 K 31
Beluso	20 F 3	Benicasim /	
Belver	30 G 30	Benicàssim	57 L 30
Belver de los		Benicàssim /	
Montes	23 G 13	Benicasim	57 L 30
Belvis de Jarama	40 K 19	Benicolet	69 P 28
Belvís de la Jara	51 M 15	Benidoleig	69 P 29
Belvís de Monroy	50 M 13	Benidorm	69 Q 29
Bembézar	74 R 13	Beniel	79 R 26
Bembézar		Benifaió	69 O 28
(Embalse de)	74 S 14	Benifairó de les	
Bembézar		Valls	56 M 29
del Caudillo	74 S 14	Benifallet	45 J 31
Bembibre (La		Benifallim	69 Q 28
Coruña)	2 C 4	Benifall	
Bembibre (León)	9 E 10	im (Port de)	69 Q 28
Bemil	6 E 4	Benifassà	
Benabarre	17 F 31	(Convent de)	44 J 30
Benablón	78 R 24	Benifato	69 P 29
Benacazón	83 T 11	Benigànim	69 P 28
Benadalid	89 W 14	Benigembla	69 P 29
Benafarces	24 H 14	Benijo	93 K 6
Benafer	56 M 28	Benijófar	79 R 27
Benafigos	57 L 29	Benilloba	69 P 28
Benagalbón	85 V 17	Benillup	69 P 28
Benagéber	55 M 26	Benimantell	69 P 29
Benaguasil	56 N 28	Benimarco	69 P 30
Benahadux	87 V 22	Benimarfull	69 P 28
Benahavís	89 W 14	Benimassot	69 P 29
Benajarafe	85 V 17	Benimodo	69 O 28
Benalauría	89 W 14	Benimuslem	69 O 28
Benalía de Guadix	86 T 20	Beninar (Embalse	
Benalúa de las		de)	86 V 20
Villas	85 T 18	Beniparrell	56 N 28
Benalmádena-		Benirrama	69 P 29
Costa	84 W 16	Benisanó	56 N 28
Benalmádena		Benissa	69 P 30
Costa	84 W 16	Benissanet	45 I 31
Benalúa de Guadix	86 T 20	Benitagla	87 U 23
Benalúa de las		Benitorafe	87 U 23
Villas	85 T 18	Benitos	38 J 15
Benalup de Sidonia	88 W 12	Benizalón	87 U 23
Benamahoma	84 V 13	Benizar	78 R 24
Benamargosa	85 V 17	Benquerencia	
Benamaurel	77 T 21	(Arroyo de)	62 Q 13
Benamejí	84 U 16	Benquerencia	
Benamira	41 I 22	(Cáceres)	62 O 11
Benamocarra	85 V 17	Benquerencia	
Benamor	78 R 24	(Lugo)	4 B 8
Benaocaz	84 V 13	Benquerencia	
Benaoján	84 V 14	de la Serena	62 P 13
Benaque	85 V 17	Bentaiga (Roque)	94 O 10
Benarrabá	89 W 14	Bentarique	86 V 22
Benasau	69 P 28	Bentraces	21 F 6
Benasque	17 E 31	Bentué de Rasal	16 E 28
Benasque (Reserva		Benuza	9 E 9
nacional de)	17 D 31	Benyamina	84 W 16
Benasque (Valle		Benuy	52 M 16
de)	17 E 31	Beo	2 C 3
Benassal	57 K 29	Beortegui	15 D 25
Benatae	77 Q 22	Bera	15 C 24
Benavent	17 F 33	Berambio	13 C 21

Beranga	12 B 19	Berga	18 F 35
Berango	13 B 21	Berganciano	37 I 11
Berantevilla	13 D 21	Berganúy	17 F 32
Beranúy	17 E 31	Berganza	13 C 21
Berástegi	14 C 24	Berganzo	13 E 21
Beratón	28 G 24	Bergara	14 C 22
Berbe Bajo	85 U 18	Bergasa	27 F 23
Berbegal	30 G 29	Bergasillas Bajeras	27 F 23
Berberana	13 D 20	Bergasillas Somera	27 F 23
Berbes	11 B 14	Berge	43 J 28
Berbinzana	14 E 24	Bergondo	3 C 5
Berbucido	7 E 4	Bergüenda	13 D 20
Bercedo	12 C 19	Beriáin	15 D 25
Berceo	27 E 21	Beriain (Monte)	14 D 24
Bercero	24 H 14	Berja	86 V 21
Berceruelo	24 H 14	Berlanas (Las)	38 J 15
Bérchules	86 V 20	Berlanga	73 R 12
Bercial	39 I 16	Berlanga de Duero	41 H 21
Bercial (El)	51 M 14	Berlanga del Bierzo	9 D 10
Bercial		Berlangas de Roa	25 G 18
de San Rafael		Bermeja (Sierra)	
(El)	51 M 14	(Badajoz)	62 O 11
Bercial de		Bermeja (Sierra)	
Zapardiel	38 I 15	(Málaga)	89 W 14
Bercianos de Aliste	23 G 11	Bermejales	
Bercianos		(Embalse de los)	85 V 18
del Páramo	23 E 12	Bermejo	50 M 13
Bercianos		Bermejo (Roque)	93 L 6
del Real Camino	24 E 14	Bermellar	36 J 9
Bercianos		Bermeo	13 B 21
de Valverde	23 G 12	Bermés	7 D 5
Bercianos		Bermiego	5 C 12
de Vidriales	23 F 12	Bermillo de Alba	23 H 11
Bercimuel	40 H 19	Bermillo de Sayago	37 H 11
Bercimuelle	37 K 13	Bermún	6 D 2
Berdejo	28 H 24	Bernadilla (La)	85 V 19
Berdeogas	2 C 2	Bernagoitia	13 C 21
Berdía	6 D 4	Bernales	13 C 19
Berdillo	2 C 4	Bernardo (El)	66 O 21
Berdoias	2 C 2	Bernardos	39 I 16
Berducedo	4 C 9	Bernedo	14 E 22
Berdún	15 E 27	Bèrnia	69 Q 29
Berengueles (Los)	85 V 18	Berninches	41 K 21
Beret	17 D 32	Bernués	16 E 28
Beret (Puerto de)	17 D 32	Bernui	17 E 33
Berga	18 F 35	Bernuy	52 M 16
Berganciano	37 I 11	Bernúy de Porreros	39 I 17
Berganúy	17 F 32	Bernúy-Salinero	38 J 16
Berganza	13 C 21	Bernúy-Zapardiel	38 J 15
Berganzo	13 E 21	Berrazales (Los)	94 O 9
Bergara	14 C 22	Berriatúa	14 C 22

Berrioplano	15 D 24	Bielsa (Túnel de)	16 D 30
Berriozar	15 D 24	Bien Aparecida	
Berriz	14 C 22	(La)	12 C 19
Berrizaun	15 C 24	Bienservida	66 Q 22
Berro	67 P 23	Bienvenida	
Berrobi	14 C 23	(Badajoz)	73 R 11
Berrocal	72 T 10	Bienvenida (Ciudad	
Berrocal (El)	73 S 11	Real)	64 Q 16
Berrocal		Bienvenida	
de Huebra	37 J 12	(Ermita de)	51 M 14
Berrocal		Bienvenida	
de Salvatierra	37 K 12	(Monte)	73 R 11
Berrocalejo	50 M 13	Bierge	16 F 29
Berrocalejo		Biescas	16 E 29
de Aragona	38 J 16	Bigastro	79 R 27
Berrocales		Bigornia (Puerto)	28 H 24
del Jarama (Los)	40 K 19	Bigotera	
Berroeta	15 C 25	(Sierra de la)	64 O 17
Berrón (El)	5 B 12	Bigues	32 G 36
Berrosteguieta	13 D 21	Bigüezal	15 D 26
Berrueces	24 G 14	Bijuesca	28 H 24
Berrueco	42 J 25	Bilbao / Bilbo	13 C 21
Berrueco (El)		Bilbao	83 U 13
(Jaén)	75 S 18	Bilbo / Bilbao	13 C 21
Berrueco (El)		Billabaso	13 B 21
(Madrid)	40 J 19	Bimeda	4 C 10
Berrueco (Peñón		Bimenes	5 C 13
del)	89 W 13	Bimón	12 D 18
Berrús (Ermita de)	44 I 31	Binaced	30 G 30
Berrús (Sierra de)	44 I 31	Binacua	15 E 27
Bertamiráns	6 D 4	Binéfar	30 G 30
Beruete	14 C 24	Biniali	90 N 38
Berzalejo	50 M 12	Biniaraix	90 M 38
Berzocana	50 N 13	Binibèquer	91 M 42
Berzocana		Binidali	91 M 42
(Puerto de)	62 N 13	Biniés	15 E 27
Berzocana (Rio)	50 N 13	Biniés (Hoz de)	15 E 27
Berzosa (Ciudad		Binifabini	91 M 42
Real)	65 P 19	Binissalem	90 M 38
Berzosa (Soria)	26 H 20	Biosca	32 G 34
Berzosa de Bureba	13 E 20	Biota	28 F 26
Berzosa del Lozoya	40 J 19	Bisaurri	17 E 31
Berzosa		Bisbal de Falset	
de los Hidalgos	11 D 16	(La)	45 I 32
Berzosilla	12 D 17	Bisbal del Penedès	
Besalú	19 F 38	(La)	32 I 34
Besande	11 D 15	Bisbal d'Empordà	
Besaya	12 C 17	(La)	33 G 39
Bescanó	33 G 38	Biscarrués	29 F 27
Bescaran	18 E 34	Bisimbre	28 G 25
Beseit (Puertos de)	44 J 30	Bisjueces	12 D 19
Bespén	16 F 29	Bitem	45 J 31
Besteiros	7 E 6	Biure	19 E 38
Bestracà (Sierra de)	19 F 37	Biurrun	15 D 24
Bestué	16 E 30	Blacos	27 G 21
Besullo	4 C 10	Blanc (Cap)	90 N 38
Betancuria	93 T 7	Blanc (Mas)	57 L 29
Betanzos	3 C 5	Blanca	78 R 25
Betanzos (Ría de)	3 B 5		
Betelu	14 C 24		
Bétera	56 N 28		
Betés	16 E 28		
Beteta	41 K 23		
Betlem	91 M 39		
Betlem (Ermita de)	91 M 39		
Betolaza	13 D 21		
Betorz	16 F 30		
Betrén	17 D 32		
Betxi	57 M 29		
Beuda	19 F 38		
Beunza	14 D 24		
Beyos			
(Desfiladero de			
los)	11 C 16		
Bezana	12 D 18		
Bezanes	5 C 14		
Bezares	27 E 21		
Bezas	55 K 26		
Béznar	85 V 19		
Béznar (Embalse			
de)	85 V 19		
Bianditz (Alto de)	14 C 24		
Biar	68 Q 27		
Bibéi	21 F 8		
Bibey	22 F 9		
Bicorp	68 O 27		
Bicuerca			
(Serra de la)	55 N 25		
Bidasoa	15 C 25		
Bidasoa (Montes			
de)	15 C 24		
Biduedo	7 E 6		
Biduido	6 D 4		
Bielba	11 C 16		
Biel-Fuencalderas	29 E 27		
Bielsa	16 E 30		

Blanca (Estación		Boca Chanza	71 T 7
de)	78 R 26	Boca de Huérgano	11 D 15
Blanca (Laguna)	66 P 21	Boca de Tauce	92 H 8
Blanca (Montañas		Bocairent	68 P 28
de la)	93 U 6	Boceguillas	40 H 19
Blanca (Sierra)	89 W 15	Bocelo (Montes	
Blanca de		del)	7 D 5
Solanillos	41 J 23	Boche	77 Q 23
Blancafort	31 H 33	Bochones	41 I 21
Blancares Nuevos	67 O 23	Bocigas	38 I 15
Blancares Viejos	67 O 23	Bocigas de Perales	26 H 19
Blancas	42 J 25	Bocinegro	
Blanco	84 T 14	(Punta del)	92 I 9
Blancos	21 G 6	Bocos (Burgos)	12 D 19
Blanes	33 G 38	Bocos (Valladolid)	25 H 17
Blanquilla (Sierra)	88 X 12	Bodaño	7 D 5
Blanquillas		Bodegas	
(Sierras)	64 O 16	de Pardanchinos	56 M 27
Blanquillo	76 R 21	Bodegones (Los)	82 U 9
Blanquitos (Los)	92 I 9	Bodegues del	
Bláquez (Los)	74 Q 13	Camp (Les)	56 M 27
Blascoeles	39 I 16	Bodera (La)	41 I 21
Blascomillán	38 J 14	Bodera	
Blasconuño		(Sierra de La)	41 I 21
de Matacabras	38 I 15	Bodión	72 R 10
Blascosancho	38 J 16	Bodión (Arroyo)	72 R 10
Blecua	16 F 29	Bodón (El)	36 K 10
Bleda Plana (Illa)	91 P 33	Bodonal de la	
Bledes (Illes)	91 L 42	Sierra	72 R 10
Blesa	43 I 27	Boecillo	24 H 15
Bliecos	27 H 23	Boedes	7 E 5
Blimea	5 C 13	Boedo	11 D 16
Blocona	41 I 22	Boedo (Rio)	11 D 16
Boa	6 D 3	Boente	7 D 5
Boada	36 J 11	Boeza	9 D 11
Boada de Campos	24 G 15	Bogajo	36 J 10
Boada de Roa	25 G 18	Bogarra	66 Q 23
Boadella		Bogarra (Río de)	67 Q 23
(Embalse de)	19 E 38	Bogarre	86 T 19
Boadella		Bogarre (Monte)	85 T 19
d'Empordà	19 F 38	Bohodón (El)	38 J 15
Boadilla	37 J 11	Bohonal	63 O 15
Boadilla del Camino	25 F 16	Bohonal de Ibor	50 M 13
Boadilla del Monte	52 K 18	Bohoyo	50 L 13
Boadilla de Rioseco	24 F 15	Boí	17 E 32
Boal	4 B 9	Boimente	3 B 7
Boalo	39 J 18	Boimorto	7 D 5
Boaño	2 C 2	Boiro (Asturias)	9 D 9
Bobadilla (Jaén)	85 T 17	Boiro (La Coruña)	6 E 3
Bobadilla (La Rioja)	27 F 21	Boix	31 G 33
Bobadilla (Málaga)	84 U 15	Boix (Sierra del)	45 J 31
Bobadilla del		Boixar (El)	44 J 30
Campo	38 I 14	Bóixols	17 F 33
Bobadilla Estación	84 U 15	Bóixols (Collado	
Bobastro	84 V 15	de)	17 F 33
Bobia	4 B 9	Bojadillas (Las)	77 R 23
Boborás	7 E 5	Bon Jesus de	
Bocacara	36 J 10	Trandeiras	
		(Monasterio)	21 F 7

Bolaños	88 W 11	Bonmatí	33 G 37
Bolaños		Bono	17 E 32
de Calatrava	65 P 19	Boñar	10 D 14
Bolaños de		Bóo	5 C 12
Campos	24 F 14	Boo de Guarnizo	12 B 18
Bolarque		Boós	27 H 21
(Embalse de)	53 K 21	Boqueixón	7 D 4
Bolbaite	68 O 27	Boquerón	78 R 26
Bolea	29 F 28	Boquerón	
Bolera (Embalse la)	76 S 21	(Puerto del)	38 K 16
Boliches (Los)	84 W 16	Boquerón	
Bolla	49 K 10	(Sierra del)	68 O 26
Bólliga	54 L 22	Boquiñeni	28 G 26
Bollón	28 G 25	Borau	16 E 28
Bollullos		Borbollón	
de la Mitación	83 T 11	(Embalse de)	49 L 10
Bollullos del		Bordalba	41 H 23
Condado	82 T 10	Borde (Sierra de)	9 D 9
Bolmir	12 D 17	Bordecorex	41 H 21
Bolnuevo	79 T 26	Bordejé	41 H 22
Bolo (O)	21 F 8	Bórdes (Es)	17 D 32
Bolón	68 Q 27	Bordils	19 F 38
Bolonia		Bordón	44 J 29
(Ensenada de)	88 X 12	Bordón (Río)	43 J 28
Bolos	65 P 20	Borge (El)	85 V 17
Boltaña	16 E 30	Borges Blanques	
Bolvir (Lérida)	18 E 35	(Les)	31 H 32
Bombarda (Punta		Borges del Camp	
de la)	69 Q 29	(Les)	45 I 33
Bona Vista	69 P 30	Borgonyà	18 F 36
Bonaigua		Borja	28 G 25
(Puerto de la)	17 E 32	Borjabad	27 H 22
Bonal (El)	64 O 17	Borleña	12 C 18
Bonales		Bormate	67 O 25
(Sierra de los)	63 Q 15	Bormujos	83 T 11
Bonansa	17 E 32	Borneiro	2 C 3
Bon Any	90 N 39	Bornos	83 V 12
Bonanza (Cádiz)	82 V 10	Bornos	
Bonanza (Madrid)	52 K 18	(Embalse de)	83 V 12
Bonanza (Punta de		Bornova	41 I 21
la)	93 B 11	Borobia	28 H 24
Bonares	82 U 9	Borox	52 L 18
Bonastre	32 I 34	Borrachina	60 Q 8
Bonete	67 P 25	Borrassà	19 F 38
Bonete (Estación		Borredà	18 F 35
de)	67 P 25	Borreguero (El)	62 P 12
Bonge	3 C 7	Borreguilla	
Bonhabal (Arroyo		(Finca la)	65 Q 20
de)	61 Q 10	Borrenes	9 E 9
Boniches	55 M 25	Borres (Asturias)	4 B 10
Bonielles	5 B 12	Borrés (Huesca)	16 E 28
Bonilla	54 L 22	Borriana/Burriana	57 M 29
Bonilla de la Sierra	38 K 14	Borriol	57 L 29
Bonillo (El)	66 P 22	Borriquillas (Punta	
Bonita (Cueva)	95 B 5	de las)	93 U 8
		Bosque	2 C 3
		Bosque (El)	84 V 13
		Bosque (El) (Madrid)	52 K 18

Bosque (El) (Toledo)	52 M 16		
Bosque (El)			
(Almería)	77 T 22		
Bosque Alto	29 H 27		
Bosques			
(Serra de los)	56 N 27		
Bossòst	17 D 32		
Bot	45 I 31		
Botarell	45 I 32		
Botaya	16 E 28		
Boticario	64 N 18		
Botija	62 N 11		
Bótoa	61 O 9		
Bótoa (Ermita de)	61 O 9		
Botorrita	29 H 26		
Botoz (Arroyo de)	62 O 13		
Boumort	17 F 33		
Boumort (Sierra			
de)	17 F 33		
Bousés	21 G 7		
Boutra (Cabo de la)	2 C 2		
Bouza	7 E 5		
Bouza (La)	36 J 9		
Bouzas (León)	9 E 10		
Bouzas (Pontevedra)	20 F 3		
Bóveda (cerca de			
Monforte)	8 E 7		
Bóveda (Monte)	62 P 12		
Bóveda (Álava)	13 D 20		
Bóveda de la			
Ribera	13 D 19		
Bóveda			
del Río Almar	38 J 14		
Bóveda de Toro			
(La)	38 H 13		
Bovera	45 I 31		
Boya	22 G 10		
Boyar (Puerto del)	84 V 13		
Bozoo	13 D 20		
Brabos	38 J 15		
Brácana (Córdoba)	85 T 17		
Brácana (Granada)	85 U 18		
Bràfim	32 I 34		
Braguia (Puerto de)	12 C 18		
Brahojos de			
Medina	38 I 14		
Bramadero	72 S 8		
Bramadoras	56 K 28		
Brandeso	7 D 5		
Brandilanes	23 H 11		
Brandomil	2 C 3		
Brandoñas	2 C 3		
Braña			
(Cabeza de la)	39 J 18		
Braña (La) (Asturias)	4 B 9		
Braña (La) (León)	8 D 9		
Braña Caballo	5 C 13		
Brañalonga	4 B 10		

BILBO/BILBAO

Bidebarreta . . . . DZ 5
Correo . . . . DZ
Gran Via
de López de Haro . . . . BCYZ
Amézola (Plaza) . . . . CZ 2
Arenal (Puente del) . . . . DZ 3
Ayuntamiento
(Puente del) . . . . DYZ 4
Bilbao la Vieja . . . . DZ 6
Bombero Echániz (Pl.) . . . . . . CZ 7
Buenos Aires . . . . DZ 8
Circular (Plaza) . . . . DZ 9
Cruz . . . . DZ 10
Deusto (Puente de) . . . . . BCY 11
Emilio Campuzano
(Plaza) . . . . CZ 12
Ernesto Erkoreka (Pl.) . . . . . DY 15
Federico Moyúa
(Plaza de) . . . . CZ 19
Gardoqui . . . . CZ 20
Huertas de la Villa . . . . DY 24
Iparraguirre . . . . CYZ 25
Juan de Garay . . . . CZ
Lehendakari Aguirre (Av.) . . BY 28
Múgica y Butrón . . . . DY 31
Navarra . . . . DY 32
Pío Baroja (Pl. de) . . . . DY 35
Rodríguez Arias . . . . BCYZ 36
San Antón (Puente de) . . . . DZ 37
San José (Plaza) . . . . CY 38
San Mamés
(Alameda de) . . . . CZ 39
Viuda de Epalza . . . . DZ 42
Zabálburu (Plaza de) . . . . . . CZ 45
Zumalacárregui (Av.) . . . . . DY 46

Name		
Braña Vieja	11	C 16
Brañes	5	B 12
Brañosera	12	D 17
Brañuás	4	B 10
Brañuelas	10	E 11
Braojos	40	I 19
Brava (Sierra)	61	O 9
Bravatas	77	S 22
Bravo (El)	72	R 9
Bravos	3	B 7
Brazacorta	26	G 19
Brazato (Embalse de)	16	D 29
Brazatortas	64	Q 17
Brazo de la Torre	83	U 11
Brazomar	13	B 20
Brazuelo	10	E 11
Brea	28	H 25
Brea de Tajo	53	L 20
Breda	33	G 37
Brence	8	E 7
Brenes	73	T 12
Breña (Embalse de la)	74	S 14
Breña (La)	94	P 10
Breña Alta	95	C 6
Breña Baja	95	C 6
Breñas (Las)	95	V 4
Bres	4	B 8
Bretó	23	G 12
Bretocino	23	G 12
Bretoña	4	B 8
Bretún	27	F 22
Brezo (Sierra del)	11	D 15
Brias	40	H 21
Bricia	12	D 18
Brieva	39	I 17
Brieva de Cameros	27	F 21
Brieva de Juarros	26	F 19
Brieves	4	B 10
Brihuega	40	J 21
Brimeda	10	E 11
Brime de Sog	23	F 11
Brime de Urz	23	F 12
Brincones	36	I 10
Briñas	13	E 21
Briones	13	E 21
Briongos	26	G 19
Brisas (Las)	41	K 21
Brisos (Puerto de los)	61	O 9
Briviesca	13	E 20
Brizuela	12	D 19
Brocos	7	D 5
Bronco (El)	49	L 11
Bronco (Rivera del)	49	L 11
Brosquil (El)	69	O 29
Broto	16	E 29
Brovales	72	Q 9
Brovales (Arroyo)	61	O 9
Brovales (Embalse de)	61	O 9
Broza	8	E 7
Brozas	49	N 9
Bruc (El)	32	H 35
Brués	7	E 5
Brugent (Gerona)	19	F 37
Brugent (Tarragona)	45	I 33
Bruguera	18	F 36
Bruis	16	F 30
Brujas (Cuevas de)	15	C 25
Brújula (Puerto de la)	26	E 19
Brull (El)	33	G 36
Brullés (Río)	12	E 17
Brullés	12	E 18
Brunales (Los)	68	P 27
Brunete	52	K 18
Brunyola	33	G 38
Búbal	16	D 29
Búbal (Embalse de)	16	D 29
Buberos	27	H 23
Bubierca	42	I 24
Bubión	86	V 19
Bucher	51	L 14
Buciegas	54	K 22
Búcor	85	U 18
Buda (Faro de)	45	J 32
Buda (Isla de)	45	J 32
Budia	41	K 21
Budián	3	B 7
Budiño (La Coruña)	7	D 4
Budiño (Pontevedra)	20	F 4
Buelna	11	B 16
Buenache de Alarcón	54	N 23
Buenache de la Sierra	54	L 24
Buenafuente (Monasterio de)	41	J 23
Buena Leche	55	M 26
Buenamadre	37	J 11
Buenamesón	53	L 21
Buen Amor	37	I 12
Buenasbodas	51	N 15
Buenas Noches	89	W 14
Buenaventura	51	L 15
Buenavista (Alacant)	68	Q 26
Buenavista (Granada)	85	U 18
Buenavista (Monte)	67	O 24
Buenavista (Salamanca)	37	J 13
Buenavista del Norte	92	G 7
Buenavista de Valdavia	11	E 16
Buendía	54	K 21
Buendía (Embalse de)	54	K 21
Buenlugar	94	O 9
Bueno (El)	92	J 8
Buen Paso	92	H 7
Buen Retiro	66	O 21
Bueña	42	J 26
Buera	16	F 30
Buerba	16	E 30
Bueres	5	C 13
Buesa	16	E 29
Bueu	20	F 3
Buey	52	M 18
Buey (Puerto El)	8	E 8
Buey (Sierra del)	68	Q 26
Bufadero	93	K 7
Bufali	69	P 28
Bugallido	6	D 4
Bugarra	56	N 27
Bugedo	13	E 20
Búger	90	M 38
Búhos (Sierra de los)	67	Q 24
Buitrago	27	G 22
Buitrago del Lozoya	40	J 19
Buitre (Almería)	86	U 21
Buitre (Monte)	56	L 26
Buitre (Murcia)	78	R 24
Buitrera	40	I 19
Buitrón (El)	72	T 9
Buitrón (El) (Monte)	72	S 8
Buiza	10	D 12
Bujalance	75	S 16
Bujalaro	41	J 21
Bujalcayado	41	I 21
Buján	6	D 2
Bujaraiza	76	R 21
Bujaraloz	30	H 29
Bujarda (La)	72	S 8
Bujardo	72	Q 9
Bujarrabal	41	I 22
Bujaruelo	16	D 29
Bujeda (Embalse de la)	54	L 21
Bujeda (La)	54	L 21
Bujeo (El)	89	X 13
Bujeo (Puerto del)	89	X 13
Bujo	73	R 11
Bularros	38	J 15
Bulbuente	28	G 25
Bullaque (Río)	64	O 17
Bullaque (El)	64	O 17
Bullas	78	R 24
Bullones	42	J 24
Bulnes	11	C 15
Buniel	25	F 18
Bunyola	90	M 38
Buñales	29	F 28
Buñol	56	N 27
Buño	2	C 3
Buñuel	28	G 25
Burbáguena	42	I 25
Burbia	9	D 9
Burbia (Río)	9	D 9
Burceat	16	F 30
Burceña	13	C 19
Burdalo	62	O 11
Burela	3	B 7
Burela (Cabo)	3	A 7
Burés	6	D 3
Bureta	28	G 25
Burete	78	R 24
Burgal (El)	56	N 27
Burganes de Valverde	23	G 12
Burgo	8	D 7
Burgo (El)	84	V 15
Burgo (O)	3	C 4
Burgo de Ebro (El)	29	H 27
Burgo de Osma (El)	26	H 20
Burgohondo	51	K 15
Burgomillodo	39	H 18
Burgo Ranero (El)	24	E 14
Burgos	25	E 18
Burgueira	20	F 3
Burgui	15	D 26
Burguilla	51	M 14
Burguillo (Embalse de)	51	K 16
Burguillos	73	T 12
Burguillos del Cerro	72	Q 10
Burguillos de Toledo	52	M 18
Buriz	3	C 6
Burjassot	56	N 28
Burlada	15	D 25
Burón	11	C 14
Burras	78	S 24
Burrero (El)	94	O 9
Burres	7	D 5
Burriana/Borriana	57	M 29
Burrillas (Las)	94	N 10
Burro (Collado del)	63	O 15
Burrueco	67	P 23
Buruaga	13	D 21
Burujón	52	M 17
Burunchel	76	S 21
Burunda	14	D 23
Busante	9	D 9
Busdongo	10	D 12
Buseo (Embassament de)	56	N 27
Busloñe (Asturias)	5	C 12
Busmente	4	B 9
Busot	69	Q 28
Busquil	14	E 24
Busquístar	86	V 20
Bustablado	12	C 19
Bustamante	12	C 17
Bustantigo	4	B 9
Bustares	40	I 20
Bustarviejo	39	J 18
Bustasur	12	D 17
Buste (Balcón de El)	28	G 25
Buste (El)	28	G 25
Bustidoño	12	D 18
Bustillo de Cea	11	E 14
Bustillo de Chaves	24	F 14
Bustillo de la Vega	24	E 15
Bustillo del Monte	12	D 17
Bustillo del Oro	23	G 13
Bustillo del Páramo	23	E 12
Bustillo del Páramo de Carrión	24	E 15
Bustillo o Ahogaborricos	23	G 13
Busto (Cabo)	4	B 10
Busto (cerca de Luarca)	4	B 10
Busto (cerca de Villaviciosa)	5	B 13
Busto (El)	14	E 24
Bustoburniego	4	B 10
Busto de Bureba	13	E 20
Bustriguado	11	C 16
Busturia	13	B 21
Butihondo	93	S 9
Butrera	72	R 10
Butrón	13	B 21
Buxán (cerca de Rois)	6	D 3
Buxán (cerca de Val do Dubra)	2	C 4
Buxantes (Monte de)	6	D 2
Buxu (Cueva del)	11	B 14
Buzanada	92	I 9

C

Name		
Caamaño	6	E 2
Caaveiro	3	B 5
Cabaco (El)	37	K 11
Cabaleiros	2	C 4
Caballa (Sierra de la)	67	O 25
Caballar	39	I 18
Caballera	29	F 28
Caballero (Sierra del)	42	H 24
Caballeros	76	Q 18
Caballo (Cerro del)	85	U 19
Caballo (Granada)	85	U 19
Caballo (Monte)	49	M 9
Caballó (Serra El)	68	O 27
Caballón	72	T 9
Caballos (Sierra de los)	84	U 15
Cabalos (Sierra de los)	8	E 8
Cabana	2	C 3
Cabanabona	31	G 33
Cabanamoura	6	D 3
Cabanas (Lugo)	3	B 6
Cabanelas	7	E 5
Cabanelles	19	F 38
Cabanes (Barranc de)	57	L 29
Cabanes (Castelló)	57	L 30
Cabanes (Gerona)	19	F 38
Cabanette (Pic de la)	18	E 35
Cabanillas (Navarra)	28	F 25
Cabanillas (Soria)	41	H 22
Cabanillas de la Sierra	40	J 19
Cabanillas del Campo	40	K 20
Cabanyes (Les)	32	H 35
Cabañaquinta	5	C 13
Cabañas (La Coruña)	3	B 5
Cabañas (León)	23	F 13
Cabañas (Monte)	76	S 21
Cabañas (Puerto)	84	V 14
Cabañas (Zaragoza)	28	G 26
Cabañas de Castilla (Las)	25	E 16
Cabañas de la Dordilla	9	E 10
Cabañas de la Sagra	52	L 18
Cabañas del Castillo	50	N 13
Cabañas de Polendos	39	I 17
Cabañas de Sayago	37	I 12
Cabañas de Yepes	53	M 19
Cabañas Raras	9	E 9
Cabañeros (Ciudad Real)	64	N 16
Cabañeros (León)	23	F 13
Cabañes de Esgueva	25	G 18
Cabarceno (Parque de)	12	B 18
Cabarga (Peña)	12	B 18
Cabassers	45	I 32
Cabdella	17	E 32
Cabe	8	E 7
Cabeço d'Or (Serra del)	69	Q 28
Cabeza (La)	77	R 23
Cabezabellosa	50	L 12
Cabezabellosa de la Calzada	37	I 13
Cabezadas (Las)	40	I 20
Cabeza de Béjar (La)	37	K 13
Cabeza de Buey	65	Q 20
Cabeza de Campo	8	E 9
Cabeza de Diego Gómez	37	J 11
Cabeza del Asno	78	R 25
Cabeza de la Viña (Isla)	77	R 21
Cabeza del Buey	63	P 14
Cabeza del Caballo	36	I 10
Cabeza de Toro (Montaña)	92	J 7
Cabeza Gorda	43	I 28
Cabeza Herrera	26	F 21
Cabeza la Vaca	73	R 10
Cabeza Llana (Sierra de) (Albacete)	67	Q 25
Cabezarados	64	P 17
Cabezarrubias	64	Q 17
Cabezas de Alambre	38	J 15
Cabezas de Bonilla	38	K 14
Cabezas del Pasto	71	T 7
Cabezas del Pozo	38	J 15
Cabezas del Villar	38	J 14
Cabezas de San Juan (Las)	83	V 12
Cabezas Rubias	72	S 8
Cabezas Rubias (Embalse de)	72	S 8
Cabezo (Cáceres)	37	K 11
Cabezo (Monte)	55	L 26
Cabezo Alto	56	K 27
Cabezo de la Plata	79	S 27
Cabezo de Torres	79	R 26
Cabezo Grande (El)	92	H 9
Cabezo Jara	78	T 24
Cabezón	24	G 16
Cabezón de Cameros	27	F 22
Cabezón de la Sal	12	C 17
Cabezón de la Sierra	26	G 20
Cabezón de Liébana	11	C 16
Cabezón de Valderaduey	24	F 14
Cabezudos (Los)	82	U 10
Cabezuela	39	I 18
Cabezuela (La)	68	Q 26
Cabezuela del Valle	50	L 12
Cabezuelos (Los)	41	K 22
Cabia	25	F 18
Cabigordo (Puerto de)	43	K 27
Cabi Monteros	27	F 23
Cabizuela	38	J 15
Cable (Mirador del)	11	C 15
Cabó	17	F 33
Cabo de Gato-Níjar (Parque natural de)	87	V 23
Cabo (El)	95	E 9
Caboalles de Abajo	9	D 10
Caboalles de Arriba	9	D 10
Cabo Blanco	92	H 9
Cabo de Gata	87	V 23
Cabo de Gata (Sierra del)	87	V 23
Cabo de Palos	79	T 27
Cabolafuente	41	I 23
Cabornera	10	D 12
Caborno	4	B 10
Caborredondo (Burgos)	12	E 19
Cabra	85	T 16
Cabra (Cinto)	68	O 27
Cabra de Mora	56	L 27
Cabra (Río)	84	T 15
Cabra (Sierra de la)	4	C 10
Cabra del Camp	31	H 33
Cabra del Santo Cristo	76	S 20
Cabrahigos	88	X 12
Cabrales	11	C 15
Cabranes	5	B 13
Cabras (Córdoba)	85	U 17
Cabras (Las)	77	R 22
Cabras (Monte)	51	N 14
Cabras (Pico de)	92	I 9
Cabras (Sierra de las) (Murcia)	67	Q 25
Cabras (Sierra de las) (Cádiz)	88	W 12
Cabras (Sierra de las) (Málaga)	84	V 16
Cabredo	14	E 22
Cabreiroá	21	G 7
Cabreiros	3	B 6
Cabrejas	54	L 22
Cabrejas (Altos de)	54	L 22
Cabrejas (Puerto de)	54	L 22
Cabrejas (Sierra de)	26	G 22
Cabrejas del Campo	27	G 23
Cabrejas del Pinar	27	G 21
Cabrera (Badajoz)	73	R 11
Cabrera (Illa de)	90	O 38
Cabrera (La) (Guadalajara)	41	I 22
Cabrera (La) (Madrid)	40	J 19
Cabrera (La) (Valencia)	56	N 27
Cabrera (Monte)	28	H 24
Cabrera (Río de la)	75	R 17
Cabrera (Río)	9	E 9
Cabrera (Sierra)	87	U 24
Cabrera (Sierra de la)	22	F 9
Cabrera de Mar	33	H 37
Cabrerizos	37	J 13
Cabrero	50	L 12
Cabreros del Monte	24	G 14
Cabreros del Río	23	E 13
Cabretón	28	G 24
Cabriel (Río)	68	O 26
Cabril (El)	74	R 13
Cabrilla (La)	74	S 14
Cabrilla (Sierra de la)	76	S 21
Cabrillanes	10	D 11
Cabrillas (Puerto de las)	44	K 23
Cabrillas (Río)	42	K 24
Cabrillas (Salamanca)	37	J 11
Cabrillas (Serra de las)	55	N 26
Cabrils	33	H 37
Cabris (Collado de)	18	E 34
Cabrito (Alto El)	89	X 13
Cabruñana	5	B 11
Cabuerniga	12	C 17
Cacabelos	9	E 9
Cáceres	49	N 10
Cáceres (Embalse de)	49	N 11

BURGOS

Mayor (Plaza)	AB 18
Santo Domingo (Pl. del)	B 28
Vitoria	B
Almirante Bonifaz	B 2
Alonso Martínez (Pl. de)	B 3
Aparicio y Ruiz	A 5
Cid Campeador (Av. del)	B 8
Conde de Guadalhorce (Av. del)	A 9
Eduardo Martínez del Campo	A 10
España (Pl.)	B 12
Gen. Sanjurjo (Av. del)	B 14
Gen. Santocildes (Pl. del)	B 15
Libertad (Pl.)	B 17
Miguel Primo de Rivera (Pl.)	B 19
Miranda	B 20
Monasterio de las Huelgas (Av. del)	A 21
Nuño Rasura	A 23
Paloma	A 24
Reyes Católicos (Av. de los)	B 26
Rey San Fernando (Pl.)	A 27

B ARCO DE STA MARÍA
M¹ MUSEO DE BURGOS

CÁCERES

Mayor (Pl.) . . . . **BY**
Pintores . . . . **BY** 36
San Antón . . . . **AZ** 47
San Pedro . . . . **BZ** 53

America (Pl. de) . . . . **AZ** 2
Amor de Dios . . . . **BZ** 3
Ancha . . . . **BZ** 4
Antonio Reyes Huertas . . . . . **BZ** 6
Arturo Aranguren . . . . **AZ** 7
Ceres . . . . **BY** 9
Colón . . . . **BZ** 10
Compañia (Cuesta de la) . . . **BY** 12

Diego María Crehuet . . . . **BZ** 14
Fuente Nueva . . . . **BZ** 15
Gabino Muriel . . . . **AZ** 17
Gen. Primo
de Rivera (Av. del) . . . . **AZ** 22
Isabel
de Moctezuma (Av.) . . . . . . **AZ** 24
José L. Cotallo . . . . **AY** 25
Juan XXIII . . . . **AZ** 26
Lope de Vega . . . . **BY** 28
Marqués (Cuesta del) . . . . . . **BY** 30
Medico Sorapán . . . . **BZ** 31
Millan Astray (Av.) . . . . **BZ** 32
Mono . . . . **BY** 33
Perreros . . . . **BZ** 35
Portugal (Av. de) . . . . **AZ** 37

Profesor Hdez Pacheco . . . . . **BZ** 39
Quijotes (Av. de los) . . . . **BY** 40
Ramón y Cajal
(Paseo de) . . . . **AY** 42
Reyes Católicos . . . . **AY** 43
San Blas (Av. de) . . . . **BY** 45
San Jorge . . . . **AY** 49
San Juan (Pl. de) . . . . **BZ** 51
S. Pedro de Alcántara (Av.) . . **AZ** 54
San Roque . . . . **BZ** 56
Tiendas . . . . **BY** 58
Trabajo . . . . **AY** 59
Viena . . . . **AZ** 60

D PALACIO DE LOS GOLFINES
DE ABAJO

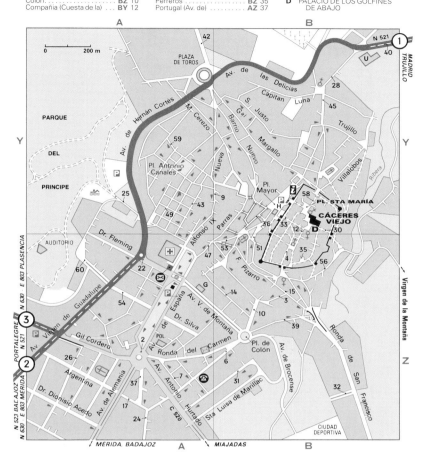

Calahorra de
  Boedo . . . . 11 E 16
Calalberche . . . . 52 L 17
Cala Llonga (Ibiza) 91 P 34
Cala Llonga
  (Menorca) . . . . . . 91 M 42
Calama . . . . 50 K 11
Cala Mesquida
  (Mallorca) . . . . . . 91 M 40
Cala Mesquida
  (Menorca) . . . . . . 91 M 42
Cala Millor . . . . 91 N 40
Calamocha . . . . 42 J 26
Calamocos . . . . 9 E 10
Cala Mondragó . . . . 90 N 39
Calamonte . . . . 61 P 10
Cala Morell . . . . 91 L 41
Cala Murada . . . . . . 91 N 39
Calanda . . . . 44 J 29
Calanda (Embalse
  de) . . . . 44 J 29
Calañas . . . . 72 T 9
Cala Pi . . . . 90 N 38
Cala Pregonda . . . . 91 L 42
Cala Puntal . . . . 45 K 31
Calar Alto . . . . 87 U 22
Calar de la Santa . . 77 R 23
Calar del Mundo . . . 66 Q 22
Calares
  (Ciudad Real) . . . 66 Q 21
Calares (Los)
  (Monte) . . . . 77 R 23
Cala Sahona . . . . . . 91 R 34
Cala Santa Galdana 91 M 41
Cala Santandria . . . 91 M 41
Cala Santanyí . . . . . 90 O 39
Calasanz . . . . 17 F 31
Calasparra . . . . 78 R 24
Calasparra
  (Estación de) . . . . 78 R 24
Calatañazor . . . . . . 27 G 21
Calatayud . . . . 42 H 25
Calatorao . . . . 28 H 25
Calatrava
  (Campo de) . . . . . 64 P 18
Calatrava
  (Puerto de) . . . . . 64 P 18
Calatrava
  (Sierra de) . . . . . . 64 P 18
Calatraveño
  (Puerto) . . . . 74 R 15
Cala Turqueta . . . . . 91 M 41
Calaveruela . . . . 74 R 13
Calcena . . . . 28 H 24
Caldas (Las) . . . . . . 5 C 12

Caldas de Besayas
  (Las) . . . . 12 C 17
Caldas de Luna . . . . 10 D 12
Caldas de Reis . . . . 6 E 4
Calde . . . . 8 D 7
Caldearenas . . . . . . 16 E 28
Caldebarcos . . . . . . 6 D 2
Caldebarcos
  (Punta de) . . . . . . 6 D 2
Caldelas . . . . 20 F 4
Caldera . . . . 85 T 17
Caldereros
  (Sierra de) . . . . . . 42 J 24
Caldereta . . . . 93 U 6
Calderín (El) . . . . . . 64 O 18
Calderina (Sierra
  de la) . . . . 65 O 18
Calderón . . . . 55 L 26
Calderón (Sierra
  de) . . . . 77 Q 22
Calderones (Los) . . . 78 S 25
Calders . . . . 32 G 35
Calders (Río) . . . . . 32 G 35
Calderuela . . . . 27 G 23
Caldés (Riu) . . . . . . 44 K 29
Caldes de Boí . . . . . 17 E 32
Caldes de
  Malavella . . . . . . 33 G 38
Caldes de Montbui . 33 H 36
Caldes d'Estrac . . . 33 H 37
Caldones . . . . 5 B 13
Caldueño . . . . 11 B 15
Caleao . . . . 5 C 13
Calella . . . . 33 H 37
Calella
  de Palafrugell . . . 33 G 39
Calera (Collado de
  la) . . . . 55 N 26
Calera (La) (Badajoz) 61 P 10
Calera (La)
  (Cantabria) . . . . . 12 C 19
Calera (La)
  (Cáceres) . . . . . . 51 N 14
Calera (La) (Ciudad
  Real) . . . . 65 P 20
Calera (La) (Huelva) 82 U 10
Calera de León . . . . 73 R 11
Calera y Chozas . . . 51 M 15
Caleruega . . . . 26 G 19
Caleruela
  (cerca de Los
  Yébenes) . . . . . . 52 N 18
Caleruela (La) . . . . . 76 R 20
Caleruela (Toledo) . 51 M 14
Cales de Mallorca . 91 N 39

Caleta (La) . . . . 93 B 11
Caleta (La) . . . . 85 V 19
Caleta (La) . . . . 95 W 3
Caleta (La)
  (Cerca de Adeje) . 92 H 9
Caleta (La)
  (Cerca de
  Garachico) . . . . . 92 H 7
Caleta (Punta de la) 94 N 9
Caleta del Sebo . . . 95 W 2
Caleta de Vélez (La) 85 V 17
Caletas (Las) . . . . . 95 C 7
Caletillas (Las) . . . . 93 J 7
Caletón (El) . . . . . . 92 J 7
Caleyos (Los) . . . . . 5 C 13
Calicasas . . . . 85 U 19
Càlig . . . . 44 K 31
Callao de Alcabú
  (Punta del) . . . . . 92 G 7
Callao Salvaje . . . . . 92 H 9
Calldetenes . . . . 32 G 36
Callejas . . . . 55 N 24
Callejones . . . . 95 C 6
Callejos (Los) . . . . . 11 B 15
Callén . . . . 29 G 28
Calleras . . . . 4 B 10
Calles . . . . 56 M 27
Callezuela . . . . 5 B 12
Callobre (La Coruña) 3 C 5
Callobre
  (Pontevedra) . . . . 7 D 4
Callosa d'en Sarrià 69 Q 29
Callosa de Segura . 79 R 27
Callús . . . . 32 G 35
Cal Marcal . . . . 32 G 35
Calmarza . . . . 42 I 24
Calnegre . . . . 78 T 25
Calnegre (Punta
  de) . . . . 78 T 25
Calo . . . . 2 C 2
Caló de Sant Agustí 91 P 34
Calomarde . . . . 55 K 25
Calonge (El) . . . . . . 74 T 13
Calonge (Gerona) . . 33 G 39
Calonge (Mallorca) . 90 N 39
Calonge de
  Segarra . . . . 32 G 34
Calp . . . . 69 Q 30
Calpes (Los) . . . . . . 56 L 28
Caltojar . . . . 41 H 21
Calvario (Sierra
  del) . . . . 83 V 12
Calvarrasa de
  Abajo . . . . 37 J 13
Calvarrasa de
  Arriba . . . . 37 J 13

Caceruela . . . . 64 O 16
Cachafeiro . . . . 7 E 4
Cachaza . . . . 49 L 9
Cacheiras . . . . 6 D 4
Cachorilla . . . . 49 M 9
Cacín . . . . 85 U 18
Cacín (Canal de) . . . 85 U 18
Cacín (Río) . . . . 85 U 18
Cadabedo . . . . 3 B 7
Cádabo (O) . . . . 4 C 8
Cadafresnas . . . . . . 8 E 9
Cadagua . . . . 13 C 19
Cadagua (Río) . . . . . 13 C 20
Cadalso . . . . 49 L 10
Cadalso
  de los Vidrios . . . 52 L 16
Cadaqués . . . . 19 F 39
Cadavedo . . . . 4 B 10
Cádavos . . . . 21 G 8
Cadena
  (Puerto de la) . . . 79 S 26
Cabezamesada . . . . 53 M 20
Cadi . . . . 18 F 34
Cadí-Moixeró (Parc
  natural del) . . . . . 18 F 35
Cadí (Reserva
  nacional del) . . . . 18 F 34
Cadí
  (Sierra del) . . . . . 18 F 34
Cadí (Túnel del) . . . 18 F 35
Cádiar . . . . 86 V 20
Cadiñanos . . . . 13 D 19
Cadiretes . . . . 33 G 38
Cádiz . . . . 88 W 11
Cádiz (Bahía de) . . . 88 W 11
Cadreita . . . . 28 F 24
Cadrete . . . . 29 H 27
Caicedo Yuso . . . . . 13 D 21
Caidero de la Niña
  (Embalse) . . . . . . 94 N 10

Caideros . . . . 94 O 9
Caillo (Sierra del) . . 84 V 13
Caimari . . . . 90 M 38
Caimodorro . . . . 42 K 24
Caín . . . . 11 C 15
Caión . . . . 2 C 4
Cajigar . . . . 17 F 31
Cajigar (Río) . . . . . . 17 F 31
Cajiz . . . . 85 V 17
Cala . . . . 73 S 11
Cala de Portlligat . . 19 F 39
Cala de Salións . . . 33 G 38
Cala (Embalse de) . . 73 S 11
Cala en Blanes . . . . 91 L 41
Cala en Bosc . . . . . 91 M 41
Cala en Porter . . . . 91 M 42
Cala Figuera
  (Cap d') . . . . 90 N 37
Cala Finestrat (La) . 69 Q 29
Cala Fonduco . . . . . 91 M 42
Cala Montjoi . . . . . . 19 F 39
Cala Rajada . . . . . . 91 M 40
Cala (Río) . . . . 73 S 11
Cala (Rivera de) . . . 73 S 11
Cala Sant Antoni . . 91 P 33
Cala Sant Vicenç . . 90 M 39
Cala Sant Vicent . . 90 O 34
Cala Savina . . . . 91 P 34
Cala Vallgornera . . . 90 N 38
Cala Vedella . . . . . . 91 P 33
Cala Vinyes . . . . 90 N 37
Cala Agulla . . . . 91 M 40
Calabardina . . . . . . 78 T 25
Cala Bassa . . . . 91 P 33
Calabazar
  (Embalse del) . . . 72 T 9
Calabazares . . . . . . 72 S 9
Calabazas (Segovia) 39 H 17
Calabazas
  (Valladolid) . . . . . 38 H 15

Cala Blanca
  (Alacant) . . . . . . 69 P 30
Cala Blanca
  (Menorca) . . . . . . 91 M 41
Cala Blava . . . . 90 N 38
Cala Bona . . . . 91 N 40
Calabor . . . . 22 G 9
Calaburra (Punta
  de) . . . . 84 W 16
Calaceite . . . . 44 I 30
Cala de Algayaréns 91 L 41
Cala Deià . . . . 90 M 37
Cala del Moral
  (cerca de
  Fuengirola) . . . . . 89 W 15
Cala del Moral
  (cerca de Rincón
  de la V.) . . . . 85 V 17
Cala de Portinatx . . 91 O 34
Cala de Sa Calobra 90 M 38
Cala de
  Valldemossa . . . . 90 M 37
Cala d'Or . . . . 90 N 39
Caladrones . . . . 17 F 31
Calaf . . . . 32 G 34
Calafat . . . . 45 I 32
Calafell . . . . 32 I 34
Calafell Platja . . . . . 32 I 34
Cala Ferrera . . . . . . 90 N 39
Cala Figuera . . . . . . 90 O 39
Cala Fornells . . . . . 90 N 37
Cala Gració . . . . 91 P 33
Calahonda
  (Granada) . . . . . . 86 V 19
Calahonda
  (Málaga) . . . . 89 W 15
Calahorra . . . . 28 F 24
Calahorra . . . . 86 U 20
Calahorra (
  Estación de) . . . . 86 U 20

CÁDIZ

Ancha . . . . **BY** 2
Columela . . . . **BYZ**
Pelota . . . . **BZ** 17
San Francisco . . . . . . **BY** 22
Topete (Pl.) . . . . **BZ** 30

Calderón de la Barca . **BY** 3
Candelarias (Pl.) . . . . . **BZ** 5
Compañia . . . . **BZ** 6

Doctor Marañón . . . . . **AY** 7
Fernando El Católico . . **BY** 8
Mentidero (Pl. del) . . . **AY** 9
Mina (Pl. de) . . . . **BY** 12
Montañés . . . . **BZ** 13
Novena . . . . **BY** 14
Ramón de Carranza . . **BZ** 18
San Antonio (Pl. de) . . **AY** 21
San Juan de Dios . . . . **BZ** 24
San Juan de Dios (Pl. de) **BZ** 24
San Roque . . . . **BZ** 27
Santo Cristo . . . . **BZ** 28

M MUSEO DE CÁDIZ   **M¹** MUSEO HISTÓRICO

Calvera 17 E 31
Calvera (Monte) 17 F 31
Calvestra 55 N 26
Calvià 90 N 37
Calvín Bajo 52 M 17
Calvo 62 Q 11
Calvos de Randín 21 G 6
Calypo 52 L 17
Calzada
(Atalaya de la) 64 Q 18
Calzada de Béjar
(La) 50 K 12
Calzada de Bureba 13 E 20
Calzada de
Calatrava 65 P 18
Calzada
de Oropesa (La) 51 M 14
Calzada del Coto 11 E 14
Calzada
de los Molinos 24 F 16
Calzada
de Valdunciel 37 I 12
Calzada de Vergara 67 O 25
Calzadilla 49 L 10
Calzadilla
de la Cueza 24 F 15
Calzadilla del
Campo 37 I 11
Calzadilla
de los Barros 73 R 11
Calzadilla
de los
Hermanillos 24 E 14
Calzadilla de Tera 23 G 11
Camaces 36 J 9
Camacho (Puerto) 86 V 19
Camaleño 11 C 15
Camallera 19 F 38
Camañas 43 K 26
Cámaras 42 I 26
Camarasa 31 G 32
Camarasa
(Embalse de) 31 G 32
Camarena (Río de) 55 L 26
Camarena (Sierra
de) 56 L 27
Camarena (Toledo) 52 L 17
Camarena
de la Sierra 56 L 26
Camarenilla 52 L 17
Camarillas 43 K 27
Camarillas
(Embalse de) 78 Q 25
Camarinal 88 X 12
Camarinal (Punta) 88 X 12
Camariñas 2 C 2
Camariñas (Ría de) 2 C 2
Camarles 45 J 32
Camarma
de Esteruelas 40 K 19
Camarmeña 11 C 15
Camarna del Caño 40 K 19
Camarzana de Tera 23 G 11
Camás (Asturias) 5 B 13
Camas (Sevilla) 83 T 11
Camasobres 11 C 16
Camba 21 F 8
Cambados 6 E 3
Cambalud 94 O 9
Cambás 3 C 6
Cambela 8 F 8
Cambeo 7 E 6
Cambil 76 S 19
Cambre (cerca de
Malpica) 2 C 3
Cambre (La Coruña) 3 C 4
Cambrils 18 F 34
Cambrils de Mar 45 I 33
Cambrón 65 Q 20
Cambrón (Peña) 76 S 20
Cambrón (Sierra) 78 S 24
Cambrón (Sierra
del) 62 Q 13
Cambrones 78 R 24
Camella (La) 92 H 9
Camelle 2 C 2
Camello (Punta del) 92 J 9
Camello (Punta del) 94 O 9
Cameno 13 E 20
Camero Nuevo
(Sierra de) 27 F 21
Cameros (Reserva
nacional de) 27 F 21
Camero Viejo
(Sierra de) 27 F 22
Camino 12 C 17

Camino
de Chasna (El) 92 I 7
Camino de
Villafranca
(Laguna del) 65 N 20
Caminomorisco 49 L 11
Caminreal 42 J 24
Camocha (La) 5 B 13
Camocho 50 L 12
Camorro Alto 84 V 16
Camós 19 F 38
Camp d'Abaix 56 M 26
Camp d'Arcís 55 N 26
Camp de Mar (es) 90 N 37
Camp de Mirra (El) 68 P 27
Camp-redo 45 J 31
Campalbo 55 M 26
Campamento 52 K 18
Campamento (El) 89 X 13
Campamento
Matallana 73 T 13
Campana (La)
(Alacant) 67 Q 25
Campana (La)
(Ciudad Real) 65 P 20
Campana (La)
(Sevilla) 74 T 13
Campana (Río de) 75 R 18
Campanario 62 P 13
Campanario
(Embalse de) 72 T 9
Campanario
(Sierra del) 85 T 19
Campanas 15 D 25
Campanet 90 M 38
Campanet
(Coves de) 90 M 38
Campanillas 84 V 16
Campanillas (Río) 84 V 16
Campano 88 W 11
Camparañón 27 G 22
Campaspero 25 H 17
Campazas 23 F 13
Campdevànol 18 F 36
Campelles 18 F 36
Campello (El) 69 Q 28
Campico
de los López 78 T 25
Campillejo 40 I 20
Campillo (Ciudad
Real) 64 P 16
Campillo (Casa
Forestal del) 77 R 22
Campillo (El)
(Cáceres) 61 O 10
Campillo (El)
(Valladolid) 38 I 14
Campillo (El)
(Zamora) 23 H 12
Campillo (El)
(Huelva) 72 S 10
Campillo (El) (Jaén) 76 R 20
Campillo (El)
(Sevilla) 74 T 14
Campillo (Teruel) 55 L 26
Campillo de
Altobuey 55 N 24
Campillo de
Aragón 42 I 24
Campillo de
Aranda 25 H 18
Campillo de Arenas 76 T 19
Campillo de Azaba 36 K 9
Campillo
de Deleitosa 50 M 13
Campillo de
Dueñas 42 J 24
Campillo
de la Jara (El) 51 N 14
Campillo
de las Doblas 67 P 24
Campillo de la
Virgen 67 P 24
Campillo de
Llerena 62 Q 12
Campillo
del Negro (El) 67 P 24
Campillo del Río 76 S 19
Campillo de Ranas 40 I 20
Campillo
de Salvatierra 37 K 12
Campillos (Málaga) 84 U 15
Campillos (Río) 55 L 24
Campillos
Paraventos 55 M 25
Campillos Sierra 55 L 24

Campino 12 D 18
Campins 33 G 37
Campiña 26 F 20
Campirme 17 E 33
Campisábalos 40 I 20
Campitos
(Embalse de los) 93 K 7
Campllong 33 G 38
Camplongo 10 D 12
Campo (Cantabria) 12 D 18
Campo (El) 55 L 26
Campo (El) (Teruel) 77 S 22
Campo (Huesca) 17 E 31
Campo (La Coruña) 2 C 3
Campo (León) 10 D 13
Campo (Los) 27 G 22
Campo (O) 7 D 5
Campo Real 53 K 19
Campo Xestada 2 C 4
Campoalbillo 67 O 25
Campobecerros 21 F 8
Campocámara 76 S 21
Campo Cebas 76 S 21
Campocerrado 36 J 11
Campo de Arbol
(Puerto) 8 D 8
Campo de Arriba 55 M 26
Campo de Caso 5 C 13
Campo de Criptana 53 N 20
Campo de Cuéllar 39 I 16
Campo del Agua 9 D 9
Campo de la
Lomba 10 D 12
Campo del
Cartagena
(Canal) 79 S 27
Campo de
Ledesma (El) 37 I 11
Campo del Hospital 3 B 6
Campo de Melchor
(El) 55 M 26
Campo de
Peñaranda (El) 38 J 14
Campo de San
Pedro 40 H 19
Campo de
Villavidel 23 E 13
Campofrío 72 S 10
Campogrande
de Aliste 23 G 11
Campohermoso 87 V 23
Campo Lameiro 6 E 4
Campolar 10 E 13
Campolara 26 F 19
Campollo 11 C 16
Campolongo 3 B 5
Campo Lugar 62 O 12
Campomanes 5 C 12
Campomojado 64 O 18
Camponaraya 9 E 9
Campóo (Alto) 11 C 16
Campo Real
(Estación de) 84 V 15
Camporredondo
(Embalse de) 11 D 15
Camporredondo
(Jaén) 76 R 20
Camporredondo
(Valladolid) 25 H 16
Camporredondo
de Alba 11 D 15
Camporrélls 31 G 31
Camporrobles 55 N 25
Campos 43 J 27
Campos 90 N 39
Campos (Canal de) 24 F 15
Campos (Los) 5 B 12
Camposancos 20 G 3
Campos del Río 78 R 25
Camposo 8 D 7
Campotéjar
(Granada) 85 T 19
Campotéjar
(Murcia) 78 R 26
Camprodon 19 F 37
Camprovín 27 E 21
Camp Vey 91 O 34
Camuñas 53 N 19
Can Misses 91 P 34
Can Pastilla 90 N 38
Can Picafort 90 M 39
Cana 45 I 31
Canabal 8 E 7
Canajela 61 O 10
Canal (La)
(Cantabria) 12 C 18

Canal (Sa) (Ibiza) 91 P 34
Canaleja 66 P 22
Canaleja (La) 74 R 15
Canalejas 11 D 15
Canalejas del
Arroyo 54 K 22
Canaleja
de Peñafiel 25 H 17
Canales (Castelló) 56 M 27
Canales (Embalse) 85 U 19
Canales (Léon) 10 D 12
Canales (La Rioja) 26 F 20
Canales
(Mirador de) 86 U 19
Canales (Ávila) 38 I 15
Canales del
Ducado 41 J 22
Canales de Molina 42 J 24
Canaletes 32 H 35
Canalizos
(Sierra de los) 64 P 16
Canalosa (La) 79 R 27
Canals 68 P 28
Can Amat 32 H 35
Canar (es) 91 O 34
Canara 78 R 24
Can-Boix 17 F 33
Can Bondia 18 F 36
Cancarix 67 Q 25
Cancelada (Lugo) 8 D 8
Cancelada
(Málaga) 89 W 14
Cances 2 C 3
Canchera 36 K 10
Canchera
(Sierra de la) 36 K 10
Cancho del Fresno
(Embalse de) 62 N 13
Cancías 16 E 29
Canda (Portilla de
la) 22 F 9
Candado (El) 85 V 16
Candai 3 C 6
Candamil 3 B 6
Candamo 5 B 11
Candán (Alto de) 7 E 5
Candanal 5 B 13
Cándana de
Curueño (La) 10 D 13
Candanal 5 B 13
Candanchú 16 D 28
Candanedo de
Fenar 10 D 13
Candanosa 4 C 9
Candás 5 B 12
Candasnos 30 H 30
Candela 9 E 9
Candelaria 93 J 7
Candelaria (Punta) 3 A 5
Candelario 50 K 12
Candelario
(Sierra de) 50 L 12
Candeleda 51 L 14
Candil 67 Q 25
Candilichera 27 G 23
Candín 9 D 9
Cando (Sierra del) 7 E 4
Candolías 12 C 18
Candón 82 T 9
Candón (Arroyo) 72 T 9
Candoncillo
(Embalse de) 72 T 9
Candor (Punta) 88 W 10
Cánduas 2 C 3
Canedo (La Coruña) 3 C 5
Canedo (Lugo) 8 E 7
Caneja 78 R 24
Caneján 17 D 32
Canelles
(Embalse de) 30 G 31
Canelobre
s (Cova dels) 69 Q 28
Canena 76 R 19
Canencia 39 J 18
Canencia (Puerto
de) 39 J 18
Canero 4 B 10
Canyad
a (La) (cerca de
Sant Vicent) 69 Q 28
Canet d'en
Berenguer 57 M 29
Canet d'Adri 19 F 38
Canet de Mar 33 H 37
Canet lo Roig 44 K 30
Can Ferrer 32 I 34
Canfranc 16 D 28
Canfranc-Estación 16 D 28
Cangas (cerca de
Burela) 3 B 7

Cangas (cerca de
Pontón) 8 E 7
Cangas (cerca de
Vigo) 20 F 3
Cangas del Narcea 4 C 10
Cangas de Onis 11 B 14
Cangrejo
(Punta del) 92 H 9
Canicosa
de la Sierra 26 G 20
Canido 20 F 3
Caniellas 4 C 10
Caniles 86 T 21
Caniles (Estación
de) 86 T 21
Canillas 52 M 17
Canillas de Abajo 37 J 12
Canillas de Albaida 85 V 18
Canillas de
Esgueva 25 G 17
Canillo 18 E 34
Canizo (Alto do) 21 F 8
Canizo (O) 21 F 8
Canizo (Sierra do) 21 F 8
Canjáyar 86 U 21
Cano 76 S 19
Canós (El) 31 G 33
Cánovas (Las) 78 S 26
Cànoves 33 G 37
Canredondo 41 J 22
Canseco 10 D 13
Cansinos
(Estación de los) 75 S 16
Cantabán (Riu) 68 O 26
Cantabria
(Provincia) 12 C 17
Cantabria (Sierra
de) 14 E 22
Cantábrica
(Cordillera) 14 C 12
Cantacucos 66 P 22
Cantadal 93 B 11
Cantagallo (Madrid) 39 J 18
Cantagallo
(Salamanca) 50 K 12
Cantal (El) (Almería) 77 T 23
Cantal (El) (Murcia) 78 T 25
Cantal (Punta del) 87 U 24
Cantalapiedra 38 I 14
Cantalar (El) 76 S 21
Cantalejo 39 I 18
Cantalgallo 73 R 12
Cantallops 19 E 38
Cantalobos 29 G 28
Cantalojas 40 I 20
Cantalpino 38 I 14
Cantalucía 26 G 21
Cantaracillo 38 J 14
Cantareros (Los) 78 S 25
Cantarranas 36 K 10
Cantavieja (Riu) 44 K 29
Cantavieja (Teruel) 44 K 28
Cantera (La) 73 S 12
Cantera Blanca 85 T 18
Canteras
(Estación de) 79 S 27
Canteras (Granada) 77 S 23
Canteras (Las) 93 K 6
Canteras (Monte) 54 N 22
Canteras (Murcia) 79 T 26
Cantillana 73 T 12
Cantimpalos 39 I 17
Cantíveros 38 J 15
Cantó (Collado del) 17 E 33
Cantoblanco 68 O 26
Canton 79 R 27
Cantón
(Sierra del) 79 R 26
Cantona (Monte) 87 U 23
Cantonigròs 19 F 37
Cantoña (Orense) 21 F 6
Cantoral 11 D 16
Canto Redondo 52 K 16
Cantoria 87 T 23
Canya (La) 19 F 37

Cañada (Arroyo de
la) (Huelva) 82 U 10
Cañada (la)
(Almería) 87 V 22
Cañada (la)
(Cuenca) 55 N 25
Cañada (La)
(València) 56 N 28
Cañada (La)
(Monte) 68 O 27
Cañada (Puerto) 73 R 11
Cañada Catena 77 R 21
Cañada de Agra 67 Q 24
Cañada
de Benatanduz 43 K 28
Cañada
de Caballeros 74 S 14
Cañada de
Calatrava 64 P 17
Cañada de Cañepla
(La) 77 S 23
Cañada de
Herradón (La) 39 K 16
Cañada de la Cruz 77 R 23
Cañada de la
Madera 76 R 21
Cañada del Gamo 74 R 13
Cañada del Hoyo 55 M 24
Cañada
del Provencio 66 Q 22
Cañada del
Rabadán 74 T 14
Cañada del Trillo 79 Q 26
Cañada de Verich
(La) 44 J 29
Cañadajuncosa 54 N 23
Cañada Juncosa 67 P 23
Cañada Mayor
(Arroyo de) 82 U 10
Cañada Morales 77 R 21
Cañada Rosal 74 T 14
Cañadas (Las) 92 I 8
Cañadas (Las) 72 T 10
Cañadas de Haches
de Abajo 66 Q 23
Cañadas de Haches
de Arriba 67 Q 23
Cañadas del
Romero 73 S 12
Cañadas
del Teide (Las) 92 I 8
Cañadas del Teide
(Parador de las) 92 I 8
Cañada Vellida 43 J 27
Cañadilla (La) 43 J 28
Cañadillas 84 T 16
Cañadillas
(Monte) 86 U 19
Cañamaque 41 H 23
Cañamares (Ciudad
Real) 66 P 21
Cañamares
(Cuenca) 41 K 23
Cañamares
(Guadalajara) 40 I 21
Cañamares (Río) 66 P 21
Cañamares (Río de)
(Guadalajara) 41 I 21
Cañamero 63 N 13
Cañán 86 V 19
Cañares
(Embalse de) 52 M 16
Cañas 27 E 21
Cañavate (El) 54 N 23
Cañaveral 49 M 10
Cañaveral de Léon 72 R 10
Cañaveralejo 84 U 15
Cañaveras 54 K 22
Cañaveroso
(Arroyo) 72 T 10
Cañaveruelas 54 K 22
Cañete 55 L 25
Cañete de las
Torres 75 S 17
Cañetejo (Arroyo
del) 75 S 17
Cañete la Real 84 V 14
Cañicera 40 H 20
Cañicosa 39 I 18
Cañijal (Sierra de) 72 Q 10
Cañiza (A) 20 F 5
Cañizal 37 I 13
Cañizar 40 J 20
Cañizar (Collado
de) 43 J 27

Cañizar (El) 55 M 24
Cañizar de Argaño 25 E 18
Cañizar del Olivar 43 J 28
Cañizares (Cuenca) 41 K 23
Cañizares
(Guadalajara) 42 J 24
Cañizo 23 G 13
Cañoles (Riu) 69 P 28
Cañon del Río
Lobos (Parque
natural) 26 G 20
Caños de Meca
(Los) 88 X 12
Cañuelo (El) 85 T 17
Cañuelo (El)
(Sevilla) 73 T 11
Cap Roig 79 S 27
Capafonts 45 I 33
Capallón 76 T 21
Caparacena 85 U 18
Caparra (Ruinas
de) 49 L 11
Caparroso 28 E 25
Caparroso
(Estación de) 28 E 25
Capçanes 45 I 32
Capdellà (es) 90 N 37
Cap d'en Font 91 M 42
Capdepera 91 M 40
Capdepera (Punta
de) 91 M 40
Capdesaso 30 G 29
Capela 3 B 5
Capelada
(Sierra de la) 3 A 6
Capella 17 F 31
Capellades 32 H 35
Capellanes
(Laguna de los) 54 N 22
Capeza
de Framontanos 36 I 10
Capicorb 57 L 30
Capicorb (Punta
de) 57 L 30
Capileira 86 V 19
Capilla 63 P 14
Capilla (La) 68 Q 26
Capillas 24 F 15
Capitán 76 R 21
Capitán (El)
(Albacete) 66 O 22
Capitán (El)
(Málaga) 85 V 17
Capmany 19 E 38
Capocorp 90 N 38
Capolat 18 F 35
Capones 76 R 19
Cap Ras (Punta de) 19 E 39
Caprés 79 R 26
Capricho (El) 85 V 18
Capsacosta
(Collado de) 19 F 37
Capsec 19 F 37
Carabanchel 52 K 18
Carabantes 28 H 24
Carabanzo 5 C 12
Carabaña 53 L 20
Carabias
(Guadalajara) 41 I 21
Carabias (Segovia) 40 H 19
Caracena de Valle 54 L 22
Caracenilla 54 L 22
Caracollera
(Estación de) 64 P 16
Caracuel (Laguna
de) 64 P 17
Caracuel
de Calatrava 64 P 17
Caramel 77 S 23
Caranca 13 D 20
Caranga de Abajo 5 C 11
Carantoña 4 C 8
Caraño 4 C 8
Caraquiz 40 J 19
Carasa 12 B 19
Carataunas 86 V 19
Caravaca de la Cruz 78 R 24
Caravia 11 B 14
Carazo 25 G 19
Carazo (Sierra del) 36 K 10
Carba (Sierra de la) 3 B 7
Carbajal de Rueda 10 D 14
Carbajales de Alba 23 H 12
Carbajalinos 22 F 10
Carbajo 48 N 8
Carbajosa 23 H 11

CARTAGENA

Almirante Bastarreche (Pl.) ... B 3
América (Av. de) ... B 4
Duque ... B 6
Isaac Peral ... B 7
Jacinto Benavente ... B 9
Juan Fernández ... A 10
Juan Muñoz Delgado ... B 12
Cuatro Santos ... A
Mayor ... A
San Fernando ... A
Santa Florentina ... A
Méndez Pelayo ... A 13
Parque ... A 15
Puerta de Murcia ... A 16
Ronda ... A 18
San Francisco (Pl.) ... A 19
Serreta ... A 22
Universidad (Pl. de la) ... B 24

Carbajosa de Armuña 37 I 13
Carbajosa de la Sagrada 37 J 13
Carballal 7 D 6
Carballeda 7 E 5
Carballeda de Avia 20 F 5
Carballedo (Lugo) 7 E 6
Carballedo (Pontevedra) 6 E 4
Carballido (cerca de Lugo) 3 C 7
Carballido (cerca de Villalba) 3 C 7
Carballiño 7 E 5
Carballo (Asturias) 4 C 10
Carballo (La Coruña) 2 C 3
Carballo (Lugo) 3 C 6
Carballo (Orense) 21 F 6
Carbasí 32 H 34
Carbayín 5 B 13
Carbayo (El) 5 C 12
Carbellino 37 I 11
Carbes 11 C 14
Carbia 7 D 5
Carboeiro 7 D 5
Carbón 93 T 8
Carbonera (Monte) 55 K 25
Carbonera (Palencia) 11 E 15
Carbonera de Frentes 27 G 22
Carboneras (Almería) 87 V 24
Carboneras (Huelva) 72 S 10
Carboneras (Las) 93 K 6
Carboneras (Las) 61 P 9
Carboneras de Guadazaón 55 M 24
Carbonero Ahusín 39 I 17
Carbonero el Mayor 39 I 17
Carboneros 76 R 19
Carcabada 5 B 13
Carcabal 86 U 20
Carcaboso 49 L 11
Carcabuey 85 T 17
Carcaixent / Carcagente 69 O 28
Cárcar 28 E 24
Carcastillo 28 E 25
Carcedo (cerca de Luarca) 4 B 10
Carcedo (cerca de Soto del Barco) 5 B 11
Carcedo (Sierra de) 11 C 14
Carcedo de Bureba 12 E 19
Carcedo de Burgos 26 F 19
Carcelén 68 O 26
Cárcer 69 O 28
Carche (El) 68 Q 26
Carche (Sierra del) 68 Q 26
Cárchel 76 T 19
Carchelejo 76 T 19
Carchuna 86 V 19
Carchuna o del Llano (Punta) 86 V 19
Cardaño de Abajo 11 D 15
Cardaño de Arriba 11 D 15
Cardedeu 33 H 37
Cardejón 27 H 23
Cárdenas (La Rioja) 27 E 21
Cárdenas (Río) 27 F 21
Cardenchosa (La) (Badajoz) 73 R 13
Cardenchosa (La) (Córdoba) 74 R 13
Cardenete 55 M 24
Cardeña 75 R 17
Cardeñadijo 26 F 19
Cardeñajimeno 26 F 19
Cardeñas (Huelva) 82 U 9
Cardeñosa (Ávila) 38 J 15
Cardeñosa (Guadalajara) 41 I 21
Cardeñosa de Volpejera 24 F 15
Cardet (Sierra de) 17 E 32
Cardiel de los Montes 52 L 16
Cardó 45 J 31
Cardó (Sierra de) 45 J 31
Cardón 93 T 8
Cardona 32 G 35

Cardonal (Punta del) 94 N 9
Cardones 94 O 9
Cardós (Vall de) 17 E 33
Cardosa (Balcón de la) 12 C 17
Cardoso de la Sierra (El) 40 I 19
Caregue 17 E 33
Carenas 42 I 24
Careñes 5 B 13
Careón (Sierra del) 7 D 6
Cares 11 C 15
Cargadero (El Cerro del) 27 G 21
Cariatiz 87 U 23
Caridad (La) (Asturias) 4 B 9
Caridad (La) (Ciudad Real) 65 P 18
Carija 61 P 10
Cariñena 42 H 26
Cariño 3 A 6
Cariseda 9 D 10
Caritel 6 E 4
Carivete 78 S 25
Carla Alto (Observatorio del) 87 U 22
Carlet 69 O 28
Carlota (La) 74 S 15
Carme 32 H 34
Carme (Museu del) 56 M 29
Carmen (Convento del) 53 K 21
Carmen (Ermita del) (Sevilla) 73 S 12
Carmen (Ermita del) (cerca de Cantavieja) 43 K 28
Carmen (Ermita del) (cerca de Monreal del Campo) 42 J 25
Carmena 52 M 16
Cármenes 10 D 13
Carmolí (El) 79 S 27
Carmona (Cantabria) 11 C 16
Carmona (Sevilla) 73 T 13
Carmonita 61 O 10
Carne (Pico de la) 85 U 19
Carnero (Punta del) 89 X 13
Carneros (Puerto de los) 63 O 14
Carnés 2 C 2
Carnoedo 3 B 5
Carnota 6 D 2
Caro 44 J 31
Caro (Refugio) 44 J 31
Caroch 68 O 27
Caroi 7 E 4
Carolina (La) (Jaén) 76 R 19
Carolina (La) (Salamanca) 38 I 14
Carollo 7 D 4
Carondio (Sierra de) 4 C 9
Carpio 38 I 14
Carpio (El) (Córdoba) 75 S 16
Carpio (El) (Huelva) 72 S 9
Carpio (Embalse de El) (Córdoba) 75 S 16
Carpio (Embalse de El) (Toledo) 52 M 16
Carpio de Azaba 36 K 10
Carpio de Tajo (El) 52 M 16
Carraca (La) 88 W 11
Carracedelo 9 E 9
Carracedo (León) 9 E 9
Carracedo (Orense) 20 F 5
Carracedo (Pontevedra) 6 E 4
Carral 2 C 4
Carrales (Casa Forestal de) 76 R 21
Carrales (Puerto de) 12 D 18
Carramaiza 76 T 21
Carrandi 5 B 14
Carranque 52 L 18
Carrasca (La) 75 T 18
Carrascal (El) 44 J 31

Carrascal (Puerto del) 15 E 25
Carrascal (Segovia) 39 I 18
Carrascal (Zamora) 23 H 12
Carrascal de Barregas 37 J 12
Carrascal del Obispo 37 J 12
Carrascal del Río 39 H 18
Carrascalejo 51 N 14
Carrascalejo (El) 61 O 10
Carrascalejo (Estación de El) 61 O 10
Carrascalejo de Huebra 37 J 11
Carrasco (Sierra de) 87 U 22
Carrascosa (Cuenca) 41 K 23
Carrascosa (Soria) 27 G 23
Carrascosa (Sierra) 43 K 28
Carrascosa de Abajo 40 H 20
Carrascosa de Haro 54 N 22
Carrascosa de Henares 40 J 20
Carrascosa del Campo 54 L 21
Carrascosa de Tajo 41 J 22
Carrascosilla 54 L 22
Carrascoy 78 S 26
Carrascoy (Sierra de) 78 S 26
Carrasqueta (Port de la) 69 Q 28
Carrasquilla (Collado de la) 54 L 22
Carrasquilla (La) 67 Q 24
Carrasquilla (Sierra de la) 78 T 24
Carratraca 84 V 15
Carrea 5 C 11
Carreira (cerca de Ribeira) 6 E 2
Carreira (cerca de Zás) 2 C 3
Carreiro (Punta) 6 D 2
Carrenza 13 C 19
Carreña 11 C 15
Carreño 5 B 12
Carrer de la Mar (El) 69 Q 28
Carrera (La) 50 K 13
Carreros 37 J 12
Carretero (Puerto del) 76 T 19
Carreu 17 F 33
Carrías 26 E 20
Carriches 52 M 16
Carrícola 69 P 28
Carril 6 E 3
Carriles (Los) 11 B 15
Carrió (Bergondo) 3 C 5
Carrión 11 D 16
Carrión (Ermita de) 60 O 8
Carrión de Calatrava 64 O 18
Carrión de los Céspedes 82 T 11
Carrión de los Condes 25 E 16
Carriones (Los) 77 S 21
Carrizal 94 P 10
Carrizal (cerca de Cistierna) 11 D 15
Carrizal (cerca de Soto y Amío) 10 D 12
Carrizal (El) 94 N 10
Carrizales (Los) 92 G 8
Carrizo 10 E 12
Carrizos (Los) 73 S 12
Carrizosa 66 P 21
Carrizosa (La) 84 T 15
Carro (Albacete) 66 O 22
Carro (Monte) 77 S 23
Carrodilla (Sierra de) 17 F 30
Carroja (La) 69 P 29
Carrova (La) 45 J 31
Cartagena 79 T 27
Cartajima 89 W 14
Cártama 84 V 16
Cartaojal 84 U 16
Cartavio 4 B 9
Cartaya 82 U 8

Cartelle (Orense) 21 F 5
Cartelle (Outomuro) 20 F 5
Cartes 12 C 17
Cartirana 16 E 28
Cartuja (Monasterio de la) 88 W 11
Cartuja de Monegros (La) 30 G 29
Carucedo 9 E 9
Carvajal 84 W 16
Carvajales (Los) 84 U 15
Cas Concos 90 N 39
Casa del Lleó (La) 79 R 27
Casa Ayala 94 P 9
Casabermeja 85 V 16
Casa Blanca 92 G 7
Casa Blanca (Albacete) 67 Q 24
Casablanca (Almería) 77 S 23
Casablanca (Cádiz) 83 V 11
Casa Blanca (Ciudad Real) 64 O 16
Casa Blanca (Cuenca) 54 N 22
Casa Blanca (Granada) 77 S 22
Casablanca (Lugo) 3 C 7
Casablanca (Murcia) 78 R 26
Casa Blanca (Punta) 94 P 9
Casa Cañete 67 P 23
Casa de Campo 52 K 18
Casa de Carta 92 J 6
Casa de la Sierra 26 F 20
Casa del Barón (Parador) (Pontevedra) 6 E 4
Casa del Egidillo 94 N 10
Casa de Navamarin 66 P 22
Casa de Uceda 40 J 19
Casa de Valverde 92 J 6
Casado (Punta del) 92 H 7
Casa Estable 15 C 25
Casafranca 37 K 12
Casa Grande (Albacete) 67 Q 24
Casa Grande (Palencia) 24 G 16
Casaio 9 E 9
Casa la Carriza 66 O 21
Casalarreina 13 E 21
Casalgordo 52 N 18
Casalobos (Sierra de) 64 O 17

Casalonga 6 D 4
Casa Longa 54 M 22
Casa Meca 78 T 24
Casa Mula 77 S 23
Casanova (Burgos) 26 G 19
Casanova (La Coruña) 7 D 4
Casa Nueva 52 M 17
Casa Nueva 85 U 18
Casa Nueva de la Torrecilla 76 Q 20
Casaño 11 C 15
Casar 12 B 17
Casarabonela 84 V 15
Casar de Cáceres 49 N 10
Casar de Cáceres (Estación de) 49 N 10
Casar de Escalona (El) 52 L 16
Casar de Miajadas 62 O 12
Casar de Palomero 49 L 11
Casar de Talamanca (El) 40 J 19
Casarejo 26 F 19
Casarejo 83 V 11
Casarejo (El) 64 O 16
Casarejos 26 G 20
Casares 89 W 14
Casares (Cueva de los) 41 J 23
Casares de Arbás 10 D 12
Casares de las Hurdes 36 K 11
Casariche 84 U 15
Casariego 4 B 9
Casarrubios del Monte 52 L 17
Casarrubuelos 52 L 18
Casas de Benalí (Las) 68 O 27
Casas de Penen 68 N 26
Casas del Campillo 68 P 26
Casas (Las) 27 G 22
Casas (Las) 64 O 18
Casas (Las) (Cerca de Arguineguin) 94 O 11
Casas (Las) (Cerca de Santa Brígida) 94 O 9
Casas Altas 55 L 26
Casasana 41 K 22
Casas Bajas 55 L 26
Casas Blancas 66 P 21
Casasbuenas 52 N 17
Casas de Belvis 50 M 13
Casas de Benítez 67 N 23

Casas de Búcar 55 K 24
Casas de Don Antonio 62 O 11
Casas de Don Gómez 49 L 10
Casas de Don Juan 77 S 22
Casas de Don Pedro (Albacete) 67 O 25
Casas de Don Pedro (Badajoz) 63 O 14
Casas de Esper 29 F 27
Casas de Eufemia 84 V 15
Casas de Felipe 49 L 9
Casas de Fernando Alonso 66 N 23
Casas de Garcimolina 55 M 25
Casas de Guijarro 67 N 23
Casas de Haches (Las) 66 Q 23
Casas de Haro 66 N 23
Casas de Juan Fernández 67 N 24
Casas de Juan Gil 68 O 26
Casas de Juan Núñez 67 O 25
Casas de la Alcudilla 85 U 17
Casas de la Higuera 67 Q 24
Casas de la Peña 66 P 22
Casas de Lázaro 66 P 22
Casas del Castañar 50 L 12
Casas del Cerro 67 O 25
Casas del Collado 77 Q 23
Casas del Conde (Las) 37 K 11
Casas del Embalse de Alarcón 54 N 23
Casas del Matado 67 O 23
Casas del Monte (Cáceres) 50 L 12
Casas del Monte (Ciudad Real) 65 Q 20
Casas del Monte (Toledo) 53 M 19
Casas del Olmo 67 O 23
Casas de los Hierros 88 X 12
Casas de los Pinos 66 N 22
Casas de los Puercos 66 O 22
Casas del Pino 77 Q 23
Casas del Puerto 67 P 23
Casas del Puerto (Alacant) 68 Q 26

Casas del Puerto de Villatoro 38 K 14
Casas del Rey 55 N 25
Casas del Río 68 O 26
Casas de Luján 54 M 21
Casas de Medina 55 N 26
Casas de Millán 49 M 11
Casas de Miravete 50 M 12
Casas de Moya 55 N 25
Casas de Orán 67 P 24
Casas de Pradas 55 N 25
Casas de Reina 73 R 12
Casas de Roldán 66 O 22
Casas de San Galindo 40 J 21
Casas de Santa Cruz 67 N 24
Casas de Soto 68 O 26
Casas de Ves 67 O 25
Casas de Villalobillos 74 S 15
Casas de Villava Perea 54 M 21
Casaseca de Campeán 37 H 12
Casaseca de las Chanas 23 H 12
Casas El Pozo 56 M 27
Casas Ibáñez 67 O 25
Casimarro 67 N 23
Casasnovas 30 G 30
Casas Nuevas (Cuenca) 55 L 25
Casas Nuevas (cerca de Librilla) 78 S 25
Casas Nuevas (cerca de Lorca) 78 S 24
Casas Nuevas (cerca de Pliego) 78 S 25
Casasoá 21 F 6
Casasola 38 J 15
Casa Sola 67 Q 23
Casasola (Embalse) 84 V 16
Casasola de Arión 24 H 14
Casasuertes 11 C 15
Casas Viejas 67 P 24
Casatejada 50 M 12
Casavegas 11 C 15
Casavieja 51 L 15
Casbas de Huesca 16 F 29
Cascaire 87 T 22
Cascajares 89 W 14
Cascajares de Bureba 13 D 20
Cascajares de la Sierra 26 F 19
Cascajosa 27 H 21
Cascante 28 G 24

Name	Ref
Cascante del Río	55 L 26
Cascantes	10 D 13
Cascón de la Nava	24 F 16
Cáseda	15 E 25
Caseiro	7 E 5
Caseres	44 I 30
Caserío de Don Domingo	77 R 22
Caserío de Embid	54 L 23
Caserío de la Magdalena	66 P 21
Caserío del Puente	23 G 13
Caserío de Torrubia	76 R 19
Caserío los Molinares	55 L 25
Caserío San José	25 H 18
Caserres	18 F 35
Cases de Sitjar	57 L 29
Cases del Senyor (Les)	68 Q 27
Cases d'Ivanyes (Les)	68 Q 26
Cases d'Alcanar (Les)	45 K 31
Caseta del Frare	44 J 30
Casetas	29 G 26
Casica del Madroño	67 P 23
Casicas del Río Segura	77 R 22
Casilla de Moya	55 N 25
Casillas de Velasco	75 R 16
Casillas (Embalse de)	50 N 12
Casillas (Guadalajara)	41 I 21
Casillas (Las)	85 T 17
Casillas (Las) (Islas Canarias)	94 N 10
Casillas (Las) (Guadalajara)	41 J 23
Casillas (Las) (Huelva)	82 U 10
Casillas (Puerto de)	51 K 16
Casillas (Río)	49 N 10
Casillas (Ávila)	52 L 16
Casillas de Berlanga	41 H 21
Casillas de Coria	49 M 10
Casillas de Flores	49 K 9
Casillas del Angel	93 U 7
Casillas de Marín de Abajo	68 P 26
Casillas de Marín de Arriba	67 P 25
Casillas de Ranera	55 M 26
Casinos	56 M 27
Casiñas (Las)	60 N 8
Casitas (Las)	93 T 8
Casla	40 I 19
Caso	5 C 13
Casoio	8 E 9
Casomera	5 C 13
Caspe	44 I 29
Caspe (Embalse de)	44 I 29
Caspe (Sierra de)	44 I 30
Caspueñas	40 J 21
Cassà de la Selva	33 G 38
Castadón	7 E 6
Castala	86 V 21
Castalla	68 Q 27
Castanesa	17 E 31
Castaneta	14 C 22
Castanyet	33 G 37
Castañar (El)	52 N 17
Castañar (Convento de El)	52 N 17
Castañar (Sierra del)	52 N 17
Castañar de Ibor	50 N 13
Castañares	26 E 19
Castañares de Rioja	13 E 21
Castañeda (Cantabria)	12 C 18
Castañeda (La Coruña)	7 D 5
Castañedo	12 B 18
Castaño	74 R 15
Castaño (El)	88 X 13
Castaño del Robledo	72 S 9
Castaños (Los)	87 U 23
Castaños (Puerto de los)	49 M 10
Castañuelo	72 S 10
Cástaras	86 V 20
Castejón (Cuenca)	54 K 22
Castejón (Montes de)	29 G 26
Castejón (Navarra)	28 F 24
Castejón (Soria)	27 G 23
Castejón (Sierra de)	27 F 21
Castejón de Alarba	42 I 25
Castejón de Arbaniés	16 F 29
Castejón de Henares	41 J 21
Castejón de las Armas	42 I 24
Castejón del Puente	30 G 30
Castejón de Monegros	30 H 29
Castejón de Sobrarbe	16 F 30
Castejón de Sos	17 E 31
Castejón de Tornos	42 J 25
Castejón de Valdejasa	29 G 27
Castel de Cabra	43 J 27
Castelflorite	30 G 29
Castelfrío	43 K 27
Castell d'Aro	33 G 39
Castell de l'Areny	18 F 35
Castell (El)	44 K 31
Castell (es)	91 M 42
Castelladral	32 G 35
Castellana	3 C 5
Castellanos (Ciudad Real)	65 P 19
Castellanos (León)	11 E 14
Castellanos (Montes)	66 Q 21
Castellanos de Castro	25 F 17
Castellanos de Moriscos	37 I 13
Castellanos de Villiquera	37 I 12
Castellanos de Zapardiel	38 I 15
Castellar (Barcelona)	32 G 34
Castellar de Tost	18 F 34
Castellar (El)	29 G 26
Castellar (El) (Córdoba)	85 T 17
Castellar (El) (Teruel)	56 K 27
Castellar (Monte)	78 R 24
Castellar (Toledo)	53 L 19
Castellar de la Frontera	89 X 13
Castellar de la Muela	42 J 24
Castellar de la Ribera	18 F 34
Castellar del Riu	18 F 35
Castellar del Vallès	32 H 36
Castellar de N'Hug	18 F 36
Castellar de Santiago	65 Q 20
Castellar de Santisteban	76 R 20
Castellás	17 F 33
Castellbell	32 H 35
Castellbisbal	32 H 35
Castellbó	18 E 34
Castellcir	32 G 36
Castellciutat	18 E 34
Castelldans	31 H 32
Castelldefels	32 I 35
Castell de Cabres	44 K 30
Castell de Castells	69 P 29
Castelldefels	32 I 35
Castell de Ferro	86 V 19
Castellet	32 I 34
Castellfollit de la Roca	19 F 37
Castellfollit del Boix	32 G 35
Castellfollit de Riubregós	32 G 34
Castellfort	44 K 29
Castellgalí	32 G 35
Castellnou de Bages	32 G 35
Castellnou de Montsec	17 F 32
Castellnou de Seana	31 H 32
Castellnovo	56 M 28
Castelló de la Ribera	69 O 28
Castelló de Rugat	69 P 28
Castelló de Farfanya	31 G 32
Castelló de la Plana / Castellón de la Plana	57 M 29
Castelló d'Empúries	19 F 39
Castellolí	32 H 35
Castellón de la Plana / Castelló de la Plana	57 M 29
Castellote	44 J 29
Castells	17 F 33
Castellserà	31 G 32
Castelltallat (Sierra de)	32 G 34
Castellterçol	32 G 36
Castellví de la Marca	32 H 34
Castellví de Rosanes	32 H 35
Castelnóu	43 I 28
Castelo (cerca de Cervo)	3 B 7
Castelo (cerca de Taboada)	7 D 6
Castelserás	44 J 29
Castelvispal	56 L 28
Castielfabib	55 L 26
Castiello de Jaca	16 E 28
Castigaleu	17 F 31
Castilblanco	63 O 14
Castilblanco de los Arroyos	73 S 12
Castil de Campos	85 T 17
Castil de Carrias	26 E 20
Castil de Lences	12 E 19
Castildelgado	26 E 20
Castil de Peones	13 E 19
Castil de Tierra	27 H 23
Castil de Vela	24 G 15
Castilfalé	23 F 13
Castilforte	41 K 22
Castilfrío de la Sierra	27 G 23
Castiliscar	28 E 26
Castilla (Canal de)	24 G 15
Castilla (Mar de)	41 K 21
Castillazuelo	16 F 30
Castilleja de la Cuesta	83 T 11
Castilleja del Campo	82 T 11
Castilléjar	77 S 22
Castillejo-Añover (Estación de)	52 M 18
Castillejo de Azaba	36 K 9
Castillejo de Dos Casas	36 J 9
Castillejo de Iniesta	55 N 24
Castillejo del Romeral	54 L 22
Castillejo de Martín Viejo	36 J 10
Castillejo de Mesleón	40 I 19
Castillejo de Robledo	26 H 19
Castillejos	89 W 15
Castillejo Sierra	54 K 23
Castillete (Punta del)	94 N 11
Castillo (Cáceres)	49 K 10
Castillo (cerca de Garbayuela)	63 O 15
Castillo (cerca de Monesterio)	73 R 11
Castillo (Cueva del)	12 C 18
Castillo de Calatrava la Nueva (Convento)	64 P 18
Castillo de Laguardés (Sierra del)	17 F 31
Castillo (Puerto del)	75 T 18
Castillo Albaráñez	54 L 22
Castillo de Alba (El)	23 H 11
Castillo de Bayuela	51 L 15
Castillo de Don Juan	79 S 27
Castillo de Duero	25 H 17
Castillo de Escalona	52 L 16
Castillo de Garcimuñoz	54 N 22
Castillo de Huarea (El)	86 V 20
Castillo de la Mezquita	29 F 28
Castillo de las Guardas (El)	73 S 11
Castillo de la Zuda (Parador) (Tortosa)	45 J 31
Castillo de Leres	16 E 28
Castillo de Locubín	7 T 18
Castillo del Plá	17 F 31
Castillo del Romeral	94 P 11
Castillo de Tajarja	85 U 18
Castillo de Tajo	53 L 20
Castillo de Villamalefa	56 L 28
Castillón	8 E 7
Castillonroy	30 G 31
Castillo-Nuevo	15 D 26
Castillo-Pedroso	12 C 18
Castillo y Elejabeitia	13 C 21
Castilmimbre	41 J 21
Castilnuevo	42 J 24
Castilruiz	27 G 23
Castilsabás	16 F 29
Castilseco	13 E 21
Castiltierra	40 H 19
Castiñeira	21 F 8
Castiñeiras	6 E 3
Castiñeiros	3 B 6
Castralvo	55 L 26
Castraz	36 J 10
Castrecias	12 D 17
Castrejón (Embalse de)	52 M 17
Castrejón (Toledo)	52 M 16
Castrejón (Valladolid)	38 I 14
Castrejón de la Peña	11 D 16
Castrelo de Abajo	21 G 8
Castrelo (Estación de)	21 F 8
Castrelo de Miño	20 F 5
Castrelo do Val	21 G 7
Castrelos (Pontevedra)	20 F 3
Castrelos (Zamora)	22 G 9
Castril	77 S 21
Castril (Sierra de)	76 S 21
Castrillo (Burgos)	26 G 19
Castrillo (Cantabria)	12 D 17
Castrillo de Cabrera	9 E 10
Castrillo de Cepeda	10 E 11
Castrillo de Don Juan	25 G 17
Castrillo de la Guareña	38 I 14
Castrillo de la Reina	26 G 20
Castrillo de la Ribera	10 E 13
Castrillo de la Valduerna	23 F 11
Castrillo de la Vega	25 H 18
Castrillo del Haya	12 D 17
Castrillo de los Polvazares	10 E 11
Castrillo del Val	26 F 19
Castrillo de Matajudíos	25 F 17
Castrillo de Murcia	25 E 17
Castrillo de Onielo	25 G 17
Castrillo de Porma	10 E 13
Castrillo de Riopisuerga	12 E 17
Castrillo de Rucios	12 E 18
Castrillo de Sepúlveda	39 H 18
Castrillo de Villavega	25 E 16
Castrillón	5 B 12
Castrillo-Tejeriego	25 G 16
Castriz	2 C 3
Castro Caldelas	8 E 7
Castro (Carballedo)	7 E 6
Castro (cerca de Lugo)	3 C 7
Castro de Rei	3 C 7
Castro (Dozón)	7 E 5
Castro (El)	8 D 8
Castro (Embalse de)	23 H 11
Castro (Embalse de El)	52 M 18
Castro (La Coruña)	3 B 5
Castro (Orense)	21 F 5
Castro (Pantón)	8 E 7
Castro (Río)	2 C 2
Castrobarto	13 C 19
Castrobol	24 F 14
Castrocalbón	23 F 12
Castrocontrigo	23 F 11
Castro de Alcañices	23 H 11
Castro de Amarante	7 D 6
Castro de Filabres	87 U 22
Castro de Fuentidueña	39 H 18
Castro del Río	75 S 16
Castro de Ouro	3 B 7
Castrodeza	24 H 15
Castrofuerte	23 F 13
Castrogonzalo	23 G 13
Castrojeriz	25 F 17
Castrojimeno	39 H 18
Castromaior	3 B 7
Castromao	21 F 8
Castromembibre	24 G 14
Castromil	22 F 9
Castromocho	24 F 15
Castromonte	24 G 14
Castromudarra	11 E 14
Castrón	23 G 11
Castronuevo	23 G 13
Castronuevo de Esgueva	24 G 16
Castronuño	38 H 14
Castropepe	23 G 13
Castropodame	9 E 10
Castropol	4 B 8
Castroponce	24 F 14
Castroquilame	9 E 9
Castroserna de Abajo	39 I 18
Castroserracin	39 H 18
Castrotierra (cerca de la Bañeza)	23 F 12
Castrotierra (cerca de Sahagún)	24 E 14
Castro-Urdiales	13 B 20
Castrovaselle	4 B 9
Castrove	6 E 3
Castrovega de Valmadrigal	24 F 14
Castroverde	4 C 8
Castroverde de Campos	24 G 14
Castroverde de Cerrato	25 G 17
Castrovido	26 F 20
Castroviejo	27 F 22
Castuera	62 P 13
Castuera (Puerto de)	62 Q 13
Catadau	68 O 28
Catalunya (Cap de)	90 M 39
Catarroja	56 N 28
Cataveral (Embalse de)	73 S 11
Catí	44 K 30
Catllar (El)	45 I 33
Catoira	6 E 3
Catoute	9 D 11
Catral	79 R 27
Cauche	84 V 16
Caudal (El)	73 T 12
Caudé	55 K 26
Caudete	68 P 27
Caudete de las Fuentes	55 N 26
Caudiel	56 M 28
Caudilla	52 L 17
Caunedo	5 C 11
Cauro	85 T 18
Cautivos (Los)	78 S 24
Cava	18 F 34
Cava (La)	45 J 32
Cavada (La)	12 B 18
Cavallera (Sierra)	18 F 36
Cavalleria (Cap de)	91 L 42
Cavalls (Sierra de)	45 I 31
Caxado	3 B 6
Cayes	5 B 12
Cayuela	25 F 18
Caza de Sonsaz (Reserva nacional de)	40 I 19
Cazadores	94 O 10
Cazalegas	51 L 15
Cazalegas (Embalse de)	51 L 15
Cazalilla	75 S 18
Cazalla de la Sierra	73 S 12
Cazalla y Constantina (Estación de)	73 S 12
Cazanuecos	23 F 12
Cazás	3 C 6
Cazo	5 C 14
Cazorla	76 S 21
Cazorla (Coto nacional de)	76 R 21
Cazorla (Sierra de)	76 R 21
Cazurra	23 H 12
Cea (León)	11 E 14
Cea (Orense)	7 E 6
Cea (Pontevedra)	6 E 3
Cea (Río)	23 F 13
Ceadea	23 G 11
Ceal	76 S 20
Ceanuri	13 C 21
Cebanico	11 D 14
Cebes (Cabo)	4 B 9
Cebolla	52 M 16
Cebollar	82 T 8
Cebollera (Sierra)	27 G 21
Cebolleros	12 D 19
Cebrecos	26 G 19
Cebreiro (Lugo)	8 D 8
Cebreiro (Orense)	21 G 6
Cebreros	39 K 16
Cebrón	73 T 12
Cebrones del Río	23 F 12
Cecebre	3 C 5
Ceceda	5 B 13
Ceclavín	49 N 9
Cecos	4 C 9
Cedeira (cerca de Laracha)	2 C 4
Cedeira (La Coruña)	3 B 5
Cedeira (Ría de)	3 A 5
Cedemonio	4 B 9
Cedena (Río)	52 M 16
Cedillo (Embalse de)	48 N 8
Cedillo de la Torre	40 H 19
Cedillo del Condado	52 L 18
Cedofeita	4 B 8
Cedramán	56 L 28
Cedrillas	43 K 27
Cedrón (Arroyo)	53 M 19
Cée	6 D 2
Cefiñas (Las)	72 S 9
Cega	39 I 18
Cegarrón (Sierra El)	68 P 26
Cegoñal	11 D 15
Ceguilla	39 I 18
Cehegín	78 R 24
Ceinos	24 F 14
Ceja del Palancar (La)	55 L 24
Cejancas	12 D 18
Cejo	72 T 10
Cejo (El)	86 U 20
Cejo Cortado	78 R 25
Cela	20 G 5
Cela (cerca de Becerreá)	8 D 9
Cela (cerca de Sarria)	8 D 7
Cela (León)	9 D 9
Celada	12 D 17
Celada (La)	85 U 17
Celada de Cea	24 E 15
Celada de la Torre	26 E 19
Celada del Camino	25 F 18
Celada de Roblecedo	11 D 16
Celadas	43 K 26
Celadas (Las)	12 E 18
Celadilla	10 E 14
Celadilla del Río	11 E 15
Celanova	21 F 6
Celas	2 C 4
Celemín (Embalse del)	88 X 12
Celia (La)	67 Q 25
Celis	11 C 16
Cella	42 K 26
Cella (Puerto de)	42 K 26
Celladilla-Sotobrin	25 E 18
Cellera de Ter (La)	33 G 37
Cellers	17 F 32
Cellórigo	13 E 20
Celorio	11 B 15
Celrà	19 F 38
Céltigos	8 D 7
Cembranos	10 E 13
Cenajo	78 Q 24
Cenajo (Embalse del)	78 Q 24
Cenegro	26 H 19
Cenes de la Vega	85 U 19
Cenicero	14 E 22
Cenicientos	52 L 16
Cenizas	79 T 27
Cenizate	67 O 25
Cenlle	7 E 5
Cenobio de Valerón	94 O 9
Centcelles (Mausoleo de)	45 I 33
Centelles	32 G 36
Centenales	4 C 9
Centenera (Guadalajara)	40 K 20
Centenera (Huesca)	17 F 31
Centenera de Andaluz	27 H 21
Centenera del Campo	41 H 22
Centenero	26 F 28
Centenillo (El)	76 Q 18
Centinela (Mirador de la)	92 I 9
Cepeda (Pontevedra)	20 F 4
Cepeda (Salamanca)	37 K 11
Cepeda la Mora	38 K 14
Cepero (El)	64 O 17
Cepillo (El)	66 P 22
Cequeril	6 E 4
Cera	4 C 10
Cerbi	17 E 33
Cerbón	27 G 23
Cerca (La) (Burgos)	12 D 19
Cerca (La) (Monte)	26 F 19
Cercadillo	41 I 21
Cercado de Espino	94 O 10
Cercados (Los)	92 J 7
Cercados (Los)	94 O 10
Cerceda (Antemil)	2 C 4
Cerceda (Estación de)	2 C 4
Cerceda (La Coruña)	7 D 5
Cerceda (Madrid)	39 J 17
Cercedilla	39 J 17
Cercio	7 D 5
Cercs	18 F 35
Cerdà	69 P 28
Cerdanya	18 E 35
Cerdanya (Reserva nacional de)	18 E 34
Cerdanyola	32 H 36
Cerdedelo	21 F 7
Cerdedo	7 E 4
Cerdeira (La Coruña)	2 C 4
Cerdeira (Orense)	21 F 6
Cerdeira (Puerto de)	8 E 8
Cerdido	3 B 6
Cerdido (Estación de)	3 B 6
Cerdigo	13 B 20
Cereales de Abajo (Los)	92 I 9
Cereceda (Asturias)	5 B 14
Cereceda (Burgos)	12 D 19
Cerecera (Cantabria)	12 C 19

Cereceda (Guadalajara) 41 K 22
Cereceda de la Sierra 37 K 11
Cerecedo 10 D 14
Cerecinos de Campos 23 G 13
Cerecinos del Carrizal 23 G 13
Cereixal 8 D 8
Cereixedo 8 D 9
Cerengo 8 E 8
Cereo 2 C 3
Cerésola 16 E 29
Cerezal de Alba 23 H 11
Cerezales del Contado 10 D 13
Cerezo 49 L 11
Cerezo (Monte) 77 R 23
Cerezo (Sierra del) 78 R 24
Cerezo de Abajo 40 I 19
Cerezo de Arriba 40 I 19
Cerezo de Mohernando 40 J 20
Cerezo de Riotirón 13 E 20
Cerezos (Los) 56 L 27
Cerillar (El) 84 V 13
Cerler 17 E 31
Cerler (Pico de) 17 E 31
Cermoño 5 B 11
Cernadilla 22 F 10
Cernadilla (Embalse de) 22 G 10
Cernégula 12 E 19
Cerollera 44 J 29
Cerponzons 6 E 4
Cerqueda 2 C 3
Cerrada 8 E 7
Cerrado de Calderon 85 V 16
Cerradura (La) 76 S 19
Cerrajos 67 Q 25
Cerralba 84 V 15
Cerralbo 36 J 10
Cerralbos (Los) 52 M 16
Cerrata 63 P 15
Cerratón de Juarros 26 E 19
Cerrazo 12 B 17
Cerrazo 12 B 17
Cerredo 9 D 10
Cerredo (Alto de) 4 C 8
Cerredo (Puerto de) 9 D 10
Cerricos (Los) 87 T 23
Cerrillo (El) 76 S 20
Cerrillo (Punta del) 94 N 10
Cerro (El) (Burgos) 26 G 20
Cerro (El) (Salamanca) 50 L 12
Cerro (El) (Teruel) 43 J 26
Cerro (Granada) 76 T 20
Cerro (Monte) 41 K 22
Cerro Alarcón 39 K 17
Cerro Alberche 52 L 16
Cerro Andévalo (Estación de El) 72 S 9
Cerroblanco 66 P 22
Cerro de Andévalo (El) 72 S 9
Cerro del Hierro 73 S 13
Cerro Grande 86 U 21
Cerrolobo 67 P 24
Cerro Muriano 74 R 15
Cerrón 86 V 20
Cerro Perea 74 T 15
Cerroso (Pico) 11 D 14
Certascan (Pico de) 18 E 34
Certers 18 E 34
Cervales 50 N 14
Cervantes (Ciudad Real) 65 Q 19
Cervantes (Lugo) 8 D 8
Cervatos 12 D 17
Cervatos de la Cueza 24 F 15
Cervela 8 D 7
Cervelló 32 H 35
Cervera 31 G 33
Cervera del Maestrat 44 K 30
Cervera (La) 56 M 27
Cervera (Peñas de) 26 G 19
Cervera (Rambla de) 44 K 30
Cervera de Buitrago 40 J 19

Cervera de la Cañada 42 H 24
Cervera del Llano 54 M 22
Cervera de los Montes 51 L 15
Cervera del Rincón 43 J 27
Cervera del Río Alhama 28 F 24
Cervera de Pisuerga 11 D 16
Cervero 4 C 9
Cerveruela 42 I 26
Cervià 19 F 38
Cervià de les Garrigues 31 H 32
Cervillego de la Cruz 38 I 15
Cerviñuela (Casa Forestal del) 54 K 24
Cervo 3 A 7
Cérvol (Riu) 44 K 30
Cesantes 20 F 4
César Manrique (Fundación) 95 W 3
Céspedes (Burgos) 12 D 19
Céspedes (Córdoba) 74 S 14
Cespedosa 37 K 13
Cespedosa de Agadones 36 K 10
Cespón 6 D 3
Cesuras 3 C 5
Cetina 42 I 24
Ceutí 78 R 26
Cevico de la Torre 25 G 16
Cevico Navero 25 G 17
Cezeral de Peñahorcada 36 I 10
Cezura 12 D 17
Chacín 6 D 3
Chacón 73 S 12
Chacona (La) 88 W 11
Chacones (Los) 87 T 23
Chagarcía Medianero 37 K 13
Chaguazoso 21 F 8
Chaherrero 38 J 15
Chalamera 30 G 30
Chamartín 38 J 15
Chamorga 93 L 6
Chamorro 63 O 14
Chan (A) 6 E 4
Chana 9 E 10
Chanca (La) 72 Q 9
Chandávila (Ermita de) 60 O 8
Chandrexa 21 F 7
Chandrexa (Embalse de) 21 F 7
Chano 9 D 9
Chantada 7 E 6
Chanteiro 3 B 5
Chanza (Embalse del) 71 T 7
Chanza (Rivera de) 72 S 8
Chanzas (Sierra de) 85 U 17
Chañe 39 H 16
Chaorna 41 I 23
Chapa 7 D 5
Chaparral 85 U 18
Chaparral (El) (Madrid) 40 J 19
Chaparral (El) (Cádiz) 88 X 12
Chaparral (El) (Málaga) 84 W 16
Chaparral (Sierra del) 85 V 18
Chapatales 83 U 12
Chapela 20 F 3
Chapinería 52 K 17
Chapiteles (Los) 25 F 17
Charca (La) 64 O 18
Charches 86 U 21
Charco (El) 95 B 6
Charco de los Hurones 88 W 13
Charco del Pino 92 I 9
Charcofrío 72 T 10
Charco Redondo o Palmones (Embalse de) 88 X 13
Charilla 85 T 18
Charpona 52 L 16
Chasogo (Montaña) 92 H 8
Chatún 39 I 16

Chauchína 85 U 18
Chavaga 8 E 7
Chavaler 27 G 22
Chave 8 D 7
Chavín 3 B 7
Chayofa 92 H 9
Checa 42 K 24
Cheles 60 Q 8
Chella 68 O 28
Chelva 56 M 27
Chenlo 20 F 3
Chequilla 42 K 24
Chera (Guadalajara) 42 J 24
Chera (València) 56 N 27
Cherbo 87 U 22
Chércoles 41 H 23
Chercos 87 U 23
Chercos Viejo 87 U 23
Cherín 86 V 20
Cheste 56 N 27
Chía 17 E 31
Chica (Laguna) 65 N 19
Chica Carlota (La) 74 S 15
Chícamo 79 R 26
Chiclana de la Frontera 88 W 11
Chiclana de Segura 76 R 20
Chiguergue 92 H 8
Chilches (Málaga) 85 V 17
Chilladeras (Las) 72 T 9
Chillarón de Cuenca 54 L 23
Chillarón del Rey 41 K 21
Chillizarras 26 F 21
Chillón 63 P 15
Chilluevar 76 R 20
Chiloeches 40 K 20
Chimenea (Sierra de) 84 V 16
Chimenea (Sierra de la) 63 O 14
Chimeneas 85 U 18
Chimeneas (Las) 65 O 20
Chimiche 92 I 9
Chimillas 29 F 28
Chimorra 74 R 15
Chimparra 3 A 5
Chinar 68 P 26
Chinas (Las) 72 S 9
Chinchilla de Monte Aragón 67 P 24
Chinchón 53 L 19
Chindoquí (Pico) 14 C 23
Chinobre 93 K 6
Chinyero (Montaña de) 92 H 8
Chio 92 H 8
Chipeque 92 J 7
Chipiona 82 V 10
Chiprana 44 I 29
Chipude 95 E 9
Chiqueras 92 I 8
Chiquero (El) 64 O 16
Chira (Embalse de) 94 O 10
Chirán 86 V 21
Chirche 92 H 8
Chirigota (La) 83 V 12
Chirivel 77 T 23
Chirivel (Rambla de) 87 T 23
Chirlateira (Punta) 3 B 5
Chispones (Los) 86 U 21
Chite 85 V 19
Chiva 56 N 27
Chive (El) 87 U 23
Chodes 28 H 25
Chopillo (El) 78 R 24
Chorillo (El) 56 L 28
Chorito (Sierra del) 64 N 16
Chorlo 61 O 9
Chorrera (Embalse de la) 42 K 24
Chorreras 64 Q 16
Chorro (El) (Jaén) 76 S 20
Chorro (El) (Málaga) 84 V 15
Chorro (Garganta del) 84 V 15
Chortal (Sierra del) 67 P 24
Chospes (Los) 66 P 22
Chóvar 56 M 29
Chozas (Lomo de las) 95 B 5
Chozas de Abajo 10 E 12
Chozas de Canales 52 L 17
Chucena 82 T 10
Chucho Alto 15 E 25

Chuchurumbache 92 I 9
Chueca 52 M 18
Chulilla 56 N 27
Chulilla (Baños de) 56 N 27
Chullera (Punta de la) 89 X 14
Chullo 86 U 20
Chumillas 54 M 23
Churriana 84 V 16
Churriana de la Vega 85 U 19
Ciadoncha 25 F 18
Ciaño 5 C 12
Ciaurriz 15 D 25
Cibanal 37 I 11
Cibea 4 C 10
Cibuyo 4 C 10
Cicero 12 B 19
Cicujano 14 D 22
Cidacos (Rio) 27 F 23
Cidad de Ebro 12 D 18
Cidones 27 G 22
Cielo 85 V 18
Ciempozuelos 53 L 19
Cienfuegos (Puerto de) 9 D 9
Cierva (Embalse de la) 78 R 25
Cierva (La) (Cuenca) 55 L 24
Cierva (La) (Sevilla) 83 T 12
Ciérvana 13 B 20
Cies (Islas) 20 F 3
Cieza (Cantabria) 12 C 17
Cieza (Murcia) 78 R 25
Cifuentes (Guadalajara) 41 J 22
Cifuentes (León) 10 E 14
Cigales 24 G 15

Cigudosa 27 G 23
Cigüela 65 O 19
Cigüenza 12 D 19
Ciguñuela 24 H 15
Cihuela 42 H 24
Cijara 63 N 14
Cijara 63 O 14
Cijara (Embalse de) 63 N 15
Cijara (Reserva national de) 63 O 15
Cijuela 85 U 18
Cildoz 15 D 24
Cillamayor 12 D 17
Cillán 38 J 15
Cillaperlata 13 D 19
Cillas 42 J 24
Cillero 12 C 18
Cilleros 49 L 9
Cilleros de la Bastida 37 K 11
Cilleros el Hondo 37 J 12
Cilleruelo 66 P 22
Cilleruelo de Abajo 25 G 18
Cilleruelo de Arriba 26 G 19
Cilleruelo de Bezana 12 D 18
Cilleruelo de San Mamés 40 H 19
Cillorigo-Castro 11 C 16
Cimada (La) 84 V 14
Cima da Vila 3 C 6
Cimanes de la Vega 23 F 13
Cimanes del Tejar 10 E 12
Cimballa 42 I 24
Cimbre 78 T 24
Cinca (Río) 16 E 30
Cinca (Canal del) 29 F 28

Cinco (Acequia de las) 28 F 25
Cinco Casas 65 O 20
Cinco Casas (Colonia de) 65 O 19
Cinco Esquinas (Castillo) 76 S 20
Cinco Lindes 72 R 9
Cinco Olivas 43 H 28
Cincovillas 41 I 21
Cinco Villas 40 J 19
Cinco Villas (Las) 29 F 26
Cinctorres 44 K 29
Cinqueta 17 E 31
Cintruénigo 28 F 24
Ciñera 10 D 13
Cional 22 G 10
Ciórraga 13 C 21
Cipérez 37 J 11
Cirat 56 L 28
Cirauqui 14 D 24
Cirbanal 10 D 12
Cirera 18 F 34
Ciria 28 H 24
Cirio 3 C 7
Ciriza 14 D 24
Ciruela (Ciudad Real) 64 P 18
Ciruela (Soria) 41 H 21
Ciruelas 40 J 20
Ciruelos (Segovia) 39 H 18
Ciruelos (Toledo) 53 M 19
Ciruelos de Cervera 26 G 19

Ciruelos de Coca 38 I 16
Ciruelos del Pinar 41 I 23
Cirueña (Jaén) 76 S 19
Cirueña (La Rioja) 27 E 21
Cirugeda 43 J 27
Cirujales 10 D 11
Ciscar 17 F 31
Cisla 38 J 14
Cisnera (La) 92 I 9
Cisneros 24 F 15
Cistella 19 F 38
Cistérniga 24 H 15
Cistierna 11 D 14
Citolero (El) 64 O 17
Citores 24 E 18
Ciudad 7 E 5
Ciudad de Osma 26 H 20
Ciudad de Valdeporres 12 C 18
Ciudad Ducal 39 K 16
Ciudadeja (Ribera de) 74 S 13
Ciudad Encantada (La) 54 L 23
Ciudad Real 64 P 18
Ciudad Rodrigo 36 K 10
Ciudad Santo Domingo 40 K 19
Ciudalcampo 40 K 19
Ciutadella de Menorca 91 M 41
Ciutadilla 31 H 33
Cívica 41 J 21
Civís 18 E 34
Cizur Mayor 15 D 24
Cizur Menor 15 D 24
Clamor (Barranco de la) 16 F 30

CIUDAD REAL

Alarcos .... Z
Bernardo Mulleras .... Z 6
Calatrava .... YZ
General Agüileras ...... Z 21
Mayor (Plaza) .... Z
Vazquez .... Z 42
Alcántara .... Z 2

Antonio Blazquez .... Z 3
Azucena .... YZ 5
Caballeros .... YZ 8
Camarín .... YZ 10
Cañas .... YZ 12
Cardenal Monescillo ...... Z 13
Corazón de María ...... YZ 15
Cruz .... Z 16
Elisa Cendreros ...... Y 18
General Rey .... Z 23
Infantes .... Y 24

Inmaculada Concepción ...... Y 26
Lanza .... Z 27
Lirio .... YZ 29
Norte .... Y 31
Olivo .... Z 32
Ramón y Cajal ...... Z 34
Refugio .... Z 35
Reyes .... YZ 37
Rosa .... Y 38
Sancho Rey (Cam.) ...... Y 39
Tinte .... Z 41

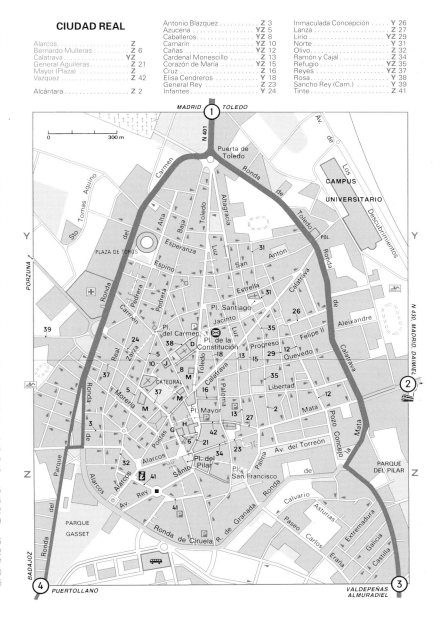

Clamor de
  Almacellas (La) 31 G 31
Clamor Vieja
  (La) 30 G 30
Claras (Albacete) 77 R 23
Claraválls
  (Huesca) 17 F 32
Claraválls (Lérida) 31 G 33
Clares 41 I 23
Clarés de Ribota 28 H 24
Clariana (Barcelona) 32 H 34
Clariana (Lérida) 32 G 34
Clariano (Riu) 69 P 28
Claveles (Los) 83 T 12
Clavería 48 N 8
Claverol 17 F 32
Clavijo 27 E 22
Clavín (El) 40 K 20
Clavín (Puerto del) 61 O 10
Clotes (Les) 44 I 30
Clunia 26 G 19
Coalla 5 B 11
Coaña 4 B 9
Coba (Lugo) 3 C 6
Coba (Orense) 21 F 8
Coba da Serpe
  (Sierra de) 3 C 6
Coballes 5 C 13
Cobas 7 E 6
Cobatillas
  (Albacete) 43 J 27
Cobatillas
  (Albacete) 67 Q 24
Cobatillas (Las)
  (Almería) 77 S 23
Cobatillas (Las)
  (Cádiz) 88 W 12
Cóbdar 87 U 23
Cobeja 52 L 18
Cobeña 40 K 19
Cobertelada 41 H 22
Cobeta 41 J 23
Cobica (Rivera de
  la) 72 T 8
Cobisa 52 M 17
Cobón (Ensenada
  del) 92 J 9
Cobos de Cerrato 25 F 17
Cobos
  de Fuentidueña 39 H 18
Cobos de Segovia 39 J 16
Cóbreces 12 B 17
Cobreros 22 F 9
Cobres 20 F 4
Cobujón (El) 72 T 9
Coca 39 I 16
Coca de Alba 37 J 13
Cocentaina 69 P 28
Cocoll 69 P 29
Cocón (El) 78 T 24
Cocosa (La) 60 P 9
Coculina 12 E 18
Codes (Guadalajara) 41 I 23
Codés (Navarra) 14 E 22
Codesal 22 G 10
Codeseda 7 E 4
Codeso 7 D 4
Codo 43 H 27
Codolar (Punta) 91 L 42
Codoñera (La) 44 J 29
Codornillos 24 E 14
Codorniz 38 I 16
Codos 42 I 25
Codosera (La) 60 O 8
Coedo 21 F 6
Coelleira (Isla) 3 A 7
Coeo 8 D 7
Coeses 8 D 7
Cofete 93 R 9
Cofiñal 5 C 14
Cofio 39 K 17
Cofita 30 G 30
Cofrentes 68 O 26
Cofrentes
  (Embalse de) 68 O 26
Cogeces de Iscar 39 H 16
Cogeces del Monte 25 H 17
Cogollor 41 J 21
Cogollos 25 F 18
Cogollos (Río) 25 F 18
Cogollos (Sierra
  de) 86 U 19
Cogollos de Guadix 86 U 20
Cogollos Vega 85 U 19
Cogolludo 40 J 20
Cogorderos 10 E 11

Cogul (El) 31 H 32
Cogullada (La) 69 O 28
Coín 89 W 15
Coiro 20 F 3
Coirós 3 C 5
Coitelada (Punta) 3 B 5
Cojáyar 86 V 20
Cojóbar 26 F 19
Colarons 18 F 34
Colativí 87 V 23
Colera 19 E 39
Cólera (La) 89 W 13
Colgada
  (Laguna de la) 66 P 21
Colgadizos 40 I 19
Colilla (La) 38 K 15
Colinas 83 U 11
Colinas (Las) 52 L 18
Colinas de
  Trasmonte 23 F 12
Colindres 12 B 19
Colio 11 C 16
Coll de Nargó 18 F 33
Coll d'en Rabassa
  (es) 90 N 38
Collada 5 B 13
Colladico (El) 43 I 26
Collado (Cantabria) 12 C 17
Collado (Cáceres) 50 L 12
Collado (El)
  (Albacete) 77 R 22
Collado (El) (Soria) 27 G 23
Collado (El)
  (València) 56 M 26
Collado
  de Contreras 38 J 15
Collado
  de las Carrascas 77 Q 22
Collado del Mirón 37 K 13
Collado Hermoso 39 I 18
Collado-Mediano 39 J 17
Colladona (La) 5 C 13
Collado Royo
  y Poviles 56 L 27
Collados (Cuenca) 54 L 23
Collados (Los) 66 Q 23
Collados (Teruel) 43 J 26
Collado-Villalba 39 K 18
Collanzo 5 C 13
Collarada 16 D 28
Collbató 32 H 35
Colldejou 45 I 32
Colldelrat 31 G 33
Collegats
  (Desfiladero de) 17 F 33
Collera 11 B 14
Collformic 33 G 37
Collfred 31 G 33
Collía 11 B 14
Cólliga 54 L 23
Colliguilla 54 L 23
Colloto 5 B 12
Collsuspina 32 G 36
Colmenar 84 V 17
Colmenar (El) 89 W 13
Colmenar del
  Arroyo 52 K 17
Colmenar
  de la Sierra 40 I 19
Colmenar
  de Montemayor 50 K 12
Colmenar de Oreja 53 L 19
Colmenarejo 39 K 17
Colmenares 11 D 16
Colmenar Viejo 39 K 18
Colmenas 92 I 8
Colodro 75 R 17
Colom (Illa) 91 M 42
Colombres 11 B 16
Colomer
  (Mirador des) 90 M 39
Colomera 85 T 18
Colomera
  (Embalse de) 85 T 18
Colomera (Río) 85 T 18
Colomers 19 F 38
Colón
  (Monumento a) 82 U 9
Colònia de Sant
  Jordi 90 O 38
Colònia
  de Sant Pere 90 M 39
Colonia (La)
  (Madrid) 39 K 18
Colonia (La)
  (Murcia) 78 R 25

Colonia Cinto de
  los Abates 68 N 27
Colonia
  de la Estación 36 K 9
Colonia
  de Santa Ana 84 U 15
Colónia Rosal 18 F 35
Colónia Vidal 32 G 35
Coloradas 92 I 9
Coloradas (Las) 94 P 9
Coloradas (Las) 95 V 4
Coloradas
  (Punta de las) 94 O 9
Colorado (Badajoz) 63 P 13
Colorado (El) 88 W 11
Colorado (Murcia) 78 T 24
Colorado (Monte)
  (Córdoba) 75 R 16
Colorado (Monte)
  (Málaga) 84 V 14
Colsa 12 C 17
Columbrets (Els) 57 M 32
Columbrianos 9 E 10
Colunga 5 B 14
Colungo 16 F 30
Coma (La) (Castelló) 57 L 29
Coma (La) (Lérida) 18 F 34
Comabona 18 F 35
Comanegra 19 F 37
Coma Pedrosa 18 E 34
Comares 85 V 17
Coma-ruga 32 I 34
Combarro 6 E 3
Combarros 10 E 11
Comendador (El) 68 P 27
Comillas 12 B 17
Comolo Forno I 17 E 32
Compañía (La) 83 U 11
Comparada 6 D 3
Cómpeta 85 V 18
Compuerto
  (Embalse de) 11 D 15
Comtat de Sant
  Jordi 33 G 39
Con 11 C 14
Concabella 31 G 33
Concejera 25 F 17
La Concepción 87 U 24
Concepción
  (Embalse de la) 89 W 15
Concepción
  (Ermita de la) 42 J 24
Concepción
  (Finca de la) 84 V 16
Concepción (La) 95 C 5
Concepción (La) 92 H 9
Concepción (La)
  (Córdoba) 85 T 17
Concepción (La)
  (Soria) 27 H 22
Concha (Cantabria) 13 C 19
Concha
  (Guadalajara) 42 I 24
Concha (La)
  (cerca de El
  Astillero) 12 B 18
Concha (La)
  (cerca
  de San Roque
  de Riomera) 12 C 18
Cónchar 85 V 19
Conchas
  (Embalse de las) 21 G 6
Conchel 30 G 30
Concilio 29 F 27
Concud 43 K 26
Condado 12 D 19
Condado (El) 5 C 13
Condado
  de Castilnovo 39 I 18
Conde 92 H 9
Conde (Casas del) 68 O 26
Conde (Sierra de) 62 P 11
Conde de
  Gondomar
  (Parador) Baiona 20 F 3
Conde
  de Guadalhorce
  (Embalse del) 84 V 15
Conde de
  Guadiana 76 S 20
Conde de la
  Gomera
  (Parador) (San
  Sebastián de la
  Gomera) 95 F 9

CÓRDOBA

Conde de Gondomar ...... AY 20
Cruz Conde .... ABY
Amador de los Ríos ..... ABZ 4

Angel Saavedra .... BZ 6
Blanco Belmonte .... BZ 8
Buen Pastor .... AZ 12
Capitulares .... BY 14
Cardenal González ...... BZ 15
Diario
  de Córdoba .... BY 31

Enrique Redel .... BY 32
Lineros .... BZ 38
M. González Francés .... BZ 46
Torrijos .... ABZ 68

M² MUSEO ARQUEOLÓGICO

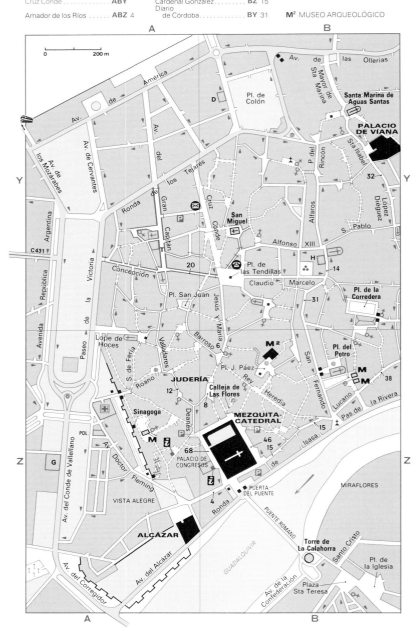

Condemios de
  Abajo 40 I 20
Condemios de
  Arriba 40 I 20
Condesa (La) 75 R 18
Condes de Alba
  y Aliste (Parador)
  (Zamora) 23 H 12
Condes de Villalba
  (Parador) (Villalba) 3 C 6
Conejera 36 K 10
Conejera (Illa)
  (Mallorca) 90 O 38
Conejeros 52 L 16
Conejéros
  (Puerto de los) 61 O 9
Conejo (El) 86 T 20
Conesa 31 H 33
Confital
  (Bahía del) 94 P 9
Confital
  (Punta del) 94 P 9
Conforto 4 B 8
Confrides 69 P 29
Congost 32 G 36
Congosta 23 F 11
Congosto (Burgos) 12 E 17
Congosto (El) 54 M 22
Congosto (Léon) 9 E 10

Congosto (Monte) 27 G 21
Congosto
  de Valdavia 11 D 16
Congostrina 40 I 21
Conil 95 W 4
Conil de la Frontera 88 X 11
Conill 32 G 34
Conillera (Illa)
  (Ioiza) 91 P 33
Connio (Puerto del) 4 C 9
Conques 17 F 33
Conquezuela 41 I 22
Conquista 75 Q 16
Conquista
  de la Sierra 62 N 12
Conquista
  del Guadiana 62 O 11
Conso 21 F 8
Consolación
  (Ermita de la) 44 J 29
Consolación
  (Ermita de) 65 P 19
Consolación
  (Santuario) 76 R 20
Consolación
  (Santuario de la) 82 U 8
Constantí 45 I 33
Constantina 73 S 13
Constanzana 38 J 15

Consuegra 53 N 19
Contadero (Coto
  nacional de) 76 Q 18
Contador (El) 77 T 22
Contamina 42 I 24
Contar (Sierra del) 78 T 25
Conti 73 T 11
Contienda (La) 72 R 9
Contiendas
  (Sierra de las) 72 R 9
Contrasta 14 D 23
Contraviesa
  (Sierra de la) 86 V 20
Contreras (Jaén) 75 S 18
Contreras (Burgos) 26 F 19
Contreras
  (Embalse de) 55 N 25
Contreras (Venta
  de) 55 N 25
Convoy (El) 87 T 24
Coo 12 C 17
Coomonte 23 F 12
Copa (La) 78 R 25
Cope 78 T 25
Cope (Cabo) 78 T 25
Copernal 40 J 20
Copons 32 H 34
Corao 11 B 14
Coratxà 44 J 30
Corb 31 H 33

Corbalán 56 K 27
Corbatón 43 J 26
Corbelle (Lugo) 8 D 7
Corbelle (Orense) 21 F 5
Corbera 69 O 28
Corbera (Punta de
  la) 4 B 8
Corbera d'Ebre 44 I 31
Corbera de Dalt 32 H 35
Corbera
  de Llobregat 32 H 35
Corbillos
  de los Oteros 23 E 13
Corbins 31 G 32
Corboeira 3 B 7
Corbones (Río) 84 V 14
Corça (Gerona) 33 G 39
Corçà (Lérida) 17 F 32
Corcho 62 Q 12
Corchuela (Badajoz) 60 P 9
Corchuela (La) 83 U 12
Corchuela (Toledo) 51 M 14
Corchuela (Monte) 50 M 12
Corchuelo (El) 82 U 9
Corcoesto 2 C 3
Córcoles 41 K 22
Córcoles (Río)
  (Albacete) 66 O 21
Corcoles (Río)
  (Cuenca) 54 N 23

Corcolilla 56 M 26
Corconte 12 C 18
Corcos 24 G 15
Corcoya 84 U 15
Corcubión 6 D 2
Cordel (Sierra del) 11 C 16
Cordido 3 B 7
Cordillera
Cantábrica 8 E 8
Cordiñanes 11 C 15
Córdoba 74 S 15
Cordobilla 84 T 15
Cordobilla
(Embalse de) 84 U 15
Cordobilla de
Lácara 61 O 10
Cordobillas 74 S 16
Cordovilla
(Albacete) 67 Q 25
Cordovilla
(Palencia) 12 D 17
Cordovilla
(Salamanca) 37 J 13
Cordovilla la Real 25 F 17
Cordovín 27 E 21
Corduente 42 J 24
Corella 28 F 24
Corepo 40 J 19
Corera 27 E 23
Cores 2 C 3
Coreses 23 H 13
Corgo 8 D 7
Coria 49 M 10
Coria (Sierra de) 49 L 10
Coria del Río 83 U 11
Corias (cerca de
Cangas de Narcea) 4 C 10
Corias (cerca de
Pravia) 5 B 11
Coripe 84 V 13
Coriscao 11 C 15
Coristanco 2 C 3
Corme Aldea 2 C 3
Corme-Porto 2 C 3
Corme y Laxe
(Ría de) 2 C 3
Corna 7 E 5
Cornadelo (Pico de) 17 E 32
Cornago 27 F 23
Cornalvo
(Embalse de) 62 P 11

Cornanda 6 D 3
Corneda 7 D 5
Corneira 6 D 3
Corneira (Peña) 7 E 5
Cornejo 12 C 19
Cornellà de Terri 19 F 38
Cornellana 5 B 11
Corniero 10 D 14
Cornollo 4 C 9
Cornón (Monte) 4 C 11
Cornón (Palencia) 11 D 15
Cornoncillo 11 D 15
Cornudella
de Montsant 45 I 32
Cornudilla 12 D 19
Coronada (La)
(Badajoz) 62 P 12
Coronada (La)
(Córdoba) 74 R 13
Corona de la Reina 29 G 28
Coronas 43 I 28
Coronas
(Puerto Las) 15 D 26
Coronela (La) 84 U 14
Coroneles (Casa de
los) 93 U 6
Coronil (El) 83 U 13
Corpa 53 K 20
Corporales (La
Rioja) 26 E 21
Corporales (León) 22 F 10
Corral de Almaguer 53 M 20
Corral de Ayllón 40 H 19
Corral de Calatrava 64 P 17
Corral de Cantos 52 N 16
Corralejo 93 U 5
Corralejo (El) 53 M 19
Corrales 82 U 9
Corrales (Los)
(Sevilla) 84 U 15
Corrales (Monte) 86 V 20
Corrales de Buelna
(Los) 12 C 17
Corrales de Duero 25 G 17
Corrales del Vino 37 H 12
Corralillos (Los) 94 P 10
Corralín 9 D 9
Corral Rubio 67 P 25
Corrals (Els) 69 O 28
Correderas (Las) 76 Q 19
Corredoira 7 E 4

Corredoiras 3 C 5
Corredor (EL) 33 H 37
Correpoco 12 C 17
Corres 14 D 22
Corrocera 10 D 12
Corrochana 51 M 14
Corrubedo 6 E 2
Corrubedo (Cabo
de) 6 E 2
Corte (La) 72 S 9
Corteconcepción 72 S 10
Corte de Peleas 61 P 9
Cortegada
(cerca de
Ribadavia) 20 F 5
Cortegada
(Pontevedra) 7 E 5
Cortegana (Badajoz) 61 P 10
Cortegana (Huelva) 72 S 9
Corteguero
(Sierra de) 5 C 13
Cortelazor 72 S 10
Corterrangel 72 S 10
Cortes (Albacete) 66 P 22
Cortes de Aragón 43 J 27
Cortes de Arenoso 56 L 28
Cortes de Baza 86 T 21
Cortes de la
Frontera
(Reserva
nacional de) 89 W 13
Cortes de la
Frontera 89 W 13
Cortes de Pallás 68 O 27
Cortes de Tajuña 41 J 22
Cortes (Navarra) 28 G 25
Cortés (Valencia) 55 M 26
Cortes y Graena 86 U 20
Cortesa (La) 67 P 24
Cortézubi 14 B 22
Cortijillo (El) 65 O 18
Cortijo de Navarro 77 R 23
Cortijo (El) 14 E 22
Cortijo (El) 95 W 1
Cortijo
(Embalse del) 14 E 22
Cortijo
de la Herrera 49 M 11

Cortijo de la
Juliana 66 Q 23
Cortijo Grande 87 U 24
Cortijo Nuevo
(Cádiz) 83 V 12
Cortijo Nuevo
(Huelva) 83 V 12
Cortijo Nuevo
(Jaén) 76 T 20
Cortijos (Los) 55 L 25
Cortijos
de Abajo (Los) 64 O 17
Cortijos
de Arriba (Los) 64 O 17
Cortijos Nuevos 77 R 21
Cortijos Nuevos de
la Sierra 77 S 22
Cortijuelos (Los)
(cerca de Andújar) 75 R 18
Cortijuelos (Los)
(cerca de Martos) 75 S 17
Cortinada (La) 18 E 34
Cortos (Ávila) 38 J 16
Cortos (Soria) 27 G 23
Cortos de la Sierra 37 J 12
Corullón 9 E 9
Corumbel 72 T 10
Corumbela 85 V 17
Coruña (A) /
La Coruña 2 B 4
Coruña (Ría de La) 2 B 4
Coruña del Conde 26 G 19
Coruxou 3 C 5
Corvelle 3 B 7
Corvera 79 S 26
Corvera de
Asturias 5 B 12
Corvera de Toranzo 12 C 18
Corvillón 21 F 6
Corvio 12 D 17
Corvite 3 C 7
Corzos 21 F 8
Cosa 43 J 26
Coscó 31 G 33
Coscojuela 16 E 30
Coscojuela
de Fantova 16 F 30
Coscollet 17 F 33
Coscullano 16 F 29
Coscurita 41 H 22
Cosgaya 11 C 15

Cosio 11 C 16
Coslada 53 K 19
Cospedal 10 D 11
Cospeito 3 C 7
Cospindo 2 C 3
Costa 90 O 39
Costa Blanca 79 R 29
Costa Brava 33 H 39
Costa Brava
(Parador de la)
(Aiguablava) 33 G 39
Costa Calma 93 S 9
Costa de Sa Calma 90 N 37
Costa del
Azahar/Costa
dels Tarongers 57 M 30
Costa del
Montseny (La) 33 G 37
Costa dels
Tarongers/Costa
del Azahar 57 M 30
Costa Dorada /
Costa Daurada 45 J 33
Costa (La) 33 G 37
Costa Blanca
(Parador) (Jávea) 69 P 30
Costabona 19 E 37
Costacabana 87 V 22
Costa Daurada/
Costa Dorada 45 J 33
Costa
de Almería 86 V 21
Costa de
Cantabria 12 B 17
Costa de Canyamel 91 N 40
Costa de Fora 45 K 31
Costa de la Luz 82 U 8
Costa del Azahar
(Parador)
(Benicarló) 45 K 31
Costa de los Pinos 91 N 40
Costa del Silencio 92 I 9
Costa del Sol 89 X 14
Costa de Madrid 52 K 16
Costado (El) 92 G 8
Costalomba 73 S 11
Costalonga (La) 12 C 17
Costana (La) 12 C 17
Costanazo 27 H 23
Costas de Garraf 32 I 35
Costa Teguise 95 X 4
Costa Vasca 14 B 22
Costa Verde 4 B 10
Costeán 16 F 30
Costitx 90 N 38
Costur 57 L 29
Cosuenda 42 H 26
Cota 3 C 6
Cotanes 24 G 14
Cotelas 7 E 6
Cotiella 17 E 30
Cotilfar Baja 76 T 19
Cotillas (Albacete) 66 Q 22
Cotillas (Cuenca) 12 C 17
Cotillo 12 C 17
Cotillo 93 T 5
Coto 5 C 11
Coto Redondo 6 E 3
Coto (Sierra del) 9 D 11
Cotobade 7 E 4
Coto de Bornos 83 V 12
Coto de Buzalén 62 Q 11
Coto de
Puenteviejo 38 J 16
Cotorillo 79 S 27
Cotorios 76 R 21
Cotorredondo 52 L 18
Cotos (Puerto de
los) 39 J 18
Cotos de
Monterrey (Los) 40 J 19
Coubet (Collado
de) 19 F 37
Courel (Sierra del) 8 E 8
Couso (Alto del) 21 F 6
Couso (Punta de) 20 F 3
Couto (Lugo) 7 D 6
Couto
(Pontevedra) 20 F 5
Couzadoiro 3 B 6
Couzo (Punta de) 6 E 2
Cova Santa (La) 56 M 28
Covacha 61 N 9
Covacha
(Puerto de la) 61 O 10

Covadonga 11 C 14
Covadonga
(Sierra de) 11 C 14
Covalanas
(Cuevas de) 12 C 19
Covaleda 27 G 21
Covarrubias
(Burgos) 26 F 19
Covarrubias (Soria) 41 H 22
Covas (cerca de
Carucedo) 9 E 9
Covas (cerca de
Pereiro) 7 E 6
Covas (cerca de
Vivero) 3 A 7
Covas (cerca de
Xinzo) 21 G 6
Covas (As) 6 E 3
Covas (Punta de
las) 32 I 35
Covelo 20 F 4
Covelo (Alto de) 21 F 8
Coves de Vinromà
(Les) 57 L 30
Coves (Les) 79 Q 27
Covet 17 F 33
Coveta Fumada
(La) 69 Q 28
Cox 79 R 27
Coy 78 S 24
Cózar 65 Q 20
Cozcurrita 23 H 11
Cozuelos
de Fuentidueña 39 H 17
Cozuelos de Ojeda 11 D 16
Cozvíjar 85 V 19
Crecente 20 F 5
Cregenzán 16 F 30
Creixell 32 I 34
Crémenes 11 D 14
Crende 4 C 8
Crendes 3 C 5
Crespos 38 J 15
Crestellina (Sierra) 89 W 14
Cretas 44 J 30
Creu (Serra de la)
(Castelló) 57 L 29
Creu (Sierra de la) 45 I 32
Creu de Codo 18 F 34
Creus (Cabo de) 19 F 39
Crevillent 79 R 27
Crevillent
(Serra de) 79 R 27
Criaderas (Las) 73 T 11
Criales 13 D 20
Cripán 14 E 22
Criptana (Ermita
de) 65 N 20
Crispinejo 73 T 11
Cristal 18 F 34
Cristales (Los) 72 T 9
Cristiano 85 V 18
Cristianos (Los) 92 H 9
Cristina 62 P 11
Cristiñade 20 F 4
Cristo 65 P 20
Cristo (Ermita del) 53 L 20
Cristóbal 37 K 12
Cristo de la Laguna 37 J 11
Cristo
del Espíritu
Santo 64 O 17
Cristo de Villajos
(Ermita del) 65 N 20
Crivillén 43 J 28
Crivillén (Mases
de) 43 J 28
Cruce de Sardina 94 P 10
Cruceiro 7 E 5
Cruceras (Las) 51 K 16
Crucero (El) 4 B 10
Crucero de Róo 6 D 3
Cruces (Albacete) 67 Q 24
Cruces (Córdoba) 74 R 15
Cruces (Casa de
las) 66 O 21
Cruces
(Cuevas de las) 94 N 9
Cruces
(Ermita de las) 62 P 12
Cruces (La Coruña) 3 C 5
Cruces (Las) 5 B 12
Cruces (Monte) 56 L 28
Cruceta (Puerto de
las) 66 Q 22
Cruceta (Puerto de) 14 C 22

Crucetillas
(Puerto de las) 66 Q 22
Crucita (La) 92 J 7
Cruïlles 33 G 39
Cruz
(cerca de Puebla
de Almenara) 54 M 21
Cruz
(cerca de Villar de
Humo) 55 M 25
Cruz (Cerro de la) 85 V 16
Cruz de Incio 8 E 7
Cruz (Ermita de la) 64 O 17
Cruz (La) (Asturias) 5 B 13
Cruz (La) (Ciudad
Real) 64 P 17
Cruz (La) (Córdoba) 75 S 16
Cruz (La) (Granada) 85 T 18
Cruz (La) (Jaén) 76 R 19
Cruz (La) (Murcia) 78 R 24
Cruz (Pico de la) 95 B 5
Cruz (Puerto de la) 6 D 4
Cruz (Sierra de la)
(Jaén) 76 S 19
Cruz de Alpera 68 P 26
Cruz de Cancela
(Puerto) 4 B 8
Cruz de Cofrentes
(Puerto de) 68 N 26
Cruz de Hierro
(Puerto) 39 J 16
Cruz del Carmen
(Mirador) 93 K 6
Cruz del Roque 92 J 8
Cruz de Piedra 64 O 18
Cruz de Tea 92 I 9
Cruz de Tejeda 94 O 9
Cruz Grande 92 H 7
Cruz Grande
(Puerto de) 94 O 10
Cruz Santa 92 I 7
Cruz Uzano 12 C 19
Cua 9 D 9
Cuacos de Yuste 50 L 12
Cuadradillo 75 S 16
Cuadrado (Cerro) 67 P 25
Cuadramón 3 B 7
Cuadrón (El) 40 J 19
Cuadros (Jaén) 76 S 19
Cuadros (León) 10 D 13
Cualedro 21 G 7
Cuarenta (Las) 83 T 13
Cuarte 29 F 28
Cuarte de Huerva 29 H 27
Cuartico (El) 67 P 23
Cuartillejo 52 M 18
Cuartón (El) 88 X 13
Cuarto Pelado
(Puerto de) 43 K 28
Quatretondeta 69 P 29
Cuatro Calzadas 37 J 13
Cuatrocorz 30 G 31
Cuatro Puertas 94 P 10
Cuatro Vientos 52 K 18
Cuatrovitas
(Santuario de) 83 U 11
Cuba (La) 44 K 29
Cuba (Río de la) 44 K 29
Cubas (Albacete) 67 O 25
Cubas (Córdoba) 75 S 16
Cubas (Madrid) 52 L 18
Cubel 42 I 25
Cubelles 32 I 35
Cubells 31 G 32
Cubells (es) 91 P 33
Cúber (Embalse de) 90 M 38
Cubia 5 C 11
Cubilar 62 O 13
Cubilla (Puerto de
la) 10 D 12
Cubilla (Soria) 26 G 21
Cubilla (Burgos) 13 D 20
Cubillas
(Embalse del) 85 U 18
Cubillas
(Guadalajara) 41 I 22
Cubillas (Parque
del) 85 U 19
Cubillas de Cerrato 25 G 16
Cubillas
de los Oteros 23 E 13
Cubillas de Rueda 11 E 14
Cubillas
de Santa Marta 24 G 16
Cubillejo
de la Sierra 42 J 24

A CORUÑA / LA CORUÑA

Cantón Grande .... AZ 7
Cantón Pequeño .... AZ 8
Real .... AY
San Andrés .... AYZ

Compostela .... AZ 13

Damas .... BY 14
Ferrol .... AZ 18
Finisterre (Av. de) .... AZ 19
Gómez Zamalloa .... AZ 20
Herrerías .... BY 23
Juan Canalejo .... AV 24
Juan de Vega (Av.) ..... AZ 26
Maestranza .... BY 27
María Pita
(Pl. de) .... BY 28
Padre Feijóo .... AZ 32

Payo Gómez .... AZ 36
Picavia .... AZ 37
Pontevedra (Pl. de) .... AZ 40
Riego del Agua .... BY 42
Rubine (Av. de) .... AZ 45
San Agustín .... BY 46
San Agustín (Cuesta de) .... BY 47
Sánchez Bregua .... AZ 50
Santa María .... BY 51
Santa Catalina .... AZ 52
Teresa Herrera .... AZ 55

Cubillejo del Sitio 42 J 24
Cubillo (El)
  (Albacete) 66 P 22
Cubillo (El) (Cuenca) 55 L 25
Cubillo (Palencia) 11 D 16
Cubillo
  (Puerto de El) 55 K 24
Cubillo (Río) 25 F 18
Cubillo (Segovia) 39 I 18
Cubillo del Campo 26 F 19
Cubillo de
  Uceda(El) 40 J 19
Cubillos (Burgos) 12 C 19
Cubillos (Zamora) 23 H 12
Cubillos del Rojo 12 D 18
Cubillos del Sil 9 D 10
Cubla 55 L 26
Cubo 77 S 21
Cubo de Benavente 23 F 11
Cubo de Bureba 13 E 20
Cubo de Don
  Sancho (El) 37 J 11
Cubo de Hogueras 27 G 22
Cubo de la Sierra 27 G 22
Cubo de la Solana 27 H 22
Cubo de Tierra
  del Vino (El) 37 I 12
Cucalón 42 I 26
Cucalón (Sierra de) 43 J 26
Cucayo 11 C 16
Cucharal 66 P 23
Cucharas
  (Laguna de) 64 P 17
Cucharón 67 Q 25
Cuchía 12 B 17
Cuchillo (El) 95 W 3
Cucho 13 D 21
Cucos (Los) 78 T 25
Cucuta 28 H 24
Cucutas 43 I 27
Cudillero 5 B 11
Cué 11 B 15
Cuelgamures 37 I 13
Cuéllar 39 H 17
Cuénabres 11 C 15
Cuenca (Cuenca) 54 L 23
Cuenca (Córdoba) 74 R 13
Cuenca (La) 27 G 21
Cuenca Alta
  del Manzanares
  (Parque
  Regional) 39 K 18
Cuencabuena 42 I 26
Cuenca de Campos 24 F 14
Cuera (Sierra de) 11 B 15
Cuerda del Pozo
  (Embalse de la) 27 G 21
Cuerdas
  (Sierra de las) 55 M 25
Cuerlas (Las) 42 J 25
Cuerpo de Hombre
  (Río) 50 K 12
Cuerva 52 N 17
Cuervo (Ciudad
  Real) 65 Q 19
Cuervo (Cuenca) 41 K 23
Cuervo (El) (Sevilla) 83 V 11
Cuervo (El) (Teruel) 55 L 26
Cuervo
  (Nacimiento del) 42 K 24
Cuesta 3 B 7
Cuesta (La) 93 K 7
Cuesta (La) (Málaga) 84 U 15
Cuesta (La)
  (Segovia) 39 I 18
Cuesta (La) (Soria) 27 F 23
Cuesta Blanca 79 T 26
Cuesta
  de la Villa (La) 92 I 7
Cueta (La) 5 C 11
Cueto 13 C 20
Cueto Negro 10 D 12
Cueva (Almería) 77 S 23
Cueva (Burgos) 12 C 19
Cueva (La) 42 K 24
Cueva (Punta de la) 94 P 10
Cueva de Ágreda 28 G 24
Cueva de Agua 95 B 5
Cueva de Juarros 26 F 19
Cueva de la Mora 72 S 9
Cueva de la Mora
  (Embalse) 72 S 9
Cueva del Beato
  (Ermita de la) 41 J 22
Cueva del Fraile 54 L 23
Cueva del Hierro 41 K 23

Cueva del Pájaro
  (La) 87 U 24
Cueva de Roa (La) 25 G 18
Cueva Foradada
  (Embalse de) 43 J 27
Cueva Grande 94 O 10
Cuevarruz (La) 56 M 27
Cuevas (Asturias) 4 C 11
Cuevas (Soria) 40 H 20
Cuevas Bajas 84 U 16
Cuevas
  de Aguaite (Las) 93 K 7
Cuevas de
  Almudén 43 J 27
Cuevas de Amaya 12 E 17
Cuevas de
  Ambrosio 76 R 21
Cuevas de Cañart
  (Las) 43 J 28
Cuevas de Gabelas 94 O 9
Cuevas
  del Almanzora 87 U 24
Cuevas
  del Almanzora
  (Embalse de) 87 U 24
Cuevas del Becerro 84 V 14
Cuevas del Campo 76 T 21
Cuevas de los
  Medinas (Las) 87 V 23
Cuevas
  de los Úbedas 87 V 23
Cuevas del Sil 9 D 10
Cuevas del Valle 51 L 14
Cuevas
  de Moreno (Las) 77 S 23
Cuevas
  de Portalrubio 43 J 27
Cuevas de
  Provanco 25 H 18
Cuevas de Reillo 78 S 26
Cuevas
  de San Clemente 26 F 19
Cuevas de San
  Marcos 85 U 16
Cuevas de Soria
  (Las) 27 G 22
Cuevas de Velasco 54 L 22
Cuevas Labradas
  (Guadalajara) 41 J 23
Cuevas Labradas
  (Teruel) 43 K 26
Cuevas Minidas 41 J 23
Cuevecitas (Las) 92 J 7
Cueza 24 F 15
Cuiña (La Coruña) 3 A 6
Cuiña (Lugo) 3 A 7
Cujón (Sierra del) 66 Q 22
Culata (La) 94 O 10
Culebra
  (Reserva
  nacional
  de la Sierra de la) 23 G 11
Culebra
  (Sierra de la) 23 G 11
Culebras 54 L 22
Culebró (El) 68 Q 27
Culebros 10 E 11
Culla 57 K 29
Cullar 86 T 21
Cúllar Baza 77 T 22
Cúllar Vega 85 U 18
Cullera 69 O 29
Cullera (Far de) 69 O 29
Culleredo 2 C 4
Cumbre (La) 62 N 12
Cumbre Alta 51 N 15
Cumbrecita (La) 95 B 5
Cumbres (Las) 95 C 6
Cumbres
  de Calicanto 56 N 28
Cumbres
  de En Medio 72 R 9
Cumbres de
  San Bartolomé 72 R 9
Cumbres de
  Valencia 68 P 27
Cumbres Mayores 72 R 10
Cumbrilla (La) 93 K 6
Cumplida (Punta) 95 C 4
Cuna (Peñón de la) 75 R 17
Cunas (León) 23 F 10
Cunchillos 28 G 24
Cuncos
  (Arroyo de) 60 Q 8
Cundíns 2 C 3
Cunit 32 I 34

Cuntis 6 E 4
Cuñas (Orense) 7 E 5
Cura (El) (Ciudad
  Real) 64 P 18
Cura (El) (Granada) 77 S 22
Cura (Monasterio
  de) 90 N 38
Curavacas 11 D 14
Curbe 30 G 29
Cures 6 D 3
Curiel 25 H 17
Curillas 23 E 11
Curota
  (Mirador de la) 6 E 3
Currás 6 E 4
Currelos 8 D 7
Curtis (La Coruña) 3 C 5
Curtis (Teixeiro) 3 C 5
Curueño 10 D 13
Cusanca 7 E 5
Cutamilla
  (Estación de) 41 I 21
Cutanda 42 J 26
Cútar 85 V 17
Cuzcurrita 26 G 19
Cuzcurrita
  de Río Tirón 13 E 21
Cuzna 74 R 15

D

Dacón 7 E 5
Dadín 7 E 5
Daganzo de Arriba 40 K 19
Dagas (Los) 86 V 20
Daimalos 85 V 17
Daimiel 65 O 19
Daimús 69 P 29
Dalías 86 V 21
Dalías (Campo de) 86 V 21
Dallo 14 D 22
Dalt (Talatí de) 91 M 42
Dama (La) 95 E 9
Damas (Las) 39 K 17
Damil 3 C 7
Dantxarinea 15 C 25
Dañador 65 Q 20
Dañador
  (Embalse del) 65 Q 20
Darnius 19 E 38
Daró 19 F 39
Daroca 42 I 25
Daroca de Rioja 27 E 22
Darrical 86 V 20
Darro 86 T 20
Dársena Pesquera 93 K 7
Das 18 E 35
Daya Nueva 79 R 27
Deba 14 C 22
Degaña 9 D 10
Degaña (Reserva
  nacional de) 9 D 10
Degollada (La) 92 J 8
Degollados
  (Puerto Los) 28 F 24
Degrada 8 D 9
Dehesa 62 P 12
Dehesa
  de Campoamor 79 S 27
Dehesa (La) 93 A 11
Dehesa (La)
  (cerca de Casa del
  Pino) 67 Q 23
Dehesa (La)
  (cerca de El
  Griego) 77 Q 23
Dehesa (La)
  (Ciudad Real) 65 P 19
Dehesa (La)
  (Huelva) 72 S 10
Dehesa (Punta de
  la) 93 A 11
Dehesa del Horcajo 51 M 14
Dehesa del
  Moncayo
  (Parque natural
  de la) 28 G 24
Dehesa de Montejo 11 D 16
Dehesa de
  Romanos 11 E 16
Dehesa Mayor 39 H 17
Dehesa Media
  Matilla 61 Q 9
Dehesa Nueva 51 M 14
Dehesas 9 E 9

Dehesas de Guadix 76 T 20
Dehesas Viejas 85 T 19
Dehesilla 54 K 22
Dehesilla (La) 53 M 20
Dehesón (El) 51 L 15
Deià 90 M 37
Deià (Punta de) 90 M 37
Deifontes 85 U 19
Deleitosa 50 N 13
Delgada (Punta) 95 X 1
Delgadas (Las) 72 T 10
Delgadillo 86 T 20
Delgollados
  (Sierra de) 54 L 21
Délica 13 D 21
Delta del Ebro
  (Coto nacional) 45 K 32
Deltebre 45 J 32
Demanda
  (Reserva
  nacional
  de la Sierra de la) 26 F 20
Demanda (Sierra
  de la) 26 F 20
Demúes 11 C 15
Dena 6 E 3
Dénia 69 P 30
Dentro (Roque de) 93 L 6
Denúy 17 E 31
Derío 13 C 21
Derramadero 67 Q 23
Derramador 55 N 26
Derrasa (La) 21 F 6
Desamparados
  (Los) 66 P 21
Descarga (Puerto
  de) 14 C 22
Descargamaría 49 L 10
Desesperada 76 Q 19
Desierto (El) 92 I 9
Desojo 14 E 23
Despeñaperros
  (Desfiladero de) 76 Q 19
Despeñaperros
  (Parque natural
  de) 76 Q 19
Destriana 23 F 11
Deva (Río) (Asturias) 11 C 16
Deva (Orense) 20 F 5
Deva (Pontevedra) 20 F 5
Deva (Río) 14 C 22
Dévanos 28 G 24
Devesa (Lugo) 4 B 8
Devesa (Orense) 7 E 5
Deveso 3 B 6
Devesos 3 B 6
Devotas
  (Desfiladero de
  las) 16 E 30
Deza (Río) 7 D 5
Deza (Soria) 27 H 23
Diablillo (El) 92 J 7
Diamondi 7 E 6
Dichoso (Punta del) 12 B 17
Diego Alvaro 38 J 14
Diego del Carpio 38 J 14
Diezma 86 U 20
Diezmo (Peña del) 39 J 18
Dílar 85 U 19
Dilar (Río) 85 U 19
Dima 13 C 21
Dios le Guarde 37 K 11
Dique (El) 44 I 29
Discatillo 14 E 23
Distriz 3 C 6
Diustes 27 F 22
Divisa 31 H 32
Doade (Lugo) 8 E 7
Doade (Orense) 7 E 5
Doade (Pontevedra) 7 E 5
Dobla (La) 85 T 19
Dobro 12 D 19
Doctor (Casas del) 68 N 26
Doctor (El) 65 P 19
Doctoral (El) 94 P 11
Dodro 6 D 3
Doiras (Asturias) 4 B 9
Doiras (Embalse
  de) 4 B 9
Doiras (Lugo) 8 D 9
Dólar 86 U 21
Dolores (Alacant) 79 R 27
Dolores (Murcia) 79 S 27
Dolores (Los) 79 T 26
Domaio 20 F 3
Domeño (Navarra) 15 D 26

Domeño (València) 56 M 27
Dómez 23 G 11
Domingo García 39 I 16
Domingo Pérez 52 M 16
Domingo Pérez 85 T 19
Domingos (es) 91 N 39
Don Gaspar
  de Portolá
  (Parador de)
  (Artiés) 17 D 32
Donadío 76 S 19
Donado 22 F 10
Donalbai 3 C 6
Don Álvaro 62 P 11
Donamaria 14 C 24
Donar (El) 77 R 22
Donarque
  (Puerto de) 42 K 25
Donas 20 F 3
Don Benito 62 P 12
Donceles
  (Sierra de los) 67 Q 24
Doncos 8 D 8
Don Diego 86 U 21
Doney de la
  Requejada 22 F 10
Doneztebe 15 C 24
Don Gonzalo 78 S 24
Donhierro 38 I 15
Doniños 3 B 5
Donis 8 D 9
Don Jerónimo 65 O 19
Don Jerónimo
  Tapia
  (Casa de) 65 N 18
Donjimeno 38 J 15
Don Juan
  (Albacete) 67 P 23
Don Juan (Ciudad
  Real) 65 O 19
Don Juan (Cueva
  de) 68 O 26
Don Martin
  (Mirador de) 92 J 8
Donón 20 F 3
Donostia /
  San Sebastián 14 C 24
Don Pedro
  (Cabeza de) 55 L 24
Don Pedro
  (Casas de) 67 O 24
Donramiro 7 E 5
Don Rodrigo
  (Estación de) 83 U 12
Donvidas 38 I 15
Donzell 31 G 33
Doña Ana 77 S 22
Doña Aldonza
  (Embalse de) 76 S 20
Doña Ana (Jaén) 77 R 21
Doña Blanca 88 W 11
Doña Blanca de
  Navarra (Castillo
  de) 28 F 25
Doña Inés 78 S 24
Doña Justa 63 P 15
Doña María 60 P 8
Doña María
  Cristina
  (Canal de) 67 O 24
Doña María Ocaña 86 U 21
Doña Marina 76 T 20
Doña Mencía 74 T 16
Doñana 84 V 16
Doñana (Parque
  Nacional de) 82 V 10
Doña Rama 74 R 14
Doña Santos 26 G 19
Doñinos de
  Ledesma 37 I 11
Doñinos
  de Salamanca 37 J 12
Dóriga 5 B 11
Dormea 7 D 5
Dornillas 22 F 10
Doroño 13 D 21
Dorrao 14 D 23
Dòrria 18 E 36
Dos Aguas 68 O 27
Dosante 12 C 18
Dosbarrios 53 M 19
Dos Hermanas 83 U 12
Dos Mares 79 T 27
Dos Picos 86 U 21
Dosrius 33 H 37
Dos Torres 63 Q 15

Dos Torres
  de Mercader 43 J 28
Dozón 7 E 5
Drach (Coves del) 90 N 39
Drago (Tacoronte) 92 J 7
Drago Milenario
  (Icod de los Vinos) 92 H 7
Dragonera (Illa sa) 90 N 36
Dragonte 8 E 9
Draguillo (El) 93 K 6
Driebes 53 L 20
Drova (La) 69 O 29
Duana (La) 69 P 30
Duañez 27 G 23
Dúas Igréxas 7 E 4
Ducs (Els) 55 N 26
Duda (Sierra de) 77 S 21
Dúdar 86 U 19
Dueña Baja (La) 84 U 14
Dueñas 24 G 16
Dueñas (Las) 55 L 26
Duerna 23 F 11
Duero (Canal del) 24 H 15
Duero (Río) 36 I 9
Duesaigües 45 I 32
Dueso 12 B 19
Dulce 41 J 21
Dulce (Laguna) 84 U 15
Dumbría 2 C 2
Dunes de
  Guardamar (Les) 79 R 28
Duquesa (La) 65 O 19
Duquesa (La) 89 W 14
Duquesa (La) 65 O 18
Duques de
  Cardona
  (Parador de)
  (Cardona) 32 G 35
Durana 14 D 22
Duranes 64 P 16
Durango 14 C 22
Duratón 39 I 18
Duratón (Río) 40 I 19
Durazno (El) 92 I 7
Dúrcal 85 V 19
Durón 41 K 21
Durro 17 E 32
Duruelo (Soria) 26 G 21
Duxame 7 D 5

E

Ea 14 B 22
Ebre (Riu) / Ebro
  (Río) 45 J 31
Ebrillos 27 G 21
Ebro (Río) 12 D 17
Ebro (Delta del) 45 J 32
Ebro (Embalse del) 12 C 18
Ebro (Riu) / Ebro
  (Río) 45 J 31
Ebrón 55 L 26
Echagüe 15 D 25
Echálaz 15 D 25
Echano 13 C 21
Echarren
  (cerca de Puente
  la Reina) 14 D 24
Echauri 14 D 24
Echávarri Viña 13 D 21
Echedo 93 B 11
Écija 74 T 14
Edrada 21 F 7
Ega 14 D 22
Egea 17 E 31
Egozkue 15 D 25
Eguaras 15 D 24
Egüés 15 D 25
Eguilaz 14 D 23
Eguileor 14 D 22
Eguileta 14 D 22
Eguino 14 D 23
Eibar 14 C 22
Eidos 20 F 4
Eiras 7 E 5
Eiras (Embalse de) 20 E 4
Eiré 8 E 7
Eirón 6 D 3
Eivissa / Ibiza 91 P 34
Eixe (Sierra del) 22 F 9
Ejea
  de los Caballeros 29 F 26
Ejeme 37 J 13
Ejep 17 E 30
Ejido (El) (Almería) 86 V 21

Ejido (El) (Toledo) 51 M 14
Ejulve 43 J 28
Ekain 14 C 23
Elantxobe 14 B 22
Elbete 15 C 25
Elburgo 14 D 22
Elche / Elx 79 R 27
Elche de la Sierra 67 Q 23
Elciego 14 E 22
Elcóaz 15 D 26
Elda 68 Q 27
Elduain 14 C 24
Elgeta 14 C 22
Elgoibar 14 C 22
Elgorriaga 15 C 24
Eliana (L') 56 N 28
Elice (Puerto) 49 N 9
Elizondo 15 C 25
Eljas 48 L 8
Eller 18 E 35
Elorrieta 86 U 19
Elorrio 14 C 22
Elorz 15 D 25
Elosu 13 D 21
Elosua 14 C 22
Eltzaburu 15 C 24
Elvillar 14 E 22
Elvira (Sierra) 85 U 18
Elviria 89 W 15
Elx / Elche 79 R 27
Embalse de
  Almansa 68 P 26
Embarcaderos
  (Embassament
  de Los) 68 O 26
Embid 42 J 24
Embid de Ariza 42 H 24
Embid de la Ribera 42 H 25
Embún 15 E 27
Empalme (El) 81 U 8
Emperador (El) 64 O 18
Emperador
  (Parador
  El) (Fuenterrabía) 14 B 24
Empuriabrava 19 F 39
Ena 15 E 27
Ena (Río) 16 E 27
Enamorados 84 U 16
Encamp 18 E 34
Encanadé 44 J 30
Encantada
  (Embalse de) 74 S 15
Encarnación
  (Ermita de La) 78 R 24
Encarnación (La) 64 O 18
Encebres (Les) 68 Q 27
Encima-Angulo 13 C 20
Encina (La)
  (Salamanca) 36 K 10
Encina (Sierra de
  la) 8 E 8
Encinacaída 51 N 15
Encinacorba 42 I 26
Encina
  de San Silvestre 37 I 11
Encinar (El) 40 K 19
Encinar (Ermita
  del) 49 M 9
Encinar
  del Alberche (El) 52 L 16
Encinarejo 74 S 15
Encinarejo (El) 75 R 18
Encinarejo
  (Embalse del) 75 R 18
Encinares 50 K 13
Encinares
  de Sanlúcar
  la Mayor (Los) 73 T 11
Encinas (Embalse
  de) 25 G 17
Encinas (Las) 83 T 12
Encinas (Monte) 64 Q 18
Encinas (Segovia) 40 H 19
Encinas de Abajo 37 J 13
Encinas de Arriba 37 J 13
Encinas de
  Esgueva 25 G 17
Encinasola 72 R 9
Encinasola de los
  Comendadores 36 I 10
Encinas Reales 84 U 16
Encinedo 22 F 10
Encinetas 89 W 14
Encinilla (La) 83 V 12
Encinillas 39 I 17
Encío 13 E 20

ELX
ELCHE

Corredora .... **Z**
Reina Victoria .... **Z**

Alfonso XII .... **Z** 3
Almórida .... **Z** 4
Antonio Machado (Av. d') ..... **Z** 6
Baix (Pl. de) .... **Z** 7
Balsa dels Moros (Camí) ...... **Y** 8
Camino del Gato .... **Z** 12

Camino de la Almazara .... **Z** 13
Canalejas (Puente de) .... **Z** 15
Conrado del Campo .... **Z** 16
Diagonal del Palau .... **Y** 17
Eres de Santa Llúcia .... **Y** 19
Escultor Capuz .... **Y** 20
Estació (Pas. de l') .... **Y** 21
Federico García Lorca .... **Z** 23
Fernanda Santamaría .... **Z** 24
Jiménez Díaz (Doctor) .... **Y** 28
Jorge Juan .... **YZ** 29
José María Pemán .... **Z** 31
Juan Ramón Jiménez .... **Z** 32
Luis Gonzaga Llorente .... **Y** 33

Maestro Albéniz .... **Y** 35
Major de la Vila .... **Y** 36
Marqués de Asprella .... **Y** 37
Ntra Sra de la Cabeza .... **Y** 39
Pont dels Ortissos .... **Y** 40
Porta d'Alacant .... **Y** 41
Rector .... **Z** 43
Sant Joan (Pl. de) .... **Z** 44
Santa Anna .... **Z** 45
Santa Pola (Av. de) .... **Y** 48
Vicente Amorós Candela .... **Z** 49
Vicente Blasco Ibáñez .... **Y** 51
Xop II. Licitá .... **Z** 52

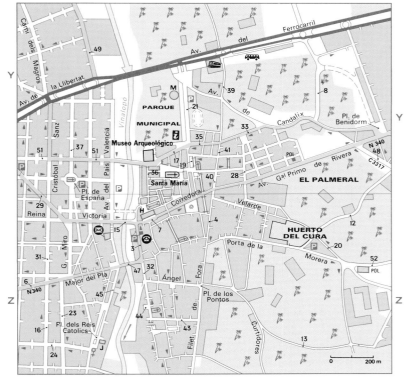

Enciso 27 F 23
Encomienda (La) (cerca de Badajoz) 60 P 8
Encomienda (La) 62 O 12
Enderrocat (Cap) 90 N 38
Endrinal 37 K 12
Endrinales (Los) 39 J 18
Enériz 14 D 24
Enfesta 7 D 4
Enguera 68 P 27
Enguera (Serra de) 68 P 27
Enguídanos 55 M 25
Enguídanos (Estación de) 55 M 25
Enillas (Las) 37 H 12
Enix 87 V 22
Enjambre (La) 51 N 15
Enmedio (Cantabria) 12 D 17
Enmedio (Sierra de) 68 Q 26
Enmedio (Sierra de) 78 T 24
Enmedio (Sierra de) (Albacete) 67 Q 25
Enmedio (Toledo) 64 N 18
Enmedio (València) 55 M 26
Enol (Lago de) 11 C 15
Ènova (L') 69 O 28
Enrique II (Parador) (Ciudad Rodrigo) 36 K 10
Enroig 44 K 30
Entallada (La) 93 U 8
Entallada (Punta de la) 93 U 8
Enterrias 11 C 15
Entinas (Punta) 86 V 21
Entis 6 D 3
Entrago 5 C 11
Entrala 37 H 12
Entrambasaguas 12 B 18
Entrambasmestas 12 C 18
Entrecinsa 21 F 8

Entrecruces 2 C 3
Entredicho (El) 67 Q 23
Entredicho (El) (Córdoba) 74 R 14
Entredicho (Embalse de) 63 P 15
Entredichos 54 M 22
Entrego (El) 5 C 13
Entremont (Desfiladero del) 16 F 30
Entrena 27 E 22
Entrepeñas (Embalse de) 41 K 21
Entrepinos 52 L 16
Entrerrios 62 P 12
Entrimo 20 G 5
Entrín 61 P 9
Entrín (Arroyo del) 61 Q 9
Entrines (Los) 61 Q 9
Envalira (Port d') 18 E 35
Enveja (L') 45 J 32
Envernallas 8 D 9
Envía (Ermita de la) 54 K 22
Enviny 17 E 33
Eo 4 B 8
Epároz 15 D 26
Épila 28 H 26
Epina 95 E 9
Eras (Las) 92 J 8
Eras (Las) (Albacete) 67 O 25
Eras (Las) (Teruel) 55 L 26
Eratsun 14 C 24
Eraul 14 D 23
Erbecedo 2 C 3
Erbedeiro 7 E 6
Ercina (La) 10 D 14
Ercina (Lago de la) 11 C 15
Erdoizta 14 C 23
Ereño 14 B 22
Ereñozu 14 C 24
Eresma 39 J 17
Ergoyen 13 C 21
Ería 23 F 12
Erias 49 K 10
Erice (cerca de Eguaras) 14 D 24

Erice (Navarra) 15 D 24
Erillas 74 R 14
Erill la Vall 17 E 32
Erinyà 17 F 32
Eripol 16 F 30
Eripol (Collado de) 16 F 30
Eriste 17 E 31
Erjas 49 L 9
Erjos 92 H 8
Erjos (Puerto de) 92 H 8
Erla 29 F 27
Erla (Sierra de) 29 F 26
Erloz 15 D 25
Ermida 8 E 3
Ermida (A) 7 E 5
Ermita 44 J 31
Ermita de Santa Cristina 33 G 38
Ermita (La) 87 T 22
Ermita Nueva 85 T 18
Ermitas (Las) 74 S 15
Ermua 14 C 22
Eroles 17 F 32
Erratzu 15 C 25
Errazkin 14 C 24
Errea 15 D 25
Errenteria / Rentería 14 C 24
Errigoiti 13 C 21
Erro 15 D 25
Erro (Río) 15 D 25
Errotz 14 D 23
Erts 18 E 34
Erustes 52 M 16
Esanos 11 C 16
Esblada 32 H 34
Esca 15 D 27
Escabas (Río) 54 K 23
Escacena del Campo 82 T 10
Escairón 8 E 7
La Escala / Escala (L') 19 F 39
Escala (L') 19 F 39

Erice (Navarra) 15 D 24
Escalada 12 D 18
Escalante 12 B 19
Escalar (Garganta del) 16 D 29
Escalate 85 V 19
Escaldes (Les) 18 E 34
Escalera 41 J 23
Escalerilla 29 G 26
Escales (Embalse de) 17 E 32
Escaleta (Punta de l') 69 Q 29
Escaló 17 E 33
Escalona (Huesca) 16 E 30
Escalona (La) 92 I 9
Escalona (Sierra de) 79 S 27
Escalona (Toledo) 52 L 16
Escalona del Prado 39 I 17
Escalonilla 52 M 16
Escambrón I 44 I 31
Escamilla 41 K 22
Escamplero 5 B 12
Escandón (Puerto de) 56 L 27
Escañuela 75 S 17
Escarabajosa de Cabezas 39 I 17
Escarabote 6 E 3
Escariche 53 K 20
Escarihuela (La) 78 T 24
Escaro 11 C 14
Escároz 15 D 26
Escarra (Embalse del) 16 D 28
Escarrilla 16 D 29
Escaruela (La) 56 L 27
Escatrón 44 I 29
Escatrón (Estación de) 30 I 29
Esclavitud 6 D 4
Escó 15 E 26
Escobar 83 U 11
Escobar (El) 79 S 26
Escobar de Campos 24 F 15

Escobar de Polendos 39 I 17
Escobedo 12 B 18
Escobonal (El) 92 J 8
Escobosa 27 H 22
Escombreras 79 T 27
Escopete 53 K 20
Escorca 90 M 38
Escorial (El) 39 K 17
Escorial (Monasterio de El) 39 K 17
Escoriales (Los) 75 R 18
Escorihuela 43 K 27
Escornabois 21 F 7
Escóznar 85 U 18
Escriche 56 K 27
Escrita (La) 13 C 20
Escuadro de Sayago 37 I 11
Escuaín 16 E 30
Escucha 43 J 27
Escuder 68 P 27
Escudo (Puerto del) 12 C 18
Escudo (Sierra del) 12 C 18
Escudo de Cabuérniga (Sierra del) 11 C 16
Escuela de Asón 12 C 19
Escuelas (Las) 76 S 19
Escuernavacas 36 J 10
Escullar 86 U 21
Escullos (Los) 87 V 23
Escunhau 17 D 32
Escuredo 10 D 12
Escuredo 22 F 10
Escurial 62 O 12
Escurial de la Sierra 37 K 12
Escuriza 43 J 28
Escusa 6 E 3
Escúzar 85 U 18
Esdolomada 17 F 31
Esera 17 F 31
Esgos 21 F 6
Esgueva 26 G 19
Esguevillas de Esgueva 25 G 16

Eskoriatza 14 C 22
Esla (Canal del) 23 F 13
Esla (Río) 11 C 14
Esla O Ricobayo (Embalse del) 23 G 12
Eslava 15 E 25
Esles 12 C 18
Eslida 56 M 29
Eslida (Port d'en) 56 M 29
Esmerode 2 C 3
Esnotz 15 D 25
Espà (L') 18 F 35
Espadà 56 M 28
Espada (Punta) 79 T 27
Espadà (Serra d') 56 M 28
Espadaña 37 I 11
Espadañedo 22 F 10
Espadilla 56 L 28
Espaén 17 F 33
Espalmador (Illa) 91 P 34
Espantaperros 83 U 12
España (Ensenada de) 5 B 13
Espardell (Illa) 91 P 34
Esparra (L') 33 G 37
Esparragal (Embalse del) 73 T 11
Esparragalejo 61 P 10
Esparragosa de Lares 63 P 14
Esparragosa de la Serena 62 Q 13
Esparraguera 32 H 35
Esparreguera 57 L 29
Espart (Illa de s') 91 P 33
Espartal (El) 40 J 19
Esparteros 83 U 13
Espartinas 83 T 11
Espartosa (La) 78 R 26
Esparza (cerca de Ochagavia) 15 D 26
Esparza (Navarra) 15 D 24
Espeja 36 K 9
Espeja de San Marcelino 26 G 20

Espejo (Álava) 13 D 20
Espejo (Córdoba) 75 S 16
Espejón 26 G 20
Espelt (L') 32 H 34
Espelúy 75 R 18
Espera 83 V 12
Esperante 6 D 3
Esperanza (Bosque de la) 92 J 7
Esperanza (Ermita de la) 74 T 16
Esperanza (La) 93 J 7
Esperanza (La) 84 V 16
Esperanza (La) (Sevilla) 84 U 14
Esperó (Punta) 91 M 42
Espés 17 E 31
Espiel 74 R 14
Espiel (Puerto de) 13 C 20
Espierba 16 E 30
Espigüete 11 D 15
Espín 16 E 29
Espina 44 J 31
Espina (Collado de) 17 E 31
Espina (La) (Asturias) 4 B 10
Espina (La) (León) 11 D 15
Espina de Tremor 10 D 11
Espinama 11 C 15
Espinar (El) 39 J 17
Espinardo 79 R 26
Espinaredo (Asturias) 5 C 13
Espinavell 19 E 37
Espíndola 95 C 5
Espinelves 33 G 37
Espinilla 12 C 17
Espinillo (El) 94 O 10
Espino (Cuesta del) 74 S 15
Espino de la Orbada 37 I 13
Espino de los Doctores 37 I 12
Espinos (Los) 94 N 10
Espinosa de Bricia 12 D 18
Espinosa de Cerrato 25 G 18
Espinosa de Cervera 26 G 19
Espinosa de Henares 40 J 20
Espinosa de la Ribera 10 D 12
Espinosa del Camino 26 E 20
Espinosa del Monte 26 E 20
Espinosa de los Caballeros 38 I 16
Espinosa de los Monteros 12 C 19
Espinosa de Villagonzalo 11 E 16
Espinoso de Compludo 9 E 10
Espinoso del Rey 51 N 15
Espiñaredo (La Coruña) 3 B 6
Espirdo 39 J 17
Espíritu Santo (Ermita del) 5 B 11
Esplegares 41 J 22
Espluga (L') 17 E 31
Espluga Calba (L') 31 H 33
Espluga de Francolí (L') 31 H 33
Espluga de Serra 17 F 32
Esplús 30 G 30
Espolla 19 E 39
Esponellà 19 F 38
Esponceda 14 E 23
Espuéndolas 16 E 28
Espui 17 E 32
Espunyola (L') 18 F 35
Espuña (Sierra de) 78 S 25
Esquedas 29 F 28
Esquinazo (Puerto del) 43 J 27

Esquivel 73 T 12
Esquivias 52 L 18
Establés 41 I 23
Establiments 90 N 37
Estaca de Bares (Punta de la) 3 A 6
Estacas (cerca de Cuntis) 6 E 4
Estacas (cerca de Ponte-Caldelas) 7 E 4
Estacas de Trueba (Puerto de las) 12 C 18
Estació de Novelda 68 Q 27
Estacio (Faro del) 79 S 27
Estación de la Encina 68 P 27
Estación (La) (Sevilla) 73 T 12
Estación (La) (cerca de Arévalo) 38 I 15
Estación (La) (cerca de Sanchidrián) 38 J 16
Estación (La) (Madrid) 39 K 17
Estación Cártama 84 V 16
Estación de Agramón 78 Q 25
Estación de Algodor 52 M 18
Estación de Archidona 85 U 16
Estación de Baeza 76 R 19
Estación de Cabra del Santo Cristo y Alicún 76 T 20
Estación de Chinchilla 67 P 24
Estación de Huelma 76 T 20
Estación de la Puebla de Híjar 43 I 28
Estación de Las Mellizas 84 V 15
Estación de las Minas 78 R 25
Estación de los Molinos 39 J 17
Estación de Matallana 10 D 13
Estación de Mora de Rubielos 56 L 27
Estación de Obejo 74 R 15
Estación de Ordes 2 C 4
Estación de Páramo 9 D 10
Estación de Salinas 85 U 17
Estación de San Roque 89 X 13
Estación de Yanguas de Eresma (La) 39 I 17
Estada 16 F 30
Estadilla 16 F 30
Estallo 16 E 28
Estamariu 18 E 34
Estana (Lérida) 18 F 34
Estancia (Embalse de la) 44 I 29
Estancias (Sierra de las) 77 S 22
Estancias (Sierra de las) 77 T 23
Estangento (Embalse de) 17 E 33
Estanillo 13 D 21
Estany (Barranco del) 45 J 32
Estany (L') 32 G 36
Estanyó (Pic de l') 18 E 34
Estaña (Huesca) 17 F 31
Estaon 17 E 33
Estaràs 32 G 34
Estartit (L') 19 F 39
Estasen (L') 18 F 35
Estats (Pico d') 18 E 34
Este (Dique del) 93 K 7
Este (Roque del) 95 X 2
Esteban 29 G 27
Estebanvela 40 H 20
Esteiro (cerca de Cedeira) 3 B 5

Esteiro (cerca de Muros) 6 D 3
Estelas (As) 20 F 3
Estella / Lizarra 14 D 23
Estella del Marqués 83 V 11
Estellencs 90 N 37
Estena (Cáceres) 61 O 10
Estena (Río) (Ciudad Real) 63 N 16
Estepa 84 U 15
Estepa de San Juan 27 G 23
Estépar 25 F 18
Estepas (Los) 74 S 15
Estepona 89 W 14
Esteras (Puerto) 41 -I 22
Esteras (Río) 63 P 15
Esteras (Soria) 27 G 23
Esteras de Medinaceli 41 I 22
Estercuel 43 J 28
Esteribar 15 D 25
Esteros (Los) 66 P 22
Esterri d'Àneu 17 E 33
Esterri de Cardós 17 E 33
Estévez (Las) 61 P 10
Estíbaliz / Argandoña 14 D 22
Estiche 30 G 30
Estivadas 21 F 7
Estivadas (Alto de) 21 F 7
Estivella 56 M 28
Estiviel 52 M 17
Esto 2 C 3
Estollo 27 F 21
Estopiñán 31 G 31
Estopiñán del Castillo 31 G 31
Estorninos 48 M 9
Estrada (A) 6 D 4
Estrecho (El) (Almería) 77 S 23
Estrecho (El) (cerca de Lobosillo) 79 S 26
Estrecho (El) (cerca de Llano del Beal) 79 T 27
Estrecho (Mirador El) 88 X 13
Estrella 76 M 4
Estrella (Castillo de la) 84 V 15
Estrella (La) 51 M 14
Estrella (La) 94 P 9
Estremera 53 L 20
Estremera (Canal de) 53 L 20
Estremera (Embalse de) 53 L 21
Estriégana 41 I 22
Estubeny 69 O 28
Etayo 14 E 23
Eterna 26 E 20
Etreros 39 J 16
Etsain 15 D 25
Etxalar 15 C 25
Etxaleku 14 D 24
Etxarren 14 D 24
Etxarri-Aranatz 14 D 23
Etxebarri 13 C 21
Etxebarria 14 C 22
Etxegarate (Puerto de) 14 D 23
Eugenio (Casa de) 66 O 21
Eugi 15 D 25
Eugi (Embalse de) 15 D 25
Eulalia 68 Q 27
Eulate 14 D 23
Eume 3 B 5
Eume (Embalse de) 3 B 6
Eume (Río) 3 B 5
Eunate (Ermita de) 14 D 24
Europa (Picos de) 11 C 15
Eurovillas 53 K 20
Exfiliana 86 U 20
Extramiana 13 D 20
Ézaro 6 D 2
Ezcaray 26 F 20
Ezcaray (Coto nacional de) 26 F 20
Ezkio 14 C 23
Ezkurra 14 C 24
Ezperun 15 D 25
Ezprogui 15 E 25

F
Faba (La) 8 D 8
Fabara 44 I 30
Fabara (Estación de) 44 I 30
Fabares 5 B 13
Fabero 9 D 10
Fabiolet (Punta d'es) 90 N 37
Fábrica del Pedroso 73 S 12
Fábricas (Las) 43 J 28
Fábricas de Ríopar 66 Q 22
Facinas 88 X 12
Fadas (Collado de) 17 E 31
Fado 52 L 17
Fadón 37 H 11
Faedo 5 B 11
Faeira 3 B 6
Fageca
Fago 15 D 27
Faidella (Collado de) 17 F 33
Faído 14 D 22
Fajana (La) 94 N 9
Fajana (Punta) 93 K 6
Fajana (Punta de la) 92 H 7
Faladoira (Sierra de) 3 B 6
Falces 28 E 24
Falconera 91 L 41
Falconera (Punta) 19 F 39
Falcones (Punta) 95 X 9
Falgons 19 F 37
Falset 45 I 32
Famara 95 W 3
Fangar (El) 45 J 32
Fanlo 16 E 29
Fanzara 56 L 29
Fañabé 92 H 9
Fañanás 16 F 29
Fao 7 D 5
Faraján 89 W 14
Farallós (Isla Os) 3 A 7
Faramontanos de Tábara 23 G 12
Faramontaos 7 E 6
Farasdués 29 F 26
Fardes (Río) 86 U 20
Farelo 7 D 6
Farena 45 I 33
Farfanya 31 G 32
Farga de Moles (La) 18 E 34
Fargue (El) 85 U 19
Fariones (Punta) 95 X 2
Fariza 23 H 11
Farlete 29 G 28
Faro (Lugo) 3 A 7
Faro (Pontevedra) 7 E 6
Faro (Puerto El) 7 E 6
Faro (Sierra del) 7 E 6
Farrera 17 E 33
Fasgar 10 D 11
Fasnia 92 J 8
Fastias 4 B 10
Fataga 94 O 10
Fataga (Barranco de) 94 O 11
Fatarella (La) 45 I 31
Fatarella (Sierra de la) 44 I 31
Fates (Sierra de) 88 X 12
Fátima 77 S 21
Fátima (Castillo de) 84 V 13
Faustino 73 S 12
Favara 69 O 29
Favàritx (Cap de) 91 M 42
Faxilda (Punta) 6 E 3
Fayón 44 I 31
Fayón-Pobla de Massaluca (Estación) 44 I 31
Fayos (Los) 28 G 24
Fazay 3 C 7
Fazouro 4 B 8
Féa 21 F 6
Feáns 2 C 4
Feás (La Coruña) 3 A 6
Feás (Orense) 7 E 5
Febró (La) 45 I 32
Feixa 17 E 33
Felanitx 90 N 39
Felechares 23 F 11
Felechas 10 D 14

Felechosa 5 C 13
Felguera (La) 5 C 13
Felgueras 5 C 12
Felipa (La) 67 O 24
Felipes (Los) 55 M 26
Félix 86 V 22
Félix Méndez 86 U 19
Felmín 10 D 13
Femés 95 V 4
Fenazar 79 R 26
Fene 3 B 5
Férez 77 Q 23
Fería 61 Q 10
Feria do Monte 3 C 7
El Ferial (Embalse de) 28 F 25
Fermoselle 36 I 10
Fernancaballero 64 O 18
Fernandina 76 R 19
Fernandina (Embalse de la) 76 R 19
Fernando de Aragón (Parador) (Sos del Rey Católico) 15 E 26
Fernán Núñez 74 S 15
Fernán Núñez (Estación de) 75 S 16
Fernán Pérez 87 V 23
Ferral del Bernesga 10 E 13
Ferreira (Granada) 86 U 20
Ferreira (Lugo) 7 D 6
Ferreira (Río) 8 D 7
Ferreira (Valadouro) 3 B 7
Ferreiras 8 D 8
Ferreiravella 4 C 8
Ferreiro 7 D 5
Ferreiros (cerca de Baralla) 8 D 8
Ferreiros (cerca de Puebla de Brollón) 8 E 7
Ferrera (Sierra) 16 E 30
Ferreras (Río) 23 F 12
Ferreras de Abajo 23 G 11
Ferreras de Arriba 23 G 11
Ferreres (Acueducto de les) 45 I 33
Ferreries 91 M 42
Ferreruela 23 G 11
Ferreruela de Huerva 42 I 26
Ferro (Monte) 20 F 3
Ferrol 3 B 5
Ferrol (Ría de) 3 B 5
Ferrosa (Punta) 32 I 35
Ferrutx 90 M 39
Ferrutx (Cap) 91 M 40
Fervenza (Embalse de) 6 D 3
Fesnedo 5 C 11
Figal (La) 4 B 10
Figaredo 5 C 12
Figaró (El) 33 G 36
Figarol 28 E 25
Fígols (Barcelona) 18 F 35
Fígols (Lérida) 17 F 32
Fígols d'Organyà 18 F 34
Figueirido 6 E 4
Figuera (La) 45 I 32
Figuera (Punta de la) 19 F 39
Figueral (es) 91 O 34
Figueras 4 B 9
Figueras / Figueres 19 F 38
Figueres / Figueras 19 F 38
Figuerola del Camp 31 H 33
Figuerola d'Orcau 17 F 32
Figueroles 56 L 29
Figuerosa (La) 31 G 33
Figueruela de Arriba 22 G 10
Figueruela de Sayago 37 I 12
Figueruelas 28 G 26
Filabres (Sierra de los) 87 U 22
Filera (Sierra de la) 10 D 12
Filgueira (Pontevedra) 20 F 5
Filgueiras 3 B 5
Filiel 23 E 11
Filipinas (Las) 79 S 27

Finca La Bobadilla 85 U 17
Fincas la Dehesilla y Carazo 60 Q 8
Finca Villalpardillo 66 O 23
Fines 87 T 23
Finestrat 69 Q 29
Finestrelles (Pico de) 18 E 36
Finestres 19 F 37
Finisterre (Cabo) / Fisterra (Cabo) 6 D 2
Finisterre (Embalse de) 53 N 19
Finolledo 9 E 10
Fiñana 86 U 21
Fiolleda 8 E 7
Fión 8 E 7
Fios 5 B 14
Firgas 94 O 9
Fiscal 16 E 29
Fisterra 6 D 2
Fisterra (Cabo) / Finisterre (Cabo) 6 D 2
Fistéus 8 E 8
Fitero 28 F 24
Fito (Mirador del) 11 B 14
Fitoiro 21 F 7
Flaçà 19 F 38
Flamenca (La) 53 L 19
Flamicell 17 F 32
Flariz 21 G 7
Flix 45 I 31
Flix (Embalse de) 45 I 31
Florderrei 21 G 8
Florejacs 31 G 33
Flores de Ávila 38 J 14
Floresta (La) 31 H 32
Florida (La) 92 I 7
Florida (La) (Asturias) 4 C 10
Florida (La) (Huelva) 72 T 9
Florida de Liébana 37 I 12
Flumen 29 F 28
Flumen (Canal del) 30 G 29
Fluvià 19 F 37
Fofe 20 F 4
Fogars 33 G 38
Fogars de Montclús 33 G 37
Foia (La) 57 L 29
Foia (La) (Alacant) 79 R 27
Foix (Río) 31 H 34
Foixà 19 F 38
Folc 18 E 35
Foldada 11 D 16
Folgosa 8 D 8
Folgoso 7 E 4
Folgoso de la Ribera 9 E 11
Folgoso do Courel 8 E 8
Folgueiras 4 B 8
Folgueiro 3 A 7
Folgueroles 32 G 36
Folladela 7 D 5
Folledo 10 D 12
Fombellida 25 G 17
Fombellida (Cantabria) 12 D 17
Fombuena 42 I 26
Fompedraza 25 H 17
Foncastín 38 H 14
Foncea 13 E 20
Foncebadón 9 E 10
Fondarella 31 H 32
Fondevila 20 G 5
Fondó de les Neus (El) 79 R 27
Fondó dels Frares (El) 79 R 27
Fondó (El) 68 Q 27
Fondón 86 V 21
Fondos de Vega 9 D 10
Fonelas 86 T 20
Fonfría 43 J 26
Fonfría (cerca de Fonsagrada) 4 C 9
Fonfría (cerca de Triacastela) 8 D 8
Fonfría (Puerto de) 43 J 26
Fonollosa 32 G 35
Fonsagrada 4 C 8
Font de la Figuera (Estació de la) 68 P 27
Font de la Figuera (La) 68 P 27

Font de l'Omet (La) 69 N 28
Font d'en Carròs (La) 69 P 29
Font d'en Segures (La) 57 K 29
Font Roja (Santuari de la) 69 Q 28
Fontán 3 B 5
Fontanales 94 O 9
Fontanar 40 J 20
Fontanar (Córdoba) 74 T 15
Fontanar (Jaén) 76 S 21
Fontanarejo 64 O 16
Fontaneda 18 E 34
Fontaneira 4 C 8
Fontanella (Serra de la) 68 P 27
Fontañera (La) 48 N 8
Fontanil de los Oteros 23 E 13
Fontanillas de Castro 23 G 12
Fontanilles 19 F 39
Fontanosas 64 P 16
Font Calders 18 F 35
Fontcoberta 19 F 38
Fontdepou 31 G 32
Fontecha (Álava) 13 D 20
Fontecha (Cantabria) 12 C 17
Fontecha (León) 10 E 12
Fontecha (Palencia) 11 D 15
Fonte da Cova 22 F 9
Fontefría 21 F 7
Fontellas 28 F 25
Fontelles 32 G 34
Fonteo 4 C 8
Fontibre 12 C 17
Fontihoyuelo 24 F 14
Fontioso 25 G 18
Fontiveros 38 J 15
Fontllonga 31 G 32
Fontoria 9 D 10
Fontoria de Cepeda 10 E 11
Font-rubí 32 H 34
Fonts (Les) 57 L 30
Fontscaldes 45 I 33
Fonz 17 F 30
Fonzaleche 13 E 20
Foradada 18 E 35
Foradada (Lleida) 31 G 33
Foradada (Mallorca) 90 M 37
Foradada (Roca) 19 F 39
Foradada de Toscar 17 E 31
Forata (Embassament de) 56 N 27
Forca 15 D 27
Forcadas (Embalse de) 3 B 5
Forcadela 20 G 3
Forcall 44 K 29
Forcarei 7 E 4
Forcat 17 E 32
Forcayao (Alto de) 4 B 10
Forès 31 H 33
Forfoleda 37 I 12
Forgoselo (Sierra de) 3 B 5
Formariz 37 H 11
Formentera del Segura 79 R 27
Formentor (Cap de) 90 N 39
Formiche Alto 56 L 27
Formiche Bajo 56 L 27
Formiga 16 F 29
Formigal (El) 16 D 28
Formigales 17 E 30
Formigones 10 D 12
Formigueiro 21 F 8
Forna (Alacant) 69 P 29
Forna (León) 22 F 9
Fornalutx 90 M 38
Fornelas 8 E 7
Fornells (cerca de Gerona) 33 G 38
Fornells (cerca de Ribes) 18 F 36
Fornells (Menorca) 91 L 42
Fornells de Mar 33 G 39

Fornelos (cerca de A Garda) 20 G 3
Fornelos (cerca de Ponteareas) 20 F 4
Fornelos (La Coruña) 2 C 3
Fornelos de Montes 6 E 4
Fornes 85 V 18
Fornillos 30 G 30
Fornillos de Alba 23 H 11
Fornillos de Fermoselle 36 H 11
Fornis 6 D 2
Fórnoles 44 J 30
Fórnols 18 F 34
Foronda 13 D 21
Forriolo (Alto de) 21 F 6
Fortaleny 69 O 29
Fortaleza (La) 92 I 8
Fortanete 43 K 28
Fortià 19 F 39
Fortuna 79 R 26
Forua 13 C 21
Forxa (A) (A Porqueira) 21 F 6
Forxa (A) (Punxín) 7 E 6
Forzans 7 E 4
Fosado 16 E 30
Foxo 7 D 4
Foz 4 B 8
Foz Calanda 44 J 29
Foz de Mieres (La) 5 C 12
Fradellos 23 G 11
Frades (La Coruña) 3 C 5
Frades (Lugo) 8 D 7
Frades de la Sierra 37 K 12
Fraella 30 G 29
Fraga 30 H 31
Frage (El) 85 T 19
Fragén 16 E 29
Fragosa 49 K 11
Fraguas (Las) (Cantabria) 12 C 17
Fraguas (Las) (Soria) 27 G 21
Fraile (Peña del) 12 B 18
Fraile (Rivera del) 60 O 8
Fraile (Rocas del) 92 G 7
Frailes 85 T 18
Frailes (Los) (Ciudad Real) 65 O 19
Frailes (Río) 85 T 18
Frailes (Río de los) (Sevilla) 73 T 11
Frairia 4 C 8
Fraja 88 W 13
Frameán 7 D 6
Franca (La) 11 B 16
Francas (Las) 73 S 13
Francelos 20 F 5
Franceses 95 B 5
Francho 28 F 25
Franco 25 F 18
Franco (El) 4 B 9
Francolí 31 H 33
Francos (Lugo) 8 D 8
Francos (Segovia) 40 H 19
Frandoviñez 25 F 18
Franqueira (A) 20 F 4
Franza 3 B 5
Frasno (El) 42 H 25
Frasno (Puerto del) 42 H 25
Frasno (Puerto del) 42 H 25
Fraussa (Roc de) 19 E 38
Frayás 3 B 7
Frecha (La) 5 C 12
Frechilla (Palencia) 24 F 15
Frechilla (Soria) 41 H 22
Fredes 44 J 30
Fregenal de la Sierra 72 R 10
Fregeneda (La) 36 J 9
Freginals 45 J 31
Freigamuñoz (Arroyo) 60 Q 8
Freila 76 T 21
Freixeiro 2 C 3
Freixeiro 8 E 7
Freixial 60 P 8
Freixido 8 E 8
Freixo (La Coruña) 3 B 6
Freixo (Lugo) 8 D 8
Freixo (Orense) 21 F 6

Frequela (Sierra de) 27 F 21
Fréscano 28 G 25
Freser 18 F 36
Freser i Setcases (Reserva nacional de) 18 E 36
Fresnadillo 37 H 11
Fresneda (Álava) 13 D 20
Fresneda (Burgos) 26 F 20
Fresneda (Ciudad Real) 65 Q 19
Fresneda (Embalse de) 65 Q 19
Fresneda (La) (Toledo) 51 M 15
Fresneda (Río) 64 O 18
Fresneda de Altarejos 54 M 23
Fresneda de Cuéllar 39 I 16
Fresneda de la Sierra 54 K 23
Fresneda (La) (Zaragoza) 44 J 30
Fresnedelo 9 D 10
Fresnedilla 52 L 16
Fresnedilla (Casa Forestal La) 77 R 21
Fresnedilla (La) 77 R 21
Fresnedillas 39 K 17
Fresnedo (Cantabria) 12 C 19
Fresnedo (León) 9 D 10
Fresnedo de Valdellorma 10 D 14
Fresnedosa (Rivera de) 49 M 10
Fresnedoso 37 J 13
Fresnedoso de Ibor 50 M 13
Fresneña 26 E 20
Fresnillo de las Dueñas 26 H 19
Fresno (El) (Ávila) 38 K 15
Fresno (El) (Cáceres) 49 L 10
Fresno (El) (Ciudad Real) 64 P 16
Fresno (Portillo de) 12 E 18
Fresno Alhándiga 37 J 13
Fresno de Cantespino 40 H 19
Fresno de Caracena 40 H 20
Fresno de la Fuente 40 H 19
Fresno de la Polvorosa 23 F 12
Fresno de la Ribera 23 G 13
Fresno de la Vega 23 E 13
Fresno del Río 11 D 15
Fresno de Riotirón 26 E 20
Fresno de Rodilla 26 E 19
Fresno de Sayago 37 I 12
Fresno de Torote 40 K 19
Fresno el Viejo 38 I 14
Freu (Cap des) 91 M 40
Frexulfe 3 B 7
Frías 13 D 20
Frías de Albarracín 55 K 25
Frieira (Embalse de) 20 F 5
Friera 9 E 9
Friera de Valverde 23 G 12
Frigiliana 85 V 18
Frío 85 U 17
Friol 3 C 6
Frixe 2 C 2
Frollais 8 D 7
Frómista 25 F 16
Fronfría 23 H 11
Frontera 93 A 11
Frontera (La) 54 K 23
Frontón 8 E 7
Frontón 94 O 9
Frontón de San Miguel 92 I 9
Frouxeira (Punta) 3 B 5
Frula 29 G 28
Frumales 39 H 17
Fruniz 13 C 21
Fuego 95 V 4
Fuego (Montañas del) 95 V 3
Fuejo 5 B 12

Fuembellida 42 J 24
Fuen-Vich 68 N 26
Fuencalderas 29 E 27
Fuencalenteja 12 E 17
Fuencaliente
 (cerca de Las
 Peralosas) 64 O 17
Fuencaliente
 (cerca de Bañuela) 75 Q 17
Fuencaliente
 (Granada) 77 S 22
Fuencaliente
 (Punta de) 95 B 7
Fuencaliente (Soria) 26 G 20
Fuencaliente de la
 Palma 95 B 7
Fuencaliente
 de Lucio 12 D 17
Fuencarral 40 K 19
Fuencemillán 40 J 20
Fuencubierta 74 S 15
Fuendecampo 16 E 30
Fuendejalón 28 G 25
Fuendelada (La) 56 K 27
Fuen del Cepo 56 L 27
Fuendetodos 43 H 27
Fuenferrada 43 J 26
Fuenfría (Puerto
 de) 39 J 17
Fuengirola 84 W 16
Fuenlabrada
 (Albacete) 67 Q 23
Fuenlabrada
 (Madrid) 52 L 18
Fuenlabrada
 de los Montes 63 O 15
Fuenllana 66 P 21
Fuenmayor 27 E 22
Fuensaldaña 24 G 15
Fuensalida 52 L 17
Fuensanta
 (Albacete) 67 O 23
Fuensanta
 (Asturias) 5 B 13
Fuensanta
 (Embalse de la) 77 Q 23
Fuensanta
 (Ermita de la)
 (Jaén) 76 S 19
Fuensanta
 (Ermita de la)
 (Sevilla) 84 U 15
Fuensanta
 (Granada) 85 U 18
Fuensanta (La) 67 P 23
Fuensanta
 (Santuario de la) 79 S 26
Fuensanta de
 Martos 75 T 18
Fuensaúco 27 G 22
Fuensaviñán (La) 41 J 22
Fuente 72 T 10
Fuente del Ebro 12 C 17
Fuente (La) 87 T 24
Fuente Pardiñas
 (Balneario de) 3 C 6
Fuente Álamo
 (Albacete) 67 P 25
Fuente Alamo
 (Jaén) 85 T 17
Fuente Álamo
 (Murcia) 79 S 26
Fuentealbilla 67 O 25
Fuente Alhama 85 T 17
Fuente Amarga
 (Almeria) 78 T 24
Fuente Amarga
 (Cádiz) 88 W 11
Fuente Arcada
 (Ermita de) 49 L 9
Fuentearmegil 26 G 20
Fuente Blanca 79 R 26
Fuente Blanca
 (Sierra de) 52 N 18
Fuentebravía 88 W 11
Fuente Caldera 76 T 20
Fuente Camacho 85 U 17
Fuentecambrón 26 H 20
Fuentecantales 26 G 21
Fuentecantos 27 G 22
Fuente Carreteros 74 S 14
Fuentecén 25 H 18
Fuente Dé 11 C 15
Fuente de Cantos 73 R 11
Fuente de la
 Corcha 72 T 9

Fuente del Arco 73 R 12
Fuente de la Torre 76 R 20
Fuente del Fresno 40 K 19
Fuente del Gallo 88 X 11
Fuente del Maestre 61 Q 10
Fuente del Pino 68 Q 26
Fuente del Villar 55 M 24
Fuente
 de Pedro
 Naharro 53 M 20
Fuente de Piedra 84 U 15
Fuente de Piedra
 (Laguna de la) 84 U 15
Fuente de
 San Esteban (La) 36 J 11
Fuente de Santa
 Cruz 38 I 16
Fuente de Taif 67 Q 23
Fuente El Carnero 37 I 12
Fuente el Fresno 65 O 18
Fuente el Olmo
 de Fuentidueña 39 H 18
Fuente el Olmo
 de Iscar 39 I 16
Fuente el Sauz 38 J 15
Fuente el Saz
 de Jarama 40 K 19
Fuente el Sol 38 I 15
Fuente Encalada 23 F 12
Fuentefría
 (Puerto de) 20 F 5
Fuentegelmes 41 H 22
Fuente Grande 85 U 19
Fuenteguinaldo 36 K 9
Fuenteheridos 72 S 10
Fuente Higuera 66 Q 23
Fuentelahiguera
 de Albatages 40 J 20
Fuente la Lancha 74 Q 14
Fuentelapeña 37 I 13
Fuentelárbol 27 H 21
Fuente la Reina 56 L 28
Fuentelcarro 27 H 22
Fuentelcésped 26 H 19
Fuentelencina 41 K 21
Fuentelespino
 de Haro 54 M 21
Fuentelespino
 de Moya 55 M 25
Fuenteliante 36 J 10
Fuente Librilla 78 S 25
Fuentelmonge 41 H 23
Fuentelsaz
 (Guadalajara) 42 I 24
Fuentelsaz (Soria) 27 G 22
Fuentelviejo 40 K 21
Fuentemilanos 39 J 17
Fuentemizarra 40 H 19
Fuentemolinos 25 H 18
Fuentenebro 25 H 18
Fuentenovilla 53 K 20
Fuente Obejuna 74 R 13
Fuente Olmedo 38 I 16
Fuente Palmera 74 S 14
Fuentepelayo 39 I 17
Fuentepinilla 27 H 21
Fuente Pinilla 76 R 21
Fuentepiñel 39 H 17
Fuente Rey 88 W 12
Fuenterrabía /
 Hondarribia 14 B 24
Fuenterrabiosa 12 C 19
Fuenterrebollo 39 I 18
Fuenterroble
 de Salvatierra 37 K 12
Fuenterrobles 55 N 25
Fuentes (Cuenca) 54 M 23
Fuentes de
 Carbajal 23 F 13
Fuentes de la
 Alcarria 40 J 21
Fuentes de Oñoro 36 K 9
Fuentes de Ropel 23 F 13
Fuentes (Las) 92 H 8
Fuentes (Las)
 (Albacete) 68 O 26
Fuentes (Las)
 (Ciudad Real) 65 Q 19
Fuentes
 (Puerto de las) 38 K 14
Fuentes (Toledo) 51 M 14
Fuentesanta
 (Ermita de) 62 O 12
Fuente Santa
 (Estación de) 87 U 22
Fuentesaúco 37 I 13

Fuentesaúco
 de Fuentidueña 39 H 17
Fuentesbuenas 54 L 22
Fuentes Calientes 43 J 27
Fuentes Carrionas 11 D 16
Fuentes Carrionas
 (Parador de)
 (Cervera de
 Pisuerga) 11 D 16
Fuentes Carrionas
 (Reserva
 nacional) 11 D 15
Fuentes Claras 43 J 26
Fuentesclaras 54 L 23
Fuentes de Ágreda 28 G 24
Fuentes
 de Andalucía 74 T 13
Fuentes de Año 38 I 15
Fuentes de Ayódar 56 L 28
Fuentes de Béjar 37 K 12
Fuentes de Cesna 85 U 17
Fuentes de Cuéllar 39 H 17
Fuentes de Ebro 29 H 28
Fuentes de
 Invierno
 (Sierra de las) 5 C 13
Fuentes de Jiloca 42 I 25
Fuentes de Léon 72 R 10
Fuentes
 de los Oteros 23 E 13
Fuentes de Nava 24 F 15
Fuentes de Piedralá 64 O 17
Fuentes de
 Rubielos 56 L 28
Fuentes de
 Valdepero 25 F 16
Fuentesecas 23 H 13
Fuente Segura 77 R 21
Fuentesoto 39 H 18
Fuentespalda 44 J 30
Fuentespina 25 H 18
Fuentespreadas 37 I 13
Fuentestrún 27 G 23
Fuentetecha 27 G 23
Fuentetoba 27 G 22
Fuente Tójar 85 T 17
Fuentetovar 27 H 21
Fuente-Urbel 12 E 18
Fuente Vaqueros 85 U 18
Fuente Victoria 86 V 21
Fuentidueña
 (Córdoba) 75 S 17
Fuentidueña
 (Segovia) 39 H 18
Fuentidueña de
 Tajo 53 L 20
Fuera (Roque de) 93 L 6
Fuerte del Rey 75 S 18
Fuertescusa 41 K 23
Fuerteventura
 (Parador de) 93 U 7
Fuevas (Las) 16 E 30
Fuliola (La) 31 G 33
Fulleda 31 H 33
Fumaces (Alto de) 21 G 7
Funes 28 F 24
Furco 7 E 6
Furnás 91 O 34
Fustes 93 U 7
Fustiñana 28 F 25

G

Gabaldón 55 N 24
Gabar 77 S 23
Gabardiella 16 F 29
Gabás 17 E 31
Gabasa 17 F 31
Gabia la Chica 85 U 19
Gabia la Grande 85 U 18
Gabica 14 B 22
Gabiria 14 C 23
Gabriel Y Galán
 (Embalse de) 49 L 11
Gaceo 14 D 22
Gache (Punta) 93 J 8
Gádor 87 V 22
Gádor (Sierra de) 86 V 21
Gaena 85 T 16
Gafarillos 87 U 23
Gaià (Barcelona) 32 G 35
Gaià (Rio) 32 H 34
Gaianes 69 P 28
Gaibiel 56 M 28
Gainza (Guipúzcoa) 14 C 23

Gainzta (Navarra) 14 C 23
Gaioso 3 C 6
Gaitanejo
 (Embalse de) 84 V 15
Gaitanes
 (Desfiladero
 de los) 84 V 15
Gajanejos 41 J 21
Gajates 37 J 13
Galachar 87 V 22
Galapagar (Jaén) 76 S 19
Galapagar (Madrid) 39 K 17
Galapagares 40 H 21
Galápagos 40 J 19
Galarde 26 E 19
Galardón
 (Sierra del) 16 E 29
Galaroza 72 S 9
Galatzó 90 N 37
Galbarra 14 D 23
Galbarros 12 E 19
Galbárruli 13 E 21
Galceran
 (Serra d'en) 57 L 29
Galdakao 13 C 21
Galdames 13 C 20
Gáldar 94 O 9
Gáldar (Punta de) 94 N 8
Galende 22 F 10
Galera 77 S 22
Galera
 (Barranco de la) 45 J 31
Galera (La) 44 J 31
Galeras 87 T 23
Galga (La) 95 C 5
Galho (Cresta del) 79 S 26
Galilea (La Rioja) 27 E 23
Galilea (Mallorca) 90 N 37
Galinduste 37 K 13
Galisancho 37 J 13
Galisteo 49 M 11
Galiz (Puerto de) 88 W 13
Galizano 12 B 18
Galizuela 63 P 14
Gallardo 66 P 22
Gallardos
 (Cuesta los) 76 T 19
Gallardos (Los) 87 U 24
Gallartu 13 C 21
Gallega (La) 26 G 20
Gallega (Marisma) 83 U 11
Gallego (Rio)
 (Granada) 86 T 21

Gállego (Río)
 (Huesca) 16 E 29
Gamaza 83 V 12
Gallego (Sierra del) 64 O 17
Gallegos 95 B 5
Gallegos 39 I 18
Gallegos 94 O 10
Gallegos
 de Altamiros 38 J 15
Gallegos de
 Argañán 36 K 9
Gallegos de
 Hornija 24 H 14
Gallegos del
 Campo 22 G 10
Gallegos del Pan 23 H 13
Gallegos del Río 23 G 11
Gallegos
 (Sierra del) 16 E 29
Gallegos
 de San Vicente 38 J 16
Gallegos
 de Sobrinos 38 J 14
Gallegos de
 Solmirón 37 K 13
Galleguillos 37 J 13
Galleguillos de
 Campos 24 F 14
Galleiro 20 F 4
Gallejones 12 D 18
Galletas (Las) 92 I 9
Gallífa 32 G 36
Gallina (Cerro de
 la) 85 U 17
Gallina Pelada 18 F 35
Gallinera (Serra de) 69 P 29
Gallinero (Albacete) 68 P 26
Gallinero (Soria) 27 G 22
Gallinero de
 Cameros 27 F 22
Gallinero de Rioja 26 E 21
Galliners 19 F 38
Gallipienzo 15 E 25
Gallipuén
 (Embalse de) 43 J 28
Gallo (Río) 41 J 23
Gallo (El) 84 T 15
Gallocanta 42 J 25
Gallocanta
 (Laguna de) 42 J 25
Gallos (Los) 88 W 11
Gallués 15 D 26
Gallur 28 G 26
Galve 43 K 27
Galve de Sorbe 40 I 20
Gálvez 52 M 17
Gama 12 B 19

Gamarra 14 D 22
Gamaza 83 V 12
Gamero 52 N 17
Gamiz-Fika 13 C 21
Gamo 38 J 14
Gamonal (Ávila) 38 J 14
Gamonal (Burgos) 25 E 18
Gamonal
 (Cantabria) 12 C 18
Gamonal (Toledo) 51 M 15
Gamonero 63 N 15
Gamones 23 H 11
Gamoniteiro 5 C 12
Ganadera 51 L 15
Gáname 37 H 11
Ganchoza (La) 73 S 12
Gándara (Río) 12 C 19
Gándara (Boimorto) 3 C 5
Gándara (Narón) 3 B 5
Gandarela 20 F 5
Gandarilla 11 B 16
Gandesa 44 I 31
Gandia 69 P 29
Gando (Bahía de) 94 P 10
Gando (Punta de) 94 P 10
Gandul 83 T 12
Gandullas 40 I 19
Gangarro
 (Montaña) 92 H 8
Gangueras
 (Estación de) 66 O 21
Ganillas de
 Aceituno 85 V 17
Ganso (El) 10 E 11
Ganuza 14 D 23
Gañidoira (Puerto
 de) 3 B 6
Gañinas 11 E 15
Gañuelas
 (cerca de Alhama
 de Murcia) 78 S 25
Gañuelas
 (cerca de La
 Majada) 78 T 25
Garaballa 55 M 25
Garabanja 2 C 5
Garabás 7 E 5
Garabato (El) 74 S 15
Garachico 95 C 5
Garachico 92 H 7
Garachico
 (Roque de) 92 H 7
Garafía 95 B 5
Garaioa 15 D 26

Garajonay 95 E 9
Garajonay (Parque
 nacional de) 95 E 9
Garañona
 (Bahía de la) 92 J 7
Garapacha (La) 79 R 26
Garapinillos 29 G 26
Garay 14 C 22
Garbayuela 63 O 15
Garcia 45 I 31
García (Collado) 87 U 23
García de Sola
 (Embalse de) 63 O 14
Garciaz 50 N 13
Garciaz (Río) 50 N 13
Garcibuey 37 K 12
Garciez (cerca de
 Jaén) 75 S 18
Garciez (cerca de
 Jódar) 76 S 19
Garciez Jimena
 (Estación de) 76 S 19
Garcihernández 37 J 13
Garcillán 39 J 17
Garcinarro 54 L 21
Garciotún 52 L 16
Garcipollera (Coto
 nacional de la) 16 E 28
Garcipollera (La) 16 E 28
Garcirrey 37 J 11
Garcisobaco 88 W 13
Garda (A) 20 G 3
Garde 15 D 27
Garfín 10 D 14
Gargaligas 62 O 13
Gargáligas (Río) 63 O 13
Gargallà 32 G 35
Gargallo 43 J 28
Garganchón 26 F 20
Garganta 54 L 24
Garganta 63 P 15
Garganta (La)
 (Cáceres) 50 L 12
Garganta (La)
 (Ciudad Real) 64 Q 16
Garganta
 (Puerto de la) 4 B 8
Garganta
 (Sierra de la) 75 Q 17
Garganta de la
 Yecla 26 G 19
Garganta
 de los Montes 39 J 18
Garganta del Villar 38 K 14

GIJÓN

Constitución (Av. de la) AZ 10
Corrida AY 10
Menéndez Valdés AY 32
Moros AY 33
San Bernardo AYZ

Alfredo Truan AZ 2
Álvarez Garaya AY 3
Asturias AY 4
Begoña AYZ 5
Campinos de Begoña
 (Pl. de los) AZ 6
Campo Valdés AX 7
Carmen (Pl. del) AY 8
Claudio Alvar González AX 9
Covadonga ABYZ 13
Fernández Vallín AY 17
Garcia Bernardo (Av.) CY 18

Instituto AXY 20
Instituto (Pl. del) AY 21
José las Clotas AZ 23
Jovellanos AY 24
Jovellanos (Pl. de) AX 25
Libertad AY 28
Marqués de San Esteban AY 28
Mayor (Pl.) AX 30
Menéndez Pelayo BYZ 31
Molinón (Av. del) CYZ 32
Munuza AY 34
Muro de San Lorenzo
 (Pas. de) AX 35
Oscar Olavarría AX 36
Salle (Av. de la) AX 38
San José (Pas. de) AZ 40
Santa Doradia BZ 41
Santa Lucía AY 42
Subida al Cerro AX 43
Villaviciosa (Carret.) CZ 45
6 de Agosto (Pl. del) AYZ 46

Garganta Fría		Garriga (La)	33 G 36	Gata	49 L 10

Garganta Fría
 (Arroyo de la) 73 S 11
Garganta la Olla 50 L 12
Gargantiel 63 P 15
Gargantilla
 (Cáceres) 50 L 12
Gargantilla (Toledo) 51 N 15
Gargantilla del
 Lozoya 39 J 18
Gargantón (El) 64 O 17
Gárgoles de Abajo 41 J 22
Gargüera 50 L 12
Gargüera
 (Embalse de) 50 M 12
Garidells (Els) 45 I 33
Garínoain 15 E 25
Garisoain 14 D 24
Garlitos 63 P 14
Garnatilla (La) 86 V 19
Garona de Ruda
 (Río) 17 E 32
Garona (Río) 16 E 28
Garos 17 D 32
Garraf 32 I 35
Garraf (Parc
 natural de) 32 I 35
Garrafe de Torío 10 D 13
Garralda 15 D 26
Garrapata
 (Sierra de la) 49 M 9
Garray 27 G 22

Garriga (La) 33 G 36
Garrigàs 19 F 38
Garrigoles 19 F 39
Garriguella 19 E 39
Garrobillo 78 T 25
Garrobo (El) 73 T 11
Garrofa (La) 87 V 22
Garrotxa (Parc
 natural de la) 19 F 37
Garrovilla (La) 61 P 10
Garrovillas 49 M 10
Garrucha 87 U 24
Garsola 31 G 33
Garvín 50 M 13
Garza (Embalse de
 la) 62 P 11
Garza (La) 62 P 11
Gasco (El) 49 K 11
Gascones 40 I 19
Gasconilla
 (Ermita de) 56 L 27
Gascueña 54 L 22
Gascueña
 de Bornova 40 I 20
Gasset (Embalse
 de) 64 O 18
Gasteiz / Vitoria 13 D 21
Gastiáin 14 D 24
Gastor (El) 84 V 14
Gasulla
 (Barranc de la) 44 K 29

Gata 49 L 10
Gata (Cabo de) 87 V 23
Gata (Faro de) 87 V 23
Gata (Rivera de) 49 L 9
Gata (Sierra de) 49 L 10
Gata de Gorgos 69 P 30
Gatica 13 B 21
Gato (Córdoba) 74 R 15
Gato (Granada) 77 S 23
Gatón de Campos 24 F 15
Gatos 72 T 10
Gátova 56 M 28
Gaucín 89 W 14
Gauna 14 D 22
Gauteguiz
 de Arteaga 14 B 22
Gavà 32 I 36
Gavarda 69 O 28
Gavarra 17 F 33
Gavarres
 (Sierra de les) 33 G 38
Gavarresa (Riera) 32 G 35
Gavàs 17 E 33
Gavet 17 F 32
Gavilán
 (Collado de El) 56 L 26
Gavilán (Sierra de) 78 R 24
Gavilanes (Ávila) 51 L 15
Gavilanes (Río) 36 J 10
Gavilanes
 (Sierra de los) 68 Q 26

Gavín 16 E 29
Gavina (Punta) 91 P 34
Gaviota (Punta) 95 E 9
Gaviota (Punta) 94 P 10
Gaviota
 (Punta de la) 92 G 7
Gaviotas (Las) 54 K 21
Gaviotas
 (Punta de las) 92 H 9
Gayangos 12 C 19
Gázquez (Los) 78 T 24
Gaztelu 14 C 23
Gea de Albarracín 42 K 25
Gébalo 51 M 15
Geira 20 G 5
Gejo de Diego
 Gómez 37 J 11
Gejo de los Reyes
 (El) 37 I 11
Gejuelo del Barro 37 I 11
Gelada (Serra) 69 Q 29
Geldo 56 M 28
Gelgaiz 3 B 6
Gelida 32 H 35
Gelsa 29 H 28
Gelves 83 T 11
Gema 38 H 13
Gemuño 38 K 15
Genal 89 W 14
Genalguacil 89 W 14
Génave 77 Q 21

Generalísimo
 (Canal Principal
 del
 Embassament
 del) 56 M 27
Generalísimo
 (Embassament
 del) 55 M 26
Genestacio 23 F 12
Genestosa 5 C 11
Genestoso 4 C 10
Genevilla 14 C 23
Genicera 10 D 13
Genil (Río) 85 U 17
Génova (Coves de) 90 N 37
Genovés (El) 69 P 28
Ger 18 E 35
Geras 10 D 12
Gerb 31 G 32
Gerbe 16 E 30
Gerena 73 T 11
Gérgal 87 U 22
Gergal (La) 73 T 11
Gergal (Embalse
 de) 73 T 11
Geria 24 H 15
Geria (La) 95 V 4
Gerindote 52 M 17
Gernika (Ría de) 13 B 21
Gernika-Lumo 13 C 21
Gerona / Girona 33 G 38

Gerri de la Sal 17 F 33
Gertusa 43 I 28
Ges (El) 18 F 34
Gésera 16 E 29
Gessa 17 D 32
Gestalgar 56 N 27
Getafe 52 L 18
Getaria 14 C 23
Gete 26 G 20
Getxo 13 B 21
Gevar 78 S 25
Gévora 60 O 8
Gibaja 12 C 19
Gibalbín 83 V 12
Gibalto (Sierra de) 85 U 17
Gibarrayo 73 S 13
Giblaniella
 (Sierra de) 5 C 13
Gibraleón 82 T 9
Gibralgalia 84 V 15
Gibraltar
 (Estrecho de) 89 X 13
Gibraltar (Great
 Britain) 89 X 13
Gibraltar (Monte) 71 S 7
Gigante 78 S 24
Gigante (Sierra) 77 S 23
Gigantes
 (Acantilado de
 los) 92 G 8
Gigantes (Los) 92 G 8

Gigonza 73 R 10
Gijano 13 C 20
Gijón 5 B 13
Gila (La) (Albacete) 67 O 25
Gila (La) (Toledo) 51 N 15
Gil 17 D 33
Gil Blas (Parador)
 (Santillana del
 Mar) 12 B 17
Gilbuena 50 K 13
Gilena 84 U 15
Giles (Los) 87 U 23
Gilet 56 M 29
Gil-García 50 L 13
Gil Márquez 72 S 9
Gimenado 79 S 26
Gimenells 30 H 31
Gimialcón 38 J 14
Ginebrosa (La) 44 J 29
Ginel 29 H 28
Ginés 83 T 11
Ginés (Punta) 95 U 4
Ginesta (La) 19 I 35
Ginesta (La) 32 I 35
Ginestar 45 I 31
Gineta (La) 67 O 23
Ginete (El) 67 Q 23
Giniginamar 93 T 8
Gío 4 B 9
Giraba 56 L 28
Giralda 85 V 19

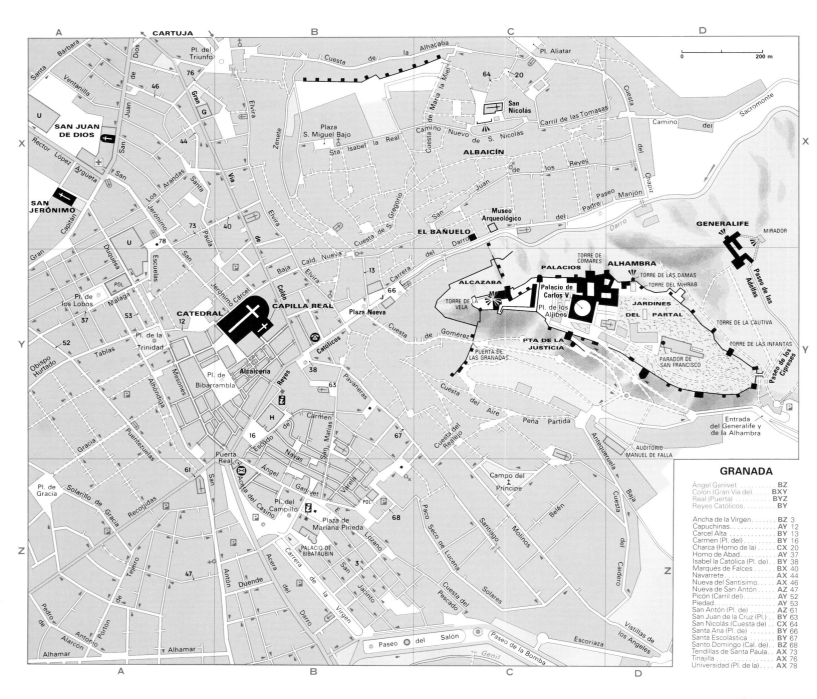

GRANADA

Ángel Ganivet .... **BZ**
Colón (Gran Via de) .... **BXY**
Real (Puerta) .... **BYZ**
Reyes Católicos .... **BY**

Ancha de la Virgen .... **BZ** 3
Capuchinas .... **AY** 12
Carcel Alta .... **BY** 13
Carmen (Pl. del) .... **BY** 16
Charca (Homo de la) .... **CX** 20
Homo de Abad .... **AY** 37
Isabel la Católica (Pl. de) .... **BY** 38
Marqués de Falces .... **BX** 40
Navarrete .... **AX** 44
Nueva del Santísimo .... **AX** 46
Nueva de San Antón .... **AZ** 47
Picón (Carril del) .... **AY** 52
Piedad .... **AY** 53
San Antón (Pl. del) .... **AZ** 61
San Juan de la Cruz (Pl.) ..... **BY** 63
San Nicolás (Cuesta de) .... **CX** 64
Santa Ana (Pl. de) .... **BY** 66
Santa Escolástica .... **BY** 67
Santo Domingo (Cal. de) ...... **BZ** 68
Tendillas de Santa Paula ...... **AX** 73
Tinajilla .... **AX** 76
Universidad (Pl. de la) .... **AX** 78

Giribaile (Embalse de) 76 R 19
Girona / Gerona 33 G 38
Girona (Riu) 69 P 29
Gironda (La) 83 U 13
Gironella 18 F 35
Gisclareny 18 F 35
Gistain 17 E 30
Gistreo (Sierra de) 9 D 10
Gitano (Collado del) 26 F 21
Gloria (La) 83 T 13
Gobantes 15 D 19
Gobantes (Estación de) 84 V 15
Gobernador 86 T 20
Gobiendes 5 B 14
Godall 45 K 31
Godán 5 B 11
Godelleta 56 N 27
Godojos 42 I 24
Godolid (Río) 72 R 8
Godóns 20 F 5
Godos 43 J 26
Goente 3 B 6
Goián (Lugo) 8 D 7
Goián (Pontevedra) 20 F 5
Golás 7 D 5
Goiriz 3 C 7
Goiuria 14 C 22
Goizueta 14 C 24
Gójar 85 U 19
Gola del Perelló 69 O 29
Golada 7 D 5
Gola del Nord 45 J 32
Gola del Sud 45 J 32
Golán 7 D 5
Golfo (El) 93 A 11
Golfo (El) 95 U 4
Golfo (El) 95 V 4
Golilla 61 O 9
Gollino 53 M 20
Golmayo 27 G 22
Golmés 31 H 32
Golondrinas (Las) 62 N 11
Golopón 86 T 21
Golosalvo 67 O 25
Goloso (El) 39 K 18
Golpejas 37 I 12
Gómara 27 H 23
Gombrèn 18 F 36
Gomeán 8 D 7
Gomecello 37 I 13
Gomeciego 36 I 11
Gomesende 20 F 5
Gómeznarro (Segovia) 40 I 19
Gómeznarro (Valladolid) 38 I 15
Gomezserracín 39 I 17
Gómez Yáñez 67 P 25
Gonce 3 C 6
Gondar (Lugo) 3 C 7
Gondar (Pontevedra) 6 E 3
Gondomar 20 F 3
Gondrame 8 D 7
Gondulfes 21 G 7
Góngora (Punta de) 94 N 9
Gontán 3 B 7
Gonte 2 D 3
Gonzar 7 D 6
Góñar 78 T 24
Goñi 14 D 24
Gopegui 13 D 21
Gor 86 T 21
Gorafe 86 T 20
Gorafe (Estación de) 86 T 21
Gorbea (Peña) 13 C 21
Gorbea (Sierra de) 13 C 21
Gorda (Punta) 95 A 5
Gorda (Punta) 95 W 2
Gorda (Sierra) (Granada) 85 U 17
Gorda (Sierra) (Guadalajara) 40 I 20
Gorda (Sierra) (Toledo) 52 N 18
Gordaliza de la Loma 24 F 14
Gordaliza del Pino 24 F 14
Gordelliz 13 C 20
Gordexola 13 C 20
Gordo 77 S 23
Gordo (Cabezo) 72 S 8

Gordo (El) 50 M 13
Gordo (Monte) 71 T 7
Gordoa 14 D 22
Gordoncillo 23 F 13
Gorga 69 P 28
Gorg Blau (Embalse del) 90 M 38
Gorgos (Riu) 69 P 30
Gorgullos Tordoia (Estación de) 2 C 4
Gorliz 13 B 21
Gormaz 26 H 20
Gornal (La) 32 I 34
Gorocica 13 C 21
Goronaeta 14 C 22
Gorramakil (Pico) 15 C 25
Gorraptes (Sierra de) 45 I 31
Gorriti 14 C 24
Gósol 18 F 34
Gossan (Embalse de) 72 S 10
Gost (Punta de) 91 O 34
Gotarrendura 38 J 15
Gotera (Punta) 93 J 6
Gotor 28 H 25
Gozón 5 B 12
Gozón de Ucieza 24 E 16
Gózquez de Abajo 53 L 19
Gózquez de Arriba 53 L 19
Graba 7 D 5
Graceas (Las) 66 Q 21
Gracia (Cabo de) 88 X 12
Graciosa (Isla) 95 W 2
Gradefes 10 E 14
Graderas (Cueva de las) 43 J 28
Grado 5 B 11
Grado (El) 16 F 30
Grado (Embalse de El) 16 F 30
Grado del Pico 40 I 20
Graja (Cueva de la) 76 S 19
Graja (La) 74 S 14
Graja de Campalbo 55 M 26
Graja de Iniesta 55 N 24
Grajal 23 F 12
Grajal de Campos 24 F 14
Grajalejo de las Matas 23 E 13
Grajales 76 S 18
Grajera 40 H 19
Grajera (Embalse de la) 14 E 22
Grajo 84 V 15
Grajuela (La) 67 O 24
Gramedo 11 D 16
Gramuntell 31 H 33
Grana (La Casa de la) 67 O 25
Grana (Serra de la) (Alacant) 69 Q 28
Grana (Sierra de la) (Córdoba) 62 Q 13
Grana (Sierra de la) (Jaén) 75 S 18
Granada (Almería) 86 U 21
Granada (Granada) 85 U 19
Granada (La) 32 H 35
Granada (Vega de) 85 U 17
Granada de Ríotinto (La) 72 S 10
Granadella (La) (Alacant) 69 P 30
Granadella (La) (Lleida) 31 H 31
Granadilla de Abona 92 I 9
Granado 71 T 7
Granado (Canal de El) 71 T 7
Granado (El) 71 T 7
Gran Alacant 79 R 28
Granátula de Calatrava 65 P 18
Gran Canaria (Aeropuerto de) 94 P 10
Grandas de Salime 4 C 9
Grande 2 C 2
Grande (Embalse) 72 T 8
Grande (Laguna) (Málaga) 85 U 17
Grande (Laguna) (Toledo) 53 N 19
Grande (Puerto) 63 P 15
Grande (Río) (Jaén) 64 Q 18

Grande (Río) (Málaga) 84 V 15
Grande (Sierra) (Badajoz) 62 Q 11
Grande (Sierra) (Cáceres) 49 M 10
Grande de Europa (Punta) (Great Britain) 89 X 14
Grande de Gredos (Laguna) 51 L 14
Grande Fache 16 D 29
Grandes 37 J 11
Grandes 38 J 15
Grandiella 5 C 12
Grandoso 10 D 14
Granera 32 G 36
Granja (La) (Cantabria) 13 B 20
Granja (La) (Cáceres) 50 L 12
Granja (La) (Mallorca) 90 N 37
Granja (Puerto de la) 72 R 10
Granja Asumesa 83 U 12
Granja de Moreruela 23 G 12
Granja de Rocamora 79 R 27
Granja d'Escarp (La) 30 H 31
Granja de Torrehermosa 73 R 13
Granja Muedra 24 G 16
Granjas (Las) 42 K 26
Granjuela (La) 74 Q 13
Gran Montaña 93 T 7
Granollers 32 H 36
Granón 26 E 20
Gran Tarajal 93 T 8
Granucillo 23 F 12
Granyanella 31 H 33
Granyena de les Garrigues 31 H 31
Granyena de Segarra 31 H 33
Graña (A) 20 F 5
Grañas 3 B 6
Grañén 29 G 28
Grañena (Estación de) 75 S 18
Grañeras 24 E 14
Grao de Gandía 69 P 29
Grao de Moncófar (El) 57 M 29
Grau d'Almassora (El) 57 M 29
Grau de Borriana (El) 57 M 29
Grau de Castelló 57 M 30
Grau de València (El) 57 N 29
Grau (es) (Menorca) 91 M 42
Grau de la Granta 18 F 33
Graus 17 F 31
Grávalos 28 F 24
Graya (La) 77 R 22
Grazalema 82 V 13
Greda 25 G 17
Gredilla 12 D 18
Gredos (Parador de) 51 K 14
Gredos (Reserva nacional de) 51 L 14
Gredos (Sierra de) 51 L 14
Gregorio (Córdoba) 63 P 15
Gregorio (Pontevedra) 20 F 5
Gréixer 18 F 35
Gresande 7 E 5
Griego (El) 67 Q 23
Griegos 42 K 24
Grieta (Roque de la) 92 I 8
Grijalba 25 E 17
Grijona (Sierra) 72 T 9
Grijota 24 F 16
Grimaldo 49 M 10
Griñón 52 L 18
Grío 42 H 25
Grisel 28 G 24
Grisén 28 G 26
Grisuela 23 G 11

Grisuela del Páramo 23 E 12
Gritos 54 M 23
Griu (Alt del) 18 E 34
Grivalleras 32 H 34
Grixoa 2 C 3
Groba 20 F 3
Grocin 14 D 24
Grolos 8 D 7
Gromejón 26 G 19
Gros (Cabo) (Gerona) 19 E 39
Gros (Cap) (Mallorca) 90 M 38
Gros (Puig) 91 P 34
Grosa (Sierra) 31 H 31
Grossa (Punta) (Cerca de Cala Sant Vicent) 91 O 34
Grossa (Punta) (Cerca de Ibiza) 91 P 34
Grossa (Punta) (Girona) 19 F 39
Grossa (Serra) (València) 68 P 27
Grossa (Sierra) (Tarragona) 45 K 31
Grovas 7 E 5
Grove (O) 6 E 3
Grulla (La) 60 Q 8
Grullos 5 B 11
Gúa 5 C 11
Guadahortuna 86 T 19
Guadahortuna (Río) 86 T 20
Guadaira (Río) 83 U 13
Guadairilla (Arroyo de) 83 U 12
Guadajira 61 P 9
Guadajira (Embalse de) 61 Q 10
Guadajira (Río) 61 P 10
Guadajoz 83 T 13
Guadajoz (Río) 85 T 17
Guadalajara 40 K 20
Guadalaviar 55 K 24
Guadalaviar (Río) 55 K 25
Guadalbarbo 74 R 15
Guadalbullón (Río) 85 T 19
Guadalcacín 83 V 11
Guadalcacín (Canal del) 83 W 11
Guadalcacín (Embalse de) 83 W 12
Guadalcanal 73 R 12
Guadalcanal (Sierra de) 73 R 12
Guadalcázar 74 S 15
Guadalefra (Arroyo de) 62 P 13
Guadalemar (Río) 63 O 14
Guadalén (Embalse de) 76 R 19
Guadalén (Río) (Ciudad Real) 65 Q 20
Guadalén (Río) (Jaén) 76 R 19
Guadalena de los Quinteros 83 U 12
Guadalén del Caudillo 76 R 19
Guadalentín (Río) (Jaén) 76 S 21
Guadalentín (Río) (Murcia) 78 S 25
Guadalerzas (Castillo de) 52 N 18
Guadalerzas (Las) 64 N 17
Guadalest 69 P 29
Guadalest (Riu) 69 Q 29
Guadalete (Río) 83 V 13
Guadalevin 84 V 14
Guadalfeo (Río) 86 V 19
Guadalhorce (Río) 84 U 16
Guadalimar 76 R 19
Guadalimar (Río) 66 Q 22
Guadalix 40 J 19
Guadalix de la Sierra 39 J 18
Guadalmansa 89 W 14
Guadalmedina 84 V 16
Guadalmellato (Canal del) 74 S 15

Guadalmellato (Embalse del) 75 R 16
Guadalmena 66 Q 21
Guadalmena (Embalse de) 66 Q 21
Guadalmez (Río) 63 P 14
Guadalmez (Río) (Ciudad Real) 63 P 15
Guadalmez (Río) (Córdoba) 63 Q 15
Guadalmez-Los Predroches 63 P 15
Guadalmina 89 W 15
Guadalope 43 K 27
Guadalopillo 43 J 28
Guadalperales (Los) 62 O 13
Guadalporcún 83 V 13
Guadalquivir (Río) 76 R 21
Guadalquivir (Garganta) 76 R 21
Guadalquivir (Marismas del) 82 U 10
Guadalteba 84 V 15
Guadalteba-Guadalhorce (Embalse del) 84 V 15
Guadalupe (Cáceres) 51 N 14
Guadalupe (Granada) 77 S 23
Guadalupe (Monasterio de) 63 N 14
Guadalupe (Santuario de) 76 R 19
Guadalupe (Sierra de) 50 N 13
Guadalupejo (Río) 63 N 14
Guadamajud 54 L 22
Guadamatilla 63 Q 14
Guadamez (Río) 62 P 12
Guadamojete (Punta de) 93 K 7
Guadamonte 52 K 18
Guadamur 52 M 17
Guadapero 36 K 10
Guadarrama 39 J 17
Guadarrama (Puerto de) 39 J 17
Guadarrama (Río) 52 K 18
Guadarrama (Sierra de) 39 K 17
Guadarranque (Cádiz) 89 X 13
Guadarranque (Sierra de) 73 R 12
Guadarranque (Embalse del) 89 X 13
Guadarranque (Río) (Cáceres) 51 N 14
Guadassuar 69 O 28
Guadazaón (Río) 55 M 24
Guadiamar (Río) 73 T 11
Guadiamar (Caño de) 83 U 11
Guadiana (Canal del) 65 O 20
Guadiana (Río) 81 U 7
Guadiana del Caudillo 61 P 9
Guadiana Menor (Río) 86 T 21
Guadianeja (La) 65 O 20
Guadiaro 89 X 14
Guadiaro (Río) 84 V 14
Guadiato (Río) 74 R 14
Guadiel 75 R 18
Guadiela (Río) 41 K 22
Guadilla de Villamar 12 E 17
Guadiloba 49 N 11
Guadix 86 U 20
Guadix (Hoya de) 86 T 20
Guadramiro 36 I 10
Guadyerbas 51 L 15
Guainos Bajos 86 V 20
Guajala 92 I 8
Guajara (Cerca de La Laguna) 93 K 7
Guájar Alto 85 V 19
Guájaras (Sierra de las) 85 V 19
Guajaraz 53 M 17
Guajaraz (Embalse de) 53 M 17

Guajardo y Malhincada 49 L 10
Guájar Faragüit 85 V 19
Guájar Fondón 85 V 19
Gualba 33 G 37
Gualchos 86 V 19
Gualda 41 J 21
Gualija 50 M 13
Gualta 19 F 39
Gualter 31 G 33
Guamasa 93 J 7
Guanapay 95 W 3
Guanarteme (Punta de) 94 O 8
Guancha (La) 92 I 7
Guancha (Necrópolis de la) 94 O 9
Guanchía 94 O 9
Guara 16 F 29
Guara (Sierra de) 16 F 29
Guarazoca 93 B 11
Guarbes (Sierra de) 17 D 32
Guarda (La) 42 P 12
Guarda de la Alameda (Casas del) 76 Q 20
Guarda Forestal (Mirador del) 84 V 15
Guardal (Río) 77 S 22
Guardamar 69 P 29
Guardamar del Segura 79 R 28
Guàrdia (La) (Lleida) 31 G 33
Guardia (La) (Toledo) 53 M 19
Guàrdia d'Ares (La) 17 F 33
Guardia de Jaén (La) 75 S 18
Guàrdia dels Prats (La) 31 H 33
Guàrdia de Noguera 17 F 32
Guàrdia Lada (La) 31 H 33
Guardias Viejas 86 V 21
Guardilama 95 V 4
Guardiola (Lleida) 18 F 34
Guardiola (Murcia) 68 Q 26
Guardiola de Berguedà 18 F 35
Guardiola de Font-rubí 32 H 34
Guardo 11 D 15
Guareña (Badajoz) 62 P 11
Guareña (Río) 23 H 13
Guareña (Ávila) 38 K 15
Guarga 16 E 29
Guaro 89 W 15
Guarrate 37 I 13
Guarrizas 76 R 19
Guarromán 75 R 18
Guasa 16 E 28
Guaso 16 E 30
Guatiza 95 X 3
Guatizalema 30 G 29
Guayente 17 E 31
Guaza 92 H 9
Guaza (Montaña de) 92 H 9
Guaza de Campos 24 F 15
Guazamara 87 T 24
Gúdar 43 K 27
Gúdar (Puerto de) 43 K 27
Gúdar (Sierra de) 43 K 27
Gudillos 39 J 17
Gudín 37 J 13
Gudiña (A) 21 F 8
Guéa (La) 55 K 26
Güéjar Sierra 86 U 19
Güeñes 13 C 20
Gueral 7 E 6
Guerechal (El) 62 P 12
Guereñu 14 D 22
Guerra (Ciudad Real) 65 O 20
Guerrero 61 O 9
Güesa 15 D 26
Guevara 14 D 22
Güevéjar 85 U 19
Guía de Isora 92 H 8
Guiamets (Els) 45 I 32
Guiana 9 E 10
Guiar 4 B 8
Guiaros (Los) 87 T 24
Guijar (El) 39 I 18
Guijarral 66 P 23

Guijarro (Collado del) 62 N 12
Guijarrosa (La) 74 T 15
Guijasalbas 39 J 17
Guijo 41 J 23
Guijo (El) 63 Q 15
Guijo de Ávila 37 K 13
Guijo de Coria 49 L 10
Guijo de Galisteo 49 L 10
Guijo de Granadilla 49 L 11
Guijo de Santa Bárbara 50 L 13
Guijosa (Guadalajara) 41 I 22
Guijosa (Soria) 26 G 20
Guijoso 26 G 20
Guijoso (El) 66 P 21
Guijuelo 37 K 12
Guilfrei 8 D 8
Guillade 20 F 4
Guillar 7 D 6
Guillarei 20 F 4
Guillena 73 T 11
Guillena (Embalse de) 73 T 11
Guillerna 13 D 21
Guils 17 E 33
Guils de Cerdanya 18 E 35
Guilué 16 E 29
Güímar 92 J 8
Güímar (Ladera de) 92 J 8
Güímar (Punta de) 93 J 8
Güímar (Volcán de) 93 J 8
Guimara 9 D 9
Guimarei 7 D 6
Guimerà 31 H 33
Guincho (El) (Cerca del Aeropuerto) 92 I 9
Guincho (El) (Cerca de Garachico) 92 H 7
Guindos (Los) 75 R 18
Guindos (Sierra de los) 64 O 16
Guinea 13 D 20
Guingueta (La) 17 E 33
Guinicio 13 D 20
Guipúzcoa (Provincia) 14 C 23
Guirguillano 14 D 24
Guisando 51 L 14
Guisatecha 10 D 11
Guisguey 93 U 6
Guissona 31 G 33
Guistolas (Embalse de) 8 E 7
Guitiriz 3 C 6
Guixaró (El) 32 G 35
Guixers 18 F 34
Guizaburruaga 14 C 22
Guizán 20 F 4
Guláns 20 F 4
Gumiel de Hizán 25 G 18
Gumiel de Mercado 25 G 18
Guntín de Pallares 7 D 6
Gurb 32 G 36
Guriezo 13 B 20
Gurp 17 F 32
Gurrea de Gállego 29 F 27
Gurri 32 G 36
Gurugu (El) 53 K 19
Gusendos de los Oteros 23 E 13
Guspí 32 G 34
Gustei 7 E 6
Gutar 76 R 21
Gutierre Muñoz 38 J 16
Gutur 28 G 24
Guxinde 20 G 5
Guzmán 25 G 18
Güime 95 W 4

H

Haba (La) 62 P 12
Habas (Las) 88 X 12
Hacho 84 V 15
Hacho (Sierra del) 84 V 15
Hachueta 14 D 24
Hacinas 26 G 20
Haedillo 26 F 20
Haedo 12 C 18
Haedo de Linares 12 C 19

Hamapega	73	R 12
Hams (Coves dels)	90	N 38
Haría	95	X 3
Harinas (Sierra de las)	84	V 14
Harinosa (La)	83	V 12
Haro	13	E 21
Hatoqueo	61	O 10
Hato Verde	73	T 11
Haya (Peñas de)	14	C 24
Haza	25	H 18
Haza del Trigo	86	V 20
Haza Alta	76	Q 21
Haza de Lino	86	V 20
Hazas de Cesto	12	B 19
Hazuelas (Las)	75	S 16
Hecho	15	D 27
Hecho (Valle de)	15	D 27
Hedradas (Las)	22	F 9
Hedroso	22	F 9
Helado (El)	64	P 18
Helechal	62	P 13
Helechosa	63	O 15
Helgueras	12	B 19
Hellín	67	Q 24
Henar (Río) (Burgos)	25	G 18
Henar (Río) (Soria)	27	H 23
Henar (Río) (Zaragoza)	28	H 24
Henajeros	55	M 25
Henares (Cuenca)	55	M 25
Henares (Murcia)	78	T 24
Henares (Río)	40	K 20
Henche	41	J 21
Herada	12	C 19
Heras (Guadalajara)	40	J 20
Heras (Las)	11	D 15
Herbers	44	J 29
Herbeset	44	K 29
Herbogo	6	D 3
Herbón	6	D 4
Herbosa	12	D 18
Herce	27	F 23
Hércules (Torre de)	2	B 4
Herdadiña	20	G 5
Heredia	14	D 22
Herencia	65	N 19
Herencias (Las)	51	M 15
Hereña	13	D 21
Herguijuela	62	N 12
Herguijuela (La)	51	K 14
Herguijuela de Ciudad Rodrigo	36	K 10
Herguijuela de la Sierra	37	K 11
Herguijuela del Campo	37	K 12
Herguijuelas	61	N 10
Hermanas (Dos)	60	O 8
Hermanas (Las)	67	Q 25
Hérmedes de Cerrato	25	G 17
Hermida (Desfiladero de la)	11	C 16
Hermida (La)	11	C 16
Hermigua	95	E 9
Hermigua (Valle de)	95	E 9
Hermisende	22	G 9
Hermo (Monasterio de)	9	D 10
Hermosilla	12	E 19
Hernán Cortés	62	O 12
Hernani	14	C 24
Hernán Pérez	49	L 10
Hernansancho	38	J 15
Hernán Valle	86	T 20
Hernialde	14	C 23
Hernio	14	C 23
Herradón (El)	38	K 16
Herradura (La) (Granada)	85	V 18
Herradura (La) (Toledo)	65	O 18
Herradura (Punta de la)	93	T 7
Herramélluri	13	E 21
Herraña	78	S 25
Herrera (Zaragoza)	43	I 26
Herrera (cerca de El Coronil)	83	U 12
Herrera (cerca de Estepa)	84	T 15
Herrera (Jaén)	76	R 20
Herrera (La)	67	P 23
Herrera (Puerto de)	14	E 22
Herrera de Alcántara	48	N 7
Herrera de Duero	25	H 16
Herrera de la Mancha	65	O 20
Herrera del Duque	63	O 14
Herrera de los Navarros	43	I 26
Herrera de Pisuerga	12	E 17
Herrera de Soria	26	G 20
Herrera de Valdecañas	25	F 17
Herrería (Guadalajara)	42	J 24
Herrería (Lugo)	8	E 8
Herrería (La) (Albacete)	67	Q 23
Herrería (La) (Córdoba)	74	S 14
Herrerías	11	C 16
Herrerías (Las) (Almería)	87	U 24
Herrerías (Las) (Huelva)	72	T 8
Herrerías (Las) (Jaén)	77	R 22
Herrero	85	V 18
Herreros (Los)	68	O 27
Herreros (Río)	66	Q 21
Herreros (Soria)	27	G 21
Herreros de Jamuz	23	F 12
Herreros de Rueda	10	E 14
Herreros de Suso	38	J 14
Herreruela	48	N 9
Herreruela (Estación de)	49	N 9
Herreruela de Castillería	11	D 16
Herreruela de Oropesa	51	M 14
Herrín de Campos	24	F 15
Herriza (La)	84	U 15
Herrumblar (El)	67	N 25
Herruzo (Sierra del)	76	Q 18
Hervás	50	L 12
Herves	2	C 4
Hervías	26	E 21
Hervideros (Los)	68	O 26
Hervideros (Los)	95	V 4
Hez (Sierra de la)	27	F 23
Hidalga (La)	93	J 8
Hidalgo (Punta del)	93	K 6
Hiedras (Las)	92	H 8
Hiendelaencina	40	I 20
Hierro	12	D 19
Hierro (Cabeza de)	39	J 18
Hierro (Parador de El)	93	B 11
Hierro (Puerto del)	26	G 21
Higa	15	D 25
Higares	52	M 18
Higuer (Cabo)	14	B 24
Higuera (La) (Albacete)	67	P 25
Higuera (La) (Segovia)	39	I 17
Higuera (Sierra de la)	52	N 17
Higuera de Albalat	50	M 13
Higuera de Arjona	75	S 18
Higuera de Calatrava	75	S 17
Higuera de las Dueñas	52	L 16
Higuera de la Serena	62	Q 12
Higuera de la Sierra	72	S 10
Higuera de Llerena	73	Q 11
Higuera de Vargas	60	Q 9
Higueral	87	T 22
Higueral (El)	85	U 17
Higuera la Real	72	R 10
Higueras	56	M 28
Higueras (Las)	85	T 17
Higuerita (La)	93	K 7
Higuerón (El)	74	S 15
Higuerón (Puerto del)	89	X 13
Higüeros	87	V 22
Higueruela	67	P 25
Higueruela (La) (cerca de Belvis de la Jara)	51	M 15
Higueruela (La) (cerca de Toledo)	52	M 17
Higueruelas	56	M 27
Hija de Dios (La)	38	K 15
Híjar (Albacete)	67	Q 23
Híjar (Teruel)	43	I 28
Híjes	40	I 21
Hijosa	12	E 17
Hilario (Islote de)	95	V 3
Hincado (Puerto)	27	F 21
Hinestrosa	25	F 17
Hiniesta (La)	23	H 12
Hinodejo	27	G 21
Hinojal	49	M 10
Hinojales	72	R 10
Hinojales (Sierra)	72	S 10
Hinojar (Ciudad Real)	64	Q 17
Hinojar (Murcia)	78	S 25
Hinojar del Rey	26	G 20
Hinojares	76	S 20
Hinojedo	12	B 17
Hinojora	87	T 22
Hinojos	82	U 10
Hinojos (Marisma de)	82	U 10
Hinojosa	42	I 24
Hinojosa (La) (Cuenca)	54	M 22
Hinojosa (La) (Soria)	26	G 20
Hinojosa de Duero	36	J 9
Hinojosa de Jarque	43	J 27
Hinojosa de la Sierra	27	G 22
Hinojosa del Campo	27	G 23
Hinojosa del Cerro	39	H 18
Hinojosa del Duque	63	Q 14
Hinojosa del Valle	62	Q 11
Hinojosa de San Vicente	51	L 15
Hinojosos de Calatrava	64	Q 17
Hinojosos (Los)	54	N 21
Hío	20	F 3
Hiriberri	15	D 26
Hirmes	86	V 21
Hiruela (La)	40	I 19
Hita	40	J 20
Hito (El)	54	M 21
Hito (Laguna de El)	54	M 21
Hitos (Estación de Los)	67	P 24
Hoces (Desfiladero Las)	10	D 13
Hoces de Bárcena	12	C 17
Hoja (Embalse de la)	72	T 9
Holguera	49	M 10
Hombrados	42	J 24
Hombreiro	3	C 7
Home (Cabo de)	20	F 3
Homino	12	E 19
Hondarribia / Fuenterrabía	14	B 24
Hondura	37	K 12
Hondura (Acantilado de la)	92	J 8
Honduras (Puerto de)	50	L 12
Honduras (Punta de)	92	J 8
Honquilana	38	I 15
Honrubia	54	N 23
Honrubia de la Cuesta	25	H 18
Hontalbilla	39	H 17
Hontana (El)	56	M 26
Hontanar (Collado de)	75	Q 17
Hontanar (El) (cerca de La Hunde)	68	O 26
Hontanar (Toledo)	52	N 16
Hontanar (València)	55	L 25
Hontanares (Guadalajara)	41	J 21
Hontanares (Ávila)	51	L 15
Hontanares de Eresma	39	J 17
Hontanas	25	F 17
Hontanaya	54	M 21
Hontangas	25	H 18
Hontecillas	54	M 23
Hontoba	40	K 20
Hontomín	12	E 19
Hontoria (Asturias)	11	B 15
Hontoria (Segovia)	39	J 17
Hontoria de Cerrato	25	G 16
Hontoria de la Cantera	26	F 19
Hontoria del Pinar	26	G 20
Hontoria de Valdearados	26	G 19
Horca (La)	67	Q 25
Horcajada (La)	37	K 13
Horcajada de la Torre	54	L 22
Horcajo (Cáceres)	49	K 10
Horcajo (Ciudad Real)	64	Q 16
Horcajo (El)	66	P 22
Horcajo de la Ribera	50	K 13
Horcajo de la Sierra	40	I 19
Horcajo de las Torres	38	I 14
Horcajo de los Montes	64	O 16
Horcajo de Montemayor	50	K 12
Horcajo de Santiago	53	M 21
Horcajo Medianero	37	K 13
Horcajuelo de la Sierra	40	I 19
Horche	40	K 20
Horcón	63	Q 15
Horconera (Sierra de la)	85	T 17
Hormazas (Las)	12	E 18
Hormazas (Sierra de las)	27	F 21
Hormazuela	12	E 18
Hormigos	52	L 16
Hormilla	27	E 21
Hormilleja	27	E 21
Horna (Albacete)	67	P 25
Horna (Burgos)	12	D 19
Horna (Guadalajara)	41	I 22
Hornachuelos	74	S 14
Hornachuelos (Estación de)	74	S 14
Hornajos (Los)	86	V 21
Hornias Bajas	64	O 17
Hornico (El)	77	R 23
Hornija (León)	8	E 9
Hornija (Río)	24	H 15
Hornijo (Sierra del)	12	C 19
Hornillatorre	12	C 19
Hornillayuso	12	C 19
Hornillo (El) (Murcia)	78	T 25
Hornillo (El) (Ávila)	51	L 14
Hornillos	38	H 15
Hornillos de Cameros	27	F 22
Hornillos de Cerrato	25	G 17
Hornillos del Camino	25	E 18
Hornos	77	R 21
Hornos de la Mata	12	C 17
Hornos de Peal	76	S 20
Horra (La)	25	G 18
Horsavinyà	33	G 37
Hort de la Rabassa (L')	68	N 28
Horta (Cap de l')	79	Q 28
Horta de Sant Joan	44	J 30
Hortas	7	D 5
Hortells	44	J 29
Hortezuela	27	H 21
Hortezuela de Océn (La)	41	J 22
Hortezuelos	26	G 19
Hortichuela (La)	85	T 18
Hortigüela	26	F 19
Hortizuela	54	L 23
Hortoneda	17	F 33
Hortons (Riera de)	32	G 35
Hortunas de Arriba	68	N 26
Hospital (cerca de Fonsagrada)	4	C 8
Hospital (cerca de Linares)	8	D 8
Hospital (Collado del)	51	N 14
Hospital de Órbigo	10	E 12
Hospitalet (L')	32	H 36
Hospitalet de l'Infant (L')	45	J 32
Hosquillo (El)	55	K 24
Hostal de Ipiés	16	E 28
Hostalets (Els) (Barcelona)	32	G 36
Hostalets (Els) (cerca de Esparreguera)	32	H 35
Hostalets (Els) (Lérida)	18	F 34
Hostalets d'En Bas (Els)	19	F 37
Hostalric	33	G 37
Hoya (La)	95	V 4
Hoya (La) (Madrid)	39	K 17
Hoya (La) (Málaga)	84	V 16
Hoya (La) (Salamanca)	50	K 12
Hoya (La) (Murcia)	78	S 25
Hoya de Farrais	92	I 7
Hoya de la Carrasca	55	L 26
Hoya del Campo	78	R 25
Hoya del Espino (La)	77	R 22
Hoya del Espino (Sierra de la)	77	R 22
Hoya del Peral	55	L 25
Hoya Fría	93	K 7
Hoya Gonzalo	67	P 25
Hoya Grande	92	H 9
Hoyales de Roa	25	H 18
Hoyas (Altura de la)	95	B 4
Hoyas (Las)	87	U 22
Hoya Santa Ana	67	P 25
Hoyo (El) (Ciudad real)	76	Q 18
Hoyo (El) (Córdoba)	74	R 14
Hoyo (Sierra del)	39	K 18
Hoyocasero	51	K 15
Hoyo de Manzanares	39	K 18
Hoyo de Pinares (El)	39	K 16
Hoyorredondo	37	K 13
Hoyos	49	L 9
Hoyos del Collado	51	K 14
Hoyos del Espino	51	K 14
Hoyos de Miguel Muñoz	51	K 14
Hoyuelos	39	I 16
Hoyuelos (Los)	66	P 21
Hozabejas	12	D 19
Hoz de Abajo	40	H 20
Hoz de Anero	12	B 19
Hoz de Arreba	12	D 18
Hoz de Arriba	40	H 20
Hoz de Barbastro	16	F 30
Hoz de Beteta (Desfiladero)	41	K 23
Hoz de Jaca	16	D 29
Hoz de la Vieja (La)	43	J 27
Hoz de Valdivielso	12	D 19
Hozgarganta	89	W 13
Hoznayo	12	B 18
Hoz Seca	42	K 24
Huarte	15	D 25
Huebra	36	I 10
Huebro	87	V 23
Huécar (Río)	54	L 24
Huecas	52	L 17
Huecha	28	G 24
Huechaseca	28	G 25
Huécija	87	V 22
Huefor Tájar	85	U 17
Huegas	30	H 30
Huélaga	49	L 10
Huélago	86	T 20
Huélamo	55	L 24
Huelga (La)	87	U 22
Huelgas Reales (Las)	25	F 18
Huelgueras	11	B 16
Huelma	76	T 19
Huelva	82	U 9
Huelva (Rivera de)	72	S 10
Huelves	54	L 21
Huéneja	86	U 21
Huéneja (Estación de)	86	U 21
Huércal de Almería	87	V 22
Huércal Overa	87	T 24
Huércanos	27	E 21
Huerce (La)	40	I 20
Huércemes	55	M 24
Huerces	5	B 12
Huerga de Frailes	23	E 12
Huergas	10	D 11
Huérguina	55	L 25
Huérmeces	12	E 18
Huérmeces del Cerro	41	I 21
Huérmeda	42	H 25
Hueros (Los)	53	K 19
Huerrios	29	F 28
Huerta (Estación de)	53	M 19
Huerta (La)	87	U 24
Huerta (Segovia)	39	I 18
Huerta (Salamanca)	37	J 13
Huerta de Abajo	26	F 20
Huerta de Arriba	26	F 20
Huerta de Cuarto Holgado	49	L 11
Huerta de la Obispalía	54	M 22
Huerta del Marquesado	55	L 24
Huerta del Rey	26	G 19
Huerta de Valdecarábanos	53	M 19
Huerta de Vero	16	F 30
Huertahernando	41	J 23
Huertapelayo	41	J 23
Huertas (Ermita Las)	78	S 25
Huertas (Las)	60	N 8
Huertas Bocas del Salado	74	T 15
Huertas de Ánimas	50	N 12
Huérteles	27	F 23
Huertezuelas	64	Q 18
Huerto	30	G 29
Huertos (Los)	39	I 17
Huerva (La)	42	I 26
Huesa	76	S 20
Huesa (Estación de)	76	S 20
Huesa del Común	43	I 27
Huesas (Las)	64	Q 18
Huesca	29	F 28
Huéscar	77	S 22
Huéscar (Río)	55	L 24
Huesna (Embalse de)	73	S 12
Huéspeda	12	D 19
Huete	54	L 21
Hueto Arriba	13	D 21
Huétor-Vega	85	U 19
Huétor Santillán	85	U 19
Huétor Tájar	85	U 17
Huetos	41	J 22
Hueva	40	K 21
Huévar	83	T 11
Huéznar (Rivera de)	73	S 12
Huma	84	V 15
Humada	12	D 17
Humanes	40	J 20
Humanes de Madrid	52	L 18
Humboldt (Mirador de)	92	I 7
Húmera	52	K 18
Humilladero	84	U 15
Humilladero (Ermita del)	50	N 13
Humilladero (Sierra del)	84	U 15
Humo de Muro (El)	16	E 30
Humosa (La)	67	P 24
Hunde (La)	68	O 26
Hurdano (Río)	49	K 11
Hurdes (Las)	49	K 11
Hurones	26	E 19
Hurones (Embalse de los)	83	V 13
Hurtado	65	O 19
Hurtumpascual	38	J 14
Hurchillo	79	R 27
Husillos	25	F 16
Huso	51	N 14
Ibahernando	62	O 12
Ibañeta (Puerto)	15	C 26
Ibardin	15	C 24
Ibarra (Álava)	14	C 22
Ibarra (Guipúzcoa)	14	C 23
Ibarra (Vizcaya)	13	C 21
Ibarranguelua	14	B 22
Ibárruri	13	C 21
Ibdes	42	I 24
Ibeas de Juarros	26	F 19
Ibi	69	Q 28
Ibias	4	C 9
Ibias (Río)	9	D 9
Ibieca	16	F 29
Ibisate	14	D 22
Ibiza / Eivissa	91	P 34
Ibor	50	M 13
Ibrillos	26	E 20
Ibros	76	R 19
Icazteguieta	14	C 23
Iciar	14	C 23
Icod de los Vinos	92	H 7
Icod el Alto	92	I 7
Icor	92	J 8
Idafe (Roque de)	95	B 5
Idiazabal	14	C 23
Idocin	15	D 25
Ifach (Peñón de)	69	Q 30
Ifonche	92	H 9
Igal	15	D 26
Igantzi	15	C 24
Igea	27	F 23
Iglesiarrubia	25	G 18
Iglesias	25	F 18
Iglesuela (La)	51	L 15
Iglesuela del Cid (La)	44	K 29
Igorre	13	C 21
Igrexafeita	3	B 5
Igriés	29	F 28
Igualada	32	H 34
Igualeja	89	W 14
Igualero	95	E 9
Igueldo	14	C 23
Igueldo (Monte)	14	C 23
Igüeña	9	D 11
Igueste (Cerca de Las Caletillas)	93	J 7
Igueste (Cerca de San Andrés)	93	L 6
Igúzquiza	14	E 23
Ihabar	14	D 24
Ilche	30	G 30
Illa	20	G 5
Illa (L')	31	P 34
Illa de Arousa	6	E 3
Illana	54	L 21
Illán de Vacas	52	M 16
Illano	4	C 9
Illar	86	V 22
Illas	5	B 12
Illaso	4	B 9
Illescas	52	L 18
Illón (Sierra de)	15	D 26
Illora	85	U 18
Illueca	28	H 25
Ilurdotz	15	D 25
Imaña (Val)	43	I 28
Imón	41	I 21
Ina (La)	88	W 11
Inagua	94	N 10
Inazares	77	R 23
Inca	90	M 38
Incinillas	12	D 19
Incio	8	E 8
Incio (O)	8	E 7
Indiana (Estación de la)	84	V 14
Indiano (El)	73	T 11
Indias (Las)	95	B 6
Induráin	15	D 25
Ines	26	H 20
Inestrillas	28	G 24
Infantas (La)	75	S 18
Infantas (Las)	52	L 18
Infierno (Barranco del)	92	H 9
Infierno (Picos del)	16	D 29
Infiernos (Los)	85	U 17
Infiesto	5	B 13
Ingenio	94	P 10

Ingenio (Cerca de Santa Lucía)	94	O 10
Inglés (El)	94	N 10
Iniesta	55	N 24
Iniéstola	41	J 22
Inogés	42	H 25
Inoso	13	C 21
Instinción	86	V 22
Insúa (cerca de Taboada)	7	D 6
Insúa (cerca de Villalba)	3	C 6
Insúa (La Coruña)	3	B 6
Insúa (Punta)	2	C 2
Intza	14	C 24
Invernas (Las)	41	J 21
Iñigo	37	K 12
Ip (Embalse de)	16	D 28
Irabiako (Embalse de)	15	D 26
Irache (Monasterio de)	14	E 23
Irañeta	14	D 24
Iragi	15	D 25
Iranzu (Monasterio de)	14	D 23
Irañeta	14	D 24
Irati	15	D 26
Irati (Bosque de)	15	D 26
Irati (Valle del)	15	D 25
Ircio	13	E 21
Irede	10	D 12
Iregua	27	F 21
Iregua (Valle de)	27	F 22
Iribas	14	D 24
Iriépal	40	K 20
Irixo	7	E 5
Irixoa	3	C 5
Irta (Cap d')	57	L 31
Irta (Serra de)	57	L 30
Iruecha	41	I 23
Iruela	22	F 10
Iruela (La)	76	S 21
Iruelos	36	I 11
Irueste	41	K 21
Irumugarrieta	14	C 23
Irun	14	B 24
Iruña de Oca	13	D 21
Iruñea / Pamplona	15	D 25
Iruñela	14	D 23
Irura	14	C 24
Irurita	15	C 25
Irurozqui	15	D 26
Irurtzun	14	D 24
Irús	13	C 19
Iruz	12	C 18
Iruzubi	14	C 22
Isaba	15	D 27
Isabel (La)	71	T 7
Isabela	76	R 19
Isar	25	E 18
Isábena	17	E 31
Iscar	39	H 16
Isidro	72	R 9
Isidros (Los)	55	N 26
Isín	16	E 28
Isla	12	B 19
Isla (La)	5	B 14
Isla Canela	81	U 7
Isla Cristina	81	U 8
Isla de Luna	84	T 15
Isla del Vicario	74	T 14
Isla Plana	79	T 26
Isla Ravenna	90	M 39
Isla Redonda	84	T 15
Islares	13	B 20
Islas Menores	79	T 27
Isla Verde	88	W 12
Isleta (Las Palmas)	94	P 9
Isleta (La)	94	P 8
Isleta (La)	87	V 23
Isleta (La)	95	W 3
Islote (El)	93	R 9
Iso (Puerto)	15	D 26
Isoba	5	C 14
Isona	17	F 33
Isora	93	B 11
Isóvol	18	E 35
Ispater	14	B 22
Isso	67	Q 24
Isuela	29	F 28
Isuela (Soria)	27	H 22
Isuerre	15	E 26
Itálica (Ruinas de)	73	T 11
Itero de la Vega	25	F 17
Itero del Castillo	25	F 17
Itoiz	15	D 25
Itoiz (Embalse de)	15	D 26
Itrabo	85	V 19
Itrabo (Cerro de)	85	V 19
Itsaso	14	C 23
Itsasondo	14	C 23
Ituero (Albacete)	66	P 23
Ituero (Soria)	27	H 22
Ituero de Azaba	36	K 9
Ituero y Lama	39	J 16
Ituren	14	C 24
Iturgoyen	14	D 24
Iturmendi	14	D 23
Iturreta	14	C 22
Iurreta	13	C 22
Iurreta	13	C 22
Ivars de Noguera	31	G 31
Ivars d'Urgell	31	G 32
Ivarsos (Els)	57	L 29
Ivernalo	14	E 23
Ivorra	32	G 34
Izade	13	C 20
Izaga	15	D 25
Izagre	24	F 14
Izal	15	D 26
Izalzu	15	D 26
Izaña	92	I 8
Izaña (Observatorio Meteorológico de)	92	J 8
Izaña (Puerto de)	92	J 8
Izarra	13	D 21
Izarraitz (Monte)	14	C 23
źbor	85	V 19
Izcar	75	S 16
Izco	15	E 25
Izco (Sierra de)	15	E 25
Iznájar	85	U 17
Iznalloz	85	T 19
Iznate	85	V 17
Iznatoraf	76	R 20
Izpegui (Puerto de)	15	C 25
Izurza	14	C 22

J

Jábaga	54	L 23
Jabalcón	76	T 21
Jabalcuz	75	S 18
Jabalera	54	L 21
Jabalón (Río)	64	P 17
Jabaloyas	55	L 25
Jabalquinto	75	R 18
Jabarrella	16	E 28
Jabarrella (Embalse de)	16	E 28
Jabarriega	61	O 9
Jabata	73	S 10
Jable (El)	95	W 3
Jable del Moro	93	U 5
Jabugo	72	S 9
Jabuguillo	72	S 10
Jaca (Huesca)	16	E 28
Jaca (Jaén)	75	T 18
Jacarilla	79	R 27
Jacintos	72	R 10
Jadraque	40	J 21
Jaén	75	S 18
Jafre	19	F 39
Jaganta	44	J 29
Jaizkibel (Monte)	14	B 24
Jalama	49	L 9
Jalance	68	O 26
Jalón (Río)	41	I 23
Jalón de Cameros	27	F 22
Jalvegada	76	Q 18
Jama	92	I 9
Jamara	53	L 19
Jamara (Canal del)	52	L 18
Jambrina	38	H 13
Jameos del Agua	95	X 3
Jamilena	75	S 18
Jamuz	23	F 12
Jana (La)	44	K 30
Jandia	93	R 9
Jandia (Península de)	93	R 9
Jandia (Punta de)	93	Q 9
Jandilla	88	X 12
Jándula (Río)	64	Q 18
Jándula		
Jandulilla	76	S 20
Janubio (Salinas de)	95	V 4
Jara (La) (Cádiz)	82	V 10
Jara (La) (Toledo)	51	M 14
Jaraba	42	I 24
Jarabeltran	39	K 17
Jarafuel	68	O 26
Jaraguas	55	N 25
Jaraicejo	50	N 12
Jaraiz de la Vera	50	L 12
Jaral (El)	92	H 8
Jarales	93	B 11
Jarama (Circuito del)	40	K 19
Jarama (Río)	40	I 19
Jaramillo de la Fuente	26	F 20
Jaramillo Quemado	26	F 19
Jarandilla de la Vera	50	L 13
Jaras (Las)	74	S 15
Jarastepar	84	V 14
Jaray	27	G 23
Jarceley	4	C 10
Jarda (La)	88	W 13
Jardín de Aclimatación (Puerto de la Cruz)	92	I 7
Jardín (El)	66	P 23
Jardín (Rio del)	66	P 23
Jardín Canario	94	P 9
Jardines (Puerto de los)	76	Q 19
Jardines de Aranjuez	53	L 19
Jarilla	49	L 11
Jarilla (La)	73	T 12
Jarillas (Las)	73	S 12
Jarlata	16	E 28
Jarosa	77	S 23
Jarosa (Embalse de la)	39	J 17
Jarosa (La)	65	P 20
Jarque	28	H 24
Jarque de la Val	43	J 27
Jarrio	4	B 9
Jartín (Arroyo)	49	M 9
Jártos	77	Q 23
Jasa	16	D 28
Jata	77	S 22
Játar	85	V 18
Jatiel	43	I 28
Jau (El)	85	U 18
Jauja	84	U 16
Jaulín	29	H 27
Jaume (Ermita d'en)	69	Q 28
Jauntsarast	14	C 24
Jaurrieta	15	D 26
Jautor (El)	88	W 13
Javalambre	56	L 26
Javalambre (Sierra de)	56	L 27
Javalón	55	L 25
Javana (Punta)	87	V 24
Jávea / Xàbia	69	P 30
Javier	15	E 26
Javierre	16	E 29
Javierre del Obispo	16	E 29
Javierregay	15	E 27
Javierrelatre	16	E 28
Javierrelatre (Embalse de)	16	E 28
Jayena	85	V 18
Jayón	87	V 23
Jedey	95	B 6
Jédula	83	V 12
Jemenuño	39	J 16
Jerea	13	C 20
Jeres del Marquesado	86	U 20
Jerez de la Frontera	83	V 11
Jerez de los Caballeros	72	R 9
Jérica	56	M 28
Jerte	50	L 12
Jerte (Río)	49	L 11
Jesús (Iglesia)	91	P 34
Jesús i María	45	J 32
Jesús Pobre	69	P 30
Jete	85	V 18
Jiloca	42	I 25
Jimena	76	S 19
Jimena de la Frontera	89	W 13
Jiménez de Jamuz	23	F 12
Jimera de Líbar (La)	89	W 14
Jinama	93	B 11
Jinamar	94	P 9
Jinetes (Los)	73	T 12
Jistredo (Sierra de)	10	D 11
Joanetes	19	F 37
Joanín	7	E 6
Joara	24	E 15
Joarilla de las Matas	24	F 14
Jócano	13	D 21
Jódar	76	S 19
Jola	60	O 8
Jolúcar	85	V 19
Joncosa de Montmell (la)	32	I 34
Jonquera (La)	19	E 38
Jorairátar	86	V 20
Jorba	32	H 34
Jorcas	43	K 27
Jordra de Cardos	41	H 22
Jorquera	67	O 25
Josa	43	J 27
Josa del Cadí	18	F 34
José Antonio	83	V 12
José Antonio Elola	51	L 14
José Díez	72	R 10
Jose Toran (Embalse de)	74	S 13
Jou	17	E 33
Jou (Collado de)	18	F 34
Joya (La) (Huelva)	72	S 8
Joya (La) (Ibiza)	91	O 34
Joyosa (La)	29	G 26
Juan Antón	72	T 10
Juan Centellas (Punta de)	92	H 7
Juan Gallego	72	T 10
Juan Grande	94	P 11
Juan Martín	75	S 16
Juan Navarro	55	N 26
Juan Quílez	77	Q 23
Juán Rico (Casas de)	68	O 27
Juarros de Riomoros	39	J 17
Juarros de Voltoya	39	I 16
Jubera (Jaén)	75	S 18
Jubera (La Rioja)	27	F 23
Jubera (Soria)	41	I 22
Juberri	18	E 34
Jubiley (Puerto)	86	V 19
Jubrique	89	W 14
Júcar (Garganta)	55	L 24
Júcar (Río)	54	L 24
Judes	41	I 23
Judio	64	Q 16
Judio (Embalse del)	78	R 25
Julán (El)	93	A 11
Jumadiel (Arroyo de)	49	N 9
Jumilla	68	Q 26
Jumilla (Puerto de)	68	Q 26
Juncalillo	94	O 9
Juncar (El)	56	L 29
Junceda	20	G 5
Junciana	50	K 13
Juncosa	31	H 32
Juneda	31	H 32
Junquera (La) (Murcia)	77	S 23
Junquera (La) (Sevilla)	83	V 11
Junquera de Tera	23	F 11
Junquillo	75	R 17
Juntas	85	T 18
Juntas de Arriba (Las)	77	S 23
Junzano	16	F 29
Jurado	75	R 16
Jurado (El)	92	G 8
Jurados (Los)	83	U 12
Jureña (Sierra de)	77	S 22
Juseu	17	F 31
Juslibol	29	G 27
Justel	23	F 11
Juviles	86	V 20
Juzbado	37	I 12
Júzcar	89	W 14

K

Kanala	13	B 21
Kanpazar (Puerto de)	14	C 22
Kexaa	13	C 20
Kintoa Real (Coto nacional de)	15	C 25

L

Labacengos	3	B 6
Labacolla	7	D 4
Labajos	39	J 16
Labarces	11	C 16
Labastida	13	E 21
Labata	16	F 29
Labia (Sierra de)	15	D 25
Labiano	15	D 25
Laborcillas	86	T 20
Labor de Acequión	67	O 23
Labores (Las)	65	O 19
Labra	11	B 14
Labrada (cerca de Abadín)	3	B 7
Labrada (cerca de Germade)	3	C 6
Labraza	14	E 22
Labros	42	I 24
Labuerda	16	E 30
Lácara	61	P 10
Lácara (Rivera de)	61	P 10
Lacervilla	13	D 21
Láchar	85	U 18
Lacorvilla	29	F 27
Lada	5	C 12
Ladines	5	C 13
Ladrillar	37	K 11
Ladronera	75	R 16
Ladrones	67	P 25
Ladrones (Punta)	89	W 15
Ladruñán	43	J 28
Lafortunada	16	E 30
Lafuente	4	B 9
Lagar de San Antonio	84	T 15
Lagarejos	22	F 10
Lagarín	84	V 14
Lagartera	51	M 14
Lagartos	24	E 15
Lagata	43	I 27
Lago (Asturias)	4	C 9
Lago (Lugo)	3	A 7
Lagoa (A)	6	E 4
Lago Edén	94	P 10
Lago Menor	90	M 39
Lagos	85	V 17
Lagrán	14	E 22
Laguardia	14	E 22
Laguarres	17	F 31
Laguarta	16	E 29
Lagueruela	42	I 26
Laguna (La)	93	K 7
Laguna (La)	85	U 17
Laguna (La) (Islas Canarias)	95	B 6
Laguna (La) (Ciudad Real)	64	P 18
Laguna (La) (Huesca)	30	G 29
Laguna (La) (Jaén)	76	S 19
Laguna Dalga	23	F 12
Laguna de Cameros	27	F 22
Laguna de Contreras	25	H 17
Laguna de Duero	24	H 15
Laguna del Marquesado	55	L 24

JEREZ DE LA FRONTERA

Algarve	BZ	2
Doña Blanca	BZ	31
Larga	BZ	47
Angustias (Pl. de las)	BZ	5
Arenal (Pl. del)	BZ	8
Armas	ABZ	10
Arroyo (Pl. del)	AZ	12
Asunción (Pl.)	BZ	13
Beato Juan Grande	BY	15
Cabezas	AYZ	18
Conde de Bayona	BZ	21
Consistorio	BZ	23
Cordobeses	AY	26
Cristina (Alameda)	BY	28
Cruces	BZ	30
Duque de Abrantes (Av.)	BY	32
Eguilaz	BYZ	33
Encarnación (Pl. de la)	AZ	35
Gaspar Fernández	BYZ	40
José Luis Díaz	AZ	42
Lancería	BZ	45
Letrados	ABZ	50
Luis de Isasy	AYZ	52
Manuel María González	AZ	55
Monti (Pl.)	BZ	57
Nuño de Cañas	BY	60
Pedro Alonso	BZ	62
Peones (Pl.)	AZ	65
Plateros	BZ	67
Pozuelo	ABZ	70
Rafael Rivero (Pl.)	BY	72
San Agustín	BZ	75
San Fernando	AZ	77
San Lucas (Pl.)	AYZ	80
Tornería	BY	82
Vieja (Alameda)	AZ	84

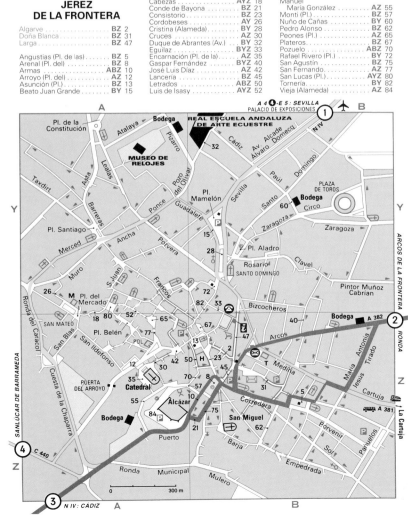

Laguna de Negrillos	23 F 13	Lanaja (Sierra de)	29 G 28	Laraxe	3 B 5	Lastra (La) (Palencia)	11 D 16	Lebozán (Orense)	7 E 5
Laguna de Somoza	23 E 11	Lanave	16 E 28	Lardero	27 E 22	Lastra (Sierra de la)	43 K 28	Lebozán (Pontevedra)	7 E 5
Laguna Grande	54 N 21	Láncara (Lugo)	8 D 7	Laredo	13 B 19	Lastra del Cano (La)	50 K 13	Lebrancón	41 J 23
Laguna Negra de Neila	26 F 20	Láncara (Puebla de San Julián)	8 D 7	Larga (Laguna)	53 N 20	Lastras	12 C 19	Lebredo	4 B 9
Laguna Negra de Urbión	27 F 21	Lancha (La)	75 R 18	Larga (Sierra) (Almeria)	77 S 23	Lastras de Cuéllar	39 I 17	Lebrija	83 V 11
Laguna Rodrigo	39 J 16	Lancha (Puerto de la)	39 K 16	Larga (Sierra) (Murcia)	78 Q 23	Lastras de las Eras	12 C 19	Lécera	43 I 27
Lagunarrota	30 G 29	Lanchares	12 C 18	Largas	53 N 19	Lastras de la Torre	13 C 20	Leces	11 B 14
Lagunas de Ruidera (Parque natural)	66 P 21	Lanciego	14 E 22	Largentes	8 D 9	Lastras del Pozo	39 J 16	Lechago	42 J 26
Lagunaseca	41 K 23	Lanchar	77 R 23	Largo (El)	87 T 24	Lastres	5 B 14	Lechina	66 O 22
Lagunazo	72 T 8	Landete	55 M 25	Lariño	6 D 2	Lastres (Cabo)	5 B 14	Lechón	42 I 26
Lagunazo (Embalse de)	72 T 8	Landrove	3 B 7	Lario	11 C 14	Lastrilla (La)	39 J 17	Lecina	16 F 30
Lagunetas (Las)	94 O 9	Landrove (Río)	3 B 7	Laro	7 E 5	Latasa (cerca de Lecumberri)	14 D 24	Leciñena	29 G 28
Langa	38 I 15	Lanestosa	12 C 19	Laroá	21 F 6	Latasa (cerca de Lizaso)	15 D 25	Lecrín	85 V 19
Lagunica (La)	42 J 25	Langa (La)	54 L 22	Laroche	79 R 26	Latedo	22 G 10	Lecrín (Valle de)	85 V 19
Lagunilla	50 L 12	Langa de Duero	26 H 19	Laroles	86 U 20	Latorrecilla	16 E 30	Ledanca	41 J 21
Lagunilla de Jubera	27 E 23	Langa del Castillo	42 I 25	Larón	9 D 10	Latre	16 E 28	Ledaña	67 N 24
Lagunilla (La)	64 O 16	Langayo	25 H 17	Larouco	8 E 8	Laudio / Llodio	13 C 21	Ledesma	37 I 11
Lagunillas (Las)	85 T 17	Langosto	27 G 22	Laroya	87 U 23	Laujar de Andarax	86 V 21	Ledesma de la Cogolla	27 F 21
Laida	14 B 21	Langre	9 D 10	Larrabasterra	13 B 21	Laukiz	13 B 21	Ledesma de Soria	27 H 23
Laíño	6 D 3	Langreo	5 C 13	Larrabetzu	13 C 21	Lavaderos	43 J 27	Ledigos	24 E 15
Laiosa	8 E 7	Languilla	40 H 19	Larraga	14 E 24	Lavadores	20 F 3	Ledrada	37 K 12
Laíquez (Minas de)	87 V 23	Lanjarón	86 V 19	Larraintzar	15 D 24	Lavandeira	3 B 5	Leganés	52 L 18
Laja del Risco (La)	94 N 9	Lanseros	22 F 10	Larrau (Puerto de)	15 D 27	Lavandera	4 C 10	Leganiel	53 L 21
Lajares	93 U 5	Lantadilla	25 E 17	Larraul	14 C 24	Lavern	32 H 35	Legarda	14 D 24
Lajita (La)	93 T 8	Lantaño	6 E 3	Larráun	14 D 24	Laviana	5 C 13	Legazpi	14 C 22
Lakuntza	14 D 23	Lantéira	86 U 20	Lárrede	16 E 28	Lavid de Ojeda	11 E 16	Legorreta	14 C 23
Lalastra	13 D 20	Lantejuela	84 T 14	Larrés	16 E 28	Lavio	4 B 10	Legutiano / Villarreal	14 D 22
Lalín	7 E 5	Lantz	15 D 25	Larrión	14 D 23	Laxe (La Coruña)	2 C 3	Leioa	13 C 21
Laluenga	16 F 29	Lanuza (Embalse de)	16 D 29	Larrodrigo	37 J 13	Laxe (Lugo)	7 E 6	Leira	2 C 4
Lalueza	30 G 29	Lanzahita	51 L 15	Larruscain	14 C 22	Laxosa	8 D 7	Leirado	20 F 4
Lama	7 E 4	Lanzarote	94 O 9	Larués	15 E 27	Layana	28 F 26	Leiro (La Coruña)	3 B 5
Lamalonga	22 F 9	Lanzas Agudas	13 C 19	Larva	76 S 20	Layna	41 I 23	Leiro (Orense)	7 E 5
Lamas (As)	21 F 6	Lanzós	3 B 7	Larva (Estacíon de)	76 S 20	Layón	87 U 22	Leis	2 C 2
Lamas (cerca de San Sadurniño)	3 B 5	Lanzuela	42 I 26	Lasao	14 C 23	Layos	52 M 17	Leitariegos de Villalobos (Los)	61 P 9
Lamas (cerca de Zás)	2 C 3	Laño	14 E 22	Lasaosa	16 E 29	Laza	21 F 7	Leitariegos (Puerto de)	9 D 10
Lamas (Las)	8 D 9	Lapa (La) (Badajoz)	61 Q 10	Lasarte	14 C 23	Laza (Alto)	15 D 27	Leitza	14 C 24
Lamas (Lugo)	3 C 6	Lapa (La) (Sevilla)	73 T 11	Lascasas	29 F 28	Lazagurría	14 E 23	Leiva	13 E 20
Lamas (Orense)	7 E 6	Lapa (Sierra de la)	62 P 12	Lascellas	16 F 29	Lázaro	55 M 24	Leizarán	14 C 24
Lamas de Moreira	4 C 8	Lapela	20 F 5	Lascuarre	17 F 31	Lázaros (Picacho de los)	93 J 6	Leizarrán	14 C 24
Lamasón	11 C 16	Laperdiguera	30 G 29	Lasieso	16 E 28	Lazkao	14 C 23	Lekeitio	14 B 22
Lamata	16 F 30	Lapones	48 N 8	Laspaúles	17 E 31	Lea	3 C 7	Lekunberri	14 C 24
Lamosa	20 F 4	Lara (Burgos)	26 F 19	Laspuña	16 E 30	Leache	15 E 25	Lemoa	13 C 21
Lana	14 D 23	Lara (Ciudad Real)	64 O 18	Laspuña (Embalse de)	16 E 30	Lebanza	11 D 16	Lemoiz	13 B 21
Lanaja	30 G 29	Laracha	2 C 4	Lastanosa	30 G 29	Lebeña	11 C 16	Lena	5 C 12
		Laranueva	41 J 22	Lastra (A)	4 C 8	Leboreiro (La Coruña)	7 D 6	Lences	12 E 19
				Lastra (La)	11 C 16	Leboreiro (Orense)	21 F 7	Lendínez	75 S 17

Lengua (Sierra)	68 P 26	Linares (cerca de Cangas de Narcea)	4 C 10	Llano de las Menorcas	30 H 30
Lens	6 D 3	Linares (cerca de Salas)	5 B 11	Llano de la Torre	66 Q 23
Lentejí	85 V 18	Linares (Jaén)	76 R 19	Llano del Beal	79 T 27
Lentellais	21 F 8	Linares (Lugo)	8 D 8	Llano del Moro	93 J 7
Lentiscal (El)	88 X 12	Linares (Puerto de)	56 L 28	Llano de Olmedo	38 I 16
León	10 E 13	Linares (Río)	27 F 23	Llano des Calderes	17 F 33
León (Isla de)	88 W 11	Linares de Mora (Teruel)	56 L 28	Llano de Ucanca	92 I 4
León (Montes de)	9 E 10	Linares del Arroyo (Embalse de)	26 H 19	Llano Don Antonio	87 V 24
León (Puerto del)	85 V 16	Linares de la Sierra	72 S 10	Llano Negro	95 B 5
Leones (Los)	74 T 16	Linares de Mora (Teruel)	56 L 28	Llanos (Los)	94 P 10
Leones (Puerto de los)	39 J 17	Linares de Riofrío	37 K 12	Llanos (Los)	67 P 24
Leoz	15 E 25	Linás de Broto	16 E 29	Llanos de Antequera (Los)	84 U 16
Lepe	82 U 8	Linás de Marcuello	29 F 27	Llanos de Aridane (Los)	95 B 6
Leranotz	15 D 25	Linde (La)	4 C 10	Llanos de Arriba (Los)	77 Q 21
Lérez	6 E 4	Lindín	4 B 8	Llanos de Don Juan	85 T 19
Lerga	15 E 25	Línea de la Concepción (La)	89 X 13	Llanos de la Concepción	93 T 4
Lerga (Alto)	15 E 25	Lintzoain	15 D 25	Llanos de la Plana	29 H 24
Lérida / Lleida	31 H 31	Linyola	31 G 32	Llanos del Caudillo	65 O 19
Lerín	14 E 24	Liñares (cerca de Beariz)	7 E 5	Llanos del Valle	88 W 12
Lerma	25 F 18	Liñares (cerca de Orense)	7 E 6	Llanos de Tormes (Los)	50 L 13
Lermanda	13 D 21	Lira	6 D 2	Llanteno	13 C 20
Lermilla	12 E 19	Lires	6 D 2	Llanuces	5 C 12
Lerones	11 C 16	Liri	17 E 31	Lláraza	14 D 22
Les	17 D 32	Liria / Llíria	56 N 28	Llardecans	31 H 31
Lesaka	15 C 24	Lisbona (Sierra)	87 U 24	Llares (Los)	12 C 17
Lesón	6 E 3	Litago	28 G 24	Llaurí	69 O 29
Letreros (Cuevas de los)	77 S 23	Litera	17 F 31	Llauset (Sierra de)	17 E 31
Letreros (Lomo de los)	94 P 10	Litos	23 G 11	Llavorsí	17 E 33
Letur	77 Q 23	Litueñigo	28 G 24	Lledó	44 J 30
Letux	43 I 27	Lituénigo	28 G 24	Lleida / Lérida	31 H 31
Levante (Peñas de)	49 L 10	Lizara / Estella	14 D 23	Llémena	19 F 37
Levante (Salinas de)	90 N 39	Lizarraga (cerca de Echarri Aranaz)	14 D 23	Llén	37 J 12
Levinco	5 C 13	Lizarraga (cerca de Urroz)	15 D 25	Llena (Pico de)	17 E 32
Leyre (Monasterio de)	15 E 26	Lizarraga (Puerto de)	14 D 23	Llena (Sierra la)	31 H 32
Leyre (Sierra de)	15 E 26	Lizarrieta	15 C 25	Llentrisca (Cap)	91 P 33
Leza	14 E 22	Lizarrusti (Alto de)	14 D 23	Llera	62 Q 11
Leza (Río)	27 F 22	Lizartza	14 C 23	Llerana	12 C 18
Leza de Río Leza	27 F 22	Lizaso	15 D 24	Llerandi	5 C 14
Lezama (Álava)	13 C 21	Lizarra / Estella		Llerena	73 R 11
Lezama (Vizcaya)	13 C 21	Lizoán		Llers	19 F 38
		Lizuniaga	15 C 25	Llert	17 E 31
				Lles	18 E 35

Lebozán (Orense)	7 E 5	Lezaun	14 D 24	Lizoáin	15 D 25
Lebozán (Pontevedra)	7 E 5	Lezna (La)	28 H 25	Lizuniaga	15 C 25
Lebrancón	41 J 23	Lezo	14 C 24	Llabería	45 I 32
Lebredo	4 B 9	Lezuza	66 P 22	Llacuna (La)	32 H 34
Lebrija	83 V 11	Lezuza (Río de)	66 P 23	Lladó	19 F 38
Lécera	43 I 27	Liandres	12 B 17	Lladorre	17 E 33
Leces	11 B 14	Libardón	5 B 14	Lladrós	17 E 33
Lechago	42 J 26	Liber	8 D 8	Lladurs	18 F 34
Lechina	66 O 22	Librán	9 D 10	Llafranc	33 G 39
Lechón	42 I 26	Libreros	88 X 12	Llagosta (La)	32 H 36
Lecina	16 F 30	Librilla	78 S 25	Llagostera (Girona)	33 G 38
Leciñena	29 G 28	Libros	55 L 26	Llagostera (Murcia)	79 T 25
Lecrín	85 V 19	Liceras	40 H 20	Llagunes	17 E 33
Lecrín (Valle de)	85 V 19	Lidón	43 J 26	Llamas	5 C 13
Ledanca	41 J 21	Lidón (Sierra de)	43 J 26	Llamas de Cabrera	9 E 10
Ledaña	67 N 24	Liebres	61 O 9	Llamas de la Ribera	10 E 12
Ledesma	37 I 11	Liédena	15 E 26	Llamas del Mouro	4 C 10
Ledesma de la Cogolla	27 F 21	Liegos	11 C 14	Llamas de Rueda	11 E 14
Ledesma de Soria	27 H 23	Liencres	12 B 18	Llambilles	33 G 38
Ledigos	24 E 15	Liendo	13 B 19	Llames	11 B 15
Ledrada	37 K 12	Lieres	5 B 13	Llamo	5 C 12
Leganés	52 L 18	Liérganes	12 B 18	Llamoso	5 C 11
Leganiel	53 L 21	Liérganes	12 B 18	Llamp (Cap des)	90 N 37
Legarda	14 D 24	Liétor	67 Q 24	Llana (Punta)	95 F 9
Legazpi	14 C 22	Ligos	40 H 20	Llana (Sierra de la) (Burgos)	13 D 19
Legorreta	14 C 23	Ligüerre de Ara	16 E 29	Llana (Sierra) (Soria)	27 G 22
Legutiano / Villarreal	14 D 22	Ligüerzana	11 D 16	Llanars	19 F 37
Leioa	13 C 21	Lijar	87 U 23	Llanas (Las)	13 C 20
Leira	2 C 4	Lijar (Sierra de)	84 V 13	Llánaves de la Reina	11 C 15
Leirado	20 F 4	Lillo	53 M 20	Llançà	19 E 39
Leiro (La Coruña)	3 B 5	Lillo del Bierzo	9 D 10	Llanelo	9 D 9
Leiro (Orense)	7 E 5	Limaria	87 T 23	Llanera (Asturias)	5 B 12
Leis	2 C 2	Limia	20 G 5	Llanera (Río)	32 G 34
Leitariegos de Villalobos (Los)	61 P 9	Limo (Punta del)	3 A 6	Llanera de Ranes	69 O 28
Leitariegos (Puerto de)	9 D 10	Limodre	3 B 5	Llanes	11 B 15
Leitza	14 C 24	Limones	85 T 18	Llanillo	12 D 17
Leiva	13 E 20	Limpias	12 B 19	Llano	12 D 18
Leizarán	14 C 24	Linaio	6 D 3	Llano (El)	4 B 8
Leizarrán	14 C 24	Linarejos (Jaén)	76 R 19	Llano (Puerto) (Badajoz)	62 Q 11
Lekeitio	14 B 22	Linarejos (Zamora)	22 G 10	Llano (Puerto) (Cáceres)	63 N 14
Lekunberri	14 C 24	Linares (Cantabria)	11 C 16	Llano de Bureba	12 E 19

LEÓN

Generalisimo Franco .... B 20
Ordoño II .... A
Padre Isla (Av. del) .... AB
Rúa .... B

Alcalde Miguel Castaño .. B 2
Almirante Martín-Granizo (Av. del) .... A 3
Arquitecto Ramón Cañas del Rio .... B 4

Calvo Sotelo (Pl. de) .... A 5
Caño Badillo .... B 8
Espolón (Pl. del) .... B 12
Facultad (Paseo de la) ... A 15
General Sanjurjo (Av.) .... A 17
Guzmán el Bueno (Glorieta de) .... A 23
Independencia .... B 25
Jorge de Montemayor .... B 26
Mariano Andrés (Av. de) . B 28
Murias de Paredes .... B 30
Palomera .... B 31
Papalaguinda (Paseo del).. A 33

Puerta Obispo .... B 38
Quevedo (Av. de) .... A 40
Ramiro Valbuena .... A 45
Saez de Miera (Paseo de) .... A 47
San Francisco (Paseo) .... A 48
San Isidoro (Pl. de) .... B 50
San Marcelo (Pl.) .... B 52
San Marcos (Pl. de) .... A 55
Santo Domingo (Pl. de) .... B 58
Santo Martino (Pl. de) ... B 61

Map of LEÓN

LOGROÑO

Portales . . . . **AB** 32

Alférez Provisional (Pl. del) . . . **A** 2
Autonomía
  (Av. de la) . . . . **B** 3
Bretón de los Herreros . . . . . . **A** 4
Capitán Gaona . . . . **B** 5
Carmen (Muro del) . . . . **B** 6
Cervantes (Muro de) . . . . **B** 7
Comandancia . . . . **A** 8

Daniel Trevijano . . . . **A** 9
Depositos . . . . **A** 10
Doce Ligero
  de Artillería (Av. del) . . . . . **B** 12
Duquesa de la Victoria . . . . **B** 13
España (Av. de) . . . . **B** 14
Fausto Elhuyar . . . . **A** 15
Francisco de la Mata (Muro) . . **B** 16
Ingenieros Pino y Amorena . . . **B** 19
Juan XXIII (Av. de) . . . . **B** 22
Marqués de Murrieta . . . . **A** 23
Marqués de San Nicolás . . . . . **AB** 25
Mercado (Pl. del) . . . . **B** 26

Miguel Villanueva . . . . **A** 27
Navarra (Av. de) . . . . **B** 28
Navarra (Carret. de) . . . . **B** 29
Once de Junio . . . . **A** 30
Pio XII (Av. de) . . . . **B** 31
Portugal (Av. de) . . . . **A** 33
Rioja (Av. de la) . . . . **A** 34
Rodriguez Paterna . . . . **B** 35
Sagasta . . . . **B** 36
San Francisco . . . . **B** 38
Teniente Coronel
  Santos Ascarza . . . . **B** 40
Viana (Av. de) . . . . **B** 42

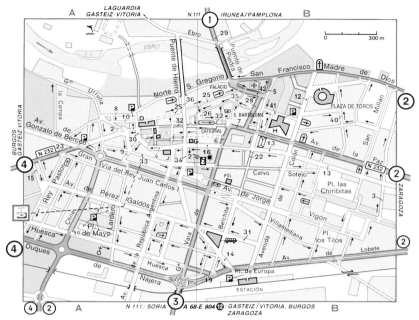

Loeches	53	K 19	Loriguilla (Ruinas			Luciana	64	P 17		
Lo Ferro	79	S 27	del pueblo de)	56	M 27	Lucillo	23	E 11		
Logroño	27	E 22	Lorilla	12	D 18	Lucillos	52	M 16		
Logrosán	62	N 13	Lorqui	78	R 26	Luco de Bordón	44	J 29		
Loiba	3	A 6	Lorri	17	E 33	Luco de Jiloca	42	J 26		
Lois	11	D 14	Losa	67	Q 24	Ludiente	56	L 28		
Loiti (Puerto)	15	E 25	Losa (La)			Ludrio	3	C 7		
Loiu	13	C 21	(Granada)	77	S 22	Luelmo	23	H 11		
Loja	85	U 17	Losa (La) (Segovia)	39	J 17	Luesia	29	E 26		
Loja (Sierra de)	85	U 17	Losacino	23	G 11	Luesma	42	I 26		
Lojilla	85	T 17	Losacio	23	G 11	Lugán	10	D 13		
Loma (La)			Losa del Obispo	56	M 27	Lugar	79	R 26		
(Guadalajara)	41	J 23	Losadilla	22	F 10	Lugareja (Ermita				
Loma (La) (Granada)	85	U 18	Losana de Pirón	39	I 17	La)	38	I 15		
Loma del Ucieza	25	E 16	Losar (El)	50	K 13	Lugar Nuevo				
Loma de Piqueras	66	Q 22	Losar de la Vera	50	L 13	(Coto nacional				
Loma Gerica	77	R 22	Losares	54	L 23	de)	75	R 17		
Loma Gorda	55	L 26	Loscorrales	29	F 28	Lugar Nuevo (El)	75	R 17		
Lomana	13	D 20	Loscos	43	I 26	Lugo	3	C 7		
Loma Negra	28	F 25	Losetares	77	S 23	Lugo de Llanera	5	B 12		
Loma Pelada			Losilla	23	G 12	Lugones	5	B 12		
(Punta de)	87	V 23	Losilla (La)			Lugros	86	U 20		
Lomas	25	F 16	(Albacete)	67	P 24	Lugueros	10	D 13		
Lomas (Las)	29	G 27	Losilla (La) (Soria)	27	G 23	Luintra	7	E 6		
Lomas (Las)			Losilla de Aras	55	M 26	Luiña	9	D 9		
(Murcia)	79	S 26	Lougares	20	F 4	Luís Vives				
Lomas (Las) (Cádiz)	88	X 12	Loureda	7	D 4	(Parador)	69	O 29		
Lomas (Las)			Loureiro (Lugo)	8	D 7	Luis Díaz	75	S 16		
(Málaga)	89	W 15	Loureiro			Luisiana (La)	74	T 14		
Lomas Altas	79	S 28	(Pontevedra)	7	E 4	Luján	16	E 30		
Lomaza	29	G 27	Lourenzá	4	B 8	Lújar	86	V 20		
Lomba (La)	12	C 17	Loureza	20	G 3	Lújar (Sierra de)	86	V 19		
Lombards (es)	90	N 39	Louro	6	D 2	Lumajo	10	D 11		
Lomeña	11	C 16	Louro (Río)	20	F 4	Lumbier	15	E 26		
Lomero	72	S 9	Lousada	8	D 7	Lumbier (Hoz de)	15	E 26		
Lominchar	52	L 18	Lousadela	7	D 6	Lumbrales	36	J 9		
Lomo de las			Lousado	20	F 3	Lumbreras	27	F 22		
Bodegas	93	L 6	Lousame (La			Lumbreras				
Lomo de Mena	92	J 8	Coruña)	6	D 3	(Estación de)	78	T 24		
Lomo Pelado	93	J 7	Lousame			Lumbreras (Las)	79	R 26		
Lomo Román	93	J 7	(Portobravo)	6	D 3	Lumias	40	H 21		
Lomoviejo	38	I 15	Louseiro	8	D 8	Lumpiaque	28	H 26		
Longa (Sierra)	15	D 27	Loyola (Santuario			Luna (Monte)				
Longares	42	H 26	de)	14	C 23	(Cádiz)	88	X 13		
Longás	15	E 27	Loza	13	E 21	Luna (Río)	10	D 12		
Loña del Monte	7	E 6	Lozoya	39	J 18	Luna (Sierra de)	29	F 27		
Lope Amargo	75	S 16	Lozoya (Río)	39	J 18	Luna (Zaragoza)	29	F 27		
Lopera	86	U 20	Lozoyuela	40	J 19	Lunada				
Lopera (Jaén)	75	S 17	Luaces	3	C 7	(Portillo de)	12	C 19		
Loporzano	16	F 29	Luanco	5	B 12	Luneda	20	F 5		
Lor	8	E 7	Luarca	4	B 10	Luou	6	D 4		
Lora	84	V 14	Lubia	27	H 22	Lupiana	40	K 20		
Lora de Estepa	84	U 15	Lubia (Alto de)	27	H 22	Lupiñén	29	F 28		
Lora del Río	73	T 13	Lubián	22	F 9	Lupiñén-Ortilla	29	F 28		
Loranca del Campo	54	L 21	Lubrín	87	U 23	Lupión	76	S 19		
Loranca de Tajuña	53	K 20	Lucainena	86	V 20	Luque	85	T 17		
Loranquillo	26	E 20	Lucainena			Luquiano	13	D 21		
Lorbé	3	B 5	de las Torres	87	U 23	Luquin	14	E 23		
Lorca (Murcia)	78	S 24	Lúcar	87	T 22	Lurda (La)	37	J 13		
Lorca (Navarra)	14	D 24	Lúcar (Sierra de)	87	T 22	Luriana	61	O 10		
Loredo	12	B 18	Lucena	84	T 16	Luriana (Monte)	61	O 10		
Lorenzana	10	D 13	Lucena (Sierra de)	76	T 19	Luyando	13	C 21		
Lores	11	C 16	Lucena de Jalón	28	H 26	Luyego	23	E 11		
Loreto	85	U 18	Lucena del Puerto	82	U 9	Luz	60	Q 8		
Lorianilla (Arroyo)	61	P 9	Lucencia	7	D 6	Luz (La)	38	H 15		
Loriguilla	56	N 28	Luceni	28	G 26	Luzaga	41	J 22		
Loriguilla			Lucenza	21	G 7	Luzás	17	F 31		
(Embassament			Luces	5	B 14	Luzmela	12	C 17		
de)	56	M 27	Luchena	78	S 24	Luzón	41	I 23		

Llesba (Mirador de)	11	C 15	Llodio / Laudio	13	C 21	Llovio	11	B 14	Loberuela (La)	55	M 25
Llesp	17	E 32	Lloma Badada	68	Q 27	Llubí	90	M 39	Lobillas		
Llessui	17	E 33	Lloma (La) (cerca de			Lluçà	18	F 36	(Puerto de las)	73	S 11
Llessui (Vall de)	17	E 33	Marines)	56	M 28	Lluçars	31	G 33	Lobillo (El)	65	P 20
Lliber	69	P 30	Lloma (La) ((cerca			Llucena	56	L 29	Lobios	20	G 5
Llibrell (Cap)	91	P 34	de Nàquera))	56	N 28	Llucena (Ríu de)			Lobo (Pico del)	40	I 19
Lliçà d'Amunt	32	H 36	Llombai	68	O 28	(Castelló)	56	L 29	Lobo (Pilón del)	63	P 15
Llierca	19	F 37	Llombera	10	D 13	Llucmajor	90	N 38	Lobo (Puerto)	85	U 19
Llimiania	17	F 32	Llonín	11	B 16	Llumes	42	I 24	Lobón	61	P 10
Llinars	18	F 34	Llor (El)	31	G 33	Llusias (Monte)	12	C 19	Lobón (Canal de)	61	P 10
Llinars			Llorac	31	H 33	Llutxent	69	P 28	Lobos (Granada)	77	S 22
de l'Aigua d'Ora	18	F 35	Lloreda	12	C 18				Lobos (Isla de los)	93	V 5
Llinars del Vallès	33	H 37	Llorenç del			Loarre	29	F 28	Lobos (Los)	87	U 24
Lliria / Liria	56	N 28	Penedès	32	I 34	Loarre			Lobos (Río)	26	G 20
Llivia	18	E 35	Llorenç de			(Castillo de)	29	F 28	Lobosillo	79	S 26
Lloà	45	I 32	Vallbona	31	H 33	Loarre (Sierra de)	16	E 28	Lobras	86	V 20
Llobera (cerca de			Llorenç de			Loba (Puerto de la)	73	R 10	Lobres	85	V 19
Organyà)	18	F 34	Llorengoz	13	D 20	Loba (Sierra de la)	3	C 6	Lodares		
Llobera (cerca de			Lloret			Lobatejo	85	T 17	(cerca de El Burgo		
Solsona)	32	G 34	de Vistalegre	90	N 38	Lobeira	20	G 5	de Osma)	26	H 20
Llobregat (Gerona)	19	F 38	Lloret de Mar	33	G 38	Lobeira (Mirador			Lodares (cerca de		
Llobregat (Río)	18	F 35	Llosa de Camatxo			de)	6	E 3	Medinaceli)	41	I 22
Llobregó	31	G 33	(La)	69	P 29	Lobeira Grande			Lodares del Monte	41	H 22
Llocnou d'e			Llosa de Ranes (La)	69	O 28	(Isla)	6	D 2	Lodosa	27	E 23
n Fenollet	69	O 28	Llosa (La)	57	M 29	Lobeiras	3	B 7	Lodosa		
Llocnou de Sant			Lloseta	90	M 38	Lobera (Canal de			(Canal de)	14	E 23
Jeroni	69	P 29	Llosses (Les)	18	F 36	la)	67	P 23	Lodoso	25	E 18
						Lobera de Onsella	15	E 26			

M

Mabegondo 3 C 5
Macael 87 U 23
Macalón 67 Q 23
Maçanet de Cabrenys / Massanet de Cabrenys 19 E 38
Maçanet de la Selva 33 G 38
Macarra 50 M 12
Macastre 68 N 27
Maceda (cerca de Corgo) 8 D 7
Maceda (cerca de Orense) 21 F 7
Maceda (cerca de Palas de Rei) 7 D 6
Maceira 20 F 4
Macetua (Estación de la) 78 R 25
Machacón 37 J 13
Machal (El) 61 O 10
Macharaviaya 85 V 17
Mácher 95 V 4

Machero 64 N 17
Machichaco (Cabo) 13 B 21
Machimala 17 D 31
Macías Picavea (Canal de) 24 G 14
Macisvenda 79 R 26
Macotera 38 J 14
Madarcos 40 I 19
Madariaga 14 C 22
Madera 77 R 22
Maderal (El) 37 I 13
Madero (Puerto del) 27 G 23
Madero (Sierra del) 27 G 23
Maderuelo 26 H 19
Madre de Fuentes (Arroyo) 84 T 14
Madre del Agua (La) 92 I 8
Madre de las Marismas del Rocío 82 U 10
Madremanya 33 G 38
Madrero (El) 51 N 15
Madres (Laguna de las) 82 U 9

Madres (Las) 94 O 9
Madrid 53 K 19
Madridanos 23 H 13
Madridejos 53 N 19
Madrideña (La) 65 P 19
Madrigal (Guadalajara) 41 I 21
Madrigal (Toledo) 52 M 16
Madrigal de las Altas Torres 38 I 15
Madrigal de la Vera 50 L 13
Madrigal del Monte 25 F 18
Madrigalejo 62 O 13
Madrigalejo del Monte 25 F 18
Madriguera 40 I 20
Madrigueras 67 O 24
Madroa 20 F 3
Madrona 39 J 17
Madrona (Barranco de la) 31 G 33
Madrona (Sierra) 75 Q 17
Madroñal 37 K 11

Madroñal (Sierra del) 87 T 22
Madroñera (Badajoz) 61 Q 10
Madroñera (Cáceres) 50 N 12
Madroñera (Embalse de) 50 N 12
Madroñera (Sierra) 71 T 7
Madroño (Albacete) 67 Q 25
Madroño (El) (Albacete) 67 P 23
Madroño (El) (Sevilla) 72 T 10
Madroño (Murcia) 78 S 24
Madroños 77 S 23
Madruédano 40 H 20
Maella 44 I 30
Maello 39 J 16
Maestrat (El) 44 K 29
Maestre 84 U 14
Mafet 31 G 33
Magacela 62 P 12
Magallón 28 G 25
Magaluf 90 N 37
Magán 52 M 18

Magaña 27 G 23
Magasca 49 N 11
Magaz 25 G 16
Magaz de Abajo 9 E 9
Magaz de Cepeda 10 E 11
Magazos (Ávila) 38 I 15
Magazos (Lugo) 3 B 7
Magdalena (Ermita) 6 E 3
Magdalena (Ermita de la) (cerca de Aguaviva) 44 J 29
Magdalena (Ermita de la) (cerca de Mora de Rubielos) 56 L 27
Magdalena (La) 10 D 12
Magdalena (Puerto de la) 10 D 11
Magdalena (Sierra de la) 68 Q 26
Mágina 76 S 19
Magre (Riu) 55 N 26
Magrero 65 P 19
Máguez 95 X 3

Maguilla 73 Q 12
Magunas 14 C 22
Mahamud 25 F 18
Mahide 22 G 10
Mahón / Maó 91 M 42
Mahora 67 O 24
Mahoya 79 R 26
Maià de Montcal 19 F 38
Maials 30 H 31
Maians 32 H 35
Maicas 43 J 27
Maidevera (Embalse de) 28 H 24
Maigmó 68 Q 28
Maigmó (Serra del) 68 Q 27
Maillo (El) 37 K 11
Maimón 87 U 23
Maimón (Sierra de) 77 T 23
Mainar 42 I 26
Mainar (Puerto de) 42 I 26
Maire de Castroponce 23 F 12
Mairena 86 U 20
Mairena del Alcor 83 T 12
Mairena del Aljarafe 83 T 11

Mairos 21 G 7
Maitena 85 U 19
Maito (Sierra de) 15 D 27
Majaceite (Río) 88 W 13
Majada (La) 78 T 25
Majada Blanca 93 U 7
Majada de la Peña 63 P 14
Majadahonda 39 K 18
Majada Madrid 89 W 14
Majada Ruiz 83 V 13
Majadas 50 M 12
Majadas (Las) 54 L 23
Majadas (Sierra de Las) 54 L 23
Majaelrayo 40 I 20
Majalinos (Puerto de) 43 J 28
Maján 27 H 23
Majanicho 93 U 5
Majano 67 O 24
Majazul 52 L 17
Majogazas 66 P 23
Majona (Punta) 95 F 9
Majones 15 E 27
Major (Puig) 90 M 38
Majúa (La) 10 D 11

MADRID

Andalucía (Av. de)... **BM** 7
Atocha (Ronda de).. **BM** 14
Ciudad de Barcelona (Av.) ... **BM** 41
Costa Rica......... **BL** 55
Delicias (Paseo de las).. **BM** 59
Embajadores...... **BM** 72
Florida (Paseo de la)..... **BL** 88
General Ricardos **ABM** 97
Infanta Isabel (Paseo)........ **BM** 105
Manzanares (Av. del).... **BM** 122
Maria de Molina.... **BL** 123
Raimundo Fernández Villaverde....... **BL** 162
Recoletos (Paseo de)...... **BL** 164
Reina Cristina (Paseo)........ **BM** 166
Reina Victoria (Av.).. **BL** 170
Reyes Católicos.... **BL** 173
San Francisco de Sales (Paseo).. **BL** 187
San Luis (Av. de).. **CL** 193
Santa Maria de la Cabeza (Paseo)........ **BM** 204
Toledo (Ronda de).. **BM** 213
Valladolid (Av. de)... **AL** 220

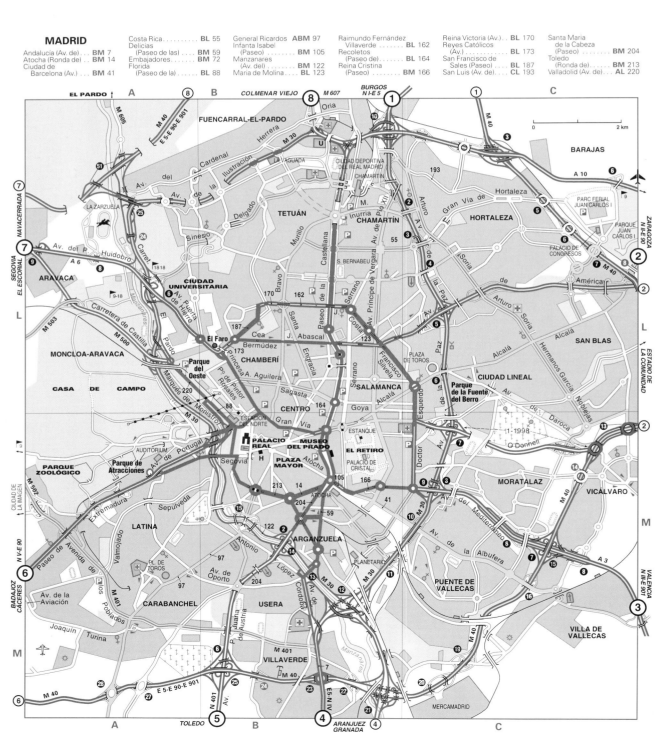

Majuges	36 I 10	Maleján	28 G 25	Malpaso	93 A 11	Manán
Mal Pas (es)	90 M 39	Malgrat de Mar	33 H 38	Malpelo	67 O 24	Manantial (El)
Mala	95 X 3	Maliaño	12 B 18	Malpica de Arba	29 F 26	Manantial (El)
Mala (Punta)	89 X 14	Malillos (León)	23 E 13	Malpica		Manar (Sierra del)
Malacara (Serra de)	56 N 27	Malillos (Zamora)	37 H 12	de Bergantiños	2 C 3	Mancera de Abajo
Malacuera	41 J 21	Malla	32 G 36	Malpica de España	60 P 8	Mancera
Maladeta	17 D 31	Mallabia	14 C 22	Malpica de Tajo	52 M 16	de Arriba
Maladeta		Mallades (Les)	56 N 28	Malucas	39 I 16	Mancha (La)
(Pico de la)	17 E 31	Mallas	6 D 2	Maluenda	42 I 25	Mancha Real
Málaga	85 V 16	Mallén	28 G 25	Maluque	26 H 19	Manchas (Las)
Málaga		Malleza	5 B 11	Malva	23 H 13	Manchego
(Ensenada de)	84 W 16	Mallo	10 D 12	Malva-rosa (La)	57 M 29	(Collado)
Málaga (Hoya de)	84 V 15	Mallol (El)	19 F 37	Malvana		Manchica (A)
Málaga (Montes		Mallorca	90 O 37	(Sierra de la)	48 L 9	Manchita
de)	85 V 16	Mallos (Los)	29 E 27	Malvas	20 F 3	Manchones
Málaga del Fresno	40 J 20	Malón	28 G 25	Malvedo	5 C 12	Manchoya
Malagón	64 O 18	Malpaís	92 J 7	Malzaga	14 C 22	Manciles
Malagón (Río)	71 S 7	Malpaíses	95 C 6	Mamblas	38 I 14	Mancor de la Vall
Malagón (Sierra		Malpaís Grande	93 T 8	Mamblas		Mandaio
de)	39 K 16	Malpartida	38 J 14	(Sierra de las)	26 F 19	Mandayona
Malagraner	44 J 30	Malpartida		Mambliga	13 D 20	Mandeo
Malaguilla	40 J 20	de Cáceres	49 N 10	Mambrilla		Mandiá
Malandar (Punta		Malpartida		de Castrejón	25 H 18	Mandín
de)	82 V 10	de Corneja	37 K 13	Mambrillas de Lara	26 F 19	Mandoegui
Malanquilla	28 H 24	Malpartida		Mamillas	15 E 26	(Monte)
Malatiá (La)	85 U 18	de la Serena	62 P 13	Mamola (La)	86 V 20	Manelic
Mal Burgo		Malpartida		Mamolar	26 G 19	Maneta
(Rambla de)	43 K 28	de Plasencia	49 M 11	Mampodre	5 C 14	Manga (Cañada de
Malcocinado	73 R 12	Malpás	17 E 32	Mampodre		la)
Maldà	31 H 33	Malpasillo		(Reserva		Manga del
Malduenda	83 V 12	(Embalse de)	84 U 16	nacional de)	5 C 13	Mar Menor (La)
Malefatón	67 O 25			Manacor	90 N 39	Manganese

Manán	8 D 7	Manganeses		Mansilla Mayor	10 E 13	Manzaneda
Manantial (El)	94 N 10	de la Lampreana	23 G 12	Manteca (Peña)	4 C 11	(cerca de Truchas)	23 F 11
Manantial (El)	88 W 11	Mániga (Sierra del)	17 E 33	Mantet (Portella		Manzaneda
Manar (Sierra del)	85 U 19	Manilla	78 S 25	de)	18 E 36	(Orense)	21 F 8
Mancera de Abajo	38 J 14	Manilva	89 W 14	Mantiel	41 K 22	Manzanedo	12 D 18
Mancera		Maniños	3 B 5	Mantinos	11 D 15	Manzaneque	52 N 18
de Arriba	38 J 14	Manises	56 N 28	Manubles	28 H 24	Manzanera	56 L 27
Mancha (La)	65 O 19	Manjabálago	38 K 14	Manuel	69 O 28	Manzaneruela	55 M 26
Mancha Real	76 S 19	Manjarín	13 D 21	Manuelas	75 R 16	Manzanilla	82 T 10
Manchas (Las)	92 H 8	Manjarrés	27 E 21	Manurga	13 D 21	Manzanillo	25 H 17
Manchego		Manya	68 Q 27	Manzalvos	21 G 8	Manzano	36 K 13
(Collado)	42 K 24	Manjavacas		Manzanal		Manzano (El)	36 I 11
Manchica (A)	21 F 6	(Ermita de)	54 N 21	(Puerto de)	10 E 11	Mañaria	14 C 22
Manchita	62 P 11	Manjavacas		Manzanal del Barco	23 H 12	Mañeru	14 D 24
Manchones	42 I 25	(Laguna de)	66 N 21	Manzanal		Mañón	3 B 6
Manchoya	16 E 29	Manjirón	40 J 19	de los Infantes	22 F 10	Mao	21 F 7
Manciles	25 E 18	Manlleu	18 F 36	Manzanal del		Maó / Mahón	91 M 42
Mancor de la Vall	90 M 38	Manojar (El)	64 N 17	Puerto	9 E 11	Maqueda	52 L 16
Mandaio	3 C 5	Manol	19 F 38	Manzanares	65 O 19	Mara	42 I 25
Mandayona	41 J 21	Manquillo		Manzanares		Maracena	85 U 19
Mandeo	3 C 5	(Collado El)	26 F 20	(Río)	39 K 18	Marachón	
Mandiá	3 B 5	Manresa	32 G 35	Manzanares de		(Puerto de)	41 I 23
Mandín	21 G 7	Mansilla (Burgos)	25 E 18	Rioja	26 E 21	Maragallo
Mandoegui		Mansilla (La Rioja)	26 F 21	Manzanares el Real	39 J 18	(Punta)	93 K 7
(Monte)	14 C 24	Mansilla (Segovia)	40 I 19	Manzaneda		Maranchón	41 I 23
Manelic	18 E 36	Mansilla (Embalse		(Asturias)	5 C 12	Maraña	5 C 14
Maneta	68 Q 26	de)	27 F 21	Manzaneda		Maraña (La)	78 R 25
Manga (Cañada de		Mansilla		(Cabeza de)	21 F 8	Marañón (Ciudad
la)	66 P 21	de las Mulas	10 E 13			Real)	65 O 20
Manga del		Mansilla del				Marañón (Navarra)	14 D 22
Mar Menor (La)	79 T 27	Páramo	23 E 12		(cerca de Garrafe		Marañosa (La)	53 L 19
Manganese	23 F 12				de Torio)	10 D 13	Marauri	14 D 22

MADRID

Alcalá .... LMXY
Arenal .... KY
Carmen LX
Fuencarral LV
Gran Vía .... KLX
Hortaleza LVX
Mayor .... KLY
Mayor (Plaza) .... KY
Montera LX
Preciados .... LX 155
Puerta del Sol (Pl.) .... LY
San Jerónimo (Carrera de) ... LMY 191

Álvarez Gato .... LY 6
Arrieta .... KX 13
Ayala .... NV 18
Bárbara de Braganza ...... NV 19
Callao (Pl. del) .... LX 22
Cava Alta .... KZ 35
Cava Baja .... KZ 36
Cava de San Miguel .... KY 39
Ciudad de Barcelona (Av.) ... NZ 41
Colón (Pl. de) .... NV 44
Concepción Jerónima ...... LY 48
Conde de Romanones ...... LY 51
Cortes (Pl. de las) .... MY 53
Cuchilleros .... KY 58
Duque de Alba .... LZ 65
Echegaray .... LY 66
Espoz y Mina .... LY 79
Estudios .... KZ 82
Fernando el Santo .... NV 85
Gen. Vara del Rey (Pl.) .... KZ 99
Goya .... NV 100
Independencia (Pl. de la) ... NX 103
Infanta Isabel (Pas.) ...... NZ 105
Libreros .... KX 119
Madrazo (los) .... MY 121
Mejía Lequerica .... LMV 132
Núñez de Arce .... LY 140
Puerta Cerrada (Pl.) ...... KY 159
Puerta de Moros (Pl.) ..... KZ 161
Recoletos .... NX 163
San Bernardino .... KV 184
San Francisco (Carrera de) ... KZ 186
San Justo .... KY 192
San Millán .... KY 196
Santa Engracia .... MV 203
Santo Domingo
(Cuesta, Pl. de) .... KX 205
Sevilla .... LY 208
Tudescos .... LX 216
Valverde .... LV 221
Ventura de la Vega ...... LY 225
Ventura Rodríguez ...... KV 227
Vergara .... KY 228
Villa de París (Pl.) ...... NV 232
Virgen de los Peligros ... LX 233

M² REAL ACADEMIA
DE BELLA ARTES
DE SAN FERNANDO

M⁶ MUSEO THYSSEN-
BORNEMISZA

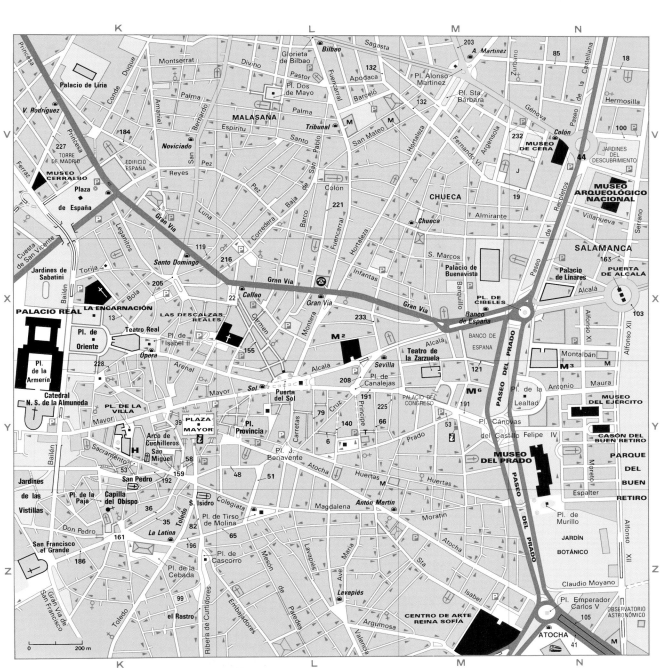

MÁLAGA

Constitución . . . . CY 40
Granada . . . . CDY
Marqués de Larios . . . . . . CYZ 84
Nueva . . . . CYZ
Santa Lucía . . . . CY 123

Aduana (Pl. de la) . . . . DY 2
Arriola (Pl. de la) . . . . CZ 5
Atocha (Pasillo) . . . . CZ 8

Calderería . . . . CY 13
Cánovas del Castillo (Pas.) . DZ 18
Cárcer . . . . CY 27
Casapalma . . . . CY 30
Colón (Alameda de) . . . . . CZ 32
Comandante Benítez
  (Av. del) . . . . CZ 35
Compañía . . . . CY 37
Cortina del Muelle . . . . . . CZ 42
Especerías . . . . CY 56
Frailes . . . . CDY 61
Huerto del Conde . . . . DY 67

Mariblanca . . . . CY 77
Martínez . . . . CZ 86
Molina Larios . . . . CYZ 95
Postigo de los Abades . . . . CDZ 106
Reding (Paseo de) . . . . DY 110
Santa Isabel (Pasillo de) . . CYZ 120
Santa María . . . . CY 125
Sebastián Souvirón . . . . . . CZ 130
Strachan . . . . CZ 133
Teatro (Pl. del) . . . . CY 135
Tejón y Rodríguez . . . . CY 138
Tetuán (Puente de) . . . . . . CZ 140

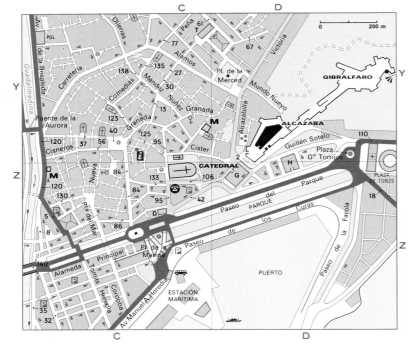

Maravillas			Margalef	45	I 32	Marisánchez	65	P 20	Martínez (Los)	79	S 26
(Gruta de las)	72	S 10	Marganell	32	H 35	Marismas			Martín Malo	76	R 19
Marazoleja	39	J 16	Margañán	38	J 14	(Puerto de las)	73	S 11	Martín Miguel	39	J 17
Marazovel	41	I 21	Margarida	69	P 29	Marismilla	83	U 12	Martín Muñoz	40	I 19
Marazuela	39	J 16	Margarita (Sierra)	83	V 13	Mariz	3	C 6	Martín Muñoz
Marbella (Córdoba)	85	T 17	Margarita de			Marjaliza	52	N 18	de la Dehesa	38	I 15
Marbella			Piedra	92	I 7	Markina	14	C 22	Martín Muñoz
(Ensenada de)	89	W 15	Margen (El)	77	T 22	Marlín	38	J 15	de las Posadas	38	J 16
Marbella (Málaga)	89	W 15	Margen Derecha			Marmellar de			Martiñán	3	B 7
Marboré	16	D 30	(Canal)	78	S 25	Abajo	25	E 18	Martíño (Punta)	93	V 5
Marçà	45	I 32	Margen Izquierda			Marmellar de			Martorell	32	H 35
Marcaláin	15	D 24	(Canal)	79	R 26	Arriba	25	E 18	Martorelles	32	H 36
Mar			Margolles	11	B 14	Mármol	76	R 19	Martos	75	S 18
Cantábrico	13	B 20	María	77	S 23	Mármol (Punta del)	94	O 9	Martos (Portillo de)	85	T 17
Marce	7	E 6	María Cristina			Marmolance			Martul	3	C 7
Marcén	30	G 29	(Embassament			(Sierra de)	77	S 22	Maruanas	75	S 16
Marchagaz	49	L 11	de)	57	L 29	Marmolejo	75	R 17	Maruca (La)	12	B 18
Marchal	86	U 20	María (Puerto)	77	S 23	Marmolejo			Marugán	39	J 16
Marchal (El)	87	U 23	María (Sierra de)	77	T 23	(Embalse de)	75	R 17	Maruri	13	B 21
Marchal de Antón			María Andrés			Maro	85	V 18	Mar y Land	91	Q 34
López (El)	86	V 22	(Sierra de)	61	Q 9	Marolla (Puerto)	18	F 36	Marzà	19	F 39
Marchamalo	40	J 20	María de Huerva	29	H 27	Maroma	85	V 17	Marzagán	94	P 9
Marchena	83	U 13	María de la Salud	90	M 39	Maroñas	6	D 3	Marzales	24	H 14
Marchenilla	89	W 13	Mariana	54	L 23	Marqués (Casa de)	67	Q 24	Marzán	10	D 11
Marchenilla			Marías (Las)	41	K 21	Marqués de Vallejo	27	E 22	Marzoa	2	C 4
(Castillo)	83	U 12	Maribáñez (Badajoz)	62	O 13	Marqués (Punta)	94	N 9	Mas Buscà	19	F 39
Marcilla	28	F 24	Maribáñez (Sevilla)	83	U 12	Marqués (Sierra)	16	E 30	Mas de Barberáns	44	J 31
Marcilla de			Maridos (Los)	66	Q 22	Marquina	13	D 21	Mas de Batxero (El)	57	L 29
Campos	25	F 16	Marifranca	49	L 10	Marquínez	14	D 22	Mas de
Marco	7	D 6	Marigenta	72	T 10	Marracos	29	F 27	Cortitxelles (El)	56	N 28
Marco (El)	60	O 8	Marigutiérrez	66	Q 22	Marratxi	90	N 38	Mas de la
Marco (Puerto El)	7	D 6	Marimínguez	67	Q 25	Marroquí o de			Montalvana	44	K 29
Marco de Alvare			Marín	6	E 3	Tarifa (Punta)	88	X 13	Mas de las Matas	44	J 29
(Puerto)	4	C 8	Marín	87	V 22	Marrupe	51	L 15	Mas de Llorenç	56	K 29
Marco Fabio			Marina del Pinet			Martes	15	E 27	Mas de Pessetes	56	K 29
Quintiliano			(La)	79	R 28	Martes (Serra)	68	N 26	Mas del Carril	56	N 27
(Parador)			Marina (La)			Martiago	36	K 10	Mas dels Rosildos	57	L 29
(Calahorra)	28	F 24	(València)	69	O 29	Martialay	27	G 22	Mas Nou	33	G 39
Marcón	6	E 4	Marina (La)			Martiherrero	38	J 15	Masa	12	E 18
Marcos (Los)	55	N 26	(Taragona)	45	I 33	Martillán	36	J 9	Masada (La)	56	L 28
Marea (La)	5	C 13	Marinaleda	84	T 15	Martimporra	5	C 13	Masada del Sordo	56	M 28
Marentes	4	C 9	Marinas (Las)			Martín	4	C 8	Masadas (Alto de)	56	M 28
Mareny			(Almería)	86	V 22	Martín (Arroyo)	75	R 17	Masarac	19	E 38
de Barraquetes			Marines (Llíria)	56	M 28	Martín (Río)			Masca	92	G 8
(El)	69	O 29	Marines (Olocau)	56	M 28	(Cuenca)	55	M 25	Mascaraque	52	M 18
Mareny de Sant			Marines (Les)			Martín (Río) (Teruel)	43	J 27	Mascarat
Llorenç (El)	69	O 29	(València)	69	P 30	Martín de la Jara	84	U 15	(Barranc del)	69	Q 30
Mareny de Vilxes	69	O 29	Marines (Los)	72	S 10	Martín del Río	43	J 27	Mascún
Mareta (Punta de			Mariña (A)	3	B 5	Martín de Yeltes	36	J 11	(Barranco de)	16	F 29
la)	95	W 1	Mariola (Serrà de)	68	P 28	Martinet	18	E 35	Mas de Bondia (El)	31	H 33
Marey	8	D 7	Maripérez	66	O 23	Martinete	85	T 16	Mas de Caballero	55	N 26
Marfagones	79	T 26	Marisán	56	N 28	Martínez	37	K 13	Mas de Flors	57	L 29

Mas de Jacinto	55	L 26	Matalloso	64	P 16	Mazorra		
Mas de las Altas	44	J 29	Matalobos			(Puerto de La)	12	D 19
Mas de Llosa	56	L 29	del Páramo	23	E 12	Mazos	27	H 22
Mas del Olmo	55	L 26	Mataluenga	10	D 12	Mazueco	26	F 19
Masdenverge	45	J 31	Matamá	20	F 3	Mazuecos	53	L 20
Mas-de-riudoms	45	I 32	Matamala	39	I 18	Mazuecos
Masegosa	41	K 23	Matamala			de Valdeginate	24	F 15
Masegoso	66	P 23	de Almazán	27	H 22	Mazuela	25	F 18
Masegoso de			Matamorisca	12	D 17	Meabia	7	E 4
Tajuña	41	J 21	Matamorosa	12	D 17	Meagas (Alto de)	14	C 23
Masella	18	E 35	Matanela (Puerto			Meano (Navarra)	14	E 22
Masía de los Pérez	56	M 27	de)	12	C 18	Meaño (Pontevedra)	6	E 3
Maside	7	E 5	Matanza	23	F 13	Meca	88	X 11
Masies de Voltregà			Matanza (La)	79	R 26	Meca (Rivera de)	72	T 8
(Les)	18	F 36	Matanza (La)	93	S 8	Mecerreyes	26	F 19
Masllorenç	32	I 34	Matanza			Mecina Alfahar	86	V 20
Mas Llunés	33	G 38	de Acentejo (La)	92	J 7	Mecina Bombarón	86	V 20
Masma	4	B 8	Matanza de Soria	26	H 20	Mecina Fondales	86	V 20
Masma (Golfo de			Matanzas	43	K 28	Meco	40	K 19
la)	4	B 8	Mataparta	55	M 26	Meda (Lugo)	3	C 7
Masnou (El)	33	H 36	Mataporquera	12	D 17	Meda (Orense)	8	E 7
Masos (Els)	33	G 39	Matapozuelos	38	H 15	Meda (Pico de)	2	C 3
Maspalomas	94	O 11	Matapuercas	75	R 16	Médano (El)	92	I 9
Maspalomas			Mataró	33	H 37	Medeiros	21	G 7
(Punta de)	94	O 11	Matarraña	44	J 30	Medellín	62	P 12
Masquefa	32	H 35	Matarredonda	84	T 15	Medes (Islas)	19	F 39
Masroig (El)	45	I 32	Matarrosa del Sil	9	D 10	Mediana	29	H 27
Massalavés	69	O 28	Matarrubia	40	J 20	Mediana (La)	82	U 10
Massalcoreig	30	H 31	Matas (Las)	39	K 18	Mediana de
Massalfassar	57	N 29	Matasanos	83	T 13	Voltoya	38	J 16
Massamagrell	57	N 29	Matas Blancas	93	S 8	Media Naranja
Massana (La)	18	E 34	Matasejún	27	G 23	(Punta de la)	87	V 24
Massanassa	56	N 28	Matas Verdes	66	O 22	Mediano
Massanella	90	M 38	Matea	77	R 22	(Embalse de)	16	E 30
Massanes	33	G 37	Mateo (Puerto de)	85	U 16	Medida (La)	92	J 8
Massanet de			Matet	56	M 28	Medín	7	D 5
Cabrenys /			Matián	77	T 22	Medina (Laguna
Maçanet de			Matienzo	12	C 19	de)	88	W 11
Cabrenys	19	E 38	Matilla (La)	39	I 18	Medina Azahara	74	S 15
Massoteres	31	G 33	Matilla (La)	93	U 6	Medinaceli	41	I 22
Masueco	36	I 10	Matilla de Arzón	23	F 13	Medinaceli
Mata (Burgos)	12	E 18	Matilla de los			(Estación de)	41	I 22
Mata (Cantabria)	12	C 17	Caños	24	H 15	Medina
Mata (Córdoba)	84	T 16	Matilla de los			de las Torres	73	Q 10
Mata (La)	44	K 29	Caños			Medina del Campo	38	I 15
Mata (La) (Alacant)	79	R 28	del Río	37	J 12	Medina de Pomar	12	D 19
Mata (La)			Matilla la Seca	23	H 13	Medina de Rioseco	24	G 14
(cerca de			Matillas	41	J 21	Medina-Sidonia	88	W 12
Carmena)	52	M 16	Mato	3	C 7	Medinilla	37	K 13
Mata (La) (León)	10	D 13	Matola	79	R 27	Medinyà	19	F 38
Mata (La) (Segovia)	39	I 18	Matorral (Punta			Mediona	32	H 34
Mata (La) (Sevilla)	83	U 13	del)	93	R 9	Medranda	40	J 21
Mata (La)			Matorro (Puerto El)	26	F 19	Medrano	27	E 22
(cerca de Los			Matueca	10	D 13	Medro	78	T 24
Yébenes)	52	N 18	Matute (La Rioja)	27	F 21	Medua	8	E 9
Mata (Salines de la)	79	R 27	Matute (Soria)	27	H 22	Médulas (Las)
Mata (Sierra de la)	41	I 22	Mauberme (Pic de)	17	D 32	(León)	9	E 9
Matabuena	39	I 18	Maus de Salas	21	G 6	Médulas (Las)
Matacas	75	S 18	Mave	12	D 17	(León)	9	E 9
Matachel (Río)	62	Q 12	Maxal	7	D 6	Megeces	38	H 16
Mata da Rainha	48	L 8	Maya (La)	37	J 13	Megina	42	K 24
Mata de Alcántara	49	M 9	Mayalde	37	I 12	Megorrón (Sierra)	41	J 22
Mata de Armuña			Mayes (Embalse			Meilán (Lugo)	3	C 7
(La)	37	I 13	de)	78	R 25	Meilán
Mata de Cuéllar	39	H 16	Mayor (Cabo)	12	B 18	(Mondoñedo)	4	B 8
Mata de Hoz	12	D 17	Mayor (Cuenca)	54	L 23	Meira (Lugo)	4	C 8
Mata de la Riba (La)	10	D 13	Mayor (Isla)			Meira (Pontevedra)	20	F 3
Mata de Ledesma			(Murcia)	79	S 27	Meira (Sierra de)	4	C 8
(La)	37	J 12	Mayor (Isla) (Sevilla)	83	U 11	Meirama	2	C 4
Mata de los Olmos			Mayor (Lugo)	4	B 8	Meirás (cerca de
(La)	43	J 28	Mayor (Riera)	33	G 37	Sada)	3	B 5
Mata del Páramo			Mayor (Soria)	27	F 21	Meirás (cerca de
(La)	23	E 12	Mayorga (Badajoz)	60	O 8	Valdoviño)	3	B 5
Mata de			Mayorga (Valladolid)	24	F 14	Meis	6	E 3
Monteagudo (La)	11	D 14	Maz	15	D 27	Mejara (Puerto)	62	P 13
Matadeón			Mazagón	82	U 9	Mejorada	51	L 15
de los Oteros	23	E 13	Mazaleón	44	I 30	Mejorada del
Matadepera	32	H 36	Mazalvete	27	G 23	Campo	53	K 19
Mataelpino	39	J 18	Mazarabeas Altas	52	M 17	Melegís	85	V 19
Mataespesa	39	K 17	Mazarambroz	52	M 17	Melegríz	67	P 24
Matagalls	33	G 37	Mazarete	41	I 23	Melenara	94	P 10
Matagorda			Mazaricos	6	D 3	Melendreros	5	C 13
(Almería)	86	V 21	Mazariegos	24	F 15	Melgar de Abajo	24	F 14
Matagorda (Cádiz)	88	W 11	Mazariegos			Melgar de Arriba	24	F 14
Mata Lagarto	26	F 19	(Puerto)	26	F 19	Melgar
Matalascañas	82	U 10	Mazarracín	52	M 18	de Fernamental	25	E 17
Matalavilla	9	D 10	Mazarrón (Golfo			Melgar de Tera	23	G 11
Matal de Toscal	75	S 16	de)	78	T 26	Melgar de Yuso	25	F 17
Matalebreras	27	G 23	Mazarrón (Huelva)	73	T 10	Melgarejo	65	P 20
Matalindo	26	F 19	Mazarrón (Murcia)	79	T 26	Melgosa (La)	54	L 23
Matallana			Mazarulleque	54	L 21	Melgoso	78	S 24
(Guadalajara)	40	I 19	Mazaterón	27	H 23	Meliana	56	N 28
Matallana (Sevilla)	83	U 12	Mazcuerras	12	C 17	Melias	7	E 6
Matallana de Torío	10	D 13	Mazo	95	C 6	Melicena	86	V 20
Matallana			Mazo (Collado del)	62	N 13	Mélida	28	E 24
de Valmadrigal	10	E 13	Mazores	38	I 14	Melide	7	D 5

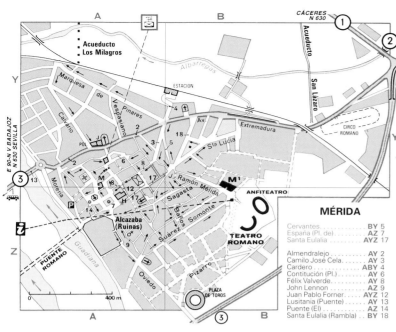

MÉRIDA

Cervantes . . . . BY 5
España (Pl. de) . . . . . . AZ 7
Santa Eulalia . . . . AYZ 17

Almendralejo . . . . AY 2
Camilo José Cela . . . . . AY 3
Cardero . . . . ABY 4
Contitución (Pl.) . . . . . AY 6
Félix Valverde . . . . AY 8
John Lennon . . . . AY 9
Juan Pablo Forner . . . . . AYZ 12
Lusitania (Puente) . . . . . . AZ 13
Puente (El) . . . . AZ 14
Santa Eulalia (Rambla) . . BY 18

Mellanzos 10 E 14
Melón 20 F 5
Melones (Sierra de los) 89 W 13
Melque 39 I 16
Membibre de la Hoz 39 H 17
Membribe 37 J 12
Membrilla (Córdoba) 74 T 15
Membrilla (Cuidad Real) 65 P 19
Membrillar 11 E 15
Membrillera 40 J 21
Membrillo (El) (Sevilla) 73 S 12
Membrillo (El) (Toledo) 51 M 15
Membrillo (Lucio del) 82 V 10
Membrillo Alto 72 T 10
Membrillos (Embalse de los) 74 R 14
Membrío 48 N 8
Mena 23 G 11
Menagaray 13 C 20
Menárguens 31 G 32
Menas (Las) 87 U 22
Menas (Los) 87 T 24
Menasalbas 52 N 17
Menaza 12 D 17
Mencal 86 T 20
Menchón de Abril (El) 85 T 18
Mencilla 26 F 20
Mencilla (Sierra) 26 F 19
Mendaro 14 C 22
Mendata 14 C 22
Mendaza 27 E 23
Mendavia 14 E 23
Mendaza 14 E 23
Mendeica 13 C 20
Mendexa 14 B 22
Méndez 67 Q 24
Mendigorría 14 E 24
Mendióroz 15 D 25
Mendo 3 C 5
Mendoza 13 D 21
Menera (Sierra de) 42 J 25
Meneses 54 N 23
Meneses de Campos 24 G 15
Menga (Puerto de) 38 K 14
Mengabril 62 P 12
Mengamuñoz 38 K 15
Menga y Viera (Cuevas de) 84 U 16
Mengíbar 75 S 18
Menjillán 83 U 13
Menor (Isla) 82 U 11
Menor (Mar) 79 S 27
Menorca 91 M 41
Menorca (Cap de) 90 M 39
Menorca o Bajoli (Cap) 91 L 41

Menores (Los) 92 H 9
Menoyo 13 C 20
Mens 2 C 3
Mentera 12 C 19
Mentiras 77 R 22
Méntrida 52 L 17
Menudero 4 B 10
Menuza (Ermita de) 43 I 28
Meñaka 13 B 21
Meoz 15 D 25
Mequinenza 30 H 30
Mequinenza (Embalse de) 30 H 30
Mera (cerca de Ortigueira) 3 A 6
Mera (cerca de Santa Cruz) 2 B 4
Mera (Lugo) 7 D 6
Mera (Río) 3 B 6
Meranges 18 E 35
Merás 4 B 10
Merca (A) 21 F 6
Mercadal (es) 91 M 42
Mercadillo (Burgos) 13 C 20
Mercadillo (Vizcaya) 13 C 20
Mercadillos de Abajo 67 P 24
Mercedes (Las) 93 K 6
Mercedes (Monte de las) 93 K 6
Meré 11 B 15
Meredo 4 B 8
Merelas 3 C 5
Merendero 3 C 6
Meréns 20 F 5
Mérida 61 P 10
Merille 3 B 7
Merinos (Sierra de los) 84 V 14
Merlán 7 D 6
Merlès (Riera de) 32 G 35
Merli 17 E 31
Mero 3 C 5
Merodio 11 C 16
Merou 4 B 9
Merujal 5 C 13
Merza 7 D 5
Mesa (Río) 42 I 24
Mesa (La) (Jaén) 76 R 19
Mesa (La) (La Rioja) 27 F 22
Mesa del Mar 92 J 6
Mesa Roldán (La) 87 V 24
Mesas (Las) (Cuenca) 66 N 21
Mesas (Las) (Málaga) 84 V 14
Mesas de Asta 83 V 11
Mesas de Ibor 50 M 13
Mesas del Guadalora 74 S 14
Mesas de Santiago 83 V 12
Mesegar de Corneja 38 K 14

Mesía 3 C 5
Mesillas 50 L 12
Mesón do Vento 2 C 4
Mesones 40 J 19
Mesones 66 Q 22
Mesones (Los) 37 I 12
Mesones de Isuela 28 H 25
Mesta 66 Q 22
Mesta (Río de la) 66 Q 22
Mesta de Con 11 B 14
Mestanza 64 Q 17
Mestanza (Puerto de) 64 Q 17
Mestas 4 C 10
Metas de Ardisana 11 B 15
Metauten 14 D 23
Mezalocha 43 H 26
Mezalocha (Embalse de) 43 H 26
Mezas (Las) 49 L 9
Mezio 20 G 5
Mezkiritz 15 D 25
Mezquetillas 41 I 22
Mezquín 44 J 29
Mezquita (A) 21 F 8
Mezquita (Estación de la) 82 T 9
Mezquita (La) 84 U 15
Mezquita de Jarque 43 J 27
Mezquita de Loscos 43 I 26
Mezquitilla 85 V 17
Mezquitilla (La) 84 U 14
Miajadas 62 O 12
Miami Platja 45 I 32
Mianos 15 E 27
Micereces de Tera 23 G 12
Michos 64 P 16
Micieces de Ojeda 11 D 16
Miedes 42 I 25
Miedes de Atienza 40 I 21
Miengo 12 B 18
Miera (Asturias) 5 C 13
Miera (Cantabria) 12 C 18
Miera (La) 66 O 21
Miera (Río) 12 C 18
Mieres (Asturias) 5 C 12
Mieres (Gerona) 19 F 37
Mierla (La) 40 J 20
Mieza 36 I 9
Migjorn Gran (es) 91 M 42
Miguel (Punta de) 93 B 11
Miguelagua 52 N 18
Miguelañez 39 I 16
Miguel Esteban 53 N 20
Miguel Ibáñez 39 I 16
Mijares (Ávila) 51 L 14
Mijares (Puerto de) 51 K 15
Mijares (Río) 57 M 29
Mijares (Teruel) 56 L 27
Mijares (València) 68 N 27
Mijas 84 W 16

Mijas (Sierra de) 89 W 15
Mijas Costa 89 W 15
Mila (El) 45 I 33
Milagres (Santuario Os) 21 F 7
Milagro 28 F 24
Milagro (El) 52 N 17
Milagro (Puerto del) 52 N 17
Milagro (Río) 52 N 17
Milagros 25 H 18
Milán 93 J 6
Milano (Albacete) 66 P 22
Milano (Salamanca) 36 I 10
Milanos 85 U 17
Milanos (Estación de los) 72 T 9
Miliana 44 K 31
Miliario del Caudillo 25 H 18
Milladoiro 6 D 4
Millana 41 K 22
Millanes 50 M 13
Millarada (A) 7 E 5
Millares 68 O 27
Millares (Embassament de) 68 O 27
Millares (Los) 71 T 7
Millares (Necrópolis de los) 87 V 22
Millares (Salto de) 68 O 27
Millarón (El) 48 N 8
Miller 77 R 22
Milles de la Polvorosa 23 G 12
Millón 6 D 3
Milmarcos 42 I 24
Mimbrales (Los) 82 U 10
Minas (La) 43 J 27
Minas (Las) (Almería) 87 V 22
Minas (Las) (Cuenca) 55 M 25
Minas de Cala 73 S 10
Minas del Castillo 73 S 10
Minas del Marquesado 86 U 20
Minas de Riotinto 72 S 10
Minateda 67 Q 25
Minateda (Cuevas de) 67 Q 25
Minaya 66 O 23
Minaya (Estación de) 66 O 22
Mingarnao 77 R 23
Minglanilla 55 N 25
Mingo Chico 36 K 9
Mingogil 67 Q 24
Mingorría 38 J 15
Mingorrubio 39 K 18

Mingrano 78 S 24
Mínguez (Puerto) 43 J 26
Mini Hollywood 87 U 22
Minilla (Embalse de la) 73 S 11
Mínima (Isla) 83 U 11
Ministra (Sierra) 41 I 22
Miñagón 4 B 9
Miñana 27 H 23
Miñana (Sierra de) 27 H 23
Miñano 78 R 24
Miñano Mayor 14 D 22
Miñarros 78 T 25
Miño 3 B 5
Miño (Río) 20 F 5
Miño Cuevo 23 G 11
Miño de Medina 41 I 22
Miño de San Esteban 26 H 19
Miñóns 6 D 2
Miñosa (La) 40 I 21
Miñotos 3 B 7
Mioma 13 D 20
Mioño 13 B 20
Mira 55 M 25
Mira (Barranco de) 28 G 26
Mira (La) (Cáceres) 50 L 13
Mira (La) (Cuidad Real) 64 P 17
Mira (Río) 55 M 25
Mira (Sierra de) 55 M 25
Mirabel (Cáceres) 49 M 11
Mirabel (Ermita de) 50 N 13
Mirabel (Sevilla) 83 U 12
Mirabueno 41 J 21
Miracle (El) 32 G 34
Miradera (Sierra de la) 62 Q 11
Mirador de Oseja 11 C 14
Mirador de Uña 55 L 24
Mirador (El) 79 S 27
Mirador (Sierra del) 4 C 8
Mirador del Romero 39 K 17
Miraelrio 76 R 19
Miraflor 94 O 9
Miraflores 26 E 19
Miraflores (Estación de los) 72 T 9
Miraflores de la Sierra 39 J 18
Mirafuentes 14 E 23
Miralcamp 31 H 32
Miralcampo 67 O 24
Miralrío 40 J 21
Miralsot de Abajo 30 H 30
Miramar 90 M 37
Mirambel 43 K 28
Miranda (Lugo) 8 D 8
Miranda (Murcia) 79 S 26
Miranda de Arga 14 E 24
Miranda de Azán 37 J 12
Miranda de Ebro 13 D 21
Miranda del Castañar 37 K 12
Miranda del Rey 76 Q 19
Mirandilla 62 O 11
Mirantes de Luna 10 D 12
Miravalles (León) 9 D 9
Miraveche 13 D 20
Miravet 45 I 31
Miravete 43 K 27
Miravete (Puerto de) 50 M 12
Miraz (cerca de Guitiriz) 3 C 6
Miraz (cerca de Xermade) 3 B 6
Mirueña de los Infanzones 38 J 14
Mitagalan 85 T 19
Miyares 5 B 14
Moal 4 C 10
Moanes 4 B 10
Moaña 20 F 3
Moar 3 C 5
Moarves 11 D 16
Mocanal 93 B 11
Mocasilla 41 J 22
Mocejón 52 M 18
Mochales 74 T 15

Mochales (Guadalajara) 41 I 23
Mochales (Sevilla) 83 T 13
Mochila 86 T 19
Mochuelos (Los) 76 Q 20
Moclín 85 T 18
Moclinejo 85 V 17
Modino 10 D 14
Modorra 42 I 26
Modubar 26 F 19
Modúbar de San Cibrián 26 F 19
Moeche 3 B 6
Mogábar 75 Q 16
Mogán 94 N 10
Mogán (Barranco de) 94 N 10
Mogarraz 37 K 11
Mogátar 37 H 12
Mogón 76 R 20
Mogor 6 E 3
Mogorrita (Cuenca) 55 K 24
Mogorrita (Guadalajara) 41 J 23
Mogro 12 B 18
Moguer 82 U 9
Moharras 66 O 22
Moheda (La) 49 L 10
Mohedas 49 L 11
Mohedas (Las) 66 Q 23
Mohedas de la Jara 51 N 14
Mohernando 40 J 20
Mohorte 54 L 23
Moià 32 G 36
Moixent 68 P 27
Mojácar 87 U 24
Mojados 38 H 16
Mojantes (Sierra de) 77 R 23
Mojares 41 I 22
Mojina (Sierra de) 64 Q 18
Mojón 86 T 22
Mojón (El) (Alacant) 79 S 27
Mojón (El) (Valencia) 55 L 25
Mojón (El) (Murcia) 79 R 27
Mojón Alto (Cuenca) 54 M 22
Mojón Alto (Cuidad real) 85 T 16
Mojón Blanco 55 K 24
Mojonera 86 V 21
Mojón Gordo 84 V 14
Mojón Pardo (Puerto) 26 G 21
Mola 91 Q 34
Mola (Castell de la) 68 Q 27
Mola (Faro de la) 91 Q 34
Mola (La) (Barcelona) 32 H 36
Mola (La) (Menorca) 91 M 42
Molacillos 23 H 13
Molar (El) (Jaén) 76 S 20
Molar (El) (Madrid) 40 J 19
Molar (El) (Tarragona) 45 I 32
Molar (Sierra del) 67 Q 25
Molares 72 S 9
Molares (Los) 83 U 12
Molata 77 R 23
Molata (La) 67 P 23
Molatón 67 P 25
Moldes 7 D 5
Moldones 22 G 10
Molezuelas de la Carballeda 23 F 11
Molí Azor (El) 56 L 28
Molí de l'Abad (El) 44 J 30
Molí (La) 91 P 33
Moli (es) 84 U 15
Molina (La) (Burgos) 13 D 20
Molina (La) (Lérida) 18 E 35
Molina (Sierra de) 42 K 24
Molina de Aragón 41 J 24
Molina de Segura 79 R 26
Molina de Ubierna (La) 12 E 19
Molinaferrera 9 E 10
Molinas (Los) 87 U 23
Molinaseca 9 E 10
Molinicos 66 Q 23
Molinilla 13 D 21
Molinillo 37 K 12
Molinillo (El) 52 N 17
Molino 78 R 25
Molino (El) 60 P 8
Molino Blanco 51 M 16
Molinos 43 J 28

Molinos (Arroyo) 73 T 11
Molinos (La Coruña) 2 C 2
Molinos (Los) 94 N 10
Molinos (Los) 93 T 6
Molinos (Los) (Huesca) 16 E 30
Molinos (Los) (Madrid) 39 J 17
Molinos de Duero 27 G 21
Molinos del Río Aguas (Los) 87 U 23
Molinos de Matachel (Embalse de los) 62 Q 11
Molinos de Papel 54 L 23
Molinos de Razón 27 G 22
Molino Viejo (Parador del) (Gijón) 5 B 13
Molins de Rei 32 H 36
Molledo 12 C 17
Mollerussa 31 H 32
Mollet (Barcelona) 32 H 36
Mollet (Gerona) 19 E 39
Mollina 84 U 16
Mollinedo 13 C 20
Molló 19 E 37
Molló (Sierra del) 44 K 30
Molsosa (La) 32 G 34
Moluengo 55 N 25
Molvízar 85 V 19
Momán (cerca de Cospeito) 3 C 7
Momán (cerca de Xermade) 3 C 6
Mombeltrán 51 L 14
Momblona 41 H 22
Mombuey 23 F 11
Momediano 13 D 19
Momia 88 W 12
Mompichel 67 P 25
Mona (Punta de la) 85 V 18
Monachil 85 U 19
Monasterejos 83 V 11
Monasterio (Guadalajara) 40 J 20
Monasterio (Soria) 27 H 21
Monasterio de la Sierra 26 F 20
Monasterio del Coto 4 C 9
Monasterio de Rodilla 26 E 19
Monasterio de Vega 24 F 14
Monasterioguren 14 D 22
Moncalián 12 B 19
Moncalvillo 26 G 20
Moncalvillo del Huete 54 L 21
Moncalvo 22 F 9
Moncayo 77 S 22
Moncayo (Santuario del) 28 G 24
Moncayo (Sierra del) 28 G 24
Moncelos 3 C 7
Moncelos (Puerto de) 20 F 5
Monclova (La) 74 T 14
Moncofa 57 M 29
Monda 89 W 15
Mondalindo 39 J 18
Mondariz 20 F 4
Mondéjar 53 L 20
Mondoñedo 3 B 7
Mondragón / Arrasate 14 C 22
Mondreganes 11 D 14
Mondriz 3 C 7
Mondrón 85 V 17
Mondújar 85 V 18
Mondúver (El) 69 O 29
Monegre 28 H 25
Monegrillo 29 H 28
Monegros (Canal de) 29 F 28
Monegros (Los) 29 H 28
Monells 33 G 38
Moneo 12 D 19
Mones 4 B 10
Monesma 30 G 30
Monesma y Cajigar 17 F 31
Monesterio 73 R 11
Moneva 43 I 27

MURCIA

Colón (Alameda de)	**DZ**	Alfonso X el Sabio (Gran Vía)	**DY** 2	José Antonio Ponzoa	**DY** 44
Floridablanca	**DZ** 18	Cardenal Belluga (Pl.)	**DY** 5	Licenciado Cascales	**DY** 56
Isidoro de la Cierva	**DY** 40	España (Glorieta de)	**DZ** 15	Marcos Redondo	**CY** 60
Platería	**DY**	Garay (Paseo de)	**DZ** 20	Martínez Tornel (Pl.)	**DZ** 65
Trapería	**DY**	Gómez Cortina	**CY** 28	Proclamación	**DZ** 75
		Infante Juan Manuel (Avenida)	**DZ** 33	San Francisco (Plano de)	**CYZ** 78
				Sociedad	**DY** 80
				Teniente Flomesta (Av.)	**DZ** 83

Muiña	4 C 8	Muñoveros	39 I 18	Muruarte de Reta	15 D 25	Nanclares (cerca de Ariñez)	13 D 21
Muiños	21 G 6	Muñoyerro	38 I 15	Murueta	13 B 21		
Mujer Muerta (La)	39 J 17	Muñoz	37 J 11	Muruzábal	14 D 24	Nanclares (cerca de Embalse de Ulliva)	14 D 22
Mula	78 R 25	Mura	32 G 35	Muruzábal de Andión	14 E 24		
Mula (Río)	78 R 25	Muradelle	7 E 6	Musel (El)	5 B 12	Nansa	11 C 16
Mulato		Muras	3 B 6	Museros	56 N 28	Napal	15 D 26
(Embalse del)	94 N 10	Murcia	79 S 26	Musitu	14 D 22	Náquera	56 N 28
Mulato (Lomo del)	94 N 10	Murchante	28 F 25	Muskilda (Santuario de)	15 D 26	Naraío	3 B 5
Muleria (La)	87 U 24	Murchas	85 V 19	Muskiz	13 B 20	Naranco (Sierra del)	5 B 12
Muleteros	53 L 19	Murciélagos (Cueva de los)	85 T 17	Mussara (La)	45 I 33	Naranjal (Sierra del)	60 O 8
Mulhacén	86 U 20	Murero	42 I 25	Mussara (Sierra de la)	45 I 33	Naranjeros (Los)	92 J 7
Mullidar	67 Q 24	Mures	85 T 18	Mustio (El)	72 S 8	Naranjo de Bulnes	11 C 15
Mulva (Castillo de)	73 S 12	Mures (Monte)	84 V 14	Mutanyola	32 G 36	Naraval	4 B 10
Munárriz	14 D 24	Murguía	13 D 21	Mutiloa	14 C 23	Narbarte	15 C 25
Mundaka	13 B 21	Murias (cerca de Proaza)	5 C 11	Mutilva	15 D 25	Narboneta	55 M 25
Mundo (Río)	67 Q 24			Mutriku	14 C 22	Narboneta (Arroyo de)	55 M 25
Mundo (Nacimiento del Río)	66 Q 22	Murias (cerca de Santibáñez)	5 C 12	Mutxamel	69 Q 28	Narcea	5 B 11
		Murias (León)	10 E 11	Muxavén	9 D 11	Nariga (Punta de)	2 C 3
Munébrega	42 I 24	Murias de Paredes	10 D 11	Muxia	2 C 2	Narila	86 V 20
Munera	66 O 22	Murias de Ponjos	10 D 11	Muxika	13 C 21	Nariz (Punta de la)	95 L 42
Mungia	13 B 21	Muriedas	12 B 18	Muyo (El)	40 I 20	Narla	3 C 6
Múnia (La)	32 I 34	Muriel	40 J 20			Narón (La Coruña)	3 B 5
Munia (Monte La)	16 D 30	Muriel de la Fuente	27 G 21			Narón (Lugo)	7 D 6
Muniáin	14 E 23	Muriel de Zapardiel	38 I 15	**N**		Narrero (Punta)	92 I 7
Muniellos (Coto national de)	4 C 9	Muriellos	5 C 12	Na Macaret	91 L 42	Narrillos del Álamo	37 K 13
		Muriel Viejo	26 G 21	Nabarniz	14 C 22	Narrillos del Rebollar	38 K 15
Muniesa	43 I 27	Murieta	14 E 23	Nacha	30 G 31	Narros	27 G 23
Muniferral	3 C 5	Murillo	14 D 24	Nacimiento (Almería)	86 U 22	Narros de Cuéllar	39 I 16
Munilla	27 F 23	Murillo Berroya	15 D 26			Narros del Castillo	38 J 14
Muntanyeta dels Sants (La)	69 O 29	Murillo de Calahorra	28 E 24	Nacimiento (Córdoba)	85 T 16	Narros del Puerto	38 K 15
Muntells (Els)	45 K 32	Murillo de Gállego	29 E 27	Nadela	8 D 7	Narros de Matalayegua	37 J 12
Munts (Els)	32 I 34	Murillo de Río Leza	27 E 23	Nafría de Ucero	26 G 20	Narros de Saldueña	38 J 15
Muña (La)	75 S 13	Murillo el Cuende	28 E 25	Nafría la Llana	27 H 21		
Muñana	38 K 14	Murillo el Fruto	28 E 25	Nágima	27 H 23	Narvaja	14 D 22
Muñas	4 B 10	Muro d'Alcoi	69 P 28	Nagore	15 D 25	Nati (Punta)	91 L 41
Muñecas	26 G 20	Muro (Torrent de)	90 M 39	Naharros (Cuenca)	54 L 22	Natón	2 C 3
Muñecas (Las)	13 C 20	Muro de Ágreda	28 G 24	Naharros (Guadalajara)	40 I 21	Nau (Cap de la)	69 P 30
Múñez	38 K 15	Muro de Aguas	27 F 23	Najarra	39 J 18	Nava	
Muñico	38 J 14	Muro en Cameros	27 F 22	Nájera	27 E 21	Nava de Francia	37 K 11
Muñique	95 W 3	Muros	6 D 2	Najerilla	27 F 21	Nava de Sotrobal	38 J 14
Muñís	8 D 9	Muros de Nalón	5 B 11	Najurrieta	15 D 25	Nava (Embalse de)	28 F 24
Muño	5 B 13	Muros y Noia (Ría de)	6 D 2	Nalda	27 E 22	Nava (Estación de la)	72 S 9
Muñoces (Los)	78 S 26			Nalec	31 H 33		
Muñogalindo	38 K 15	Murta (La)	79 S 26	Nalón	5 B 11	Nava (La) (Badajoz)	62 P 13
Muñograde	38 J 15	Murtas	86 V 20	Nambroca	52 M 18	Nava (La) (Ciudad Real)	65 Q 18
Muñomer del Peco	38 J 15	Murtas (Las)	78 R 24	Nambroca (Sierra de)	52 M 18	Nava (Laguna la)	65 O 18
Muñopedro	39 J 16	Murtiga	72 R 9				
Muñopepe	38 K 15						
Muñosancho	38 J 14						
Muñotello	38 K 14						

Nava (La) (Huelva)	72 S 9	Navalmoral de Béjar	50 K 12	Navas de Selpillar	84 T 16
Nava (La) (Sevilla)	73 R 13	Navalmoral de la Mata	50 M 13	Navas de Tolosa (Las)	76 R 19
Nava (Puerto de la)	63 P 14			Navasfrías	49 L 9
Nava Alta (Sierra de)	28 H 25	Navalmoral de la Mata (Embalse de)	50 L 12	Navata	19 F 38
Navacarros	50 K 12	Navalmoralejo	51 M 14	Navata (La)	39 K 18
Navacepeda de Tormes	51 K 14	Navalmorales (Los)	52 M 16	Navatalgordo	51 K 15
Navacepedilla de Corneja	38 K 14	Navalón	54 L 23	Navatejares	50 K 13
Navacerrada (Ciudad Real)	64 P 16	Navalón de Abajo	68 P 27	Navatrasierra	51 N 14
		Navalón de Arriba	68 P 27	Navazo (Alto)	26 F 19
Navacerrada (Madrid)	39 J 17	Navalonguilla	50 L 13	Navazos (Los)	66 P 21
Navacerrada (Puerto de)	39 J 17	Navalonguilla (Sierra de)	64 P 17	Navazuelo	85 T 16
Navacerrada (Sierra de)	64 P 16	Navalosa	51 K 15	Navazuelo (El)	86 T 19
Navachica	85 V 18	Navalperal de Pinares	39 K 16	Nave (Cabo de la)	6 D 2
Navaconcejo	50 L 12	Navalperal de Tormes	51 K 14	Návea	21 F 7
Nava de Abajo	67 Q 24	Navalpino	64 O 16	Navelgas	4 B 10
Nava de Arévalo	38 J 15	Navalpotro	41 J 22	Navelonga (Ermita de)	49 L 9
Nava de Arriba	67 P 24	Navalrincón	64 O 16	Naveros	88 W 12
Nava de Béjar	37 K 12	Navalsáuz	51 K 14	Navès	32 G 34
Nava de Campana	67 Q 25	Navaltoril	51 N 15	Navezuelas (cerca de Mirabel)	49 M 11
Nava de Jadraque (La)	40 I 20	Navalucillos (Los)	52 M 16		
		Navaluenga	51 K 15	Navezuelas (cerca de Roturas)	50 N 13
Nava de la Asunción	39 I 16	Navalvillar	73 S 13	Navia	4 B 9
Nava del Barco	50 L 13	Navalvillar de Ibor	50 N 13	Navia (Ría de)	4 B 9
Nava de los Caballeros	10 E 14	Navalvillar de Pela	62 O 13	Navia (Río)	4 C 9
Nava del Rey	38 I 14	Navamorales	37 K 13	Navia (Valle del)	4 C 9
Nava de Ordunte	13 C 20	Navamorcuende	51 L 15	Navia de Suarna	8 D 8
Nava de Pablo	76 S 21	Navamuel	12 D 17	Navianos de Alba	23 G 12
Nava de Ricomalillo (La)	51 N 15	Navandrinal	38 K 15	Navianos de Valverde	23 G 12
Nava-de-Roa	25 H 18	Navapalos	26 H 20	Na Xamena	91 O 34
Nava de San Pedro	76 S 21	Navaquesera	51 K 15	Naya (La)	72 S 10
Nava de Santiago (La)	61 O 10	Navarcles	32 G 35	Nazar	14 E 23
Navadijos	51 K 14	Navardún	15 E 26	Nazaret	57 N 29
Nava el Zar	76 Q 18	Navares	78 R 24	Nazaret (Ermita de)	76 Q 20
Navaescurial	38 K 14	Navares de Ayuso	39 H 18	Neblines	83 T 13
Navafría (León)	10 E 13	Navares de Enmedio	39 H 18	Nebra	6 D 3
Navafría (Puerto de)	39 J 18	Navares de las Cuevas	39 H 18	Nebreda	26 G 19
Navafría (Segovia)	39 I 18	Navaridas	14 E 22	Nechite	86 U 20
Navahermosa (cerca de Aracena)	72 S 9	Navarra (Provincia)	14 E 23	Neda	3 B 5
		Navarra (Acequia de)	28 F 25	Neda (Cordal de)	3 B 7
Navahermosa (cerca de Valverde del C.)	72 T 9	Navarredonda (Madrid)	39 J 18	Negra (Punta) (Granada)	86 V 20
Navahermosa (Málaga)	84 U 15	Navarredonda (Sevilla)	84 U 14	Negra (Punta) (Murcia)	79 T 27
Navahermosa (Toledo)	52 N 16	Navarredonda de Gredos	51 K 14	Negra (Serra) (Castelló)	56 K 29
Navaholguín	73 S 12	Navarredonda de la Rinconada	37 K 11	Negra (Serra) (Huesca)	17 E 31
Navahombela	37 K 13	Navarredonda de Salvatierra	37 K 12	Negradas	3 A 6
Navahondilla	52 L 16	Navarredondilla	51 K 15	Negralejo (El)	53 K 19
Navajarra	64 O 16	Navarrés	68 O 27	Negrales (Los)	39 K 17
Navajara (Sierra de)	64 O 16	Navarrete (Álava)	14 E 22	Negras (Las)	87 V 23
Navajas	56 M 28	Navarrete (La Rioja)	27 E 22	Negratín (Embalse del)	86 T 21
Navajuelos (Estación de)	67 Q 25	Navarrete del Río	42 J 26	Negre (Cap)	91 M 41
Navajuelos (Sierra de los)	67 Q 24	Navarrevisca	51 K 15	Negredo	41 I 21
Navajún	27 G 23	Navarros (Los)	94 N 10	Negredo (El)	40 I 20
Naval	16 F 30	Navàs	32 G 35	Negreira	6 D 3
Navalacruz	51 K 15	Navas (Las) (Monte)	49 L 9	Negret	44 J 30
Navalafuente	39 J 18	Navas (Las) (Toledo)	64 N 17	Negrete (Cabo)	79 T 27
Navalagamella	39 K 17	Navas (Las) (Granada)	85 T 17	Negrilla de Palencia	37 I 13
Navalatienda	63 P 15	Navas (Las) (Sevilla)	83 V 12	Negrita (Montaña de la)	92 J 8
Navalavaca	65 O 20	Navas (Río de las)	64 N 17	Negro (Río)	4 B 10
Navalcaballo	27 G 22	Navasa	16 E 28	Negro (Zamora)	22 F 10
Navalcán	51 L 14	Navascués	15 D 26	Negrón	55 L 25
Navalcán (Embalse de)	51 L 14	Navas de Buitrago (Las)	40 J 19	Negrón (Túnel de)	10 D 12
Navalcarnero	52 L 17	Navas de Bureba	13 D 20	Negueira de Muñiz	4 C 9
Navalcuervo	74 R 14	Navas de Estena	52 N 16	Neguillas	27 H 22
Navalengua	67 P 23	Navas de Jadraque	40 I 20	Neguri	13 B 20
Navaleno	26 G 20	Navas de Jorquera	67 O 24	Neila	26 F 21
Navales	37 J 13	Navas de la Concepción (Las)	74 S 13	Neila (Sierra de)	27 F 21
Navalguijo	50 L 13	Navas del Madroño	49 N 10	Neila de San Miguel	50 K 13
Navalices	64 N 17	Navas del Marqués (Las)	39 K 17	Neira	8 D 8
Navaliego (Sierra de)	5 C 12	Navas del Pinar	26 G 20	Neiro	4 C 8
Navalilla	39 H 18	Navas del Rey	52 K 17	Nela	12 D 19
Navalmanzano	39 I 17	Navas de Oro	39 I 16	Nembro	5 B 12
Navalmanzano (Sierra de)	75 Q 17	Navas de Riofrío	39 J 17	Nemeño	2 C 3
Navalmoral	38 K 15	Navas de San Antonio	39 J 17	Nemiña	2 C 2
Navalmoral (Puerto de)	38 K 15	Navas de San Juan	76 R 20	Nepas	27 H 22
				Nerín	16 E 30
				Nerja	85 V 18
				Nerja (Cueva de)	85 V 18
				Nerpio	77 R 23
				Nerva	72 S 10
				Nerva (Embalse de)	72 S 10
				Nerva (Embalse de)	72 S 10
				Nervión	13 C 21
				Nespereira	7 D 6

Nestar 12 D 17
Nestares 27 F 22
Neulos (Pico) 19 E 38
Nevada (Sierra) 85 U 19
Nevada (Sierra) 86 U 19
Neves (As) (La Coruña) 3 B 6
Neves (As) (Pontevedra) 20 F 4
Nevosa (Alto de) 20 G 5
Niajo 11 C 14
Nicho (Ermita del) 76 S 20
Nicova (Rivera de la) 72 T 9
Niebla 82 T 9
Niefla (Puerto de) 64 Q 16
Nietos (Los) 79 T 27
Nieva 39 I 16
Nieva de Cameros 27 F 21
Nieve (Pozo de la) 87 U 22
Nieves (Cuenca) 55 L 24
Nieves (La Coruña) 3 B 5
Nieves (Las) 95 W 3
Nieves (Las) (Sevilla) 73 T 11
Nieves (Las) (Toledo) 52 M 18
Nieves (Nuestra Señora de las) 12 C 19
Nigoi 6 E 4
Nigrán 20 F 3
Nigüelas 86 V 19
Nigüella 28 H 25
Niharra 38 K 15
Níjar 87 V 23
Níjar (Campo de) 87 V 23
Niñas (Embalse de las) 94 N 10
Niñas (Las) 74 S 15
Niño (El) 78 R 25
Niño (Sierra del) 88 X 13
Niñodaguia 21 F 7
Niñons 2 C 3
Nistal 23 E 11
Nívar 85 U 19
Niveiro 2 C 4
Noáin 15 D 25
Noalejo 76 T 19
Noalla 6 E 3
Noarre 17 D 33
Nobeda 54 L 23
Nobla (Sierra) 15 E 27
Noblejas 53 M 19
Noceco (cerca de Espinosa de los M.) 12 C 19
Noceda (cerca de Castrillo de Cabrera) 9 E 10
Noceda (León) 9 D 10
Noceda (Lugo) 8 D 8
Nocedo (cerca de Sedano) 12 D 18
Nocedo de Curueño 10 D 13
Nocedo do Val 21 F 7
Noche 3 C 7
Nocito 16 F 29
Nódalo 27 G 21
Nodar 3 C 6
Noez 52 M 17
Nofuentes 12 D 19
Nogais (As) 8 D 8
Nogal de las Huertas 24 E 16
Nogales (Badajoz) 61 Q 9
Nogales (Embalse de) 61 Q 9
Nogales (Los) 52 L 16
Nogales (Málaga) 84 V 16
Nogales (Palencia) 12 D 17
Nogales (Rivera de) 61 Q 9
Nogalte (Rambla de) 78 T 24
Nogar 22 F 10
Nogarejas 23 F 11
Nograles 40 H 21
Nograro 13 D 20
Nogueira (Lugo) 7 E 6
Nogueira (Orense) 7 E 5
Nogueira (Pontevedra) 6 E 3
Nogueira de Ramuín 7 E 6
Noguera 42 K 25

Noguera de Lladorre 17 E 33
Noguera de Tort (Río) 17 E 32
Noguera Pallaresa 17 D 33
Noguera Pallaresa (Vall de la) 17 E 33
Noguera (Puerto de) 42 K 25
Noguera Ribagorçana 17 E 32
Nogueras (Las) 55 N 26
Noguero 17 F 31
Noguerones (Los) 85 T 17
Nogueruela (La) 55 L 25
Nogueruelas 56 L 28
Nogueruelas (Sierra de) 56 L 28
Nohalos 52 M 17
Noharre 38 J 15
Noia 6 D 3
Noicela 2 C 4
Nois 4 B 8
Noja 12 B 19
Nolay 27 H 22
Nombela 52 L 16
Nombrevilla 42 I 25
Nomparedes 27 H 23
Nonaspe 44 I 30
Nonó (Cap) 91 O 33
Nora 72 R 9
Nora (La) (León) 23 F 12
Noreña 5 B 12
Norfeu (Cabo) 19 F 39
Norias (Embalse de las) 14 E 22
Norias (Las) (cerca de Almerimar) 86 V 21
Norias (Las) (cerca de Huércal Overa) 78 T 24
Norias (Las) (Ciudad Real) 65 Q 19
Noriega 11 B 16
Noris 18 E 34
Norte (Punta) 93 B 10
Notáez 86 V 20
Nou (La) 18 F 35
Nou de Gaià (La) 32 I 34
Novales 12 B 17
Novales (Huesca) 16 F 29
Novaliches 56 M 28
Novallas 28 G 24
Novelda 68 Q 27
Novelda del Guadiana 61 P 9
Novellaco 28 E 26
Novellana 5 B 11
Novés (Huesca) 16 E 28
Novés (Toledo) 52 L 17
Noves de Segre 18 F 34
Noviercas 27 G 23
Novillas 28 G 25
Novo Sancti Petri 88 W 11
Noya 32 G 34
Nuarbe 14 C 23
Nubledo 5 B 12
Nucia (La) 69 Q 29
Nueno 29 F 28
Nueros 43 J 26
Nuestra Señora de Angosto 13 D 20
Nuestra Señora de las Nieves (Navarra) 15 C 26
Nuestra Señora de Valvanera (Monasterio) 27 F 21
Nuestra Señora dels Àngels (Ermita de) 44 K 30
Nuestra Señora de Alarcos 64 P 17
Nuestra Señora de Altagracia (Ermita de) 63 P 14
Nuestra Señora de Aranz (Ermita de) 41 J 22
Nuestra Señora de Cortés (Santuario) 66 P 22

Nuestra Señora de Gracia 72 R 9
Nuestra Señora de Guadalupe (Ermita de) 64 O 16
Nuestra Señora de la Antigua (Ermita de) 62 P 12
Nuestra Señora de la Antigua (Santuario de) 65 P 20
Nuestra Señora de la Bienvenida 41 K 22
Nuestra Señora de la Cabeza 42 J 24
Nuestra Señora de la Carrasca 66 P 21
Nuestra Señora de la Hoz 41 J 23
Nuestra Señora de la Luz (Ermita de) 49 N 10
Nuestra Señora de las Nieves 65 P 19
Nuestra Señora de la Peña (Ermita de) 49 L 9
Nuestra Señora de las Nieves (Refugio de) 50 L 13
Nuestra Señora del Campo (Ermita de) (Cáceres) 61 N 9
Nuestra Señora del Llano 67 O 23
Nuestra Señora de los Desamparados 54 K 21
Nuestra Señora de los Hilos (Ermita de) 49 M 9
Nuestra Señora del Puerto (Ermita de) 49 L 11
Nuestra Señora de Melque 52 M 16
Nuestra Señora de Zuqueca 65 P 18
Nuestra Señora de Araceli 84 T 16
Nuestra Señora de Arrate 14 C 22
Nuestra Señora de Bellmunt 19 F 36
Nuestra Señora de Bella 82 U 8
Nuestra Señora de Chilla (Santuario de) 51 L 14
Nuestra Señora de Escardiel (Ermita) 73 S 11
Nuestra Señora de Fuensanta 89 W 15
Nuestra Señora de Gador 86 V 21
Nuestra Señora de Garón (Ermita de) 25 G 17
Nuestra Señora de Gràcia (Ermita de) 57 M 29
Nuestra Señora de Guadalupe 14 B 24
Nuestra Señora de Guadalupe 95 F 9
Nuestra Señora de Hontanares (Ermita de) 40 I 19
Nuestra Señora de la Anunciada 24 G 14
Nuestra Señora de la Carrasca (Ermita) 42 J 25
Nuestra Señora de la Misericordia (Barcelona) 33 H 37
Nuestra Señora de la Misericordia (Zaragoza) 28 G 25
Nuestra Señora de la Candelaria (Basílica) 93 J 7

Nuestra Señora de la Consolación 83 U 12
Nuestra Señora de la Rosa (Ermita de) 43 J 27
Nuestra Señora de la Salut 19 F 37
Nuestra Señora de la Estrella 76 R 19
Nuestra Señora de la Esperanza 78 R 24
Nuestra Señora de las Fuentes (Monasterio de) 30 G 29
Nuestra Señora de la Fuensanta (Córdoba) 74 S 15
Nuestra Señora de la Silla (Ermita de) 42 I 26
Nuestra Señora de la Fuensanta (Jaén) 76 R 21
Nuestra Señora de la Luz (Santuario de) 88 X 13
Nuestra Señora de la Sierra (Ermita de) 74 T 16
Nuestra Señora de las Nieves 95 C 5
Nuestra Señora de las Viñas (Burgos) 26 F 19
Nuestra Señora de las Viñas (Zaragoza) 42 H 26
Nuestra Señora de la Soledad 82 U 9
Nuestra Señora del Castillo 12 E 18
Nuestra Señora del Campo (Ermita de) (Teruel) 42 J 26
Nuestra Señora de Lebeña 11 C 16
Nuestra Señora del Far 19 F 37
Nuestra Señora del Gresolet 18 F 35
Nuestra Señora de Linares 74 S 15
Nuestra Señora de Lluc (Monasterio) 90 M 38
Nuestra Señora del Mont 19 F 38
Nuestra Señora de Lomos de Orios 27 F 22
Nuestra Señora de los Reyes 93 A 11
Nuestra Señora de los Àngels 33 G 38
Nuestra Señora de los Ángeles 72 S 9
Nuestra Señora del Pueyo 43 I 27
Nuestra Señora del Pasico (Ermita) 79 S 27
Nuestra Señora del Pilar (Ermita del) 68 P 27
Nuestra Señora del Prado (Ermita de) 73 S 10
Nuestra Señora del Puig 90 M 39
Nuestra Señora del Puerto 73 S 11
Nuestra Señora del Remedio (Ermita de) 55 N 26
Nuestra Señora del Remedio (Santuario) 56 M 27
Nuestra Señora de la Tremedal (Ermita de) 42 K 25
Nuestra Señora del Yugo 28 F 25
Nuestra Señora de Monlora (Santuario de) 29 F 27
Nuestra Señora de Oca 26 E 20

Nuestra Señora de Piedras Albas 72 T 8
Nuestra Señora de Pineta 16 D 30
Nuestra Señora de Queralt 18 E 35
Nuestra Señora de Regla 82 V 10
Nuestra Señora de Setefilla 74 S 13
Nuestra Señora de Sonsoles (Ermita) 39 K 16
Nuestra Señora de Vico (Monasterio de) 27 F 23
Nueva 11 B 15
Nueva (La) 5 C 12
Nueva Andalucía 89 W 15
Nueva Carteya 74 T 16
Nueva Europa 94 O 11
Nueva Jarilla 83 V 11
Nuévalos 42 I 24
Nueva Villa de las Torres 38 I 14
Nuevo (Puerto) 49 K 10
Nuevo Baztán 53 K 20
Nuevo Castellar 89 X 13
Nuevo Gallipienzo 15 E 25
Nuevo Rocío 83 U 11
Nuevos 66 Q 21
Nuevo Toboso 39 K 18
Nuez 22 G 10
Nuez de Abajo (La) 25 E 18
Nuez de Arriba (La) 12 E 18
Nuez de Ebro 29 H 27
Nules 57 M 29
Nullán 8 D 8
Nulles 45 I 33
Numancia 27 G 22
Numancia de la Sagra 52 L 18
Nuño Gómez 52 L 16
Nuñomoral 49 K 11
Núria 18 E 36
Ñora (La) (Murcia) 79 S 26

O

Oasis (El) (Maspalomas) 94 O 11
Oba 13 C 21
Obando 62 O 13
Obanos 14 D 24
Obarenes (Montes) 13 E 20
Obejo 74 R 15
Obispo Hernandez 56 M 26
Obispo (Torre del) 76 R 19
Oblea 37 J 11
Obón 43 J 27
Obona 4 B 10
Obra 7 D 4
Obregón 28 B 18
Oca 12 E 19
Oca (Montes de) 26 E 19
Ocaña (Almería) 86 U 21
Ocaña (Toledo) 53 M 19
Oceja de Valdellorma 10 D 14
Ocejo de la Peña 11 D 14
Ocejón 40 I 20
Ocentejo 41 J 22
Ocero 9 D 10
Ochagavía 15 D 26
Ochando 39 I 16
Ocharán 13 C 20
Ochavillo del Río 74 S 14
Ochíchar 85 U 18
Ocio 13 E 21
Oco 14 E 23
Ocón 27 F 23
Odèn 18 F 34
Odena 32 H 34
Oderitz 14 D 24
Odiel (Río) 72 S 9
Odiel (Embalse de) 72 S 10
Odollo 9 E 10
Odón 42 J 25
Odra 12 E 17
Odres (Los) 77 R 23
Odres (Los) (Monte) 77 R 23
Odrilla 12 E 17
Odrón 14 E 23

Oencia 8 E 9
Oeste (Roque del) 95 W 2
Ofra 93 K 7
Ogassa 18 F 36
Ogern 18 F 34
Ogíjares 85 U 19
Ogoño (Cabo) 14 B 22
Oguina 14 D 22
Ohanes 86 U 21
Oia 20 F 3
Oiartzun 14 C 24
Oieregi 15 C 25
Oimbra 21 G 7
Oins 7 D 5
Oirán 3 B 7
Oirás 3 B 7
Ois 3 C 5
Oitura 28 G 26
Oitz 15 C 24
Oix 19 F 37
Oja 13 E 21
Ojacastro 26 E 20
Ojailén 64 Q 18
Ojebar 13 C 19
Ojedo 11 C 16
Ojén 89 W 15
Ojén (Puerto de) (Cádiz) 88 X 13
Ojén (Puerto de) (Málaga) 89 W 15
Ojén (Sierra de) 88 X 13
Ojete (Sierra de) 85 U 17
Ojo Guareña 12 C 19
Ojós 78 R 25
Ojos-Albos 39 J 16
Ojos de Cabra (Laguna de) 83 U 11
Ojos de Moya (Los) 55 M 25
Ojos Negros 42 J 25
Ojuel 27 G 23
Ojuelos 74 R 13
Ojuelos (Laguna de los) 84 U 14
Ojuelos (Los) 84 U 14
Okondo 13 C 20
Olleros de Pisuerga (Palencia) 12 D 17
Olleros (León) 11 D 14
Ola 16 F 29
Olabe 15 D 25
Olaberria 14 C 23
Olagato 15 D 26
Olague 15 D 25
Oláibar 15 D 25
Olalla 42 J 26
Olas (Punta de las) 2 C 4
Olatz 14 C 22
Olaverri 15 D 25
Olaz (Puerto) 15 E 25
Olazti 14 D 23
Olba 56 L 28
Olcoz 14 E 24
Olea 12 D 17
Olea de Boedo 11 E 16
Oleiros (cerca de Ribeira) 6 E 2
Oleiros (cerca de Sada) 3 B 5
Oleiros (Lugo) 3 C 7
Olejua 14 E 23
Olelas 20 G 5
Olèrdola 32 I 35
Olesa de Bonesvalls 32 H 35
Olesa de Montserrat 32 H 35
Oliana 18 F 33
Oliana (Embalse de) 18 F 34
Olías 85 V 17
Olías del Rey 52 M 18
Oliete 43 J 27
Oliola 31 G 33
Olite 15 E 25
Olius 18 F 34
Oliva 89 P 29
Oliva (Ermita de la) 88 X 12
Oliva (La) 93 U 6
Oliva (Monasterio de la) 28 E 25
Oliva (Sierra de) 68 P 26
Oliva de la Frontera 72 R 9
Oliva de Mérida 62 P 11
Oliva de Plasencia 49 L 11
Oliván 16 E 29

Olivar (Convento del) 43 J 28
Olivar (El) (Guadalajara) 41 K 21
Olivar (El) (La Rioja) 27 E 23
Olivar (El) (Madrid) 52 K 18
Olivares 83 T 11
Olivares (Los) 85 T 18
Olivares de Duero 25 H 16
Olivares de Júcar 54 M 22
Oliveira 20 F 4
Olivella 32 I 35
Olivenza 60 P 8
Olivenza (Río de) 61 Q 9
Olives 7 D 4
Olivillo (El) 83 V 11
Olivos 28 F 24
Olla (L') 69 Q 29
Ollauri 13 E 21
Olleria (L') 69 P 28
Olleria (Port de l') 69 P 28
Olleros de Alba 9 D 12
Olleros de Pisuerga 12 D 17
Olleros de Tera 23 G 11
Olleta 15 E 25
Ollo 14 D 24
Olloniego 5 C 12
Olmeda (La) (Cuenca) 55 M 26
Olmeda (La) (Soria) 26 H 20
Olmeda de Cobeta 41 J 23
Olmeda de Eliz 54 L 22
Olmeda de Jadraque (La) 41 I 21
Olmeda de la Cuesta 54 L 22
Olmeda de las Fuentes 53 K 20
Olmeda del Extremo 41 I 21
Olmeda del Rey 54 M 23
Olmedilla de Alarcón 54 N 23
Olmedilla del Campo 54 L 21
Olmedillas 41 I 22
Olmedillas (Las) 55 M 26
Olmedillo de Roa 25 G 18
Olmedo 38 I 15
Olmedo de Camaces 36 J 10
Olmillos 26 H 20
Olmillos de Castro 23 G 12
Olmillos de Muñó 25 F 18
Olmillos de Sasamón 25 E 17
Olmillos de Valverde 23 G 12
Olmo (El) 40 I 19
Olmo de la Guareña 38 I 14
Olmos (Los) 43 J 28
Olmos de Esgueva 25 G 16
Olmos de la Picaza 25 E 18
Olmos de Ojeda 11 D 16
Olmos de Peñafiel 25 H 17
Olmos de Pisuerga 12 D 17
Oló (Riera de) 32 G 36
Olocau 56 M 28
Olocau (Barranco de) 56 N 28
Olocau del Rey 43 K 28
Olombrada 39 H 17
Olóriz 15 E 25
Olost 32 G 36
Olot 19 F 37
Olp 17 E 33
Olsón 16 F 30
Oluges (les) 31 G 33
Olula de Castro 87 U 22
Olula del Río 87 T 23
Olvan 18 F 35
Olveda 7 D 6
Ólvega 28 G 24
Olveira 6 E 2
Olveiroa 6 D 2
Olvera 84 V 14
Olvera (Embalse de) 76 R 20
Olvés 42 I 25
Olza 14 D 24
Olzinelles 33 H 37
Omañas 10 D 11
Omañas (Las) 10 D 12
Omañón 10 D 11

Omecillo 13 D 20
Omellons (Els) 31 H 32
Omells de Na Gaia (Els) 31 H 33
Omeñaca 27 G 23
Onamio 9 E 10
Oncala 27 G 23
Oncala (Puerto de) 27 G 23
Oncebreros 67 P 25
Onceta (Isla de) 6 E 3
Onda 56 M 29
Ondara (Alacant) 69 P 30
Ondara (Río) (Lleida) 31 H 33
Ondarroa 14 C 22
Ondes 5 C 11
Ongoz 15 D 26
Onil 68 Q 27
Onis 11 B 15
Onón 4 C 10
Ons 6 E 3
Ons (Isla de) 6 E 3
Onsares 66 Q 22
Onsella 15 E 27
Ontalafia (Laguna de) 67 P 24
Ontalafia (Sierra de) 67 P 24
Ontalvilla de Almazan 41 H 22
Ontaneda 12 C 18
Ontano (El) 64 O 18
Ontígola 53 L 19
Ontinar del Salz 29 G 27
Ontinyent 68 P 28
Ontiñena 30 G 30
Onton 13 B 20
Ontur 67 Q 25
Onza 74 R 13
Onzonilla 10 E 13
Oña 12 D 19
Oña (Sierra de) 13 D 19
Oñati 14 C 22
Opacua 14 D 22
Opacua (Puerto de) 14 D 23
Oqueales 76 T 20
Oquillas 25 G 18
Orallo 9 D 10
Oraque 72 T 9
Orba 69 P 29
Orba (Sierra de) 15 E 27
Orbada (La) 37 I 13
Orbaitzeta 15 D 26
Orbaitzeta Ola 15 D 26

Orbaneja del Castillo 12 D 18
Orbaneja-Riopico 26 E 19
Orbara 15 D 26
Órbigo 23 F 12
Orbiso 14 D 23
Orbita 27 G 23
Orcajo 42 I 25
Orcau 17 F 32
Orce 77 S 22
Orce (Sierra de) 77 S 22
Orcera 77 R 22
Orchilla (Punta de) 93 A 11
Ordal 32 H 35
Ordaliego 5 C 13
Ordejón de Arriba 12 E 17
Orden (Pozo de la) 75 S 17
Ordes 2 C 4
Ordes (Les) 32 H 34
Ordesa (Parque nacional de) 16 D 29
Ordesa (Valle de) 16 E 29
Ordial (El) 40 I 20
Ordino 18 E 34
Ordis 19 F 38
Ordizia 14 C 23
Ordoeste 6 D 3
Ordunte (Embalse de) 13 C 20
Ordunte (Montes de) 12 C 19
Orduña (Monte) (Granada) 86 U 19
Orduña (Puerto de) 13 D 20
Orduña (Vizcaya) 13 D 20
Orea 42 K 24
Oreja (Toledo) 53 L 19
Orejana 39 I 18
Orejanilla 39 I 18
Orellan 9 E 9
Orellana (Canal de) 62 O 12
Orellana (Embalse de) 62 P 13
Orellana de la Sierra 62 O 13
Orellana la Vieja 62 O 13
Orense / Ourense 7 E 6
Oreña 12 B 17
Orera 42 I 25
Orés 29 F 27
Orexa (Guipúzcoa) 14 C 24
Orfes 19 F 38
Órganos (Los) 95 E 8

Organos de Montoro 43 J 28
Organyà 18 F 33
Orgaz 52 N 18
Orgiva 86 V 19
Orhí 15 D 26
Oria (Almería) 39 I 16
Oria (Río) (Guipúzcoa) 14 D 23
Oria (Rambla de) 87 T 22
Oria (Sierra de) 77 T 23
Oricáin 15 D 25
Oriche (Sierra de) 43 I 26
Orihuela 79 R 27
Orihuela (Puerto) 42 K 25
Orihuela del Tremedal 42 K 25
Orillares 26 G 20
Orillena 30 G 29
Oriñón 13 B 20
Orio 14 C 23
Orís 18 F 36
Orisoain 14 E 24
Oristà 32 G 36
Orito 68 Q 27
Orives (Los) 78 T 24
Orjal 7 D 5
Orlé 5 C 14
Ormaiztegi 14 C 23
Ormijana 13 D 21
Orna de Gállego 16 E 28
Orniz (Peña) 5 C 11
Oro 4 C 9
Oro (El) 68 O 27
Oro (Nuestra Señora del) 13 D 21
Oro (Sierra del) (Badajoz) 62 Q 13
Oro (Sierra del) (Murcia) 78 R 25
Oroel 16 E 28
Oroel (Puerto de) 16 E 28
Orokieta 14 C 24
Orón 13 D 21
Oronoz-Mugairi 15 C 25
Oronz 15 D 26
Oropesa 51 M 14
Oropesa del Mar / Orpesa 57 L 30
Ororbia 14 D 24
Oros 16 E 29
Orosa 7 D 6

Oroso 7 E 5
Orotava (La) 92 I 7
Orotava (Valle de la) 92 I 7
Oroz-Betelu 15 D 26
Orozco 13 C 21
Orózqueta 13 C 21
Orpesa / Oropesa del Mar 57 L 30
Orpí 32 H 34
Orreaga / Roncesvalles 15 C 26
Orriols 19 F 38
Orrios 43 K 27
Òrrius 33 H 37
Ortedó 18 E 34
Ortegal (Cabo) 3 A 6
Ortegas (Los) 74 S 14
Ortegicar 84 V 15
Ortiga 62 P 12
Ortigal (El) 93 J 7
Ortigosa (Albacete) 66 P 21
Ortigosa (Embalse de) 27 F 21
Ortigosa (La Rioja) 27 F 21
Ortigosa del Monte 39 J 17
Ortigosa de Pestaño 39 I 16
Ortigosa de Rioalmar 38 J 14
Ortigueira 3 A 6
Ortiguera 4 B 9
Ortilla 29 F 28
Ortuño (Mirador de) 92 J 7
Orús 16 E 29
Orusco 53 L 20
Orxa (L') 69 P 29
Orxeta 69 Q 29
Orzanzurieta 15 C 26
Orzola 95 X 2
Orzonaga 10 D 13
Osa (Sierra de la) 63 P 15
Osácar 14 D 24
Osa de la Vega 54 N 21
Oscuro 85 T 19
Os de Balaguer 31 G 32
Oseja 28 H 24
Oseja de Sajambre 11 C 14
Oselle 8 D 8
Osera 29 H 28
Oset 56 M 27
Osia 15 E 27
Osinaga 14 D 24

Osma 13 D 20
Oso (El) 38 J 15
Oso (Sierra del) 77 S 23
Osona 37 H 21
Osonilla 27 H 21
Osor 33 G 37
Osor (Riera) 33 G 37
Osornillo 25 E 17
Osorno la Mayor 25 E 16
Ossa de Montiel 66 P 21
Ossero (El) 66 P 21
Osso 30 G 30
Ossó de Sió 31 G 33
Ostiz 15 D 25
Osuna 84 U 14
Otañes 13 C 20
Otazu 14 D 22
Otchogorrigagna 15 D 27
Oteiza de la Solana 14 E 24
Oteo (Alava) 14 D 22
Oteo (Burgos) 13 C 20
Oter 41 J 22
Oterico 10 D 12
Otero (El) 25 H 16
Otero (León) 10 E 11
Otero (Lugo) 3 C 7
Otero (Toledo) 52 L 16
Otero de Bodas 23 G 11
Otero de Guardo 11 D 15
Otero de Herreros 39 J 17
Otero de las Dueñas 10 D 12
Otero de Naragantes 9 D 10
Otero de Sanabria 22 F 10
Otero de Sariegos 23 G 13
Oteros 55 L 24
Oteruelo del Valle 39 J 18
Oteruelos 27 G 22
Otilla 42 J 24
Otiñano 14 E 23
Otita Leitzaran 14 C 24
Otívar 85 V 18
Oto 16 E 29
Otones de Benjumez 39 I 17
Otos (Murcia) 77 R 23
Otos (València) 69 P 28
Otur 4 B 10
Otura 85 U 19
Oturia 16 E 29
Otxandio 14 C 22
Otxondo (Puerto de) 15 C 25
Oubiña 6 E 3
Oulego 8 E 9
Oural 8 D 7
Ourense / Orense 7 E 6
Ouría 4 B 8
Ouro 3 B 7
Ourol 3 B 7
Outara 8 E 7
Outeiro (Lugo) 8 E 8
Outeiro (Orense) 7 E 6
Outeiro de Augas (Puerto de) 20 F 5
Outeiro de Rei 3 C 7
Outeiro Mayor 3 C 7
Outes 6 D 3
Outomuro 21 F 5
Ouviaño 4 C 9
Ouzande 6 D 4
Ovanes 5 B 11
Ove 4 B 8
Oviedo 5 B 12
Oville 10 D 13
Oyón 14 E 22
Oza (cerca de Carballo) 2 C 3
Oza (cerca de Teo) 6 D 4
Oza dos Ríos 3 C 5
Ozaeta 14 D 22
Ozón 2 C 2
Ozuela 9 E 10

P

Paca (La) 78 S 24
Pachecas (Las) 65 O 20
Pacios (cerca de Baamonde) 3 C 6
Pacios (cerca de Castro de Rei) 3 C 7
Pacios (Paradela) 8 D 7
Pacs del Penedès 32 H 35

Padastro 84 V 14
Paderne 3 C 5
Paderne de Allariz 21 F 6
Padiernos 38 K 15
Padilla 92 H 8
Padilla de Abajo 25 E 17
Padilla de Arriba 25 E 17
Padilla de Duero 25 H 17
Padilla de Hita 40 J 21
Padilla del Ducado 41 J 22
Padornelo 22 F 9
Padrastro 66 Q 23
Padre Caro 72 S 10
Padrenda 20 F 5
Padrón 6 D 4
Padrón (O) 4 C 8
Padrón (Sierra del) 9 D 9
Padrona (Puerto) 73 S 11
Padrones de Bureba 12 D 19
Padróns 20 F 4
Padul 85 U 19
Padules 86 V 21
Pagán (Lo) 79 S 27
Paganes (Los) 78 S 26
Pagoaga 14 C 24
Pago del Humo 88 W 11
Pagoeta 14 C 23
Paja (La) 85 S 21
Pájara 92 J 8
Pájara 93 T 7
Pajar de Marta 66 P 22
Pajareiras 6 D 2
Pajarejos 40 H 19
Pajares (Asturias) 5 C 12
Pajares (Cuenca) 54 L 23
Pajares (Embalse de) 27 F 22
Pajares (Guadalajara) 41 J 21
Pajares (Los) 73 T 12
Pajares (Madrid) 39 K 17
Pajares (Puerto de) 10 D 12
Pajares (Valladolid) 24 F 14
Pajares de Abaja 39 J 16
Pajares de Adaja 38 J 16
Pajares de Fresno 40 H 19
Pajares de Hinojosos de Abajo 51 M 14
Pajares de la Laguna 37 I 13
Pajares de la Lampreana 23 G 12
Pajares de los Oteros 23 F 13
Pajarete 88 W 12
Pajarón (Cuenca) 55 M 24
Pajarón (Monte) (Murcia) 77 R 23
Pajaroncillo 55 M 24
Pajonales (Morro de) 94 O 10
Pal 18 E 34
Pal (Collado de) (Barcelona) 18 F 35
Pal (Collado de) (Girona) 19 E 37
Palacio 10 D 13
Palacio de Jamuz 23 F 11
Palacio de las Cabezas 50 M 12
Palacio de Valdellorma 10 D 14
Palacio Quemado 61 P 11
Palacios (Los) 65 P 20
Palacios de Benaver 25 E 18
Palacios de Campos 24 G 15
Palacios de Goda 38 I 15
Palacios del Alcor 25 F 16
Palacios del Arzobispo 37 I 12
Palacios de la Sierra 26 G 20
Palacios de la Valduerna 23 E 12
Palacios del Pan 23 H 12
Palacios del Sil 9 D 10
Palacios de Riopisuerga 25 E 17
Palacios de Salvatierra 37 K 12

Palacios de Sanabria 22 F 10
Palaciosrubios 38 I 14
Palacios Rubios 38 I 15
Palacios y Villafranca (Los) 83 U 12
Palafolls 33 G 38
Palafrugell 33 G 39
Palamós 33 G 39
Palancar 49 M 10
Palancares 40 I 20
Palancares (Estación de) 55 M 24
Palancas 65 O 19
Palancia (Embalse de) 56 M 28
Palancia (Riu) 56 M 27
Palanques 44 J 29
Palas (Las) 79 T 26
Palas de Rei 7 D 6
Palau d'Anglesola (El) 31 H 32
Palau de Noguera 17 F 32
Palau de Plegamans 32 H 36
Palau-sator 19 F 39
Palau-saverdera 19 F 39
Palazuelo (Badajoz) 62 O 12
Palazuelo (cerca de León) 10 D 13
Palazuelo (León) 10 D 14
Palazuelo de las Cuevas 23 G 11
Palazuelo de Vedija 24 G 14
Palazuelo-Empalme (Estación de) 49 M 11
Palazuelos 41 I 21
Palazuelos de Eresma 39 J 17
Palazuelos de la Sierra 26 F 19
Palazuelos de Muñó 25 F 18
Palazuelos de Villadiego 12 E 17
Paleira 3 B 6
Palencia 25 F 16
Palencia de Negrilla 37 I 13
Palenciana 84 U 16
Palenzuela 25 F 17
Pallaresos (Els) 45 I 33
Pallargues (Les) 31 G 33
Pallars-Aran (Reserva nacional de Alto) 17 D 32
Pallaruelo (Sierra de) 30 G 29
Pallaruelo de Monegros 30 G 29
Pallejà 32 H 35
Paller 18 F 35
Pallerol 17 E 32
Pallerols 17 E 33
Palm-Mar 92 H 9
Palma 90 N 37
Palma (Badia de) 90 N 37
Palma de Gandia 69 P 29
Palma (La) 79 S 27
Palma (Parador de la) (Santa Cruz de la Palma) 95 C 5
Pálmaces (Embalse de) 41 I 21
Pálmaces de Jadraque 40 I 21
Palma d'Ebre (La) 45 I 31
Palma del Condado (La) 82 T 10
Palma del Río 74 S 14
Palmanova 90 N 37
Palmanyola 90 N 37
Palmar (El) 92 G 7
Palmar (El) 94 O 9
Palmar (El) (Cádiz) 88 X 11
Palmar (El) (Murcia) 79 S 26
Palmar (El) (València) 69 O 29
Palmar (Valle de El) 92 G 7
Palmar de Troya (El) 83 U 12
Palmas de Gran Canaria (Las) 94 P 9
Palmeira 6 E 3

OVIEDO

Palacio Valdés .... AY 28
Pelayo .... AYZ 30
Uria .... AY 45

Adelantado de la Florida .... BY 2
Alcalde G. Conde .... BY 3
Alfonso II (Plaza) .... BZ 4
Argüelles .... ABY 5
Arzobispo Guisasola .... BZ 6
Cabo Noval .... AZ 7
Campos de los Patos (Pl.) .. BY 8

Canóniga .... BZ 9
Cimadevilla .... BZ 10
Constitución (Plaza de la) ... BZ 12
Covadonga .... AY 13
Daoiz y Velarde (Pl. de) .... BZ 14
Division Azul .... AZ 15
Fruela .... ABZ 17
Ingeniero Marquina .... AY 18
Marqués de Gastañaga .... BZ 20
Marqués de Santa Cruz .... AZ 21
Martínez Marina .... ABZ 22
Martinez Vigil .... BY 23
Melquiades Alvarez .... AY 25

Monumentos (Av. de los) ... AY 27
Porlier (Plaza de) .... BZ 32
Postigo Alto .... BZ 33
Riego (Plaza) .... BZ 34
San Antonio .... BZ 36
San Francisco .... ABZ 37
San José .... BZ 38
San Vicente .... BYZ 39
Tenderina (La) .... BY 42
Teniente Alfonso Martínez .. BY 44

P ANTIGUO HOSPITAL DEL PRINCIPADO

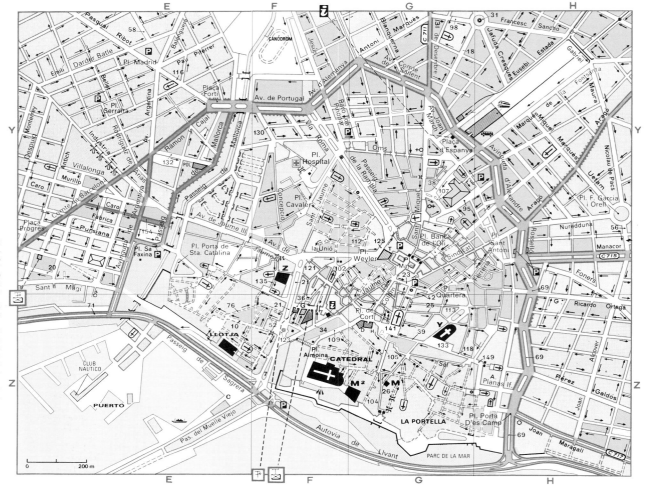

PALMA

Born (Pas. des)	FYZ	21
Jaume III (Av.)	EY	
Antoni Maura (Av. d')	FZ	7
Apuntadors	EZ	10
Arxiduc Lluís Salvador	GY	18
Bayarte	EY	20
Bosseria	GY	23
Can Savellà	GZ	25
Can Serra	GZ	26
Cardenal Reig (Pl.)	GHY	31
Conquistador	FZ	34
Constitució	FZ	36
Convent dels Caputxins	GY	38
Convent Sant Francesc	GZ	39
Corderia	GYZ	42
Felip Bauçà	FZ	52
Francesc Barceló i Combis	HY	56
Francesc Martí i Mora	EY	58
Gabriel Alomar i Villalonga (Av.)	HYZ	69
Gabriel Roca (Av.)	EZ	71
Gloria (Forn de la)	EZ	76
Josep Tous i Ferrer	GY	95
Julià Álvarez	GY	98
Mercat (Pl.)	FY	102
Miramar	GZ	104
Morey	GZ	105
Olivar (Pl.)	GY	107
Palau Reial	FZ	109
Pueyo	GY	112
Quadrato	GZ	113
Rafael Rodríguez Mendez	EY	116
Ramón Llull	GZ	118
Rei Joan Carles I (Pl.)	FY	121
Reina (Pl.)	FZ	123
Riera	GY	125
Rubén Darío	FY	130
Ruiz de Alda	EY	132
Sant Francesc (Pl.)	GZ	133
Sant Gaieta	FY	135
Santa Eulàlia (Pl.)	GZ	141
Temple (Pl.)	HZ	149
Teodor Llorente	EY	154

M¹ MUSEO DE MALLORCA
M² MUSEO DIOCESANO
Y IGLESIA DE SANT FRANCESC
Z PALACIO SOLLERICH

IRUÑEA PAMPLONA

Carlos III (Av. de)	BYZ	
Chapitela	BY	17
García Castañón	ABY	30
San Ignacio (Av. de)	BYZ	66
Zapatería	AY	89
Amaya	BYZ	4
Ansoleaga	AY	5

Bayona (Av. de)	AY	13
Castillo de Maya	BZ	16
Conde Oliveto (Av. del)	AZ	19
Cortés de Navarra	BY	20
Cruz (Pl. de la)	BZ	22
Esquíroz	AZ	25
Estafeta	BY	26
Juan de Labrit	BY	65
Leyre	BYZ	36
Mayor	AY	40
Mercaderes	AY	43
Navarrería	BY	48
Navas de Tolosa	AY	50

Paulino Caballero	BZ	51
Príncipe de Viana (Pl. del)	BZ	54
Reina (Cuesta de la)	AY	56
Roncesvalles (Av. de)	BY	59
Sancho el Mayor	ABZ	60
San Fermín	BZ	63
San Francisco (Pl. de)	AY	65
Sangüesa	BZ	69
Santo Domingo	AY	70
Sarasate (Paseo de)	AY	72
Taconera (Recta del)	AY	73
Vínculo (Pl. del)	AYZ	78

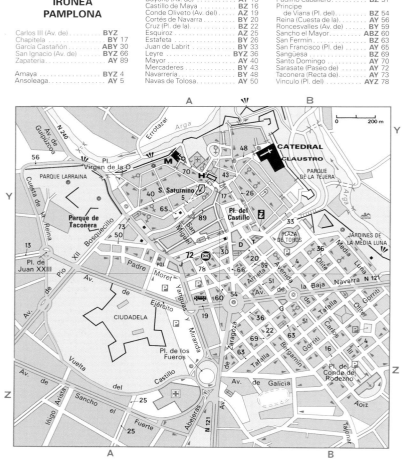

Palmer (es)	90	N 39	Palomas (Puerto de las)	76	T 19	Panes	11	C 16
Palmeral (El)	79	R 27	Palombera (Puerto de)	12	C 17	Panillo	17	F 30
Palmeras (Las) (Mallorca)	90	N 38	Palomeque	52	L 18	Paniza	42	I 26
Palmeres (Les) (València)	69	O 29	Palomera	54	L 23	Paniza (Puerto de)	42	I 26
Palmeritas (Las)	81	U 8	Palomera	68	O 26	Panizares	12	D 19
Palmerola	18	F 36	Palomera (Sierra)	43	K 26	Pano	16	F 30
Palmés	7	E 6	Palomero	49	L 11	Pansas	68	Q 26
Palmes (Desert de les)	57	L 29	Palomes (Puerto de Las)	75	T 18	Pantano de Navabuena	50	M 12
Palmitera (Sierra)	89	W 14	Palomillas	62	Q 11	Panticosa	16	D 29
Palmitos Park	94	O 10	Palomitas (Casas de)	43	K 28	Pantinat (Punta)	91	L 42
Palmones	89	X 13	Palos (Cabo de)	79	T 27	Pantoja	52	L 18
Palmosa (La)	88	W 12	Palos de la Frontera	82	U 9	Pantón	8	E 7
Palo	16	F 30	Palou de Sanaüja	31	G 33	Pantorrillas	44	I 30
Palo (El)	85	V 16	Palou de Torà	32	G 34	Panxón	20	F 3
Palo (Puerto de)	16	D 28	Pals	33	G 39	Panzacola (Embalse de)	76	R 19
Palo (Puerto del)	4	C 9	Pámanes	12	B 18	Panzano	16	F 29
Palo (Punta del)	94	P 9	Pampaneira	86	V 19	Paones	40	H 21
Palo Blanco	92	I 7	Pampanico	86	V 21	Papagayo (Punta del)	95	V 4
Palo de Revardit	19	F 38	Pampliega	25	F 18	Papatrigo	38	J 15
Palojo	85	T 16	Pamplona / Iruñea	15	D 25	Papiol (El)	32	H 36
Paloma (Lagunas de)	53	N 20	Panadella (La)	32	H 34	Paracuellos	55	M 24
Paloma (Punta)	88	X 12	Pánchez (Los)	74	R 14	Paracuellos de Jarama	40	K 19
Palomar (Córdoba)	84	T 15	Pancorbo	13	E 20	Paracuellos de Jiloca	42	I 25
Palomar (El) (Albacete)	66	Q 22	Pancorbo (Sierra de)	13	D 20	Paracuellos de la Ribera	42	H 25
Palomar (El) (Sevilla)	83	T 13	Pancrudo (Monte) (La Rioja)	26	F 21	Parada (La Coruña)	2	C 4
Palomar (El) (València)	69	P 28	Pancrudo (Río)	43	J 26	Parada (Monte) (Cuenca)	55	M 24
Palomar de Arroyos	43	J 27	Pancrudo (Teruel)	43	J 26	Parada de Arriba	37	J 12
Palomarejos	56	V 13	Pandenes	5	B 13	Parada de Rubiales	37	I 13
Palomares	87	U 24	Pandera (Sierra de la)	75	T 18	Parada do Sil	8	E 7
Palomares del Campo	54	M 22	Panderruedas (Puerto de)	11	C 15	Parada dos Montes	8	E 8
Palomares del Río	83	U 11	Pandetrave (Puerto de)	11	C 15	Paradas	83	U 13
Palomas	62	P 11	Pando	13	C 20	Paradaseca (León)	9	D 9
Palomas (Las)	92	I 9	Pando (Puerto del)	11	D 14	Paradaseca (Orense)	21	F 7
Palomas (Puerto de las) (Cádiz)	84	V 13	Pandóls (Sierra de)	44	I 31	Paradavella	4	C 8
Palomas (Puerto de las) (Jaén)	76	S 21	Pandos (Casa de los)	68	P 26	Paradela (La Coruña)	7	D 6
			Panera	50	L 12	Paradela (Lugo)	8	D 7

LAS PALMAS
DE GRAN CANARIA

Juan Rejón	AS 36	
La Naval	AS	
Alfonso XII	AU 2	
Ansite (Av.)	AT 4	
Cornisa (Paseo)	AT 12	

Doctor Marañón	AU 14	
Don Benito (Plaza de)	AU 17	
Fernando Guanarteme	AS 20	
Ingeniero León		
y Castillo (Pl.)	AU 28	
Juan XXIII (Av.)	AT 37	
León y Castillo	AT 40	
Lugo (Paseo de)	AT 44	
Luis Correa Medina	AU 46	
M. González Martín	AT 49	
Marítima del Sur (Av.)	AU 52	

Mata (Carret. de)	AU 53	
Ortiz de Zárate	AT 59	
Perez Muñoz	AS 63	
Pino Apolinario	AU 65	
Pío XII	AT 66	
San José (Paseo)	AU 76	
Secretario Padilla	AT 80	
Simancas	AT 81	
Tecen	AS 83	
Tomás Morales (Paseo)	ATU 85	
Zaragoza	AU 90	

Parral (El)	38	J 15	Patrás	72	S 9	Pedriza		
Parralejo (El)	77	R 22	Patrite	88	W 12	(Sierra de la)	39	J 18
Parralejo (El)	76	Q 21	Patrocinio (El)	76	Q 13	Pedrizas		
Parralejo Nuevo	88	W 12	Patudas (Las)	63	Q 14	(Puerto de las)	85	V 16
Parras de			Pau	19	F 39	Pedro Abad	75	S 16
Castellote			Paul (El)	56	L 27	Pedro Álvarez	93	K 6
(Las)	44	J 29	Paúl (El)	29	G 27	Pedro Andrés	77	R 22
Parras de Martín			Paular (El)	39	J 18	Pedro Barba	95	X 2
(Las)	43	J 27	Paulenca	87	V 22	Pedro Bernardo	51	L 14
Parres (Arriondas)	11	B 14	Paúles (Albacete)	77	R 22	Pedroche	74	Q 15
Parres (Asturias)	11	B 15	Paúles (Huesca)	16	F 30	Pedro Díaz	74	S 14
Parrilla (La) (Sevilla)	73	S 12	Paules (Zaragoza)	29	F 27	Pedro Gómez		
Parrilla (La)			Paules del Agua	25	F 18	(Sierra de)	62	N 12
(Valladolid)	25	H 16	Paules de Lara	26	F 19	Pedro Izquierdo	55	M 25
Parrillas	51	L 14	Paúls	44	J 31	Pedrola	28	G 26
Parrillas (Las)	55	L 24	Pava	68	Q 26	Pedro Malo	65	O 20
Parroquia (La)	78	S 24	Pavías	56	M 28	Pedro Marín		
Parróquia d'Hortó			Pavos (Los)	79	R 26	(Embalse de)	76	S 19
(La)	18	F 34	Paymogo	71	S 7	Pedro Martínez	76	T 20
Parroso (Arroyo			Payo (El)	49	L 9	Pedro Muñoz	66	N 21
del)	73	S 12	Payo de Ojeda	11	D 16	Pedrones (Los)	67	N 26
Parsa	74	T 13	Payosaco	2	C 4	Pedroñeras (Las)	54	N 21
Partaloa	87	T 23	Payueta	13	E 21	Pedro Rodríguez	38	J 15
Parte de Bureba			Paz (La)	74	T 15	Pedrosa (La)	83	V 12
(La)	13	D 19	Pazo	3	B 6	Pedrosa de Duero	25	G 18
Parte de			Pazo de Mariñan	3	C 5	Pedrosa de la Vega	11	E 15
Sotoscueva			Pazo de Oca	7	D 4	Pedrosa del		
(La)	12	C 18	Pazos (cerca de			Páramo	25	E 18
Partido (Arroyo			Cortegada)	21	F 7	Pedrosa		
del)	82	U 10	Pazos (cerca de			del Príncipe	25	F 17
Partidor (El)	79	R 26	Lamas)	2	C 3	Pedrosa del Rey	24	H 14
Partidores (Los)	67	P 23	Pazos (cerca de			Pedrosa de Muñó	25	F 18
Partovía	7	E 5	Leiro)	7	E 5	Pedrosa		
Parzán	16	E 30	Pazos (cerca de			de Río Urbel	25	E 18
Pas	12	C 18	Ponte-Ceso)	2	C 3	Pedrosa de		
Pas de la Casa	18	E 35	Pazos de Borbén	20	F 4	Tobalina	13	D 19
Pas (El)	45	K 31	Pazuengos	26	F 21	Pedrosas (Las)	29	F 27
Pasadilla	94	P 10	Peal de Becerro	76	S 20	Pedrosillo (El)	72	T 10
Pasai Donibane	14	C 24	Peares			Pedrosillo de Alba	37	J 13
Pasai San Pedro /			(Embalse de los)	7	E 6	Pedrosillo		
Pasajes de San			Peares (Os)	7	E 6	de los Aires	37	J 12
Pedro	14	C 24	Pecá	54	L 23	Pedrosillo el Ralo	37	I 13
Pasaia / Pasajes	14	B 24	Pechina	87	V 22	Pedroso (Asturias)	11	B 15
Pasajes / Pasaia	14	B 24	Pechiquera			Pedroso (El) (Cádiz)	88	W 12
Pasajes de			(Punta)	95	U 4	Pedroso (El)		
San Pedro / Pasai			Pechón	11	B 16	(Sevilla)	73	S 12
San Pedro	14	C 24	Pedernoso (El)	54	N 21	Pedroso (La Coruña)	3	B 5
Pasarela	2	C 2	Pedra	3	A 6	Pedroso (La Rioja)	27	F 21
Pasariegos	37	H 11	Pedra (La)	18	F 34	Pedroso (Río)	26	F 20
Pasarón de la Vera	50	L 12	Pedrafita			Pedroso (Sierra		
Pascualcobo	38	K 14	Camporredondo	8	D 8	del)	85	U 16
Pascuales	39	I 16	Pedrafita do			Pedroso (El)		
Pascuales (Los)	76	Q 21	Cebreiro	8	D 8	(Asturias)	5	B 13
Pasito Blanco			Pedrafita do			Pedroso de Acim	49	M 10
(Punta del)	94	P 11	Cebreiro			Pedroso		
Paso	93	K 6	(Puerto de)	8	D 8	de la Armuña (El)	37	I 13
Paso (El)	95	B 6	Pedrafonca	18	F 35	Pedroso		
Paso Alto			Pedraja	26	H 20	de la Carballeda	22	G 10
(Castillo)	93	K 7	Pedraja			Pedrotoro	36	K 10
Paso Chico (Punta			de Portillo (La)	25	H 16	Pedrouzo (O)	7	D 4
de)	93	T 6	Pedrajas	27	G 22	Pedrouzos	6	D 3
Passanant	31	H 33	Pedrajas			Pedroveya	5	C 12
Pasteral (El)	33	G 37	de San Esteban	38	H 16	Pedrún de Torío	10	D 13
Pasteral			Pedralba	56	N 27	Pegalajar	76	S 19
(Embalse de El)	33	G 37	Pedralba			Pego	69	P 29
Pastillos			de la Pradería	22	F 9	Pego (El)	37	I 13
(Sierra de los)	63	O 14	Pedraza	7	D 6	Peguera	18	F 35
Pastor (La Coruña)	3	C 5	Pedraza de Alba	37	J 13	Peguera	90	M 37
Pastor (Monte)			Pedraza de			Peguerillas	82	T 9
(Ávila)	50	L 13	Campos	24	G 15	Peguerinos	39	K 17
Pastor			Pedraza de la			Peinado (Arroyo		
(Monumento al)	13	E 20	Sierra	39	I 18	del)	84	T 14
Pastores	36	K 10	Pedre	7	E 4	Peinao (El)	42	K 25
Pastores (Los)			Pedredo	10	E 11	Pela (Sierra de)		
(Cádiz)	89	X 13	Pedregal (El)			(Badajoz)	62	O 13
Pastores (Los)			(Asturias)	4	B 10	Pela (Sierra de)		
(Teruel)	56	L 28	Pedregal (El)			(Guadalajara)	40	I 20
Pastoriza (La			(Guadalajara)	42	J 25	Pelabravo	37	J 13
Coruña)	3	A 6	Pedregosa (Sierra)	43	J 27	Pelada (Sierra)		
Pastoriza (Lugo)	3	C 7	Pedreguer	69	P 30	(Ciudad Real)	65	P 19
Pastrana			Pedreira (La Coruña)	7	D 5	Pelada (Sierra)		
(Guadalajara)	53	K 21	Pedreira			(Huelva)	72	S 9
Pastrana (Murcia)	78	T 25	(Pontevedra)	7	E 4	Pelado	87	T 22
Pastriz	29	H 27	Pedreiro	3	B 6	Pelahustán	52	L 16
Pata del Caballo			Pedreña	12	B 18	Pelarda		
(Coto nacional			Pedrera			(Santuario de)	43	J 26
de la)	72	T 10	(Embassament			Pelarrodríguez	37	J 11
Pata de Mulo	84	T 15	de la)	79	R 27	Pelayo	74	R 14
Patalavaca	94	N 11	Pedrera (Punta)	91	P 34	Pelayos	37	K 13
Paterna	56	N 28	Pedrera (Sevilla)	84	U 15	Pelayos de la Presa	52	K 17
Paterna del Campo	73	T 10	Pedrera (Toledo)	64	N 18	Pelayos del Arroyo	39	I 18
Paterna del Madera	66	Q 22	Pedret	19	F 39	Peleagonzalo	23	H 13
Paterna del Río	86	U 21	Pedrezuela	40	J 19	Peleas de Abajo	37	H 12
Paterna de Rivera	88	W 12	Pedrezuela			Peleas de Arriba	37	I 12
Paternáin	14	D 24	(Embalse de)	40	J 19	Pelegrina	41	I 22
Patones	40	J 19	Pedriza (La)	39	J 18	Pelejaneta (La)	57	L 29

Paradela			Parámo de Masa			Pardos	42	J 24	Parlavà	19	F 39
(Pontevedra)	7	D 4	(Puerto de)	12	E 18	Pardos	4	B 9	Parlero	4	B 9
Paradilla	10	E 13	Paramos	6	D 3	(Rambla de los)	87	T 23	Parolis las Juntas	77	R 22
Paradilla (La)	39	K 17	Paraño (Alto de)	7	E 5	Pardos (Sierra de)	42	I 24	Parque natural de		
Paradilla de			Paraños	20	F 4	Pared	87	U 22	Cabañeros	64	N 16
Gordón	10	D 12	Parapanda	85	U 18	Pared (La)	68	O 26	Parque natural de		
Paradinas	39	I 16	Parauta	89	W 14	Pared (La)	93	S 8	las sierras de		
Paradinas			Paraya (La)	5	C 13	Paredes (Asturias)	4	B 10	Cazorla,Segura y		
de San Juan	38	J 14	Parbayón	12	B 18	Paredes (Cuenca)	54	L 21	las Villas	77	R 21
Parador (El)	87	V 22	Parcelas (Las)	64	Q 16	Paredes (Orense)	21	F 7	Parque natural de		
Paraísás	21	F 8	Parcent	69	P 29	Paredes			la Sierra de		
Paraíso	39	K 17	Parchel (Punta del)	94	N 11	(Pontevedra)	6	E 4	Castril	77	S 21
Paraíso			Parchite			Paredes de			Parque natural de		
(Balneario del)	56	L 27	(Estación de)	84	V 14	Buitrago	40	I 19	la Sierra Maria	77	S 23
Paraíso (El)	89	W 14	Parda (Cabeza)	75	R 18	Paredes de			Parque natural de		
Paraíso Alto	56	L 27	Parda (Sierra)	67	Q 25	Escalona	52	L 16	la Sierra de Baza	86	T 21
Paraíso Bajo	56	L 27	Pardal (El)	66	Q 23	Paredes de Monte	24	G 16	Parque natural del		
Parajas	4	C 10	Paradasolana	9	E 10	Paredes de Nava	24	F 15	Delta del Obro	45	J 32
Parajes	4	C 8	Pardavé	10	D 13	Paredes de			Parque regional del		
Paralacuesta	12	D 19	Pardellas	3	C 6	Sigüenza	41	I 21	Sureste	53	K 19
Paramera			Pardemarín	7	D 4	Paredesroyas	27	H 23	Parque Coimbra	52	L 18
(Puerto de la)	39	K 16	Pardesivil	10	D 13	Paredón	8	O 14	Parque		
Paramera			Pardilla	25	H 18	Pareis (Torrent de)	90	M 38	de Las Castillas	40	J 19
(Sierra de la)	38	K 15	Pardines	18	F 36	Pareja	41	K 22	Parque del Cubillas	85	U 18
Paramíos	4	B 8	Pardo (El)	39	K 18	Parellades (Les)	44	J 31	Parque Robledo	39	J 17
Páramo (Asturias)	5	C 11	Pardo (Embalse de			Parets	32	H 36	Parra	65	N 19
Páramo (Lugo)	8	D 7	El)	39	K 18	Parga	3	C 6	Parra (La) (Almería)	86	V 20
Páramo (Monte)			Pardo (Monte de			Parga (Río)	3	C 6	Parra (La) (Ávila)	51	L 14
(Lugo)	8	D 7	El)	39	K 18	Parilla (La)	85	U 16	Parra (La) (Badajoz)	61	Q 10
Paramo de Boedo	11	E 16	Pardornelo (Portilla			Parla	52	L 18	Parra de		
Páramo del Sil	9	D 10	de)	22	F 9	Parladé	73	S 11	las Vegas (La)	54	M 23

Peligro (Punta del) 95 E 8
Peligros 85 U 19
Pellila 37 I 11
Peloche 63 O 14
Pelugano 5 C 13
Pembes 11 C 15
Pena (A) (La Coruña) 6 D 3
Pena (A) (Orense) 21 F 6
Peña (La) 93 B 11
Pena (Lugo) 3 C 6
Penacaballera 50 K 12
Penagos 12 B 18
Peñaguila 69 P 28
Penamil 8 D 8
Penarrubia (Lugo) 8 D 8
Penas 7 D 6
Pendilla 5 C 12
Pendón (Sierra del) 60 Q 8
Pendones 5 C 14
Pendueles 11 B 16
Penedo (Punta de) 95 W 3
Penela 8 E 7
Penelles 31 G 32
Penilla (La) 12 C 18
Peñíscola/
  Peñíscola 57 K 31
Peníscola
  (Estació de) 44 K 31
Penoselo 9 D 9
Penouta 4 B 9
Pentedura 26 F 19
Pentes 21 F 8
Penya (Monte la)
  (Castelló) 57 L 29
Penya Roja 69 Q 28
Penya Rossa 68 Q 27
Penyagolosa 56 L 28
Penyal d'Ifac 69 Q 30
Penzol 4 B 9
Peña (Embalse de) 44 J 30
Peña (Embalse de
  la) 29 E 27
Peña (La) 93 T 7
Peña (La) (Asturias) 5 B 11
Peña (La) (Huesca) 29 E 27
Peña (La)
  (Salamanca) 36 I 10
Peña Mira 22 G 10
Peña (Montes La) 12 C 19
Peña Negra 27 F 21
Peña Negra
  (Asturias) 5 C 11
Peña Negra (León) 23 F 10
Peña (Rivera de la) 36 I 10
Peña Santa 11 C 15
Peña (Sierra de la) 15 E 27
Peña Vieja 11 C 15
Peñablanca 42 K 24
Peñacerrada 18 E 21
Peña de Cabra 37 J 12
Peña de Francia 37 K 11
Peña de Francia
  (Sierra) 37 K 12
Peña del Águila 82 V 10
Peña del Águila
  (Embalse de) 61 O 9
Peñadiz 21 F 7
Peñafiel 25 H 17
Peñaflor (Asturias) 5 B 11
Peñaflor (Sevilla) 74 S 13
Peñaflor (Zaragoza) 29 G 27
Peñaflor de Hornija 24 G 15
Peñafuente 4 C 9
Peñagua 83 U 13
Peñahorada 12 E 19
Peña Hueca
  (Laguna de) 53 N 19
Peña Labra
  (Sierra de) 12 C 17
Peñalagos 41 K 21
Peñalajos 65 Q 19
Peñalara 39 J 18
Peñalba 26 H 20
Peñalba (Castelló) 56 M 28
Peñalba (Huesca) 30 H 29
Peñalba de Ávila 38 I 15
Peñalba de Castro 26 G 19
Peñalba de Cilleros 10 D 11
Peñalba de la
  Sierra 40 I 19
Peñalba de
  Santiago 9 E 10
Peñalén 41 K 23
Peñalosa 74 S 14
Peñalosa
  (Sierra de) 27 F 23

Peñaloscintos 27 F 21
Peñalsordo 63 P 14
Peñalver 41 K 21
Peñalvo 37 I 11
Peñamellera Alta 11 B 15
Peñamellera Baja 11 C 16
Peña Negra
  (Puerto de la) 51 K 14
Peña Nofre 21 F 7
Peñaparda 49 L 9
Peñaranda
  de Bracamonte 38 J 14
Peñaranda de
  Duero 26 G 19
Peñarandilla 37 J 13
Peñarrodrigo 64 O 16
Peñarroya 56 K 28
Peñarroya
  (Embalse de) 66 O 21
Peñarroya
  (Ermita de) 65 O 20
Peñarroya
  (Sierra de) 44 J 30
Peñarroya
  de Tastavins 44 J 30
Peñarroya-
  Pueblonuevo 74 R 14
Peñarroyas 43 J 27
Peñarrubia
  (Cantabria) 11 C 16
Peñarrubia
  (cerca de Elche) 67 Q 23
Peñarrubia
  (cerca de
  Peñascosa) 66 P 23
Peñarrubia
  (Embalse de) 9 E 9
Peñarrubia (Monte)
  (Albacete) 67 O 25
Peñarrubia (Monte)
  (Lugo) 8 D 9
Peñarrubia (Monte)
  (Murcia) 68 Q 26
Peñarrubias
  de Pirón 39 I 17
Peñas (Cabo de) 5 B 12
Peña Sagra
  (Sierra de) 11 C 16
Peñas Blancas
  (Puerto de) 89 W 14
Peñas Blancas
  (Sierra de) 62 P 11
Peñascales (Los) 39 K 18
Peñascosa 66 P 22
Peñas de San
  Pedro 67 P 23
Peñas Libres
  (Sierra de) 21 G 8
Peñas Negrillas
  (Coto nacional
  de) 76 Q 19
Peña-Tú 11 B 15
Peñaullán 5 B 11
Peñausende 37 I 12
Peña Utrera 61 Q 9
Peñaza (La) 29 H 26
Peñillas 85 T 17
Peñita 73 R 13
Peñolite 76 R 21
Peñón (Alto de) 22 F 10
Peñón (El)
  (Albacete) 77 R 23
Peñón (El) (Granada) 76 T 20
Peñón Bemejo
  (Punta del) 94 N 10
Peñones (Los) 94 O 10
Peñoso 78 S 24
Peñota (La) 39 J 17
Peñuela 85 T 18
Peñuela (La) 82 T 9
Peñuelas 85 U 18
Peón 5 B 13
Pepino 51 L 15
Pepino (El) 53 K 20
Peque 23 F 11
Pequeño 11 D 15
Pera 18 E 34
Pera (La) 19 F 38
Pera (Sierra de) 85 U 18
Peracense 42 K 25
Perafita (Barcelona) 18 F 36
Perafita (cerca de
  Calaf) 32 G 34
Perafort 45 I 33
Peral (Barranco
  del) 87 U 23

Peral (El) 55 N 24
Peral (La) 5 B 12
Peralada 19 F 39
Peralba 31 G 32
Peral de Arlanza 25 F 17
Peraleda
  de la Mata 50 M 13
Peraleda del
  Zaucejo 62 Q 13
Peraleda
  de San Román 50 M 13
Peraleja (La) 54 L 22
Peralejo (El) 73 S 10
Peralejo (Madrid) 39 K 17
Peralejo (Soria) 40 I 20
Peralejos 43 K 26
Peralejos de Abajo 36 I 10
Peralejos de Arriba 36 I 10
Peralejos
  de las Truchas 42 K 24
Perales (Los) 49 N 9
Perales (Palencia) 24 F 16
Perales (Puerto de) 49 L 9
Perales (Río) 52 K 17
Perales
  del Alfambra 43 K 26
Perales del Puerto 49 L 9
Perales del Río 53 L 19
Perales de Tajuña 53 L 19
Peralosa
  (Puerto de la) 64 O 17
Peralosas (Las) 64 O 17
Peralta 28 E 24
Peralta de Alcofea 30 G 29
Peralta de la Sal 30 G 31
Peraltilla 16 F 29
Peralveche 41 K 22
Peralvillo Alto 64 O 18
Peramato 37 J 11
Peramea 17 F 33
Peramola 17 F 33
Peramora
  (Rivera de) 72 S 8
Peranzanes 9 D 10
Perarrúa 17 F 31
Peratallada 33 G 39
Perazancas 11 D 16
Perbes 3 B 5
Perdices 27 H 22
Perdices
  (Sierra de las) 61 O 9
Perdido (Monte) 16 D 30
Perdigón 72 R 8
Perdigón (El) 37 H 12
Perdiguero 17 D 31
Perdiguero
  (Embalse de) 28 F 24
Perdiquera 29 G 28
Perdiz (Alto la) 28 H 25
Perdoma (La) 92 I 7
Perdón 15 D 24
Perdón (Puerto del) 14 D 24
Perea 77 T 22
La Pereda 11 B 15
Pereda (La) 11 B 15
Pereda de Ancares 9 D 9
Peredilla 10 D 13
Peregrina (La) 24 E 14
Pereira (La Coruña) 6 D 3
Pereira (Lugo) 7 E 6
Pereiriña 2 C 2
Pereiro 21 F 8
Pereiro de Aguiar 7 E 6
Pereje 9 E 9
Perelló (El)
  (Tarragona) 45 J 32
Perelló (El)
  (Valéncia) 69 O 29
Perellonet (El) 69 O 29
Perenos (Los) 84 U 15
Pereña 36 I 10
Perera (La) 40 H 20
Perero 72 S 8
Pereruela 37 H 12
Perex 13 D 20
Pérez (Los) 84 U 15
Periana 85 V 17
Pericay (Sierra del) 78 S 24
Pericón (El) 79 S 26
Perilla de Castro 23 G 12
Perin 79 T 26
Pernía 74 T 15
Pernía (La) 11 D 16
Perobèques 52 M 16
Perogordo 39 J 17
Peromingo 37 K 12

Perona (Cuenca) 54 N 23
Perona (Monte)
  (Murcia) 78 S 25
Perorrubio 39 I 18
Perosillo 39 H 17
Peroxa (A) 7 E 6
Perra (Sierra) 14 E 23
Perro (Punta del) 82 V 10
Perrunal (El) 72 S 9
Pertusa 30 G 29
Perul (El) 12 E 18
Peruyes 11 B 14
Perves 17 E 32
Pesadas de Burgos 12 D 19
Pesadoira 6 D 3
Pesaguero 11 C 16
Pescadores
  (Puerto de los) 89 W 15
Pescadores
  (Refugio de) 30 H 30
Pescueza 49 M 10
Pesebre 66 P 22
Pesebre (Punta) 93 R 9
Pesga (La) 49 L 11
Peso (Pic del) 17 E 32
Pesoz 4 C 9
Pesquera 6 E 3
Pesquera (Burgos) 12 D 18
Pesquera
  (Cantabria) 12 C 17
Pesquera (La) 55 N 25
Pesquera (León) 10 D 14
Pesquera de Duero 25 H 17
Pesquerin 5 B 14
Pesqueruela 24 H 15
Pessons (Pic dels) 18 E 34
Pesués 11 B 16
Petilla de Aragón 15 E 26
Petín 8 E 8
Petit I (Embalse de) 49 N 10
Petra 90 N 39
Petrer 68 Q 27
Petrés 56 M 29
Pétrola 67 P 25
Pétrola (Laguna de) 67 P 25
Peza (La) 86 U 20
Pezuela
  de las Torres 53 K 20
Piapaxaro (Pico) 8 E 8
Pias 22 F 9
Pías (Embalse de) 22 F 9
Piatones
  (Sierra de) 50 M 12
Pica (Sierra de la) 27 G 23
Picacho 84 V 13
Picacho (Sierra del) 78 Q 25
Picacho de la Barre
  (Faro El) 82 U 9
Picaio 57 N 29
Picamoixons 45 I 33
Picanya 56 N 28
Picassent 56 N 28
Picato 8 D 7
Picaza (Montes de) 42 J 24
Picazo 41 J 21
Picazo (El) 54 N 23
Picazo
  (Embalse de El) 54 N 23
Picena 86 V 20
Pico (Puerto del) 51 L 14
Pico de las Flores
  (Mirador) 92 J 7
Pico del Castrón
  (Mirador del) 12 C 17
Pico del Inglés
  (Mirador) 93 K 6
Picón 64 O 17
Piconcillo 74 R 13
Picones 36 I 10
Picorzo 54 M 21
Picorzos 67 Q 23
Picos de Europa
  (Parque nacional
  de los) 11 C 15
Picos
  de Europa
  (Reserva
  nacional de los) 11 C 15
Picota 6 D 3
Picouto 21 F 6
Pico Viejo 92 H 8
Pidal 78 R 24
Piedra 42 I 24
Piedra (La) (Burgos) 12 E 18

Piedra (La)
  (Granada) 77 S 22
Piedra
  (Monasterio de) 42 I 24
Piedra Aguda
  (Embalse de) 60 Q 8
Piedrabuena
  (Ciudad Real) 64 O 17
Piedrabuena
  (Badajoz) 61 O 9
Piedra de la Sal
  (Ensenada) 92 J 9
Piedra del Sol 8 E 7
Piedraescrita 51 N 15
Piedra Escrita
  (Ermita de) 62 P 13
Piedrafita (Huesca) 16 D 29
Piedrafita (León) 5 C 13
Piedrafita (Puerto
  de) 5 C 13
Piedrafita de Babia 10 D 11
Piedrafitas
  (Mirador de) 11 C 15
Piedrahita (Ávila) 38 K 14
Piedrahita (Teruel) 43 I 26
Piedrahita de
  Castro 23 G 12
Piedralá 64 O 17
Piedralaves 51 L 15
Piedra Mena 92 H 10
Piedramillera 14 E 23
Piedras 82 U 8
Piedras (Canal del) 82 U 8
Piedras (Embalse) 72 T 8
Piedras (Las) 85 T 17
Piedras Albas 49 M 9
Piedra San Martin
  (Collado de la) 15 D 27
Piedras Blancas 5 B 12
Piedrasluengas 11 C 16
Piedrasluengas
  (Puerto de) 11 C 16
Piedratajada 29 F 27
Piedros (Los) 84 T 16
Piera 32 H 35
Piérnigas 12 E 19
Pierola 32 H 35
Pieros 9 E 9
Pierre 76 T 20
Piescolgados 87 U 22
Piescolgados 87 U 22
Pigüeña 4 C 11
Pigüeña (Río) 5 C 11
Pijotilla (La) 61 P 10
Pila (Sierra de la)
  (Guadalajara) 41 I 21
Pila (Sierra de la)
  (Murcia) 79 R 26
Pilar (El) 87 U 23
Pilar (Ermita del) 56 K 27
Pilar de Jaravia 87 T 24
Pilar de la
  Horadada 79 S 27
Pilar del Prado 84 V 16
Pilar del Moya 75 S 17
Pilares 83 U 13
Pilas 82 U 11
Pilas (Casas de) 73 R 12
Pilas
  (Puerto de las) 38 K 16
Pilas Verdes 66 Q 21
Piles 69 P 29
Piles (Les) 32 H 34
Pileta (Cueva de la) 84 V 14
Pililla 54 M 23
Pilillas 74 S 15
Piloña 5 B 13
Piloña (Río) 5 B 13
Piloño 7 D 5
Pilzán 17 F 31
Pimpollar (El) 39 K 17
Pina (Mallorca) 90 N 38
Pina (Monte)
  (Castelló) 56 L 28
Pina de Ebro 29 H 28
Pina de Montalgrao 56 L 28
Pinar (Cádiz) 84 V 13
Pinar (Cap des) 90 M 39
Pinar (Cap des) 91 N 40
Pinar de la Mola
  (El) 91 P 34
Pinar (El) 93 B 11
Pinar (El) 79 S 27
Pinar (El) (Castelló) 57 L 30

Pinar (El) (Madrid) 39 K 18
Pinar (Ermita del) 39 I 18
Pinar (Monte)
  (Castelló) 56 M 28
Pinar (Monte)
  (Cuenca) 54 L 21
Pinar (Monte)
  (Zaragoza) 43 H 26
Pinar (Puerto del) 77 R 22
Pinar
  de Almorox (El) 52 L 16
Pinar de Antequera 24 H 15
Pinar
  de los Franceses 88 W 11
Pinar
  de Puenteviejo 39 J 16
Pinarejo 54 N 22
Pinarejos 39 I 17
Pinar Grande
  (Estación de) 26 G 21
Pinarnegrillo 39 I 17
Pinar Negro 78 R 24
Pindal (Cueva del) 11 B 16
Pindo (O) 6 D 2
Pineda de Gigüela 54 L 22
Pineda de la Sierra 26 F 20
Pineda-Trasmonte 25 F 18
Pinedas 37 K 12
Pinedas (Las) 74 S 15
Pineda de Mar 33 H 38
Pinedillo 25 F 18
Pinel 8 E 7
Pinell 32 G 34
Pinell de Brai (El) 45 I 31
Pinet 79 R 28
Pinet (El) 69 P 28
Pineta (Valle de) 16 E 30
Pinganillo 83 U 12
Pinilla
  (cerca de Fuente
  Alamo) 67 P 25
Pinilla
  (cerca de
  Fuente-Higuera) 66 Q 23
Pinilla
  (cerca de Salinas
  de Pinilla) 66 P 22
Pinilla (La) (Murcia) 78 S 26
Pinilla (La) (Segovia) 40 I 19
Pinilla (León) 23 F 11
Pinilla (Río) 66 P 21
Pinilla Ambroz 39 I 16
Pinilla de Buitrago 39 J 18
Pinilla de
  Fermoselle 36 H 10
Pinilla de Jadraque 40 I 21
Pinilla del Campo 27 G 23
Pinilla del Olmo 41 I 22
Pinilla
  de los Barruecos 26 G 20
Pinilla de los Moros 26 F 20
Pinilla del Valle 39 J 18
Pinilla de Molina 42 J 24
Pinilla de Toro 23 H 13
Pinilla-Trasmonte 26 G 19
Pinillos (Burgos) 25 G 18
Pinillos (La Rioja) 27 F 22
Pinillos de
  Polendos 39 I 17
Pinjat 31 H 31
Pino (Alto de) 16 F 30
Pino (Burgos) 12 D 19
Pino (Cuerda del) 77 S 23
Pino (El) 61 P 10
Pino (Lugo) 8 E 7
Pino (Zamora) 23 H 11
Pino (O) 7 D 4
Pino Alto 39 K 17
Pino del Río 11 E 15
Pino de San José 8 D 8
Pino de Tormes (El) 37 I 12
Pino de Valencia 60 O 8
Pino do Val 6 D 3
Pinofranqueado 49 L 10
Pinós (El) 69 P 29
Pinós (El) (Alacant) 68 Q 26
Pinos (León) 10 D 12
Pinos (Los) (Toledo) 52 M 18
Pinos (Los) (Cáceres) 63 O 13
Pinos (Monte Los)
  (Málaga) 89 W 13
Pinós (Sierra de)
  (Lleida) 32 G 34

Pinós (Sierra de) 32 G 34
Pinosa 78 S 24
Pinos
  de Gáldar (Los) 94 O 9
Pinos del Valle 85 V 19
Pinos de Mar 82 U 9
Pinos Genil 86 U 19
Pinoso (Monte)
  (Guadalajara) 41 J 22
Pinos Puente 85 U 18
Pinseque 29 G 26
Pinsoro 28 F 25
Pintado (Contra-
  embalse del) 73 S 12
Pintado (El) 73 S 12
Pintado
  (Embalse del) 73 S 12
Pintano 15 E 26
Pintanos (Los) 15 E 26
Pintin 8 D 7
Pinto (Madrid) 52 L 18
Pinto (O) 21 F 6
Pinto (Río) (Jaén) 75 R 18
Pintueles 5 B 13
Pinzales 5 B 12
Pinzón 83 U 11
Piña (La Coruña) 2 C 4
Piña de Campos 25 F 16
Piña de Esgueva 25 G 16
Piñar (Estación de) 85 T 19
Piñar (Granada) 86 T 19
Piñeira (Lugo) 8 E 7
Piñeira (Orense) 21 F 6
Piñeiro (cerca de
  Germadé) 3 B 6
Piñeiro (cerca de
  Lugo) 8 D 7
Piñeiro (cerca de
  Marin) 6 E 3
Piñeiro (cerca de
  Meira) 4 C 8
Piñeiro (cerca de
  Mondariz) 20 F 4
Piñel de Abajo 25 G 17
Piñel de Arriba 25 G 17
Piñera 4 B 9
Piñeres 5 C 12
Piñero (El) 38 H 13
Piñor 7 E 5
Piñuécar 40 I 19
Piñuel 37 H 11
Pío 11 C 14
Piornal 50 L 12
Piornal (Puerto del) 50 L 12
Piornedo 21 F 7
Piorno 86 V 22
Pioz 40 K 20
Pipaón 14 E 22
Piquera 26 H 20
Piquera (Puerto
  de) 27 F 22
Piqueras
  del Castillo 54 M 23
Piquín 4 C 8
Pira 31 H 33
Piracés 16 F 29
Pirón 39 I 17
Pisueña 12 C 18
Pisueña (Río) 12 C 18
Pisuerga (Río) 12 D 17
Pitarque 43 K 28
Pitas 83 V 12
Pitiegua 37 I 13
Pitillas 28 E 25
Pitillas (Laguna de) 28 E 25
Pitres 86 V 20
Piúca (A) 21 F 6
Piúgos 8 D 7
Pixeiros 21 F 8
Pizarra 84 V 15
Pizarral 37 K 13
Pizarrera (La) 39 K 17
Pizarro 62 O 12
Pizarroso
  (Embalse del) 51 M 14
Pla (El) 30 H 30
Pla de la Font 30 G 31
Pla del Penedès (El) 32 H 35
Pla
  dels Hospitalets 18 E 36
Pla dels Pitxells 57 K 31
Pla de Manlleu (El) 32 H 34
Pla de Sant Tirs
  (El) 18 F 34

Pla de Santa Maria (El) 31 H 33
Plan 17 E 31
Plana (La) 17 E 32
Plana (Punta) (Mallorca) 90 N 38
Plana (Punta) (Zaragoza) 44 J 30
Planas (Las) 44 J 29
Plandogau 31 G 33
Planes 69 P 28
Planes (Les) 45 I 32
Planes d'Hostoles (Les) 19 F 37
Planoles 18 F 36
Plantío (El) 39 K 18
Plasencia 49 L 11
Plasencia (Embalse de) 50 L 11
Plasencia de Jalón 28 G 26
Plasencia del Monte 29 F 28
Plasenzuela 62 N 11
Plata (Sierra de la) 88 X 12
Platera (La) 77 R 21
Platgetes (Les) 57 L 30
Platja Ben Afeli 57 M 30
Platja d'Alboraya 57 N 29
Platja de Bellreguard 69 P 29
Platja de Binibèquer 91 M 42
Platja de Casa Blanca 57 M 29
Platja de Corint 57 M 29
Platja de Daimús 69 P 29
Platja de Dénia 69 P 30
Platja de Formentor 90 M 39
Platja de Guardamar 79 R 28
Platja de la Conxa 57 L 30
Platja de la Devesa 69 N 29
Platja de la Granadella 69 P 30
Platja de la Malvarrosa 57 N 29
Platja de la Po bla de Farnals 57 N 29
Platja de l'Albir 69 Q 29
Platja de l'Albufereta 69 Q 28
Platja de l'Arenal 69 P 30
Platja de les Fonts 57 L 30
Platja de les Villes 57 L 30
Platja de Llevant (Alacant) 69 Q 29
Platja de Moncofa 57 M 29
Platja de Moraig 69 P 30
Platja de Moraira 69 P 30
Platja de Muro 90 M 39
Platja de Mutxavista 69 Q 28
Platja de Nules 57 M 29
Platja de Peníscola 57 K 31
Platja de Piles 69 P 29
Platja de Pinedo 57 N 29
Platja de Ponent 69 Q 29
Platja de Puçol 57 N 29
Platja de Sant Joan 69 Q 28
Platj a de Sant Tomás 91 M 42
Platja de Son Bou 91 M 42
Platja de Tavernes 69 O 29
Platja de Tirant 91 L 42
Platja de Xeresa 69 O 29
Platja de Xilxes 57 M 29
Platja del Carregador 57 L 30
Platja del Morr o de Gos 57 L 30
Platja del Paradis 69 Q 29
Platja del Pinar 57 M 30
Platja del Pinet 79 R 28
Platja del Saler 69 N 29
Platja dels Arenals del Sol 79 R 28
Platja d'en Bossa 91 P 34
Platja des Canar 91 O 34
Platja des Cavallet 91 P 34
Platja des Figueral 91 O 34
Platja des Trenc 90 N 38
Platja d'Oliva 69 P 29
Platja i Grau de Gandia 69 O 29

Platja Lissa (La) 79 R 28
Platja Miramar 69 P 29
Platja Mitjorn 91 P 34
Platja d'Aro (La) 33 G 39
Platja de Canyelles 33 G 38
Platjas de Orihuela 79 S 28
Platosa (La) 84 T 14
Playa de Area 3 A 7
Playa de Calahardina 78 T 25
Playa de Fanals 33 G 38
Playa de la Reya 78 T 26
Playa de Marchamalo 79 S 27
Playa de Mont-roig 45 I 32
Playa de Oyambre 11 B 17
Playa de Vila-seca 45 I 33
Playa del Mojón 79 S 27
Playa del Pedrucho 79 S 27
Playa del Pudrimal 79 S 27
Playa Honda 79 S 27
Playa (Laguna la) 30 H 29
Playa Amanay 93 S 8
Playa América 20 F 3
Playa Barca 93 S 9
Playa Bella 89 W 14
Playa Berruguete 93 K 7
Playa Blanca de Yaiza 95 W 4
Playa Canela 81 U 7
Playa Charco Verde 95 B 6
Playa Colmenares 92 I 9
Playa de Agua Dulce 92 H 7
Playa de Alcalá 92 H 8
Playa de Alcanar 45 K 31
Playa de Anosma 93 L 6
Playa de Arinaga 94 P 10
Playa de Aro 33 G 39
Playa de Arriba 93 J 8
Playa de Avalo 95 F 9
Playa de Balarés 2 C 3
Playa de Baldaio 2 C 3
Playa de Balerma 86 V 21
Playa de Balito 94 N 11
Playa de Barlovento 93 R 9
Playa de Barranco Seco 92 G 8
Playa de Bateles 88 X 11
Playa de Benalmádena 84 W 16
Playa de Benijo 93 K 6
Playa de Ber 3 B 5
Playa de Bozo 4 B 10
Playa de Burriana 85 V 18
Playa de Butihondo 93 S 9
Playa de Calera 95 D 9
Playa de Callao Salvaje 92 H 9
Playa de Canelas 6 E 3
Playa de Carnota 6 D 2
Playa de Castilla 82 U 9
Playa de Cayado Hondo 92 J 9
Playa de Cerillos 87 V 22
Playa de Cofete 93 R 9
Playa de Cortadura 88 W 11
Playa de Covafumada 32 I 35
Playa de Cuevas del Mar 11 B 15
Playa de Cumana 92 J 8
Playa de Doniños 3 B 5
Playa de El Draguillo 93 K 6
Playa de Ereses 95 E 9
Playa de Estepona 89 W 14
Playa de Famara 95 W 3
Playa de Fontanilla 88 X 11
Playa de Fuenteabría 88 W 11
Playa de Garcey 93 S 7
Playa de Gavamar 32 I 36
Playa de Getares 89 X 13
Playa de Gran Tarajal 93 T 8
Playa de Guayedra 94 N 9
Playa de Isla Cristina 82 U 8
Playa de Janubio 95 V 4

Playa de Juan Gómez 93 R 9
Playa de la Ampolla 45 J 32
Playa de la Antilla 82 U 8
Playa de la Arena 92 G 8
Playa de la Ballena 82 V 10
Playa de la Barqueta 95 C 6
Playa de la Barrera 92 H 8
Playa de la Barrosa 88 W 11
Playa del Abrigo 92 J 8
Playa de la Caleta 95 F 9
Playa de la Caleta 92 J 8
Playa de la Costilla 88 W 10
Playa de Ladeira 6 E 2
Playa de la Enramada 92 H 9
Playa de la Entrada 93 J 8
Playa de la Fosca 33 G 39
Playa de la Garita 94 P 9
Playa de la Garita 95 X 3
Playa de la Guancha 95 F 9
Playa de la Herradura 93 B 12
Playa de la Hullera 94 P 10
Playa de la Laja 94 U 7
Playa de la Lanzada 6 E 3
Playa de la Madera 95 V 3
Playa de la Margallera 92 J 8
Playa de Lapamán 6 E 3
Playa de la Pineda 45 I 33
Playa de Laredo 12 B 19
Playa de Lariño 6 D 2
Playa de las Aguas 92 I 7
Playa de las Alcaravaneras (Las Palmas) 94 P 9
Playa de las Américas 92 H 9
Playa de las Burras (Maspalomas) 94 O 11
Playa de las Caletillas 93 J 7
Playa de las Canteras (Las Palmas) 94 P 9
Playa de las Casillas 94 P 11
Playa de las Conchas 95 W 2
Playa de las Cruces 94 P 10
Playa de las Galletas 92 I 9
Playa de las Gaviotas 93 K 6
Playa de las Hermosas 93 S 8
Playa de las Meloneras 94 O 11
Playa del Asno 94 N 10
Playa de la Solapa 93 T 7
Playa de las Pilas 93 R 9
Playa de las Teresitas 93 K 6
Playa de la Tejita 92 I 9
Playa de la Verga 94 N 11
Playa de la Victoria 88 W 11
Playa de la Zamora 95 B 6
Playa del Azufre 95 C 6
Playa del Bajo de la Burra 93 U 5
Playa del Bobo 92 H 9
Playa del Burrero 94 P 10
Playa del Cabrito 95 F 9
Playa del Cabrón 94 P 10
Playa del Cardón 94 P 11
Playa del Carrizal 92 G 8
Playa del Castro 4 B 8
Playa del Confital 92 I 9
Playa del Diablito 94 N 11
Playa de Levante (Cádiz) 88 W 11
Playa del Hombre 94 P 10
Playa del Hoyo 95 C 6
Playa del Lima 93 J 7
Playa de Linés 93 A 11
Playa del Inglés (Maspalomas) 94 O 11
Playa de Llas 4 B 8
Playa del Matorral 93 S 9
Playa del Matorral 93 U 7

Playa del Médano 92 I 9
Playa del Medio 92 I 9
Playa del Muellito 93 U 7
Playa del Muerto 93 K 7
Playa de los Abrigos 92 I 9
Playa de los Abrigos 92 J 9
Playa de los Amadores 94 N 11
Playa de los Cancajos 95 C 6
Playa de los Cardones 93 B 11
Playa de los Corrales 93 A 11
Playa de los Cristianos 92 H 9
Playa de Los Eucaliptus 45 K 32
Playa de los Joraditos 93 B 11
Playa de los Mozos 93 A 11
Playa de los Palos 93 A 11
Playa de los Pocillos 95 W 4
Playa de los Troches 93 K 6
Playa de Louro 6 D 2
Playa del Porís 92 J 9
Playa del Puerco 88 X 11
Playa del Reducto 95 W 4
Playa del Rio 92 J 9
Playa del Risco 94 N 9
Playa del Risco 95 W 2
Playa del Roque 93 K 6
Playa del Rostro 6 D 2
Playa del Socorro 92 I 7
Playa del Tamadite 93 K 6
Playa del Viejo Rey 93 S 8
Playa de Malpaso 94 P 9
Playa de Maspalomas 94 O 11
Playa de Matagorda 95 W 4
Playa de Matalascañas 82 V 10
Playa de Mazagón 82 U 9
Playa de Montalvo 6 E 3
Playa de Ojos 93 R 9
Playa de Pals 19 F 39
Playa de Puerto Rey 87 U 24
Playa de Punta Umbría 82 U 8
Playa de Rapadoira 4 B 8
Playa de Regla 82 V 10
Playa de Riazor 2 B 4
Playa de Rifa 45 I 32
Playa de Ris 12 B 19
Playa de Roda 20 F 3
Playa de Rodiles 5 B 13
Playa de Sabanell 33 H 38
Playa de Salinas 5 B 12
Playa de Salinetas 94 P 10
Playa de Salou 45 I 33
Playa de Samil 20 F 3
Playa de San Antolín 11 B 15
Playa de San Xorxe 3 B 5
Playa de San Agustín (Maspalomas) 94 O 11
Playa de San Borondón 94 P 9
Playa de San Cristóbal 85 V 18
Playa de San Juan 92 H 8
Playa de San Marcos 92 H 7
Playa de Sant Pol 33 G 39
Playa de Santa Comba 3 B 5
Playa de Santa Catalina 95 E 8
Playa de Santa Inès 93 T 7
Playa de Santiago 95 E 9
Playa de Santo Domingo 92 H 7
Playa de Sardina 94 N 9
Playa de Tarajalejo 93 T 8
Playa de Tarajalillo 94 O 11
Playa de Tasarte 94 N 10
Playa de Tauro 94 N 11

Playa de Tebeto 93 T 6
Playa de Topuerque 92 J 8
Playa de Torre del Mar 85 V 17
Playa de Torremolinos 84 W 16
Playa de Traba 2 C 2
Playa de Troya 92 H 9
Playa de Tufia 94 P 10
Playa de Vallehermoso 95 E 8
Playa de Velilla 85 V 19
Playa de Veneguera 94 N 10
Playa de Xilloy 3 A 7
Playa Francesa 95 W 2
Playa Granada 85 V 19
Playa Honda 95 W 4
Playa Larga 45 I 33
Playa las Carretas 92 I 9
Playa los Molinillos 93 S 8
Playa Moreno 92 H 7
Playa Ojos de Garza 94 P 10
Playa Paraíso 92 H 9
Playa Pita 27 G 21
Playa Pozo Negro 93 U 8
Playa Quemada 95 V 4
Playa Río Sieira 6 E 2
Playas (Las) 93 B 11
Playas (Mirador de las) 93 B 11
Playas de Chacón 44 I 29
Playas de Corralejo 93 V 5
Playas de Fuengirola 84 W 16
Playas del Cotillo 93 T 5
Playas de Marbella 89 W 15
Playas de Sotavento 93 S 9
Playa Segura 94 N 9
Playa Serena 87 V 22
Playas Largas 93 B 11
Playas Negras 93 S 8
Playitas (Las) 93 U 8
Plaza (Ciudad Real) 65 O 19
Plaza (Cuenca) 53 M 20
Plaza (La) 5 C 11
Pleitas 28 G 26
Plenas 43 I 27
Plentzia 13 B 21
Pliego 78 S 25
Pliego (Río) 78 S 25
Plomo (El) 87 V 24
Plou 43 J 27
Poal (El) 31 G 32
Póbes 13 D 21
Pobla (A) 8 E 8
Pobla de Benifassà (La) 44 K 30
Pobla de Farnals (La) / Puebla de Farnals 57 N 29
Pobla de Lillet (La) 18 F 35
Pobla de Mafumet (La) 45 I 33
Pobla de Massaluca (La) 44 I 31
Pobla de Montornès (La) 32 I 34
Pobla de Segur (La) 17 F 32
Pobla de Vallbona (La) 56 N 28
Poblado Ibérico 55 L 26
Poblado de Santiago 64 O 16

Pobladura de Aliste 22 G 10
Pobladura de las Reguras 10 D 11
Pobladura de la Sierra 9 E 10
Pobladura del Valle 23 F 12
Pobladura de Pelayo García 23 F 12
Pobladura de Sotiedra 24 H 14
Pobladura de Valderaduey 23 G 13
Poble de Tous 68 O 28
Poble Nou de Benitatxell (El) 69 P 30
Pobelnou del Delta (El) 45 K 32
Pobles (Les) 32 H 34
Poblet (Monasterio de) 31 H 33
Pobleta (La) 44 J 29
Pobleta (La) (cerca de Andilla) 56 M 27
Pobleta (La) (cerca de Serra) 56 M 28
Pobleta de Bellveí (La) 17 E 32
Poblete 64 P 18
Poblets (Els) 69 P 30
Pobo (El) 43 K 27
Pobo (Sierra del) 43 K 27
Pobo de Dueñas (El) 42 J 25
Poboleda 45 I 32
Pobre (Punta el) 95 W 2
Pocetas (Las) 93 T 7
Pocico (El) 87 U 23
Pocicos (Los) 67 P 24
Pocicos (Puerto de los) 66 P 22
Pocito (Sierra del) 64 N 17
Podes 5 B 12
Pogallinero 29 G 26
Poio 6 E 3
Pol (cerca de Reguntille) 4 C 8
Pol (Mosteiro) 3 C 7
Pol (Orense) 7 E 5
Polaciones 11 C 16
Polacra (Punta de la) 87 V 24
Pola de Allande 4 C 10
Pola de Gordón (La) 10 D 13
Pola de Laviana 5 C 13
Pola de Lena 5 C 12
Pola de Pino 5 C 13
Pola de Siero 5 B 12
Pola de Somiedo 5 C 11
Polán 52 M 17
Polanco 12 B 17
Polentinos 11 D 16
Poleñino 30 G 29
Policar 86 U 20
Polientes 12 D 16
Polinyà de Xúquer 69 O 28
Polinyà del Vallès 32 H 36
Pollença (Badía de) 90 M 39
Pollença 90 M 39
Pollos 38 H 14
Pollosa (Puerto de la) 32 G 36
Polop 69 Q 29
Polop (Ermita del) 68 P 28
Polopos 86 V 20
Poloria 85 T 19
Polvoredo 11 C 14
Polvorosa 11 E 16
Pomaluengo 12 C 18
Pomar 30 G 30
Pomar de Valdivia 12 D 17
Pombeiro 7 E 6
Pombriego 9 E 9
Pomer 28 H 24
Pompajuela 51 M 15
Pompenillo 29 F 28
Ponga 11 C 14
Ponga (Río) 11 C 14
Pons 45 J 32
Pont d'Inca (es) 90 N 38
Pont d'Armentera (El) 32 H 34

Pont d'Arrós 17 D 32
Pont de Bar (El) 18 E 34
Pont de Molins 19 F 38
Pont de Suert 17 E 32
Pont de Vilomara (El) 32 G 35
Ponte (A) (Arnoia) 20 F 5
Ponte (A) (Orense) 22 F 9
Ponte-Caldelas 6 E 4
Ponte-Ceso 6 D 4
Ponte Albar 6 D 4
Ponte Ambía 21 F 6
Ponteareas 20 F 4
Ponte Barxas 20 F 4
Ponte Carreira 3 C 5
Pontecesures 6 D 4
Pontedeume 3 B 5
Pontedeva 20 F 5
Pontedo 10 D 13
Ponte do Porto 2 C 2
Pontejos 37 H 12
Ponte Ledesma 7 D 4
Ponte Nafonso 6 D 3
Pontenova-Villaodriz (A) 4 B 8
Pontes de García Rodríguez (As) 3 B 6
Ponte Ulla 7 D 4
Ponte Valga 6 D 4
Pontevedra 6 E 3
Pontevedra (Ría de) 6 E 3
Ponticiella 4 B 9
Pontigón 4 B 10
Pontils 32 H 34
Pontón (El) 55 N 26
Pontón (Puerto del) 11 C 14
Pontón Alto 77 R 21
Pontón de la Oliva (Embalse del) 40 J 19
Pontones 77 R 21
Pontons 32 H 34
Pontós 19 F 38
Ponts 31 G 33
Ponzano 16 F 29
Póo 11 B 15
Porciles (Alto de) 4 C 10
Porcún 83 T 13
Porcuna 75 S 17
Poreño 5 B 13
Porís de Abona (El) 92 J 9
Porma 10 E 13
Porma (Embalse del) 11 D 14
Porqueira (A) 21 F 6
Porquera 12 D 17
Porquera (Ermita de la) 88 X 12
Porqueres 19 F 38
Porqueriza 37 J 12
Porquero 10 E 11
Porrejón 40 I 19
Porrera 45 I 32
Porreres 90 N 39
Porros (Illa dels) 91 L 42
Porrosa (La) 76 R 21
Porrosillo 76 R 19
Porrúa 11 B 15
Port Aventura 31 I 33
Port d'Alcúdia 90 M 39
Port d'Andratx 90 N 37
Port de la Selva (El) / Puerto de la Selva 19 E 39
Port de Pollença / Puerto de Pollença 90 M 39
Port de Sagunt (El) 58 N 29
Port de Sant Miquel 91 O 34
Port de Sóller / Puerto de Sóller 90 M 38
Port de Valldemossa 90 M 37
Port del Balís 33 H 37
Port des Canonge 90 M 37
Port (El) (Castelló) 57 M 29
Port (Pic du) 18 E 34
Portaceli (Monestir de) 56 M 28
Portaje 49 M 10
Portaje (Embalse de) 49 M 10
Portal (El) 88 W 11

Portalet
(Puerto del) 16 D 28
Portalrubio 43 J 26
Portalrubio
de Guadamajud 54 L 22
Portals Nous 90 N 37
Portals Vells 90 N 37
Portas 6 E 4
Portas
(Embalse de Las) 21 F 8
Portazgo 29 G 27
Portbou 19 E 39
Port de Comte 18 F 34
Port de Llançà (El) 19 E 39
Port des Torrent 91 P 33
Portela (cerca de
Barro) 6 E 4
Portela (cerca de
Bueu) 20 F 3
Portela (La Coruña) 7 D 5
Portela (Orense) 9 E 9
Portela Alta 92 G 8
Portela Baja 92 G 7
Portela de Aguiar 8 E 9
Portelárbol 27 G 22
Portell 32 G 34
Portella (La) 31 G 31
Portellada (La) 44 J 30
Portell
dels Terradets 17 F 32
Portell de Morella 44 K 29
Portelo 8 D 9
Portera (La) 55 N 26
Portes (Punta de) 91 P 34
Portet de Moraira
(El) 69 P 30
Portezuelo 49 M 10
Portezuelo (El) 93 J 7
Porticholl 68 Q 27
Portichuelo 68 Q 26
Portil (El) 82 U 8
Portilla (Cuenca) 54 L 23
Portilla (La)
(Almería) 87 U 24
Portilla (La) (León) 23 F 12
Portilla (Álava) 13 D 21
Portilla Alta 49 K 11
Portilla de la Reina 11 C 15
Portilla de Luna 10 D 12
Portillas
(Alto de las) 11 D 15
Portillejo 11 E 16
Portillinas (Alto
Las) 9 E 10
Portillo 25 H 16
Portillo (El) 92 I 8
Portillo (El)
(Salamanca) 37 K 11
Portillo (El) (Teruel) 55 K 24
Portillo (El)
(Valencia) 56 N 27
Portillo de
Pinochos
(Sierra del) 27 G 21
Portillo de Soria 27 H 23
Portillo de Toledo 52 L 17
Portillón
(Collado del) 17 D 31
Portinatx 91 O 34
Portiña
(Embalse de la) 51 L 15
Portman 79 T 27
Porto 22 F 9
Porto de Celeiro 3 A 7
Porto do Barqueiro 3 A 6
Porto do Son 6 D 2
Portobravo 6 D 3
Portocamba 21 F 7
Portocelo 3 A 7
Portocolom 90 N 39
Portocristo 91 N 40
Portocristo Novo 91 N 39
Porto de Abaixo 4 B 8
Porto de Bares 3 A 6
Porto de Espasante 3 A 6
Portodemouros
(Embalse de) 7 D 5
Portol 90 N 38
Portomarin 8 D 7
Portomourisco 8 E 8
Portomouro 6 D 4
Portonovo 6 E 3
Portopetro 90 N 39
Portosín 6 D 3
Ports (Els) 44 K 29
Portugalete 13 C 20

Pórtugos 86 V 20
Portuguesa (La) 61 P 9
Portús 79 T 26
Port Verd 91 N 40
Porvenir (El) 74 R 14
Porzomillos 3 C 5
Porzún 4 B 8
Porzuna 64 O 17
Posada (Llanera) 5 B 12
Posada (Asturias) 11 B 15
Posada de Omaña 10 D 11
Posada de Valdeón 11 C 15
Posadas (Córdoba) 74 S 14
Posadas (La Rioja) 26 F 20
Posadilla (Córdoba) 74 R 14
Posadilla (León) 23 E 12
Posadilla (León) 23 E 12
Posets 17 E 31
Potes 11 C 16
Potiche 67 Q 23
Potries 69 P 29
Poublanc 68 Q 27
Poulo 20 F 5
Poulo 20 F 5
Poutomillos 8 D 7
Poveda (Ávila) 38 K 14
Poveda (La) 53 L 19
Poveda (Salamanca) 38 I 14
Poveda
de la Obispalía 54 M 22
Poveda de las
Cintas 38 I 14
Poveda de la Sierra 41 K 23
Póveda de Soria
(La) 27 F 22
Povedilla 66 P 22
Povedillas (Las) 64 O 17
Poyales del Hoyo 51 L 14
Poyatas (Las) 62 P 11
Poyato 89 W 14
Poyatos 54 K 23
Poyo (El) 22 G 10
Poyo (Puerto El) 8 D 8
Poyo del Cid (El) 42 J 25
Poza de la Sal 12 E 19
Poza de la Vega 11 E 15
Pozal de Gallinas 38 I 15
Pozáldez 38 H 15
Pozalet (Mas de) 56 N 28
Pozalmuro 27 G 23
Pozancos
(Guadalajara) 41 I 22
Pozancos (Palencia) 12 D 17
Pozán de Vero 16 F 30
Pozazal (Puerto) 12 D 17
Pozo (El) 77 R 22
Pozo (Sierra de) 76 S 21
Pozo Alcón 76 S 21
Pozo Aledo 79 S 27
Pozoamargo 66 N 23
Pozo Amargo 83 U 13
Pozoantiguo 23 H 13
Pozoblanco
(Córdoba) 74 Q 15
Pozo Cañada 67 P 24
Pozo de Abajo 66 Q 22
Pozo de Almoguera 53 K 20
Pozo de
Guadalajara 40 K 20
Pozo de la Peña 67 P 24
Pozo de la Rueda 77 S 23
Pozo de las
Calcosas 93 B 10
Pozo de la Serna 65 P 20
Pozo de las Nieves 94 O 10
Pozo del Camino 81 U 8
Pozo del Esparto
(El) 87 T 24
Pozo de los Frailes
(El) 87 V 23
Pozo de Sabinosa 93 A 11
Pozo de Urama 24 F 15
Pozo Estrecho 79 S 27
Pozo Higuera 78 T 24
Pozohondo 67 P 24
Pozo Izquierdo
(Bahía de) 94 P 11
Pozo Lorente 67 O 25
Pozondón 42 K 25
Pozondón (Puerto
de) 42 K 25
Pozo Negro 93 U 8
Pozorrubio 53 M 21
Pozos de Hinojo 23 J 10
Pozoseco 55 N 24
Pozo Usero (El) 87 V 23
Pozuel de Ariza 41 H 23

Pozuel del Campo 42 J 25
Pozuelo (Albacete) 67 P 23
Pozuelo (El)
(Cuenca) 41 K 23
Pozuelo (El)
(Granada) 86 V 20
Pozuelo (El)
(Huelva) 72 T 9
Pozuelo (Monte)
(Granada) 85 T 18
Pozuelo de Alarcón 52 K 18
Pozuelo de Aragón 28 G 25
Pozuelo de
Calatrava 64 P 18
Pozuelo de la
Orden 24 G 14
Pozuelo del
Páramo 23 F 12
Pozuelo del Rey 53 K 20
Pozuelo de Tábara 23 G 12
Pozuelo de
Vidriales 23 F 12
Pozuelo de Zarzón 49 L 10
Pozuelos
de Calatrava
(Los) 64 P 17
Pozuelos del Rey 24 F 15
Prada (Asturias) 4 C 10
Prada (Embalse de) 21 F 8
Prada (Orense) 21 F 8
Pradaira 4 C 9
Pradairo 4 C 8
Pradales 39 H 18
Pradales (Sierra de) 39 H 18
Prádanos de
Bureba 13 E 19
Prádanos de Ojeda 11 D 16
Pradejón 27 E 23
Pradela 9 E 9
Pradell 45 I 32
Prádena 39 I 18
Prádena de Atienza 40 I 20
Prádena del Rincón 40 I 19
Pradera
de Navalhorno 39 J 17
Prades 45 I 32
Pradet 17 D 32
Pradilla 42 J 24
Pradilla de Ebro 28 G 26
Prado (Asturias) 5 C 11
Prado (Caravia) 11 B 14
Prado (cerca de
Maceira) 20 F 5
Prado (cerca de
Ponteareas) 20 F 4
Prado (cerca de
Silleda) 7 D 5
Prado (Lugo) 3 C 6
Prado (Orense) 21 F 7
Prado (Sierra del) 62 Q 12
Prado (Zamora) 23 G 13
Pradoalvar 21 F 8
Pradochano 49 L 11
Prado de la
Guzpeña 11 D 14
Prado del Rey 83 V 13
Prado Llano 86 U 19
Pradolongo 21 F 8
Pradoluengo 26 F 20
Pradorredondo 66 P 23
Pradorrey 10 E 11
Prados 78 R 24
Prados (Los)
(Albacete) 66 Q 22
Prados (Los)
(Córdoba) 85 T 17
Prados de Armijo 76 R 21
Pradosegar 38 K 14
Prados Redondos 42 J 24
Pradoviejo
(Alto de) 12 E 18
Prado y Eritas 72 S 9
Pradreiro 2 C 3
Praga (A) 20 F 5
Prat de Comte 45 J 31
Prat de Llobregat
(El) 32 I 36
Pratdip 45 I 32
Prats de Cerdanya 18 E 35
Prats de Lluçanès 18 F 36
Prats de Rei (Els) 32 G 34
Praves 12 B 19
Pravia 5 B 11
Predaja
(Puerto de la) 26 E 19
Preixana 31 H 33

Preixens 31 G 33
Préjano 27 F 23
Premià de Dalt 33 H 37
Premià de Mar 33 H 37
Prenafeta 31 H 33
Prendes 5 B 12
Prendones 4 B 9
Prenyanosa (La) 31 G 33
Présaras 3 C 5
Presas (Las) 75 R 17
Presedo 3 C 5
Presencio 25 F 18
Preses (Les) 19 F 37
Presillas Bajas
(Las) 87 V 23
Preso (El) 65 O 20
Presqueira 7 E 4
Prevediños 7 D 4
Prexigueiro 20 F 5
Priaranza
de la Valduerna 23 F 11
Priaranza del
Bierzo 9 E 10
Priego 41 K 23
Priego de Córdoba 85 T 17
Priero 5 B 11
Priesca 5 B 13
Priescas 5 C 14
Prieta 84 V 15
Prieta (Peña) 11 C 15
Prieta (Punta) 95 X 2
Prieta (Sierra) 65 P 19
Prietas (Sierras) 52 N 17
Prieto 84 V 15
Prieto (Cabo) 11 B 15
Prim (Castillo de) 64 N 17
Prima (Punta) 91 P 34
Primajas 10 D 14
Príncipe de Viana
(Parador) (Olite) 15 E 25
Prioiro 3 B 5
Prior (Cabo) 3 B 5
Prior (Sierra del) 63 P 15
Priorato 74 S 13
Prioriño (Cabo) 2 B 4
Prioro 11 D 15
Prix (El) 92 J 6
Proaño 12 C 17
Proaza 5 C 11
Progo 21 G 8
Propios del
Guadiana (Los) 76 S 20
Proserpina
(Embalse de) 61 P 10
Provadura 7 E 6
Provencio (El) 66 N 22
Providencia (La) 5 B 13
Pruit 19 F 37
Prullans 18 E 35
Pruna 84 V 14
Pruvia 5 B 12
Puch (Ermita del) 42 K 26
Puçol 57 N 29
Pudent (Estany) 91 P 34
Puebla de Cazalla
(Embalse de la) 84 U 14
Puebla de Farnals /
Pobla de Farnals
(La) 57 N 29
Puebla (La) (Ciudad
Real) 64 P 18
Puebla (La) (Murcia) 79 S 27
Puebla de Albortón 43 H 27
Puebla de Alcocer 63 P 14
Puebla de
Alcollarín 62 O 12
Puebla de Alfindén 29 H 27
Puebla de
Almenara 54 M 21
Puebla
de Almoradiel
(La) 53 N 20
Puebla de Arenoso 56 L 28
Puebla de
Arganzón
(La) 13 D 21
Puebla de Argeme 49 M 10
Puebla de Azaba 36 K 9
Puebla de Beleña 40 J 20
Puebla de Brollón 8 E 7
Puebla de Castro
(La) 17 F 30
Puebla de Cazalla
(La) 84 U 14
Puebla
de Don Fadrique 77 S 22

Puebla
de Don Rodrigo 64 O 16
Puebla de Eca 41 H 22
Puebla de Fantova
(La) 17 F 31
Puebla de Guzmán 72 T 8
Puebla de Híjar (La) 43 I 28
Puebla de Labarca
(La) 14 E 22
Puebla
de la Calzada 61 P 10
Puebla de la Reina 62 Q 11
Puebla de la Sierra 40 I 19
Puebla del
Caramiñal 6 E 3
Puebla de Lillo 5 C 14
Puebla del Maestre 73 R 11
Puebla de
los Infantes (La) 74 S 13
Puebla del Príncipe 66 Q 21
Puebla del Prior 62 Q 11
Puebla del Río (La) 83 U 11
Puebla del
Salvador 55 N 24
Puebla
de Montalbán
(La) 52 M 16
Puebla de Mula
(La) 78 R 25
Puebla de Obando 61 O 10
Puebla de Pedraza 39 I 18
Puebla de Roda
(La) 17 F 31
Puebla de San
Julián 8 D 7
Puebla de San
Medel 37 K 12
Puebla de Sanabria 22 F 10
Puebla
de Sancho Pérez 73 Q 10
Puebla de Trives 8 E 8
Puebla de Valdavia
(La) 11 D 16
Puebla de Vallés 40 J 20
Puebla de Valverde
(La) 56 L 27
Puebla de Yeltes 37 K 11
Pueblanueva (La) 51 M 15
Publica de
Valverde 23 G 12
Pueblo 23 H 13
Puebloblanco 87 V 23
Pueblo Nuevo
de Miramontes 50 L 13
Puelo 4 C 10
Puendeluna 29 F 27
Puentalarra
(Embalse de) 13 D 20
Puente Arce 12 B 18
Puente de San
Miguel 12 B 17
Puente (El) 13 D 20
Puente (La) 65 O 20
Puente Agüera 5 B 14
Puente Almuhey 11 D 15
Puentelatas 25 H 24
Puenteciella 4 C 10
Puente
de Domingo
Flórez 9 E 9
Puente de Génave 76 Q 21
Puente de Híjar 78 Q 24
Puente de la
Cerrada
(Embalse del) 76 S 20
Puente
del Arzobispo
(El) 51 M 14
Puente
de las Herrerías 76 S 21
Puente de la Sierra 75 S 18
Puente del
Congosto 37 K 13
Puente de Infierno 4 C 10
Puente del Villar 75 S 18
Puente
de Montañana 17 F 32
Puente de San
Martín 5 B 11
Puente de Sanabria 22 F 10
Puente
de Valderredible 12 D 18

Puentedey 12 D 18
Puente Duda 77 S 22
Puente Duero 24 H 15
Puente-Genil 84 T 15
Puente Grande 85 T 17
Puente la Reina 14 D 24
Puente la Reina
de Jaca 15 E 27
Puentenansa 11 C 16
Puente Navarro
(Embalse de) 65 O 18
Puente Nuevo
(Ávila) 52 K 16
Puente Nuevo
(Jaén) 75 S 18
Puente Porto
(Embalse de) 22 F 9
Puente Pumar 11 C 16
Puentes
(Embalse de) 78 S 24
Puente Torres 67 O 25
Puentevea 6 D 4
Puente Viesgo 12 C 18
Puercas 23 G 11
Puerco
(Arroyo del) 72 T 9
Puerta (La) 41 K 22
Puerta (Sierra de
la) 78 R 24
Puerta de Segura
(La) 77 Q 21
Puertas 37 I 11
Puertas de
Villafranca (Las) 65 N 19
Puertecico 78 T 24
Puerto
de San Miguel 12 B 17
Puertito (El) 92 H 9
Puertito (El) 93 V 5
Puertito
(Punta del) 92 J 7
Puerto 85 V 18
Puerto Cabopino 89 W 15
Puerto Calero 95 V 4
Puerto de la Selva /
Port de la Selva
(El) 19 E 39
Puerto de la Torre 84 V 16
Puerto
de Pollença / Port
de Pollença 90 M 39
Puerto de Sóller /
Port de Sóller 90 M 38
Puerto (El)
(Asturias) 5 C 11
Puerto (El) (Cuenca) 55 M 26
Puerto (El) (Almería) 87 V 22
Puerto (El) (Huelva) 72 S 9
Puerto San Nicolás 94 N 9
Puerto (Sierra del) 78 R 25
Puerto Alegre 84 T 15
Puerto Alto 75 S 18
Puerto Banús 89 W 15
Puerto Castilla 50 L 13
Puerto de Béjar 50 K 12
Puerto de Catarroja 56 N 28
Puerto de Güimar 93 J 8
Puerto de la Cruz 92 I 7
Puerto de la Cruz 93 R 9
Puerto de la Encina 84 U 14
Puerto de la Estaca 93 B 11
Puerto de la Luz
(Las Palmas) 94 P 9
Puerto de la Peña 93 T 7
Puerto
de las Nieves 94 N 9
Puerto del Carmen 95 V 4
Puerto del
Centinela
(Sierra del) 61 O 9
Puerto de los
Mozos 92 H 9
Puerto del Pino 66 Q 23
Puerto del Rosario 93 V 6
Puerto de
Mazarrón 78 T 26
Puerto del Río 86 V 21
Puerto de Mogán 94 N 11
Puerto de Motril 86 V 19
Puerto
de San Vicente 51 N 14
Puerto
de Santa Cruz 62 O 12
Puerto de Santa
María (El) 88 W 11

Puerto de Santiago 92 G 8
Puerto
de Sardina 94 N 9
Puerto de Tazacorte 95 B 6
Puerto de Vega 4 B 10
Puerto Gil 72 S 10
Puerto Hurraco 62 Q 12
Puerto Lajas 93 U 6
Puerto Lápice 65 O 19
Puértolas 16 E 30
Puertollanillo 83 V 12
Puertollano 64 P 17
Puertollano
(Sierra de) 64 Q 17
Puerto López 85 T 18
Puerto Lumbreras 78 T 24
Puertomingalvo 56 L 28
Puerto Moral 72 S 10
Puerto Naos 95 B 6
Puerto Nuevo 94 O 8
Puerto Real 88 W 11
Puerto Rey
(Almería) 87 U 24
Puerto Rey (Toledo) 52 N 14
Puerto Rico 94 N 11
Puertos (Los)
(Tarragona) 44 J 31
Puertos de Beseit
(Reserva
nacional) 44 J 30
Puerto Seguro 36 J 9
Puerto Serrano 84 V 13
Pueyo (El) 16 D 29
Pueyo
(Monasterio de) 16 F 30
Pueyo (Monte)
(Huesca) 16 E 29
Pueyo (Navarra) 15 E 25
Pueyo de Araguás
(El) 16 E 30
Pueyo de Fañanás 16 F 29
Pueyo de Santa
Cruz 30 G 30
Puibolea 29 F 28
Puig 57 N 29
Puig Pedrós 18 E 35
Puig-reig 32 G 35
Puig Rom 19 F 39
Puigcampana 69 Q 29
Puigcerdà 18 E 35
Puigdàlber 32 H 35
Puiggròs 31 H 32
Puiglançada 18 F 35
Puigmal 18 E 36
Puig Moreno 44 I 29
Puigmoreno
de Franco 44 I 29
Puigpelat 45 I 33
Puigpunyent 90 N 37
Puigsacalm 19 F 37
Puigverd
d'Agramunt 31 G 33
Puigverd de
Laguna 31 H 32
Puilatos 29 G 27
Pujal (El) 17 F 33
Pujalt 32 G 34
Pujarnol 19 F 38
Pujayo 12 C 17
Pujerra 89 W 14
Pujols (es) 91 P 34
Pulgar 52 M 17
Pulgosa (la) 67 P 24
Pulido (Puerto) 64 Q 16
Pulpí 78 T 24
Pulpite 77 T 22
Pulpites (Los) 78 R 26
Pumalverde 12 C 17
Pumarejo de Tera 23 G 11
Pumares 8 E 9
Punta (La) 30 H 30
Punta ó Sénia
Sevilla (La) 57 L 30
Punta Prima
(Alacant) 79 S 27
Punta Alta 17 E 32
Punta Brava 92 I 7
Punta del Hidalgo 93 K 6
Punta de Mujeres 95 X 3
Punta Europa 89 X 14
Puntagorda 95 B 5
Puntal 84 U 16
Puntal (El)
(Asturias) 5 B 13
Puntal (El) (València) 68 P 27
Puntal de la Mina 66 Q 22

Name	Page	Grid
Puntales (Sierra de los)	74	R 15
Puntallana	95	C 5
Puntalón	86	V 19
Punta Mala	89	X 14
Punta Negra	92	G 7
Punta Negra	92	H 9
Punta Negra	92	I 9
Punta Prima (Menorca)	91	M 42
Punta Roja	92	I 9
Punta Umbría	82	U 9
Puntillas (Mesa de las)	94	O 11
Punxín	7	E 5
Puras (Burgos)	26	E 20
Puras (Valladolid)	38	I 16
Purburell	30	H 29
Purchena (Almería)	87	T 22
Purchena (Huelva)	82	T 10
Purchil	85	U 19
Purias	78	T 25
Purias (Puerto)	78	T 25
Purón (Asturias)	11	B 15
Purón (Río)	13	D 20
Purroy	28	H 25
Purroy de la Solana	17	F 31
Purujosa	28	G 24
Purullena	86	U 20
Pusa (Río)	52	M 16
Puyalón	28	H 25
Puyarruego	16	E 30

Q

Name	Page	Grid
Quar (La)	18	F 35
Quart de les Valls	56	M 29
Quart de Poblet	56	N 28
Quart d'Onyar	33	G 38
Quartell	56	M 27
Quartell	56	M 29
Quatretonda	69	P 28
Quebrada (Sierra)	73	R 11
Quebradas	67	Q 24
Quecedo	12	D 19
Queguas	20	G 5
Queiles	28	G 24
Queiles	28	G 24
Queimada	26	G 19
Queipo de Llano	83	U 11
Queirogás	21	G 7
Queiruga	6	D 2
Queixa (Sierra de)	21	F 7
Queixans	18	E 35
Queixas	2	C 4
Queizán	8	D 8
Quejigal	37	J 12
Quejigo	63	O 15
Quejo (Álava)	13	D 20
Quejo (Cantabria)	12	B 19
Quejo (Cabo)	12	B 19
Quejola	67	P 23
Quel	27	F 23
Quemada	26	G 19
Quéntar	86	U 19
Quéntar (Embalse de)	86	U 19
Quer	40	K 20
Queralbs	18	E 36
Queralt	32	H 34
Querencia	41	I 21
Quer Foradat (El)	18	F 34
Quero	53	N 20
Querol	32	H 34
Querol (Port de)	44	K 29
Querolt	18	F 34
Ques	5	B 13
Quesa	68	O 27
Quesada	76	S 20
Quesada (Estación de)	76	S 20
Quesada (Peña de)	76	S 21
Quesada (Río)	76	S 20
Quesera (Collado de la)	40	I 19
Queveda	12	B 17
Quibas (Sierra de)	79	R 26
Quicena	29	F 28
Quiebrajano (Embalse de)	76	T 18
Quijas	12	B 17
Quijorna	52	K 17
Quiles (Los)	64	O 18
Quilmas	6	D 2
Quilós	9	E 9
Quincoces de Yuso	13	D 20
Quindons	9	D 9
Quines	20	F 5
Quinta (La)	92	H 9
Quinta (La) (Madrid)	39	K 18
Quinta (La) (Málaga)	84	V 14
Quintana (Álava)	14	E 22
Quintana (cerca de Albariza)	5	C 11
Quintana (cerca de Astrana)	12	C 19
Quintana (cerca de Nava)	5	B 13
Quintana (cerca de Vega)	5	B 13
Quintana (cerca de Villegar)	12	C 18
Quintana (La)	12	D 17
Quintana (Sierra de)	64	Q 17
Quintana (Zamora)	22	F 9
Quintanabureba	13	E 19
Quintana de Fuseros	9	D 11
Quintana de la Serena	62	P 12
Quintana del Castillo	10	E 11
Quintana del Marco	23	F 12
Quintana del Monte	11	E 14
Quintana del Pidio	25	G 18
Quintana del Puente	25	F 17
Quintana de Rueda	10	E 14
Quintanadueñas	25	E 18
Quintanaélez	13	E 20
Quintanaloranco	13	E 20
Quintanamanvirgo	25	G 18
Quintana María	13	D 20
Quintana-Martín Galíndez	13	D 20
Quintanaopio	12	D 19
Quintanaortuño	25	E 18
Quintanapalla	26	E 19
Quintanar (Collado de)	26	F 20
Quintanar (Sierra del)	39	J 17
Quintanar de la Orden	53	N 20
Quintanar de la Sierra	26	G 20
Quintanar del Rey	67	N 24
Quintana Redonda	27	H 22
Quintanarraya	26	G 19
Quintanarruz	12	E 19
Quintanas de Gormaz	26	H 21
Quintanas de Valdelucio	12	D 17
Quintanas Rubias de Abajo	40	H 20
Quintanas Rubias de Arriba	40	H 20
Quintanatello de Ojeda	11	D 16
Quintanavides	12	E 19
Quintana y Congosto	23	F 11
Quintanilla (Burgos)	25	F 18
Quintanilla (Cantabria)	11	C 16
Quintanillabón	13	E 20
Quintanilla de Arriba	25	H 17
Quintanilla de Babia	10	D 11
Quintanilla de Flórez	23	F 11
Quintanilla de la Berzosa	11	D 16
Quintanilla de la Cueza	24	F 15
Quintanilla del Agua	26	F 19
Quintanilla de la Mata	25	G 18
Quintanilla de las Torres	12	D 17
Quintanilla de las Viñas	26	F 19
Quintanilla del Coco	26	G 19
Quintanilla del Molar	23	G 13
Quintanilla del Monte (León)	10	E 12
Quintanilla del Monte (Zamora)	23	G 13
Quintanilla del Omo	23	G 13
Quintanilla de Losada	22	F 10
Quintanilla de los Oteros	23	F 13
Quintanilla del Valle	10	E 12
Quintanilla de Nuño Pedro	26	G 20
Quintanilla de Ojada	13	D 20
Quintanilla de Onésimo	25	H 16
Quintanilla de Onsoña	24	E 16
Quintanilla de Pienza	12	D 19
Quintanilla de Riopisuerga	12	E 17
Quintanilla de Rueda	11	D 14
Quintanilla de Sollamas	10	E 12
Quintanilla de Somoza	23	E 11
Quintanilla de Tres Barrios	26	H 20
Quintanilla de Trigueros	24	G 16
Quintanilla de Urz	23	F 12
Quintanilla de Yuso	22	F 10
Quintanilla-Pedro Abarca	12	E 18
Quintanillas (Las)	25	E 18
Quintanilla San García	13	E 20
Quintanilla-Sobresierra	12	E 18
Quintanilla-Vivar	25	E 18
Quintares (Los)	40	J 19
Quintás (La Coruña)	3	C 5
Quintás (Orense)	20	G 5
Quintela (León)	8	D 9
Quintela (Lugo)	3	C 7
Quintela de Leirado	20	F 5
Quintera (La)	73	S 13
Quintería (La)	75	R 18
Quintes	5	B 13
Quintillo (El)	65	P 19
Quintinilla-Rucandio	12	D 18
Quinto	29	H 28
Quintos de Mora (Coto nacional)	64	N 17
Quintueles	5	B 13
Quinzano	29	F 28
Quiñonería (la)	27	H 23
Quipar (Río)	78	R 24
Quipar (Sierra de)	78	R 24
Quireza	7	E 4
Quiroga	8	E 8
Quirós	5	C 12
Quiruelas	23	F 12
Quismondo	52	L 17

R

Name	Page	Grid
Rabadá y Navarro	56	L 26
Rábade	3	C 7
Rabadeira	2	C 3
Rábago	11	C 16
Rabal (Orense)	21	G 7
Rabal (Chandrexa de Queixa)	21	F 7
Rabanal (Punta del)	13	B 20
Rabanal de Fenar	10	D 13
Rabanal del Camino	9	E 11
Rabanales	23	G 11
Rabanera	27	F 22
Rabanera del Pinar	26	G 20
Rábano	25	H 17
Rábano de Aliste	22	G 10
Rábano de Sanabria	22	F 10
Rábanos	26	F 20
Rábanos (Embalse de Los)	27	G 22
Rábanos Los)	27	G 22
Rabassa (La)	32	H 34
Rabassa (La)	60	O 8
Rabé	25	G 18
Rabera (Sierra de la)	52	N 18
Rábida (Monasterio de la)	82	U 9
Rabinadas (Las)	14	O 17
Rabisca (Punta de)	95	B 4
Rábita (La)	84	U 15
Rábita (La) (Granada)	86	V 20
Rábita (La) (Jaén)	75	T 17
Rabizo (Alto del)	10	D 13
Rabo	4	C 10
Rabós	19	E 39
Racó de la Sofra (El)	69	Q 28
Racó de Loix	69	Q 29
Racó de Santa Llucía	32	I 35
Rad (La)	37	J 12
Rada	28	F 25
Rada de Haro	54	N 22
Radazul	93	K 7
Radiquero	16	F 30
Radona	41	I 22
Rafal	79	R 27
Ráfales	44	J 30
Rafalet	69	P 30
Rafelbunyol	56	N 28
Rafelguaraf	69	O 28
Ráfol d'Almunia (El)	69	P 29
Rágama	38	J 14
Rágol	86	V 21
Ragua (Puerto de la)	86	U 20
Ragudo (Cuesta de)	56	M 28
Raguero de Bajo	78	S 25
Raíces (Las)	93	J 7
Raigada	21	F 8
Raïmat	30	G 31
Rairiz de Veiga	21	F 6
Raixa	90	M 38
Rajadell	92	I 7
Rajadell (Riera de)	32	G 34
Rajita (La)	95	E 9
Rala	77	Q 23
Ram	90	N 37
Ramacastañas	51	L 14
Ramales de la Victoria	12	C 19
Ramallosa	6	D 4
Ramallosa (A)	20	F 3
Rambla	65	P 19
Rambla (Barranco La)	68	O 26
Rambla (La)	92	I 7
Rambla (La) (Albacete)	67	P 23
Rambla (La) (Córdoba)	74	T 15
Rambla Aljibe (La)	87	U 23
Rambla de Castellar	65	Q 20
Rambla del Agua	86	U 21
Rambla de Martín (La)	43	J 27
Ramblas (Las)	67	Q 24
Rambla Seca	68	O 27
Ramil	3	C 7
Ramilo	22	F 9
Ramirás	21	F 5
Ramiro	38	I 15
Ramonete (Ermita del)	78	T 25
Rancajales (Los)	39	J 18
Ranchón (Peña del)	5	C 12
Randa	90	N 38
Randín	21	G 6
Ranedo	13	D 20
Ranera (Burgos)	13	D 20
Ranera (Monte) (Cuenca)	55	M 26
Ranero	13	C 19
Raneros	10	E 13
Ranin	17	E 30
Ransol	18	E 34
Rante	21	F 6
Rañadoiro (Puerto de)	4	C 9
Rañadoiro (Sierra de)	4	C 9
Rañas del Avellanar	63	N 15
Rao	9	D 9
Rapariegos	38	I 16
Ràpita (Ensenada de sa)	90	N 38
Ràpita (La) (Barcelona)	32	I 34
Ràpita (Las Salinas de)	45	K 32
Ràpita (sa) (Mallorca)	90	N 38
Rasa (La)	26	H 20
Rasal	16	E 28
Rasca (Faro de la)	92	H 9
Rasca (Punta de la)	92	H 9
Rascafría	39	J 18
Rascanya (La)	56	N 28
Rasillo (El)	27	F 21
Rasines	12	C 19
Raso (El)	50	L 13
Rasos de Peguera	18	F 35
Raspay	68	Q 26
Raspilla	66	Q 22
Rasquera	45	I 31
Rasueros	38	I 14
Rat (Port de)	18	E 34
Rates (Coll de)	69	P 29
Ravelo	92	J 7
Raval de Crist	45	J 31
Raval de Jesús	45	J 31
Rayo (Puerto del)	63	P 15
Rayo (Sierra del)	43	K 28
Razbona	40	J 20
Razo	2	C 3
Razón	27	G 22
Real (Caño)	82	V 10
Real de Montroi	68	N 28
Real (Lucio)	83	V 11
Real (Sierra)	89	W 14
Real de la Jara (El)	73	S 11
Real de San Vicente (El)	51	L 15
Reatillo o de Sot (Riu)	55	N 26
Rebalsadors	56	M 28
Rebanal de las Llantas	11	D 16
Rebate	79	S 27
Rebide	8	E 8
Reboiró	8	D 7
Rebolado de Traspeña	12	D 17
Rebollada (cerca de Laviana)	5	C 13
Rebollada (cerca de Mieres)	5	C 12
Rebollar	55	N 26
Rebollar (Asturias)	9	D 10
Rebollar (Cáceres)	50	L 12
Rebollar (Soria)	27	G 22
Rebollarejo (Sierra del)	52	N 18
Rebolledo (El)	79	Q 28
Rebolledo de la Torre	12	D 17
Rebollera	75	Q 17
Rebollo (cerca de Mira)	55	M 25
Rebollo (Monte) (Cuenca)	54	M 22
Rebollo (Segovia)	39	I 18
Rebollo (Soria)	27	H 21
Rebollosa de Hita	40	J 20
Rebollosa de Jadraque	41	I 21
Reboredo (cerca de Boiro)	6	D 3
Reboredo (cerca de O Grove)	6	E 3
Reboredo (cerca de Oza dos Ríos)	3	C 5
Rebost	18	F 35
Recajo	14	E 23
Recaré	3	B 7
Recas	52	L 18
Reclot (Serra del)	68	Q 27
Recópolis (Ruinas de)	53	L 21
Recueja (La)	67	O 25
Recuenco (El)	41	K 22
Recuerda	26	H 21
Redal (El)	27	E 23
Redecilla del Campo	26	E 20
Redipollos	5	C 14
Redipuertas	5	C 13
Redona	6	D 2
Redonda (La)	36	J 9
Redonda (Peña)	8	E 8
Redondal	9	E 10
Redondela	20	F 4
Redondela (La)	81	U 8
Redondo	12	C 19
Redondo	92	H 7
Redondo (Puerto)	26	G 20
Redován	79	R 27
Redueña	40	J 19
Refoxos	7	E 5
Refugi (El)	57	L 30
Regadas	20	F 5
Regajo (Embassament de)	56	M 28
Regal	15	E 26
Regallo (Arroyo de)	44	I 29
Regana (Cap de)	90	N 38
Regato (El)	13	C 20
Regencós	33	G 39
Régil	14	C 23
Regla (La)	4	C 10
Règola (La)	31	G 32
Reguengo	20	F 4
Regueral	5	B 12
Regueras (Las)	5	B 12
Regueras de Arriba	23	F 12
Reguérs (Els)	44	J 31
Regumiel de la Sierra	26	G 21
Reguntille	3	C 7
Reigada	4	C 10
Reigosa	3	C 7
Reillo	55	M 24
Reina	73	R 12
Reina (Mirador de la)	11	C 14
Reinante	4	B 8
Reina Sofía (Aeropuerto)	92	I 9
Reineta (La)	13	C 20
Reino (El)	7	E 5
Reinosa	12	C 17
Reinosilla	12	D 17
Reinoso	12	C 17
Reinoso de Cerrato	25	G 16
Rejano	84	U 15
Rejas	26	H 20
Rejas de Ucero	26	G 20
Relance (Pico)	10	D 14
Relaño (El)	79	R 26
Relea	11	E 15
Reliegos	10	E 13
Rellana	87	V 23
Rellanos	4	B 10
Relleu	69	Q 29
Rellinars	32	H 35
Rello	41	H 21
Reloj	84	V 13
Relumbrar	66	Q 21
Remedios (Ermita de los)	72	R 10
Remedios (Punta de los)	6	D 2
Remendia	15	D 26
Remolcador (Port del)	56	L 28
Remolina	11	D 14
Remolino (El)	84	T 15
Remolinos	28	G 26
Remondo	39	H 16
Rena	62	O 12
Renales	41	J 22
Renales (Cabeza)	39	J 17
Renche	8	D 8
Rendona (La)	88	W 12
Renedo (Cantabria)	12	B 18
Renedo de Cabuérniga	11	C 17
Renedo (Valladolid)	25	H 16
Renedo de Cabuérniga	12	C 17
Renedo de la Vega	24	E 15
Renedo de Valdavia	11	E 16
Renedo de Valderaduey	11	E 15
Renedo de Valdetuéjar	11	D 14
Renera	40	K 20
Rengos	4	C 10
Renieblas	27	G 22
Renodo	12	D 17
Rentería / Errenteria	14	C 24
Renúñez Grande	65	P 20
Reocín	12	B 17
Reolid	66	Q 22
Repilado (El)	72	S 9
Repollés (Masía del)	43	K 28
Repostería	7	D 6
Represa	10	E 13
Requeixo	21	G 7
Requejada (Embalse de la)	11	D 16
Requejo (Cantabria)	12	C 17
Requejo (Zamora)	22	F 9
Requena	55	N 26
Requena de Campos	25	F 16
Requiás	21	G 6
Reres (Coto nacional de)	5	C 14
Resconorio	12	C 18
Resinera (La)	85	V 18
Resoba	11	D 16
Respaldiza	13	C 20
Respenda de la Peña	11	D 15
Respumoso (Embalse de)	16	D 29
Restábal	85	V 19
Restiello	5	C 11
Restinga (La)	93	B 12
Retama	64	O 16
Retamal	61	P 10
Retamal de Llerena	62	Q 12
Retamar (Almería)	87	V 23
Retamar (Ciudad Real)	64	P 17
Retamar (El)	92	H 8
Retamosa	50	N 13
Retamosa (La)	64	P 16
Retamoso	51	M 15
Retascón	42	I 25
Retiendas	40	J 20
Retín	62	Q 11
Retiro (El)	53	K 18
Retorno (El)	67	N 25
Retorta (Lugo)	7	D 6
Retorta (Orense)	21	F 7
Retortillo (Cantabria)	12	D 17
Retortillo (Embalse de derivación del)	74	S 14
Retortillo (Embalse del)	74	S 14
Retortillo (Río) (Sevilla)	74	S 13
Retortillo (Salamanca)	36	J 10
Retortillo de Soria	40	I 21
Retriñón	5	C 13
Retuerta (Burgos)	26	F 19
Retuerta (Monte) (Teruel)	43	J 26
Retuerta del Bullaque	52	N 16
Retuerto	11	C 14
Reus	45	I 33
Revalbos	37	K 13
Revellinos	23	G 13
Revenga (Burgos)	25	F 18
Revenga (Segovia)	39	J 17
Revenga de Campos	25	F 16
Reventón	39	J 18
Reventón (Puerto del)	65	P 18
Revilla (Huesca)	16	E 30
Revilla (Cantabria)	12	B 18
Revilla (Palencia)	12	D 17
Revilla (La) (Burgos)	26	F 20

Revilla (La)
(Cantabria) 11 B 16
Revilla de
Calatañazor (La) 27 H 21
Revilla de Campos 24 F 15
Revilla de Collazos 11 E 16
Revilla del Campo 26 F 19
Revillaruz 26 F 19
Revilla-Vallegera 25 F 17
Revolcadores 77 R 23
Rey (Barranco del) 92 H 9
Rey (Embalse del) 53 L 19
Rey (Sierra del) 64 Q 17
Reyero 10 D 14
Reyertas (Las) 83 V 13
Reyertilla 83 U 13
Reyes (Bahía de
los) 93 A 11
Rey Fernando II
de León
(Parador)
(Benavente) 23 F 12
Reznos 27 H 23
Ría de Abres 4 B 8
Riaguas
de San
Bartolomé 40 H 19
Riahuelas 40 H 19
Rial (cerca de
Rianxo) 6 E 3
Rial (La Coruña) 2 C 4
Rial (Pontevedra) 6 E 4
Rialp 17 E 33
Rialp (Embalse de) 17 F 33
Riancho 12 C 19
Riano (Asturias) 5 C 12
Riánsares (Río) 53 N 20
Riánsares
(Estación de) 53 L 21
Rianxo 6 E 3
Riaño (Cantabria) 12 B 19
Riaño
(Embalse de) 11 D 14
Riaño (León) 11 D 15
Riaño (Reserva
nacional de) 11 C 14
Riaño (Sierra de) 11 C 15
Rías Baixas /
Rías Bajas 6 E 2
Rías Bajas /
Rías Baixas 6 E 2
Rías Altas 2 B 4
Rías Gallegas 2 C 2
Riaza 40 I 19
Riaza (Canal del) 25 H 18
Riaza (Río) 40 I 19
Riba (La) 45 I 33
Riba-roja de Túria 56 N 28
Ribabellosa 13 D 21
Ribadavia 20 F 5
Ribadedeva 11 B 16
Riba de Escalote
(La) 41 H 21
Ribadelago 22 F 9
Ribadeo 4 B 8
Ribadeo (Ría de) 4 B 8
Riba de Saelices 41 J 23
Riba de Santiuste 41 I 21
Ribadesella 11 B 14
Ribadeume 3 B 6
Riba de Valdelucio
(La) 12 D 17
Ribadulla 7 D 4
Ribadumia 6 E 3
Ribaforada 28 G 25
Ribafrecha 27 E 22
Ribagorda 54 K 23
Ribagorda
(Ermita de) 42 K 24
Riba-roja
(Embalse de) 45 I 31
Riba-roja d'Ebre 44 I 31
Ribarredonda 41 J 23
Ribarroya 27 H 22
Ribarteme 20 F 4
Ribas (León) 23 F 12
Ribasaltas 8 E 7
Ribas de Campos 25 F 16
Ribas de Miño 7 E 6
Ribas de Sil 8 E 8
Ribas de Sil
(Monasterio de) 7 E 6
Ribas Pequeñas 8 E 7
Ribatajada 54 K 23
Ribatajadilla 54 L 23
Ribatejada 40 K 19

Ribeira
(Embalse de la) 3 B 6
Ribeira (La Coruña) 6 E 3
Ribeira (Lugo) 8 D 8
Ribera (Jaén) 85 T 18
Ribera (La) 9 E 10
Ribera (Navarra) 27 E 23
Ribera de Arriba 5 C 12
Ribera de Cabanes 57 L 30
Ribera de Cardós 17 E 33
Ribera del Fresno 62 Q 11
Ribera
de Los Molinos 73 R 11
Ribera de Molina 79 R 26
Ribera de Piquín 4 C 8
Ribera de Vall 17 F 32
Ribera-Oveja 49 L 11
Riberas 5 B 11
Riberas de Lea 3 C 7
Ribereta (Puerto
de) 17 E 32
Ribero (El) 12 C 19
Riberos de la Cueza 24 F 15
Ribesalbes 56 L 29
Ribes de Freser 18 F 36
Ribota (Burgos) 13 C 20
Ribota (Rambla de 28 H 24
Ribota (Segovia) 40 H 19
Ricabo 5 C 12
Ricardo Roca
(Mirador) 90 M 37
Ricasa 92 H 9
Ricla 28 H 25
Ricobayo 23 H 12
Ricote 78 R 25
Ricote (Sierra de) 78 R 25
Riego (El) 92 J 8
Riegoabajo 5 B 11
Riego de Ambros 9 E 10
Riego de la Vega 23 E 12
Riego del Camino 23 G 12
Riego del Monte 23 E 13
Riello 10 D 12
Riells (cerca de
Breda) 33 G 37
Riells (cerca de
l'Escala) 19 F 39
Riells del Fai 32 G 36
Rielves 52 M 17
Rienda 41 I 21
Riensena 11 B 14
Riera (La) (cerca de
Aguasmestas) 5 C 11
Riera (La) (cerca de
Covadonga) 11 C 14
Riera (La) (León) 10 D 11
Riera (La)
(Tarragona) 32 I 34
Riglos 29 E 27
Rigueira 3 B 7
Riguel (Río) 15 F 26
Rigüelo 84 U 15
Rilleira 3 C 6
Rillo 43 J 27
Rillo de Gallo 42 J 24
Rincón
de Ballesteros 61 O 10
Rincón del Obispo 49 M 10
Rincón (El) 93 A 11
Rincón (El)
(Albacete) 67 P 25
Rincón (El) (Murcia) 78 S 24
Rinconada (Ávila) 38 J 14
Rinconada (Monte)
(Badajoz) 63 P 14
Rinconada (La)
(Albacete) 66 P 23
Rinconada (La)
(Ávila) 51 K 16
Rinconada (La)
(Sevilla) 73 T 12
Rinconada
(Sierra de la) 63 O 15
Rinconada
de la Sierra (La) 37 K 11
Rinconadas (Las) 55 M 26
Rinconcillo (La)
(Cádiz) 89 X 13
Rinconcillo (El)
(Córdoba) 74 S 15
Rincón de la
Victoria 85 V 17
Rincón del Moro 67 Q 24
Rincón de Olivedo 28 F 24
Rincón de Soto 28 F 24
Riner 32 G 34

Rinlo 4 B 8
Rin Sec 45 I 31
Río (Barranco del) 92 I 8
El Río Chico 86 V 21
Río (El) 92 I 9
Río (El) 64 O 17
Río (El) 95 W 2
Río (El) (La Rioja) 26 F 21
Río (Lugo) 8 D 8
Río (Mirador del) 95 X 2
Río (Orense) 8 E 8
Río (Punta del) 87 V 22
Riobarba 3 A 6
Riocabado 38 J 15
Riocavado
de la Sierra 26 F 20
Río Cedena 52 N 16
Riocerezo 26 E 19
Riocobo 3 A 7
Río Cofio 39 K 17
Rioconejos 22 F 10
Riocorvo 12 C 17
Río de Losa 13 D 20
Río de Lunada 12 C 19
Río de Trueba 12 C 19
Río Deva
(Parador del) 11 C 15
Riodeva (Río de)
(València) 55 L 26
Riodeva (Teruel) 55 L 26
Riofabar 5 C 13
Río Frío 64 O 16
Riofrío (Ávila) 38 K 15
Riofrío (Granada) 85 U 17
Riofrío (León) 10 E 12
Riofrío de Aliste 23 G 11
Riofrío del Llano 41 I 21
Riofrío de Riaza 40 I 19
Ríogordo 85 V 17
Rioja 87 V 22
Rioja (Balcón de la) 13 E 21
Rioja (La)
(Provincia) 27 F 21
Río Juanes 56 N 27
Riola 69 O 29
Riolago 10 D 11
Riolobos 49 M 11
Río Madera 66 Q 23
Riomalo 50 K 11
Riomanzanas 22 G 10
Riomao 8 E 8
Rionansa 11 C 16
Rionegro del
Puente 23 F 11
Riópar 66 Q 22
Ríos 21 G 8
Ríos (Los) (Jaén) 75 R 18
Ríos (Los) (València) 56 N 27
Riosa 5 C 12
Riosalido 41 I 21
Ríoscuro 9 D 11
Rios de Abajo 56 M 27
Rioseco (Asturias) 5 C 13
Rioseco (cerca de
Laredo) 13 B 20
Rioseco (cerca de
Reinosa) 12 C 17
Rioseco de Soria 27 H 21
Rioseco de Tapia 10 D 12
Riosequino 10 D 13
Rioseras 26 E 19
Ríos Menudos 11 D 16
Riospaso 5 C 12
Río Tajo
(Estación de) 49 M 10
Riotorto 4 B 8
Rioxuán 4 C 8
Río Záncara
(Estación de) 66 N 21
Rípodas 15 D 26
Ripoll 18 F 36
Ripoll (Río) 32 H 36
Ripollet 33 H 36
Riquer (Punta de) 92 H 7
Ris 12 B 19
Risco 63 P 14
Risco (El) 94 N 9
Risco
(Embalse del) 72 T 8
Risco Blanco 94 O 10
Risco de las Moras 51 N 14
Rituerto 27 H 23
Riudarenes 33 G 38
Riudaura 19 F 37
Riudecanyes 45 I 32
Riudecols 45 I 32

Riudellots
de la Selva 33 G 38
Riumar 45 J 32
Riumors 19 F 39
Riva 12 C 19
Riva (La) 12 C 18
Rivas (Zaragoza) 28 F 26
Rivas de Jarama 53 K 19
Rivas de Tereso 13 E 21
Rivas-Vaciamadrid 53 L 19
Rivero 12 C 17
Rivero de Posadas 74 S 14
Rivilla de Barajas 38 J 15
Roa de Duero 25 G 18
Roales (Valladolid) 23 F 13
Roales (Zamora) 39 I 17
Robaliceira (Punta) 3 A 6
Robla (La) 10 D 13
Robladillo 24 H 15
Robladillo de
Ucieza 25 E 16
Roble 67 P 23
Robleda 85 K 10
Robleda-Cervantes 22 F 10
Robledal (El) 53 K 20
Robledal
(Sierra del) 40 I 20
Robledillo (Ávila) 38 K 15
Robledillo (El) 64 N 18
Robledillo (El) 66 Q 17
Robledillo (Toledo) 51 N 15
Robledillo de Gata 49 L 10
Robledillo
de la Jara 40 J 19
Robledillo
de la Vera 50 L 13
Robledillo
de Mohernando 40 J 20
Robledillo
de Trujillo 62 O 12
Robledo (Albacete) 66 P 22
Robledo
(Arroyo del) 53 M 20
Robledo (Asturias) 5 B 14
Robledo (El)
(Ciudad Real) 64 O 17
Robledo (El) (Jaén) 77 R 21
Robledo (León) 23 F 11
Robledo (Lugo) 8 D 9
Robledo (Orense) 8 E 9
Robledo
(Sierra del) 64 N 18
Robledo (Zamora) 22 F 10
Robledo de Caldas 10 D 12
Robledo de
Chavela 39 K 17
Robledo de Corpes 40 I 21
Robledo
de las Traviesas 9 D 10
Robledo
de la Valcueva 10 D 13
Robledo del Buey 51 N 15
Robledo del Mazo 51 N 15
Robledo Hermoso 36 I 10
Robledollano 50 N 13
Robledondo 39 K 17
Roblelacasa 40 I 20
Robleluengo 40 I 20
Roblido 8 E 8
Robliza de Cojos 37 J 12
Robredo 13 D 20
Robredo-Temiño 26 E 19
Robregordo 40 I 19
Robres 29 G 28
Robres del Castillo 27 F 23
Robriguero 11 C 16
Roca 3 C 6
Roca Grossa 33 G 38
Rocabruna 19 E 37
Rocacorba 19 F 38
Roca
de la Sierra (La) 61 O 9
Roca del Vallès (La) 33 H 36
Rocafort (Barcelona) 32 G 35
Rocafort (Lérida) 31 H 33
Rocafort (València) 56 N 28
Rocafort de Queralt 31 H 33
Rocaforte 28 E 26
Rocallaura 31 H 33
Roca Llisa 91 P 34
Rocamudo 12 D 18
Rocas Doradas 45 J 32
Rocha (Puerto de
la) 7 E 5
Roche (Cabo) 88 X 11
Roche (Cádiz) 88 W 11

Roche (Murcia) 79 T 27
Rocho (Puerto de) 55 M 24
Rociana del
Condado 82 U 10
Rocina (Arroyo de
la) 82 U 10
Rocina (El) 82 U 10
Rocinejo 88 W 12
Rocío (El) 82 U 10
Roda 79 S 27
Roda (La) (Albacete) 67 O 23
Roda de Eresma 39 I 17
Roda de Isábena 17 F 31
Roda de Ter 32 G 36
Rodalquilar 87 V 23
Rodanas
(Santuario de) 28 H 25
Rodanillo 9 E 10
Rodeche 56 L 28
Rodeiro 7 E 6
Rodellar 16 F 29
Rodén 29 H 28
Ródenas 42 K 25
Rodeos
(Aeropuerto de
los) 93 J 7
Rodeos (Embalse
de los) 78 R 26
Rodeos (Los) 78 R 26
Rodezas 12 B 17
Rodezno 13 E 21
Rodical (El) 4 C 10
Rodicio (Alto del) 21 F 7
Rodiezmo 10 D 12
Rodilana 38 H 15
Rodiles 5 B 11
Rodillazo 10 D 13
Rodiño 7 D 4
Rodonyà 32 I 34
Rodrigas 4 B 8
Rodrigatos
de la Obispalía 10 E 11
Rodrigatos
de las Regueras 10 D 11
Rodriguillo (El) 79 Q 26
Roelos 37 I 11
Rogla i Corberà 69 O 28
Roig (Cabo)
(Gerona) 33 G 39
Roig (Cabo)
(Tarragona) 45 J 32
Roig (Cap) (Ibiza) 91 O 34
Roig (Puig) 90 M 38
Roimil 3 C 6
Rois 6 D 3
Roitegui 14 D 22
Roiz 11 C 16
Rojal (El) 3 B 5
Rojales 79 R 27
Rojals 31 H 33
Rojas 12 E 19
Roldán 79 S 26
Roldán (Faro) 87 V 24
Roldán (Monte) 79 T 26
Roldán (Salto del) 29 F 28
Rollamienta 27 G 22
Rollán 37 J 12
Rollo (Arroyo del) 76 S 20
Roma 55 N 26
Roma (Punta) 91 P 34
Romai 6 D 3
Romana (La) 79 Q 27
Romancos 41 J 21
Romanes (Los) 85 V 17
Romaneta (La) 68 Q 27
Romangordo 50 M 12
Romaní (El) 69 O 28
Romanillos
de Atienza 41 I 21
Romanillos
de Medinaceli 41 I 22
Romanones 40 K 21
Romanos 42 I 26
Romántica (La) 92 I 7
Romanyà de la
Selva 33 G 38
Romariz 3 B 7
Romeán 3 C 7
Romedales (Los) 54 L 23
Romedios
(Ermita de los) 62 P 12
Romelle 2 C 3

Romera 66 O 21
Romeral 53 N 19
Romeral (Cueva
del) 84 U 16
Romeral (El)
(Málaga) 84 V 16
Romeral (El)
(Toledo) 53 M 19
Romeral (El)
(València) 56 M 28
Romerano (El) 71 T 7
Romeros (Los) 72 S 9
Rompido
(Barra de El) 82 U 8
Rompido (El) 82 U 8
Roncadoira (Punta) 3 A 7
Roncal 15 D 27
Roncal (Valle del) 15 D 27
Roncesvalles /
Orreaga 15 C 26
Roncudo (Punta) 2 C 3
Ronda 84 V 14
Ronda (Serranía
de) 84 V 14
Ronda la Vieja 84 V 14
Rondín 64 P 18
Roní 17 E 33
Ronquillo (El)
(Sevilla) 73 S 11
Ronquillo (El)
(Badajoz) 61 P 9
Ropera (La) 75 R 17
Roperuelos
del Páramo 23 F 12
Roque 93 U 5
Roque (El) 92 I 9
Roque (El) 94 O 9
Roque Colorado 94 N 10
Roque del Faro 95 B 5
Roque Nublo 94 O 10
Roque Partido 94 N 9
Roquerole
(Sierra del) 45 I 33
Roques (Bahía de
los) 95 C 6
Roques (Los) 92 I 8
Roques (Los)
(Cerca de Fasnia) 92 J 8
Roquetas de Mar 87 V 22
Roquetas de Mar
(Urbanización) 87 V 22
Roquete (El) 93 L 6
Roquetes 45 J 31
Ros 12 E 18
Rosa (La) 61 P 9
Rosal 20 G 3
Rosal (El) 74 S 15
Rosal Alto (El) 73 T 12
Rosal de la
Frontera 72 S 9
Rosales (Los)
(Toledo) 52 L 16
Rosales (Los) (Jaén) 76 S 20
Rosales (Los)
(Sevilla) 73 T 12
Rosamar 33 G 38
Rosario (El) 93 J 7
Rosario (Ermita
del) 68 O 26
Rosarito
(Embalse de) 51 L 14
Rosas / Roses 19 F 39
Rosas (Las) 93 J 7
Roscales 11 D 16
Roses / Rosas 19 F 39
Roses (Golfo de) 19 F 39
Rosinos
de la Requejada 22 F 10
Rosomo (Sierra de) 26 G 21
Rossa (Punta) 91 P 34
Rossell 44 K 30
Rosselló 31 G 31
Rosso 84 U 14
Rostro (El) 64 O 16
Rota 88 W 10
Rotasa
(Laguna de la) 84 U 15
Rotes (Les) 69 P 30
Rotja (Punta) 91 Q 34
Ròtova 69 P 29
Roturas (Cáceres) 50 N 13
Roturas (Valladolid) 25 G 17
Rouch (Monte) 17 D 33

Roupar 3 B 6
Rourell (El) 45 I 33
Royo 67 P 23
Royo (El) 27 G 22
Royo Odrea 67 Q 23
Royos (Los) 77 S 23
Royuela 55 K 25
Royuela
de Río Franco 25 G 18
Rozadas (cerca de
Boal) 4 B 9
Rozadas (cerca de El
Pedroso) 5 B 13
Rozadas (cerca de
Sotrondio) 5 C 13
Rozadío 11 C 16
Rozalejo (El) 83 U 13
Rozalén del Monte 54 M 21
Rozas (Cantabria) 12 C 19
Rozas (Embalse de
las) 9 D 10
Rozas (Las)
(Cantabria) 12 D 17
Rozas (Monte Las)
(Orense) 21 F 8
Rozas (Zamora) 22 F 10
Rozas
de Madrid (Las) 39 K 18
Rozas
de Puerto Real 52 L 16
Rúa 3 B 7
Rúa (A) 8 E 8
Rúanales 12 D 18
Ruanes 62 O 11
Rubalcaba 12 C 18
Rubayo 12 B 18
Rubena 26 E 19
Rubí 32 H 36
Rubia 8 E 9
Rubia (La) 27 G 22
Rubia (Peña) (cerca
de Lorca) 78 T 24
Rubia (Peña)
(Murcia) 78 R 24
Rubia (Peña)
(Orense) 20 F 5
Rubiales (Badajoz) 73 Q 12
Rubiales (Teruel) 55 L 26
Rubián 8 E 7
Rubiáns 6 E 3
Rubiás (Lugo) 3 C 7
Rubiás (Orense) 21 F 8
Rubí de
Bracamonte 38 I 15
Rubielos Altos 54 N 23
Rubielos Bajos 54 N 23
Rubielos de la
Cérida 42 J 26
Rubielos de Mora 56 L 28
Rubillas Bajas 75 S 16
Rubinat 31 H 33
Rubió (Barcelona) 32 H 34
Rubió (cerca de
Foradada) 31 G 32
Rubió (cerca de Sort) 17 E 33
Rubio (El)
(cerca de
Montellano) 83 V 12
Rubio (El)
(cerca de Osuna) 84 T 15
Rubiós 20 F 4
Rubios (Los) 73 R 13
Rubite 86 V 19
Rublacedo de
Abajo 12 E 19
Rucandio (Burgos) 12 B 18
Rucandio
(Cantabria) 12 D 19
Rucayo 10 D 14
Ruchena 83 V 12
Rudilla 43 J 26
Rudilla (Puerto de) 43 J 26
Rudrón 12 D 18
Ruecas (Badajoz) 62 O 12
Ruecas (Río)
(Badajoz) 62 O 12
Rueda (Guadalajara) 42 J 24
Rueda
(Monasterio de) 44 I 29
Rueda (Valladolid) 38 H 15
Rueda de Jalón 28 H 26
Rueda de Pisuerga 11 D 16
Ruedas de Ocón
(Las) 27 F 23
Ruenes 11 C 15
Ruente 12 C 17

Name	Page	Grid
Rúerrero	12	D 18
Ruesca	42	I 25
Ruescas	87	V 23
Ruesga	11	D 16
Rugat		P 28
Ruguilla	41	J 22
Ruices (Los) (València)	55	N 26
Ruices (Los) (Albacete)	67	P 25
Ruices (Los) (Murcia)	79	T 26
Ruidarenes	33	G 38
Ruidera	66	P 21
Ruidera (Lagunas de)	66	P 21
Ruidera (Río)	66	P 21
Ruidoms	45	I 33
Ruiforco	10	D 13
Ruigómez	92	H 7
Ruiloba	12	B 17
Ruiseñada	12	B 17
Ruitelán	8	D 9
Rumblar	75	R 18
Rumblar (Embalse del)	75	R 18
Ruña (Montes de la)	6	D 2
Rupià	19	F 39
Rupit	19	F 37
Rus (Jaén)	76	R 19
Rus (La Coruña)	2	C 3
Rus (Río) (Cuenca)	54	N 22
Rute	85	U 16
Ruyales del Agua	25	F 18
Ruyales del Páramo	12	E 18

S

Name	Page	Grid
Sa Calobra	90	M 38
Sa Creu (Punta de) (Ibiza)	91	O 34
Sa Mola (Cap de)	90	N 37
Sa Ruda (Punta de)	91	Q 34
Sáa	8	D 8
Saavedra	3	C 7
Sabadell	32	H 36
Sabadelle (Lugo)	7	E 6
Sabadelle (Orense)	7	E 6
Sabando	14	D 22
Sabar	85	V 17
Sabardes	6	D 3
Sabariego	75	T 17
Sabataia (Collado de)	90	M 38
Sabayés	29	F 28
Sabero	11	D 14
Sabina Alta	92	J 8
Sabinar	28	F 26
Sabinar (El) (Albacete)	66	P 21
Sabinar (El) (Murcia)	77	R 23
Sabinar (Punta)	86	V 21
Sabinas (Collado de las)	86	U 19
Sabinita (La)	92	J 8
Sabinosa	93	A 11
Sabiñánigo	16	E 28
Sabiote	76	R 20
Sable	30	H 30
Saboredo	17	E 32
Sabucedo (Orense)	21	F 6
Sabucedo (Pontevedra)	7	E 4
Sacañet	56	M 27
Sacecorbo	41	J 22
Saceda	22	F 10
Saceda (La)	41	J 23
Saceda del Río	54	L 22
Saceda Trasierra	54	L 21
Sacedillas (Las)	76	Q 20
Sacedón	41	K 21
Sacedoncillo	54	L 23
Saceruela	64	P 16
Saceruela (Sierra de)	64	O 16
Sa Coma	91	N 40
Sacos	6	E 4
Sacramenia	25	H 18
Sacramento	83	U 12
Sacratif (Cabo)	86	V 19
Sa Creu (Punta de) (Formentera)	91	P 34
Sacristanía (La)	64	P 18
Sacro (Pico)	7	D 4
Sada	3	B 5
Sádaba	28	F 26
Sada de Sangüesa	15	E 25
Sadernes	19	F 37
Saelices	54	M 21
Saelices de la Sal	41	J 22
Saelices del Payuelo	10	E 14
Saelices del Río	11	E 14
Saelices de Mayorga	24	F 14
Saelices el Chico	36	J 10
Safari Madrid	52	L 17
Safor (La)	69	P 29
Sa Galera (Punta de)	91	M 42
Sagallos	22	G 10
Saganta	30	G 31
S'Agaró	33	G 39
Sagàs	18	F 35
Sagides	41	I 23
Sagra (Alacant)	69	P 29
Sagra (Granada)	77	S 22
Sagra (Sierra de la)	77	S 22
Sagrada (La)	37	J 11
Sagrajas	61	P 9
Sagunt / Sagunto	57	M 29
Sagunto / Sagunt	57	M 29
Sahagún	24	E 14
Sahechores	10	E 14
Sahuco (El)	67	P 23
Sahuco (Sierra del)	67	P 23
Sahún	17	E 31
Saja	12	C 17
Saja-Besaya (Parque natural)	12	C 17
Saja (Monte)	12	C 17
Saja (Reserva nacional de)	11	C 16
Sajazarra	13	E 21
Sal (Punta de la)	94	P 10
Sal (Sierra de la)	88	W 12
Salada (Cerro)	56	M 27
Salada (La)	84	U 15
Salada (Laguna)	44	I 29
Salada (Ribera)	18	F 34
Salada Grande	44	I 29
Saladar (El)	79	R 27
Salades (Les)	79	R 28
Saladillo (Arroyo de)	83	U 13
Saladillo (El)	89	W 14
Salado (Arroyo del)	83	U 13
Salado (Arroyo del) (Jaén)	75	S 17
Salado (Arroyo del) (Sevilla)	84	U 14
Salado (Río) (Cordoba)	85	T 17
Salado (El)	77	S 22
Salado (Río) (Guadalajara)	41	I 21
Salado de los Villares	75	S 17
Salamanca	37	J 12
Salamir	5	B 11
Salamón	11	D 14
Salar	85	U 17
Salardú	17	D 32
Salares	85	V 17
Salas	5	B 11
Salas (Embalse de)	21	G 6
Salas (Las)	11	D 14
Salas Altas	16	F 30
Salas Bajas	16	F 30
Salas de Bureba	12	D 19
Salas de la Ribera	9	E 9
Salas de los Barios	9	E 10
Salas de los Infantes	26	F 20
Salàs de Pallars	17	F 32
Salave	4	B 9
Salazar	12	D 19
Salazar	86	T 21
Salazar (Río)	15	D 26
Salazar (Valle de)	15	D 26
Salce (León)	10	D 11
Salce (Zamora)	37	I 11
Salceda (Convento de la)	40	K 21
Salceda de Caselas	20	F 4
Salcedillo (Palencia)	12	D 17
Salcedillo (Teruel)	43	J 26
Salcedo	13	D 21
Salcedo (El)	75	R 18

SALAMANCA

Azafranal	CY
Mayor (Pl.)	BY
Toro	BCY
Zamora	BY
Alemania (Av. de)	BY
Álvaro Gil	BY 3
Anaya (Pl.)	BZ 4
Ancha	ABY
Ángel (Pl.)	BY 6
Balmes	AZ
Bandos (Pl. de Los)	BY 7
Bordadores	BZ 9
Caldereros	BZ
Calderón de la Barca	AY 12
Campo Charro (Av. del)	AY
Canaleras (Paseo de)	CYZ
Carmen (Cuesta del)	BY 13
Casas (Pl. de las)	BY 15
Cervantes	BY
Champagnat (Av. de)	AY
Campaña	BY
Comuneros (Av. de los)	CY 16
Concilio de Trento	BZ 18
Condes de Crespo Ransón	BY 19
Constitución (Pl. de la)	CY 21
Corillo (Pl.)	BY 22
Desengaño (Paseo)	AZ 24
Dr. Torres Villarroel (Paseo del)	BY 25
Ejército (Pl. del)	BY
Enrique Estevan (Puente)	BZ 27
España (Pl. de)	CY
Espoz y Mina	BY 28
Estación (Paseo de la)	CY 30
Federico Anaya (Av. de)	CY 31
Filiberto Villalobos (Av. de)	AY 33
Fray Luis de Granada	BY 34
Fregeneda	AZ
Fuente (Pl. de la)	BY 36
García Tejado	AY
Gran Vía	CY
Grillo	CYZ
Italia (Av. de)	BY
Juan de la Fuente	BZ 37
Libertad (Pl. de la)	BY 39
Libreros	BZ 40
María Auxiliadora	CY 42
Marquesa de Almarza	CZ 43
Meléndez	BY 45
Mirat (Av. de)	BCY
Monterrey (Pl. de)	BY 46
Obispo Jarrín	BY 48
Padilla	CY 49
Palominos	BZ 51
Patio Chico	BZ 52
Pedro Mendoza	CY 54
Peña de Francia	AY 55
Peso (Pl. del)	BY 57
Portugal (Av. de)	CY
Pozo Amarillo	BY
Prior	BY
Progreso (Paseo del)	AZ
Ramón y Cajal	AY 60
Rector Esperabe (Paseo del)	BZ
Reina (Pl. de la)	CY 61
Reyes de España (Av.)	BZ 63
Rosario	BCZ
Rúa Mayor	BZ
San Antonio (Paseo de)	CY
San Blas	CY
San Francisco Javier	CYZ
San Gregorio	AZ
San Isidro (Pl. de)	BYZ 66
San Julián (Pl.)	CY 67
San Justo	BY
San Pablo	BZ
San Vicente (Paseo de)	AZ
Santa Clara	CZ
Santa Eulalia (Pl.)	BY 69
Santa Teresa (Pl. de)	BY 70
Santo Domingo (Pl.)	BZ 72
Sánchez Fabres (Puente)	AZ 73
Sancti Spiritus (Cuesta)	BZ 75
Serranos	BZ 76
Sorias	BY
Tostado	BZ 78
Villamayor (Av. de)	AY
Wences Moreno	BY 79

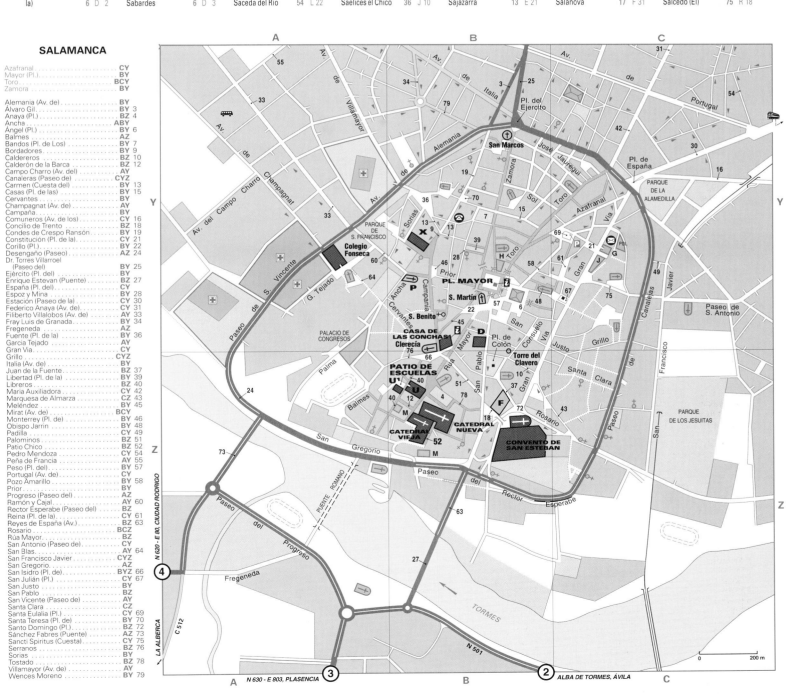

D PALACIO DE FONSECA U UNIVERSIDAD F CONVENTO DE LAS DUEÑAS P PURÍSIMA CONCEPCIÓN U¹ ESCUELAS MENORES X CONVENTO DE LAS ÚRSULAS

Name	Page	Grid
Salces	12	C 17
Salcidos	20	G 3
Saldaña	11	E 15
Saldaña de Ayllón	40	H 19
Saldeana	36	I 10
Saldes	18	F 35
Saldías	14	C 24
Saldoira	4	B 8
Sáldon	55	L 25
Salduero	27	G 21
Salem	69	P 28
Salema (Punta)	92	H 10
Saler (El)	57	N 29
Saleres	85	V 19
Sales de Llierca	19	F 37
S'Algar	91	M 42
Salguerias	2	C 3
Salgueiros (la Coruña)	2	C 2
Salgueiros (Lugo)	7	D 6
Salgüero de Juarros	26	F 19
Salicor (Laguna de)	53	N 20
Saliencia	5	C 11
Saliencia (Lagos de)	5	C 11
Saliente	77	T 23
Salientes	9	D 11
Salillas	30	G 29
Salillas de Jalón	28	H 26
Salime (Embalse de)	4	C 9
Salina Grande	23	G 13
Salinas (Alacant)	68	Q 27
Salinas (Asturias)	5	B 12
Salinas de Sin	16	E 30
Salinas (Huesca)	16	E 30
Salinas (Laguna de)	68	Q 27
Salinas (Las)	53	L 20
Salinas (Las)	93	U 7
Salinas (Loma de)	93	T 6
Salinas (Navarra)	15	D 25
Salinas (Punta)	95	C 5
Salinas (Punta de las)	94	P 10
Salinas (Sierra de)	68	Q 26
Salinas (Sierra de las)	84	V 14
Salinas de Añana	13	D 21
Salinas de Hoz	16	F 30
Salinas de Jaca	29	E 27
Salinas del Manzano	55	L 25
Salinas de Medinaceli	41	I 22
Salinas de Oro	14	D 24
Salinas de Pinilla	66	P 22
Salinas de Pisuerga	11	D 16
Salines	18	E 36
Salines (Les)	19	E 38
Salinillas de Buradón	13	E 21
Salinillas de Bureba	13	E 19
Salitja	33	G 38
Sallent	32	G 35
Sallent (El)	19	F 37
Sallent (Riera de)	31	G 33
Sallent de Gállego	16	D 29
Sallfort	19	E 39
Salmanquinos de Arriba (Los)	52	N 16
Salmantón	13	C 20
Salmerón (Guadalajara)	41	K 22
Salmerón (Murcia)	78	Q 24
Salmeroncillos de Abajo	41	K 22
Salmeroncillos de Arriba	41	K 22
Salmor (Roque)	93	B 11
Salmoral	38	J 14
Salo	32	G 34
Salobral	38	K 15
Salobral (El)	67	P 24
Salobralejo	38	K 15
Salobralejo (Laguna del)	67	P 25
Salobre (cerca de Alcaraz)	66	Q 22
Salobre (cerca de Munera)	66	O 22
Salobre (Río)	66	Q 22
Salobreña	85	V 19
Salomó	32	I 34
Salón	12	C 19
Salor (Río)	48	N 8
Salor (Embalse del)	61	N 11
Salória (Pico)	18	E 34
Salória	18	E 34
Salorino	48	N 8
Salou	45	I 33
Salou (Cabo)	45	I 33
S'Alquería Blanca	90	N 39
Salt	33	G 38
Saltador (El)	87	T 24
Saltador (Rambla del)	67	Q 25
Salteras	83	T 11
Saltes (Isla de)	82	U 9
Salto (Estación del)	36	K 10
Salto al Cielo (Ermita)	88	W 11
Salto de Bolarque	53	K 21
Salto del Ciervo	84	T 14
Salto del Negro	85	V 17
Salto de Villalba	54	L 23
Salto de Villora	55	M 25
Saltor	18	F 36
Saltos (Punta de los)	93	B 12
Salto Saucelle	36	I 9
Saludes de Castroponce	23	F 12
Salvacañete	55	L 25
Salvada (Sierra)	13	D 20
Salvadiós	38	J 14
Salvador	28	E 24
Salvador (Ermita El)	56	M 29
Salvador de Zapardiel	38	I 15
Salvaje (Punta del)	93	T 6
Salvaleón	61	Q 9
Salvaterra de Miño	20	F 4
Salvatierra	14	D 22
Salvatierra de Escá	15	D 26
Salvatierra de los Barros	61	Q 9
Salvatierra de Santiago	62	O 11
Salvatierra de Tormes	37	K 13
Sálvora (Isla de)	6	E 2
Salzadella (La)	44	K 30
Salze (El)	68	P 27
Sama de Grado	5	C 11
Sama de Langreo	5	C 12
Samaniego	13	E 21
Sámano	13	B 20
Samara (Montaña)	92	H 8
Sambana	89	W 13
Samboal	39	I 16
Sambreixo	7	D 6
Sames	11	C 14
Samieira	6	E 3
Samir de los Caños	23	G 11
Samos	8	D 8
Samper	17	E 30
Samper de Calanda	43	I 28
Samper del Salz	43	I 27
Samprizón	7	E 5
San Adrián (Cabo de)	2	B 3
San Adrián (León)	10	D 14
San Adrián (Navarra)	28	E 24
San Adrián de Juarros	26	F 19
San Adrián del Valle	23	F 12
San Adrián de Sasabe (Ermita de)	16	D 28
San Adriano	4	B 8
San Agustín (Maspalomas)	94	O 11
San Agustín	93	U 6
San Agustín (Almería)	86	V 21
San Agustín (Convento de)	55	L 24
San Agustín del Guadalix	40	J 19
San Agustín (Teruel)	56	L 27
San Agustín del Pozo	23	G 13
San Amancio (Ermita de)	42	J 24
San Amaro	7	E 5
San Andrés	93	B 11
San Andrés	95	C 5
San Andrés	93	K 6
San Andrés	94	O 9
San Andrés (La Rioja)	27	F 22
San Andrés (Asturias)	5	C 12
San Andrés (cerca de Potes)	11	C 16
San Andrés (cerca de San Miguel)	12	C 18
San Andrés (Sierra de)	64	Q 18
San Andrés (Soria)	27	G 23
San Andrés de Arroyo	11	D 16
San Andrés de la Regla	11	E 15
San Andrés de las Puentes	9	E 10
San Andrés del Congosto	40	J 20
San Andrés del Rabanedo	10	E 13
San Andrés del Rey	41	K 21
San Andrés de Teixido	3	A 6
San Antolín (Monasterio de)	11	B 15
San Antolín de Ibias	4	C 9
San Antón (Burgos)	12	D 18
San Antón (Ciudad Real)	65	P 20
San Antón (Ermita de) (Cáceres)	60	N 8
San Antón (Ermita de) (Guadalajara)	54	K 21
San Antón (Puerto de)	14	C 24
San Antón (Sevilla)	74	T 14
San Antoniño	6	E 4
San Antonio	95	B 5
San Antonio	92	I 7
San Antonio (Cordoba)	75	S 16
San Antonio de Banaixeve	56	N 28
San Antonio (Ermita de) (cerca de Aliaguilla)	55	M 26
San Antonio (Ermita de) (cerca de Cardenete)	55	M 25
San Antonio (Sierra de)	26	F 20
San Antonio (València)	55	N 26
San Antonio (Volcán de)	95	B 7
San Antonio del Fontanar	84	U 14
San Asensio	13	E 21
San Bartolomé	95	W 3
San Bartolomé (Cuenca)	54	L 21
San Bartolomé de Jubera	27	F 23
San Bartolomé (Guadalajara)	41	J 21
San Bartolomé (Embalse de)	28	F 26
San Bartolomé (Ermita de) (Badajoz)	63	O 14
San Bartolomé (Ermita de) (Cáceres)	62	O 12
San Bartolomé (Ermita de) (Teruel)	42	J 26
San Bartolomé de Béjar	50	K 13
San Bartolomé de Corneja	37	K 13
San Bartolomé de las Abiertas	51	M 15
San Bartolomé de la Torre	72	T 8
San Bartolomé de Pinares	39	K 16
San Bartolomé de Rueda	10	D 14
San Bartolomé de Tirajana	94	O 10
San Bartolomé de Tormes	51	K 14
San Baudelio (Ermita de)	41	H 21
San Benito (cerca de Almadén)	63	Q 15
San Benito (cerca de Ciudad Real)	64	P 17
San Benito (Convento)	49	M 9
San Benito (Ermita de) (Cáceres)	49	N 10
San Benito (Ermita de) (Sevilla)	73	S 12
San Benito (Ermita de) (Teruel)	43	K 27
San Benito (Ermita de) (Valencia)	68	P 26
San Benito de la Contienda	60	Q 8
San Bernabé (Ermita de)	42	J 25
San Bernabé (Sierra de)	49	L 11
San Bernado de Valbuena	25	H 17
San Bernardino	83	V 12
San Bernardo	92	H 7
San Bernardo	94	O 10
San Bernardo (Sierra de)	73	R 11
San Blas (Teruel)	42	K 26
San Blas (Zamora)	22	G 10
San Bruno	64	Q 18
San Calixto	74	S 14
San Caprasio	29	G 28
San Caprasio (Collado de)	16	F 30
San Carlos (Burgos)	26	G 19
San Carlos del Valle	65	P 20
San Cayaturol	79	S 27
San Cebrián	11	D 16
San Cebrián de Campos	25	F 16
San Cebrián de Castro	23	G 12
San Cebrián de Mazote	24	G 14
San Cibrao	21	F 8
San Cibrau	21	G 7
San Cibrián de Arriba	10	E 13
San Cibrián de la Somoza	10	D 14
San Ciprián (Cabo)	3	A 7
San Ciprían (cerca de Hermisende)	22	G 9
San Ciprián (Lugo)	3	A 7
San Ciprián (Zamora)	22	F 10
San Ciprián de Viñas	21	F 6
San Cipriano del Condado	10	E 13
San Claudio (Asturias)	5	B 12
San Claudio (La Coruña)	3	B 6
San Clemente (Convento de)	62	N 12
San Clemente (Cuenca)	66	N 22
San Clemente (Embalse)	77	S 22
San Clemente (Embalse de)	77	S 22
San Clemente de Valdueza	9	E 10
San Clodio	8	E 8
San Cosme (Asturias)	5	B 11
San Cosme (Lugo)	4	B 8
San Crispín	39	K 18
San Cristóbal I	43	J 26
San Cristóbal	94	P 9
San Cristóbal (Badajoz)	72	R 9
San Cristóbal (Cáceres)	62	O 13
San Cristóbal (Ciudad Real)	66	Q 21
San Cristóbal (Cuenca)	54	L 22
San Cristóbal del Monte	26	E 20
San Cristóbal (Ermita de) (cerca de Andorra)	43	J 28
San Cristóbal (Ermita de) (cerca de Barrachina)	43	J 26
San Cristóbal (Ermita de) (cerca de Bronchales)	42	K 25
San Cristóbal (Ermita de) (Ciudad Real)	65	N 19
San Cristóbal (Ermita de) (Cádiz)	88	W 11
San Cristóbal (cerca de Lagueruela)	42	I 26
San Cristóbal (cerca de Monreal de Campo)	42	J 25
San Cristóbal (cerca de Sarrión)	56	L 27
San Cristóbal (Monte)	14	E 24
San Cristóbal (Navarra)	15	D 25
San Cristóbal (Santuario)	42	I 25
San Cristóbal (Sevilla)	74	S 13
San Cristóbal de Boedo	11	E 16
San Cristóbal de Cea	7	E 6
San Cristóbal de Chamoso	8	D 7
San Cristóbal de Cuéllar	39	H 16
San Cristóbal de Entreviñas	23	F 13
San Cristóbal de la Cuesta	37	I 13
San Cristóbal de la Polantera	23	E 12
San Cristóbal de la Vega	38	I 16
San Cristóbal de los Angeles	53	K 18
San Cristóbal de Trabancos	38	J 14
San Cristóbal de Valdueza	9	E 10
San Cristobo	21	G 8
San Cucao	5	B 12
San Diego	89	X 14
San Diego (Ermita de)	73	R 13
San Emiliano (Asturias)	4	C 9
San Emiliano (León)	10	D 12
San Enrique de Guadiaro	89	X 14
San Esteban	5	B 11
San Esteban de Gormaz	26	H 20
San Esteban de la Sierra	37	K 12
San Esteban de Litera	30	G 30
San Esteban del Molar	23	G 13
San Esteban de los Buitres	4	C 9
San Esteban de los Patos	38	J 16
San Esteban del Valle	51	L 15
San Esteban de Nogales	23	F 12
San Esteban de Saviñao	7	E 6
San Esteban de Valdueza	9	E 10
San Esteban de Zapardiel	38	I 15
San Eugenio	92	H 9
San Facundo	7	E 5
San Felices (Burgos)	12	D 18
San Felices (Soria)	27	G 23
San Felices de los Gallegos	36	J 9
San Felipe	94	O 9
San Felipe (Castillo de) (Puerto de la Cruz)	92	I 7
San Felipe (La Coruña)	3	B 5
San Felipe (Cuenca)	55	K 24
San Feliú	17	E 31
San Feliú de Guixols / Sant Feliu de Guixols	33	G 39
San Feliz de las Lavanderas	10	D 12
San Feliz de Torío	10	D 13
San Fernando	94	O 9
San Fernando (Cádiz)	88	W 11
San Fernando de Henares	53	K 19
San Fiz do Seo	8	E 9
San Francisco (Almeria)	78	T 24
San Francisco (Convento de)	24	G 14
San Francisco (Ermita de)	93	U 7
San Francisco (Mallorca)	90	N 38
San Francisco (Mirador)	26	F 20
San Francisco de Meredo	52	L 16
San Francisco de Olivenza	60	P 8
San Frutos (Ermita de)	39	I 18
San Fulgencio	79	R 27
San Gabriel	95	W 4
San García de Ingelmos	38	J 14
San Gil (Cáceres)	49	M 11
San Gil (Zaragoza)	29	F 27
San Ginés	42	K 25
San Glorio (Puerto de)	11	C 15
San Gregorio (Basílica de)	14	E 23
San Gregorio (Ermita de) (Badajoz)	61	P 10
San Gregorio (Ermita de) (Guadalajara)	42	J 24
San Gregorio (Ermita de) (Granada)	75	Q 16
San Gregorio (Guipúzcoa)	14	D 23
San Gregorio (Toledo)	53	N 20
San Gregorio y Balneario	49	N 9
San Ignacio del Viar	73	T 12
San Ildefonso-La Granja	39	J 17
San Isidoro (Ermita de)	62	P 13
San Isidro	92	I 9
San Isidro (Albacete)	67	O 25
San Isidro (Ermita de) (cerca de Alcazar de San Juan)	65	N 20
San Isidro (cerca de Alcobendas)	40	K 19
San Isidro (cerca de Aranjuez)	53	L 19
San Isidro (cerca de Berlanga)	73	R 12
San Isidro (cerca de Huérca Overa)	87	T 24
San Isidro (cerca de Níjar)	87	V 23
San Isidro (Ermita de) (cerca de Fuente de Cantos)	73	R 10
San Isidro (cerca de Navalmorales)	52	M 16
San Isidro (cerca de Piedrabuena)	64	O 17
San Isidro (cerca de Quero)	53	N 20
San Isidro (Ciudad Real)	65	P 19
San Isidro (Ermita)	94	N 9
San Isidro (Ermita de)	56	M 26
San Isidro (Ermita de las) (Cuenca)	55	N 24
San Isidro (Cerca de Gáldar)	94	O 9
San Isidro (Guadalajara)	54	L 21
San Isidro (Puerto de)	5	C 13
San Isidro (Cerca de Radazul)	93	K 7
San Isidro (Cerca de Utiaca)	94	O 9
San Isidro de Guadalete	88	W 12
San Isidro del Pinar	28	E 25
San Javier	79	S 27
San Jerónimo (Cordoba)	74	S 15
San Jeronimo (Murcia)	79	S 26
San Jerónimo de Lagar (Ermita de)	49	N 10
San Joaquím	53	L 20
San Jorge (Badajoz)	61	Q 10
San Jorge (Ermita de) (València)	56	N 27
San Jorge (Ermita de) (Zaragoza)	44	I 30
San Jorge (Huesca)	29	G 28
San Jorge de Alor	60	Q 8
San José	92	I 7
San José	94	P 9
San José	95	W 4
San José (Almería)	87	V 23
San José (Albacete)	66	P 21
San José (Badajoz)	72	Q 9
San José (Canal de)	23	H 13
San José (Embalse de)	38	H 14
San José (Ermita)	78	R 24
San José (Ermita de)	92	H 8
San José (Ermita de) (Jaén)	75	R 17
San José (Ermita de) (Teruel)	44	J 29
San José de la Rábita	85	T 17
San José de la Rinconada	73	T 12
San José de los Llanos	92	H 8
San José del Valle	88	W 12
San José de Malcocinado	88	W 12
San Juan	92	H 8
San Juan (Cáceres)	49	L 10
San Juan (Embalse de)	52	K 17
San Juan (Ermita de) (cerca de Cedrillas)	43	K 27
San Juan (Ermita de) (cerca de Montalbán)	43	J 28
San Juan (Málaga)	84	U 16

San Juan (Madrid) 52 K 17
San Juan (Río) 85 T 17
San Juan (Río de) 62 P 11
San Juan (Sierra de) 83 U 13
San Juan (Cerca de Tacoronte) 92 J 6
San Juan (Valencia) 55 N 26
San Juan de Gaztelugache 13 B 21
San Juan de Gredos 51 K 14
San Juan de la Cuesta 22 F 10
San Juan de la Encinilla 38 J 15
San Juan de la Mata 9 E 10
San Juan de la Nava 38 K 15
San Juan de la Peña (Monasterio de) 15 E 27
San Juan de la Rambla 92 I 7
San Juan del Flumen 30 G 29
San Juan del Molinillo 38 K 15
San Juan del Monte 26 G 19
San Juan del Olmo 38 K 14
San Juan de los Terreros 87 T 25
San Juan del Puerto 82 U 9
San Juan del Rebollar 22 G 10
San Juan del Reparo 92 H 7
San Juan de Mozarrifar 29 G 27
San Juan de Nieva 5 B 12
San Juan de Ortega 26 E 19
San Juan de Plan 17 E 31
San Juanico el Nuevo 23 F 11
San Julián (Asturias) 5 B 13
San Julián de Sales / San Xulian de Sales 6 D 4
San Julián (Jaén) 75 R 17
San Julián (La Coruña) 6 D 2
San Julián (Málaga) 84 W 16
San Julián (Murcia) 79 T 27
San Julián de Banzo 29 F 28
San Just (Ermita de) 43 J 27
San Just (Puerto de) 43 J 27
San Just (Sierra de) 43 J 27
San Justo 22 F 10
San Justo de Cabanillas 9 D 10
San Justo de la Vega 10 E 11
San Leandro 83 U 12
San Leonardo de Yagüe 26 G 20
San Lorenzo 29 G 29
San Lorenzo 94 P 9
San Lorenzo (La Coruña) 23 G 12
San Lorenzo (Ermita de) (Guadalajara) 42 K 24
San Lorenzo (Ermita de) (Teruel) 42 J 26
San Lorenzo (La Rioja) 26 F 21
San Lorenzo (Valle de) 92 H 9
San Lorenzo de Calatrava 64 Q 18
San Lorenzo de El Escorial 39 K 17
San Lorenzo de la Parrilla 54 M 22
San Lorenzo de Tormes 50 K 13
San Lourenzo 21 G 8

San Luis 93 J 6
San Luis de Sabinillas 89 W 14
San Mamed (cerca de Viana do Bolo) 21 F 8
San Mamed (cerca de Xinzo) 21 F 6
San Mamed (Zamora) 22 G 10
San Mamede 3 B 6
San Mamede (Sierra de) 21 F 7
San Mamés (Burgos) 25 E 18
San Mamés (Cantabria) 12 B 19
San Mamés (Ermita de) 42 I 25
San Mamés (Madrid) 39 J 18
San Mamés de Abar 12 D 17
San Mamés de Campos 25 E 16
San Marcial (Guipúzcoa) 14 C 24
San Marcial (Zamora) 37 H 12
San Marco 3 C 5
San Marcos 92 H 7
San Marcos (Cádiz) 88 W 11
San Marcos (Cáceres) 50 M 13
San Marcos (La Coruña) 3 B 5
San Marcos (Ermita de) (cerca de Alustante) 42 K 24
San Marcos (Ermita de) (cerca de Tordesilos) 42 J 25
San Marcos (Navarra) 14 E 24
San Marcos (Sierra de) 27 G 22
San Martín (Asturias) 5 C 11
San Martín (Burgos) 12 D 18
San Martín (Cantabria) 12 C 18
San Martín (Huesca) 17 E 31
San Martín (Navarra) 14 D 23
San Martín de Boniches 55 M 25
San Martín de Castañeda 22 F 9
San Martín de Don 13 D 20
San Martín de Elines 12 D 18
San Martín de Galvarín 13 D 21
San Martín de la Falamosa 10 D 12
San Martín de la Tercia 10 D 12
San Martín de la Vega 53 L 19
San Martín de la Vega del Alberche 51 K 14
San Martín de la Virgen de Moncayo 28 G 24
San Martín del Camino 10 E 12
San Martín del Castañar 37 K 11
San Martín del Monte 11 E 16
San Martín de los Herreros 11 D 16
San Martín del Pedreso 22 G 10
San Martín del Pimpollar 51 K 14
San Martín del Rey Aurelio 5 C 13
San Martín del Río 42 I 25
San Martín del Tesorillo 89 W 14
San Martín de Luiña 5 B 11

San Martín de Mondoñedo 4 B 8
San Martín de Montalbán 52 M 16
San Martín de Moreda 9 D 9
San Martín de Oscos 4 C 9
San Martín de Pusa 51 M 16
San Martín de Rojo 12 D 18
San Martín de Rubiales 25 H 18
San Martín de Tábara 23 G 12
San Martín de Torres 23 F 12
San Martín de Trevejo 49 L 9
San Martín de Unx 15 E 25
San Martín de Valdeiglesias 52 K 16
San Martín de Valderaduey 23 G 13
San Martín de Valvení 25 G 16
San Martín y Mudrián 39 I 17
San Martiño (cerca de Castro Caldelas) 8 E 7
San Martiño (cerca de Cualedro) 21 G 7
San Martiño (Embalse de) 8 E 8
San Martiño (Isla de) 20 F 3
San Mateo de Gállego 29 G 27
San Mauro 3 C 5
San Medel 37 K 12
San Migel de Aralar (Santuario de) 14 D 24
San Miguel 92 I 9
San Miguel (Asturias) 5 C 12
San Miguel (Cantabria) 12 C 18
San Miguel (Castillo) 92 H 7
San Miguel (Ermita de) (cerca de la Virgen de la Vega) 56 K 28
San Miguel (Ermita de) (Cuenca) 54 L 22
San Miguel (Ermita de) (Guadalajara) 41 K 22
San Miguel (Ermita de) (cerca de Orrios) 43 K 27
San Miguel (Ermita de) (cerca de Teruel) 56 L 26
San Miguel (Ermita de) (cerca de Valderrobres) 44 J 30
San Miguel (Huesca) 30 G 30
San Miguel (Jaén) 76 S 20
San Miguel (Madrid) 53 L 19
San Miguel (Murcia) 78 R 24
San Miguel (Orense) 21 F 8
San Miguel (Sierra de) 15 D 27
San Miguel (Sierra de) 73 R 12
San Miguel (Zaragoza) 28 H 26
San Miguel de Aguayo 12 C 17
San Miguel de Aras 12 C 19
San Miguel de Bernúy 39 H 18
San Miguel de Corneja 38 K 14
San Miguel de Escalada 10 E 14
San Miguel de Foces 16 F 29
San Miguel de la Puebla 44 K 29

San Miguel de la Ribera 37 I 13
San Miguel del Arroyo 39 H 16
San Miguel de la Dueñas 9 E 10
San Miguel de las Victorias 41 K 23
San Miguel del Camino 10 E 12
San Miguel de Lillo 5 B 12
San Miguel del Pino 24 H 15
San Miguel del Valle 23 F 13
San Miguel de Meruelo 12 B 19
San Miguel de Montañán 24 F 14
San Miguel de Pedroso 26 E 20
San Miguel de Salinas 79 S 27
San Miguel de Serrezuela 38 J 14
San Miguel de Tajao 92 J 9
San Miguel de Valero 37 K 12
San Millán (Alava) 14 D 22
San Millán (Burgos) 13 D 20
San Millán (Monte) 26 F 20
San Millán (Orense) 21 G 7
San Millán de Juarros 26 F 19
San Millán de la Cogolla 27 F 21
San Millán de Lara 26 F 19
San Millán de los Caballeros 23 F 13
San Millán de Yécora 13 E 20
San Morales 37 J 13
San Muñoz 37 J 11

San Miguel 95 B 6
San Nicolás del Puerto 73 S 13
San Nicolás de Tolentino 94 N 10
San Pablo (Sevilla) 83 T 12
San Pablo de Buceite 89 W 13
San Pablo de la Moraleja 38 I 15
San Pablo de los Montes 52 N 17
San Paio 21 G 6
San Pantaleón de Losa 13 D 20
San Pascual 38 J 15
San Payo 3 C 7
San Pedro 94 N 9
San Pedro (Almería) 87 V 24
San Pedro (Albacete) 66 P 23
San Pedro (Cáceres) 60 N 8
San Pedro (Cantabria) 12 C 19
San Pedro (cerca de Grado) 5 B 11
San Pedro (cerca de Oviedo) 5 B 12
San Pedro (cerca de Parres) 11 B 14
San Pedro (Cuenca) 53 L 20
San Pedro de Rudaguera 12 B 17
San Pedro de Viveiro 3 B 7
San Pedro (Embalse de) 7 E 6
San Pedro (Ermita de) 4 C 8
San Pedro (Lugo) 8 D 8
San Pedro (Palencia) 11 D 16
San Pedro (Pontevedra) 7 E 5

San Pedro (Puerto de) 79 S 27
San Pedro (Monte) 39 J 18
San Pedro (Sierra de) (Cáceres) 61 O 10
San Pedro (Sierra de) (Navarra) 15 E 25
San Pedro (Torrico de) 48 N 9
San Pedro Bercianos 23 E 12
San Pedro Cansoles 11 D 15
San Pedro de Agüeira 4 C 9
San Pedro de Alcántara (Ávila) 51 L 14
San Pedro de Alcántara (Málaga) 89 W 15
San Pedro de Arlanza (Ermita) 26 F 19
San Pedro de Cardeña 26 F 19
San Pedro de Ceque 23 F 11
San Pedro de Gaillos 39 I 18
San Pedro de la Nave 23 H 12
San Pedro de la Viña 23 F 11
San Pedro del Arroyo 38 J 15
San Pedro de las Herrerías 22 G 10
San Pedro de Latarce 24 G 14
San Pedro del Pinatar 79 S 27

San Pedro del Romeral 12 C 18
San Pedro del Valle 37 I 12
San Pedro de Mérida 62 P 11
San Pedro de Olleros 9 D 9
San Pedro de Paradela 9 D 10
San Pedro de Rozados 37 J 12
San Pedro de Valderaduey 24 E 15
San Pedro de Zamudia 23 G 12
San Pedro Manrique 27 F 23
San Pedro Palmiches 54 K 22
San Pedro Samuel 25 E 18
San Pelayo (Burgos) 12 C 19
San Pelayo (Convento de) 25 G 17
San Pelayo (Monte) 15 E 25
San Pelayo (Valladolid) 24 G 14
San Pelayo (Vizcaya) 13 B 21
San Pelayo de Guareña 37 I 12
San Pol de Mar / Sant Pol de Mar 33 H 37
San Prudencio 14 C 22
San Quintín 64 P 17
San Quirce de Riopisuerga 12 E 17
San Rafael (Cádiz) 83 V 12
San Rafael (cerca de Polop) 69 Q 29
San Rafael (Puerto de) 56 K 27
San Rafael (Segovia) 39 J 17
San Rafael de Navallana (Embalse de) 75 S 16

DONOSTIA SAN SEBASTIÁN

Andia **CZ** 2
Boulevard (Alameda del) **CY** 6
Garibai **CY**
Hernani **CY**
Libertad (Av. de) **CDYZ**
Urbieta **CDZ**
Constitución (Pl. de la) **CY** 8
Euskadi (Pl. de) **DY** 10
Fermín Calbetón **CY** 12
Getaria **DZ** 18
Gipúzkoa (Pl. de) **DY** 19
Iñigo **CY** 22
Kursaal (Puente del) **DY** 27
Lasala (Pl.) **CY** 28
Maria Cristina (Puente de) **DZ** 30
Miramar **CZ** 31
Puerto **CY** 35
Ramón Maria Lili (Pas.) **DY** 37
Reina Regente **DY** 38
República Argentina (Pas.) **DY** 41
San Jerónimo **CY** 44
San Juan **CY** 45
Santa Catalina (Puente de) **DY** 47
Urdaneta **DZ** 51
Zabaleta **DY** 54

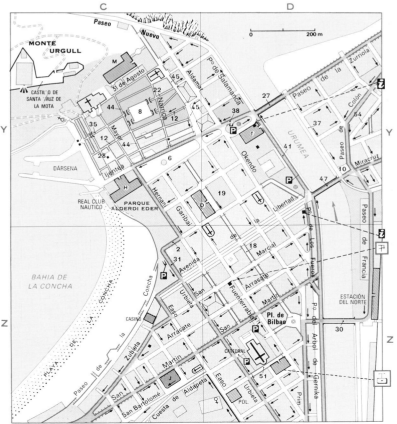

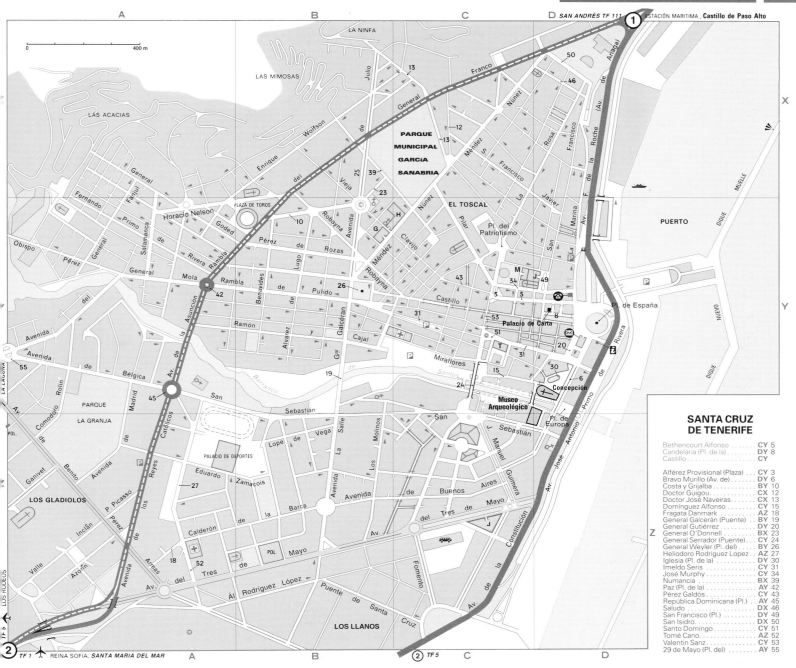

Santa Bárbara (Ermita de) (Gerona)	33	G 37
Santa Bárbara (Ermita de) (Huesca)	15	E 27
Santa Bárbara (Monte)	86	T 21
Santa Bárbara (Navarra)	15	D 27
Santa Bárbara (Tarragona)	45	J 31
Santa Bárbara de Casa	72	S 8
Santa Brígida	94	O 9
Santa Brígida (Ermita de)	64	P 17
Santa Casilda (Santuario de)	12	E 19
Santa Catalina	92	I 7
Santa Catalina (Las Palmas)	94	P 9
Santa Catalina (La Coruña)	2	C 3
Santa Catalina (Ermita de)	55	M 26
Santa Catalina (Jaén)	75	S 18
Santa Catalina (Monte)	63	O 14

Santa Catalina (Teruel)	42	I 26
Santa Catalina (Toledo)	52	M 17
Santa Cecilia (Burgos)	29	F 18
Santa Cecilia (Ermita)	32	H 35
Santa Cecilia (Soria)	27	F 22
Santa Cecilia del Alcor	24	G 16
Santa Cecília de Voltregà	32	G 36
Santa Cilia	16	F 29
Santa Cilia de Jaca	15	E 27
Santa Clara (Ciudad Real)	64	P 16
Santa Clara (Córdoba)	63	Q 14
Santa Clara de Avedillo	37	H 12
Santa Coloma	27	E 22
Santa Coloma (Riera de)	33	G 37
Santa Coloma de Farners	33	G 38
Santa Coloma de Queralt	32	H 34

Santa Colomba de Curueño	10	D 13
Santa Colomba de la Carabias	23	F 13
Santa Colomba de las Monjas	23	G 12
Santa Colomba de Somoza	23	E 11
Santa Comba (La Coruña)	2	C 3
Santa Comba (Lugo)	8	D 7
Santa Comba de Bande	21	G 6
Santa Cova	32	H 35
Santa (Cova)	91	P 33
Santa Cristina d'Aro	33	G 39
Santa Cristina de la Polvorosa	23	F 12
Santa Cristina de Lena	5	C 12
Santa Cristina de Valmadrigal	24	E 14
Santa Croya de Tera	23	G 12
Santa Cruz	79	R 26
Santa Cruz (Alava)	14	D 22
Santa Cruz (Almería)	87	U 22

Santa Cruz (Asturias)	5	B 12
Santa Cruz (Segovia)	39	I 18
Santa Cruz (cerca de Moeche)	3	B 6
Santa Cruz (Córdoba)	74	S 16
Santa Cruz (Vizcaya)	13	C 20
Santa Cruz del Monte	11	E 16
Santa Cruz (Ermita de)	43	K 27
Santa Cruz (La Coruña)	3	B 4
Santa Cruz (Sierra de) (Burgos)	26	F 20
Santa Cruz (Sierra de) (Cáceres)	62	O 12
Santa Cruz (Sierra de) (Zaragoza)	42	I 25
Santa Cruz de Abranes	22	G 9
Santa Cruz de Bezana	12	B 18
Santa Cruz de Boedo	11	E 16

Santa Cruz de Grío	42	H 25
Santa Cruz de Juarros	26	F 19
Santa Cruz de la Palma	95	C 5
Santa Cruz de la Salceda	26	H 19
Santa Cruz de la Serós	15	E 27
Santa Cruz de la Sierra	62	N 12
Santa Cruz de la Zarza	53	M 20
Santa Cruz del Comercio	85	U 18
Santa Cruz de los Cañamos	66	Q 21
Santa Cruz del Retamar	52	L 17
Santa Cruz del Tozo	12	E 18
Santa Cruz del Valle	51	L 15
Santa Cruz del Valle Urbión	26	F 20
Santa Cruz de Mieres	5	C 12
Santa Cruz de Moncayo	28	G 24
Santa Cruz de Moya	55	M 26

Santa Cruz de Mudela	65	Q 19
Santa Cruz de Nogueras	43	I 26
Santa Cruz de Paniagua	49	L 11
Santa Cruz de Pinares	38	K 16
Santa Cruz de Tenerife	93	K 7
Santa Cruz de Yanguas	27	F 22
Santa Elena (Ermita de)	55	L 26
Santa Elena (Huesca)	16	D 29
Santa Elena (Jaén)	76	Q 19
Santa Elena de Jamuz	23	F 12
Santa Emilia	51	M 15
Santa Engracia de Jubera	27	F 23
Santa Engracia (Huesca)	15	E 27
Santa Engracia (Zaragoza)	28	G 26

Santa Eufemia del Arroyo	24	G 14
Santa Eufemia del Barco	23	G 12
Santa Eugenia (Lugo)	7	E 6
Santa Eugènia (Mallorca)	90	N 38
Santa Eugènia (Pontevedra)	6	E 3
Santa Eugènia de Berga	32	G 36
Santa Eulalia (Alacant)	68	Q 27
Santa Eulalia (Cantàbria)	11	C 16
Santa Eulalia (Cabranes)	5	B 13
Santa Eulalia del Río / Santa Eulària des Riu	91	P 34
Santa Eulalia (Ermita de)	72	S 10
Santa Eulalia (Jaén)	76	R 19
Santa Eulalia (Morcin)	5	C 12
Santa Eulalia (Teruel)	42	K 26
Santa Eulalia (Zamora)	23	F 11

SANTANDER

Calvo Sotelo (Av. de) .... **AY** 7
Isabel II .... **AY** 24
Juan de Herrera .... **AY** 33
Lealtad .... **AY** 36
Rúalasal .... **AY**
San Francisco .... **AY** 54

Alfonso XIII (Av. de) ..... **AY** 2

Antonio López .... **AZ** 4
Calderón de la Barca (Av.) .. **AZ** 6
Cañadío (Pl.) .... **BY** 9
Casimiro Sainz .... **BY** 12
Castelar .... **BY** 14
Cisneros .... **AY** 15
Cornelia (Vía) .... **AY** 16
General Mola .... **AY** 22
Jesús de Monasterio (Alam.) . **AY** 28
José Antonio Primo
de Rivera (Pl.) .... **BY** 31

Juan de la Cosa .... **BY** 34
Marcelino S. de Santuola... **BY** 37
Ramón Dóriga............ **AY** 47
Rubio .... **AY** 52
San José .... **AY** 55
Velarde (Pl. del)
(por Pl. Porticada) ...... **AY** 56

D MUSEO REGIONAL
DE PREHISTORIA
Y ARQUEOLOGÍA

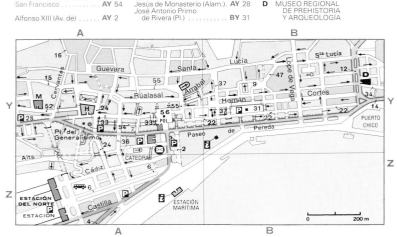

Santa Eulalia Bajera	27	F 23
Santa Eulalia de Bóveda	7	D 6
Santa Eulalia de Cabrera	22	F 10
Santa Eulalia de Gállego	29	F 27
Santa Eulàlia de la Peña	29	F 28
Santa Eulalia de Oscos	4	C 8
Santa Eulàlia de Puig-oriol	18	F 36
Santa Eulàlia de Riuprimer	32	G 36
Santa Eulàlia de Ronçana	32	H 36
Santa Eulalia de Tábara	23	G 12
Santa Eulalia La Mayor	16	F 29
Santa Eulària des Riu / Santa Eulalia del Río	91	P 34
Santa Eulària (Illa de)	91	P 34
Santa Euxea	8	D 7
Santa Faç	69	Q 28
Santa Fe (Embalse de)	33	G 37
Santa Fé (Granada)	85	U 18
Santa Fe (Lérida)	32	G 34

Santa Fe de Mondújar	87	V 22
Santa Filomena (Ermita de)	79	R 27
Santa Florentina	33	H 37
Santa Gadea	-12	D 18
Santa Gadea del Cid	13	D 20
Santa Galdana	91	M 41
Santa Genoveva	83	T 12
Santa Gertrudis	91	P 34
Santa Iglesia	83	T 13
Santa Inés (Badajoz)	62	Q 13
Santa Inés (Burgos)	25	F 18
Santa Inés (Puerto de)	27	F 21
Santa Inés (Salamanca)	37	J 13
Santa Isabel	29	H 27
Santa Isabel (Ermita de)	15	D 27
Santa Juliana	74	T 13
Santa (La)	27	F 22
Santa (La)	95	W 3
Santa Lecina	30	G 30
Santa Liestra y San Quílez	17	F 31
Santa Linya	31	G 32
Santa Lucía	94	O 10
Santa Lucía (Ermita de)	55	K 25
Santa Lucía (Logroño)	27	F 23

Santa Lucía (Madrid)	53	L 20
Santa Lucía (Pontevedra)	6	E 4
Santa Lucia de Valdueza	9	E 10
Santa Magdalena (Ermita de) (Lérida)	18	E 34
Santa Magdalena (Lérida)	90	M 38
Santa Magdalena de Polpís	57	K 30
Santa Magdalena (Ermita de) (Tarragona)	44	J 31
Santa Magdalena (Sierra de)	19	F 36
Santa Margalida (Mallorca)	90	M 39
Santa Margarida i els Monjós	32	I 35
Santa Margarida de Montbui	32	H 34
Santa Margarita (Cádiz)	89	X 14
Santa Margarita (Ermita de) (Gerona)	19	F 39
Santa Margarita (Portillo de)	28	F 25
Santa María (Asturias)	5	B 12

Santa María (Badajoz)	61	P 10
Santa María (Burgos)	13	C 20
Santa María (cerca de Luciana)	64	O 16
Santa María (cerca de Villahermosa)	66	P 21
Santa María del Corcó	19	F 37
Santa María del Camí (Mallorca)	90	N 38
Santa María (Ermita de) (Gerona)	19	F 37
Santa María (Ermita de) (Segovia)	39	I 17
Santa María (Huesca)	29	E 27
Santa María (Palencia)	11	D 16
Santa María (Sierra de)	61	Q 9
Santa María de Belsué (Embalse de)	29	F 28
Santa María de Bendones	5	B 12
Santa María de Besora	18	F 36

Santa María de Cayón	12	C 18
Santa María de Dulcis	16	F 30
Santa María de Guía	94	O 9
Santa María de Huerta	41	I 23
Santa María de la Alameda	39	K 17
Santa María del Aguila	86	V 21
Santa María de la Isla	10	E 12
Santa María del Arroyo	38	K 15
Santa María de las Hoyas	26	G 20
Santa María de las Lomas	50	L 13
Santa María de la Vega	23	F 12
Santa María del Berrocal	37	K 13
Santa María del Camí	32	H 34
Santa María del Campo	25	F 18
Santa María del Campo Rus	54	N 22
Santa María del Cerro	39	I 18
Santa María del Cubillo	39	J 16
Santa María del Espino	41	J 23
Santa María del Invierno	26	E 19
Santa María de Llorell	33	G 38
Santa María del Mar (Asturias)	5	B 11
Santa María del Mar (Tenerife)	93	K 7
Santa María del Monte del Condado	10	D 13
Santa María del Monte de Cea	11	E 14
Santa María de los Caballeros	50	K 13
Santa María de los Llanos	54	N 21
Santa María del Páramo	23	E 12
Santa María del Prado	27	H 22
Santa María del Río	11	E 14
Santa María del Tietar	52	L 16
Santa María del Val	41	K 23
Santa María de Mave	12	D 17
Santa María de Meià	31	G 32
Santa María de Mercadillo	26	G 19
Santa María de Merlès	18	F 35
Santa María de Mezonzo	3	C 5
Santa María de Miralles	32	H 34
Santa María de Nieva	78	T 24
Santa María de Nieva (Puerto de)	77	T 23
Santa María de Ordás	10	D 12
Santa María de Palautordera	33	G 37
Santa María de Redondo	11	C 16
Santa María de Riaza	40	H 19
Santa María de Sando	37	J 11
Santa María de Tentudia (Santuario de)	73	R 10
Santa María de Trassierra	74	S 15
Santa María de Valverde	23	G 12
Santa María de Zújar (Ermita de)	62	P 12

Santa María d'Oló	32	G 36
Santa María la Real de Nieva	39	I 16
Santa María La Real de Oseira (Monasterio)	7	E 6
Santa María Magdalena	68	Q 27
Santa María- Ribarredonda	13	E 20
Santa Marina (La Rioja)	27	F 22
Santa Marina (Asturias)	5	C 12
Santa Marina (León)	9	E 10
Santa Marina (Pontevedra)	6	D 4
Santa Marina del Rey	10	E 12
Santa Marina de Somoza	23	E 11
Santa Marina de Valdeón	11	C 15
Santa Mariña (La Coruña)	2	C 3
Santa Marta (Albacete)	66	O 23
Santa Marta (Badajoz)	61	Q 10
Santa Marta (Málaga)	89	W 14
Santa Marta de Magasca	49	N 11
Santa Marta de Ortigueira (Ría de)	3	A 6
Santa Marta de Tera	23	G 12
Santa Marta de Tormes	37	J 13
Santa Olaja (Burgos)	13	C 20
Santa Olaja (León)	11	D 14
Santa Olaja de la Varga	11	D 14
Santa Olaja de la Vega	11	E 15
Santa Olalla	52	L 16
Santa Olalla (Sierra de)	49	L 9
Santa Olalla de Bureba	26	E 19
Santa Olalla del Cala	73	S 11
Santa Olalla de Yeltes	37	J 11
Santa Oliva	32	I 34
Santa Pau	19	F 37
Santa Paula	51	M 15
Santa Pelada (Ermita de la)	65	P 19
Santa Pellaia	33	G 38
Santa Perpètua (Barcelona)	32	H 36
Santa Perpètua (Tarragona)	32	H 34
Santa Pola	79	R 28
Santa Pola (Cap de)	79	R 28
Santa Pola de l'Est	79	R 28
Santa Ponça	90	N 37
Santa Quiteria (Ciudad Real)	64	O 16
Santa Quiteria (Toledo)	51	N 15
Santa Quiteria (Ermita de) (Guadalajara)	42	K 24
Santa Quiteria (Ermita de) (Teruel)	43	K 27
Santa Quiteria (Ermita de) (Zaragoza)	42	H 24
Santa Rita	66	P 21
Santa Rosa	5	C 12
Santa Rosa (Casa de)	68	P 26
Santa Rosalía (Málaga)	84	V 16
Santa Rosalia (Murcia)	79	S 27
Santa Sabiña	2	C 3
Santa Susanna	33	H 38
Santa Tecla	20	G 3

Santa Teresa (Cádiz)	88	W 11
Santa Teresa (Embalse de)	37	K 13
Santa Teresa (Ermita)	78	S 24
Santa Teresa (Salamanca)	37	J 13
Santa Úrsula	92	J 7
Santaballa	3	C 6
Santacara	28	E 25
Santa Catalina	83	T 12
Santaella	74	T 15
Santalavilla	9	E 10
Santalís	17	F 32
Santander	12	B 18
Santandria	91	M 41
Santanyí	90	N 39
Santaolalla	86	T 21
Santas (Las)	7	E 5
Santas Martas	23	E 13
Santaya	3	C 5
Sante (Asturias)	4	B 9
Sante (Lugo)	4	B 8
Santed	42	I 25
Santed (Puerto de)	42	I 25
Santeles	6	D 4
Santelices	12	D 18
Santervás	26	G 20
Santervás de Campos	24	F 14
Santervás de la Vega	11	E 15
Santes Creus	31	G 33
Santes Creus (Monasterio)	32	H 34
Santiago (Cáceres)	48	N 8
Santiago (Ermita de)	65	P 19
Santiago (Jaén)	75	S 17
Santiago (Sierra de)	61	O 9
Santiago Apostol	52	L 16
Santiago de Alcántara	48	N 8
Santiago de Calatrava	75	S 17
Santiago de Compostela	6	D 4
Santiago de la Espada	77	R 22
Santiago de la Puebla	38	J 14
Santiago de la Requejada	22	F 10
Santiago de la Ribera	79	S 27
Santiago del Arroyo	39	H 16
Santiago del Campo	49	N 10
Santiago del Collado	50	K 13
Santiago del Monte	5	B 11
Santiago de Loquiz (Sierra de)	14	D 23
Santiago del Teide	92	H 8
Santiago de Mora	67	Q 26
Santiago de Tormes	50	L 13
Santiago Millas	23	E 11
Santiagos (Los)	64	P 17
Santiagos (Sierra de los)	64	P 17
Santianes (cerca de Pravia)	5	B 11
Santianes (cerca de Ribadesella)	11	B 14
Santianes (cerca de Santo Adriano)	5	C 11
Santianes (cerca)	4	C 10
Santibáñez (Asturias)	5	C 13
Santibáñez (Cantabria)	12	C 18
Santibáñez (León)	10	D 13
Santibáñez de Ecla	11	D 16
Santibáñez de Ayllón	40	H 20
Santibáñez de Béjar	37	K 13
Santibáñez de Esgueva	25	G 18
Santibáñez de la Peña	11	D 15

SANTIAGO DE COMPOSTELA

Caldeirería .... **X** 17
Orfas .... **X** 70
Nova (R.) .... **X**
Vilar (R. do) .... **X**

Acibechería .... **V** 2
Algalia de Arriba..... **V** 5
Arco de Palacio ...... **V** 9
Camiño (Porta do) .... **X** 20
Castrón Douro .... **X** 22
Cervantes (Pr. de) .... **V** 25
Faxeiras (Porta da)... **X** 37
Ferradura
(Paseo da) .... **X** 40
Galicia (Pr. de) ...... **X** 45
Gelmírez .... **V** 47
Inmaculada (Pr. da) ... **V** 58
Patio de Madres ..... **X** 72
Pena (Porta de la) .... **V** 75
Praterías
(Pr. das) .... **VX** 77
Preguntoiro .... **V** 80
Rodrigo de Padrón
(Av. de) .... **X** 90
San Francisco .... **V** 98
San Martiño
(Pr. de) .... **V** 101
San Roque .... **V** 104
Senra .... **X** 113
Trinidade........... **V** 116
Troia............... **V** 119

A PALACIO GELMÍREZ

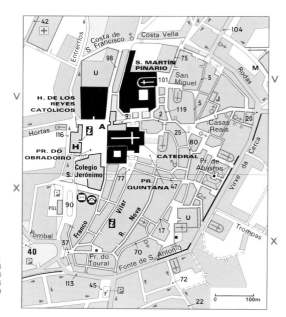

Santibáñez de la Sierra	37	K 12
Santibáñez del Val	26	G 19
Santibáñez de Montes	9	E 11
Santibáñez de Porma	10	E 13
Santibáñez de Resoba	11	D 16
Santibáñez de Rueda	11	D 14
Santibáñez de Tera	23	G 12
Santibáñez de Valcorba	25	H 16
Santibáñez de Vidriales	23	F 11
Santibáñez el Alto	49	L 10
Santibáñez el Bajo	49	L 11
Santibáñez-Zarzaguda	25	E 18
Santidad	94	O 9
Santiellos	4	C 9
Santigosa (Collado de)	19	F 36
Santigoso	8	E 9
Santillán	24	E 15
Santillana	86	U 21
Santillana (Embalse de)	39	J 18
Santillana de Castilla	25	E 16
Santillana del Mar	12	B 17
Santimamiñe	14	B 22
Santiorxo	8	E 7
Santi Petri	84	V 16
Santiponce	83	T 11
Santiscal (El)	83	V 12
Santiso	7	D 5
Santisteban del Puerto	76	R 20
Santiurde de Reinosa	12	C 17
Santiurde de Toranzo	12	C 18
Santiuste (Guadalajara)	41	I 21
Santiuste (Soria)	26	H 21
Santiuste de Pedraza	39	I 18
Santiuste de San Juan Bautista	38	I 16
Santiz	37	I 12
Sant Llorenç (Embalse de)	31	G 32
Sant Llorenç de la Muga	19	F 38
Sant Llorenç del Munt (Parc natural de)	32	G 35
Sant Llorenç del Munt	32	H 36
Sant Llorenç de Montgai	31	G 32
Sant Llorenç de Morunys	18	F 34
Sant Llorenç d'Hortons	32	H 35
Sant Llorenç Savall	32	G 36
Sant Martí d'Empúries	19	F 39
Santo Adriano	5	C 11
Santo Domingo (Badajoz)	60	Q 8
Santo Domingo (Córdoba)	74	S 15
Santo Domingo (Ermita de) (Cáceres)	49	N 10
Santo Domingo (Ermita de) (Guadalajara)	42	J 24
Santo Domingo (Ermita de) (Orense)	7	E 5
Santo Domingo (Puerto de)	73	Q 10
Santo Domingo (Punta y Prois de)	95	B 5
Santo Domingo (Sevilla)	73	T 13
Santo Domingo (Zaragoza)	15	E 27
Santo Domingo de Huebra	37	K 12
Santo Domingo de la Calzada	26	E 21
Santo Domingo de las Posadas	38	J 16
Santo Domingo de Moya	55	M 25
Santo Domingo de Pirón	39	I 18
Santo Domingo de Silos	26	G 19
Santo (Ermita del)	62	O 12
Santo Estevo (Embalse de)	21	E 7
Santo Niño (Ermita del)	53	M 19
Santo Tomé (Jaén)	76	R 20
Santo Tomé (Lugo)	4	B 8
Santo Tomé (Orense)	21	F 5
Santo Tomé del Puerto	40	I 19
Santo Tomé de Rozados	37	J 12
Santo Tomé de Zabarcos	38	J 15
Santo Toribio de Liébana	11	C 16
Santolea	43	J 28
Santolea (Embalse de)	44	J 29
Santomera	79	R 26
Santomera (Embalse de)	79	R 26
Santoña	12	B 19
Santopétar	87	T 23
Santopitar	85	V 17
Santorcaz	40	K 20
Santoréns	17	E 32
Santos (Ermita de los) (Cádiz)	88	W 12
Santos (Ermita de los) (Teruel)	44	J 30
Santos (Los) (Córdoba)	84	T 16
Santos (Los) (Salamanca)	37	K 12
Santos (Los) (València)	55	L 26
Santos (Sierra de los) (Badajoz)	62	Q 11
Santos (Sierra de los) (Córdoba)	74	R 13
Santos de la Humosa (Los)	40	K 20
Santos de la Piedra (Ermita de los)	42	K 25
Santos de Maimona (Los)	61	Q 10
Santoseco	5	B 11
Santotis (Burgos)	13	D 19
Santotis (Cantabria)	11	C 16
Santovenia (Segovia)	39	I 16
Santovenia (Zamora)	23	G 12
Santovenia de la Valdoncina	10	E 13
Santovenia del Monte	10	E 13
Santovenia de Oca	26	E 19
Santovenia de Pisuerga	24	G 15
Santoveña	11	B 15
Santoyo	25	F 16
Santpedor	32	G 35
Santuario de Belén	68	P 26
Santuario de la Incarnación	67	Q 24
Santueri (Castillo de)	90	N 39
Santullán	13	B 20
Santullano	5	B 12
Santurde	26	E 21
Santurdejo	26	E 21
Santurtzi	13	B 20
Sanxenxo / Sangenjo	6	E 3
Sanxián	20	G 3
Sanzo	4	C 9
Sanzoles	38	H 13
Sao (El)	94	O 11
Saornil de Voltoya	38	J 16
Sapeira	17	F 32
Sa Punta (Gerona)	33	G 39
Sa Punta (Mallorca)	91	N 39
Sar	6	D 4
Saracho	13	C 20
Sarandón	6	D 4
Sarasa	15	D 24
Saraso	14	D 22
Saravillo	16	E 30
Sarceda	11	C 16
Sarces	2	C 2
Sardas	16	E 29
Sardina	94	P 10
Sardina (Punta de)	94	N 9
Sardinas	76	R 20
Sardinero	73	S 13
Sardinero (El)	12	B 18
Sardineros (Los)	68	N 26
Sardinilla	75	R 17
Sardiñeiro de Abaixo	6	D 2
Sardón de Duero	25	H 16
Sardón de los Frailes	37	I 11
S'Arenal (Mallorca)	90	N 38
Sarga (Pico de la)	66	Q 22
Sargadelos	3	B 7
S'Argamassa	91	P 34
Sargentes de la Lora	12	D 18
Sargilla (La)	67	Q 23
Sariego	5	B 13
Sariegos	10	E 13
Sa Riera	33	G 39
Sariñena	30	G 29
Sarnago	27	F 23
Saro	12	C 18
Sarón	12	C 18
Sarrablo (Puerto del)	16	E 29
Sarracín	25	F 18
Sarracín de Aliste	23	G 11
S'Arracó	90	N 37
Sarral	31	H 33
Sarreaus	21	F 7
Sarria	8	D 7
Sarrià de Ter	19	F 38
Sarriés	15	D 26
Sarrión	56	L 27
Sarroca de Bellera	17	E 32
Sarroca de Lleida	31	H 31
Sarroqueta	17	E 32
Sarsamarcuello	29	F 27
Sartaguda	27	E 23
Sartajada	51	L 15
Sarvisé	16	E 29
Sarzol	4	C 9
Sasa del Abadiado	16	F 29
Sasal	16	E 28
Sasamón	25	E 17
Sas de Penelas	8	E 7
Sasdónigas	3	B 7
Sáseta	14	D 22
Sástago	43	I 28
Sastres	64	O 16
Sa Tuna	33	G 39
Saturrarán	14	C 22
Sau (Embalse de)	33	G 37
Sauca	41	I 22
Saúca (Ermita de)	41	K 21
Sauceda	49	L 10
Sauceda (La)	88	W 13
Saucedilla	50	M 12
Saucedilla (Embalse de)	64	Q 16
Saucejo (El)	84	U 14
Saucelle	36	I 9
Saucelle (Embalse de)	36	I 9
Sauceral (El)	52	N 17
Saucillo	94	O 9
Sauco	87	U 22
Saúgo (El)	36	K 10
Saulces (Los)	95	C 5
Sauquillo de Boñices	27	H 22
Sauquillo de Cabezas	39	I 17
Sauquillo del Campo	41	H 22
Sauquillo de Paredes	40	H 21
Saus	19	F 38
Sauvegarde (Pico de)	17	D 31
Sauzal (El)	92	J 7
S'Avall	90	O 39
Savallà del Comtat	31	H 33
S'Avalls (Torrent de)	90	N 39
Savina (La)	91	P 34
Saviñán	28	H 25
Saviñao	8	E 7
Sax	68	Q 27
Sayalonga	85	V 17
Sayatón	53	K 21
Sazadón (Portillo de)	23	G 11
Scala Dei	45	I 32
Seadur	8	E 8
Seara	8	E 8
Seara (A)	21	F 5
Seares	4	B 8
Seavia	2	C 3
Sebo (Punta del)	82	U 9
Sebúlcor	39	I 18
Sec de Betxí (Riu)	57	M 29
Seca (Embalse de)	31	H 31
Seca (La) (León)	10	D 13
Seca (La) (Murcia)	77	R 21
Seca (La) (Valladolid)	38	H 15
Seca (Sierra de)	77	S 21
Secada (La)	5	B 13
Secanos	78	S 25
Secastilla	16	F 30
Seco (Burgos)	26	F 19
Seco (Pico)	7	E 5
Seco (Salamanca)	37	J 12
Secuita (La)	45	I 33
Sedano	12	D 18
Sedella	85	V 17
Sedes	3	B 5
Sediles	42	H 25
Segán	7	D 6
Segarró (El)	57	K 29
Segart	56	M 28
Sege	77	R 23
Segóbriga (Ruinas romanas de)	54	M 21
Segorbe	56	M 28
Segovia	39	J 17
Segoyuela de los Cornejos	37	K 11
Segre (Río)	18	E 36
Segre (Vall du)	18	E 34
Segundera (Sierra)	22	F 9
Segur de Calafell	32	I 34
Segura (Guipúzcoa)	14	C 23
Segura (Puerto de)	43	J 27
Segura (Riu)	79	R 26
Segura (Sierra de)	76	S 21
Segura (Tarragona)	31	H 33
Segura de Léon	72	R 10
Segura de los Baños	43	J 27
Segura de Toro	50	L 12
Seguridla	51	L 15
Seguro (El)	12	C 18
Seira	17	E 31
Seixido	7	E 4
Seixo (Orense)	21	F 7
Seixo (Pontevedra)	6	E 3
Seixo (O)	20	G 3
Seixón	3	C 6
Sejas de Aliste	22	G 10
Sela	20	F 4
Selas	41	J 23
Selaya	12	C 18
Selgas	5	B 11
Selgua	30	G 30
Sella (Alacant)	69	Q 29
Sella (Río) (Asturias)	11	B 14
Sellent	68	O 28
Selmo	9	E 9
Selorio	5	B 13
Selva (Mallorca)	90	M 38
Selva (Murcia)	78	S 24
Selva del Camp (La)	45	I 33
Selva de Mar (La)	19	F 39
Selvanera	31	G 33
Selviella	5	C 11
Semillas	40	I 20
Sena (Huesca)	30	G 29
Sena de Luna	10	D 12
Senan	31	H 33
Senande	2	C 2
Sencelles	90	N 38
Sendadiano	13	D 21
Sendelle	7	D 5
Senegüe	16	E 28
Senés	87	U 22
Senés de Alcubierre	29	G 28
Senet	17	E 32
Sénia (La)	44	K 30
Sénia (Riu de la)	45	K 31
Senija	69	P 30
Seno	44	J 29
Senra	10	D 11
Senterada	17	F 32
Sentfores	32	G 36
Sentiu de Sió (La)	31	G 32
Sentmenat	32	H 36
Senz	17	E 31
Seña (Cantabria)	12	B 19
Señales (Las)	11	C 14
Señora	60	Q 8
Señorío de Bertiz	17	C 25
Señuela	41	H 22
Señuela (La)	83	U 11
Seo de Urgel / Seu d'Urgell (La)	18	E 34
Seoane (cerca de Fonsagrada)	4	C 8
Seoane (cerca del Puerto El Buey)	8	E 8
Seoane (cerca de Monforte)	8	E 7
Sepulcro (Ermita del)	53	L 18
Sepulcro Hilario	37	J 11
Sepúlveda	39	I 18
Sequeiros	8	E 8
Sequera de Fresno	40	H 19
Sequera de Haza (La)	25	H 18
Sequero (Ermita de)	49	M 9
Sequeros	37	K 11
Sequillo (Embalse de Río)	39	J 18
Sequillo (Río) (Soria)	27	H 21
Sequillo (Río) (Valladolid)	24	F 15
Sequillo (Río) (Zamora)	23	G 13
Ser (La Coruña)	2	C 3
Ser (Gerona)	19	F 38
Serandinas	4	B 9
Seranillo	64	Q 18
Seráns	6	E 2
Serantes (Asturias)	4	B 9
Serantes (cerca de Ferrol)	3	B 5
Serantes (cerca de Melide)	7	D 5
Serantes (Madrid)	52	L 17
Serena	87	U 24
Serena (La)	62	P 13
Serín	5	B 12
Serinyà	19	F 38
S'Ermita	90	N 39
Serna (La)	24	E 16
Serna del Monte (La)	40	I 19
Serón (Almería)	87	T 22
Serón (Zaragoza)	42	I 24
Serón de Nágima	27	H 23
Serones (Embalse de)	39	J 16
Serós	30	H 31
Serpis (Riu)	69	P 29
Serpos	72	S 9
Serra	56	M 28
Serra d'en Galceran (La)	57	L 29
Serra Perenxisa	56	N 28
Serracines	40	K 19
Serrada	24	H 15
Serrada (La)	38	K 15
Serrada de la Fuente	40	J 19
Serra d'Almos (La)	45	I 32
Serra de Daró	19	F 39
Serradell	17	F 32
Serra d'Ensija	18	F 35
Serra de Outes	6	D 3
Serradero	27	F 22
Serradero (Punta del)	95	A 5
Serradiel	67	O 25
Serradilla	49	M 11
Serradilla del Arroyo	36	K 10
Serradilla del Llano	36	K 10
Serradúy	17	F 31
Serral (Sierra del)	68	Q 26
Serramo	2	C 3
Serrana (Puerto de la)	50	M 11
Serranía de Cuenca	41	K 23

SEGOVIA

Cervantes .... BY 15
Isabel la Católica .... BY 39
Juan Bravo .... BY 47

Azoquejo (Pl. del) .. BY 8
Colón .... BY 18
Conde de Cheste (Pl. del) .... BY 21
Cronista Lecea .... BY 23
Escuderos .... AY 24
Fernández Ladrera (Av.) .... BY 27

Gobernador F. Jiménez .... BY 30
Independencia .... BY 36
Judería Vieja .... AY 51
Laguna (Pl. Dr.) .... BY 52
Los Zuloaga .... BY 53
Marqués del Arco .... AY 56
Mayor (Pl.) .... ABY 59
Merced (Pl. de la) .... AX 62
Obispo Gandasegui .... BY 67
Padre Claret (Av.) .... BY 70

Ruiz de Alda .... BY 73
Salón (Pas.) .... BY 76
San Martin (Pl.) .... BY 78
San Quirce .... BX 81

Santiago (Puerta de) .... AX 83
Serafin .... BY 88
Socorro .... AY 91
Valde Laguila .... BX 94

Serranía de Cuenca (Reserva nacional)	54 L 23	Serrota	38 K 14	Sesué	17 E 31	Sienes	41 I 22	Sierra de las Nieves	84 V 14	Sierra Nevada (Reserva nacional de)	86 U 19	Silillos	74 S 14
Serranía de Ronda (Reserva nacional de)	89 W 14	Serué	16 E 28	Set	31 H 31	Siero	5 B 12	Sierra (La) (Albacete)	66 Q 22	Sierro	87 U 22	Silillos (Embalse de)	72 T 9
		Serval	85 T 17	Set (Rio)	31 E 32	Siero de la Reina	11 D 15	Sierra (La) (Cádiz)	83 V 12	Sieso de Huesca	16 F 29	Silió	12 C 17
Serranillo (Ciudad Real)	65 P 20	Serveto	16 E 30	Setcases	18 E 36	Sierpe (La)	37 K 12	Sierra (La) (Huesca)	16 E 30	Siesta	91 P 34	Silla	69 N 28
Serranillo (Salamanca)	36 J 9	Servoi	21 F 7	Setefilla	74 S 13	Sierra	67 Q 25	Siétamo	16 F 29	Silla de Felipe II	39 K 17
		Ses Illetes	90 N 37	Setenil	84 V 14	Sierra Brava (Embalse de)	62 O 13	Siete Aguas	56 N 27	Silladores	76 Q 18
Serranillos	51 K 15	Ses Meravelles	90 N 38	Setenil (Estación de)	84 V 14	Sierra de Andújar (Parque natural de la)	75 Q 17	Sieteiglesias	40 J 19	Sillar Baja	86 T 19
Serranillos (Collado de)	51 L 15	Ses Salines	90 N 39	Seteventos	8 D 8	Sierra de Aracena y Picos de Aroche (Parque natural de la)	72 R 9	Sieteiglesias de Tormes	37 J 13	Silleda	7 D 5
		Ses Salines (Cap de)	90 O 39	Seu d'Urgell (La) / Seo de Urgel	18 E 34	Sierra Nevada (Parque natural de la)	86 U 19	Siete Iglesias de Trabancos	38 H 14	Silleiro (Cabo)	20 F 3
Serranillos del Valle	52 L 18	Sesa	30 G 29	Seu d'Urgell (Parador de la)	18 E 34			Sietes	5 B 13	Silleta	49 M 10
Serranillos Playa	51 L 15	Sésamo	9 D 10	Seva	32 G 36	Sierra de Cardeña y Montoro (Parque natural de la)	75 R 16	Sigena	30 H 29	Sillo (Arroyo del)	72 R 9
Serrano	78 R 26	Ses Ánimes (Mirador de)	90 M 37	Sevares	5 B 14	Sierra de España (Parque natural de la)	78 S 25	Sigena (Monasterio de)	30 G 29	S'Illot	91 N 40
Serrantina (Sierra de la)	4 C 10	Ses Crestes (Punta de)	90 N 39	Sever	48 N 7	Sierra de Grazalema (Parque natural de la)	89 V 13	Sigeres	38 J 15	Silos (Los)	92 H 7
Serrapio	6 E 4	Seseña	52 L 18	Sevilla	83 T 12	Sierra de Hornachuelos (Parque natural de la)	74 S 13	Sigrás	2 C 4	Silos (Los)	72 S 9
Serrat (El)	18 E 34	Seseña Nuevo	53 L 19	Sevilla (Puerto de)	61 P 10	Sierra de Huétor (Parque natural)	86 U 19	Sigüeiro	7 D 4	Sils	33 G 38
Serrata	77 R 23	Sesga	55 L 26	Sevilla la Nueva	52 K 17	Sierra Nevada	86 U 19	Sigüenza	41 I 22	Silva	2 C 4
Serrateix	32 G 35	Sesma	14 E 23	Sevilleja	75 R 18			Siguero	40 I 19	Silva (La)	9 E 11
Serratella (La)	57 L 30	Sesnández	23 G 11	Sevilleja de la Jara	51 N 15			Sigueruelo	40 I 19	Silván	9 E 9
Serrato	84 V 15	S'Estany d'en Mas	90 N 39	Sevillejas (Sierra de)	51 N 15			Sigüés	15 E 26	Silvón	4 B 9
Serrejón	50 M 12	S'Estanyol	90 N 38	Sexmiro	36 J 9			Sigüeya	9 E 10	Silvosa	6 D 3
Serrejón (Sierra de)	50 M 12	S'Estanyol (Mallorca)	90 N 38	Shangril-La	91 M 42			Sil (Rio)	8 E 7	Silvoso	6 E 4
Serrella (La)	69 P 29	S'Estanyol (Ibiza)	91 P 33	S'Horta	90 N 39			Sil (Gargantas del)	7 E 6	Simancas	24 H 15
Serres	6 D 2	Sestao	13 C 21	Sía (Puerto de)	12 C 19			Silán	3 B 7	Simarro (El)	66 N 23
Serreta (Granada)	86 T 20	Sestorraso	4 C 10	Siberio (Embalse de)	94 N 10			Silanes	13 D 20	Simat de la Valldigna	69 O 29
Serreta (Murcia)	78 T 24	Sestrica	28 H 25	Sidamon	31 H 32			Sileras	85 T 17	Simón	77 T 23
								Sierra de Yeguas	84 U 15	Siles	77 Q 22	Sín	16 E 30
								Sierra Mayor (Puerto)	29 F 27			Sinarcas	55 M 26
												Sineu	90 N 39
												Singla	78 R 24

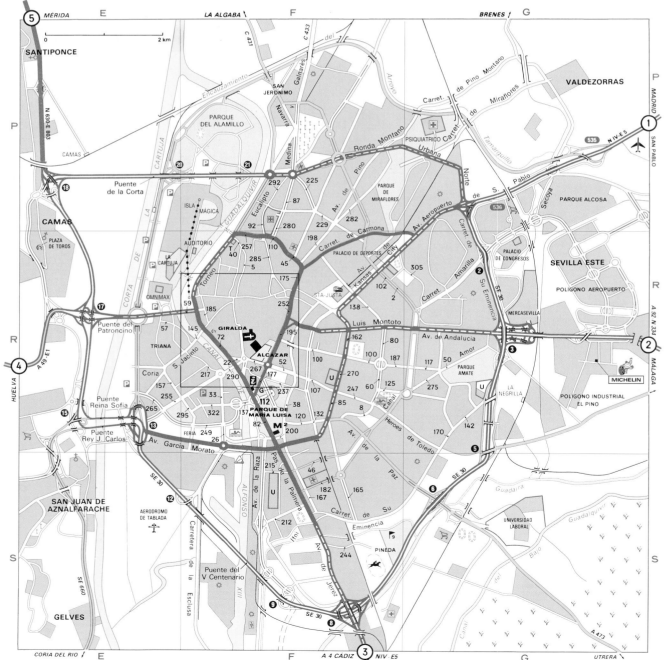

SEVILLA

Ada	FR 2
Alameda de Hércules	FR 5
Alcalde Juan Fernández	FR 8
Almirante Lobo	FR 22
Antonio Bienvenida	FR 26
Asunción	FR 33
Borbolla	FR 38
Calatrava	FR 40
Capuchinos (Ronda)	FR 45
Cardenal Ilundain	FS 46
Carlos Marx	GR 50
Carlos V (Av.)	FR 52
Castilla	FR 57
Chapina (Puente)	FR 59
Ciudad Jardín (Av.)	FR 60
Cristóbal Colón (Paseo)	FR 72
Cruz del Campo (Av.)	FR 80
Dolicias (Paseo de las)	FR 82
Diego Martínez Barrio	FR 85
Doctor Fedriani	FP 87
Don Fabrique	FP 92
Eduardo Dato (Av.)	FR 100
Éfeso	FR 102
Enramadilla	FR 107
Eritaña (Av.)	FR 110
España (Pl. de)	FR 112
Federico Mayo Gayarre	GR 117
Felipe II	FR 120
Francisco Buendía	FR 125
General Merry	FR 132
Generalísimo (Puente del)	FR 138
Greco (El Av.)	FR 138
Ingeniero la Cierva	GR 142
Isabel II (Puente)	FR 145
López de Gomara	FR 157
Luis Morales	FR 162
Manuel Fal Conde	FR 165
Manuel Siurot (Av.)	FS 167
Maqueda	GR 170
María Auxiliadora	FR 175
María Luisa (Av.)	FR 177
Marqués de Luca de Tena	FS 182
Marqués de Paradas	FR 185
Marqués de Pickman	FR 187
Menéndez Pelayo	FR 195
Miraflores (Av.)	FR 198
Muñoz León	FR 200
Padre García Tejero (Av.)	FS 212
Paez de Rivera	FS 215
Pagés del Corro	FR 217
Pedro Gual Villalbi (Av.)	FP 225
Pie XII (Ronda)	FP 229
Portugal (Av.)	FR 237
Quintillo (Camino)	FS 244
Ramón y Cajal (Av.)	FR 247
Ramón de Carranza (Av.)	FR 249
Recaredo	FR 252
República Argentina (Av.)	EFR 255
Rosolana	FR 257
Rubén Darío	FR 265
San Fernando	FR 267
San Francisco Javier (Av.)	FR 270
San Juan de la Cruz (Av.)	GR 275
San Juan de Ribera	FP 280
San Juan de la Salle	FP 282
San Luis	FR 285
San Telmo (Puente de)	FR 290
Sánchez Pizjuan (Av.)	FR 292
Santa Fe	EFR 295
Tesalónica	GR 305
Virgen de Luján	FR 322

M² MUSEO ARQUEOLÓGICO

SEVILLA

Francos . . . . **BX**
Sierpes . . . . **BVX**
Tetuán . . . . **BX**

Alemanes . . . . **BX** 12
Alfaro (Pl.) . . . . **CXY** 15
Almirante Apodaca . . . . **CV** 20
Almirante Lobo . . . . **BY** 22
Álvarez Quintero . . . . . . **BX** 23
Amparo . . . . **BV** 25
Aposentadores . . . . **BV** 28
Argote de Molina . . . . . **BX** 30
Armas (Pl. de) . . . . **AX** 31
Banderas (Patio de) . . . **BXY** 35
Capitán Vigueras . . . . . **CY** 42
Cardenal Spínola . . . . . . **AV** 47
Castelar . . . . **AX** 55
Chapina (Puente) . . . . . **AX** 59
Cruces . . . . **CX** 75
Doña Elvira . . . . **BX** 95
Doña Guiomar . . . . **AX** 97
Escuelas Pias . . . . **CV** 114
Farmacéutico E
Murillo Herrera . . . . **AY** 115
Feria . . . . **BV** 123
Francisco Carrión
Mejias . . . . **CV** 126
Fray Ceferino González . . **BX** 127
García de Vinuesa . . . . . **BX** 130
General Polavieja . . . . . **BX** 135
Jesús de la Vera Cruz . . . **AV** 147
José Maria Martinez
Sanchez Arjona . . . . **AY** 152
Julio Cesar . . . . **AX** 152
Luis Montoto . . . . **CX** 160
Marcelino Champagnat . . . **AV** 172
Martin Villa . . . . **BV** 190
Mateos Gago . . . . **BX** 192
Murillo . . . . **AV** 202
Museo (Pl.) . . . . **AV** 205
Navarros . . . . **CVX** 207
O'Donnell . . . . **BV** 210
Pascual de Gayangos . . . **AV** 220
Pastor y Landero . . . . . . **AX** 222
Pedro del Toro . . . . **AV** 227
Ponce de León (Pl.) . . . . **CV** 234
Puente y Pellón . . . . **BV** 239
Puerta de Jerez . . . . **BY** 242
República Argentina
(Av.) . . . . **AY** 255
Reyes Católicos . . . . **AX** 260
San Gregorio . . . . **BY** 272
San Juan de la Palma . . . **BV** 277
San Pedro (Pl.) . . . . **BV** 286
San Sebastián (Pl.) . . . . **CY** 287
Santa Maria La Blanca . . **CX** 297
Santander . . . . **BY** 300
Saturno . . . . **CV** 302
Triunfo (Pl.) . . . . **BX** 307
Velázquez . . . . **BV** 310
Venerables (Pl.) . . . . **BX** 312
Viriato . . . . **BV** 329

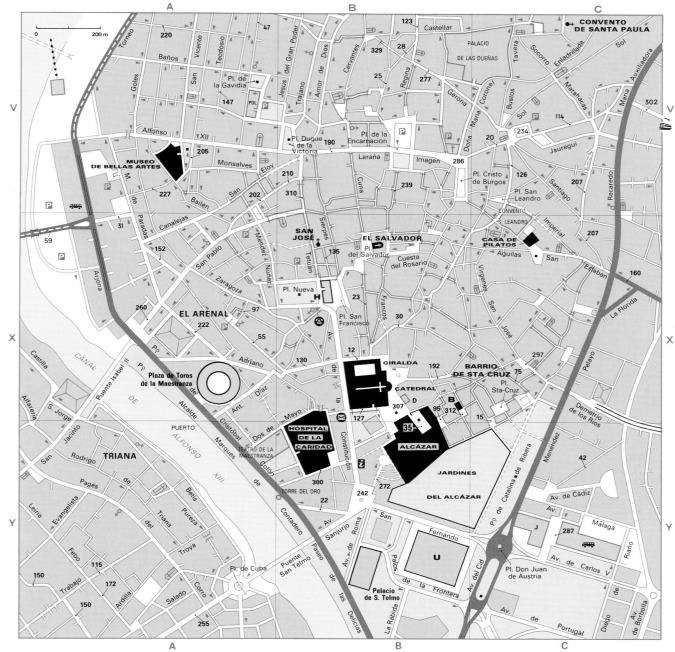

Singra	42	K 26
Singra (Puerto de)	42	K 26
Sinlabajos	38	I 15
Sinués	16	E 28
Sió	31	G 33
Sios	8	E 7
Sipán	16	F 29
Siresa	15	D 27
Siruela	63	P 14
Siruela (Río)	63	O 14
Siruela (Sierra de)	63	P 14
Sisamo	2	C 3
Sisamón	41	I 23
Sisante	66	N 23
Sisargas (Islas)	2	B 3
Sisca (Masía de la)	43	J 28
Siscar	79	R 26
Sistallo	3	C 7
Sisterna	9	D 10
Sistín	8	E 7
Sisto	3	B 6
Sit (Penya del)	68	Q 27
Sitges	32	I 35
Sitjar (Embassament de)	57	L 29
Sitrama de Trasmonte	23	F 12
Siurana	19	F 38
Siurana (Río)	45	I 32
Sivil	16	F 29
Sober	8	E 7

Sobia (Sierra de)	5	C 11
Sobradelo	8	E 9
Sobradiel	29	G 26
Sobradillo (El)	93	K 7
Sobradillo de Palomares	37	H 12
Sobradillo	36	J 9
Sobrado (Asturias)	4	C 10
Sobrado dos Monxes	3	C 5
Sobrado (León)	8	E 9
Sobrado (Lugo)	8	D 7
Sobrado (Orense)	21	F 8
Sobrefoz	11	C 14
Sobrelapeña	11	C 16
Sobremunt	18	F 36
Sobrón	13	D 20
Sobrón (Embalse de)	13	D 20
Socarrada (La)	28	F 26
Socorro (El) (Cerca de Candelaria)	93	J 8
Socorro (El) (Cerca de Tegueste)	93	J 6
Socorro (Sierra del)	54	L 23
Socovos	78	Q 24
Socuéllamos	66	O 21
Sodupe	13	C 20
Sofán	2	C 4

Sofuentes	28	E 26
Soga (Punta de la)	94	N 10
Sogo	37	H 12
Sogos	37	J 12
Sograndio	5	B 12
Soguillo	23	F 12
Sojo	13	C 20
Sojuela	27	E 22
Sol i Mar	57	L 30
Sol (Málaga)	85	V 18
Sol (Murcia)	85	V 18
Sol (Punta del)	92	J 7
Solà (Serra del)	44	K 30
Solana	50	N 13
Solana (La) (Albacete)	67	P 23
Solana (La) (Ciudad Real)	65	P 20
Solana (Serra de la) (València)	68	P 27
Solana (Sierra de la) (Albacete)	77	Q 23
Solana (Valle de)	16	E 29
Solana de Alcudia (Sierra de la)	64	P 16
Solana de Ávila	50	L 13
Solana de los Barros	61	P 10
Solana del Pino	64	Q 17
Solana del Valle	73	S 12
Solana de Rioalmar	38	J 14
Solanara	26	G 19

Solanas de Valdelucio	12	D 17
Solanazo	64	O 16
Solán de Cabras	41	K 23
Solanell	18	E 34
Solanilla	66	P 22
Solanillos del Extremo	41	J 21
Solares	12	B 18
Solbeira	21	F 8
Soldeu	18	E 35
Solduengo	13	E 19
Solenaga	15	E 25
Solera	76	S 19
Solera del Gabaldón	55	M 24
Soleràs (El)	31	H 32
Soliedra	27	H 22
Solipueyo	17	E 30
Solius	33	G 38
Solivella	31	H 33
Sollana	69	O 28
Sollavientos	43	K 28
Sollavientos (Puerto de)	43	K 27
Sóller	90	M 38
Sóller (Puerto de)	90	M 38
Solleric	90	M 38
Sollube	13	B 21
Sollube (Alto del)	13	B 21
Solorio (Sierra de)	41	I 23

Solórzano	12	B 19
Solosancho	38	K 15
Solsía	68	Q 26
Solsona	32	G 34
Solsona (Riera de)	32	G 34
Solvito	85	T 17
Solyplayas	93	U 5
Somaén	41	I 23
Somanés	15	E 27
Sombrera	92	J 8
Somiedo	5	C 11
Somiedo (Parque natural de)	9	C 11
Somiedo (Puerto de)	5	C 11
Somiedo (Reserva nacional de)	5	C 11
Somió	5	B 13
Somo	12	B 18
Somocueva (Punta de)	12	B 18
Somolinos	39	I 17
Somontín	87	T 22
Somorrostro	13	C 20
Somosierra	40	I 19
Somosierra (Monte)	40	J 19
Somosierra (Puerto de)	40	I 19
Somozas	3	B 6
Somport (Puerto de)	16	D 28

Somport (Túnel de)	16	D 28
Son Bou	91	M 42
Son (Lérida)	17	E 33
Son (Lugo)	8	D 8
Son Serra de Marina	90	M 39
Son Carrió	91	N 39
Son Catlar (Torrent de)	90	N 38
Soncillo	12	D 18
Son del Puerto	43	J 27
Son Ferriol	90	N 38
Son Marroig	90	M 37
Son Moll	91	M 40
Son Moro	91	N 40
Son Olivar Vell	91	M 41
Son Sardina	90	N 37
Sonseca	52	M 18
Son Servera	91	N 40
Sonsoto	39	J 17
Son Vida	90	N 37
Sóo	95	W 3
Sopalmo	87	U 24
Sopalmo (Sierra de)	68	Q 26
Sopeira	17	F 32
Sopela	13	B 21
Soportújar	85	V 19
Sor	3	B 6
Sora	18	F 36

Soraluze-Placencia	14	C 22
Sorana de Torralba	76	S 20
Sorbas	87	U 23
Sorbe (Río)	40	J 20
Sorbeda	9	D 10
Sorbeira	9	D 9
Sorbito (Estación El)	83	U 12
Sordillos	25	E 17
Sordo	78	S 24
Sordo (El)	82	U 10
Sordo (Monte)	26	E 17
Soria	27	G 22
Soria	41	N 10
Soria (Embalse de)	94	N 10
Soriguera	17	E 33
Sorihuela	37	K 12
Sorihuela del Guadalimar	76	R 20
Sorita	44	J 29
Sorlada	14	E 23
Sorocuela (La)	9	D 11
Sorpe	17	E 33
Sorpe	17	E 33
Sorre	17	E 33
Sorriba	11	D 14
Sorribes	18	F 34
Sorribes de Alba	10	D 13
Sorrueda (La)	94	O 10
Sort	17	E 33
Sorvilán	86	V 20
Sorzano	27	E 22

Sos (Puerto de) 15 E 26
Sosa 30 G 30
Sosas del Cumbral 10 D 11
Sos del Rey
  Católico 15 E 26
Soses 30 H 31
Sotalvo 38 K 15
Sot de Chera 56 N 27
Sot de Ferrer 56 M 28
Sotés 27 E 22
Sotiel (Embalse de) 72 S 9
Sotiel Coronada 72 T 9
Sotiello (cerca de
  Gijón) 5 B 12
Sotiello (cerca de
  Lena) 5 C 12
Sotillo (Ciudad Real) 64 O 17
Sotillo (El) 41 J 22
Sotillo (Río) 73 R 12
Sotillo (Segovia) 40 I 19
Sotillo (Sierra de) 65 Q 19
Sotillo de la Adrada 52 L 16
Sotillo de la Ribera 25 G 18
Sotillo
  de las Palomas 51 L 15
Sotillo del Rincón 27 G 22
Sotillo de Sanabria 22 F 9
Sotillos (León) 10 D 14
Sotillos (Soria) 40 I 20
Soto 26 H 20
Soto de Cangas 11 B 14
Soto de Congas 11 B 14
Soto (El) (Cantabria) 12 C 18
Soto (El) (Madrid) 40 K 19
Soto y Amío 10 D 12
Sotobañado
  y Priorato 11 E 16
Sotoca 54 L 22
Sotoca de Tajo 41 J 22
Soto de Agües 5 C 13
Soto de Cameros 27 F 22
Soto de Caso 5 C 14
Soto de Cerrato 25 G 16
Soto de Dueñas 5 B 14
Soto de la Marina 5 B 14
Soto de la Vega 23 F 12
Soto del Barco 5 B 11
Soto de los
  Infantes 5 B 11
Soto del Real 39 J 18
Soto de Luiña 5 B 11
Soto de Ribera 5 C 12
Soto de Sajambre 11 C 14
Soto de Trevias 4 B 10
Soto de Viñuelas 39 K 18
Sotodosos 41 J 22
Sotogordo 76 S 19
Sotogrande 89 X 14
Sotojusto 20 F 4
Sotón 29 F 28
Sotonera
  (Embalse de) 29 F 27
Sotonera (La) 29 F 28
Sotopalacios 25 E 18
Sotos 54 L 23
Sotosalbos 39 I 18
Sotos del Burgo 26 H 20
Sotoserrano 37 K 11
Sotovellanos 12 E 17
Sotragero 25 E 18
Sotres 11 C 15
Sotresgudo 12 E 17
Sotrondio 5 C 13
Sotuélamos 66 O 22
Sousas 21 G 7
Soutelo 7 E 5
Soutelo Verde 21 F 7
Souto (cerca de
  Betanzos) 3 C 5
Souto (Toques) 7 D 6
Soutochao 21 G 8
Soutolongo 7 E 5
Soutomaior 6 E 4
Soutopenedo 21 F 6
Spinola 88 W 12
Su 32 G 34
Suances 12 B 17
Suano 12 D 17
Suarbol 9 D 9
Suarna 4 C 8
Subijana 13 D 21
Subirats 32 H 35
Subiza 14 D 24
Sucina 79 S 27
Sudanell 31 H 31
Sueca 69 O 29

Sueiro 4 B 9
Suellacabras 27 G 23
Suelta Alta 29 G 28
Suelza (Punta) 17 E 30
Suera 56 M 28
Sueros de Cepeda 10 E 11
Suertes 9 D 9
S'Uestra 91 M 42
Sueve (Reserva
  nacional de) 5 B 14
Suevos (cerca de
  Carnota) 6 D 2
Suevos (cerca de La
  Coruña) 2 B 4
Suflí 87 T 22
Suido (Sierra del) 20 F 4
Sukarieta 13 B 21
Sumacàrcer 68 O 28
Sumoas 3 A 7
Sunbilla 15 C 24
Sunyer 31 H 31
Super Molina 18 F 35
Suquets 30 G 31
Súria 32 G 35
Suró 31 H 33
Surp 17 E 33
Susana 7 D 4
Susañe 9 D 10
Susinos del
  Páramo 25 E 18
Suso
  (Monasterio de) 26 F 21
Suspiro del Moro
  (Puerto del) 85 U 19
Susqueda
  (Embalse de) 33 G 37
Suterranya 17 F 32

T

Taale 77 S 22
Tabagón 20 G 3
Tabaiba 93 K 7
Tabajete 83 V 11
Tabanera de
  Cerrato 25 F 17
Tabanera del
  Monte 39 J 17
Tabanera
  de Valdavia 11 E 15
Tabanera la Luenga 39 I 17
Tabaqueros 67 N 25
Tabar 15 D 25
Tábara 23 G 12
Tabarca (Illa de) 79 R 28
Tabayesco 95 X 3
Tabaza 5 B 12
Tabeaio 3 C 4
Tabeirós 6 E 4
Tabera de Abajo 37 J 11
Tabera de Arriba 37 J 11
Tabernanova 2 C 2
Tabernas 87 U 22
Tabernas
  (Rambla de) 87 V 22
Tabernas de Isuela 29 F 28
Taberno 87 T 23
Tablada 39 J 17
Tablada del Rudrón 12 D 18
Tablada
  de Villadiego 12 E 18
Tabladillo
  (Guadalajara) 41 K 21
Tabladillo (León) 23 E 11
Tabladillo (Segovia) 39 I 16
Tablado (El) 95 B 4
Tablado (El) 93 U 6
Tablado (Puerto de) 72 R 9
Tablado de Riviella 4 B 10
Tablas de Daimiel
  (Parque
  nacional) 65 O 19
Tablero (El) 93 J 7
Tablero (El) 94 O 11
Tablillas
  (Embalse de) 64 Q 17
Tablón (Sierra del) 84 V 14
Tablones (Los) 86 V 19
Taboada (La Coruña) 3 B 5
Taboada (Lugo) 7 D 6
Taboada
  (Pontevedra) 7 D 5
Taboada dos
  Freires 7 D 6
Taboadela 21 F 6

Taborno 93 K 6
Tabuenca 28 G 25
Taburiente
  (Caldera de) 95 B 5
Tabuyo del Monte 23 F 11
Taca 93 T 6
Taco 93 K 7
Tacones 52 M 16
Tacoronte 92 J 7
Tafalla 14 E 24
Tafira Alta 94 P 9
Tafira Baja 94 P 9
Tagamanent 32 G 36
Taganana 93 K 6
Tagarabuena 23 H 13
Tagle 12 B 17
Tagomago (Illa de) 91 O 34
Taguluche 95 E 9
Tahal 87 U 23
Tahiche 95 W 3
Tahivilla 88 X 12
Taialà 19 F 38
Taibilla (Río) 77 R 22
Taibilla
  (Embalse de) 77 R 23
Taibilla (Sierra de) 77 R 22
Taibique 93 B 11
Taidia 94 O 10
Taja 5 C 11
Tajahuerce 27 G 23
Tajera
  (Embalse de la) 41 J 22
Tajo (Río) 48 N 7
Tajo (Nacimiento
  del Río) 55 L 24
Tajo de la
  Encantada
  (Embalse) 84 V 15
Tajo de las Figuras
  (Cuevas del) 88 X 12
Tajonar 15 D 25
Tajonera 53 M 20
Tajoneras (Las) 65 Q 20
Tajo Segura 54 M 22
Tajueco 27 H 21
Tajuña (Río) 41 J 22
Tajuya 95 B 6
Tal 6 D 2
Tala (La) 37 K 13
Talaies d'Alcalà
  (Les) 57 K 30
Talaies (Les) 57 K 31
Talamanca
  (Barcelona) 32 G 35
Talamanca (Ibiza) 91 P 34
Talamanca
  de Jarama 40 J 19
Talamantes 28 G 24
Talamillo 12 E 18
Talamillo del Tozo 12 E 18
Talarn 17 F 32
Talarrubias 63 O 14
Talaván 49 M 11
Talaván
  (Embalse de) 49 M 11
Talave 67 Q 24
Talave (Embalse
  de) 67 Q 24
Talavera (Almería) 87 T 22
Talavera (Lérida) 32 H 34
Talavera de la
  Reina 51 M 15
Talavera la Nueva 51 M 15
Talavera la Real 61 P 9
Talaveruela 50 L 13
Talayón (Cuenca) 55 L 25
Talayón (Murcia) 78 T 25
Talayuela 50 M 13
Talayuelas 55 M 26
Talayuelo 54 M 23
Talegones (Río) 41 H 21
Tales 56 M 29
Táliga 60 Q 8
Tallada (La) 19 F 39
Tallante 79 T 26
Tállara 6 D 3
Tallón 16 D 29
Talveila 26 G 21
Tama 11 C 16
Tamadaba 94 N 9
Tamadaba (Pinar
  de) 94 N 9
Tamadite
  (Punta del) 93 K 6

Tamaduste 93 B 11
Tamaguelos 21 G 7
Tamaide 92 I 9
Tamaimo 92 H 8
Tamajón 40 I 20
Tamallancos 7 E 6
Tamallanes 4 C 10
Tamame 37 I 12
Tamames 37 K 11
Támara 25 F 16
Tamaraceite 94 P 9
Tamaral (El) 76 Q 18
Tamarinda 91 M 41
Tamarite de Litera 30 G 31
Tamariu 33 G 39
Tamariz de Campos 24 G 14
Tamarón 25 F 18
Tamayo 67 N 25
Tambor
  (Monumento al) 44 I 29
Tambre 6 D 3
Támega 21 F 7
Támega (Río) 3 C 7
Tameirón 21 F 8
Tameza 5 C 11
Támoga 3 C 7
Támoga (Río) 3 C 7
Tamuja (Río) 61 N 11
Tamujoso (El) 72 S 9
Tamurejo 63 P 15
Tanes (Embalse de) 5 C 13
Tanger 69 Q 28
Taniñe 27 F 23
Tanorio 6 E 4
Tanque (El) 92 H 7
Tanque del Vidrio
  (Punta del) 92 I 9
Tañabuyes 26 F 19
Tao 95 W 3
Tapado (El) 92 I 9
Tapia (Paso) 15 D 26
Tapia de Casariego 4 B 9
Tàpies 19 E 38
Tapioles 23 G 13
Tapis 19 E 38
Tapuelo (El) 52 L 16
Tara 8 E 9
Taracena 40 K 20
Taradell 32 G 36
Taragoña 6 D 3
Taragudo 40 J 20
Taraguilla 89 X 13
Tarajalejo 93 T 8
Tarajalillo
  (Punta del) 94 O 11
Taramay 85 V 18
Taramundi 4 B 8
Tarancón 53 L 20
Tarancueña 40 H 20
Taranes 5 C 14
Taranilla 11 D 15
Taravilla 42 J 24
Taray (Laguna del) 53 N 20
Tarayuela 43 K 28
Tarayuela
  (Sierra de) 64 Q 16
Tarazona 28 G 24
Tarazona de
  Guareña 38 I 14
Tarazona
  de la Mancha 67 O 24
Tàrbena 69 P 29
Tardáguila 37 I 13
Tardajos 25 E 18
Tardajos de Duero 27 G 22
Tardelcuende 27 H 22
Tardesillas 27 G 22
Tardienta 29 G 28
Tardobispo 23 H 12
Tariego de Cerrato 25 G 16
Tarifa 88 X 13
Tariquejo 82 T 8
Tarna 5 C 14
Tarna (Puerto de) 11 C 14
Taroda 41 H 22
Tarragoña 77 S 23
Tarragona 45 I 33
Tarrasa / Terrassa 32 H 36
Tàrrega 31 H 33
Tarrés 31 H 33
Tarrío 2 C 4
Tarro (El) 61 O 9
Tarroja de Segarra 31 G 33
Tarrós (El) 31 G 33
Tartanedo 42 J 24
Tasarte 94 N 10

Tasarte (Lomo de) 94 N 10
Tasartico 94 N 10
Tastavins (Río) 44 J 30
Tattendre 18 E 35
Taucho 92 H 9
Taüll 17 E 32
Taurito (Playa de) 94 N 11
Tauro 94 N 11
Taús 17 F 33
Tauste 28 G 26
Tauste (Canal) 28 G 26
Tavascan 17 E 33
Tavernes
  de la Valldigna 69 O 29
Tavernes Blanques 56 N 28
Tavèrnoles 33 G 36
Tavertet 33 G 37
Tazacorte 95 B 6
Tazo 95 E 8
Tazona 78 R 24
Tazones 5 B 13
Tazones (Punta de) 5 B 13
Tea 20 F 4
Teatoinos (Los) 76 R 20
Teayo 6 D 3
Teba 84 V 15
Tébar 54 N 23
Tebongo 4 C 10
Tebra 20 F 3
Tedin 6 D 2
Tefía 93 U 6
Tegueste 93 J 6
Teguise 95 W 3
Teià 33 H 36
Teide (Laderas del) 92 I 8
Teide
  (Observatorio
  Astronómico del) 92 I 8
Teide (Parque
  Nacional del) 92 I 8
Teide (Pico del) 92 I 8
Teix 90 M 37
Teix 69 Q 28
Teixeira (A) 8 E 7
Teixeiro 3 C 5
Teixeiro 3 C 7
Teixeta
  (Coll de la) 45 I 32
Teja Chueca 64 O 16
Tejada (Burgos) 26 G 19
Tejada (Huelva) 73 T 10
Tejada (La) 12 C 18
Tejadillos 55 L 25
Tejadillos
  (Casa Forestal
  de) 54 K 24
Tejado 27 H 23
Tejado (El) 37 K 13
Tejados 23 E 11
Tejar (El) 84 U 16
Tejarejo 61 N 9
Tejares (Salamanca) 37 J 12
Tejares (Segovia) 39 H 18
Tejares Abarca 68 O 26
Tejeda 94 O 10
Tejeda (Sierra de) 85 V 17
Tejeda de Tiétar 50 L 12
Tejeda y Segoyuela 37 K 11
Tejedo de Ancares 9 D 9
Tejedo del Sil 9 D 10
Teja (La) 22 G 9
Tejerina 11 D 14
Tejerizas 27 H 22
Tejina 93 J 6
Tejina
  (Cerca de Guía de
  Isora) 92 H 8
Tejo 56 N 27
Telde 94 P 9
Teleno (El) 9 E 10
Teleno
  (Sierra del) 23 F 11
Telledo 5 C 12
Tello 77 S 23
Tembleque 53 M 19
Temerón 84 T 16
Temiño 26 E 19
Temisas 94 O 10
Temple (El)
  (Granada) 85 U 18
Temple (El)
  (Huesca) 29 G 27
Tempul 88 W 12
Tena (Valle de) 16 E 28
Ten-Bel 92 I 9

Tendeñera
  (Sierra de) 16 D 29
Tendilla 40 K 21
Tenebrón 36 K 10
Tenefé (Punta de) 94 P 11
Teneguía (Volcán) 95 B 7
Tenes 32 H 36
Teno 92 G 7
Teno (Faro de) 92 G 7
Teno (Punta de) 92 G 7
Tenoya 94 P 9
Tenteniguada 94 O 10
Tentudia 73 R 10
Teo 6 D 4
Ter (Río) 18 F 36
Tera (Soria) 27 G 22
Tera (Zamora) 22 F 9
Tercia (Sierra de la) 78 S 24
Teresa 56 M 28
Teresa de
  Cofrentes 68 O 26
Termas Orion 33 G 38
Terme (Cabo del) 45 J 32
Térmens 31 G 32
Término (El) 84 T 14
Terminón 12 D 19
Teroleja 42 J 24
Teror 94 O 9
Terque 87 V 22
Terrachán 20 G 5
Terrades 19 F 38
Terradets
  (Embalse dels) 17 F 32
Terradillos 37 J 13
Terradillos
  de Esgueva 25 G 18
Terradillos
  de los
  Templarios 24 E 15
Terradillos
  de Sedano 12 E 18
Terrassa / Tarrasa 32 H 36
Terrateig 69 P 29
Terraza 42 J 24
Terrazas 27 G 22
Terrazos 13 E 19
Terrente 86 T 19
Terreorgaz 61 N 11
Terrer 42 I 24
Terreras (Las) 78 S 24
Terrerazo 55 N 26
Terreros 25 F 18
Terri 19 F 38
Terriente 55 L 25
Terriente (Puerto) 55 L 25
Terril 84 U 14
Terrinches 66 O 21
Terroba 27 F 22
Terrón (El) 82 U 8
Tertanga 13 D 20
Terzaga 42 J 24
Tesejerague 93 T 8
Tesjuates 93 U 7
Tesla (Sierra de la) 12 D 19
Tesoro (Cueva del) 85 V 17
Testeiro (Montes
  del) 7 E 5
Testillos
  (Arroyo de) 53 M 20
Tetas 41 K 22
Tetas (Las) 94 N 10
Tetica 87 U 22
Tetir 93 U 6
Teulada (Alacant) 69 P 30
Teulada (València) 56 N 27
Teverga 5 C 11
Teverga
  (Desfiladero del) 5 C 11
Texós 21 G 6
Teza 13 D 20
Tezanos 12 C 18
Tharsis 72 T 8
Tiagua 95 W 3
Tiana 32 H 36
Tías 95 W 4
Tibi 69 Q 28
Tibidabo 32 H 36
Tices 86 U 21
Tiebas 15 D 25
Tiedra 24 H 14
Tielmes 53 L 20
Tielve 11 C 15
Tiemblo (El) 51 K 16
Tiena 85 U 18
Tienda 67 Q 25

Tiendas (Las) 61 P 10
Tienera Vieja (La) 89 W 13
Tierga 28 H 25
Tiermes 40 I 20
Tierra de Campos
  (Mirador de) 24 F 16
Tierra de Campos
  (Mirador de) 24 G 14
Tierra
  del Trigo (La) 92 H 7
Tierra Negra (Punta
  de) 95 X 3
Tierrantona 16 E 30
Tierz 29 F 28
Tierzo 42 J 24
Tiesa 74 S 13
Tietar 50 L 13
Tiétar del Caudillo 50 L 13
Tigaday 93 A 11
Tigalate 95 C 6
Tiguerorte 95 C 6
Tijarafe 95 B 5
Tijimiraque (Punta
  de) 93 B 11
Tijoco de Abajo 92 H 9
Tijoco de Arriba 92 H 8
Tíjola 87 T 22
Tilos (Los) 95 C 5
Timanfaya
  (Montañas de) 95 V 4
Time (El) 95 B 6
Time (El) 93 U 6
Tinadas 40 I 20
Tinajas 41 K 22
Tinajeros 67 O 24
Tinajo 95 V 3
Tinajones (Los) 66 Q 21
Tindaya 93 U 6
Tineo 4 C 10
Tines 2 C 3
Tinieblas 26 F 19
Tinizara 95 B 5
Tinto (Río) 72 T 10
Tiñor 93 B 11
Tiñosa (Punta de la) 93 V 6
Tiñosillos 38 J 15
Tiñoso (Cabo) 79 T 26
Tirajana
  (Barranco de) 94 O 10
Tirajana
  (Embalse de) 94 O 10
Tiraña 5 C 13
Tirapu 14 E 24
Tirez (Laguna de) 53 N 19
Tirgo 13 E 21
Tiriez 66 O 23
Tírig 44 K 30
Tirón (El) 26 F 20
Tiros 63 P 14
Tiros (Sierra de) 63 P 14
Tirteafuera 64 P 17
Tirteafuera
  (Río) 64 P 16
Tirvia 17 E 33
Tiscamanita 93 T 7
Tiscar 76 S 20
Tiscar (Puerto de) 76 S 20
Titaguas 55 M 26
Tito Bustillo
  (Cuevas de) 11 B 14
Titulcia 53 L 19
Tivenys 45 J 31
Tivissa 45 I 32
Tivoli World 84 W 16
Tixera (Punta de) 92 H 9
Toba 6 D 2
Toba (Embalse de
  la) 55 L 24
Toba (La) (Cuenca) 55 L 24
Toba (La) (Granada) 85 U 13
Toba (La)
  (Guadalajara) 40 I 21
Toba de Valdivielso 12 D 19
Tobalina 83 U 11
Tobar 12 E 18
Tobar (El) 41 K 23
Tobar (Sierra de) 77 R 23
Tobarra 67 Q 24
Tobaruela 75 R 18
Tobed 42 H 25
Tobera 13 D 21
Tobes y Rahedo 12 E 19
Tobia 27 F 21
Tobia (Arroyo) 27 F 21

Tobillas	77	Q 23	Tolivia	5	C 13	Tor (Lérida)	18	E 34	Tordesilos	42	J 25
Tobillos	41	J 23	Tollón (Laguna del)	83	V 11	Tor (Lugo)	8	E 7	Tórdiga (Puerto de)	54	M 23
Toboso (El)	54	N 21	Tollos	69	P 29	Torà	32	G 34	Tordillos	37	H 32
Tocina	73	T 12	Tolmo (Ensenada del)	89	X 13	Toral	23	E 12	Tordoia	2	C 4
Tocinillos	72	R 10	Tolocirio	38	I 16	Toral de los Guzmanes	23	F 13	Tordómar	25	F 18
Tocodomán	94	N 10	Toloño	13	E 21	Toral de los Vados	9	E 9	Tordueles	26	F 19
Tocón	86	U 19	Toloriu	18	E 34	Toranzo	28	G 24	Torellas	28	G 24
Todolella (La)	44	K 29	Tolosa (Albacete)	67	O 25	Toranzo	28	G 24	Torelló	18	F 36
Todoque	95	B 6	Tolosa (guipúzcoa)	14	C 23	Torás	56	M 27	Toreno	9	D 10
Todosaires	75	T 17	Tolox	84	V 15	Torás Bejís (Estación de)	56	M 27	Torerera (La)	71	S 9
Toén	21	F 6	Tolox (Sierra de)	84	V 15	Torazo	5	B 13	Torete (Guadalajara)	41	J 23
Toga	56	L 28	Tolva	17	F 31	Torcal de Antequera (Parque Natural)	84	V 16	Torete (Río) (Soria)	41	H 21
Toiriz	7	D 5	Tomares	83	T 11	Torcas (Embalse de las)	42	I 26	Torga	9	D 9
Toja (La) / A Toxa	6	E 3	Tomas Maestre	79	S 27	Torcas (Las)	55	L 24	Torija	40	J 20
Tojo (El)	12	C 17	Tombrio de Abajo	9	D 10	Torcón	52	M 16	Toril	50	M 12
Tojos (Los)	12	C 17	Tomelloso	40	K 21	Torcón (Embalse del)	52	N 16	Toril (El)	83	T 13
Tol	4	B 9	Tomelloso	65	O 20	Tordehumos	24	G 14	Torina (Embalse de)	12	C 18
Tolbaños	38	J 16	Tomillosas (Sierra de)	62	Q 12	Tordellego	42	J 24	Torío	5	C 13
Tolbaños de Arriba	26	F 20	Tomiño	20	G 3	Tordelpalo	42	J 24	Torla	16	E 29
Toldaos	8	D 8	Tomir	90	M 38	Tordelrábano	41	I 21	Torlengua	41	H 23
Toledana (La)	64	O 17	Tona	32	G 36	Tordera	33	G 38	Tormaleo	9	D 9
Toledillo	27	G 22	Tonda	28	G 24	Tordera (Punta del)	33	H 38	Tormantos	26	E 20
Toledo	52	M 17	Tondos	54	L 23	Tordera (Río)	33	G 37	Tormantos (Sierra de)	50	L 12
Toledo (Hoya de)	94	O 11	Tonín	5	C 12	Tordesillas	24	H 14	Torme	12	D 19
Toledo (Montes de)	64	N 17	Tonosas (Los)	77	T 23				Tormellas	50	L 13
Tolibia de Abajo	10	D 13	Topares	77	S 23				Tormes (Río)	36	I 10
Tolibia de Arriba	10	D 13	Topas	37	I 13				Tormillo (El)	30	G 29
Tolilla	23	G 11	Toques	7	D 6				Tormo (El)	56	L 28
Tolinas	5	C 11									

Tormón	55	L 25	Torno (El) (Ciudad Real)	64	O 17
Tormos	29	F 27	Tornos	42	J 25
Torms (Els)	31	H 32	Tornos (Alto de los)	13	C 19
Torn (El)	19	F 37	Toro (Canal de)	23	H 13
Tornabous	31	G 33	Toro (El) (Mallorca)	90	N 37
Tornadijo	26	F 19	Toro (El) (València)	56	M 27
Tornadizo (El)	37	K 12	Toro (El) (Huelva)	72	S 8
Tornadizos de Ávila	38	K 16	Toro (Illa del)	90	N 37
Tornafort	17	E 33	Toro (Monte)	91	M 42
Tornajo	78	S 24	Toro (Orense)	21	F 7
Tornajos (Sierra de los)	77	S 22	Toro (Zamora)	23	H 13
Tornajuelos	77	S 21	Torongil	61	P 10
Tornavacas	50	L 12	Toros de Guisando	52	K 16
Tornavacas (Puerto de)	50	L 13	Torote	40	K 19
Torneiros (Lugo)	3	C 7	Torozo (Sierra del) (Badajoz)	63	P 14
Torneiros (Orense)	20	G 5	Torozo (Sierra del) (Ciudad Real)	64	P 16
Tornera (La)	40	I 19	Torozos (Montes de)	24	G 15
Torneros (cerca de Castrocontrigo)	23	F 11	Torquemada	25	F 17
Torneros (cerca de León)	10	E 13	Torralba (cerca de Mecinaceli)	41	I 22
Torneros (Sierra de los)	52	N 17	Torralba (cerca de Soria)	27	H 23
Torneros de Jamuz	23	F 11	Torralba (Cuenca)	54	L 23
Tornín	11	C 14	Torralba de Aragón	29	G 28
Torno (El) (Cádiz)	88	W 12	Torralba de Calatrava	65	O 18
Torno (El) (Cáceres)	50	L 12			

Torralba del Burgo	26	H 21
Torralba de los Frailes	42	I 25
Torralba de los Sisones	42	J 25
Torralba del Pinar	56	M 28
Torralba del Río	14	E 23
Torralba de Oropesa	51	M 14
Torralba de Ribota	42	H 24
Torralbilla	42	I 25
Torralva	83	V 12
Torraño	40	H 20
Torrasa (Embalse de la)	17	E 33
Torre Alta (València)	55	L 26
Torre (Brazo de la)	83	U 11
Torre (cerca de Taboada)	7	D 6
Torre (cerca de Villalba)	3	C 6
Torre (Collado de la)	56	K 28
Torre de Arcas	44	J 29
Torre de Cabdella (La)	17	E 32
Torre de Cullera (La)	69	O 29
Torre de Fontaubella (La)	45	I 32

TOLEDO

Comercio	BY
Hombre de Palo	BY 27
Reyes Católicos	AY
Santo Tomé	ABY
Alcántara (Puente de)	CX
Alfileritos	BY
Alfonso VI (Pl. de)	BX
Alfonso X el Sabio	BY 2
Alfonso XII	BY 3
América (Av. de)	AX
Ángel	AY
Ave María	BZ
Ayuntamiento (Pl. del)	BY 4
Azarquiel (Puente de)	CX
Cabestreros (Paseo de)	CZ
Cadenas	BY 7
Campana (Travesía)	BY 8
Cardenal Lorenzana	BY 9
Cardenal Tavera	BX
Carlos III (Av. de)	AX
Carlos V (Cuesta de)	BY 13
Carmelitas	AY 14
Cava (Av. de la)	AX
Cervantes	CY
Circo Romano (Paseo del)	AX
Colegio de Doncellas	AY 17
Conde (Pl. del)	AY 18
Consistorio (Pl. del)	AY 19
Cordonerias	BY 20
Cruz Verde (Paseo de la)	BZ
Duques de Lerma (Av. de los)	BX
El Salvador	BY 22
Esteban Illán	BY 24
Gerardo Lobo	BX
Honda	BX 28
Juanelo (Ronda de)	CY
Mas del Ribero (Av. de)	AX
Matías Moreno	AY
Merced	BY
Nuncio Viejo	BY 29
Nuñez de Arce	BX 32
Padilla (Pl. y Calle de)	ABY 33
Padre Mariana (Pl.)	BY 34
Pascuales (Cuesta de los)	CY 36
Plata	BY
Pozo Amargo	BZ
Real del Arrabal	BX
Recaredo (Paseo de)	BX
Reconquista (Av. de la)	ABX
Rosa (Paseo de la)	CX
San Cristóbal (Paseo)	BZ 38
San Juan de Dios	AY 40
San Justo (Cuesta)	CY
San Justo (Pl.)	BY 41
San Marcos	BY 42
San Martín (Puente)	AY
San Román	BY 44
San Sebastián (Carreras de)	BZ
San Torcuato	BZ
San Vicente (Pl. de)	BY 45
Santa Leocadia (Cuesta de)	AY
Sillería	BX
Sixto Ramón Parro	BY 46
Sola	BZ
Taller del Moro	BY 48
Toledo de Ohio	BY 49
Tornerías	BY 50
Tránsito (Paseo del)	AYZ 52
Trinidad	BY
Venancio González	CX 53
Zocodover (Pl. de)	CY

M¹ CASA Y MUSEO DE EL GRECO

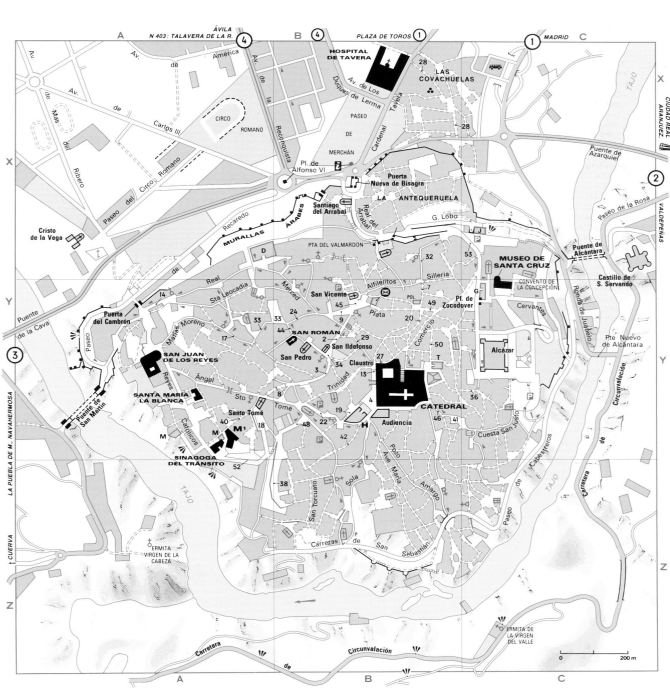

Name	Page	Grid
Torre de las Arcas	43	J 27
Torre de les Maçanes (La)	69	Q 28
Torre de l'Espanyol (La)	45	I 31
Torre del Compte	44	J 30
Torre del Oro	82	U 9
Torre del Rei	57	L 30
Torre d'en Besora (La)	57	L 29
Torre d'en Doménec (La)	57	L 30
Torre (La) (València)	56	M 26
Torre (La) (València)	55	M 26
Torre (La) (Álava)	38	C 15
Torre (La) (Cádiz)	83	V 12
Torre la Cárcel	42	K 26
Torre la Ribera	17	E 31
Torre (La) (Murcia)	78	R 25
Torre los Negros	43	J 26
Torre Miró (Port de)	44	J 29
Torre (Rambla de la)	69	Q 28
Torre-saura	91	M 41
Torre Abraham (Embalse)	64	N 17
Torreadrada	39	H 18
Torreagüera	79	S 26
Torrealba (Ermita de)	49	N 11
Torre Alháquime	84	V 14
Torre Alta (Murcia)	79	R 26
Torreandaluz	27	H 21
Torre Arboles	74	S 15
Torrearévalo	27	G 22
Torrebaja	55	L 26
Torrebarrio	5	C 12
Torrebeleña	40	J 20
Torrebesses	31	H 31
Torreblacos	26	G 21
Torreblanca	57	L 30
Torreblanca de los Caños	83	T 12
Torreblanca del Sol	84	W 16
Torreblascopedro	76	S 19
Torrebuceit	54	M 22
Torrec	31	G 33
Torrecaballeros	39	J 17
Torrecampo	63	Q 15
Torre Cardela	86	T 19
Torre Castiel	44	J 29
Torrecera	88	V 12
Torre Cerredo	11	C 15
Torrechiva	56	L 28
Torrecica (La)	67	O 24
Torrecilla (Ciudad Real)	64	P 18
Torrecilla (Cuenca)	54	L 23
Torrecilla (Málaga)	84	V 14
Torrecilla de Alcañiz	44	J 29
Torrecilla de la Abadesa	24	H 14
Torrecilla de la Jara	51	M 15
Torrecilla de la Orden	38	I 14
Torrecilla de la Torre	24	H 14
Torrecilla del Ducado	41	I 22
Torrecilla del Monte	25	F 18
Torrecilla de los Ángeles	49	L 10
Torrecilla del Pinar (Cuenca)	41	J 23
Torrecilla del Pinar (Segovia)	39	H 17
Torrecilla del Rebolar	43	J 26
Torrecilla del Valle	38	H 14
Torrecilla de Valmadrid	29	H 27
Torrecilla en Cameros	27	F 22
Torrecillas	84	T 15
Torrecillas (Las) (cerca de Badajoz)	61	P 9
Torrecillas (Las) (cerca de Mengaloril)	62	P 12
Torrecillas de la Tiesa	50	N 12
Torrecitores	25	G 18
Torreciudad	16	F 30
Torrecuadrada de los Valles	41	J 22
Torrecuadrada de Molina	42	J 24
Torrecuadradilla	41	J 22
Torrecuadros	82	U 10
Torre de Alcotas	56	M 27
Torre de Babia	10	D 11
Torre de Benagalbón	85	V 17
Torre de Claramunt (La)	32	H 34
Torre de Don Miguel	49	L 10
Torre de Esgueva	25	G 17
Torre de Esteban Hambrán (La)	52	L 17
Torre de Fluvià (La)	31	G 32
Torre de Juan Abad	65	Q 20
Torre del Águila	83	U 12
Torre del Águila (Embalse de)	83	U 12
Torre de la Higuera	82	U 10
Torre de la Horadada	79	S 27
Torre de la Reina	73	T 11
Torre de la Sal	57	L 30
Torre de la Vall	69	O 29
Torre del Bierzo	9	E 11
Torre del Burgo	40	J 20
Torre del Campo	75	S 18
Torre del Mar	85	V 17
Torre del Moro	79	R 28
Torre del Valle (La)	23	F 12
Torredembarra	32	I 34
Torre de Miguel Sesmero	61	Q 9
Torre de Oristà (La)	32	G 36
Torre de Peña	15	E 26
Torre de Peñafiel	25	H 17
Torre de Santa María	62	O 11
Torredonjimeno	75	S 18
Torre en Cameros	27	F 22
Torrefarrera	31	G 31
Torrefeta	31	G 33
Torrefrades	37	H 11
Torrefresneda	62	P 11
Torrefuente	55	L 25
Torregalindo	25	H 18
Torregamones	23	H 11
Torre Gorda	88	W 11
Torregrossa	31	H 32
Torrehermosa	41	I 23
Torreiglesias	39	I 17
Torrejón	60	N 8
Torrejoncillo	49	M 10
Torrejoncillo del Rey	54	L 22
Torrejón de Ardoz	53	K 19
Torrejón de la Calzada	52	L 18
Torrejón del Rey	40	K 19
Torrejón de Velasco	52	L 18
Torrejón el Rubio	49	M 11
Torrejón-Tajo (Embalse de)	50	M 12
Torrejón-Tiétar (Embalse de)	50	M 12
Torrelaguna	40	J 19
Torrelameu	31	G 32
Torrelapaja	28	H 24
Torrelara	26	F 19
Torrelavandeira	3	C 5
Torrelavega	12	B 17
Torrelavit	32	H 35
Torrelengua (Cuenca)	54	M 21
Torrelengua (Sevilla)	83	U 12
Torrellano	79	R 28
Torrelles de Foix	32	H 34
Torrelles de Llobregat	32	H 35
Torrelobatón	24	H 14
Torrelodones	39	K 18
Torremayor	61	P 10
Torremegía	61	P 10
Torremendo	79	S 27
Torremenga	50	L 12
Torremocha	61	N 11
Torremocha de Ayllón	40	H 20
Torremocha de Jadraque	41	I 21
Torremocha de Jarama	40	J 19
Torremocha de Jiloca	42	K 26
Torremocha del Campo	41	J 22
Torremocha del Pinar	41	J 23
Torremochuela	42	J 24
Torremolinos	84	W 16
Torremontalbo	13	E 21
Torremormojón	24	G 15
Torremuelle	84	W 16
Torrenostra	57	L 30
Torrent (Valencia)	56	N 28
Torrent (Gerona)	33	G 39
Torrente de Cinca	30	H 31
Torrenueva (Ciudad Real)	65	Q 19
Torrenueva (Granada)	86	V 19
Torrenueva (Málaga)	89	W 15
Torre Pacheco	79	S 27
Torrepadre	25	F 18
Torreparedones	75	S 16
Torre Pedro	66	Q 23
Torreperogil	76	R 20
Torrequebradilla	76	S 19
Torrequemada	61	N 11
Torre Real	89	W 15
Torres (Cabo)	5	B 12
Torres (Jaén)	76	S 19
Torres (Las)	94	P 9
Torres (Las) (Salamanca)	37	J 13
Torres (Las) (cerca de Calatorao)	28	H 26
Torres (Monte)	31	H 31
Torres (Navarra)	15	D 25
Torres (Río)	76	S 19
Torres-Torres	56	M 28
Torres (cerca de Calatayud)	42	H 25
Torres de Albánchez	77	Q 21
Torres de Albarracín	55	K 25
Torres de Alcanadre	30	G 29
Torres de Aliste (Las)	23	G 11
Torres de Barbués	29	G 28
Torres de Berellén	29	G 26
Torres de Cotillas (Las)	78	R 26
Torres de la Alameda	53	K 19
Torres del Carrizal	23	H 12
Torres del Obispo	17	F 31
Torres del Río	14	E 23
Torres de Montes	16	F 29
Torres de Segre	31	H 31
Torre-serona	31	G 31
Torresmenudas	37	I 12
Torrestio	5	C 11
Torresuso	40	H 20
Torre Tallada	68	P 27
Torre Uchea	67	Q 25
Torre Val de San Pedro	39	I 18
Torrevelilla	44	J 29
Torrevicente	40	H 21
Torrevieja	79	S 27
Torrevieja (Salines de)	79	S 27
Torrico	51	M 14
Torrijas	56	L 27
Torrijas (Río)	56	L 27
Torrijo	28	H 24
Torrijo del Campo	42	J 25
Torrijos	52	M 17
Torroella de Fluvià	19	F 39
Torroella de Montgrí	19	F 39
Torroja del Priorat	45	I 32
Torronteras	41	K 22
Torroña	20	F 3
Torrox	85	V 18
Torrox (Punta de)	85	V 18
Torrox Costa	85	V 18
Torrubia (Córdoba)	75	Q 16
Torrubia (Guadalajara)	42	J 24
Torrubia del Campo	53	M 21
Torrubia del Castillo	54	M 23
Torrubia de Soria	27	H 23
Tortajada	56	K 26
Tortas	66	Q 22
Tortellà	19	F 37
Tórtola	54	M 23
Tórtola de Henares	40	J 20
Tórtoles (Ávila)	38	K 14
Tórtoles (Zaragoza)	28	G 24
Tórtoles de Esgueva	25	G 17
Tortonda	41	J 22
Tortosa	45	J 31
Tortosa (Cabo de)	45	J 32
Tortuera	42	J 24
Tortuero	40	J 19
Torviscal	62	O 12
Torviscal (El)	83	U 12
Torviscas	92	H 9
Torvizcón	86	V 20
Tosa d'Alp	18	F 35
Tosantos	26	E 20
Tosca (Embalse de la)	41	K 23
Toscana (La)	77	S 22
Toscas (Las)	95	E 9
Toscón (El)	94	O 10
Toscón (El) (Cerca de Tamaraceite)	94	P 9
Tosende	21	G 6
Toses	18	F 36
Toses (Collada de)	18	F 35
Tosos	43	I 26
Tospe	5	C 14
Tossa de Mar	33	G 38
Tossa (La)	32	H 34
Tossal de la Nevera	44	K 29
Tossal del Sol (El)	69	P 30
Tossal (El)	31	G 33
Tossal (El)	69	O 29
Tossalet (El)	69	P 30
Tossa Pelada	18	F 34
Tosto (Cabo)	2	C 2
Tostón (Punta de)	93	T 5
Totalán	85	V 17
Totana	78	S 25
Totanés	52	M 17
Toto	93	T 7
Toural	6	E 4
Touriñán	2	C 2
Touriñán (Cabo)	2	C 2
Touro	7	D 5
Tourón	6	E 4
Tous	68	O 28
Tous (Embassament de)	68	O 27
Tóvedas	55	L 25
Tox	4	B 10
Toxa (A) / La Toja	6	E 3
Toya	76	S 20
Tozalmoro	27	G 23
Tózar	85	T 18
Tozo	49	N 11
Tozo (Embalse del)	50	N 12
Traba	2	C 2
Traba (La)	4	C 8
Trabacua (Puerto de)	14	C 22
Trabada	4	B 8
Trabadelo	9	E 9
Trabanca	36	I 10
Trabancos	38	I 14
Trabaque (Río)	54	K 23
Trabazos	22	G 10
Trabucador (El)	45	K 32
Tracastro	8	E 8
Trafalgar (Cabo de)	88	X 11
Tragacete	55	K 24
Tragó	42	J 24
Tragoncillo	77	R 22
Traguntia	36	J 10
Traibuenas	28	E 25
Traid	42	J 24
Traiguera	44	K 30
Trajano	83	U 12
Tramacastilla (Teruel)	55	K 25
Tramacastilla de Tena (Huesca)	16	D 29
Tramaced	30	G 29
Tramascatiel	55	L 26
Tramuntana (Cap de)	90	N 36
Tranco	77	R 21
Tranco (Embalse del)	76	R 21
Tranquera (Embalse de la)	42	I 24
Tranquera (La)	42	I 24
Trapaga	13	C 20
Trapera	62	Q 13
Trapiche	85	V 17
Trasancos	3	B 5
Trasanquelos	3	C 5
Trascastro (Asturias)	4	C 10
Trascastro (León)	9	D 10
Trascatro (Pontevedra)	7	D 6
Trashaedo	12	D 18
Trasierra	73	R 12
Traslaloma	12	C 19
Traslasierra (Badajoz)	62	P 11
Traslasierra (Huelva)	72	S 10
Tras la Sierra (Montes de)	50	L 12
Trasmiras	21	F 7
Trasmontaña	94	O 9
Trasmonte (La Coruña)	2	C 4
Trasmonte (Lugo)	3	C 6
Trasmoz	28	G 24
Trasmulas	85	U 18
Trasobares	28	H 25
Traspeña	11	D 16
Traspinedo	25	H 16
Trasvase (Canal de)	54	L 21
Trasvase Tajo Segura (Canal de)	67	O 23
Travesas	2	C 3
Traviesa (Sierra)	73	S 12
Traviesas	2	C 4
Traviesas (Puerto de las)	43	J 28
Travieso (El)	73	S 13
Trazo	2	C 4
Trebujena	83	V 11
Treceño	12	C 17
Tredós	17	D 32
Trefacio	22	F 10
Tregurà de Dalt	18	E 36
Trejo	84	V 14
Trelle	21	F 6
Trelles	4	B 9
Trema	12	D 19
Tremañes	5	B 12
Tremedal	50	K 13
Tremedal (Puerto)	50	K 13
Tremedal de Tormes	37	I 11
Tremor	10	E 11
Tremor de Abajo	9	E 11
Tremor de Arriba	10	D 11
Tres Huegas (Mirador de las)	29	G 28
Tresabuela	11	C 16
Tres Arroyos	61	P 9
Tres Cantos	39	K 18
Trescares	11	C 15
Trescasas	39	J 17
Tresgrandas	11	B 16
Tresjuncos	54	M 21
Tres Mares (Pico de)	11	C 16
Tresmonte	11	B 14
Tres Mugas	28	F 25
Trespaderne	13	D 19
Tres Picos (Embalse de)	72	T 8
Tresponts (Garganta de)	18	F 34
Tres Provincias	26	F 21
Trespuentes	13	D 21
Tresviso	11	C 15
Trévago	27	G 23
Trevejo	49	L 9
Trevélez	86	U 20
Trevélez (Horcajo de)	86	U 20
Trevélez (Río)	86	U 20
Treviana	13	E 20
Trevijano	27	F 22
Trevinca (Peña)	22	F 9
Treviño	13	D 21
Triacastela	8	D 8
Triana (Las Palmas)	94	P 9
Triana	85	V 17
Tribaldos	54	M 21
Tricias (Las)	95	B 5
Tricio	27	E 21
Trigaza	26	F 20
Trigueros	82	T 9
Trigueros del Valle	24	G 16
Trijueque	40	J 21
Trillo	41	J 22
Trincheto (El)	64	O 17
Trinidad (Ermita de la)	14	D 24
Trinidad (Estación de la)	83	U 13
Trinidad (La)	73	T 13
Triollo	11	D 15
Triongo	11	B 14
Triquivijate	93	U 7
Triste	29	E 27
Trobajo	10	E 13
Trobal (El)	83	U 12
Trobo (cerca de Cospeito)	3	C 7
Trobo (cerca de Fonsagrada)	4	C 8
Tronceda	7	D 5
Troncedo (Asturias)	5	B 11
Troncedo (Huesca)	16	F 30
Tronchón	43	K 28
Trubia	5	B 12
Trubia (Río)	5	C 11
Truchas	22	F 10
Truchillas	22	F 10
Trucios	13	C 20
Trueba	12	D 19
Trujillanos	62	P 11
Trujillo	50	N 12
Tubilla del Agua	12	D 18
Tubilla del Lago	26	G 19
Tubilleja	12	D 18
Tuca	17	D 32
Tuda (La)	37	H 12
Tudanca	11	C 16
Tudela (Gerona)	19	F 39
Tudela (Navarra)	28	F 25
Tudela Agüeria	5	C 12
Tudela de Duero	25	H 16
Tudela de Segre	31	G 33
Tudela Veguín	5	B 12
Tudelilla	27	F 23
Tudera	37	H 11
Tudia (Sierra de)	73	R 10
Tudons (Naveta des)	91	M 41
Tudons (Port de)	69	Q 29
Tuéjar	56	M 26
Tuéjar (Riu)	55	M 26
Tuela	22	F 9
Tuelas (Los)	78	S 25
Tuerto	10	E 11
Tuesta	13	D 20
Tufiones	2	C 2
Tui	20	F 4
Tuilla	5	C 13
Tuineje	93	T 8
Tuiriz	8	E 7
Tuixén	18	F 34
Tuixén-la Vansa	18	F 34
Tuiza	5	C 12
Tujena	73	T 10
Tulebras	28	G 24
Tumas (Punta del)	94	N 9
Tumbalejo (El)	72	T 10
Tumbo	3	C 7
Túnez	92	I 9
Tuña	4	C 10
Tuñón	5	C 12
Turbón	17	E 31
Turca	85	U 17
Turces	7	D 5
Turcia	10	E 12
Turégano	39	I 17
Turia	55	L 26
Turia (Riu)	55	L 26
Turieno	11	C 16
Turienzo (Río)	10	E 11
Turienzo Castañero	9	E 10
Turillas	87	U 23
Turillas (Peñón de)	87	U 23
Turís	68	N 27
Turiso	13	D 21
Turleque	53	N 19
Turmell (El)	44	K 30
Turmell (Serra del)	44	K 29
Turmiel	41	I 23
Turó de l'Home	33	G 37
Turón (Asturias)	5	C 12
Turón (Granada)	86	V 20
Turón (Río)	84	V 15
Turones	36	J 9
Turquillas (Las)	84	T 14
Turra de Alba	37	J 13
Turre	87	U 24
Turrilla (Albacete)	77	R 23
Turrilla (Murcia)	78	S 24
Turro (El)	85	U 18
Turrubuelo	40	I 19
Turruchel	66	Q 21
Turruncún	27	F 23
Tús	77	Q 22
Tús (Balneario de)	77	Q 22
Tús (Río)	77	Q 22

U

Name	Page	Grid
Ubeda (Alacant)	68	Q 27
Úbeda (Jaén)	76	R 19
Ubidea	13	C 21
Ubierna	12	E 18
Ubierna (Río)	25	E 18
Ubiña (Peña)	5	C 12
Ubrique	84	V 13
Ubrique (Sierra)	89	W 13
Ucar	15	D 24
Uceda	40	J 19
Ucedo	10	E 11
Ucero	26	G 20
Ucero (Río)	26	G 20
Uces (Las)	36	I 10
Ucieda	12	C 17
Ucieza (Río)	11	E 16
Uclés	54	M 21
Udalar	14	C 24
Udalla	12	C 19
Udías	12	C 17
Udra (Cabo de)	6	E 3
Uga	95	V 4
Ugalde	13	C 21
Ugao-Miraballes (Vizcaya)	13	C 21
Ugarte-Berri	14	C 23
Ugena	52	L 18
Uges	2	C 4
Ugíjar	86	V 20
Uharte-Arakil	14	D 24
Uitzi	14	C 24
Uitzi (Alto)	14	C 24
Ujados	40	I 20
Ujo	5	C 12
Ujué	15	E 25
Ulea	78	R 26
Uleila del Campo	87	U 23
Ulía (Monte)	14	B 24
Ulíbarri	14	D 23
Ulíbarri (Peñas)	14	D 23
Ullà	19	F 39
Ulla (Río)	6	D 4
Ullastrell	32	H 35
Ullastret	19	F 39
Ulldecona	44	K 31
Ulldecona (Embassament d')	44	J 30
Ulldemolins	45	I 32
Ullivari-Viña	13	D 21
Ullivarri	14	D 22
Ullivarri (Embalse de)	14	D 22
Ullivarri-Arrazua	14	D 22
Ulloa	7	D 6
Ultramort	19	F 39
Ulzurrun	14	D 24
Umán (Collado de)	56	N 27
Umbralejo	40	I 20
Umbrete	83	T 11
Umbría (Granada)	86	V 20
Umbría (La)	72	S 10
Umbría (Murcia)	55	L 26
Umbría (Riu)	55	L 26
Umbría (Sierra de la)	77	S 22
Umbría de Fresnedas	65	Q 19
Umbría de las Lomas	78	S 24
Umbría del Oso	55	L 25
Umbrías (Ávila)	50	L 13

Umbrías (Murcia)	78 T 25	Urculota	14 C 22	Urrea de Gaén	43 I 28	Usón	30 G 29	Vadillos (La Rioja)	27 F 22	Valbuxán	21 F 8	Valdeavero	40 K 20
Umia	6 E 4	Urculu	15 C 26	Urrea de Jalón	28 H 26	Ustés	15 D 26	Vado (Embalse de		Valcabadillo	11 E 15	Valdeaveruelo	40 K 20
Unamuno		Urda (Estación de)	52 N 18	Urrejola	14 C 22	Usún	15 E 26	El)	40 I 20	Valcabado	23 H 12	Valdeazogues	64 P 16
(Monumento)	93 U 6	Urda (Guipúzcoa)	14 C 23	Urrestilla	14 C 23	Usurbil	14 C 23	Vado Baena	75 S 17	Valcabra (Rambla		Valdeazogues (Río)	63 P 15
Unarre	17 E 33	Urda (Toledo)	65 N 18	Urretxu	14 C 23	Utande	40 J 21	Vadoconde	26 H 19	de)	86 T 21	Valdeazores (Ciudad
Uncastillo	29 E 26	Urdaburu (Monte)	14 C 24	Urrez	26 F 19	Utebo	29 G 27	Vado del Álamo	84 V 15	Valcaliente	50 N 12	Real)	65 Q 19
Unciti	15 D 25	Urdaitz	15 D 25	Urria	12 D 19	Uterga	14 D 24	Vado de las Hoyas		Valcárceres (Los)	12 E 18	Valdeazores
Undués de Lerda	15 E 26	Urdanta	26 F 21	Urria (Río)	26 F 20	Utero	12 E 19	(Embalse de)	76 R 19	Valcavado	23 F 12	(Montes)	63 O 13
Undués-Pintano	15 E 26	Urdazubi	15 C 25	Urriés	15 E 26	Utiel	55 N 26	Vado Jaén		Valchillón	74 S 15	Valdeazores
Undurraga	13 C 21	Urdiain	14 D 23	Urrobi	15 D 25	Utiel (Serra d')	55 N 26	(Estación de)	75 S 17	Valcotos	39 J 18	(Toledo)	63 N 15
Ungilde	22 F 10	Urdiales del		Urrotz		Utiaca	94 O 9	Vadollano		Valcovero	11 D 15	Valdebótoa	61 P 9
Ungría	41 J 21	Páramo	23 E 12	de Doneztebe	15 C 24	Utiaca	94 O 9	(Estación de)	76 R 19	Valcuerna	30 H 30	Valdecaballeros	63 O 14
Unión (La)	79 T 27	Urdilde	6 D 3	Urroz	15 D 25	Utrera (Badajoz)	62 P 12	Vados (Los)	85 V 17	Valcueva (La)	10 D 13	Valdecabras	54 L 23
Unión de Campos		Urdués	15 D 27	Urrúnaga	14 D 22	Utrera (Sevilla)	83 U 12	Vados de Torralba	76 S 19	Valdabra	29 F 28	Valdecabras
(La)	24 F 14	Urduliz	13 B 21	Urrúnaga		Utrilla	41 I 23	Vajol (La)	19 E 38	Valdajos	53 L 20	(Sierra de)	54 L 23
Universales		Ures	41 I 21	(Embalse de)	14 D 22	Utrillas	43 J 27	Val	3 B 5	Valdániga	11 C 16	Valdecabrillas	54 L 22
(Montes)	55 K 24	Ures de Medina	41 I 23	Urrutias (Los)	79 S 27	Utxesa		Val de Algoso	22 H 10	Valdanzo	26 H 19	Valdecañas (Centro
Unquera	11 B 16	Urgell		Urtasun	15 D 25	(Embalse d')	31 H 31	Val de San Martín	42 I 25	Valdanzuelo	26 H 19	Agronómico de)	51 L 14
Unzá	13 D 21	(Canal auxiliar		Urturi	14 E 22	Uznayo	11 C 16	El Val (Embalse de)	28 G 24	Valdaracete	53 L 20	Valdecañas (Ciudad
Unzué	15 E 25	de)	31 G 32	Urtx	18 E 35	Uzquiano	13 D 21	El Val (Embalse de)	28 G 24	Valdarachas	40 K 20	Real)	65 P 18
Uña	55 L 24	Urgell		Urueña	24 G 14	Uztárroz	15 D 27	Val (Laguna de)	83 V 11	Valdastillas	50 L 12	Valdecañas
Uña (La)	11 C 14	(Canal de)	31 G 33	Urueñas	39 H 18	Uztárroz		Valacloche	55 L 26	Valdavia	11 D 15	(Cuenca)	54 L 23
Uña de Quintana	23 F 11	Urgón	64 Q 17	Urumea	14 C 24	(Sierra de)	15 D 26	Valadares (La		Valdavida	11 E 14	Valdecañas
Urbanova	79 R 28	Uria (Sierra de)	4 C 9	Uruñuela	27 E 21			Coruña)	6 D 3	Valdeagorfa	44 J 29	(Embalse de)	50 M 13
Urbasa (Puerto de)	14 D 23	Urigoiti	13 C 21	Urús	18 E 35			Valadares		Valdeajos	12 D 18	Valdecañas
Urbasa (Sierra de)	14 D 23	Uriz (Lugo)	3 C 7	Urz (La)	10 D 12	V - W		(Pontevedra)	20 F 3	Valdealcón	10 E 14	de Campos	25 G 17
Urbel	12 E 18	Uriz (Navarra)	15 D 25	Urzainqui	15 D 27			Valadouro	3 B 7	Valdealiso	10 E 14	Valdecañas de Tajo	50 M 13
Urbel del Castillo	12 E 18	Urmella	17 E 31	Usagre	73 Q 11	Vaca (La)	71 S 7	Valareña	28 F 26	Valdealvillo	26 H 21	Valdecarpinteros	36 K 10
Urberuaga de		Urmi	57 K 31	Usagre (Rivera de)	62 Q 11	Vaca (Morro de la)	90 M 38	Valberzoso	12 D 17	Valdearcos (León)	23 E 13	Valdecarros	37 J 13
Ubilla	14 C 22	Urnieta	14 C 24	Usana	16 E 30	Vacaloura (Montes		Valboa	7 D 4	Valdearcos		Valdecasa	38 K 14
Urbies	5 C 12	Urola	14 C 23	Usanos	40 J 20	de)	7 D 6	Valbona	56 L 27	(Valladolid)	25 H 17	Val de Castillo	10 D 14
Urbina	14 D 22	Urones		Usánsolo	13 C 21	Vacar (El)	74 R 15	Valbona (Río)	56 L 27	Valdearenas	40 J 21	Valdecazorla	76 S 20
Urbión	27 F 21	de Castroponce	24 F 14	Usateguieta		Vacarisses	32 H 35	Valbonilla	25 F 17	Valdeavellano	40 J 21	Valdecebollas	11 D 16
Urbión (Monte)	27 F 21	Uroz	15 D 25	(Puerto de)	14 C 24	Vadiello		Valbuena	50 K 12	Valdeavellano		Valdecebro	56 K 26
Urbión (Reserva		Urquiaga (Coll de)	15 C 25	Uscarrés	15 D 26	(Embalse de)	16 F 29	Valbuena de Duero	25 H 17	de Tera	27 G 22	Valdecilla	12 B 18
nacional de)	27 G 21	Urquilla (Sierra de)	14 D 22	Used	42 I 25	Vadillo	26 G 20	Valbuena		Valdeavellano		Valdecolmenas
Urbión		Urquiola (Puerto)	14 D 22	Used (Puerto de)	42 I 25	Vadillo de la		de Pisuerga	25 F 17	de Ucero	26 G 20	de Abajo	54 L 22
(Sierra de)	27 G 21	Urrácal	87 T 22	Useres (Les)	57 L 29	Guareña	37 I 13	Valbueno	40 K 20			Valdecolmenas
Urcal	78 T 24	Urraca-Miguel	39 J 16	Usi	15 D 24	Vadillo de la Sierra	38 K 14					de Arriba	54 L 22

VALENCIA

- Alcade Reig — BV 3
- Ángel Guimerá — AU 4
- Burjassot (Av. de) — AU 6
- Campanar (Av.) — AU 7
- Cataluña (Av. de) — BU 9
- Cavanilles — BU 10
- Constitución (Av. de la) — BU 12
- Doctor Peset Alexandre (Av.) — BU 13
- Fernando el Católico (G. Vía) — AU 15
- Filipinas — BV 16
- Gaspar Aguilar (Av. de) — AU 18
- General Avilés (Av.) — AU 19
- Giorgeta (Av.) — AV 21
- Guadalaviar — BU 22
- Ingeniero Manuel Soto (Av.) — CV 25
- José Soto Mico — AV 25
- Llano de la Zaidia — BU 27
- Maestro Rodrigo (Av.) — AU 28
- Manuel de Falla (Av.) — AU 30
- Menéndez Pidal (Av.) — AU 31
- Moreras (Camino) — CV 33
- Pérez Galdós (Av. de) — AU 34
- Peris y Valero (Av. de) — BV 36
- Primaldo Reig (Av. del) — BU 37
- San José de Calasanz — AU 39
- San Vincente Mártir (Av.) — AV 40
- Tirso de Molina (Av.) — AU 42
- 9 de Octubre — AU 43

Michelin pone sus mapas constantemente al día. Llevelos en su coche y no tendrá sorpresas desagradables en carretera.

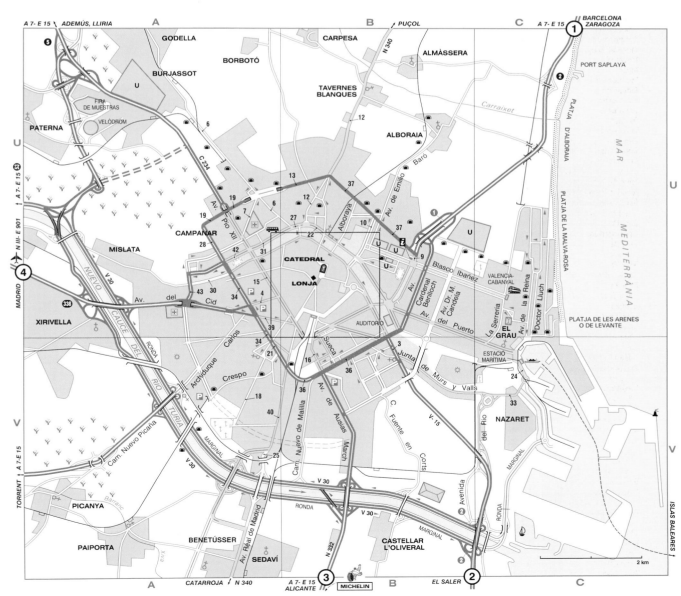

Valdeconcha	53	K 21
Valdeconejos	43	J 27
Valdecuenca	55	L 25
Valdecuenca (Puerto de)	55	L 25
Valdecuna	5	C 12
Valdedios	5	B 13
Valdedo	4	B 9
Valdefinjas	23	H 13
Valdeflores	73	S 10
Valdeforcas	44	I 29
Valdefresno	10	E 13
Valdefuentes	62	O 11
Valdefuentes (Santuario de)	49	L 11
Valdefuentes del Páramo	23	F 12
Valdefuentes de Sangusín	37	K 12
Valdeganga	67	O 24
Valdeganga de Cuenca	54	M 23
Valdegeña	27	G 23
Valdegovía	13	D 20
Valdegrudas	40	J 20
Valdegutur	28	G 24
Valdehermoso de la Fuente	54	N 23
Valdeherreros	61	O 10
Valdehierro	64	O 17
Valdehijaderos	50	K 12
Valdehorna	42	I 25
Valdehornillo	62	O 12
Valdehoyas	52	L 18
Valdehúncar	50	M 13
Valdeinede (Arroyo de)	62	Q 11
Valdeinfierno (Embalse de)	78	S 24
Valdeíñigos	50	M 12
Valdejimeno	29	H 26
Valdelacalzada	61	P 9
Valdelacasa	37	K 12
Valdelacasa de Tajo	51	M 14
Valdelafuente	10	E 13
Valdelageve	50	K 12
Valdelagrana	88	W 11
Valdelagua (Guadalajara)	41	J 21
Valdelagua (Madrid)	40	K 19
Valdelagua (Soria)	27	G 23
Valdelagua (Toledo)	52	M 18
Valdelaguna	53	L 19
Valdelamadera	64	O 17
Valdelamusa	72	S 9
Valdelarco	72	S 9
Val de la Sabina	55	L 26
Valdelatas	39	K 17
Valdelateja	12	D 18
Valdelavia (Alto de)	39	K 16
Valdelavilla	27	G 23
Valdelcubo	41	I 21
Valdelinares	56	K 28
Valdellosa	42	J 25
Valdelobos (Cañada de)	66	O 22
Valdelosa	37	I 12
Valdelosica (Sierra)	29	F 27
Valdelosjugos	29	H 28
Valdeltormo	44	J 30
Valdelugueros	10	D 13
Valdemadera	27	G 23
Valdemaluque	26	G 20
Valdemanco	40	J 19
Valdemanco del Esteras	63	P 15
Valdemaqueda	39	K 17
Valdemarías	52	M 16
Valdemarín (Casa Forestal de)	76	R 21
Valdemeca	55	L 24
Valdemeca (Sierra de)	55	L 24
Valdemembra (Río)	67	O 24
Valdemerilla	22	F 10
Valdemierque	37	J 13
Valdemora	23	F 13
Valdemorales	62	O 11
Valdemorilla	24	F 14
Valdemorillo	39	K 17
Valdemorillo de la Sierra	55	L 24
Valdemoro	53	L 18
Valdemoro del Rey	54	L 22
Valdemoro Sierra	55	L 24
Valdenarros	26	H 21
Valdenebro	26	H 21
Valdenebro de los Valles	24	G 15
Valdenoceda	23	D 19
Valdenoches	40	J 20
Valdenoguera	36	J 9
Valdenuño Fernández	40	J 19
Valdeobispo	49	L 11
Valdeobispo (Embalse de)	49	L 11
Valdeolea	12	D 17
Valdeolivas	41	K 22
Valdeolmillos	25	F 16
Valdeolmos	40	K 19
Valdepalacios	51	M 14
Valdepares	4	B 9
Valdepeñas	65	P 19
Valdepeñas de Jaén	75	T 18
Valdepeñas de la Sierra	40	J 19
Valdepiélagos	40	J 19
Valdepolo	10	E 14
Valdeprado (Cantabria)	11	C 16
Valdeprado (Soria)	27	G 23
Valdeprado del Río	12	D 17
Valdeprados	39	J 17
Valderaduey	24	E 15
Valderas	23	F 13
Valderias	12	D 18
Valderrábano	11	E 16
Valderrama	13	D 20
Valderrebollo	41	J 21
Valderredible	12	D 18
Valderrepisa (Puerto)	64	Q 16
Valderrey	23	E 11
Valderrobres	44	J 30
Valderrodilla	27	H 21
Valderrodrigo	36	I 10
Valderrosas	53	L 11
Valderrubio	85	U 18
Valderrueda (León)	11	D 15
Valderrueda (Soria)	27	H 21
Valdés	85	V 17
Valdesalor	61	N 10
Valdesalor	61	O 10
Val de San García	41	J 22
Val de San Lorenzo	23	E 11
Val de San Román	23	E 11
Val de San Vicente	11	B 16
Val de Santa María	23	G 11
Val de Santo Domingo	52	L 17
Valdesaz	40	J 21
Valdescorriel	23	F 13
Valdesimonte	39	I 18
Valdesoto	5	B 13
Valdesotos	40	J 20
Valdespina (Palencia)	25	F 16
Valdespina (Soria)	27	H 22
Valdespino Cerón	23	F 13
Valdespino de Somoza	23	E 11
Valdesqui	39	J 18
Valdestillas	24	H 15
Valdeteja	10	D 13
Valdeteja (Collada de)	10	D 13
Valdetorres	62	P 11
Valdetorres de Jarama	40	J 19
Valde-Ucieza	25	E 16
Valdevacas de Montejo	26	H 19
Valdevacas y Guijar	39	I 18
Valdevaqueros (Ensenada de)	88	X 12
Valdeverdeja	51	M 14
Valdevimbre	23	E 13
Valdezate	25	H 18
Valdezcaray	26	F 21
Valdezufre	72	S 10
Valdihuelo	39	K 16
Valdilecha	53	L 20
Valdín	22	F 9
Valdivia	62	O 12
Val do Dubra	2	C 4
Valdomar	3	C 6
Valdoré	10	D 14
Valdoro (Sierra de)	64	Q 17
Valdorros	25	F 18
Valdosera	31	H 33
Valdoviño	3	B 5
Valdunciel	37	I 12
Valdunquillo	24	F 14
Valduro Nuevo	61	P 9
Valduvieco	10	E 14
Valeixe	20	F 5
València	57	N 29
València (Golf de)	57	N 29
València d'Àneu	17	E 33
Valencia de Alcántara	48	N 8
Valencia de Don Juan	23	F 13
Valencia de las Torres	73	Q 12

VALENCIA

Ayuntamiento (Pl. del) ... EY
Marqués de Sotelo (Av.) . EZ
Pascual y Genís .... EYZ
Paz .... EFY
San Vicente Mártir...... DY

Almirante .... EX 2
Almudín............... EX 3
Ángel Guimerá........ DY 4
Bolsería.............. DX 7
Carmen (Pl. del) ...... DX 8
Dr. Collado (Pl.) ...... EY 9
Dr. Sanchis
  Bergón .... DX 12
Embajador Vich .... EY 13
Esparto (Pl. del) ...... DX 14
Garrigues .... DY 16
General Palanca .... FY 17
Guillem Sorolla .... DY 18
Maestres.............. FX 20
Maestro Palau .... DY 21
María Cristina (Av.) .... EY 22
Marqués de
  Dos Aguas .... EY 25
Micalet .... EX 26
Moro Zeit .... DX 27
Músico Peydró........ DY 30
Nápoles y
  Sicilia (Pl.) .... EX 31
Padre Huérfanos ...... EX 32
Palau .... DY 34
Periodista Azzati ...... DY 35
Pie de la Cruz .... DY 36
Poeta Quintana .... FY 38
Salvador Giner .... DX 39
San Vicente
  Ferrer (Pl.) .... EY 40
Santa Ana (Muro)...... EX 43
Santa Teresa .... DY 44
Santo Tomás .... DX 45
Transits .... EY 47
Universidad........... EY 48
Virgen (Pl. de la) ...... EX 49
Virgen de
  la Paz (Pl.) .... EY 51

M¹ MUSEO DE CERÁMICA
N COLEGIO DEL PATRIARCA O DEL CORPUS CHRISTI

*Para que sus viajes sean un éxito, prepárelos de antemano. Los **mapas** y las **guías** Michelin le proporcionan todas las indicaciones útiles sobre : itinerarios, visitas de curiosidades, alojamiento, precios, etc...*

Valencia del Mombuey	72 R 8	Valira d'Orient	18 E 34	Valldemossa	90 M 37
Valencia del Ventoso	72 R 10	Valjunquera	44 J 30	Valldoreix	32 H 36
Valencina de la Concepción	83 T 11	Vall d'Alcalà (La)	69 P 28	Valle	12 C 19
Valenoso	11 E 16	Vall d'Àngel (Serra de la)	44 K 30	Valle de Arán (Parador de) (Vielha)	17 D 32
Valentín	78 R 24	Vall de Gallinera (La)	69 P 29	Valle de Bardagí	17 E 31
Valentins (Els)	44 K 31	Vall de Laguar (La)	69 P 29	Valle de Finolledo	9 D 9
Valenzuela	75 S 17	Vall d'Ebo (La)	69 P 29	Valle (El) (Cádiz)	88 X 12
Valenzuela de Calatrava	65 P 18	Vall d'Uixó (La)	57 M 29	Valle (El) (León)	9 E 10
Valer	23 G 11	Vall-Llobrega	33 G 39	Valle (Sierra del) (Asturias)	12 B 18
Valera	72 R 10	Vallada	68 P 27	Valle (Sierra del) (Cádiz)	88 W 12
Valera de Abajo	54 M 23	Valladares	41 I 22	Vallebrón	93 U 6
Valeria	54 M 23	Valladolid	24 H 15	Valle-Brosque	93 K 6
Valeriano	85 T 18	Valladolises	79 S 26	Vallecas	40 K 19
Valero	37 K 12	Vallanca	55 L 25	Vallecillo	24 E 14
Vales	7 E 6	Vallarta de Bureba	13 E 20	Vallecillo (El)	55 L 25
Valfarta	30 H 29	Vallat	56 L 28	Valle de Abdalajís	84 V 15
Valfermoso de las Monjas	41 J 21	Vallbona d'Anoia	32 H 35	Valle de Arriba	92 H 8
Valfermoso de Tajuña	40 K 21	Vallbona de les Monges	31 H 33	Valle de Cabuérniga	12 C 17
Valfonda de Santa Ana	29 G 28	Vallcarca	32 I 35	Valle de Cerrato	25 G 16
Valga	6 D 4	Vallcebre	18 F 35	Valle de Lago	5 C 11
Valgañón	26 F 20	Vallclara	31 H 32	Valle de las Casas (El)	11 D 14
Valgrande	10 D 12	Vall d'Alba	57 L 29	Valle de la Serena	62 P 12
Valhermoso	42 J 24	Valldan (La)	18 F 35	Valle de la Venta	48 L 9
Valiñas	6 E 4	Vall d'Almonacid	56 M 28	Valle de la Viuda (El)	64 O 16
		Vall de Bianya (La)	19 F 37		
		Valldebous (Barranco de)	44 K 31		

Valle de Lierp	17 E 31	Valleluengo	23 F 11	Vallibierna (Pico de)	17 E 31
Valle de los Caídos	39 K 17	Vallentes de Molina (Los)	79 R 26	Vallibona	44 K 30
Valle de Matamoros	72 Q 9	Valle Retortillo	24 F 15	Vallirana	32 H 35
Valle de San Roque	94 P 9	Valleruela de Pedraza	39 I 18	Vallivana	44 K 30
Valle de San Lorenzo	92 I 9	Valleruela de Sepúlveda	39 I 18	Vallivana (Serra de)	57 K 30
Valle de Santa Inés	93 T 7	Valles	12 B 17	Vall Llebrera	31 G 33
Valle de Santa Ana	72 Q 9	Valles (Los)	95 W 3	Vallmanya (cerca de Lérida)	30 H 31
Valle de Santullan	11 D 16	Valles (Reserva nacional de los)	15 D 27	Vallmanya (cerca de Cardona)	32 G 34
Valle de Tabladillo	39 H 18	Vallesa	38 I 14	Vallmoll	45 I 33
Valle de Vegacervera	10 D 13	Valles de Ortega	93 T 7	Vallobal	5 B 14
Valle de Zamancas	12 D 18	Valles de Valdavia	11 E 16	Valloria	27 F 22
Valledor	4 C 9	Valles de Palenzuela	25 F 17	Vallromanas	33 H 36
Valledor (Sierra de)	4 C 9	Valleseco	94 O 9	Valls	45 I 33
Vallegera	25 F 17	Vallespinosa	32 H 34	Vallter 2000	18 E 36
Valle Gran Rey	95 E 9	Vallespinoso de Aguilar	11 D 16	Valltorta (Barranc de la)	57 K 30
Valle Guerra	92 J 6	Vall Ferrera	18 E 34	Valluerca	13 D 20
Vallehermoso	95 E 8	Vallfogona	18 F 36	Valluercanes	13 E 20
Vallehermoso	52 M 16	Vallfogona de Balaguer	31 G 32		
Vallehondo (Arroyo de)	11 E 15	Vallfogona de Ripolles	18 F 36		
Valleja	83 V 12	Vallfogona de Riucorb	31 H 33		
Vallejera de Riofrío	50 K 13	Vallgorguina	33 H 37		
Vallejimeno	26 F 20				
Vallejo	12 D 17				
Vallejo de Mena	13 C 20				
Vallelado	39 H 16				
Valle los Nueves (El)	94 P 10				

Valmadrid	29 H 27	Valmojado	52 L 17
Valmala	26 F 20	Valmuel del Caudillo	44 I 29
Valmartino	11 D 14	Valonga	30 G 30
Valmayor	64 Q 17	Válor	86 V 20
Valmayor (Embalse de)	39 K 17	Valoria de Aguilar	12 D 17
		Valoria del Alcor	24 G 15
		Valoria la Buena	25 G 16
		Valpalmas	29 F 27
		Valparaíso (cerca de Cuelgamures)	37 I 12
		Valparaíso (cerca de Mombuey)	23 G 11
		Valparaíso (Embalse de)	22 G 10
		Valparaíso de Abajo	54 L 22
		Valparaíso de Arriba	54 L 22
		Valporquero	10 D 14
		Valporquero de Torío	10 D 13
		Valrío	49 L 10
		Valronquillo	64 O 17
		Valsaín	39 J 17
		Valsalabroso	36 I 10
		Valsalada	29 F 28
		Valsalobre (Cuenca)	41 K 23

VALLADOLID

Duque de la Victoria	BY 17
Fuente Dorada (Pl. de)	BY 20
Miguel Iscar	BY 29
Santiago	BY 41
Teresa Gil	BY
Arco de Ladrillo (Paseo del)	BZ 2
Arzobispo Gandásegui	CY 3
Bailarín Vicente Escudero	CY 5
Bajada de la Libertad	BCY 6
Cadenas de San Gregorio	CX 8
Cánovas del Castillo	CY 9
Cardenal Mendoza	CY 10
Chancillería	CX 13
Claudio Moyano	BY 14
Doctrinos	BY 16
España (Pl. de)	BY 18
Gondomar	CX 21
Industrias	CY 24
Maldonado	CY 25
Marqués del Duero	CXY 27
Pasión	BY 30
Portillo de Balboa	CX 32
San Augustin	BXY 35
San Ildefonso	BY 36
San Pablo (Pl. de)	BX 37
Santa Cruz (Pl. de)	CY 40
Santuario	CY 42
Sanz y Forés	CY 45
Zorrilla (Paseo de)	ABZ 47

L IGLESIA DE LAS ANGUSTIAS

Para circular en ciudad, utilice los planos de la **Guía Michelin** : vías de penetración y circunvalación, cruces y plazas importantes, nuevas calles, aparcamientos, calles peatonales... un sinfín de datos puestos al día cada año.

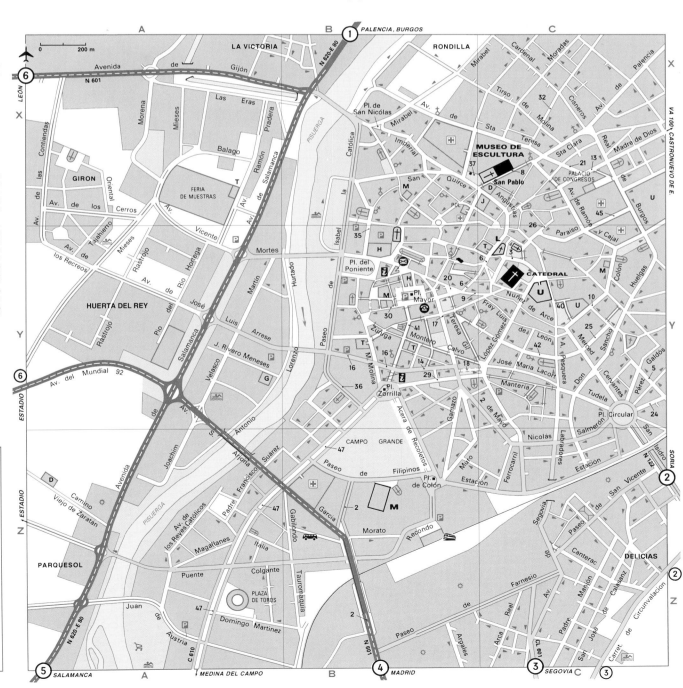

Valsalobre (Guadalajara)	42	J 24
Valseca	39	I 17
Valseco	9	D 10
Valsemana	10	D 12
Valsendero	94	O 9
Valsequillo	94	P 10
Valsequillo	74	Q 13
Valtablado del Río	41	J 22
Valtajeros	27	G 23
Valtiendas	25	H 18
Valtierra	28	F 25
Valtorres	42	I 24
Valtueña	41	H 23
Valuengo	72	R 9
Valuengo (Embalse de)	72	R 10
Valvaler	4	C 9
Valvaler (Alto de)	4	C 9
Valvenedizo	40	I 20
Valverde	93	B 11
Valverde	35	J 7
Valverde (Alacant)	79	R 28
Valverde (Burgos)	26	G 19
Valverde (Ciudad Real)	64	P 17
Valverde (Soria)	28	G 24
Valverde (Teruel)	42	J 26
Valverde de Alcalá	53	K 20
Valverde de Burguillos	72	R 10
Valverde de Campos	24	G 14
Valverde de Cervera	28	G 24
Valverde de Júcar	54	M 23
Valverde de la Sierra	11	D 15
Valverde de la Vera	50	L 13
Valverde de la Virgen	10	E 12
Valverde del Camino	72	T 9
Valverde de Leganés	60	P 9
Valverde del Fresno	49	L 9
Valverde de Llerena	73	R 12
Valverde del Majano	39	J 17
Valverde de los Arroyos	40	I 20
Valverde de Mérida	62	P 11
Valverde de Valdelacasa	37	K 12
Valverde Enrique	24	F 14
Valverdejo	54	N 23
Valverdín	10	D 13
Valverdón	37	I 12
Valvieja	40	H 19
Vanacloig	56	M 27
Vandellós	45	I 32
Vanidodes	10	E 11
Vansa	18	F 34
Vara	6	D 3
Vara (Alto de la)	41	I 21
Vara de Rey	54	N 23
Varas	75	R 16
Varas (Fuente de las)	12	B 18
Varelas	7	D 5
Vargas	12	C 18
Varluenga (Barranco de la)	29	F 27
Varona	42	H 24
Vascos (Ruinas romanas)	51	M 14
Veciana	32	H 34
Vecilla (La)	10	D 13
Vecindario	94	P 10
Vecinos	37	J 12
Vedao	29	G 28
Vedao (Sierra del)	15	D 27
Vedat de Torrent (El)	56	N 28
Vedra	6	D 4
Vedrà (Illa)	91	P 33
Vega (Alto de la)	55	K 24
Vega (Cantabria)	12	C 18
Vega de Almanza (La)	11	D 14
Vega del Jabalón (Embalse)	64	P 18
Vega (La)	92	H 7

Vega (La) (Badajoz)	60	O 8
Vega (La) (Cantabria)	11	C 16
Vega (La) (cerca de Ribadesella)	11	B 14
Vega (La) (cerca de Tineo)	5	C 11
Vega (La) (Riosa)	5	C 12
Vega (La) (Sariego)	5	B 13
Vega Blanquilla	88	W 12
Vegacerneja	11	C 14
Vegacervera	10	D 13
Vega de Anzo	5	B 11
Vega de Bur	11	D 16
Vega de Caballeros	10	D 12
Vega de Doña Olimpa	11	E 16
Vega de Espinareda	9	D 10
Vega de Gordón	10	D 13
Vega de Infanzones	10	E 13
Vega del Castillo	22	F 10
Vega del Codorno	42	K 24
Vega de Liébana	11	C 16
Vega de los Viejos (La)	10	D 11
Vega del Rey	5	C 12
Vega de Magaz	10	E 11
Vega de Matalobos	49	L 9
Vegadeo	4	B 8
Vega de Pas	12	C 18
Vega de Rengos	4	C 10
Vega de Río Palmas	93	T 7
Vega de Ruiponce	24	F 14
Vega de San Mateo	94	O 9
Vega de Santa María	38	J 16
Vega de Tera	23	G 11
Vega de Tirados	37	I 12
Vega de Valdetronco	24	H 14
Vega de Valcarce	8	E 9
Vega de Villalobos	23	G 13
Vega de Yeres	9	E 9
Vega Esquivia	64	N 18
Vegafría	39	H 17
Vegafriosa	5	B 11
Vegalagar	4	C 10
Vegalatrave	23	G 11
Vegallera	66	Q 23
Vegameoro	4	C 10
Veganzones	39	I 18
Vegaquemada	10	D 14
Vegarada (Puerto de)	5	C 13
Vegarienza	10	D 11
Vegas (Las)	92	I 9
Vegas (Las)	94	P 10
Vegas Altás	94	O 12
Vegas de Almenara	74	S 13
Vegas de Coria	49	K 11
Vegas de Domingo Rey	36	K 10
Vegas del Condado	10	D 13
Vegas de Matute	39	J 17
Vegas de San Antonio (Las)	51	M 15
Vegaviana	49	L 9
Veguellina de Órbigo	23	E 12
Vegueta (Las Palmas)	94	P 9
Veguilla	12	C 19
Veguillas	40	J 20
Veguillas (Las)	37	J 12
Veguillas de la Sierra	55	L 25
Veiga	2	C 4
Veiga (A) (cerca de Celanova)	21	F 6
Veiga (A) (cerca de O Barco)	8	E 9
Veiga (A) (cerca de Viana do Bolo)	21	F 8
Veiga de Logares	4	C 8
Vejer de la Frontera	88	X 12
Vejo	11	C 15
Vela	7	T 17
Velada	51	M 15
Velamazán	41	H 21
Velascálvaro	38	I 15
Velate (Castillo de)	15	C 25

Velate (Puerto de)	15	C 25
Velayos	38	J 16
Veldedo	10	E 11
Velefique	87	U 22
Veleta (La)	79	S 27
Veleta (Pico)	86	U 19
Vélez	78	S 24
Vélez Blanco	77	S 23
Vélez de Benaudalla	86	V 19
Vélez Málaga	85	V 17
Vélez Málaga (Punta de)	85	V 17
Vélez Rubio	77	T 23
Velilla (Cerca de San Esteban de Gormaz)	26	H 20
Velilla (Cerca de Soria)	27	G 22
Velilla (Valladolid)	24	H 14
Velilla (La)	39	I 18
Velilla de Cinca	30	H 30
Velilla de Ebro	29	H 28
Velilla de Jiloca	42	I 25
Velilla de la Reina	10	E 12
Velilla de los Ajos	27	H 23
Velilla de los Oteros	23	E 13
Velilla del Río Carrión	11	D 15
Velilla de Medinaceli	41	I 22
Velilla de San Antonio	53	K 19
Velilla de Valderaduey	11	E 15
Velillas	16	F 29
Velle (Embalse de)	21	E 6
Vellés (La)	37	I 13
Vellila de Tarilonte	11	D 15
Vellisca	54	L 21
Velliza	24	H 15
Vellón (El)	40	J 19
Vellos	16	E 30
Vellosillo	39	I 18
Vences	21	G 7
Vencías (Embalse de las)	39	H 18
Vencillon	30	G 30
Vendas da Barreira	21	G 8
Vendelaras de Abajo	66	P 23
Vendelaras de Arriba	66	P 23
Vendoval	73	R 11
Vendrell (El)	32	I 34
Veneguera	94	N 10
Venero	62	N 13
Veneros (Los)	84	U 14
Venialbo	38	H 13
Venta de Gaeta (La)	68	O 27
Venta del Molinillo	86	U 19
Venta del Probe	87	V 23
Venta (La) (Ciudad Real)	64	O 18
Venta (La) (cerca de Almedinilla)	85	T 17
Venta (La) (cerca de Baza)	86	T 21
Venta Quemada (València)	56	N 27
Venta Cerezo	75	R 17
Venta de Baños	25	G 16
Venta de Cañete	84	U 14
Venta de Cárdenas	76	Q 19
Venta de Culebrín	73	R 11
Venta de Don Quijote	54	N 21
Venta de la Muela	77	R 23
Venta del Charco	75	R 17
Venta del Cruce	83	U 11
Venta del Fraile	85	V 18
Venta del Moro	55	N 25
Venta del Obispo	51	K 14
Venta del Ojo de Mierla	42	J 25
Venta de los Santos	76	Q 20
Venta del Palmar (La)	84	T 14
Venta del Patio	14	D 22
Venta del Peral (La)	77	T 22
Venta del Puerto	75	R 16
Venta del Tarugo	86	V 20
Venta de Micena	77	S 22

Ventalles (Les)	45	K 31
Ventalló	19	F 39
Ventamillo (Congosto de)	17	E 31
Ventana (Puerto)	5	C 11
Ventaniella (Puerto de)	11	C 14
Ventanilla	11	D 16
Ventano del Diablo	54	L 23
Venta Nueva	4	C 10
Venta Pantalones	75	T 17
Venta Quemada (Granada)	77	T 22
Ventas (Las)	5	C 11
Venta Santa Bárbara	85	U 17
Ventas Blancas	27	E 23
Ventas con Peña Aguilera	52	N 17
Ventas de Arraiz	15	C 25
Ventas de Arriba	72	S 10
Ventas de Huelma	85	U 18
Ventas del Carrizal	75	T 18
Ventas de Muniesa	43	I 27
Ventas de Retamosa (Las)	52	L 17
Ventas de San Julián (Las)	51	L 14
Ventas de Zafarraya	85	V 17
Venta Valero	85	T 17
Vente de las Ranas	5	B 13
Ventilla (La) (Ciudad Real)	65	O 19
Ventilla (La) (Córdoba)	74	S 14
Ventillas	64	Q 17
Ventín	20	F 4
Ventolà	18	F 36
Ventorrillo (El)	12	C 17
Ventorros de San José	85	U 17
Ventós (Cap)	90	O 38
Ventosa (cerca de Medinaceli)	41	I 22
Ventosa (cerca de Soria)	27	G 22

Ventosa (Guadalajara)	42	J 24
Ventosa (La)	54	L 22
Ventosa (Pontevedra)	7	D 6
Ventosa de Fuentepinilla	27	H 21
Ventosa de la Cuesta	38	H 15
Ventosa del Río Almar	37	J 13
Ventosa de Pisuerga	12	E 17
Ventosa de San Pedro	27	F 23
Ventosela	20	F 5
Ventoses (Les)	31	G 33
Ventosilla (Jaén)	75	S 18
Ventosilla (La)	52	M 17
Ventosilla (Soria)	27	G 22
Ventosilla y Tejadilla	39	I 18
Ventoso	4	C 8
Ventrosa	27	F 21
Venturada	40	J 19
Veo	56	M 28
Veo (Cabo)	2	C 2
Ver	8	E 7
Vera (Almería)	87	U 24
Vera (Badajoz)	63	P 14
Vera (La)	92	I 7
Vera (La)	55	L 13
Veracruz (Huesca)	17	E 31
Veracruz (Jaén)	76	R 20
Vera de Erques	92	H 8
Vera de Moncayo	28	G 24
Veral	15	E 27
Verde	85	V 18
Verdegàs	68	Q 28
Verdelecho (Arroyo del)	87	U 22
Verdelpino de Huete	54	L 22
Verdeña	11	D 16
Verdes (Cueva de los)	95	X 3
Verdiago	11	D 14
Verdicio	5	B 12
Verdú	31	H 33
Verdugo Rio	20	E 4
Verdugo II	83	V 13

Verea	21	F 6
Veredas (Ciudad Real)	64	Q 16
Veredas (Huelva)	72	S 9
Veredón	74	S 15
Vergaño	11	D 16
Verger (El)	69	P 30
Verges	19	F 39
Vergós	31	H 33
Verin	5	G 7
Veriña	5	B 12
Veris	3	C 5
Verjaga	76	Q 21
Vermell (Cap)	91	N 40
Vero	16	E 30
Vertavillo	25	G 17
Vertientes (Las)	77	T 22
Veruela (Monasterio de)	28	G 24
Vescar (Sierra El)	72	R 8
Vesgas (Las)	13	E 19
Vespella	32	I 34
Vetaherrado	83	U 12
Vezdemarbán	23	H 13
Viacamp	17	F 31
Viados	17	E 31
Viana (Navarra)	14	E 22
Viana de Cega	24	H 15
Viana de Jadraque	41	I 21
Viana de Mondéjar	41	K 22
Viana do Bolo	21	F 8
Vianos	66	Q 22
Viaña (Cantabria)	12	C 17
Viaño Pequeño	2	C 4
Viar (Badajoz)	73	R 11
Viar (Canal del)	73	S 12
Viar (Río)	73	R 11
Viar (Sevilla)	73	T 12
Viariz	8	E 9
Viascón	6	E 4
Viator	87	V 22
Vicálvaro	53	K 19
Vícar	86	V 22
Vicario (Embalse de El)	64	O 18
Vicedo	3	A 6

Vicente	52	N 16
Vicentes (Los)	79	R 27
Vicfred	32	G 34
Vich / Vic	32	G 36
Vicièn	29	F 28
Vicinte	3	C 6
Vico	83	V 12
Vicolozano	38	J 16
Vicort (Sierra de)	42	H 25
Vicorto	67	Q 23
Victoria (La)	74	S 15
Victoria de Acentejo (La)	92	J 7
Victory (A.)	51	L 14
Vid (Arroyo de la)	50	M 12
Vid III (Embalse de la)	50	M 12
Vid (La) (Burgos)	26	H 19
Vid (La) (León)	10	D 13
Vidanes	11	D 14
Vidangoz	15	D 26
Vidania	14	C 23
Vidaurreta	14	D 24
Vidayanes	23	G 13
Vid de Bureba (La)	13	E 20
Vide (cerca de Cenlle)	21	F 5
Vide (cerca de Maceda)	21	F 7
Vide de Alba	23	G 11
Videferre	21	G 7
Videmala	23	H 11
Vidiago	11	B 16
Vidio (Cabo)	5	B 11
Vidola (La)	36	I 10
Vidrà	19	F 36
Vidre (Port del)	56	L 29
Vidreres	33	G 38
Vidrieros	11	D 15
Vidrio (Sierra del)	4	B 10
Vidural	4	B 10
Vieiro (Alto de)	21	F 6
Vieja (Cueva de la)	68	O 26
Vieja (Sierra)	61	Q 10
Viejas	65	O 20
Viejas (Sierra de)	50	N 13
Viejo (El)	53	N 20
Viejo (Puerto)	49	K 10
Vielha	17	D 32
Vielha (Túnel de)	17	E 32
Viella	10	B 12

VIGO

Colón	BY
Policarpo Sanz	ABY
Príncipe	AYZ
Urzaiz	BZ

Alfonso XII (Paseo de)	AZ	2
Cánovas del Castillo	AY	4
Carral	AY	9
Cervantes	BZ	10
Concepción Arenal	BY	12

J. Elduayen	AY	14
Lepanto	BZ	15
Luis Taboada	AY	16
Marqués de Valladares	AY	17
Montero Ríos	AY	18
Porta do Sol	AY	19

Reconquista	AY	20
República Argentina	BZ	21
Ribiera	AY	22
Urzaiz (Pl.)	BZ	23
Velázquez Moreno	AYZ	24
Victoria	AY	25

Viento 85 V 16
Viento (Puerto del) 84 V 14
Viento (Punta del) 92 J 6
Viento (Punta del) 93 U 8
Viento (Sierra del) (Murcia) 78 T 24
Viento (Sierra del) (Sevilla) 73 R 12
Viento (Sierra del) (Huelva) 72 R 9
Viergol 13 C 20
Vierlas 28 G 24
Viernoles 12 C 17
Viforcos 9 E 11
Vigaña (cerca de Grado) 5 C 11
Vigaña (cerca de Peña Manteca) 5 C 11
Vigas 28 E 25
Vignemale 16 D 29
Vigo (El) 13 C 20
Vigo (La Coruña) 3 C 5
Vigo (Pontevedra) 20 F 3
Vigo (Ría de) 20 F 3
Viguera 27 F 22
Vila de Cruces 7 D 5
Vila (Huesca) 17 D 32
Vila-real / Villarreal 57 M 29
Vila-rodona 32 I 34
Vila-sacra 19 F 39
Vila-sana 31 H 32
Vilabade (La Coruña) 2 C 4
Vilabade (Lugo) 4 C 8
Vilabella 45 I 33
Vilabertran 19 F 38
Vilablareix 33 G 38
Vilaboa (La Coruña) 3 B 5
Vilaboa (Pontevedra) 6 E 4
Vilac 17 D 32
Vilacampa 3 B 7
Vilachá (cerca de Liber) 8 D 8
Vilachá (cerca de Monforte) 8 E 7
Vilachá (La Coruña) 3 B 5
Vilachá de Mera 8 D 7
Vilacoba 20 F 4
Vilacova 6 D 3
Vilada 18 F 35
Viladamat 19 F 39
Viladasens 19 F 38
Viladavil 7 D 5
Vila de Bares 3 A 6
Viladecans 32 I 36
Viladecavalls 32 H 35
Vilademuls 19 F 38
Viladequinta 8 E 9
Viladordis 32 G 35
Viladrau 33 G 37
Vilaesteva 8 D 8
Vilaestrofe 3 B 7
Vilafamés 57 L 29
Vilafant 19 F 38
Vilaflor 92 I 9
Vilaformán 4 B 8
Vilaframil 4 B 8
Vilafranca 44 K 29
Vilafranca de Bonany 90 N 39
Vilafranca del Penedès 32 H 35
Vilafranquesa 69 Q 28
Vilagarcía de Arousa 6 E 3
Vilagrassa 31 H 33
Vila Joiosa (La) / Villajoyosa 69 Q 29
Vilajuïga 19 F 39
Vilalba/Villalba (Lugo) 3 C 6
Vilalba dels Arcs 45 I 31
Vilalba Sasserra 33 H 37
Vilalbite 3 C 6
Vilaleo 8 D 7
Vilalle 4 C 8
Vilalleons 33 G 36
Vilaller 17 E 32
Vilallobent 18 E 35
Vilallonga 69 P 29
Vilallonga del Camp 45 I 33
Vilallonga de Ter 18 E 36
Vilalonga 6 E 3
Vilalpape 8 E 7
Vilamacolum 19 F 39
Vilamaior (La Coruña) 3 B 5
Vilamaior (Lugo) 8 D 7
Vilamaior (Orense) 21 G 6
Vilamaior de Negral 7 D 6
Vilamajor 33 G 37
Vilamalla 19 F 38
Vilamaniscle 19 E 39
Vilamarín 7 E 6
Vilamartín 4 B 8
Vilamartín de Valdeorras 8 E 8
Vilamarxant 56 N 28
Vilamateo 3 B 5
Vilameá 20 G 5
Vilameán 20 F 3
Vilamitjana 17 F 32
Vilamor 7 D 6
Vilamós 17 D 32
Vilamur 17 E 33
Vilán (Cabo) 2 C 2
Vilanant 19 F 38
Vilanova (València) 55 M 26
Vilanova (cerca de Monterroso) 7 D 6
Vilanova (cerca de Sarria) 8 D 7
Vilanova d'Alcolea 57 L 30
Vilanova (Lourenzá) 4 B 8
Vilanova (Orense) 22 F 9
Vilanova (Pontevedra) 20 F 3
Vilanova de Arosa 6 E 3
Vilanova de Bellpuig 31 H 32
Vilanova de la Barca 31 G 32
Vilanova de l'Aguda 31 G 33
Vilanova de les A. 31 G 32
Vilanova de les Avellanes 31 G 32
Vilanova de Meià 31 G 33
Vilanova de Prades 31 H 32
Vilanova de Sau 33 G 37
Vilanova d'Escornalbou 45 I 32
Vilanova de Segrià 31 G 31
Vilanova i la Geltrú / Villanueva y Geltrú 32 I 35
Vilanoveta Roquetes 32 I 35
Vilaosende 4 B 8
Vilapedre (cerca de Sarria) 8 D 7
Vilapedre (cerca de Villalba) 3 B 7
Vilapene 3 C 7
Vilaplana 45 I 33
Vilaquinte 7 E 6
Vilar (cerca de A Caniza) 20 F 5
Vilar (cerca de Vigo) 20 F 4
Vilar de Barrio 21 F 7
Vilar de Canes 57 K 29
Vilar de Donas 7 D 6
Vilar de Santos 21 F 6
Vilar (El) 17 F 33
Vilar (Orense) 21 G 6
Vilarbacu 8 E 8
Vilarchán 6 E 4
Vilarchao 4 C 8
Vilar de Cervos 21 G 7
Vilar de Lor 8 E 8
Vilar de Moros 4 C 8
Vilar de Rei 21 F 7
Vilardevós 21 G 8
Vilares 3 C 6
Vilarig 19 F 38
Vilarino de Conso (Estación de) 21 F 8
Vilariño 6 E 3
Vilariño das Poldras 21 F 6
Vilariño de Conso 21 F 8
Vilariño Frío 21 F 7
Vilarmeao 21 F 8
Vilarrube 3 B 5
Vilarrubin 7 E 6
Vilarxoán 8 D 8
Vilasantar 3 C 5
Vila-seca 45 I 33
Vilaseco 21 F 8
Vilasobroso 20 F 4
Vilasouto (Embalse de) 8 D 7
Vilassar de Mar 33 H 37
Vilaster 8 E 8
Vilatán 7 E 6
Vilatuxe 7 E 5
Vilaür 19 F 38
Vilaúxe 7 E 6
Vilavella 21 F 8
Vilavella (La) 57 M 29
Vilaverd 31 H 33
Vilaxoán 6 E 3
Vilches 76 R 19
Vildé 26 H 20
Vileiriz 8 D 7
Vilela (cerca de Ribadeo) 4 B 8
Vilela (cerca de Taboada) 7 D 6
Vilela (La Coruña) 2 C 4
Vilela (Pontevedra) 7 D 6
Vilella (La) 45 I 32
Vileña 13 E 20
Vileta (La) 90 N 37
Villabalter 10 E 13
Villabandín (Sierra de) 10 D 11
Villabáñez 25 H 16
Villabaruz de Campos 24 F 15
Villabáscones de Bezana 12 D 18
Villabasil 13 C 20
Villabasta 11 E 16
Villabermudo 11 E 16
Villablanca 81 U 7
Villablino 9 D 11
Villaboa 4 C 8
Villabona (Asturias) 5 B 12
Villabona (Guipúzcoa) 14 C 23
Villabrágima 24 G 14
Villabraz 23 F 13
Villabrázaro 23 F 12
Villabuena (Alava) 14 E 22
Villabuena (León) 9 E 9
Villabuena (Soria) 27 G 22
Villabuena del Puente 38 H 13
Villacadima 40 I 20
Villacalbiel 23 E 13
Villacampo del Moral 76 T 19
Villacañas 53 N 19
Villacarli 17 E 31
Villacarralón 24 F 14
Villacarriedo 12 C 18
Villacarrillo 76 R 20
Villacastín 39 J 16
Villaceca 39 I 18
Villacelama 10 E 13
Villacián 13 D 20
Villacibrán 4 C 10
Villacidaler 24 F 15
Villacidayo 10 E 14
Villacid de Campos 24 F 14
Villaciervos 27 G 22
Villacil 10 E 13
Villacintor 10 E 14
Villaco 25 G 17
Villaconancio 25 G 17
Villacondide 4 B 9
Villaconejos 53 L 19
Villaconejos de Trabaque 54 K 23
Villacorta 40 I 19
Villacorza 41 I 21
Villacreces 24 F 14
Villacuende 24 E 15
Villada 24 F 15
Villadangos del Páramo 10 E 12
Villadecanes 9 E 9
Villa de Don Fadrique (La) 53 N 20
Villa del Campo 49 L 10
Villa del Prado 52 L 17
Villa del Rey 49 N 9
Villa del Río 75 S 17
Villademor de la Vega 23 F 13
Villadepalos 9 E 9
Villadepán 10 D 11
Villadepera 23 H 11
Villadesuso 20 F 3
Villadevelle 4 B 8
Villa de Ves 68 O 26
Villadiego 12 E 17
Villadiego de Cea 11 E 15
Villadiezma 25 E 16
Villadonga 3 C 7
Villadoz 42 I 26
Villaeles de Valdavia 11 E 16
Villaescobedo 12 D 17
Villaescusa (Cantabria) 12 D 17
Villaescusa (Zamora) 37 I 13
Villaescusa de Haro 54 N 21
Villaescusa del Butrón 12 D 19
Villaescusa de Palositos 41 K 22
Villaescusa de Roa 25 G 17
Villaescusa la Sombría 26 E 19
Villaespasa 26 F 19
Villaesper 24 G 14
Villaestrigo 23 F 12
Villafáfila 23 G 13
Villafalé 10 E 13
Villafañé 10 E 13
Villafeliche (Puerto de) 42 I 25
Villafeliche (Salamanca) 42 I 25
Villafeliz de la Sobarriba 10 E 13
Villafer 23 F 13
Villaferrueña 23 F 12
Villafiz 7 D 6
Villaflor (Ávila) 38 J 15
Villaflor (Zamora) 23 H 12
Villaflores 38 I 14
Villaflores (Guadalajara) 40 K 20
Villafrades de Campos 24 F 15
Villafranca (Embalse de) 75 S 16
Villafranca (Sierra de) 51 K 14
Villafranca (Navarra) 28 F 24
Villafranca (Segovia) 39 I 18
Villafranca de Córdoba 75 S 16
Villafranca de Duero 38 H 14
Villafranca de Ebro 29 H 28
Villafranca de la Sierra 38 K 14
Villafranca del Bierzo 9 E 9
Villafranca del Campo 42 J 25
Villafranca del Castillo 39 K 18
Villafranca del Delta 45 K 32
Villafranca de los Barros 61 Q 10
Villafranca de los Caballeros 53 N 19
Villafranca-Montes de Oca 26 E 20
Villafranco del Guadalhorce 84 V 15
Villafranco del Guadalquivir 83 U 11
Villafranco del Guadiana 61 P 9
Villafrechós 24 G 14
Villafría (Alava) 14 E 22
Villafría (cerca de Burgos) 26 E 19
Villafria (cerca de San Zardonil) 13 D 20
Villafruel 11 E 15
Villafruela 25 G 18
Villafuerte 25 G 17
Villafuerte (Sierra de) 77 R 23
Villafuertes 25 F 18
Villagalijo 26 E 20
Villagarcía 23 E 12
Villagarcía de Campos 24 G 14
Villagarcía de la Torre 73 R 11
Villagatón 10 E 11
Villagellegos 23 E 13
Villager de Laciana 9 D 10
Villageriz 23 F 12
Villagómez 25 F 18
Villagómez la Nueva 24 F 14
Villagonzalo 62 P 11
Villagonzalo de Coca 38 I 16
Villagonzalo de Tormes 37 J 13
Villagonzalo-Pedernales 25 F 18
Villagudín (Embalse de) 2 C 4
Villagutiérrez 25 F 18
Villahán 25 F 17
Villaharta 74 R 15
Villahermosa 66 P 21
Villahermosa del Campo 42 I 26
Villahermosa del Río 56 L 28
Villaherreros 25 E 16
Villahizán de Treviño 25 E 17
Villahoz 25 F 18
Villajimena 25 F 16
Villajoyosa / Vila Joiosa (La) 69 Q 29
Villalaco 25 F 17
Villalacre 12 C 19
Villalaín 12 D 19
Villalambrús 13 D 20
Villalán de Campos 24 F 14
Villalangua 29 E 27
Villalar 4 C 10
Villalar de los Comuneros 24 H 14
Villalazán 23 H 13
Villalba/Vilalba (Lugo) 3 C 6
Villalba (Soria) 41 H 22
Villalba Alta 43 K 27
Villalba Baja 43 K 26
Villalba Calatrava 65 Q 19
Villalba de Adaja 38 H 15
Villalba de Duero 25 G 18
Villalba de Guardo 11 D 15
Villalba de la Lampreana 23 G 13
Villalba del Alcor 82 T 10
Villalba de la Sierra 54 L 23
Villalba de Loma 24 F 14
Villalba de Losa 13 D 20
Villalba de los Alcores 24 G 15
Villalba de los Barros 61 Q 10
Villalba de los Llanos 37 J 12
Villalba de los Morales 42 J 25
Villalba del Rey 54 K 22
Villalba de Perejiles 42 I 25
Villalba de Rioja 13 E 21
Villalbarba 24 H 14
Villalbilla (Burgos) 25 E 18
Villalbilla (Madrid) 53 K 20
Villalbilla de Gumiel 26 G 19
Villalbilla de Villadiego 12 E 18
Villalbilla Sobresierra 12 E 19
Villalcampo 23 H 11
Villalcampo (Embalse de) 23 H 11
Villalcázar de Sirga 25 F 16
Villalcón 24 F 15
Villaldemiro 25 F 18
Villaldín 5 C 11
Villalebrín 24 E 15
Villalfeide 10 D 13
Villalgordo del Júcar 67 O 23
Villalgordo del Marquesado 54 M 22
Villalibre de la Jurisdicción 9 E 10
Villalís 23 F 11
Villallana 5 C 12
Villallano 12 D 17
Villalmanzo 25 F 18
Villalobar de Rioja 26 E 21
Villalobón 25 F 16
Villalobos (Jaén) 85 T 18
Villalobos (Zamora) 23 G 13
Villalómez 26 E 20
Villalón 74 S 14
Villalón de Campos 24 F 14
Villalones 84 V 14
Villalonso 24 H 14
Villalpando 23 G 13
Villalpardo 55 N 25
Villalta 12 D 19
Villalube 23 H 13
Villaluenga 42 H 24
Villaluenga de la Sagra 52 L 18
Villaluenga de la Vega 11 E 15
Villaluenga del Rosario 84 V 13
Villalumbroso 24 F 15
Villalval 26 E 19
Villálvaro 26 H 20
Villalverde 23 F 11
Villalveto 11 D 15
Villalvilla de Montejo 26 H 19
Villamalea 67 N 25
Villamalur 56 M 28
Villamandos 23 F 13
Villamanín 10 D 13
Villamanrique 66 Q 21
Villamanrique de la Condesa 82 U 11
Villamanrique de Tajo 53 L 20
Villamanta 52 L 17
Villamantilla 52 K 17
Villamañan 23 F 13
Villamar 4 B 8
Villamarciel 24 H 15
Villamarco 23 E 14
Villamarín 5 C 11
Villamartín (Alacant) 79 S 27
Villamartín (Burgos) 12 C 18
Villamartín (Cádiz) 83 V 13
Villamartín de Campos 25 F 16
Villamartín de Don Sancho 11 E 14
Villamartín de Villadiego 12 D 17
Villamayor (Asturias) 5 B 14
Villamayor (cerca de Teverga) 5 C 11
Villamayor (Salamanca) 37 J 12
Villamayor (Zaragoza) 29 G 27
Villamayor de Calatrava 64 P 17
Villamayor de Campos 23 G 13
Villamayor del Condado 10 E 13
Villamayor de los Montes 25 F 18
Villamayor del Río 26 E 20
Villamayor de Monjardin 14 E 23
Villamayor de Santiago 54 M 21
Villamayor de Treviño 25 E 17
Villambrán de Cea 24 E 15
Villambrosa 13 D 20
Villambroz 24 E 15
Villameá 4 B 8
Villameca 10 E 11
Villameca (Embalse de) 9 E 11
Villamediana 25 F 16
Villamediana de Iregua 27 E 22
Villamedianilla 25 F 17
Villameján 5 B 11
Villamejil 10 E 11
Villamejín 5 C 11
Villameriel (León) 10 D 11
Villameriel (Palencia) 11 E 16
Villamesías 62 O 12
Villamiel 49 L 9
Villamiel de la Sierra 26 F 19
Villamiel de Toledo 52 M 17
Villaminaya 52 M 18
Villamizar 11 E 14
Villamol 24 E 14
Villamontán de la Valduerna 23 F 12
Villamor 12 D 19
Villamoratiel de las Matas 24 E 14
Villamorco 24 E 16
Villamor de Cadozos 37 I 11
Villamor de la Ladre 37 H 11
Villamor de los Escuderos 37 I 13
Villamorey 5 C 13
Villamorisca 11 D 15
Villamoronta 24 E 15
Villamudria 26 E 20
Villamuelas 52 M 18
Villamuera de la Cueza 24 F 15
Villamuñio 10 E 14
Villamuriel de Campos 24 G 14
Villamuriel de Cerrato 25 G 16
Villanañe 13 D 20
Villanasur 26 E 20
Villanázar 23 G 12
Villandás 5 C 11
Villán de Tordesillas 24 H 15
Villandiego 25 E 17
Villandín 53 L 20
Villaneceriel 11 E 16
Villano (Cabo) 13 B 21
Villanova 17 E 31
Villanovilla 16 E 28
Villanúa 16 D 28
Villanubla 24 G 15
Villanueva (cerca de Boal) 4 B 9
Villanueva (cerca de Cangas) 11 B 14
Villanueva (cerca de Luarca) 4 B 10
Villanueva (cerca de Ribadedeva) 11 B 16
Villanueva (cerca de Teverga) 5 C 11
Villanueva de los Montes 13 D 19
Villanueva (Lugo) 8 D 8
Villanueva (Madrid) 40 K 19
Villanueva (Santo Adriano) 5 C 11
Villanueva (Vizcaya) 13 C 19
Villanueva y Geltrú / Vilanova i la Geltrú 32 I 35
Villanueva de Abajo 11 D 15
Villanueva de Alcardete 53 M 20
Villanueva de Alcorón 41 J 23
Villanueva de Algaidas 84 U 16
Villanueva de Argaño 25 E 18
Villanueva de Argecilla 40 J 21
Villanueva de Arriba 11 D 15
Villanueva de Ávila 51 K 15
Villanueva de Azoague 23 G 12
Villanueva de Bogas 53 M 19
Villanueva de Cameros 27 F 22
Villanueva de Campeán 37 H 12
Villanueva de Cañedo 37 I 12
Villanueva de Carazo 26 G 20
Villanueva de Carrizo 10 E 12

Villanueva de Cauche 85 V 16
Villanueva de Córdoba 75 R 16
Villanueva de Duero 24 H 15
Villanueva de Franco 65 P 19
Villanueva de Gállego 29 G 27
Villanueva de Gómez 38 J 15
Villanueva de Gormaz 40 H 20
Villanueva de Guadamajud 54 L 22
Villanueva de Gumiel 26 G 19
Villanueva de Henares 12 D 17
Villanueva de Jamuz 23 F 12
Villanueva de Jiloca 42 I 25
Villanueva de la Cañada 52 K 17
Villanueva del Aceral 38 I 15
Villanueva de la Concepción 84 V 16
Villanueva de la Condesa 24 F 14
Villanueva de la Fuente 66 P 21
Villanueva de la Jara 55 N 24
Villanueva de la Nia 12 D 17
Villanueva de la Peña 12 C 17
Villanueva del Arbol 10 E 13
Villanueva de la Reina 75 R 18
Villanueva del Ariscal 83 T 11
Villanueva del Arzobispo 76 R 20
Villanueva de las Cruces 72 T 8
Villanueva de la Serena 62 P 12
Villanueva de la Sierra (Cáceres) 49 L 10
Villanueva de la Sierra (Zamora) 21 F 8
Villanueva de las Manzanas 10 E 13
Villanueva de las Peras 23 G 12
Villanueva de las Torres 76 T 20
Villanueva de la Tercia 10 D 12
Villanueva de la Vera 50 L 13
Villanueva del Campillo 38 K 14
Villanueva del Campo 23 G 13
Villanueva del Conde 37 K 11
Villanueva del Duque 74 Q 14
Villanueva del Fresno 60 Q 8
Villanueva del Huerva 43 H 26
Villanueva de los Caballeros 24 G 14
Villanueva de los Castillejos 72 T 8
Villanueva de los Escuderos 54 L 23
Villanueva de los Infantes (Ciudad Real) 65 P 20
Villanueva de los Infantes (Valladolid) 25 G 16
Villanueva de los Nabos 24 E 16
Villanueva del Pardillo 39 K 18

Villanueva del Pedrega 8 D 9
Villanueva del Rebolar de la Sierra 43 J 26
Villanueva del Rebollar 24 F 15
Villanueva del Rey (Córdoba) 74 R 14
Villanueva del Rey (Sevilla) 74 T 14
Villanueva del Río 73 T 12
Villanueva del Río Segura 78 R 26
Villanueva del Río y Minas 73 T 12
Villanueva del Rosario 85 V 16
Villanueva del Trabuco 85 U 16
Villanueva de Mena 13 C 20
Villanueva de Mesia 85 U 17
Villanueva de Odra 12 E 17
Villanueva de Omaña 10 D 11
Villanueva de Oscos 4 C 9
Villanueva de Perales 52 K 17
Villanueva de Puerta 12 E 18
Villanueva de San Mancio 24 G 14
Villanueva de San Carlos 64 Q 18
Villanueva de San Juan 84 U 14
Villanueva de Sigena 30 G 29
Villanueva de Tapia 85 U 17
Villanueva de Valdueza 9 E 10
Villanueva de Valrojo 23 G 11
Villanueva de Viver 56 L 28
Villanueva de Zamajón 27 H 23
Villanuevas (Los) 56 L 28
Villanueva Soportilla 13 D 20
Villanuño de Valdavia 11 E 16
Villaobispo 10 E 11
Villaornate y Castro 23 F 13
Villapaderne 12 C 17
Villapadierna 11 D 14
Villapalacios 66 Q 22
Villapeceñil 24 E 14
Villapedre 4 B 10
Villaprovedo 11 E 16
Villaquejida 23 F 13
Villaquilambre 10 E 13
Villaquirán de la Puebla 25 E 17
Villaquirán de los Infantes 25 E 17
Villalquite 10 E 14
Villar de Argañán 36 J 9
Villar de Ciervo 36 J 9
Villar de Gallimazo 38 J 14
Villar de la Yegua 36 J 9
Villar de Mazarife 10 E 12
Villar de Peralonso 37 I 11
Villar de Samaniego 36 I 10
Villar del Buey 37 I 11
Villar (El) (La Rioja) 27 F 23
Villar (El) (Albacete) 67 O 24
Villar (El) (Ciudad Real) 64 Q 17
Villar (El) (Huelva) 72 S 9
Villar (Embalse de El) 40 J 19
Villar (Rivera del) 72 T 9
Villaralbo 23 H 12
Villaralto 63 Q 15
Villar da Torre 6 D 3
Villar de Acero 9 D 9
Villar de Arnedo (El) 27 F 23
Villar de Cantos 54 N 22
Villar de Cañas 54 M 22
Villar de Chinchilla 67 P 25

Villar de Ciervos 23 E 11
Villardeciervos 23 G 11
Villar de Cobeta 41 J 23
Villar de Corneja 37 K 13
Villar de Cuevas 75 S 18
Villar de Domingo García 54 L 23
Villardefallaves 24 G 14
Villar de Farfón 23 G 11
Villardefrades 24 G 14
Villar de Golfer 23 E 11
Villar de la Encina 54 N 22
Villar del Águila 54 M 22
Villar del Ala 27 G 22
Villar del Arzobispo 56 M 27
Villar de las Traviesas 9 D 10
Villar del Campo 27 G 23
Villar del Cobo 55 K 24
Villar del Horno 54 L 22
Villar del Humo 55 M 25
Villar del Infantado 54 K 22
Villar del Maestre 54 L 22
Villar del Monte 23 F 11
Villar del Olmo 53 K 20
Villar de los Navarros 43 I 26
Villar del Pedroso 51 M 14
Villar del Pozo 64 P 18
Villar del Rey 61 O 9
Villar del Río 27 F 22
Villar del Salz 42 J 25
Villar del Saz de Arcas 54 M 23
Villar del Saz de Navalón 54 L 22
Villar de Matacabras 38 I 14
Villar de Maya 27 F 22
Villar de Olalla 54 L 23
Villar de Olmos 55 N 26
Villar de Plasencia 49 L 11
Villar de Pozo Rubio 67 O 24
Villar de Rena 62 O 12
Villar de Santiago (El) 10 D 11
Villar de Sobrepeña 39 I 18
Villar de Tejas 55 N 26
Villar de Torre 27 E 21
Villardíaz 4 C 8
Villardiegua de la Ribera 23 H 11
Villárdiga 23 G 13
Villardompardo 75 S 17
Villardondiego 23 H 13
Villarejo (Albacete) 67 Q 23
Villarejo (Ávila) 38 K 15
Villarejo (El) 55 L 25
Villarejo (Logroño) 26 E 21
Villarejo (Segovia) 40 I 19
Villarejo de Fuentes 54 M 21
Villarejo de la Peñuela 54 L 22
Villarejo del Espartal 54 L 22
Villarejo del Valle 51 L 14
Villarejo de Medina 41 J 22
Villarejo de Montalbán 52 M 16
Villarejo de Órbigo 10 E 12
Villarejo de Salvanés 53 L 20
Villarejo Periesteban 54 M 22
Villarejos (Los) 51 M 15
Villarejo Sobrehuerta 54 L 22
Villarente 10 E 13
Villares 67 Q 23
Villares (Los) (Ciudad Real) 66 P 21
Villares (Los) (cerca de Andújar) 75 R 18
Villares (Los) (cerca de Jaén) 75 S 18
Villares (Los) (Córdoba) 85 T 17
Villares (Los) (Granada) 86 T 20
Villares de Jadraque 40 I 20

Villares de la Reina 37 I 13
Villares del Saz 54 M 22
Villares de Órbigo 10 E 12
Villares de Yeltes 36 J 10
Villargarcia del Llano 67 O 24
Villargordo (Jaén) 75 S 18
Villargordo (Salamanca) 36 I 11
Villargordo (Sevilla) 72 T 10
Villargordo del Cabriel 55 N 25
Villargusán 10 D 12
Villarias 12 D 19
Villaricos 87 U 24
Villariezo 25 F 18
Villarín 23 E 12
Villarino (León) 27 F 10
Villarino (Salamanca) 36 I 10
Villarino de Cebal 23 G 11
Villarino del Síl 9 D 10
Villarino de Manzanas 22 G 10
Villarino Tras la Sierra 22 G 10
Villarluengo 43 K 28
Villarluengo (Puerto de) 43 K 28
Villarmayor 37 I 12
Villarmentero de Campos 24 F 16
Villarmentero de Esgueva 25 G 16
Villarmid 2 C 2
Villarmide 4 C 8
Villarmuerto 36 I 10
Villarmún 10 E 13
Villarodrigo de Ordás 10 D 12
Villaronte 4 B 8
Villaroya 27 F 23
Villaroya (Puerto de) 43 K 28
Villaroya de los Pinares 43 K 27
Villarpedre 4 C 9
Villarquemado 42 K 26
Villarrabé 24 E 15

Villarrabines 23 F 13
Villarramiel 24 F 15
Villarrasa 82 T 10
Villarreal / Legutiano 14 D 22
Villarreal / Vila-real 57 M 29
Villarreal 60 P 8
Villarreal de Huerva 42 I 26
Villarreal de la Canal 15 E 27
Villarreal de San Carlos 49 M 11
Villarrín de Campos 23 G 13
Villarroañe 10 E 13
Villarrobejo 11 E 15
Villarrobledo 66 O 22
Villarrodrigo (Jaén) 66 Q 22
Villarrodrigo (Palencia) 11 E 15
Villarroquel 10 E 12
Villarroya de la Sierra 28 H 24
Villarroya del Campo 42 I 26
Villarrubia 74 S 15
Villarrubia de los Ojos 65 O 19
Villarrubia de Santiago 53 M 19
Villarrubin 8 E 8
Villarrubio 54 M 21
Villarta 55 N 25
Villarta de Escalona 52 L 16
Villarta de los Montes 63 O 15
Villarta de San Juan 65 O 19
Villarta-Quintana 26 E 20
Villartelín 8 D 8
Villartorey 4 B 9
Villartoso 27 F 22
Villarué 17 E 31
Villarueva de la Torre 40 K 20
Villas Viejas 54 M 21
Villa Tardo Romana 27 H 22

Villasana de Mena 13 C 20
Villasandino 25 E 17
Villasante de Montija 12 C 19
Villasar 33 H 37
Villasarracino 25 E 16
Villasayas 41 H 22
Villasbuenas 36 I 10
Villasbuenas de Gata 49 L 10
Villasdardo 37 I 11
Villas de Turbón (Las) 17 E 31
Villaseca (Segovia) 39 I 18
Villaseca (Córdoba) 74 S 14
Villaseca (Cuenca) 54 L 23
Villaseca (La Rioja) 13 E 21
Villaseca de Arciel 27 H 23
Villaseca de Laciana 10 D 11
Villaseca de la Sagra 52 M 18
Villaseca de Uceda 40 J 19
Villasecino 10 D 11
Villaseco 23 H 12
Villaseco de los Gamitos 37 I 11
Villaseco de los Reyes 37 I 11
Villaselán 11 E 14
Villasequilla de Yepes 52 M 18
Villasexmir 24 H 14
Villasidro 25 E 17
Villasila 11 E 16
Villasilos 25 F 17
Villasimpliz 10 D 13
Villasinde 8 E 9
Villaspesa 55 L 26
Villasrubias 49 K 10
Villastar 55 L 26
Villasuso 12 C 17
Villas Viejas 54 M 21
Villa Tardo Romana 27 H 22

Villatoro (Ávila) 38 K 14
Villatoro (Burgos) 25 E 18
Villatoya 67 O 25
Villatresmil 4 B 10
Villatuerta 14 E 24
Villaturde 24 E 15
Villaturiel 10 E 13
Villaumbrales 24 F 16
Villaute 12 E 18
Villava 15 D 25
Villavaler 5 B 11
Villavaliente 67 O 25
Villavaquerín 25 H 16
Villavedón 12 E 17
Villavelasco de Valderaduey 11 E 15
Villavelayo 26 F 21
Villavellid 24 G 14
Villavendimio 23 H 13
Villavente 10 E 13
Villaventín 13 C 19
Villaverde (Asturias) 5 B 13
Villaverde (Castillo de) 29 F 27
Villaverde de Pontones 12 B 18
Villaverde (León) 9 E 9
Villaverde (Madrid) 52 K 18
Villaverde de Abajo 10 D 13
Villaverde de Arcayos 11 E 14
Villaverde de Guadalimar 66 Q 22
Villaverde de Guareña 37 I 13
Villaverde de Iscar 39 I 16
Villaverde del Ducado 41 I 22
Villaverde de Monte (Burgos) 25 F 18
Villaverde del Monte (Soria) 27 G 21
Villaverde del Río 73 T 12
Villaverde de Medina 38 I 14
Villaverde de Montejo 26 H 19

GASTEIZ VITORIA

Angulema	BZ 2	Nueva Fuera .... BY 34
Becerro de Bengoa	AZ 5	Ortiz de Zárate .... BZ 36
Cadena y Eleta	AZ 8	Pascual de Andagoya (Pl. de) ... AY 39
Diputación	AZ 12	Portal del Rey .... BZ 42
Escuelas	BY 15	Prado .... AZ 45
España (Pl. de)	BZ 18	San Francisco .... BZ 48
Herrería	AY 24	Santa María (Cantón de) ... BY 51
Machete (Pl. del)	BZ 30	Virgen Blanca (Pl. de la) ... BZ 55
Madre Vedruna	AZ 33	

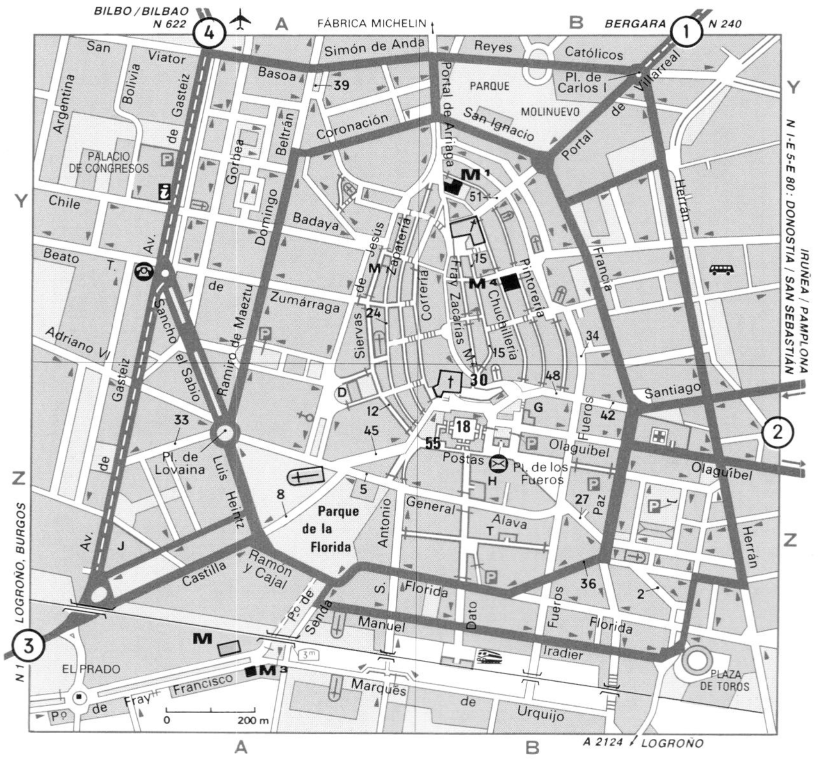

Dato ... BZ
Gastiez (Av. de) ... AYZ
Independencia ... BZ 27
Postas ... BZ

M1 MUSEO DE ARQUEOLOGÍA   M3 MUSEO DE ARMERÍA   M4 MUSEO "FOURNIER" DEL NAIPE

Villaverde de
  Pontanes — 12 B 18
Villaverde
  de Sandoval — 10 E 13
Villaverde
  de Trucios — 13 C 20
Villaverde la
  Chiquita — 10 E 14
Villaverde-Mogina — 25 F 17
Villaverde-
  Peñahoradada — 25 E 18
Villaverde de Rioja — 27 F 21
Villaverde
  y Pasaconsol — 54 M 23
Villaveta — 25 E 17
Villaveza del Agua — 23 G 12
Villaveza
  de Valverde — 23 G 12
Villavicencio
  de los Caballeros — 24 F 14
Villaviciosa — 5 B 13
Villaviciosa (Ría de) — 5 B 13
Villaviciosa
  de Córdoba — 74 R 14
Villaviciosa
  de la Ribera — 10 E 12
Villaviciosa de
  Odón — 52 K 18
Villaviciosa
  de Tajuña — 41 J 21
Villavieja del Cerro — 24 H 14
Villavieja del
  Lozoya — 39 I 18
Villavieja de Muñó — 25 F 18
Villavieja de Yeltes — 36 J 10
Villaviudas — 25 G 16
Villayón — 4 B 9
Villayuste — 10 D 12
Villaza — 21 G 7
Villazala — 23 E 12
Villazanzo
  de Valderaduey — 11 E 15
Villazón — 5 B 11
Villazopeque — 25 F 17
Villegar — 12 C 18
Villegas — 25 E 17
Villegas o Mardos — 67 Q 25
Villeguillo — 38 I 16
Villel — 55 L 26
Villela — 12 D 17
Villel de Mesa — 42 I 24
Villelga — 24 F 15
Villena — 68 Q 27
Villeriás — 24 G 15
Villes de
  Benicàssim (Les) — 57 L 30
Villeza — 24 F 14
Villiguer — 10 E 13
Villimer — 10 E 13
Villivañe — 23 E 13
Villobas — 16 E 29
Villodas — 13 D 21
Villodre — 25 F 17
Villodrigo — 25 F 17
Villoldo — 25 F 16
Villomar — 10 E 13
Villora — 55 M 25
Villora (Cabeza de) — 55 M 25
Villores — 44 J 29
Villoria (Asturias) — 5 C 13
Villoria (Salamanca) — 37 J 13
Villoria de Boada — 37 J 11
Villorquite
  de Herrera — 11 E 16
Villoruebo — 26 F 19
Villoruela — 37 I 13
Villoslada — 39 J 16
Villoslada
  de Cameros — 27 F 21
Villota del Duque — 11 E 16
Villota del Páramo — 11 E 15
Villotilla — 24 E 15
Villovela — 25 G 18
Villoviado — 25 G 18
Villovieco — 25 F 16
Villuercas — 50 N 13
Villarejo Seco — 54 M 22
Viloalle — 3 B 7
Vilobí d'Onyar — 33 G 38
Vilopriu — 19 F 38
Viloria (Navarra) — 14 D 22
Viloria (Valladolid) — 39 H 16
Viloria de Rioja — 26 E 20
Vilosell (El) — 31 H 32
Vilouriz — 7 D 6
Vilouzás — 3 C 5

Vilueña (La) — 42 I 24
Vilvarejo (El) — 42 J 26
Vilves — 31 G 33
Vilvestre — 36 I 9
Vilviestre — 27 G 22
Vilviestre del Pinar — 26 G 20
Vilviestre de Muñó — 25 F 18
Vilvis — 52 L 17
Vimbodí — 31 H 33
Vimianzo — 2 C 2
Vinaceite — 43 I 28
Vinaderos — 38 I 15
Vinaixa — 31 H 32
Vinallop — 45 J 31
Vinalopó (Riu) — 68 P 27
Vinaròs — 45 K 31
Vincios — 20 F 3
Vindel — 41 K 22
Vinebre — 44 I 31
Viniegra de Abajo — 27 F 21
Viniegra de Arriba — 27 F 21
Vinseiro — 7 D 4
Vinuesa — 27 G 21
Vinyoles — 68 O 26
Vinyols — 45 I 33
Viña — 3 C 5
Viña (La) — 85 U 17
Viñales — 9 E 10
Viñamala (Reserva
  nacional de) — 16 D 29
Viñas — 22 G 10
Viñas (Las) — 75 R 18
Viñegra — 38 J 14
Viñegra de Moraña — 38 J 15
Viñón (Asturias) — 5 B 13
Viñón (Cantabria) — 11 C 16
Viñuela — 85 V 17
Viñuela (Embalse
  de la) — 85 V 17
Viñuela (La) (Ciudad
  Real) — 64 P 17
Viñuela (La)
  (Sevilla) — 73 S 13
Viñuela de Sayago — 37 I 12
Viñuelas
  (Castillo de) — 40 K 19
Viñuelas
  (Guadalajara) — 40 J 19
Violada
  (Canal de la) — 29 F 27
Vírgala — 14 D 22
Virgen Columba — 29 H 27
Virgen (Ermita de
  la) — 41 J 22
Virgen (La) — 42 I 24
Virgen (Puerto de
  la) — 87 U 23
Virgen
  (Sierra de la) — 28 H 24
Virgen Coronada
  (Ermita de la) — 63 O 14
Virgen de Ara
  (Ermita) — 73 R 12
Virgen de Fabana
  (Ermita de la) — 16 F 29
Virgen de la Cabeza — 76 T 21
Virgen de la Cabeza
  (Ermita de la)
  (Ciudad Real) — 65 Q 19
Virgen de la Cabeza
  (Ermita de la)
  (Murcia) — 77 S 23
Virgen de la Cabeza
  (Santuario) — 75 R 17
Virgen de la Encina — 52 L 18
Virgen de la
  Estrella
  (Santuario de la) — 56 K 29
Virgen de Lagunas
  (Ermita de la) — 42 H 26
Virgen de
  la Montaña (La) — 49 N 10
Virgen de la Muela — 53 M 20
Virgen de la Peña — 15 D 26
Virgen de la Peña
  (Ermita) — 93 B 11
Virgen de la Peña
  (Ermita de la) — 14 D 22
Virgen de la Peña
  (Ermita de la)
  (Huelva) — 72 T 8
Virgen de la Peña
  (Ermita de la)
  (Teruel) — 43 K 28
Virgen de las
  Cruces — 65 O 18
Virgen de la Sierra
  (Ermita de la) — 65 O 18

Virgen de la Sierra
  (Santuario de) — 28 H 24
Virgen de las Viñas — 66 O 21
Virgen de la Vega
  (Ciudad Real) — 65 Q 20
Virgen de la Vega
  (Ermita de la) — 44 J 30
Virgen de la Vega
  (Guadalajara) — 41 J 22
Virgen de la Vega
  (La) — 56 K 27
Virgen
  del Buenlabrado
  (Ermita de) — 41 J 23
Virgen
  del Buen Suceso
  (Ermita de la) — 43 K 28
Virgen del Camino
  (La) — 10 E 13
Virgen del Campo
  (Ermita de la)
  (cerca de Argente) — 43 J 26
Virgen del Campo
  (Ermita de la)
  (cerca de
  Camarillas) — 43 K 27
Virgen del Castillo — 63 P 15
Virgen del Castillo
  (Ermita de la)
  (Segovia) — 39 I 17
Virgen del Castillo
  (Ermita de la)
  (Teruel) — 42 K 26
Virgen del Molino
  (Ermita de la) — 42 K 26
Virgen de los
  Ángeles
  (Ermita de la) — 42 K 25
Virgen de los
  Santos — 64 P 18
Virgen del Pinar
  (Ermita de la) — 54 K 22
Virgen del Poral
  (Ermita de la) — 41 K 21
Virgen del Prado
  (Ermita de la) — 49 N 10
Virgen del Robledo
  (Ermita de la) — 73 S 13
Virgen del Rocío — 73 T 12
Virgen del Rosario
  (Ermita de la) — 43 J 26
Virgen de Luna — 74 R 15
Virgen de
  Montesinos
  (Ermita de la) — 41 J 23
Virgen de Nieves
  Tara
  Mazas (Ermita) — 44 J 29
Virgen de Suceso — 13 C 20
Virtudes (Las)
  (Alicante) — 68 Q 27
Virtudes (Las)
  (Ciudad Real) — 65 Q 19
Virtus — 12 D 18
Visantoña — 3 C 5
Visaurin — 16 D 28
Visiedo — 43 J 26
Viso (El) (Albacete) — 68 O 26
Viso (El)
  (La Coruña) — 6 D 2
Viso (El) (Córdoba) — 63 Q 15
Viso del Alcor (El) — 83 T 12
Viso del Marqués — 65 Q 19
Viso
  de San Juan (El) — 52 L 18
Vista Alegre — 3 B 5
Vistabella — 43 I 26
Vistabella
  del Maestrat — 56 L 29
Vistahermosa — 88 W 11
Vistalegre — 51 M 15
Vista Ramos — 92 J 8
Vita — 38 J 14
Vitigudino — 36 I 10
Vitoria / Gasteiz — 13 D 21
Vitoria
  (Montes de) — 14 D 22
Vitoriano — 13 D 21
Víu — 17 E 31
Viuda (Rambla de
  la) — 57 L 29
Viu de Llevata — 17 E 32
Vivar
  de Fuentidueña — 25 H 17
Vivar del Cid — 25 E 18
Vivares — 62 O 11

Vivedro — 4 B 9
Viveiro (cerca de
  Muras) — 3 B 7
Viveiro (Lugo) — 3 B 7
Viveiro (Ría de) — 3 A 7
Vivel
  del Río Martín — 43 J 27
Viver (Castelló) — 56 M 28
Viver (Barcelona) — 32 G 35
Viver de la Sierra — 28 H 25
Vivero — 63 P 15
Viveros — 66 P 22
Vives (Els) — 79 R 27
Vivinera — 23 G 11
Vixán — 6 E 2
Vizcaina (La) — 95 E 9
Vizcainos — 26 F 20
Vizcaya (Balcón de) — 14 C 22
Vizcaya
  (Golfo de) — 14 B 22
Vizcaya
  (Provincia) — 13 B 21
Vizcodillo — 22 F 10
Vizcuerno
  (Sierra de) — 44 I 29
Vizmanos — 27 F 22
Viznar — 85 U 19
Voladilla Alta — 89 W 14
Voltoya — 39 I 16
Vorcel — 83 U 12
Vozmediano — 28 G 24
Voznuevo — 10 D 14
Vueltas — 95 E 9
Vulpellac — 33 G 39
Wamba — 24 G 15

X

Xàbia / Jávea — 69 P 30
Xallas — 6 D 2
Xaló — 69 P 29
Xanceda — 3 C 5
Xara (La) — 69 P 30
Xares (Orense) — 22 F 9
Xares (Río) — 8 E 8
Xarrié — 65 O 18
Xàtiva — 69 P 28
Xaviña — 2 C 2
Xendive — 20 G 5
Xeraco — 69 O 29
Xerdiz — 3 B 7
Xeresa — 69 O 29
Xermade — 3 B 6
Xermar — 3 C 7
Xert — 44 K 30
Xerta — 45 J 31
Xesta (cerca de
  Lalin) — 7 E 5

Xesta (cerca de
  Lama) — 7 E 4
Xesta (Puerto de la) — 3 B 7
Xestal — 3 C 5
Xesteira — 6 E 4
Xesteiras — 6 D 4
Xestosa — 21 F 6
Xestoso — 3 C 6
Xeve — 6 E 4
Xiá — 3 C 6
Xiabre — 6 E 3
Xilorna — 68 Q 27
Xilornet (El) — 68 Q 27
Xilxes — 57 M 29
Xinzo de Limia — 21 F 6
Xirivella — 56 N 28
Xironda — 21 G 7
Xistral — 3 B 7
Xistral (Sierra del) — 3 B 7
Xiva de Morella — 44 K 29
Xivana (La) — 69 O 28
Xivert (Castell de) — 57 L 30
Xixona — 69 Q 28
Xodos — 56 L 29
Xoroi (Coves d'en) — 91 M 42
Xortà (Serra de la) — 69 P 29
Xove — 3 A 7
Xuances — 3 A 7
Xubia — 3 B 5
Xunqueira de
  Ambía — 21 F 6
Xunqueira
  de Espadañedo — 21 F 7
Xuño — 6 E 2
Xúquer (Riu) — 55 O 28
Xúquer-Túria
  (Canal de) — 69 O 28
Xurés (Sierra de) — 21 G 6
Xustás — 3 C 7
Xuvencos — 8 E 7

Y

Yaco — 92 I 9
Yaiza — 95 V 4
Yanguas — 27 F 22
Yanguas de Eresma — 39 I 17
Yaso — 16 F 29
Yátor — 86 V 20
Yátova — 68 N 27
Ye — 95 X 2
Yébenes (Los) — 52 N 18
Yébenes
  (Sierra de los) — 52 N 17
Yebes — 40 K 20
Yebra — 53 K 21
Yebra de Basa — 16 E 29
Yechar — 78 R 25
Yecla — 68 Q 26

Yecla de Yeltes — 36 J 10
Yécora — 14 E 22
Yedra (La) — 76 R 19
Yegas
  (Laguna de Las) — 85 U 19
Yegen — 86 V 20
Yegua (Cabeza de
  la) — 9 E 10
Yegua (Puerto de
  la) — 88 W 13
Yeguas — 87 V 23
Yeguas (Embalse
  de) — 75 R 17
Yeguas (Las)
  (Málaga) — 84 U 15
Yeguas (Las)
  (Toledo) — 52 L 17
Yeguas (Río de las) — 75 R 17
Yegüerizos (Los) — 77 R 21
Yela — 41 J 21
Yélamos de Abajo — 41 K 21
Yélamos de Arriba — 41 K 21
Yelbes — 62 P 11
Yeles — 52 L 18
Yeles (Estación de) — 52 L 18
Yelmo — 77 R 21
Yelo — 41 I 22
Yeltes — 36 J 10
Yelves (Sierra de) — 62 P 11
Yémeda — 55 M 24
Yepes — 53 M 19
Yéqueda — 29 F 28
Yera — 12 C 18
Yerga — 28 F 24
Yermo — 12 C 17
Yernes — 5 C 11
Yernes y Tameza — 5 C 11
Yerri — 14 D 24
Yesa — 15 E 26
Yesa (Embalse de) — 15 E 26
Yesa (La) — 56 M 27
Yesares (Los) — 67 O 24
Yeseras (Las) — 93 S 9
Yésero — 16 E 29
Yesos (Los)
  (Almería) — 87 U 23
Yesos (Los)
  (Granada) — 86 V 20
Yeste — 77 Q 23
Yetas de Abajo — 77 R 23
Yezosa — 65 P 19
Yudego — 25 E 17
Yugueros — 11 D 14
Yuncler — 52 L 18
Yunclillos — 52 L 18
Yuncos — 52 L 18
Yunquera — 84 V 15
Yunquera (La) — 66 P 23
Yunquera
  de Henares — 40 J 20

Yunta (La) — 42 J 24
Yuso — 11 C 15
Yuso
  (Monasterio de) — 27 F 21
Yuste
  (Monasterio de) — 50 L 12

Z

Zabalza (cerca de
  Lumbier) — 15 D 26
Zabalza (cerca de
  Pamplona) — 14 D 24
Zacatín (Sierra del) — 77 R 23
Zael — 25 F 18
Zafara — 37 H 11
Zafarraya — 85 V 17
Zafra — 61 Q 10
Zafra (La) — 68 P 27
Zafra de Záncara — 54 M 22
Zafrilla — 55 L 25
Zafrón — 37 I 11
Zagra — 85 U 17
Zagrilla — 85 T 17
Zahara (Embalse
  de) — 84 V 13
Zahara
  (Ensenada de) — 88 X 12
Zahara de la Sierra — 84 V 13
Zahara de los
  Atunes — 88 X 12
Zahariche — 74 T 13
Zahínos — 72 R 9
Zahora — 88 X 11
Zahora (La) — 85 U 18
Zaida (Laguna de) — 42 I 25
Zaidin — 30 H 30
Zaidín (Canal de) — 30 G 30
Záitegui — 13 D 21
Zajarrón Bajo — 61 O 9
Zalamea
  de la Serena — 62 Q 13
Zalamea la Real — 72 S 10
Zalamillas — 23 F 13
Zaldibar — 14 C 22
Zaldivia — 14 C 23
Zalduendo
  (Burgos) — 26 E 19
Zalduendo (Alava) — 14 D 22
Zalea — 84 V 15
Zalla — 13 C 20
Zamajón — 27 H 22
Zamarra — 36 K 10
Zamarramala — 39 J 17
Zamarrón — 76 T 20
Zamayón — 37 I 12
Zambra — 85 T 16
Zambrana — 13 E 21

ZARAGOZA

Alfonso I . . . . YZ
Alonso V . . . . YZ
Conde de Aranda . . . . Z
Coso . . . . Z

Don Jaime I . . . . YZ
Independencia (Av.) . . . . Z
San vicente de Pául . . . . YZ

Candalija . . . . . . Z 10
Capitán Portolés . . . Z 13
César Augusto (Av.) . . . . Y 15

Cinco de Marzo . . . . Z 18
Magdalena . . . . Z 42
Manifestación . . . . Y 43
Sancho y Gil . . . . Z 58
San Pedro Nolasco (Pl. de) . . . Z 63
Teniente Coronel
  Valenzuela . . . . Z 67

Portugal

A

Abaças 35 I 6
Abade de Neiva 20 H 4
Abadia (Nossa Senhora d') 20 G 5
Abambres 21 H 8
Abela 70 S 4
Abitureiras 46 O 3
Abiúl 47 M 4
Aboadela 34 I 6
Aboboreira 47 N 5
Aboim 20 H 5
Aboim da Nóbrega 20 G 4
Aboim das Choças 20 G 4
Aborim 20 H 4
Abrã 46 N 3
Abragão 34 I 5
Abrantes 47 N 5
Abreiro 35 H 8
Abrigada 58 O 2
Abrilongo (Ribeira de) 60 O 8
Abrunheira 46 L 3
Abrunhosa-a-Velha 35 K 7
Abuxanas 58 O 3
Achada 96 J 20
Achada 58 P 1
Achada do Gamo 71 T 7
Achadas da Cruz 80 A Y
Achadinha 96 J 20
Achete 46 O 3
Acoreira 35 I 8
Açoteias 80 U 5
Adão 35 K 8
Adaúfe 20 H 4
À-da-Velha 20 F 5
Ade 36 K 9
A de Barros 35 J 7
Adiça (Serra da) 71 S 7
A-do-Pinto 71 S 7
Adorigo 35 I 7
A dos Cunhados 58 O 2
A. dos Ferreiros 34 K 4
Adoufe 35 H 6
Adraga 58 P 1
Adrão 20 G 5
Afife 20 G 3
Afonsim 21 H 6
Agadão 34 K 5
Agroal 47 M 4
Agrochão 21 G 8
Agua de Pau 96 J 19
Agua de Pau (Serra de) 96 J 19
Água do Alto 96 J 19
Agua Retorta 96 J 20
Aguada de Baixo 34 K 4
Aguada de Cima 34 K 4
Água de Madeiros 46 M 2
Água de Peixes 71 R 6
Água de Pena 80 B Y
Água Longa 34 I 4
Agualva 96 G 14
Agualva-Cacém 58 P 2
Água Negra 71 S 7
Águas 48 L 8
Águas Belas (Guarda) 48 K 8
Águas Belas (Santarém) 47 M 5
Águas Boas 35 J 7
Águas de Moura 58 Q 3
Águas dos Fusos 81 U 6
Águas Frias (Faro) 80 U 5
Águas Frias (Vila Real) 21 G 7
Águas Réves-e-Castro 21 H 7
Águas Santas 34 I 4
Água Travessa 59 O 5
Aguçadoura 20 H 3
Aguda 47 M 5
Águeda (Rio) (Guarda) 36 J 9
Águeda 34 K 4
Águeda (Rio) (Aveiro) 34 K 4
Aguiã 20 G 4
Aguiar 59 Q 6
Aguiar (Ribeira de) 36 J 9
Aguiar da Beira 35 J 7
Aguiar de Sousa 34 I 4
Aguieira (Barragem da) 34 K 5
Agulha (Ponta da) 96 J 18
Airães 34 I 5
Aire (Serra de) 46 N 4
Ajuda (Ponta da) 96 J 20
Alagoa 60 N 7
Alamo 60 Q 7
Alandroal 60 P 7
Alares 48 M 8
Albarnaz (Ponta do) 96 E 2
Albergaria 46 M 3
Albergaria-a-Nova 34 J 4
Albergaria-a-Velha 34 J 4
Albergaria dos Doze 46 M 4
Albergaria dos Fusos 71 R 6
Albernoa 71 S 6
Albufeira 80 U 5
Albufeira (Lagoa de) 58 Q 2
Alburitel 47 N 4
Alcabideche 58 P 1
Alcácer do Sal 59 Q 4
Alcáçovas 59 Q 5
Alcáçovas (Estação de) 59 Q 5
Alcáçovas (Ribeira das) 59 Q 5
Alcafozes 48 M 8
Alcaide 48 L 7
Alcains 48 M 7
Alcanede 46 N 3
Alcanena 46 N 3
Alcanhes 58 O 4
Alcantarilha 80 U 4
Alcaravela 47 N 5
Alcaraviça 60 P 7
Alcaria (Beja) 71 R 6
Alcaria (Castelo Branco) 48 L 7
Alcaria (Leiria) 46 N 3
Alcaria (perto de Boliqueime) 80 U 5
Alcaria (perto de Odeleite) 71 T 7
Alcaria Alta 71 T 6
Alcaria de Javazes 71 T 7
Alcaria do Cume 81 U 6
Alcaria Longa 71 T 6
Alcaria Ruiva 71 S 6
Alcarias 81 U 7
Alcarrache 71 R 7
Alcobaça 46 N 3
Alcobertas 46 N 3
Alcochete 58 P 3
Alcoentre 58 O 3
Alcofra 34 K 5
Alcongosta 48 L 7
Alcorochel 46 N 4
Alcoutim 71 T 7
Alcôvo das Várzeas 47 L 6
Aldehuela 49 K 10
Aldeia da Mata 59 O 6
Aldeia da Ponte 36 K 9
Aldeia da Ribeira (Guarda) 36 K 9
Aldeia da Ribeira (Santarém) 46 N 3
Aldeia das Amoreiras 70 T 4
Aldeia das Dez 47 L 6
Aldeia da Serra (Évora) 60 P 7
Aldeia da Serra (Leiria) 47 M 4
Aldeia da Serra (perto de São Gregório) 59 P 6
Aldeia da Tor 81 U 5
Aldeia de Ana de Avis 47 M 5
Aldeia de Eiras 47 N 5
Aldeia de Irmãos 58 Q 2
Aldeia de Joanes 48 L 7
Aldeia de João Pires 48 L 8
Aldeia de Nacomba 35 J 7
Aldeia de Santa Margarida 48 L 8
Aldeia de São Francisco de Assis 47 L 6
Aldeia do Bispo (Castelo Branco) 48 L 8
Aldeia do Bispo (Guarda) 49 L 9
Aldeia do Carvalho 48 L 7
Aldeia do Corvo 71 T 6
Aldeia do Mato 47 N 5
Aldeia do Neves 71 T 6
Aldeia do Ronquenho 70 S 5
Aldeia dos Delbas 70 S 5
Aldeia dos Fernandes 70 T 5
Aldeia dos Francos 46 O 2
Aldeia dos Grandaços 70 T 5
Aldeia dos Neves 71 T 5
Aldeia dos Palheiros 70 T 5
Aldeia dos Pescadores 46 N 2
Aldeia dos Ruins 70 R 5
Aldeia Gavinha 58 O 2
Aldeia Nova (Beja) 71 S 5
Aldeia Nova (Bragança) 23 H 11
Aldeia Nova (Faro) 81 U 7
Aldeia Nova (perto de Almeida) 36 J 9
Aldeia Nova (perto de Trancoso) 35 J 7
Aldeias (Beja) 71 R 6
Aldeias (Guarda) 35 K 7
Aldeias (Viseu) 35 I 6
Aldeias de Montoito 60 Q 7
Aldeia Velha (Beja) 71 R 6
Aldeia Velha (Guarda) 49 K 9
Aldeia Velha (Portalegre) 59 O 5
Aldeia Viçosa 35 K 8
Alegrete 60 O 8
Alenquer 58 O 2
Alenquer (Ribeira de) 58 O 2
Alentisca 60 P 8
Alfafar 47 L 4
Alfaião 22 G 9
Alfaiates 49 K 9
Alfambra 80 U 3
Alfândega da Fé 36 H 9
Alfarela de Jales 21 H 7
Alfarelos 47 L 4
Alfarim 58 Q 2
Alfeizerão 46 N 2
Alferce 80 U 4
Alferrarede 47 N 5
Alfrivida 48 M 7
Alfundão 71 R 5
Alfusqueiro 34 K 4
Algaça 47 L 5
Algar do Carvão 96 G 14
Algar Seco 80 U 4
Algarvia 96 J 20
Alge (Ribeira de) 47 M 5
Algeriz 21 H 7
Algeruz 58 Q 3
Algibre (Ribeira de) 80 U 5
Algodor 71 S 6
Algodres 35 J 8
Algoso 22 H 10
Algoz 80 U 5
Alguber 58 O 2
Algueirão-Mem Martins 58 P 1
Alhadas 46 L 3
Alhais 35 J 6
Alhandra 58 P 2
Alhes 34 J 5
Alhos Vedros 58 Q 2
Alijó 35 I 7
Aljezur 80 U 3
Aljubarrota 46 N 3
Aljustrel 71 S 5
Almaça 34 K 5
Almaceda 48 L 7
Almada 58 P 2
Almada de Ouro 81 U 7
Almadafe (Ribeira do) 59 P 6
Almadena 80 U 3
Almagreira (Azores) 96 M 20
Almagreira (Leiria) 46 M 4
Almalaguês 47 L 4
Almancil 81 U 5
Almargem do Bispo 58 P 2
Almargens 81 U 6
Almeida 36 J 9
Almeirim 58 O 4
Almeirim 71 S 5
Almeirim (Évora) 59 Q 6
Almeirim (Santarém) 59 O 4
Almendra 35 I 8
Almodôvar 71 T 5
Almofala (Guarda) 36 J 9
Almofala (Leiria) 46 N 2
Almofala (Viseu) 35 J 6
Almograve 70 T 3
Almonda 47 N 4
Almoster (Leiria) 47 M 4
Almoster (Santarém) 58 O 3
Almourol (Castelo de) 47 N 4
Almuro (Ribeira do) 60 P 7
Alpalhão 48 N 7
Alpedrinha 48 L 7
Alpedriz 46 N 3
Alpendres de Lagares 71 S 7
Alpiarça 59 O 4
Alportel 81 U 6
Alportel (Ribeira de) 81 U 6
Alpreade (Ribeira de) 48 M 7
Alqueidão 46 L 3
Alqueidão da Serra 46 N 3
Alqueidão do Arrimal 46 N 3
Alqueva 71 R 7
Alqueva (Barragem de) 71 R 7
Alte 80 U 5
Alter do Chão 60 O 7
Alter Pedroso 60 O 7
Alto Cávado (Barragem de) 21 G 6
Alto Ceira (Barragem do) 47 L 6
Alto Fica 81 U 5
Alto Rabagão (Barragem do) 21 G 6
Altura 81 U 7
Alturas do Barroso 21 G 6
Alva 34 J 6
Alva (Rio) 47 L 5
Alvacar (Ribeira de) 71 T 6
Alvações do Corgo 35 I 6
Alvadia 21 H 6
Alvados 46 N 3
Alvaiade 47 M 6
Alvaiázere 47 M 4
Alvalade 70 S 4
Alvão (Serra de) 21 H 6
Alvarães 20 H 3
Alvarelhos 21 G 7
Alvarenga 34 J 5
Alvares (Beja) 71 T 6
Alvares (Coimbra) 47 L 5
Álvaro 47 M 6
Alvarrão 71 R 7
Alvarres 60 N 7
Alvega 47 N 5
Alvelos (Serra de) 47 M 6
Alvendre 35 K 8
Alverca da Beira 35 J 8
Alverca do Ribatejo 58 P 2
Alves 71 T 7
Alviela 47 N 4
Alviobeira 47 M 4
Alvite 35 J 6
Alvito 71 R 6
Alvito (Barragem do) 71 R 6
Alvito da Beira 47 M 6
Alvoco da Serra 47 L 6
Alvoco das Várzeas 47 L 6
Alvor 80 U 4
Alvorge 47 M 4
Alvorninha 46 N 2
Amadora 58 P 2
Amarante 34 I 5
Amarela (Serra) 20 G 5
Amareleja 72 R 8
Amares 20 H 4
Ameada 72 R 8
Amedo 35 I 8
Ameixial 71 T 6
Amêndoa 47 N 5
Amendoeira (Beja) 71 S 6
Amendoeira (Faro) 81 U 6
Amiães de Baixo 46 N 3
Amiães de Cima 46 N 3
Amieira (Castelo Branco) 47 M 6
Amieira (Évora) 71 R 7
Amieira Cova 47 N 6
Amieira do Tejo 47 N 6
Amieiro (Coimbra) 46 L 4
Amieiro (Vila Real) 35 I 7
Amonde 20 G 3
Amor 46 M 3
Amora 58 Q 2
Amoreira (Faro) 81 T 6
Amoreira (Guarda) 35 K 8
Amoreira (Leiria) 46 N 2
Amoreira (Santarém) 47 N 5
Amoreira (Aqueduto da) 60 P 8
Amoreira da Gândara 34 K 4
Amoreiras 70 S 4
Amoreirinha 60 P 8
Amorim 20 H 3
Amorosa 20 H 3
Anadia 34 K 4
Ançã 47 L 4
Ancas 34 K 4
Âncora 20 G 3
Andam 46 N 3
Andorinha 47 L 4
Andrães 35 I 6
Andreus 47 N 5
Anelhe 21 G 7
Angeja 34 J 4
Angra do Heroismo 96 H 14
Angueira 22 H 10
Angueira (Rio) 22 H 10
Anha 20 G 3
Anhes 20 G 4
Anissó 20 H 5
Anjos 96 L 20
Anobra 47 L 4
Anreade 34 I 6
Ansiães 35 I 8
Ansião 47 M 4
Antanhol 47 L 4
Antas (perto de Fornos de Algodres) 35 K 7
Antas (perto de Penedono) 35 J 7
Apostiça 58 Q 2
Apúlia 20 H 3
Arada 34 J 4
Arada (Serra da) 34 J 5
Aradas 34 K 4
Arade (Barragem de) 80 U 4
Arades (Ribeira de) 48 M 9
Aranhas 48 L 8
Aravil (Ribiera do) 48 M 8
Arazede 46 L 4
Arca 34 K 5
Arcas (Bragança) 21 H 8
Arcas (Viseu) 35 J 6
Arco da Calheta 80 A Y
Arco de Baulhe 21 H 6
Arco de São Jorge 80 B Y
Arcos (Évora) 60 P 7
Arcos (Vila Real) 21 G 6
Arcos (Viseu) 35 I 7
Arcos de Valdevez 20 G 4
Arcossó 21 H 7
Arcozelo 35 K 7
Arcozelo das Maias 34 J 5
Arcozelos 35 J 7
Arda 34 J 5
Ardãos 21 G 7
Ardila 71 R 7
Arega 47 M 5
Areia 47 N 6
Areia de Baixo 47 N 5
Areias 47 M 4
Areias de Vilar 20 H 4
Arelho 46 N 2
Areosa 20 G 3
Arez 47 N 6
Arga (Serra de) 20 G 3
Arga de São João 20 G 3
Arganil (Coimbra) 47 L 5
Arganil (Santarém) 47 M 6
Argemil 21 H 7
Argomil 35 K 8
Argozelo 22 H 10
Aricera 35 I 7
Arieiro 80 B Y
Arieiro 58 Q 2
Ariz 35 J 7
Armação de Pêra 80 U 4
Armada 21 G 6
Armadouro 47 L 6
Armamar 35 I 6
Armil 20 H 5
Armona 81 U 6
Armona (Ilha de) 81 U 6
Arnas 35 J 7
Arneiro (Portalegre) 47 N 6
Arneiro (Santarém) 47 M 4
Arneiro das Milhariças 46 N 3
Arnel (Ponta do) 96 J 20
Arnoso 20 H 4
Arões (Aveiro) 34 J 5
Arões (Braga) 20 H 5
Arosa 20 H 5
Arouca 34 J 5
Arrabal 46 M 3
Arrábida (Parque Natural da) 58 Q 3
Arrábida (Serra da) 58 Q 2
Arraiolos 59 P 6
Arramades 71 R 6
Arranhó 58 P 2
Arreciadas 47 N 5
Arrentela 58 Q 2
Arrepiado 47 N 4
Arrifana (Faro) 80 U 3
Arrifana (Aveiro) 34 J 4
Arrifana (Coimbra) 47 L 5
Arrifana (Faro) 80 U 3
Arrifana (Guarda) 35 K 8
Arrifes 96 J 18
Arripiado 47 N 4
Arronches 60 O 8
Arrouquelas 58 O 3
Arruda dos Pisões 46 O 3
Arruda dos Vinhos 58 P 2
Arunca 47 M 4
Árvore 20 H 3
Arzila 47 L 4
Assafarge 47 L 4
Assafora 58 P 1
Asseca 58 O 3
Asseca (Ribeira de) 60 P 7
Asseiceira (perto de Rio Maior) 58 O 3
Asseiceira (perto de Tomar) 47 N 4
Assentiz 47 N 4
Assentiz (perto de Rio Maior) 58 O 3
Assumar 60 O 7
Assureira 21 G 6
Atalaia (Castelo Branco) 48 M 7
Atalaia (Évora) 59 Q 6
Atalaia (Guarda) 35 K 8
Atalaia (Lisboa) 58 O 2
Atalaia (Portalegre) 47 N 6
Atalaia (Santarém) 47 N 4
Atalaia (Setúbal) 58 P 3
Atalaia (Monte) 80 U 3
Atalaia (Monte) (Setúbal) 70 R 4
Atalaia (Ponta da) 80 U 3
Atalaia (Ponta da) (perto de Aljezur) 80 U 3
Atalaia do Campo 48 L 7
Atei 21 H 6
Atenor 22 H 10
Atouguia da Baleia 46 N 2
Avanca 34 J 4
Avantos 21 H 8
Ave 20 H 5
Aveiras de Baixo 58 O 3
Aveiras de Cima 58 O 3
Aveiro 34 K 4
Aveiro (Ria de) 34 J 3
Avelanoso 22 H 10
Avelar 47 M 4
Avelãs da Ribeira 35 J 8
Avelãs de Caminho 34 K 4
Avelãs de Cima 34 K 4
Aveleda 22 G 9
Aveledas 21 G 7
Aveloso 35 J 8
Avenal 46 N 2
A Ver-o-mar 20 H 3
Aves 20 H 4
Avessadas 34 I 5
Avidagos 21 H 8
Avidos 20 H 4
Avintes 34 I 4
Avioso 34 I 4
Avis 59 O 6
Avô 47 L 6
Azambuja 58 O 3
Azambuja (Ribeira da) 59 Q 6
Azambuja (Vala da) 58 O 3
Azambujeira 58 O 3
Azaruja 59 P 6
Azeitada 58 O 3
Azenha 46 L 3
Azenhas do Mar 58 P 1
Azere 34 K 5
Azervadinha 59 P 4
Azevedo 20 G 3
Azevel 60 Q 7
Azevo 35 J 8
Azias 20 G 4
Azibo 22 H 9
Azibo (Barragem de) 22 H 9
Azinhaga 47 N 4
Azinhal (Beja) 71 S 6
Azinhal (Faro) 81 U 7
Azinheira 46 O 3
Azinheira dos Barros 70 R 4
Azinheiro 81 U 6
Azinhoso 36 H 9
Azoia (Leiria) 46 M 3
Azóia (Setúbal) 58 Q 2
Azóia de Baixo 58 O 3
Azóia de Cima 46 N 3
Azul (Lagoa) 96 J 18
Azurara 20 H 3

B

Babe 22 G 10
Baçal 22 G 9
Bacalhoa (Quinta da) 58 Q 3
Badamalos 36 K 9
Bagueixe 22 H 9
Baião 34 I 5
Bairrada 47 M 6
Bairro 46 N 4
Baixa da Banheira 58 Q 2
Baixo ou da Cal (Ilhéu de) 80 C X
Balancho 60 Q 7
Balazar 20 H 4
Balboa 61 P 9
Baldos 35 J 7
Baleal 46 N 1
Baleizão 71 R 6
Balsa 35 H 7
Balsemão 22 H 9

BRAGA

Capelistas (Rua dos) . . . . **A** 7
D. Diogo de Sousa (Rua) . . . **AB** 16
Franc. Sanches (Rua) . . . . . **B** 22
São Marcos (Rua) . . . . **AB** 28
Souto (Rua do) . . . . **AB** 33

Abade Loureira (Rua) . . . . **A** 3

Biscainhos (Rua dos) . . . . **A** 4
Caetano Brandão (Rua) . . . . . . **B** 6
Carmo (Rua do) . . . . **A** 9
Central (Avenida) . . . . **A** 10
Chãos (Rua dos) . . . . **A** 12
Conde de Agrolongo (Praça) . . **A** 13
Dom Afonso Henriques
(Rua) . . . . **B** 15
Dom Gonç. Pereira (Rua) . . . . **B** 18
Dom Paio Mendes (Rua) . . . . . **B** 19

Dr Gonçalo Sampaio (Rua) . . . . **B** 21
General Norton de Matos
(Av.) . . . . **A** 24
Nespereira (Avenida) . . . . **A** 25
São João do Souto
(Praça) . . . . **B** 27
São Martinho (Rua de) . . . . . . **A** 30
São Tiago (Largo de) . . . . **B** 31

B CAPELA DOS COIMBRAS

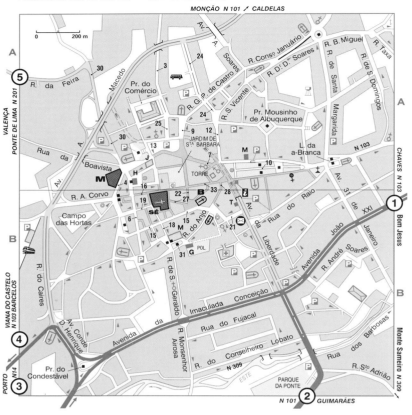

Brejo	70 R 4	Cadafais	58 O 2	Candelária	96 H 10
Brenha	46 L 3	Cadafaz (Coimbra)	47 L 5	Candelária	96 J 18
Brenhas	71 R 7	Cadafaz (Portalegre)	47 N 6	Candemil (Porto)	34 I 6
Bretanha	96 J 18	Cadaval	58 O 2	Candemil	
Bretanha (Ponta		Cadima	46 L 4	(Viana do Castelo)	20 G 3
da)	96 J 18	Cadiz (Golfo de)	82 U 8	Candosa	34 K 5
Brinches	71 R 7	Cadraço	34 K 5	Caneças	58 P 2
Brinço	21 H 8	Caeirinha	59 Q 5	Canedo	34 I 4
Briteiros	20 H 5	Caeiro	70 T 4	Canedo de Basto	21 H 6
Britelo	20 G 5	Cafede	48 M 7	Caneiro	46 N 4
Britiande	35 I 6	Caia (Barragem do)	60 P 8	Canelas	34 J 5
Brito	20 H 4	Caiada	71 T 6	Canha	58 P 4
Brogueira	46 N 4	Caia e São Pedro	60 P 8	Canha (Ribeira de)	59 P 4
Brotas	59 P 5	Caide de Rei	34 I 5	Canhas	80 A Y
Bruçó	36 I 9	Caima	34 J 4	Canhestros	70 R 5
Brufe	20 G 5	Caixeiro	60 P 7	Caniçada	20 H 5
Brunheda	35 I 7	Caldas da Cavaca	35 J 7	Caniçada	
Brunheira	70 R 4	Caldas da Felgueira	35 K 6	(Barragem de)	20 H 5
Brunheiras	70 S 3	Caldas da Rainha	46 N 2	Caniçal	80 B Y
Brunhós	46 L 3	Caldas de Aregos	34 I 5	Caniceira	34 K 3
Brunhosinho	36 H 10	Caldas de		Caniço	80 B Z
Brunhoso	36 H 9	Manteigas	35 K 7	Canidelo	34 I 4
Buarcos	46 L 3	Caldas		Cano	59 P 6
Buarcos (Monte)	46 L 3	de Monchique	80 U 4	Cantanhede	34 K 4
Buçaco	34 K 4	Caldas de Vizela	20 H 5	Cantanhede	
Bucelas	58 P 2	Calde	35 J 6	(Dunas de)	34 K 3
Bucos	20 H 5	Caldeira (Faial)	96 H 9	Canto	46 M 3
Budens	80 U 3	Caldeira (São		Caparica	58 Q 2
Bugio	58 Q 2	Miguel)	96 J 20	Caparrosa	34 K 5
Bugios	47 M 6	Caldeira (Terceira)	96 G 14	Capela (Portalegre)	60 O 7
Bunheira	70 T 3	Caldeirão	96 D 2	Capela (Porto)	35 I 6
Bunheiro	34 J 4	Caldeirão (Serra		Capela (Santarém)	47 N 6
Burga	21 H 8	do)	71 T 5	Capelas	96 J 18
Burgau	80 U 3	Caldeiras	96 J 19	Capelinhos	96 H 9
Burgo	34 J 5	Caldelas	20 G 4	Capelins	60 Q 7
Burinhosa	46 M 3	Caldelas (Taipas)	20 H 4	Capelo	96 H 9
Bustelo (Vila Real)	21 G 7	Calhariz	58 Q 2	Capeludos	21 H 7
Bustelo (Viseu)	34 I 5	Calheiros	20 G 4	Capinha	48 L 7
Bustos	34 K 4	Calheta	80 A Y	Caramulinho	34 K 5
		Calheta	96 H 11	Caramulo	34 K 5
		Calheta de		Caramulo (Serra
		Nesquim	96 H 11	do)	34 K 5
C		Calhetas	96 J 19	Caranguejeira	46 M 3
		Caloura	96 J 19	Carapacho	96 F 12
Cabaços (Leiria)	47 M 4	Calvão (Aveiro)	34 K 3	Carapeços	20 H 4
Cabaços (Viana do		Calvão (Vila Real)	21 G 7	Carapetosa	48 M 7
Castelo)	20 G 4	Calvaria de Cima	46 N 3	Carapinha (Serra
Cabaços (Viseu)	35 I 7	Calvelhe	22 H 9	da)	70 T 4
Cabana Maior	20 G 4	Calvo	21 G 8	Carapinheira	46 L 4
Cabanas (Faro)	81 U 7	Camacha	80 B Y	Carapito	35 J 7
Cabanas (Viseu)	34 K 6	Camacha	80 C X	Caratão	47 L 5
Cabanas de Torres	58 O 2	Camachos	70 T 4	Caravelas	21 H 8
Cabañes	35 K 6	Câmara de Lobos	80 B Z	Carcalhinho	47 L 4
Cabañes	35 K 6	Cambarinho	34 J 5	Carção	22 H 10
Cabeça	47 L 6	Cambas	47 L 6	Carcavelos	58 P 1
Cabeça Alta	35 K 7	Cambra	34 J 5	Cardanha	35 I 8
Cabeça Boa	35 I 8	Cambres	35 I 6	Cardigos	47 M 5
Cabeça das		Caminha	20 G 3	Cardosa	47 M 6
Pombas	46 N 3	Campanário	80 A Y	Caria (Castelo
Cabeça da Velha	35 K 6	Campeã	35 I 6	Branco)	48 L 7
Cabeça de Carneiro	60 Q 7	Campelo	47 L 5	Caria (Viseu)	35 J 7
Cabeça do Velho	35 K 7	Campelos	58 O 2	Caria (Ribeira de)	48 L 7
Cabeça Gorda	71 S 6	Campilhas		Caridade	60 Q 7
Cabeção	59 P 5	(Barragem de)	70 S 4	Carlão	35 I 7
Cabeças	47 M 5	Campilhas		Carmes	58 O 2
Cabeceiras de		(Ribeira de)	70 S 4	Carnaxide	58 P 2
Basto	20 H 6	Campinho	60 Q 7	Carneiro	34 I 6
Cabeço	34 K 3	Campo (perto de		Carnicães	35 J 8
Cabeço Alto		Roriz)	20 H 4	Carnide	46 M 3
(Castelo Branco)	48 M 7	Campo (perto de		Carnide (Rio de)	46 M 3
Cabeço Alto		Valongo)	34 I 4	Carnota	58 O 2
(Vila Real)	21 G 6	Campo (Viseu)	34 J 6	Carquejo	47 L 4
Cabeço da Neve	34 K 5	Campo de		Cárquere	34 I 6
Cabeço de Vide	60 O 7	Beisteros	34 K 5	Carragosa	22 G 9
Cabeçudo	47 M 5	Campo de Cima	80 C X	Carralcova	20 G 4
Cabouco	96 J 19	Campo de Viboras	22 H 10	Carrapatas	22 H 9
Cabração	20 G 4	Campo do Gerês	20 G 5	Carrapateira	80 U 3
Cabras (Ribeira		Campo Maior	60 O 8	Carrapatelo	60 Q 7
das)	35 K 8	Campo Redondo	70 S 4	Carrapatelo
Cabreira	47 L 5	Campos (Viana do		(Barragem de)	34 I 5
Cabreira (Serra da)	20 H 5	Castelo)	20 G 3	Carrapichana	35 K 7
Cabreiro	20 G 4	Campos (Vila Real)	21 H 6	Carrascais	71 R 5
Cabreiro (Monte)	21 H 7	Camposa	34 I 4	Carrascal	47 N 6
Cabrela	59 Q 4	Canadelo	34 I 6	Carrazeda
Cabril (Coimbra)	47 L 5	Canal-Caveira		de Ansiães	35 I 8
Cabril (Vila Real)	20 G 5	(Estação)	70 R 4	Carrazede	47 N 4
Cabril (Viseu)	34 J 5	Canas		Carrazedo	22 G 9
Cabril (Barragem		de Santa Maria	34 K 5	Carrazedo
do)	47 M 5	Canas de Senhorim	34 K 6	de Montenegro	21 H 7
Caçarelhos	22 H 10	Canaveses	21 H 7	Carreço	20 G 3
Caçarilhe	20 H 5	Canaviais	59 Q 6	Carregado	58 O 3
Cacela Velha	81 U 7	Candal (Coimbra)	47 L 5	Carregal	35 J 7
Cachão	35 H 8	Candal (Leiria)	47 M 4	Carregal do Sal	34 K 6
Cachopo	81 U 6	Candedo	35 H 7	Carregosa	34 J 4
Cachorro	96 H 10	Candeeiros		Carregueira	47 N 4
Cacia	34 J 4	(Serra dos)	46 N 3	Carregueira	47 N 4
Cacilhas	58 P 2			Carregueiros	47 N 4

Balugães	20 H 4	Barrocal do Douro	36 H 11	Benespera	35 K 8	Bogas de Baixo	47 L 6
Balurco	71 T 7	Barrocaria	46 M 4	Benfeita	47 L 6	Bogas de Cima	47 L 6
Balurcos	71 T 7	Barroças e Taias	20 F 4	Benfica do Ribatejo	58 O 3	Boialvo	34 K 4
Bandeiras	96 H 10	Barrosa	96 J 19	Benquerença	48 L 8	Boiças	58 O 3
Bando dos Santos	47 N 6	Barrosa	58 P 3	Benquerença	48 M 7	Boivão	20 F 4
Baraçal	35 J 8	Barroselas	20 H 3	Benquerenças	48 M 7	Boivão	20 F 4
Barão de São João	80 U 3	Barrosinha	59 Q 4	Bens	71 T 7	Boleiros	46 N 4
Barão de São		Barroso (Serra do)	21 H 6	Bensafrim	80 U 3	Boliqueime	80 U 5
Miguel	80 U 3	Barrossas	34 I 5	Beringel	71 R 6	Bombarral	58 O 2
Barbacena	60 P 8	Barulho	60 O 8	Berlenga	46 N 1	Bombel	59 P 4
Barbaído	48 M 7	Batalha	46 N 3	Beságueda	48 L 8	Bombel (Estação
Barca (Ponta da)	96 F 11	Batocas	36 K 9	Beselga	47 N 4	de)	59 P 4
Barca de Alva	36 I 9	Bebedouro	46 L 3	Besteiros		Bom Jesus do
Barcel	35 H 8	Beberriqueira	47 N 4	(Bragança)	35 I 8	Monte	20 H 4
Barcelinhos	20 H 4	Beça	21 G 6	Besteiros (Faro)	81 U 6	Borba	60 P 7
Barcelos	20 H 4	Beça (Rio)	21 H 6	Bicada	71 T 6	Borba da
Barco	48 L 7	Beijós	34 K 6	Bicas	47 N 5	Montanha	20 H 5
Barcos	35 I 7	Beirã	48 N 7	Bico (Aveiro)	34 J 4	Borbela	35 I 6
Barcouço	47 L 4	Beja	71 R 6	Bico (Viana do		Bordeira	80 U 3
Bardeiras	59 P 6	Belas	58 P 2	Castelo)	20 G 4	Bornes	21 H 8
Baros	35 I 6	Belazaima	34 K 4	Bicos	70 S 4	Borralha (Aveiro)	34 K 4
Barosa	46 M 3	Belém	58 P 2	Bigas	35 J 6	Borralha (Vila Real)	21 H 6
Barqueiro	47 M 4	Beliche	81 U 7	Bigorne	35 J 6	Borralhal	34 K 5
Barqueiros	20 H 3	Beliche		Bigorne (Serra de)	35 J 6	Botão	47 L 4
Barracão	46 M 3	(Barragem de)	81 U 7	Bilhó	21 H 6	Boticas	21 G 7
Barrada (Évora)	60 Q 7	Belide	47 L 4	Biscoitos	96 G 14	Bouça	21 H 8
Barrada (Faro)	71 T 6	Belinho	20 H 3	Bismula	36 K 9	Bouçã (Barragem
Barrada (Santarém)	47 N 5	Belmeque	71 R 7	Bitarães	34 I 5	da)	47 M 5
Barra de Mira	34 K 3	Belmonte	48 K 7	Bizarril	35 J 8	Bouças	70 R 4
Barrancão	59 Q 4	Belo	71 T 6	Boa Aldeia	34 K 5	Boucaguedim	34 J 5
Barranco	71 T 6	Belver	47 N 6	Boalhosa	20 G 4	Bouceiros	46 N 3
Barrancos	72 R 9	Belver (Barragem		Boa Ventura	80 B Y	Bouçoães	21 G 8
Barranco Velho	81 U 6	de)	47 N 6	Boa Viagem	46 L 3	Bougado	20 H 4
Barreira (Guarda)	35 J 8	Bemposta		Boa Vista	46 M 3	Bouro	20 H 5
Barreira (Leiria)	46 M 3	(Bragança)	36 I 10	Boa Vista		Boxinos	47 L 6
Barreiras	59 O 5	Bemposta (Castelo		(Miradouro da)	35 I 6	Bracial	70 S 3
Barreiro (Leiria)	47 M 4	Branco)	48 L 8	Boavista do Paiol	70 S 3	Braga	20 H 4
Barreiro (Setúbal)	58 Q 2	Bemposta		Boavista		Bragadas	21 H 6
Barreiros (Leiria)	46 M 3	(Santarém)	47 N 5	dos Pinheiros	70 T 4	Bragado	21 H 6
Barreiros (Viseu)	35 J 6	Bemposta		Bobadela (Coimbra)	34 K 6	Bragança	22 G 9
Barreta (Ilha da)	81 V 6	(Barragem de)	36 I 10	Bobadela (perto		Branca	58 P 4
Barril	58 O 1	Benafim Grande	80 U 5	de Águas Frias)	21 G 8	Brasfemes	47 L 4
Bárrio	20 G 4	Benavente	58 P 3	Bobadela (Vila Real)	21 G 7	Bravães	20 G 4
Barrô	35 I 6	Benavila	59 O 6	Boca do Inferno	58 P 1	Bravo	47 M 5
Barro Branco	60 P 7	Bencatel	60 P 7	Boco	34 K 4	Bravura
Barroca	47 L 6	Bendada	48 K 8	Bodiosa	34 J 6	(Barragem da)	80 U 3
Barrocal	60 Q 7	Benedita	46 N 3	Boelhe	34 I 5	Brejão	70 T 3
				Bogalhal	35 J 8	Brejeira (Serra da)	70 T 4

Name	Pg	Grid
Carreiras	48	N 7
Carreiras (Ribeira de)	71	T 6
Carriço	46	M 3
Carril	34	I 5
Carroqueiro	48	L 8
Carros	71	T 6
Cartaxo	58	O 8
Carva	21	H 7
Carvalha	35	J 6
Carvalhais (Bragança)	21	H 8
Carvalhais (Coimbra)	46	L 3
Carvalhais (Vila Real)	21	G 6
Carvalhais (Viseu)	34	J 5
Carvalhais (Rio de)	21	H 8
Carvalhal (Beja)	70	T 3
Carvalhal (Coimbra)	47	L 5
Carvalhal (Leiria)	58	O 2
Carvalhal (perto de Belmonte)	48	L 8
Carvalhal (perto de Castro Daire)	35	J 6
Carvalhal (perto de Guarda)	35	K 8
Carvalhal (perto de Mêda)	35	J 8
Carvalhal (perto de Sertã)	47	M 5
Carvalhal (perto de Viseu)	35	J 6
Carvalhal (Santarém)	47	N 5
Carvalhal (Setúbal)	70	R 3
Carvalhal Benfeito	46	N 2
Carvalhal de Vermilhas	34	K 5
Carvalhal do Estanho	34	J 5
Carvalhal Redondo	34	K 6
Carvalhelhos	21	G 6
Carvalho (Braga)	20	H 5
Carvalho (Coimbra)	47	L 5
Carvalho de Egas	35	I 8
Carvalhos	34	I 4
Carvalhosa	34	I 4
Carvalhoso	36	I 9
Carvão	96	J 18
Carvas	21	H 7
Carvela	21	G 7
Carviçais	36	I 9
Carvide	46	M 3
Carvoeira (perto de Mafra)	58	P 1
Carvoeira (perto de Torres Vedras)	58	O 2
Carvoeiro (Faro)	80	U 4
Carvoeiro (Santarém)	47	N 6
Carvoeiro (Cabo) (Faro)	80	U 4
Carvoeiro (Cabo) (Leiria)	46	N 1
Casa Branca	70	R 4
Casa Branca (Évora)	59	Q 5
Casa Branca (Portalegre)	59	P 6
Casa Branca (Setúbal)	70	R 3
Casais (Faro)	80	U 4
Casais (Santarém)	47	N 4
Casais do Chafariz	46	O 2
Casal Comba	34	K 4
Casal de Cinza	35	K 8
Casal de Ermio	47	L 5
Casal dos Bernardos	47	M 4
Casalinho (Portalegre)	59	O 6
Casalinho (Santarém)	59	O 4
Casal Novo (Coimbra)	47	L 5
Casal Novo (Leiria)	46	M 3
Casal Velho	46	N 2
Casa Nova	70	S 4
Casas	80	U 5
Casas de Fonte Cova	46	M 3
Casas Louras	47	N 5
Casas Novas	60	P 8
Cascais	58	P 1
Cascalho	58	P 3
Casebres	59	Q 4
Casegas	47	L 6
Casével (Beja)	71	S 5
Casével (Santarém)	46	N 4
Castainço	35	J 7
Castanheira (Bragança)	22	H 10
Castanheira (Guarda)	35	K 8
Castanheira (perto de Trancoso)	35	J 7
Castanheira (Vila Real)	21	G 6
Castanheira de Pêra	47	L 5
Castanheira do Ribatejo	58	P 3
Castanheira do Vouga	34	K 4
Castanheiro	46	L 3
Castanheiro do Sul	35	I 7
Castedo (Bragança)	35	I 8
Castedo (Vila Real)	35	I 7
Casteição	35	J 8
Castelãos	22	H 9
Casteleiro	48	L 8
Castelejo	48	L 7
Castelhanas	46	M 3
Castelhanos	71	T 6
Castelo Branco	96	H 9
Castelo (Castelo Branco)	47	M 5
Castelo (Pico do)	80	D X
Castelo (Ponta do)	96	M 20
Castelo (Santarém)	47	N 5
Castelo (Viseu)	35	I 7
Castelo (Ponta do)	80	U 5
Castelo Bom	36	K 9
Castelo Branco (Bragança)	36	I 9
Castelo Branco (Castelo Branco)	48	M 7
Castelo de Bode (Barragem de)	47	N 5
Castelo de Maia	34	I 4
Castelo de Paiva	34	I 5
Castelo de Vide	48	N 7
Castelo do Neiva	20	H 3
Casteles	34	J 4
Castelo Melhor	35	I 8
Castelo Mendo	36	K 9
Castelo Novo	48	L 7
Castelo Rodrigo	36	J 9
Castrelos	22	G 9
Castro Daire	35	J 6
Castro de Avelãs	22	G 9
Castro Laboreiro	20	F 5
Castro Marim	81	U 7
Castro Verde	71	S 5
Castro Verde-Almodôvar (Estação)	71	S 5
Castro Vicente	36	H 9
Catalão	59	Q 4
Cativelos	35	K 6
Catrão	48	L 7
Cava	47	M 5
Cávado	21	G 6
Cavadoude	35	K 8
Cavaleiro	70	T 3
Cavalinhos	46	M 3
Caveira (Ponta da)	96	E 2
Cavernães	35	J 6
Cavês	21	H 6
Caxarias	47	M 4
Caxias	58	P 2
Cebolais de Baixo	48	M 7
Cebolais de Cima	48	M 7
Cedães	21	H 8
Cedillo (Barragem de)	48	N 7
Cedovim	35	I 8
Cedrim	34	J 4
Cedros	96	H 9
Cegonhas Novas	48	M 8
Ceira	47	L 4
Ceira (Rio)	47	L 4
Ceivães	20	F 4
Cela	46	N 2
Celas	22	G 9
Cela Velha	46	N 2
Celavisa	47	L 5
Celeiro	20	H 5
Celeirós (Braga)	20	H 4
Celeirós (Vila Real)	35	I 7
Celorico da Beira	35	K 7
Celorico de Basto	21	H 6
Centum Cellas	48	K 8
Cepães	20	H 5
Cepelos	34	J 4
Cepês	35	J 6
Cepos	47	L 6
Cerca (Ribeira da)	80	U 3
Cercal (Leiria)	47	M 5
Cercal (Lisboa)	58	O 2
Cercal (Setúbal)	70	S 3
Cercal (Serra do)	70	S 3
Cercio	23	H 11
Cerdal	20	G 4
Cerdeira (Coimbra)	47	L 6
Cerdeira (Guarda)	35	K 8
Cerdeirinhas	20	H 5
Cerejais	36	I 9
Cernache	47	L 4
Cernache de Bonjardim	47	M 5
Cerro (perto de Alte)	80	U 5
Cerro (perto de Loulé)	81	U 5
Cerro da Vila	80	U 5
Cerros	60	Q 7
Cerva	21	H 6
Cervães	20	H 4
Cervos	21	G 6
Cete	34	I 4
Cetóbriga (Ruinas Romanas de)	58	Q 3
Cevadais	60	O 8
Chã	35	I 7
Chacim (Braga)	21	H 6
Chacim (Bragança)	22	H 9
Chamusca	47	N 4
Chança	59	O 6
Chança (Estação de)	59	O 6
Chança (Rio)	71	S 7
Chancelaria	47	N 4
Chão da Parada	46	N 2
Chão das Servas	47	M 6
Chão da Vã	48	M 7
Chão da Velha	47	N 6
Chão de Codes	47	M 5
Chão de Couce	47	M 4
Chão de Lopes	47	N 5
Chãos	47	M 4
Charneca	71	S 7
Chãs	35	J 8
Chãs (Monte)	34	J 5
Chãs de Tavares	35	K 7
Chavães	35	I 7
Chaves	21	G 7
Cheleiros	58	P 2
Choça Queimada	81	U 7
Chorente	20	H 4
Chosendo	35	J 7
Chouto	59	O 4
Ciborro	59	P 5
Cicouro	23	H 11
Cidade	46	N 2
Cidadelhe (Guarda)	35	J 8
Cidadelhe (Viana do Castelo)	20	G 5
Cid Almeida	71	R 7
Ciladas	59	P 6
Cima (Ilhéu de)	80	D X
Cimadas Fundeiras	47	M 6
Cimbres	35	I 6
Cinco Vilas	36	J 9
Cinfães	34	I 5
Cintados	81	U 7
Cintrão (Ponta do)	96	J 19
Cisterna	21	G 8
Clarines	71	T 7
Clérigo (Ponta do)	80	B Y
Côa	48	L 8
Cobres (Ribeira de)	71	T 5
Codaval	21	H 7
Codeçais	35	I 8
Codeçoso	20	H 5
Codessoso	21	H 6
Coelheira	34	J 5
Coelhoso	22	H 10
Coentral	47	L 5
Cogula	35	J 8
Coiço	47	L 5
Coimbra	47	L 4
Coimbrão	46	M 3
Coina	58	Q 2
Coito	71	T 7
Coja	47	L 6
Coja (Ribeira de)	35	J 7
Colar de Perdizes	58	P 3
Colares	58	P 1
Colcorinho (Monte)	47	L 6
Colmeal (Castelo Branco)	35	K 8
Colmeal (Coimbra)	47	L 5
Colmeias (Leiria)	46	M 3
Colorada	72	R 9
Colos	70	S 4
Comeira	46	M 3
Comenda	47	N 6
Comporta	58	Q 3
Concavada	47	N 5
Conceição (Beja)	70	S 5
Conceição (perto de Faro)	81	U 6
Conceição (perto de Tavira)	81	U 7
Condeixa-a-Nova	47	L 4
Condeixa-a-Velha	47	L 4
Congro (Lagoa do)	96	J 19
Conímbriga	47	L 4
Conlelas	22	G 9
Cônqueiros	47	M 6
Consolação	46	O 1
Constância	47	N 4
Constantim (Bragança)	23	H 11
Constantim (Vila Real)	35	I 6
Contenda	60	O 8
Contendas (Ponta das)	96	H 14
Contensas de Baixo	35	K 6
Corchas (Portela das)	70	T 4
Cordinhã	34	K 4
Corgas	47	M 6
Corgas (Barragem de)	47	M 6
Corgo	21	H 6
Coriscada	35	J 8
Coroa	21	G 8
Coroa (Serra da)	21	G 8
Corona (Ribeira de)	70	S 4
Coronado	34	I 4
Correias	46	N 3
Correlha	20	G 4
Corte	34	K 5
Corte Brique	70	T 4
Corte Condessa	71	S 6
Corte da Velha	71	S 6
Corte de São Tomé	71	T 7
Corte do Gago	81	U 7
Corte Figueira	71	T 5
Cortegaça (Aveiro)	34	J 4
Cortegaça (Viseu)	34	K 5
Corte Gafo de Baixo	71	S 6
Corte Gafo de Cima	71	S 6
Corte João Marques	71	T 6
Cortelha	81	U 6
Cortelha	81	U 7
Corte Pequena	71	S 6
Corte Pequeno	71	S 7
Corte Pinto	71	S 7
Cortes (Beja)	72	R 8
Cortes (Castelo Branco)	48	L 7
Cortes (Leiria)	46	M 3
Cortes de Baixo	71	R 6
Corte Serranos	71	T 6
Corte Sines	71	S 7
Cortes Pereiras	71	T 7
Corte Tabelião	71	T 7
Corte Vicente Eanes	71	S 5
Corte Zorrinha	71	T 5
Cortiçada	35	J 7
Cortiçadas do Lavre	59	P 4
Cortiç da Serra	35	K 7
Cortiços	21	H 8
Coruche	59	P 4
Corujeira	35	J 6
Corujeira	34	K 3
Corva	58	Q 2
Corval	60	Q 7
Corveira	34	K 5
Corvo (Ilha do)	96	D 2
Costa de Caparica	58	Q 2
Costa de Lavos	46	L 3
Costa de Santo André	70	R 3
Costa Nova (Aveiro)	34	K 3
Costa Nova (Coimbra)	46	L 3
Costa Nova (Ria da)	34	K 3
Costa Verde	20	H 2
Cota	35	J 6
Cotelo	35	I 6
Cótimos	35	J 8
Couço	59	P 5
Coudelaria de Alter	59	O 6
Coura	20	G 4
Coura (Rio)	20	G 3
Courelas	71	R 5
Courelas do Vale	59	Q 4
Cousso	20	F 5
Couto	34	I 4
Couto de Esteves	34	J 5
Couto de Mosteiro	34	K 5
Cova da Iria	46	N 4
Cova da Piedade	58	Q 2
Covão de Lobo	34	K 4
Covão do Feto	46	N 3
Covão dos Mendes	46	M 3
Covas (Coimbra)	34	K 6
Covas (Viana do Castelo)	20	G 3
Covas de Barroso	21	H 6
Covas do Douro	35	I 7
Covas do Monte	34	J 5
Covas do Rio	34	J 5
Covelães	21	G 6
Covelas	20	H 5
Covelo (Coimbra)	47	L 5
Covelo (Porto)	34	I 4
Covelo (Viseu)	34	J 5
Covelo de Gerês	21	G 6
Covilhã	48	L 7
Covinhos (Ponta dos)	46	N 2
Covoada	96	J 18
Coves	34	K 4
Coz	46	N 3
Crasto	20	G 4
Crato	60	O 7
Crestuma	34	I 4
Crestuma (Barragem de)	34	I 4
Crias	20	H 3
Cristelo	20	H 3
Cristo (Convento de)	47	N 4
Cristo (Museu de)	60	P 7
Criz	34	K 5
Cruz (Ponta do)	80	B Z
Cruzamento de Pegões	58	P 4
Cruz da Légua	46	N 3
Cruz de João Mendes	70	R 4
Cruzes	34	J 5
Cuba	71	R 6
Cubalhão	20	F 5
Cuine (Sierra do)	96	G 14
Cujó	35	J 6
Culatra (Ilha da)	81	V 6
Cumeada (Castelo Branco)	47	M 5
Cumeada (Faro)	80	U 4
Cumeira	46	N 3
Cumiada	60	Q 7
Cumieira (Coimbra)	47	M 4
Cumieira (Vila Real)	35	I 6
Cunha (Viana do Castelo)	20	G 4
Cunha (Viseu)	35	J 7
Cunha Baixa	35	K 6
Cunheira	59	O 6
Curalha	21	G 7
Curia	34	K 4
Curobos	21	G 8
Curral das Freiras	80	B Y
Curral da Velha (Ribeira do)	71	T 6
Curros	21	H 7
Curros (Rio)	21	H 7
Curvos	20	H 3
Custóias	35	I 8

D

Name	Pg	Grid
Dadim	21	G 8
Dão	35	J 7
Dardavaz	34	K 5
Darque	20	G 3
Dáspera	47	M 6
Decermilo	35	J 7
Degebe	59	Q 6
Degolados	60	O 8
Degracias	47	L 4
Deilão	22	G 10
Delães	20	H 4
Deocriste	20	G 3
Derreada Cimeira	47	M 5
Destriz	34	K 5
Divor (Barragem do)	59	P 6
Divor (Ribeira de)	59	P 4
Dogueno	71	T 6
Dois Portos	58	O 2
Domingos da Vinha	47	N 6
Dominguizo	48	L 7
Donai	22	G 9
Dona Maria	71	R 7
Dornelas	35	J 7
Dornelas do Zêzere	47	L 6
Dornes	47	M 5
Douro	23	H 11
Duas Igrejas	22	H 10
Dunas de Ovar	34	J 3
Durão	36	I 9

COIMBRA

Comércio (Praça do)		Z
Fernão de Magalhães (Avenida)		Y
Ferreira Borges (Rua)		Z 27
Sofia (Rua da)		Y
Visconde da Luz (Rua)		Y 43
Ameias (Largo das)		Z 3
Antero de Quental (Rua)		Y 4
Borges Carneiro (Rua de)		Z 10
Dr João Jacinto (Rua do)		Y 18
Dr José Falcão (Rua)		Z 19
Fernandes Tomás (Rua de)		Z 25
Guilherme Moreira (Rua)		Z 31
Portagem (Largo da)		Z 36
Quebra-Costas (Escadas de)		Z 37
Sobre-Ripas (Rua de)		Z 42
8 de Maio (Praça)		Y 45

L   MOSTEIRO DE SANTA CRUZ

M¹   MUSEU NACIONAL MACHADO DE CASTRO

ÉVORA

Giraldo (Praça do) . . . . **BZ**
João de Deus
(Rua) . . . . **AY** 16
República (Rua da) . . **BZ**
5 de Outubro (Rua) . . **BYZ**

Álvaro Velho
(Largo) . . . . **BZ** 3
Aviz (Rua de) . . . . **BY** 4
Bombeiros Voluntários
de Évora (Av) . . . . **CZ** 6
Caraça (Trav. da) . . . **BZ** 7
Cenáculo
(Rua do) . . . . **BY** 9

Combatentes
da Grande Guerra
(Av. dos) . . . . **BZ** 10
Conde de Vila-Flor
(Largo) . . . . **BY** 12
Diogo Cão (Rua) . . . **BZ** 13
Freiria de Baixo
(Rua da) . . . . **BY** 15

José Elias Garcia
(Rua) . . . . **AY** 18
Lagar dos Dizimos
(Rua do) . . . . **BZ** 19
Luis de Camões
(Largo) . . . . **AY** 21
Marquês de Marialva
(Largo) . . . . **BY** 22

Menino Jesus
(R. do) . . . . **BY** 24
Misericórdia (Largo) . **BZ** 25
Penedos
(Largo dos) . . . . . **AY** 28
Santa Clara (Rua de) . **AZ** 30
São Manços
(Rua de) . . . . **BZ** 31

Sennor da Pobreza
(Largo) . . . . **CZ** 33
Torta (Trav.) . . . . **AZ** 34
Vasco da Gama
(Rua) . . . . **BY** 36
1º de Maio (Praça) . . **BZ** 37

M¹ MUSEU DE ÉVORA

E

Edral	21	G	8
Edrosa	22	G	9
Edroso	22	H	9
Ega	47	L	4
Eira de Calva	47	L	5
Eirado	35	J	7
Eiras	47	L	4
Eiras Maiores	22	G	9
Eirinha	71	T	6
Eirinhas	71	R	7
Eirogo	20	H	4
Eixo	34	K	4
Elvas	60	P	8
Encarnação	58	O	1
Encumeada			
(Boca da)	80	A	Y
Entradas	71	S	5
Entre Ambosrios	20	G	5
Entre-os-Rios	34	I	5
Entroncamento	47	N	4
Envendos	47	N	6
Enxabarda	48	L	7
Enxara do Bispo	58	P	2

Enxoé	71	S	7
Enxofre (Furna do)	96	F	12
Enxofre (Furnas do)	96	G	14
Erada	48	L	7
Ereira	58	O	3
Erges (Rio)	48	M	9
Ericeira	58	P	1
Ermelo (Viana do Castelo)	20	G	5
Ermelo (Vila Real)	21	H	6
Ermesinde	34	I	4
Ermida (Barragem da)	47	L	5
Ermida (Castelo Branco)	47	M	6
Ermida (Coimbra)	34	K	3
Ermida (Viana do Castelo)	20	G	5
Ermidas-Aldeia	70	S	4
Ermidas-Sado	70	R	4
Erra	59	P	4
Erra (Ribeira da)	59	O	4
Ervas Tenras	35	J	8
Ervedal (Coimbra)	34	K	6

Ervedal (Portalegre)	59	O	6
Ervededo	21	G	7
Ervedeira	59	O	5
Ervedosa (Bragança)	21	G	8
Ervedosa (Guarda)	35	J	8
Ervedosa do Douro	35	I	7
Ervideira	46	M	3
Ervidel	71	S	5
Ervões	21	H	7
Escalhão	36	J	9
Escalos de Baixo	48	M	7
Escalos de Cima	48	M	7
Escalos do Meio	47	M	5
Escanchinhas	81	U	5
Escarigo (Castelo Branco)	48	L	8
Escarigo (Guarda)	36	J	9
Escariz (Aveiro)	34	J	4
Escariz (Braga)	20	H	5
Escariz (Vila Real)	35	H	6
Escaroupim	58	O	3
Escudeiros	20	H	4
Escuro (Monte)	96	J	19
Escurquela	35	I	7

Escusa (perto de Castelo de Vide)	48	N	7
Escusa (perto de Ponte de Sor)	47	N	6
Esfrega	47	M	6
Esmoriz	34	J	4
Espadanedo	22	H	9
Espargal	81	U	5
Espariz	34	J	5
Esperança	60	O	8
Esperança (Pico da)	96	H	11
Espiche	80	U	3
Espichel (Cabo)	58	Q	2
Espinhaço de Cão (Serra do)	80	U	3
Espinhal	47	L	4
Espinheira	59	Q	6
Espinheiro	46	N	3
Espinho (Alto do)	35	I	6
Espinho (Aveiro)	34	I	4
Espinho (perto de Caramulo)	34	K	5

Espinho (perto de Mangualde)	35	K	6
Espinho (perto de Mortágua)	34	K	5
Espinhosela	22	G	9
Espinhoso	21	G	8
Espirito Santo	71	T	7
Espite	46	M	4
Espiunca	34	J	5
Espores	20	H	4
Esposende	20	H	3
Espragosa	71	T	6
Estação de Ourique	70	S	5
Estação de Viana	59	Q	5
Estanqueiro	58	P	3
Estarreja	34	J	4
Este	20	H	4
Este (Rio)	20	H	4
Esteiro (Aveiro)	34	J	4
Esteiro (Coimbra)	47	L	6
Estela	20	H	3
Estelas	46	N	1

Ester	34	J	5
Estevais (perto de Cardanha)	35	I	8
Estevais (perto de Est. de Freixo)	36	I	9
Esteveira	47	N	5
Esteves	47	M	6
Estibeira	70	T	3
Estiramantens	81	U	6
Estói	81	U	6
Estômbar	80	U	4
Estorãos (Braga)	20	H	5
Estorãos (Viana do Castelo)	20	G	4
Estoril	58	P	1
Estorninhos	81	U	7
Estreito	47	M	6
Estreito da Calheta	80	A	Y
Estreito de Câmara de Lobos	80	B	Y
Estrela	71	R	7
Estrela (Parque Natural da Serra da)	35	K	7

Estrela (Serra da)	47	L	6
Estremoz	60	P	7
Eucisia	35	I	8
Évora	59	Q	6
Évora de Alcobaça	46	N	3
Évoramonte	59	P	6
Extremo	20	G	4

F

Facha	20	G	4
Facho	46	N	2
Fadagosa (Portalegre)	48	N	7
Fadagosa (Santarém)	47	N	6
Fafe	20	H	5
Fagilde (Barragem de)	35	K	6
Faia	20	H	6
Faial	80	B	Y
Faial (Canal do)	96	H	10
Faial da Terra	96	J	20
Faial (Ilha do)	96	H	9

FUNCHAL

Alfândega (R. da) .... BZ 3	João Tavira (R.) .... BZ 39	Carvalho Araujo (R.) ...... AZ 15	Hospital Velho	Marquès do Funchal ...... BY 49	São Francisco (R. de) ..... BZ 69
Aljube (R. do) .... BZ 4	Phelps (Largo do) ...... CY 58	Conceição (R. da) .... CY 22	(R. do) .... CYZ 34	Miguel Carvalho (R.) ..... CY 51	Saude (Calç.) .... BY 72
Bettencourt (R. do) ...... CY 9	Pretas (R. das) .... BY 61	Conselheiro	Imperatriz D. Amélia	Mouraria (R.) .... BY 52	Til (R. do) .... BY 73
Chafariz (Largo do) ...... CZ 19	Aranhas (R. dos) ...... ABZ 6	Aires Ornelas (R.) ...... CY 24	(R. da) .... AZ 36	Ponte de S. Lázaro (R.) ... AZ 60	Visconde do Anadia (R.) ... CYZ 78
Dr Fernão de Ornelas (R.) .. CZ 28	Autonomia (Pr. da) ...... CZ 7	Conselheiro	Ivens (R.) .... BZ 37	Ribeirinho (R.) .... CY 63	Zirco (Av.) .... BZ 81
	Brigadeiro Oudinot (R.) ... CY 10	José Silvestre Ribeiro (R.) .. BZ 25	Latino Coelho (R.) ...... CZ 40	Sabão (R. do) .... CZ 66	
	Carne Azeda (R. da) ..... BY 12	Encarnação	Lazaréto (Caminho do) .... DZ 42	Santa Clara (Calç.) ..... BY 67	**M¹** MUSEU DE ARTE SACRA
		(Calç. da) .... BY 30	Maravilhas (R. das) ..... AZ 46		**V** VISTA DA PONTA DA ANGRA

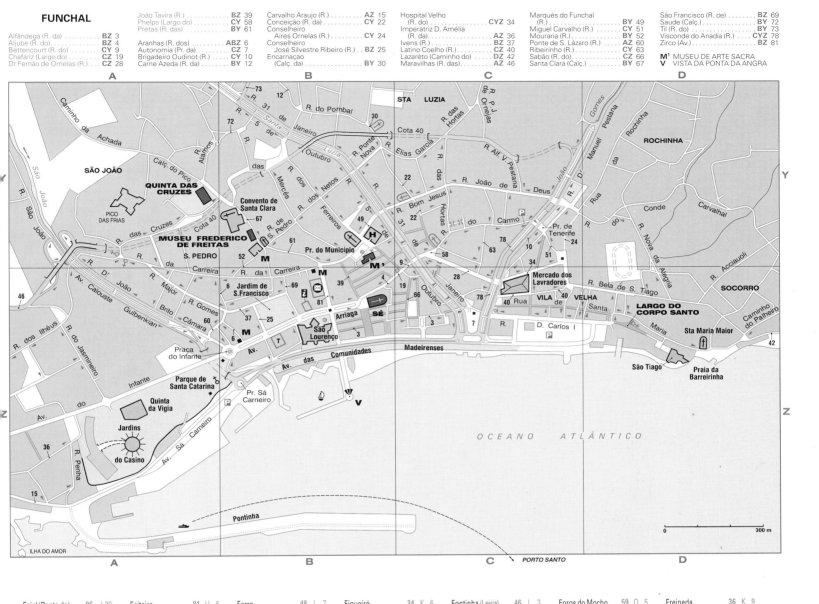

Faial (Ponta do)	96 J 20	Feiteira	81 U 6	Ferro	48 L 7	Figueiró	34 K 6	Fontinha (Leiria)	46 L 3	Foros do Mocho	59 O 5	Freineda	36 K 9
Fail	34 K 6	Felgar	36 I 9	Ferro (Ilhéu de)	80 C X	Figueiró (Ribeira		Fontoura	20 G 4	Foros do		Freiria (Lisboa)	58 O 2
Faílde	22 G 9	Felgueira	34 J 5	Ferro (Pico do)	96 J 19	de)	47 N 6	Forcalhos	49 K 9	Queimado	59 Q 6	Freiria (Vila Real)	21 H 7
Faies	21 G 7	Felgueiras	22 H 9	Fervença (Braga)	20 H 5	Figueiró da Granja	35 K 7	Forjães	20 H 5	Forte da Graça	60 P 8	Freixeda (Bragança)	21 H 8
Fajã de Cima	96 J 19	Felgueiras		Fervença (Leiria)	46 N 3	Figueiró da Serra	35 K 7	Formigais	47 M 4	Fortes	81 T 7	Freixeda (Vila Real)	21 H 7
Fajã do Ouvidor	96 G 11	(Bragança)	35 I 8	Fervidelas	21 G 6	Figueiró do Campo	47 L 4	Formosa (Ria)	81 V 6	Fortios	60 O 7	Freixeda do Torrão	35 K 7
Fajã dos Cubres	96 H 12	Felgueiras (Porto)	20 H 5	Feteiras	96 J 18	Figueiró dos		Fornalhas Novas	70 S 4	Foupana (Ribeira		Freixedas	35 J 8
Fajã Grande	96 E 2	Felgueiras (Viseu)	34 I 6	Fiães (Aveiro)	34 J 4	Vinhos	47 M 5	Fornalhas Velhas	70 S 4	da)	71 T 6	Freixedelo	22 G 9
Fajã da Ovelha	80 A Y	Fenais da Ajuda	96 J 20	Fiães (Guarda)	35 J 7	Fiolhoso	21 H 7	Fornelos (Braga)	20 H 5	Foz	59 O 5	Freixial	60 P 7
Fajão	47 L 6	Fenais da Luz	96 J 19	Fiães (Viana do		Flamengos	96 H 10	Fornelos (Viana do		Foz de Alge	47 M 5	Freixial do Campo	48 M 7
Fajãzinha	96 E 2	Fermelã	34 J 4	Castelo)	20 F 5	Flor da Rosa	60 O 7	Castelo)	20 G 4	Foz de Arouce	47 L 5	Freixianda	47 M 4
Fajes	34 J 4	Fermentelos	34 K 4	Fiães (Vila Real)	21 G 6	Flores (Ilha das)	96 E 2	Fornelos (Viseu)	34 I 5	Foz de Odeleíte	81 T 7	Freixiel	35 I 8
Falca	46 N 2	Fermil	20 H 6	Fiães do Rio	21 G 6	Fogo (Lagoa do)	96 J 19	Fornilhos	72 R 8	Foz do Arelho	46 N 2	Freixieiro	20 G 3
Falcoeiras	60 Q 7	Fernandilho	81 U 6	Fialho	71 T 6	Fóia	80 U 4	Forninhos	35 I 9	Foz do Arroio	70 T 4	Freixiosa (Bragança)	23 H 11
Famalicão (Guarda)	35 K 7	Fernão Ferro	58 Q 2	Figueira (Bragança)	36 I 9	Fóios	49 L 9	Fornos	36 I 9	Foz do Douro	34 I 3	Freixiosa (Viseu)	35 K 6
Famalicão (Leiria)	46 N 2	Fernão Joanes	35 K 7	Figueira (Castelo		Folgado	60 P 7	Fornos de Algodres	35 K 7	Foz do Farelo	70 T 4	Freixo (Guarda)	35 K 8
Fanhais	46 N 2	Ferradosa	36 I 9	Branco)	47 M 6	Folgosa	35 I 6	Fornos do Pinhal	21 H 8	Foz do Lisandro	58 P 1	Freixo (Viana do	
Fanhes	58 P 2	Ferragudo	80 U 4	Figueira (Faro)	80 U 3	Folgosinho	35 K 7	Forno Telheiro	35 J 7	Foz do Sabor	35 I 8	Castelo)	20 H 4
Fão	20 H 3	Ferral	21 G 6	Figueira		Folhadela	35 I 6	Foros da Adúa	59 Q 5	Foz Giraldo	47 L 6	Freixo (Viseu)	34 K 5
Faria	20 H 4	Ferraria (Ponta da)	96 J 18	(perto de		Folques	47 L 5	Foros da Caiada	70 S 4	Fradelos	20 H 4	Freixo	
Farilhes	46 N 1	Ferrarias	60 Q 8	Portimão)	80 U 4	Fontainhas (Porto)	20 H 4	Foros		Fradizela	21 H 8	de Espada a	
Farminhão	34 K 5	Ferreira (Bragança)	22 H 9	Figueira (Portalegre)	60 O 8	Fontainhas		da Fonte de Pau	59 P 4	Fraga Negra	20 G 5	Cinta	36 I 9
Faro	81 U 6	Ferreira (Porto)	34 I 4	Figueira (Viseu)	35 I 6	(Setúbal)	70 R 3	Foros da Fonte		Fragosela	35 K 6	Freixo de Numão	35 I 8
Faro (Ilha de)	81 V 6	Ferreira (Viana do		Figueira (Ribeira		Fontão Fundeiro	47 M 5	Seca	60 Q 7	Fragoso	20 H 3	Frende	35 I 6
Faro (Monte do)	20 F 4	Castelo)	20 G 4	da)	71 R 5	Fonte da Aldeia	22 H 10	Foros		Fráguas (Santarém)	46 N 3	Fresulfe	22 G 9
Faro do Alentejo	71 R 6	Ferreira (Rio)	34 I 4	Figueira da Foz	46 L 3	Fonte Arcada	35 J 7	da Salgueirinha	59 P 4	Fráguas (Viseu)	35 J 6	Fridão	34 I 5
Farropa	48 M 7	Ferreira-a-Nova	46 L 3	Figueira de		Fonte da Telha	58 Q 2	Foros		França	22 G 9	Friestas	20 F 4
Fataunços	34 J 5	Ferreira de Aves	35 J 7	Castelo Rodrigo	36 J 9	Fonte Ladrão	22 H 10	das Malhadinhas	58 P 3	Franco	21 H 7	Fries	21 G 7
Fatela	48 L 7	Ferreira do		Figueira de Lorvão	47 L 4	Fontelas	35 I 6	Foros das Pombas	59 Q 6	Franqueada	35 I 6	Friúmes	47 L 5
Fátima	46 N 4	Alentejo	71 R 5	Figueira		Fonte Limpa	47 L 5	Foros de Benfica	58 O 4	Franzilhal	35 I 8	Fronhas	
Favacal	47 M 4	Ferreira do Zêzere	47 M 5	dos Cavaleiros	70 R 5	Fonte Longa		Foros de Casa		Fratel	47 N 6	(Barragem de)	47 L 5
Favaios	35 I 7	Ferreiras	80 U 5	Figueira e Barros	59 O 6	(Guarda)	35 I 8	Nova	70 S 4	Fratel (Barragem		Fronteira	60 O 7
Fazamões	35 I 6	Ferreirim		Figueiras	59 O 4	Fontes (Santarém)	47 N 5	Foros de Vale		de)	47 N 6	Frossos	34 K 4
Fazenda	59 O 6	(perto de Lamego)	35 I 6	Figueiras	70 S 5	Fontes (Vila Real)	35 I 6	de Figueira	59 P 5	Frazão	34 I 4	Funchal	80 B Z
Fazendas		Ferreirim		Figueiredo		Fonte Santa	48 M 7	Foros do Arrão	59 O 5	Freamunde	34 I 4	Funcheira	70 S 4
de Almeirim	59 Q 4	(perto de		(Castelo Branco)	47 M 6	Fontes da Matosa	80 U 4	Foros do Baldio	59 Q 4	Frechas	21 H 8	Funcho (Barragem	
Febres	34 K 4	Penedono)	35 J 7	Figueiredo de Alva	34 J 6	Fonte Serne		Foros do Biscaínho	58 P 4	Freches	35 J 7	do)	60 U 4
Feces de Abaixo	21 G 7	Ferreirós do Dão	34 K 5	Figueirinha	71 T 6	(Barragem)	70 S 4	Foros do Cortiço	59 P 5	Fregil (Barragem		Fundada	47 M 5
Feira	34 J 5	Ferrel	46 N 2	Figueirinha	81 U 6	Fontinha (Beja)	70 T 3	Foros do Freixo	60 P 7	de)	34 I 5	Fundão	48 L 7

LISBOA

0 ____ 1 km

Granho	58 O 4	Guedelhas	71 T 6	Horta		Ilhéus (Ponta dos)	96 E 2	João Serra	71 S 6
Granho Novo	58 P 3	Guerreiro	71 S 6	da Vilariça	35 I 8	Infantado	58 P 3	Jolda	20 G 4
Granja (Bragança)	22 H 10	Guerreiros do Rio	71 T 7	Hortas	81 U 7	Inferno (Poço do)	35 K 7	Jou	21 H 7
Granja (Évora)	72 R 8	Guia (Faro)	80 U 5	Horta Seca	71 R 6	Inguias	48 L 8	Jovim	34 I 4
Granja (Porto)	34 I 4	Guia (Leiria)	46 M 3	Hortinhas	60 Q 7	Insalde	20 G 4	Juizo	35 J 8
Granja (Viseu)	35 I 7	Guide (Rio de)	21 H 8			Isna	47 M 6	Junca	36 J 9
Granja do Ulmeiro	47 L 4	Guilhabreu	34 I 4			Isna		Juncais	35 K 7
Granjal	35 J 7	Guilheiro	35 J 7	**I**		(Ribeira da)	47 M 5	Juncal (Castelo
Granja Nova	35 I 6	Guilheta	20 H 3	Idanha		Izeda	22 H 9	Branco)	47 N 6
Grau	46 M 3	Guilhofrei	20 H 5	(Barragem da)	48 M 8			Juncal (Leiria)	46 N 3
Grijó (Bragança)	22 H 9	Guimarães	20 H 5	Idanha-a-Nova	48 M 8			Juncal
Grijó (Porto)	34 I 4	Guisande	34 J 4	Idanha-a-Velha	48 M 8	**J**		do Campo	48 M 7
Grijó de Parada	22 G 9	Guiso	71 S 7	Ifanes	23 H 11	Janeiro de Baixo	47 L 6	Junceira	47 N 5
Grocinas	47 M 4			Igreja Nova	58 P 2	Janeiro de Cima	47 L 6	Jungeiros	70 S 5
Gruta	47 M 4	**H**		Igreja Nova		Jardim do Mar	80 A Y	Junqueira
Guadalupe	96 F 11	Homem	20 G 5	do Sobral	47 M 5	Jardo	36 K 9	(Aveiro)	34 J 5
Guadalupe	59 Q 5	Homem (Portela		Igrejinha	59 P 6	Jarmelo	35 K 8	Junqueira
Guadiana	60 Q 8	do)	20 G 5	Ilha		Javali	81 U 6	(Bragança)	22 H 10
Guadramil	22 G 10	Horta	96 H 10	(Ponta da)	96 H 11	Jazente	34 I 5	Junqueira (Faro)	81 U 7
Guarda	35 K 8	Horta	35 I 8	Ilhas	59 P 6	João Bom	96 J 18	Junqueira
Guarda do Norte	46 M 3			Ílhavo	34 K 3	João Antão	35 K 8	(Porto)	20 H 3
Guardeiras	34 I 4					Juromenha	60 P 8	Lagoa Parada	47 M 4

				Jou	21 H 7			
						L		
						Laborato	71 T 6	Lagos	80 U 3
						Laboreiro	20 G 5	Laje	20 H 4
						Labruge	34 I 3	Laje (Ponta da)	58 P 2
						Labrujó	20 G 4	Lajedo	96 E 2
						Ladaino	22 H 9	Lajeosa (Guarda)	49 K 9
						Ladário	35 J 6	Lajeosa (Viseu)	34 K 6
						Ladoeiro	48 M 8	Lajeosa do
						Lagarelhos	21 G 7	Mondego	35 K 7
						Lagares (Coimbra)	35 K 6	Lajes (Flores)	96 E 2
						Lagares (Porto)	34 I 4	Lajes (Terceira)	96 G 14
						Lagarinhos	35 K 6	Lajes do Pico	96 H 11
						Lagarteira	47 M 4	Lajes (Faro)	81 U 6
						Lagarto (Portela		Lajes (Guarda)	35 K 6
						do)	20 F 5	Lalim	35 I 6
						Lagoa	96 J 19	Lama	20 H 4
						Lagoa (Bragança)	22 H 9	Lama Chã	21 G 6
						Lagoa (Faro)	80 U 4	Lama de Arcos	21 G 7
						Lagoa (Monte)	71 T 6	Lamalonga	21 G 8
						Lagoaça	36 I 9	Lamares	35 I 7
								Lamarosa	47 M 4
								Lamas (Aveiro)	34 J 4
								Lamas (Coimbra)	47 L 4

Augusta (R.)	**KY**	Chão da Feira (R. do)	**LY 70**	Funil (Trav. do)	**LY 148**	Regueira (R. da)	**LY 214**	S. João da Praça (R.)	**LZ 246**
Carmo (R. do)	**KY 63**	Chiado (L. do)	**KY 72**	Glória (Calç. da)	**JX 151**	Rodrigues de Freitas (L.)	**LX 220**	S. Miguel (R. de)	**LY 249**
Garrett (R.) (Chiado)	**KY**	Conceição da Glória (R.)	**JX 75**	Graça (Calç. da)	**LX 153**	Sacramento (Calç. do)	**KY 225**	S. Pedro (R. de)	**LY 250**
Ouro (R. do)	**KY**	Correeiros (R. dos)	**KY 82**	Guilherme Braga (R.)	**LY 154**	Salvador (R. do)	**LY 226**	S. Pedro de Alcântara (R. de)	**JX 252**
Prata (R. da)	**KY**	Corvos (R. dos)	**MX 85**	Instituto Bacteriológico (R.)	**KV 160**	Santa Catarina (R. de)	**JY 228**	S. Tiago (R. de)	**LY 253**
		Cruzes da Sé (R.)	**LZ 90**	Jardim do Tabaco (R. do)	**MY 165**	Santa Justa (R. de)	**KY 229**	S. Tomé (R. de)	**LX 255**
Alfândega (R. da)	**LZ 10**	Diário de Notícias (R. do)	**JY 91**	João da Praça (R. de)	**LY 175**	Santa Luzia (Trav. de)	**LY 231**	S. Vicente (Calç. de)	**LX 256**
António Maria Cardoso (R.)	**JZ 21**	Dom João da Câmara		Limoeiro (L. do)	**LY 175**	Santo António da Sé (L.)	**LY 234**	Sapateiros (R. dos)	**KY 258**
Atalaia (R. da)	**JY 28**	(Pr.)	**KX 97**	Martim Moniz (L.)	**LX 184**	Santo António		Serpa Pinto (R.)	**KZ 262**
Augusto Rosa (R.)	**LY 31**	Dom Pedro IV (Pr.)		Misericórdia (R. da)	**JY 190**	dos Capuchos (R.)	**KV 235**	Terreiro do Trigo (R. do)	**LY 267**
Barão (R.)	**LY 33**	(Rossio)	**KX 102**	Norberto de Araújo (R.)	**LY 193**	Santo Estêvão		Vigário (R. do)	**MY 270**
Bartolomeu de Gusmão		Escola Gerais (R. das)	**LY 118**	Portas de Santo Antão (R.)	**KX 208**	(Escadinhas de)	**MY 236**		
(R.)	**LY 36**	Fanqueiros (R. dos)	**KY 127**	Portas do Sol (L. das)	**JX 210**	S. Domingos (L. de)	**KX 240**	**A** MIRADOURO DE SÃO PEDRO	
Cais de Santarém (R.)	**LZ 49**	Figueira (Pr. da)	**KX 135**	Príncipe Real (Pr. do)	**JX 213**	S. Francisco (Calç. de)	**KZ 243**	DE ALCÂNTARA	

C MIRADOURO DE SANTA LUZIA
M¹ IGREJA DO CARMO
M² MUSEU DE ARTE SACRA DE SÃO ROQUE
M³ FUNDAÇÃO RICARDO DO ESPÍRITO STO SILVA
M¹⁰ MUSEU MILITAR
M¹⁶ MUSEU DO CHIADO
N ALTO DE SANTA CATARINA
V IGREJA DA CONCEIÇÃO VELHA

LISBOA
0 — 300 m

Lamas (Lisboa) 58 O 2
Lamas (Viseu) 35 J 6
Lamas de Ferreira 35 J 6
Lamas de Mouro 20 F 5
Lamas de Olo 21 H 6
Lamas de Orelhão 21 H 8
Lamas de Podence 22 H 9
Lamas do Vouga 34 K 4
Lamegal 35 J 8
Lamego 35 I 6
Lameira 20 H 5
Lameiras 35 J 8
Lamosa 35 J 7
Lamparona 60 O 8
Lamporeira
(Ponta da) 58 O 1
Lanção 22 G 9
Lanças 71 S 5
Landal 46 O 2
Landeira (Évora) 58 Q 4
Landeira (Viseu) 34 J 5
Lanhelas 20 G 3
Lanheses 20 G 3
Lapa (Santarém) 58 O 3
Lapa (Viseu) 35 J 7
Lapa (Serra da) 35 J 7
Lapa do Lobo 34 K 6
Lapas 46 N 4
Larçã 47 L 4
Lardosa 48 M 7
Lares 46 L 3
Larinho 35 I 8
Larouco (Serra do) 21 G 6
Laundos 20 H 3
Lavacolhos 48 L 7
Lavos 46 L 3
Lavra 34 I 3
Lavradas 21 G 6
Lavradio 58 P 2
Lavre 59 P 4
Lavre (Estação de) 59 P 4
Lavre (Ribeira de) 59 P 4
Lebre 71 S 7
Lebução 21 G 8
Leça 34 I 4
Leça da Palmeira 34 I 3
Légua 46 M 2
Leiranco (Serra de) 21 G 7
Leiria 46 M 3
Leiria (Pinhal de) 46 M 2
Leirosa 46 L 3
Lemede 47 L 4
Lena 46 N 3
Lentiscais
(Castelo Branco) 48 M 7
Lentiscais (Faro) 80 U 5
Leomil 35 J 7
Leomil (Serra de) 35 J 6
Leonte (Portela de) 20 G 5
Liceia 46 L 3
Ligares 36 I 9
Lijo 20 H 4
Lima 20 G 4
Limãos 22 H 9
Limas (Ribeira de) 71 S 7
Limes 21 H 6
Lindoso 20 G 5
Linhaceira 47 N 4
Linhares (Bragança) 35 I 7
Linhares (Guarda) 35 K 7
Lisboa 58 P 2
Livramento 96 J 19
Livramento 81 U 6
Lixa 34 I 5
Liz 46 M 3
Lobão da Beira 34 K 5
Lodes 35 I 8
Loivos 21 H 7
Loivos do Monte 34 I 6
Lomba da Fazenda 96 J 20
Lomba de Maia 96 J 19
Lombador 71 T 6
Lombardos 71 T 7
Lombo 22 H 9
Lombomeão 34 K 3
Longos 20 H 4
Longos Vales 20 F 4
Longra (Porto) 20 H 5
Longra (Viseu) 35 I 7
Longroiva 35 J 7
Lordelo (Braga) 20 H 4
Lordelo (Porto) 34 I 4
Lordosa 35 J 6
Loriga 47 L 6
Lorvão 47 L 5
Lotão 71 T 6

Louçainha 47 L 5
Loulé 81 U 5
Louredo (Aveiro) 34 J 4
Louredo (Vila Real) 35 I 6
Louredo (Rio) 21 H 6
Loureira 47 M 4
Loureiro (Aveiro) 34 J 4
Loureiro (Coimbra) 47 L 4
Loureiro
de Silgueiros 34 K 6
Loures 58 P 2
Louriçal 46 L 3
Louriçal do Campo 48 L 7
Louro 20 H 4
Lourosa (Aveiro) 34 J 4
Lourosa (Coimbra) 47 L 6
Lousa (Bragança) 35 I 8
Lousa (Castelo
Branco) 48 M 7
Lousa (Lisboa) 58 P 2
Lousã 47 L 5
Lousã (Serra da) 47 L 5
Lousada 34 I 5
Lousadela 35 J 6
Lousado 20 H 4
Lovelhe 20 G 3
Lucefece
(Ribeira de) 60 Q 7
Ludares 35 I 7
Ludo 81 U 6
Luso 34 K 4
Lustosa (Porto) 20 H 5
Lustosa (Viseu) 34 J 6
Luz 96 F 12
Luz (Lagos) 80 U 3
Luz (Évora) 71 Q 7
Luz (Monte) 23 H 11
Luz de Tavira 81 U 6
Luzianes 70 T 4
Luzim 34 I 5

M

Maçaínhas 35 K 8
Mação 47 N 6
Maçãs 22 G 10
Maçãs de Caminho 47 M 4
Maçãs
de Dona Maria 47 M 5
Maceda 34 J 4
Maceda 34 J 4
Macedo
de Cavaleiros 22 H 9
Macedo do Mato 22 H 9
Macedo do Peso 22 H 10
Maceira 46 M 3
Machados 71 R 7
Machados 81 U 6
Machico 80 B Y
Machio 47 L 5
Macieira 21 H 6
Macieira (Aveiro) 34 J 4
Macieira (Braga) 20 H 4
Macieira (Viseu) 34 J 5
Macieira da Maia 20 H 4
Macieira de Alcoba 34 K 5
Maçores 35 I 8
Maçussa 58 O 3
Madalena 96 H 10
Madalena (Porto) 34 I 4
Madalena
(Santarém) 47 N 4
Madalena do Mar 80 A Y
Madeirã 47 M 5
Madrugada (Ponta
da) 96 J 20
Mafra 58 P 2
Magoito 58 P 1
Magos
(Barragem de) 58 P 3
Magueija 35 I 6
Maia 96 J 19
Maia (Porto) 34 I 4
Maia (Santa Maria) 96 M 20
Maiorca 46 L 3
Maiorga 46 N 3
Mairos 21 G 7
Malarranha 59 P 6
Malcata 48 L 8
Malcata (Serra de) 49 L 9
Malhada
(Portalegre) 60 P 8
Malhada (Viseu) 35 J 6
Malhada Alta 60 P 7

Malhadal 47 M 6
Malhadas 23 H 11
Malhada Sorda 36 K 9
Malhão 81 U 6
Malhão (Serra do) 71 T 5
Malhou 46 N 3
Malpartida 36 J 9
Malpensado 70 S 3
Malpica do Tejo 48 M 7
Malpique 71 R 7
Malta 35 J 8
Malveira (perto de
Estoril) 58 P 1
Malveira (perto de
Mafra) 58 P 2
Mamarrosa 34 K 4
Mamodeiro 34 K 4
Mamouros 34 J 6
Manadas 96 H 11
Mancelos 34 I 5
Mancoca 70 S 5
Mangualde 35 K 6
Manhouce 34 J 5
Manigoto 35 J 8
Manique
do Intendente 58 O 3
Mansores 34 J 4
Manteigas 35 K 7
Manuel Galo 71 T 6
Maqueda 46 N 3
Mar 20 H 3
Maranhão 59 O 6
Maranhão
(Barragem de) 59 O 6
Marão (Serra do) 35 I 6
Marateca 58 Q 4
Marateca
(Ribeira de) 59 Q 4
Marchil 81 U 6
Marco (Portalegre) 60 O 8
Marco (Vila Real) 21 H 6
Marco de
Canaveses 34 I 5
Margalha 47 N 6
Marialva 35 J 8
Marianos 59 O 4
Maria Vinagre 70 T 3
Marinha das Ondas 46 L 3
Marinha Grande 46 M 3
Marinhais 58 O 3
Marinhas 20 H 3
Marmelar 71 R 7
Marmeleira
(Santarém) 58 O 3
Marmeleira (Viseu) 34 K 5
Marmeleiro
(Castelo Branco) 47 M 5
Marmeleiro
(Guarda) 35 K 8
Marmelete 80 U 3
Marmelos 21 H 8
Marofa 35 J 8
Maroto 71 R 5
Maroufenha 70 T 3
Marrancos 20 G 4
Marrazes 46 M 3
Martianas 48 L 8
Martim 20 H 4
Martim Branco 48 M 7
Martim Longo 71 T 6
Martinchel 47 N 5
Martingança 46 M 3
Mártires 60 P 7
Marvão 48 N 7
Marvila 47 M 5
Marzagão 35 I 8
Mascarenhas 21 H 8
Massueime 35 J 8
Mata (Castelo
Branco) 48 M 7
Mata (Santarém) 47 N 4
Matacães 58 O 2
Mata de Lobos 36 J 9
Mata Mourisca 46 M 3
Matança 35 J 7
Matela 22 H 10
Mateus 35 I 6
Mato 20 H 4
Mato de Miranda 46 N 4
Matoeira 46 N 2
Matos 71 R 6
Matosinhos 34 I 3
Maxiais 48 M 7
Maxial (Castelo
Branco) 47 L 6
Maxial (Lisboa) 58 O 2

Maxieira 47 N 6
Mazes 35 I 6
Mazouco 36 I 9
Meadela 20 G 3
Mealhada 34 K 4
Meca 58 O 2
Mêda 35 J 8
Medelim 48 L 8
Medres 35 I 6
Meia Praia 80 U 4
Meimão 48 L 8
Meimoa 48 L 8
Meimoa (Barragem
de) 48 L 8
Meimoa (Ribeira
da) 48 L 7
Meinedo 34 I 5
Meirinhos 36 I 9
Meixedo
(Bragança) 22 G 9
Meixedo (Vila Real) 21 G 6
Meixide 21 G 7
Meixes de Cima 20 G 5
Meixomil 34 I 4
Melgaço 20 F 5
Melhe 22 G 9
Melides 70 R 3
Melres 34 I 4
Melriça 47 M 5
Memória 46 M 4
Mendiga 46 N 3
Mendro (Serra de) 71 R 6
Mente 21 G 8
Mentiras 72 R 8
Mentrestido 20 G 3
Mercês
(Barragem das) 72 R 8
Mértola 71 T 7
Merufe 20 F 4
Mesão Frio (Braga) 20 H 5
Mesão Frio (Vila
Real) 35 I 6
Mesquita 71 T 7
Mesquitela 35 K 7
Messangil 71 S 7
Messejana 70 S 5
Messines 80 U 5
Mestras 71 T 5
Mexilhoeira
Grande 80 U 4
Mezio 35 J 6
Mides 34 K 6
Milagres 46 M 3
Milhão 22 G 10
Milharadas 70 T 4
Milharado 58 P 2
Milhazes 20 H 4
Milreu 47 N 5
Milreu (Ruinas de) 81 U 6
Mina da Caveira 70 R 4
Mina da Juliana 71 S 5
Mina
de São
Domingos 71 S 7
Mina de São João
do Deserto 71 S 5
Mina do Bugalho 60 P 8
Mina do Lousal 70 R 4
Minas do Carris 20 G 5
Minde 46 N 3
Mindelo 34 I 3
Minheu 21 H 6
Minhocal 35 J 7
Mies 80 U 5
Mira 34 K 3
Mira (Rio) 71 T 5
Mira de Aire 46 N 3
Miradezes 21 H 8
Miragaia 58 O 2
Miramar 34 I 4
Miranda 20 G 4
Miranda
(Barragem de) 23 H 11
Miranda do Corvo 47 L 5
Miranda do Douro 23 H 11
Mirandela 21 H 8
Miróbriga (Ruinas
Romanas de) 70 R 3
Miuzela 35 K 8
Moçarria 58 O 3
Modivas 34 I 3
Mes 35 J 6
Mofreita 22 G 9
Mogadouro
(Bragança) 36 H 9
Mogadouro (Leiria) 47 M 4

Mogadouro
(Serra de) 36 I 9
Mogo de Ansiães 35 I 8
Mogofores 34 K 4
Moimenta 22 G 9
Moimenta da Beira 35 J 7
Moimenta da Serra 35 K 7
Moimenta
de Maceira Dão 35 K 6
Moinhola 58 Q 4
Moinhos Velhos 46 N 3
Moita (perto de
Castanheira de
Pêra) 47 M 5
Moita (perto de
Marinha Grande) 46 M 3
Moita (Setúbal) 58 Q 3
Moita da Roda 46 M 3
Moita do Boi 46 M 3
Moita dos Ferreiros 58 O 2
Moitas Venda 46 N 4
Moitinhas 70 T 4
Moldes 34 J 5
Moledo do Minho
(Viana do Castelo) 20 G 3
Moledo (Viseu) 35 J 6
Molelos 34 K 5
Molianos 46 N 3
Mombeja 71 R 5
Monção 20 F 4
Moncarapacho 81 U 6
Monchique 80 U 4
Monchique
(Serra de) 80 U 3
Mondego 35 K 7
Mondego (Cabo) 46 L 3
Mondim da Beira 35 I 6
Mondim de Basto 21 H 6
Monfebres 21 H 7
Monforte 60 O 7
Monforte da Beira 48 M 8
Monfortinho 49 L 9
Monfurado 59 Q 5
Moninho 47 L 6
Monsanto (Castelo
Branco) 48 L 8
Monsanto
(Santarém) 46 N 3
Monsanto (Monte) 48 L 8
Monsaraz 60 Q 7
Monsul 20 H 5
Montaivo 71 S 7
Montalegre 21 G 6
Montalvão 48 N 7
Montalvo 47 N 5
Montargil 59 O 5
Montargil
(Barragem de) 59 O 5
Monte 80 B Y
Monte (Aveiro) 34 J 4
Monte (Braga) 20 H 4
Monte Brasil 96 H 14
Monte da Guia 96 H 10
Monte Alto 80 U 5
Monte Carvalho 60 O 7
Montechoro 80 U 5
Monte Claro 47 N 6
Monte Córdova 34 I 4
Monte da Estrada 70 S 4
Monte da Foz 58 P 3
Monte da Laje 71 S 7
Monte da Pedra 47 N 6
Monte da Rocha
(Barragem de) 70 S 5
Monte das Flores 59 Q 6
Monte das Piçarras 58 Q 4
Monte de Aldeia 72 R 8
Monte
de Baixo Grande 81 U 7
Monte de Goula 47 M 6
Monte de São Gens
de Cidaï 34 I 4
Monte do Outeiro 60 Q 7
Montedor 20 G 3
Monte dos Corvos 71 T 7
Monte do Trigo 59 Q 6
Monte Fernandes 71 T 7
Monte Fidalgo 48 M 7
Monte Gordo
(Castelo Branco) 47 M 6
Monte Gordo (Faro) 81 U 7
Monte Grande
(Beja) 70 S 5
Monte Grande
(Faro) 81 U 6
Monteiras 35 J 6

Monteiros 21 H 6
Montejunto
(Serra de) 58 O 2
Monte Juntos 60 Q 7
Montelavar 58 P 1
Monte Margarida 35 K 8
Montemor-o-Novo 59 Q 5
Montemor-o-Velho 46 L 3
Montemuro 34 J 5
Montemuro
(Serra de) 34 J 5
Monte Novo 58 Q 4
Monte Novo
(Barragem do) 59 Q 6
Monte Real 46 M 3
Monte Redondo
(Leiria) 46 M 3
Monte Redondo
(Lisboa) 58 O 2
Montes 47 N 5
Montes
da Senhora 47 M 6
Montes de Cima 80 U 4
Montesinho
(Viana do Castelo) 22 G 9
Montesinho
(Parque
Natural de) 22 G 9
Montesinho
(Serra de) 22 G 9
Montes Novos 81 U 6
Monte Velho 71 R 7
Monte Viegas 71 S 5
Montevil 58 Q 4
Montijo 58 P 3
Montinho 60 O 8
Montinho da
Dourada 59 O 6
Montoito 60 Q 7
Montouto 22 G 9
Mora (Bragança) 22 H 10
Mora (Évora) 59 P 5
Morais 22 H 9
Moreanes 71 T 7
Moreira 20 F 4
Moreira de Rei 35 J 8
Moreira
do Castelo 20 H 5
Moreira do Rei 20 H 5
Moreiras 21 H 7
Morgade 21 G 6
Morgadinho 71 T 5
Morgavel
(Barragem de) 70 S 3
Mortágua 34 K 5
Mós (Guarda) 35 I 8
Mós (perto de
Bragança) 22 G 9
Mós (perto de Torre
de Moncorvo) 36 I 9
Mós (Ribeira de) 36 I 9
Mós (Viseu) 34 J 5
Moscavide 58 P 2
Mosteiro (Beja) 71 S 6
Mosteiro (Castelo
Branco) 47 M 6
Mosteiro (Guarda) 35 J 7
Mosteiro (Leiria) 47 M 5
Mosteiros 96 J 18
Mosteiros 60 O 8
Motrinos 60 Q 7
Mouçós 35 I 6
Moura 71 R 7
Mourão (Bragança) 35 I 8
Mourão (Évora) 60 Q 7
Mourão
(Albufeira de) 60 Q 8
Mouraz 34 K 5
Moure
(perto de
Barcelos) 20 H 4
Moure (perto de Vila
Verde) 20 H 4
Mourilhe 21 G 6
Mouriscas 47 N 5
Mouriz 34 I 4
Mouro 20 F 4
Mouronho 34 K 5
Mouteão 34 K 4
Moz de Celas 22 G 9
Mozelos 34 J 6
Mu 71 T 5
Muda 70 S 3
Muge 58 O 3
Muge (Ribeira de) 59 O 4
Mundao 35 J 6
Muradal (Serra do) 47 M 6

Murça (Guarda) 35 I 8
Murça (Vila Real) 21 H 7
Murgeira 58 P 2
Múrias 21 H 8
Muro 34 I 4
Murtede 34 K 4
Murteirinha 47 M 6
Murtigao 72 R 8
Murtosa 34 J 4
Murtosa 34 J 5
Musgos 71 R 7
Muxagata 35 I 8

N

Nabais 35 K 7
Nabão 47 M 4
Nabo 35 I 8
Nadadouro 46 N 2
Nagosa 35 I 7
Nagozelo do Douro 35 I 7
Namorados 71 T 6
Nantes 21 G 7
Nariz 34 K 4
Navais 20 H 3
Nave (Guarda) 36 K 9
Nave (Portalegre) 60 O 8
Nave de Haver 36 K 9
Nave Redonda
(Beja) 70 T 4
Nave Redonda
(Guarda) 36 J 9
Nazaré 46 N 2
Negres 21 G 6
Neiva 20 H 3
Nelas 35 K 6
Nesperal 47 M 5
Nespereira 20 H 5
Neves
(Serra das) 70 S 4
Nevolgide 20 H 4
Nine 20 H 4
Ninho do Açor 48 M 7
Nisa 48 N 7
Nisa (Ribeira de) 48 N 7
Noéme 35 K 8
Nogueira 22 G 9
Nogueira (Serra
de) 22 H 9
Nogueira
da Montanha 21 H 7
Nogueira do Cima 34 J 4
Nogueira
do Cravo 34 K 6
Nora 60 P 7
Nordeste 96 J 20
Nordestinho 96 J 20
Norte Grande 96 G 11
Norte Pequeno 96 H 11
Nossa Senhor
a da Graça 21 H 6
Nossa Senhora
da Penha 48 N 7
Nossa Senhora
da Boa Fé 59 Q 5
Nossa Senhora
da Graça do
Divor 59 Q 6
Nossa Senhora
da Penha 70 R 4
Nossa Senhora
da Serra 22 G 9
Nossa Senhora
das Neves 71 R 6
Nossa Senhora
da Taude 34 J 4
Nossa Senhora
da Torega 59 Q 5
Nossa Senhora
de Ares 59 Q 6
Nossa Senhora
de Machede 59 Q 6
Nossa Senhora
do Assunção 20 H 4
Nossa Senhora
do Cabo 58 Q 2
Nossa Senhora
dos Remédios 35 I 6
Noura 21 H 7
Nova da Baronia
(Ribeira) 71 R 5
Nozelos
(Bragança) 35 I 8
Nozelos (Vila Real) 21 G 8
Numão 35 I 8
Nunes 22 G 9

O

Òbidos	46	N 2
Òbidos (Lagoa de)	46	N 2
Ocreza	48	M 7
Odearce (Ribeira de)	71	R 6
Odeceixe	70	T 4
Odeleite	81	T 7
Odeleite (Ribeira de)	81	U 6
Odelouca (Ribeira de)	80	U 4
Odemira	70	T 4
Odiáxere	80	U 4
Odivelas (Beja)	71	R 5
Odivelas (Lisboa)	58	P 2
Odivelas (Barragem de)	71	R 5
Odivelas (Ribeira de)	71	R 5
Oeiras	58	P 2
Oeiras (Ribeira de)	71	R 5
Ofir	20	H 3
Oiã	34	K 4
Olalhas	47	N 5
Olas	35	I 8
Oldres	34	I 5
Oledo	48	M 8
Oleiros (Aveiro)	34	J 4
Oleiros (Beja)	70	T 3

Oleiros (Castelo Branco)	47	M 6
Olhalvo	58	O 2
Olhão	81	U 6
Olho Marinho	46	O 2
Olivais (Leiria)	46	M 3
Olivais (Lisboa)	58	P 2
Olival	46	M 4
Oliveira	20	H 4
Oliveira de Azeméis	34	J 4
Oliveira de Barreiros	35	K 6
Oliveira de Frades	34	J 5
Oliveira do Bairro	34	K 4
Oliveira do Conde	34	K 6
Oliveira do Douro	34	I 5
Oliveira do Hospital	35	K 6
Oliveira do Mondego	47	L 5
Oliveirinha	34	K 4
Olmos	22	H 9
Olo	21	H 6
Onor	22	G 10
Orada (Beja)	71	R 7
Orada (Évora)	60	P 7
Orada (Convento da)	60	Q 7
Orbacém	20	G 3
Orca	48	L 7

Ordem	71	R 6
Oriola	71	R 6
Oriz	20	G 4
Orjais	48	K 7
Ortiga	47	N 5
Ortigosa	46	M 3
Orvalho	47	L 6
O Sitio	46	N 2
Ossa (Serra de)	59	P 6
Ota	58	O 3
Ota (Ribeira de)	58	O 3
Ouca	34	K 4
Ouguela	60	O 8
Oura	21	H 7
Oural	20	G 4
Ourém	46	N 4
Ourentã	34	K 4
Ourique	70	T 5
Ourondo	47	L 6
Ourozinho	35	J 7
Outão	58	Q 3
Outeiro (Bragança)	22	G 10
Outeiro (Évora)	60	Q 7
Outeiro (Leiria)	47	M 4
Outeiro (Viana do Castelo)	20	G 3
Outeiro (Vila Real)	21	G 6
Outeiro Alvo	20	F 5
Outeiro da Cabeça	58	O 2
Outeiro da Cortiçada	46	O 3

Outeiro de Gatos	35	J 8
Outeiro Seco	21	G 7
Outiz	20	H 4
Ouzilhão	22	G 9
Ovadas	34	I 6
Ovar	34	J 4
Ovar (Canal de)	34	J 3
Ovelha	34	I 5

P

Paçô	22	G 9
Paçô (Sendim)	35	I 7
Paço de Arcos	58	P 2
Paço de Sousa	34	I 4
Paço dos Negros	59	O 4
Paços de Ferreira	34	I 4
Paços de Gaiolo	34	I 5
Paços Novos	59	O 4
Paços Velhos	59	O 4
Padeiro	58	P 2
Paderne (Faro)	80	U 5
Paderne (Viana do Castelo)	20	F 5
Padim de Graça	20	H 4
Padornelo	20	G 4
Padrão (Beja)	71	S 6
Padrão (Castelo Branco)	47	N 6
Padrão de Moreira	34	I 4

Padrão (Leiria)	46	M 3
Padrela	21	H 7
Padrela (Serra da)	21	H 7
Padroso	21	G 6
Paiágua	47	M 6
Paialvo	47	N 4
Paião	46	L 3
Pailobo	36	K 9
Paio Mendes	47	M 5
Paio Pires	58	Q 2
Pai Penela	35	J 8
Pai Torto	21	H 8
Paiva	35	J 6
Pala (Guarda)	35	J 8
Pala (Viseu)	34	K 5
Palaçoulo	22	H 10
Palhaça	34	K 4
Palhais (Castelo Branco)	47	M 5
Palhais (Guarda)	35	J 7
Palhais (Setúbal)	58	Q 2
Palheirinhos	81	U 6
Palheiros (Coimbra)	34	K 4
Palheiros (Vila Real)	21	H 7
Palma	58	Q 4
Palmaz	34	J 4
Palme	20	H 3
Palmeira	20	H 4
Palmela	58	Q 3
Palvarinho	48	M 7

Pampilhosa	34	K 4
Pampilhosa da Serra	47	L 6
Panasqueira	70	R 5
Panoias	71	S 5
Panoias de Cima	35	K 8
Panque	20	H 4
Papoa	46	N 1
Parada	34	K 5
Parada (Bragança)	22	G 9
Parada (Guarda)	35	K 8
Parada de Bouro	20	H 5
Parada de Cunhos	35	I 6
Parada de Ester	34	J 5
Parada de Gonta	34	K 5
Parada de Monteiros	21	H 6
Parada de Pinhão	35	H 7
Paradança	21	H 6
Paradela (Aveiro)	34	J 4
Paradela (perto de Chaves)	21	G 7
Paradela (perto de Miranda do Douro)	23	H 11
Paradela (perto de Mogadouro)	36	H 9
Paradela (Viana do Castelo)	20	G 5
Paradela (Viseu)	35	I 7

Paradela (Barragem de)	21	G 6
Paradela (perto da Barragem)	21	G 6
Paradela de Guiães	35	I 7
Paradinha (Bragança)	22	G 10
Paradinha (Viseu)	35	I 7
Paradinha Nova	22	H 10
Paraíso	34	I 5
Parâmio	22	G 9
Paramos	34	J 4
Paranho	34	K 5
Paranhos	35	K 6
Parceiros	46	M 3
Parceiros de São João	46	N 4
Parchal	80	U 4
Pardais	60	P 7
Pardelhas (Aveiro)	34	J 4
Pardelhas (Vila Real)	21	H 6
Pardilhó	34	J 4
Pardornelos	21	G 6
Parede	58	P 1
Paredes (Bragança)	22	G 9
Paredes (Porto)	34	I 5
Paredes da Beira	35	I 7
Paredes de Coura	20	G 4
Paredes de Viadores	34	I 5

PORTO

Antero de Quental (R. de)	BU	10
Campo Alegre (R. do)	BV	22
Carlos Malheiro Dias (R. de)	CU	25
Carvalhido (R. do)	BU	30
Conceição (R. da)	EY	36
Coronel Raul Peres (R. do)	AV	38
Diu (R. de)	AV	40
Dom Carlos (Av. de)	AV	48
Faria Guimarães (R. de)	BU	54
França (Av. de)	BU	58
Freixo (R. do)	CU	60
Gonzales Zarco (Pr. de)	AU	63
Heroísmo (R. do)	CV	67
Marquês de Pombal (Pr. do)	BCU	75
Monte dos Burgos (R. do)	BU	79
Mouzinho de Albuquerque (Pr.)	BU	81
Nuno Alvares Pereira (Av. de)	AU	84
Pinto Bessa (R. de)	CV	91
Rio de Janeiro (Espl. de)	AU	97
Senhora da Luz (R. da)	AV	109
Serpa Pinto (R. de)	BU	112
Sidónio Pais (Av.)	BU	114
Sobreiras (R. de)	AV	118
5 de Outoubro (R. de)	BU	124

MATOSINHOS

Brito Capelo (R. de)	AU	21
Engenheiro Duarte Pacheco (R. do)	AU	51
República (Av. da)	AU	94

VILA NOVA DE GAIA

Azevedo de Magalhães (R.)	BCV	13
Barão do Corvo (R.)	BV	15
Candido dos Reis (R.)	BV	24
Conselheiro Veloso da Cruz (R. do)	BV	37
Serpa Pinto (R. de)	BV	113
Soares dos Reis (R.)	BV	117

M⁴ MUSEU ANTÓNIO DE ALMEIDA
M⁶ FUNDAÇÃO DE SERRALVES

Place	Page	Grid
Pargo (Ponta do)	80	A Y
Parizes	81	U 6
Parra	60	O 8
Partida	48	L 7
Passos	21	H 8
Pastoria	21	G 7
Patacão	81	U 6
Pataias	46	M 3
Pataias Gare	46	N 3
Paúl (Castelo Branco)	48	L 7
Paúl (Santarém)	47	N 5
Paúl do Mar	80	A Y
Pavia	59	P 5
Pavia (Rio)	34	K 5
Pechão	81	U 6
Pé da Serra (Portalegre)	48	N 7
Pé da Serra (Santarém)	46	N 3
Pedome	21	G 8
Pedorido	34	I 4
Pedra do Ouro	46	M 2
Pedrada	20	G 5
Pedra Furada	20	H 4
Pedraido	20	H 5
Pedrario	21	G 7
Pedras Brancas		
Pedras de El Rei	81	U 7
Pedras Negras	46	M 2
Pedras Salgadas	21	H 7
Pedreira	96	J 20
Pedreira	47	N 4
Pedreiras	46	N 3
Pedrógão (Beja)	71	R 7
Pedrógão (Castelo Branco)	48	L 8
Pedrógão (Évora)	59	P 5
Pedrógão (Leiria)	46	M 3
Pedrógão (Santarém)	46	N 4
Pedrógão Grande	47	M 5
Pedrógão Pequeno	47	M 5
Pega	35	K 8
Pega (Ribeira da)	35	K 8
Pegarinhos	35	H 7
Pego	47	N 5
Pego do Altar (Barragem de)	59	Q 4
Peges-Estação	58	P 4
Pelados	81	U 6
Pelariga	46	M 4
Pelmá	47	M 4
Pena	35	J 8
Pena (Parque da)	58	P 1
Penabeice	21	H 7
Penacova	47	L 5
Penafiel	34	I 5
Pena Lobo	35	K 7
Penalva	72	S 8
Penalva de Alva	47	L 5
Penalva do Castelo	35	J 6
Penamacor	48	L 8
Pena Róia	36	H 10
Peneda (Serra da)	20	G 4
Peneda-Gerês (Parque nacional da)	20	G 5
Penedo Gordo	71	S 6
Penedono	35	J 7
Penela	47	L 4
Penela da Beira	35	I 7
Penha (Braga)	20	H 5
Penha (Portalegre)	60	O 7
Penha de Águia	35	J 8
Penha Garcia	48	L 8
Penhascoso	47	N 5
Penhas da Saúde	48	L 7
Penhas Juntas	21	G 8
Peniche	46	N 1
Penida (Barragem da)	20	H 4
Penilhos	71	T 6
Peninha	58	P 1
Pensalvos	21	H 7
Penso	20	F 5
Pepim	34	J 6
Pêra	80	U 4
Peraboa	48	L 7
Peral (Castelo Branco)	47	M 6
Peral (Faro)	81	U 4
Peral (Lisboa)	58	O 2
Peralva	81	U 6
Peramanca (Ribeira de)	59	Q 5
Perdigão	47	M 6
Peredo	22	H 9
Peredo da Bemposta	36	I 10
Peredo dos Castelanos	35	I 8
Pereira (Bragança)	21	H 8
Pereira (Coimbra)	47	L 4
Pereira (Faro)	80	U 4
Pereira (Vila Real)	21	G 6
Pereiras	70	T 4
Pereiro (Faro)	71	T 7
Pereiro (Guarda)	35	J 8
Pereiro (perto de Mação)	47	N 5
Pereiro (perto de Tomar)	47	M 4
Pereiro (Viseu)	34	J 5
Pereiro de Palhacana	58	O 2
Pereiros	35	I 8
Perelhal	20	H 3
Pergulho	47	M 6
Perna Seca	70	T 5
Pernes	46	N 3
Peroguarda	71	R 5
Perolivas	60	Q 7
Pêro Moniz	58	O 2
Pêro Negro	80	U 2
Pêro Pinheiro	58	P 2
Pêro Soares	35	K 8
Pêro Viseu	48	L 7
Perozinho	34	I 4
Pesinho	48	L 7
Peso (Beja)	71	R 6
Peso (Bragança)	22	H 10
Peso (Castelo Branco)	48	L 7
Peso (Viana do Castelo)	20	F 5

PORTO

Street	Ref
Almada (R. da)	EXY
Carmelitas (R. das)	EY 27
Clérigos (R. dos)	EY 33
Dr. António Emílio de Magalhães (R. do)	EY 42
Dr. Magalhães Lemos (R. do)	EY 43
Fernandes Tomás (R. de)	EFY
Flores (R. das)	EYZ
Formosa (R.)	EFY
Passos Manuel (R. de)	FY 88
Sá da Bandeira (R. de)	DXY
Alberto Aires Gouveia (R. de)	DY 3
Albuquerque (R. Af. de)	DYZ 4
Alferes Malheiro (R. do)	EXY 6
Almeida Garrett (Pr. de)	EY 7
Antero de Quental (R. de)	EX 10
Augusto Rosa (R. de)	FZ 12
Belomonte (R. de)	EZ 16
Boa Hora (R. da)	DXY 18
Bonjardim (R. do)	EXY 19
Carmo (R. do)	DEY 28
Cimo da Vila (R. da)	EY 31
Santa Catarina (R. de)	FY
31 de Janeiro (R. de)	EY 126
Coelho Neto (R. de)	FY 34
Dr. Tiogo de Almeida (R. do)	DY 45
Dom Afonso Henriques (R. de)	EYZ 46
Dona Filipa de Lencastre (Av.)	EY 49
Entreparedes (R. de)	FY 52
Faria Guimarães (R. de)	EX 54
Fonseca Cardoso (R. de)	EY 57
Gomes Teixeira (Pr. de)	EY 61
Guedes de Azevedo (R. de)	FXY 64
Heróis e Mártires de Angola (R. dos)	EY 66
Infante Dom Henrique (Pr. e R. do)	EZ 69
João das Regras (R. de)	EX 70
Lisboa (Pr. de)	EY 72
Loureiro (R. do)	EY 73
Mártires da Pátria (Campo dos)	DEY 76
Maternidade (R. da)	DY 78
Nova de São Crispim (R.)	EY 82
Oliveira (R. da)	EY 85
Paraíso (R. do)	EFX 87
Piedade (R. da)	DX 90
Prov. Vicente José de Carvalho (R. do)	DY 93
Ribeira (Pr. da)	EZ 96
Sacadura Cabral (R.)	DX 99
São Domingos (L. de)	EZ 100
São João (R. de)	EZ 102
São João Novo (Pr. de)	DZ 103
São Lazaro (Passeio de)	FY 105
Saraiva de Carvalho (R.)	EZ 106
Sé (Terreiro da)	EZ 108
Soares dos Reis (L. de)	FY 115
Trindade (R. da)	EY 120
Vimara Peres (Av.)	EZ 121
Vitória (R. da)	EYZ 123

B CASA DA MISERICÓRDIA
E SANTA CLARA

Peso da Régua 35 I 6
Pessegueiro (Coimbra) 47 L 5
Pessegueiro (Faro) 71 T 6
Peta 59 O 4
Peva (Guarda) 36 J 9
Peva (Viseu) 35 J 6
Pião 60 Q 8
Pias (Beja) 71 R 7
Pias (Évora) 60 Q 7
Pias (Santarém) 47 M 5
Pias (Viana do Castelo) 20 F 4
Picamilho 71 S 6
Picão 34 J 6
Piçarras 71 T 5
Picarrel 60 Q 7
Pico 96 H 10
Pico Alto 96 M 60
Pico da Pedra 96 J 19
Pico (Ilha do) 96 H 10
Pico de Regalados 20 G 4
Pìces 36 I 9
Picoitos 71 T 7
Picote 22 H 10
Picote (Barragem de) 36 H 10
Picoto 34 I 4
Piedade 96 H 11
Piedade 34 K 4
Piedade (Ponta da) 80 U 3
Pilado 46 M 3
Pindelo dos Milagres 34 J 6
Pinela 22 G 9
Pinelo 22 H 10
Pingarelhos 46 L 3
Pinhal do Norte 35 I 7
Pinhal Novo 58 Q 3
Pinhancos 35 K 6
Pinhão 35 I 7
Pinheiro (Braga) 20 H 5
Pinheiro (Guarda) 35 J 7
Pinheiro (perto de Castro Daire) 34 J 6
Pinheiro (perto de Mortágua) 34 K 5
Pinheiro (perto de Oliveira de Frades) 34 J 5
Pinheiro (Porto) 34 I 5
Pinheiro (Setúbal) 58 Q 3
Pinheiro (Estação de) 58 Q 3
Pinheiro da Bemposta 34 J 4
Pinheiro de Coja 47 L 6
Pinheiro Grande 47 N 4
Pinheiro Novo 21 G 8
Pinhel (Guarda) 35 J 8
Pinhel (Santarém) 46 N 4
Pinho (Vila Real) 21 H 7
Pinho (Viseu) 34 J 5
Pinoucas 34 K 5
Pintado 47 N 4
Pínzio 35 K 8
Piódão 47 L 6
Pipas 60 Q 7
Pisão (Aveiro) 47 L 4
Pisão (Portalegre) 60 O 7
Pisco 35 J 7
Pìses (Leiria) 46 N 3
Pìses (Vila Real) 21 G 6
Pìses-Moura 71 R 7
Pìtes das Júnias 21 G 6
Pó 58 O 2
Pocariça 34 K 4
Poceirão 58 Q 3
Pocinho 35 I 8
Pocinho (Barragem do) 35 I 8
Poço Barreto 80 U 4
Poço dos Cães 47 M 4
Poços 71 S 5
Podence 22 H 9
Podentes 47 L 4
Poiares (Bragança) 36 I 9
Poiares (Vila Real) 35 I 6
Poio (Barragem do) 48 N 7
Poiso 80 BY
Poldra 80 U 3
Polvoeira 46 M 2
Pomar 47 M 6
Pomarão 71 T 7
Pomares (Coimbra) 47 L 6
Pomares (Guarda) 35 K 8
Pombal (Bragança) 35 I 7
Pombal (Leiria) 46 M 4
Pombalinho (Coimbra) 47 L 4
Pombalinho (Santarém) 46 N 4
Pombeiro da Beira 47 L 5
Pombeiros 71 S 6
Pondras 21 G 6
Ponsul 48 L 8
Ponta 80 C X
Ponta Delgada 96 E 2
Ponta Delgada 96 J 18
Ponta do Mistério 96 H 11
Ponta da Calheta 80 C X
Ponta do Pargo 80 A Y
Ponta do Sol 80 A Y
Pontal (Cabo) 80 U 3
Pontal (Gruta) 80 U 4
Pontão 47 M 4
Ponte 20 G 4
Ponte da Barca 20 G 4
Ponte Delgada 80 B Y
Ponte de Lima 20 G 4
Ponte de Sor 59 O 5
Ponte de Vagos 34 K 3
Ponte do Abade 35 J 7
Ponte do Rol 58 O 2
Ponte Nova 34 I 5
Pontével 58 O 3
Pontinha 59 O 6
Porches 80 U 4
Portagem 48 N 7
Portalegre 60 O 7
Portalegre (Estação de) 60 O 7
Porteirinhos 71 T 5
Portel 71 R 6
Portela (Faro) 81 U 6
Portela (Leiria) 58 O 2
Portela (Viana do Castelo) 20 G 4
Portela de Santa Eulália 21 H 6
Portela de Vade 20 G 4
Portela do Fojo 47 M 5
Portelas 80 U 3
Portelo 22 G 9
Portimão 80 U 4
Portinho da Arrábida 58 Q 3
Porto 34 I 4
Porto Alto 58 P 3
Porto Formoso 96 J 19
Porto Carvoeiro 34 I 4
Porto Covo 70 S 3
Porto da Balça 47 L 6
Porto da Calada 58 O 1
Porto da Cruz 80 B Y
Porto da Espada 60 N 7
Porto das Barcas 70 T 3
Porto de Barcas 58 O 1
Porto de Lagos 80 U 4
Porto de Mós 46 N 3
Porto de Ovelha 36 K 9
Porto de Sines 70 S 3
Porto do Carro 46 N 3
Porto do Codeço 35 J 6
Porto Moniz 80 A Y
Portos 20 F 5
Porto Santo 80 D X
Portunhos 47 L 4
Possacos 21 H 8
Pousada 35 K 8
Pousada da Ria 34 J 3
Pousadas Vedras 47 M 4
Pousaflores 47 M 4
Pousafoles do Bispo 35 K 8
Pousos 46 M 3
Póvoa (Bragança) 23 H 11
Póvoa (Viseu) 35 J 6
Póvoa (Barragem da) 48 N 7
Povoação 96 J 20
Póvoa da Atalaia 48 L 7
Póvoa da Isenta 58 O 3
Póvoa das Quartas 35 K 6
Póvoa de Lanhoso 20 H 5
Póvoa d'El-Rei 35 J 8
Póvoa de Mides 34 K 6
Póvoa de Penela 35 I 7
Póvoa de Rio de Moinhos 48 M 7
Póvoa de Santa Iria 58 P 2
Póvoa de Santarém 46 O 3
Póvoa de São Miguel (Beja) 72 R 8
Póvoa de Varzim 20 H 3
Póvoa do Concelho 35 J 8
Póvoa e Meadas 48 N 7
Povolide 35 K 6
Pracana (Barragem de) 47 N 6
Praderes 80 A Y
Prado 20 H 4
Prado Gatão 22 H 10
Prados (perto de Celorico da Beira) 35 K 7
Prados (perto de Freixedas) 35 J 8
Pragança 58 O 2
Praia 96 F 12
Praia 96 M 20
Praia da Cordama 80 U 3
Praia da Tocha 46 L 3
Praia da Vitória 96 G 14
Praia do Norte 96 H 9
Praia dos Mouranitos 80 U 3
Praia Azul 58 O 1
Praia da Aguda 34 I 4
Praia da Alagoa 81 U 7
Praia da Areia Branca 58 O 1
Praia da Árvore 34 I 3
Praia da Barra 34 K 3
Praia da Bordeira 80 U 3
Praia da Carreagem 70 T 3
Praia da Falesia 80 U 5
Praia da Galé 80 U 5
Praia da Ilha 70 S 3
Praia da Ilha de Faro 81 V 6
Praia da Ilha de Tavira 81 U 7
Praia da Manta Rota 81 U 7
Praia da Oura 80 U 5
Praia da Rocha 80 U 4
Praia das Maçãs 58 P 1
Praia da Vagueira 34 K 3
Praia da Vieira 46 M 3
Praia de Agudela 34 I 3
Praia de Areinho 34 J 3
Praia de Boa Nova 34 I 3
Praia de Cabadelo 20 G 3
Praia de Cabanas 81 U 7
Praia de Caparica 58 Q 2
Praia de Cascais 58 Q 1
Praia de Comporta 58 Q 3
Praia de Cortegaça 34 J 4
Praia de Dona Ana 80 U 4
Praia de Ericeira 58 P 1
Praia de Esmoriz 34 J 4
Praia de Espinho 34 J 3
Praia de Faro 81 U 6
Praia de Furadouro 34 J 3
Praia de Fuseta 81 U 6
Praia de Labruge 34 I 3
Praia de Lavadores 34 I 4
Praia de Leirosa 46 L 3
Praia de Magoito 58 P 1
Praia de Maria Luisa 80 U 5
Praia de Melides 70 R 3
Praia de Mira 34 K 3
Praia de Monte Branco 34 J 3
Praia de Monte Clérigo 70 T 3
Praia de Morgavel 70 S 3
Praia de Odeceixe 70 T 3
Praia de Porto Covo 70 S 3
Praia de Quiaios 46 L 3
Praia de Ribeiro 58 O 1
Praia de Samarra 58 P 1
Praia de Santa Cruz 58 O 1
Praia de Santo André (Porto) 20 H 3
Praia de Santo André (Setúbal) 70 R 3
Praia de São Lourenço 58 O 1
Praia de São Sebastião 58 P 1
Praia de São Torpes 70 S 3
Praia de Suave Mar 20 H 3
Praia do Castelejo 80 U 3
Praia do Guincho 58 P 1
Praia do Martinhal 80 U 3
Praia do Porto Novo 58 O 1
Praia do Rei Cortiço 46 N 2
Praia do Ribatejo 47 N 4
Praia do Salgado 46 N 2
Praia dos Tres Irmãos 80 U 4
Praia Grande (Beja) 70 T 3
Praia Grande (Lisboa) 58 P 1
Praia Nova 46 N 2
Praias de Albufeira 80 U 4
Praia Velha 46 M 2
Prainha 96 H 11
Prazeres 60 P 7
Préstimo 34 K 4
Proença-a-Nova 47 M 6
Proença-a-Velha 48 L 8
Prova 35 J 7
Provença 70 S 3
Provesende 35 I 7
Pueblonuevo del Guadiana 61 P 9
Pussos 47 M 4

Q

Quadrazais 48 L 9
Quarteira 81 U 5
Quartos 80 U 5
Quatrim do Sul 81 U 6
Quebradas 58 O 3
Queimada (Ponta da) 96 H 11
Queimadela 20 H 5
Queimado (Ponta do) 96 G 13
Queirã 34 J 5
Queiriga 35 J 6
Queiriz 35 J 7
Quelfes 81 U 6
Queluz 58 P 2
Querença 81 U 6
Quiaios 46 L 3
Quiaios (Dunas de) 46 L 3
Quintã (Aveiro) 34 K 3
Quintã (Beja) 71 T 6
Quinta da Corona 70 S 4
Quintã de Pêro Martins 35 J 8
Quinta de Santa Maria 71 R 5
Quinta do Anjo 58 Q 3
Quinta do Estácio 71 S 6
Quinta do Lago 81 U 5
Quinta do Pinheiro 59 O 6
Quintanilha 22 G 10
Quinta Nova 35 J 8
Quintãs 34 K 4
Quintas da Torre 48 L 8
Quintas do Norte 34 J 3
Quintela de Azurara 35 K 6
Quintela de Lampacas 22 H 9
Quintos 71 S 6
Quirás 21 G 8

R

Rã 59 Q 5
Rabaça 60 O 8
Rabaçal (Coimbra) 47 L 4
Rabaçal (Guarda) 35 J 8
Rabaçal (Rio) 21 G 8
Rabal 22 G 9
Rabo de Peixe 96 J 19
Raia (Ribeira da) 59 P 5
Raimonda 34 I 5
Rainha (Cabeço) 47 M 6
Raiva 34 I 4
Raiva (Barragem de) 47 L 5
Ramalhais 47 M 4
Ramalhal 58 O 2
Raminho 96 G 14
Ramo Alto 60 Q 7
Ranhados 35 J 8
Raposa 59 O 4
Raposeira 80 U 3
Rapoula do Ça 35 K 8
Rãs (Porto) 34 I 5
Rãs (Viseu) 35 J 7
Raso (Cabo) 58 P 1
Rates 20 H 3
Real 34 I 5
Rebolia 47 L 4
Rebolosa 36 K 9
Rebordainhos 22 H 9
Rebordãos 22 G 9
Rebordelo (Aveiro) 34 J 4
Rebordelo (Bragança) 21 G 8
Rebordelo (Porto) 34 H 6
Rebordes (Porto) 20 H 4
Rebordes (Viana do Castelo) 20 G 4
Reboreda 20 G 3
Reboredo (Serra do) 36 I 9
Recarei 34 I 4
Redinha 47 L 4
Redondelo 21 G 7
Redondo 60 Q 7
Réfega 22 G 10
Refoios do Lima 20 G 4
Regadas (Braga) 20 H 5
Regadas (Porto) 34 I 5
Rego 20 H 5
Rego (Monte) 60 P 8
Rego da Barca 35 I 8
Rego da Murta 47 M 4
Regueira de Pontes 46 M 3
Reguenga 34 I 4
Reguengo (Évora) 59 Q 5
Reguengo (Portalegre) 60 O 7
Reguengo do Fetal 46 N 3
Reguengo Grande 58 O 2
Reguengos de Monsaraz 60 Q 7
Reigada 36 J 9
Reigoso 21 G 6
Relíquias (Beja) 70 S 4
Relíquias (Évora) 60 P 7
Relva 96 J 18
Relva da Louça 47 M 6
Relvas 47 L 6
Remal 80 A Y
Remédios 96 J 18
Remédios 46 N 1
Remelhe 20 H 4
Remondes 36 H 9
Rendo 48 K 8
Rendufe 20 H 4
Requeixo 34 K 4
Reriz 34 J 6
Resende 35 I 6
Retaxo 48 M 7
Retiro 60 P 8
Retorta 71 S 7
Revel 21 H 7
Reveladas 60 N 7
Rexaldia 47 N 4
Riachos 47 N 4
Ria Formosa (Parque Natural da) 81 V 6
Riba d'Ave 20 H 4
Riba de Mouro 20 F 5
Ribadouro 34 I 5
Ribafeita 34 J 6
Ribafria 46 O 2
Ribalonga (Bragança) 35 I 7
Ribalonga (Vila Real) 35 H 7
Ribamar (perto de Ericeira) 58 O 1
Ribamar (perto de Lourinhã) 58 O 1
Ribamondego 35 K 7
Ribeira (Aveiro) 34 J 4
Ribeira Cha 96 J 19
Ribeira (Coimbra) 47 L 5
Ribeira Grande 96 J 19
Ribeira (Ponta da) 96 J 20
Ribeira Quente 96 J 20
Ribeira Seca 96 H 12
Ribeira Seca 96 J 19
Ribeira Brava 80 A Y
Ribeira da Janela 80 A Y
Ribeira de Fraguas 34 J 4
Ribeira de Pena 21 H 6
Ribeiradio 34 J 5
Ribeira dos Carinhos 35 K 8
Ribeira do Seissal 70 S 4
Ribeirão 20 H 4
Ribeiras 96 H 11
Ribeirinha 96 G 14
Ribeirinha 35 H 8
Ribeirinha 96 H 14
Ribeirinha 96 J 19
Ribeiro Frio 80 BY
Ribolhos 34 J 6
Riodades 35 I 7
Rio de Couros 47 M 4
Rio de Mel 35 J 7
Rio de Moinhos (Beja) 70 S 5
Rio de Moinhos (Évora) 60 P 7
Rio de Moinhos (Santarém) 47 N 5
Rio de Moinhos (Viseu) 35 J 6
Rio de Moinhos (Setúbal) 70 R 5
Rio de Mouro 58 P 1
Rio de Onor 22 G 10
Rio Douro 21 H 6
Rio Frio (Bragança) 22 G 10
Rio Frio (Setúbal) 58 P 3
Rio Frio (Viana do Castelo) 20 G 4
Rio Maior 46 N 3
Rio Mau (Braga) 20 G 4
Rio Mau (Porto) 20 H 3
Rio Milheiro 34 K 5
Rio Seco 81 U 7
Rio Torto (Guarda) 35 K 7
Rio Torto (Vila Real) 21 H 8
Rio Vide 47 L 5
Roca (Cabo da) 58 P 1
Rocamondo 35 K 8
Rocas do Vouga 34 J 4
Rocha dos Bordes 96 E 2
Rochoso 35 K 8
Roda Grande 47 N 4
Rogil 70 T 3
Rogodeiro 21 H 8
Rojão 34 K 5
Rojão Grande 34 K 5
Rolão 71 S 6
Roliça 46 O 2
Romã 58 O 2
Romarigães 20 G 4
Romariz 34 J 4
Romãs 35 J 7
Romeira 58 O 3
Romeu 21 H 8
Roncão 71 T 7
Ronfe 20 H 4
Roriz (Braga) 20 H 4
Roriz (Porto) 20 H 4
Roriz (Viseu) 35 J 6
Rosais 96 G 11
Rosais (Ponta dos) 96 G 11
Rosário (Beja) 71 T 5
Rosário (Évora) 60 Q 7
Rosmaninhal (Castelo Branco) 48 M 8
Rosmaninhal (Portalegre) 59 O 6
Rossão 35 J 6
Rossas (Aveiro) 34 J 5
Rossas (Braga) 20 H 5
Rossio ao Sul do Tejo 47 N 5
Rouças 20 G 5
Roxo (Barragem do) 71 S 5
Roxo (Ribeira do) 70 S 4
Rua 35 J 7
Rubiães 20 G 4
Ruivães 20 G 5
Ruivo 71 R 5
Ruivo (Pico) 80 B Y
Ruivo do Paúl 80 A Y
Runa 58 O 2
Ruvina 35 K 8

S

Sá 21 G 7
Sabacheira 47 M 4
Sabóia 70 T 4
Sabor 22 G 9
Sabrosa 35 I 7
Sabroso 21 H 7
Sabugal 48 K 8
Sabugal (Barragem do) 35 K 8
Sabugo 58 P 2
Sabugosa 34 K 5
Sabugueiro (Évora) 59 P 5
Sabugueiro (Guarda) 35 K 7
Sacavém 58 P 2
Sado 70 S 4
Sado Morgavel (Canal do) 70 S 4
Safara 72 R 8
Safira 59 Q 5
Safurdão 35 K 8
Sago 20 F 4
Sagres 80 U 3
Sagres (Ponta de) 80 V 3
Salamonde 20 G 5
Salavessa 48 N 7
Saldanha 22 H 10
Saldonha 22 H 9
Salema 80 U 3
Salgueirais 35 K 7
Salgueiro (Aveiro) 34 K 4
Salgueiro (Bragança) 36 I 9
Salgueiro (Castelo Branco) 48 L 8
Salgueiro (Leiria) 46 O 2
Salgueiro do Campo 48 M 7
Salgueiros (Beja) 71 T 7
Salgueiros (Vila Real) 21 H 7
Salir 81 U 5
Salir do Porto 46 N 2
Salreu 34 J 4
Salsas 22 H 9
Salselas 22 H 9
Salto (Beja) 71 S 6
Salto de Cavalo 96 J 20
Salto (Vila Real) 21 H 6
Salvada 71 S 6
Salvador (Castelo Branco) 48 L 8
Salvador (Samtarém) 59 O 4
Salvador do Monte 34 I 5
Salvaterra de Magos 58 O 3
Salvaterra do Extremo 49 M 9
Salzedas 35 I 6
Samardã 21 H 6
Sambade 22 H 9
Sambado 47 M 5
Sambrana 71 T 6
Sameice 35 K 6
Sameiro 35 K 7
Sameiro (Monte) 20 H 4
Samil 22 G 9
Sames 35 I 8
Samora Correia 58 P 3
Samouco 58 P 2
Samouqueira 70 T 3
Sampaio (perto de Mogadouro) 22 H 9
Sampaio (perto de Vila Flor) 35 I 8
Sampriz 20 G 4
Samuel 46 L 3
San Julião 60 O 8
San Martinho 48 M 7
San Martinho do Peso 22 H 10
San Pedro do Corval 60 Q 7
San Salvador 48 N 7
Sande (Braga) 20 H 4
Sande (Porto) 34 I 5
Sandim (Bragança) 21 G 8
Sandim (Porto) 34 I 4
Sandomil 35 K 6
Sanfins 21 G 8
Sanfins do Douro 35 I 7
Sangalhos 34 K 4
Sanguedo 34 I 4
Sanguinhal 58 O 2
Sanhoane 36 H 10
Sanjurge 21 G 7
Santa Antão 96 H 12
Santa Bárbara 96 G 13
Santa Bárbara 96 J 19
Santa Bárbara 96 M 20
Santa Bárbara 70 T 4
Santa Bárbara de Nexe 81 U 6
Santa Bárbara de Padres 71 T 6

Serreta	96	G 13
Serrinha	60	O 8
Serrinha (Monte)	59	Q 4
Serro Ventoso	46	N 3
Sertã	47	M 5
Sertã (Ribeira da)	47	M 6
Serves	58	P 2
Serzedelo	20	H 5
Sesimbra	58	Q 2
Sesmarias	70	R 4
Sete	71	T 6
Sete Cidades	96	J 18
Sete Cidades (Caldeira das)	96	J 18
Setil	58	O 3
Setúbal	58	Q 3
Setúbal (Baía de)	58	Q 3
Sever do Vouga	34	J 4
Sezelhe	21	G 6
Sezulfe	21	H 8
Sezures	35	J 7
Sicó (Serra de)	47	M 4
Silva	22	H 10
Silvalde	34	J 3
Silvares (Braga)	20	H 5
Silvares (Castelo Branco)	47	L 6
Silvares (Porto)	34	I 5
Silveira	58	O 1
Silveirona	60	P 7
Silveiros	20	H 4
Silves	80	U 4
Sines	70	S 3
Sines (Cabo de)	70	S 3
Sintra	58	P 1
Sintra (Serra de)	58	P 1
Sistelo	20	G 4
Sítio das Éguas	81	U 5
Sizandro	58	O 1
Soajo	20	G 5
Soajo (Serra do)	20	G 5
Soalhães	34	I 5
Soalheira	48	L 7
Soalheiras	48	M 8
Sobradelo da Goma	20	H 5
Sobradinho	81	U 5
Sobrado	34	I 4
Sobrainho dos Gaios	47	M 6
Sobral (Castelo Branco)	47	M 5
Sobral (Viseu)	34	K 5
Sobral da Abelheira	58	P 1
Sobral da Adiça	72	R 8
Sobral da Lagoa	46	N 2
Sobral da Serra	35	K 8
Sobral de Casegas	47	L 6
Sobral de Monte Agraço	58	O 2
Sobral do Campo	48	L 7
Sobral Fernando	47	M 6
Sobral Pichorro	35	J 7
Sobral Valado	47	L 6
Sobreira	34	I 4
Sobreira Formosa	47	M 6
Sobreiro	34	J 4
Sobreiro de Cima	21	G 8
Sobreposta	20	H 4
Sobrosa (Beja)	72	R 8
Sobrosa (Porto)	34	I 4
Soeima	22	H 9
Soeira	22	G 9
Sol Posto	70	S 4
Solveira	21	G 6
Somouqueira	80	U 3
Sonim	21	G 8
Sopo	20	G 5
Sor (Ribeira de)	47	N 6
Sorraia	59	P 4
Sortelha	48	K 8
Sortelhão	35	K 8
Sortes	22	G 9
Sosa	34	K 4
Soudes	71	T 7
Soure	47	L 4
Souro Pires	35	J 8
Sousa	34	I 5
Sousel	59	P 6
Sousel (Ribeira de)	59	O 6
Souselas	47	L 4
Souselo	34	I 5
Soutelinho	21	H 6
Soutelinho da Raia	21	G 7
Soutelo (Aveiro)	34	J 4
Soutelo (Braga)	20	H 4
Soutelo (Bragança)	22	H 9
Soutelo (perto de Chaves)	21	G 7
Soutelo (perto de Vila Real)	35	I 6
Soutelo de Aguiar	21	H 6
Soutelo do Douro	35	I 7
Soutelo Mourisco	22	G 9
Soutilha	21	G 8
Souto (Aveiro)	34	J 4
Souto (Guarda)	49	K 9
Souto (Santarém)	47	N 5
Souto (Viana do Castelo)	20	G 4
Souto (Viseu)	35	I 7
Souto da Carpalhosa	46	M 3
Souto da Casa	48	L 7
Souto da Velha	36	I 9
Souto de Aguiar da Beira	35	J 7
Souto de Escarão	21	H 7
Souto Maior	35	I 7
Suçães	21	H 8
Sul	34	J 5
Sul (Rio)	34	J 5
Sume	59	O 6

T

Taberna Seca	48	M 7
Taboeira	34	K 4
Taboeiras	34	K 3
Tábua	34	K 5
Tabuaço	35	I 7
Tabuadelo	20	H 5
Tabuado	34	I 5
Tadim	20	H 4
Taião	20	G 4
Taipadas	58	P 4
Taipas	20	H 4
Talabita	71	R 7
Talefe	58	O 1
Talhadas	34	K 5
Talhas	22	H 9
Tâmega	21	G 7
Tancos	47	N 4
Tanganhal	70	R 4
Tanganheira	70	S 3
Tangil	20	F 4
Tapada	58	O 4
Tapada Grande (Barragem da)	71	S 7
Tapéus	47	L 4
Tarouca	35	I 6
Tarouquela	34	I 5
Taveiro	47	L 4
Tavila	47	M 6
Tavira	81	U 7
Tavira (Ilha de)	81	U 6
Távora (Viana do Castelo)	20	G 4
Távora (Viseu)	35	I 7
Távora (Rio)	35	J 7
Tazem	21	H 7
Tedo	35	I 7
Teira	46	N 3
Teixeira (Bragança)	22	H 10
Teixeira (Coimbra)	47	L 6
Teixeira (Guarda)	47	L 6
Teixeira (Porto)	35	I 6
Teixelo	35	J 6
Teixoso	48	L 7
Teja (Ribeira de)	35	J 8
Tejo	48	M 7
Telhada	46	L 3
Telhadela	34	J 4
Telhado	48	L 7
Telheiro (Beja)	70	T 4
Telheiro (Évora)	60	Q 7
Teles	21	H 6
Tendais	34	I 5
Tenencia	81	T 7
Tentúgal	46	L 4
Tera (Ribeira de)	59	P 6
Terceira (Ilha)	96	G 14
Terena	60	Q 7
Terges (Ribeira de)	71	S 6
Termas	34	J 5
Termas de Alcafache	35	K 6
Termas de Monfortinho	49	M 9
Terras de Bouro	20	G 5
Terreiro das Bruxas	48	L 8
Terrenho	35	J 7
Terrugem (Lisboa)	58	P 1
Terrugem (Portalegre)	60	P 7
Tinalhas	48	M 7
Tinhela	21	G 8
Tinhela (Rio)	35	H 7
Tinhela de Baixo	21	H 7
Tó	36	I 10
Tocha	46	L 3
Tojal	59	Q 5
Tojal (Estação de)	59	Q 5
Toledo	58	O 2
Tolosa	47	N 6
Tomadias	35	J 8
Tomar	47	N 4
Tonda	34	K 5
Tondela	34	K 5
Topo	96	H 12
Topo (Ponta do)	96	H 12
Topo (Serra do)	96	H 12
Torgal (Ribeira de)	70	T 4
Torgueda	35	I 6
Tornada	46	N 2
Torrados	20	H 5
Torrais (Ponta)	96	D 2
Torrão (Portalegre)	47	N 6
Torrão (Setúbal)	70	R 5
Torrão do Lameiro	34	J 4
Torre (Castelo Branco)	49	M 9
Torre de Aspa	80	U 3
Torre (Guarda)	48	K 8
Torre (Setúbal)	58	Q 3
Torre (Viana do Castelo)	20	G 3
Torre (Monte)	48	L 7
Torre da Gadanha	59	Q 5
Torre das Vargens	59	O 6
Torre de Bolsa	60	P 8
Torre de Coelheiros	59	Q 6
Torre de Dom Chama	21	H 8
Torredeita	34	K 5
Torre de Moncorvo	35	I 8
Torre de Pinhão	21	H 7
Torre de Vale de Todos	47	M 4
Torre do Terrenho	35	J 7
Torreira	34	J 3
Torres	35	J 8
Torres Novas	47	N 4
Torres Vedras	58	O 2
Torre Vã	70	S 4
Torrinheiras	20	H 6
Torroal	70	R 3
Torrozelas	47	L 6
Torrozelo	35	K 6
Torto (Rio) (Castelo Branco)	48	L 8
Torto (Rio) (Viseu)	35	I 7
Torto (Rio) (Vila Real)	21	H 7
Tortosendo	48	L 7
Touca (Castelo Branco)	48	L 7

SETÚBAL

Álvaro Castelões (R.)	BZ	7
António Girao (Rua)	BZ	9
Augusto Cardoso (Rua de)	BZ	13
Bocage (Rua do)	BZ	18
Dr Paula Borba (Rua)	BZ	25
Santo António (Largo de)	BZ	44
Alexandre Herculano (Av. de)	BY	3
Almirante Reis (Praça de)	AZ	4
Almocreves (Rua dos)	BZ	6
António José Batista (Rua)	CY	10
Arronches Junqueiro (Rua)	BZ	12
Bela Vista (Travessa da)	AZ	15
Bocage (Praça do)	BZ	16
Ciprestes (Estrada dos)	CY	19
Clube Naval (Rua)	AZ	20
Combatentes da Grande Guerra (Av. dos)	AZ	21
Defensores da República (Largo dos)	CZ	22
Dr António J. Granjo (Rua)	BZ	24
Exército (Praça do)	BZ	27
José Filipe (Rua)	AZ	30
Machado dos Santos (Praça)	AZ	31
Major Afonso Pala (Rua do)	BZ	33
Mariano de Carvalho (Av.)	BY	34
Marquês da Costa (Rua)	AZ	36
Marquês de Pombal (Praça)	AZ	37
Mirante (Rua do)	CY	38
Ocidental do Mercado (Rua)	AZ	39
Paulino de Oliveira (Rua de)	AZ	40
República de Guiné-Bissau (Av.)	BY	42
Tenente Valadim (Rua)	AZ	43
Trabalhadores do Mar (Rua do)	AZ	45
22 de Dezembro (Av.)	BY	46

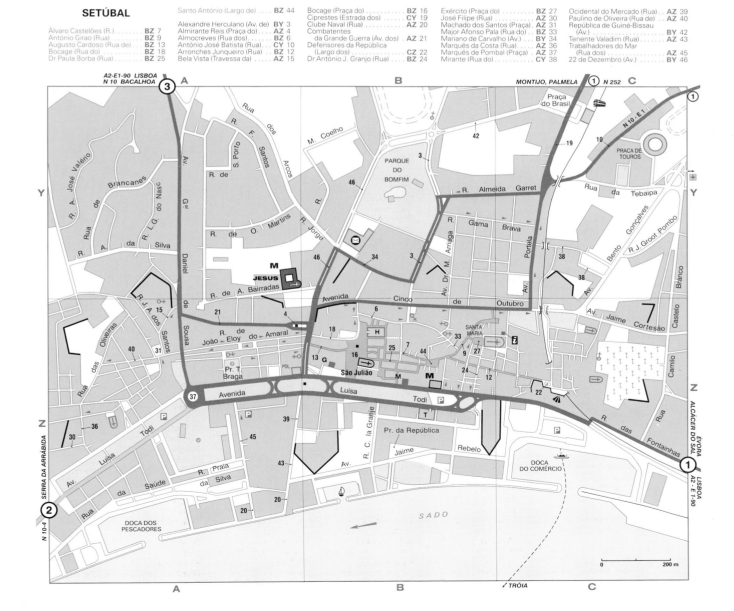

Touça (Guarda) 35 I 8
Touguinha 20 H 3
Toulica (Barragem) 48 M 8
Toules 48 M 8
Tourém 21 G 6
Tourigo 34 K 5
Touril 70 T 3
Touro 35 J 6
Toures (Ribeira de) 36 K 9
Toutalga 71 R 7
Toutosa 34 I 5
Touvedo 20 G 4
Trafaria 58 P 2
Trafeiras 71 S 6
Tramaga 59 O 5
Tramagal 47 N 5
Trancoso 35 J 7
Travaços (perto de
Póvoa de Lanhoso) 20 H 5
Travanca (perto de
Mogadouro) 36 H 10
Travanca
(perto de Vinhais) 22 G 9
Travanca (Porto) 34 I 5
Travanca de Lagos 34 K 6
Travanca de
Tavares 35 K 7
Travanca
do Mondego 47 L 5
Travancas 21 G 8
Travassô 34 K 4
Travassós 20 H 5
Travassós 20 H 5
Travessa 72 R 8
Treixedo 34 K 5
Tremês 46 N 3
Tresminas 21 H 7
Tresouras 35 I 6
Trevim (Alto de) 47 L 5
Treves 35 I 7
Trezói 34 K 5
Trigaches 71 R 6
Trigais 47 L 6
Trigo (Monte) 96 G 11
Trindade (Beja) 71 S 6
Trindade (Bragança) 21 H 8
Trinta 35 K 7
Tripeiro 48 M 7
Tristão (Ponta do) 80 A Y
Trofa (Aveiro) 34 K 4
Trofa (Porto) 20 H 4
Tróia 58 Q 3
Tróia (Península
de) 58 Q 3
Tronco 21 G 8
Troporiz 20 F 4
Troviscais 70 T 3
Troviscal (Aveiro) 34 K 4
Troviscal (Castelo
Branco) 47 M 5
Tua 35 I 7
Tua (Rio) 21 H 8
Tuella 21 G 8
Tuido-Gandra 20 F 4
Tuizelo 21 G 8
Tunes 80 U 5
Turcifal 58 O 2
Turquel 46 N 3

U
Ulme 59 O 4
Umbrias de
Camacho 81 U 7
Unhais da Serra 48 L 7
Unhais-o-Velho 47 L 6
Unhos 58 P 2
Urqueira 46 N 4
Urra 60 O 7
Urrós (perto de
Brunhozinho) 36 H 10
Urros (perto de
Ligares) 35 I 8
Urza 71 T 5
Urzelina 96 H 11
Uva 22 H 10

V
Vacariça 34 K 4
Vagos 34 K 3
Vaiamonte 60 O 7
Vairão 20 H 4
Valada 58 O 3
Valadares 34 I 4
Valadas (Beja) 71 S 7
Valadas
(Castelo Branco) 47 N 5
Valado dos Frades 46 N 2
Valbom (Castelo
Branco) 48 M 7
Valbom (Guarda) 35 J 8
Valbom (Leiria) 47 M 5
Valdelacalzada 61 P 9
Valdigem 35 I 6
Valdreu 20 G 5
Valdrez 22 H 9
Valdujo 35 J 8
Vale 20 G 4
Vale Benfeito 22 H 9
Vale do Côa
(Parque
arqueológica de) 35 I 8
Vale Furado 46 M 2
Vale (São Cosme) 20 H 4
Vale Alto 46 N 4
Vale Beijinha 70 S 3
Vale Covo (Beja) 71 S 7
Vale Covo (Leiria) 58 O 2
Vale da Madre 36 H 9
Vale da Mó 34 K 4
Vale da Mua 47 M 6
Vale da Mula 36 J 9
Vale da Pinta 58 O 3
Vale da Rosa 81 U 6
Vale da Seda 59 O 6
Vale da Senhora
da Póvoa 48 L 8
Vale das Fontes 21 G 8
Vale das Mós 47 N 5
Vale da Telha 80 U 3
Vale da Torre 48 L 7
Vale da Ursa 47 M 6
Vale da Vinha 47 N 6
Vale de Açor (Beja) 71 S 6
Vale de Açor
(Portalegre) 59 O 6
Vale de Açor
(Samtarém) 47 N 5
Vale de Afonsinho 35 J 8
Vale de Água (Beja) 70 S 5
Vale de Água
(Setúbal) 70 S 4
Vale de
Albuquerque 60 P 8
Vale de Anta 21 G 7
Vale de Asnes 21 H 8
Vale de Azares 35 K 7
Vale de Cambra 34 J 4
Vale de Cavalos
(Portalegre) 60 O 8
Vale de Cavalos
(Santarém) 59 O 4
Vale de Cobrão
(Ribeira de) 58 P 3
Vale de Couço 21 H 8
Vale de Ebros 81 U 7
Vale de Espinho 49 L 9
Vale de Estrela 35 K 8
Vale de Ferro 70 S 4
Vale de Figueira
(Santarém) 58 O 4
Vale de Figueira
(Viseu) 35 I 7
Vale de Frades 22 H 10
Vale de Gaio
(Barragem de) 70 R 5
Vale de Gavies 47 N 6
Vale de Gouvinhas 21 H 8
Vale de Guiso 70 R 4
Vale de Ílhavo 34 K 4
Vale de Janeiro 21 G 8
Vale de Maceiras 60 O 7
Vale de Madeira 35 J 8
Vale de Moinhos 22 H 9

Vale de Moura 59 Q 6
Vale de Nogueira 22 H 9
Vale de Ossos 70 R 4
Vale de Pereiros 35 J 8
Vale de Prazeres 48 L 7
Vale de Rocins 71 S 6
Vale de Salgueiro 21 H 8
Vale de Santarém 58 O 3
Vale de Santiago 70 S 4
Vale de Telhas 21 H 8
Vale de Torno 35 I 8
Vale de Vaide 47 L 5
Vale de Vargo 71 S 7
Vale de Vilão 59 O 5
Vale de Zebro 71 S 5
Vale do Arco 47 N 6
Vale do Coelheiro 47 M 6
Vale do Homem 47 M 6
Vale do Judeu 81 U 5
Vale do Lobo 81 U 5
Vale do Paraíso 58 O 3
Vale do Pereiro 59 P 6
Vale do Peso 60 N 7
Vale do Rio 47 M 5
Vale do Seixo 35 J 8
Vale dos Reis 59 Q 4
Vale Feitoso 48 L 9
Vale Figueira 80 U 5
Vale Flor 35 J 8
Vale Formoso 72 R 8
Vale Frechoso 35 H 8
Válega 34 J 4
Valeira
(Barragem de) 35 I 7
Valença do Douro 35 I 7
Valença do Minho 20 F 4
Vale Pereiro 35 H 9
Vales (Beja) 70 S 4
Vales (Bragança) 35 H 9
Vales (Castelo
Branco) 47 M 6
Vales (Faro) 81 U 6
Vales (perto de
Aljezur) 80 U 3
Vales Mortos 71 S 7
Vale Verde
(Bragança) 21 H 8
Vale Verde (Guarda) 36 J 9
Vale Vinagre 70 S 4
Valezim 35 K 6
Valhascos 47 N 5
Valhelhas 35 K 7
Valongo (Portalegre) 59 O 6
Valongo (Porto) 34 I 4
Valongo de Mihais 21 H 7
Valongo dos
Azeites 35 I 7
Valongo do Vouga 34 K 4
Valoura 21 H 7
Valpaços 21 H 8
Valugas 21 H 7
Valverde (Bragança) 36 I 9
Valverde (Castelo
Branco) 48 L 7
Valverde (Évora) 59 Q 5
Valverde (Santarém) 46 N 3
Valverde
(Ribeira de) 59 Q 5
Vaqueiro 35 H 6
Vaqueiros 71 T 6
Vara (Pico da) 96 J 20
Varadouro 96 H 9
Varge 22 G 9
Vargem 60 O 7
Vargens 71 T 6
Variz 36 H 10
Várzea 96 J 18
Várzea (Coimbra) 47 L 5
Várzea (Santarém) 58 O 3
Várzea (Viana do
Castelo) 20 G 5
Várzea Cova 20 H 5
Várzea da Ovelha 34 I 5
Várzea de Serra 35 J 6
Várzea de Trevês 35 I 7
Várzea
dos Cavaleiros 47 M 5
Várzeas 46 M 3

Varziela 34 K 4
Vascão
(Ribeira do) 71 T 6
Vasconha 34 J 5
Vascoveiro 35 J 8
Vassal 21 H 7
Vau 46 N 2
Veiga de Lila 21 H 8
Veiros (Aveiro) 34 J 4
Veiros (Évora) 60 P 7
Vela 35 K 8
Vela (Lagoa de) 46 L 3
Velada 47 N 6
Velão (Alto de) 35 I 6
Velas 96 G 11
Velosa 35 K 8
Venade 20 G 3
Venda 60 Q 7
Vendada 35 J 8
Venda do Cepo 35 J 7
Venda do Pinheiro 58 P 2
Venda do Preto 47 M 4
Venda Nova
(perto de Mação) 47 N 6
Venda Nova
(perto de Tomar) 47 N 4
Venda Nova (Vila
Real) 21 G 6
Venda Nova
(Barragem de) 21 G 6
Vendas Novas 59 P 4
Vendinha 60 Q 7
Ventosa (Braga) 20 H 5
Ventosa
(Barragem de) 35 I 7
Ventosa
(perto de
Alenquer) 58 O 2
Ventosa
(perto de Torres
Vedras) 58 O 2
Ventosa do Bairro 34 K 4
Vera Cruz 71 R 6
Verde (Lagoa) 96 J 18
Verdelhos 35 K 7
Vergeira 70 S 4
Verigo 47 M 4
Vermelha 58 O 2
Vermelhos 71 T 5
Vermiosa 36 J 9
Vermoil 47 M 4
Vermoim 20 H 4
Verride 46 L 3
Vez 20 G 5
Viade de Baixo 21 G 6
Vialonga 58 P 2
Viana do Alentejo 71 R 5
Viana do Castelo 20 G 3
Viatodos 20 H 4
Vidago 21 H 7
Vidais 46 N 2
Vide 47 L 6
Videmonte 35 K 7
Vidigal (Castelo
Branco) 47 M 6
Vidigal (Évora) 59 P 4
Vidigueira 71 R 6
Vidual 47 L 6
Viegas 71 S 7
Vieira de Leiria 46 M 3
Vieira do Minho 20 H 5
Vieirinhos 46 L 3
Vigia 70 T 4
Vigia (Barragem
da) 60 Q 7
Vila do Porto 96 M 20
Vila Franca do
Campo 96 J 19
Vila Nova de Corvo 96 D 2
Vila Nova de Santo
André 70 R 3
Vila Alva 71 R 6
Vila Azeda 71 R 6
Vila Baleira 80 D X
Vila Boa de
Ousilhão 22 G 9
Vila Boa do Bispo 34 I 5
Vila Boim 60 P 8
Vila Chã (Braga) 20 H 3
Vila Chã (Bragança) 22 H 10

Vila Chã (Guarda) 35 K 7
Vila Chã (Leiria) 47 M 4
Vila Chã (Porto) 34 I 3
Vila Chã
(Viana do Castelo) 20 G 5
Vila Chã (Vila Real) 35 I 7
Vila Chã (Viseu) 34 K 6
Vila Chã
de Braciosa 22 H 10
Vila Chã de
Ourique 58 O 3
Vila Chão 34 I 5
Vila Cortês da Serra 35 K 7
Vila Cova 35 I 6
Vila Cova
a Coelheira 35 J 6
Vila Cova de Alva 47 L 6
Vila Cova do
Covelo 35 J 7
Vila da Ponte (Vila
Real) 21 G 6
Vila da Ponte
(Viseu) 35 J 7
Vila de Ala 36 I 10
Vila de Cucujães 34 J 4
Vila de Frades 71 R 6
Vila de Punhe 20 H 3
Vila de Rei 47 M 5
Vila do Bispo 80 U 3
Vila do Conde
(Porto) 20 H 3
Vila do Conde (Vila
Real) 21 H 7
Vila do Touro 35 K 8
Vila Facaia 47 M 5
Vila Fernando
(Guarda) 35 K 8
Vila Fernando
(Portalegre) 60 P 8
Vila Flor (Bragança) 35 I 8
Vila Flor (Portalegre) 47 N 6
Vila Formosa 59 O 6
Vila Franca 20 G 3
Vila Franca
da Serra 35 K 7
Vila Franca
das Naves 35 J 8
Vila Franca de Xira 58 P 3
Vila Franca
do Rosário 58 P 2
Vila Fresca
de Azeitão 58 Q 3
Vila Garcia
(perto de Guarda) 35 K 8
Vila Garcia
(perto de
Trancoso) 35 J 8
Vila Longa 35 J 7
Vila Marim 35 I 6
Vila Meã 34 I 5
Vila Moinhos
(Sobral) 34 K 5
Vila Moreira 46 N 3
Vilamoura 80 U 5
Vila Nogueira
de Azeitão 58 Q 2
Vila Nova (Coimbra) 47 L 5
Vila Nova (Faro) 81 U 7
Vila Nova
(Santarém) 47 N 5
Vila Nova da Barca 46 L 3
Vila Nova da
Baronia 71 R 5
Vila Nova
da Barquinha 47 N 4
Vila Nova da
Rainha 58 O 3
Vila Nova de Anços 47 L 4
Vila Nova de Cacela 81 U 7
Vila Nova
de Cerveira 20 G 3
Vila Nova
de Famalicão 20 H 4
Vila Nova
de Foz Côa 35 I 8
Vila Nova de Gaia 34 I 4
Vila Nova
de Milfontes 70 S 3

Vila Nova
de Monsarros 34 K 4
Vila Nova de Paiva 35 J 6
Vila Nova de
Poiares 47 L 5
Vila Nova
de São Bento 71 S 7
Vila Nova
de São Pedro 58 O 3
Vila Nova de Tazem 35 K 6
Vila Nova do Ceira 47 L 5
Vila Nune 21 H 6
Vila Pouca da Beira 47 L 6
Vila Pouca de
Aguiar 21 H 7
Vila Praia de
Âncora 20 G 3
Vilar (Braga) 20 H 4
Vilar Formoso 36 K 9
Vilar (Lisboa) 58 O 2
Vilar (Vila Real) 21 H 6
Vilar (Viseu) 35 J 6
Vilar (Barragem de) 35 J 7
Vilarandelo 21 H 8
Vilar Barroco 47 M 6
Vilar Chão 36 H 9
Vilar da Lomba 21 G 8
Vilar da Veiga 20 G 5
Vilar de Amargo 35 J 8
Vilar de Arca 34 I 5
Vilar de Boi 47 N 6
Vilar de Cunhas 21 H 6
Vilar de Ferreiros 21 H 6
Vilar de Ledra 21 H 8
Vilar de Maçada 35 I 7
Vilar de Mouros 20 G 3
Vilar de Murteda 20 G 3
Vilar de Ossos 21 G 8
Vilar de Paraíso 34 I 4
Vilar de Perdizes 21 G 7
Vilar de Peregrinos 21 G 8
Vilar de Pinheiro 34 I 4
Vilar de Rei 36 I 9
Vilar do Monte 22 H 9
Vilar do Ruivo 47 M 5
Vilar dos Prazeres 46 N 4
Vila Real 35 I 6
Vila Real
de Santo António 81 U 7
Vilarelho
(Serra de) 21 H 7
Vilarelho da Raia 21 G 7
Vilarelhos 35 H 8
Vilares (Bragança) 21 H 8
Vilares (Guarda) 35 J 8
Vilares (Vila Real) 21 H 7
Vilariça (Ribeira de) 35 I 8
Vilarinha 80 U 3
Vilarinho (Bragança) 22 G 9
Vilarinho (Coimbra) 47 L 5
Vilarinho (Porto) 20 H 4
Vilarinho Seco 21 G 6
Vilarinho (Vila Real) 21 G 6
Vilarinho (Viseu) 34 J 5
Vilarinho
da Castanheira 35 I 8
Vilarinho
das Azenhas 35 H 8
Vilarinho
das Cambas 20 H 4
Vilarinho das
Furnas
(Barragem) 20 G 5
Vilarinho
de Agrochão 21 G 8
Vilarinho de Cotas 35 I 7
Vilarinho
de Samardã 21 H 6
Vilarinho
de São Luís 34 J 4
Vilarinho
de São Romão 35 I 7
Vilarinho do Bairro 34 K 4
Vilarinho
dos Galegos 36 I 10
Vilar Maior 36 K 9
Vilarouco 35 I 7
Vilar Seco 22 H 10

Vilar Seco de
Lomba 21 G 8
Vilar Torpim 36 J 9
Vila Ruiva (Beja) 71 R 6
Vila Ruiva (Viseu) 35 K 6
Vilas Boas 35 H 8
Vilas do Pedro 47 M 5
Vila Seca
(Braga) 20 H 3
Vila Seca (Coimbra) 47 L 4
Vila Seca (Viseu) 35 I 7
Vilas Ruivas 47 N 6
Vila Velha de
Ródão 47 N 6
Vila Verde
(Braga) 20 H 4
Vila Verde
(Bragança) 22 G 9
Vila Verde (Coimbra) 46 L 3
Vila Verde da Raia 21 G 7
Vila Verde
de Ficalho 72 S 8
Vila Verde
dos Francos 58 O 2
Vila Verdinho 21 H 8
Vila Viçosa 60 P 7
Vilela 35 I 7
Vilela do Tâmega 21 G 7
Vilela Seca 21 G 7
Vilharinhos 81 U 6
Vimeiro (Leiria) 46 N 2
Vimeiro (Lisboa) 58 O 2
Vimieiro 59 P 6
Vimioso 22 H 10
Vinha da Rainha 46 L 3
Vinhais 21 G 8
Vinhas 22 H 9
Vinte e Dois
(Barragem dos) 58 Q 3
Virtudes 58 O 3
Viseu 35 K 6
Viseus 71 T 6
Viso (Nossa
Senhora do) 20 H 5
Vista Alegre 34 K 3
Viuvas 71 T 6
Viveiro 21 G 6
Vizela 20 H 4
Volta do Vale 59 P 4
Vouga 35 J 6
Vouguinha 35 J 6
Vouzela 34 J 5
Vreia de Bornes 21 H 7
Vreia de Jales 21 H 7

X
Xarrama 59 Q 6
Xartinho 46 N 3
Xerez de Baixo 60 Q 7
Xévora 60 O 8

Z
Zacarias
(Ribeira de) 36 I 9
Zambujal
(Coimbra) 47 L 4
Zambujal (Faro) 71 T 7
Zambujal (Setúbal) 58 Q 2
Zambujal de Cima 58 Q 2
Zambujeira do Mar 70 T 3
Zambujeiras 70 S 4
Zambujeiro 60 Q 7
Zava 36 I 9
Zavial 80 U 3
Zebreira 48 M 8
Zebro (Ribeira do) 71 N 7
Zedes 35 I 8
Zêzere (Rio) 48 K 7
Zêzere
(Vale Glaciário
do) 48 K 7
Zibreira 46 N 4
Zimão 21 H 7
Zoio 22 G 9